NIKLAS ULRICH

Private Equity (LBO) vor und nach Inkrafttreten des KAGB

Abhandlungen zum Deutschen und Europäischen
Gesellschafts- und Kapitalmarktrecht

Herausgegeben von

Professor Dr. Holger Fleischer, LL.M., Hamburg
Professor Dr. Hanno Merkt, LL.M., Freiburg
Professor Dr. Gerald Spindler, Göttingen

Band 119

Vorwort

Die vorliegende Arbeit wurde im Wintersemester 2016/17 von der Juristischen Fakultät der Georg-August-Universität Göttingen als Dissertation angenommen. Die Disputation fand am 11. August 2017 statt. Die Arbeit wurde durchgehend aktualisiert und ist auf dem Stand 31. Dezember 2017 (unter Berücksichtigung der Neunummerierung des WpHG).

Herzlicher Dank gilt an erster Stelle meinem hochgeschätzten Doktorvater Professor Dr. Gerald Spindler, der mir zu Beginn der Tätigkeit an seinem Lehrstuhl den Fingerzeig auf das KAGB gab. Er gewährte mir stets die nötige Freiheit und unterstützte diese Arbeit durch wertvolle Ratschläge. Mein Dank gilt auch Herrn PD Dr. Alexander Thiele für die zügige Erstellung des Zweitgutachtens. Für die Aufnahme der Arbeit in die Schriftenreihe „Abhandlungen zum Deutschen und Europäischen Gesellschafts- und Kapitalmarktrecht" danke ich zudem Professor Dr. Holger Fleischer, LL.M., und Professor Dr. Hanno Merkt, LL.M.

Darüber hinaus haben zahlreiche Menschen die Entstehung dieser Arbeit in verschiedener Hinsicht unterstützt.

Für Diskussionen und Antwort von den verschiedensten Vertretern aus Wissenschaft und Praxis bedanke ich mich recht herzlich.

Mein ehemaliger Kollege vom Lehrstuhl und guter Freund (Dr.) Jens Poll hat es nie an Unterstützung und Aufmunterung fehlen lassen, wenn der Mut mit Blick auf den Umfang und die unentwegte Aktualität des Themas versiegte. Ein umso schönerer Abschluss war der gemeinsame Tag der Disputation in Göttingen.

Meine Freunde und meine Freundin mussten für den Abschluss dieser Arbeit, insbesondere in der Schlussphase, große Entbehrungen auf sich nehmen. Über ihr Verständnis, ihre Geduld und ihre ständige Ermutigung kann ich mich glücklich schätzen.

Meine Familie ermöglichte die Arbeit, indem sie mir bedingungslos Rückhalt gab und mich auch schon während meiner Ausbildung stets dazu anhielt, an mich zu glauben, wenn ich zweifelte. Für das fortwährende Verständnis, die lieben Worte und die gemeinsame Freude am Tag der Disputation bin ich sehr dankbar. Ein besonderer Dank gilt meiner Mutter Heike Ulrich, die unermüdlich meine Schreibfehler aufdeckte.

Diese Arbeit widme ich meiner verstorbenen Großmutter Lisa Benseler (geb. Nause), die den Abschluss dieser Arbeit und den in Göttingen üblichen „Zug zum Gänseliesel" im unmittelbaren Anschluss an die bestandene Disputation nur zu gern erlebt hätte. In Gedanken war ich bei Dir.

Frankfurt a.M., im März 2018   *Niklas Ulrich*

Inhaltsverzeichnis

3. Teil

Finanzmarktregulierung und Private Equity   63

4. Teil

Leveraged Buy Out-Fonds im Anwendungsbereich des KAGB   86

5. Teil

Strukturierung von Leveraged Buy Out-Fonds   140

6. Teil

Regulierung des Leveraged Buyout-Sektors 243

7. Teil

Schlussbetrachtung   621

Abkürzungsverzeichnis

A. A./a. A.	Anderer Ansicht/anderer Ansicht
ABl.	Amtsblatt
Abs.	Absatz
Abschn.	Abschnitt
AcquiCo	Acquisition Company
ADHGB	Allgemeines Deutsches Handelsgesetzbuch
a. E.	am Ende
AEUV	Vertrag über die Arbeitsweise der europäischen Union
a. F.	alte Fassung
AGB	Allgemeine Geschäftsbedingungen
AG(s)	Aktiengesellschaft/Aktiengesellschaften
AIF(s)	Alternativer Investmentfonds/Alternative Investmentfonds
AIFM(s)	Alternative Investment Fund Manager/Alternative Investment Fund Managers
AIFMD	Alternative Investment Fund Managers Directive
AIFM-RL	Richtlinie 2011/61/EU über die Verwalter alternativer Investmentfonds
AIFM-StAnpG	AIFM-Steuer-Anpassungsgesetz
AIFM-VO	Delegierte Verordnung (EU) Nr. 231/2013 der Kommission vom 19. Dezember 2012
AktG	Aktiengesetz
Alt.	Alternative
Anm.	Anmerkung
AnlV	Anlageverordnung
AO	Abgabenordnung
Art./Artt.	Artikel (Singular)/Artikel (Plural)
AStG	Gesetz über die Besteuerung bei Auslandsbeziehungen
AuslInvG	Gesetz über steuerliche Maßnahmen bei Auslandsinvestitionen der deutschen Wirtschaft
BaFin	Bundesanstalt für Finanzdienstleistungsaufsicht
BAKred	Bundesaufsichtsamt für Kreditwesen
Begr	Begründung
Beschl.	Beschluss
BetrVG	Betriebsverfassungsgesetz
BFH	Bundesfinanzhof
BGB	Bürgerliches Gesetzbuch
BGBl.	Bundesgesetzblatt
BGH	Bundesgerichtshof
BilMoG	Bilanzrechtsmodernisierungsgesetz
BMF	Bundesministerium der Finanzen
BörsG	Börsengesetz
BR	Bundesrat

BRE	Bundesrat-Entwurf
bsi	Bundesverband Sachwerte und Investmentvermögen
BStBl.	Bundessteuerblatt
BT	Bundestag
BUrlG	Bundesurlaubsgesetz
BVerfG	Bundesverfassungsgericht
BVerwG	Bundesverwaltungsgericht
BVI	Bundesverband Investment und Asset Management
BVK	Bundesverband Deutsches Kapitalbeteiligungsgesellschaften
bzw.	beziehungsweise
Capex	Capital Expenditure
CDU	Christlich Demokratische Union Deutschlands
CESR	Committee of European Securities Regulators
CF	Compliance-Funktion
CI	Carried Interest
c.i.c.	culpa in contrahendo
cit.	cited
CRD	Capital Requirements Directive
CRR	Capital Requirements Regulation
CSU	Christlich-Soziale Union
DCF	Discounted Cash Flow
ders.	derselbe
d.h.	das heißt
dies.	dieselbe/dieselben
DiskE	Diskussionsentwurf
Drs.	Drucksache
DurchführungsRL	Durchführungsrichtlinie
E	Entwurf
Ebd./ebd.	Ebenda/ebenda
EBIT	Earnings before Interests and Taxes
EBITDA	Earnings before Interests, Taxes, Depreciation and Amortisation
ECB	European Central Bank
EDs	Executive Directors
EDV	Elektronische Datenverarbeitung
EG	Europäische Gemeinschaften
EGV	Vertrag zur Gründung der Europäischen Gemeinschaft
ELTIF(s)	European Long-Term Investment Fund/European Long-Term Investment Funds
EMIR	European Market Infrastructure Regulation
ESG	Environmental, Social and Governance
ESMA	European Securities and Markets Authority
ESRB	European Systemic Risk Board
EStG	Einkommensteuergesetz
etc.	et cetera
EU	Europäische Union
EUV	Vertrag über die Europäische Union
EuG	Europäisches Gericht
EuGH	Europäischer Gerichtshof

EURIBOR	Euro Interbank Offered Rate
EuSEF(s)	European Social Entrepreneurship Fund/European Social Entrepreneurship Funds
EuVECA(s)	European Venture Capital Fund/European Venture Capital Funds
EVCA	European Private Equity & Venture Capital Association
EWG	Europäische Wirtschaftsgemeinschaft
EWR	Europäischer Wirtschaftsraum
EY	Ernst & Young
EZB	Europäische Zentralbank
f./ff.	folgende/fortfolgende
FAQ	Frequently Asked Questions
FCA	Financial Conduct Authority
FinDAG	Finanzdienstleistungsaufsichtsgesetz
FinMarktAnpG	Gesetz zur Anpassung von Gesetzen auf dem Gebiet des Finanzmarktes
FinStabG	Finanzstabilitätsgesetz
FKAG	Finanzkonglomerate-Aufsichtsgesetz
Fn.	Fußnote
FRC	Financial Reporting Council
FRUG	Finanzmarktrichtlinie-Umsetzungsgesetz
FSA	Financial Services Authority
G20	Gruppe der zwanzig wichtigsten Industrie- und Schwellenländer
GbR(s)	Gesellschaft bürgerlichen Rechts/Gesellschaften bürglichen Rechts
Gem./gem.	Gemäß/gemäß
GesR-RL	Gesellschaftsrechtsrichtlinie
GewO	Gewerbeordnung
GewStG	Gewerbesteuergesetz
GewStR	Gewerbesteuer-Richtlinien
GG	Grundgesetz
ggf.	gegebenenfalls
gInvKG(s)	geschlossene Investmentkommanditgesellschaft/geschlossene Investmentkommanditgesellschaften
GmbH(s)	Gesellschaft mit beschränkter Haftung/Gesellschaften mit beschränkter Haftung
GmbHG	Gesetz betreffend die Gesellschaften mit beschränkter Haftung
GuV	Gewinn- und Verlustrechnung
HDW AG	Howaldtswerke-Deutsche Werft Aktiengesellschaft
Herv. d. Verf.	Hervorhebung durch den Verfasser
HGB	Handelsgesetzbuch
HoldCo	Holding Company
i. d. F.	in der Fassung
IDW PS	Institut der Wirtschaftsprüfer Prüfungsstandard
IDW RS HFA	Institut der Wirtschaftsprüfer Stellungnahme zur Rechnungslegung Hauptfachausschuss
IDW S	Institut der Wirtschaftsprüfer Standard
i. e.	id est
IFRS	International Financial Reporting Standards
i. H. v.	in Höhe von
InsO	Insolvenzordnung

InstitutsVergV	Institutsvergütungsverordnung
InvAG(s)	Investmentaktiengesellschaft/Investmentaktiengesellschaften
InvAG(s) mfK.	Investmentaktiengesellschaft mit fixem Kapital/Investmentaktiengesellschaften mit fixem Kapital
InvAG(s) mvK.	Investmentaktiengesellschaft mit variablem Kapital/Investmentaktiengesellschaften mit variablem Kapital
InvG	Investmentgesetz
InvKG(s)	Investmentkommanditgesellschaft/Investmentkommanditgesellschaften
InvMaRisk	Mindestanforderungen an das Risikomanagement für Investmentgesellschaften (Rundschreiben 5/2010 (WA))
InvRBV	Investment-Rechnungslegungs- und Bewertungsverordnung
InvStG	Investmentsteuergesetz
InvStRefG	Investmentsteuerreformgesetz
InvVerOV	Investment-Verhaltens- und Organisationsverordnung
IOSCO	International Organization of Securities Commissions
IPEV	International Private and Venture Capital Valuation
IPO	Initial Public Offering
IRR	Internal Rate of Return
i. S.	im Sinne
i. V. m.	in Verbindung mit
KAGB	Kapitalanlagegesetzbuch
KAGG	Gesetz über Kapitalanlagegesellschaften
KAMaRisk	Mindestanforderungen an das Risikomanagement von Kapitalverwaltungsgesellschaften (Rundschreiben 01/2017 (WA))
KARBV	Kapitalanlage-Rechnungslegungs- und Bewertungsverordnung
KARBV-E-2017	Kapitalanlage-Rechnungslegungs- und Bewertungsverordnung in der Fassung der Konsultation 07/2017 vom 25. Juli 2017
KAVerOV	Kapitalanlage-Verhaltens- und Organisationsverordnung
KG(s)	Kommanditgesellschaft/Kommanditgesellschaften
KGaA	Kommanditgesellschaft auf Aktien
KMU(s)	kleines und/oder mittleres Unternehmen/kleine und mittlere Unternehmen
KPIs	Key Performance Indicators
Krit./krit.	Kritisch/kritisch
KStG	Körperschaftsteuergesetz
KVG	Kapitalverwaltungsgesellschaft
KWG	Kreditwesengesetz
LBO	Leveraged Buyout
LG	Landgericht
LIBOR	London Interbank Offered Rate
Lit./lit.	Litera/litera
MaComp	Mindestanforderungen an die Compliance-Funktion (Rundschreiben 4/2010 (WA))
MaRisk (BA)	Mindestanforderungen an das Risikomanagement (Rundschreiben 09/2017 (BA))
MBO	Management Buyout
MFN	Most Favoured Nation
MiFID	Markets in Financial Instruments Directive
mind.	mindestens

Mio.	Millionen
MoMiG	Gesetz zur Modernisierung des GmbH-Rechts und zur Bekämpfung von Missbräuchen
MoRaKG	Gesetz zur Modernisierung der Rahmenbedingungen für Kapitalbeteiligungen
Mrd.	Milliarden
MTFs	multilaterale Handelssysteme
m. w. N.	mit weiteren Nachweisen
NAV	Net Asset Value
NBU(s)	nicht börsennotiertes Unternehmen/nicht börsennotierte Unternehmen
NEDs	Non-Executive Directors
NewCo	New Company
No.	numero
Nr.	Nummer
nrkr.	nicht rechtskräftig
NYSE	New York Stock Exchange
OECD	Organisation for Economic Co-operation and Development
OFD	Oberfinanzdirektion
OGAW(s)	Organismus für gemeinsame Anlagen in Wertpapieren/Organismen für gemeinsame Anlagen in Wertpapieren
oHG(s)	offene Handelsgesellschaft/offene Handelsgesellschaften
oInvKG	offene Investmentkommanditgesellschaft
OJ	Official Journal
OLG	Oberlandesgericht
ÖPP	Öffentlich-Private Partnerschaft
O. V.	Ohne Verfasserangabe
OWiG	Ordnungswidrigkeitengesetz
p. a.	per annum
PFAV	Pensionsfonds-Aufsichtverordnung
phG	persönlich haftender Gesellschafter
PRIIP-VO	Verordnung über Basisinformationsblätter für verpackte Anlageprodukte für Kleinanleger und Versicherungsanlageprodukte
PublG	Publizitätsgesetz
RBerG	Rechtsberatungsgesetz
RC	Risikocontrolling
REIT	Real Estate Investment Trust
RegE	Regierungsentwurf
RG	Reichsgesetz
RM	Risikomanagement
Rn.	Randnummer
RTS-VO	Delegierte Verordnung (EU) Nr. 694/2014 der Kommission vom 17. Dezember 2013
s.	siehe
SEC	United States Securities and Exchange Commission
Sec./sec.	Section/section
sic	sic erat scriptum
s. o.	siehe oben
sog.	sogenannte/sogenannter/sogenannten/sogenanntes

SPD	Sozialdemokratische Partei Deutschlands
SSM	Single Supervisory Mechanism
StGB	Strafgesetzbuch
str.	streitig
TGVs	Teilgesellschaftsvermögen
Tz.	Teilziffer
u. a.	unter anderem
UAbs.	Unterabsatz
UBGG	Gesetz über Unternehmensbeteiligungsgesellschaften
UBG(s)	Unternehmensbeteiligungsgesellschaft/Unternehmensbeteiligungsgesellschaften
UmsG	Umsetzungsgesetz
UmwG	Umwandlungsgesetz
Urt.	Urteil
VAG	Versicherungsaufsichtsgesetz
VC	Venture Capital
VerkProspG	Verkaufsprospektgesetz
VermAnlG	Vermögensanlagengesetz
VG	Verwaltungsgericht
VGF	Verband Geschlossene Fonds
VGH	Verwaltungsgerichtshof
Vgl./vgl.	vergleiche
VO	Verordnung
vs.	versus
WKBG	Wagniskapitalbeteiligungsgesetz
WKBs	Wagniskapitalbeteiligungsgesellschaften
WpAV	Wertpapierhandelsanzeigeverordnung
WpDVerOV	Wertpapierdienstleistungs-Verhaltens- und Organisationsverordnung
WpHG	Wertpapierhandelsgesetz
WpÜG	Wertpapiererwerbs- und Übernahmegesetz
z. B.	zum Beispiel
Ziff.	Ziffer
zit.	zitiert
ZPO	Zivilprozessordnung
z. T.	zum Teil
zust.	zustimmend

1. Teil

Einleitung

A. Problemstellung

„Barbaren, Raubritter, Heuschrecken"[1] – die Kreativität bei der Umschreibung des für viele Kritiker bestehenden Feindbildes des Private Equity-Investors reißt bis heute nicht ab. Adressaten der Kritik sind die Hauptakteure des längst institutionalisierten Geschäftsmodells des *Leveraged Buyout* (*LBO*) als eine von mehreren Spielarten unter dem schillernden Label Private Equity: Mehrere Anleger poolen ihr Kapital in einem durch professionelle Verwalter geführten Fonds, der dieses Kapital für Akquisitionen von nicht börsennotierten Unternehmen (*Private* Equity)[2] einsetzt. Wird die Akquisition aus Gründen der Ertragshebelung (Hebel = *Leverage*) überdies fremdfinanziert, spricht man von einem *Leveraged* Buyout. Nach Anteilserwerb sollen Wertschöpfungspotenziale auf Ebene der nur für eine begrenzte Dauer gehaltenen Portfoliogesellschaften gehoben und durch eine Veräußerung der Zielunternehmen am Ende dieser Haltezeit realisiert werden. Kritiker des Geschäftsmodells erheben den Vorwurf, dass etwaige Gewinne nur deshalb generiert werden könnten, weil den Portfoliogesellschaften die Bedienung des Schuldendienstes aus der Akquisitionsfinanzierung nach Anteilserwerb überantwortet würde und ein übermäßiger Kapitalentzug zu Lasten des Zielunternehmens, seiner Gläubiger und Arbeitnehmer die Folge sein könnte. Die vor diesem Hintergrund wiederkehrenden, pejorativen Konnotationen mit der Praxis der „Finanzinvestoren"[3] sind letztlich ein Evergreen seit der durch Äußerung[4] Franz Münteferings im Jahr 2004 angestoßenen „Heuschreckendebatte". Da die Auseinandersetzungen in diesem Zuge angesichts der gesellschaftlichen Aufladung dieses Themas oftmals auf einer emotionalen Ebene geführt wurden, folgten Forderungen nach einer Versachlichung der Dis-

---

[1] *Serrao*, SZ vom 3.7.2015, „Wir können euch kaufen".

[2] Statt aller *Zetzsche*, Prinzipien der kollektiven Vermögensanlage, § 3 C. II. 2.

[3] *R. H. Schmidt/Spindler*, Finanzinvestoren; *Eidenmüller*, DStR 2007, 2116.

[4] Auszug aus der Rede bei einer Veranstaltung der Friedrich-Ebert-Stiftung am 19.11.2004 in Berlin: „Zum Beispiel aber auch, wenn es darum geht, in der globalisierten Wirtschaft die Rechte derer zu schützen, die hilflos sind, wenn anonyme Aktionäre ihnen die Arbeitsplätze zerstören. Wir müssen denjenigen Unternehmern, die die Zukunftsfähigkeit ihrer Unternehmen und die Interessen ihrer Arbeitnehmer im Blick haben, helfen gegen die verantwortungslosen Heuschreckenschwärme, die im Vierteljahrestakt Erfolg messen, Substanz absaugen und Unternehmen kaputtgehen lassen, wenn sie sie abgefressen haben", abrufbar unter http://www.franz-muentefering.de/reden/pdf/19.11.04.pdf (zuletzt abgerufen am 27.8.2017).

kussion. Zugleich nahm die von der Interessenvertretung der Branche geführte Aufklärungsarbeit zu.[5] In diesem Kontext mehrten sich außerdem nicht nur die Beiträge im juristischen Schrifttum, die den bestehenden deutschen Rechtsrahmen für die Aktivitäten von LBO-Fonds erhellten, sondern verschiedene Organisationen und Einrichtungen brachten sogar Gutachten, Studien und Arbeitspapiere heraus, die in ihrer Gesamtheit eine breit angelegte Analyse der ökonomischen Nutzendebatte von LBOs sowie den mit ihnen verbundenen Gefahren für die deutsche Unternehmenslandschaft und die Arbeitnehmer zum Gegenstand hatten.[6] Im Verlauf dieser Diskussion wurde zunehmend die Rolle des öffentlichen Rechts in Gestalt der Regulierung de lege ferenda beleuchtet und eine spezielle Regulierung der Private Equity-Investoren in Erwägung gezogen[7] – jedoch letztlich nie umgesetzt. So ist nicht zu verhehlen, dass bei einem lediglich nationalen Vorstoß einer umfassenden Regulierung stets das Damoklesschwert der Standortunattraktivität über Deutschland geschwebt hätte.

Zu dieser Zeit wurde (nicht nur) Europa mit einem anderen Ereignis überschattet: der ab den Jahren 2006/2007 einsetzenden Finanzkrise.[8] Diese beschwörte reflexartig Reformbestrebungen des Unionsgesetzgebers herauf. Im Rahmen der über die letzten Jahre geleisteten Aufarbeitung der Finanzkrise blieb selbst das bislang in der Dunkelheit des sog. Grauen Kapitalmarkts weitgehend unregulierte Segment der alternativen Investmentsfonds („AIFs") nicht unberührt, zu dem all jene kollektiven Anlagemodelle abseits des klassischen Investments in Wertpapieren (sog. Organismen für gemeinsame Anlagen in Wertpapieren, OGAWs)[9] gehören – wie auf den Erwerb von nicht börsennotierten Unternehmensbeteiligungen ausgerichtete Pri-

---

[5] Der BVK stellt wissenschaftlichen Institutionen seither detaillierte Unternehmensdaten von Private Equity-Transaktionen zur Verfügung, vgl. http://www.bvkap.de/beteiligungskapital/fuer-wissenschaftler (zuletzt abgerufen am 27.8.2017).

[6] Zu nennen sind: *R. H. Schmidt/Spindler*, Finanzinvestoren; *Kaserer/Achleitner/von Einem/Schierek*, Private Equity in Deutschland; *Schulz/Kaserer/Trappel*, Finanzinvestoren im Medienbereich; *Schäfer/Fisher*, Die Bedeutung von Buy-Outs/Ins für unternehmerische Effizienz, Effektivität und Corporate Governance; *Blome-Drees/Rang*, Private Equity-Investitionen in deutsche Unternehmen und ihre Wirkungen auf die Mitarbeiter; *Böttger*, Strukturen und Strategien von Finanzinvestoren; *Kamp/Krieger*, Die Aktivität von Finanzinvestoren in Deutschland; vgl. im Übrigen http://www.bvkap.de/events-medien/veroeffentlichungen/studien (zuletzt abgerufen am 27.8.2017). Auf europäischer Ebene etwa *OECD*, The implications of alternative investment vehicles for corporate governance: a synthesis of research about private equity firms and „activist hedge funds"; *Socialist Group in the European Parliament*, Hedge Funds and Private Equity – a critical analysis; *FSA*, Private equity: a discussion of risk and regulatory engagement.

[7] 6. Teil, A.II.

[8] Zu den Ursachen *Heun*, JZ 2010, 53, 54 ff.; *Thiele*, Finanzaufsicht, S. 3 ff. m. w. N.

[9] Art. 1 Abs. 2 der Richtlinie 2009/65/EG des Europäischen Parlaments und des Rates vom 13. Juli 2009 zur Koordinierung der Rechts- und Verwaltungsvorschriften betreffend bestimmte Organismen für gemeinsame Anlagen in Wertpapieren (OGAW), ABl. Nr. L 302, S. 32 (zit.: OGAW IV-RL).

vate Equity-Fonds.[10] Licht in die Finsternis soll seitdem die Richtlinie 2011/61/EU über die Verwalter alternativer Investmentfonds (AIFM-RL) bringen, deren Umsetzung in Deutschland im Kapitalanlagegesetzbuch (KAGB) als Herzstück der Transposition mündete. Die aus dem KAGB folgende Regulierung streut dabei ungemein und reicht von Vorgaben für die Strukturierung von Fondsvehikeln über organisatorische Anforderungen an die Verwalter der Fonds bis zu handlungsbezogenen Ge- und Verboten für ebenjene. Dementsprechend haben sich auch die Schwerpunkte bei der Regulierungsdiskussion in Ansehung von Private Equity verlagert und drehen sich nunmehr vorwiegend z. B. um Fragen zu Auswirkungen auf bekannte Fondsstrukturen, zur Verwahrstellenrolle, zu Verhaltenspflichten, zu Interessenkonflikten, zum Risikomanagement, zur Vergütungspolitik und zur Portfoliobewertung. Für die Marktteilnehmer im Private Equity-Sektor haben die vorgenannten Regulierungsaspekte nach eigenen Angaben zum Teil wesentliche Auswirkungen;[11] dem entspricht es, wenn ausweislich einer von Preqin im Jahr 2014 unternommenen Befragung 27 Prozent der Fondsmanager die Regulierung als größte Herausforderung für das Jahr 2015 sahen[12].

Die Kodifikation der neuen sektorspezifischen Regulierung als Reaktion auf die Finanzkrise erfolgte dabei unter finanzmarktrechtlichen Vorzeichen, mithin primär zur Vermeidung systemischer Risiken und zur Verbesserung des Anlegerschutzes. Ein Konnex mit der oben aufgezeigten, im Zuge der Heuschreckendebatte teilweise als geboten erachteten Stoßrichtung besteht vor diesem Hintergrund zunächst nicht.[13] Zudem ist Ausgangspunkt der verbindlichen Regulierung ein aus Branchensicht kritisch[14] betrachteter anlageklassenübergreifender Ansatz („one size fits all"), sodass insoweit keine Spezialregulierung für das Segment Private Equity implementiert wurde. Mit dem Dogma einer assetübergreifenden Verwalterregulierung wird die AIFM-RL indes durchaus brüchig. So ist nicht zu verkennen, dass der von Franz Müntefering verlautbarte Vergleich der Private Equity-Investoren mit Heuschrecken (*Swarms of Locusts*) sogar über nationale Grenzen hinweg zur Kenntnis genommen wurde,[15] Widerhall im Europäischen Parlament gefunden hat[16] und letztlich in besonderen Vorschriften für – zuvörderst – Fondsverwalter im LBO-Sektor resultierte.

---

[10] Vor der AIFM-RL bezog sich der Begriff der alternativen Produkte gemäß Branchenterminologie indes nur auf Hedgefonds und Private Equity, so: *Zetzsche*, Prinzipien der kollektiven Vermögensanlage, § 17 C. I. 1.; *ders.*, in: Zetzsche, AIFMD, Chapt. 1 No. 1.5; *ders./ Preiner*, in: Zetzsche, AIFMD, Chapt. 3 No. 1; *Niewerth/Rybarz*, WM 2013, 1154, 1155.

[11] *EY*, Game-changing regulation?, S. 2 f., 10 ff.

[12] https://www.preqin.com/blog/0/10802/aifmd-impact (zuletzt abgerufen am 27. 8. 2017).

[13] *Kuper*, in: Möllers/Kloyer, Das neue KAGB, Rn. 103, 108: „[...] das Gesetzgebungsverfahren zur AIFM-Richtlinie als die vermeintliche „Regulierung der Heuschrecken" [...]".

[14] *EY*, Game-changing regulation?, S. 2.

[15] In der Wirtschaftspresse etwa *o. V.*, Locust, pocus; in Gutachten auf europäischer Ebene *Socialist Group in the European Parliament*, Hedge Funds and Private Equity – a critical analysis, S. 205.

[16] *Lehne*, DB 2010 Beil., 81; *Zetzsche*, Prinzipien der kollektiven Vermögensanlage, § 12 C. III. 2.

Die für das LBO-Segment maßgebliche Regulierung schöpft sich daher aus einer Symbiose der allgemeinen Regulierung des Segments der alternativen Investments mit den im Zuge der Heuschreckendebatte aufgenommenen besonderen Regeln primär für Verwalter von LBO-Fonds. Die nunmehr einzuhaltenden Anforderungen sind allerdings nicht alleine im KAGB konzentriert, sondern verteilen sich nach Maßgabe des Lamfalussy-Verfahrens auch auf europäischer Ebene.[17] Hinzutreten nationale Rechtsverordnungen und aufsichtsbehördliche Vorgaben.[18]

Das Ziel dieser Arbeit ist es, das für den Bereich LBO geltende und von defätistischen Aussagen (als pars pro toto: „kaum zu erfüllen"[19]) begleitete Regulierungsniveau zu erfassen. Hierfür müssen die verschiedenen Regulierungsstränge zusammengeführt und für das LBO-Segment „übersetzt" sowie Querverbindungen aufgedeckt werden. Der Bedarf hierzu besteht unter verschiedenen Gesichtspunkten. Zum einen begrenzen sich die Beiträge in der einschlägigen Literatur aus Raumgründen nur auf ausgewählte Aspekte im Zusammenhang mit Private Equity, sodass der eingeläutete Paradigmenwechsel auch unter Berücksichtigung der bisherigen Rechtslage kaum nachvollzogen werden kann. Zudem wird im Kontext der Strukturierungsfragen die Würdigung einzelner Zusammenhänge mit dem im neuen Glanz verwobenen Steuerrecht vermisst. Zum anderen ist die Reichweite der primär für den LBO-Sektor geltenden Sondervorschriften in weiten Teilen stark umstritten. Hier soll zur Klärung der Weg einer auf das LBO-Segment gemünzten Detailwürdigung beschritten werden. In den Mittelpunkt ist hierbei das in Grundzügen dem Kapitalerhaltungsrecht nachgebaute sog. Verbot des Asset Stripping in Art. 30 AIFM-RL bzw. § 292 KAGB geraten. So wurde bereits in Frage gestellt, ob „tatsächlich alle Strategien zum Ausschlachten eines Unternehmens"[20] erfasst werden. Hieran ist anzuknüpfen und eine entsprechende Untersuchung, die auch die Unterschiede zum deutschen Kapitalerhaltungsrecht in den Blick nimmt, vorzunehmen.

B. Gang der Untersuchung

Das neue Vorgabengefüge erfordert eine rechtliche Bestandsaufnahme des für das LBO-Segment geltenden neuen Regulierungsrahmens. Hierfür sind zum einen die investmentrechtlichen Anforderungen an die Strukturierung von LBO-Fonds bei einer etwaigen Auflage in Deutschland nebst steuerlichen Zusammenhängen zu analysieren. Zum anderen sind die allgemeine und die besondere Regulierung der

---

[17] *Zetzsche*, in: Zetzsche, AIFMD, Chapt. 1 No. 2.1.

[18] *Wollenhaupt/Beck*, DB 2013, 1950.

[19] *Kobabe*, in: Möllers/Kloyer, Das neue KAGB, Rn. 911, 913; a.A. *EY*, Game-changing regulation?, S. 3, 11: Nach der Hälfte der Befragten sei der neue Regulierungsaufwand „workable", wenn auch mit erheblichen Kosten verbunden.

[20] *Spindler*, DB 2010 Beil., 85, 86; *ders./Tancredi*, WM 2011, 1441, 1445.

LBO-Fondsverwalter zu beleuchten. Diese Agenda soll in fünf Teilen abgearbeitet werden:

Mit den ersten drei Teilen werden Grundlagen erarbeitet, die für eine LBO-spezifische Würdigung der neuen Regulierung notwendig sind. Für diese Zwecke ist zu Beginn im 2. Teil ein Verständnis für das Geschäftsmodell des LBO zu entwickeln. Die dort angestellten Ausführungen sind bereits als Zusammenfassung zu verstehen und schließen daher ohne ein Resümee. Im 3. Teil werden das Konzept der AIFM-RL erhellt sowie die Zusammenhänge zwischen der Finanzmarktregulierung gemäß AIFM-RL und Private Equity gewürdigt. Sodann sind im 4. Teil die LBO-Fonds in die verschiedenen Begriffskategorien im Anwendungsbereich des KAGB einzuordnen. Auf diesen Erkenntnissen aufbauend werden im 5. Teil die Strukturierung von LBO-Fonds und im 6. Teil die (sonstige) Regulierung des LBO-Sektors untersucht. Die in diesen Teilen angestellten Untersuchungen sind Hauptgegenstand dieser Arbeit und synoptisch gestaltet: Eingangs wird die Rechtslage vor dem Inkrafttreten des KAGB vorgestellt und erst im Anschluss die neue Rechtslage analysiert. Nur auf diesem Wege ist sichergestellt, dass der Wandel der Regulierung nachvollzogen werden kann. In diesem Rahmen soll auch der Frage nachgegangen werden, ob und inwieweit auf nationaler Ebene geäußerter Reformbedarf bei der Regulierung abgegolten ist. Endlich erfolgt eine Schlussbetrachtung im 7. Teil.

C. Untersuchungsgegenstand

Vorab müssen inhaltliche Eingrenzungen vorgenommen werden. Um den mit dem KAGB eingeläuteten Paradigmenwechsel plastisch zu machen, sind Untersuchungsgegenstand dieser Arbeit nur solche Fonds und Verwalter im LBO-Sektor, die sich bis zum Inkrafttreten des KAGB größtenteils unterhalb des regulatorischen Radars hätten bewegen können. Angesprochen sind damit Fonds und Verwalter, die sich auf den Erwerb von nicht börsennotierten Unternehmensbeteiligungen fokussieren.[21] Zwar ist es ebenso möglich, dass börsennotierte Unternehmen erworben (sog. Public Deal) und unmittelbar danach von der Börse genommen werden (sog. Taking Private oder Public-to-Private).[22] Doch Public Deals mussten sich jedenfalls in den geltenden Regularien des WpHG und WpÜG bewegen.[23] Ebenso werden sog.

---

[21] 6. Teil, A.I.

[22] *Eilers/Koffka*, in: Eilers/Koffka/Mackensen, Private Equity, Einl. Rn. 2; *Mayer-Uellner*, AG 2013, 828; *Rudolph*, ZGR 2008, 161, 164; *Weitnauer*, in: Weitnauer, MBO, A Rn. 24: Der in diesem Kontext verwendete Begriff „Delisting" hingegen bezeichne allein die technische Aufhebung der Börsennotiz. Musterbeispiel für ein Taking Private ist der Erwerb der Friedrich Grohe AG und deren anschließende Umwandlung in eine AG & Co. KG durch eine Investorengruppe unter Leitung des britischen Private Equity-Fonds BC Partners im Jahr 1999, dazu *Kußmaul/Pfirmann/Tcherveniachki*, DB 2005, 2533, 2534 ff.

[23] Ausführlich *R. H. Schmidt/Spindler*, Finanzinvestoren, D. Rn. 183 ff.; *Söhner*, Gläubigerschutz und Anlegerschutz vor Private-Equity- und Hedgefonds, S. 205 ff.

Unternehmensbeteiligungsgesellschaften (UBGs), die freiwillig nach Maßgabe der Regulie-rung des UBGG aufgelegt werden, von der hiesigen Analyse ausgeklammert. UBGs unterliegen ohnehin der Anlagegrenze des Majorisierungsverbots in § 4 UBGG (d. h. grundsätzlich kein Erwerb von mehr als 49 Prozent der Stimmrechte), das einen Kontrollerwerb am Portfoliounternehmen verhindern kann,[24] aber bei sog. offenen Unternehmensbeteiligungsgesellschaften[25] nicht zwingend muss.[26] Das Konzept der freiwilligen Regulierung („Opt-In"), um im Gegenzug diverse Vorteile unterschiedlicher Natur (z. B. EU-Pass oder erweiterter Investorenkreis) in Anspruch zu nehmen, liegt auch verschiedenen europäischen Verordnungen (EuVECA-VO, EuSEF-VO, ELTIF-VO) neben der AIFM-RL zugrunde. Diese werden nur herangezogen, soweit hiermit ein konkreter Mehrwert für einzelne Fragen generiert werden kann. In dieser Arbeit nicht weiter von Interesse ist die zusätzliche Aufsicht über beaufsichtigte Unternehmen eines Finanzkonglomerats nach dem FKAG, zu denen auch Verwaltungsgesellschaften nach dem KAGB zählen können (§ 2 Abs. 1 Nr. 5 FKAG). Schließlich setzt sich diese Arbeit alleine mit dem sog. Share Deal auseinander, bei dem die gesellschaftsrechtlichen Anteile eines Zielunternehmens erworben werden. Das ist dem Umstand geschuldet, dass die bereits erwähnte besondere Regulierung an den Stimmrechtserwerb am Zielunternehmen anknüpft.

---

[24] *Sagasser*, in: Assmann/Schütze, Hdb. KapitalanlageR, § 27 Rn. 393; *Schatz*, in: Jesch/ Striegel/Boxberger, Rechtshdb. Private Equity, § 4 Abschn. 3.3.1.; ebenso *Kaserer/Achleitner/ von Einem/Schierek*, Private Equity in Deutschland, S. 54, die die Anlagebeschränkungen im Übrigen i. S. eines generell reformierten und damit auch für LBOs zugänglichen UBGG streichen woll(t)en, S. 237; zu Einzelheiten *Franke*, in: Leible/Lehmann, Hedgefonds und Private Equity – Fluch oder Segen, S. 47, 52 ff.

[25] Eine offene UBG darf spätestens fünf Jahre nach ihrer Anerkennung kein Tochterunternehmen (§ 1a Abs. 3 UBGG) mehr sein, § 7 Abs. 1 Satz 1 UBGG. Ein Anteilinhaber darf nach Ablauf dieser Frist nicht mehr maßgeblich (mehr als 40 Prozent vom Kapital) beteiligt sein, § 7 Abs. 1 Satz 2 UBGG.

[26] *Feldhaus*, in: FrankKomm, Private Equity, Kap. 2 § 4 UBGG Rn. 87 ff.; *Vollmer*, in: Beckmann/Scholtz/Vollmer, Investment-Hdb., 455 § 4 UBGG Rn. 23 ff.; *Klebeck/Kunschke*, in: Beckmann/Scholtz/Vollmer, Investment-Hdb., Losebl. (Stand: 2/14), 405 § 149 KAGB Rn. 19: wenig attraktiv.

2. Teil

Geschäftsmodell von Leveraged Buy Out-Fonds

Bei LBO-Fonds handelt es sich um Private Equity-Fonds, deren Geschäftsmodell auf den überwiegend fremdfinanzierten Erwerb einer mehrheitlichen Beteiligung an nicht börsennotierten Unternehmen abzielt. Um die noch eingehend analysierte Regulierung[1] durch das KAGB für das LBO-Segment zu „übersetzen", ist es unerlässlich, zu Beginn ein Verständnis für die Funktionsweise eines LBO und das hiermit verbundene Wirken der Finanzinvestoren zu entwickeln. Zu diesem Zweck erfolgt zunächst eine Begriffserläuterung von Private Equity-Fonds (unter A.). Im Anschluss wird der Gestaltungsrahmen vorgestellt, in dem sich LBO-typische Akquisitionen bewegen (unter B.).

A. Begriff des Private Equity-Fonds

Private Equity-Fonds sind eine Form der gesellschaftsrechtlich organisierten, kollektiven Anlagemodelle, die privates Beteiligungskapital[2] in nicht börsennotierte Unternehmen investieren.[3] Private Equity bildet einen generischen Oberbegriff für Investments in Unternehmen in allen Phasen ihres Lebenszyklus, wobei sich je nach Investitionsphase und -hintergrund verschiedene Begrifflichkeiten – meist aus dem Angelsächsischen – eingebürgert haben. Im Zuge der neuen Regulierung sind vornehmlich sog. Venture Capital- (unter I.) und LBO-Fonds (unter II.) in den Vor-

---

[1] Regulierung ist dabei mit den bei *Thiele*, Finanzaufsicht, S. 50 ff. herausgearbeiteten Begriffsunterscheidungen als Regulierung im weiten Sinne, d.h. als jede Form staatlicher Einflussnahme auf die Wirtschaft, zu verstehen. Die insbesondere durch die Elemente der Beobachtung, Konformitätsüberprüfung und Verhaltenseinwirkung gekennzeichnete „Aufsicht" (*Thiele*, Finanzaufsicht, S. 11 ff.) lässt sich damit durchaus hierunter subsumieren. Marktteilnehmer werden im Übrigen auch im Investmentbereich im Hinblick auf die nach wie vor bestehende Überlegenheit des Staates „beaufsichtigt" und nicht nur – als Ausdruck einer wie auch immer gearteten Lockerung der Hierarchie zwischen Aufsichtssubjekt und Aufsichtsobjekt im modernen demokratischen Verfassungsstaat – „überwacht" (aufschlussreich zu diesen Begriffen *Thiele*, Finanzaufsicht, S. 46 ff.).

[2] Denkbar sind auch Finanzierungen im Bereich des sog. Mezzanine-Kapitals, das Eigen- und Fremdkapitalmerkmale verbindet. Beispielsweise rückt das Gewähren von unbesichertem oder nachrangig besichertem Fremdkapital in die Nähe zur Eigenkapitalfinanzierung (= Beteiligungskapital), *Kind*, in: Lüdicke/Arndt, Geschlossene Fonds, S. 419, 428; *Berberich/Haaf*, in: Beck Hdb. GmbH, § 1 Rn. 41.

[3] Statt aller *Köndgen*, in: Berger/Steck/Lübbehüsen, InvG, § 1 Rn. 17.

dergrund gerückt. Ein kurzer Blick vorab auf erstere lohnt sich, um die wertungs-
mäßigen Unterschiede aus regulatorischer Perspektive nachzuvollziehen.

I. Venture Capital

Wagniskapital (sog. Venture Capital, kurz VC) zeichnet sich dadurch aus, dass die
Investoren einem noch jungen, in der Wachstumsphase befindlichen Unternehmen
Beteiligungskapital zur Verfügung stellen, das wegen des frühen Investitonszeit-
punkts einem erhöhten Ausfallrisiko unterliegt.[4] Das Unternehmen hat aufgrund
fehlender Vermögenswerte und Leistungsfähigkeit regelmäßig kaum bzw. keinen
Zugang zu Bankkrediten. VC leistet damit aus volkswirtschaftlicher Perspektive
einen wertvollen Beitrag zur Unternehmensentwicklung.[5] Obwohl auch VC-Fonds
in privates Beteiligungskapital investieren, geht der Trend im Investmentrecht in
jüngster Zeit dahin, den Bereich VC zunehmend als semantisch eigene Kategorie
außerhalb des Klassenbegriffs des Private Equity-Fonds zu identifizieren.[6] Ob damit
der besondere Nutzen dieser Anlageklasse möglicherweise im Gegensatz zu anderen
Szenarien im Spektrum einer Private Equity-Beteiligung betont werden soll, liegt im
Bereich der Spekulationen. Jedenfalls ist das Segment VC in den Augen der Europäischen Kommission „positiv besetzt"[7] und daher zu fördern. Mit Skepsis wird die
derzeitige Präferenz für herkömmliche Private Equity-Fonds gesehen, die dazu
führe, dass zu wenig Gelder in VC gelenkt würden.[8] Zur Steigerung des Fundsraising
und der Fondsgrößen im Bereich VC hat der Unionsgesetzgeber daher neben der
AIFM-RL auch eine Verordnung zur Regulierung des Segments sog. qualifizierter
Risikokapitalfonds (EuVECA-VO) erlassen,[9] die selbst im Jahr 2017 noch optimiert
wurde[10]. Die EuVECA-VO grenzt sich aber keineswegs auf das VC-Segment ein,

---

[4] Überblick bei *Jesch*, Private-Equity-Beteiligungen, S. 79 ff.

[5] *Deloitte*, Steuerliche Rahmenbedingungen für Private Equity in Deutschland, S. 1.

[6] So bei: *BaFin*, Journal Oktober 2016, S. 23; BegrRegE BT-Drs. 18/6744, S. 47, 65; Erwägungsgrund 78 AIFM-RL; *Europäische Kommission*, Vorschlag für Verordnung des Europäischen Parlaments und des Rates über Europäische Risikokapitalfonds vom 7. 12. 2011, KOM
(2011) 860 endg., S. 1; *Weitnauer*, BKR 2011, 143, 146; so bereits schon BegrRegE BT-
Drs. 15/1553, S. 65; *F. Voigt*, in: FrankKomm, KapAnlR Bd. 1, § 261 KAGB Rn. 34 merkt aber
den Charakter als Unterform von Private Equity an.

[7] *Weitnauer*, in: Weitnauer/Boxberger/Anders, KAGB, Anhang 2 Art. 1 EuVECA-VO
Rn. 3.

[8] *Europäische Kommission*, Vorschlag für Verordnung des Europäischen Parlaments und
des Rates über Europäische Risikokapitalfonds vom 7. 12. 2011, KOM(2011) 860 endg., S. 1.

[9] Verordnung (EU) Nr. 345/2013 des Europäischen Parlaments und des Rates vom
17. April 2013 über Europäische Risikokapitalfonds, ABl. Nr. L 115, 1 (zit.: EuVECA-VO).
Zu den Einzelheiten *Weitnauer*, in: Weitnauer/Boxberger/Anders, KAGB, Anhang 2 EuVECA-
VO; *ders.*, in: Weitnauer, Hdb. VC, B Rn. 49 ff.; *ders.*, GWR 2014, 139; *Siering/Izzo-Wagner*,
BKR 2014, 242; *Jesch/Aldinger*, RdF 2012, 217.

[10] Verordnung (EU) 2017/1991 des Europäischen Parlaments und des Rates vom 25. Oktober 2017 zur Änderung der Verordnung (EU) Nr. 345/2013 über Europäische Risikokapi-

sondern ermöglicht generell eine Investition in u. a. KMUs.[11] Bei Optierung für eine Regulierung nach der EuVECA-VO ermöglicht diese in dem Bereich, in dem die Verwalter im Rahmen der AIFM-RL nur einer Registrierungspflicht unterliegen, einheitliche Registrierungsanforderungen und die Nutzung des EU-Vertriebspasses, der sonst nur von Verwaltern, die Inhaber einer Erlaubnis sind, in Anspruch genommen werden kann.[12] Die Verfolgung von Private Equity-Strategien, wie fremdfinanzierte Übernahmen, ist aber ausweislich Erwägungsgrund 17 EuVECA-VO zu unterbinden.[13] Im Zuge des nunmehr geschaffenen EU-Regelwerks für Risikokapital wurde das bislang für VC-Vehikel vorgesehene WKBG a. F. aufgehoben.[14] Das WKBG a. F. war ohnehin nie von Praxisrelevanz, gab es nicht einen Antrag auf Anerkennung einer Wagniskapitalbeteiligungsgesellschaft.[15]

II. Leveraged Buy Out

Im Mittelpunkt stehen hingegen seit jeher Buy Out-Fonds, deren Segment aufgrund ihrer höheren Renditen die Bedeutung von Venture Capital in den Schatten stellte.[16] Buy Out-Investitionen von in Deutschland ansässigen Beteiligungsgesellschaften in Portfoliogesellschaften unabhängig von ihrem Sitz machten in den Jahren 2010 bis einschließlich 2016 einen durchschnittlichen Anteil von 76,3 Prozent des Investitionsvolumens der Private Equity-Investments aus.[17] Zu den Buy Out-Fonds zählen zwar auch sog. Management Buy Out-Fonds (MBO-Fonds), die auf Ersuchen des Managements eines Unternehmens hin dieses bei der Übernahme desselbigen

---

talfonds und der Verordnung (EU) Nr. 346/2013 über Europäische Fonds für soziales Unternehmertum, ABl. Nr. L 293, S. 1.

[11] Art. 5 Abs. 1 EuVECA-VO.

[12] *Europäische Kommission*, Vorschlag für Verordnung des Europäischen Parlaments und des Rates über Europäische Risikokapitalfonds vom 7. 12. 2011, KOM(2011) 860 endg., S. 3, *Weitnauer*, in: Weitnauer/Boxberger/Anders, KAGB, Anhang 2 Art. 1 EuVECA-VO Rn. 5.

[13] A. A. *Boxberger/Röder*, in: Weitnauer/Boxberger/Anders, KAGB, § 2 Rn. 40; *Boxberger*, in: Weitnauer/Boxberger/Anders, KAGB, § 44 Rn. 10, 42.

[14] Begr BT-Drs. 18/68, S. 71.

[15] Ebd.; *Schatz*, in: Jesch/Striegel/Boxberger, Rechtshdb. Private Equity, § 4 Abschn. 3.3.2.: wirkungsloser Papiertiger.

[16] *Eilers/Koffka*, in: Eilers/Koffka/Mackensen, Private Equity, Einl. Rn. 4 f.

[17] Laut Branchenstatistiken des *BVK:* im Jahr 2010 72,2 %, im Jahr 2011 67,8 %, im Jahr 2012 77,6 %, im Jahr 2013 82,0 %, im Jahr 2014 81,7 %, im Jahr 2015 75,3 %, im Jahr 2016 77,5 %. Statistiken abrufbar unter http://www.bvkap.de/markt/statistiken (zuletzt abgerufen am 27. 8. 2017). Ein Vergleich mit den europäischen Beteiligungsgesellschaften ist nicht möglich, weil der Branchenverband Invest Europe prozentuale Angaben nur zur Marktstatistik (Investments durch Beteiligungsgesellschaften unabhängig von ihrem Sitz in Portfoliogesellschaften mit Sitz in Europa) macht, vgl. Statistiken abrufbar unter http://www.investeurope.eu/research/activity-data/annual-activity-statistics/ (zuletzt abgerufen am 27. 8. 2017).

finanziell unterstützen.[18] Das Hauptaugenmerk liegt jedoch auf den in der Vergangenheit zu medialer Aufmerksamkeit („Heuschreckendebatte") gekommenen LBO-Fonds, die eigens initiativ Beteiligungen an nicht börsennotierten Unternehmen unter Einsatz eines überwiegenden Fremdfinanzierungsanteils erwerben.[19] Diese sind nicht Gegenstand einer Förderung wie der Bereich VC. Vielmehr werden sie mit den zuvörderst für den Bereich LBO erlassenen besonderen Regeln der Art. 26 ff. AIFM-RL bzw. §§ 287 ff. KAGB bei Übernahme eines nicht börsennotierten Unternehmens weiteren Restriktionen unterworfen.

1. Eingriff in den unternehmerischen Verantwortungsbereich

LBO-Fonds kommt es anders als üblichen Investmentfonds, die Vermögensgegenstände passiv als Finanzanlage verwalten, grundsätzlich auf das Entfalten unternehmerischer Aktivitäten in den Portfoliogesellschaften an.[20] Die Intention besteht darin, unter überwiegendem Einsatz von Fremdkapital eine Mehrheitsbeteiligung am Zielunternehmen zu erwerben, mit Hilfe dieser am operativen Geschäft mitzuwirken[21] und das Zielunternehmen am Ende mit Gewinn zu verkaufen oder an der Börse zu platzieren (sog. Exit). Im Mittelpunkt steht deshalb der bloße Eigentümerwechsel ohne Zuführung weiteren Kapitals an die übernommene Gesellschaft.[22] Durch das gesellschaftsrechtlich vermittelte Stimmgewicht soll das Zielunternehmen so gestaltet werden, dass Wertschöpfungspotenziale realisiert und Ineffizienzen abgebaut werden (sog. Value Creation), während das eingesetzte Fremdkapital die dabei erreichte Eigenkapitalrendite maximieren soll (sog. Hebelwirkung bzw. Leverage-Effekt).[23] Es ist jedoch nicht ausgeschlossen, dass Gewinne auch über Werttransfers (sog. Value Transfers) abgebildet werden, etwa in Form von Lohnkürzungen oder Steuereinsparungen, oder auf einer bisherigen Unterbewertung

---

[18] *Weitnauer*, in: Weitnauer, MBO, A Rn. 1 f.; *Kind*, in: Lüdicke/Arndt, Geschlossene Fonds, S. 424; *Weber/Eitelwein et al.*, Private-Equity-Controller, S. 32; *Beisel*, in: Beisel/Klumpp, Unternehmenskauf, § 13 Rn. 1.

[19] Da die Initiative des Beteiligungserwerbs von den Finanzinvestoren selbst ausgeht, wird der Erwerb auch als Institutioneller Buy Out bezeichnet. Der Begriff des Leveraged Buy Out hebt nur die besondere Finanzierungsform hervor, *Weitnauer*, in: Weitnauer, MBO, A Rn. 1 f.

[20] *R. H. Schmidt/Spindler*, Finanzinvestoren, B. Rn. 55; BegrRegE, BT-Drs. 16/11130, S. 43 f.: „[…] mit der Absicht, […] in deren unternehmerischen Entscheidungs- und Verantwortungsbereich einzutreten".

[21] *Jesch*, RdF 2014, 180; *R. Koch*, in: Möllers/Kloyer, Das neue KAGB, Rn. 261, 264; *Lehmann*, in: Leible/Lehmann, Hedgefonds und Private Equity – Fluch oder Segen, S. 17, 19; *R. H. Schmidt/Spindler*, Finanzinvestoren, B. Rn. 61; *Rudolph*, ZGR 2008, 161, 163; *Eitelwein et al.*, Private Equity Controlling, S. 5; *Eidenmüller*, DStR 2007, 2116, 2118; *Köndgen*, in: Berger/Steck/Lübbehüsen, InvG, § 1 Rn. 17: zumindest Sperrminorität.

[22] *Eitelwein et al.*, Private Equity Controlling, S. 8.

[23] *R. Koch*, in: Möllers/Kloyer, Das neue KAGB, Rn. 261, 264; zum Leverage-Effekt s. ausführlich 2. Teil, B.II.

der übernommenen Unternehmen beruhen.[24] Nukleus der Gewinnrealisierung bleibt allerdings die Wertschaffung,[25] wofür auch empirische Nachweise bestehen[26].

Die Mehrheitsbeteiligung wird im Übrigen schon im Hinblick auf die im Nachgang zum Erwerb folgende Umsetzung der – im Einzelnen noch zu erläuternden – sog. Debt Push Down-Maßnahmen benötigt, mit denen die Verpflichtung zur Bedienung des aus der Akquisitionsfinanzierung entstehenden Schuldendienstes an die Zielgesellschaften weitergereicht wird. In der Folge wird der freie Cash Flow der Zielgesellschaft zur Tilgung der Akquisitionsfinanzierung einschließlich Zinslast an die Fremdkapitalgeber abgeführt, sodass das Unternehmen wirtschaftlich betrachtet die eigene Übernahme finanziert.[27] LBO-Fonds sind daher an bereits etablierten, nicht sanierungsanfälligen Unternehmen mit Vermögenswerten und einem stabilen Cash Flow interessiert.[28] Besonders attraktiv sind vor diesem Hintergrund Unternehmen, deren Geschäftsführungsebene die erwirtschafteten Jahresüberschüsse nicht an die Anteilseigner ausschüttet, sondern thesauriert und in die freie Rücklage einstellt.[29] Während der Haltedauer können zudem Ausschüttungen erwirkt werden,[30] um bereits frühzeitig Erträge für die Investoren der LBOs zu generieren („Exit ohne Ausstieg"[31]). Mit den Ausschüttungen wird die im LBO-Sektor maßgebliche Erfolgskennzahl der sog. Internal Rate of Return (IRR) gesteigert, da diese anders als etwa die im Bereich Venture Capital herangezogenen sog. Cash Multiples, die nur auf die absolute Größe des Kapitalrückflusses beim Exit abstellen, auch die zeitliche Komponente berücksichtigt.[32] Zum großen Teil handelt es sich bei den Ausschüttungen sogar um fremdfinanzierte Ausschüttungen (sog. Leveraged Recapitalizations), auf die sich die Fremdkapitalgeber dann einlassen, wenn bereits eine Steigerung sowohl des Unternehmenswerts als auch der Cash Flows zu verzeichnen ist.[33]

---

[24] *R. H. Schmidt/Spindler*, Finanzinvestoren, B Rn. 56.

[25] *Kaserer/Achleitner/von Einem/Schierek*, Private Equity in Deutschland, S. 190 ff.; *R. H. Schmidt/Spindler*, Finanzinvestoren, B. Rn. 58; *Rudolph*, ZGR 2008, 161, 163.

[26] *Kaserer*, Return Attribution in Mid-Market Buy-Out Transactions, S. 5 ff.; *Meier/Hiddemann/Brettel*, ZfB 76 (2006), Nr. 10, 1035 ff. m. w. N., 1049; *Kaserer/Achleitner/von Einem/Schierek*, Private Equity in Deutschland, S. 197 f. m. w. N.

[27] *U. H. Schneider*, NZG 2007, 888; *ECB*, Large banks and private equity-sponsored leveraged buyouts in the EU, S. 9.

[28] *Eilers*, in: Eilers/Koffka/Mackensen, Private Equity, IV. Rn. 5; *EZB*, Monatsbericht August 2007, Leveraged Buyouts und Finanzstabilität, S. 99, 100.

[29] *Oechsler*, in: MünchKomm, AktG, § 71a Rn. 2; *ders.*, ZIP 2006, 1661, 1664.

[30] Von *U. H. Schneider*, NZG 2007, 888 auch als „Superdividende" bezeichnet.

[31] *Holzner*, Private Equity, der Einsatz von Fremdkapital und Gläubigerschutz, S. 50, 54.

[32] *Eilers/Koffka*, in: Eilers/Koffka/Mackensen, Private Equity, Einl. Rn. 13; *Tcherveniachki*, Kapitalgesellschaften und Private Equity Fonds, S. 29 ff.

[33] *Holzner*, Private Equity, der Einsatz von Fremdkapital und Gläubigerschutz, S. 50, 54; *Eilers/Koffka*, in: Eilers/Koffka/Mackensen, Private Equity, Einl. Rn. 13; *Leyendecker/Rödding/Kalb*, in: Eilers/Koffka/Mackensen, Private Equity, VII. Nr. 6 Rn. 9 f.; *Seibt*, ZHR 171 (2007), 282, 289.

2. Investorenkreis und Co-Investments

Ausweislich aktueller Verbandsstatistiken richten sich die LBO-Fonds in erster Linie an institutionelle Anleger (vorwiegend Pensionsfonds, aber auch Versicherungen, Staatsfonds, Kreditinstitute, Dachfonds, etc.).[34] Nur sekundär stammt das eingesammelte Kapital von vermögenden Privatanlegern bzw. Family Offices. Neben dem Investment im Fonds können einzelnen Fondsinvestoren sog. unechte Co-Investments in Gestalt einer Minderheitsbeteiligung am Zielunternehmen angeboten werden.[35] Derartige Minderheitsbeteiligungen verschreiben sich der Investorenpflege, da fondsspezifische Vergütungskosten vermieden werden.[36] In gleichem Maße können unechte Co-Investments aber auch der Erweiterung des Akquisitionshorizonts und/oder der Umgehung eines sonst eintretenden Bruchs mit den Anlagebedingungen des Fonds dienen.[37] Nicht ausgeschlossen ist, dass die Co-Investments zu einer personellen Besetzung von Aufsichtsräten oder Beiräten der Portfoliounternehmen durch die Minderheitsinvestoren führen und damit eine Effektuierung des Risikomanagements in den Zielgesellschaften entsprechend der Investitionsinteressen zur Folge haben.[38] Davon zu unterscheiden sind Co-Investments der Fondsmanager, die in einem anderen Kontext erläutert werden.[39]

3. Haltedauer und Laufzeit

Da der Fonds jedenfalls von vornherein auf einen Exit angelegt ist, mit dem die planmäßige Wertsteigerung realisiert werden soll, wird das Private Equity-Invest-

---

[34] Exemplarisch für das Jahr 2016: *Invest Europe*, 2016 European Private Equity Activity, S. 19, abrufbar unter https://www.investeurope.eu/media/651727/invest-europe-2016-european-private-equity-activity-final.pdf (zuletzt abgerufen am 27.8.2017); *BVK*, Das Jahr 2016 in Zahlen, abrufbar unter http://www.bvkap.de/sites/default/files/page/2010-2016_bvk-statistik_2 016_final_270217.xlsx (zuletzt abgerufen am 27.8.2017). Das Sicherungsvermögen von kleinen Versicherungsunternehmen und Pensionskassen darf nach § 2 Abs. 1 Nr. 13 lit. b AnlV in Beteiligungen in Form von Anteilen an geschlossenen Private Equity-AIFs angelegt werden. Eine direkte Investition in Private Equity-Fonds aus Fondsstandorten wie Delaware oder Cayman Islands mit unbeaufsichtigten Verwaltungsgesellschaften ist jedoch nach dem Kapitalanlagerundschreiben der BaFin vom 12.12.2017 (Rundschreiben 11/2017 (VA)) nicht möglich, auch nicht über § 2 Abs. 1 Nr. 13 lit. a AnlV. Die AnlV ist auch für Versorgungswerke und Zusatzversorgungskassen durch Verweise im jeweiligen Landesrecht maßgebend. Für Pensionsfonds gilt die PFAV nebst dem vorgenannten Kapitalanlagerundschreiben. Zu den neuen quantitativen Anforderungen an die Solvabilitätskapitalanforderung aus § 89 VAG und qualitativen Anforderungen aus dem Prinzip der unternehmerischen Vorsicht in § 124 VAG s. *Bärenz/Steinmüller*, RdF 2016, 92, 93 ff.

[35] *IOSCO*, Private Equity Conflicts of Interest, FR 11/10, S. 15.

[36] *Boxberger*, in: Dornseifer/Jesch/Klebeck/Tollmann, AIFM-RL, Art. 13 Rn. 58. Zu den Vergütungsstrukturen s. 6. Teil, B.II.7.c).

[37] *Invest Europe*, Handbook vom November 2015, Professional Standards, Sec. 3. No. 3.3.11.

[38] *Hundertmark/Paul*, in: Eilers/Koffka/Mackensen, Private Equity, VII. Nr. 1 Rn. 4.

[39] 5. Teil, A.I.1.

ment nur für eine bestimmte Dauer gehalten, die naturgemäß variiert. Genannt wird ein Zeitraum zwischen drei und zehn Jahren.[40] Dieser Zeitraum sollte aber unter steuerrechtlichen Gesichtspunkten jedenfalls mindestens mittelfristig angelegt sein, mithin drei bis fünf Jahre betragen.[41] Dementsprechend ist auch die Lebensdauer des Fonds mit typischerweise sechs bis 13 Jahren begrenzt.[42]

B. Akquisition durch Leveraged Buy Out-Fonds

Auch wenn jeder Unternehmenskauf eigene Besonderheiten und Erfordernisse mit sich bringt, bewegen sich LBO-typische Akquisitionen in einem Rahmen mit wiederkehrenden Mustern. Die letztliche Modellierung der Akquisition unterscheidet sich von Transaktion zu Transaktion, doch die von der Akquisitionspraxis aufgrund haftungsrechtlicher, finanzierungstechnischer und steuerrechtlicher Erwägungen akzeptierten Gestaltungsmittel bleiben dieselben. Das vor diesem Hintergrund identifizierbare einheitliche Bild der Akquisitionspraxis bei LBO-Fonds wird im Folgenden nachgezeichnet. Zu erhellen sind die Akquisitionsstruktur und der Einsatz von Fremdkapital (unter I.), der Leverage-Effekt (unter II.), der strukturelle Nachrang der Fremdkapitalgeber (unter III.), die Maßnahmen als Reaktion auf den strukturellen Nachrang (unter IV.), die Betätigung nach Anteilserwerb (unter V.) und schließlich die Exit-Strategien (unter VI.).

---

[40] *Ernstberger/Herz*, in: Leible/Lehmann, Hedgefonds und Private Equity – Fluch oder Segen, S. 33, 36: fünf bis sieben Jahre; *Sagasser*, in: Assmann/Schütze, Hdb. KapitalanlageR, § 27 Rn. 401: drei bis fünf Jahre; *R. Koch*, in: Möllers/Kloyer, Das neue KAGB, Rn. 261, 276: sieben bis zehn Jahre; *Levedag*, in: MünchHdb. KG, § 71 Rn. 201: drei bis fünf Jahre; *Inhester/Herrmann*, in: MünchHdb. KG, § 26 Rn. 124: drei bis fünf Jahre; *Holzner*, Private Equity, der Einsatz von Fremdkapital und Gläubigerschutz, S. 40: fünf bis sieben Jahre; *Blome-Drees/Rang*, Private Equity-Investitionen in deutsche Unternehmen und ihre Wirkungen auf die Mitarbeiter, S. 15, 22, 46: vier bis sieben Jahre; *Ellrott*, in: Eilers/Koffka/Mackensen, Private Equity, VIII. Rn. 1: drei bis sieben Jahre; *Eilers*, in: Eilers/Koffka/Mackensen, Private Equity, IV. Rn. 4: vier bis acht Jahre; *Kind*, in: Lüdicke/Arndt, Geschlossene Fonds, S. 422: Haltedauer betrüge drei bis sechs Jahre, heute bis zu zehn Jahren.

[41] 5. Teil, A.II.2.a)bb).

[42] *Jesch*, Private-Equity-Beteiligungen, S. 180: acht bis zwölf Jahre; *Sagasser*, in: Assmann/Schütze, Hdb. KapitalanlageR, § 27 Rn. 401: acht bis zwölf Jahre; *Levedag*, in: MünchHdb. KG, § 71 Rn. 201: zehn bis zwölf Jahre; *Holzner*, Private Equity, der Einsatz von Fremdkapital und Gläubigerschutz, S. 44, 49: sechs bis zehn Jahre; *Blome-Drees/Rang*, Private Equity-Investitionen in deutsche Unternehmen und ihre Wirkungen auf die Mitarbeiter, S. 15: sechs bis zehn Jahre; *Ellrott*, in: Eilers/Koffka/Mackensen, Private Equity, VIII. Rn. 8: zehn bis zwölf Jahre; *BMF*, Schreiben vom 16.12.2003, IV A 6-S 2240-153/03, Einkommensteuerliche Behandlung von Venture Capital und Private Equity Fonds; Abgrenzung der privaten Vermögensverwaltung vom Gewerbebetrieb, Rn. 4, BStBl. 2004 I, S. 40 und BStBl. 2006 I, S. 632.

I. Akquisitionsstruktur und Einsatz von Fremdkapital

Der LBO-Fonds hält die Zielgesellschaft nie unmittelbar. In der Praxis wird zum Erwerb der Anteile an der Zielgesellschaft in der Regel eine aufgrund steuerlicher und finanzierungstechnischer Erfordernisse mehrstufige Akquisitionsstruktur aufgelegt.[43] Für die Zwecke dieser Arbeit wird indes von einer vereinfachten zweistufigen inländischen Akquisitionsstruktur ausgegangen. Auf der Ebene einer regelmäßig auch als HoldCo (Holding Company) bezeichneten GmbH werden sämtliche Investoren, i. e. Fonds, Co-Investments und die an anderer Stelle noch separat zu erläuternden Managementbeteiligungen, gebündelt. Die HoldCo hält zu 100 Prozent ein Akquisitionsvehikel (andere Begriffe: Zweckgesellschaft, Erwerber- bzw. Erwerbsgesellschaft, NewCo (New Company) oder AcquiCo (Acquisition Company)), das zumeist eine GmbH[44] ist. Das eingesammelte Kapital wird sodann in die Kapitalrücklage (§ 272 Abs. 2 Nr. 4 HGB) der AcquiCo eingezahlt. Daneben wird die AcquiCo zum überwiegenden Anteil mit Fremdkapital – vornehmlich Bankkredite und Gesellschafterdarlehen[45] – ausgestattet, um die Anteile an der Zielgesellschaft zu kaufen.[46] Den Abschluss des Kaufvertrags bezeichnet man als Signing, den dinglichen Vollzug als Closing. Nach dinglichem Vollzug des Anteilserwerbs kann die AcquiCo sodann für etwaige Umstrukturierungsmaßnahmen im Rahmen des Debt Push Down genutzt werden. Auf Fondsebene wird mit Ausnahme von Übergangsfinanzierungen ausstehender Kapitaleinzahlungen typischerweise kein Fremdkapital aufgenommen.[47] Das hat steuerrechtliche Gründe, da bei Aufnahme von Fremdkapital zum nachfolgenden Unternehmenserwerb die Qualifizierung als Gewerbebetrieb droht.[48]

Eine Kennziffer zur Veranschaulichung der Höhe des Fremdkapitaleinsatzes ist der sog. Leverage Multiple. Der Leverage Multiple wird definiert als das Verhältnis der Schulden zum Betriebsergebnis vor Zinsen, Steuern, Abschreibungen auf

---

[43] Ausführlich *Eilers*, in: Eilers/Koffka/Mackensen, Private Equity, IV. Rn. 41 ff.; *Jetter/Jörgens*, in: Eilers/Koffka/Mackensen, Private Equity, V. Rn. 48.

[44] *Weitnauer*, AG 2013, 672, 676; *Meyer*, Die Besicherung der Akquisitionsfinanzierung beim Leveraged Buy-out einer GmbH, S. 58.

[45] *Ingenhoven*, in: Jesch/Striegel/Boxberger, Rechtshdb. Private Equity, § 12 Abschn. 2.; näher *EZB*, Monatsbericht August 2007, Leveraged Buyouts und Finanzstabilität, S. 99, 101; *dies.*, Large banks and private equity-sponsored leveraged buyouts in the EU, S. 8 ff.; dazu *Rudolph*, ZGR 2008, 161, 180; *Diem*, Akquisitionsfinanzierungen, § 5 Rn. 1 ff.; exemplarisch aufgezeigte Finanzierungsstrukturen von einzelnen Fallstudien bei *Kaserer/Achleitner/von Einem/Schierek*, Private Equity in Deutschland, S. 100 ff.

[46] *Holzner*, Private Equity, der Einsatz von Fremdkapital und Gläubigerschutz, S. 88 f.; *Elser/Dürrschmidt*, FR 2010, 1075, 1078; *Tscherveniachki*, Kapitalgesellschaften und Private Equity Fonds, S. 217.

[47] *Spindler/Tancredi*, WM 2011, 1393, 1397; *Tollmann*, in: Dornseifer/Jesch/Klebeck/Tollmann, AIFM-RL, Art. 3 Rn. 28, Art. 4 Rn. 155; *Möllers/Harrer/Krüger*, WM 2011, 1537, 1538; *Achleitner*, DB 2010 Beil., 83; *Söhner*, WM 2014, 2110, 2113; *ders.*, WM 2011, 2121, 2124 f.; *Weitnauer*, AG 2013, 672, 673.

[48] Ausführlich 5. Teil, A.II.2.a)bb).

Sachanlagen und auf immaterielle Vermögensverwerte (EBITDA).[49] Die Leverage Multiples pendelten sich über die letzten Jahre im Wesentlichen in einem Rahmen zwischen den Faktoren 4.5 und 5.0 ein.[50] Die Fremdkapitalquote bei der Kaufpreiserbringung kann dabei durchaus im Bereich zwischen 60 und 80 Prozent liegen.[51]

Die weitgehende Substitution des Eigenkapitals durch Fremdkapital hat verschiedene Hintergründe. Den wesentlichen Anreiz für den Einsatz eines weit überwiegenden Fremdkapitalanteils bildet der bereits genannte und sogleich (unter II.) noch kurz zu beschreibende Leverage-Effekt. Jedenfalls ist Fremdkapital auch günstiger im Vergleich zum Eigenkapital.[52] So ermöglichen die Zinslasten der Kredite eine steuerliche Abzugsfähigkeit im Rahmen der noch näher zu bringenden Zinsschranke auf Ebene des Akquisitionsvehikels bzw. auf Ebene der Portfoliogesellschaft nach Durchführung eines Debt Push Down.[53] Damit ist zugleich die Diskussion um die optimale Kapitalstruktur eines Unternehmens eröffnet, die jedoch aufgrund gegensätzlicher Effekte einer zunehmenden Verschuldung für das betroffene Portfoliounternehmen nicht in einem eindeutigen Ergebnis münden kann.[54] So kann neben dem bereits angesprochenen Steuerspareffekt auf Unternehmensebene, der allerdings gesamtwirtschaftlich in einer Umverteilung zu Lasten des Steuerzahlers resultiert, für eine Verschuldung auch eine möglicherweise zu Effizienzgewinnen führende Disziplinierung des Managements ins Feld geführt werden.[55] Denkbar ist aber zugleich, dass sich die Geschäftsleitung dazu gezwungen sieht, wertsteigernde Projekte nicht weiterzuverfolgen. Wirtschaftlich sinnvolle Investitionen können so verhindert werden.[56] Hauptargument gegen eine exzessive Be-

---

[49] *Deutsche Bundesbank*, Monatsbericht April 2007, S. 20.

[50] *S&P Capital IQ*, EMEA Private Equity, Market Snapshot, July 2015, Issue 6, S. 11, abrufbar unter http://www.spcapitaliq.com/documents/our-thinking/research/private-equity-market-snapshot-july-2015-issue-6.pdf (zuletzt abgerufen am 27.8.2017).

[51] *U. H. Schneider*, NZG 2007, 888, 890; *Holzner*, Private Equity, der Einsatz von Fremdkapital und Gläubigerschutz, S. 53 ff.; *Kind*, in: Lüdicke/Arndt, Geschlossene Fonds, S. 419; *Eilers*, in: Eilers/Koffka/Mackensen, Private Equity, IV. Rn. 7; *EZB*, Monatsbericht August 2007, Leveraged Buyouts und Finanzstabilität, S. 99, 101; *R. H. Schmidt/Spindler*, Finanzinvestoren, D. Rn. 2: 60–70 %; *Geurts/Schubert*, KAGB kompakt, S. 87: 20 % Eigenkapital.

[52] *Otto*, AG 2013, 357, 361: Verwendung von Eigenkapital sei die mit Abstand teuerste Finanzierungsform; *Weber/Eitelwein et al.*, Private-Equity-Controller, S. 99 f. Beispiel bei *R. H. Schmidt/Spindler*, Finanzinvestoren, B Rn. 43.

[53] *Jaskolski/Grüber*, CFL 2010, 188, 190. Zum Debt Push Down s. 2. Teil, B.IV.2.

[54] *Kaserer/Achleitner/von Einem/Schierek*, Private Equity in Deutschland, S. 203; zu generellen wohlfahrtsökonomischen Effekten *Seibt*, ZHR 171 (2007), 282, 291.

[55] *Sachverständigenrat zur Begutachtung der gesamtwirtschaftlichen Entwicklung*, Jahresgutachten 2005/06, S. 468; *Kaserer/Achleitner/von Einem/Schierek*, Private Equity in Deutschland, S. 202.

[56] *Holzner*, Private Equity, der Einsatz von Fremdkapital und Gläubigerschutz, S. 69.

lastung mit Fremdkapitalverbindlichkeiten, der keine Mittelzufuhr gegenübersteht, bleibt jedoch das daraus resultierende erhöhte Insolvenzrisiko.[57]

II. Leverage-Effekt und finanzwirtschaftliche Annahmen

Das Fremdkapital wird im Rahmen von LBO-Transaktionen vornehmlich zur Ertragshebelung eingesetzt.[58] Der dahinterstehende Mechanismus soll kurz erläutert werden, da eine Leverage-Beschränkung ins Visier der Regulatoren geraten und infolgedessen eine Diskussion über deren Reichweite entbrannt ist.[59] Der Leverage-Effekt ist die Bezeichnung für die im Rahmen der Diskussion um die optimale Kapitalstruktur eines Unternehmens gefundene Feststellung, dass die Eigenkapitalrendite der Investoren vom Anteil der Fremdfinanzierung abhängig ist.[60] Vorausgesetzt, dass der Fremdkapitalzinssatz bei steigendem Verschuldungsgrad gleich bleibt, kann die Eigenkapitalrendite der Investoren bei zunehmender Aufnahme von Fremdkapital beliebig gesteigert werden, solange die Gesamtkapitalrendite den Fremdkapitalzins übersteigt (Leverage-Chance).[61] Dabei handelt es sich nicht um ein speziell nur bei LBO-Fonds einsetzendes Phänomen, sondern die Nutzung der Hebelwirkung ist vielmehr eine generelle Finanzierungstechnik.[62] Das bei steigender Verschuldung wachsende Insolvenzrisiko lassen sich die Fremdkapitalgeber allerdings entsprechend verzinsen.[63] Eine Flexibilität in Abhängigkeit von der Bonität des Kreditnehmers kann über sog. Zinsanpassungsklauseln hergestellt werden.[64] Die Eigenkapitalrentabilität lässt sich vor diesem Hintergrund nur dann und solange erhöhen, wie die Gesamtkapitalrendite immer noch größer ist als der Fremdkapitalzins.[65]

---

[57] *Kaserer/Achleitner/von Einem/Schierek*, Private Equity in Deutschland, S. 203, 259; *Holzner*, Private Equity, der Einsatz von Fremdkapital und Gläubigerschutz, S. 68; *Seibt*, ZHR 171 (2007), 282, 292; *Rasmussen*, Commission conference on private equity, S. 6: „And we all know that the higher the debt is, the higher the risk of bankruptcy is".

[58] *Holzner*, Private Equity, der Einsatz von Fremdkapital und Gläubigerschutz, S. 30, 51 ff.

[59] 3. Teil, D.I. und 6. Teil, B.II.9.

[60] *Perridon/Steiner/Rathgeber*, Finanzwirtschaft der Unternehmung, S. 562.

[61] *Eilers/Koffka*, in: Eilers/Koffka/Mackensen, Private Equity, Einl. Rn. 13; *R. H. Schmidt/Spindler*, Finanzinvestoren, D. Rn. 2, C. Rn. 11 ff.

[62] *Seibt*, ZHR 171 (2007), 282, 289.

[63] Ebd., 291 f.

[64] In Individualvereinbarungen zulässig, im AGB-Recht umstritten, s. *Diem*, Akquisitionsfinanzierungen, § 15 Rn. 28 ff.

[65] Vgl. auch Beispiel bei *European Commission*, Impact Assessment vom 19. 12. 2012, SWD(2012) 386 final, Annex 5.

III. Struktureller Nachrang der Fremdkapitalgeber

Die Akquisitionsfinanzierung in Form von Kreditgewährungen kann ohne entsprechende Sicherheitenbestellung nicht gelingen. Abgesehen von den für den Anteilserwerb notwendigen Mitteln ist das Akquisitionsvehikel allerdings weitgehend vermögenslos. Es kann nur die Verpfändung der künftigen Gesellschaftsanteile am Zielunternehmen nach § 1274 BGB[66] sowie die Sicherungsabtretung etwaiger Gewährleistungsansprüche gegen den Verkäufer und gegen die Ersteller der sog. Due Diligence-Reports, in denen die pre-akquisitorische Analyse der Zielunternehmen und die mit dem Investment verbundenen Risiken wiedergegeben werden, anbieten.[67] Aus Sicht der Fremdkapitalgläubiger ist diese Akquisitionsstruktur nachteilig. Die weitgehende Vermögenslosigkeit des Akquisitionsvehikels bedingt, dass die Kredite nur bedient werden können, indem die Einkommensströme der operativ tätigen Zielgesellschaft an das Akquisitionsvehikel hochgeleitet werden.[68] Ein direkter Zugriff auf das Vermögen der Zielgesellschaft im Verwertungsfall bestünde für die Fremdkapitalgeber als bloße Gesellschaftergläubiger nicht. Würde die Liquidation der Zielgesellschaft gem. §§ 271, 272 AktG, 72, 73 GmbHG betrieben, müssten zunächst die Gesellschaftsverbindlichkeiten beglichen werden.[69] In der Insolvenz folgt der Nachrang gegenüber den Gesellschaftsgläubigern rechtsformunabhängig aus § 199 Satz 2 InsO.[70] Es bliebe nur die Veräußerung der Gesellschaftsanteile. Aus alldem folgt ein struktureller Nachrang der Gesellschaftergläubiger gegenüber den Gesellschaftsgläubigern.[71]

IV. Maßnahmen als Reaktion auf den strukturellen Nachrang

Dem strukturellen Nachrang im Hinblick auf die Zugriffsmöglichkeiten der Fremdkapitalgläubiger kann in der Praxis auf unterschiedlichen Wegen abgeholfen werden.

---

[66] *Holzner*, Private Equity, der Einsatz von Fremdkapital und Gläubigerschutz, S. 91 m. w. N.

[67] *Diem*, Akquisitionsfinanzierungen, § 6 Rn. 8, 11.

[68] *Jetter/Jörgens*, in: Eilers/Koffka/Mackensen, Private Equity, V. Rn. 63.

[69] *Tasma*, Leveraged Buyout und Gläubigerschutz, S. 38.

[70] Ebd., S. 38 f.

[71] *Holzner*, Private Equity, der Einsatz von Fremdkapital und Gläubigerschutz, S. 91.

1. Bestellung von Upstream Security

Eine Möglichkeit besteht darin, dass die Zielgesellschaft Sicherheiten für die Kreditgläubiger bestellt (sog. Upstream Security).[72] Im Verwertungsfall hätten die Kreditgläubiger somit direkten Zugriff auf die zur Sicherheit bestellten Vermögensgegenstände. Auf Veranlassung des Akquisitionsvehikels kann die Sicherheitenbestellung erst nach Anteilserwerb geschehen. Vor Closing wäre das Akquisitionsvehikel bloß unbeteiligter Dritter. In diesem Stadium würde die Geschäftsführung der Zielgesellschaft bei der Begebung von Sicherheiten ihre Sorgfaltspflichten verletzen, weil die Sicherheiten nicht im Interesse der Zielgesellschaft bestellt würden.[73] Die Sorgfaltswidrigkeit wäre erst dann abzulehnen, wenn die Geschäftsführung einer GmbH oder Personengesellschaft nach Closing einer wirksamen Weisung der Gesellschafter folgte.[74] In der Regel würden die Zielgesellschaften daher auch erst nach Closing dem Kreditvertrag als Garantiegeber beitreten. Bei freundlichen Übernahmen ist es jedoch denkbar, dass die Sicherheitenverträge aufschiebend bedingt durch die Erteilung einer bindenden Weisung des Erwerbers[75] oder das Closing[76] geschlossen würden.[77] Der Veräußerer kann hierfür im Anteilskaufvertrag zur Mitwirkung verpflichtet werden.[78]

Die Bestellung von Upstream Security zugunsten der Banken ermöglicht dem Akquisitionsvehikel als Gesellschafter der Zielgesellschaft die Kreditaufnahme und stellt damit einen wirtschaftlichen Vorteil dar, der einer Kreditvergabe gleicht („Haftungskredit"[79]). Daher ist es anerkannt, dass eine Sicherheitenbestellung zu einer Verletzung der kapitalerhaltungsrechtlichen Verbotstatbestände der §§ 30 GmbHG, 57 AktG führen kann.[80] Es ist aber heftig umstritten, zu welchem Zeit-

---

[72] *Ingenhoven*, in: Jesch/Striegel/Boxberger, Rechtshdb. Private Equity, § 12 Abschn. 6.2.1.; *Seibt*, ZHR 171 (2007), 282, 289 f.; *Holzner*, Private Equity, der Einsatz von Fremdkapital und Gläubigerschutz, S. 95 f.

[73] *Diem*, Akquisitionsfinanzierungen, § 6 Rn. 11; *Meyer*, Die Besicherung der Akquisitionsfinanzierung beim Leveraged Buy-out einer GmbH, S. 84; *Tasma*, Leveraged Buyout und Gläubigerschutz, S. 44.

[74] *Diem*, Akquisitionsfinanzierungen, § 6 Rn. 11.

[75] So ebd.; *Meyer*, Die Besicherung der Akquisitionsfinanzierung beim Leveraged Buy-out einer GmbH, S. 85.

[76] Als Regelfall darstellend: Anm. *Goette* zu BGH, Urt. v. 18.6.2007 – II ZR 86/06, DStR 2007, 1874, 1878.

[77] Irritierend daher *Schrader*, in: Eilers/Koffka/Mackensen, Private Equity, I. Nr. 4 Rn. 26, nach dem die Banken bereits zum Closing den Beitritt der Zielgesellschaft zu den Finanzierungsverträgen als Garantiegeber verlangen würden.

[78] Ebd.

[79] *Mülbert*, ZGR 1995, 578, 595; *Wessels*, ZIP 2004, 793, 797.

[80] *Drygala*, in: KölnKomm, AktG, § 57 Rn. 78 ff.; *Habersack*, in: Ulmer/Habersack/Löbbe, GmbHG, § 30 Rn. 96; *Schmolke*, Kapitalerhaltung in der GmbH nach dem MoMiG, § 30 GmbHG Rn. 102; *Dampf*, Der Konzern 2007, 157, 159; *Winkler/Becker*, ZIP 2009, 2361; *Redeker*, CFL 2011, 298, 299; *Diem*, Akquisitionsfinanzierungen, § 43 Rn. 1 ff.; *Kollmorgen/Santelmann/Weiß*, BB 2009, 1818 m.w.N.

punkt eine verbotsrelevante Auszahlung bzw. Einlagenrückgewähr anzunehmen ist und welche Konsequenzen das für die Haftung der Geschäftsführung zeitigt.[81] Denkbar ist, dass es (erst) im Verwertungsfall zu einer verbotenen Auszahlung oder Einlagenrückgewähr gegenüber dem Akquisitionsvehikel kommt. Die Geschäftsführung der Zielgesellschaft kann eine verbotsrelevante Verwertung und damit die eigene Haftung aus §§ 43 Abs. 3 Satz 1 GmbHG, 93 Abs. 3 Nr. 1 AktG unter Rekurs auf das Kapitalerhaltungsrecht dann jedoch nicht mehr abwenden, da die Banken lediglich Drittgläubiger und daher von den Restriktionen aus §§ 30 GmbHG, 57 AktG nicht berührt sind.[82] Um den Zugriff der Banken aus dieser Notwendigkeit heraus entsprechend zu limitieren, hat sich die Akquisitionsfinanzierungspraxis mit der Vereinbarung der sog. Limitation Language als eine den Kapitalerhaltungsregeln nachgebildete vertragliche Verpflichtung beholfen, die zu Lasten der Sicherungsnehmer eine vertragliche Begrenzung ihrer Verwertungsrechte statuiert.[83]

2. Debt Push Down

Andere, auch aus Reaktion auf den strukturellen Nachrang, aber überwiegend aus steuerrechtlichen und finanzierungstechnischen Gesichtspunkten gebotene Gestaltungsmaßnahmen lassen sich unter dem Begriff des Debt Push Down zusammenfassen.[84] Aus Sicht der Fremdkapitalgeber ist es vorteilhafter, wenn die Verbindlichkeiten der Akquisitionsgesellschaft aus der Finanzierung und die Gewinne der operativ tätigen Zielgesellschaft zusammengeführt werden, da eine Tilgung dann ohne Ausschüttung getätigt werden kann.[85] Darüber hinaus kann eine Limitation Language in einem Upstream-Sicherheitenvertrag der Zielgesellschaft mit der kreditgebenden Bank hinfällig werden, wenn der Sicherheitengeber nur noch eine eigene Schuld besichert und so das Kapitalerhaltungsrecht in Ansehung einer möglichen Verwertung der Sicherheiten ausgehebelt wird.[86] Auch steuerlich ist es geboten, den Finanzierungsaufwand mit den operativen Gewinnen zusammenzuführen, um den Zinsaufwand des Fremdkapitals mit den laufenden Erträgen, allerdings im

---

[81] Diese Diskussion ist im Rahmen des Verbots des Asset Stripping in § 292 KAGB erneut zu reflektieren, vgl. ausführlich 6. Teil, B.III.3.b)aa)(1)(d)(bb).

[82] *Holzner*, Private Equity, der Einsatz von Fremdkapital und Gläubigerschutz, S. 125.

[83] *Diem*, Akquisitionsfinanzierungen, § 43 Rn. 97. In einer Insolvenz soll die Limitation Language nicht mehr aufrechtzuerhalten sein, da der Insolvenzverwalter nicht nach gesellschaftsrechtlichen Regeln hafte, so OLG Frankfurt a.M., Urt. v. 8.11.2013 – 24 U 80/13, NZI 2014, 363, 365 m. Anm. *Friese*; a. A. *Redeker*, CFL 2011, 298, 301.

[84] *Hundertmark/Paul*, in: Eilers/Koffka/Mackensen, Private Equity, VII. Nr. 3 Rn. 5.

[85] *Eilers*, in: Eilers/Koffka/Mackensen, Private Equity, IV. Rn. 8, 51.

[86] *Mitzlaff*, in: Picot, Unternehmenskauf und Restrukturierung, § 15 Rn. 30; *Schuhmacher*, BKR 2013, 270.

Rahmen der seit 2008 bestehenden Zinsschranke des § 4 h EStG (i. V. m. § 8a KStG),[87] verrechnen zu können.[88]

a) Steuerrechtlicher Rahmen (Zinsschranke)

Die gesetzliche Festschreibung der Zinsschranke ist vor dem Hintergrund der durch internationale Steuerdisparitäten gesetzten Anreize bei der Fremdfinanzierung zu sehen.[89] Moniert wurde, dass Zinserträge wegen niedrigerer Steuern im Ausland besteuert würden, während der Zinsaufwand im Inland geltend gemacht würde. Mit der Zinsschranke wurde deshalb eine gewinnabhängige Abzugsbeschränkung kodifiziert, mit der Anreize gesetzt werden sollen, die Gewinne ins Inland zu verlagern.[90] Ohne sich an dieser Stelle im Detail zu verlieren, können Zinsaufwendungen seitdem gem. § 4 h Abs. 1 Satz 1 EStG grundsätzlich nur noch in Höhe der Zinserträge desselben Wirtschaftsjahres und darüber hinausgehend nur bis zur Höhe des verrechenbaren EBITDA abgezogen werden.[91] Letzteres wird in § 4 h Abs. 1 Satz 2 EStG legaldefiniert und meint 30 Prozent des u. a. um die Zinsaufwendungen erhöhten und um die Zinserträge verminderten maßgeblichen Gewinns. Der verbleibende Zinsaufwand kann nur in die nächsten Jahre vorgetragen werden und ist dann wieder der Zinsschranke ausgesetzt.[92] Die Zinsschranke gilt nicht, falls der Zinsaufwand, der die Zinserträge übersteigt, weniger als drei Mio. Euro beträgt,[93] der Betrieb nicht oder nur anteilmäßig zu einem Konzern gehört,[94] oder – die wohl wichtigste Ausnahme im LBO-Bereich – der Betrieb zu einem Konzern gehört und seine Eigenkapitalquote am Schluss des vorangegangenen Abschlussstichtages gleich hoch oder höher ist als die des Konzerns[95]. Der Nutzen der Zinsschranke für eine Reduzierung von Verschuldungsrisiken in LBO-Konstellationen wird unter-

---

[87] Eingeführt durch das Unternehmenssteuerreformgesetz 2008 vom 14. August 2007, BGBl. I, S. 1912.

[88] *Lukas*, Zinsschranke und Leveraged Buy-Out, S. 47 ff.; *Eilers*, in: Eilers/Koffka/Mackensen, Private Equity, IV. Rn. 51 f.; *Hundertmark/Paul*, in: Eilers/Koffka/Mackensen, Private Equity, VII. Nr. 3 Rn. 5; *Krieger*, Mitbestimmung 2006, 62, 63.

[89] *Heuermann*, in: Blümich, EStG, KStG, GewStG, Losebl. (Stand: 5/16), § 4h EStG Rn. 12. Ausführlich zur Zinsschranke *Eilers*, in: Eilers/Koffka/Mackensen, Private Equity, IV. Rn. 14 ff.

[90] Begr BT-Drs. 16/4841, S. 48.

[91] Ausführlich *Lukas*, Zinsschranke und Leveraged Buy-Out, S. 62 ff.

[92] Begr BT-Drs. 16/4841, S. 48.

[93] § 4h Abs. 2 Satz 1 lit. a EStG.

[94] §§ 4h Abs. 2 Satz 1 lit. b EStG, 8a Abs. 2 KStG.

[95] §§ 4 h Abs. 3 Satz 1 lit. c EStG, 8a Abs. 3 KStG. Dabei wird kontrovers diskutiert, ob Private Equity-Fonds als Konzernspitze fungieren können, statt aller *Helios/Kloster/Tcherveniachki*, in: Jesch/Striegel/Boxberger, § 13 Abschn. 2.2.3.2.; *Risse*, Der Konzernbegriff der Zinsschranke, § 11 F.

schiedlich beurteilt: Zum einen wird mit der Zinsschranke sympathisiert;[96] zum anderen wird bezweifelt, ob die Zinsschranke tatsächlich zu einem merklichen Rückgang des Verschuldungsgrades führen könne[97]. Die Kritik fußt auf der Überlegung, dass die Zinsschranke angesichts ihrer Zielrichtung kein Garant für vorstehende Zwecke sein kann.[98] Es bestehen durchaus Gestaltungsmaßnahmen, um auf die neuen Anforderungen zu reagieren (z. B. Erhöhung des steuerlichen EBITDA im Inland); deren tatsächliche Umsetzbarkeit ist im Einzelfall zu prüfen.[99] Zu weiteren Restriktionen hätte der am 14. Februar 2012 vorgestellte Zwölf-Punkte-Plan der Bundesregierung geführt. Dessen Punkt neun sah unter dem Vorhaben „Beschränkung des fremdfinanzierten Beteiligungserwerbs – Leveraged buyout (LBO)" eine Versagung des Betriebsausgabenabzugs der Fremdkapitalkosten, soweit die Zinsschranke nicht eingreift, vor,[100] um eine unerwünschte Verlagerung des Finanzierungsaufwands auf die Zielgesellschaft zu verhindern. Dieser Plan wurde indes aufgegeben[101] und durch das Gesetz zur Änderung und Vereinfachung der Unternehmensbesteuerung und des steuerlichen Reisekostenrechts[102] ersetzt, das keine entsprechende Einschränkung des Betriebsausgabenabzugs vorsieht.

b) Gestaltungsmaßnahmen

Ein Debt Push Down kann durch eine Verschmelzung der Zielgesellschaft auf die AcquiCo (sog. Upstream Merger) oder durch eine Verschmelzung der AcquiCo auf die Zielgesellschaft (sog. Downstream Merger) erreicht werden.[103] Nach der Verschmelzung besteht nur noch ein Rechtssubjekt, das Schuldner der Finanzierungs- und Steuerverbindlichkeiten ist. Die Verschmelzungsbeschlüsse der beteiligten Rechtsträger bedürfen grundsätzlich jeweils einer Mehrheit von drei Vierteln der abgegebenen Stimmen bei einer GmbH gem. § 50 Abs. 1 UmwG, der Mehrheit von

---

[96] *R. H. Schmidt/Spindler*, Finanzinvestoren, C. Rn. 191; *Eidenmüller*, ZHR 171 (2007), 644, 656.

[97] *Hammer/Knauer/Lahmann/Pflücke/Schwetzler*, CF 2014, 416, 421.

[98] Es ist sogar der Ruf nach einer Bereichsausnahme für LBO-Konstellationen zu vernehmen, so bei *Lukas*, Zinsschranke und Leveraged Buy-Out, S. 149 f.

[99] Ausführlich *Scheunemann/Socher*, BB 2007, 1144, 1146 ff.; *Lukas*, Zinsschranke und Leveraged Buy-Out, S. 101 ff.; *Ingenhoven*, in: Jesch/Striegel/Boxberger, Rechtshdb. Private Equity, § 12 Abschn. 7.1. Fn. 1101 m. w. N.

[100] http://datenbank.nwb.de/Dokument/Anzeigen/592289/?shigh=Zw%C3%B6lf-Punkte-Plan%20zur%20Reform%20der%20Unternehmensbesteuerung&listPos=2&listId=1345872 (zuletzt abgerufen am 27.8.2017).

[101] *Otto*, AG 2013, 357, 358.

[102] Gesetz zur Änderung und Vereinfachung der Unternehmensbesteuerung und des steuerlichen Reisekostenrechts vom 20. Februar 2013, BGBl. I, S. 285.

[103] *Holzner*, Private Equity, der Einsatz von Fremdkapital und Gläubigerschutz, S. 335; *Mitzlaff*, in: Picot, Unternehmenskauf und Restrukturierung, § 15 Rn. 35; *Lehmann*, in: Leible/Lehmann, Hedgefonds und Private Equity – Fluch oder Segen, S. 17, 19; *Eidenmüller*, ZHR 171 (2007), 644, 662.

drei Vierteln des bei der Beschlussfassung vertretenen Grundkapitals bei einer AG gem. § 65 Abs. 1 UmwG oder grundsätzlich der Zustimmung sämtlicher Gesellschafter bei einer Personengesellschaft gem. § 43 Abs. 1 UmwG. Bei letzterer wird eine Vermögensübertragung jedoch regelmäßig außerhalb des UmwG im Wege der Anwachsung angestrebt. Ist die Zielgesellschaft etwa eine GmbH & Co. KG und übernimmt das Akquisitionsvehikel alle Kommanditanteile, muss die Komplementär-GmbH nur noch ausscheiden, damit es zur liquidationslosen Vollbeendigung unter Gesamtrechtsnachfolge kommt.[104] Eine Anwachsung bei einer Kapitalgesellschaft als Zielgesellschaft kann nach Übernahme auch dadurch erfolgen, dass die Zielgesellschaft in Folge eines Gesellschafterbeschlusses gem. § 190 UmwG in eine GmbH & Co. KG umgewandelt wird, der Erwerber damit in die Position des alleinigen Kommanditisten aufrückt und die Komplementär-GmbH ersatzlos aus der KG ausscheidet.[105]

Die Verlagerung der Finanzierungslast auf die Ebene der Zielgesellschaft realisiert sich zudem in der Refinanzierung des von der Akquisitionsgesellschaft aufgenommenen Kredits, indem die Zielgesellschaft ihrerseits ein Darlehen bei der finanzierenden Bank aufnimmt und dieses dann im Wege eines endfälligen Upstream Darlehens an das Akquisitionsvehikel zur Tilgung des bereits bestehenden Kredits weiterreicht.[106] Das Akquisitionsvehikel wiederum führt die Finanzierungsverbindlichkeiten aus den Exiterlösen zurück. Im Ergebnis wird selbiger Effekt auch durch eine zu passivierende schuldbefreiende Übernahme der Akquisitionsfinanzierung nach § 415 Abs. 1 BGB erreicht.[107] Im Innenverhältnis gegenüber dem Akquisitonsvehikel kann sodann (i) eine Aufrechnungsmöglichkeit bestehen, falls dieses im Zuge der Transaktion auch Gesellschafterdarlehen aufgekauft hat, und/oder (ii) ein Aufwendungsersatzanspruch aus § 670 BGB aktiviert werden, der ge-

---

[104] *Eilers*, in: Eilers/Koffka/Mackensen, Private Equity, IV. Rn. 58; *Rödding*, in: Lüdicke/Sistermann, Unternehmenssteuerrecht, § 13 Rn. 21. So etwa im Fall der Howaldtswerke-Deutsche Werft AG („HDW AG"), dazu *Kerber*, DB 2004, 1027; dazu *Habersack*, in: FS Röhricht, S. 155, 169 ff., mit Replik *Kerber*, NZG 2006, 50.

[105] So im Fall der HDW AG; *R. H. Schmidt/Spindler*, Finanzinvestoren, D. Rn. 6.

[106] *Lukas*, Zinsschranke und Leveraged Buy-Out, S. 55; *Seibt*, ZHR 171 (2007), 282, 289; *Tasma*, Leveraged Buyout und Gläubigerschutz, S. 40 f.; *Helios/Kloster/Tcherveniachki*, in: Jesch/Striegel/Boxberger, Rechtshdb. Private Equity, § 13 Abschn. 4.6.2.; *Tcherveniachki*, Kapitalgesellschaften und Private Equity Fonds, S. 272; *Meyer*, Die Besicherung der Akquisitionsfinanzierung beim Leveraged Buy-out einer GmbH, S. 86 f.; *Schäffler*, BB Special 9/2006, 1, 2; *Eisen*, in: Weitnauer, MBO, C Rn. 76: Steuerrechtlich drohe aber die Gefahr einer verdeckten Gewinnausschüttung.

[107] *Tcherveniachki*, Kapitalgesellschaften und Private Equity Fonds, S. 272; *Holzner*, Private Equity, der Einsatz von Fremdkapital und Gläubigerschutz, S. 94 Fn. 272; *Eilers*, in: Eilers/Koffka/Mackensen, Private Equity, IV. Rn. 59 f.; *Götz/Kölbl*, in: Picot, Unternehmenskauf und Restrukturierung, § 10 Rn. 177; *Diem*, Akquisitionsfinanzierungen, § 49 Rn. 57; *Jetter/Jörgens*, in: Eilers/Koffka/Mackensen, Private Equity, V. Rn. 63; *Mitzlaff*, in: Picot, Unternehmenskauf und Restrukturierung, § 15 Rn. 33; *Rödding*, in: Lüdicke/Sistermann, Unternehmenssteuerrecht, § 13 Rn. 22.

stundet werden kann.[108] In der Literatur wird zudem die Möglichkeit eines Debt Push Down in Gestalt eines Beitritts der Zielgesellschaft zum Kreditvertrag als Schuldnerin der Finanzierungsverbindlichkeiten genannt.[109] Schließlich ist auf eine Vertragskonzernierung hinzuweisen. Diese mündet zwar nicht in einer zivilrechtlichen Verlagerung der Fremdfinanzierung auf die Ebene der Zielgesellschaft;[110] doch wirtschaftlich und steuerlich treten die beteiligten Rechtsträger nunmehr als Einheit auf[111]. So kann der Abschluss eines Gewinnabführungsvertrags[112] zur Bildung einer körperschafts- und gewerbesteuerlichen Organschaft führen,[113] in deren Folge die Besteuerung der Erträge bei dem Organträger, mithin der AcquiCo, ansetzt[114]. Der Konzernierungsbeschluss erfordert die Mehrheit von drei Vierteln des bei der Beschlussfassung vertretenen Grundkapitals einer AG als Untergesellschaft.[115] Die Wahl der Organschaft bleibt für die Fremdkapitalgeber insoweit nachteilig, als dass eine etwaige Verwertung der durch die Zielgesellschaft bestellten Sicherheiten weiterhin nur im Rahmen der Limitation Language erfolgen kann.[116]

V. Betätigung nach Anteilserwerb

LBO-Fonds sind aktive Investoren, die die unternehmerische Entwicklung der Portfoliogesellschaften begleiten und vorantreiben. Im Folgenden soll der post-akquisitorische Gestaltungsrahmen vorgestellt werden.

1. „Buy it, strip it, then flip it" als Kritik am Geschäftsmodell

Nach dem Erwerb der Anteile unterliegt das Unternehmen der Einflussnahme und der Vorstellung des LBO-Fonds, dessen Investitionsinteresse nur für einen begrenzten Zeitraum besteht und der in diesem Zeitfenster die eigene Projektrendite maximieren will, obwohl er zugleich der Zielgesellschaft die eigene Erwerbsfi-

---

[108] *Ingenhoven*, in: Jesch/Striegel/Boxberger, Rechtshdb. Private Equity, § 12 Abschn. 6.2.3.; *Diem*, Akquisitionsfinanzierungen, § 49 Rn. 58.

[109] *Schrader*, in: Eilers/Koffka/Mackensen, Private Equity, I. Nr. 4 Rn. 26; *Diem*, Akquisitionsfinanzierungen, § 6 Rn. 10, § 40 Rn. 11; lediglich kurzer Hinweis bei *Socher/Hanke*, NJW 2010, 2024, 2025.

[110] So *Götz/Kölbl*, in: Picot, Unternehmenskauf und Restrukturierung, § 10 Rn. 177.

[111] *Ingenhoven*, in: Jesch/Striegel/Boxberger, Rechtshdb. Private Equity, § 12 Abschn. 6.2.5.

[112] § 291 Abs. 1 AktG.

[113] §§ 14 KStG, 2 Abs. 2 Satz 2 GewStG; *Eilers*, in: Eilers/Koffka/Mackensen, Private Equity, IV. Rn. 53 ff., 56 f.; *Lehmann*, in: Leible/Lehmann, Hedgefonds und Private Equity – Fluch oder Segen, S. 17, 19.

[114] § 14 Abs. 1 Satz 1 KStG.

[115] § 293 Abs. 1 AktG.

[116] *Eilers*, in: Eilers/Koffka/Mackensen, Private Equity, IV. Rn. 57.

nanzierung aufbürdet. Die Wirtschaftspresse bemüht in diesem Kontext den Slogan „buy it, strip it, then flip it"[117]. Kritisiert wird insbesondere die Gefahr eines überwiegenden Value Transfer, bei dem Kostensenkungen (z. B. durch Arbeitsplatzreduzierung) anstatt Wettbewerbsfähigkeit im Vordergrund stünden.[118] Diese Gefahr kann sich bei einer Reihe an Maßnahmen verwirklichen. So können einzelne Sparten „filetiert" und zum Verkauf vorbereitet werden.[119] Selbiges gilt, wenn es auf Anweisung der Zweckgesellschaft zu Ausschüttungen, insbesondere den bereits erwähnten Leveraged Recapitalizations, kommt, um den frühzeitigen „Exit ohne Ausstieg" zu erreichen. Letztlich kann die Dividende auch dadurch in die Höhe getrieben werden, dass freiwillig gebildete Gewinnrücklagen aus thesaurierten Jahresüberschüssen aufgelöst oder stille Reserven im Wege der Veräußerung nicht betriebsnotwendiger Aktiva realisiert werden.

2. Restriktionen

Diese tradierte Kritik darf nicht den Blick dafür verstellen, dass sich auch Finanzinvestoren im Rahmen der geltenden Gesetze bewegen müssen und der Bestand der Zielgesellschaften in mehrfacher Hinsicht geschützt wird.

a) Marktbasierter Schutz

Ausbeutungsgefahren wird bereits durch das Paradoxon begegnet, dass das Gewinninteresse der Finanzinvestoren durch ebenjenes eingeschränkt wird: Auf dem Markt für Unternehmenskäufe werden wettbewerbsunfähige Unternehmen keinen Absatz finden, weshalb ein zu erzielender Veräußerungserlös den wettbewerbsfähigen Bestand des übernommenen Unternehmens bedingt.[120] Das Zielunternehmen erfährt so einen marktbasierten Schutz. Die Beurteilung der Wettbewerbsfähigkeit ist dabei zukunftsbezogen: Wird das Portfoliounternehmen weiterveräußert, wird sein Verkehrswert unter Inanspruchnahme von Gesamtbewertungsverfahren wie dem in Deutschland vorherrschenden Ertragswertverfahren oder der vergleichbaren Discounted Cash Flow Method (DCF) ermittelt, die auch prognostische Elemente im Hinblick auf zu erwartende Ertragsüberschüsse des Portfoliounternehmens bein-

---

[117] *Henry/Thornton/Kiley*, Business Week, August 7, 2006, 28; *Balzli/Pauly/Rosenbach/Tuma*, Der große Schlussverkauf, Der Spiegel 51/2006, 64, 67.

[118] *Blome-Drees/Rang*, Private Equity-Investitionen in deutsche Unternehmen und ihre Wirkungen auf die Mitarbeiter, S. 38 ff. Unethisch müsse dies aber nicht sein, *Zetzsche*, Prinzipien der kollektiven Vermögensanlage, § 12 C. III. 2.

[119] *Ankenbrand*, FAZ vom 29.12.2013: „Denn der Verführer hat nicht gehalten, was er versprochen hat: [...] Karstadt nicht zu filetieren und die Filetstücke nicht zu verkaufen wie ein x-beliebiger Private Equity-Fonds" – gemeint ist der Verkauf der drei Luxuswarenhäuser KaDeWe, Alsterhaus und Oberpollinger.

[120] *R. H. Schmidt/Spindler*, Finanzinvestoren, B Rn. 66; *Schäfer/Fisher*, Die Bedeutung von Buy-Outs/Ins für unternehmerische Effizienz, Effektivität und Corporate Governance, S. 28.

halten.[121] Demgegenüber ist eine Relativierung dieses marktbasierten Schutzes insoweit geboten, als dass ein LBO-Fonds eine durchaus bis in den zweistelligen Bereich hineinragende Anzahl an Unternehmen in seinem Portfolio halten kann[122] und etwaige Verlustrisiken so abgefedert würden[123]. Durch diese Risikodiversifikation besteht grundsätzlich die Gefahr, dass benötigtes Kapital zur Vermeidung einer Insolvenz nicht zur Verfügung gestellt wird.[124] Allerdings werden Private Equity-Gesellschaften wiederum aus Reputationsgründen daran interessiert sein, dass ihr LBO-Fonds eine Insolvenz der Zielgesellschaften durch Verweigerung eines wirtschaftlich sinnvollen Kapitalnachschusses vermeidet, da auch in Zukunft der kontinuierliche Zugang zu den Fremdkapitalmärkten sichergestellt sein muss.[125]

Ein marktbasierter Schutz wird darüber hinaus durch vertragliche Sicherungsmechanismen in Form von sog. Covenants verwirklicht, die von anpassungsfähigen Gläubigergruppen wie Fremdkapitalgebern verwendet werden.[126] Wesentliche Beschränkungen ergeben sich im Rahmen von Finanzierungsverträgen in Gestalt der sog. Financial Covenants, die auf Basis des von den Finanzinvestoren meist unter Mitwirkung der Geschäftsführung der späteren Portfoliogesellschaft vorgelegten Geschäftsplans festgesetzt werden, zur Einhaltung bestimmter Finanzkennzahlen verpflichten und so ein Frühwarnsystem für Fehlentwicklungen bilden.[127] Ein Bruch dieser Financial Covenants berechtigt die Fremdkapitalgeber regelmäßig zur Kündigung und sofortigen Fälligstellung der Kredite, kann zu Konditionsanpassungen wie Zinserhöhungen führen oder sog. Waiver Fees als an die Fremdkapitalgeber zu zahlende Strafgebühren zur Folge haben.[128] Als nachträgliche Heilungsmöglichkeit etwaiger Verstöße wird den Investoren oftmals auch das Recht zur sog. Equity Cure gewährt, also zum Kapitalnachschuss in Form von nachrangigen Gesellschafterdarlehen oder von Eigenkapital.[129] Im Rahmen von LBO-Transaktionen verlangen die Kreditgeber herkömmlicherweise die Vereinbarung von sog. Leverage Covenants, die Vorgaben für die in der Portfoliogesellschaft bestehende Fremdkapital-

---

[121] 6. Teil, B.II.2.d)aa)(1).

[122] 6. Teil, B.II.12.a).

[123] *Holzner*, Private Equity, der Einsatz von Fremdkapital und Gläubigerschutz, S. 74.

[124] Ebd.

[125] Ebd., S. 75; *Kaserer/Achleitner/von Einem/Schierek*, Private Equity in Deutschland, S. 269 f.; *Schäfer/Fisher*, Die Bedeutung von Buy-Outs/Ins für unternehmerische Effizienz, Effektivität und Corporate Governance, S. 28 f.

[126] *Holzner*, Private Equity, der Einsatz von Fremdkapital und Gläubigerschutz, S. 80 ff. Einen anschaulichen Einblick in die Wirkung von Covenants gewähren *Renner/D. Schmidt*, ZHR 180 (2016), 522 ff.

[127] *Jetter/Jörgens*, in: Eilers/Koffka/Mackensen, Private Equity, V. Rn. 30, 54; *Ingenhoven*, in: Jesch/Striegel/Boxberger, Rechtshdb. Private Equity, § 12 Abschn. 5.2.3.; *Weitnauer*, in: Weitnauer, MBO, A Rn. 63; zurückhaltend zur Annahme der Eigenschaft als Frühwarnsystem *Diem*, Akquisitionsfinanzierungen, § 22 Rn. 10.

[128] *Habdank*, FINANCE vom 2.1.2015.

[129] *Jetter/Jörgens*, in: Eilers/Koffka/Mackensen, Private Equity, V. Rn. 32, 56; *Ingenhoven*, in: Jesch/Striegel/Boxberger, Rechtshdb. Private Equity, § 12 Abschn. 5.2.3.

quote machen, sowie von sog. Cash Flow Cover- bzw. Debt Service Coverage Ratio Covenants und Interest Cover Covenants, die Verpflichtungen in Bezug auf den Schuldendienst- bzw. Zinsdeckungsgrad mit sich bringen.[130]

b) Gesetzliche Gläubigerschutzinstrumente

Daneben vermittelt der nationale Rechtsrahmen Gläubigerschutz. Die nachstehend angesprochenen Schutzinstrumente wurden im Kontext von LBO-Fonds bereits minutiös sowohl monographisch als auch gutachterlich aufgearbeitet.[131] An dieser Stelle sollen die Schutzinstrumente nur kursorisch aufgezeigt werden. Grundlegend für das Verständnis des aus dem nationalen Gesellschaftsrecht resultierenden Gläubigerschutzniveaus – und deswegen auch an dieser Stelle in Erinnerung gerufen – bleibt die gesellschaftsrechtliche „Binsenwahrheit"[132] des Systems der verschiedenen Schutzsäulen als „System kommunizierender Röhren"[133], wonach sich das zu ermittelnde Schutzniveau nur aus einer Gesamtschau aller relevanten Schutzinstrumente ergibt. Im Unterschied zu den vertraglichen Vorgaben aus den Financial Covenants, die in das unternehmerische Betätigungsfeld der LBO-Fonds eingreifen, fungieren die gesetzlichen Restriktionen mehr als Übermaßverbot, indem Exzessfälle zu Lasten der Gläubiger und Zielgesellschaften verhindert werden sollen.

Das Kapitalgesellschaftsrecht hält zum Gläubigerschutz zunächst Kapitalerhaltungsregeln in den §§ 30 ff. GmbHG bzw. §§ 57 ff. AktG bereit, die im Verhältnis Gesellschafter und Gesellschaft virulent werden. Während § 30 GmbHG das Gesellschaftsvermögen jedoch nur vor Eintritt einer Unterbilanz schützt, führt § 57 AktG zu einer umfassenden Vermögensbindung, in deren Rahmen lediglich der Bilanzgewinn ausgeschüttet werden darf.[134] §§ 30 GmbHG, 57 AktG adressieren nicht nur Vermögensverschiebungen zugunsten bereits bestehender, sondern auch zukünftiger Gesellschafter bzw. Aktionäre bei engem sachlichen und zeitlichen Zusammenhang zwischen Leistung und Anteilserwerb.[135] Sind die Zielunternehmen

---

[130] *Jetter/Jörgens*, in: Eilers/Koffka/Mackensen, Private Equity, V. Rn. 55; *Ingenhoven*, in: Jesch/Striegel/Boxberger, Rechtshdb. Private Equity, § 12 Abschn. 5.2.3.; *Diem*, Akquisitionsfinanzierungen, § 22 Rn. 13.

[131] Monographisch insbesondere: *Holzner*, Private Equity, der Einsatz von Fremdkapital und Gläubigerschutz; *Meyer*, Die Besicherung der Akquisitionsfinanzierung beim Leveraged Buy-out einer GmbH; *Söhner*, Gläubigerschutz und Anlegerschutz vor Private-Equity- und Hedgefonds; *Tasma*, Leveraged Buyout und Gläubigerschutz. Gutachterlich insbesondere: *R. H. Schmidt/Spindler*, Finanzinvestoren, D. Rn. 1 ff.; *Kaserer/Achleitner/von Einem/Schierek*, Private Equity in Deutschland.

[132] *Tasma*, Leveraged Buyout und Gläubigerschutz, S. 4.

[133] *R. H. Schmidt/Spindler*, Finanzinvestoren, D. Rn. 3; *Tasma*, Leveraged Buyout und Gläubigerschutz, S. 4.

[134] Zum AktG statt aller: *Bayer*, in: MünchKomm, AktG, § 57 Rn. 11; *Drygala*, in: KölnKomm, AktG, § 57 Rn. 16 ff.

[135] Für die AG: BGH, Urt. v. 13.11.2007 – XI ZR 294/07, NZG 2008, 106; *Eidenmüller*, ZHR 171 (2007), 644, 664; *Becker*, DStR 1998, 1429, 1432; für die GmbH: BGH, Urt. v. 18.6.

AGs, ist auch das Verbot der Financial Assistance in § 71a AktG zu beachten, wonach Rechtsgeschäfte, die etwa Darlehen oder die Leistung von Sicherheiten durch die Gesellschaft an einen anderen (nicht notwendigerweise den Gesellschafter) zum Zweck des Erwerbs von Aktien dieser Gesellschaft zum Gegenstand haben, nichtig sind. Nach überwiegender Meinung soll § 71a AktG auch solche Rechtsgeschäfte erfassen können, die erst nach Anteilserwerb vorgenommen werden.[136]

Einen wesentlichen Schutz bildet das Konzernrecht. Voraussetzung hierfür ist stets, dass die Obergesellschaft als Unternehmen i. S. der §§ 15 ff. AktG qualifiziert.[137] Im Kontext einer Holdinggesellschaft und ihres Gesellschafters (Spitzenholding) besteht allerdings Uneinigkeit, wann von einer Qualifizierung als vorgenanntes Unternehmen auszugehen ist. Hält eine Gesellschaft nur die Beteiligung an der Zielgesellschaft, wird die Unternehmenseigenschaft überwiegend abgelehnt und nur dann für möglich gehalten, wenn sich eine wirtschaftliche Interessenbindung außerhalb der Gesellschaft hinzugesellt.[138] Demgegenüber bejahen Teile der Literatur die Unternehmenseigenschaft schon allein beim Vorliegen einer Formkaufmannseigenschaft.[139] Noch umstrittener ist die Unternehmenseigenschaft einer Gesellschaft, deren als einzige Beteiligung gehaltene Gesellschaft wiederum mehrere Beteiligungen hält. Die Rechtsprechung ignoriert hier den multiplen Beteiligungsbesitz auf der unteren Ebene und fragt wie in der Kon-

---

2007 – II ZR 86/06, NZG 2007, 704, 705 Rn. 12; *Altmeppen*, in: Roth/Altmeppen, GmbHG, § 30 Rn. 26.

[136] *J. Koch*, in: Hüffer/Koch, AktG, § 71a Rn. 3; *Oechsler*, in: MünchKomm, AktG, § 71a Rn. 36; *Cahn*, in: Spindler/Stilz, AktG, § 71a Rn. 37; *Fleischer*, AG 1996, 494, 501; *Lutter/Wahlers*, AG 1989, 1, 9; Überblick bei *Klass*, Der Buyout von Aktiengesellschaften, S. 131 ff.

[137] Für den Vertragskonzern: *Emmerich*, in: Emmerich/Habersack, Konzernrecht, § 291 AktG Rn. 9; *J. Koch*, in: Hüffer/Koch, AktG, § 291 Rn. 8; *Altmeppen*, in: MünchKomm, AktG, § 291 Rn. 3; für den faktischen Konzern statt aller *Habersack*, in: Emmerich/Habersack, Konzernrecht, § 311 AktG Rn. 1.

[138] Die Rechtsprechung stellt für die Frage der Fremdbindung allein auf das jeweilige Beteiligungsverhältnis ab: BGH, Urt. v. 13. 10. 1977 – II ZR 123/76, BGHZ 69, 334, 337; BGH, Urt. v. 8. 5. 1979 – KVR 1/78, BGHZ 74, 359, 364 f.; BGH, Beschl. v. 13. 10. 1980 – ZR 201/79, AG 1980, 342; OLG Saarbrücken, Urt. v. 12. 7. 1979 – 8 U 14/78, AG 1980, 26, 28; OLG Düsseldorf, Beschl. v. 15. 1. 2004 – I-19 W 5/03 AktE, NZG 2004, 622, 623 f.; für ein GbR-Aktionärskonsortium bzw. die dahinter stehenden Gesellschafter auch OLG Hamm, Urt. v. 2. 11. 2000 – 27 U 1/00, NZG 2001, 563, 564 f.; aus der Literatur *Spindler*, in: FS Hopt, S. 1407, 1422; *Bayer*, in: MünchKomm, AktG, § 15 Rn. 26 f.; *J. Koch*, in: Hüffer/Koch, AktG, § 15 Rn. 12; *Schall*, in: Spindler/Stilz, AktG, § 15 Rn. 39; *Koppensteiner*, in: KölnKomm, AktG, § 15 Rn. 62; *Hirschmann*, in: Hölters, AktG, § 15 Rn. 6 fragt hingegen gar nicht nach einer anderen wirtschaftlichen Interessenbindung.

[139] *Emmerich*, in: Emmerich/Habersack, Konzernrecht, § 15 AktG Rn. 16; *Maier-Reimer/Keßler*, in: Henssler/Strohn, GesR, § 15 AktG Rn. 5; *J. Vetter*, in: K. Schmidt/Lutter, AktG, § 15 Rn. 53, 62; *Windbichler*, in: Großkomm, AktG, § 15 Rn. 20: Kapitalgesellschaft sei Unternehmen; dagegen *Krieger*, in: MünchHdb. AG, § 69 Rn. 10; *Koppensteiner*, in: Köln-Komm, AktG, § 15 Rn. 60; *Bayer*, in: MünchKomm, AktG, § 15 Rn. 16; ebenso schon *Würdinger*, in: FS Kunze, S. 177, 182.

stellation, in der keine weiteren Beteiligungen gehalten werden, ob eine anderweitige Interessenbindung besteht.[140] Ein Teil der Literatur bejaht die Unternehmenseigenschaft, wenn der Gesellschafter der Holding die Anteile rechtlich (z. B. Stimmrechtsvollmacht) oder tatsächlich verwalten würde, da andernfalls durch das bloße „Parken" der Anteile in der unteren Ebene das Konzernrecht ausgehebelt werden könnte.[141] Die dies ebenso bejahende, aber letztlich noch weitergehende Literaturmeinung unterstellt die Konzerngefahr in derartigen Konstellationen generell.[142] Schließlich wird die Unternehmenseigenschaft wiederum unter Rekurs auf eine etwaige Formkaufmannseigenschaft bejaht; handelt es sich indes um eine BGB-Gesellschaft, gehen die Meinungen auseinander.[143] Die Subsumtion von AcquiCos und HoldCos unter den Unternehmensbegriff der §§ 15 ff. AktG hat nach diesen Maßstäben zu erfolgen.[144] Die Spitzenholding, also der LBO-Fonds, ist jedenfalls dann als Unternehmen anzusehen, wenn sie noch anderweitige Interessen verfolgt.[145] Das ist aufgrund des auf Fondsebene bestehenden (oder alsbald anzustrebenden) risikodiversifizierten Fondsportfolios anzunehmen. Bloßer multipler (maßgeblicher) Beteiligungsbesitz reicht laut BGH für die Qualifizierung als Unternehmen aus;[146] davon unabhängig betätigt sich ein LBO-Fonds auch unternehmerisch. Es würde dann im Einzelfall eine mehrstufige Abhängigkeit vermittelt.[147] Die Private Equity-Gesellschaft, die die Geschäftsführung des Fonds und der Akquisitionsvehikel „stellt",[148] kann mangels gesellschaftsrechtlicher Beteiligung am Zielunternehmen nicht über die §§ 15 ff. AktG erreicht werden.[149]

---

[140] BGH, Beschl. v. 13.10.1980 – ZR 201/79, AG 1980, 342; OLG Saarbrücken, Urt. v. 12.7.1979 – 8 U 14/78, AG 1980, 26, 28; ebenso *J. Vetter*, in: K. Schmidt/Lutter, AktG, § 15 Rn. 51 (es sei denn, es handele sich um Formkaufmann); *Schall*, in: Spindler/Stilz, AktG, § 15 Rn. 39.

[141] *Krieger*, in: MünchHdb. AG, § 69 Rn. 8.

[142] *Koppensteiner*, in: KölnKomm, AktG, § 15 Rn. 68; *J. Koch*, in: Hüffer/Koch, AktG, § 15 Rn. 12; *Bayer*, in: MünchKomm, AktG, § 15 Rn. 33; *Ruwe*, AG 1980, 21, 22; *Würdinger*, in: FS Kunze, S. 178, 186 f.; einschränkend *Hirschmann*, in: Hölters, AktG, § 15 Rn. 6, der noch eine anderweitige Interessenbindung fordert, sollte sich auf bloße Verwaltung konzentriert werden; dagegen explizit *Krieger*, in: MünchHdb. AG, § 69 Rn. 8.

[143] Entweder die Unternehmenseigenschaft wird unterstellt, so *Emmerich*, in: Emmerich/Habersack, Konzernrecht, § 15 AktG Rn. 17, oder abgelehnt, soweit keine anderweitige Interessenbindung bestünde, so *J. Vetter*, in: K. Schmidt/Lutter, AktG, § 15 Rn. 51.

[144] *J. Koch*, in: Hüffer/Koch, AktG, § 15 Rn. 12.

[145] *R. H. Schmidt/Spindler*, Finanzinvestoren, D. Rn. 65; *Schall*, in: Spindler/Stilz, AktG, § 15 Rn. 39; *Hirschmann*, in: Hölters, AktG, § 15 Rn. 6.

[146] BGH, Urt. v. 18.6.2001 – II ZR 212/99, NJW 2001, 2973 – MLP; zum Streitstand *Bayer*, in: MünchKomm, AktG, § 15 Rn. 19 ff.

[147] *R. H. Schmidt/Spindler*, Finanzinvestoren, D. Rn. 65; *Bayer*, in: MünchKomm, AktG, § 15 Rn. 34; *J. Koch*, in: Hüffer/Koch, AktG, § 15 Rn. 12.

[148] *BaFin* vom 17.2.2006, Bildung von Kreditnehmereinheiten nach § 19 Abs. 2 KWG, BA 37-GS 3371-2006/0001; *Spindler*, in: FS Hopt, S. 1407, 1422.

[149] *R. H. Schmidt/Spindler*, Finanzinvestoren, D. Rn. 65. Zwar wird aufsichtsbehördlich bei *BaFin* vom 17.2.2006, Bildung von Kreditnehmereinheiten nach § 19 Abs. 2 KWG, BA 37-

Ob ein LBO-Fonds, der als Unternehmen qualifiziert, als Konzernspitze fungiert, hängt jedenfalls davon ab, ob eine einheitliche Leitung i. S. des § 18 Abs. 1 Satz 1 AktG vorliegt. Hier greifen aber die Vermutungsregeln der §§ 17 Abs. 2, 18 Abs. 1 Satz 3 AktG ein.[150] Im Vertragskonzern sind der Weisungsbefugnis über § 308 Abs. 2 Satz 2 AktG Grenzen gesetzt. Da die Rechtmäßigkeit einer Weisung seit dem MoMiG keine Privilegierungsvoraussetzung mehr für die Nichtanwendung der Schutzvorschriften über die Einlagenrückgewähr ist (§ 291 Abs. 3 AktG) und die Kapitalerhaltungsregeln grundsätzlich auch bei einer rechtswidrigen Weisung keine Anwendung finden,[151] muss der Verlustausgleichsanspruch aus § 302 AktG nach überwiegender, aber höchstrichterlich noch nicht bestätigter Ansicht im Schrifttum vollwertig sein.[152] Auch bei GmbHs werden die Kapitalerhaltungsregeln – seit dem MoMiG expressis verbis – suspendiert.[153] Im Übrigen kennt das GmbH-Recht keine eigenen Konzernvorschriften. Eine Gesamtanalogie zu den §§ 291 ff. AktG scheidet zwar aus.[154] Doch müssen sich Schädigungen im Rahmen dessen halten, was de lege lata im Vertragskonzernrecht gestattet ist (insbesondere §§ 302, 308 AktG analog).[155] Im faktischen AG-Konzern tritt die Verpflichtung zur Nachteilsausgleichung nach § 311 AktG in den Mittelpunkt. Ein spezielles GmbH-Recht für faktische Konzerne existiert nicht, es gilt § 30 GmbHG.

Weiterer Gläubigerschutz wird durch die seit der Trihotel-Rechtsprechung des BGH[156] aus dem Jahr 2007 als Innenhaftung des Gesellschafters gegenüber der Gesellschaft konzipierte Figur des existenzvernichtenden Eingriffs nach § 826 BGB vermittelt, die Schutzlücken des gesetzlichen Systems der §§ 30, 31 GmbHG auffangen und deswegen auch Eingriffe erfassen soll, die bilanziell nicht oder nur

---

GS 3371-2006/0001 ein herrschender Einfluss der Private Equity-Gesellschaft auf die Zielgesellschaften angenommen. Konzediert wird aber ebenso, dass nur „faktisch" die Rechte gleich einem Mehrheitsgesellschafter eingeräumt würden. Die für die §§ 15 ff. AktG maßgeblichen gesellschaftsrechtlich bedingten oder zumindest vermittelten Einwirkungsmöglichkeiten, auf die BGH, Urt. v. 26. 3. 1984 – II ZR 171/83, BGHZ 90, 381, 395 f. abstellt, stehen damit direkt nur dem Akquisitionsvehikel zu.

[150] *R. H. Schmidt/Spindler*, Finanzinvestoren, D. Rn. 65.

[151] *J. Koch*, in: Hüffer/Koch, AktG, § 291 Rn. 36. Die Grenze ist aber nach wie vor bei einer Existenzgefährdung zu ziehen: *Theusinger/Kapteina*, NZG 2011, 881, 884; *J. Koch*, in: Hüffer/Koch, AktG, § 57 Rn. 21; *Fleischer*, in: K. Schmidt/Lutter, AktG, § 57 Rn. 37; *Rieckers*, in: MünchHdb. AG, § 16 Rn. 76; *Cahn/v. Spannenberg*, in: Spindler/Stilz, § 57 Rn. 136.

[152] *J. Koch*, in: Hüffer/Koch, AktG, § 57 Rn. 21; für die GmbH: *Altmeppen*, in: Roth/Altmeppen, GmbHG, § 30 Rn. 101; *Fastrich*, in: Baumbach/Hueck, GmbHG, § 30 Rn. 45; OLG Frankfurt a.M., Urt. v. 8. 11. 2013 – 24 U 80/13, NZI 2014, 363, 365; *Diem*, Akquisitionsfinanzierungen, § 46 Rn. 10; a. A. *Cahn/v. Spannenberg*, in: Spindler/Stilz, AktG, § 57 Rn. 136; *Rieckers*, in: MünchHdb. AG, § 16 Rn. 76 m. w. N.

[153] § 30 Abs. 1 Satz 2 Alt. 1 GmbHG.

[154] *Emmerich*, in: Emmerich/Habersack, Konzernrecht, § 291 AktG Rn. 41; *Liebscher*, in: MünchKomm, GmbHG, § 13 Anhang Rn. 638.

[155] *Altmeppen*, in: Roth/Altmeppen, GmbHG, § 30 Rn. 100; *Emmerich*, in: Emmerich/Habersack, Konzernrecht, § 291 AktG Rn. 42, 77a.

[156] BGH, Urt. v. 16. 7. 2007 – II ZR 3/04, BGHZ 173, 246 – Trihotel.

ungenügend abgebildet werden.[157] Es ist umstritten, ob die vom BGH zur Existenzvernichtungshaftung im GmbH-Recht entwickelten Grundsätze auf das Aktienrecht übertragen werden können; so unterliegt der Vorstand schon nicht der
Weisungsbefugnis der Aktionäre (§ 76 Abs. 1 AktG) und im Übrigen hält das Recht
zum faktischen Konzern eigene detaillierte Regelungen bereit (§ 317 Abs. 1 Satz 1
AktG).[158]

Daneben trifft Geschäftsführer bzw. Vorstände eine Insolvenzverursachungshaftung bei Zahlungen, soweit diese zur Zahlungsunfähigkeit der Gesellschaft führen
mussten, es sei denn, dies war auch bei Beachtung der Sorgfalt eines ordentlichen
Geschäftsmanns bzw. eines ordentlichen und gewissenhaften Geschäftsleiters nicht
erkennbar.[159] Die GmbH-Kapitalerhaltungsregeln nach §§ 30 ff. GmbHG werden
durch diese Haftung für Wrongful Trading[160] insofern ergänzt, als dass auch Zahlungen erfasst sind, die zwar nicht unterbilanzwirksam werden, aber dennoch die
Zahlungsunfähigkeit herbeiführen. Während die Insolvenzverursachungshaftung
eine Haftung für geleistete Zahlungen ist, erfordert die Existenzvernichtungshaftung
über § 826 BGB den Nachweis eines bezifferbaren Schadens.[161]

Daneben kennt auch das UmwG eigene Schutzinstrumente für die Gläubiger wie
den Anspruch auf Sicherheitsleistung nach § 22 Abs. 1 UmwG, wenn die Gläubiger
unter Glaubhaftmachung einer Erfüllungsgefährdung[162] ihren Anspruch innerhalb
von sechs Monaten nach dem Tag, an dem die Eintragung der Verschmelzung in das
Register des Sitzes desjenigen Rechtsträgers, dessen Gläubiger sie sind, nach § 19
Abs. 3 UmwG bekannt gemacht worden ist, nach Grund und Höhe schriftlich an-
melden, soweit sie nicht Befriedigung verlangen können. Dieser Anspruch auf Sicherheitsleistung steht den Gesellschaftsgläubigern auch bei einem Formwechsel der

---

[157] *Eidenmüller*, ZHR 171 (2007), 644, 666.

[158] Dagegen LG Kiel, Urt. v. 20. 3. 2009 – 14 O 195/03, GWR 2009, 92; OLG Stuttgart, Urt.
v. 30. 5. 2007 – 20 U 12/06, ZIP 2007, 1210, 1213; dafür OLG Köln, Urt. v. 15. 1. 2009 – 18 U
205/07, AG 2009, 416, 418 ff.; *J. Koch*, in: Hüffer/Koch, AktG, § 1 Rn. 22, 29 f.; *Heider*, in:
MünchKomm, AktG, § 1 Rn. 87; *Knoll*, in: Schüppen/Schaub, MAH Aktienrecht, § 52
Rn. 28a; *Kölbl*, BB 2009, 1194, 1200; *Wellhöfer*, in: Wellhöfer/Peltzer/Müller, Haftung, § 4
Rn. 319; *Spindler*, in: MünchKomm, AktG, § 92 Rn. 39: „Jedenfalls im Aktienrecht dürfte die
Relevanz – wie bereits die der Haftung wegen existenzvernichtenden Eingriffs – nicht allzu
groß sein, [...]"; offen gelassen von LG Köln, Urt. v. 23. 11. 2007 – 82 O 214/06, AG 2008, 327,
334.

[159] §§ 64 Satz 3 GmbHG, 92 Abs. 2 Satz 3, 93 Abs. 3 Nr. 6 AktG.

[160] Begriff in Anlehnung an die englische Wrongful Trading Rule in Section 214 Insolvency
Act 1986, s. *Steffek*, NZI 2010, 589.

[161] *J. Koch*, in: Hüffer/Koch, AktG, § 92 Rn. 35.

[162] In LBO-Fällen werden hier regelmäßig zwei Punkte bedeutsam: zum einen die
Fremdkapitallast auf Ebene des nunmehr einzigen Rechtsträgers, zum anderen, dass das Ga-
rantiekapital der übernehmenden Gesellschaft nicht demjenigen der übertragenden Gesellschaft entsprechen muss (s. *Seulen*, in: Semler/Stengel, UmwG, § 22 Rn. 24). Aus diesen
Gründen eine Existenzgefährdung bejahend *Holzner*, Private Equity, der Einsatz von Fremdkapital und Gläubigerschutz, S. 309 f.

Zielgesellschaft (etwa in eine Personengesellschaft) zu.[163] Außerdem herrscht eine lebhafte Diskussion über die Anwendung der Kapitalerhaltungsregeln auf Verschmelzungssachverhalte.[164]

Im Bereich des Personengesellschaftsrechts reduziert sich der Erkenntnisgewinn vornehmlich auf die Möglichkeit einer Haftung der Kommanditisten analog §§ 30, 31 GmbHG bei Zahlungen aus dem Vermögen einer GmbH & Co. KG an die Kommanditisten.[165]

Im Übrigen sind gesellschaftsinterne Bindungen durch Treuepflichten und den Gleichbehandlungsgrundsatz zu beachten, die allerdings keinen Gläubigerschutz intendieren.[166]

3. Value Creation

Der von Schneider bemühte Vergleich von LBO-Fonds mit Eigenkapitalräubern[167] und die oben erläuterte, mit dem Tätigkeitsbereich assoziierte Gefahr eines reinen Value Transfer ist bei der Diskussion um den Gläubigerschutz nicht mehr wegzudenken. Verzerrt wird dadurch jedoch die im Wege empirischer Untersuchungen gewonnene Erkenntnis, dass für Private Equity-Investoren, wie bereits erwähnt, die Value Creation den Mittelpunkt ihrer Geschäftspolitik bildet.[168] Derartige Überlegungen zur Nutzendebatte über LBOs bleiben jedenfalls auch weiterhin allein der Ökonomie überantwortet.

a) Agenda zur Wertsteigerung

Eine Umsatzsteigerung lässt sich nach Übernahme durch verschiedene Maßnahmen wie eine strategische Neuausrichtung[169] bzw. Refokussierung[170] und/oder ein Eröffnen neuer Vertriebswege erreichen, für die die Zielunternehmen von dem Know-How und Erfahrungsschatz der Finanzinvestoren profitieren können. Um eine etwaige Neupositionierung der Zielgesellschaft zu erreichen, können auch Neuakquisitionen auf Ebene der Portfoliogesellschaften (sog. Add-Ons) getätigt werden.[171] Bei der Betreuung von Portfoliounternehmen nehmen Private Equity-Gesellschaften

---

[163] §§ 190, 204 UmwG.

[164] Überblick bei *Diem*, Akquisitionsfinanzierungen, § 49 Rn. 15 ff., 32 ff. Vgl. auch 6. Teil, B.II.3.b)aa)(1)(d)(cc).

[165] Beispielhaft *R. H. Schmidt/Spindler*, Finanzinvestoren, D. Rn. 58.

[166] Für die Treuepflicht: *Merkt*, in: MünchKomm, GmbHG, § 13 Rn. 107. Zu den gesellschaftsinternen Bindungen im Zusammenhang mit LBOs s. *Lutter/Wahlers*, AG 1989, 1, 15 f.

[167] *U. H. Schneider*, NZG 2007, 888, 889.

[168] 2. Teil, A.II.1.

[169] *Hundertmark/Paul*, in: Eilers/Koffka/Mackensen, Private Equity, VII. Nr. 4 Rn. 1.

[170] *Weber/Eitelwein et al.*, Private-Equity-Controller, S. 58.

[171] *Hundertmark/Paul*, in: Eilers/Koffka/Mackensen, Private Equity, VII. Nr. 4 Rn. 1.

jedenfalls eine aktive Rolle ein und beraten die Portfoliounternehmen („Sparrings-partner").[172] Die Mitsprache bei der Strategie wiegt dabei mehr als die Beeinflussung operativer Themen als Treiber für die Wertsteigerung des Investments.[173] Auf dem Weg zur gewünschten Rendite veranlassen die Finanzinvestoren auch gesell-schaftsrechtliche Strukturvereinfachungen, um unnötig gebundene Management-Ressourcen freizusetzen oder auf den unteren Ebenen des Portfoliokonzerns ange-siedelte, aber nicht zugängliche Barmittel nutzbar zu machen.[174] Dem Management werden letztlich verbindliche und ambitionierte finanzielle Ziele gesetzt, die intensiv kontrolliert werden.[175] Im Sinne eines effektiven Risikocontrollings werden daher regelmäßige Berichtspflichten über wesentliche Finanzkennzahlen implementiert und eine Besetzung der Aufsichtsgremien mit fondsseitigen Personen angestrebt.[176] Die wirtschaftliche Übereinstimmung zwischen dem LBO-Fonds und dem opera-tiven Management wird dabei schon durch vorheriges Festlegen des Business Plan erreicht.[177]

b) Managementqualität und Beteiligungsprogramme

Die Wahrnehmung der operativen Tätigkeit obliegt weiterhin allein dem Mana-gement der Portfoliogesellschaft,[178] dessen Qualität und Incentivierung deshalb auch als wichtigste Treiber eingeordnet werden.[179] In der Regel wird daher zur Herstellung eines Interessengleichlaufs darauf hingewirkt, dass sich das in der Portfoliogesell-schaft vorhandene Management noch vor Closing auf Ebene der HoldCo beteiligt, um an den wirtschaftlichen Chancen und Risiken des Investments zu partizipieren.[180] Eine substanzielle Incentivierung trotz gegenüber den Investoren geringerer finan-zieller Leistungskraft wird im Wege des Gewährens von sog. Sweet Equity sicher-gestellt. Dabei handelt es sich aus steuerrechtlichen Gründen nicht um einen ge-genüber den Investoren begünstigten Erwerb der Gesellschaftsanteile.[181] Steuer-

---

[172] *Eitelwein et al.*, Private Equity Controlling, S. 5; *Weber/Eitelwein et al.*, Private-Equity-Controller, S. 56 ff.

[173] *Weber/Eitelwein et al.*, Private-Equity-Controller, S. 136 f.

[174] *Hundertmark/Paul*, in: Eilers/Koffka/Mackensen, Private Equity, VII. Nr. 3 Rn. 2, 3.

[175] *R. H. Schmidt/Spindler*, Finanzinvestoren, B Rn. 63.

[176] Umfassend 6. Teil, B.II.6.c)aa).

[177] *Eilers/Koffka*, in: Eilers/Koffka/Mackensen, Private Equity, Einl. Rn. 16.

[178] *KPMG*, Private Equity, Ein Leitfaden für Familienunternehmen und Mittelstand, S. 7, 20.

[179] *Weber/Eitelwein et al.*, Private-Equity-Controller, S. 57, 136, 138.

[180] Ebd., S. 53: Durch ein Austauschen der Geschäftsführung gingen Erfahrung und intime Kenntnis des Unternehmens verloren; *Kinzius*, in: Berens/Brauner/Strauch/Knauer, Due Di-ligence, S. 863, 874; *Eilers/Koffka*, in: Eilers/Koffka/Mackensen, Private Equity, Einl. Rn. 20, 27; *Mackensen*, in: Eilers/Koffka/Mackensen, Private Equity, VI. Rn. 1 ff.

[181] *Mackensen*, in: Eilers/Koffka/Mackensen, Private Equity, VI. Rn. 25; *Hohaus*, in: Jesch/Striegel/Boxberger, Rechtshdb. Private Equity, § 10 Abschn. 4.3.1.; *Bloß*, GmbHR 2016, 104,

rechtlich indiziert ist stets der Erwerb zum Marktpreis.[182] Doch kann der Eigenkapitalwert dadurch „gedrückt" werden, dass der Fonds sein Kapital nicht vollständig als Eigenkapital einbringt, sondern einen Teil etwa (über Zwischengesellschaften) als Gesellschafterdarlehen ausreicht.[183] Der hiernach zu tragende Kaufpreis für die Manager kann überdies finanziert werden.[184] Typischerweise wird das Management mit einer Quote von nicht mehr als fünf bis 20 Prozent des rechtlichen Eigenkapitals an der HoldCo beteiligt.[185]

c) Rechtliche Handlungsvoraussetzungen

Zur Verwirklichung der hier angesprochenen (z. T. Rationalisierungs-)Maßnahmen bedürfen die Finanzinvestoren grundsätzlich einer Beschlussmehrheit,[186] auch um Einfluss auf die personelle Besetzung der Leitungsebene nehmen und jederzeit auf aktuelle Unternehmensentwicklungen reagieren zu können. Ermöglicht wird dies über die gesellschaftsrechtliche Beteiligung des letztlich vom LBO-Fonds gehaltenen Akquisitionsvehikels an der Portfoliogesellschaft: bei einer GmbH insbesondere über das Weisungsrecht aus § 46 Nr. 6 GmbHG, bei einer AG über den dem Mehrheitsaktionär vermittelten Einflussbereich (mittelbar über die Besetzung des Aufsichtsrats, § 101 AktG).[187] LBOs setzen damit den Erwerb einer Mehrheitsbeteiligung voraus, um den Cash Flow der Zielgesellschaft optimieren zu können.[188]

VI. Exit-Strategien (Desinvestition)

Ein LBO bedeutet Beteiligung auf Zeit. Die Unternehmenswertsteigerung soll letztlich mit dem Exit realisiert werden.[189] Der Exit kann auf verschiedene Art und Weise gestaltet werden.[190] In Betracht kommt ein Verkauf an einen strategischen Investor (sog. Trade Sale) oder an einen anderen Finanzinvestor (sog. Secondary

---

109. Als geldwerter Vorteil würde sonst bereits bei Erwerb der Beteiligung eine Besteuerung ausgelöst, obwohl noch kein Kapital aus dem Exit zugeflossen wäre.

[182] *Mackensen*, in: Eilers/Koffka/Mackensen, Private Equity, VI. Rn. 20 ff.

[183] Ebd., Rn. 26; *Weitnauer*, in: Weitnauer, MBO, D Rn. 26.

[184] *Bloß*, GmbHR 2016, 104, 112. Möglich ist auch eine Anteilsübernahme im Wege der Barkapitalerhöhung.

[185] *Mackensen*, in: Eilers/Koffka/Mackensen, Private Equity, VI. Rn. 12; *von Werder/Li*, BB 2013, 1736, 1737; *Bloß*, GmbHR 2016, 104 f.; dazu und umfassend zu Managementbeteiligungen auch *Hohaus/Koch-Schulte*, in: FS P+P Pöllath + Partners, S. 93 ff.; missverständlich *Weitnauer*, in: Weitnauer, MBO, A Rn. 1: Beteiligung an Zielgesellschaft.

[186] §§ 133 AktG, 53 GmbHG, sofern für spezielle Maßnahmen keine besonderen Vorschriften bestehen.

[187] Zu Letzterem *Wallach*, ZGR 2014, 289, 320.

[188] 2. Teil, A.II.3.

[189] *Gabrysch*, in: Breithaupt/Ottersbach, Kompendium GesR, § 2 Rn. 70.

[190] *Möllmann/Möllmann*, BWNotZ 2013, 74, 80.

Sale). Bei einem Rückverkauf an den früheren Verkäufer spricht man von einem sog. Buy Back. Alternativ zu dem Verkauf der Beteiligung bietet sich der Börsengang (sog. Initial Public Offering – IPO) an. Die Interessenlage und die Folgen für die Beteiligten, insbesondere für die Zielgesellschaft, divergieren je nach Exit-Variante. Eine eingehende Analyse ist für die Zwecke dieser Arbeit indes nicht indiziert.[191] Übergeordnetes Ziel des LBO-Fonds ist mit Blick auf die IRR jedenfalls das schnelle Durchreichen des möglichst unangetasteten Verkaufserlöses durch Ausschüttung oder Liquidation des Akquisitionsvehikels.[192] Von wesentlicher Bedeutung ist damit das Erreichen eines sog. Clean Exit, bei dem im Idealfall keine Inanspruchnahmen mehr aus Kaufpreisanpassungsregelungen, Garantien, Verpflichtungen und Freistellungen drohen. Praktisch ist dies hingegen nicht durchsetzbar.[193]

---

[191] Ausführlich *Ellrott*, in: Eilers/Koffka/Mackensen, Private Equity, VIII. Nr. 1 Rn. 1 ff. zum Verkauf; *König*, in: Eilers/Koffka/Mackensen, Private Equity, VIII. Nr. 2 Rn. 1 ff. zum IPO. Nach jüngsten empirischen Erkenntnissen scheint die Rendite bei einem Secondary Sale signifikant höher auszufallen als bei einem Trade Sale oder IPO, *Kaserer*, Return Attribution in Mid-Market Buy-Out Transactions, S. 4. Auch nach einem Secondary Sale können noch Wertschöpfungspotenziale realisiert werden, s. *Figge*, Essays on Secondary Buyouts, S. 108. Nicht jeder Secondary Sale ist jedoch gleich, kritischer daher *R. H. Schmidt/Spindler*, Finanzinvestoren, B Rn. 67.

[192] *Ellrott*, in: Eilers/Koffka/Mackensen, Private Equity, VIII. Nr. 1 Rn. 11.

[193] Ebd., Rn. 10 f., 26 ff.

3. Teil

Finanzmarktregulierung und Private Equity

Die Richtlinie über die Verwalter alternativer Investmentfonds (Alternative Investment Funds Managers Directive – AIFMD bzw. AIFM-RL) vom 8. Juni 2011[1] fügt sich als ein Mosaikteil in eine Reihe gesetzgeberischer Anstrengungen auf Unionsebene als Reaktion und im Nachgang zur Finanzkrise ein, trefflich auch als „Regulierungs-Tsunami"[2] bezeichnet. Daneben sind u. a. Regulierungsmaßnahmen wie CRD II,[3] Basel II plus bzw. Basel 2.5[4] (umgesetzt in CRD III[5]), Basel III[6] (umgesetzt in CRD IV[7]), EMIR[8] und OGAW IV-RL[9] zu nennen. Die Entwicklung im Bereich der Regulierung schreitet ununterbrochen voran, wie man seitdem stell-

---

[1] Richtlinie 2011/61/EU des Europäischen Parlaments und des Rates vom 8. Juni 2011 über die Verwalter alternativer Investmentfonds und zur Änderung der Richtlinien 2003/41/EG und 2009/65/EG und der Verordnungen (EG) Nr. 1060/2009 und (EU) Nr. 1095/2010, ABl. Nr. L 174, S. 1 (zit.: AIFM-RL).

[2] *Schaffelhuber*, GWR 2011, 488.

[3] Richtlinie 2009/111/EG des Europäischen Parlaments und des Rates vom 16. September 2009 zur Änderung der Richtlinien 2006/48/EG, 2006/49/EG und 2007/64/EG hinsichtlich Zentralorganisationen zugeordneter Banken, bestimmter Eigenmittelbestandteile, Großkredite, Aufsichtsregelungen und Krisenmanagement, ABl. Nr. L 302, S. 97 (zit.: CRD II).

[4] *Basel Committee on Banking Supervision*, Enhancements to the Basel II framework, July 2009 (zit.: Basel II plus oder Basel 2.5).

[5] Richtlinie 2010/76/EU des Europäischen Parlaments und des Rates vom 24. November 2010 zur Änderung der Richtlinien 2006/48/EG und 2006/49/EG im Hinblick auf die Eigenkapitalanforderungen für Handelsbuch und Wiederverbriefungen und im Hinblick auf die aufsichtliche Überprüfung der Vergütungspolitik, ABl. Nr. L 329, S. 3 (zit.: CRD III).

[6] *Basler Ausschuss für Bankenaufsicht*, Basel III: Ein globaler Regulierungsrahmen für widerstandsfähigere Banken und Bankensysteme, Dezember 2010 (revidiert Juni 2011) (zit.: Basel III).

[7] Richtlinie 2013/36/EU des Europäischen Parlaments und des Rates vom 26. Juni 2013 über den Zugang zur Tätigkeit von Kreditinstituten und die Beaufsichtigung von Kreditinstituten und Wertpapierfirmen, zur Änderung der Richtlinie 2002/87/EG und zur Aufhebung der Richtlinien 2006/48/EG und 2006/49/EG, ABl. Nr. L 176, S. 338 (zit.: CRD IV).

[8] Verordnung (EU) Nr. 648/2012 des Europäischen Parlaments und des Rates vom 4. Juli 2012 über OTC-Derivate, zentrale Gegenparteien und Transaktionsregister, ABl. Nr. L 201, S. 1 (zit.: EMIR).

[9] Richtlinie 2009/65/EG des Europäischen Parlaments und des Rates vom 13. Juli 2009 zur Koordinierung der Rechts- und Verwaltungsvorschriften betreffend bestimmte Organismen für gemeinsame Anlagen in Wertpapieren (OGAW), ABl. Nr. L 302, S. 32 (zit.: OGAW IV-RL).

vertretend an den neuen Richtlinien MiFID II,[10] OGAW V-RL[11] und der durch die Omnibus II-RL[12] geänderten Solvency II-RL[13] beobachten kann. Die AIFM-RL geht zurück auf einen Kommissionsvorschlag aus dem Jahr 2009[14] und ist das vorläufige Resultat des schon zuvor publik gewordenen Postulats der Lehne-[15] und Rasmussen-Berichte[16] des Europäischen Parlaments nach mehr Regulierung und Transparenz von Hedgefonds und Private Equity sowie des im November 2008 gefassten Entschlusses der G20-Länder[17] zur Regulierung oder Beaufsichtigung *aller* Finanzmärkte, Produkte und Akteure.[18] Auch im von der hochrangigen Expertengruppe „Finanzaufsicht in der EU" erstellten De-Larosière-Bericht wird eine die Verhältnismäßigkeit wahrende Regulierung im Hinblick auf Hedgefonds und sonstige Fonds, die Schöpfer des Parallelbankensystems sind, empfohlen.[19] Banken hingegen dürften zwar Eigentümer von Hedge- oder Private Equity-Fonds sein, müssten dann

---

[10] Richtlinie 2014/65/EU des Europäischen Parlaments und des Rates vom 15. Mai 2014 über Märkte für Finanzinstrumente sowie zur Änderung der Richtlinien 2002/92/EG und 2011/61/EU, ABl. Nr. L 173, S. 349 (zit.: MiFID II).

[11] Richtlinie 2014/91/EU des Europäischen Parlaments und des Rates vom 23. Juli 2014 zur Änderung der Richtlinie 2009/65/EG zur Koordinierung der Rechts- und Verwaltungsvorschriften betreffend bestimmte Organismen für gemeinsame Anlagen in Wertpapieren (OGAW) im Hinblick auf die Aufgaben der Verwahrstelle, die Vergütungspolitik und Sanktionen, ABl. Nr. L 257, S. 186 (zit.: OGAW V-RL).

[12] Richtlinie 2014/51/EU des Europäischen Parlaments und des Rates vom 16. April 2014 zur Änderung der Richtlinien 2003/71/EG und 2009/138/EG und der Verordnungen (EG) Nr. 1060/2009, (EU) Nr. 1094/2010 und (EU) Nr. 1095/2010 im Hinblick auf die Befugnisse der Europäischen Aufsichtsbehörde (Europäische Aufsichtsbehörde für das Versicherungswesen und die betriebliche Altersversorgung) und der Europäischen Aufsichtsbehörde (Europäische Wertpapier- und Marktaufsichtsbehörde), ABl. EU Nr. L 153, S. 1 (zit.: Omnibus II-RL).

[13] Richtlinie 2009/138/EG des Europäischen Parlaments und des Rates vom 25. November 2009 betreffend die Aufnahme und Ausübung der Versicherungs- und der Rückversicherungstätigkeit (Solvabilität II), ABl. EU Nr. L 335, S. 1 (zit.: Solvency II-RL).

[14] *Europäische Kommission*, Vorschlag für AIFM-RL vom 30.4.2009, KOM(2009) 207 endg.

[15] Bericht mit Empfehlungen an die Kommission zur Transparenz institutioneller Investoren (2007/2239(INI)) vom 9.7.2008, A6-0296/2008.

[16] Bericht mit Empfehlungen an die Kommission zu Hedge-Fonds und Private Equity (2007/2238(INI)) vom 11.9.2008, A6-0338/2008.

[17] *Group of twenty*, Declaration: Summit on the financial markets and the world economy, November 15, 2008, No. 9: „[…] and ensure that all financial markets, products and participants are regulated or subject to oversight, as appropriate to their circumstances". Ausführlich zur G20 *Thiele*, Finanzaufsicht, S. 534 ff.

[18] Zu den Impulsen im Vorfeld der AIFM-RL auch: *Zetzsche*, NZG 2009, 692, 693.

[19] De Larosière-Bericht, Rn. 85, dort unter dem Stichpunkt des „Parallelbankensystems" zusammengefasst: „Nach Auffassung der Gruppe müssen alle Firmen oder Unternehmen, die Finanzgeschäfte mit potenziellen Auswirkungen auf das Gesamtsystem (d.h. in Form von Kontrahenten-, Laufzeit-, Zins- und anderen Risiken) betreiben, unter Wahrung der Verhältnismäßigkeit einer geeigneten Regulierung unterworfen werden, auch wenn sie sich nicht direkt dem Publikumsgeschäft widmen".

aber sehr strengen Eigenkapitalanforderungen und einer sehr engen Beaufsichtigung durch Aufsichtsbehörden unterliegen.[20] Tatsächlich beschränkt sich der Regulierungsinhalt der AIFM-RL nicht nur auf Hedgefonds und Private Equity, sondern erfasst grundsätzlich alle Verwalter alternativer Investmentfonds. Dies ist dem Umstand geschuldet, dass die Kommission eine lediglich punktuelle Regulierung für ineffektiv und kurzsichtig hielt.[21]

Mit den in diesem Teil angestellten Ausführungen soll das Grundkonzept der AIFM-RL erhellt und den Zusammenhängen zwischen Finanzmarktregulierung gemäß AIFM-RL und Private Equity nachgegangen werden. In einem ersten Schritt wird hierfür der Regulierungsansatz der Richtlinie dargestellt (unter A.). Sodann steht das richtlinieneigene Ziel der Eindämmung systemischer Risiken im Vordergrund (unter B.). Im Anschluss wird das Petitum des Investorenschutzes erörtert (unter C.). Schließlich stellt sich die Frage nach der Sachnähe des bisweilen intendierten Bestandsschutzes von Zielgesellschaften zur Finanzmarktregulierung (unter D.).

A. Fondsverwalter als Regulierungsadressaten

Der Unionsgesetzgeber hatte die Möglichkeit, die Regulierung entweder bei dem Anlageprodukt, mithin dem Fonds, oder der Verwaltung anzusetzen.[22] Er entschied sich für letztere, also für die Manager der AIFs (sog. AIFMs bzw. im KAGB sog. AIF-Kapitalverwaltungsgesellschaften, im Folgenden „KVGs"), und klammert Produktregeln für AIFs aus.[23] Nukleus der neuen Regelungen ist das – für das Finanzaufsichtsrecht typische[24] – Tätigkeitsverbot mit Erlaubnisvorbehalt für AIFMs, die nun grundsätzlich einer Zulassung ihrer nationalen Aufsichtsbehörde ihres

---

[20] Ebd., Rn. 92.

[21] *Europäische Kommission*, Vorschlag für AIFM-RL vom 30.4.2009, KOM(2009) 207 endg., S. 5.

[22] *Möllers/Harrer/Krüger*, WM 2011, 1537 sehen als weitere Ansatzoption noch die Investoren; davon unabhängig ist auch die Vertriebsebene stets ein Regulierungsansatz, *Kramer/Recknagel*, DB 2011, 2077, 2078 sowie *Weiser*, in: Grieser/Heemann, Bankaufsichtsrecht, S. 727, 732.

[23] Erwägungsgrund 10 AIFM-RL: „Diese Richtlinie enthält keine Regelung für AIF"; *Niewerth/Rybarz*, WM 2013, 1154, 1155; *Timmerbeil/Spachmüller*, DB 2012, 1425; *Weitnauer*, BKR 2011, 143, 144; *Tollmann*, in: Dornseifer/Jesch/Klebeck/Tollmann, AIFM-RL, Einl. Rn. 24; einschränkend *Dornseifer*, in: Dornseifer/Jesch/Klebeck/Tollmann, AIFM-RL, Kap. V, Vor Abschn. 1 zu Art. 25 Rn. 16: Produktregulierender Charakter der Sonderregelungen für AIFMs, die hebelfinanzierte AIFs verwalten, und für AIFMs, die AIFs verwalten, die die Kontrolle über nicht börsennotierte Unternehmen und Emittenten erlangen; ebenso Begr-RegE BT-Drs. 17/12294, S. 187; krit. zur Reichweite der AIFM-RL *Weiser*, in: Grieser/Heemann, Bankaufsichtsrecht, S. 727, 746.

[24] *Thiele*, Finanzaufsicht, S. 208 ff.

Herkunftslandes bedürfen.[25] Durch einheitliche Anforderungen an alle AIFMs soll der Verbreitung systemischer Risiken entgegengewirkt werden.[26] Insoweit verfolgt die AIFM-RL grundsätzlich eine Vollharmonisierung. Dieses Konzept wird an einzelnen Stellen hin zur Mindestharmonisierung durchbrochen.[27] So werden etwa im Hinblick auf die in Art. 43 AIFM-RL den Mitgliedstaaten überantwortete Entscheidung über den Vertrieb an Kleinanleger auch Freiräume gewährt, sofern die Vorgaben der AIFM-RL als Mindeststandard eingehalten werden.[28] Produktregeln als Ausdruck eines Gold Plating[29] hingegen wurden allein vom nationalen Gesetzgeber implementiert, der hierzu ausweislich Erwägungsgrund 10 der AIFM-RL berechtigt ist. Die Folge ist, dass regulatorischer Arbitrage der Weg geebnet wird. Der Gesetzgeber darf zwar nicht von der Ausgestaltung der Verwalterregulierung in dem von der AIFM-RL vorgegebenen Maße abrücken, doch können Investitionen in bestimmte Segmente durch Produktregeln sogar unterbunden werden.

Der Gedanke, der speziell hinter der Managerregulierung steht, ist schon im Kommissionsvorschlag für die Richtlinie aufzufinden: Letztlich sind es die Verwalter, die als Triebwerk hinter den Fonds stehen und über die einzugehenden Risiken entscheiden.[30] Dieser Regulierungsansatz ist in zweifacher Hinsicht effektiv. Zum einen werden durch die Managerregulierung indirekt auch die verwalteten AIFs erreicht, jedenfalls strahlen die Regulierungsvorgaben für die Verwalter auf die Investmentvermögen aus.[31] Die AIFMs dienen dabei als „Einfallstor für das

---

[25] *Weitnauer*, in: Weitnauer, MBO, A Rn. 85.

[26] Erwägungsgrund 3 AIFM-RL.

[27] Vereinzelt enthält die AIFM-RL „können"-Bestimmungen für die Mitgliedstaaten, etwa bei Art. 9 Abs. 6, Art. 22 Abs. 3 UAbs. 3 oder Art. 28 Abs. 1 UAbs. 2 AIFM-RL; *Möllers/ Harrer/Krüger*, WM 2011, 1537, 1543; *Hanten*, in: Baur/Tappen, Investmentgesetze, § 36 KAGB Rn. 6. Möglich sind auch „mindestens"-Bestimmungen, vgl. Art. 15 Abs. 2 UAbs. 2 AIFM-RL, *Spindler/Tancredi*, WM 2011, 1393, 1403. Auch im Sonderbeteiligungsrecht wird die Möglichkeit zum Erlass strengerer Vorschriften eingeräumt, s. Art. 26 Abs. 7 AIFM-RL.

[28] *Weitnauer*, in: Weitnauer, MBO, A Rn. 140 Fn. 138: Der Gesetzgeber hat hiervon Gebrauch gemacht, aber etwa den EU-weiten Vertrieb an Privatanleger unter Nutzung des sog. EU-Passes verboten.

[29] *D. Voigt*, in: Möllers/Kloyer, Das neue KAGB, Rn. 129, 167 ff.; *Burgard/Heimann*, WM 2014, 821 Fn. 6; *Weitnauer*, in: Weitnauer, MBO, A Rn. 94; *Snelson*, in: Möllers/Kloyer, Das neue KAGB, Rn. 807, 809. Ein weiteres Beispiel ist etwa die Abschaffung des Private Placements unter dem nun geltenden § 293 KAGB, vgl. *D. Voigt*, in: Möllers/Kloyer, Das neue KAGB, Rn. 129, 156 ff.; *Jesch*, RdF 2014, 180, 188; dazu auch 6. Teil, B.I.1.b)aa).

[30] *Europäische Kommission*, Vorschlag für AIFM-RL vom 30.4.2009, KOM(2009) 207 endg., S. 6.

[31] *Nietsch/Graef*, ZBB 2010, 12, 14: indirekte Regulierung; *R. Koch*, WM 2014, 433: Ausstrahlung; *Spindler/Tancredi*, WM 2011, 1393, 1396: Auswirkungen; *Kind/Haag*, DStR 2010, 1526: Reflex; *Klebeck*, in: Zetzsche, AIFMD, Chapt. 5 No. 3.3; a. A. *Weiser*, in: Grieser/ Heemann, Bankaufsichtsrecht, S. 727, 746: AIFM-RL reguliere auch Fonds. Das KAGB hingegen enthält auch Produktvorschriften: *Bäuml*, FR 2013, 640; *Seibt/Jander-McAlister*, DB 2013, 2374, 2375; *van Kann/Redeker/Keiluweit*, DStR 2013, 1483.

Pflichtenprogramm des Fonds"[32] und sichern dieses ab. Zum anderen werden durch diesen „personalistischen Ansatz"[33] auch solche Manager in die Regulierung eingebunden, die ihre Fonds in Offshore-Finanzplätzen (Drittstaaten), im Fall von Private Equity etwa den Kanalinseln,[34] auflegen.[35] So wird darauf hingewiesen, dass bislang „gut 80 Prozent aller in der EU vertriebenen Private Equity- und Hedgefonds von Managern mit Sitz in Großbritannien verwaltet"[36] wurden.

B. Eindämmung systemischer Risiken

AIFMs verwalten einen beträchtlichen Teil der am Finanzmarkt gehandelten Vermögenswerte, weshalb ihnen großes Marktbeeinflussungspotenzial zugeschrieben wird.[37] Dadurch bergen sie systemische Risiken.[38] Als Systemrisiko ist dabei mit der Legaldefinition des Art. 3 Abs. 1 Nr. 10 der für das Bankwesen verabschiedeten CRD IV eine Störung des Finanzsystems mit möglicherweise schwerwiegenden negativen Auswirkungen auf das Finanzsystem und die Realwirtschaft zu verstehen.[39] Die AIFM-RL soll diesen Gefahren entgegenwirken, indem sie einen umfassenden regulierungsrechtlichen Regelungsrahmen für AIFMs zur Eindämmung grenzübergreifender Risiken schafft („Market Governance"[40]).[41] So sollen auch solche AIFMs erreicht werden, die ihren Sitz in einem Drittland haben, jedoch Management- und/oder Vertriebsaktivitäten auf dem Binnenmarkt der Union entfalten, oder die ihren Sitz zwar in der EU haben, aber AIFs aus Drittstaaten verwalten.[42] Dabei sollen AIFMs, die Hebelfinanzierungen einsetzen und so wegen ihrer

---

[32] *Nietsch/Graef*, ZBB 2010, 12, 14.

[33] *Spindler/Tancredi*, WM 2011, 1393, 1396.

[34] ESMA/2015/1235 vom 30.7.2015, ESMA's opinion to the European Parliament, Council and Commission and responses to the call for evidence on the functioning of the AIFMD EU passport and of the National Private Placement Regimes, Annex 2 Ziff. 317.

[35] *Tollmann*, in: Dornseifer/Jesch/Klebeck/Tollmann, AIFM-RL, Einl. Rn. 25; *Spindler/Tancredi*, WM 2011, 1393, 1396: zahlreiche Hedgefonds; *Wilhelmi/Bassler*, in: Zetzsche, AIFMD, Chapt. 2 No. 4.2.; *van Dam/Mullmaier*, in: Zetzsche, AIFMD, Chapt. 26 No. 2.2; Erwägungsgrund 61 AIFM-RL: „Viele EU-AIFM verwalten derzeit Nicht-EU-AIF".

[36] *Tollmann*, in: Dornseifer/Jesch/Klebeck/Tollmann, AIFM-RL, Einl. Rn. 25. Vergleichbar *Felsenstein/Müller*, KSzW 2016, 55, 58: Viele AIFMs hätten ihren Sitz in Großbritannien.

[37] Erwägungsgrund 1 AIFM-RL.

[38] *Europäische Kommission*, Vorschlag für AIFM-RL vom 30.4.2009, KOM(2009) 207 endg., S. 4 f.

[39] Umgesetzt in § 1 Abs. 33 KWG. Eine eigene Definition systemischer Risiken enthält die AIFM-RL nicht. In diese Richtung auch *Wilhelmi/Bassler*, in: Zetzsche, AIFMD, Chapt. 2 No. 3.

[40] *Zetzsche*, in: The European Financial Market in Transition, Chapt. 16, S. 339, 348.

[41] Allgemein zu Zielen der Finanzaufsicht *Thiele*, Finanzaufsicht, S. 64 ff.

[42] Erwägungsgrund 4 AIFM-RL; im Einzelnen vgl. Art. 34 ff. AIFM-RL.

systemischen Risiken zur Beeinträchtigung der Finanzmarktstabilität beitragen können, speziellen Anforderungen unterworfen werden.[43]

Da auch Fondsverwalter von Private Equity-Fonds mit der AIFM-RL erreicht werden sollen,[44] erhebt sich die Frage, ob und inwiefern auch von diesem Marktsegment systemische Risiken ausgehen. Ausgangspunkt der Überlegung ist, dass die Anlagestrategien im Bereich Private Equity zwar keineswegs homogen verlaufen, doch dem Geschäftskonzept des LBO stets der Einsatz von Krediten in beträchtlicher Höhe zur Ertragshebelung inhärent ist, für deren Schuldendienst letztlich die Zielgesellschaften aufkommen. Dadurch erhöht sich potenziell das Insolvenzrisiko der Zielgesellschaft.[45] Eine Insolvenz der Zielgesellschaft begründet einen Forderungsausfall bei den finanzierenden Banken und führt bei diesen zu Abschreibungsverlusten, sofern die entsprechenden Positionen noch in den Büchern gehalten werden. Die Insolvenz der Zielgesellschaft kann auch zu einer Beeinträchtigung der Rendite der Investoren, wenn nicht sogar zum Totalverlust ihrer Einlage führen. In der Folge kann dies bei global vernetzten Investoren weitere Ausfälle auf dem Finanzmarkt bedingen. Im krassen Widerspruch hierzu steht daher augenscheinlich der Befund, dass sowohl im De-Larosière-Bericht eine Bedeutung des Private Equity-Sektors im Kontext systemischer Risiken durch Nichtnennung negiert wird[46] als auch der Richtliniengesetzgeber bei Private Equity-Fonds keinen Beitrag zur Erhöhung von Systemrisiken erblicken kann[47]. Das wiederum erklärt sich vor dem Hintergrund, dass die Banken ihre Risiken aus den Kreditverbindlichkeiten der Fonds regelmäßig in verbriefter Form an den Kapitalmarkt weiterreichen,[48] sodass es dort zu einer breiten Streuung kommt und Klumpenrisiken verhindert werden.[49] Alternativ können die Banken den Weg einer echten Syndizierung wählen und das Kapital als Konsortialkredit ausgeben.[50] Letzteres ist gar der Regelfall bei großvolumigen

---

[43] Erwägungsgrund 49 AIFM-RL; laut Erwägungsgrund 51 könne eine Hebelfinanzierung sogar zu erheblichem Risiko für die Stabilität des Finanzsystems führen.

[44] Zur Einordnung von Private Equity-Fonds unter den AIF-Begriff ausführlich 4. Teil, A.

[45] 2. Teil, B.I.

[46] Vgl. nur die bereits beschriebene Aussage im Abschnitt: 3. Teil.

[47] *Europäische Kommission*, Vorschlag für AIFM-RL vom 30.4.2009, KOM(2009) 207 endg., S. 3.

[48] *FSA*, Private equity: a discussion of risk and regulatory engagement, S. 3: „[...] distributing debt to non-banks such as CLO (Collateralized Loan Obligation) managers, CDO (Collateralized Debt Obligation) managers, and hedge funds".

[49] *Ernstberger/Herz*, in: Leible/Lehmann, Hedgefonds und Private Equity – Fluch oder Segen, S. 33, 44; *EZB*, Monatsbericht August 2007, Leveraged Buyouts und Finanzstabilität, S. 99, 102 ff.; *Kaserer/Achleitner/von Einem/Schierek*, Private Equity in Deutschland, S. 206; *R. H. Schmidt/Spindler*, Finanzinvestoren, B Rn. 47 ff. Laut einer von der FSA (nun: Financial Conduct Authority) in Großbritannien durchgeführten Befragung halten die Banken durchschnittlich nur noch 19 Prozent der Kreditrisiken nach 120 Tagen in ihren eigenen Büchern, s. *FSA*, Private equity: a discussion of risk and regulatory engagement, S. 3 f. Diese Zahlen werden auch durch *Deutsche Bundesbank*, Monatsbericht April 2007, S. 24 gestützt.

[50] *Jetter/Jörgens*, in: Eilers/Koffka/Mackensen, Private Equity, V. Rn. 1; *EZB*, Monatsbericht August 2007, Leveraged Buyouts und Finanzstabilität, S. 99, 102 ff.

Projekten, wobei dann auch die Konsortialkreditanteile an den Finanzmarkt weitergereicht werden. Ohne einen gut funktionierenden Markt für einen Kreditrisikotransfer würden sich Banken mutmaßlich gar nicht an großen LBO-Transaktionen beteiligen.[51] Überdies lässt sich auch den heraufbeschworenen Totalausfällen bei global vernetzten Finanzinvestoren durch Risikostreuung begegnen. So verfügen LBO-Fonds regelmäßig über ein ausgewähltes Portfolio, das bis zu 20 Zielgesellschaften umfassen kann.[52] Von Seiten der Literatur wird zudem ins Feld geführt, dass Turbulenzen auf den Finanzmärkten auch deshalb nicht zu befürchten seien, da LBO-Fonds im Gegensatz zu Hedgefonds keine Marktineffizienzen beseitigten und deshalb die Preisbildung nicht beeinflussten.[53] Außerdem fehle Private Equity-Fonds die Interkonnektivität[54] mit dem Bankensektor wie sie Hedgefonds im Zusammenhang mit dem Prime Broker-Geschäft beanspruchten.[55] Da Fremdkapital überdies nicht auf Fonds-, sondern nur auf Einzeltransaktionsebene aufgenommen würde, bliebe auch der befürchtete Dominoeffekt aus.[56] Die im Vorfeld der AIFM-RL im Rahmen der Reformbestrebungen zu vernehmende Fokussierung u. a. auf das Segment der LBO-Fonds ist vor diesem Hintergrund irritierend. Hinzu kommt, dass LBO-Fonds in der Finanzkrise in den Augen der Europäischen Kommission in die Opferrolle gedrängt wurden, sahen sie sich aufgrund der Störungen auf den Finanzmärkten und dem Vertrauensverlust auf dem Interbankenmarkt mit einer Kreditverknappung konfrontiert, infolge derer LBO-Transaktionen auch aufgegeben werden mussten.[57] Aus deutscher Perspektive sei letztlich noch darauf hingewiesen, dass der im Zuge der Aufarbeitung der globalen Finanzkrise durch Erlass des Gesetzes zur Stärkung der Finanzaufsicht vom 28. November 2012[58] beim Bundesministerium der Finanzen als makroprudenzielle Überwachungsinstanz über die systemischen Risiken gebildete Ausschuss für Finanzstabilität (§ 2 Abs. 1 FinStabG)

---

[51] *EZB*, Monatsbericht August 2007, Leveraged Buyouts und Finanzstabilität, S. 99, 106.

[52] 6. Teil, B.II.12.a).

[53] Für Hedgefonds *Spindler/Bednarz*, WM 2006, 553, 555; *Ernstberger/Herz*, in: Leible/Lehmann, Hedgefonds und Private Equity – Fluch oder Segen, S. 33, 38; dass Hedgefonds zur Vermögenspreisinflation beigetragen haben, betont die Kommission in ihrem Vorschlag für eine AIFM-RL, s. *Europäische Kommission*, Vorschlag für AIFM-RL vom 30. 4. 2009, KOM (2009) 207 endg., S. 3.

[54] Ausweislich Erwägungsgrund 9 der Verordnung (EU) Nr. 1092/2010 des Europäischen Parlaments und des Rates vom 24. November 2010 über die Finanzaufsicht der Europäischen Union auf Makroebene und zur Errichtung eines Europäischen Ausschusses für Systemrisiken, ABl. Nr. L 331, S. 1 ist die Interkonnektivität neben Größe und Ersatzbarkeit eines der drei Kriterien zur Identifizierung von Systemrisiken; s. auch *Wilhelmi/Bassler*, in: Zetzsche, AIFMD, Chapt. 2 No. 3.1.

[55] *Spindler/Tancredi*, WM 2011, 1393, 1397; *Bednarz*, Die Regulierung von Hedgefonds, S. 11, 25 f.

[56] *Achleitner*, DB 2010 Beil., 83; *Spindler/Tancredi*, WM 2011, 1393, 1397.

[57] *Europäische Kommission*, Vorschlag für AIFM-RL vom 30. 4. 2009, KOM(2009) 207 endg., S. 3; Jahresbericht BaFin 2007, S. 18.

[58] Gesetz zur Stärkung der deutschen Finanzaufsicht vom 28. November 2012, BGBl. I, S. 2369.

in seinen bislang vier herausgegebenen Berichten aus Juni 2014, Juni 2015, Juni 2016 und Juni 2017 kein Wort über den Private Equity-Sektor verloren hat.[59]

Dennoch lassen sich hiervon abweichende Positionen ermitteln, die letzte Verbindungen des Private Equity-Segments mit der Finanzmarktstabilität nicht absprechen wollen. So weist die Problembeschreibung des Risikobegrenzungsgesetzes[60] im Zusammenhang mit LBO-Fonds auf Risiken für die Stabilität des Finanzsystems hin und spricht von gesamtwirtschaftlich unerwünschten Aktivitäten – ohne allerdings Belege für diese Feststellung anzuführen.[61] Auch der Report des Committee on the Global Financial System bejaht im Hinblick auf LBOs Zusammenhänge zwischen Kreditrisiken und Finanzmarktrisiken und sieht die Gefahr, dass sich die Anzahl der Kreditausfälle durch Herabsetzung der Kreditvergabestandards infolge eines breiten Kreditrisikotransfers steigern könnte.[62] Daneben werden Private Equity und Risiken im Finanzsystem sogar in der Genese der AIFM-RL in Form der Lehne- und Rasmussen-Berichte in einen Kontext gesetzt.[63] Auch ist die Kritik der Deutschen Bundesbank nicht zu verhehlen, dass die zunehmende Intransparenz der Risikoträgerschaft die Beurteilung über eine insgesamt tragfähige Risikoverteilung im Finanzsystem erschwere.[64] Von diesem Standpunkt aus betrachtet, erscheint es nachvollziehbar, wenn die IOSCO sowie die frühere Financial Services Authority (FSA) die Finanzmarktstabilität (nur) in extremen Situationen von dem Private Equity-Sektor betroffen sehen[65] und die Deutsche Bundesbank von „kaum erhöhte[n] Risiken für die Stabilität des Finanzsystems"[66] spricht. Auch in der Literatur liest man, dass systemische Risiken im Hinblick auf den erhöhten Einsatz von Krediten „nicht gänzlich ausgeschlossen werden können"[67].

Die unterschiedlichen Positionen in der Diskussion um die Systemrelevanz des Private Equity-Segments lassen sich durchaus zusammenführen: Während Private

---

[59] *Ausschuss für Finanzstabilität*, Erster Bericht an den Deutschen Bundestag zur Finanzstabilität in Deutschland, Juni 2014 bzw. Zweiter Bericht an den Deutschen Bundestag zur Finanzstabilität in Deutschland, Juni 2015 bzw. Dritter Bericht an den Deutschen Bundestag zur Finanzstabilität in Deutschland, Juni 2016 bzw. Vierter Bericht an den Deutschen Bundestag zur Finanzstabilität in Deutschland, Juni 2017.

[60] BegrRegE BT-Drs. 16/7438, S. 8, 9 f.

[61] Krit. daher *Dornseifer*, in: Leible/Lehmann, Hedgefonds und Private Equity – Fluch oder Segen, S. 77, 78.

[62] *Committee on the Global Financial System*, Private equity and leveraged finance markets, S. 35 f.

[63] Bericht mit Empfehlungen an die Kommission zur Transparenz institutioneller Investoren (2007/2239(INI)) vom 9.7.2008, A6-0296/2008, S. 6 lit. C., 12; Bericht mit Empfehlungen an die Kommission zu Hedge-Fonds und Private Equity (2007/2238(INI)) vom 11.9.2008, A6-0338/2008, S. 7 lit. F.

[64] *Deutsche Bundesbank*, Monatsbericht April 2007, S. 26 f.

[65] *IOSCO*, Private Equity, S. 10; FSA, Private equity: a discussion of risk and regulatory engagement, S. 7.

[66] *Deutsche Bundesbank*, Monatsbericht April 2007, S. 28.

[67] *Thiele*, Finanzaufsicht, S. 153.

Equity keineswegs eine primäre, sekundäre oder womöglich gar tertiäre Angelegenheit von systemischen Risiken scheint, stellt sich die neue Finanzmarktregulierung im Hinblick auf Private Equity als Nischenregulierung dar – und trägt daher in Ansehung der Adressierung systemischer Risiken in diesem Rahmen ihre Berechtigung. An dieser Stelle muss gleichwohl betont werden, dass es weniger um die Gefahren speziell von Private Equity-Fonds geht, als vielmehr um das dem Leveraging immanenten Systemrisiko und der hierauf gerichteten Anlagestrategie.[68] Was dabei unter einer extremen Situation im vorgenannten Sinne zu verstehen ist, wird an besagter Stelle nicht weiter konkretisiert. Von Bedeutung kann nur ein Zusammenspiel verschiedener Faktoren sein, namentlich von ausgeprägten Konjunkturschwankungen im und nach dem Zeitpunkt der Kreditaufnahme, laxer Kreditvergabepraxis,[69] der Höhe des Fremdkapitals und der Risikodiversifizierung im Fondsportfolio, der Möglichkeit zum Kreditrisikotransfer[70] und der Bildung von Klumpenrisiken. In einem nach vorstehenden Gesichtspunkten anzunehmenden „Apokalypse"-Szenario, in dem wesentliche Finanzmarktmechanismen zur Risikostreuung außer Kraft gesetzt sind, sind Auswirkungen auf die Finanzmarktstabilität i. S. eines Verstärkerbeitrags bei ohnehin schon bestehenden Turbulenzen jedenfalls nicht auszuschließen. Jedoch ist stets mit den Experten der EZB, die die Gefahren einer Marktabschwächung am Private Equity-Sektor für die Finanzmarktstabilität ebenfalls zurückhaltend formulieren, zu fragen, inwiefern die Banken, an denen die Kreditrisiken weitergereicht wurden, die Verluste über die kurze Frist hinaus verkraften können.[71]

Insbesondere ein Niedrigzinsumfeld infolge geldpolitischer Lockerung kann einen Nährboden für Darlehensausfälle bieten und vorstehende Gefahren befeuern: Die Suche nach alternativen, renditeträchtigen Investments kann eine Kapitalüberschwemmung auf den Finanzmärkten auch im Bereich Private Equity bewirken[72] und in Kombination mit einer gleichzeitigen Verknappung an attraktiven Zielgesellschaften in einer Blasenbildung kulminieren. Wird der Kaufpreis infolge des überschüssigen Fremdkapitals über den „wahren" Marktwert der Beteiligung hinaus in

---

[68] Für Hedgefonds *Spindler/Bednarz* WM 2006, 553, 555.

[69] *FSA*, Private equity: a discussion of risk and regulatory engagement, S. 60; *Kaserer/Achleitner/von Einem/Schierek*, Private Equity in Deutschland, S. 206 f.

[70] *ECB*, Large banks and private equity-sponsored leveraged buyouts in the EU, S. 38 spricht hier von „key risk for individual banks".

[71] *EZB*, Monatsbericht August 2007, Leveraged Buyouts und Finanzstabilität, S. 99, 110; *ECB*, Large banks and private equity-sponsored leveraged buyouts in the EU, S. 38: „All in all, therefore, systemic risks originating from individual bank's LBO credit risk exposures are likely to remain muted at least insofar as the counterparties of the risk transfer process remain solvent".

[72] *Buge/Mardini*, JUVE Handbuch 2015/2016, 2015, 511 f.; *Rudolph*, ZGR 2008, 161, 178: Generell sorge ein niedriges Zinsniveau für einen Anlagedruck institutioneller Gelder; *Ausschuss für Finanzstabilität*, Zweiter Bericht an den Deutschen Bundestag zur Finanzstabilität in Deutschland, Juni 2015, S. 1: Die Anreize zur Suche nach Rendite verstärkten sich durch anhaltend niedrige Zinsen.

die Höhe getrieben[73] und dem Zielunternehmen im Anschluss im Wege eines Debt Push Down[74] die Finanzierungslast auferlegt, ist die Gefahr von Forderungsausfällen bzw. -anpassungen bei den Fremdkapitalgebern bei einer anschließenden geldpolitischen Gesundung und der Rückkehr zum „Normalzins" spürbar erhöht. Denn die Zinsentwicklungen auf den Finanzmärkten werden bei LBO-Finanzierungen regelmäßig über das Ventil von Referenzzinssätzen wie dem EURIBOR oder LIBOR abgebildet[75] und können auf diesem Wege eine außerplanmäßige, erhöhte Zinslast auf Ebene der Portfoliogesellschaften zur Folge haben, obwohl letztere ohnehin schon aufgrund des durch die Kapitalschwemme überhöhten Kaufpreises mit einer korrespondierenden Fremdkapitallast konfrontiert sind. Das regelmäßig (gegen Entgelt) abgeschlossene Zinshedging in Gestalt von Zinsswaps oder Zinscaps kann zwar Zinsrisiken absichern; es bleibt indes die absolute Mehrbelastung.

C. Investorenschutz

Die AIFM-RL führt zu harmonisiertem Investorenschutz („Fund Governance"[76]),[77] adressiert dabei aber ausschließlich professionelle Anleger i. S. des Anhangs II der MiFID I[78]. Dieses Konzept hat berechtigte Kritik erfahren, da ein fein ziseliertes Schutzniveau für professionelle Anleger aufgrund ihrer geringeren Schutzbedürftigkeit[79] weder erforderlich[80] noch gewünscht[81] sei. Paternalismus ist der falsche Ansatz, wenn Intermediäre und Kapitalgeber in Verhandlungen treten und deshalb systematische Benachteiligungen nicht zu befürchten sind,[82] im Fall von Private Equity etwa im Hinblick auf lange Zeit praktizierte Vergütungsstrukturen, die als Reaktion auf den Principal-Agent-Konflikt zwischen Fondsverwalter und Investor Anlegerrisiken mitigieren sollen[83]. Gleichwohl ist auch hier festzuhalten, dass es unterschiedliche Verhandlungspositionen unter den Marktteilnehmern gibt, wie die Praxis der Meistbegünstigungsklauseln zeigt. Hier stellen sich nunmehr Fragen

---

[73] *Jesch*, Private-Equity-Beteiligungen, S. 179: größeres Kapitalangebot führe zu einer Verteuerung erfolgversprechender (junger) Unternehmen.

[74] 2. Teil, B.IV.2.

[75] *Schrell/Kirchner*, BB 2003, 1451, 1452: Seniorbanken erwarteten Zinssatz von etwa 2,00–3,50 % über EURIBOR für jeweilige Zinsperiode; zu derartigen sog. Zinsgleitklauseln ausführlich *Diem*, Akquisitionsfinanzierungen, § 15 Rn. 38 ff.

[76] *Zetzsche*, in: The European Financial Market in Transition, Chapt. 16, S. 339, 348.

[77] Erwägungsgrund 3 f. AIFM-RL.

[78] Art. 4 Abs. 1 lit. ag AIFM-RL.

[79] *Wallach*, in: Bankrechtstag 2013, S. 95, 111.

[80] *Spindler*, DB 2010 Beil., 85, 86; *Berger*, Regulierung der Management-Ebene bei Private Equity-Fonds, S. 189.

[81] *Klebeck*, DStR 2009, 2154, 2155.

[82] *Achleitner*, DB 2010 Beil., 83.

[83] Ausführlich 6. Teil, B.II.7.

im Hinblick auf die Dispositivität von Regelungen, die noch an anderer Stelle vertieft werden sollen.[84] Angesichts dessen liegt eine erste Erklärung für den Schutz professioneller Anleger in einer Lückenfüllungsfunktion für die Fälle, in denen Vermögen und Kundigkeit keine Regulierung ersetzen können.[85] So leitet ein Begleitpapier zur AIFM-RL die Notwendigkeit des Investorenschutzes aus potenziellen Mängeln im Kontext der Investorentransparenz und der Gefahr von Interessenkonflikten sowie fehlerhafter Funds Governance ab.[86] Die AIFM-RL lässt sich auch in dieser Hinsicht als Paradigmenwechsel im Investmentrecht verstehen, wenn sie an dem Dogma der vollständigen Mündigkeit von professionellen Anlegern nicht mehr festhält.[87] Dies wird nicht zuletzt durch den deutschen Gesetzgeber bestätigt, der sogar im nur registrierungspflichtigen Bereich auf einen Mindestschutz aller Anleger beharrt, indem die unbegrenzte persönliche Haftung ausgeschlossen werden soll.[88] Daneben liegt der Ruf nach einem harmonisierten Marktordnungsrecht nicht fern, wenn man i. S. der Destinatär-Theorie auf die schutzwürdigen Interessen der „Anleger" hinter den professionellen Anlegern wie Pensionsfonds, Versicherungen, etc. abstellt und vor diesem Hintergrund Gefahren aus einer Fremdverwaltung einfangen möchte. Die AIFM-RL dient insoweit insbesondere der Funktionsfähigkeit des Finanzmarkts, da das Vertrauen der Anleger in dessen Integrität gestärkt wird.[89] Dadurch wird Markteffizienz, mithin optimale Allokation des Kapitals, gewährleistet. Eine Kehrseite hiervon ist stets die Gefahr der Überregulierung, die den Nutzen der AIFM-RL in ihr Gegenteil umschlagen lassen kann.[90] Branchenseitig wurde etwa insbesondere Kritik an der Verpflichtung zur Bestellung einer Verwahrstelle laut.[91] Schließlich können die Übergänge zwischen anlegerschützender und auf die Eindämmung systemischer Risiken bedachter Regulierung fließend sein. Eine primäre

---

[84] 6. Teil, B.I.2.c).

[85] Hierauf verweist auch Erwägungsgrund 92 AIFM-RL; s. zudem *Zetzsche*, Prinzipien der kollektiven Vermögensanlage, § 27 B. III. 2.: Kundigkeit und Aktivität.

[86] *European Commission* vom 30. 4. 2009, SEC(2009) 576, Commission staff working document, Impact Assessment {COM(2009) 207} {SEC(2009) 577}, Ziff. 1.4.

[87] *Tollmann*, in: Dornseifer/Jesch/Klebeck/Tollmann, AIFM-RL, Einl. Rn. 20 f.; *Zetzsche*, in: Zetzsche, AIFMD, Chapt. 1 No. 3; krit. *Mansfeld*, in: FrankKomm, KapAnlR Bd. 1, Einl. Rn. 32. Umgekehrt wird im Bereich der Wertpapierregulierung gar eine Eliminierung des Informationsvorsprungs professioneller Investoren bei der Ad-hoc-Publizität gefordert, s. *Klöhn*, Kapitalmarkt, Spekulation und Behavioral Finance, S. 168 ff.

[88] § 44 Abs. 1 Satz 1 Nr. 7 und Satz 2 ff. KAGB; Begr BT-Drs. 17/13395, S. 403.

[89] *Mansfeld*, in: FrankKomm, KapAnlR Bd. 1, Einl. Rn. 33: Mittelbarer positiver Effekt durch allgemeine Standards und erhöhte Vergleichbarkeit von Anbietern und Produkten; allgemein *Fuchs*, in: Fuchs, WpHG, vor §§ 31 Rn. 73; *Kümpel*, in: Kümpel/Wittig, Bank- u. KapMarktR, Rn. 8.400; *Thiele*, Finanzaufsicht, S. 79 ff.

[90] *Klebeck*, DStR 2009, 2154, 2158; *Escher*, in: Bankrechtstag 2013, S. 123, 154; *Fuchs*, in: Fuchs, WpHG, vor §§ 31 Rn. 73.

[91] *EVCA* (nun: Invest Europe) vom 26. 6. 2009, Response to the Proposed Directive of the European Parliament and Council on Alternative Investment Fund Managers (AIFM), Abschn. 2.3 (dort noch bezogen auf die Bestellung eines EU-Kreditinstituts als Verwahrstelle).

Adressierung professioneller Anleger liegt dann nahe, weil eben diese den überwiegenden Teil des Kapitals kommittieren.[92]

D. Leveraged Buyout und Bestandsschutz
von Zielgesellschaften

Dem Hintergrundpapier zur AIFM-RL ist im Private Equity-Kontext zu entnehmen, dass u. a. die Gefahr falscher Anreize beim Management[93] von Portfoliogesellschaften unter Kontrolle gebracht werden soll, insbesondere im Hinblick auf
den Einsatz von Fremdmitteln.[94] Letztere werden auch in einem anderen Begleitpapier zum Richtlinienvorschlag unter dem Gesichtspunkt der fehlenden Nachhaltigkeit moniert.[95] Zielgesellschaften sollen damit von einem wie auch immer gearteten Bestandsschutz profitieren. Hier stellt sich die Frage nach der Sachnähe zur
Finanzmarktregulierung. Rekapituliert man die wesentliche Kritik am Geschäftsmodell von LBO-Fonds, bietet es sich an, diese Frage im Hinblick auf zwei neue
tragende Elemente zu untersuchen: zum einen für die nunmehr vorgesehene Leverage-Beschränkung (sogleich I.), zum anderen für das sog. Verbot des Asset Stripping (unter II.).

I. Leverage-Beschränkung als doppelte Risikobewältigung?

Die Berechtigung der Nischenregulierung von Private Equity unter dem Blickwinkel der Systemrelevanz fußt allein auf der Überlegung, dass insbesondere im
Zuge von LBO-Transaktionen ein erheblicher Fremdkapitalanteil zum Einsatz
kommt. Für Hebelfinanzierungen stellt Art. 25 Abs. 3 Satz 2 AIFM-RL den nationalen Aufsichtsbehörden nunmehr eine Beschränkungsmöglichkeit anheim, wenn
dies aus Gründen der Market Governance geboten ist. Deutlich wird hieraus der
Wandel eines an den Kategorien der Fund Governance orientierten Investmentrechts

---

[92] *Zetzsche*, Prinzipien der kollektiven Vermögensanlage, § 27 B. III. 2.; in diese Richtung
auch *Berger*, Regulierung der Management-Ebene bei Private Equity-Fonds, S. 189. Vgl. im
Übrigen *BVI*, Investmentstatistik vom 30.6.2017, Folie 1, abrufbar unter https://www.bvi.de/fi
leadmin/user_upload/Statistik/BVI_Investmentstatistik_1706_DE.pdf (zuletzt abgerufen am
27.8.2017).

[93] Die deutsche Übersetzung „Gefahr falscher Anreize für die Geschäftsführung von
Portfolio-Gesellschaften" ist zu ungenau, da nicht das Organ Geschäftsführung gemeint sein
kann („Potential for misalignment of incentives in management of portfolio companies").

[94] *Europäische Kommission*, Vorschlag für AIFM-RL vom 30.4.2009, KOM(2009) 207
endg., S. 3.

[95] *European Commission* vom 30.4.2009, SEC(2009) 576, Commission staff working
document, Impact Assessment {COM(2009) 207} {SEC(2009) 577}, Ziff. 3.2.6. und Annex VI.6.

hin zu einer die Belange der Finanzmarktstabilität gleichgewichtenden Materie.[96] Ebenjene Beschränkungsmöglichkeit könnte daher in gleichem Maße Finanzmarktrisiken wie Insolvenzrisiken für die Zielgesellschaft reduzieren, falls mit der Leverage-Beschränkung zugleich eine Drosselung der Akquisitionsfinanzierung verbunden wäre. Letzteres gilt es zu hinterfragen.

Nach Art. 4 Abs. 1 lit. v AIFM-RL ist unter Hebelfinanzierung (also Leverage) jede Methode zu verstehen, mit der ein AIFM das Risiko eines von ihm verwalteten AIF durch Kreditaufnahme, Wertpapierleihe, in Derivate eingebettete Hebelfinanzierungen oder auf andere Weise erhöht. Ausweislich Erwägungsgrund 78 AIFM-RL sollte der Kommission die Befugnis übertragen werden, delegierte Rechtsakte zu erlassen, um die Methoden dieser Hebelfinanzierung festzulegen, einschließlich jeglicher Finanz- und/oder Rechtsstrukturen, bei denen Dritte beteiligt sind, die von dem betreffenden AIF kontrolliert werden, wenn es sich bei diesen Strukturen um solche handelt, die eigens dafür geschaffen wurden, um direkte oder indirekte Hebelfinanzierungen auf der Ebene des AIF zu schaffen. Insbesondere bei Private Equity-Fonds bedeutet dies, dass nicht vorgesehen ist, dass eine Hebelfinanzierung, die auf der Ebene der Portfoliogesellschaft besteht, in solche Finanz- oder Rechtsstrukturen einbezogen wird. Die Kommission hat durch Erlass der Delegierten Verordnung vom 19. Dezember 2012 (AIFM-VO)[97] als Level 2-Verordnung von dieser Kompetenz Gebrauch gemacht und in Art. 6 Abs. 3 Satz 2 AIFM-VO angeordnet, dass Risiken, die auf Ebene der Portfoliogesellschaften bestehen, vom AIFM nicht in die Berechnung der Hebelfinanzierung einbezogen werden, wenn der AIF oder der für ihn handelnde AIFM für potenzielle Verluste, die über seine Investition in das betreffende Unternehmen hinausgehen, nicht aufkommen muss.[98]

Expressis verbis sind damit nur Risiken auf Ebene der Zielgesellschaften angesprochen. Bei LBO-Fonds wird die Akquisitionsfinanzierung jedoch auf Ebene eines zwischengeschalteten Akquisitionsvehikels aufgenommen,[99] weshalb die Risiken allein dort konzentriert sind. Der überwiegende Teil der Literatur will eine Kreditaufnahme auf Ebene der Akquisitionsvehikel nicht als Hebelfinanzierung im regu-

---

[96] *Zetzsche*, in: The European Financial Market in Transition, Chapt. 16, S. 339, 348 f. (zugleich auch krit., da Art. 25 Abs. 2 Satz 2 AIFM-RL *jede* Bank als systemrelevant betrachte).

[97] Delegierte Verordnung (EU) Nr. 231/2013 der Kommission vom 19. Dezember 2012 zur Ergänzung der Richtlinie 2011/61/EU des Europäischen Parlaments und des Rates im Hinblick auf Ausnahmen, die Bedingungen für die Ausübung der Tätigkeit, Verwahrstellen, Hebelfinanzierung, Transparenz und Beaufsichtigung, ABl. Nr. L 83, S. 1 (zit.: AIFM-VO).

[98] Dazu auch *European Commission*, Impact Assessment vom 19.12.2012, SWD(2012) 386 final, Annex 14 Ziff. 201–203, abrufbar unter http://ec.europa.eu/smart-regulation/impact/ ia_carried_out/docs/ia_2012/swd_2012_0386_en.pdf (zuletzt abgerufen am 27.8.2017) bzw. Ziff. 496–498, abrufbar unter http://ec.europa.eu/internal_market/investment/docs/20121219-directive/ia_en.pdf (zuletzt abgerufen am 27.8.2017).

[99] 2. Teil, B.I.

lierungsrechtlichen Sinne betrachten.[100] Diese herrschende Ansicht wird hier geteilt, da die Risiken aus einer Fremdkapitalaufnahme auf Ebene des Akquisitionsvehikels ebenso wie bei einer Fremdkapitalaufnahme auf Ebene der Portfoliogesellschaft vom Fonds abgeschirmt sind und der AIF nur mit seinem in das Akquisitionsvehikel eingebrachten Kapital haftet. Außerdem gilt: Dasselbe Risiko, das auf Ebene des Akquisitionsvehikels durch Aufnahme des Fremdkapitals entsteht, wird nach zivilrechtlicher Verlagerung des Schuldendienstes im Wege eines Downstream-Merger oder einer Schuldübernahme zum Risiko der Portfoliogesellschaft[101] und findet jedenfalls dort keinen Eingang mehr in die Risikoberechnung im Rahmen der Berechnung von Hebelfinanzierungen auf AIF-Ebene. Wieso hier ein Unterschied gemacht werden sollte, obwohl die Haftung in beiden Konstellationen auf die eigene Investition begrenzt bleibt, wäre nicht verständlich. Zieht man daneben ausnahmsweise die nationale Produktregulierung des KAGB heran, wird dieses Ergebnis ebenso aus einem Umkehrschluss zu § 263 Abs. 1 Satz 3 KAGB bestätigt. Dort sind Kredite, die auf der Ebene von Zweckgesellschaften, die nur in Sachwerte investieren, aufgenommen werden, in der Berechnung für die Leverage-Begrenzung zu berücksichtigen; eine vergleichbare Regelung für Zweckgesellschaften, die in Private Equity investieren, sucht man hingegen vergebens. Bei der bisherigen Diskussion unbeachtet blieb zwar die Frage, ob an der Rechtsstruktur, mithin dem Akquisitionsvehikel, auch „Dritte" (so der Wortlaut von Erwägungsgrund 78 AIFM-RL) beteiligt sind. Doch betrachtet man die bereits erläuterte zweistufige Akquisitionsstruktur, ist das nachvollziehbar. Die Fremdfinanzierung wird auf Ebene der AcquiCo aufgenommen. Deren einzige Gesellschafterin ist die HoldCo, an der auch die Manager der Portfoliogesellschaft (mittelbar) als Dritte beteiligt sind. Selbst im Fall von Rechtsstrukturen, an denen lediglich der AIF beteiligt ist, darf nichts anderes gelten, wenn die Fremdfinanzierung allein auf dieser Ebene konzentriert ist und keine Haftung des AIF droht.

---

[100] *Klebeck*, DStR 2009, 2154, 2159; *Volhard/Kruschke*, EWS 2012, 21, 22; *Volhard/El-Qalqili*, CFL 2013, 202, 204: Fremdfinanzierung sei der Portfoliogesellschaft „zuzurechnen, jedenfalls dann, wenn nur diese letztlich für die Rückzahlung des Darlehens haftet, nicht hingegen der Fonds"; *Volhard/Jang*, in: Weitnauer/Boxberger/Anders, KAGB, § 1 Rn. 97; *Swoboda*, in: Weitnauer/Boxberger/Anders, KAGB, § 274 Rn. 2, § 275 Rn. 8; *Jesch*, in: Baur/Tappen, Investmentgesetze, § 2 KAGB Rn. 22; *Berger*, Regulierung der Management-Ebene bei Private Equity-Fonds, S. 194; *Nelle/Klebeck*, BB 2013, 2499, 2500; *Gottschling*, in: FrankKomm, KapAnlR Bd. 1, § 1 KAGB Rn. 365; reservierter hingegen *Weitnauer*, in: Weitnauer, MBO, D Rn. 74 nach dem eine Hebelfinanzierung bei mehrheitlicher Beteiligung des Fonds an der NewCo in die Risikoermittlung des Leverage einzubeziehen sei; *ders.*, AG 2013, 672, 673 f. führt aber weiter aus, dass Zweifel an diesem Ergebnis bestünden, weil der Investitionsgrad nicht direkt erhöht werde, wenn keine persönlichen Sicherheiten gestellt würden – jedenfalls bei (nur) Minderheitsbeteiligungen solle eine Zurechnung ausscheiden; a. A. jedenfalls *Söhner*, WM 2014, 2110, 2113; *ders.*, WM 2011, 2121, 2124 f.; in diese Richtung wohl auch *Bußalb/Unzicker*, BKR 2012, 309, 312; *Jaskolski/Grüber*, CFL 2010, 188, 196.

[101] In dieser Konstellation verfällt der Finanzierungseffekt auf Ebene der Portfoliogesellschaft, da das Fremdkapital für den Anteilserwerb bereits aufgebraucht ist. Zurück bleibt allerdings ein Risiko i. S. von Art. 6 Abs. 3 Satz 2 AIFM-VO.

Nur für den Fall, dass der AIF infolge einer Ausfallhaftung, z. B. in Form von Nachschusspflichten oder der Begebung von (persönlichen) Sicherheiten wie Garantien und Bürgschaften, für die Finanzierungsverbindlichkeiten einsteht und das Finanzierungsrisiko damit auch auf seine Ebene gehebelt wird, ändert sich die rechtliche Würdigung.[102] In LBO-Konstellationen wird dieser Weg indes keineswegs beschritten (sog. Non Recourse).[103] Das hängt auch mit steuerrechtlichen Gesichtspunkten zusammen, da nach einem Debt Push Down letztlich Verbindlichkeiten der Portfoliogesellschaft besichert würden und deshalb das Risiko bestünde, dass der Fonds nicht mehr als vermögensverwaltend qualifizierte.[104] Die hiesige Auslegung zur Leverage-Beschränkung ist im Zusammenhang mit dem Trennbanken- bzw. Abschirmungsgesetz[105] mittlerweile auch von der BaFin bestätigt: Die bankenseitige Bereitstellung von Akquisitionsfinanzierungen gegenüber dem *Akquisitionsvehikel* ist außerhalb der eben genannten Konstellationen nicht unter den Verbotstatbestand des § 3 Abs. 2 Satz 2 Nr. 2 KWG zu subsumieren und damit nicht als Kreditgeschäft mit dem *AIF* zu werten, weil eben kein Ausfallrisiko übernommen werde.[106] Auch die ESMA hat sich in ihren AIFMD-FAQs dieser Ansicht angeschlossen.[107] Die Leverage-Beschränkung nach der AIFM-RL i. V. m. der AIFM-VO zeitigt somit keine Auswirkungen im Rahmen der Akquisitionsfinanzierung von LBOs. Selbiges gilt für das KAGB als Herzstück der Umsetzung der AIFM-RL, da § 1 Abs. 19 Nr. 25 KAGB für den Begriff des Leverage auf die bereits angesprochenen Bestimmungen der AIFM-VO verweist. Lediglich Raphael Koch spricht davon, dass die Leverage-Beschränkung die Private Equity-Fonds in „erheblichem Maße"[108] treffen oder „zu veränderten Finanzierungsmodellen führen"[109] würde, obwohl er die

---

[102] So zurecht *Weitnauer*, AG 2013, 672, 673 f. für die Begebung persönlicher Sicherheiten; *Volhard/Jang*, in: Weitnauer/Boxberger/Anders, KAGB, § 1 Rn. 97; anschl. *Jeuk*, Ausgewählte Auswirkungen der Einführung des Kapitalanlagegesetzbuchs (KAGB) auf Private Equity Fonds in Deutschland, S. 22; allgemein auch *Bärenz/Steinmüller*, RdF 2016, 92, 95.

[103] So explizit *BaFin* vom 14. 12. 2016, Auslegungshilfe zum Abschirmungsgesetz, Zeile 9 Ziff. 2.2.1; *Vetter*, in: Goette/Habersack, Das MoMiG in Wissenschaft und Praxis, S. 133; s. auch 2. Teil, B.III. und 2. Teil, B.IV.

[104] Eine Übernahme der Besicherung von Verbindlichkeiten der Portfoliogesellschaft entspricht eher dem Bild des Gewerbebetriebes, s. *BMF*, Schreiben vom 16. 12. 2003, IV A 6-S 2240-153/03, Einkommensteuerliche Behandlung von Venture Capital und Private Equity Fonds; Abgrenzung der privaten Vermögensverwaltung vom Gewerbebetrieb, Rn. 10, BStBl. 2004 I, S. 40 und BStBl. 2006 I, S. 632. Zur steuerrechtlichen Einordnung von Private Equity-Fonds s. 5. Teil, A.II.2.a).

[105] Gesetz zur Abschirmung von Risiken und zur Planung der Sanierung und Abwicklung von Kreditinstituten und Finanzgruppen vom 7. August 2013, BGBl. I, S. 3090.

[106] *BaFin* vom 14. 12. 2016, Auslegungshilfe zum Abschirmungsgesetz, Zeile 9 Ziff. 2.2.1.

[107] ESMA34-32-352 vom 11. 7. 2017, Questions and Answers, Application of the AIFMD, Abschn. VII Q1: Die Fremdfinanzierung würde nur dann berücksichtigt, wenn das Risiko des AIF erhöht würde.

[108] *R. Koch*, in: Möllers/Kloyer, Das neue KAGB, Rn. 261, 293.

[109] *Ders.*, WM 2014, 433, 437.

Problematik um die inhaltliche Reichweite des Leverage keineswegs thematisiert und sich deshalb in argumentative Bringschuld begibt.

II. Das Verbot des Asset Stripping als Brückenfunktion

Art. 30 AIFM-RL stellt den Rahmen für das – noch an anderer Stelle im Detail zu erläuternde[110] – Verbot bestimmter gesellschaftsrechtlicher Maßnahmen wie Ausschüttungen oder Kapitalherabsetzungen für einen Zeitraum von zwei Jahren ab Kontrollerlangung über das nicht börsennotierte Unternehmen. Dieses Verbot des Asset Stripping wird in der Literatur mangels Sachzusammenhangs als Fremdkörper im regulierungsrechtlichen Gefüge der Finanzmarktrichtlinie gegeißelt.[111] Das Verdikt des Fremdkörpers ist berechtigt, soweit auch der Bestandsschutz der Zielgesellschaften per se intendiert wird. Letzteres belegt Art. 69 Abs. 1 Satz 5 lit. l AIFM-RL, nach dem die Artt. 26 bis 30 AIFM-RL einen Schutz von nicht börsennotierten Unternehmen vorsehen.[112] Unter dem Label einer finanzmarktrechtlichen Richtlinie werden damit Market, Fund und Stakeholder Governance zusammengeführt.[113] Im Folgenden soll gezeigt werden, dass das Verbot des Asset Stripping gleichsam als Hybrid auch finanzmarktrechtlich motiviert ist und damit den Schutz der Finanzmarktstabilität und des Bestands von Zielgesellschaften verbindet (Brückenfunktion). Für diese Zwecke müssen der Regelungshintergrund der Norm (unter 1.) und die Einbettung der Verbotsnorm in der AIFM-RL (unter 2.) gewürdigt werden.

---

[110] 6. Teil, B.III.3.

[111] *Spindler*, DB 2010 Beil., 85, 86; *ders./Tancredi*, WM 2011, 1393, 1397; *Teichmann/Brunner*, CFL 2011, 321, 327; *Möllers/Harrer/Krüger*, WM 2011, 1537, 1539; *Burgard/Heimann*, WM 2014, 821, 829; *Dornseifer*, in: Dornseifer/Jesch/Klebeck/Tollmann, AIFM-RL, Kap. V, Vor Abschn. 1 zu Art. 25, Rn. 2 f.; *Boxberger*, in: Dornseifer/Jesch/Klebeck/Tollmann, AIFM-RL, Art. 30 Rn. 1: besser im Gesellschaftsrecht verortet; Kapitel V Abschnitt 2 der AIFM-RL insgesamt als Fremdkörper einordnend *Zetzsche*, in: The European Financial Market in Transition, Chapt. 16, S. 339, 354 ff. (sehr krit.); *Bärenz/Steinmüller*, in: Dornseifer/Jesch/Klebeck/Tollmann, AIFM-RL, Art. 26 Rn. 11; *Tancredi*, Die Regulierung von Hedge-Fonds und Private Equity in Europa, S. 64 f., 156.; *Schaffelhuber*, GWR 2011, 488, 490; *Jakovou*, in: Langenbucher/Bliesener/Spindler, BankR, Kap. 39 Rn. 41; *Jesch*, in: FrankKomm, KapAnlR Bd. 1, § 287 KAGB Rn. 5.

[112] Vgl. auch *Europäische Kommission* in ihrer Pressemitteilung zum endgültigen Richtlinientext vom 11.10.2010 zu der Frage „How does the AIFMD regulate private equity buyouts?": „The objective of the AIFMD is to [...] address potential risks to portfolio companies acquired by private equity funds", abrufbar unter http://europa.eu/rapid/press-release_MEMO-1 0-572_en.htm?locale=en (zuletzt abgerufen am 27.8.2017).

[113] *Zetzsche*, in: The European Financial Market in Transition, Chapt. 16, S. 339, 352 ff.

1. Zielrichtung im Rahmen der europäischen Reformbestrebungen

Den Startschuss für die Reformbestrebungen gab das Grünbuch der Kommission vom 12. Juli 2005.[114] Dort wurde eher am Rande bemerkt, dass sich ein Markt für alternative Investments, insbesondere Private Equity, etabliert habe.[115] Die sodann durch die Kommission eingesetzte Arbeitsgruppe sollte untersuchen, ob und inwiefern dieser Markt aufgrund nationaler Alleingänge einer regulatorischen Fragmentierung zum Opfer fiel und in der Folge Marktzugangsprobleme schuf.[116] Außerdem wurde nach spezifischen Risiken aus Sicht des Anlegerschutzes oder der Marktstabilität gefragt, die einer besonderen Aufmerksamkeit bedurft hätten.[117] Daraus wird deutlich, dass es der Kommission allein um den investmentspezifischen Bezug einer etwaigen Regulierung des Segments Private Equity und den damit einhergehenden Risiken ging, nicht jedoch um mögliche Gefahren für Zielgesellschaften. Im daraufhin durch die Expertengruppe veröffentlichten Bericht wurden Risiken für die Finanzmarktstabilität oder Praktiken wie Asset Stripping allerdings keineswegs erwähnt. Der Bericht drehte sich vielmehr um grenzüberschreitende Privatplatzierungs-Möglichkeiten und Besteuerungsansätze.[118] Gewerkschaften und die Gruppe der Sozialisten legten der Kommission als Feedback jedoch nahe, sich auch weiteren Praktiken im Rahmen eines Buy Outs, insbesondere dem Kapitalabzug, zuzuwenden.[119] Demgegenüber konzentrierte sich das daraufhin verabschiedete Weißbuch der Kommission in Ansehung von Private Equity-Fonds auf das Anstreben eines EU-weiten Rahmens für Privatplatzierungen, für dessen Implementierung die wirksamsten Mittel zu untersuchen waren.[120]

Im Europäischen Parlament hingegen provozierte die Heuschreckendebatte Diskussionen um einen etwaigen Regulierungsbedarf.[121] Die Aufmerksamkeit ist auf die bereits genannten legislativen Initiativberichte von Lehne und Rasmussen zu lenken.[122] Ersterer verbarg unter dem Mantel eines Berichts zur Transparenz institutioneller Investoren zugleich eine Empfehlung zu einem Verbot des Asset Stripping.[123] Lehne stellte für den Regulierungsbedarf allein die Interessen des Unter-

---

[114] *Europäische Kommission*, Grünbuch zum Ausbau des europäischen Rahmens für Investmentfonds vom 12.7.2015, KOM(2005) 314 endg.

[115] Ebd., Ziff. 3.3.

[116] Ebd.

[117] Ebd.

[118] *European Commission*, Report of the Alternative Investment Expert Group, S. 5 f.

[119] *European Commission*, Overview of the Contributions to Expert Group Reports on Investment Funds in Europe, S. 23; *Bärenz/S. Käpplinger*, in: Dornseifer/Jesch/Klebeck/ Tollmann, AIFM-RL, Art. 27 Rn. 1.

[120] *Europäische Kommission*, Weissbuch für den Ausbau des Binnenmarktrahmens für Investmentfonds vom 15.11.2006, KOM(2006) 686 endg.

[121] *Lehne*, DB 2010 Beil., 81; *Zetzsche*, in: Zetzsche, AIFMD, Chapt. 1 No. 1.3.

[122] 3. Teil.

[123] Bericht mit Empfehlungen an die Kommission zur Transparenz institutioneller Investoren (2007/2239(INI)) vom 9.7.2008, A6-0296/2008, S. 12.

nehmens und seiner Mitarbeiter, Gläubiger und Geschäftspartner in den Vordergrund. Zu den Gläubigern gehören nach Durchführung eines Debt Push Down zwar auch die finanzierenden Banken; doch ein spezieller finanzmarktrechtlicher Hintergrund war bei der Empfehlung nicht ersichtlich. Rasmussen ordnete das Verbot des Asset Stripping als Maßnahme gegen die Kapitalaufzehrung und damit gegen eine Überschuldung auf Ebene der Zielgesellschaften ein.[124] Dies einerseits durchaus in der Erwägung, dass verschiedene Institutionen im Zusammenhang mit Private Equity potenzielle Bedenken wegen einer möglichen Gefährdung der finanziellen Stabilität sowie übermäßiger Schulden (Fremdkapitalaufnahme) hätten, andererseits in der Erwägung, dass im Falle extremer Schuldenlasten Unternehmen ein höheres Risikoprofil aufweisen würden.[125] Beide Berichte wurden vom Europäischen Parlament angenommen.[126] Der nächste Meilenstein war die „European Commission Conference on Private Equity and Hedge Funds" vom 26. und 27. Februar 2009. Dort hielt Rasmussen eine Rede, in der er den nach seiner Vorstellung gebotenen, rechtlichen Rahmen des Verbots des Asset Stripping konturierte.[127] Deutlich wurde vor allem, dass es ihm um die Vermeidung negativer externer Effekte zu Lasten des Gemeinwesens ging.[128] Diese könnten auch bei LBOs auftreten, denn „with financial-based asset stripping comes an increased risk of bankruptcy", „which always generate[s] public costs".[129] Damit spezifiziert er seine Regelungsintention, die weniger im Schutz der Zielgesellschaft an sich als vielmehr in der Vermeidung öffentlicher Kosten liegt. Öffentliche Kosten werden zwar nicht nur, aber vor allen Dingen auch, bei Risiken für die Finanzmarktstabilität virulent.

Der letztliche Kommissionsvorschlag für eine AIFM-RL vom 30. April 2009 war anders als das Grün- und das Weißbuch von der Vorstellung getrieben, auf die Finanzkrise zu reagieren[130] – wenngleich Private Equity mit der Finanzkrise „little to do"[131] hätte. Ein Verbot des Asset Stripping sah der Kommissionsvorschlag nicht vor. Die insoweit entgegengesetzten Positionen der Kommission und des Europäischen Parlaments wurden damit offensichtlich.[132] Die Gefahr falscher Anreize beim Ma-

---

[124] Bericht mit Empfehlungen an die Kommission zu Hedge-Fonds und Private Equity (2007/2238(INI)) vom 11.9.2008, A6-0338/2008, S. 14.

[125] Ebd., S. 7 lit. F., S. 9 lit. Y.

[126] Entschließung des Europäischen Parlaments vom 23. September 2008 mit Empfehlungen an die Kommission zu Hedge-Fonds und Private Equity (2007/2238(INI)); Entschließung des Europäischen Parlaments vom 23. September 2008 mit Empfehlungen an die Kommission zur Transparenz institutioneller Investoren (2007/2239(INI)).

[127] Zu den inhaltlichen Ausführungen vgl. 6. Teil, B.III.3.a).

[128] *Rasmussen*, Commission conference on private equity, S. 5: „[…] negative externalities that should be appropriately addressed".

[129] Ebd., S. 6.

[130] *Europäische Kommission*, Vorschlag für AIFM-RL vom 30.4.2009, KOM(2009) 207 endg., S. 2.

[131] *McCreevy*, Opening Speech, S. 3.

[132] *Zetzsche*, in: Zetzsche, AIFMD, Chapt. 1 No. 1.5.

nagement von Portfoliogesellschaften sowie die mangelnde Transparenz und öffentliche Kontrolle von Unternehmen, die übernommen werden, wurden aber als Risiken identifiziert, von denen zunächst nur die Fondsanleger betroffen seien, doch könnten „auch Gläubiger, Gegenparteien und die Stabilität und Integrität der europäischen Finanzmärkte in Mitleidenschaft gezogen werden"[133]. Überdies bekräftigte die Kommission, dass „Regulierungs- und Aufsichtsstandards gesetzt werden sollen"[134]. Das Europäische Parlament wiederum wirkte mit Bericht vom 11. Juni 2010 auf ein entsprechendes Verbot des Asset Stripping in einem neuen Art. 27a AIFM-RL-E hin.[135] Eine Identifizierung des Schutzzwecks dieses Verbots ließen sowohl die Erwägungsgründe als auch die ergänzenden Erläuterungen zu Art. 27a AIFM-RL-E gleichwohl vermissen. Nach langen Verhandlungen mit dem Europäischen Rat, der ursprünglich gegen die meisten Rasmussen-Positionen des Europäischen Parlaments stand,[136] wurde zum 11. November 2010 ein Kompromiss angenommen, der letztlich endgültiger Richtlinientext wurde.[137]

Reflektiert man vorstehende Ausführungen, war stets das Europäische Parlament der Treiber für die Implementierung des Verbots des Asset Stripping. Dessen Position ist vor dem Hintergrund der auch auf europäischer Ebene widerhallenden Heuschreckendebatte zu sehen, deren Fliehkräfte in dem Erlass von zwei Initiativberichten gipfelten. Dass hinter dem Verbot des Asset Stripping die Beabsichtigung eines Bestandsschutzes für Zielgesellschaften und infolgedessen auch für deren Gläubiger steht, liegt deshalb nahe, wenngleich auch die Vermeidung öffentlicher Kosten durch den Schutz der Finanzmarktstabilität eine wenn auch untergeordnete Rolle gespielt hat.

2. Regelungszweck im Gefüge der AIFM-RL

In der Literatur ist anerkannt, dass das Verbot des Asset Stripping die frühzeitige Rückführung der Finanzierungsverbindlichkeiten zu verhindern intendiere, wenn der Vermögensentzug die Existenz der Gesellschaft gefährde,[138] bzw. dem Schutz der

---

[133] *Europäische Kommission*, Vorschlag für AIFM-RL vom 30.4.2009, KOM(2009) 207 endg., S. 2.

[134] Ebd., S. 4.

[135] *Europäisches Parlament*, Bericht vom 11.6.2010, A7-0171/2010.

[136] *Clerc*, in: Zetzsche, AIFMD, Chapt. 23 No. 1.

[137] *Europäisches Parlament*, Legislative Entschließung vom 11.10.2010, P7_TA(2010) 0393.

[138] *Zetzsche*, NZG 2012, 1164, 1168; zust. *Weitnauer*, in: Weitnauer, MBO, A Rn. 125; *Behme*, in: Baur/Tappen, Investmentgesetze, § 292 KAGB Rn. 6f.; *Burgard/Heimann*, WM 2014, 821, 830; *van Kann/Redeker/Keiluweit*, DStR 2013, 1483, 1487; *Jesch/Kohl*, in: FrankKomm, KapAnlR Bd. 1, § 292 KAGB Rn. 14. *Zetzsche*, Prinzipien der kollektiven Vermögensanlage, § 12 C. III. 2. weist darüber hinaus darauf hin, dass man für die Einschränkungen aus dem Verbot des Asset Stripping die Ethik nicht in Anspruch nehmen dürfe, das Verbot sogar vielmehr unethisch sei.

Zielgesellschaften diene[139]. Bisweilen ist sogar die Rede von der Verhinderung missbräuchlicher Finanzierungsstrukturen.[140] Ergänzend wird man das Verbot aber auch als untergeordneten Beitrag zur Market Governance auffassen dürfen. Rekapituliert man, dass die Adressierung des Private Equity-Segments unter dem Blickwinkel der Systemrelevanz nur durch den Zusammenhang des Kredit- mit dem Finanzmarktrisiko getragen wird, scheint diese Aussage paradox. Denn die verbotene Tätigkeit (z. B. Ausschüttung) wäre gerade darauf ausgerichtet, die Forderungen der Banken zu bedienen und damit das Kreditrisiko zu mitigieren. Diese Annahme greift aber zu kurz. Im LBO-Bereich sind Konstellationen geläufig, bei denen eine Tilgung der Finanzierungsverbindlichkeiten ohne eine von der Verbotsvorschrift erfasste Ausschüttung erfolgt (wie im Fall des Debt Push Down). Wieso Art. 30 AIFM-RL nach Schuldenübergang nicht mehr anwendbar sein sollte, wäre nicht nachvollziehbar. Die Verbotsnorm sichert dann weiterhin die Gefahr übermäßigen Kapitalabzugs ab und wendet sich somit auch gegen kurzfristiges Gewinnstreben der Investoren,[141] etwa in Gestalt von Sonderausschüttungen. Ist Art. 30 AIFM-RL insoweit Garant für die Leistungsfähigkeit der Portfoliogesellschaft, beugt die Verbotsnorm zugleich Forderungsausfällen bei den finanzierenden Banken vor und kann in diesem Rahmen seinen Beitrag zur Nischenregulierung leisten. Selbst bei der Schuldentilgung durch bzw. nach Ausschüttung besteht noch die Gefahr, dass neben des Betrags für die Schuldenrückführung weitere Liquidität entzogen und damit die Leistungsfähigkeit der Zielgesellschaft in der Zukunft derogiert wird.

Daneben ist nicht zu verhehlen, dass das Verbot des Asset Stripping auch preakquisitorisch diesen Zweck fördern kann. Für diese Erkenntnis muss der in der bereits erwähnten Rede von Rasmussen vom 26. Februar 2009 beschriebene Wirkungszusammenhang bemüht werden: „In all cases, the higher the debt, the higher the risk of asset stripping"[142]. Hieraus ergibt sich, dass ein zunehmend unattraktiver gestalteter Vermögenszugriff auf Ebene der Portfoliogesellschaft umgekehrt das Potenzial hat, die bisher gängigen Finanzplanungen zu beeinflussen und eine zunehmende Substitution durch Eigenkapital zu fördern. Denn wenn der Schuldendienst durch die letztlich inkriminierten Handlungen nicht mehr wie üblich bedient werden kann[143] oder wenn bei bestehender Finanzierung eine kurzzeitige Reaktion auf vorübergehende nachteilige Unternehmensentwicklungen in den Portfolioge-

---

[139] *Spindler/Tancredi*, WM 2011, 1393, 1395; *Tollmann*, in: Dornseifer/Jesch/Klebeck/ Tollmann, AIFM-RL, Einl. Rn. 19; für das KAGB: *Behme*, in: Baur/Tappen, Investmentgesetze, § 292 KAGB Rn. 7: § 292 KAGB bezwecke im Wesentlichen einen Bestandsschutz des Unternehmens, lediglich mittelbar profitierten die Gläubiger.

[140] *Behme*, in: Baur/Tappen, Investmentgesetze, § 292 KAGB Rn. 6 f.

[141] *Hesse/Lamsa*, CFL 2011, 39, 46; *Behme*, in: Baur/Tappen, Investmentgesetze, § 292 KAGB Rn. 6; *Boxberger*, in: Dornseifer/Jesch/Klebeck/Tollmann, AIFM-RL, Art. 30 Rn. 2 f.; *Felsenstein/Müller*, KSzW 2016, 55, 60.

[142] *Rasmussen*, Commission conference on private equity, S. 6.

[143] *Zetzsche*, Prinzipien der kollektiven Vermögensanlage, § 12 C. III. 2: Übernahmen ließen sich schwerer refinanzieren.

sellschaften unmöglich gemacht wird, dann zwingt das Verbot des Asset Stripping zu einer größeren Drosselung bei der letztlich weiterzureichenden Akquisitionsfinanzierung im Rahmen des Erwerbs der Portfoliogesellschaft und damit zu einer weitergehenden Internalisierung der Investitionsrisiken durch größeren Eigenkapitaleinsatz. Den Extremfall dieses umgekehrten Wirkungszusammenhangs schildert Lehne, wenn er auf das zum Teil vorgeschlagene Verbot von Entnahmen aus dem Unternehmen für Private Equity-Anleger für einen Zeitraum von vier Jahren zu sprechen kommt: „Damit hätte man das asset stripping zu hundert Prozent verhindert – leider aber auch jegliche Investition"[144]. Bei einer derartigen Ausprägung des Verbots des Asset Stripping wäre jedwede Fremdfinanzierung ausgeblieben und man hätte jegliche von dem Segment LBO ausgehenden Residualrisiken für die Finanzmarktstabilität in extremen Situationen eliminiert. Akzeptiert man diesen umgekehrten Wirkungszusammenhang, verringern sich selbst im Fall eines „gemäßigteren" Verbots des Asset Stripping potenziell auch die Ausfallrisiken bei den finanzierenden Banken und den Investoren, da die Portfoliogesellschaften nicht mehr in demselben Maße mit der Finanzierungslast beladen werden.

Die Annahme eines Hybridcharakters von Art. 30 AIFM-RL wird auch nicht durch Art. 69 Abs. 1 Satz 5 lit. l AIFM-RL konterkariert, nach dem die Artt. 26 bis 30 AIFM-RL einen „Schutz von nicht börsennotierten Unternehmen" vorsehen.[145] Zwar wurde bereits betont, dass soweit Art. 30 AIFM-RL einen Schutz von den Zielgesellschaften bewirkt, der Vorwurf des Fremdkörpers reüssiert. Doch dass der in Art. 69 Abs. 1 Satz 5 lit. l AIFM-RL angesprochene Schutz von nicht börsennotierten Unternehmen normzweckbezogene Exklusivität für die Artt. 26 bis 30 AIFM-RL beanspruchen sollte, kann keineswegs überzeugen.[146] Speziell im Hinblick auf das Verbot des Asset Stripping schon deshalb nicht, da auch die Vermeidung öffentlicher Kosten durch den Schutz der Finanzmarktstabilität eine Rolle im Rahmen der Reformbestrebungen gespielt hat. Überdies ist es nicht vorstellbar, wie etwa – um ein Beispiel als pars pro toto zu nennen – die Mitteilung gegenüber der Aufsichtsbehörde bei Überschreiten der Schwelle von zehn Prozent der Stimmrechte am nicht börsennotierten Unternehmen (Art. 27 Abs. 1 AIFM-RL) einen Schutz zugunsten des Unternehmens generieren soll. Auch ist bei dem hier maßgeblichen Erwägungsgrund 57 der AIFM-RL die Rede von einem „regulatorischen Zweck der Bestimmungen in Kapital V, Abschnitt 2 dieser Richtlinie", zu denen Art. 30 AIFM-RL gehört. Damit besteht eine Rückkoppelung an die Intention der AIFM-RL, einen Regulierungsrahmen für die AIFM-Tätigkeiten zu schaffen, um für die damit zu-

---

[144] *Lehne*, DB 2010 Beil., 81, 82.

[145] *Zetzsche*, in: Möllers/Kloyer, Das neue KAGB, Rn. 312, 327 hingegen spricht von einem Schutz des Gemeinwesens vor Externalitäten.

[146] Auch *Bärenz/Steinmüller*, in: Dornseifer/Jesch/Klebeck/Tollmann, AIFM-RL, Art. 26 Rn. 11 erkennen, dass die Vorschriften in den Artt. 26 ff. AIFM-RL auf den Schutz der Integrität des Finanzsystems oder von Anlegern abzielen, wenn auch „nicht primär"; a. A. wohl *Wilhelmi/Bassler*, in: Zetzsche, AIFMD, Chapt. 2 No. 5: Artt. 26 ff. AIFM-RL „do not directly address systemic risk".

sammenhängenden Risiken und deren Folgen für die „Anleger und Märkte "[147] in der EU ein kohärentes Vorgehen zu gewährleisten; Risiken für die Zielgesellschaften werden hier nicht genannt. Der dennoch bezweckte Schutz von Zielgesellschaften wird hier nicht negiert.

E. Resümee

Die im 3. Teil getroffenen Ausführungen zur AIFM-RL und ihrer Relevanz für den LBO-Sektor lassen sich wie folgt resümieren:

3. Teil. Die AIFM-RL geht zurück auf einen Kommissionsvorschlag aus dem Jahr 2009, der anders als die Berichte von Lehne und Rasmussen nicht nur die Segmente Private Equity und Hedgefonds adressiert, sondern den gesamten Bereich der alternativen Investments einer Regulierung unterwirft. Die AIFM-RL fügt sich dabei in eine Reihe von europäischen Gesetzgebungsakten zur Aufarbeitung der Finanzkrise ein.

A. Die neue Regulierung setzt bei den Verwaltern der AIFs an und gibt grundsätzlich eine Vollharmonisierung vor, gewährt im Einzelfall aber auch weitergehende Freiräume. So hat der nationale Gesetzgeber die Umsetzung der AIFM-RL für ein Gold Plating in Gestalt von Produktregeln genutzt. Die Adressierung der Verwalter der AIFs ist in doppelter Hinsicht effektiv: Zum einen werden mittelbar die Fonds erreicht, zum anderen dringt die Regulierung auch zu den AIFMs vor, die nach bisheriger Praxis dazu neigen, ihre Fonds in Offshore-Finanzplätzen wie den Kaimaninseln aufzulegen.

B. Bei der Frage, ob die AIFM-Regulierung unter dem Aspekt der Market Governance für das Segment Private Equity geboten ist, scheiden sich die Geister. Der gängige Kreditrisikotransfer und die Syndizierung von Akquisitionsfinanzierungen, die Risikodiversifizierung im Fondsportfolio, die fehlende Interkonnektivität mit dem Bankwesen sowie die Abschirmung der Risiken durch Fremdkapitalaufnahme ausschließlich auf Einzeltransaktionsebene sprechen entschieden gegen eine Systemrelevanz. Folgt man hingegen verschiedenen Stellungnahmen auch öffentlich-rechtlicher Institutionen lassen sich letzte Zweifel an etwaigen Auswirkungen auf die Finanzmarktstabilität in Extremsituationen, bei denen wesentliche Finanzmarktmechanismen zur Risikostreuung außer Kraft gesetzt sind, nicht aus dem Weg räumen. Maßgebliche Parameter können hier Konjunkturschwankungen, eine Herabsetzung der Kreditvergabestandards, mangelnde Risikodiversifizierung im Fondsportfolio und die Bildung von Klumpenrisiken im Fall fehlgehender Kreditrisikotransfers sein. Ausfallrisiken können dabei insbesondere durch das Vorliegen eines Niedrigzinsumfelds im Vorfeld einer Transaktion befeuert werden.

---

[147] Erwägungsgründe 2 und 4 AIFM-RL.

Die Regulierung von Private Equity unter dem Gesichtspunkt der Systemrelevanz ist insoweit eine Nischenregulierung.

C. Der von der AIFM-RL akribisch verfolgte Schutz von professionellen Investoren scheint weder geboten noch erwünscht. Erklärungen für den Paradigmenwechsel von Mündigkeit hin zum paternalistischen Regulierungsmodell sind in einer Lückenfüllungsfunktion der AIFM-RL, der Identifizierung der schutzwürdigen Interessen auf Basis der Destinatär-Theorie, der optimalen Kapitalallokation durch Markteffizienz sowie der Verwobenheit von System- und Investorenschutz zu suchen.

D. Die Sachnähe des bisweilen richtlinienseits intendierten Bestandsschutzes von Zielgesellschaften zur Finanzmarktregulierung ergibt sich nicht ohne Weiteres. Die Leverage-Beschränkung ist finanzmarktrechtlich motiviert, führt aber nicht zugleich zu einer Limitierung der Akquisitionsfinanzierung und kann damit schon im Ansatz keinen Bestandsschutz gewähren. Etwas anderes gilt nur dann, wenn den AIF eine Ausfallhaftung für die Finanzverbindlichkeiten trifft; hier findet die Finanzierung auf Ebene der AcquiCo Eingang in die Leverage-Berechnung des AIF. Das Verbot des Asset Stripping in Art. 30 AIFM-RL hingegen bezweckt zweifelsfrei einen Bestandsschutz von Zielgesellschaften und stellt sich insoweit als Fremdkörper im Finanzmarktrecht dar. Dennoch erlauben es Historie, Regelungsgefüge der AIFM-RL und Zweck der Verbotsnorm, letztere überdies als Beitrag zur Nischenregulierung zur Bewältigung systemrelevanter Risiken zu qualifizieren. Das Verbot des Asset Stripping verbindet damit als Hybrid den Bestandsschutz von Zielgesellschaften und die Finanzmarktstabilität (Brückenfunktion).

4. Teil

Leveraged Buy Out-Fonds
im Anwendungsbereich des KAGB

Die AIFM-RL ist am 21. Juli 2011 in Kraft getreten und musste bis zum 22. Juli 2013 in nationales Recht umgesetzt werden.[1] In Deutschland wurde dies durch das AIFM-UmsG verwirklicht,[2] dessen Herzstück das KAGB bildet.[3] Das KAGB vereinigt in seinem Anwendungsbereich sowohl die bisher aus der OGAW-Regulierung bekannten und in dem nun aufgehobenen InvG a. F. geregelten Erscheinungsformen der Investmentfonds (sog. Organismen für gemeinsame Anlagen in Wertpapiere, OGAWs) als auch die sog. Alternativen Investmentfonds (AIFs) nach der AIFM-RL.[4] Das KAGB repräsentiert somit ein „in sich geschlossenes Regelwerk für Investmentfonds und ihre Manager"[5]. Zugleich erfolgte ein Abschied vom bisher geltenden sog. formellen Investmentbegriff im InvG a. F.[6] Nach diesem konnte die Regulierung nur einsetzen, wenn die Anlageorganismen in den vom InvG a. F. vorgegebenen Investmentvehikeln strukturiert wurden.[7] Im KAGB hingegen gilt ein sog. materieller Investmentbegriff:[8] Sämtliche Fonds gleich welcher Rechtsform werden einbezogen, wenn sie unter den Begriff des Investmentvermögens i. S. des § 1 Abs. 1

---

[1] Art. 66 Abs. 1, 77 AIFM-RL.

[2] Gesetz zur Umsetzung der Richtlinie 2011/61/EU über die Verwalter alternativer Investmentfonds (AIFM-Umsetzungsgesetz – AIFM-UmsG) vom 4. Juli 2013, BGBl. I, S. 1981.

[3] Art. 1 AIFM-UmsG.

[4] BegrRegE BT-Drs. 17/12294, S. 187.

[5] Ebd.

[6] *Tollmann*, in: Dornseifer/Jesch/Klebeck/Tollmann, AIFM-RL, Art. 2 Rn. 4 ff.; *D. Voigt*, in: Möllers/Kloyer, Das neue KAGB, Rn. 129, 137; *J. Schneider*, in: Möllers/Kloyer, Das neue KAGB, Rn. 179, 182; *Zetzsche*, Prinzipien der kollektiven Vermögensanlage, § 1 C. II.; *ders./Preiner*, WM 2013, 2101.

[7] 6. Teil, A.I.1.a).

[8] BegrRegE BT-Drs. 17/12294, S. 188; *Möllers/Seidenschwann*, in: Möllers/Kloyer, Das neue KAGB, Rn. 1, 6; *Kloyer*, in: Möllers/Kloyer, Das neue KAGB, Rn. 226; *Emde/Dreibus*, BKR 2013, 89, 90; *Geurts/Schubert*, WM 2014, 2154; *Niewerth/Rybarz*, WM 2013, 1154, 1156; *Bäuml*, FR 2013, 640; *Wallach*, RdF 2013, 92, 94; *Merkt*, DB 2015, 2988; *Fischer/Friedrich*, ZBB 2013, 153, 156 f.; *Hartrott/Goller*, BB 2013, 1603; *Zetzsche/Preiner*, WM 2013, 2101; *Wollenhaupt/Beck*, DB 2013, 1950; *Werner*, StBW 2013, 811; *Casper*, ZHR 179 (2015), 44, 48; *Buck-Heeb*, Kapitalmarktrecht, § 16 Rn. 913; *Volhard/Jang*, in: Weitnauer/Boxberger/Anders, KAGB, § 1 Rn. 2; *Jesch*, in: Baur/Tappen, Investmentgesetze, § 1 KAGB Rn. 4; *Wetzig*, Regulierung des Grauen Kapitalmarkts, S. 174; a. A. *Tollmann*, in: Möllers/Kloyer, Das neue KAGB, Rn. 1060, 1066.

KAGB subsumiert werden können. Die Regulierung setzt damit verbindlich bei den Verwaltern von AIFs an und gewährleistet einen allumfassenden Regulierungsrahmen. Vor diesem Hintergrund zeitigt das KAGB für den bislang nicht bis kaum regulierten Bereich des sog. Grauen Kapitalmarkts weitreichende Änderungen und führt dort zu einem Paradigmenwechsel.[9]

Im KAGB existieren verschiedene begriffliche Kategorien, unter die LBO-Fonds eingeordnet werden müssen. Dem widmen sich die folgenden Ausführungen. Zu Beginn ist die Qualifikation als AIF zu hinterfragen, die sich mit nicht unerheblichem Begründungsaufwand im Ergebnis bejahen lässt (unter A.). Im Folgenden ist zu berücksichtigen, dass für AIFs verschiedene Spielarten bestehen. Einerseits ist eine Unterscheidung zwischen sog. Spezial-AIFs und Publikumsinvestmentvermögen relevant (unter B.), andererseits können AIFs entweder als sog. offene oder geschlossene AIFs in Erscheinung treten (unter C.). Schließlich ist die Verwaltungsform zu klären, mithin die Frage danach, ob LBO-Fonds extern oder intern verwaltet werden (unter D.).

A. Leveraged Buy Out-Fonds als AIFs

Ein Investmentvermögen ist gem. § 1 Abs. 1 KAGB ein Organismus für gemeinsame Anlagen, der von einer Anzahl von Anlegern Kapital einsammelt, um es gemäß einer festgelegten Anlagestrategie zum Nutzen dieser Anleger zu investieren, und der kein operativ tätiges Unternehmen außerhalb des Finanzsektors ist. Private Equity-Fonds werden in der Literatur ganz überwiegend ohne Weiteres unter den Begriff des AIF eingeordnet.[10] Das ist auf den ersten Blick nachvollziehbar, haben AIFs, die die Kontrolle über nicht börsennotierte Unternehmen und Emittenten erlangen, sogar Sonderregelungen in den §§ 287 ff. KAGB erfahren. Auch die AIFM-RL geht, soweit sie Private Equity-Fonds explizit erwähnt, von einer Charakteri-

---

[9] *Wollenhaupt/Beck*, DB 2013, 1950.

[10] So bei *R. Koch*, in: Möllers/Kloyer, Das neue KAGB, Rn. 261, 273; *ders.*, WM 2014, 433, 434; *D. Voigt*, in: Möllers/Kloyer, Das neue KAGB, Rn. 129; *Stöber*, in: Westermann/Wertenbruch, Hdb. Personengesellschaften, Losebl. (Stand: 2/14), § 54a Rn. 3167; *Zetzsche/Preiner* WM 2013, 2101, 2108; *Loff/Klebeck*, BKR 2012, 353, 354 Fn. 11; *Volhard/El-Qalqili*, CFL 2013, 202; *Wollenhaupt/Beck*, DB 2013, 1950; *Hesse/Lamsa*, CFL 2011, 39, 41; *Timmerbeil/Spachmüller*, DB 2012, 1425; *Berger*, Regulierung der Management-Ebene bei Private Equity-Fonds, S. 236; *Kobbach/Anders*, NZG 2012, 1170; *Insam/Heisterhagen/Hinrichs*, DStR 2014, 913; *Felsenstein/Müller*, KSzW 2016, 55, 56; *Patzner/Schneider-Deters*, in: Patzner/Döser/Kempf, Investmentrecht, § 80 KAGB Rn. 1; *Buck-Heeb*, Kapitalmarktrecht, § 16 Rn. 906; *Weißflog*, Steuerliche Analyse von Islamic Private Equity, S. 30; *Jakovou*, in: Langenbucher/Bliesener/Spindler, BankR, Kap. 39 Rn. 16; *Tancredi*, Die Regulierung von Hedge-Fonds und Private Equity in Europa, S. 31, 51; *Emde*, in: Emde/Dornseifer/Dreibus/Hölscher, InvG, Einl. Rn. 54; *Leyendecker/Rödding/Kalb*, in: Eilers/Koffka/Mackensen, Private Equity, VII. Rn. 42; *Jaskolski/Grüber*, CFL 2010, 188, 191.

sierung als AIFs aus.[11] Schließlich sollte sich der Anwendungsbereich nach dem Willen des Unionsgesetzgebers aus Gründen der Effektivität nicht nur auf den Bereich Private Equity und Hedgefonds beschränken, die im Zuge der Heuschreckendebatte zunächst in das Blickfeld des Europäischen Parlaments geraten waren,[12] sondern alle AIFMs erreichen[13] – weshalb Private Equity-Fonds doch ausdrücklich erfasst sein müssten. Dieses Ergebnis wird nicht nur durch die Europäische Kommission in ihrer Pressemitteilung unmittelbar nach Einigung auf den endgültigen Richtlinientext bestätigt,[14] sondern selbst durch die Regierungsbegründung zum KAGB[15]. Diese offensichtlich für die Einordnung von Private Equity-Fonds und damit auch LBO-Fonds als AIFs sprechenden Gesichtspunkte dürfen aber nicht den Blick dafür verstellen, dass sich trotz aller teleologischer Argumente eine Einordnung ausschließlich an den einzelnen Voraussetzungen des Begriffs des Investmentvermögens i. S. des § 1 Abs. 1 KAGB zu vollziehen hat;[16] schließlich wäre es genauso wenig überzeugend, eine Kollektivanlage aus dem Anwendungsbereich herauszunehmen, wenn sie alle Tatbestandsmerkmale erfüllte[17]. Die Qualifikation als AIF wird dabei vereinzelt durchaus in Frage gestellt. Im Folgenden wird in einem ersten Schritt aufgezeigt, unter welchem Gesichtspunkt eine Einordnung als AIF problematisch sein könnte (sogleich I.). Sodann wird eine Auslegung abseits der vorstehenden teleologischen Erwägungen bereitgestellt, die dem begegnen kann (unter II.).

---

[11] Erwägungsgründe 8, 34, 78 AIFM-RL; *Möllers/Harrer/Krüger*, WM 2011, 1537, 1538; *Weitnauer*, BKR 2011, 143, 144.

[12] 3. Teil, D.II.1.

[13] 3. Teil.

[14] *Europäische Kommission* in ihrer Pressemitteilung zum endgültigen Richtlinientext vom 11. 10. 2010 zu der Frage „What is an Alternative Investment Funds Manager („AIFM")": „The term alternative investment fund encompasses a wide range of investment funds […]. They include […] private equity funds", abrufbar unter http://europa.eu/rapid/press-release_MEMO-1 0-572_en.htm?locale=en (zuletzt abgerufen am 27. 8. 2017).

[15] BegrRegE BT-Drs. 17/12294, S. 187: „AIF sind z. B. Immobilienfonds, Hedgefonds und Private Equity-Fonds".

[16] ESMA/2013/611 vom 13. 8. 2013, Guidelines on key concepts of the AIFMD, Abschn. III Rn. 4 f.: Die Voraussetzungen von Art. 4 Abs. 1 lit. a AIFM-RL müssten stets erfüllt sein. Die bei *Jeuk*, Ausgewählte Auswirkungen der Einführung des Kapitalanlagegesetzbuchs (KAGB) auf Private Equity Fonds in Deutschland, S. 16 f. angenommene Einordnung als AIF allein aufgrund teleologischer Erwägungen kann nicht überzeugen, wenn sie keine Antwort auf die Reichweite der einzelnen Tatbestandsmerkmale liefert.

[17] Dies wird aber bisweilen bei der Diskussion um die Erfassung von REIT-AGs (entgegen der Ansicht der Aufsicht) durchaus so vertreten, vgl. *Merkt*, BB 2013, 1986, 1987 ff.; *Conradi/Jander-McAlister*, WM 2014, 733, 734; *Jesch*, in: Baur/Tappen, Investmentgesetze, § 1 KAGB Rn. 21; dies als zu weitgehend ansehend *Eckhold/Bolzer*, in: Assmann/Schütze, Hdb. KapitalanlageR, § 22 Rn. 23.

I. Operativ tätige Unternehmen außerhalb des Finanzsektors?

Dreh- und Angelpunkt der Diskussion ist das Negativtatbestandsmerkmal, nach dem der Organismus kein operativ tätiges Unternehmen außerhalb des Finanzsektors sein darf. Dieses ist keineswegs Ausfluss von Art. 4 Abs. 1 lit. a AIFM-RL, wenngleich Erwägungsgrund 6 AIFM-RL auf eine gleichlaufende Annahme hindeutet.[18] Der nationale Gesetzgeber hat sich vielmehr bei dem von der ESMA in ihrem Final Report zu „Guidelines on key concepts of the AIFMD" geäußerten Verständnis von einem Organismus für gemeinsame Anlagen i. S. des Art. 4 Abs. 1 lit. a AIFM-RL bedient.[19] Dort stellt die ESMA gleichwohl klar, dass sie selbst nicht die Kompetenz zur Abänderung der Bestimmungen der AIFM-RL habe und ein kollektives Anlagemodell, das in seiner Gesamtheit allein die in Art. 4 Abs. 1 lit. a der AIFM-RL vorgesehenen Bestimmungen erfülle, von der zuständigen nationalen Aufsichtsbehörde dennoch als AIF eingeordnet werden sollte.[20] Dem Negativtatbestandsmerkmal liegt die Regelungsintention zugrunde – anders als es die weite Regelung in der AIFM-RL möglicherweise zur Folge hätte – die produzierenden und anderen operativ tätigen Unternehmen vom Anwendungsbereich auszuklammern und dadurch den sonst ausufernden Investmentvermögensbegriff allein auf Unternehmen bzw. kollektive Anlagemodelle im Bereich des Finanzwesens einzugrenzen.[21] Der nationale Gesetzgeber geht dabei von einer lediglich klarstellenden Funktion dieses Negativtatbestandsmerkmals aus.[22] Vor diesem Hintergrund ist das entscheidende Merkmal für eine Abgrenzung von Anlageorganismen zu operativ tätigen Unternehmen allein die festgelegte *Anlagestrategie*.[23]

---

[18] Erwägungsgrund 6 AIFM-RL: „Der Geltungsbereich dieser Richtlinie sollte auf Unternehmen begrenzt sein, die die Verwaltung von AIF als regelmäßige Geschäftstätigkeit betreiben [...]". *D. Voigt*, in: Möllers/Kloyer, Das neue KAGB, Rn. 129, 136 liest das Negativtatbestandsmerkmal in die Definition des Investmentvermögens in der AIFM-RL hinein.

[19] ESMA/2013/600 vom 24.5.2013, Final report, Guidelines on key concepts of the AIFMD, Annex III Rn. 12: „The following characteristics, if all of them are exhibited by an undertaking, should show that the undertaking is a collective investment undertaking mentioned in Article 4(1)(a) of the AIFMD. The characteristics are that: (a) the undertaking does not have a *general commercial or industrial* purpose [...]"; als separates Dokument befinden sich die Guidelines in ESMA/2013/611 vom 13.8.2013, Guidelines on key concepts of the AIFMD; *Geurts/Schubert*, KAGB kompakt, S. 32.

[20] ESMA/2013/600 vom 24.5.2013, Final report, Guidelines on key concepts of the AIFMD, Abschn. II Rn. 4, 59.

[21] BegrRegE BT-Drs. 17/12294, S. 201.

[22] Ebd.

[23] *Zetzsche/Preiner*, WM 2013, 2101, 2107; *Zetzsche*, Prinzipien der kollektiven Vermögensanlage, § 2 E.; *Wallach*, in: Bankrechtstag 2013, S. 95, 101; *Eckhold/Bolzer*, in: Assmann/Schütze, Hdb. KapitalanlageR, § 22 Rn. 26: Beide Merkmale würden „interagieren"; *Merkt*, DB 2015, 2988, 2995 stellt zuvorderst auf das Merkmal „Organismus für gemeinsame *Anlagen*" ab; *Jakovou*, in: Langenbucher/Bliesener/Spindler, BankR, Kap. 39 Rn. 76: die beim Merkmal der Anlagestrategie geführte Abgrenzung würde durch das Negativmerkmal verstärkt; *J. Schneider*, in: Möllers/Kloyer, Das neue KAGB, Rn. 179, 207, 219 unterscheidet weiterhin

Bisweilen wird nun vertreten, dass besagtes Negativkriterium vor allen Dingen bei Private Equity-Fonds virulent werden könne, wenn man als operative Tätigkeit auch die Wertsteigerung der Portfoliobeteiligungen durch Eigenleistung (je nach Einfluss auf und Mitarbeit bei der Zielgesellschaft) begreife.[24] Zwischen den Zeilen lässt sich jedenfalls herauslesen, dass der Einsatz von Objektgesellschaften, über die die Portfoliogesellschaften gehalten werden, bei der hiesigen Subsumtion außer Betracht bleiben soll. Das ist im Hinblick auf die sich sonst ergebende Umgehungsgefahr überzeugend und deckt sich auch mit dem noch an anderer Stelle zu erläuternden sog. „Look Through"-Ansatz, der in einzelnen Bereichen des KAGB zum Zwecke der Regulierung für eine Durchschau durch die eingesetzten Objektgesellschaften in Stellung gebracht wird.[25] Dass das entscheidende Abgrenzungskriterium letztlich die festgelegte Anlagestrategie ist, wird der Sache nach auch von der genannten Literatur bestätigt, wenn es heißt, dass sich auf aktive Vorgänge ausgerichtete Kollektivvehikel nicht mehr mit der herkömmlichen Vorstellung von einem Investmentvermögen decken würden, das als Organismus für gemeinsame Anlagen fungiere und lediglich auf die Investition und das anschließende Halten dieses Investments beschränkt sei.[26]

Es würde sich dann die Frage stellen, ab welcher Schwelle unternehmerischen Einflusses man von einer operativen Tätigkeit auf Ebene des Fonds sprechen könnte. Eine in diesem Kontext vorgenommene Abgrenzung ist dem deutschen Recht nicht fremd. Die BaFin hat Fonds, die in einem beachtlichen Umfang solche Unternehmensbeteiligungen erwarben, deren Wert durch eine aktive unternehmerische Tätigkeit gesteigert werden sollte, bereits im Rahmen des InvG a.F nicht vom Begriff des Investmentvermögens i. S. des § 1 Satz 2 InvG a. F. erfasst.[27] Außerdem findet

---

zwischen beiden Abgrenzungsmerkmalen; auch *Loritz/Rickmers*, NZG 2014, 1241, 1244 wenden das Negativmerkmal weiter an.

[24] *Krause/Klebeck*, RdF 2013, 4, 10; *Kunschke/Klebeck*, in: Beckmann/Scholtz/Vollmer, Investment-Hdb., Losebl. (Stand: 5/14), 405 § 125 KAGB Rn. 27; *Klebeck/Kunschke*, in: Beckmann/Scholtz/Vollmer, Investment-Hdb., Losebl. (Stand: 2/14), 405 § 150 KAGB Rn. 26; *Bäuml*, FR 2013, 640, 643; *Liebrich/Voß*, RdF 2013, 201, 207 (Zitat von Krause/Klebeck lediglich übernommen); a. A. *Elser*, in: Beckmann/Scholtz/Vollmer, Investment-Hdb., vor 420 Rn. 25. Zur Diskussion im Schweizer Recht s. *Gericke/Isler*, in: Gericke, Private Equity III, S. 31.

[25] 6. Teil, B.I.2.e)bb).

[26] *Krause/Klebeck*, RdF 2013, 4, 10; zudem *Jesch*, in: FrankKomm, KapAnlR Bd. 1, § 150 KAGB Rn. 22; krit. *J. Schneider*, in: Möllers/Kloyer, Das neue KAGB, Rn. 179, 218. Die gleichlaufende Argumentation wird auch im Rahmen des Tatbestandes der Anlageverwaltung nach § 1 Abs. 1a Satz 2 Nr. 11 KWG herangezogen, um die Eröffnung des Anwendungsbereiches abzulehnen, 6. Teil, A.I.1.b)cc)(3).

[27] *BaFin* vom 22.12.2008, Rundschreiben 14/2008 (WA) zum Anwendungsbereich des Investmentgesetzes nach § 1 Satz 1 Nr. 3 InvG, WA 41-Wp 2136-2008/0001, Abschn. I. Nr. 4. a; zum Kontext dieses Schreibens mit ausländischen Investmentvermögen vgl. 6. Teil, A.I.1.a). Anhaltspunkte für eine aktive unternehmerische Tätigkeit können der beabsichtigte oder tatsächliche Erwerb von Mehrheitsbeteiligungen oder Sperrminoritäten sein, der Eintritt in den unternehmerischen Entscheidungs- und Verantwortungsbereich durch die

sich im BMF-Schreiben zur steuerrechtlichen Einstufung von Private Equity-Fonds entweder als private Vermögensverwaltung oder als Gewerbebetrieb das gleichgelagerte negative Abgrenzungsmerkmal („kein unternehmerisches Tätigwerden in Portfoliogesellschaften") wieder.[28] Letzteres wird von der besagten Literatur als gedankliche Anleihe herangezogen.[29] Um die Tragweite dieser Diskussion zu verstehen, muss man sich die Konsequenzen vor Augen halten, die sich aus der Annahme einer operativen Tätigkeit auf Fondsebene ergäben. Wäre die Annahme einer operativen Tätigkeit an die steuerrechtlichen Kriterien für das Vorliegen einer unternehmerischen Tätigkeit gekoppelt oder würden die steuerrechtlichen Kriterien jedenfalls erfüllt, würden die Fondsinitiatoren vor die Wahl gestellt. Entweder sie „entzögen" sich der Bandbreite an KAGB-Regularien, könnten ihren Investoren dafür aber kein steuertransparentes Fondsvehikel mehr anbieten – oder sie „optierten" für den Anwendungsbereich des KAGB und vermieden so die Einordnung des Fonds als Gewerbebetrieb.[30] Schließlich kennt auch das Investmentsteuerrecht ein vergleichbares Abgrenzungskriterium. Für die Zwecke des – ab dem Jahr 2018 durch die Investmentsteuerreform abzulösenden[31] – InvStG ist ein AIF nur dann ein sog. Investmentfonds, wenn u. a. gem. § 1 Abs. 1b Satz 2 Nr. 3 InvStG sichergestellt ist, dass der objektive Geschäftszweck auf die Anlage und Verwaltung seiner Mittel

---

Übernahme von Organfunktionen über die Ausübung von Aktionärsrechten in der Hauptversammlung hinaus, das Zusammenwirken mit Dritten in einer Weise, die geeignet ist, die Ausrichtung des Unternehmens dauerhaft oder erheblich zu beeinflussen, die Unterstützung der aktiven unternehmerischen Tätigkeit eines oder mehrerer Private Equity-Fonds durch einen Private Equity-Fonds oder die Durchführung einer eingehenden Prüfung von dem allgemeinen Markt nicht zugänglichen Daten der Zielunternehmen vor Erwerb einer Unternehmensbeteiligung (Due Diligence).

[28] *BMF*, Schreiben vom 16. 12. 2003, IV A 6-S 2240-153/03, Einkommensteuerliche Behandlung von Venture Capital und Private Equity Fonds; Abgrenzung der privaten Vermögensverwaltung vom Gewerbebetrieb, Rn. 16, BStBl. 2004 I, S. 40 und BStBl. 2006 I, S. 632. Dazu 5. Teil, A.II.2.a)bb). Dort heißt es: Der Fonds darf sich nicht am aktiven Management der Portfolio-Gesellschaften (auch nicht über verbundene Dritte) beteiligen. Die Wahrnehmung von Aufsichtsratsfunktionen in den gesellschaftsrechtlichen Gremien der Portfolio-Gesellschaften ist hierbei unschädlich. Die Einräumung von Zustimmungsvorbehalten – analog § 111 Abs. 4 Satz 2 AktG – ist regelmäßig unschädlich, es sei denn, es werden Zustimmungsvorbehalte in einem Maße eingeräumt, dass der Geschäftsführung der Portfolio-Gesellschaft kein echter Spielraum für unternehmerische Entscheidungen bleibt, dies wäre ein Indiz für eine gewerbliche Tätigkeit des Fonds. Die Einschaltung eines sog. Inkubators (gewerbliche Entwicklungsgesellschaft), dessen Tätigkeit dem Fonds auf Grund schuldrechtlicher Verträge oder personeller Verflechtungen zuzurechnen ist, führt stets zur Gewerblichkeit des Fonds.

[29] So *Krause/Klebeck*, RdF 2013, 4, 10.

[30] Zu den steuerrechtlichen Erwägungen bei Strukturierung eines LBO-Fonds vgl. 5. Teil, A.II.2.

[31] Mit dem neuen InvStG 2018 als Herzstück der Investmentsteuerreform 2018 (dazu 5. Teil, B.III.1.c)) wird dieses Kriterium für die Einordnung eines Investmentvermögens als Investmentfonds keine Rolle mehr spielen, da gem. § 1 Abs. 2 InvStG 2018 anders als bislang grundsätzlich sämtliche Investmentvermögen i. S. des KAGB als Investmentfonds qualifizieren. Gleichwohl wird das Kriterium auch weiterhin von Bedeutung sein, da es maßgeblich für die Beurteilung einer Gewerbesteuerbefreiung nach § 15 Abs. 2 Nr. 2 InvStG 2018 ist.

für gemeinschaftliche Rechnung der Anteils- oder Aktieninhaber beschränkt und eine „aktive unternehmerische Bewirtschaftung der Vermögensgegenstände ausgeschlossen" ist.[32] Wollte man sich nun im Anwendungsbereich des KAGB für eines dieser drei Kriterienmodelle entscheiden, wäre ein Abrücken von den ursprünglich durch die BaFin aufgestellten Abgrenzungskriterien im Kontext der Qualifizierung einer Kollektivanlage als Investmentvermögen wenig überzeugend, geht es bei diesen Kriterien doch ebenso um die Eröffnung des Anwendungsbereichs des für diese Zwecke vergleichbaren InvG a. F. Schon aufgrund der gleichen Interessenlage und des Sachbereichs drängt es sich gerade auf, das frühere Rundschreiben für hiesige Zwecke fruchtbar zu machen. Soweit dort typische LBO-Tätigkeiten wie der Mehrheitserwerb von Anteilen von am Markt etablierten Unternehmen sowie die damit regelmäßig[33] verbundene Durchführung einer Due Diligence als Abgrenzungskriterien genannt werden, streitet das Geschäftsmodell LBO für ein Verlassen des Bereichs der Regulierung.[34] Ein Rückgriff auf das bisherige Investmentsteuerrecht hingegen wäre verfehlt: Zum einen würde man die Gesetzessystematik auf den Kopf stellen, da nach § 1 Abs. 1b Satz 2 InvStG ein Investmentfonds ein AIF sein muss, weshalb systematisch erst dann, wenn geklärt ist, welches Anlagemodell als AIF einzuordnen ist, Überlegungen dazu angestellt werden dürfen, ob dieser AIF gegebenenfalls auch als Investmentfonds nach dem InvStG qualifiziert. Zum anderen verfolgt § 1 Abs. 1 KAGB einen völlig anderen Zweck als § 1 Abs. 1b Nr. 3 InvStG. Während ersterer den Begriff des Investmentvermögens definiert, um den Anwendungsbereich des neu geschaffenen Regulierungsregimes abzustecken, legt letzterer die Voraussetzungen für Investmentvermögen fest, um von den damit einhergehenden steuerrechtlichen Privilegien zu profitieren.

Lediglich klarstellend sei darauf hingewiesen, dass es bei der Ermittlung der operativen Tätigkeit nicht um die Frage einer wie auch immer gearteten derivativen operativen Tätigkeit durch aktive Beteiligung an einem operativ tätigen Unterneh-

---

[32] Private Equity-Fonds sollen demnach keine Investmentfonds sein, s. *Zetzsche*, Prinzipien der kollektiven Vermögensanlage, § 5 A. II. 3.; *Geurts/Faller*, DB 2012, 2898, 2900; zuvor auch noch *Wenzel*, in: Blümich, EStG, KStG, GewStG, Losebl. (Stand: 3/14), § 1 InvStG Rn. 36, dessen Ansicht bei (Stand: 4/17) nunmehr aufgegeben scheint. Nach *BMF* vom 3. 3. 2015, Stellungnahme zur Auslegung des § 1 Abs. 1b Nr. 3 InvStG, IV C 1 - S 1980-1/13/ 10007 :003, S. 1 ff. sollen die eigens aufgestellten steuerrechtlichen Grundsätze zur Abgrenzung von einer gewerblichen zu einer vermögensverwaltenden Tätigkeit nicht unmittelbar anwendbar sein. Weiter heißt es, dass sich Investmentfonds nicht am aktiven Management von Portfoliogesellschaften beteiligen dürften und auch keine rechtliche oder faktische Weisungsbefugnis gegenüber Zielunternehmen, die selbst operativ tätig sind, bestehen dürfte. Die Wahrnehmung von Aufsichtsratsfunktionen in den gesellschaftsrechtlichen Gremien der Portfolio-Gesellschaften und die Wahrnehmung von Gesellschafterrechten seien dagegen unschädlich. Richtigerweise hätte das BMF hier die Wahrnehmung von Gesellschafterrechten *bis zur Grenze* der Weisungsbefugnis ausnehmen müssen. Die BMF-Position soll auch unter dem InvStG 2018 als Herzstück der Investmentsteuerreform 2018 weitergelten, so *Lechner*, RdF 2016, 208, 213; krit. *Haisch*, RdF 2015, 294, 301.

[33] Zur Pflicht zur Durchführung einer Due Diligence vgl. 6. Teil, B.II.6.c)cc)(1).

[34] *Köndgen*, in: Berger/Steck/Lübbehüsen, InvG, § 1 Rn. 17.

men geht. Eine derartige Abfärbung vertrüge sich weder mit der gesellschaftsrechtlichen noch der regulierungsrechtlichen Zuordnungsebene. Einer gesellschaftsrechtlichen Zuweisung des operativen Geschäfts in den Beteiligungsunter-
nehmen an den Fonds sind durch den Unternehmensgegenstand des Fonds Grenzen
gesetzt. Dieser ist auf den Erwerb, die Verwaltung und die Veräußerung von Unternehmensbeteiligungen gerichtet und würde bei Abfärbung unter Auslassung der
sonst notwendigen Gesellschafterbeteiligung umfunktioniert.[35] Auch trotz unternehmerischen Einflusses der Verwalter von Private Equity-Fonds auf die Zielgesellschaften trifft diese daher anders als die Unternehmensleitung der Portfoliogel-
sellschaft keine unternehmerische Verantwortung gegenüber der Zielgesellschaft.[36]
Selbst in dem Fall, in dem der Private Equity-Fonds mehr als nur ein Abhängig-
keitsverhältnis vermittelt bekäme und aufgrund gegebener Konzernleitungsmacht
als Konzernspitze einer über die Akquisitionsvehikel bis zu den Portfoliogesellschaften reichenden Beteiligungskette fungierte,[37] könnte aus denselben Erwägungen keine „operative Teilhabe" an dem von den einzelnen Konzerngesellschaften
betriebenen operativen Geschäft erfolgen. Hiervon zu trennen ist die regulierungsrechtliche Zuordnungsebene. Pate könnte die zum Zwecke des Wettbewerbsschutzes
gegenläufige Rechtsprechung des EuGH im europäischen Beihilferecht stehen, nach
der eine Einheit, die Kontrolle durch unmittelbare oder mittelbare Einflussnahme auf
die Verwaltung der Gesellschaft ausübt, als an der wirtschaftlichen Tätigkeit des
kontrollierten Unternehmens beteiligt anzusehen ist.[38] Doch zum einen geht es hier
nicht um die grundsätzliche Frage nach der wirtschaftlichen Betätigung der Unternehmung. Diese wird man mit dem Kriterium der Einsammlung von Kapital i. S.
des § 1 Abs. 1 KAGB nach Lesart der BaFin, d. h. des Beschreitens direkter oder
indirekter Schritte, um gewerblich bei Anlegern Kapital zu beschaffen, annehmen
dürfen.[39] Die wirtschaftlichen Tätigkeiten der jeweiligen Rechtssubjekte sind insoweit stets isoliert zu bewerten. Zum anderen, und hier wird man – wollte man nicht
die Regulierung als das Produkt zweckorientierter Gesetzgebung verkennen – nicht
ohne Rückgriff auf schutzzweckbezogene Erwägungen auskommen, wäre ein
Transfer dieser Rechtsprechung nicht nur aus teleologischen (fehlender Anleger- und
Systemschutz), sondern auch aus gesetzessystematischen (vgl. die Erläuterungen
eingangs) Gründen verfehlt. Hier beißen sich Wettbewerbs- und Investmentrecht
insoweit, als dass zum Zwecke effektiver Aufsicht diametral entgegenstehende
Ergebnisse notwendig sind.

---

[35] Da Private Equity-Fonds regelmäßig als GmbH & Co. KG aufgelegt wurden, gilt
grundsätzlich das Einstimmigkeitserfordernis des Personengesellschaftsrechts, s. *Oetker*, in:
Oetker, HGB, § 161 Rn. 62 f.

[36] *Zetzsche*, Prinzipien der kollektiven Vermögensanlage, § 12 C. III. 1.

[37] Vgl. bereits 2. Teil, B.V.2.b).

[38] EuGH, Urt. v. 10. 1. 2006 – Rs. C-222/04, Slg. 2006, I-289 Rn. 112 – Cassa di Risparmio
di Firenze.

[39] *BaFin* vom 14. 6. 2013, Auslegungsschreiben zum Anwendungsbereich des KAGB und
zum Begriff des „Investmentvermögens", zuletzt geändert am 9. 3. 2015, Q 31-Wp 2137-2013/
0006, Abschn. I. Nr. 3.

Insgesamt verwundert es jedoch, dass dieser Problemkomplex in der einschlägigen Literatur größtenteils übersehen oder bisweilen nur kurz angesprochen und direkt abgelehnt wird.[40] Eine Erklärung hierfür mag darin zu sehen sein, dass die Aufmerksamkeit in der Praxis eher auf umgekehrten Konstellationen liegt:[41] Herkömmlich operativ tätige Unternehmen, die sich ganz oder teilweise am Kapitalmarkt finanzieren, sind einer großen Unsicherheit ausgesetzt, ob sie nicht in das neue regulatorische Korsett geschnürt werden. Für die hiesige Beurteilung steht aber das Geschäftsgebaren von genuin als Kapitalsammelstellen fungierenden Private Equity-Fonds im Mittelpunkt.

II. Lösungsansätze

Würde man auf die Kriterien zu § 1 Satz 2 InvG a. F. zurückgreifen, müsste dies zu der Annahme führen, dass ein Private Equity-Fonds bei Mehrheitserwerb an einem Zielunternehmen indiziell als aktiv unternehmerisch tätig eingestuft würde.[42] Zugleich würde der Fonds als operativ tätiges Unternehmen aus dem Anwendungsbereich des KAGB fallen. Unklar ist, wie ein solches Verständnis mit den eingangs erläuterten teleologischen Erwägungen vereinbar sein soll.[43] Mit den folgenden Ausführungen wird ein Lösungsversuch unternommen.

1. Finanzsektor als Playing Field?

Zunächst ist zu überlegen, ob die Geschäftsaktivitäten von LBO-Fonds auf dem Finanzsektor entfaltet werden, mit der Konsequenz, dass die Bejahung der operativen Tätigkeit für die Einordnung unter den Begriff des AIF unschädlich wäre.[44] KAGB, Gesetzesbegründung und Aufsichtsbehörden lassen den Rechtsanwender bei der Suche nach einer Definition im Stich. In der Literatur wird zur Konkretisierung auf

---

[40] So bei *Postler*, Private Equity und das KAGB – Portfoliobewertung, S. 11: „Bei Private Equity Fonds wird das Merkmal einer operativen Tätigkeit jedoch in der Regel nicht erfüllt und sie sind als Investmentvermögen gemäß der KAGB-Definition einzustufen"; *Zetzsche*, Prinzipien der kollektiven Vermögensanlage, § 2 E. II. 2. verweist darauf, dass die Ausübung von Kontrolle mit Kapitalverwaltung nach einem alten Fondsbegriff nicht in Einklang zu bringen sei, dieser aber spätestens mit dem KAGB überholt sei – aus ebenjenen eingangs genannten Gründen.

[41] Beiträge von *Loritz/Rickmers*, NZG 2014, 1241; *Merkt*, DB 2015, 2988.

[42] Alte Verwaltungspraxis sei ungeeignet, *Jeuk*, Ausgewählte Auswirkungen der Einführung des Kapitalanlagegesetzbuchs (KAGB) auf Private Equity Fonds in Deutschland, S. 17.

[43] *Geurts/Schubert*, KAGB kompakt, S. 50 wollen an diesen Kriterien festhalten, Private Equity-Fonds aber gleichwohl unter den Begriff des Investmentvermögens subsumieren.

[44] Dies wird, soweit ersichtlich, allein von *Elser*, in: Beckmann/Scholtz/Vollmer, Investment-Hdb., Losebl. (Stand: 10/14), vor 420 Rn. 25 vertreten.

den Begriff der Finanzbranche in § 1 Abs. 19 KWG[45] bzw. die Qualifikation als Kredit- oder Finanzdienstleistungsinstitut[46] abgestellt. Keiner dieser Vorschläge bedingt die Zuordnung der LBO-Tätigkeiten zum Finanzsektor. Denn zum einen führen, und dies soll im weiteren Verlauf der Arbeit bei der Analyse der Regulierung *vor* dem KAGB veranschaulicht werden, Private Equity-Fonds keine Bankgeschäfte oder Finanzdienstleistungen aus;[47] sie qualifizierten vor dem KAGB lediglich als sog. Finanzunternehmen[48]. Zum anderen begäbe man sich in einen Zirkelschluss, hielte man § 1 Abs. 19 KWG für maßgeblich. So werden dort AIFMs und extern verwaltete Investmentgesellschaften als Teilnehmer der Banken- und Wertpapier-dienstleistungsbranche und damit der Finanzbranche eingeordnet, obwohl hier ge-rade ihre Subsumtion unter den Finanzsektor in Rede steht. Ein Indiz für die An-nahme einer Tätigkeit auf dem Finanzsektor könnte zwar sein, dass die Vermö-gensgegenstände des Fonds, wie z. B. GmbH-Anteile, durchaus *Finanz*instrumente i. S. des KWG sind.[49] Doch wäre dann unverständlicherweise auch jede natürliche Person als GmbH-Gesellschafter auf dem Finanzmarkt tätig. Für die Annahme einer Tätigkeit auf dem Finanzmarkt wird daher entscheidend hinzutreten müssen, dass die Geschäftsaktivitäten des Fonds *selbst* systemrelevant sein können. Dass im LBO-Bereich die Nutzung eines erheblichen Teils Fremdkapital vorgesehen ist, begründet wie bereits beschrieben eine (Nischen-)Systemrelevanz der umgesetzten LBO-Strategien. Da die Systemrelevanz allerdings auf dem Kreditrisiko der in den LBO eingebundenen Fremdkapitalgeber gründet, ist der LBO-Fonds selbst nicht Akteur auf dem Finanzmarkt.

2. Regulierungsrechtlich relevante Projektentwicklung

Das Ausgangsproblem im Umgang mit der Definition von einem Investment-vermögen ist, dass sich nicht mit aller Eindeutigkeit formulieren lässt, ob der in Rede stehende Organismus noch eine Anlagestrategie oder bereits eine Unternehmens-strategie[50] verfolgt. Im Auslegungsschreiben der BaFin zum Begriff des Invest-mentvermögens wird das Negativkriterium in Anlehnung an den Final Report der ESMA definiert. Erforderlich sei stets eine allgemein-kommerzielle bzw. -indu-

---

[45] *Loritz/Rickmers*, NZG 2014, 1241, 1245; *Merkt*, DB 2015, 2988, 2994. Ein Äquivalent existiert auch in § 2 Abs. 3 FKAG; dort jedoch mit dem Unterschied, dass auch Unternehmen mit Sitz im Ausland zur Finanzbranche gezählt werden.

[46] *Jakovou*, in: Langenbucher/Bliesener/Spindler, BankR, Kap. 39 Rn. 76; *Köndgen/Schmies*, in: Schimansky/Bunte/Lwowski, Bankrechts-Hdb., § 113 Rn. 71.

[47] 6. Teil, A.I.1.b).

[48] Diese Qualifikation ist mit Blick auf die geänderte Definition von § 1 Abs. 3 KWG indes kein gangbarer Weg mehr.

[49] 6. Teil, A.I.1.b)aa).

[50] Begriff bei *BaFin* vom 14.6.2013, Auslegungsschreiben zum Anwendungsbereich des KAGB und zum Begriff des „Investmentvermögens", zuletzt geändert am 9.3.2015, Q 31-Wp 2137-2013/0006, Abschn. I. Nr. 5.

strielle Zweckverfolgung.[51] Insbesondere seien solche Unternehmen als operativ tätig anzusehen, die Immobilien entwickelten oder errichteten, Güter und Handelswaren produzierten, kauften, verkauften, tauschten oder sonstige Dienstleistungen außerhalb des Finanzsektors anböten.[52] Die Implikationen hieraus werden von der BaFin jedoch nur für den Immobilien- und Schiffsbereich spezifiziert. Bei Lichte besehen lassen sich vier verschiedene Kategorien ermitteln, auf deren Basis die Möglichkeit der Annahme einer Eigenschaft als operativ tätiges Unternehmen besteht. Den Beginn macht das produzierende Gewerbe, mithin die auf industriellen Zweck ausgerichtete Tätigkeit. Außerdem sind Konstellationen relevant, bei denen der Anlagegegenstand „betrieben" wird (z. B. Hotel oder Time-Chartering eines Schiffes).[53] In diesem Kontext sind die eingesetzten sachlichen und personellen Ressourcen mit in die Auslegung einzubeziehen.[54] Die dritte Konstellation stellt die Projektentwicklung dar (z. B. Immobilienentwicklung), die von den Elementen des Ankaufs, der Weiterentwicklung und des Verkaufs gekennzeichnet ist. Schließlich ist an die allgemeine kommerzielle Tätigkeit in Gestalt eines Ankaufs, Verkaufs oder Tauschs von Gütern und Handelswaren oder eines Anbietens von Dienstleistungen außerhalb des Finanzsektors zu denken. Das ist sicherlich die umstrittenste Kategorie, da auch Fonds ihre Anlagegegenstände kaufen und verkaufen.[55] Für LBO-Fonds wäre konzeptionell nur die Kategorie der Projektentwicklung einschlägig. Eine Exklusion von LBO-Fonds aus dem Bereich der operativ tätigen Unternehmen gelingt nun, wenn man anerkennt, dass sich die Projektentwicklung nur auf Anlagegegenstände abseits von Unternehmensbeteiligungen beziehen kann, wohingegen Private Equity-Fonds eine für die Regulierung relevante Projektentwicklung verfolgen. Diese Annahme wird durch die Bereichsausnahme für Holdinggesellschaften in § 2 Abs. 1 Nr. 1 KAGB (im Folgenden unter a)) verschiedentlich bestätigt (sodann unter b) und c)).

a) Bereichsausnahme für Holdinggesellschaften

Die Bereichsausnahme geht zurück auf Art. 4 Nr. 1 lit. o AIFM-RL und soll auch die Abgrenzung speziell zu Private Equity-Strukturen ermöglichen.[56] Private Equity-

---

[51] Ebd., Abschn. I. Nr. 7.

[52] Ebd.; krit. *Zetzsche/Preiner* WM 2013, 2101, 2108.

[53] *BaFin* vom 14. 6. 2013, Auslegungsschreiben zum Anwendungsbereich des KAGB und zum Begriff des „Investmentvermögens", zuletzt geändert am 9. 3. 2015, Q 31-Wp 2137-2013/0006, Abschn. I. Nr. 7.

[54] *FCA*, Handbook, PERG, Chapter 16.2, Question 2.21.

[55] Zurecht *Zetzsche/Preiner*, WM 2013, 2101, 2108.

[56] Erwägungsgrund 8 AIFM-RL: Manager von privaten Kapitalanlagefonds; BegrRegE BT-Drs. 17/12294, S. 204 f.; *Boxberger/Röder*, in: Weitnauer/Boxberger/Anders, KAGB, § 2 Rn. 2; *Zetzsche*, Prinzipien der kollektiven Vermögensanlage, § 2 B. II; *Jesch*, in: Baur/Tappen, Investmentgesetze, § 2 KAGB Rn. 8: Bei mittelständischen Buy-Out-Fonds mit sehr langfristigen Halteperioden hätte sich zwar sicherlich in diese Richtung (Anm.: Eingreifen der

Fonds nutzen wie etwa industrielle Holdinggesellschaften die ihnen vermittelten Beteiligungen, um den Wert ihrer Portfoliogesellschaften zu steigern, weshalb eine Abgrenzung zwingend erforderlich ist.[57] Dies gilt zumal auch Private Equity-Fonds die Unternehmensbeteiligungen über einen mehrjährigen Zeitraum halten können, genauso wie Holdinggesellschaften Beteiligungen abstoßen können. Während der Erwägungsgrund 8 der AIFM-RL in englischer Fassung explizit von „managers of private equity funds" bzw. in deutscher Fassung von „Managern von privaten Kapitalanlagefonds" spricht, die nicht vom Anwendungsbereich der Richtlinie ausgenommen sein sollen, findet sich diese Fondsbezeichnung in Art. 4 Nr. 1 lit. o AIFM-RL nicht wieder. Dadurch entstanden leichte Irritationen, die von der Europäischen Kommission in FAQs unter Hinweis darauf beseitigt wurden, dass der einschlägige Artikel der AIFM-RL und der Erwägungsgrund 8 nicht isoliert von einander gelesen werden dürfen.[58] Nach der Kommission soll es vielmehr dabei bleiben, dass Private Equity-Fonds nicht als Holdinggesellschaften i. S. des Art. 4 Nr. 1 lit. o AIFM-RL anzusehen seien.[59] Abermals wird damit bestätigt, dass Private Equity-Fonds als AIFs qualifizieren, zumal sonst keine Diskussion zum Anwendungsbereich des Ausnahmebereichs von Art. 4 Nr. 1 lit. o AIFM-RL geführt werden dürfte.

Um unter die Bereichsausnahme für Holdinggesellschaften zu fallen, müssen verschiedene Voraussetzungen kumulativ erfüllt sein. Zunächst muss es sich um Gesellschaften handeln, die eine Beteiligung an einem oder mehreren anderen Unternehmen halten,

> deren Unternehmensgegenstand darin besteht, durch ihre Tochterunternehmen oder verbundenen Unternehmen oder Beteiligungen jeweils eine Geschäftsstrategie zu verfolgen, den langfristigen Wert der Tochterunternehmen, der verbundenen Unternehmen oder der Beteiligungen zu fördern.[60]

Hinzutreten muss entweder, dass die (Holding-)Gesellschaft auf eigene Rechnung tätig ist und ihre Anteile zum Handel auf einem organisierten Markt i. S. des § 2 Abs. 5 des WpHG in der EU oder in einem anderen Vertragsstaat des Abkommens über den EWR zugelassen sind,[61] oder dass sie ausweislich ihres Jahresberichts oder anderer amtlicher Unterlagen nicht mit dem Hauptzweck gegründet wurde, ihren Anlegern durch Veräußerung ihrer Tochterunternehmen oder verbundenen Unter-

---

Bereichsausnahme) argumentieren lassen, dies wäre aber politisch – auch in der Abgrenzung zu anderen Private Equity-Strategien – schwierig geworden.

[57] *Tollmann*, in: Dornseifer/Jesch/Klebeck/Tollmann, AIFM-RL, Art. 2 Rn. 81; *J. Schneider*, in: Möllers/Kloyer, Das neue KAGB, Rn. 179, 188; *Nelle/Klebeck*, BB 2013, 2499, 2505.

[58] *European Commission*, Your Questions On Legislation, ID 1146.

[59] Ebd.

[60] § 2 Abs. 1 Nr. 1 lit. a KAGB; *Boxberger/Röder*, in: Weitnauer/Boxberger/Anders, KAGB, § 2 Rn. 3: Entscheidend sei tatsächliche Unternehmenspolitik, nicht bloße Satzungsbestimmung.

[61] § 2 Abs. 1 Nr. 1 lit. b aa) KAGB.

nehmen eine Rendite zu verschaffen[62]. Das Aufgreifen des Kriteriums der Börsennotierung ist für Abgrenzungszwecke jedenfalls nicht weiterführend, schließlich wollte der Unionsgesetzgeber keine Bereichsausnahme für börsennotierte Anlagegesellschaften kreieren.[63] Zum Teil wird in Anlehnung an die bereits genannte EuGH-Rechtsprechung im Beihilferecht versucht, die Intensität des Einflusses auf die Portfoliogesellschaft in den Mittelpunkt der Abgrenzungsbemühungen zu rücken. Typisch für eine Geschäftsstrategie im Unterschied zu einer Anlagestrategie sei, dass tatsächlich Kontrolle ausgeübt werde und eine direkte oder indirekte Beteiligung am Management erfolge.[64] Diese Abgrenzung versagt – wie selbst eingesehen wird[65] – wenn die Holding nicht einmal Kontrolle besitzt. Unbefriedigend wäre es auch, bei einem von Anfang an beabsichtigten, höher frequentierten Umschlag mittel- bis langfristig gehaltener Beteiligungen eine Geschäftsstrategie anzunehmen, nur weil der vorstehende Einfluss wahrgenommen würde. Hilfreich ist vor diesem Hintergrund die als Mittelweg eingeschlagene zweite gesetzliche Alternative, nach der aus den amtlichen Unterlagen die als Hauptzweck beabsichtigte Renditeerzeugung durch die Verfolgung von Exit-Strategien hervorgehen müsse.[66] Sofern also dieser auf die Beteiligungsveräußerung gerichtete Zweck wie etwa im Fall von Private Equity-Fonds nach außen erkennbar ist,[67] kann er durch eine wie

---

[62] § 2 Abs. 1 Nr. 1 lit. b bb) KAGB.

[63] Erwägungsgrund 8 AIFM-RL; *Zetzsche/Preiner*, WM 2013, 2101, 2109; *Boxberger/Röder*, in: Weitnauer/Boxberger/Anders, KAGB, § 2 Rn. 5. Vgl. auch *European Commission*, Your Questions On Legislation, ID 1146: Das Kriterium der Börsennotierung per se sei nicht ausreichend für eine Abgrenzung, vielmehr müssten das Handeln auf eigene Rechnung und die Börsennotierung zusammengelesen werden, mit der Folge, dass nur Gesellschaften mit Beteiligungen an weiteren Gesellschaften „without the intent to dispose of such shares" erfasst werden könnten. Der Sache nach besteht also ein fließender Übergang zwischen den beiden Tatbestandsalternativen aa) und bb).

[64] *Zetzsche/Preiner*, in: Zetzsche, AIFMD, Chapt. 3 No. 3.2.3.

[65] Ebd., No. 3.2.4.

[66] *Tollmann*, in: Dornseifer/Jesch/Klebeck/Tollmann, AIFM-RL, Art. 4 Rn. 120: Fondsdokumentation entscheidend; a.A. offenbar *Nelle/Klebeck*, BB 2013, 2499, 2505: wenig aussichtsreich; *von Livonius/Riedl*, in: FrankKomm, KapAnlR Bd. 1, § 2 KAGB Rn. 17. Letztere Autoren verwechseln wohl Fonds- und Akquisitionsvehikelebene. Zur Frage, ob HoldCos und AcquiCos als AIFs qualifizieren, vgl. 6. Teil, B.I.2.e).

[67] *Tollmann*, in: Dornseifer/Jesch/Klebeck/Tollmann, AIFM-RL, Art. 2 Rn. 82; *Volhard/El-Qalqili*, CFL 2013, 202, 203; *Gericke/Isler*, in: Gericke, Private Equity III, S. 34; *Seibt/McAlister*, DB 2013, 2433, 2437 betonen, dass Gesellschaftervereinbarungen mit Regelungen für einen nur „möglichen" Exit nicht für die Bejahung des „Hauptzwecks" ausreichen würden. Insofern ist auch die von *Zetzsche*, Prinzipien der kollektiven Vermögensanlage, § 5 aufwendig geführte – und hiervon unabhängig sehr ergiebige – Abgrenzung zwischen Kollektivanlage und Holding nicht indiziert, die sich einzig an der Frage aufhängt, ab wann bereits eine unternehmerische Strategie verfolgt wird. So ist es zwar richtig, dass auch Holdings Beteiligungen veräußern (*Zetzsche/Preiner*, WM 2013, 2101, 2108 f.). Doch bildet die Generierung von Rendite durch Exit-Strategien nicht den *Haupt*zweck einer Holding. Deshalb ist es auch irrelevant, dass ein Verkauf von Beteiligungen selbst im Industrie- oder Finanzkonzern von *vornherein* geplant sein kann, worauf *Krause*, in: Beckmann/Scholtz/Vollmer, Investment-

auch immer geartete Langfristorientierung der Investments nicht wieder wettgemacht werden und zum Eingreifen der Bereichsausnahme führen. Da die Langfristorientierung und der Hauptzweck der Renditegewinnung durch Veräußerung im Rahmen der Bereichsausnahme zwei verschiedene Abgrenzungsmerkmale sind, ist jedoch der Schluss, dass Private Equity-Fonds keine Langfristorientierung anstrebten,[68] nicht zwingend (wenn auch im Regelfall sicherlich zutreffend).

b) Regulierungsrechtlich relevante Beteiligungsförderung durch AIFs

Die Existenz dieser Bereichsausnahme erlaubt einen Umkehrschluss in Bezug auf Gesellschaften, die wie Holdinggesellschaften nicht selbst operativ tätig sind.[69] Hierfür muss in den Blick genommen werden, dass eine „Bereichsausnahme" in Rede steht, was denklogisch voraussetzt, dass diese Gesellschaft in den Anwendungsbereich fallen könnte.[70] Daraus wird deutlich, dass Gesellschaften ohne ope-

---

Hdb., Losebl. (Stand: 8/12), vor 405 Rn. 36 hinweist; denn der Zeitpunkt der Planung sagt nichts über die Haupttätigkeit aus.

[68] *Volhard/El-Qalqili*, CFL 2013, 202, 203 sprechen sogar von maximaler Rendite, was im Gesetz aber keineswegs angelegt ist; *Schneider-Deters*, in: Patzner/Döser/Kempf, Investmentrecht, § 2 KAGB Rn. 6; *Scholz/Appelbaum*, RdF 2013, 268, 274; *Postler*, Private Equity und das KAGB – Portfoliobewertung, S. 10.

[69] Holdinggesellschaften sind nicht selbst operativ tätig, *Tollmann*, in: Dornseifer/Jesch/ Klebeck/Tollmann, AIFM-RL, Art. 2 Rn. 81; *Scholz/Appelbaum*, RdF 2013, 268, 274; a.A. *Geurts/Schubert*, KAGB kompakt, S. 44.

[70] Das konzedieren *Zetzsche/Preiner*, WM 2013, 2101, 2106 ebenso; auch bei anderen Autoren liest man, dass die in § 2 Abs. 1 KAGB aufgezählten Vehikel oder Einrichtungen aufgrund der Weite des Begriffs des Investmentvermögens sonst unter das KAGB fallen könnten: *Kramer/Recknagel*, DB 2011, 2077, 2080; *Emde/Dreibus*, BKR 2013, 89, 91; *Teichmann/Brunner*, CFL 2011, 321, 322; *Wollenhaupt/Beck*, DB 2013, 1950, 1952; *Werner*, StBW 2013, 811, 812; *Krause/Klebeck*, RdF 2013, 4, 10; *Boxberger/Röder*, in: Weitnauer/ Boxberger/Anders, KAGB, § 2 Rn. 1; *von Livonius/Riedl*, in: FrankKomm, KapAnlR Bd. 1, § 2 KAGB Rn. 1, 3, 10; *Schneider-Deters*, in: Patzner/Döser/Kempf, Investmentrecht, § 2 KAGB Rn. 1; wohl auch *Sprengnether/Wächter*, WM 2014, 877, 886: positiv-gesetzliche Regulierungsausnahmen; *Jakovou*, in: Langenbucher/Bliesener/Spindler, BankR, Kap. 39 Rn. 80 weist hingegen darauf hin, dass in den meisten Fällen die Voraussetzungen eines Investmentvermögens nicht vorlägen; in diese Richtung ebenso für Holdinggesellschaften *Geibel*, in: Derleder/Knops/Bamberger, Dt. u. eu. Bank- u. KapR, § 58 Rn. 26. Das hier aufgezeigte Verständnis wird in *European Commission*, Your Questions On Legislation, ID 1145 bestätigt, wenn es heißt, dass die in Rede stehenden Unternehmen *gesetzlich* nicht als AIFMs qualifizieren würden. Selbiges gilt für *European Commission*, Your Questions On Legislation, ID 1146 speziell zur Bereichsausnahme für Holdinggesellschaften: „[…] was meant to exclude from the AIFMD large coorporates […]". Nur bei Annahme eines deklaratorischen Charakters der Ausnahmeregelungen ließe sich schlussfolgern, dass die in § 2 Abs. 1 KAGB genannten Unternehmen nicht als (intern verwaltete) AIFs qualifizieren. *Zetzsche/Preiner*, WM 2013, 2101, 2106 weisen darauf hin, dass der Kommission bei *European Commission*, Your Questions On Legislation, ID 1155 in Ansehung von Arbeitnehmerbeteiligungssystemen (§ 2 Abs. 1 Nr. 6 KAGB) das Verständnis einer solch deklaratorischen Wirkung zugrundeliegt. Die Kommission vertritt hier in der Tat Widersprüchliches. Wohl deswegen heißt es bei *Zetzsche*, Prinzipien der kollektiven Vermögensanlage, § 2 E., es sei unklar, ob es sich in § 2 Abs. 1 KAGB um kon-

ratives Unternehmen, die dafür durch ihre Beteiligung-en eine operative Geschäftsstrategie verfolgen, den (langfristigen) Wert ihrer Beteiligungen zu fördern, durchaus vom Anwendungsbereich des KAGB erfasst sein können. Erforderlich ist nur, dass auch die übrigen Anforderungen an das Vorliegen eines Investmentvermögens nach § 1 Abs. 1 KAGB sowie nicht alle weiteren Voraussetzungen der Bereichsausnahme für Holdinggesellschaften kumulativ erfüllt sind. Das führt zu der Annahme, dass eine auf Wertsteigerung gerichtete Einflussnahme durch Wahrnehmung der aus den Beteiligungen folgenden Verwaltungsrechte den Anwendungsbereich des KAGB nicht per se verschließt. Vor diesem Hintergrund sind auch Private Equity-Fonds nicht allein durch den Erwerb einer Mehrheitsbeteiligung und den damit unterstellten unternehmerischen Einfluss auf die Portfoliogesellschaft aus dem Begriff des AIF auszuklammern.

c) Geschäftsstrategie als Anlagestrategie mit aktiven Elementen

Zugleich erlaubt der vorstehende Gedankengang Rückschlüsse auf das Verhältnis zwischen einer „Anlagestrategie" (§ 1 Abs. 1 KAGB) und einer „Geschäftsstrategie" (§ 2 Abs. 1 Nr. 1 KAGB). Wenn eine Gesellschaft, die eine Geschäftsstrategie verfolgt, als intern verwalteter AIF je nach Einzelfall in den Anwendungsbereich von § 1 Abs. 1 KAGB fallen könnte, jedoch lediglich aus rechtspolitischen Gründen im Wege einer Bereichsausnahme exkludiert wird,[71] dann können zwischen einer Geschäftsstrategie und einer Anlagestrategie keine Friktionen dergestalt existieren, dass stets eine Subsumtion unter den Begriff des Investmentvermögens nach KAGB torpediert werden könnte. In den Konstellationen, die den Gesetzgeber zur Aufnahme der Bereichsausnahme veranlassten, würde eine Geschäftsstrategie nach der Systematik der neuen Regulierung mithin lediglich eine *spezielle Anlagestrategie* darstellen. Ergo muss die „Geschäftsstrategie" i. S. des § 2 Abs. 1 Nr. 1 KAGB dann auch etwas anderes als eine „allgemeine Geschäftsstrategie" (bzw. nach der Terminologie der BaFin: Unternehmensstrategie) sein, zu der die Anlagestrategie

---

stitutive Rückausnahmen handele. Überzeugen kann nur, wenn man zum genannten Grundgedanken zurückkehrt, wonach eine Bereichsausnahme die mögliche Eröffnung des Anwendungsbereichs voraussetzt, und die nicht generalisierbaren Ausführungen der Kommission zur Ausnahme für Arbeitnehmerbeteiligungssysteme als Fremdkörper betrachtet. *Zetzsche*, Prinzipien der kollektiven Vermögensanlage, § 5 führt sodann eine Abgrenzung zwischen Kollektivanlage und Holding und arbeitet als entscheidendes Abgrenzungsmerkmal die doppelte Zweckfreiheit auf Anleger- und Anlageebene von der Förderung unternehmerischer Ziele heraus. Vgl. auch *Zetzsche/Preiner*, WM 2013, 2101, 2108. Folgt man dem hier vertretenen Verständnis von der für die einschlägigen Fälle konstitutiven Wirkung der Bereichsausnahme, fügt sich die von Zetzsche entwickelte Abgrenzung nicht in die Regelungssystematik des Investmentrechts ein. Denn die Holding wäre laut Zetzsche – soweit richtig verstanden – stets dem Unternehmensinteresse verpflichtet (§ 5 D. II.) und daher *nie* im vorbeschriebenen Sinne zweckfrei. Ebenso auf ein anderes Verständnis hindeutend wohl *Tancredi*, Die Regulierung von Hedge-Fonds und Private Equity in Europa, S. 53 f., nach der eine Holdinggesellschaft „nicht viel mit einem AIF zu tun" habe.

[71] Vgl. bereits Nachweise in Fn. 70.

ausweislich der Gesetzesbegründung abzugrenzen ist.[72] Das ist zwar verwirrend, aber konsequent, wenn man anerkennt, dass eine allgemeine Geschäftsstrategie nur bei operativ tätigen Unternehmen außerhalb des Finanzsektors auftreten kann.

Denn eine Holdinggesellschaft ist mangels kommerzieller oder industrieller Zweckverfolgung, mithin eigenen marktrelevanten Waren- oder Dienstleistungsbezugs, kein operativ tätiges Unternehmen. Da eine Geschäftsstrategie wie im Fall von Holdinggesellschaften regelmäßig eine unternehmerische Einflussnahme auf die gruppeninternen Gesellschaften zwecks gemeinsamer Strategieausrichtung inkludiert, schließen in diesem Sinne verstandene, aktive Elemente das Vorliegen einer Anlagestrategie unter dem KAGB nicht aus.[73] Begrifflich tritt eine aktive Anlagestrategie unter dem Mantel einer Geschäftsstrategie auf. Insoweit können auch auf aktive Vorgänge gerichtete Private Equity-Kollektivvehikel als Investmentvermögen qualifizieren – wenngleich dies unter dem InvG a.F. für Private Equity-Fonds durch die BaFin negiert wurde. An dieser Stelle wird damit ein Paradigmenwechsel durch das KAGB eingeläutet, wenn aktiv i.S. unternehmerischer Einflussnahme gemanagte Private Equity-Anlagestrukturen anders als bislang dem investmentrechtlichen Anlageverständnis entsprechen können.

3. Keine Plattform für Umgehungsmöglichkeiten

Sollte man dem hier vertretenen Verständnis von einer regulierungsrechtlich relevanten Projektentwicklung nicht folgen, bliebe nur die Möglichkeit, die hier relevanten Fondsmodelle von Unternehmensmodellen anhand des Kriteriums der *festgelegten* Anlagestrategie abzugrenzen. Hierfür kommt es auf den Detailgrad an schriftlicher Fixierung an.[74] Doch auch der Unternehmensgegenstand operativ tätiger Unternehmen kann im Einzelfall diesen Ansprüchen gerecht werden.[75] Zudem

---

[72] BegrRegE BT-Drs. 17/12294, S. 201; die allgemeine Geschäftsstrategie wird von der BaFin als „Unternehmensstrategie" oder „allgemeine Unternehmensstrategie" bezeichnet, s. *BaFin* vom 14.6.2013, Auslegungsschreiben zum Anwendungsbereich des KAGB und zum Begriff des „Investmentvermögens", zuletzt geändert am 9.3.2015, Q 31-Wp 2137-2013/0006, Abschn. I. Nr. 5; *Jesch*, in: Baur/Tappen, Investmentgesetze, § 1 KAGB Rn. 16; *Volhard/Jang*, in: Weitnauer/Boxberger/Anders, KAGB, § 1 Rn. 23; *Eckhold/Bolzer*, in: Assmann/Schütze, Hdb. KapitalanlageR, § 22 Rn. 22; krit. zum Konzept der BaFin *Zetzsche/Preiner*, WM 2013, 2101, 2106.

[73] Auch *Zetzsche*, Prinzipien der kollektiven Vermögensanlage, § 30 A. II. 3. a) konstatiert, dass das KAGB aktive, gar aktivistische, Strategien zulasse; selbiges gilt für *Loritz/Uffmann*, WM 2013, 2193, 2201 und *Köndgen/Schmies*, in: Schimansky/Bunte/Lwowski, Bankrechts-Hdb., § 113 Rn. 75; überholt ist daher die Ansicht, wonach allein passives Halten von Vermögensgegenständen für die Anlagetätigkeit typologisch sei, wie bei: *Merkt*, DB 2015, 2988, 2991 f.; *Krause*, in: Beckmann/Scholtz/Vollmer, Investment-Hdb., Losebl. (Stand: 8/12), vor 405 Rn. 25.

[74] BegrRegE BT-Drs. 17/12294, S. 201; *BaFin* vom 14.6.2013, Auslegungsschreiben zum Anwendungsbereich des KAGB und zum Begriff des „Investmentvermögens", zuletzt geändert am 9.3.2015, Q 31-Wp 2137-2013/0006, Abschn. I. Nr. 5.

[75] *FCA*, Handbook, PERG, Chapter 16.2, Question 2.25.

könnte dieses Kriterium durch das Stipulieren von weiten Anlagespielräumen in den relevanten Dokumenten im Zweifel als Einfallstor für Umgehungen fungieren, sodass der Mehrwert in Frage gestellt ist.[76] Letztlich bliebe in Ansehung der eingangs genannten Gründe für die Qualifizierung von Private Equity-Fonds als AIFs nur der Rückgriff auf teleologische Erwägungen – wie ihn etwa die britische Aufsichtsbehörde FCA in Stellung bringt.[77] Von der historischen Auslegung her überzeugend wäre es dann allein, wenn man das Vorliegen einer Anlagestrategie im Zweifel unterstellte bzw. das Negativtatbestandsmerkmal im Fall von Private Equity schlicht nicht „anwendete"[78], um Umgehungen zu unterbinden. Ansonsten würde man das ursprünglich zu einem anderen Zweck implementierte Negativtatbestandsmerkmal zu einer mit der Richtlinie im Widerspruch stehenden Absicht missbrauchen. Dies gilt umso mehr, wenn man bedenkt, dass das Negativkriterium an keiner Stelle in der AIFM-RL expressis verbis vorgesehen ist und damit keine Plattform für Auslegungsmöglichkeiten geschaffen werden darf, die einer Harmonisierung auf EU-Ebene widerstreben.

B. Leveraged Buy Out-Fonds als Spezial-AIFs

Das KAGB unterscheidet je nach Investorenkreis zwischen Spezial-AIFs nach § 1 Abs. 6 Satz 1 KAGB und Publikumsinvestmentvermögen nach § 1 Abs. 6 Satz 2 KAGB, letztere nachfolgend als Publikums-AIFs bezeichnet. Spezial-AIFs dürfen nur von professionellen und semiprofessionellen Anlegern nach § 1 Abs. 19 Nr. 32 und 33 KAGB erworben werden; alle übrigen und damit auch an die Privatanleger (§ 1 Abs. 19 Nr. 31) gerichteten Investmentvermögen sind Publikums-AIFs. Die Kategorien der semiprofessionellen Anleger und Privatanleger sind deswegen besonders, weil die AIFM-RL nur einen Vertrieb an professionelle Anleger i. S. der MiFID I vorsieht,[79] den Mitgliedstaaten aber noch Umsetzungsfreiräume gegeben hat. Professionelle Anleger sind geborene professionelle Anleger wie u. a. Kreditinstitute, Wertpapierfirmen, Versicherungsgesellschaften[80] und Fonds oder gekorene professionelle Anleger, sofern letztere bestimmte Mindestbedingungen erfüllen.[81]

---

[76] *Zetzsche/Preiner*, WM 2013, 2101, 2106.

[77] *FCA*, Handbook, PERG, Chapter 16.2, Question 2.25.

[78] Es ist wie bereits gesehen nur von deklaratorischer Bedeutung.

[79] Artt. 31 Abs. 6, 32 Abs. 9, 35 Abs. 17, 39 Abs. 11, 40 Abs. 17 AIFM-RL.

[80] Nicht jedoch etwa berufsständische Versorgungswerke, BegrRegE BT-Drs. 17/12294, S. 326; krit. *Volhard/Jang*, in: Weitnauer/Boxberger/Anders, KAGB, § 1 Rn. 108.

[81] § 1 Abs. 19 Nr. 32 KAGB i. V. m. Anhang II der Richtlinie 2014/65/EU (MiFID II). Die BaFin hat die Anforderungen an den gekorenen professionellen Kunden nach Anhang II Ziff. II.1 Spiegelstrich 1 MiFID II mittlerweile konkretisiert, so *BaFin* vom 25.11.2015, Häufig gestellte Fragen zum KAGB, S. 4: Geschäfte am „relevanten Markt" würden getätigt, wenn Geschäfte mit vergleichbaren Finanzinstrumenten abgeschlossen würden, d. h. für das KAGB nur Unterscheidung von offenen und geschlossenen Fonds; das Erfordernis „in vier

Die nationale Schöpfung der Zwischenkategorie der semiprofessionellen Anleger nach dem Vorbild von Art. 6 Abs. 1 EuVECA-VO und EuSEF-VO ist dem Umstand geschuldet, dass zwar viele Marktteilnehmer, auch im Bereich Private Equity (wie z. B. die Fondsmanager selbst), die strengen Anforderungen an die Qualifizierung als gekorener professioneller Kunde nicht erfüllen können,[82] eine Gleichstellung dieser Anleger mit professionellen Anlegern im Hinblick auf die Investitionsvolumina und Expertise der semiprofessionellen Anleger aber dennoch geboten ist[83]. Auch natürliche Personen können daher als semiprofessionelle Anleger qualifizieren. Die Voraussetzungen hierfür sind im Wesentlichen eine Mindestzeichnungssumme von 200.000 Euro sowie eine schriftliche Risikobewusstseinserklärung und die Überzeugung des AIFM von der Kundigkeit des Anlegers ebenso wie der Angemessenheit der Verpflichtung.[84] Alternativ erfolgt die Qualifikation als semiprofessioneller Anleger allein auf Basis des Vermögens bei einer Mindestzeichnungssumme von zehn Mio. Euro.[85] Daneben fallen u. a. auch bestimmte Mitarbeiter der KVG unter den Begriff des semiprofessionellen Anlegers, sofern in von der KVG verwaltete AIFs investiert wird, um keine Imponderabilien mit Mitarbeiterbeteiligungsprogrammen gemäß der Vergütungsregulierung im Bereich der variablen Vergütungsbestandteile hervorzurufen.[86] Durch das OGAW V-UmsG wurde die Kategorie der semiprofessionellen Anleger zudem um Anleger in der Rechtsform der Anstalt oder Stiftung des öffentlichen Rechts oder einer Gesellschaft, an der der Bund oder ein Land mehrheitlich beteiligt ist, ergänzt.[87] Die erforderliche sachkundige Investitionsentscheidung wird dadurch sichergestellt, dass eine Anlage nur zulässig ist, wenn der Bund oder das Land als Träger der Anstalt oder Errichter der Stiftung zum Zeitpunkt der Investition der vorgenannten Anleger in den betreffenden Spezial-AIF

---

vorhergehenden Quartalen durchschnittlich pro Quartal 10 Geschäfte" laufe bei geschlossenen Fonds weitgehend leer; „von erheblichem Umfang" bedeute mind. 12.500 Euro pro Geschäft (500.000 Euro Jahresvolumen).

[82] *Volhard/Kruschke*, EWS 2012, 21, 23; *Volhard/Jang*, DB 2013, 273, 274; *Berger*, Regulierung der Management-Ebene bei Private Equity-Fonds, S. 223; *D. Voigt*, in: Möllers/Kloyer, Das neue KAGB, Rn. 129, 146 ff.; *Schubert/Schuhmann*, BKR 2015, 45, 47; *Gottschling*, in: FrankKomm, KapAnlR Bd. 1, § 1 KAGB Rn. 441.

[83] BegrRegE BT-Drs. 17/12294, S. 188; krit. *Postler*, Private Equity und das KAGB – Portfoliobewertung, S. 15.

[84] § 1 Abs. 19 Nr. 33 lit. a aa), bb) und dd) KAGB. Krit. *Gottschling*, in: FrankKomm, KapAnlR Bd. 1, § 1 KAGB Rn. 452 für das Kriterium der Angemessenheit. Bei einer Gesellschaft, die sich an einem Spezial-AIF beteiligt, erfolgt auch keine Durchschau auf die dahinterstehenden natürlichen Personen, s. *BaFin* vom 12. 11. 2014, Häufig gestellte Fragen zum KAGB, S. 5; die Anforderungen an einen semiprofessionellen Anleger müssen deshalb allein von der sich beteiligenden Gesellschaft und den von ihr bestellten Geschäftsleitern erfüllt werden.

[85] § 1 Abs. 19 Nr. 33 lit. c KAGB.

[86] § 1 Abs. 19 Nr. 33 lit. b KAGB; BegrRegE BT-Drs. 17/12294, S. 204. Zur Vergütungsregulierung 6. Teil, B.II.7.a).

[87] § 1 Abs. 19 Nr. 33 lit. d KAGB

investiert oder investiert ist.[88] Durch die Möglichkeit der gemeinsamen Investition mit dem Bund oder dem Land kann eine kontinuierliche Überprüfung der Geldanlage gewährleistet werden.[89]

LBO-Fonds richten sich vornehmlich an institutionelle Anleger (wie Pensionsfonds, Versicherungen, Staatsfonds, Kreditinstitute und Dachfonds),[90] weshalb sie in der Regel als Spezial-AIFs aufgelegt werden.[91] Es darf jedoch nicht übersehen werden, dass es auch vermögende Privatpersonen und Family Offices gibt, die in LBO-Fonds investieren.[92] Diese nicht institutionellen Anleger werden unter dem KAGB regelmäßig nicht als Privatanleger einzustufen sein, sondern fallen in die KAGB-eigene Zwischenkategorie der semiprofessionellen Anleger,[93] für die der Anlagebereich der Spezial-AIFs ebenfalls eröffnet ist. Für alle übrigen Privatanleger bleibt lediglich eine Investition über Dachfonds bzw. Feeder-Fonds.[94]

C. Leveraged Buy Out-Fonds als geschlossene AIFs

Vor dem KAGB wurde gesetzlich nicht zwischen offenen und geschlossen Kollektivanlagen unterschieden. Die Investmentvermögen, die bislang unter das InvG a. F. fielen, wurden in der Literatur zwar als offene Fonds bezeichnet.[95] Das InvG a. F. fand jedoch nach Maßgabe des formellen Investmentbegriffs nur für solche inländischen Investmentvermögen Anwendung, die in Form von Sondervermögen oder Investmentaktiengesellschaften i. S. des § 2 Abs. 2, Abs. 5 InvG a. F. aufgelegt wurden.[96] Eine Strukturierung außerhalb des InvG a. F. konnte lediglich zum Verlust des steuerrechtlichen Privilegs der Gleichstellung der Investmentanlage mit der

---

[88] Begr BT-Drs. 18/7393, S. 75.

[89] Ebd.

[90] 2. Teil, A.II.2.

[91] *Weitnauer,* in: Weitnauer, MBO, A Rn. 104; *Volhard/El-Qalqili,* CFL 2013, 202, 203 f.: Private Equity-Fonds seien in der Regel geschlossene Spezial-AIFs; *Achleitner,* DB 2010 Beil., 83; *Postler,* Private Equity und das KAGB – Portfoliobewertung, S. 13, 16; *R. Koch,* in: Möllers/Kloyer, Das neue KAGB, Rn. 261, 277; *Berger,* Regulierung der Management-Ebene bei Private Equity-Fonds, S. 236; *Felsenstein/Müller,* KSzW 2016, 55, 56; *Tancredi,* Die Regulierung von Hedge-Fonds und Private Equity in Europa, S. 233; *Mansfeld,* in: FrankKomm, KapAnlR Bd. 1, Einl. Rn. 24; *Jesch,* in: FrankKomm, KapAnlR Bd. 1, § 287 KAGB Rn. 30; für die umgekehrte Annahme, dass (geschlossene) Spezial-AIFs zumeist Private Equity-Fonds seien: *Burgard/Heimann,* WM 2014, 821, 824; *van Kann/Redeker/Keiluweit,* DStR 2013, 1483, 1486; *Werner,* StBW 2013, 811, 814.

[92] 2. Teil, A.II.2.

[93] So *Weitnauer,* in: Weitnauer, MBO, A Rn. 104.

[94] Dazu 6. Teil, B.II.12.b).

[95] Statt aller *Köndgen,* in: Berger/Steck/Lübbehüsen, InvG, Einl. Rn. 5 ff.; *Fischer/Steck,* in: Berger/Steck/Lübbehüsen, InvG, § 105 Rn. 3.

[96] § 1 Nr. 1 InvG a. F.

Direktanlage führen.[97] Daneben war es uninteressant, ob diese Fonds „geschlossen"
i. S. eines wie auch immer gelagerten Verständnisses waren, da keine verbindliche
Regulierung speziell für geschlossene Fonds existierte.[98]

Im merkwürdigen Gegensatz zur rechtlichen Bedeutung der Identifizierung geschlossener Fonds steht die korrespondierende wissenschaftliche Auseinandersetzung. So herrschten genaue Vorstellungen von einem geschlossenen Fonds.[99] Als
Charakteristikum wurde einerseits der zeitliche Platzierungsschluss von Anteilen an
geschlossenen Fondsvehikeln festgemacht (sog. Closing); der Anlegerkreis stand
nach Ablauf der Zeichnungsphase fest und wurde regelmäßig nicht durch Hinzutreten neuer Investoren erweitert.[100] Geschlossene Fonds waren damit auf ein bestimmtes, von vornherein festgelegtes Investitionsvolumen gerichtet.[101] Weitere
Finanzierungsrunden waren zwar gesellschaftsrechtlich nicht ausgeschlossen,
wurden aber aufgrund der Verwässerung der Investorenanteile und aus steuerlichen
Gründen regelmäßig gemieden.[102] Andererseits war den Anlegern ein Rückgaberecht
ihrer Anteile zum Inventarwert typischerweise verwehrt.[103] Bei dem weit verbrei-
teten geschlossenen Fondsvehikel der GmbH & Co. KG war das Rückgaberecht
dabei als Möglichkeit zur Austrittskündigung zu verstehen.[104] Mit dem Ausschluss

---

[97] *Köndgen*, in: Berger/Steck/Lübbehüsen, InvG, § 1 Rn. 17.

[98] Ausführlich 6. Teil, A.I.

[99] *Weiser*, in: Grieser/Heemann, Bankaufsichtsrecht, S. 727, 729.

[100] *Köndgen*, in: Berger/Steck/Lübbehüsen, InvG, Einl. Rn. 4; *Sagasser*, in: Assmann/
Schütze, Hdb. KapitalanlageR, § 27 Rn. 291 f.; *Josek*, in: Dornseifer/Jesch/Klebeck/Tollmann,
AIFM-RL, Art. 16 Rn. 41; *Schatz*, in: Jesch/Striegel/Boxberger, Rechtshdb. Private Equity,
§ 4 Abschn. 2.; *Bußalb/Unzicker*, BKR 2012, 309; *Kramer/Recknagel*, DB 2011, 2077; *Moritz/
Grimm*, BB 2004, 1352 f.; *Eitelwein et al.*, Private Equity Controlling, S. 7; *Weber/Eitelwein et
al.*, Private-Equity-Controller, S. 29; *Boué/Kehlbeck/Leonhartsberger-Heilig*, Basiswissen
Private Equity, Abschn. 7.1.3.; *Jesch*, Private-Equity-Beteiligungen, S. 154.

[101] *Hennrichs*, in: Schwark/Zimmer, KMRK, § 8 f VerkProspektG Rn. 6; *Moritz/Grimm*,
BB 2004, 1352 f.; *Weiser*, in: Grieser/Heemann, Bankaufsichtsrecht, S. 727, 729; *Baur*, Investmentgesetze, Teil 1 Nr. 6; *Wetzig*, Regulierung des Grauen Kapitalmarkts, S. 34.; *Tollmann*,
in: Dornseifer/Jesch/Klebeck/Tollmann, AIFM-RL, Art. 5 Rn. 30.

[102] Anders sicherlich im Bereich Venture Capital.

[103] BegrRegE BT-Drs. 13/8933, S. 62; BegrRegE BT-Drs. 17/6051, S. 42; *Schatz*, in:
Jesch/Striegel/Boxberger, Rechtshdb. Private Equity, § 4 Abschn. 2.; *Schmitz*, in: Berger/
Steck/Lübbehüsen, InvG, § 37 Rn 4; *Reiter*, in: Kümpel/Wittig, Bank- u. KapMarktR, Rn. 9.25;
Sagasser, in: Assmann/Schütze, Hdb. KapitalanlageR, § 27 Rn. 292; *Baur*, Investmentgesetze,
Teil 1 Nr. 6; *Köndgen*, in: Berger/Steck/Lübbehüsen, InvG, Einl. Rn. 4: Rückgabe nur auf
Sekundärmarkt; *Kramer/Recknagel*, DB 2011, 2077: Kapitalbindung; *Tollmann*, in: Dornsei-
fer/Jesch/Klebeck/Tollmann, AIFM-RL, Art. 3 Rn. 30; a.A. offenbar *Weiser*, in: Grieser/
Heemann, Bankaufsichtsrecht, S. 727, 730: „Auch bei geschlossenen Fonds kommen in einer
Vielzahl von Ausgestaltungen Rückgaberechte vor"; *Herring/Loff*, DB 2012, 2029, 2033: „Die
heute in Deutschland üblichen Strukturen geschlossener Fonds in Form der KG-Beteiligung
sehen keine derartigen Gating-Regeln vor, sondern nur eine „Rückgabemöglichkeit" nach
einigen Jahren".

[104] *Tollmann*, in: Dornseifer/Jesch/Klebeck/Tollmann, AIFM-RL, Art. 3 Rn. 30; für die
InvKG nach KAGB *Zetzsche*, AG 2013, 613, 617.

des Rückgaberechts wurde sichergestellt, dass dem Fonds nicht die nötige Liquidität während seiner Laufzeit entzogen wurde. Anleger konnten daher bei ihnen nicht zusagender Geschäftspolitik oder negativer Wertentwicklung der Fondsbeteiligung nicht ohne Weiteres aus dem Investment aussteigen; eine Liquidation über den Sekundärmarkt stand zudem unter Zustimmungsvorbehalt.[105] Als Ausgleich für das fehlende Rückgaberecht sahen geschlossene Fonds deswegen üblicherweise festgelegte Laufzeiten vor,[106] im Bereich Private Equity etwa mit der bis zu dreimaligen Verlängerungsmöglichkeit von je einem Jahr[107]. Obgleich dieser verschiedenen Spezifika waren – wenn auch nicht unbestrittene – Tendenzen[108] erkennbar, dass sich die Abgrenzung zu offenen Fonds allein auf das Merkmal des Fehlens von Rückgaberechten konzentrieren sollte, war die fest vorgesehene Laufzeit doch letztlich nur eine denklogische Konsequenz der fehlenden Rückgabemöglichkeit. Wenn man in diesem Sinne den Begriff der geschlossenen Anlage zuvörderst aus Anlegerperspektive konturierte, dann musste man aber wohl zugleich konzedieren, dass eine vergleichbare „Gefängniswirkung" je nach Spielart auch bei diversen Kombinationen von Mindesthaltezeit (Lock Up-Periode) und Rückgabeintervall selbst bei Anlagemodellen mit Rückgaberechten auftreten konnte. Zuzugeben ist wiederum, dass eine beliebige Kombination als Trennlinie sicherlich Willkür-Vorwürfe befeuert hätte. Symptomatisch ist vor diesem Hintergrund die Aussage der EU-Kommission, nach der es bei Verabschiedung der AIFM-RL keine einheitliche Definition der Rechtsstruktur geschlossener AIFs in der Union gegeben hätte.[109]

---

[105] Zustimmungsvorbehalt zugunsten des Komplementärs (sog. General Partner) des Private Equity-Fonds, der mit dem verkaufenden Investor eine Liste an potenziellen Erwerbern durchgeht, s. *Invest Europe*, Handbook vom November 2015, Professional Standards, Sec. 3 No. 3.8.1.

[106] *Weiser*, in: Grieser/Heemann, Bankaufsichtsrecht, S. 727, 730 f.; *Zetzsche*, AG 2013, 613, 628; BegrRegE BT-Drs. 17/6051, S. 42: oftmals lange Laufzeit; *Schmitz*, in: Berger/Steck/Lübbehüsen, InvG, § 37 Rn 4; zur Laufzeit geschlossener Private Equity-Fonds s. 2. Teil, A.II.3.; nicht ausgeschlossen sind hingegen sog. Evergreen-Fonds, bei denen eine unbestimmte Laufzeit vereinbart wird, *Bost/Halfpap*, in: Lüdicke/Arndt, Geschlossene Fonds, S. 58; *Boué/Kehlbeck/Leonhartsberger-Heilig*, Basiswissen Private Equity, Abschn. 7.1.3.

[107] *IOSCO*, Private Equity Conflicts of Interest, FR 11/10, S. 8; keine zeitliche Konkretisierung bei: *Ellrott*, in: Eilers/Koffka/Mackensen, Private Equity, VIII. Rn. 8; *Invest Europe*, Handbook vom November 2015, Professional Standards, Sec. 3 No. 3.9.1.

[108] *Schmitz*, in: Berger/Steck/Lübbehüsen, InvG, § 37 Rn 4; *Fischer/Steck*, in: Berger/Steck/Lübbehüsen, InvG, § 105 Rn. 3; *Schödermeier/Baltzer*, in: Brinkhaus/Scherer, KAGG, § 11 Rn. 5; *R. Koch*, in: Möllers/Kloyer, Das neue KAGB, Rn. 261, 266; *Reiter*, in: Kümpel/Wittig, Bank- u. KapMarktR, Rn. 9.25; a. A. *Wetzig*, Regulierung des Grauen Kapitalmarkts, S. 34: Offene Fonds seien dadurch gekennzeichnet, dass deren Investitionsvolumen unbegrenzt sei; ebenso: *Boué/Kehlbeck/Leonhartsberger-Heilig*, Basiswissen Private Equity, Abschn. 7.1.3.; *Weber/Eitelwein et al.*, Private-Equity-Controller, S. 29; *Jesch*, Private-Equity-Beteiligungen, S. 154; sowohl Closing als auch fehlende Rückgabemöglichkeit für geschlossene Fondsstruktur voraussetzend *Schatz*, in: Jesch/Striegel/Boxberger, Rechtshdb. Private Equity, § 4 Abschn. 2.

[109] Erwägungsgrund 7 der Delegierten Verordnung (EU) Nr. 694/2014 der Kommission vom 17. Dezember 2013 zur Ergänzung der Richtlinie 2011/61/EU des Europäischen Parla-

Ein echtes Novum ist daher, dass mit Inkrafttreten des KAGB erstmalig eine Legaldefinition von offenen und geschlossenen Investmentvermögen implementiert wurde. Eine Unterscheidung zwischen beiden Fondsarten spielt nicht nur im erlaubnispflichtigen Bereich in Ansehung des noch zu erläuternden Rechtsformzwangs sowie der Regulierung (z. B. für das Liquiditätsmanagement nach § 30 KAGB) samt Produktzugangs eine wesentliche Bedeutung, sondern auch im registrierungspflichtigen Bereich etwa im Hinblick auf die noch zu erläuternden De-minimis-Regelungen der § 2 Abs. 4 ff. KAGB sowie die dort bestehende Möglichkeit zum Opting-In für die Fondsvehikel des KAGB. Insofern wird einer Differenzierung erstmals rechtstatsächliche Bedeutung beigemessen. Es soll daher zunächst der Begriff des geschlossenen AIF erörtert werden (unter I.), um im Anschluss LBO-Fonds in die einschlägige Begriffskategorie und die Produktzugangsregelungen einzuordnen (unter II.).

I. Begriff des geschlossenen AIF

Geschlossene AIFs sind alle AIFs, die keine offenen AIFs sind.[110] So simpel die Gleichung, so schwierig offenbar die Genese des Begriffsverständnisses eines offenen AIF. Ein Blick auf die Historie ist unerlässlich, um die heutigen KAGB-Produktzugangsregelungen für den Bereich Private Equity nachzuvollziehen.

1. Historie

Die offene Struktur der AIFs war in der ersten Fassung des KAGB dadurch gekennzeichnet, dass Anleger oder Aktionäre der AIFs mindestens einmal pro Jahr das Recht zur Rückgabe gegen Auszahlung ihrer Anteile oder Aktien hatten, wobei Mindesthaltefristen und die Möglichkeit der Aussetzung oder Beschränkung der Rücknahme der Anteile oder Aktien hierbei nicht berücksichtigt wurden.[111] Diese Definition folgt nicht aus der AIFM-RL, da letztere keine allgemeine Definition eines offenen oder geschlossenen AIF bereithält.[112] Vielmehr liegt der Ursprung der

---

ments und des Rates im Hinblick auf technische Regulierungsstandards zur Bestimmung der Arten von Verwaltern alternativer Investmentfonds.

[110] § 1 Abs. 5 KAGB.

[111] Art. 1 des Gesetzes zur Umsetzung der Richtlinie 2011/61/EU über die Verwalter alternativer Investmentfonds (AIFM-Umsetzungsgesetz – AIFM-UmsG) vom 4. Juli 2013, BGBl. I, S. 1981; irritierend: *van Kann/Redeker/Keiluweit*, DStR 2013, 1483, 1485 die den Rückschluss gezogen haben, dass es bei geschlossenen AIFs nur am Ende der Fondslaufzeit ein Rückgaberecht gebe; ebenso *Werner*, StBW 2013, 811, 813; auch in der 8. Auflage noch zur alten Rechtslage *Buck-Heeb*, Kapitalmarktrecht, § 16 Rn. 927, 929: „[…] kein Recht zur Anteilsrückgabe an den Emittenten".

[112] *Josek*, in: Dornseifer/Jesch/Klebeck/Tollmann, AIFM-RL, Art. 16 Rn. 35; die AIFM-RL äußert in bestimmten Teilbereichen aber ein eigenes Verständnis von einem geschlossenen AIF, s. 4. Teil, C.I.3.

Definition in einem Diskussionspapier der ESMA zu technischen Regulierungs-standards, in dem es heißt, offene Investmentvermögen würden sich durch ein jährliches Rückgaberecht auszeichnen.[113] Das wurde auch im Diskussionsentwurf zum AIFM-UmsG übernommen.[114] Der Regierungsentwurf zum AIFM-UmsG hingegen beschränkte sich bei der Begriffsbestimmung auf einen Verweis auf die im Nachgang zum Diskussionspapier noch nach Art. 4 Abs. 4 UAbs. 2 AIFM-RL zu erlassende Verordnung der EU-Kommission, in der die technischen Regulierungs-standards aufgenommen werden sollten.[115] Da jedoch nicht abzusehen war, ob die angesprochene Verordnung der Kommission rechtzeitig bis zum verpflichtenden Umsetzungsdatum der Richtlinie am 22. Juli 2013[116] erlassen würde, wurde die Definition eines offenen Investmentvermögens durch Beschlussempfehlung des siebten Finanzausschusses vom 10. Mai 2013 an den zu dieser Zeit aktuellsten Entwurf der tech-nischen Regulierungsstandards der ESMA angepasst.[117] Letzterer datiert vom 2. April 2013 und hielt Lock Up-Perioden für irrelevant,[118] weshalb dies auch entsprechend im KAGB reflektiert wurde[119].

Mit Schreiben vom 4. Juli 2013 hat die EU-Kommission die von der ESMA vorgenommene Abgrenzung zwischen offenen und geschlossenen AIF abgelehnt.[120] Ihre Kritik gründet dabei auf Art. 19 Abs. 3 UAbs. 3 und 4 und Art. 16 Abs. 1 der AIFM-RL, die zur Differenzierung ein alleiniges Abstellen auf die Rückgabemög-lichkeit (unabhängig von Rückgabeintervallen) für die Anleger nahe lägen.[121] Die ESMA ist diesen – von ihr indes nicht geteilten – Bedenken nachgekommen und hat revidierte technische Regulierungsstandards einschließlich bestimmter Weiterungen

---

[113] ESMA/2012/117 vom 23.2.2012, Discussion paper, Key concepts of the Alternative Investment Fund Managers Directive and types of AIFM, Abschn. IV Rn. 40 f. Die Berechti-gung hierzu folgt aus Art. 4 UAbs. 1 AIFM-RL.

[114] Diskussionsentwurf vom 20.7.2012, Entwurf eines Gesetzes zur Umsetzung der Richtlinie 2011/61/EU über die Verwalter alternativer Investmentfonds (AIFM-Umsetzungs-gesetz – AIFM-UmsG), S. 338.

[115] RegE BT-Drs. 17/12294, S. 16.

[116] Art. 66 AIFM-RL.

[117] BT-Drs. 17/13395, S. 401.

[118] ESMA/2013/413 vom 2.4.2013, Final Report, Draft regulatory technical standards on types of AIFMs, Abschn. II Rn. 21 ESMA's response, Annex IV Art. 1 Abs. 3(b)(i).

[119] Das bedeutete aber auch, dass ein Fonds, der eine Lock Up-Periode von etwa fünf Jahren hatte und erst daran anschließend jährliche Rückgaberechte gewährte, zweifelsfrei als offener Fonds eingeordnet werden musste, s. Begr BT-Drs. 17/13395, S. 401; für eine ein-jährige Mindesthaltefrist bei offenen Immobilienfonds auch *Niewerth/Rybarz*, WM 2013, 1154, 1157.

[120] Ares(2013)2569526 vom 4.7.2013.

[121] Ebd.: „[...] we have serious doubts whether the frequency of redemptions is a criterion that can be employed to distinguish the two categories. Our doubts are based on the wording of Articles 19(3) and 16(1) AIFMD".

aufgesetzt.[122] Im Anschluss daran hat die EU-Kommission die Delegierte Verordnung (im Folgenden „RTS-VO") erlassen.[123]

2. Legaldefinition und Rückschlüsse

Darauffolgend fand durch Inkrafttreten des Gesetzes zur Anpassung von Gesetzen auf dem Gebiet des Finanzmarktes (FinMarktAnpG) am 19. Juli 2014 u. a. eine Angleichung des § 1 Abs. 4 Nr. 2 KAGB an die Bestimmungen der RTS-VO statt.[124] Zentrale Aussage von Art. 1 Abs. 2 RTS-VO ist nun, dass

> ein AIFM eines offenen AIF ein AIFM ist, der einen AIF verwaltet, dessen Anteile vor Beginn der Liquidations- oder Auslaufphase auf Ersuchen eines Anteilseigners direkt oder indirekt aus den Vermögenswerten des AIF und nach den Verfahren und mit der Häufigkeit, die in den Vertragsbedingungen oder der Satzung, dem Prospekt oder den Emissionsunterlagen festgelegt sind, zurückgekauft oder zurückgenommen werden. Nach Art. 1 Abs. 3 RTS-VO ist ein AIFM eines geschlossenen AIF ein AIFM, der eine andere als die unter Abs. 2 beschriebenen Art von AIFs verwaltet.

Eine Bedeutung der Rückgabeintervalle, wie sie vor Inkrafttreten des KAGB nach der hier vertretenen Auffassung und auch in der ersten Fassung des KAGB noch eine Rolle gespielt hat, wurde vollständig negiert.[125] Davon unabhängig ist in der schlussendlichen Fassung der RTS-VO die Verwendung des Wortes „Häufigkeit" irritierend. Nach gängigem Sprachverständnis liegt die Annahme nicht fern, die Rücknahme müsste in den Vertragsbedingungen, etc. mehr als einmal vorgesehen sein. Rekapituliert man die Kritik der Kommission und die Auffassung der ESMA, die das entscheidende Abgrenzungsmerkmal in dem Gewähren von Rückgaberechten auf Ersuchen der Investoren hin erblickt,[126] darf man jedoch zu keinem

---

[122] ESMA/2013/1119 vom 13.8.2013, Opinion, Draft regulatory technical standards on types of AIFMs under Article 4(4) of Directive 2011/61/EU, Annex I; auch *Wallach*, in: Bankrechtstag 2013, S. 95, 103 schlägt sich auf die Seite der ESMA.

[123] Delegierte Verordnung (EU) Nr. 694/2014 der Kommission vom 17. Dezember 2013 zur Ergänzung der Richtlinie 2011/61/EU des Europäischen Parlaments und des Rates im Hinblick auf technische Regulierungsstandards zur Bestimmung der Arten von Verwaltern alternativer Investmentfonds (zit.: RTS-VO); krit. *Klebeck/Kolbe*, BB 2014, 707, 708: Kommission dürfe nur Arten von AIFMs, nicht auch Arten von AIFs festlegen.

[124] Gesetz zur Anpassung von Gesetzen auf dem Gebiet des Finanzmarktes vom 15. Juli 2014, BGBl. I, S. 934 (zit.: FinMarktAnpG); überwiegend auch als „KAGB-Reparaturgesetz" bezeichnet. Art. 11 Nr. 2 des FinMarktAnpG (Änderung der Gewerbeordnung) trat jedoch erst zum 1. August 2014 in Kraft.

[125] *Volhard/Jang*, in: Weitnauer/Boxberger/Anders, KAGB, § 1 Rn. 41; *Jesch*, in: Baur/Tappen, Investmentgesetze, § 1 KAGB Rn. 40.

[126] ESMA/2013/1119 vom 13.8.2013, Opinion, Draft regulatory technical standards on types of AIFMs under Article 4(4) of Directive 2011/61/EU, Abschn. III Rn. 35: „[…] the key element for the identification of an open-ended AIF on the basis of the revised RTS is the existence of repurchases or redemptions of the AIF's shares or units prior to the commencement of its liquidation phase or winddown, provided that repurchases or redemptions happen at the investors' request".

anderen Ergebnis gelangen, als dass sich auch die lediglich einmalige Rücknahme durch den AIF unter den Begriff der „Häufigkeit" subsumieren lässt. Dies entspricht wohl ebenso der Ansicht des deutschen Gesetzgebers.[127] Im KAGB ist aber je nach Wahl des offenen Fondsvehikels und Produktregulierung ein deutlich höher frequentiertes Rückgabeintervall erforderlich.[128]

Lock Up-Perioden spielen abermals keine Rolle. Doch sollte man sich stets vor Augen führen, dass aus Anlegerperspektive eine übermäßig lange Bindung im Fonds eine wertungsmäßig vergleichbare „Gefängniswirkung" produzieren kann. Das kommt letztlich auch in der AIFM-RL zum Ausdruck, die Organismen mit einer Lock Up-Periode von fünf Jahren als geschlossene Fonds einordnet.[129] Prekär ist daher, dass sich die Ansicht der Kommission nicht mit dem bisweilen in der AIFM-RL geäußerten Verständnis von geschlossenen AIFs in Einklang bringen lässt. Die bislang einem geschlossenen Fonds zugeschriebenen, typisierenden Merkmale wie die fest vorgesehene Laufzeitbeschränkung oder das Closing wurden nicht in der Legaldefinition nachgezeichnet. Insofern werden gesetzliche Freiräume gewährt. Die Laufzeitbeschränkung ist aber ohnehin ein Erfordernis der Praxis. Die BaFin schränkt diese Freiräume wieder ein, wenn sie für geschlossene Publikums-AIFs in der Rechtsform der geschlossenen Investmentkommanditgesellschaft keine unbegrenzte Laufzeit erlaubt.[130] Das Closing ist zwar wohl die Regel, aber weitere Finanzierungsrunden sind nunmal auch unter dem KAGB nicht ausgeschlossen.[131] Nicht übersehen werden darf weiterhin, dass auch die Rückkaufmöglichkeit durch den AIF als Alternative zur Rücknahme eingeführt wurde. Ein Rückkauf war zwar auch zu Zeiten des InvG a. F. möglich, jedoch nicht als alternative Rücknahmemöglichkeit (§§ 37, 105 InvG a. F.). Letzteres konnte nur über eine Zustimmung des Anlegers erreicht werden.[132] Für weitere Detailfragen zur Relevanz von außeror-

---

[127] BegrRegE BT-Drs. 18/1305, S. 43: „[...] werden zukünftig als offene AIF grundsätzlich alle Fonds gelten, bei denen eine Rücknahme der Anteile vor Beginn der Liquidations- oder Auslaufphase möglich ist".

[128] Sondervermögen nach § 98 Abs. 1 Satz 1 KAGB: mind. zweimal im Monat; Investmentaktiengesellschaft mit veränderlichem Kapital (InvAG mvK.) nach § 116 Abs. 2 Satz 1 KAGB: bei Publikums-AIFs mind. zweimal im Monat; offene Investmentkommanditgesellschaft (oInvKG) nach § 133 Abs. 1 KAGB: Kündigung der Anteile, Einzelheiten regelt der Gesellschaftsvertrag. Zur Produktregulierung s. etwa Sonderregelungen bei §§ 223 Abs. 1 Satz 1, 255 Abs. 2 Satz 1 KAGB.

[129] 4. Teil, C.I.3.

[130] *BaFin* vom 4.11.2014, Merkblatt – Laufzeitverlängerung in den Anlagebedingungen geschlossener Publikums-AIF in der Rechtsform der geschlossenen Investmentkommanditgesellschaft.

[131] §§ 140 Abs. 1 Satz 2 KAGB i. V. m. § 182 ff. AktG, 152 Abs. 4 KAGB. Vgl. für die InvAG mfK. auch BegrRegE BT-Drs. 17/12294, S. 247: „[...] gelten jedoch für die Investmentaktiengesellschaft mit fixem Kapital die aktienrechtlichen Vorschriften zur Kapitalbeschaffung und Kapitalherabsetzung [...]".

[132] *Schmitz*, in: Berger/Steck/Lübbehüsen, InvG, § 37 Rn. 4 f.; vgl. demgegenüber die liberale Haltung der BaFin bei ausländischen Investmentvermögen, *BaFin* vom 22.12.2008,

dentlichen Kündigungsrechten,[133] ordentlichen Kündigungsrechten,[134] Widerrufs-rechten,[135] Ausschlusstatbeständen,[136] dem Modell „Ausscheiden oder Sanieren",[137] Vergleichen zur Beilegung von Rechtsstreitigkeiten,[138] Optionen zum Ausschei-den,[139] Kapitalherabsetzungen[140] und dem Zweitmarkthandel[141] ist die Spezialliteratur zu bemühen.

3. Abweichende Definition für Teilbereiche?

Mindesthaltezeiten sind ausweislich der Legaldefinition von geschlossenen AIFs im KAGB irrelevant. Dass es dennoch legitim ist, auch unter Geltung des KAGB bei Anlagemodellen mit Rückgaberechten nach einer übermäßig langen Lock Up-Periode reflexartig den Gedanken an einen geschlossenen Fonds aufkommen zu lassen, bestätigt die AIFM-RL punktuell letztlich selbst. Denn in ihren Erwägungsgründen werden AIFs mit einer Mindesthaltezeit von fünf Jahren einerseits im Kontext der

---

Rundschreiben 14/2008 (WA) zum Anwendungsbereich des Investmentgesetzes nach § 1 Satz 1 Nr. 3 InvG, WA 41-Wp 2136-2008/0001, Abschn. I 2.

[133] Diese führen nicht zur Einordnung als offener AIF, vgl. auch § 161 Abs. 2 KAGB; ebenso *Tollmann*, in: Dornseifer/Jesch/Klebeck/Tollmann, AIFM-RL, Art. 3 Rn. 30; *Gott-schling*, in: FrankKomm, KapAnlR Bd. 1, § 1 KAGB Rn. 125; Position des *BVI* zum Refe-rentenentwurf des Bundesministeriums der Finanzen für ein Gesetz zur Anpassung von Ge-setzen auf dem Gebiet des Finanzmarktes (FinMarktAnpG) vom 11. März 2014, S. 1; irritie-rend für den De-minimis-Bereich *Geurts/Schubert*, WM 2014, 2154, 2156, nach denen die Auswirkung eines gegebenenfalls bestehenden außerordentlichen Kündigungsrechts auf die Einordnung des AIF im Einzelfall zu bestimmen sei.

[134] Vgl. § 161 Abs. 1 KAGB; dazu Position des *BVI* zum Referentenentwurf des Bun-desministeriums der Finanzen für ein Gesetz zur Anpassung von Gesetzen auf dem Gebiet des Finanzmarktes (FinMarktAnpG) vom 11. März 2014, S. 4; *Geurts/Schubert*, WM 2014, 2154, 2156 f.

[135] Widerrufsrechte nach § 305 Abs. 7 KAGB i.V.m. BGB sind keine Rückgaberechte, *Geurts/Schubert*, WM 2014, 2154, 2156; *Gottschling*, in: FrankKomm, KapAnlR Bd. 1, § 1 KAGB Rn. 126.

[136] Ausschlüsse sind keine Anteilsrückgaben, *Geurts/Schubert*, WM 2014, 2154, 2156; *Gottschling*, in: FrankKomm, KapAnlR Bd. 1, § 1 KAGB Rn. 127.

[137] Keine Anteilsrückgabe, *Paul*, GWR 2015, 463, 467.

[138] Keine Anteilsrückgabe, *BaFin* vom 25.11.2015, Häufig gestellte Fragen zum KAGB, S. 5.

[139] Keine Anteilsrückgabe, ebd.

[140] Irrelevant für die Einordnung als offener oder geschlossener AIF, *Geurts/Schubert*, WM 2014, 2154, 2156; *Jesch*, in: Baur/Tappen, Investmentgesetze, § 1 KAGB Rn. 40.

[141] Vgl. Art. 1 Abs. 2 RTS-VO; *Jesch*, in: Baur/Tappen, Investmentgesetze, § 1 KAGB Rn. 40. Sollte indes Rückkaufgesellschaft konstruiert werden, kann hierin eine Rückgabe-möglichkeit an den AIF gesehen werden, *Geurts/Schubert*, WM 2014, 2154, 2156. Die Be-urteilung sollte denselben Anforderungen folgen, wie auch unter Geltung des InvG a.F., s. dazu *BaFin* vom 22.12.2008, Rundschreiben 14/2008 (WA) zum Anwendungsbereich des Invest-mentgesetzes nach § 1 Satz 1 Nr. 3 InvG, WA 41-Wp 2136-2008/0001, Abschn. I. Nr. 2: Rückkauf der Anteile zum Inventarwert und Vorhaltung der zur Erfüllung des Rücknahme-verlangens notwendigen Mittel.

Schwellenwertberechnung zur Anwendung eines reduzierten Aufsichtsregimes,[142] andererseits bei der Festlegung, wer als Verwahrstelle fungieren darf,[143] als geschlossene Fonds eingeordnet.[144] Da die AIFM-RL indes keine Definitionen für offene und geschlossene AIFs bereithält, kommt hierin lediglich ein Verständnis von einem geschlossenen Fonds zum Ausdruck. Die Definition eines geschlossenen AIF in Art. 1 Abs. 3 RTS-VO setzt sich in Widerspruch zu diesem Verständnis,[145] da nach der RTS-VO auch das Bestehen von Rückgaberechten erst nach einer Haltezeit von fünf Jahren zur Einstufung als offener AIF führt. Geleitet von dem Verständnis der AIFM-RL attestieren Nelle/Klebeck der De-minimis-Regelung in § 2 Abs. 4 Satz 2 Nr. 2 lit. b KAGB („[…] sofern […] die Anleger für die Spezial-AIF keine Rücknahmerechte innerhalb von fünf Jahren nach Tätigung der ersten Anlage ausüben können […]") eine „andere, engere Definition" von geschlossenen AIFs"[146]. Bei einer derartigen Aussage ist jedoch Präzision geboten. Die deutsche Norm des KAGB erwähnt in keiner Weise das Wort „geschlossen" und kann schon deswegen keine Definition vorgeben. Die Definition eines geschlossenen AIF richtet sich allein nach § 1 Abs. 4 Nr. 2, Abs. 5 KAGB. Ebenso wenig ist von § 80 Abs. 3 Satz 1 Nr. 1 KAGB („[…] wenn bei den geschlossenen AIF innerhalb von fünf Jahren nach Tätigung der ersten Anlagen keine Rücknahmerechte ausgeübt werden können […]") speziell für den Bereich der Verwahrstelle auf eine eigene Definition von einem geschlossenen Fonds zu deduzieren, zumal expressis verbis auf die bereits gesetzlich vorgegebene Definition rekurriert wird. Diese Regelung ist seit dem FinMarktAnpG insoweit überholt, als dass bei geschlossenen AIFs vor Beginn der Liquidations- oder Auslaufphase schon gar keine Rücknahmerechte ausgeübt werden können.

Etwas anderes gilt jedoch – und ausschließlich nur dort – im Hinblick auf die Übergangsbestimmungen. An das Verständnis der AIFM-RL anknüpfend beinhaltet die RTS-VO zum Zwecke der Übergangsbestimmungen in Art. 61 Abs. 3 und 4 der AIFM-RL eine sich im Wesentlichen auf die Lock Up-Periode konzentrierende, mit dem Verständnis der AIFM-RL gleichlaufende Definition von geschlossenen AIFs. Diese gegenüber § 1 Abs. 5 und 4 Nr. 2 KAGB abgeänderte Definition von geschlossenen AIFs gilt nun nicht nur für bereits vor Inkrafttreten des KAGB aufgelegte AIFs,[147] sondern auch für zwischen dem 22. Juli 2013 und dem 19. Juli 2014 und deshalb nach Inkrafttreten des KAGB aufgelegte AIFs[148]. Diese harmoniert zwar im Ausgangspunkt auch mit dem Verständnis eines geschlossenen AIF in der AIFM-RL,

---

[142] Erwägungsgrund 17 AIFM-RL.

[143] Erwägungsgrund 34 AIFM-RL.

[144] Bei Erwägungsgrund 34 der AIFM-RL heißt es explizit: „Dies berücksichtigt die gegenwärtigen Praktiken bei bestimmten Arten von geschlossenen Fonds".

[145] Darauf weist auch ESMA/2013/1119 vom 13.8.2013, Opinion, Draft regulatory technical standards on types of AIFMs under Article 4(4) of Directive 2011/61/EU, Abschn. III Rn. 31 f. hin.

[146] *Nelle/Klebeck*, BB 2013, 2499.

[147] §§ 352a, 353 Abs. 1 KAGB.

[148] §§ 352a, 353 Abs. 9 KAGB.

geht aber in einzelnen Punkten noch über das bloße Erfordernis des zeitlichen Rahmens von fünf Jahren für die erstmalige Rückgabe von Anteilen hinaus.[149]

II. Leveraged Buy Out-Fonds und der Produktzugang

Mit den nachfolgenden Ausführungen wird zunächst überprüft, ob das Geschäftsmodell der Private Equity-Fonds bzw. LBO-Fonds eine Organisation als geschlossener oder als offener Fonds nahe legt. Darauf aufbauend wird in einem zweiten Schritt veranschaulicht, ob und inwieweit das Geschäftsmodell „LBO" innerhalb des Produktregulierungsregimes des KAGB für geschlossene und offene Fondsvehikel umsetzbar ist. Abschließend folgt im Wege eines Exkurses ein Blick darauf, ob und inwiefern LBO-Fonds ihr Geschäftsmodell auch im Rahmen der Fondskategorien der sog. European Long-term Investment Funds European (ELTIFs) nach der ELTIF-VO oder der sog. European Social Entrepreneurship Funds (EuSEFs) nach der EuSEF-VO verwirklichen können.

1. Idealtypik

Eingedenk der typischen Haltezeiten[150] von Unternehmensbeteiligungen wird jedes Investment von Private Equity-Fonds zum Langzeitprojekt. Ein jederzeitiger Verkauf ist tatsächlich unmöglich, da potenzielle Käufer einerseits eine umfassende Due Diligence durchführen[151] und andererseits die für die Akquisition erforderlichen Mittel sammeln und planen müssen. Private Equity-Fonds werden somit auf einem illiquiden Markt tätig.[152] Strukturierte man Private Equity-Fonds offen, ergäbe sich die Problematik der Fristeninkongruenz. Machten die Anleger von ihrem Rückgaberecht (also ihrem Austrittskündigungsrecht) Gebrauch, müsste der Fonds genug Liquidität vorhalten, um Rücknahmeforderungen (gegebenenfalls auch kurzfristig) erfüllen zu können. Das ist faktisch nicht zu er-

---

[149] Art. 1 Abs. 5 RTS-VO: „Für die Zwecke von Artikel 61 Absätze 3 und 4 der Richtlinie 2011/61/EU wird ein AIFM, der einen AIF verwaltet, dessen Anteile *vor Beginn der Liquidations- oder Auslaufphase* erst nach einer Wartezeit von mindestens fünf Jahren, während der Rücknahmerechte nicht ausgeübt werden können, *auf Ersuchen* eines Anteilseigners *direkt oder indirekt* aus den Vermögenswerten des AIF *zurückgenommen oder zurückgekauft* werden, als AIFM eines geschlossenen AIF betrachtet" (Herv. d. Verf.).

[150] 2. Teil, A.II.3.

[151] *Koffka*, in: Eilers/Koffka/Mackensen, Private Equity, I. 3. Rn. 1 ff. Zur Verpflichtung einer Durchführung einer Due Diligence ausführlich 6. Teil, B.II.6.c)cc)(1).

[152] Für Private Equity-Fonds allgemein: *Richter/Steinmüller/Gollan*, in: Jesch/Striegel/Boxberger, Rechtshdb. Private Equity, § 1 Abschn. 4.3.; *Weitnauer*, in: Weitnauer, MBO, A Rn. 100; *ders.*, AG 2013, 672, 673; *Josek*, in: Dornseifer/Jesch/Klebeck/Tollmann, AIFM-RL, Art. 16 Rn. 39; *ECB*, Large banks and private equity-sponsored leveraged buyouts in the EU, S. 15. Für Venture Capital: *Thoma/Steck*, AG 2001, 330, 331; BegrRegE BT-Drs. 13/8933, S. 62.

reichen, da der Fonds zum einen bereits investiert wäre und zum anderen die der Anteilszeichnung zeitlich nachfolgenden Kapitalabrufe bei den Anlegern nicht für Schneeballsysteme missbrauchen dürfte. Ein zwangsweise vorzeitiges Abstoßen von Vermögenspositionen würde zu liquidationsbedingten Verlusten führen (Fire Sale)[153]. Daher ist es im Fall von Private Equity von besonderer Bedeutung, die ständige Verfügbarkeit des Investorenkapitals vorbehaltlich von außerordentlichen Kündigungsrechten während der Dauer des Investments in der Portfoliogesellschaft sicherzustellen. Als Ausgleich für die geschlossene Struktur fungiert dann regelmäßig die bei Zeichnung der Fondsanteile vorgesehene Laufzeitbeschränkung.[154] Damit verlagert sich das mit der Betätigung auf einem illiquiden Markt bestehende Risiko auf die gesamte Anlegerebene. Anleger können ihre Beteiligung während der Laufzeit des Fonds nicht mehr kündigen und Auszahlung ihres Anteils am Gesellschaftskapital verlangen, sondern sind im Rahmen vereinbarter Zustimmungsvorbehalte bei der Anteilsübertragung auf einen funktionierenden Sekundärmarkt angewiesen, um ihre Positionen zu liquidieren.[155]

Der allgemeine Gedanke, dass die Inkonsistenz zwischen (kurzfristiger) Rückgabemöglichkeit und langfristigen Anlageobjekten vermieden werden soll, lässt sich bereits der ursprünglichen Regelungsintention des Diskussionsentwurfes zum AIFM-Umsetzungsgesetz entnehmen.[156] Danach sollten an das Publikum gerichtete Immobilien- und Infrastrukturfonds ausschließlich als geschlossene Fondsvehikel[157] aufgelegt werden können, da sie in illiquide Anlagen investieren. Während dieses Vorhaben für Infrastrukturfonds tatsächlich auch mit dieser Begründung umgesetzt wurde,[158] hat die Bundesregierung aufgrund massiven Widerstands der Interessenvertretungen der Immobilienbranche die bereits im InvG a. F. vorgesehenen, offenen Immobilienfonds mit jährlicher Rückgabemöglichkeit zugelassen.[159] Letztere dürfen nun gem. § 91 Abs. 3 KAGB nur in der Rechtsform des Sondervermögens aufgelegt werden,[160] müssen im Ausgleich aber die bereits aus den §§ 80, 80c, 81 InvG a. F. in

---

[153] Begriff bei Regierungsbegründung zum OGAW V-UmsG, s. BegrRegE BT-Drs. 18/6744, S. 65.

[154] 4. Teil, C.

[155] *Thoma/Steck*, AG 2001, 330, 331.

[156] Diskussionsentwurf vom 20.7.2012, Entwurf eines Gesetzes zur Umsetzung der Richtlinie 2011/61/EU über die Verwalter alternativer Investmentfonds (AIFM-Umsetzungsgesetz – AIFM-UmsG), S. 325 f.

[157] Laut Diskussionsentwurf also mit einer Rücknahmemöglichkeit nicht mindestens einmal jährlich, vgl. auch die später in die Erstfassung des KAGB übernommene Definition, 4. Teil, C.I.1.

[158] BegrRegE BT-Drs. 17/12294, S. 191; § 261 Abs. 2 Nr. 8.

[159] *Niewerth/Rybarz*, WM 2013, 1154, 1160; *Hartrott/Goller*, BB 2013, 1603, 1605; z. B. *Zentraler Immobilien Ausschuss* vom 17.8.2012, Stellungnahme zum DiskE zum AIFM-UmsG, S. 11 ff.

[160] *Hübner*, WM 2014, 106, 107.

der Fassung des Anlegerschutz- und Funktionsverbesserungsgesetzes[161] bekannten und nun weiterentwickelten Liquiditätsvorschriften des § 253 KAGB, die Sonderregeln für die Ausgabe und Rücknahme von Anteilen nach § 255 KAGB sowie die Aussetzungsregeln nach § 257 KAGB einhalten.[162] Umso mehr wird deutlich, dass Anlageorganisationen, deren Geschäftsmodell der Fristeninkongruenz anheimfallen, nur künstlich am Leben gehalten werden können, indem man das Liquiditätsinteresse ihrer Anleger durch Rückgriff auf Instrumente wie Lock Up-Perioden und Aussetzungsbefugnisse oder Stellschrauben wie die Kündigungsfrist einschränkt. Ob dies je nach Produkt ein gangbarer Weg sein soll, bleibt letztlich stets eine rechtspolitische Entscheidung – die man für Infrastrukturfonds im Bereich der Publikums-AIFs nicht zu gehen bereit war. Inwiefern diese Überlegungen für das Segment Private Equity berücksichtigt wurden, zeigen die nachfolgenden Ausführungen.

2. Der Zugang zu Leveraged Buy Out-Fonds nach der Konzeption des KAGB

Insgesamt betrachtet legt das Investitionsumfeld der Private Equity-Fonds eine Strukturierung als geschlossene AIFs nahe. Auch die Literatur nimmt eine solche Einordnung vor bzw. geht von einer solchen Einordnung aus.[163] Sogar die Gesetzesbegründung zum Entwurf des AIFM-Steuer-Anpassungsgesetzes teilt diese Folgerung.[164] Das ist letztlich auch der Weg der Praxis.[165] Auch im internationalen

---

[161] Gesetz zur Stärkung des Anlegerschutzes und Verbesserung der Funktionsfähigkeit des Kapitalmarkts (Anlegerschutz- und Funktionsverbesserungsgesetz) vom 5. April 2011, BGBl. I, S. 538.

[162] BegrRegE BT-Drs. 17/12294, S. 270.

[163] *Weitnauer*, in: Weitnauer, MBO, A Rn. 100; *ders.*, AG 2013, 672, 673; *Herring/Loff*, DB 2012, 2029, 2035; *Volhard/El-Qalqili*, CFL 2013, 202, 203; *Josek*, in: Dornseifer/Jesch/Klebeck/Tollmann, AIFM-RL, Art. 16 Rn. 39; *Kind*, in: Lüdicke/Arndt, Geschlossene Fonds, S. 422; *R. Koch*, WM 2014, 433, 434; *ders.*, in: Möllers/Kloyer, Das neue KAGB, Rn. 261, 265, 276; *Geurts/Schubert*, in: Hellner/Steuer, BuB, Losebl. (Stand: 5/16), 9/463; *Berger*, Regulierung der Management-Ebene bei Private Equity-Fonds, S. 236; *Sagasser*, in: Assmann/Schütze, Hdb. KapitalanlageR, § 27 Rn. 403; *Tancredi*, Die Regulierung von Hedge-Fonds und Private Equity in Europa, S. 232; *Postler*, Private Equity und das KAGB – Portfoliobewertung, S. 15; *Schneider-Deters*, in: Patzner/Döser/Kempf, Investmentrecht, § 1 KAGB Rn. 74; *Tollmann*, in: Möllers/Kloyer, Das neue KAGB, Rn. 1060, 1067; *Möllers/Hailer*, ZBB 2012, 178, 181; *Rudolph*, ZGR 2008, 161, 162; *Kaserer/Achleitner/von Einem/Schierek*, Private Equity in Deutschland, S. 56; *Jeuk*, Ausgewählte Auswirkungen der Einführung des Kapitalanlagegesetzbuchs (KAGB) auf Private Equity Fonds in Deutschland, S. 24; *Mardini*, 10 Jahre BMF-Schreiben zu Private Equity Fonds – seltene Kontinuität im Steuerrecht; *Gericke/Isler*, in: Gericke, Private Equity III, S. 7, 17 f.

[164] Begr BT-Drs. 18/68, S. 41 a. E.

[165] *R. Koch*, in: Möllers/Kloyer, Das neue KAGB, Rn. 261, 276; *Tollmann*, in: Dornseifer/Jesch/Klebeck/Tollmann, AIFM-RL, Art. 3 Rn. 29. Für die umgekehrte Annahme, dass geschlossene Spezial-AIFs zumeist Private Equity-Fonds seien: *Burgard/Heimann*, WM 2014, 821, 824; *van Kann/Redeker/Keiluweit*, DStR 2013, 1483, 1486.

Vergleich haben sich geschlossene Fondsstrukturen gegenüber offenen Fonds-strukturen durchgesetzt.[166] Aus Anlegerschutzgesichtspunkten ist das nur konse-quent, da der Gefahr abfließender Liquidität mit der Folge einer Zwangsveräu-ßerung verschiedener Geschäftsgegenstände unter Wert vorgebeugt wird. Das KAGB geht allerdings darüber hinaus und erlaubt durchaus auch diversen offenen Fondsstrukturen den Zugang zu Private Equity. Im Folgenden soll daher die Umsetzbarkeit des Geschäftsmodells „LBO" in den Strukturen der geschlossenen und offenen Publikums- und Spezial-AIFs nach der Produktregulierung des KAGB analysiert werden.

a) LBO im Rahmen eines geschlossenen AIF

Reine LBO-Fonds, die im investierten Zustand nur über eine geringe Liquidi-tätsreserve verfügen, werden sich geschlossener AIF-Vehikel bedienen. Wenngleich LBOs im Regelfall über Spezial-AIFs umgesetzt werden, lassen sich als Gestal-tungsvariante für Buy Out-Investitionen nach der Konzeption des KAGB – in Abkehr von der ursprünglich avisierten Produktregulierung im Diskussionsentwurf zum KAGB[167] – auch Publikums-AIFs bemühen.[168] Denn Publikums-AIFs ist ausweislich § 261 Abs. 1 Nr. 4 KAGB eine Investition in „Unternehmen, die nicht zum Handel an einer Börse zugelassen oder in einen organisierten Markt einbezogen sind", erlaubt. Dieser Begriff ist von dem für das Sonderbeteiligungsrecht in §§ 287 bis 292 KAGB relevanten Begriff des „nicht börsennotierten Unternehmens" nach § 1 Abs. 19 Nr. 27 KAGB abzugrenzen, der eine räumliche Begrenzung kennt, da nur Unter-nehmen mit Sitz in der EU oder in einem Vertragsstaat des EWR-Abkommens erfasst werden.[169] Im Fall eines auf Kontrollerlangung gerichteten Private Equity-Erwerbs gelten dabei die speziellen, für geschlossene inländische Spezial-AIFs maßgeblichen Regelungen des Sonderübernahmerechts in §§ 287 bis 292 KAGB entsprechend.[170] Spezial-AIFs hingegen unterliegen mit Ausnahme von Einschränkungen bei der Vergabe von Darlehen und dem Erfordernis der Investition in Vermögensgegen-stände, deren Verkehrswert ermittelt werden kann, keinen Erwerbsbeschränkun-

---

[166] *Kaserer/Achleitner/von Einem/Schierek*, Private Equity in Deutschland, S. 228; *Jesch*, RdF 2014, 180, 181.

[167] Nach § 225 KAGB-DiskE war ein Direktinvestment in Private Equity für Publikums-AIFs nicht vorgesehen; krit. *Emde*, in: Emde/Dornseifer/Dreibus/Hölscher, InvG, Einl. Rn. 109.

[168] *Weitnauer*, in: Weitnauer, MBO, A Rn. 130; *F. Voigt*, in: FrankKomm, KapAnlR Bd. 1, § 261 KAGB Rn. 35, 38 weist darauf hin, dass Direktinvestments jedenfalls die Ausnahme seien.

[169] *Volhard/Jang*, in: Weitnauer/Boxberger/Anders, KAGB, § 1 Rn. 101; *Gottschling*, in: FrankKomm, KapAnlR Bd. 1, § 1 KAGB Rn. 379; *D. Voigt*, in: Beckmann/Scholtz/Vollmer, Investment-Hdb., Losebl. (Stand: 12/15), 405 § 261 KAGB Rn. 41; *F. Voigt*, in: FrankKomm, KapAnlR Bd. 1, § 261 KAGB Rn. 37; ausführlich 6. Teil, B.III.1.a)aa).

[170] § 261 Abs. 7 KAGB.

gen.[171] Für die Unternehmensbewertung hält die Betriebswirtschaft sogar mannigfaltige Bewertungsmethoden bereit, auf die noch zurückgekommen wird.[172]

Bedenklich ist aber, dass die zentrale Tätigkeit des „Investierens" (§§ 1 Abs. 1 Satz 1, 261 Abs. 1 KAGB) gesetzlich nicht separat adressiert wird. Bringt ein Publikums-AIF seine beim Erwerb noch (untechnisch gesprochen) nicht börsennotierte Portfoliogesellschaft an die Börse, erhebt sich die Frage, ob der Publikums-AIF im Anwendungsbereich von § 261 Abs. 1 Nr. 4 KAGB unter Inkaufnahme von Verlusten jegliche Beteiligung abstoßen muss. Der Gesichtspunkt des Umgehungsschutzes lässt sich für eine solche Pflicht in Stellung bringen. „Investieren" umfasst demnach die Erstinvestition und das anschließende Halten. Damit ist jedoch noch keine Aussage darüber verbunden, ob nicht im Einzelfall eine Ausnahme zulässig und/oder sogar im Interesse der Anleger geboten sein kann. Hier ist bei einem avisierten IPO-Exit (also zum Zwecke der Umplatzierung) an marktgängige Lock-Ups für einen bestimmten Umfang an Aktien zu denken. Diese werden nur für einen kurzfristigen Zeitraum gehalten, weil der Markt dies fordert. Die nur noch kurzfristig gehaltenen Aktien unterliegen bereits der Veräußerungsabsicht und sind im Rahmen des Lock-Ups als bloß vertrauensbildende Maßnahme Bestandteil der Desinvestition. Da Haltevorgang und Desinvestition insoweit zusammenfallen, die Desinvestition in diesem Stadium, in dem es nicht mehr um Vermögenserhaltung, sondern um Gewinnmaximierung im (institutionalisierten) Anlegerinteresse geht, jedoch die alleinige Maxime ist, ist es geboten, § 261 Abs. 1 Nr. 4 KAGB, der für die Desinvestition keine Begrenzungen vorsieht („Investieren"), auszublenden. Andere Beteiligungen nach einem IPO sind im Rahmen von § 261 Abs. 1 Nr. 4 KAGB nicht zulässig. Unberührt bleibt die Möglichkeit, börsennotierte Aktien über § 261 Abs. 1 Nr. 7 i. V. m. § 193 KAGB zu halten. Die auf Liquiditätssicherung angelegten Anforderungen in § 193 Abs. 1 Satz 2 KAGB gelten nicht für geschlossene inländische Publikums-AIFs.

b) Produktzugang im Rahmen offener AIFs nach KAGB a. F.

Initiatoren von Private Equity-Fonds, deren Geschäftsmodell wie das des LBO auf Kontrollerwerb gerichtet sein soll, waren in der ersten Fassung des KAGB nicht frei in der Entscheidung darüber, ob sie die von ihnen aufgelegten Fonds als geschlossen oder offen strukturieren. Zwar unterlagen allgemeine offene Spezial-AIFs gem. § 282 KAGB keiner höhenmäßigen Begrenzung in Bezug auf das zu investierende Fondskapital bei Investitionen in nicht börsennotierte Unternehmensbeteiligungen. Lediglich sog. offene inländische Spezial-AIFs mit festen Anlagebedingungen durften gem. § 284 Abs. 3 KAGB nur bis zu 20 Prozent ihres Werts in nicht börsennotierte Unternehmensbeteiligungen investieren. Aber § 282 Abs. 3 KAGB a. F. schrieb vor, dass die KVG sicherstellen musste, dass ihr allgemeiner offener in-

---

[171] § 285 KAGB; zur Darlehensvergabe ausführlich 6. Teil, B.II.11.

[172] 6. Teil, B.II.2.d)aa)(1) und 6. Teil, B.II.8.c)cc).

ländischer Spezial-AIF bei einem Beteiligungserwerb an nicht börsennotierten Unternehmen keine Kontrolle i. S. des § 288 KAGB erlangt.[173] Eine Investition in Private Equity unterhalb dieser Schwelle war trotz der Problematik der Fristeninkongruenz mangels eines Katalogs zulässiger Vermögensgegenstände ohne Weiteres möglich. Insbesondere waren neben der allgemeinen Verpflichtung zur Implementierung eines angemessenen Liquiditätsmanagementsystems nach § 30 KAGB keine besonderen gesetzlichen Liquiditätsvorschriften zu befolgen oder speziell gesetzlich vorgesehene Instrumente wie Lock Up-Perioden oder Aussetzungen zum Nachteil des Liquiditätsinteresses des (semi-)professionellen Anlegers einzusetzen. Da die Zusammensetzung der Vermögensgegenstände den Rücknahmeregelungen und der damit vorzuhaltenden Liquidität Rechnung tragen muss, ist allerdings davon auszugehen, dass sich auch eine nur überwiegende, nicht ausschließliche Investition in ungelistete Unternehmensbeteiligungen kaum im Rahmen offener Spezial-AIFs abbilden lässt.[174] Während für offene Spezial-AIFs (auch solche nach §§ 283, 284 KAGB) lediglich der Kontrollerwerb an nicht börsennotierten Unternehmen ausschied, durften offene inländische Publikums-AIFs keine direkte Investitionen in Unternehmensbeteiligungen tätigen.[175] Der Gesetzgeber verfolgte damit das Ziel, die Gefahren, die sich aus einer Investition in illiquide Anlagen bei gleichzeitiger Einräumung von Rückgabe- bzw. Rückkaufrechten ergeben, zu verhindern.[176] Private Equity-Strategien, die den Kontrollerwerb zur Realisierung von Wertschöpfungspotenzialen des Portfoliounternehmens zum Inhalt haben, konnten demnach nur noch im Rahmen von geschlossenen AIFs umgesetzt werden.[177]

c) Marktöffnung für offene Spezial-AIFs durch das FinMarktAnpG

Mit Inkrafttreten des FinMarktAnpG im Jahr 2014 kam es zu einem Umbruch. Aufgrund der geänderten Definition eines geschlossenen AIF konnte der Fall eintreten, dass ein bisher als geschlossen zu qualifizierender Spezial-AIF nun als offener Spezial-AIF einzuordnen war. Ein Spezial-AIF etwa, der ein Rückgaberecht nur alle zwei Jahre gewährte, konnte nur bis zum Inkrafttreten des FinMarktAnpG als ein geschlossener Spezial-AIF anzusehen sein, nicht auch danach. Diesen Investmentvermögen wäre eine auf Kontrollerlangung gerichtete Beteiligung an nicht börsennotierten Unternehmen aufgrund der nun für sie maßgeblichen Vorschriften zu

---

[173] *Jesch*, RdF 2014, 180, 181; *Weitzel/Danz/Herkströter*, in: Beckmann/Scholtz/Vollmer, Investment-Hdb., Losebl. (Stand: 11/12), vor 405 Rn. 256: Dies diene der Abgrenzung zu Private Equity-Fonds, die nur als geschlossene Spezial-AIFs aufgelegt werden könnten; ebenso *Geurts/Schubert*, KAGB kompakt, S. 84. Zum Begriff der Kontrolle nach § 288 KAGB s. 6. Teil, B.III.1.a)ee).

[174] *Weitnauer*, in: Weitnauer, MBO, A Rn. 127.

[175] Vgl. zulässige Vermögensgegenstände in §§ 219 Abs. 1, 221 Abs. 1 KAGB.

[176] BegrRegE BT-Drs. 17/12294, S. 265, 276; *Geurts/Schubert*, KAGB kompakt, S. 86.

[177] Ebd.; *Wollenhaupt/Beck*, DB 2013, 1950, 1955; *Jesch*, RdF 2014, 180, 181; *R. Koch*, in: Möllers/Kloyer, Das neue KAGB, Rn. 261, 276.

offenen Spezial-AIFs nicht mehr möglich gewesen.[178] Da die AIFM-RL ein dahingehendes (Produkt-)Verbot aber nicht vorschreibt, wurde § 282 Abs. 3 KAGB a. F. mit der Konsequenz geändert, dass ein Kontrollerwerb nun zulässig ist, aber in diesem Fall die Vorschriften der §§ 287 bis 292 KAGB gelten.[179] An der Unzulässigkeit des direkten Beteiligungserwerbs durch offene inländische Publikums-AIFs hat das FinMarktAnpG hingegen nichts geändert, sodass sich hier keine Diskrepanzen auftun und es bei der oben aufgezeigten Rechtslage bleibt. Nach wie vor gilt auch für die offenen Spezial-AIFs mit festen Anlagebedingungen gem. § 284 KAGB, dass nur 20 Prozent ihres Werts in nicht börsennotierte Unternehmensbeteiligungen gelenkt werden dürfen.[180]

d) Wertungswiderspruch im Rahmen von § 282 Abs. 3 KAGB

Nach Maßgabe der bisherigen gesetzgeberischen Wertung ist diese Marktöffnung nicht nachvollziehbar. Die Möglichkeit des Kontrollerwerbs an nicht börsennotierten Unternehmen besteht nun auch für solche offenen inländischen Spezial-AIFs, die ihren Anlegern jährliche Rückgaberechte einräumen. Der Gesetzgeber legitimiert also nun das, was er ursprünglich selbst als Gefahr eingeschätzt und verboten hat. Nicht einmal besondere Liquiditätsvorschriften oder sonstige Instrumente zur Handhabung der Liquidität des offenen Spezial-AIF wurden als Kompensation für die nun erfolgte Öffnung des LBO-Markts für bisherige offene Spezial-AIFs implementiert, obwohl die auf Kontrollerlangung gerichtete Investition in Private Equity für diese Fonds doch zuvor eindeutig als Gefahr identifiziert wurde. Dieser Vorstoß ist umso unverständlicher, wenn man bedenkt, dass die Marktöffnung nur erfolgte, damit auch diejenigen offenen Spezial-AIFs weiter in auf Kontrollerlangung gerichtetes Private Equity investieren können, die zuvor auch Rückgaberechte vorgesehen haben, aufgrund der angebotenen Rückgabeintervalle von mehr als einem Jahr aber nicht als offener AIF i. S. des § 1 Abs. 4 Nr. 2 KAGB a. F. qualifizierten.[181] Auf der Grundlage dieser Gesetzesbegründung liegt der Verdacht nahe, dass die vorstehend beschriebene Friktion mit der früheren gesetzgeberischen Wertung keineswegs intendiert war und eine gebotene Differenzierung innerhalb der Kategorie der offenen Spezial-AIFs aus nicht nachvollziehbaren Gründen unterlassen wurde. Auch die Aussage, dass die Produktregulierung in Gestalt der bisherigen Regelung des § 282 Abs. 3 KAGB a. F. in Kombination mit dem Fin-

---

[178] BegrRegE BT-Drs. 18/1305, S. 50.

[179] Ebd.; die Kritik von *Behme*, in: Baur/Tappen, Investmentgesetze, § 290 KAGB Rn. 5, dass die Offenlegungspflichten des § 290 KAGB nicht bei Hedgefonds gelten würden, ist damit gegenstandslos geworden; unverständlich die Kritik bei *Swoboda*, in: Weitnauer/Boxberger/Anders, KAGB, § 287 Rn. 6, warum offene Fonds nicht erfasst sein sollten.

[180] *Tancredi*, Die Regulierung von Hedge-Fonds und Private Equity in Europa, S. 231, schließt daraus, dass der offene inländische Spezial-AIF keine Kontrolle über ein Unternehmen erlangen könne. Im Rahmen dieser Anlagegrenze ist ein Kontrollerwerb jedoch möglich, zumal § 284 Abs. 3 Satz 2 KAGB explizit auf § 282 Abs. 3 KAGB verweist.

[181] BegrRegE BT-Drs. 18/1305, S. 50.

MarktAnpG von der AIFM-RL für Spezial-AIFs nicht vorgesehen ist,[182] trägt die offenbar über das Ziel hinausschießende Gesetzesänderung nicht. Denn die AIFM-RL enthielt auch schon bei der Erstfassung des KAGB grundsätzlich keine Produktregeln und dennoch hat der Gesetzgeber ein auf Kontrollerlangung gerichteten Erwerb von nicht börsennotierten Unternehmensbeteiligungen durch offene Spezial-AIFs verboten.

Letzte Zweifel daran, dass die Marktöffnung unter Abkehr von früheren Wertungen in jeder Hinsicht gewollt ist, sind zwar nicht auszuräumen. Dagegen spricht jedoch der bislang gesetzgeberische Akzent, auf Kontrollerlangung gerichtete Anlagen in nicht börsennotierte Unternehmensbeteiligungen für den Bereich der offenen Spezial-AIFs, die jährliche Rückgaberechte vorsahen, als *besondere* Gefahr einzustufen. Andernfalls ließe sich nicht erklären, wieso allein diese Anlagen durch § 282 Abs. 3 KAGB a. F. verboten und nun aus heiterem Himmel zulässig wurden, andere illiquide Anlagen wie in Infrastruktur oder Immobilien auch in größerem Maße hingegen keineswegs Einschränkungen unterlagen. Mit dem OGAW V-UmsG wird man diese Wertung relativieren müssen, da nun klargestellt wurde, dass für Rechnung von offenen Spezial-AIFs auch keine Gelddarlehen außerhalb von Gesellschafterdarlehen gewährt werden dürfen.[183] Insoweit kann eine auf Kontrollerlangung gerichtete Investition in Private Equity nicht mehr als die einzige Gefahr eingestuft werden. Sollte der Gesetzgeber bei der hier nahegelegten Rekapitulierung seines Vorstoßes zu der hier ebenfalls nahegelegten Erkenntnis gelangen, dass die gewählte Gesetzesänderung inkonsistent mit der früheren Wertung ist und die sie tragende Begründung für die konkrete Änderung keineswegs ausreicht, dann muss er diese Erkenntnis auch im Gesetz nachzeichnen. Eine die ursprüngliche Gefahreneinschätzung berücksichtigende Regelung könnte wie folgt lauten, wenngleich damit abweichend von der üblichen Gesetzessystematik des KAGB, die bei der Produktregulierung pauschal zwischen einerseits offenen und andererseits geschlossenen Investmentvermögen unterscheidet und keineswegs weiter innerhalb dieser Kategorien differenziert, eine produktregulierungsspezifische Dichotomie in Ansehung von offenen Spezial-AIFs verankert würde (Hervorhebung der Neuregelungen durch Einrückung):

Erstfassung KAGB: „Erwirbt der allgemeine offene Spezial-AIF Beteiligungen an einem nicht börsennotierten Unternehmen, hat die AIF-Kapitalverwaltungsgesellschaft sicherzustellen, dass das Investmentvermögen keine Kontrolle im Sinne des § 288 über das Unternehmen erlangt. Für den Erwerb von Minderheitsbeteiligungen an einem nicht börsennotierten Unternehmen gilt § 289 Absatz 1 entsprechend."

Aktuelle Fassung in Gestalt durch das FinMarktAnpG: „Erfüllt eine AIF-Kapitalverwaltungsgesellschaft, die einen oder mehrere allgemeine offene inländische

---

[182] Ebd.
[183] 6. Teil, B.II.11.

Spezial-AIF verwaltet, die in § 287 genannten Voraussetzungen, sind die §§ 287 bis 292 anzuwenden."

Reformvorschlag: „Erfüllt eine AIF-Kapitalverwaltungsgesellschaft, die einen oder mehrere allgemeine offene inländische Spezial-AIF verwaltet, die in § 287 genannten Voraussetzungen, sind die §§ 287 bis 292 anzuwenden.

> Satz 1 gilt nicht, wenn die Anteile des offenen inländischen Spezial-AIF vor Beginn der Liquidations- oder Auslaufphase auf Ersuchen eines Anteilseigners direkt oder indirekt aus den Vermögenswerten des offenen inländischen Spezial-AIF und nach den Verfahren, die in den Vertragsbedingungen oder der Satzung, dem Prospekt oder den Emissionsunterlagen festgelegt sind, und mindestens einmal jährlich zurückgekauft oder zurückgenommen werden; Mindesthaltefristen und die Möglichkeit der Aussetzung oder Beschränkung des Rückkaufs oder der Rücknahme der Anteile werden hierbei nicht berücksichtigt. Erwirbt der allgemeine offene inländische Spezial-AIF im Sinne von Satz 2 Beteiligungen an einem nicht börsennotierten Unternehmen, hat die AIF-Kapitalverwaltungsgesellschaft sicher-zustellen, dass das Investmentvermögen keine Kontrolle im Sinne des § 288 über das Unternehmen erlangt. Für den Erwerb von Minderheitsbeteiligungen an einem nicht bör-sennotierten Unternehmen gilt § 289 Abs. 1 entsprechend."[184]

3. Exkurs: Private Equity (LBO)
im Rahmen von ELTIFs und EuSEFs

Im Kontext der Bewertung der Gefahren eines Investments auf illiquiden Märkten bei gleichzeitiger Gewährung von Rückgaberechten drängt sich ein kurzer Exkurs zum Produktzugang und den Regelungen für die von der EU bereitgestellte neue Fondskategorie der sog. European Long-term Investment Funds (ELTIFs) auf. Selbiges gilt für die sog. European Social Entrepreneurship Funds (EuSEFs).

a) Private Equity (LBO) im Rahmen von ELTIFs

Am 19. Mai 2015 wurde die sog. ELTIF-VO im Amtsblatt der Europäischen Union veröffentlicht.[185] Kontrastiv zur AIFM-RL unterwirft die ELTIF-VO den einzelnen Fondstypus genau definierten Produktregeln (Anlagegegenstände, Anla-

---

[184] Satz 2 orientiert sich an dem Wortlaut von Art. 1 Abs. 2 UAbs. 1 RTS-VO, um in dieser Hinsicht keine Friktionen hervorzurufen. Den alten Wortlaut der Legaldefinition von einem offenen AIF in § 1 Abs. 4 Nr. 2 KAGB a.F. wird man nicht mehr aufrechterhalten können, zumal er nicht zwischen Rückkauf und Rücknahme differenziert. Während dort von einer Rückgabe „einmal pro Jahr" die Rede war, harmoniert das hier gewählte „einmal jährlich" mit dem Wortlaut des § 223 Abs. 1 Satz 1 KAGB. Im Übrigen wird nur die Terminologie der Erstfassung des KAGB übernommen, wobei auf eine Klarstellung, dass sich Satz 4 nur auf offene inländische Spezial-AIFs i.S. von Satz 2 bezieht, absichtlich verzichtet wurde, da sich dies bereits aus der Regelungssystematik ergibt.

[185] Verordnung (EU) Nr. 2015/760 des Europäischen Parlaments und des Rates vom 29. April 2015 über europäische langfristige Investmentfonds, ABl. Nr. L 123 S. 98 (zit.: ELTIF-VO).

gegrenzen, etc.). Mit der Etablierung von ELTIFs will die EU langfristige Investitionen, wie vor allem Infrastruktur-Projekte (Transport, Energie, Bildung, usw.), fördern und so das Wachstum der europäischen Wirtschaft ankurbeln.[186] Im Fokus des Unionsgesetzgebers stehen allerdings auch Langzeitinvestitionen in nicht börsennotierte Unternehmensbeteiligungen bzw. börsennotierte kleine und mittlere Unternehmen. ELTIFs sollen dabei insbesondere Rentenverwaltungen, Versicherungsunternehmen, Stiftungen, Gemeinden und alle sonstigen Einrichtungen als Investoren ansprechen, die langfristige Renditen suchen.[187]

ELTIFs sind EU-AIFs und nur ein zugelassener EU-AIFM kann die Zulassung zur Verwaltung eines ELTIF erlangen.[188] EU-AIFs nach der Definition von Art. 2 Nr. 8 ELTIF-VO sind EU-AIFs i. S. von Art. 4 Abs. 1 lit. k AIFM-RL und damit auch inländische AIFs. Mit der ELTIF-VO wird keine EU-übergreifende Rechtsform geschaffen,[189] es ist deshalb auf die nationalen Fondsvehikel zurückzugreifen. Für deren Strukturierung sind zwei Punkte relevant. Zum einen müssen ELTIFs keine Rückgaberechte gewähren, können es aber. Zum anderen ist zu fragen, ob auch Kleinanleger[190] erreicht werden sollen; bei diesen beträgt die Mindestzeichnungssumme bei einem Finanzinstrument-Portfolio von bis zu 500.000 Euro maximal 10 Prozent, aber mindestens 10.000 Euro. Mit der ELTIF-VO wird somit ein weiterer Anlegertypus im europäischen Kapitalmarktrecht etabliert.[191] Der zentrale Vorteil von ELTIFs liegt nun darin, dass auch bei einem Vertrieb an Kleinanleger der EU-Vertriebspass gilt.[192] Dabei kommen für Verwalter von ELTIFs nach Art. 6 und 7 ELTIF-VO bzw. nach dem mit dem Inkrafttreten des OGAW V-UmsG eingeführten § 338a KAGB zwei Regulierungsregime kumulativ zur Anwendung.[193] Zunächst gilt das Regime aus der AIFM-RL, die von den Mitgliedstaaten in entsprechenden nationalen Gesetzen umgesetzt wurde. Daneben ist der Verwalter nun auch dafür verantwortlich, die Befolgung der ELTIF-VO sicherzustellen.[194] Die speziell auf die

---

[186] Erwägungsgründe 1 und 3 ELTIF-VO.

[187] Erwägungsgrund 2 ELTIF-VO.

[188] Erwägungsgrund 8 ELTIF-VO und Art. 3 Abs. 2 sowie Art. 5 Abs. 2 ELTIF-VO.

[189] Vgl. Erwägungsgrund 8 ELTIF-VO: „ELTIF sind definitionsgemäß EU-AIF […]" zusammen mit Erwägungsgrund 13 ELTIF-VO: „Da EU-AIF verschiedene Rechtsformen annehmen können […]".

[190] So die Terminologie der ELTIF-VO und der AIFM-RL. Kleinanleger i. S. von Art. 2 Nr. 3 ELTIF-VO ist jeder Anleger, der nicht als professioneller Kunde betrachtet wird oder auf Antrag als professioneller Kunde gemäß Anhang II der Richtlinie 2014/65/EU behandelt werden kann. Semiprofessionelle Anleger sind keine professionellen Anleger. Privatanleger nach der Terminologie des KAGB in § 1 Abs. 19 Nr. 31 KAGB sind solche, die keine (semi-) professionellen Anleger sind.

[191] *Zetzsche*, ZBB 2015, 362, 375.

[192] Erwägungsgrund 10 ELTIF-VO.

[193] § 338a KAGB hat nur klarstellende Funktion, s. BegrRegE BT-Drs. 18/6744, S. 67.

[194] Art. 7 Abs. 3 ELTIF-VO.

ELTIFs bezogenen Vorschriften der ELTIF-VO haben dabei Vorrang vor den vom nationalen Gesetzgeber geschaffenen Produktvorschriften für AIFs.[195]

aa) Rückgaberechte

Grundsätzlich steht den Anlegern nicht das Recht zu, ihre Anteile vor Ende der Laufzeit des ELTIF zurückzugeben.[196] Insoweit entspricht die ELTIF-VO auch der nationalen Produktregulierung, da geschlossene LBO-AIFs – gleich ob Publikums-AIFs oder Spezial-AIFs – seit dem FinMarktAnpG keine Rückgaberechte vorsehen können. Doch nach Art. 18 Abs. 2 ELTIF-VO können Rückgaberechte gewährt werden,[197] wenn verschiedene Bedingungen erfüllt sind. Die Wesentlichen sollen kurz erläutert werden, da sie im Vergleich zur nationalen Regulierung durchaus viel Neues enthalten. Den Anfang macht die zwingend vorgeschriebene Lock Up-Periode,[198] die im Rahmen des AIFM-RL- und KAGB-Liquiditätsmanagementsystems nicht vorgesehen ist[199]. Außerdem wird die Rücknahme generell nur in einem beschränkten Umfang in der Höhe eines festgelegten Prozentsatzes der liquiden Vermögenswerte ermöglicht. Sollte das zur Deckung der Rücknahmeverlangen erforderliche Kapital nicht ausreichen, erfolgt eine Pro-rata-Befriedigung (sog. Gating).[200] Mit anderen Worten wird der ELTIF während seiner Laufzeit keineswegs dazu verpflichtet, Vermögensgegenstände – gegebenenfalls unter Inkaufnahme eines Abschlags – abzustoßen. Das ist eine völlig andere Gangart als etwa die bei offenen (Publikums-)Immobilienfonds nach § 257 KAGB zu befolgende, kaskadenmäßige Veräußerung von Vermögensgegenständen je nach Aussetzungsdauer. Die Liquidation des ELTIF kann nur verlangt werden, wenn den Anlegern ihren gemäß der Rücknahmeregelung des ELTIF vorgebrachten Rücknahmeforderungen nicht innerhalb eines Jahres nach dem Datum der Antragstellung entsprochen wurde.[201] Das ändert aber nichts daran, dass für das Rückgabeverlangen nur ein begrenzter Betrag zur Verfügung steht. Erst wenn aus diesem limitierten Betrag nicht gezahlt wird, kann eine Liquidation erfolgen. Demgegenüber ist die bereits unter dem Regime der AIFM-RL bestehende Verpflichtung,[202] dass der AIFM eines offenen AIF über ein

---

[195] Art. 1 Abs. 3 ELTIF-VO, BegrRegE BT-Drs. 18/6744, S. 67. Dazu vgl. auch die weiteren Ausführungen in diesem Abschnitt.

[196] Art. 18 Abs. 1 UAbs. 1 ELTIF-VO; *Jesch/Koch*, BB 2016, 471, 472: grundsätzlich geschlossenes Fondsvehikel.

[197] *Bühler*, RdF 2015, 196, 202.

[198] Rücknahmen werden nicht vor dem in Art. 17 Abs. 1 lit. a ELTIF-VO angegebenen Datum gewährt, wobei dieses Datum nicht später als *fünf* Jahre nach Zulassung des ELTIF oder nach Verstreichen der Hälfte der Laufzeit des ELTIF liegt.

[199] Art. 16 AIFM-RL sowie § 30 KAGB.

[200] *Zetzsche*, ZBB 2015, 362, 370; unklar ist die genaue Festlegung des Pro-rata-Anteils, s. *ders./Preiner*, in: Zetzsche, AIFMD, Chapt. 7 No. 5.3.1.2.

[201] Krit. *Zetzsche*, ZBB 2015, 362, 370.

[202] Art. 16 Abs. 1 UAbs. 1 AIFM-RL.

angemessenes Liquiditätsmanagementsystem und Verfahren zur Überwachung der Liquiditätsrisiken verfügen muss, keine Neuheit. Ein reiner LBO-Fonds wird im investierten Zustand jedenfalls nur eine geringe Liquiditätsreserve vorweisen, weshalb eine Auflage ohne Rückgaberechte der Weg der Praxis ist.

bb) Hindernisse und Chancen der Produktregulierung

Mit der Produktregulierung ist insbesondere Art. 13 ELTIF-VO angesprochen, der inhaltliche Vorgaben zur Portfoliozusammensetzung und -streuung macht.[203] Danach sollen ELTIFs mindestens 70 Prozent des Fondskapitals in sog. zulässige Anlagevermögenswerte nach Art. 10 ELTIF-VO investieren,[204] zu denen auch Eigenkapitalinstrumente an sog. qualifizierten Portfoliounternehmen und Beteiligungen an Sachwerten zählen.[205] Qualifizierte Portfoliounternehmen sind u. a. Unternehmen, die nicht zum Handel an einem geregelten Markt oder in einem multilateralen Handelssystem zugelassen sind.[206] In einzelne Equity-Assets von ein und demselben qualifizierten Portfoliounternehmen dürfen grundsätzlich nur zehn Prozent des Fondskapitals fließen,[207] ausnahmsweise jedoch 20 Prozent, wenn der aggregierte Wert der Vermögenswerte in qualifizierte Portfoliounternehmen und einzelne Sachwerte, in die mehr als zehn Prozent investiert wird, nicht eine Schwelle von 40 Prozent des Fondskapitals überschreitet.[208] Das soll bedeuten, dass ein Investment von je 20 Prozent in zwei einzelne Unternehmen und im Übrigen nur maximal in Höhe von zehn Prozent möglich sein kann.[209] Diese Diversifizierungsanforderungen können nicht durch Zwischenschaltung von Objektgesellschaften untergraben werden.[210] In dem vorbezeichneten Rahmen ist auch ein Kontrollerwerb an nicht börsennotierten Unternehmen durch ELTIFs möglich, in dessen Zuge die Bestimmungen der §§ 287 ff. KAGB zu berücksichtigen sind.[211] Insoweit ergibt sich kein Unterschied zur KAGB-Regulierung, da die ELTIF-VO keine spezielleren

---

[203] Erwägungsgrund 10 ELTIF-VO: „Aus diesem Grund sollten die Produktvorschriften für ELTIF zusätzlich zu den Vorschriften des bestehenden Unionsrechts gelten".

[204] Art. 13 Abs. 1 ELTIF-VO.

[205] Art. 10 lit. a und e ELTIF-VO.

[206] Art. 11 Abs. 1 lit. b i) ELTIF-VO.

[207] Art. 13 Abs. 2 lit. a ELTIF-VO.

[208] Art. 13 Abs. 5 ELTIF-VO.

[209] *Zetzsche*, ZBB 2015, 362, 368.

[210] A. A. wohl *Bühler*, RdF 2015, 196, 199. Zwischengesellschaften werden gerade nicht als qualifizierte Portfoliounternehmen eingeordnet, wie ein Blick auf Art. 10 lit. a iii) ELTIF-VO zeigt. Im Übrigen ist hier ein Wortlautvergleich zwischen Art. 3 lit. e i) EuVECA-VO, Art. 3 lit. e i) EuSEF-VO und Art. 10 lit. a i) ELTIF-VO angezeigt. Es wird noch im Zusammenhang mit der EuSEF-VO erläutert, dass Vorgaben zur Akquisitionsstruktur nicht gemacht werden und deshalb auch eine Zwischenschaltung von Akquisitionsvehikeln möglich bleibt. Im Gegenzug dürfen diese keine Umgehung der Produktregulierung bewirken. Zur parallelen Diskussion für Sachwerte s. *Zetzsche/Preiner*, in: Zetzsche, AIFMD, Chapt. 7 No. 2.2.3.

[211] *Zetzsche/Preiner*, in: Zetzsche, AIFMD, Chapt. 7 No. 5.2.2.2.

Vorschriften beinhaltet. Für reine LBO-Fonds würde man sich jedoch von der Zulassung als ELTIF distanzieren, wären sie doch nach Ausschöpfung der 2x20 Prozent-Regelung wohl übermäßig limitiert. Mehr als eine Mutmaßung lässt sich hier nicht anstellen, hängt die Akzeptanz von ELTIFs aus der Perspektive des Private Equity-Segments doch sehr vom angestrebten Fondskapital, respektive dem adressierten Anlegerkreis, sowie der individuellen Anlagestrategie ab.

Schiebt man vorstehende Überlegungen zu Attraktivitätseinbußen einer Zulassung als ELTIF für LBO-Strategien einmal beiseite, bietet das ELTIF-Modell auch Chancen.[212] So existiert ein fundamentaler Unterschied gegenüber der nationalen Produktregulierung in der vom Unionsgesetzgeber getroffenen Gefahreneinschätzung, nach der über einen offenen ELTIF auch Kleinanleger und damit auch Privatanleger i. S. des KAGB in nicht börsennotierte Unternehmensbeteiligungen investieren dürfen. Das ist im KAGB strengstens verboten – doch tritt dieses Verbot im Hinblick auf die europarechtliche Kollisionsregel des absoluten (Konzept des EuGH) bzw. relativen (Konzept des BVerfG) Anwendungsvorrangs[213] zurück. Zudem wird diesen nicht nur generell die Investition in Private Equity-Beteiligungen über den ELTIF ermöglicht, sondern sogar – im Rahmen der beschriebenen Anlagegrenzen – die auf Kontrollerlangung gerichtete Investition in Private Equity.

b) Private Equity (LBO) im Rahmen von EuSEFs

Die sog. EuSEF-VO wurde zusammen mit der bereits genannten EuVECA-VO am 25. April 2013 im Amtsblatt der EU veröffentlicht[214] und ebenso wie ihre „Schwester"-VO EuVECA-VO im Jahr 2017 optimiert. Die Verordnung ist Teil der Initiative für soziales Unternehmertum, die von der Kommission bereits mit Mitteilung vom 25. Oktober 2011 ins Leben gerufen wurde und die die Förderung von Sozialunternehmen als Schlüsselakteure der Sozialwirtschaft verfolgt.[215] Auch Investmentfonds sind an diesen beteiligt.[216] EuSEFs sind daher AIFs.[217] Die EuSEF-

---

[212] Zurückhaltend *Jesch/Koch*, BB 2016, 471, 472: „Über die Erfolgsaussichten des ELTIF lässt sich zum derzeitigen Zeitpunkt keine Prognose wagen, allerdings handelt es sich nicht um ein Vehikel, dessen Schaffung die Investmentbranche – mangels Alternative – gefordert hätte".

[213] Zum EuGH: grundlegend EuGH, Urt. v. 15.7.1964 – Rs. 6/64, Slg. 1964, 1141 – Costa/ENEL; einschränkend nun aber für den Grundsatz der Gesetzmäßigkeit im Zusammenhang mit Straftaten und Strafen in der italienischen Verfassung EuGH, Urt. v. 5.12.2017 – Rs. C-42/17; zum BVerfG: BVerfG, Beschl. v. 9.6.1971 – 2 BvR 255/69, BVerfGE 31, 145 – Milchpulver; BVerfG, Beschl. v. 29.5.1974 – BvL 52/71, BVerfGE 37, 271 – Solange I; BVerfG, Beschl. v. 22.10.1986 – 2 BvR 197/83, BVerfGE 73, 339 – Solange II; BVerfG, Urt. v. 12.10.1993 – 2 BvR 2134, 2159/92, BVerfGE, 89, 155 – Maastricht. Überblick bei *Schöbener*, JA 2011, 885.

[214] Verordnung (EU) Nr. 346/2013 des Europäischen Parlaments und des Rates vom 17. April 2013 über Europäische Fonds für soziales Unternehmertum, ABl. Nr. L 115, S. 18 (zit.: EuSEF-VO).

[215] Erwägungsgrund 2 EuSEF-VO; *Europäische Kommission*, Mitteilung zur Initiative für soziales Unternehmertum vom 25.11.2011, KOM(2011) 682 endg.

[216] Erwägungsgrund 1 EuSEF-VO.

VO gilt zuvörderst für registrierungspflichtige AIFMs, deren verwaltete Vermögenswerte nicht den Schwellenwert von 500 Mio. Euro (ohne Leverage) überschreiten. Durch harmonisierte Regulierung wird ein Binnenmarkt geschaffen, der registrierungspflichtigen AIFMs den Vertrieb qua EU-Pass erlaubt[218] und den Wirkungsbereich der Sozialunternehmen aufgrund vereinfachten Zugangs zum Kapital vergrößern kann[219]. Im Gegensatz zur Rechtslage unter der ELTIF-VO können sich an dem EuSEF nur professionelle Kunden i. S. des Anhangs II der (nun wohl) MiFID II oder andere Anleger beteiligen, sofern sie eine Investitionsverpflichtung in Höhe von 100.000 Euro eingehen und schriftlich angeben, dass sie sich der damit einhergehenden Risiken bewusst sind.[220] Folgt man der strengen Definition der Anlegerkategorien in § 1 Abs. 19 Nr. 31, 32 und 33 KAGB, wird man Anleger mit einer Investitionsverpflichtung von 100.000 Euro als Privatanleger einstufen müssen.[221] Schließlich entfällt auch das für die Einordnung als semiprofessioneller Anleger bestehende Erfordernis der Bewertung der Kundigkeit des Anlegers durch die KVG.[222] EuSEFs wären demnach Publikums-AIFs i. S. des KAGB. Wertungsmäßig wird man die EuSEFs jedoch eher als Spezial-AIFs einordnen. Jedenfalls nur an professionelle Kunden i. S. der MiFID II gerichtete EuSEFs sind Spezial-AIFs. Überschreiten die von den AIFMs verwalteten und nicht hebelfinanzierten Vermögenswerte nicht die Schwelle von 500 Mio. Euro,[223] müssen die AIFMs nur die in § 338 Abs. 1 KAGB genannten Vorschriften[224] für den registrierungspflichtigen Bereich sowie die Bestimmungen der EuSEF-VO einhalten. Die §§ 287 bis 292 KAGB zählen dazu nicht.

---

[217] Art. 3 Abs. 1 lit. a und b EuSEF-VO.

[218] Erwägungsgrund 3 EuSEF-VO, Art. 2 Abs. 1 EuSEF-VO.

[219] *Europäische Kommission*, Mitteilung zur Initiative für soziales Unternehmertum vom 25. 11. 2011, KOM(2011) 682 endg, S. 8.

[220] Art. 6 Abs. 1 EuSEF-VO.

[221] BegrRegE BT-Drs. 17/12294, S. 295 hilft für die Frage nach der „entsprechenden" Anwendung von § 1 KAGB nicht weiter. *Weitnauer*, in: Weitnauer/Boxberger/Anders, KAGB, Anhang 2 Art. 1 EuVECA-VO Rn. 3 betont für die insofern gleichlaufende EuVECA-VO, dass es sich um gleichgestellte „andere" quasi-professionelle Anleger handele; an anderer Stelle weist *ders.*, GWR 2014, 139, 141 ebenso auf die Unterschiede hin; *Zetzsche*, Prinzipien der kollektiven Vermögensanlage, § 27 A. II. 3. zum Thema semiprofessionelle Anleger: „Damit gibt es zwei Werte für die Anlegerqualifikation: 200.000 Euro (für KAGB-Investmentvermögen) und 100.000 Euro (für Anlagen in EuVECAs und EuSEFs gem. §§ 337, 338 KAGB)"; *ders.*, in: Möllers/Kloyer, Das neue KAGB, Rn. 312, 319; a. A. *Geurts/Schubert*, KAGB kompakt, S. 124: semiprofessionelle Anleger, Privatanleger dürften nicht investieren.

[222] *Gottschling*, in: FrankKomm, KapAnlR Bd. 1, § 1 KAGB Rn. 446 wünscht sich eine Angleichung des KAGB an die EuVECA-VO.

[223] Art. 2 Abs. 1 lit. a EuSEF-VO.

[224] §§ 1, 2, 5 Abs. 1 und die §§ 6, 7, 13, 14, 44 Abs. 1 Nr. 1, 2, 5 bis 7 und Abs. 4 bis 7 KAGB.

aa) Rückgaberechte

Anders als die ELTIF-VO enthält die EuSEF-VO keine Regelungen zu Rücknahmerechten. Es gilt damit die Rechtslage nach dem KAGB und die dort implementierte Differenzierung zwischen offenen und geschlossenen AIFs.[225] Sofern nicht für die vom KAGB bereitgehaltenen Investmentvehikel optiert wird,[226] gilt Privatautonomie und damit mangels regulatorischer Einschränkungen auch die Möglichkeit zur Auflage von offenen Fondsvehikeln im Rahmen von § 338 Abs. 1 Nr. 1 KAGB i. V. m. § 44 Abs. 1 Satz 1 Nr. 7 KAGB.

bb) Hindernisse der Produktregulierung

Die Umsetzung von LBO-Strategien im Rahmen von EuSEFs wird vollständig torpediert, sodass nur die Rede von Hindernissen der Produktregulierung sein kann. Eine Anlagegrenze besteht für EuSEFs darin, dass mindestens 70 Prozent des aggregierten eingebrachten und noch nicht eingeforderten zugesagten Kapitals in Vermögenswerte investiert werden muss, die qualifizierte Anlagen sind.[227] Letztere können auch Eigenkapital-Instrumente sein, die der EuSEF *direkt* von einem sog. qualifizierten Portfoliounternehmen erwirbt.[228] Ein qualifiziertes Portfoliounternehmen kann nur ein nicht börsennotiertes Unternehmen sein, dessen Unternehmensgegenstand auf die Erzielung messbarer, positiver sozialer Wirkungen gerichtet sein muss,[229] z. B. Dienstleistungen für Immigranten oder die Wiedereingliederung randständiger Gruppen in den Arbeitsmarkt.[230] Eine wie bei der ELTIF-VO bestehende Beschränkung in Gestalt einer prozentualen Deckelung von Investitionen in einzelne Assets besteht nicht, weshalb der Kontrollerwerb an einzelnen Zielgesellschaften uneingeschränkt möglich ist.

Irritierend ist zunächst, dass die EuSEFs anders als ELTIFs die Eigenkapitalinstrumente *direkt* vom Portfoliounternehmen erwerben müssen. Wörtlich liegt der Ausschluss des Einsatzes eines separaten Akquisitionsvehikels nahe.[231] Eine Verlagerung der Fremdkapitalaufnahme in dem für Akquisitionen üblichen Rahmen[232]

---

[225] Auf § 1 KAGB wird in § 338 Abs. 1 Nr. 1 KAGB verwiesen.

[226] § 338 Abs. 1 Nr. 1 KAGB verweist in Ansehung von § 44 KAGB nur auf § 44 Abs. 1 Nr. 1, 2, 5 bis 7 und Absatz 4 bis 7 KAGB. Das ist bereits eine falsche Gesetzesangabe, da es § 44 Abs. 1 *Satz 1* etc. heißen müsste. Dass im Zuge des FinMarktAnpG kein Verweis auf § 44 Abs. 1 Satz 2 bis 4 KAGB aufgenommen wurde, kann aber mangels Rechtfertigung für eine Ungleichbehandlung nur als Versehen zu deuten sein.

[227] Art. 2 Abs. 1 lit. d, Art. 3 Abs. 1 lit. b EuSEF-VO.

[228] Art. 3 Abs. 1 lit. e i) EuSEF-VO.

[229] Art. 3 Abs. 1 lit. d ii) EuSEF-VO.

[230] Erwägungsgrund 13 EuSEF-VO.

[231] Vgl. auch parallele Regelung bei Art. 3 lit. e i) erster Spiegelstrich EuVECA-VO; dort kommt *Weitnauer*, GWR 2014, 139, 141 zu ebenjenem Ergebnis, gibt dieses aber bei *Weitnauer*, in: Weitnauer/Boxberger/Anders, KAGB, Anhang 2 Art. 3 EuVECA-VO Rn. 11 wiederum auf.

[232] 2. Teil, B.I.

auf Fondsebene als Ausweichreaktion wird indes weitestgehend obstruiert, da dies nur solange möglich ist, wie diese Darlehen durch nicht eingeforderte Zusagen gedeckt sind.[233] Das wäre nur umsetzbar, wenn der Fonds kaum Beteiligungen hielte und damit noch viel Freiraum bis zum Erreichen der Grenze des zugesagten Kapitals bestünde.[234] Davon unabhängig wird ein auf Ebene des Fonds fremdfinanzierter Beteiligungserwerb schon aus steuerrechtlichen Gesichtspunkten gemieden, weil sonst die Qualifizierung des Fonds als Gewerbebetrieb droht.[235] Der Umgang mit dem *direkt*-Kriterium ist daher entscheidend. Von Mehrwert ist ein Seitenblick auf die „Schwester"-VO EuVECA-VO. Dort dient das *direkt*-Kriterium der Abgrenzung zu Private Equity-Fonds, die auch an Sekundärmärkten mit emittierten Titeln handeln.[236] Das Kriterium soll somit einzig die Privilegierung der auf engmaschige Anlagestrategien begrenzten Risikokapitalfonds i. S. der EuVECA-VO absichern, nicht hingegen den Einsatz von AcquiCos unterbinden.[237] Auch die EuSEF-VO betont verschiedentlich das Abgrenzungsbedürfnis zu AIFs mit weniger stark spezialisierten Anlagestrategien, wie z. B. Übernahmen,[238] bzw. zu AIFs mit typischen Private Equity-Strategien, wie fremdfinanzierten Übernahmen[239]. Ein Finalzusammenhang zwischen vorbeschriebener Abgrenzung und dem *direkt*-Kriterium besteht jedoch nicht. Ein Konnex zum Erwerb vom Zweitmarkt bleibt zwar unerwähnt; doch ist das Erfordernis der „Primärinvestitionen"[240] letztlich äquivalent. Die Zulässigkeit des Einsatzes von Akquisitionsvehikeln lässt sich somit begründen. Hierfür spricht nicht zuletzt die im Geiste systematisch gleichlaufende Architektur der EuVECA-VO. Schließlich zeigt auch Art. 3 Abs. 1 lit. e i) Spiegelstrich 3 EuSEF-VO, dass die Anteile am Zielunternehmen von einer Holding gehalten werden dürfen.

Die Zulässigkeit von Akquisitionsvehikeln ändert aber nichts an der aufgezeigten Missliebigkeit von LBO-Strategien, deren Umsetzung förderungsschädlich und daher zu vermeiden ist – wenngleich sich ein materielles Übernahmeverbot nicht im eigentlichen Verordnungstext finden lässt. Davon unabhängig ist im Segment der EuSEFs die Rentabilität ohnehin in Frage gestellt. Bei Ziel-Sozialunternehmen soll die Renditegenerierung komplett in den Hintergrund rücken,[241] was nicht mit dem

---

[233] Art. 5 Abs. 3 EuSEF-VO.

[234] Für die EuVECA-VO: *Weitnauer*, GWR 2014, 139, 141: Im ausinvestierten Zustand könne Finanzierungsbedarf nicht gedeckt werden.

[235] 5. Teil, A.II.2.a). Eine steuerrechtliche Privilegierung für EuSEFs existiert im Rahmen des InvStG nicht.

[236] *Europäische Kommission*, Vorschlag für Verordnung des Europäischen Parlaments und des Rates über Europäische Risikokapitalfonds vom 7.12.2011, KOM(2011) 860 endg., S. 7.

[237] *Weitnauer*, in: Weitnauer/Boxberger/Anders, KAGB, Anhang 2 Art. 3 EuVECA-VO Rn. 11 Fn. 7.

[238] Erwägungsgrund 11 EuSEF-VO.

[239] Erwägungsgrund 20 EuSEF-VO.

[240] Ebd.

[241] Erwägungsgrund 13 EuSEF-VO: „[...] und die Gewinnmaximierung nur eine untergeordnete Rolle spielt".

Impetus der Finanzinvestoren harmoniert. Der überwiegende Anteil des Fondskapitals muss in Portfoliounternehmen investiert werden, die sich nicht der Gewinnerzielung, sondern vielmehr eines Social Impact[242] verschrieben haben. Das hat auch zur Folge, dass etwaige Gewinne zur Wiederanlage in entsprechende soziale Projekte verwendet werden und Ausschüttungen vom Sozialunternehmen nur „in Ausnahmefällen"[243] nach im Voraus festgelegten Verfahren und Regeln stattfinden.[244] Mit der im LBO-Segment maßgeblichen, auch die zeitlichen Umstände berücksichtigenden Erfolgskennzahl IRR verträgt sich dieses Procedere nicht.

D. Leveraged Buy Out-Fonds als extern verwaltete Spezial-AIFs

Das KAGB unterscheidet zwischen sog. Sondervermögen, also offenen Investmentvermögen in Vertragsform, deren Rechtsform keine interne Verwaltung i. S. des § 17 Abs. 2 Nr. 2 KAGB zulässt,[245] und rechtsfähigen sog. Investmentgesellschaften, mithin Investmentvermögen in der Rechtsform einer Investmentaktiengesellschaft oder Investmentkommanditgesellschaft,[246] die extern oder intern verwaltet werden können. Private Equity-Fonds sind jedenfalls gesellschaftsrechtlich organisiert und können (ohne zwingend Investmentgesellschaft zu sein) entweder intern durch die eigene Geschäftsführung oder extern durch eine externe KVG verwaltet werden.

Externe Verwaltung bedeutet, dass das Investmentvermögen eine externe KVG bestellt hat. Ein rechtsfähiges intern verwaltetes Investmentvermögen hat davon abgesehen.[247] Eine externe Verwaltung gelingt nach hier vertretener Auffassung nur, wenn zwischen dem AIF und der externen KVG ein schuldrechtlicher Vertrag (Managementvertrag) geschlossen wird.[248] Andernfalls wäre nicht ersichtlich, wieso es sich um einen Externen handeln soll. Dieser Managementvertrag ist ein Vertrag

---

[242] *Boxberger*, in: Weitnauer/Boxberger/Anders, KAGB, § 44 Rn. 9; *Jesch*, in: Baur/Tappen, Investmentgesetze, § 338 KAGB Rn. 5.

[243] Erwägungsgrund 13 EuSEF-VO.

[244] Art. 3 Abs. 1 lit. d iii) EuSEF-VO

[245] § 1 Abs. 10 KAGB; *Bentele*, in: Baur/Tappen, Investmentgesetze, § 17 KAGB Rn. 24.

[246] § 1 Abs. 11 KAGB.

[247] §§ 1 Abs. 12 und 13, 17 Abs. 2 KAGB.

[248] Ebenso *BaFin* vom 21.12.2017, Auslegungsentscheidung zu den Tätigkeiten einer Kapitalverwaltungsgesellschaft und der von ihr extern verwalteten AIF-Investmentgesellschaft, WA 41-Wp 2100−2016/0001, Abschn. II. Ziff. 1.; OLG München, Urt. v. 1.10.2015−23 U 1570/15, BB 2015, 2769, 2770; OLG München, Urt. v. 29.10.2015−23 U 2093/15, BB 2016, 529, 530; Umsatzsteuer-Anwendungserlass des BMF, Abschn. 4.8.13 Abs. 12 Satz 4; a.A. *Winterhalder*, in: Weitnauer/Boxberger/Anders, KAGB, § 17 Rn. 36, 63 und *Boxberger*, GWR 2016, 1, 2 erwähnen daneben die in der Praxis ebenso relevanten Bestellungen per Gesellschaftsvertrag oder Geschäftsführungsbeschluss.

mit modifziertem Geschäftsbesorgungscharakter.[249] Wenn die (vermeintliche) externe KVG zugleich Gesellschafterin des Fonds wird und der Fondsvertrag die Erbringung der Verwaltungstätigkeit auf gesellschaftsrechtlicher Grundlage (d. h. als Mitglied) vorsieht, dann handelt es sich der Sache nach um eine interne Verwaltung.[250] Eine Bestellung im Gesellschaftsvertrag führt nicht zu einem konkludenten Abschluss eines schuldrechtlichen Managementvertrags, da die Fondsgesellschaft erst nach Abschluss des Gesellschaftsvertrages durch ihre Gesellschafter (d. h. regelmäßig mit Unterschrift der dazu vorgesehenen Gesellschafter unter dem Gesellschaftsvertrag) rechtsfähig werden und somit erst im Anschluss Verträge ab-

---

[249] Modifiziert, da die KVG als Geschäftsbesorger entgegen § 675 Abs. 1 i. V. m. § 665 BGB nicht jederzeit und unbedingt weisungsgebunden ist, *Köndgen*, in: Berger/Steck/Lübbehüsen, InvG, § 9 Rn. 15. Vgl. aber auch *BaFin* vom 21.12.2017, Auslegungsentscheidung zu den Tätigkeiten einer Kapitalverwaltungsgesellschaft und der von ihr extern verwalteten AIF-Investmentgesellschaft, WA 41-Wp 2100–2016/0001, Abschn. II. Ziff. 1.: Geschäftsbesorgungsvertrag; OLG München, Urt. v. 1.10.2015 – 23 U 1570/15, BB 2015, 2769, 2770: Geschäftsbesorgungscharakter; OLG München, Urt. v. 29.10.2015 – 23 U 2093/15, BB 2016, 529, 530: Geschäftsbesorgungscharakter; *Dornseifer*, in: Emde/Dornseifer/Dreibus/Hölscher, InvG, § 96 Rn. 70: Geschäftsbesorgungsvertrag; *Tollmann*, in: Dornseifer/Jesch/Klebeck/Tollmann, AIFM-RL, Art. 5 Rn. 15: geschäftsbesorgungsähnlicher Vertrag; *Winterhalder*, in: Weitnauer/Boxberger/Anders, KAGB, § 17 Rn. 36 und 36b: Geschäftsbesorgungscharakter; *Klebeck/Kunschke*, in: Beckmann/Scholtz/Vollmer, Investment-Hdb., Losebl. (Stand: 2/14), 405 § 154 KAGB Rn. 9: Bestellungsvertrag nach § 675 BGB; *Bentele*, in: Baur/Tappen, Investmentgesetze, § 17 KAGB Rn. 23: Geschäftsbesorgungsvertrag; *Hüwel*, in: Baur/Tappen, Investmentgesetze, § 129 KAGB Rn. 20: Geschäftsbesorgungsvertrag; *Patzner/Schneider-Deters*, in: FrankKomm, KapAnlR Bd. 1, § 162 KAGB Rn. 50: Geschäftsbesorgungsvertrag mit Dienstleistungscharakter; *Jakovou*, in: Langenbucher/Bliesener/Spindler, BankR, Kap. 39 Rn. 173: Geschäftsbesorgungsvertrag; *Fischer/Friedrich*, ZBB 2013, 153, 155: Geschäftsbesorgungsvertrag; *Wallach*, ZGR 2014, 289, 301: Geschäftsbesorgungsvertrag; *Wagner*, ZfBR 2015, 113, 115 f.: Geschäftsbesorgungsvertrag; *ders.*, BKR 2015, 410, 411; *Boxberger*, GWR 2016, 1, 2: Geschäftsbesorgungscharakter; *Eichhorn*, WM 2016, 145, 149: Dienstverhältnis; *Engert*, in: FS Köndgen, S. 167, 170: Geschäftsbesorgungsvertrag; a. A. *Hoffert*, in: FrankKomm, KapAnlR Bd. 1, § 154 KAGB Rn. 11: Vertrag sui generis; *Beckmann*, in: Beckmann/Scholtz/Vollmer, Investment-Hdb., Losebl. (Stand: 3/15), 405 § 17 KAGB Rn. 77: Verwaltungsvertrag als Vertrag sui generis, da keine Geschäftsbesorgung vorliege, sondern eigener Geschäftsbetrieb.

[250] Ebenso *Winterhalder*, in: Weitnauer/Boxberger/Anders, KAGB, § 17 Rn. 63; *Paul*, in: Weitnauer/Boxberger/Anders, KAGB, § 154 Rn. 3, wenn auch u. a. mit dem falschen Hinweis, der geschäftsführende Kommanditist sei ja ein „Organ". Ein Organ hat indes immer auch Vertretungsbefugnis. Ein Kommanditist einer werbenden KG kann jedoch nie organschaftlicher Vertreter sein; *Beckmann*, in: Beckmann/Scholtz/Vollmer, Investment-Hdb., Losebl. (Stand: 3/15), 405 § 17 KAGB Rn. 75; *Eichhorn*, WM 2016, 145, 147; *Gottschling*, in: FrankKomm, KapAnlR Bd. 1, § 1 KAGB Rn. 201; *Klebeck/Kunschke*, in: Beckmann/Scholtz/Vollmer, Investment-Hdb., Losebl. (Stand: 2/14), 405 § 154 KAGB Rn. 17 ff.; a. A. *Tollmann*, in: Dornseifer/Jesch/Klebeck/Tollmann, AIFM-RL, Art. 5 Rn. 33; *Volhard/Kruschke*, EWS 2012, 21, 22; *van Kann/Redeker/Keiluweit*, DStR 2013, 1483; *Weitnauer*, BKR 2011, 143, 144 (richtig hingegen bei *ders.*, in: Weitnauer, Hdb. VC, B Rn. 89, 102 f., da er dort von einem parallelen Abschluss eines Managementvertrags ausgeht); *Herring/Loff*, DB 2012, 2029, 2030; *Berger*, Regulierung der Management-Ebene bei Private Equity-Fonds, S. 183; *Boxberger*, GWR 2016, 1, 2.

schließen kann.[251] Daneben genügen bloße Geschäftsführungsbeschlüsse als Bestellungsakt nicht, da es sich bei diesen lediglich um interne Willensbildung handelt.[252] Auch Verwaltungsakte der BaFin gegenüber der *KVG* können keine Bestellung durch den *AIF* substituieren.[253]

Bei Bestellung einer externen KVG für die Verwaltung des Investmentvermögens obliegt dieser neben der Ausführung der allgemeinen Verwaltungstätigkeit insbesondere auch die Anlage und Verwaltung der Mittel einer Investmentgesellschaft.[254] Aus der externen Verwaltung des Investmentvermögens resultiert nicht nur die originäre Verantwortung der externen KVG für die Portfolioverwaltung und das Risikomanagement (sog. Anlageverwaltungsfunktionen)[255], sondern nach Ansicht der BaFin sind auch sämtliche in Anhang I Nr. 2 AIFM-RL aufgeführten Tätigkeiten (administrativen Tätigkeiten, Vertrieb und Tätigkeiten im Zusammenhang mit den Vermögenswerten des AIF) durch Wiedergabe in § 1 Abs. 19 Nr. 24 KAGB als originäre Aufgaben der externen KVG zu betrachten.[256] Der Verwaltungsvertrag begründet allerdings trotz einer wie auch immer gearteten „Bestellung"[257] keine organschaftliche Beziehung. Daher bleiben die grundsätzliche Organisationsstruktur einer Fondsgesellschaft und die allgemeinen Rechte und Pflichten ihrer Organe,

---

[251] Etwaige „Vorgründungsgesellschaften" werden dann aufgelöst (§ 726 BGB).

[252] Irritierend insoweit § 17 Abs. 2 Satz 1 Nr. 2 KAGB. Zur internen Willensbildung etwa *Spindler*, in: MünchKomm, AktG, § 77 Rn. 6; *Schäfer*, in: MünchKomm, BGB, § 709 Rn. 51.

[253] *Winterhalder*, in: Weitnauer/Boxberger/Anders, KAGB, § 17 Rn. 37.

[254] §§ 144 Satz 2, 154 Abs. 1 Satz 2 KAGB; *BaFin* vom 10.7.2013, Häufige Fragen zum Thema Auslagerung gemäß § 36 KAGB, zuletzt geändert am 15.11.2017, WA 41-Wp 2137-2013/0036, Abschn. 2; zust. *Hüwel*, in: Baur/Tappen, Investmentgesetze, § 129 KAGB Rn. 40.

[255] Anhang I Abs. 1 AIFM-RL.

[256] So nun *BaFin* vom 21.12.2017, Auslegungsentscheidung zu den Tätigkeiten einer Kapitalverwaltungsgesellschaft und der von ihr extern verwalteten AIF-Investmentgesellschaft, WA 41-Wp 2100–2016/0001, Abschn. II Ziff. 2 (ebenso die vorausgehende Fassung im Rahmen der Konsultation 01/2017, Abschn. 2 lit. b)); vormals bereits *BaFin* vom 10.7.2013, Häufige Fragen zum Thema Auslagerung gemäß § 36 KAGB, zuletzt geändert am 12.5.2014 (nunmehr 15.11.2017), WA 41-Wp 2137–2013/0036, Abschn. 1. für die administrativen Tätigkeiten und die Tätigkeiten im Zusammenhang mit den Vermögenswerten des AIF. Aus der Literatur vollumfänglich zustimmend: *Wallach*, ZGR 2014, 289, 300; *Beckmann*, in: Beckmann/Scholtz/Vollmer, Investment-Hdb., Losebl. (Stand: 3/15), 405 § 17 KAGB Rn. 20; *Eichhorn*, WM 2016, 145, 148 bzw. *ders.*, in: FrankKomm, KapAnlR Bd. 1, § 129 KAGB Rn. 15 wies jedenfalls früh darauf hin, dass die BaFin auch den Vertrieb als originäre Tätigkeit ansehe. Zustimmend, aber ohne Meinung zum Vertrieb: *A. Koch*, in: FrankKomm, KapAnlR Bd. 1, § 36 KAGB Rn. 33 f.; *Hüwel*, in: Baur/Tappen, Investmentgesetze, § 129 KAGB Rn. 37 ff.; krit. *Bentele*, in: Baur/Tappen, Investmentgesetze, § 17 KAGB Rn. 30; *Hoffert*, in: FrankKomm, KapAnlR Bd. 1, § 154 KAGB Rn. 21 ff. Die Wahrnehmung des Vertriebs durch Dienstleister ist aber keine Auslagerung: *BaFin* vom 10.1.2017, Rundschreiben 01/2017 (WA) – Mindestanforderungen an das Risikomanagement von Kapitalverwaltungsgesellschaften (zit.: KAMaRisk), Abschn. 10 Tz. 1; nunmehr auch bei *BaFin* vom 10.7.2013, Häufige Fragen zum Thema Auslagerung gemäß § 36 KAGB, zuletzt geändert am 15.11.2017, WA 41-Wp 2137–2013/0036, Abschn. 1; *Herring/Kunschke*, WM 2016, 298.

[257] §§ 17 Abs. 2 Nr. 1, 144 Satz 1 KAGB.

insbesondere – wie durch zwei Urteile des OLG München aus dem Jahr 2015 bestätigt – die gesetzliche Vertretung, unberührt.[258] Die Geschäftsführung der Investmentgesellschaft kann weiterhin Maßnahmen vornehmen, darf es aber nicht, soweit eine Aufgabe in den Zuständigkeitsbereich der externen KVG fällt.[259] Unter diesem Blickwinkel ist es nachvollziehbar, dass bisweilen von der Investmentgesellschaft als „leere Hülle"[260] oder „unbemannte Drohne"[261] die Rede ist.

Der Geschäftsführung obliegt indes durchaus ein eigener Verantwortungsbereich. Da der Verwaltungsvertrag kündbar ist, kommt der Geschäftsführung die Letztverantwortlichkeit über den Verwaltungsvertrag mit der externen KVG zu.[262] Zwar enthält das KAGB, soweit es um Kündigungsrechte in Bezug auf den Verwaltungsvertrag geht, ausschließlich Vorschriften für ein Kündigungsrecht der externen KVG.[263] Doch stellt der Verwaltungsvertrag ein Dauerschuldverhältnis dar und ist

---

[258] OLG München, Urt. v. 1.10.2015 – 23 U 1570/15, BB 2015, 2769, 2770; OLG München, Urt. v. 29.10.2015 – 23 U 2093/15, BB 2016, 529, 530; *BaFin* vom 21.12.2017, Auslegungsentscheidung zu den Tätigkeiten einer Kapitalverwaltungsgesellschaft und der von ihr extern verwalteten AIF-Investmentgesellschaft, WA 41-Wp 2100–2016/0001, Abschn. II Ziff. 1; *Böhme*, BB 2014, 2380, 2382 ff.; *Friedrich/Fischer*, ZBB 2013, 153, 155; *Eichhorn*, WM 2016, 145, 148; *Dorenkamp*, in: Beckmann/Scholtz/Vollmer, Investment-Hdb., Losebl. (Stand: 8/16), 405 § 144 KAGB Rn. 12; *Klebeck/Kunschke*, in: Beckmann/Scholtz/Vollmer, Investment-Hdb., Losebl. (Stand: 2/14), 405 § 154 KAGB Rn. 15; *Hüwel*, in: Baur/Tappen, Investmentgesetze, § 129 KAGB Rn. 41; *Winterhalder*, in: Weitnauer/Boxberger/Anders, KAGB, § 17 Rn. 36a, 42 f.; *Paul*, in: Weitnauer/Boxberger/Anders, KAGB, § 154 Rn. 8 f.; *Lorenz*, in: Weitnauer/Boxberger/Anders, KAGB, § 112 Rn. 4; *Boxberger*, in: FrankKomm, KapAnlR Bd. 1, § 112 KAGB Rn. 14, 17; *ders.*, GWR 2016, 1, 2, nach dem ein solcher Vertrag indes nicht nötig sei; *Fischer/Steck*, in: Berger/Steck/Lübbehüsen, InvG, § 96 Rn. 33; speziell für die gesetzliche Vertretung: *Casper*, ZHR 179 (2015), 44, 51 f., 58 ff.; *ders.*, in: Großkomm, HGB, § 161 Rn. 262; *Hoffert*, in: FrankKomm, KapAnlR Bd. 1, § 154 KAGB Rn. 30 ff.; *Jakovou*, in: Langenbucher/Bliesener/Spindler, BankR, Kap. 39 Rn. 173; a.A. *Dornseifer*, in: Emde/Dornseifer/Dreibus/Hölscher, InvG, § 96 Rn. 74: Vertretungsbefugnis, soweit Anlage und Verwaltung der Gesellschaftsmittel betroffen seien; *ders.*, AG 2008, 53, 59; *Zetzsche*, Prinzipien der kollektiven Vermögensanlage, § 30 C. I. 1., der die externe KVG als Organ der Investmentgesellschaft betrachtet und ihr insbesondere die gesetzliche Vertretung einräumt; irritierend *Beckmann*, in: Beckmann/Scholtz/Vollmer, Investment-Hdb., Losebl. (Stand: 3/15), 405 § 17 KAGB Rn. 90, 95, 113: Gesellschaftsrechtliche Organisationsstruktur (insbesondere gesetzliche Vertretung) soll unberührt bleiben, gleichzeitig aber Vertretungsbefugnis kraft Gesetzes.

[259] *BaFin* vom 25.11.2015, Häufig gestellte Fragen zum KAGB, S. 17. Es würde eine Strafbarkeit aufgrund des Betreibens eines verbotenen Investmentgeschäfts drohen, *Reiner*, GWR 2016, 136.

[260] *Winterhalder*, in: Weitnauer/Boxberger/Anders, KAGB, § 17 Rn. 43.

[261] *Wallach*, ZGR 2014, 289, 327.

[262] Für die gInvKG: *Paul*, in: Weitnauer/Boxberger/Anders, KAGB, § 154 Rn. 8; *Wallach*, ZGR 2014, 289, 300; *Rüber/Reiff*, BB 2014, 1634, 1636 f.; letztlich wird hier eine Parallele zu der Holiday-Inn Entscheidung des BGH über die verbleibende Zuständigkeit eines Komplementärs bei Abschluss eines Betriebsführungsvertrags über ein Hotel einer KG gezogen, BGH, Urt. v. 5.10.1981 – II ZR 203/80, NJW 1982, 1817.

[263] Vgl. §§ 99 Abs. 1, 112 Abs. 1 Satz 4 i.V.m. 99 Abs. 1, 129 Abs. 1 Satz 4, Satz 5 i.V.m. 99 Abs. 1, 144 Satz 4 i.V.m. 99 Abs. 1, 154 Abs. 1 Satz 4, Satz 5 i.V.m. 99 Abs. 1 KAGB.

damit außerordentlich nach § 314 Abs. 1 BGB kündbar.[264] Der Geschäftsführung kommt somit die Aufgabe zu, der auf die Einhaltung der ordnungsgemäßen Leistungserbringung durch die externe KVG gerichteten Überwachungsfunktion Rechnung zu tragen.[265] Die externe KVG darf nicht nach ihrem Belieben Anlageentscheidungen treffen, sondern muss die Anlagebedingungen einhalten.[266] Lehnte man eine Überwachungsfunktion ab, würde der Verwaltervertrag faktisch unkündbar, sofern die Geschäftsführung nicht von Dritten (z. B. Verwahrstelle) Pflichtverstöße mitgeteilt bekäme. Diese Überwachungsaufgabe rechtfertigt sich zudem aus der investmentrechtlichen Warte. Zunächst ist dem Gesetzgeber ein neben die Verwahrstelle tretendes Kontrollorgan nicht fremd, da in einer intern verwalteten geschlossenen Publikumsinvestmentkommanditgesellschaft ein Beirat einzurichten ist, der die Umsetzung der Anlagebedingungen überwacht.[267] Es wäre jedoch zu kurz gedacht, die Annahme einer Kontrolltätigkeit im Fall externer Verwaltung vor diesem Hintergrund auf Publikums-AIF-Sachverhalte zu begrenzen. Denn die Aufrechterhaltung des Verwaltungsvertrags scheint bei schwerwiegenden Verstößen aus Anlegerschutzgesichtspunkten allgemein nicht gerechtfertigt, zumal in einer geschlossenen Kollektivanlage keine Anteilsrückgabe möglich ist. Vor diesem Hintergrund lässt sich die den Organen der extern verwalteten Investmentgesellschaft verbleibende, bisweilen aber abgelehnte[268] Aktivlegitimation (neben der Verwahrstelle und den Anlegern, § 89 Abs. 1 KAGB) bei Ansprüchen gegen die

---

A.A. offenbar *Kracke*, in: Baur/Tappen, Investmentgesetze, § 128 KAGB Rn. 6: Kündigungsrecht aus § 129 Abs. 1 Satz 4 KAGB gegenüber der KVG.

[264] *Beckmann*, in: Beckmann/Scholtz/Vollmer, Investment-Hdb., Losebl. (Stand: 3/15), 405 § 17 KAGB Rn. 79; *Rüber/Reiff*, BB 2014, 1634, 1636; *Wallach*, ZGR 2014, 289, 324; *Silberberger/Lorenz*, in: Weitnauer/Boxberger/Anders, KAGB, § 144 Rn. 9 empfehlen die Etablierung eines vertraglichen ordentlichen Kündigungsrechts und hält ein solches damit implizit für möglich; *Hüwel*, in: Baur/Tappen, Investmentgesetze, § 129 KAGB Rn. 29: Verwaltungsvertrag würde regelmäßig eine Kündigungsmöglichkeit vorsehen. Die Einordnung als Dauerschuldverhältnis rechtfertigt sich auch trotz der von Anfang an zeitlich beschränkten Laufzeit des verwalteten geschlossenen Investmentvermögens aufgrund der ex-ante fehlenden Überschaubarkeit bzw. Quantifizierbarkeit des letztlich geschuldeten Leistungsumfangs der externen KVG; diese Merkmale sind typische Kennzeichen von Dauerschuldverhältnissen, s. *Gaier*, in: MünchKomm, BGB, § 314 Rn. 5.

[265] *Lorenz*, in: Weitnauer/Boxberger/Anders, KAGB, § 112 Rn. 4; *Hoffert*, in: FrankKomm, KapAnlR Bd. 1, § 154 KAGB Rn. 24; *Freitag*, in: FrankKomm, KapAnlR Bd. 1, § 91 KAGB Rn. 21; *Fischer/Friedrich*, ZBB 2013, 153, 155; *Boxberger*, GWR 2016, 1, 3 f.; für die InvAG unter dem InvG a. F. *Fischer/Steck*, in: Berger/Steck/Lübbehüsen, InvG, § 96 Rn. 33; *Dornseifer*, in: Emde/Dornseifer/Dreibus/Hölscher, InvG, § 96 Rn. 69; a. A. *Wallach*, ZGR 2014, 289, 301, dessen Ausführungen darauf hindeuten, dass keine laufende Überwachung nötig sei; eine Überwachungspflicht lehnt auch *Eichhorn*, WM 2016, 145, 147 bzw. *ders.*, in: FrankKomm, KapAnlR Bd. 1, § 129 KAGB Rn. 5 für die extern verwaltete oInvKG ab; ebenso *Beckmann*, in: Beckmann/Scholtz/Vollmer, Investment-Hdb., Losebl. (Stand: 3/15), 405 § 17 KAGB Rn. 90.

[266] *Rüber/Reiff*, BB 2014, 1634, 1635.

[267] § 153 Abs. 3 Satz 1 KAGB; *Klebeck/Kunschke*, in: Beckmann/Scholtz/Vollmer, Investment-Hdb., Losebl. (Stand: 2/14), 405 § 153 KAGB Rn. 48.

[268] *Zetzsche*, in: FS Köndgen, S. 677, 697.

externe KVG erklären, die diesen – wie bei der Verwahrstelle – als Annexkompetenz zu ihrer Überwachungsaufgabe zukommt. Die monierte[269] Effektivität der der Geschäftsführung zukommenden Überwachung der externen KVG ändert nichts an diesem verbleibenden Entscheidungsspielraum der Geschäftsführung.

Von einem den Organen verbleibenden Verantwortungsbereich geht auch die BaFin aus, wenn es heißt, dass eine extern verwaltete Investmentgesellschaft „mit Ausnahme der per Gesetz vorgesehenen Aufgaben der Organe"[270] keine Tätigkeiten mehr ausübe. Die BaFin hat hier auf die Einberufung von und Teilnahme an der Gesellschafter-/Hauptversammlung, die Beschlussfassung und die Entscheidung über die Ausgabe der Anteile als verbleibenden Aufgabenumfang bei dem extern verwalteten geschlossenen AIF hingewiesen.[271] In der Literatur[272] findet sich auch der Fingerzeig auf Tätigkeiten wie die grundsätzliche Ausgestaltung der Anlagebedingungen, die Erhöhung der Beteiligung bereits beigetretener Kommanditisten, die Abwicklung der Kündigung von Kommanditanteilen, die Aufstellung des Jahresabschlusses nach § 242 HGB und das Führen der Bücher gem. § 238 HGB (unklar insoweit die BaFin)[273], die Abgabe und Unterzeichnung von Steuererklärungen nach

---

[269] *Ders.*, AG 2013, 613, 621: keine Effektivität mangels tagesaktueller Information und Apparat; *ders.*, Prinzipien der kollektiven Vermögensanlage, § 30 C. I. 1.; *Winterhalder*, in: Weitnauer/Boxberger/Anders, KAGB, § 17 Rn. 43: Für umfassende Überwachung müsse Geschäftsführung auf entsprechende Ausgestaltung des Verhältnisses mit externer KVG hinwirken.

[270] *BaFin* vom 10.7.2013, Häufige Fragen zum Thema Auslagerung gemäß § 36 KAGB, zuletzt geändert am 15.11.2017, WA 41-Wp 2137-2013/0036, Abschn. 2.

[271] *BaFin* vom 21.12.2017, Auslegungsentscheidung zu den Tätigkeiten einer Kapitalverwaltungsgesellschaft und der von ihr extern verwalteten AIF-Investmentgesellschaft, WA 41-Wp 2100–2016/0001, Abschn. II Ziff. 1 (Einberufung von und Teilnahme an Gesellschafter-/Hauptversammlungen als ein Beispiel für gesellschaftsrechtliche Zuständigkeiten der AIF-Investmentgesellschaft); *BaFin* vom 12.11.2014, Häufig gestellte Fragen zum KAGB, S. 11. Daneben wird noch auf die für extern verwaltete geschlossene AIFs nicht relevante Entscheidung über die Auflegung und Schließung von Teilgesellschaftsvermögen und auf die Entscheidung über Rücknahme von Anteilen hingewiesen. Wie die BaFin auch *Wallach*, ZGR 2014, 289, 300 für extern verwaltete InvKGs.

[272] *Hüwel*, in: Baur/Tappen, Investmentgesetze, § 129 KAGB Rn. 42; *Kunschke/Klebeck*, in: Beckmann/Scholtz/Vollmer, Investment-Hdb., Losebl. (Stand: 5/14), 405 § 129 KAGB Rn. 30; *Dorenkamp*, in: Beckmann/Scholtz/Vollmer, Investment-Hdb., Losebl. (Stand: 8/16), 405 § 144 KAGB Rn. 13; *Köndgen/Schmies*, in: Schimansky/Bunte/Lwowski, Bankrechts-Hdb., § 113 Rn. 54; *Wallach*, ZGR 2014, 289, 300; *Mardini*, Gewerbliche Prägung und Entprägung von geschlossenen Fonds – sticht Aufsichtsrecht das Steuerrecht?; *Wetzig*, Regulierung des Grauen Kapitalmarkts, S. 187 hingegen spricht ohne die hier in Bezug genommenen Aufgaben zu erwähnen von „Restkompetenzen" der Geschäftsführung.

[273] *BaFin* vom 21.12.2017, Auslegungsentscheidung zu den Tätigkeiten einer Kapitalverwaltungsgesellschaft und der von ihr extern verwalteten AIF-Investmentgesellschaft, WA 41-Wp 2100–2016/0001, Abschn. II Ziff. 2: Die externe KVG sei grundsätzlich für die Fondsbuchhaltung und Rechnungslegung verantwortlich, den Jahresabschluss und Lagebericht habe jedoch der gesetzliche Vertreter der AIF-Investmentgesellschaft aufzustellen. Für die letztere Aussage erfolgt ein Verweis auf § 120 Abs. 1 Satz 2 KAGB. Eine solche Aufstellungspflicht durch die gesetzlichen Vertreter der Investmentgesellschaft ist allerdings nur in

§ 149 Abs. 1 i. V. m. §§ 181 Abs. 2 Satz 2 Nr. 4, 34 AO,[274] das Erteilen von Auskünften gem. § 14 Satz 1 KAGB und gegebenenfalls die Stellung eines Insolvenzantrags nach § 15a InsO.

Am Rande sei erwähnt, dass man im Fall der extern verwalteten (Investment-)KG auch nicht von einem Verstoß gegen den personengesellschaftsrechtlichen Grundsatz der Selbstorganschaft wird ausgehen können.[275] So betont der BGH, dieser Grundsatz verbiete nur, dass „sämtliche Gesellschafter von der Geschäftsführung und Vertretung ausgeschlossen und diese auf Dritte übertragen werden"[276]. Die organschaftliche Vertretungsbefugnis des Komplementärs bleibt jedoch selbst im originären Verantwortungsbereich der KVG unangetastet. Im Verantwortungsbereich der externen KVG handelt diese je nach Aufgabengegenstand entweder im eigenen Namen oder im fremden Namen per *Vollmacht*.[277] Die organschaftliche Geschäfts-

---

§§ 120, 148 KAGB für die InvAG geregelt. Für die InvKG findet sich in §§ 135, 158 KAGB keine entsprechende Regelung. Es ist allein die Rede davon, dass die KVG den Jahresbericht „erstellen" soll.

[274] So auch *BMF* vom 12.02.2015, Auslegungsfragen zu § 18 InvStG (Personen-Investitionsgesellschaften), IV C 1 – S 1980-1/14/10004, BStBl. 2015 I, S. 185. Demgegenüber fallen administrative Tätigkeiten (mithin auch Steuererklärungen, vgl. Anhang I Abs. 2 lit. a iii) AIFM-RL) nach Ansicht der BaFin in den Verantwortungsbereich der externen KVG, die diese Tätigkeiten im eigenen Namen wahrnehmen würde.

[275] *Escher*, in: Bankrechtstag 2013, S. 123, 139 ff.; *Paul*, in: Weitnauer/Boxberger/Anders, KAGB, § 153 Rn. 8: Organe behielten organschaftliche Herrschaft in ihrer Gesellschaft; *Volhard/Jang*, in: Weitnauer/Boxberger/Anders, KAGB, § 1 Rn. 56; *Hüwel*, in: Baur/Tappen, Investmentgesetze, § 129 KAGB Rn. 41: eigenverantwortliche Leitung verbleibe bei Organ; *Hoffert*, in: FrankKomm, KapAnlR Bd. 1, § 154 KAGB Rn. 25; *Geurts/Schubert*, in: Hellner/Steuer, BuB, Losebl. (Stand: 5/16), 9/483; *Wagner*, BKR 2015, 410, 411 f.; *Wallach*, ZGR 2014, 289, 322 ff. ist hier strenger, „rechtfertigt" diesen (nicht ausgeschlossenen) Eingriff aber aufgrund aufsichtsrechtlicher Erwägungen; a. A. *Freitag*, in: FrankKomm, KapAnlR Bd. 1, § 91 KAGB Rn. 25. Zetzsche, Prinzipien der kollektiven Vermögensanlage, § 30 C. I. 1. betrachtet die externe KVG aber als Organ der Investmentgesellschaft.

[276] BGH, Urt. v. 5.10.1981 – II ZR 203/80, NJW 1982, 1817.

[277] *BaFin* vom 21.12.2017, Auslegungsentscheidung zu den Tätigkeiten einer Kapitalverwaltungsgesellschaft und der von ihr extern verwalteten AIF-Investmentgesellschaft, Abschn. II. Ziff. 3 und 5: Bei Beauftragung Dritter im eigenen Verantwortungsbereich müsse die KVG nur bei Auslagerung der Portfolioverwaltung oder des Risikomanagements im eigenen Namen handeln; im Namen des AIF habe die KVG allerdings in der Regel bei Rechtsgeschäften mit unmittelbarem Bezug zu den Vermögensgegenständen des AIF zu handeln. Gegen eine Pflicht zur Erteilung einer Vollmacht: *Böhme*, BB 2014, 2380, 2385; *Casper*, ZHR 179 (2015), 44, 60; *Boxberger*, in: FrankKomm, KapAnlR Bd. 1, § 112 KAGB Rn. 19. Bevollmächtigung durch Bestellung der externen KVG: so noch *BaFin* vom 3.2.2017, Konsultation 01/2017 – Kapitalverwaltungsgesellschaften und extern verwaltete AIF-Investmentgesellschaften, Abschn. 2 lit. a; bei *BaFin* vom 21.12.2017, Auslegungsentscheidung zu den Tätigkeiten einer Kapitalverwaltungsgesellschaft und der von ihr extern verwalteten AIF-Investmentgesellschaft, WA 41-Wp 2100–2016/0001, Abschn. II. Ziff. 1 heißt es indes nur noch, dass die externe KVG eine Vollmacht benötige (ohne dass diese automatisch erteilt würde); *BaFin* vom 25.11.2015, Häufig gestellte Fragen zum KAGB, S. 17; auch *Reiner*, GWR 2016, 136, 138, 139 und *Fischer/Steck*, in: Berger/Steck/Lübbehüsen, InvG, § 96 Rn. 33 gehen davon aus, dass eine Bevollmächtigung auf Basis des Fremdverwaltungsvertrags erfolge. Von der Erteilung einer

führungsbefugnis kann nicht rechtsgeschäftlich übertragen werden (Abspaltungs-verbot).[278] Eine anzudenkende Aushöhlung der Geschäftsführungsbefugnisse des einzigen organschaftlichen Geschäftsführers scheidet aus, da ein Dritter wie hier „in weitem Umfange mit Geschäftsführungsaufgaben betraut und mit einer umfassenden Vollmacht ausgestattet"[279] werden kann. Dass der Geschäftsführung der extern verwalteten (Investment-)KG keine Weisungsbefugnisse im originären Verantwortungsbereich der externen KVG verbleiben, ist unschädlich, weil letztere ohnehin nur im Rahmen der Anlagebedingungen agieren darf.[280] Schließlich besteht die – eingeschränkte – Möglichkeit zur Kündigung des Verwaltervertrags.

Es ist zu erwarten, dass die externe Verwaltung einer Investmentgesellschaft im erlaubnispflichtigen Bereich den Regelfall bilden wird.[281] Speziell im Segment Private Equity vermeidet die Wahl der externen KVG im erlaubnispflichtigen Bereich die noch näherzubringende Problematik der Steuertransparenz des Fondsvehikels bei umfangreicher Organisation desselbigen.[282] Im Übrigen müssen Initiatoren geschlossener Fondsvehikel zur Verwaltung der angebotenen Investmentvermögen nur *eine* externe KVG gründen oder beauftragen, die den regulatorischen Anforderungen des KAGB entspricht, während der Organisationsaufwand bei intern verwalteten Investmentvermögen aufgrund der jeweils erforderlichen Erlaubnis nach § 20 KAGB deutlich höher ist.[283] Außerdem können externe KVGs flexibler agieren, da zu ihrem zulässigen Aufgabenumfang auch diverse Dienstleistungen und Nebendienstleistungen (wie z.B. die Finanzportfolioverwaltung) nach § 20 Abs. 3

Vollmacht scheint *Dorenkamp*, in: Beckmann/Scholtz/Vollmer, Investment-Hdb., Losebl. (Stand: 8/16), 405 § 144 KAGB Rn. 12 auszugehen. Laut *Boxberger*, GWR 2016, 1, 4 könne die Vollmacht auch im Gesellschaftsvertrag erteilt werden. Dies ist vor dem Hintergrund zu sehen, dass er die Bestellung einer externen KVG auch ohne Managementvertrag für zulässig hält.

[278] BGH, Urt. v. 22.1.1962 – II ZR 11/61, NJW 1962, 738. Insoweit ist es irritierend, wenn *BaFin* vom 21.12.2017, Auslegungsentscheidung zu den Tätigkeiten einer Kapitalverwaltungsgesellschaft und der von ihr extern verwalteten AIF-Investmentgesellschaft, WA 41-Wp 2100–2016/0001, Abschn. II. Ziff. 1 von der Übertragung der Geschäftsführungsbefugnis spricht, im gleichen Atemzug aber festhält, dass die KVG zur Erfüllung ihrer Aufgaben einer Vollmacht bedürfe.

[279] BGH, Urt. v. 5.10.1981 – II ZR 203/80, NJW 1982, 1817; a.A. offenbar *Freitag*, in: FrankKomm, KapAnlR Bd. 1, § 91 KAGB Rn. 25: Maßgebliche interne Entscheidungen seien von den Organen zu treffen.

[280] Hierauf hat auch BGH, Urt. v. 5.10.1981 – II ZR 203/80, NJW 1982, 1817 f. abgestellt.

[281] *Escher*, in: Bankrechtstag 2013, S. 123, 137; *Jesch*, RdF 2014, 180, 183; *Rüber/Reiff*, BB 2014, 1634, 1635; *Wallach*, ZGR 2014, 289, 300; *Herring/Loff*, DB 2012, 2029, 2030; *Bußalb/Unzicker*, BKR 2012, 309, 313; *Ewald/Jansen*, DStR 2016, 1784, 1785; *Wetzig*, Regulierung des Grauen Kapitalmarkts, S. 201, 204; *Bentele*, in: Baur/Tappen, Investmentgesetze, § 17 KAGB Rn. 27; *Kracke*, in: Baur/Tappen, Investmentgesetze, § 128 KAGB Rn. 5; *Kloyer*, in: Möllers/Kloyer, Das neue KAGB, Rn. 856, 898; *Mardini*, Gewerbliche Prägung und Entprägung von geschlossenen Fonds – sticht Aufsichtsrecht das Steuerrecht?

[282] 5. Teil, B.III.1.a).

[283] Für die intern verwaltete InvKG *Wallach*, ZGR 2014, 289, 300, 325; *Bußalb/Unzicker*, BKR 2012, 309, 313.

KAGB gehören, die von intern verwalteten KVGs hingegen nach § 20 Abs. 7 KAGB nicht ausgeübt werden dürfen.[284] Ein Blick in die von der BaFin geführte Datenbank bestätigt diese Prognose.[285] Etwas anderes mag hingegen für den lediglich registrierungspflichtigen Bereich gelten, der sich insbesondere bei kleinen Spezial-AIFMs (§ 2 Abs. 4 KAGB) weitgehend den strengen Anforderungen des KAGB entzieht. Auch im registrierungspflichtigen Bereich kann allerdings ein Interesse daran bestehen, nicht jeden einzelnen Fonds zu registrieren.

E. Resümee

Die im 4. Teil angestellten Überlegungen zur Einordnung von LBO-Fonds in die Begriffskategorien des KAGB lassen sich wie folgt resümieren:

A. Die Gesetzessystematik und der historische Wille des Unionsgesetzgebers illustrieren, dass LBO-Fonds als AIFs i. S. der neuen Regulierung einzuordnen sein sollen. Gleichwohl könnte das Argument verfangen, dass LBO-Fonds mit Blick auf die Wertsteigerung ihrer Portfoliogesellschaften durch Eigenleistung als operativ tätige Unternehmen außerhalb des Finanzmarkts qualifizierten und damit mangels Verfolgung einer Anlagestrategie aus dem Anwendungsbereich des KAGB zu exkludieren wären. Dem entspräche das bislang vorherrschende, aufsichtsbehördliche Verständnis einer Anlageorganisation als nicht unternehmerisch tätiges Kollektivvehikel. Als Trennlinie zwischen regulierter Kollektivanlage und operativer Tätigkeit könnten dabei die von der BaFin zur Einordnung von Private Equity-Fonds unter den Begriff des Investmentvermögens nach § 1 Satz 2 InvG a. F. vorgegebenen Indizien wie der Mehrheitserwerb oder die Durchführung einer Due Diligence fungieren.

Dieser Argumentation zur Derogation regulierungsrechtlicher Relevanz von LBO-Fonds lässt sich nicht durch Hinweis auf das vermeintlich maßgebliche Playing Field des Finanzsektors für LBO-Aktivitäten begegnen. Auch sind Parallelen zur operativen Tätigkeit der Projektentwicklung nicht von der Hand zu weisen. Doch eine regulierungsrechtlich nicht relevante Projektentwicklung kann nur vorliegen, wenn sie sich auf Anlagegegenstände abseits von Unternehmensbeteiligungen bezieht. Dieser Befund wird durch die Existenz der Bereichsausnahme für Holdinggesellschaften verschiedentlich bestätigt. So schließen sich Wertsteigerung durch Beteiligungsförderung und Regulierung nicht per se aus. Überdies kann es sich bei Private Equity-Strategien mit aktiven Elementen bis in den Bereich der unternehmerischen Einflussnahme auf Ebene der Portfoliogesellschaften auch um Anlagestrategien i. S. des KAGB handeln. Damit erfolgt zugleich ein Abschied von dem in

---

[284] *Wetzig*, Regulierung des Grauen Kapitalmarkts, S. 201.

[285] Abrufbar unter https://portal.mvp.bafin.de/database/InstInfo/ (zuletzt abgerufen am 27. 8. 2017); dort unter Kategorie „Kapitalverwaltungsgesellschaften" auswählen.

diesem Sinne bislang auf Passivität gerichteten investmentrechtlichen Anlageverständnis.

B. Das KAGB hält mit den beiden Gattungen der Publikums-AIFs und der Spezial-AIFs Begriffe bereit, deren Unterschiede im Investorenkreis zu suchen sind. Professionelle und semiprofessionelle Anleger unter Berücksichtigung der jüngst aus dem OGAW V-UmsG resultierenden Änderungen bilden den alleinigen Investorenkreis von Spezial-AIFs, während Publikums-AIFs auch Privatanlegern offenstehen. Reflektiert man die typische Investorenstruktur von LBO-Fonds, die sich überwiegend aus institutionellen Anlegern, daneben allerdings auch aus wohlhabenden Privatpersonen bzw. Family-Offices zusammensetzt, werden sie in der Regel als Spezial-AIFs qualifizieren.

C. Vor Inkrafttreten des KAGB existierte mangels Differenzierungsnotwendigkeit zwischen offenen und geschlossenen Fonds keine Legaldefinition für diese Fondsarten. Dennoch waren verschiedene Typisierungsmerkmale (Closing, keine Rückgaberechte, Laufzeitbeschränkung) für einen geschlossenen Fonds akzeptiert. Wertungsmäßig hätte man indes auch Anlagemodelle mit Rückgaberechten je nach Kombination von Lock Up-Periode und Rückgabeintervall mit dem Label des geschlossenen Fonds versehen können. Mit dem KAGB besteht nun unter verschiedenen Regulierungsgesichtspunkten ein Bedürfnis für die Klassifizierung der Kollektivanlage als offen oder geschlossen. Während in der Erstfassung des KAGB noch das Verständnis eines offenen AIF als Kollektivanlage mit jährlichen Rückgaberechten unabhängig von Mindesthaltezeiten maßgeblich war, wird die Bedeutung der Rückgabeintervalle in der heutigen Legaldefinition gemäß FinMarktAnpG nivelliert. Entscheidend ist allein, ob die Anteile vor Beginn der Liquidations- oder Auslaufphase auf Ersuchen eines Anteilseigners direkt oder indirekt aus den Vermögenswerten des AIF und nach den Verfahren und mit der Häufigkeit, die in den Vertragsbedingungen oder der Satzung, dem Prospekt oder den Emissionsunterlagen festgelegt sind, zurückgekauft oder zurückgenommen werden. Im Einzelnen stellen sich bei Anwendung der Definition Detailfragen. Für die Zwecke der Übergangsbestimmungen erfolgt gar eine eigene Definition. Prekär ist jedenfalls, dass die in der RTS-VO verankerte Definition von einem geschlossenen AIF bei Lichte betrachtet gegen das bisweilen aus den Erwägungsgründen der AIFM-RL herauszulesende Verständnis von einem geschlossenen Fonds verstößt. Eine eigene Definition von einem geschlossenen AIF kennt die AIFM-RL indes nicht.

Die Problematik der Fristeninkongruenz zwingt Initiatoren von LBO-Fonds zur Nutzung geschlossener Fonds. Das KAGB bildet diese Bedürfnisse im Rahmen der Produktregulierung für das Segment Private Equity ab, da geschlossene Publikums- und Spezial-AIFs auf Kontrollerlangung gerichtete Investitionen in nicht börsennotierte Unternehmen bei gleichzeitiger Befolgung der Sonderregeln der §§ 287 ff. KAGB tätigen dürfen. Geschlossene Publikums-AIFs sollten beim IPO-Exit auch außerhalb von § 193 KAGB börsennotierte Aktien für eine kurze Lock-Up-Periode halten dürfen. Zugleich steht aber auch offenen Spezial-AIFs die Anlageklasse mit der Möglichkeit zur Kontrollerlangung über nicht börsennotierte Unternehmen offen, während offene Publikums-AIFs von Private Equity-Investments insgesamt Abstand nehmen müssen. Ersteres ist eine Errungenschaft des FinMarktAnpG, die jedoch Wertungswidersprüche offenbart und nach Maßgabe des in dieser Arbeit angestellten Reformvorschlags zu korrigieren ist.

Die durch europäische Rechtsakte geschaffenen ELTIF- oder EuSEF-Modelle bieten sich für das Geschäftsmodell „LBO" nicht an. Die ELTIF-VO enthält Regelungen zu Anlagegrenzen, die den LBO mehr limitieren als durch andere Regelungen fördern. Offene Publikums-AIFs könnten jedoch an dem ELTIF-Modell Gefallen finden, da diesen auch ein Erwerb von nicht börsennotierten Unternehmensbeteiligungen ermöglicht wird. Der ELTIF unterliegt aber strengeren Rücknahmegrundsätzen (Lock Up-Periode, Begrenzung des Umfangs der Rückgaben auf festgelegten Prozentsatz von liquiden Vermögenswerten, Gating) als die aus dem KAGB bekannten Verpflichtungen. Das EuSEF-Modell ruft zunächst Irritationen im Hinblick auf die Zulässigkeit des Einsatzes von Akquisitionsvehikeln hervor, denen man im Ergebnis aber begegnen kann. Doch LBO-Strategien werden vom Privileg der regulierungsrechtlichen Förderung exkludiert und damit implizit als sozialer Störungsfaktor wahrgenommen. Im Übrigen tritt die Gewinnerzielungsabsicht bei dem Investment in Sozialunternehmen in den Hintergrund.

D. LBO-Fonds können entweder intern oder extern verwaltet werden. Externe Verwaltung erfolgt allein qua Abschlusses eines schuldrechtlichen Vertrags. Dieser begründet keine organschaftliche Beziehung. Der Geschäftsführung des extern verwalteten Fondsvehikels bleibt ein – im Hinblick auf den Umfang noch nicht abschließend geklärter – Residualbestand an Kompetenzen. Der Grundsatz der Selbstorganschaft wird in Fällen externer Verwaltung nicht verletzt. Im erlaubnispflichtigen Bereich ist zu erwarten, dass Investmentgesellschaften, zu denen auch LBO-Fonds zählen, extern verwaltet werden. Eine externe KVG kann im Gegensatz zum Modell der internen Verwaltung mehrere Fonds verwalten, sodass die regulatorischen Anforderungen stets nur auf Ebene eines Rechtsträgers erfüllt werden müssen. Zudem bieten sich mit Blick auf § 20 Abs. 3 KAGB erweiterte Handlungsmöglichkeiten. Im registrierungspflichtigen Bereich gelten diese Erwägungen nicht. Doch kann auch hier das Interesse am Einsatz einer externen KVG bestehen.

5. Teil

Strukturierung von Leveraged Buy Out-Fonds

Mit der Einordnung der LBO-Fonds in die relevanten Begriffskategorien des KAGB wurde eine Grundlage erarbeitet, auf deren Verständnis aufbauend im Folgenden untersucht werden soll, welchen Einfluss die neuen regulatorischen Vorgaben und das hieran angepasste Steuerrecht auf die Strukturierung von LBO-Fonds nehmen. Die Ausgestaltung des konkreten Investment*produkts* definiert sich zwar maßgeblich über investmentrechtliche Spezifika wie die Festlegung des Anlegerkreises, die Wahl der Verwaltungsform und die Ausgestaltung der Anlagestrategie. Doch daneben sind stets Überlegungen zur Strukturierung des Fonds*vehikels* anzustellen. In diesem Abschnitt sollen die hierfür maßgeblichen Grundlagen analysiert und zusammengeführt sowie etwaiger Änderungsbedarf erörtert werden. Strukturierung bedeutet in diesem Kontext nicht nur Rechtsformwahl, sondern auch sonstige gesellschaftsrechtliche Organisation samt korrespondierender regulatorischer Anforderungen. Für diese Zwecke werden zunächst die mögliche Strukturierung von Private Equity-Fonds vor Inkrafttreten des KAGB und die dahinter stehenden Gründe vertraut gemacht (unter A.). Erst danach kann untersucht werden, wo sich möglicherweise Änderungsbedarf ergibt und wie sich daher die Strukturierung von Private Equity-Fonds unter dem KAGB und dem maßgeblichen InvStG bzw. InvStG 2018 gestalten könnte (unter B.). In diesem Kontext ist insbesondere auf die neuen Vorgaben für das sog. Carry-Vehikel einzugehen.

A. Strukturierung von Leveraged Buy Out-Fonds vor Inkrafttreten des KAGB

Es ist in Erinnerung zu rufen, dass Private Equity einen generischen Oberbegriff für verschiedene Beteiligungskapital-Geschäftsmodelle bildet. Allerdings haben sich für sämtliche Private Equity-Fonds in den letzten Jahren gleichlaufende, marktgerechte Strukturen in Deutschland etabliert.[1] Ob ein LBO-Fonds letztlich in Deutschland aufgelegt wurde, war eine Frage der Standortattraktivität. Man konnte jedoch auf die gängigen Fondsstrukturen zurückgreifen, die im Folgenden nähergebracht werden (unter I.). Auch sind die dahinterstehenden Beweggründe, die

---

[1] *Schatz*, in: Jesch/Striegel/Boxberger, Rechtshdb. Private Equity, § 4 Abschn. 1.

gleichfalls als Grundlage für eine Strukturierung nach dem KAGB dienen, zu erhellen (unter II.).

I. Erscheinungsformen der Fondsstrukturierungen

Private Equity-Fonds waren stets gesellschaftsrechtlich organisiert. Bis zum Inkrafttreten des KAGB standen ihnen alle vom nationalen Recht vorgesehenen Gesellschaftsformen zur Verfügung, wobei sie aus haftungs- und steuerrechtlichen Gesichtspunkten regelmäßig in Form einer GmbH & Co. KG (im Folgenden „Fonds-KG") gegründet wurden.[2] Bei Private Equity-Fonds waren – wenn auch selten und eher nur bei Fonds, die sich ausschließlich an inländische Investoren richteten – zusätzlich die AG, GmbH und GmbH & Co. KGaA anzutreffen.[3] Im Einzelnen variierten die Fondsstrukturierungen. Zwar haben sich wiederkehrende Muster bei der Strukturierung herausgebildet, die im Folgenden zusammengeführt werden. Freilich konnten aber ebenso Mischformen der im folgenden Verlauf näher gebrachten Strukturen auftreten.[4] Eine abschließende Erfassung aller Spielarten lässt sich daher nicht illustrieren. Die Anleger beteiligten sich im Regelfall der Fonds-KG entweder direkt als Kommanditisten oder über eine Treuhandkonstruktion an dieser. Aus steuerrechtlichen Gründen wurde ihnen zugleich das Recht eingeräumt, ihre mittelbare Beteiligung als Treugeber in eine unmittelbare Beteiligung als Direktkommanditist umzuwandeln.[5] Der Einfachheit halber wird daher im Rahmen der nachfolgend verwendeten Schaubilder von einer direkten Beteiligung ausgegangen. Stets denkbar war zudem, dass zur Mitigierung von Risiken des Principal Agent-Konflikts zwischen den Anlegern und den Fondsverwaltern Anlegergremien (also Beiräte) eingerichtet wurden, denen bestimmte Mitspracherechte bzw. Zustimmungsvorbehalte etwa bei Investitionsentscheidungen überantwortet wurden.[6]

---

[2] *Herzig/Goksch*, DB 2002, 600; *Jesch*, Private-Equity-Beteiligungen, S. 145; *Sagasser*, in: Assmann/Schütze, Hdb. KapitalanlageR, § 27 Rn. 400; *Schatz*, in: Jesch/Striegel/Boxberger, Rechtshdb. Private Equity, § 4 Abschn. 3.1.1.; *Kind*, in: Lüdicke/Arndt, Geschlossene Fonds, S. 425; *Veith*, in: FrankKomm, Private Equity, Kap. 1 Rn. 66; *Holzner*, Private Equity, der Einsatz von Fremdkapital und Gläubigerschutz, S. 44; *Inhester/Herrmann*, in: MünchHdb. KG, § 26 Rn. 126; *R. Koch*, in: Möllers/Kloyer, Das neue KAGB, Rn. 261, 265; *Josek*, in: Dornseifer/Jesch/Klebeck/Tollmann, AIFM-RL, Art. 16 Rn. 39, 41; *Kaserer/Achleitner/von Einem/Schierek*, Private Equity in Deutschland, S. 16, 56; *Schulz/Kaserer/Trappel*, Finanzinvestoren im Medienbereich, S. 38; *Eitelwein et al.*, Private Equity Controlling, S. 7 f.; *Wetzig*, Regulierung des Grauen Kapitalmarkts, S. 36: häufigste Form bei geschlossenen Fonds.

[3] *Schatz*, in: Jesch/Striegel/Boxberger, Rechtshdb. Private Equity, § 4 Abschn. 3.2.; *Tollmann*, in: Dornseifer/Jesch/Klebeck/Tollmann, AIFM-RL, Art. 2 Rn. 34; *ders.*, in: Dornseifer/Jesch/Klebeck/Tollmann, AIFM-RL, Art. 5 Rn. 33.

[4] *Weißflog*, Steuerliche Analyse von Islamic Private Equity, S. 51.

[5] *Sagasser*, in: Assmann/Schütze, Hdb. KapitalanlageR, § 27 Rn. 400.

[6] *Jesch*, Private-Equity-Beteiligungen, S. 153; *Invest Europe*, Handbook vom November 2015, Professional Standards, Sec. 3 No. 3.7.5.; *Berger*, Regulierung der Management-Ebene bei Private Equity-Fonds, S. 63.

Aufgrund ihrer Optionalität und der Tatsache, dass sie rechtsformübergreifend eingesetzt werden konnten, bleiben sie bei den folgenden Erläuterungen ebenso außer Betracht.

1. Erscheinungsform: Option A

Ausgehend vom Regelfall der Fonds-KG war zu beobachten, dass die Initiatoren des Fonds (die Private Equity-Gesellschaft) typischerweise[7] sowohl die Komplementär-GmbH (auch: Verwaltungs-GmbH) der Fonds-KG hielten, als auch eine weitere Management-GmbH als Kommanditistin der Fonds-KG einsetzten,[8] deren alleinige Gesellschafterin regelmäßig die Verwaltungs-GmbH war.[9] Beide GmbHs waren nicht am Vermögen der Fonds-KG beteiligt.[10] Die von den Initiatoren errichtete Management-GmbH war aus steuerrechtlichen Gründen zugleich Geschäftsführerin der Fonds-KG („geschäftsführende Kommanditistin"), während die Verwaltungs-GmbH von der Geschäftsführung ausgeschlossen war.[11] Diese laufende Geschäftsführung beschränkte sich auf die Prüfung der Beteiligungen, die Verhandlung der Beteiligungsverträge, die Überwachung der Beteiligungen, das Berichtswesen, die Kapitalabrufe und die Betreuung der Anleger.[12] Hierfür wurde die Management-GmbH mit einer Management Fee i. H. v. ein bis drei Prozent des Zeichnungskapitals bzw. des investierten Kapitals vergütet.[13] Die letztverantwortlichen Anlageentscheidungen wurden von einer weiteren Initiator-GmbH & Co. KG als Kommanditistin der Fonds-KG getroffen (sog. Carry-KG), die zu einem geringen Anteil (ein bis fünf Prozent) am Vermögen der Fonds-KG beteiligt[14] und deren

---

[7] *BMF*, Schreiben vom 16. 12. 2003, IV A 6-S 2240-153/03, Einkommensteuerliche Behandlung von Venture Capital und Private Equity Fonds; Abgrenzung der privaten Vermögensverwaltung vom Gewerbebetrieb, Rn. 2, BStBl. 2004 I, S. 40 und BStBl. 2006 I, S. 632.

[8] *Levedag*, in: MünchHdb. KG, § 71 Rn. 203; *Bauer/Gemmeke*, DStR 2004, 579; *Sagasser*, in: Assmann/Schütze, Hdb. KapitalanlageR, § 27 Rn. 400 hingegen spezifiziert die Rechtsform der Management-Gesellschaft nicht.

[9] *Tasma*, Leveraged Buyout und Gläubigerschutz, S. 49 f.

[10] *Bauer/Gemmeke*, DStR 2004, 579; für die Komplementär-GmbH: *Jesch*, Private-Equity-Beteiligungen, S. 145; *Inhester/Herrmann*, in: MünchHdb. KG, § 26 Rn. 126; *Sagasser*, in: Assmann/Schütze, Hdb. KapitalanlageR, § 27 Rn. 400; a. A. *Weißflog*, Steuerliche Analyse von Islamic Private Equity, S. 51: Management-GmbH sei mit einem Prozent kapitalmäßig beteiligt.

[11] *Levedag*, in: MünchHdb. KG, § 71 Rn. 203; *Inhester/Herrmann*, in: MünchHdb. KG, § 26 Rn. 126; steuerrechtliches Ziel war die gewerbliche Entprägung, s. 5. Teil, A.II.2.a)aa).

[12] *Sagasser*, in: Assmann/Schütze, Hdb. KapitalanlageR, § 27 Rn. 400; *Herzig/Goksch*, DB 2002, 600, 601; *Volhard/Kruschke*, DB 2011, 2645, 2647; *BMF*, Schreiben vom 16. 12. 2003, IV A 6-S 2240-153/03, Einkommensteuerliche Behandlung von Venture Capital und Private Equity Fonds; Abgrenzung der privaten Vermögensverwaltung vom Gewerbebetrieb, Rn. 2, BStBl. 2004 I, S. 40 und BStBl. 2006 I, S. 632.

[13] Ausführlich 6. Teil, B.II.7.c)aa).

[14] *Sagasser*, in: Assmann/Schütze, Hdb. KapitalanlageR, § 27 Rn. 400; *Inhester/Herrmann*, in: MünchHdb. KG, § 26 Rn. 126: 1 %-Beteiligung am Kapital; *ECB*, Large banks and

Komplementärin ebenfalls die Verwaltungs-GmbH war[15]. Über die Carry-KG bezogen die Initiatoren für ihre letztverantwortlichen Anlageentscheidungen und sonstigen immateriellen Beiträge (Erfahrungen, Kontakte, Netzwerke)[16] nach Vollrückzahlung[17] des Investorenkapitals zuzüglich der Auszahlung einer Mindestverzinsung an die Investoren des Fonds (sog. Hurdle Rate) – vereinfacht dargestellt – regelmäßig einen gemessen an ihrer Beteiligung disproportionalen Anteil von 20 Prozent des Gesamtgewinns (sog. Carried Interest).[18] Diese stark erfolgsorientierten Carry-Strukturen sollten die Generierung der angestrebten Renditeziele[19] und damit die Interessenkonvergenz zwischen den Fondsmanagern und den Anlegern[20] sicherstellen. Ein noch stärkerer Interessengleichlauf ließ sich erreichen, sofern die Fondsmanager daneben ein Co-Investment tätigten und in der Folge mit mehr Kapital hafteten.[21] Das Co-Investment erfolgte entweder direkt, über eine zwischengeschaltete Gesellschaft oder das Carry-Vehikel.[22] Die Eigenbeteiligung der Initiatoren dient der Schaffung von Vertrauen auf Seiten der Investoren.[23]

---

private equity-sponsored leveraged buyouts in the EU, S. 8: 3 bis 5 %; *BMF*, Schreiben vom 16. 12. 2003, IV A 6-S 2240-153/03, Einkommensteuerliche Behandlung von Venture Capital und Private Equity Fonds; Abgrenzung der privaten Vermögensverwaltung vom Gewerbebetrieb, Rn. 3, BStBl. 2004 I, S. 40 und BStBl. 2006 I, S. 632.

[15] *Kaserer/Achleitner/von Einem/Schierek*, Private Equity in Deutschland, S. 17; *Weißflog*, Steuerliche Analyse von Islamic Private Equity, S. 52.

[16] *BMF*, Schreiben vom 16. 12. 2003, IV A 6-S 2240-153/03, Einkommensteuerliche Behandlung von Venture Capital und Private Equity Fonds; Abgrenzung der privaten Vermögensverwaltung vom Gewerbebetrieb, Rn. 2 f., BStBl. 2004 I, S. 40 und BStBl. 2006 I, S. 632; *Faigle*, Die Besteuerung des Carried Interests von Private Equity Fonds, S. 27 f.

[17] Denkbar sind auch weitere Gestaltungen, vgl. 6. Teil, B.II.7.c)bb).

[18] Ausführlich ebd.

[19] *FSA*, Private equity: a discussion of risk and regulatory engagement, S. 24; *Holzner*, Private Equity, der Einsatz von Fremdkapital und Gläubigerschutz, S. 44; *Möllers/Hailer*, ZBB 2012, 178, 181.

[20] *Zetzsche*, NZG 2009, 692, 697; *Volhard/Kruschke*, DB 2011, 2645, 2647 f.

[21] *Möllers/Hailer*, ZBB 2012, 178, 183; *Zetzsche*, Prinzipien der kollektiven Vermögensanlage, § 31 A. III. 2. Ausführlich die Untersuchung von *Bienz/Thorburn/Walz*, Coinvestment and risk taking in private equity funds, die zeigen, dass ein höheres „skin in the game" dazu führe, dass risikoärmere Portfoliogesellschaften ausgewählt würden, demgegenüber aber der Leverage steige.

[22] *Boxberger*, in: Dornseifer/Jesch/Klebeck/Tollmann, AIFM-RL, Art. 13 Rn. 58; *Jesch*, Private-Equity-Beteiligungen, S. 148: direkt durch das Management oder über zwischengeschaltete Gesellschaft; *ders.*, RdF 2014, 180, 182: Carry-KG; *Schatz*, in: Jesch/Striegel/Boxberger, Rechtshdb. Private Equity, § 4 Abschn. 3.1.1: Carry-KG; *Gottschling*, in: FrankKomm, KapAnlR Bd. 1, § 1 KAGB Rn. 52: teilweise über Carry-KG; ESMA/2013/201 vom 11.2. 2013, Final report, Guidelines on sound remuneration policies under the AIFMD, Annex III Rn. 16: Carry-Vehikel.

[23] *Bauer/Gemmeke*, DStR 2004, 579; *Möllers/Hailer*, ZBB 2012, 178, 181 betonen, dass eine Eigenbeteiligung des Managements bei großen Mindestzeichnungssummen üblich sei, beziehen sich in der dazu gehörigen Fn. 28 irritierenderweise aber auf Managementbeteiligungen für das Management der Zielgesellschaft; *Jesch*, Private-Equity-Beteiligungen, S. 135; *Volhard/Kruschke*, DB 2011, 2645, 2647.

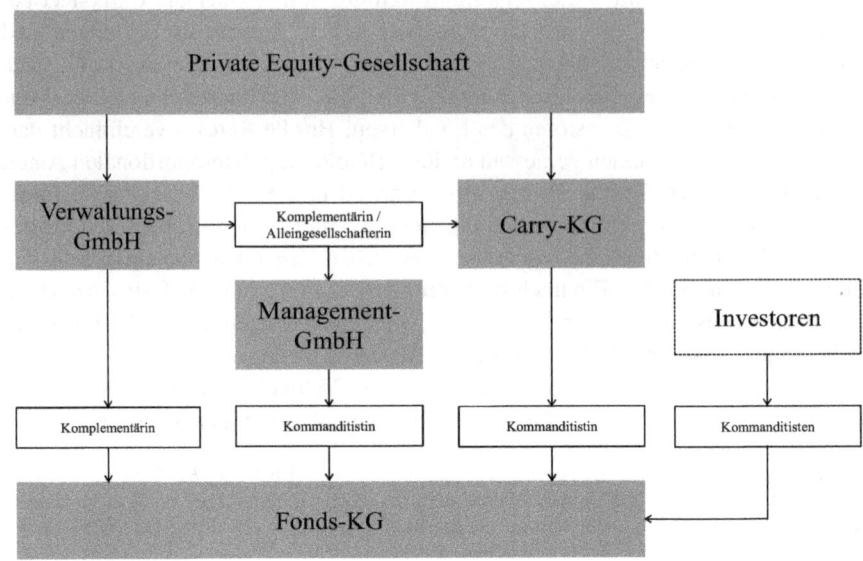

Quelle: Eigene Darstellung

Abbildung 1: Option A

2. Erscheinungsform: Option B

Ein typischer Sachverhalt war es ebenso, wenn auf die Management-GmbH verzichtet und die laufende Geschäftsführung von der Verwaltungs-GmbH als Komplementärin wahrgenommen wurde.[24] Alles weitere gestaltete sich dann wie in Option A.

---

[24] *BMF*, Schreiben vom 16. 12. 2003, IV A 6-S 2240-153/03, Einkommensteuerliche Behandlung von Venture Capital und Private Equity Fonds; Abgrenzung der privaten Vermögensverwaltung vom Gewerbebetrieb, Rn. 3, BStBl. 2004 I, S. 40 und BStBl. 2006 I, S. 632; *Zetzsche*, Prinzipien der kollektiven Vermögensanlage, § 22 B. III. 3.

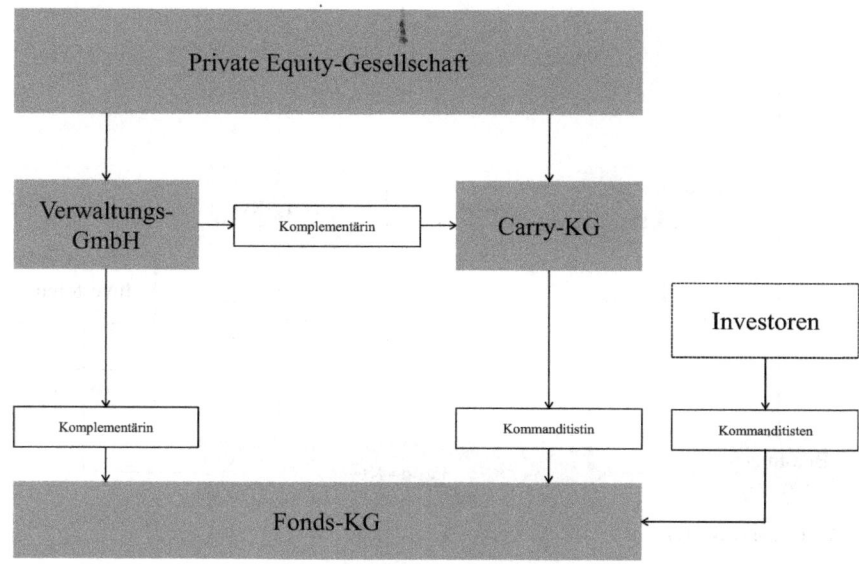

Quelle: Eigene Darstellung

Abbildung 2: Option B

3. Erscheinungsform: Option C

In Option C existierte neben der Verwaltungs-GmbH die Carry-KG, die als geschäftsführende Kommanditistin am Gesellschaftsvermögen der Fonds-KG beteiligt war.[25] Die oben beschriebenen Aufgaben der laufenden Geschäftsführung wurden in diesen Strukturen von einer von den Initiatoren gegründeten Beratungs-GmbH wahrgenommen, die mit der Fonds-KG über einen Beratungsvertrag verbunden war.[26]

---

[25] *Kaserer/Achleitner/von Einem/Schierek*, Private Equity in Deutschland, S. 16 f.; *Weißflog*, Steuerliche Analyse von Islamic Private Equity, S. 51; *Wöhe/Bilstein/Ernst/Häcker*, Grundzüge der Unternehmensfinanzierung, Kap. 6 Abschn. 6.6.1.2.

[26] *Kaserer/Achleitner/von Einem/Schierek*, Private Equity in Deutschland, S. 17; *Holzner*, Private Equity, der Einsatz von Fremdkapital und Gläubigerschutz, S. 45 f.; *Deloitte*, Steuerliche Rahmenbedingungen für Private Equity in Deutschland, S. 10.

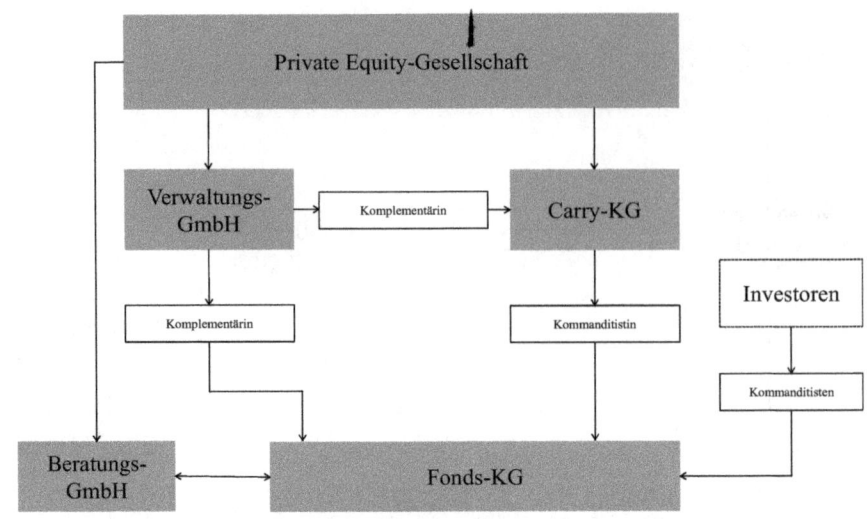

Quelle: Eigene Darstellung

Abbildung 3: Option C

4. Erscheinungsform: Option D

Schließlich konnte sich die Private Equity-Gesellschaft in Option C auch direkt als geschäftsführende Kommanditistin an der Fonds-KG beteiligen, ohne den Umweg über eine weitere Management-GmbH oder eine Carry-KG.[27]

---

[27] *Weißflog,* Steuerliche Analyse von Islamic Private Equity, S. 51 f.; *Kaserer/Achleitner/ von Einem/Schierek,* Private Equity in Deutschland, S. 16 f.; *Veith,* in: FrankKomm, Private Equity, Kap. 1 Rn. 61, 71.

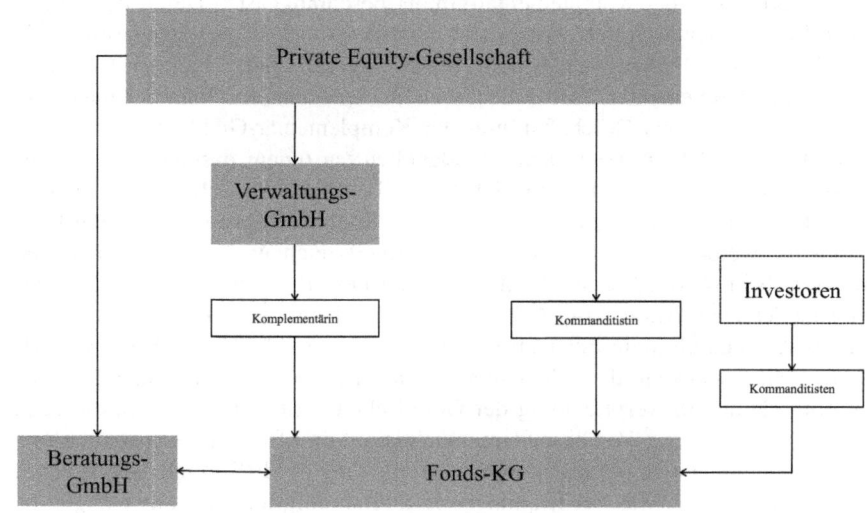

Quelle: Eigene Darstellung

Abbildung 4: Option D

II. Beweggründe

Die tragenden Erwägungen für die bisherige Strukturierung sind den Bereichen des Gesellschafts- und Steuerrechts zu entnehmen, in denen jeweils eine Optimierung angestrebt wurde.

1. Gesellschaftsrechtliche Erwägungen

Gesellschaftsrechtliche Erwägungen spielten vornehmlich für die Rechtsformwahl eine Rolle. Bei der Rechtsformwahl bestand das überwiegende Interesse der Initiatoren darin, eine weitgehende Haftungsabschirmung zu erreichen.[28] Dafür hätte es zunächst nahe gelegen, den Private Equity-Fonds als Kapitalgesellschaft (GmbH, AG, GmbH & Co. KGaA) aufzulegen, da für die Verbindlichkeiten der Kapitalgesellschaft nur das Gesellschaftsvermögen haftet.[29] Selbiger Effekt wird aber auch bei Nutzung einer GmbH & Co. KG erreicht, weil die Haftung der Fondsinitiatoren und damit das unternehmerische Risiko im Ergebnis auf die Haftung des Gesell-

---

[28] *Schatz,* in: Jesch/Striegel/Boxberger, Rechtshdb. Private Equity, § 4 Abschn. 3.; *Sagasser,* in: Assmann/Schütze, Hdb. KapitalanlageR, § 27 Rn. 400; *Bauer/Gemmeke,* DStR 2004, 579; *Weber/Eitelwein et al.,* Private-Equity-Controller, S. 30.

[29] §§ 13 Abs. 2 GmbHG, 1 Abs. 1 Satz 2, 278 Abs. 3 AktG.

schaftsvermögens der Komplementär-GmbH beschränkt ist.[30] Durch den Einsatz einer Komplementär-GmbH lassen sich überdies sonstige personengesellschafts-rechtliche Unwägbarkeiten aushebeln: Ein Nichtgesellschafter kann als Geschäfts-führer der Komplementär-GmbH die Geschäfte der Fonds-KG führen, genauso wie ein Kommanditist als Geschäftsführer der Komplementär-GmbH entgegen § 170 HGB die Fonds-KG vertreten kann.[31] Maßgeblich war zudem, dass die Nutzung einer Personengesellschaft wie die GmbH & Co. KG ein flexibles Zahlungsmanagement zulässt.[32] Denn von den Investoren gegebene Kapitalzusagen (sog. Capital Com-mitments) werden in der Praxis erst nach Anteilszeichnung zu bestimmten Zeit-punkten abgerufen (sog. Capital Call oder Draw Down),[33] zumeist erst kurz vor dem Closing der Transaktion.[34] Bei AGs und GmbHs scheint dieses Procedere mit Blick auf die Kapitalaufbringungsvorschriften der §§ 36a Abs. 1 AktG, 7 Abs. 2 GmbHG prima facie undenkbar, doch lässt sich dem noch begegnen, indem man die Einla-geverpflichtung als Verpflichtung der Gesellschafter zur Einzahlung in die Kapi-talrücklage gestaltet.[35] Von besonderer Wichtigkeit im LBO-Segment ist allerdings, dass Auszahlungen an die Investoren zur Steigerung der IRR möglichst rasch vor-genommen werden, was bei Kapitalgesellschaften aufgrund des notwendigen bü-rokratischen Ablaufs und der Einschränkungen bei der Rückführung freier Liquidität weniger gelingt.[36] Davon abgesehen war es eine Frage des Investment*produkts*, ob auf eine börsenfähige Rechtsform wie die AG zurückgegriffen werden sollte.[37] Der einzige aus gesellschaftsrechtlicher Perspektive für die sonstige Strukturierung maßgebliche Gesichtspunkt fernab der Rechtsformwahl war bei der Fonds-KG ge-gebenenfalls die Nutzung eines Treuhandkommanditisten zur Vermeidung des or-ganisatorischen Aufwandes einer stets erforderlichen Eintragung neuer Komman-ditisten bei Eintritt in die Fonds-KG.[38] Diese Konstruktion hängt sehr von der An-

---

[30] *Kaserer/Achleitner/von Einem/Schierek*, Private Equity in Deutschland, S. 16 f.

[31] *Oetker*, in: Oetker, HGB, § 161 Rn. 70. Dies war etwa bei Option B von Vorteil.

[32] *Boué/Kehlbeck/Leonhartsberger-Heilig*, Basiswissen Private Equity, Abschn. 7.1.2.; *Schatz*, in: Jesch/Striegel/Boxberger, Rechtshdb. Private Equity, § 4 Abschn. 3.1.1.

[33] *Könnecke*, in: Baur/Tappen, Investmentgesetze, § 152 KAGB Rn. 88; *Gottschling*, in: FrankKomm, KapAnlR Bd. 1, § 1 KAGB Rn. 60, 447.

[34] *v. Rosenberg*, in: Eilers/Koffka/Mackensen, Private Equity, I Nr. 5 Rn. 4; *Holzner*, Private Equity, der Einsatz von Fremdkapital und Gläubigerschutz, S. 44: im Bedarfsfall.

[35] *Schatz*, in: Jesch/Striegel/Boxberger, Rechtshdb. Private Equity, § 4 Abschn. 3.2.2.; losgelöst von der speziellen Private Equity-Problematik allgemein zu § 272 Abs. 2 HGB: *Winkeljohann/K.Hoffmann*, in: Beck Bil-Komm, § 272 HGB Rn. 198; *Kropff*, in: Münch-Komm, BilR, § 272 HGB Rn. 139.

[36] *Boué/Kehlbeck/Leonhartsberger-Heilig*, Basiswissen Private Equity, Abschn. 7.1.2.; *Schatz*, in: Jesch/Striegel/Boxberger, Rechtshdb. Private Equity, § 4 Abschn. 3.2.2.

[37] *EVCA* (nun: Invest Europe) vom 27.9.2012, Response to ESMA Consultation Paper: Guidelines on sound remuneration policies under the Alternative Investment Fund Managers Directive (AIFMD), 28 June 2012, ESMA/2012/406, S. 12 Rn. 51 (PE/VC AIFMs and AIFs may be listed or privately held), S. 30 Rn. 142 (a few PE/VC groups have publicly listed AIFs).

[38] §§ 161 Abs. 2, 107 HGB.

legerzahl ab. Im Hinblick auf den typischen Investorenkreis von LBO-Fonds werden die Investoren aber regelmäßig Kommanditisten.[39]

2. Steuerrechtliche Erwägungen

Vor diesem Hintergrund bildete regelmäßig das Steuerrecht vorbehaltlich verbleibender gesellschaftsrechtlicher Unterschiede den wesentlichen Treiber und die Erklärung für die Strukturierung sämtlicher Modelle von Private Equity-Fonds. Es nahm Einfluss auf die Rechtsformwahl und die sonstige gesellschaftsrechtliche Strukturierung. Die wesentlichen steuerrechtlichen Parameter sollen daher kurz anhand inländischer Besteuerungsgrundsätze aufgezeigt werden. Ein besonderes Augenmerk ist in diesem Kontext auf die Besteuerung des Carried Interest zu richten, die – wie im weiteren Verlauf der Arbeit noch zu zeigen ist – nicht so recht mit den neuen regulierungsrechtlichen Vorgaben zu harmonieren scheint.

a) Status als Vermögensverwaltung

Es bestand ein überwiegendes Interesse daran, Private Equity-Fonds steuerlich transparent zu gestalten (sog. Transparenzprinzip) und die Anleger auf diese Weise so zu stellen, als würden sie direkt investieren.[40] Dadurch wurden Steuerbegünstigungen ermöglicht, da auf Ebene des dann bloß vermögensverwaltenden[41] Private Equity-Fonds eine zusätzliche Besteuerung in Form der Gewerbesteuer entfiel.[42] Die Vorteile für den einzelnen Anleger waren je nach Steuersituation[43] zu errechnen. Die

---

[39] *Schatz*, in: Jesch/Striegel/Boxberger, Rechtshdb. Private Equity, § 4 Abschn. 3.1.1.

[40] *Elser*, in: Beckmann/Scholtz/Vollmer, Investment-Hdb., Losebl. (Stand: 9/15), 420 § 18 InvStG Rn. 26; *Sagasser*, in: Assmann/Schütze, Hdb. KapitalanlageR, § 27 Rn. 395; *Veith*, in: FrankKomm, Private Equity, Kap. 1 Rn. 65; *Levedag*, in: MünchHdb. KG, § 71 Rn. 207; *Rodin*, in: FS P+P Pöllath + Partners, S. 541, 543; *Bauer/Gemmeke*, DStR 2004, 579; *Faigle*, Die Besteuerung des Carried Interests von Private Equity Fonds, S. 19; *Berger*, Regulierung der Management-Ebene bei Private Equity-Fonds, S. 67 f.; umfassend zum Transparenzprinzip bei einer GmbH & Co. KG s. *Levedag*, in: MünchHdb. KG, § 57 Rn. 30 ff.

[41] § 14 Satz 3 AO.

[42] *Sagasser*, in: Assmann/Schütze, Hdb. KapitalanlageR, § 27 Rn. 395.

[43] Für natürliche Personen je nach Beteiligung im Privat- oder Betriebsvermögen: Abgeltungssteuer oder Teileinkünfteverfahren bei Dividenden und Zinsen, Abgeltungssteuer bzw. bei Vorliegen der Voraussetzungen von § 17 EStG Teileinkünfteverfahren bei Veräußerungserlösen. Die Zukunft der Abgeltungssteuer bleibt angesichts aktueller (2017) Reformvorschläge der Parteien abzuwarten. Für Körperschaften: gewerbesteuerrechtliche Hinzurechnungen und Kürzungen nach §§ 8 f. GewStG, Befreiung nach § 8b KStG unter Beachtung der Regelung zu Streubesitzdividenden. Die rechtspolitische Entwicklung zur Besteuerung von Veräußerungsgewinnen bei Streubesitzbeteiligungen bleibt weiterhin abzuwarten. Im Zuge der Investmentsteuerreform 2018 war eine Kodifizierung einer entsprechenden Besteuerung durch Art. 3 Nr. 1 DiskE vorgesehen, s. auch *Hielscher*, BC 2015, 385; krit. *Rehm/Nagler*, BB 2015, 2006, 2008 f.; *Rogall/Dreßler*, BB 2015, 2009; *Ritzer/Stangl*, DStR 2015, 2203; *Haselmann/Albrecht*, DStR 2015, 2212; *Kotten/Heinemann*, DStR 2015, 1889, 1892 ff. Denn die volle

Details einschließlich der Vorteile gegenüber der Gewerblichkeit blieben der steuerrechtlichen Literatur vorbehalten.[44] Private Equity-Fonds wurden deshalb regelmäßig als Personengesellschaft aufgelegt,[45] da diese grundsätzlich kein Steuersubjekt ist und als vermögensverwaltende Gesellschaft fungiert.[46] Eine GmbH & Co. KG erzielt jedoch dann Einkünfte aus Gewerbebetrieb, wenn sie (i) gem. § 15 Abs. 1 Satz 1 Nr. 1 EStG gewerblich tätig war, (ii) gem. § 15 Abs. 3 Nr. 1 EStG nur zum Teil gewerbliche Tätigkeiten ausführte, diese aber abfärbten, bzw. Anteile an einer anderen Personengesellschaft hielt, die ihrerseits gewerblich tätig oder geprägt war, oder (iii) gem. § 15 Abs. 3 Nr. 2 EStG jedenfalls selbst gewerblich geprägt war.

aa) Gewerbliche Abfärbung und Prägung

Eine gewerbliche Abfärbung ließ sich typischerweise vermeiden, da Private Equity-Fonds in der Regel in Kapitalgesellschaften investierten.[47] Doch selbst bei Beteiligung an einer Personengesellschaft konnten entsprechende Strukturierungsmaßnahmen Abhilfe schaffen.[48] Eine gewerbliche Prägung konnte die Fondsgesellschaft jedenfalls ohne Weiteres durch gesellschaftsrechtliche Strukturierung verhindern, indem neben der Verwaltungs-GmbH als Komplementärin auch ein geschäftsführender Kommanditist bestellt wurde.[49] Dies war übereinstimmend bei allen aufgezeigten Erscheinungsformen zu beobachten.[50]

Steuerpflicht von Streubesitzdividenden könnte dadurch untergraben werden, dass die Dividenden fortlaufend thesauriert und erst bei der Veräußerung der Beteiligung realisiert werden (sog. Ballooning), *Benz/Jetter*, DStR 2013, 489, 492; *Broemel*, IStR 2015, 644. Mittlerweile wird dieses Vorhaben im Rahmen der Investmentsteuerreform 2018 nicht weiterverfolgt, um keine neue steuerliche Belastung bei der Finanzierung junger, innovativer Unternehmen zu schaffen. Die Arbeiten an einer Lösung gehen weiter, vgl. http://www.bundesfinanzministerium. de/Content/DE/Pressemitteilungen/Finanzpolitik/2016/02/2016-02-24-PM07.html (zuletzt abgerufen am 27. 8. 2017).

[44] *Veith*, in: FrankKomm, Private Equity, Kap. 1 Rn. 92 ff.; *Striegel/Herkenroth*, in: Jesch/ Striegel/Boxberger, Rechtshdb. Private Equity, § 18 Abschn. 2.3.; *Sagasser*, in: Assmann/ Schütze, Hdb. KapitalanlageR, § 27 Rn. 436 ff.; *Kind/Fischer*, in: Lüdicke/Arndt, Geschlossene Fonds, S. 434; *Jesch*, Private-Equity-Beteiligungen, S. 157 ff.; *Jarass/Obermair*, Steuerliche Aspekte von Private Equity- und Hedge-Fonds, Kap. 5.2.2.; *Montag*, in: Tipke/Lang, Steuerrecht, § 13 Rn. 4 ff.

[45] 5. Teil, A.

[46] *Schulze zur Wiesche*, in: Breithaupt/Ottersbach, Kompendium GesR, § 1 Rn. 2 ff.; *Veith*, in: FrankKomm, Private Equity, Kap. 1 Rn. 66; *Birk/Desens/Tappe*, Steuerrecht, Rn. 1102 f.

[47] *Veith*, in: FrankKomm, Private Equity, Kap. 1 Rn. 73.

[48] Ebd.

[49] *Levedag*, in: MünchHdb. KG, § 57 Rn. 45; *Rüber/Reiff*, BB 2014, 1634, 1636; BMF, Schreiben vom 16. 12. 2003, IV A 6-S 2240-153/03, Einkommensteuerliche Behandlung von Venture Capital und Private Equity Fonds; Abgrenzung der privaten Vermögensverwaltung vom Gewerbebetrieb, Rn. 17, BStBl. 2004 I, S. 40 und BStBl. 2006 I, S. 632.

[50] 5. Teil, A.I.

bb) Abgrenzung von Vermögensverwaltung zu gewerblicher Tätigkeit

Offen blieb aber zunächst die Frage nach der gewerblichen Tätigkeit des Fonds. Die Abgrenzung zwischen gewerblichen und vermögensverwaltenden Private Equity-Fonds richtete sich nach dem Rundschreiben des Bundesministeriums der Finanzen (BMF) vom 16. Dezember 2003.[51] Dieses wurde im Jahr 2011 indes durch den BFH in Frage gestellt.[52] Zentral ist der Befund des BFH, LBO-Strategien („buy to sell") hätten typischerweise eine Umschichtung von Unternehmensbeteiligungen zum Ziel, sodass deren Umsetzung mit einer Qualifikation als gewerblicher Tätigkeit verbunden sei.[53] Der Gesetzgeber geht bei § 18 Abs. 1 Nr. 4 EStG aber gerade davon aus, dass auch typische auf Veräußerung gerichtete Private Equity-Fonds vermögensverwaltend tätig sein können[54] – um nur einen Kritikpunkt zu nennen[55]. Das BMF hat die BFH-Entscheidung gleichwohl im BStBl. II. ohne Erläuterungen veröffentlicht.[56] Nach ersten Erkenntnissen aus der Praxis war dies jedoch nicht mit einer Abkehr vom Private Equity-Erlass verbunden.[57] Bei unterstellter Maßgeblichkeit des BMF-Schreibens sind acht Kriterien zu beachten, um Gewerblichkeit zu vermeiden:

- Kein Einsatz von Bankkrediten/keine Übernahme von Sicherheiten zum Erwerb von Anteilen an der Portfoliogesellschaft;

- kein Unterhalten einer eigenen umfangreichen Organisation;

---

[51] *BMF*, Schreiben vom 16.12.2003, IV A 6-S 2240-153/03, Einkommensteuerliche Behandlung von Venture Capital und Private Equity Fonds; Abgrenzung der privaten Vermögensverwaltung vom Gewerbebetrieb, BStBl. 2004 I, S. 40 und BStBl. 2006 I, S. 632; konkretisierende Hinweise zu einzelnen Punkten gibt es durch Verfügungen der Finanzverwaltung, *OFD Magdeburg* vom 5.4.2006, S 2240-58 – St 214, DStR 2006, 1505; *OFD Frankfurt/Main* vom 16.2.2007, S 2241 A – 67 – St 220. Dazu *Veith*, in: FrankKomm, Private Equity, Kap. 1 Rn. 74 ff.; *Elser*, in: Beckmann/Scholtz/Vollmer, Investment-Hdb., Losebl. (Stand: 9/15), 420 § 18 InvStG Rn. 32 ff.; *Güroff*, in: Littmann/Bitz/Pust, Einkommensteuerrecht, Losebl. (Stand: 6/14), § 18 EStG Rn. 373 ff.; krit. *Schatz*, in: Jesch/Striegel/Boxberger, Rechtshdb. Private Equity, § 4 Abschn. 3.1.1.1.

[52] BFH, Urt. v. 24.8.2011 – I R 46/10, BFHE 234, 339 Rn. 21: „Ob diesen – eher in Richtung einer Vermögensverwaltung tendierenden – Merkmalen angesichts der Vorgaben des § 15 Abs. 2 EStG 1997 uneingeschränkt zu folgen ist, kann dahinstehen."; nun auch FG Münster, Urt. v. 28.4.2017 – 10 K 3435/13 F, BeckRS 2017, 113311; *Faigle*, Die Besteuerung des Carried Interests von Private Equity Fonds, S. 47 ff.

[53] BFH, Urt. v. 24.8.2011 – I R 46/10, BFHE 234, 339 Rn. 22.

[54] *Süß/Mayer*, DStR 2011, 2276, 2279.

[55] Vgl. die Diskussion bei den 9. Hamburger Fondsgesprächen vom 3.11.2016 zu dem Referat von *Schnittker*, abrufbar unter http://www.fondsgespraeche.de/media/pdf/Vortraege_2 016/02-161031-Gewerblichkeit-oder-Vermoegensverwaltung%20bei%20PE_VC-Fonds.pdf (zuletzt abgerufen am 27.8.2017).

[56] BFH, Urt. v. 24.8.2011 – I R 46/10, BStBl. 2014 II, S. 764.

[57] Auch *Ewald/Jansen*, DStR 2016, 1784, 1785 f. wenden die Merkmale weiter auf eine InvKG an.

- keine Ausnutzung eines Marktes auf fremde Rechnung unter Einsatz beruflicher Erfahrungen;

- kein Anbieten der Beteiligungen an Portfoliogesellschaften gegenüber breiter Öffentlichkeit/Handeln auf eigene Rechnung;

- keine kurzfristige Beteiligung (mind. drei bis fünf Jahre);

- keine Reinvestition von Veräußerungserlösen; und

- kein unternehmerisches Tätigwerden in Portfoliogesellschaften.

Für eine eingehende Analyse dieser Merkmale ist hier das falsche Forum. Nicht unerwähnt bleiben soll jedoch, dass diese Kriterien für verschiedene bereits beobachtete Punkte eine Erklärung liefern, wie etwa für die mittelfristige Haltedauer von Portfoliobeteiligungen. Steuerliche Organschaften erheischen indes ohnehin den Abschluss eines mindestens fünfjährigen Gewinnabführungsvertrags.[58] Zudem ist die Kapitalstruktur von LBO-Fonds verständlicher, weil nach Maßgabe des Private Equity-Erlasses nur die Fremdfinanzierung des Beteiligungserwerbs auf Ebene des Fonds, nicht jedoch auf Ebene des Akquisitionsvehikels schädlich ist.[59] Der BFH hingegen scheint dies anders zu sehen.[60] Schwieriger wiederum ist der Umgang mit der Trennlinie[61] des unternehmerischen Tätigwerdens in den Portfoliogesellschaften, die bereits in einem anderem Zusammenhang angesprochen wurde.[62] Während die Übernahme von Aufsichtsratsfunktionen und die Einräumung von Zustimmungsvorbehalten in einer der Geschäftsführung noch echten Spielraum überlassenden Weise unschädlich sind,[63] könnte das typische, auf unternehmerische Tätigkeit abstellende Geschäftskonzept des LBO-Fonds nicht mit dem Bild einer bloßen Vermögensverwaltung nach Maßgabe des BMF-Schreibens zu vereinbaren sein.[64] Von

---

[58] § 14 Abs. 1 Satz 1 Nr. 3 KStG; dazu *Montag*, in: Tipke/Lang, § 14 Rn. 8.

[59] *Elser*, in: Beckmann/Scholtz/Vollmer, Investment-Hdb., Losebl. (Stand: 9/15), 420 § 18 InvStG Rn. 33; *Striegel/Herkenroth*, in: Jesch/Striegel/Boxberger, Rechtshdb. Private Equity, § 18 Abschn. 2.2.2.1.; *Faigle*, Die Besteuerung des Carried Interests von Private Equity Fonds, S. 48; auch *Eilers*, in: Eilers/Koffka/Mackensen, Private Equity, IV. Rn. 250 geht von einer regelmäßig rein vermögensverwaltenden Tätigkeit der Private Equity-Fonds aus; nicht weiterführend *Sagasser*, in: Assmann/Schütze, Hdb. KapitalanlageR, § 27 Rn. 413, der von einem Direktinvestment des Fonds ausgeht, für das die Fremdkapitalaufnahme schadet; a. A. *Jarass/Obermair*, Steuerliche Aspekte von Private Equity- und Hedge-Fonds, S. 8.

[60] BFH, Urt. v. 24. 8. 2011 – I R 46/10, BFHE 234, 339 Rn. 22. Den Sachverhaltsangaben ist jedoch nicht zu entnehmen, ob die Fremdfinanzierung tatsächlich auf Ebene eines Akquisitionsvehikels aufgenommen wurde; dies wird hier unterstellt. Zwar spricht der BFH davon, die „E-LP", also der Fonds, hätte den Erwerb fremdfinanziert; andererseits stand im Streitfall ein „typisches" Private Equity-Geschäftsmodell in Rede.

[61] Begrüßend *Bauer/Gemmeke*, DStR 2004, 579, 583.

[62] 4. Teil, A.I.

[63] Ausführlich *Veith*, in: FrankKomm, Private Equity, Kap. 1 Rn. 84 ff.

[64] Einen Eingriff in das laufende Management für schädlich haltend: *Elser*, in: Beckmann/Scholtz/Vollmer, Investment-Hdb., Losebl. (Stand: 9/15), 420 § 18 InvStG Rn. 39. Zur par-

vielen Private Equity-Gesellschaften wird allerdings in Stellung gebracht, dass sie sich eher als Counterpart zur Portfoliogesellschaft in strategischen Fragen verstünden, wohingegen andere vorbehaltlos einräumen, das Unternehmen aktiv zu managen.[65] Wenn die Finanzverwaltung diesen Fonds dennoch den Status als vermögensverwaltende Gesellschaft einräumt, kann das nur mit einer entsprechend geringen Gewichtung des einzelnen Kriteriums gegenüber den anderen Vorgaben erklärt werden.[66] So ist nicht die akribische Einzelwürdigung der Kriterien maßgeblich, sondern in Anlehnung an die Rechtsprechung des BFH[67] zum Vorliegen eines gewerblichen Wertpapierhandels allein das Gesamtbild der Tätigkeiten.[68]

b) Besteuerung des Carried Interest nach §§ 3 Nr. 40a, 18 Abs. 1 Nr. 4 EStG

Die Finanzverwaltung behandelt den Carried Interest (im Folgenden „CI") seit dem Private Equity-Erlass des BMF im Jahr 2003 nicht als einen erhöhten Gewinnanteil für eine Kapitalbeteiligung, sondern als ein Entgelt für Management-Dienstleistungen.[69] Der CI sei eine von den Gesellschaftern an die Initiatoren erbrachte Vergütung, der letzteren über den abgekürzten Zahlungsweg des Verzichts auf einen Anteil der den übrigen Gesellschaftern zustehenden Gewinnanteile überlassen werde.[70] Der CI unterlag deswegen der vollen Steuerlast (§ 18 EStG a. F., unter Umständen auch § 15 EStG) ohne Geltung des damaligen Halbeinkünftever-

---

allelen Argumentation im Zusammenhang mit dem Tatbestand der Anlageverwaltung nach § 1 Abs. 1a Satz 2 Nr. 11 KWG vgl. 6. Teil, A.I.1.b)cc)(3).

[65] *Weber/Eitelwein et al.*, Private-Equity-Controller, S. 195 ff.; so auch bei BFH, Urt. v. 24.8.2011 – I R 46/10, BFHE 234, 339 Rn. 21, wo dies indes ohne Zweifel schädlich war.

[66] Im Ausland existieren Fondskonzepte, die mehr Spielraum für unternehmerisches Handeln lassen, *Schatz*, in: Jesch/Striegel/Boxberger, Rechtshdb. Private Equity, § 4 Abschn. 3.1.1.1.

[67] BFH, Urt. v. 4.3.1980 – VIII R 150/76, BStBl. 1980 II, S. 389; BFH, Urt. v. 31.7.1990 – I R 173/83, BStBl. 1991 II, S. 66; BFH, Urt. v. 6.3.1991 – X R 39/88, BStBl. 1991 II, S. 631; BFH, Urt. v. 19.2.1997 – XI R 1/96, BStBl. 1997 II, S. 399; BFH, Urt. v. 29.10.1998 – XI R 80/97, BStBl. 1999 II, S. 448.

[68] *BMF*, Schreiben vom 16.12.2003, IV A 6-S 2240-153/03, Einkommensteuerliche Behandlung von Venture Capital und Private Equity Fonds; Abgrenzung der privaten Vermögensverwaltung vom Gewerbebetrieb, Rn. 8, BStBl. 2004 I, S. 40 und BStBl. 2006 I, S. 632.

[69] *BMF*, Schreiben vom 16.12.2003, IV A 6-S 2240-153/03, Einkommensteuerliche Behandlung von Venture Capital und Private Equity Fonds; Abgrenzung der privaten Vermögensverwaltung vom Gewerbebetrieb, Rn. 24, BStBl. 2004 I, S. 40 und BStBl. 2006 I, S. 632; krit. *Bauer/Gemmeke*, DStR 2004, 579, 583 f.; *Watrin/Struffert*, BB 2004, 1888 f.; *Boxberger*, in: Dornseifer/Jesch/Klebeck/Tollmann, AIFM-RL, Art. 13 Rn. 48; in der Zeit vor dem BMF-Schreiben qualifizierten einige Länderfinanzverwaltungen den CI als Veräußerungsgewinn und eröffneten so den Initiatoren die Möglichkeit zur steuerfreien Vereinnahmung, *Veith*, in: FrankKomm, Private Equity, Kap. 1 Rn. 111.

[70] *BMF*, Schreiben vom 16.12.2003, IV A 6-S 2240-153/03, Einkommensteuerliche Behandlung von Venture Capital und Private Equity Fonds; Abgrenzung der privaten Vermögensverwaltung vom Gewerbebetrieb, Rn. 24, BStBl. 2004 I, S. 40 und BStBl. 2006 I, S. 632.

fahrens.[71] Der Gesetzgeber hat den CI zur Standortförderung Deutschlands mit dem Gesetz zur Förderung von Wagniskapital vom 30. Juli 2004 zwar ebenso wie das BMF als eine den Einkünften aus selbständiger Arbeit unterliegende Tätigkeitsvergütung eingeordnet, nun in § 18 Abs. 1 Nr. 4 EStG, aber der Geltung des damaligen Halbeinkünfteverfahrens unterworfen.[72] Seitdem haftet § 18 Abs. 1 Nr. 4 EStG nach einem Teil in der Literatur das Verdikt einer „verdeckte[n] gesetzliche[n] Fiktion zur Umqualifizierung des Gewinnvorzugs in eine Dienstleistungsvergütung"[73] an. Mit dem MoRaKG wurden die steuerlichen Rahmenbedingungen an das seit dem Jahr 2009 geltende Teileinkünfteverfahren angepasst,[74] sodass seitdem 40 Prozent der Vergütungen i. S. des § 18 Abs. 1 Nr. 4 EStG nach § 3 Nr. 40a EStG steuerfrei sind. Das Gerüst der Steuervergünstigung stand in jüngster Zeit allerdings auf tönernen Füßen. Ein die Abschaffung der Steuervergünstigung anstrebender Entwurf[75] des Bundesrats zum Steuervereinfachungsgesetz 2013 musste aufgrund von Neuwahlen aufgegeben werden.[76] In der neuen Legislaturperiode wurde am 14. März 2014 durch den Bundesrat beschlossen, den neuen Gesetzesentwurf beim Bundestag gem. Art. 76 Abs. 1 GG einzubringen.[77] Das Bundeskabinett hat den vorgelegten Vorschlag am 30. April 2014 abgelehnt, da er im Widerspruch zu dem im Koalitionsvertrag niedergelegten Ziel der Verbesserung der steuerlichen Rahmenbedingungen für Wagniskapital stehe.[78] Der Gesetzentwurf wurde dem Bundestag zugeleitet, jedoch nie beraten und ist nun infolge der Diskontinuität erledigt.[79] Das wurde vom Bundesrat bereits im Kontext des Gesetzgebungsverfahrens zu einem mit dem Steuervereinfachungsgesetz 2013 sachnahen Gesetz kritisiert.[80] Einkünfte aus selbständiger Arbeit sind nach § 18 Abs. 1 Nr. 4 EStG in seiner jetzigen Fassung:

> Einkünfte, die ein Beteiligter an einer vermögensverwaltenden Gesellschaft oder Gemeinschaft, deren Zweck im Erwerb, Halten und in der Veräußerung von Anteilen an Kapitalgesellschaften besteht, als Vergütung für Leistungen zur Förderung des Gesellschafts- oder Gemeinschaftszwecks erzielt, wenn der Anspruch auf die Vergütung unter der

---

[71] Ebd., Rn. 25.

[72] Gesetz zur Förderung von Wagniskapital vom 30. Juli 2004, BGBl. I, S. 2013.

[73] *Kanzler*, in: Herrmann/Heuer/Raupach, EStG/KStG, Losebl. (Stand: 1/14), § 3 Nr. 40a Anm. 10; ebenso Umqualifikation annehmend: *Wacker*, in: Schmidt, EStG, § 18 Rn. 284 f.; ebenso auf Fiktion hinweisend: *Brandt*, in: Herrmann/Heuer/Raupach, EStG/KStG, Losebl. (Stand: 12/15), § 18 EStG Rn. 285; *Birk/Desens/Tappe*, Steuerrecht, Rn. 741; *Friederichs/Köhler*, DB 2004, 1638.

[74] Gesetz zur Modernisierung der Rahmenbedingungen für Kapitalbeteiligungen (MoRaKG) vom 12. August 2008, BGBl. I, S. 1672.

[75] BRE BT-Drs. 17/12197.

[76] *Sagasser*, in: Assmann/Schütze, Hdb. KapitalanlageR, § 27 Rn. 461.

[77] BR-Drs. 92/14.

[78] BT-Drs. 18/1290, S. 25 f.

[79] Vgl. http://dipbt.bundestag.de/extrakt/ba/WP18/584/58401.html (zuletzt abgerufen am 27. 8. 2017).

[80] BR-Drs. 432/14 (Beschluss), S. 1 ff.

Voraussetzung eingeräumt worden ist, dass die Gesellschafter oder Gemeinschafter ihr eingezahltes Kapital vollständig zurückerhalten haben; § 15 Absatz 3 ist nicht anzuwenden.

Der teilweisen Steuerfreiheit unterliegt nur die Tätigkeitsvergütung, die über den proportionalen Gewinnanteil hinausgeht.[81] Von dieser Erkenntnis abgesehen herrscht weitgehend Uneinigkeit über sämtliche Voraussetzungen. Für die Zwecke dieser Arbeit ist ein Fokus auf die Fragen, was unter einer vermögensverwaltenden Gesellschaft zu verstehen ist und wer Beteiligter sein kann, zu legen.

aa) Vermögensverwaltende Gesellschaft

Bei Ersterem herrscht nahezu Einigkeit darüber, dass originär gewerblich tätige Personengesellschaften nicht in den Anwendungsbereich fallen sollen.[82] Dementsprechend gilt dasselbe für Kapitalgesellschaften.[83] Strittig ist hingegen, ob darüber hinaus auch nicht gewerblich tätige Kapitalgesellschaften zu exkludieren sind. Dabei dreht sich alles um die Frage, ob dem Begriff „vermögensverwaltend" ein tätigkeitsbezogenes oder ein einkunftsartbezogenes Verständnis zugrundeliegt. Geht man wie das Bayerische Landesamt für Steuern in einer Verfügung vom 29. August 2008[84] von letzterem aus,[85] können Kapitalgesellschaften allein dadurch, dass sie nach § 8 Abs. 2 KStG stets gewerbliche Einkünfte erzielen, keine vermögensverwaltenden Gesellschaften sein. Dem wird aber überwiegend entgegengetreten.[86] In dieser Konsequenz soll sich – abermals umstritten – der in § 18 Abs. 1 Nr. 4 Halbsatz 2 EStG statuierte Ausschluss von § 15 Abs. 3 EStG nicht nur auf die Ebene

---

[81] *Sagasser*, in: Assmann/Schütze, Hdb. KapitalanlageR, § 27 Rn. 459.

[82] *Elser*, in: Beckmann/Scholtz/Vollmer, Investment-Hdb., Losebl. (Stand: 9/15), 420 § 18 InvStG Rn. 80; *Faigle*, Die Besteuerung des Carried Interests von Private Equity Fonds, S. 58 f.; *Behrens*, FR 2004, 1211, 1214 f.; *Brandt*, in: Herrmann/Heuer/Raupach, EStG/KStG, Losebl. (Stand: 12/15), § 18 EStG Rn. 279, 283; *Güroff*, in: Littmann/Bitz/Pust, Einkommensteuerrecht, Losebl. (Stand: 6/14), § 18 EStG Rn. 373, 383; *Stuhrmann*, in: *Kirchhof/Söhn/Mellinghoff*, EStG, Losebl. (Stand: 9/15), § 18 Rn. B 257; *Wacker*, in: Schmidt, EStG, § 18 Rn. 286; *Siewert*, in: Frotscher/Geurts, EStG, Losebl. (Stand: 11/14), § 18 Rn. 102b; a. A. *Veith*, in: FrankKomm, Private Equity, Kap. 1 Rn. 130.

[83] *Weißflog*, Steuerliche Analyse von Islamic Private Equity, S. 117.

[84] *Bayer. Landesamt für Steuern* vom 29. 8. 2008, S 2241-17 St32/St33, DStR 2008, 2421.

[85] So auch *Wacker*, in: Schmidt, § 18 EStG Rn. 286; *Siewert*, in: Frotscher/Geurts, EStG, Losebl. (Stand: 11/14) § 18 Rn. 102b; *Stuhrmann*, in: *Kirchhof/Söhn/Mellinghoff*, EStG, Losebl. (Stand: 9/15), § 18 Rn. B 257b.

[86] *Brandt*, in: Herrmann/Heuer/Raupach, EStG/KStG, Losebl. (Stand: 12/15), § 18 EStG Rn. 281, 287; *Behrens*, FR 2004, 1211, 1216; *Elser/Dürrschmidt*, FR 2010, 1075, 1077; *Güroff*, in: Littmann/Bitz/Pust, Einkommensteuerrecht, Losebl. (Stand: 6/14), § 18 EStG Rn. 370, 381; *Handzik*, in: Littmann/Bitz/Pust, Einkommensteuerrecht, Losebl. (Stand: 8/12), § 3 EStG Rn. 1518a; *v. Beckerath*, in: Kirchhof/Söhn/Mellinghoff, EStG, Losebl. (Stand: 11/08), § 3 Nr. 40a Rn. B 40 a/39; *Hutter*, in: Blümich, EStG, KStG, GewStG, Losebl. (Stand: 5/16), § 18 EStG Rn. 202; *Faigle*, Die Besteuerung des Carried Interests von Private Equity Fonds, S. 55 ff.; *Leez*, Die Besteuerung der Initiatoren inländischer Private Equity Fonds, S. 106 ff.; wohl auch *Elser*, in: Beckmann/Scholtz/Vollmer, Investment-Hdb., Losebl. (Stand: 9/15), 420 § 18 InvStG Rn. 80.

des Beteiligten beschränken, sondern auch auf die Ebene des Fonds erstrecken,[87] sodass auch gewerblich geprägte oder gewerblich infizierte Personengesellschaften insoweit als vermögensverwaltende Gesellschaften qualifizieren könnten. Zur steueroptimalen Strukturierung des Private Equity-Fonds lag die Nutzung einer nicht gewerblich tätigen Personengesellschaft deshalb im eigenen Interesse der Private Equity-Gesellschaft. Unter Berücksichtigung der gesellschaftsrechtlichen Erwägungen war ein Rückgriff auf die GmbH & Co. KG damit indiziert.

bb) Beteiligter

Sofern der Fonds als vermögensverwaltend i.S. des § 18 Abs. 1 Nr. 4 EStG qualifiziert, ist noch zu hinterfragen, welche Anforderungen an den „Beteiligten", also das Carry-Vehikel, zu stellen sind. Einheitliche Antworten werden hierauf nicht gegeben. So ist schon umstritten, ob der Beteiligte überhaupt gesellschaftsrechtlich am Fondsvehikel partizipieren muss[88] und falls dies bejaht wird, ob nicht sogar eine kapitalmäßige Beteiligung zu fordern ist[89]. Eng damit verknüpft ist der Streit darüber, ob der CI als Vergütung auf ausschließlich gesellschaftsrechtlicher oder auch – trotz

---

[87] Auch Fondsebene: FG Hessen, Urt. v. 7.12.2015 – 7 K 2482/10 nrkr. (s. BFH 21.6.2016 – VIII R 11/16, ANHVERF 2016); *Hutter*, in: Blümich, EStG, KStG, GewStG, Losebl. (Stand: 5/16), § 18 EStG Rn. 202; *Faigle*, Die Besteuerung des Carried Interests von Private Equity Fonds, S. 50 ff.; *Leez*, Die Besteuerung der Initiatoren inländischer Private Equity Fonds, S. 104 ff.; *Sagasser*, in: Assmann/Schütze, Hdb. KapitalanlageR, § 27 Rn. 459; *Geerling/Ismer*, DStR 2005, 1596, 1599; *Behrens*, FR 2004, 1211, 1213 f.; *Veith*, in: FrankKomm, Private Equity, Kap. 1 Rn. 128 f.; *v. Beckerath*, in: Kirchhof/Söhn/Mellinghoff, EStG, Losebl. (Stand: 11/08), § 3 Nr. 40a Rn. B 40 a/60; im Ergebnis ebenso *Elser/Dürrschmidt*, FR 2010, 1075, 1077; jedenfalls für § 15 Abs. 3 Nr. 1 EStG *Brandt*, in: Herrmann/Heuer/Raupach, EStG/KStG, Losebl. (Stand: 12/15), § 18 EStG Rn. 279, 287; nur Beteiligtenebene: *Boxberger*, in: Jesch/Striegel/Boxberger, Rechtshandbuch Private Equity, § 6 Abschn. 3.6.2.; *Friederichs/Köhler*, DB 2004, 1638, 1639; *Wacker*, in: Schmidt, EStG, § 18 Rn. 286; *Stuhrmann*, in: *Kirchhof/Söhn/Mellinghoff*, EStG, Losebl. (Stand: 9/15), § 18 Rn. B 257a.

[88] Bejahend *Güroff*, in: Littmann/Bitz/Pust, Einkommensteuerrecht, Losebl. (Stand: 6/14), § 18 EStG Rn. 371; *Wacker*, in: *Schmidt*, EStG, § 18 Rn. 286; *Brandt*, in: Herrmann/Heuer/Raupach, EStG/KStG, Losebl. (Stand: 12/15), § 18 EStG Rn. 281; *Carlé*, ErbStB 2005, 246, 248; *Elser/Dürrschmidt*, FR 2010, 1075, 1076; *Stuhrmann*, in: *Kirchhof/Söhn/Mellinghoff*, EStG, Losebl. (Stand: 9/15), § 18 Rn. B 256a; *v. Beckerath*, in: Kirchhof/Söhn/Mellinghoff, EStG, Losebl. (Stand: 11/08), § 3 Nr. 40a Rn. B 40 a/44; *Faigle*, Die Besteuerung des Carried Interests von Private Equity Fonds, S. 64 ff.; wohl auch *Friederichs/Köhler*, DB 2004, 1638; dagegen *Behrens*, FR 2004, 1211, 1212 f., 1217; *Leez*, Die Besteuerung der Initiatoren inländischer Private Equity Fonds, S. 46 ff.; *Sagasser*, in: Assmann/Schütze, Hdb. KapitalanlageR, § 27 Rn. 459; *Veith*, in: FrankKomm, Private Equity, Kap. 1 Rn. 121.

[89] Dafür *Wacker*, in: Schmidt, EStG, § 18 Rn. 286; *Güroff*, in: Littmann/Bitz/Pust, Einkommensteuerrecht, Losebl. (Stand: 6/14), § 18 EStG Rn. 371; *Brandt*, in: Herrmann/Heuer/Raupach, EStG/KStG, Losebl. (Stand: 12/15), § 18 EStG Rn. 286 (Komplementärin ohne Kapitalbeteiligung sei nicht beteiligt); dagegen *Faigle*, Die Besteuerung des Carried Interests von Private Equity Fonds, S. 67 f.; *Leez*, Die Besteuerung der Initiatoren inländischer Private Equity Fonds, S. 34 f.; *Carlé*, ErbStB 2005, 246, 248; *Veith/Schade*, in: FS P+P Pöllath + Partners, S. 435, 443.

der Notwendigkeit einer gesellschaftsrechtlichen Beteiligung – schuldrechtlicher Grundlage möglich ist.[90] Diese Diskussion wird durch die neuen regulierungsrechtlichen Vorgaben an die Zahlung des CI an Fahrt aufnehmen, worauf noch an anderer Stelle zurückgekommen wird.[91] Eine gesellschaftsrechtliche Beteiligung muss jedoch erforderlich sein, wenn man § 18 Abs. 1 Nr. 4 EStG im Zusammenhang mit dem BMF-Schreiben liest. Letzteres geht ersichtlich davon aus, dass die Initiatoren unmittelbar oder mittelbar am Fondsvehikel beteiligt sind.[92] Dass das BMF hier nur den Regelfall adressiert, ist unschädlich,[93] da der Gesetzgeber ausweislich der Gesetzesbegründung die im BMF-Schreiben gerade für den Regelfall getroffene rechtliche Würdigung der Einordnung des CI als Tätigkeitsvergütung übernimmt und damit implizit auch die dort getroffenen Annahmen anerkennt.[94] Dafür spricht letztlich auch das Zusammenspiel aus dem Erfordernis des „Beteiligten" und der Einordnung des CI als Vergütung für Leistungen zur „Förderung des Gesellschaftszwecks". Eine gesellschaftsrechtliche Beteiligung zu fordern, zugleich jedoch eine Zahlung des CI auf schuldrechtlicher Basis für möglich zu halten, würde das Erfordernis der gesellschaftsrechtlichen Beteiligung hingegen zum bloßen Formalismus degradieren[95] und kann auch deshalb nicht überzeugen. Der CI wird damit für *gesellschaftsrechtlich veranlasste* Leistungen zugunsten der vermögensverwaltenden Gesellschaft im Rahmen der Gewinnverteilung an den Beteiligten gezahlt.

Kontrovers ist ebenso, ob eine Kapitalgesellschaft trotz des Erzielens von *Einkünften aus Gewerbebetrieb* gem. § 8 Abs. 2 KStG zugleich als steuertaugliches Carry-Vehikel, das per Gesetz *Einkünfte aus selbständiger Arbeit* erwirtschaftet, eingesetzt werden kann. Diese Möglichkeit wird überzeugend insbesondere vom Finanzministerium Schleswig-Holstein unter Rekurs auf die Gesetzesbegründung, die Kapitalgesellschaften als Carry-Holder nennt,[96] bejaht.[97] In der Folge könnte

---

[90] Diejenigen Vertreter, die keine zwingende gesellschaftsrechtliche Beteiligtenstellung verlangen, lassen den Erhalt des CI aufgrund schuldrechtlicher Grundlage genügen. Doch auch unter den Vertretern, die eine gesellschaftsrechtliche Beteiligtenstellung fordern, wird vereinzelt zugestanden, dass der CI auf einer schuldrechtlichen Grundlage beruhen könne; in diesem Sinne *Wacker*, in: *Schmidt*, EStG, § 18 Rn. 286; *Stuhrmann*, in: *Kirchhof/Söhn/Mellinghoff*, EStG, Losebl. (Stand: 9/15), § 18 Rn. B 258; dagegen wiederum *Carlé*, ErbStB 2005, 246, 248; vermittelnd *Elser/Dürrschmidt*, FR 2010, 1075, 1079 f., die verlangen, dass grundsätzlich Gesellschafterbeiträge zu leisten seien – daneben halten sie indes eine Steuerbegünstigung bei Leistungen auf schuldrechtlicher Basis für möglich, wenn gleichzeitig substantielle Gesellschafterbeiträge geleistet würden.

[91] 5. Teil, B.V.4. und 5. Teil, B.V.6.b)cc).

[92] *BMF*, Schreiben vom 16.12.2003, IV A 6-S 2240-153/03, Einkommensteuerliche Behandlung von Venture Capital und Private Equity Fonds; Abgrenzung der privaten Vermögensverwaltung vom Gewerbebetrieb, Rn. 2 f., BStBl. 2004 I, S. 40 und BStBl. 2006 I, S. 632.

[93] A. A. *Veith/Schade*, in: FS P+P Pöllath + Partners, S. 435, 443 f.

[94] BT-Drs. 15/3336, S. 7.

[95] Zurecht *Veith/Schade*, in: FS P+P Pöllath + Partners, S. 435, 444.

[96] BT-Drs. 15/3336, S. 6 f.

auch die Annahme naheliegen, dass es im Ergebnis keinen Unterschied machen darf, ob die Einkünfte wegen § 8 Abs. 2 KStG oder aufgrund Erbringens originär gewerblicher Tätigkeiten als Einkünfte aus Gewerbebetrieb qualifizieren. Da im Gesetz keine Rede von einem „vermögensverwaltenden Beteiligten" ist, stellt sich auch keine wie oben vergleichbare Frage, ob von einem tätigkeitsbezogenen oder einem einkunftsartbezogenen Verständnis des „Beteiligten" auszugehen ist. Wenn man dieses Ergebnis akzeptierte, beginge man aber einen Systembruch. Denn in der Folge müssten auch originär gewerbliche Personengesellschaften als Beteiligte i. S. des § 18 Abs. 1 Nr. 4 EStG anzusehen sein.[98] Das hingegen wäre gesetzeswidrig, da § 18 Abs. 1 Nr. 4 Halbsatz 2 EStG die Qualifikation von Einkünften als solche aus Gewerbebetrieb nur dann für unschädlich erklärt, wenn diese aus einer gewerblichen Prägung oder Infektion herrührt.[99]

In Ansehung der vorstehenden Erwägungen lässt sich aber für die Carry-Vehikel-Tauglichkeit einer Kapitalgesellschaft, deren Einkünfte nur aufgrund von § 8 Abs. 2 KStG und nicht auch wegen der Wahrnehmung originär gewerblicher Tätigkeiten als Einkünfte aus Gewerbebetrieb qualifizieren, unter § 18 Abs. 1 Nr. 4 EStG gut argumentieren. Auf Ebene der Carry-Bezugsberechtigten innerhalb der Kapitalgesellschaft würde dann allerdings noch eine Besteuerung der Ausschüttung nach § 20 Abs. 1 Nr. 1 EStG erfolgen.[100] Ohne Probleme kann jedoch auf den Einsatz einer steuertransparenten GmbH & Co. KG als Carry-Vehikel zurückgegriffen werden. Insoweit lässt sich auch die Rechtsform des gleichzeitig zur gewerblichen Entprägung eingesetzten geschäftsführenden Carry-Vehikels in den vorgestellten Erscheinungsformen erklären.

---

[97] *FM Schleswig-Holstein* vom 30. 3. 2009, VI 324-S 2741-111. Die Steuervergünstigung ist in § 3 Nr. 40a EStG geregelt, der auch für Kapitalgesellschaften gilt. Lediglich die „Definition" des CI befindet sich nun in § 18 Abs. 1 Nr. 4 EStG, s. BT-Drs. 15/3336, S. 6 f. So auch *Veith/ Schade*, in: FS P+P Pöllath + Partners, S. 435, 445 f.; *Wacker*, in: Schmidt, EStG, § 18 Rn. 287; *Elser*, in: Beckmann/Scholtz/Vollmer, Investment-Hdb., Losebl. (Stand: 9/15), 420 § 18 InvStG Rn. 84; *Weißflog*, Steuerliche Analyse von Islamic Private Equity, S. 117; *Faigle*, Die Besteuerung des Carried Interests von Private Equity Fonds, S. 210 f.; *Sagasser*, in: Assmann/Schütze, Hdb. KapitalanlageR, § 27 Rn. 459; *Weitnauer*, in: Weitnauer, Hdb. VC, B. Rn. 116; *Behrens*, FR 2004, 1211, 1218; *Bauer/Gemmeke*, DStR 2004, 1470, 1471; *Stuhrmann*, in: *Kirchhof/Söhn/Mellinghoff*, EStG, Losebl. (Stand: 9/15), § 18 Rn. B 258; dagegen *Geerling/Kost*, IStR 2005, 757, 760; *Geerling/Ismer*, DStR 2005, 1596, 1598 f.; *Güroff*, in: Littmann/Bitz/Pust, Einkommensteuerrecht, Losebl. (Stand: 6/14), § 18 EStG Rn. 372, 397; *Handzik*, in: Littmann/Bitz/Pust, Einkommensteuerrecht, Losebl. (Stand: 8/12), § 3 EStG Rn. 1514c; *v. Beckerath*, in: Kirchhof/Söhn/Mellinghoff, EStG, Losebl. (Stand: 11/08), § 3 Nr. 40a Rn. B 40 a/44; *Kanzler*, in: Herrmann/Heuer/Raupach, EStG/KStG, Losebl. (Stand: 1/ 14), § 3 Nr. 40a Anm. 10; *Siewert*, in: Frotscher/Geurts, EStG, Losebl. (Stand:11/14), § 18 Rn. 102d.

[98] *Veith/Schade*, in: FS P+P Pöllath + Partners, S. 435, 446.

[99] *Elser/Dürrschmidt*, FR 2010, 1075, 1076 f.; *Pfirrmann*, in: Kirchhof, EStG, § 18 Rn. 102.

[100] *Faigle*, Die Besteuerung des Carried Interests von Private Equity Fonds, S. 211.

B. Strukturierung von Leveraged Buy Out-Fonds nach Inkrafttreten des KAGB

Nach dem KAGB bedürfen Unternehmen, deren Geschäftsbetrieb darauf gerichtet ist, AIFs, mithin auch LBO-Fonds, zu verwalten, einer Erlaubnis nach § 20 Abs. 1 Satz 1 KAGB.[101] Im Anwendungsbereich der sog. De-minimis-Regelungen nach § 2 Abs. 4, 4a und 5 KAGB unterliegen sie lediglich einer Registrierungspflicht nach § 44 Abs. 1 Satz 1 Nr. 1 KAGB.[102] Das KAGB gibt dabei in vielen Punkten Anlass, die Überlegungen zur bisherigen Strukturierung von Private Equity-Fonds neu zu beleuchten. So ist eine freie Rechtsformwahl innerhalb des erlaubnispflichtigen Bereichs nicht mehr möglich, da Private Equity-Fonds nun einem im Anschluss (unter I.) zu erläuternden Rechtsformzwang ausgesetzt sind. In diesem Kontext sind auch die Rechtsfolgen bei Verstoß gegen den Rechtsformzwang aufzuzeigen. Freilich spielen bei der Strukturierung von Private Equity-Fonds wieder die bereits bekannten gesellschaftsrechtlichen Erwägungen eine Rolle (unter II.). Da jedoch der Rückgriff auf KAGB-eigene Fondsvehikel im erlaubnispflichtigen Bereich notwendig ist, sind die neuen Rechtsrahmen zu vergleichen (ebenda). Außerdem ist die Rolle des im Zuge des KAGB nun anzuwendenden Investmentsteuerrechts zu erhellen, dessen Analyse mit einem Ausblick zu der für das Jahr 2018 in Kraft tretenden Reform des Investmentsteuerrechts abgerundet wird (unter III.). Sodann ist zu ergründen, ob und inwiefern der in § 17 Abs. 3 KAGB verankerte Grundsatz, dass nur eine KVG je AIF zuständig sein kann, Änderungsbedarf bei den bisherigen Erscheinungsformen von Private Equity-Fonds zeitigt (unter IV.). Im Anschluss muss geklärt werden, ob und inwiefern regulierungsrechtliche bzw. aufsichtsbehördliche Vorgaben nicht sogar dazu imstande sind, den bisherigen Einsatz eines Carry-Vehikels in Frage zu stellen (unter V.). Schließlich werden auch die sonstigen regulatorischen Anforderungen an das Carry-Vehikel illustriert (unter VI.).

I. Leveraged Buy Out-Fonds unter dem Rechtsformzwang des KAGB

Der nationale Gesetzgeber hat mit dem KAGB einen Numerus Clausus an zulässigen Rechtsformen etabliert und damit eine „Entrümpelung"[103] von aus der Vergangenheit bekannten Fondsvehikeln vorgenommen.[104]

---

[101] 6. Teil, B.II.2.

[102] 6. Teil, B.II.2.d).

[103] *Emde/Dreibus*, BKR 2013, 89, 95; *Emde*, in: Emde/Dornseifer/Dreibus/Hölscher, InvG, Einl. Rn. 109.

[104] *Zetzsche/Preiner*, WM 2013, 2101, 2102: Relikt überkommener Produktregulierung.

1. Geschlossene AIF-Vehikel

Im erlaubnispflichtigen Bereich stehen den Initiatoren mit der Investmentaktiengesellschaft mit fixem Kapital (InvAG mfK.) und der geschlossenen Investmentkommanditgesellschaft (gInvKG) nur noch zwei Fondsvehikel zur Strukturierung eines geschlossenen Private Equity-Fonds nach § 139 KAGB zur Verfügung.[105] Beide ruhen auf bekanntem gesellschaftsrechtlichen Fundament: Die InvAG mfK. ist eine Aktiengesellschaft und die gInvKG ist eine Kommanditgesellschaft. Das „Rechtskleid"[106] des nationalen Gesellschaftsrechts wurde aber aufgrund investmentrechtlicher und praktischer Bedürfnisse Modifikationen unterworfen.[107] Investmentvermögen in der Rechtsform einer Investmentaktiengesellschaft oder Investmentkommanditgesellschaft werden im KAGB als Investmentgesellschaft bezeichnet.[108] Lediglich im registrierungspflichtigen Bereich nach § 2 Abs. 4, 4a und 5 KAGB verbleiben den Fondsinitiatoren Gestaltungsfreiräume, da der dort geltende Rechtsrahmen keinen Verweis auf die gesellschaftsrechtlichen Vorschriften über die Fondsvehikel vorsieht.[109] Anwendung findet indes ein Rechtsformzwang „light", da KVGs gem. § 44 Abs. 1 Satz 1 Nr. 7 KVG nur AIFs in der Rechtsform

a) einer juristischen Person oder

b) einer Personenhandelsgesellschaft, bei der persönlich haftender Gesellschafter ausschließlich eine AG, eine GmbH oder eine KG, bei der Komplementärin ausschließlich eine GmbH ist,

verwalten dürfen. Die Strukturierung als GmbH & Co. KG bleibt dort ein gangbarer Weg. Daneben wurde den Initiatoren mit Inkrafttreten des FinMarktAnpG auch die Option zur Strukturierung der Kollektivanlage über die genannten KAGB-Fondsvehikel bereitgestellt.[110]

---

[105] Bisweilen wird bezweifelt, dass die intern verwaltete InvKG ein zulässiges Vehikel darstellt. Denn sie wäre zugleich AIFM, obwohl die AIFM-RL nur „juristische Personen" als AIFMs zulässt. Da sich die gleiche Frage bei der Zulassung einer GmbH & Co. KG als externe KVG stellt, wird die Frage dort behandelt, s. 5. Teil, B.V.6.b)aa).

[106] *Fischer/Friedrich*, ZBB 2013, 153, 157 f.; *Freitag/Fürbaß*, ZGR 2016, 729.

[107] *Wallach*, ZGR 2014, 289; für InvAG mfK.: *Wetzig*, Regulierung des Grauen Kapitalmarkts, S. 181: aktienrechtliche Regelungen als Grundgerüst; *Freitag/Fürbaß*, ZGR 2016, 729, 733.

[108] § 1 Abs. 11 KAGB.

[109] BT-Drs. 17/13395, S. 403; *Nelle/Klebeck*, BB 2013, 2499, 2505; *Zetzsche*, AG 2013, 613, 629; *Boxberger*, GWR 2013, 415, 416; *Bentele*, in: Baur/Tappen, Investmentgesetze, § 17 KAGB Rn. 24 Fn. 56. Aus eben jenem Grund darf das KAGB-Gesellschaftsrecht nicht auf den registrierungspflichtigen Bereich „ausstrahlen" (so aber *Zetzsche*, AG 2013, 613, 629); dies jedenfalls spätestens seit dem FinMarktAnpG (Einführung der Option für die KAGB-Vehikel im registrierungspflichtigen Bereich).

[110] § 44 Abs. 1 Satz 2 bis 4 KAGB.

2. Rechtsfolgen bei Missachtung des Rechtsformzwangs

Bei einem – sogar bereits praxisrelevant gewordenen[111] – Verstoß gegen den Rechtsformzwang würden die Manager ein Investmentvermögen ohne Einhaltung der KAGB-Vorschriften verwalten. Für die damit verbundenen Rechtsfolgen ist zwischen drei verschiedenen Szenarien zu unterscheiden. Erstens kann es sein, dass eine KVG gar keine Erlaubnis eingeholt oder Registrierung vorgenommen hat, sie selbst (als interne KVG) oder die von ihr extern verwalteten Fonds jedoch AIFs nach dem KAGB sind und diese AIFs in keiner KAGB-konformen Rechtsform errichtet wurden (Szenario 1). Zweitens ist an die Situation zu denken, dass eine KVG ihre Konzession nach § 20 KAGB beantragt, aber den Rechtsformzwang bei Errichtung ihrer Fondsvehikel oder bei sich als Fondsvehikel nicht eingehalten hat (Szenario 2). Schließlich, wenn auch unwahrscheinlich,[112] kann eine externe KVG bereits Inhaberin einer Erlaubnis oder registriert sein und in der Zukunft dennoch Fondsvehikel ohne Einhaltung des Rechtsformzwangs auflegen (Szenario 3). Es ist zwischen aufsichts-, straf- und gesellschaftsrechtlichen Rechtsfolgen zu unterscheiden;[113] ein spezieller Bußgeldtatbestand existiert nicht[114].

a) Aufsichtsrechtlich

In Szenario 2 würde die Erlaubnis unter Rekurs auf den Auffangtatbestand des § 23 Nr. 11 KAGB versagt.[115] Im Anschluss läge Szenario 1 vor. In diesem stehen der BaFin aufsichtsrechtliche Eingriffs- und Aufklärungs- bzw. Verfolgungsbefugnisse nach den §§ 15, 16 KAGB zu.[116] Wird die kollektive Vermögensverwaltung eines Investmentvermögens ohne die dafür erforderliche Erlaubnis oder Registrierung wahrgenommen, drohen nach § 15 Abs. 2 Nr. 1 KAGB eine Einstellungs- und/oder Abwicklungsverfügung gegenüber dem Unternehmen sowie gegenüber seinen Gesellschaftern und den Mitgliedern seiner Organe.[117] In Szenario 3 ist die KVG zwar Inhaberin einer Erlaubnis oder registriert, das schützt sie allerdings nicht vor einer

---

[111] https://www.bafin.de/SharedDocs/Veroeffentlichungen/DE/Verbrauchermitteilung/uner laubte/2015/vm_150420_peter_beck_gbr.html (zuletzt abgerufen am 27.8.2017): Abwicklung eines GbR-Fonds.

[112] *Freitag/Fürbaß*, ZGR 2016, 729, 746 halten dieses Szenario nicht für ausgeschlossen.

[113] Zu Haftungsfragen s. ebd., 750 ff.: Prospekthaftung nach § 306 Abs. 5 KAGB, Haftung aus § 823 Abs. 2 BGB i. V. m. §§ 91, 139 KAGB (nicht jedoch gegen die interne KVG), Haftung aus c. i. c. (Aufklärung über Verstoß gegen Organisationsrecht).

[114] Ebd., 746.

[115] *Beckmann*, in: Beckmann/Scholtz/Vollmer, Investment-Hdb., Losebl. (Stand: 2/16), 405 § 23 KAGB Rn. 221; keine Festlegung auf einen bestimmten Tatbestand bei *Stöber*, in: Westermann/Wertenbruch, Hdb. Personengesellschaften, Losebl. (Stand: 2/14), § 54a Rn. 3168c; s. dazu 6. Teil, B.II.2.b).

[116] *Freitag*, NZG 2013, 329, 330; *Demleitner*, BB 2014, 2058, 2060; *Silberberger/Lorenz*, in: Weitnauer/Boxberger/Anders, KAGB, § 139 Rn. 7; *Freitag/Fürbaß*, ZGR 2016, 729, 746.

[117] *Baumann*, in: Weitnauer/Boxberger/Anders, KAGB, § 15 Rn. 9.

Beaufsichtigung durch die BaFin und der korrespondierenden Anordnungsbefugnis nach § 5 Abs. 6 KAGB. Diese besteht, um die Ver- und Gebote des KAGB, zu denen auch die Respektierung des Rechtsformzwangs zählt, durchzusetzen. Als ultima ratio ist die BaFin auch befugt, die Erlaubnis nach § 39 Abs. 3 Nr. 3 KAGB wieder zu entziehen.[118] Die BaFin würde von dem Vertrieb eines gegen den Rechtsformzwang verstoßenden AIF entweder im Rahmen der Anzeigeverfahren nach den §§ 316, 321 KAGB Kenntnis erlangen, soweit diese zu durchlaufen sind,[119] im Zuge der periodischen Meldepflichten gegenüber der BaFin nach § 35 KAGB i. V. m. Art. 110 AIFM-VO (im Fall von Publikums-AIFs i. V. m. § 35 Abs. 8 KAGB) und/oder gegebenenfalls über die nach Maßgabe des Ersten Finanzmarktnovellierungsgesetzes[120] aus 2016 bei der BaFin eingerichtete Whistleblowing-Stelle nach § 4d Abs. 1 FinDAG.

b) Strafrechtlich

Wer ohne Erlaubnis oder ohne Registrierung das Geschäft einer KVG betreibt, kann nach § 339 Abs. 1 KAGB mit Freiheitsstrafe bis zu fünf Jahren oder mit Geldstrafe bestraft werden. Es handelt sich nicht um ein Sonderdelikt, sodass jede natürliche Person, die das Geschäft einer KVG betreibt, Täter sein kann,[121] ohne Unterschied, ob es sich um eine externe oder interne KVG handelt. Nicht erforderlich ist eine Geschäftsführereigenschaft.[122] Zukünftig müssen damit sämtliche Organmitglieder strafrechtliche Konsequenzen befürchten, sofern sie ihre als Investmentvermögen nach § 1 Abs. 1 KAGB qualifizierende Gesellschaft ohne Erlaubnis oder Registrierung betreiben.[123] Strafrechtliche Konsequenzen wären aber zunächst nur in Szenario 1 zu gewärtigen.[124]

---

[118] § 23 Nr. 11 KAGB wäre wie oben gesehen verwirklicht.

[119] 6. Teil, B.I.1.b)aa).

[120] Erstes Gesetz zur Novellierung von Finanzmarktvorschriften auf Grund europäischer Rechtsakte (Erstes Finanzmarktnovellierungsgesetz – 1. FiMaNoG) vom 30. Juni 2016, BGBl. I, S. 1514.

[121] *Zeidler*, in: Weitnauer/Boxberger/Anders, KAGB, § 339 Rn. 8.

[122] Ebd.

[123] *Freitag*, NZG 2013, 329, 330: In Anbetracht der erheblichen Unklarheit der äußerst vagen Definition des Investmentvermögens in § 1 Abs. 1 Satz 1 KAGB und der hiervon in § 2 KAGB getroffenen Bereichsausnahmen sei die Strafbarkeit rechtsstaatlich zumindest bedenklich; krit. ebenso *Geurts/Schubert*, WM 2014, 2154, 2155 Fn. 16; *Anders*, in: Weitnauer/Boxberger/Anders, KAGB, § 91 Rn. 10 für offene Investmentvermögen; enge Auslegung fordernd daher *Krause*, in: Beckmann/Scholtz/Vollmer, Investment-Hdb., Losebl. (Stand: 8/12), vor 405 Rn. 11.

[124] *Casper*, in: Großkomm, HGB, § 161 Rn. 264.

c) Gesellschaftsrechtlich

Aus gesellschaftsrechtlicher Perspektive ist die Frage nach der Unwirksamkeit des Gesellschaftsvertrags gem. § 134 BGB zu diskutieren. Für Szenario 1 ist zu konstatieren, dass sich das präventive Verbot mit Erlaubnis- bzw. Registrierungsvorbehalt der §§ 20, 44 KAGB nicht gegen den Inhalt bzw. die Vornahme der sonst zulässigen Investmentgeschäfte per se richtet, sondern allein im öffentlichen Interesse eine den Zielrichtungen des KAGB (Systemschutz, Anlegerschutz) gemäße kollektive Vermögensverwaltung sicherstellen möchte.[125] Zudem richten sich die strafbewehrten §§ 20, 44 KAGB ausschließlich an die Verwalter des Investmentvermögens, nicht hingegen an die Anleger als bloße Beteiligte des Gesellschaftsvertrags.[126] Die Anleger sind auch nicht die Regulierungsadressaten der §§ 139, 44 Abs. 1 Satz 1 Nr. 7 KAGB, sodass in allen drei Szenarien schon deswegen keine Unwirksamkeit angenommen werden darf, weil man den Anlegern sonst den Schutz des KAGB nähme, wenn sie keine wirksame (gegebenenfalls nur mittelbare) Gesellschafterstellung erhielten.[127] Ohnehin könnten Anlegerinteressen dadurch beeinträchtigt werden, dass aufgrund der Nichtanwendung der Grundsätze über die fehlerhafte Gesellschaft in den Fällen von § 134 BGB die im allgemeinen Vertragsrecht geltenden Nichtigkeitsfolgen eingriffen, nach denen die aufgrund eines nichtigen Rechtsverhältnisses erbrachten Leistungen nach Bereicherungsgrundsätzen abzurechnen und zurückzugewähren wären.[128] Doch ist als Wertungskontrolle stets zu hinterfragen, ob die Ausgestaltung einer nicht rechtsformkonformen Anlageorganisation daneben gegen solche Vorschriften des KAGB verstößt, deren Nichteinhaltung in der Folge auch bei zugelassenen Rechtsformen zur Nichtigkeit führen würde (z. B. Verstoß gegen Schriftformerfordernis,[129] §§ 125 S. 1 i. V. m. 126 BGB, 150 KAGB).[130] Bei Verstoß gegen den Rechtsformzwang scheidet eine im erlaubnispflichtigen Bereich anzudenkende Umqualifizierung des bisher überwiegend verwendeten Fondsvehikels der GmbH & Co. KG in eine vom KAGB zur Verfügung gestellte Rechtsform kraft Gesetzes aus. Dies einerseits deswegen, da

---

[125] *Eckhold*, ZBB 2016, 102, 115 f.

[126] *Freitag*, NZG 2013, 329, 330, der diesen Einwand bei *Freitag/Fürbaß*, ZGR 2016, 729, 748 für die §§ 91, 139 KAGB jedoch zurückweist; *Servatius*, ZfIR 2014, 134, 136; *Kobabe*, in: Möllers/Kloyer, Das neue KAGB, Rn. 911, 940 schließt ohne Begründung eine Anwendung von § 134 BGB aus; generell zu § 20 KAGB *Schücking*, in: FrankKomm, KapAnlR Bd. 1, § 20 KAGB Rn. 14.

[127] *Freitag*, NZG 2013, 329, 330; *ders./Fürbaß*, ZGR 2016, 729, 749; *Oetker*, in: Oetker, HGB, § 161 Rn. 164; *Casper*, ZHR 179 (2015), 44, 52 f.; *ders.*, in: Großkomm, HGB, § 161 Rn. 264; *Stöber*, in: Westermann/Wertenbruch, Hdb. Personengesellschaften, Losebl. (Stand: 2/14), § 54a Rn. 3167n.

[128] Ergiebig zu Verstößen gegen das RBerG a. F.: BGH, Urt. v. 25.3.1974 – II ZR 63/72, NJW 1974, 1201, 1202; BGH, Urt. v. 16.12.2002 – II ZR 109/01, NJW 2003, 1252, 1254; a. A. *Schäfer*, in: MünchKomm, BGB, § 705 Rn. 334 m. w. N.

[129] § 150 KAGB hat insoweit auch privatrechtliche Bedeutung, s. *Freitag/Fürbaß*, ZGR 2016, 729, 739 f.

[130] So völlig zurecht *Häublein*, in: BeckOK, HGB, § 161 Rn. 90.

gerade im Hinblick auf den Gesellschaftsvertrag einige Modifizierungen vorzunehmen sind, die nur durch Gesellschafterbeschluss implementiert werden können,[131] andererseits aus dem Grund, dass ansonsten das – noch zu erläuternde – erheblich modifizierte Außenhaftungsregime der gInvKG auch für die KG zur Geltung käme, obwohl es für Gesellschaftsgläubiger weder aus der Firma, noch dem Handelsregistereintrag oder dem Gesellschaftsvertrag erkennbar wäre.[132] Im Ergebnis muss die nicht rechtsformkonforme Gesellschaft auf Verlangen eines einzelnen Gesellschafters oder der BaFin in eine zulässige Gesellschaftsform überführt oder andernfalls nach den Grundsätzen der fehlerhaften Gesellschaft abgewickelt werden.[133]

Daneben ist der Literatur die wenig überzeugende Ansicht zu entnehmen, dass ein als GbR organisiertes Investmentvermögen – eine GbR stellt weder im registrierungs- noch im erlaubnispflichtigen Bereich ein zulässiges Fondsvehikel dar – kraft Gesetzes gem. § 726 BGB aufgelöst werde, da eine rechtmäßige Verwirklichung des Gesellschaftszwecks unmöglich werde.[134] Daran ist richtig, dass auch die Rechtmäßigkeit der Verwirklichung des gemeinsamen Zwecks eine Rolle bei der Auflösung spielen muss, obwohl dies in § 726 BGB nicht steht. Denn ebendies ist für den actus contrarius der Gründung anerkannt.[135] Im Übrigen trifft die Allgemeingültigkeit, die diese Aussage suggeriert, aus zwei Gründen nicht zu. Erstens ist zu rekapitulieren, dass alle Gesellschafter einer GbR einen gemeinsamen Zweck verfolgen und eine wie vorstehend beschriebene Auflösung nach § 726 BGB damit zugleich ein Vorwurf an das Gesellschafter-Kollektiv wäre. Für extern verwaltete GbRs (soweit zulässig) ist diesem Vorwurf indes die Grundlage entzogen, da nur die externe KVG der Regulierung (§§ 139, 44 KAGB) unterliegt. Allein bei einer internen KVG, mithin der GbR selbst, kann der Vorwurf an die KVG ein Vorwurf an die GbR, respektive die durch den gemeinsamen Zweck verbundenen Gesellschafter, sein und damit möglicherweise die Auflösung rechtfertigen. Dass auch die Investoren in diesem Sinne in Geiselhaft genommen würden, ließe sich rechtfertigen, weil in der GbR *alle* Gesellschafter einen gemeinsamen Zweck verfolgen. Der Sache nach ist jedoch eine Zweckfreiheit auf Ebene der Investoren zu konstatieren,[136] da die Kollektivanlage auch bei interner Verwaltung letztlich durch die von den Initiatoren

---

[131] *Freitag*, NZG 2013, 329, 330; *ders./Fürbaß*, ZGR 2016, 729. Zu den Modifikationen 5. Teil, B.II.2.a)bb).

[132] *Freitag*, NZG 2013, 329, 330; *ders./Fürbaß*, ZGR 2016, 729.

[133] *Oetker*, in: Oetker, HGB, § 161 Rn. 164; *Casper*, ZHR 179 (2015), 44, 53 Fn. 21; *ders.*, in: Großkomm, HGB, § 161 Rn. 264, hier ist indes keine Rede von einem Verlangen; strenger *Freitag*, NZG 2013, 329, 330: nur auf Anordnung der BaFin; wie dieser *Dorenkamp*, in: Beckmann/Scholtz/Vollmer, Investment-Hdb., Losebl. (Stand: 8/16), 405 § 139 KAGB Rn. 62.

[134] *Servatius*, ZfIR 2014, 134, 136; *Wagner*, ZfBR 2015, 113, 117.

[135] *Habermeier*, in: Staudinger, BGB, § 726 Rn. 14 allg. für die Grenzen der Vertragsfreiheit, sowie Rn. 18 zur Beachtung institutionalisierter Rechtsformzwänge; *Schäfer*, in: MünchKomm, BGB, § 705 Rn. 146.

[136] Anschaulich *Zetzsche*, Prinzipien der kollektiven Vermögensanlage, § 5 D. I.

eingesetzten Geschäftsführer fremdverwaltet wird und die Anleger lediglich ein Gewinninteresse, insbesondere bei Publikumsgesellschaften, besitzen[137]. Zweitens kann § 726 BGB unabhängig davon, ob man den mit der Anwendung von § 726 BGB verbundenen Vorwurf nun auf alle Gesellschafter, mithin auch die Investoren als formell Zweckverfolgende, oder bei lebensnaher Auslegung allein auf die tatsächlichen Gesellschafter-Verwalter als materiell Zweckverfolgende i. S. des § 705 BGB bezöge, ohnehin nicht uneingeschränkt gelten: Angenommen, eine nach Inkrafttreten des KAGB errichtete GbR qualifizierte als AIF und würde intern ohne Registrierung oder Erlaubnis verwaltet, dann wäre eine rechtmäßige Verwirklichung des Gesellschaftszwecks durch den registrierungs- oder konzessionslosen Fondsverwalter bereits ab initio und nicht erst wie von § 726 BGB vorausgesetzt[138] nachträglich unmöglich, da die GbR schon mit Errichtung als AIF qualifizierte und damit dem Formzwang ausgesetzt wäre. Bei anfänglicher Unmöglichkeit würde die GbR aber vielmehr als fehlerhafte Gesellschaft zur Entstehung gelangen,[139] die – rekapituliert man, dass § 134 BGB nicht erfüllt wäre – fortan nur gem. § 723 Abs. 1 Satz 2 gekündigt werden könnte.[140] Daher kann eine nachträgliche Unmöglichkeit der Verwirklichung eines rechtmäßigen Gesellschaftszwecks nur dann eintreten, wenn ein bislang unregulierter Fondsmanager eine GbR verwaltet, infolge der Übergangsvorschriften in §§ 343, 353 KAGB (je nach Ablauf der Zeichnungsfrist und dem Zeitpunkt der Tätigung von Anlagen) einer Registrierungs- oder Erlaubnispflichtigkeit mit korrespondierendem Zwang zur Rechtsformanpassung ausgesetzt war[141] und dieser im Rahmen der zulässigen Übergangszeiträume nicht nachgekommen ist.

II. Gesellschaftsrechtliche Erwägungen

Die für die Initiatoren bestehende Auswahl an Rechtsformen für ihre Private Equity-Fonds ist außerhalb des lediglich registrierungspflichtigen Bereichs auf die

---

[137] Vgl. dazu die Ausführungen zu der Unterscheidung in Unternehmens- und Anlageaktien bei 5. Teil, B.II.2.c)aa).

[138] *Habermeier*, in: Staudinger, BGB, § 726 Rn. 5; *Kilian*, in: Henssler/Strohn, GesR, § 726 BGB Rn. 4; *Schöne*, in: BeckOK, BGB, § 726 Rn. 7.

[139] Ebd.

[140] *Schäfer*, in: MünchKomm, BGB, § 705 Rn. 345.

[141] Eine Rechtsformanpassung wird zunächst in § 353 Abs. 5 i. V. m. § 44 Abs. 1 Satz 1 Nr. 7 KAGB vorgeschrieben, da im registrierungspflichtigen Bereich keine GbR „verwaltet" werden darf. Im erlaubnispflichtigen Bereich heißt es in § 139 KAGB hingegen, dass AIFs nur in Gemäßheit der §§ 139 ff. KAGB „aufgelegt" (§ 343 Abs. 4 KAGB) werden dürfen. Bereits aufgelegte Vehikel müsste man demzufolge nicht umstrukturieren. Gleichwohl wird – je nach Übergangssituation – auch für bereits aufgelegte Fondsvehikel eine Anpassung der Gesellschaftsverträge gefordert, s. § 353 Abs. 6 Satz 1 i. V. m. § 351 Abs. 1 Satz 1 KAGB; vgl. auch BegrRegE BT-Drs. 17/12294, S. 300 für § 343 KAGB (i. V. m. § 353 Abs. 7 KAGB); BaFin vom 18. 6. 2013, Häufige Fragen zu den Übergangsvorschriften nach den §§ 343 ff. des KAGB, WA 41-Wp 2137-2013/0343, Abschn. III Ziff. 8.

InvAG mfK. und die gInv-KG begrenzt. Im Anwendungsbereich der De-minimis-Regelungen hingegen bleibt die bereits geschilderte Rechtslage vor dem KAGB, soweit nicht anderweitig optiert wird, unverändert, da der Einsatz einer GmbH & Co. KG weiterhin möglich ist.

1. Maßgeblichkeit der Beweggründe vor Inkrafttreten des KAGB

Die bereits vor dem KAGB maßgeblichen Erwägungen zur gesellschaftsrechtlichen Optimierung der Struktur des Private Equity-Fonds gelten unverändert. Im Mittelpunkt steht die Haftungsabschirmung. Diese lässt sich auch mit den beiden neuen geschlossenen Fondsvehikeln durch Beschränkung der Haftung auf das Gesellschaftsvermögen einer Kapitalgesellschaft umsetzen. Für die InvAG mfK. gilt das schon aufgrund von § 140 Abs. 1 Satz 2 KAGB i. V. m. § 1 Abs. 1 Satz 2 AktG. Auch die gInvKG kann entsprechend modelliert werden, da der Einsatz einer Komplementär-GmbH weiterhin möglich[142] und gerade im Investmentbereich geboten ist. Der einzige Unterschied in dieser Hinsicht zur Rechtslage vor dem KAGB besteht nunmehr darin, dass die Haftungsabschirmung nicht mehr über die Nutzung von Fondsvehikeln in der Rechtsform einer GmbH oder GmbH & Co. KGaA erreicht werden kann. Davon unabhängig bleibt es dabei, dass bei einer InvAG mfK. als Fondsvehikel im Gegensatz zur gInvKG keine aus Investorensicht wünschenswerte flexible Gewinnausschüttung gewährleistet ist. Die InvAG mfK. ist dagegen das einzige börsenfähige Fondsvehikel, dessen Einsatz von der Produktausgestaltung abhängt. Ein Novum hingegen ist, dass ein Rückgriff auf einen Treuhandkommanditisten, in dem die Anleger zur Verringerung des Verwaltungsaufwands gebündelt werden, im Rahmen von Spezial-AIFs, mithin regelmäßig auch LBO-Fonds, kein gangbarer Weg mehr ist.[143] Im Übrigen werden die Unterschiede zwischen beiden geschlossenen Fondsvehikeln – wie im Folgenden dargelegt wird – weitgehend verwischt.

---

[142] § 153 Abs. 1 Satz 2 KAGB.

[143] § 152 Abs. 1 Satz 2 KAGB; *Berger*, Regulierung der Management-Ebene bei Private Equity-Fonds, S. 237 f.; krit. *Könnecke*, in: Baur/Tappen, Investmentgesetze, § 152 KAGB Rn. 17 ff.; *Kunschke/Klebeck*, in: Beckmann/Scholtz/Vollmer, Investment-Hdb., Losebl. (Stand: 5/14), 405 § 127 KAGB Rn. 21 ff.; *Klebeck/Kunschke*, in: Beckmann/Scholtz/Vollmer, Investment-Hdb., Losebl. (Stand: 2/14), 405 § 152 KAGB Rn. 20 f.; *Kloyer*, in: Möllers/Kloyer, Das neue KAGB, Rn. 856, 889; *Hoffert*, in: FrankKomm, KapAnlR Bd. 1, § 152 KAGB Rn. 16; *Wallach*, ZGR 2014, 289, 307, 320 f.; *Geurts/Schubert*, WM 2014, 2154, 2157; *VGF* (nun: bsi) vom 8. 3. 2013, Stellungnahme zum RegE des AIFM-UmsG, S. 71. *Wiedemann*, NZG 2013, 1041, 1044 ff. bemängelt demgegenüber die durch den wortkargen Gesetzeswortlaut aufgeworfenen Fragen in Ansehung der Rechtsbeziehungen innerhalb und außerhalb der Fondsgesellschaft.

2. Konvergenz des KAGB-Gesellschaftsrechts
beider geschlossener Fondsvehikel

Im Folgenden soll anhand ausgewählter Aspekte gezeigt werden, dass sich die jeweiligen gesellschaftsrechtlichen Rahmen der beiden geschlossenen Fondsvehikel gem. §§ 139 bis 161 KAGB derart annähern, dass in Anlehnung an Zetzsche[144] von einer gesellschaftsrechtlichen Konvergenz gesprochen werden kann. Zetzsche hat die gesellschaftsrechtliche Angleichung generell zwischen Investmentaktiengesellschaften und Investmentkommanditgesellschaften nach dem KAGB untersucht,[145] während die hier angestellten Ausführungen speziell der gesellschaftsrechtlichen Konvergenz der geschlossenen Fondsvehikel gewidmet sind. Diese Konvergenz hat zur Folge, dass sich die Rechtsformwahl mehr als zuvor unter Außerachtlassung noch bestehender gesellschaftsrechtlicher Unterschiede an anderen Parametern orientiert.[146] Zu untersuchen sind (a)) die Modifikationen am Gesellschaftsrecht für die Zwecke des Investmentrechts, (b)) die Ergänzungen des Gesellschaftsrechts für die ohnehin schon ummodellierten Rechtsformen und (c)) die Gegenüberstellung mit offenen Fondsvehikeln.

a) Modifikationen am Gesellschaftsrecht

Das KAGB nimmt aus dem nationalen Gesellschaftsrecht bereits bekannte Gesellschaftsformen und formt sie mit einem regulierungsrechtlichen Duktus um. Im Ergebnis entstehen speziell für die Kapitalanlage vorgefertigte Organisationsformen. Bisweilen wird sogar vorgetragen, die gInvKG habe sich so weit von der regulären KG entfernt, dass sie eine eigene Gesellschaftsform sei.[147] Es darf allerdings nicht darüber hinwegtäuscht werdem, dass rechtsform-immanente Unterschiede, wie etwa die Immunität der InvAG mfK. gegenüber einem Wechsel im Mitgliederbestand im Gegensatz zur Auflösungsgefahr bei der gInvKG (in den Grenzen der §§ 150 Abs. 4 KAGB, 131 Abs. 3 HGB),[148] verbleiben. Im Einzelnen:

---

[144] *Zetzsche*, AG 2013, 613, 615 ff. Ebenso *Köndgen/Schmies*, in: Schimansky/Bunte/ Lwowski, Bankrechts-Hdb., § 113 Rn. 225: deutliche Angleichung.

[145] *Zetzsche*, AG 2013, 613, 615 ff.

[146] *Silberberger*, in: Weitnauer/Boxberger/Anders, KAGB, § 139 Rn. 6.

[147] *Freitag*, NZG 2013, 329, 335; faktisch eigene Rechtsform: *Casper*, ZHR 179 (2015), 44, 79; *ders.*, in: Großkomm, HGB, § 161 Rn. 280; a. A. BegrRegE BT-Drs. 17/12294, S. 249: „Mit der Einführung dieser organisationsrechtlichen Form wird keine neue Gesellschaftsform geschaffen".

[148] *Freitag*, NZG 2013, 329, 332; ausführlich 5. Teil, B.II.2.b)bb).

aa) Organverfassung und Leitungsgrundsätze

Für die Untersuchung bietet sich im Hinblick auf die Organverfassung der Fondsvehikel entsprechend der Referenz auf die dualistische Organverfassung in den §§ 147, 153 KAGB eine Zweiteilung in Geschäftsführung und Aufsichtsorgan an.

(1) Geschäftsführung

Für die Geschäftsführung ergibt sich eine Reihe an Vergleichspunkten.

(a) (Doppel-)Besetzung der Geschäftsführung (auch durch juristische Personen?)

Beide Fondsvehikel sehen eine Doppelbesetzung ihrer Geschäftsführung vor,[149] sog. Vier-Augen-Prinzip in der Regulierung.[150] Im Unterschied zur InvAG mfK., bei der nur natürliche Personen in den Vorstand berufen werden können,[151] kann Geschäftsführer[152] bei der gInvKG nach § 153 Abs. 1 Satz 2 KAGB auch eine juristische Person sein, deren Geschäftsführung wiederum von zwei Personen wahrgenommen wird. Nicht verständlich ist jedoch, dass natürliche Personen überhaupt als Geschäftsführer im Rahmen der gInvKG zugelassen werden.[153] Denn auch interne KVGs müssen in der Folge keineswegs auf eine Komplementär-GmbH zurückgreifen, während die externe KVG als Personengesellschaft nur in Gestalt der GmbH & Co. KG strukturiert werden darf.[154] Eine Erklärung hierfür mag darin liegen, dass bei einer externen KVG ein erhöhtes Haftungsrisiko durch die Möglichkeit der Verwaltung mehrerer AIFs gegeben ist. Doch ist es dann inkonsequent, die externe KVG mit einem geringeren (125.000 Euro) Anfangskapital auszustatten als das der internen KVG (300.000 Euro).[155] Letztere wird auch insoweit strenger reguliert, als sie neben der Verwaltung des eigenen AIF keine weitere Tätigkeit ausüben darf. [156] Formell differieren die InvAG mfK. und die gInvKG jedenfalls an dieser Stelle. Das führt zu strukturellen Unterschieden zwischen beiden geschlossenen Fondsvehikeln, da eine die InvAG mfK. extern verwaltende KVG nicht in den Vorstand bestellt werden kann, wohingegen sich eine externe KVG bei einer gInvKG als Komplementärin oder geschäftsführende Kommanditistin beteiligen darf.[157] Demgegenüber gibt es bereits Tendenzen in der Literatur, den Unterschied einzuebnen, indem § 153

---

[149] §§ 147 Abs. 1, 153 Abs. 1 KAGB.

[150] *Lorenz*, in: Weitnauer/Boxberger/Anders, KAGB, § 119 Rn. 3; *A. München*, in: Baur/Tappen, Investmentgesetze, § 119 KAGB Rn. 2; *Servatius*, ZflR 2014, 134, 140.

[151] § 140 Abs. 1 Satz 2 KAGB i. V. m. § 76 Abs. 3 AktG.

[152] Terminologie des KAGB.

[153] Krit. ebenso *Freitag*, NZG 2013, 329, 334; aus einem falschen Verständnis heraus ebenso *Casper*, ZHR 179 (2015), 44, 57, nach dem der Komplementär wegen Art. 4 Abs. 1 lit. b AIFM-RL juristische Person zu sein habe.

[154] § 18 Abs. 1 KAGB.

[155] § 25 Abs. 1 KAGB.

[156] § 20 Abs. 7 KAGB.

[157] s. dazu ausführlich 5. Teil, B.V.6.b)aa).

Abs. 1 Satz 2 KAGB in analoger Anwendung auch für die InvAG mfK. Geltung beanspruchen soll.[158] Für eine solche Angleichung muss die in jüngster Zeit in extenso geführte und in dieser Arbeit bereits aufgezeigte[159] Diskussion um den Residualbestand an Kompetenzen des Vorstands einer extern verwalteten InvAG mfK. in den Blick genommen werden. Wird ein solcher nicht oder kaum anerkannt, liegt auf den ersten Blick auch die Forderung nahe, die Partizipation einer juristischen Person und somit der externen KVG selber an der Geschäftsführung der InvAG mfK. zu ermöglichen.[160] Bei Lichte betrachtet besteht allerdings weder die Notwendigkeit nach einer solchen analogen Anwendung des § 153 Abs. 1 Satz 2 KAGB auf die InvAG mfK., noch degradiert das zweistufige Gebilde zwischen externer KVG und Fondsvehikel den Vorstand der InvAG mfK. zu einem ausschließlich ausführenden Organ ohne maßgeblichen Verantwortungsbereich. Denn einerseits kann eine Beteiligung der externen KVG an dem Vorstand auch über eine personenidentische Besetzung des Organs mit den (mind. zwei, vgl. § 23 Nr. 2 KAGB) Geschäftsleitern der externen KVG erfolgen; dies wird wohl das Mittel der Praxis sein.[161] Andererseits verbleibt auch dem nicht personenidentischen Vorstand ein bereits ausführlich beschriebener Verantwortungsbereich.

(b) Leitungsgrundsätze und Qualifikationsanforderungen

Von diesen Unterschieden in der personellen Besetzung abgesehen vereint es die Geschäftsführungen beider Fondsvehikel, sowohl identischen Leitungsgrundsätzen als auch Qualifikationsanforderungen verpflichtet zu sein.[162] Die Leitungsgrundsätze ergeben sich aus den §§ 147 Abs. 1 Satz 2, 153 Abs. 1 Satz 3 KAGB und stellen eine Kopie der bereits aus § 106 InvG a. F. bekannten Pflichtentrias dar,[163] i. e. (i) Handeln im ausschließlichen Interesse der Anleger und Integrität des Marktes, (ii) sachkundiges, sorgfältiges und gewissenhaftes Handeln im besten Interesse des verwalteten Vermögens und der Integrität des Marktes und (iii) Vermeiden und notfalls Lösen von Interessenkonflikten unter Wahrung der Anlegerinteressen. Die Mitglieder der Geschäftsführung eines intern verwalteten geschlossenen Fondsvehikels unterliegen schon nach § 26 Abs. 2 KAGB einem im Ergebnis gleichlaufenden

---

[158] *Zetzsche*, AG 2013, 613, 621 f.; *ders.*, Prinzipien der kollektiven Vermögensanlage, § 30 C. I. 1., der die externe KVG als Organ der Investmentgesellschaft betrachtet.

[159] 4. Teil, D.

[160] So *Zetzsche*, AG 2013, 613, 621 f.; *ders.*, Prinzipien der kollektiven Vermögensanlage, § 30 C. I. 1.

[161] *Winterhalder*, in: Weitnauer/Boxberger/Anders, KAGB, § 17 Rn. 46; dagegen *Zetzsche*, AG 2013, 613, 622: Analoge Anwendung von § 153 Abs. 1 Satz 2 KAGB liege näher. Eine personenidentische Besetzung ist zulässig, *BaFin* vom 25. 11. 2015, Häufig gestellte Fragen zum KAGB, S. 7.

[162] *Kloyer*, in: Möllers/Kloyer, Das neue KAGB, Rn. 856, 894.

[163] *Zetzsche*, AG 2013, 613, 619.

Pflichtenregime.[164] Das Anforderungsprofil für Geschäftsführungsmitglieder ist in den §§ 147 Abs. 2, 153 Abs. 2 KAGB definiert und setzt Zuverlässigkeit und fachliche Eignung bei der Leitungsaufgabe voraus. Für Mitglieder der Geschäftsführung eines intern verwalteten geschlossenen Fondsvehikels haben die Vorschriften nur deklaratorische Bedeutung, ergeben sich die gleichen Qualifikationsmaßstäbe doch bereits aus § 22 Abs. 1 Nr. 3 und 4 KAGB.[165] Diese Anforderungen wurden mittlerweile in einem eigenen Merkblatt der BaFin konkretisiert.[166] Die Zuverlässigkeit wird solange unterstellt, wie keine Tatsachen erkennbar sind, die die Unzuverlässigkeit begründen.[167] Eine fachliche Eignung setzt theoretische und praktische Kenntnisse sowie Leitungserfahrung voraus, wobei eine dreijährige leitende Tätigkeit bei einer vergleichbaren Gesellschaft im Wege einer widerlegbaren Regelvermutung zur Annahme der fachlichen Eignung führt.[168] Aufgrund der erheblichen Überantwortung der Geschäftsführung bei Beauftragung einer externen KVG ist es jedoch gerechtfertigt, die vorauszusetzende Qualifikation der Geschäftsführungsmitglieder eines extern verwalteten geschlossenen Fondsvehikels im Vergleich zu Geschäftsführungsmitgliedern einer intern verwalteten Fondsgesellschaft niedriger anzusetzen.[169]

(c) Geschäftsführungs- und Vertretungsbefugnis

Unterschiedlich zu beurteilen ist bei den geschlossenen Fondsvehikeln allerdings die Frage nach der Geschäftsführungsbefugnis. Die Vorstandsmitglieder der InvAG mfK. sind grundsätzlich gesamtgeschäftsführungsbefugt.[170] Für die Geschäftsführung der gInvKG muss man mangels Spezialregelung auf § 149 Abs. 1 Satz 2 KAGB i. V. m. §§ 114 Abs. 2, 115 Abs. 1 HGB zurückgreifen, die eine Einzelgeschäftsführungsbefugnis anordnen.[171] Dagegen wird vorgebracht, der Gesetzgeber habe sich mit dem für die Geschäftsführung der gInvKG geltenden § 153 Abs. 1 KAGB bewusst an § 106 InvG a. F. orientiert, weshalb auch die dort für die damalige InvAG geltende Gesamtgeschäftsführungsbefugnis der Vorstandsmitglieder heranzuziehen

---

[164] *Könnecke*, in: Baur/Tappen, Investmentgesetze, § 153 KAGB Rn. 32; a. A. *Klebeck/Kunschke*, in: Beckmann/Scholtz/Vollmer, Investment-Hdb., Losebl. (Stand: 2/14), 405 § 153 KAGB Rn. 28 f.

[165] BegrRegE BT-Drs. 17/12294, S. 240.

[166] *BaFin* vom 4. 1. 2016, Merkblatt zu den Geschäftsleitern gemäß KWG, ZAG und KAGB, zuletzt geändert am 31. 1. 2017, Abschn. III.

[167] Ebd., Abschn. III Nr. 1.

[168] Ebd., Abschn. III Nr. 2.

[169] *Lorenz*, in: Weitnauer/Boxberger/Anders, KAGB, § 119 Rn. 10; *Wallach*, ZGR 2014, 289, 313; *Eichhorn*, WM 2016, 145, 146; für § 106 InvG a. F.: *Fischer/Steck*, in: Berger/Steck/Lübbehüsen, InvG, § 106 Rn. 2.

[170] § 140 Abs. 1 Satz 2 KAGB i. V. m. § 77 Abs. 1 Satz 1 AktG.

[171] *Freitag*, NZG 2013, 329, 334 erwähnt irreführend § 125 HGB, der jedoch nur die Vertretung regelt.

sei, die im Übrigen auch besser dem Anlegerschutz gerecht würde.[172] Vor diesem Hintergrund wird sogar eine Analogie zu §§ 119 Abs. 1, 147 Abs. 1 KAGB i. V. m. § 77 Abs. 1 Satz 1 AktG ins Spiel gebracht.[173]

Eine Analogie wäre aber ein Bruch mit der juristischen Methodenlehre, da keine (planwidrige) Regelungslücke vorliegt. Das Gesetz hat mit dem Verweis in § 149 Abs. 1 Satz 2 KAGB auf die subsidiären Vorschriften des HGB eine Regelung für die Frage der Geschäftsführungsbefugnis getroffen. Eine „offene" Lücke i. S. der Methodenlehre, also der Fall, dass das Gesetz für eine bestimmte Konstellation keine auf sie anwendbare Regel enthält, obwohl es nach der eigenen Teleologie eine solche Regel enthalten sollte,[174] liegt nicht vor, weshalb der Analogie als vorwiegendes Instrument zur Ausfüllung „offener" Lücken die Grundlage entzogen ist. Allenfalls könnte es sich um eine „verdeckte" Lücke handeln, da das Gesetz hier eine Vorschrift für die Fallkonstellation kennt, diese ihrem Zweck nach aber nicht passt, weil „sie die für die Wertung gerade dieser Fälle relevante Besonderheit derselben außer Acht lässt"[175]. Der besonders zu berücksichtigende Zweck wäre dann der Anlegerschutz. Eine Schließung einer „verdeckten" Lücke erfolgt indes qua teleologischer Reduktion, die die fehlende Einschränkung der Norm hinzufügt.[176] Darum geht es hier jedoch nicht, ist die Gesamtgeschäftsführungsbefugnis nicht als „Minus", auf das man ohne Weiteres reduzieren könnte, in der Einzelgeschäftsführungsbefugnis enthalten, sondern stellt stets ein aliud zu letzterer dar. Es bleibt damit bei der Einzelgeschäftsführungsbefugnis der Geschäftsführung.[177] Selbiges gilt für die Frage nach der Vertretung, bei der es für die gInvKG bei der Einzelvertretungsbefugnis gem. § 125 Abs. 1 HGB bleibt, während für die InvAG mfK. Gesamtvertretung gem. § 78 Abs. 2 Satz 1 AktG gilt.[178] Die Bedeutung dieses Unterschieds wird für die Rechtsformwahl des Fondsvehikels jedenfalls keine Rolle spielen.[179] Zum einen kommen in der Fondspraxis wegen der unbeschränkten Haftung der Komplementäre keine KG-Fondsvehikel vor, die zwei natürliche Personen als Komplementäre vorweisen.[180] Zum anderen gilt für die deshalb regelmäßig als

---

[172] Ebd.; *Wallach*, ZGR 2014, 289, 313 f.; *Casper*, ZHR 179 (2015), 44, 61; *ders.*, in: Großkomm, HGB, § 161 Rn. 268; *Hoffert*, in: FrankKomm, KapAnlR Bd. 1, § 153 KAGB Rn. 10; *Zetzsche*, AG 2013, 613, 619; a. A. *Könnecke*, in: Baur/Tappen, Investmentgesetze, § 153 KAGB Rn. 18.

[173] *Wallach*, ZGR 2014, 289, 313 f.: § 119 Abs. 1 KAGB i. V. m. § 77 Abs. 1 Satz 1 AktG.

[174] *Larenz*, Methodenlehre der Rechtswissenschaft, S. 377.

[175] Ebd.

[176] Ebd., S. 377, 391.

[177] Ebenso *Könnecke*, in: Baur/Tappen, Investmentgesetze, § 153 KAGB Rn. 18.

[178] *Freitag*, NZG 2013, 329, 334; *Wallach*, ZGR 2014, 289, 314: Ausnahme, soweit es bei der intern verwalteten InvKG um Wahrnehmung der voneinander zu trennenden Aufgaben der Portfolioverwaltung und dem Risikomanagement/Compliance gehe, § 29 Abs. 1 KAGB; *Könnecke*, in: Baur/Tappen, Investmentgesetze, § 153 KAGB Rn. 22; *Servatius*, ZflR 2014, 134, 141: Gesamtvertretungsmacht wäre stimmiger.

[179] *Könnecke*, in: Baur/Tappen, Investmentgesetze, § 153 KAGB Rn. 20.

[180] *Könnecke*, in: Baur/Tappen, Investmentgesetze, § 153 KAGB Rn. 11.

Ausweichlösung gewählte GmbH-Komplementärin grundsätzlich Gesamtgeschäftsführungsbefugnis analog § 77 Abs. 1 Satz 1 AktG und Gesamtvertretung gem. § 35 Abs. 2 GmbHG, sofern die Satzung nichts anderes bestimmt.[181]

(2) Aufsichtsorgan

Das KAGB enthält auch spezielle Vorschriften über Aufsichtsorgane in beiden geschlossenen Fondsvehikeln, die näher untersucht werden müssen.

(a) Aufsichtsrat in der InvAG mfK.

Die InvAG mfK. muss als Aktiengesellschaft naturgemäß einen Aufsichtsrat einrichten,[182] der die Geschäftsführung überwacht[183]. Die Zusammensetzung des Aufsichtsrats richtet sich nach dem Aktiengesetz, erfährt in struktureller Hinsicht jedoch eine Modifizierung durch § 147 Abs. 3 Satz 2 i. V. m. § 18 Abs. 3 Satz 1 KAGB, wonach die Hauptversammlung mindestens ein Mitglied zu wählen hat, das von den Aktionären,[184] den mit ihnen verbundenen Unternehmen und den – so der Wortlaut – Geschäftspartnern der externen KVG unabhängig ist.[185] Unabhängigkeit ist insbesondere als wirtschaftliche Unabhängigkeit zu verstehen.[186] Dieses Aufsichtsratsmitglied muss wegen der über § 140 Abs. 1 Satz 2 KAGB zur Anwendung gelangenden Vorschrift des § 100 Abs. 5 AktG bei Kapitalmarktorientierung der InvAG mfK. i. S. des § 264d HGB auch über Sachverstand auf den Gebieten Rechnungslegung oder Abschlussprüfung verfügen.[187] Einer interessengemäßen Auslegung bedarf es, wenn es heißt, dass § 18 Abs. 3 KAGB als Norm für externe KVGs „entsprechend" gilt. Zum einen muss bei diesen ein unabhängiges Aufsichtsratsmitglied über § 18 Abs. 3 Satz 1 KAGB dann keinen Platz im Aufsichtsrat

---

[181] RG, Urt. v. 3. 2. 1920 – II 272/19, RGZ 98, 98, 100, hier bestand ohnehin eine entsprechende Regelung im Gesellschaftsvertrag; *Könnecke*, in: Baur/Tappen, Investmentgesetze, § 153 KAGB Rn. 19; *Zöllner/Noack*, in: Baumbach/Hueck, GmbHG, § 37 Rn. 29; *Stephan/ Tieves*, in: MünchKomm, GmbHG, § 37 Rn. 78 f.

[182] §§ 140 Abs. 1 Satz 2 KAGB, 95 ff. AktG.

[183] § 111 AktG.

[184] Da es bei der InvAG mfK. keine Aufteilung in Anlage- und Unternehmensaktien gibt, steht jedem Aktionär grundsätzlich auch das Stimmrecht zu. Damit fordert das Unabhängigkeitsgebot eine Distanz von sämtlichen Aktionären, soll es doch eine Unabhängigkeit von dem „Betreiber" der InvAG gewährleisten, s. zu § 106a InvG a. F. noch *Fischer/Steck*, in: Berger/ Steck/Lübbehüsen, InvG, § 106a Rn. 2. Für die InvAG mvK. wird eine Unabhängigkeit nur von Unternehmensaktionären gefordert, s. *Zetzsche*, AG 2013, 613, 620 f.; *Lorenz*, in: Weitnauer/ Boxberger/Anders, KAGB, § 119 Rn. 14.

[185] *Klebeck/Kolbe*, BB 2014, 707, 712: Arbeitnehmervertreter nicht geeignet.

[186] Diese liegt dann vor, wenn die Einnahmen des Aufsichtsratsmitglieds durch die im Gesetz aufgezählten Verbindungen in den letzten vier Jahren vor seiner Bestellung im Mittel 30 % seiner Gesamteinnahmen nicht überschritten haben, s. BegrRegE, BT-Drs. 16/5576, S. 60; § 18 Abs. 3 KAGB führt im Wesentlichen die Regelung des § 6 Abs. 2a InvG a. F. fort, vgl. BegrRegE BT-Drs. 17/12294, S. 212

[187] *Zetzsche*, AG 2013, 613, 621: financially literate.

der externen KVG finden, wenn letztere ausschließlich Spezial-AIFs verwaltet.[188] Daraus sollte man für die InvAG mfK. die Schlussfolgerung ziehen, dass bei einer ausschließlich an (semi-)professionelle Anleger gerichteten intern oder extern verwalteten InvAG mfK. kein unabhängiges Aufsichtsratsmitglied erforderlich ist.[189] Zum anderen fordert § 18 Abs. 3 Satz 1 KAGB die Unabhängigkeit des Aufsichtsratsmitglieds von den Geschäftspartnern der externen KVG. Auch diese Regelung ist auf die Fondsgesellschaft umzumünzen und als Unabhängigkeit von den Geschäftspartnern der Fondsgesellschaft zu lesen.[190] Das ist allerdings nur im Fall von extern verwalteten InvAGs mfK. von Bedeutung, da die intern verwaltete InvAG mfK. selbst KVG ist.[191]

Anders als § 100 Abs. 1 AktG, der keine dergleichen Anforderungen statuiert, fordert § 147 Abs. 3 Satz 1 KAGB von Aufsichtsratsmitgliedern, nicht hingegen von Arbeitnehmervertretern,[192] dass ihre Persönlichkeit und Sachkunde Gewähr dafür bieten, die Interessen der Aktionäre zu wahren.[193] Damit wird die bereits früher aus dem § 106a InvG a.F. bekannte besondere persönliche Voraussetzung für eine Mitgliedschaft auch auf die InvAG mfK. übertragen, was verwundert, da die Begründung hierfür darin lag, dass die besondere persönliche Anforderung als Kompensation für den fehlenden Einfluss der Anleger auf die Wahl des Aufsichtsrats

---

[188] § 18 Abs. 3 Satz 3 KAGB.

[189] So auch *Zetzsche*, AG 2013, 613, 620, der direkt von „Publikums-Inv-Ges" spricht, bei denen ein unabhängiges Mitglied im Aufsichtsgremium vorhanden sein müsse.

[190] Dafür spricht: Wenn dem Vorstand der extern verwalteten InvAG mfK. die Verantwortung für die wesentliche Aufgabe der Überwachung der externen KVG obliegt und der Vorstand seinerseits vom Aufsichtsrat überwacht wird, dann liegt es mit Fug und Recht nahe, das Unabhängigkeitserfordernis als gebotene Unabhängigkeit von den Geschäftspartnern der Fondsgesellschaft, mithin auch der externen KVG, auszulegen – wenngleich dies bei allen anderen Aufsichtsratsmitgliedern nicht erforderlich ist. Wie hier *Wallach*, ZGR 2014, 289, 314; *Zetzsche*, AG 2013, 613, 620 f., der neutral nur eine Unabhängigkeit von Geschäftspartnern fordert, in Fn. 114 dann aber ausführt, dass Geschäftspartner der *Gesellschaft* z.B. externe KVG, Verwahrstelle, Prime Broker und Wirtschaftsprüfer seien; a.A. *Lorenz*, in: Weitnauer/Boxberger/Anders, KAGB, § 119 Rn. 14: Unabhängigkeit von Geschäftspartnern der externen KVG; *A. München*, in: Baur/Tappen, Investmentgesetze, § 119 KAGB Rn. 9.

[191] Vgl. Wortlaut von § 17 Abs. 2 Nr. 2 KAGB; *Winterhalder*, in: Weitnauer/Boxberger/Anders, KAGB, § 17 Rn. 48; *Bentele*, in: Baur/Tappen, Investmentgesetze, § 17 KAGB Rn. 27; *Weiser/Hüwel*, BB 2013, 1091, 1093; *Kloyer*, in: Möllers/Kloyer, Das neue KAGB, Rn. 856, 897; *Zetzsche/Preiner*, WM 2013, 2101, 2102; *Wollenhaupt/Beck*, DB 2013, 1950, 1955.

[192] *Habersack*, in: MünchKomm, AktG, § 100 Rn. 12: erstaunlicherweise. *Klebeck/Kolbe*, BB 2014, 707, 712: Arbeitnehmervertreter würden als Quereinsteiger sonst tendenziell überfordert; spezielle Sachkundepostulate an Arbeitnehmervertreter würden auch dem Teilhabezweck der Unternehmensmitbestimmung widersprechen, *Kolbe*, Mitbestimmung und Demokratieprinzip, S. 345 ff.

[193] Zur inhaltlichen Konkretisierung dieser Anforderung vgl. *Lorenz*, in: Weitnauer/Boxberger/Anders, KAGB, § 119 Rn. 13; *Fischer/Steck*, in: Berger/Steck/Lübbehüsen, InvG, § 106a Rn. 1; *Steck/Gringel*, in: Berger/Steck/Lübbehüsen, InvG, § 6 Rn. 26 ff.; krit. zur bisherigen Forderung einer dreijährigen praktischen Erfahrung *Zetzsche*, AG 2013, 613, 620.

fungierte.[194] Im Rahmen der InvAG mfK. steht jedoch allen Aktionären ein Stimmrecht und damit ein Mitspracherecht bei der Wahl des Aufsichtsrats zu, weshalb die weitergehende Voraussetzung unter diesem Blickwinkel nicht geboten ist. Da sie dem Anlegerschutz aber nicht abträglich ist, sprechen keine Einwände gegen ihre Beibehaltung. Die Interessenwahrung der Anleger ist damit über die Wahl des Aufsichtsrats, die besondere persönliche Voraussetzung der Aufsichtsratsmitglieder des Fondsvehikels und letztlich auch über das gleichlaufende Anforderungsprofil der Aufsichtsratsmitglieder einer etwaigen externen KVG nach § 18 Abs. 4 Satz 1 KAGB gesichert. Ein Verstoß gegen § 147 Abs. 3 Satz 1 KAGB wird aber mangels Regelung nicht mit der Unwirksamkeit der Bestellung abgestraft[195] und führt ebenso wenig zu der Möglichkeit aufsichtsrechtlichen Einschreitens durch die BaFin, wie ein Umkehrschluss aus § 147 Abs. 5 KAGB zeigt, der Abberufungsbefugnisse zugunsten der BaFin nur im Hinblick auf Vorstandsmitglieder gewährt. Es bleibt bei der Organhaftung der Aufsichtsratsmitglieder durch Übernahmeverschulden.[196]

(b) Beirat einer intern verwalteten geschlossenen Publikums-InvKG

In Abweichung von dem an diesem Punkt dispositiven Modell der KG nach dem HGB (§ 109 HGB) schreibt das KAGB für die intern verwaltete geschlossene Publikums-InvKG die Bildung eines Beirats als Aufsichtsorgan vor, der die Geschäftsführung bei der Umsetzung der Anlagebedingungen überwacht.[197] Das KAGB nimmt an dieser Stelle den aktienrechtlichen Aufsichtsrat als Vorbild und überträgt den weit überwiegenden Teil der Vorschriften über den Aufsichtsrat im Hinblick auf Zusammensetzung und Rechte und Pflichten auf den Beirat.[198] Die vom Verweis ausgenommenen Vorschriften lassen sich – abgesehen von der Möglichkeit des nun frei zugänglichen Kreditbezugs aus Gesellschaftsmitteln (§ 115 AktG gilt nicht) und der offenbar nun unbeschränkt dauernden Mandatsdauer (§ 102 AktG gilt nicht) – aus Unterschieden der AG und KG erklären.[199]

---

[194] *Geßler*, WM 1957, Sonderbeil. Nr. 4, 13; *Zeller*, in: Brinkhaus/Scherer, KAGG, § 4 Rn. 2; *Fischer/Steck*, in: Berger/Steck/Lübbehüsen, InvG, § 106a Rn. 1; *Lorenz*, in: Weitnauer/Boxberger/Anders, KAGB, § 119 Rn. 13. Die besondere persönliche Voraussetzung findet ihren Ursprung in § 4 Abs. 1 KAGG, dem Gesetz über Kapitalanlagegesellschaften vom 16. April 1957, BGBl. I, S. 378. Maßgeblich dafür war der im parlamentarischen Prozess ergangene schriftliche Bericht des Ausschusses für Geld und Kredit, nach dem allerdings nur die Hälfte der Mitglieder über entsprechende Sachkunde verfügen müsse. Der Bericht lässt die hier vorgetragene Begründung allerdings missen, vgl. BT-Drs. 2/2973, S. 2.

[195] *Habersack*, in: MünchKomm, AktG, § 100 Rn. 12.

[196] Dazu *Spindler*, in: Spindler/Stilz, AktG, § 116 Rn. 15.

[197] § 153 Abs. 3 Satz 1 KAGB; die Überwachung der Geschäftsführung kann aber gesellschaftsvertraglich vereinbart werden, *Oetker*, in: Oetker, HGB, § 161 Rn. 217; *Paul*, in: Weitnauer/Boxberger/Anders, KAGB, § 153 Rn. 7; *Wiedemann*, NZG 2013, 1041, 1043; *Casper*, ZHR 179 (2015), 44, 63.

[198] § 153 Abs. 3 Satz 2 i. V. m. § 18 Abs. 2 Satz 4 KAGB.

[199] *Zetzsche*, AG 2013, 613, 621.

Komplettiert wird das so neu geschaffene Organ durch die wie beim Aufsichtsrat der InvAG mfK. vorzusehende Besetzung mit mindestens einem unabhängigen Beiratsmitglied i. S. des § 153 Abs. 3 Satz 2 i. V. m. § 18 Abs. 3 Satz 2 KAGB.[200] Im Übrigen gilt für Beiratsmitglieder die gleiche persönliche Anforderung bei der Persönlichkeit und Sachkunde zur Wahrung der Anlegerinteressen wie für Aufsichtsratsmitglieder einer InvAG mfK.[201] Weder für extern verwaltete geschlossene Publikums-InvKGs noch für intern oder extern verwaltete geschlossene Spezial-InvKGs gilt demnach eine Pflicht zur Einrichtung eines Aufsichtsorgans. Deutlich wird die Wertung des Gesetzgebers, dass die Interessen der Anleger einer extern verwalteten Investmentgesellschaft gleich welchen Investorenkreises bereits über den Aufsichtsrat der externen KVG und der für seine Mitglieder geltenden Vorschriften gewahrt werden.[202] Bei intern verwalteten geschlossenen Spezial-InvKGs hingegen geht der Gesetzgeber offenbar davon aus, dass die Investoren eigene Wege zur Überwachung der Geschäftsführung haben.[203] Folgt man der gesetzgeberischen Wertung im Investmentrecht, wäre jedenfalls weder bei intern noch extern verwalteten Spezial-InvAGs mfK. ein Aufsichtsrat erforderlich. Dessen Einrichtung bleibt allein der dualistischen Verfassung der AG geschuldet.

bb) Satzung/Gesellschaftsvertrag

Während die Satzung einer InvAG mfK. durch notarielle Beurkundung festgestellt werden muss, ordnet § 150 Abs. 1 KAGB für die gInvKG in Abweichung von der sonst bestehenden Formfreiheit für den Gesellschaftsvertrag einer KG erstmalig ein Schriftformerfordernis an, welches ohnehin der bisherigen Praxis entspricht.[204] Im Übrigen verlaufen die gesetzlichen Anordnungen in §§ 142, 150 Abs. 2 KAGB für den festzulegenden Unternehmensgegenstand in der Satzung bzw. im Gesellschaftsvertrag abgesehen von rechtsformbezogenen Anpassungen in der Terminologie gleich.[205] Daneben sind noch Anlagebedingungen zu erstellen, die aber weder bei der InvAG mfK. noch bei der gInvKG Bestandteil der Satzung bzw. des Ge-

---

[200] Zur Auslegung s. bereits 5. Teil, B.II.2.a)aa)(2)(a).

[201] § 153 Abs. 3 Satz 3 KAGB.

[202] § 18 Abs. 2 bis 4 KAGB.

[203] *Könnecke*, in: Baur/Tappen, Investmentgesetze, § 153 KAGB Rn. 52; *Klebeck/Kunschke*, in: Beckmann/Scholtz/Vollmer, Investment-Hdb., Losebl. (Stand: 2/14), 405 § 153 KAGB Rn. 45.

[204] *Freitag*, NZG 2013, 329, 333; *Könnecke*, in: Baur/Tappen, Investmentgesetze, § 150 KAGB Rn. 2; *Häublein*, in: BeckOK, HGB, § 161 Rn. 92: Gesetzesbegründung legitimiere nur Beschränkung auf Textform. Ein Verstoß gegen das Schriftformerfordernis kann zur Nichtigkeit des Gesellschaftsvertrags führen, s. 5. Teil, B.I.2.c).

[205] *Paul*, in: Weitnauer/Boxberger/Anders, KAGB, § 150 Rn. 1; *Wetzig*, Regulierung des Grauen Kapitalmarkts, S. 184.

sellschaftsvertrags sind.[206] Schließlich gewähren beide Vehikel gestaltungsrechtliche Flexibilität: Für die geschlossene InvKG gilt die den Personenhandelsgesellschaften eigene Vertragsfreiheit und auch der InvAG mfK. kommt Gestaltungsfreiheit zu, unterliegt sie nach § 140 Abs. 2 KAGB nicht der aktienrechtlichen Satzungsstrenge aus § 23 Abs. 5 AktG.

cc) Ladungen zur Haupt-/Gesellschafterversammlung

Aus Gründen der Transparenz[207] für die Anleger einer gInvKG statuiert § 150 Abs. 3 KAGB weitergehende Anforderungen an den Gesellschaftsvertrag. Sie muten als lediglich formelle Vorgaben an, sind jedoch zwingende, materielle Regelungen.[208] So müssen gem. § 150 Abs. 3 Nr. 1 KAGB Ladungen zu Gesellschafterversammlungen unter vollständiger Angabe der Beschlussgegenstände in Textform erfolgen. Damit wird für das bei der InvAG mfK. geltende Informationsniveau durch Übermittlung der Tagesordnung an die Aktionäre gem. § 140 Abs. 1 Satz 2 KAGB i.V.m. § 121 Abs. 3 Satz 2 AktG gesorgt. Zu Ladungsfristen schweigt das KAGB jedoch genau so wie das HGB bzw. BGB, wohingegen § 123 Abs. 1 AktG eine konkrete Vorstellung – dreißig Tage vor dem Tag der Versammlung – äußert. Eine Annäherung an die bei der InvAG mfK. bestehende Informationspflicht[209] durch Einreichen einer Abschrift der über die Beschlüsse ergangenen Niederschrift zum Handelsregister erfolgt bei der gInvKG aufgrund von § 150 Abs. 3 Nr. 2 KAGB, wonach über die Ergebnisse der Gesellschafterversammlung ein schriftliches Protokoll anzufertigen ist, von dem die geschlossene InvKG den Anlegern eine Kopie zu übersenden hat. Damit wird allerdings auch der durch die Zulassung von Treuhandkonstruktionen bei geschlossenen Publikums-InvKG in § 152 Abs. 1 Satz 2 KAGB angestrebte Effekt der Verringerung des Verwaltungsaufwands und der Ersparnis von Kosten[210] teilweise konterkariert, sind Treugeber doch auch Anleger i.S. des KAGB[211] und damit ebenfalls Adressaten der zu übersendenden Protokollkopien. Für das LBO-Segment ist dieser Befund von untergeordneter Bedeutung, erreichen

---

[206] §§ 143, 151 KAGB; *Kloyer*, in: Möllers/Kloyer, Das neue KAGB, Rn. 856, 887; krit. *Servatius*, ZflR 2014, 134, 139: Anlagebedingungen sollten notwendiger Bestandteil des Gesellschaftsvertrags werden.

[207] BT-Drs. 17/12294, S. 249.

[208] *Häublein*, in: BeckOK, HGB, § 161 Rn. 92; *Kracke*, in: Baur/Tappen, Investmentgesetze, § 125 KAGB Rn. 21; ausführlich nunmehr *Freitag/Fürbaß*, ZGR 2016, 729, 742 ff.

[209] § 140 Abs. 1 Satz 2 KAGB i.V.m. 130 Abs. 5 AktG.

[210] BT-Drs. 17/12294, S. 250: Vermeidung praktischer Schwierigkeiten und hoher Kosten wegen Eintragungserfordernisses der Kommanditisten; *Paul*, in: Weitnauer/Boxberger/Anders, KAGB, § 152 Rn. 5; *Wetzig*, Regulierung des Grauen Kapitalmarkts, S. 185.

[211] § 152 Abs. 1 Satz 4 KAGB; *Paul*, in: Weitnauer/Boxberger/Anders, KAGB, § 152 Rn. 2; *Oetker*, in: Oetker, HGB, § 161 Rn. 208: Quasigesellschafter; *Casper*, in: Großkomm, HGB, § 161 Rn. 240, 273: Quasigesellschafter. Die Einräumung des Anlegerstatus ist nötig, damit die für Anleger geltenden Schutzvorschriften und Informationspflichten auch dem Treugeber gegenüber gelten, BegrRegE BT-Drs. 17/12294, S. 250.

die aufgelegten Fonds doch (semi-)professionelle Anleger und sind deswegen regelmäßig Spezial-AIFs, bei denen nur eine unmittelbare Beteiligung möglich ist.[212]

dd) Fehlende reguläre Austrittsmöglichkeit

Beide Fondsvehikel sind geschlossen, die Anleger können ihre Anteile vor Beginn der Liquidations- oder Auslaufphase des AIF nicht regulär zurückgeben. Auch ohne KAGB lässt sich diese Erkenntnis zunächst unter Rückgriff auf den gesellschaftsrechtlichen Gesetzesrahmen der Fondsvehikel ableiten. Denn die AG nach dem AktG kennt ohnehin keine regulären Rückgaberechte,[213] die Aktien sind nur auf dem Sekundärmarkt handelbar. Ihre Finanzverfassung sieht eine strenge Kapitalbindung in den §§ 57, 62 AktG vor, nur Bilanzgewinne dürfen ausgeschüttet werden. Anders ist die gesetzliche Situation bei einer KG. Das HGB gesteht den Gesellschaftern ordentliche[214] und außerordentliche[215] (Austritts-)Kündigungsrechte (§§ 161 Abs. 2, 131 Abs. 3 Nr. 3 HGB) zu, wobei erstere mit der Kündigungsfrist aus §§ 161 Abs. 2, 132 HGB nur bei einer auf unbestimmte Zeit eingegangenen Gesellschaft bestehen. Geschlossene Fonds und damit auch Private Equity-Fonds sind allerdings wegen der regelmäßig festen Laufzeitbeschränkungen keine Gesellschaften von unbestimmter Dauer.[216] Zwar könnte der Gesellschaftsvertrag einer KG hier Abhilfe schaffen und entsprechende ordent-liche Kündigungsrechte vorsehen;[217] für den Bereich Private Equity ist das in Ansehung des Problems der Fristeninkongruenz[218] jedenfalls unsinnig. Das KAGB führt nunmehr in Konsequenz der geschlossenen Struktur der gInvKG gesellschaftsrechtliche Änderungen an der KG durch: Gem. § 161 Abs. 1 KAGB sind ordentliche Kündigungen ausgeschlossen, wodurch auch bei der KG eine Kapitalbindung sichergestellt wird. Die Kündigungsfrist des § 132 HGB verliert dadurch jedwede Bedeutung, ohne dass dies noch einmal klargestellt wurde.[219]

ee) Haftungsverfassung

Die gesellschaftsrechtliche Annäherung beider Fondsvehikel spiegelt sich auch bei der Haftungsverfassung wider.

---

[212] 5. Teil, B.II.1.

[213] 6. Teil, B.III.3.b)aa)(4).

[214] §§ 161 Abs. 2, 105 Abs. 3 HGB, 723 Abs. 1 Satz 1 BGB.

[215] §§ 161 Abs. 2, 105 Abs. 3 HGB, 723 Abs. 1 Satz 2 BGB.

[216] 4. Teil, C.

[217] *Kilian*, in: Henssler/Strohn, GesR, § 723 BGB Rn. 7.

[218] 4. Teil, C.II.1.

[219] Der *BVI* regte den Gesetzgeber zu einer ausdrücklichen Klarstellung der Bedeutungslosigkeit des § 132 HGB an, vgl. Position des *BVI* zum Entwurf für ein Gesetz zur Anpassung von Gesetzen auf dem Gebiet des Finanzmarktes (Drs. 18/1305) vom 13.5.2014, S. 7 f.

(1) Innenverhältnis

Im Innenverhältnis ist der Kommanditist einer gInvKG zur Zahlung seiner Kommanditeinlage verpflichtet. Der gesellschaftsseitige Anspruch auf Leistung der Einlage erlischt erst, wenn die Einlage erbracht wird.[220] Eine Verlustausgleichspflicht ist schon kraft Gesetzes ausgeschlossen.[221] Grundsätzlich besteht nach §§ 161 Abs. 2, 105 Abs. 3 HGB, 707 BGB auch keine Nachschusspflicht. Hiervon kann nunmehr auch nicht durch Gesellschaftsvertrag – etwa durch Mehrheitsbeschluss – abgerückt werden.[222] Notleidende Fonds können insoweit nicht mehr *verpflichtend* gerettet werden.[223] Die Aktionäre einer InvAG mfK. unterliegen durch Übernahme der Aktien der vergleichbaren Verpflichtung zur Einzahlung des Ausgabebetrages der Aktien,[224] dürfen die Aktien allerdings nur gegen volle Leistung des Ausgabepreises übernehmen.[225] Eine Verlustausgleichspflicht ist den §§ 264 ff. AktG fremd. Eine Nachschusspflicht ist durch § 140 Abs. 1 Satz 2 KAGB i. V. m. § 54 Abs. 1 AktG ausgeschlossen.[226] Es gelten die allgemeinen aktienrechtlichen Vorschriften zur Kapitalbeschaffung.[227]

(2) Außenverhältnis

Bei der InvAG mfK. haften die Aktionäre nicht im Außenverhältnis.[228] Ihre Haftung beschränkt sich damit insgesamt auf das Innenverhältnis durch Zahlung des Ausgabebetrages der übernommenen Aktien. Auch bei der gInvKG ist das Haftungsregime nunmehr so modifiziert, dass es für die Anleger grundsätzlich bei der Leistung der Einlage bleibt und es im Anschluss jedenfalls bei gesellschaftsseitigem Umsetzen des im KAGB statuierten Pflichtenkatalogs nicht zu einer unfreiwilligen Außenhaftung kommt.

---

[220] § 152 Abs. 3 Satz 1 KAGB; *Freitag*, NZG 2013, 329, 335: § 152 Abs. 3 Satz 1 KAGB sei wegen § 362 BGB überflüssig.

[221] § 152 Abs. 3 Satz 2 KAGB; *Paul*, GWR 2015, 463, 466: Wegen des Ausschlusses der Verlustausgleichspflicht in Kombination mit der geänderten Haftung im Außenverhältnis sei einem sanierungsunwilligen Kommanditisten im Modell „Sanieren oder Ausscheiden" ein Ausscheiden zuzumuten.

[222] § 152 Abs. 3 Satz 3 bis 5 KAGB; *Wetzig*, Regulierung des Grauen Kapitalmarkts, S. 185: besonders auffällige Abweichung zur KG nach dem HGB.

[223] *Wetzig*, Regulierung des Grauen Kapitalmarkts, S. 185 f.; *Paul*, GWR 2015, 463, 465 weist zurecht darauf hin, dass eine „Kapitalerhöhung" nach dem Modell „Sanieren oder Ausscheiden" aufgrund der Freiwilligkeit des Nachschusses weiterhin möglich sei; krit. deshalb zu Unrecht *Servatius*, ZflR 2014, 134, 142; *Casper*, ZHR 179 (2015), 44, 66 f.; *Stöber*, in: Westermann/Wertenbruch, Hdb. Personengesellschaften, Losebl. (Stand: 2/14), § 54a Rn. 3169 h.

[224] § 140 Abs. 1 Satz 2 KAGB i. V. m. § 54 AktG.

[225] § 141 Abs. 1 KAGB.

[226] *Lange*, in: Henssler/Strohn, GesR, § 54 AktG Rn. 4.

[227] BegrRegE BT-Drs. 17/12294, S. 247.

[228] § 140 Abs. 1 Satz 2 KAGB i. V. m. § 1 Abs. 1 Satz 2 AktG.

(a) Haftung vor Eintragung der gInvKG bzw. des Kommanditisten

Ausgangspunkt bildet § 149 Abs. 1 Satz 2 KAGB i. V. m. § 171 Abs. 1 HGB, der konzeptionell eine Außenhaftung der Kommanditisten kennt, eine solche aber ausscheiden lässt, soweit die Kommanditisten ihre (Haft-)Einlage geleistet haben. Die nach HGB im Übrigen bestehende unbeschränkte Gründungshaftung der Kommanditisten im Außenverhältnis nach § 176 Abs. 1 HGB greift bei geschlossenen Publikums-InvKGs nicht,[229] hat im Bereich der geschlossenen Fonds praktisch aber ohnehin keine Bedeutung[230]. Die etwas relevantere[231] unbeschränkte Haftung für die Zeit zwischen Eintritt und Eintragung des Kommanditisten nach § 176 Abs. 2 HGB fällt sogar unabhängig vom Investorenkreis weg, da der Eintritt erst mit Eintragung wirksam wird.[232] Firmierte die Fondsgesellschaft bislang als GmbH & Co. KG, kam die Haftung (wohl) ohnehin nicht zum Tragen, da die Gläubiger davon ausgehen mussten, dass alle Gesellschafter bis auf die Komplementär-GmbH Kommanditisten sind.[233]

(b) Wiederaufleben der Haftung durch Rückzahlung der Einlage

Zu einem Wiederaufleben der Haftung kommt es nach § 172 Abs. 4 Satz 1 HGB durch Rückzahlung der Einlage, wenn also der Kapitalanteil des Kommanditisten durch Zuwendung der KG seine Haftsumme nicht mehr deckt.[234] Unter Geltung des KAGB darf eine solche Unterdeckung durch Rückgewähr oder Ausschüttung nur mit Zustimmung des Kommanditisten erfolgen bzw. bei einer Treuhandkonstruktion durch entsprechende Zustimmung des Treugebers.[235] Die Fondsgesellschaft muss ihre Anleger in diesem Fall vorher auf die dann eintretende Rechtsfolge – Rückkehr zur Ausgangshaftung nach § 171 Abs. 1 HGB – hinweisen.[236]

---

[229] § 152 Abs. 5 KAGB.

[230] *Könnecke*, in: Baur/Tappen, Investmentgesetze, § 152 KAGB Rn. 124.

[231] Ebd., Rn. 114.

[232] § 152 Abs. 4 KAGB.

[233] OLG Frankfurt, Urt. v. 9. 5. 2007 – 13 U 195/06, NZG 2007, 625; *Könnecke*, in: Baur/Tappen, Investmentgesetze, § 152 KAGB Rn. 115; *K. Schmidt*, in: MünchKomm, HGB, § 176 Rn. 50; offen BGH, Urt. v. 21. 3. 1983 – II ZR 113/82, NJW 1983, 2258, 2260; a. A. für früher vor Inkrafttreten des mittlerweile überholten § 19 Abs. 5 HGB a. F. noch BGH, Urt. 18. 6. 1979 – II ZR 194/77, NJW 1980, 54.

[234] *K. Schmidt*, in: MünchKomm, HGB, § 172 Rn. 64.

[235] § 152 Abs. 2 Satz 1 und 3 KAGB; *Zetzsche*, in: Möllers/Kloyer, Das neue KAGB, Rn. 312, 387: formularmäßige oder ex-ante Zustimmung eines Privatanlegers nicht ausreichend; *Hoffert*, in: FrankKomm, KapAnlR Bd. 1, § 152 KAGB Rn. 50: Vorabeinwilligung zum Zeitpunkt der Anteilszeichnung nicht ausreichend; *Wiedemann*, NZG 2013, 1041, 1042: In positiver Stimmabgabe liege – vorbehaltlich der Warnung – zugleich die erforderliche Zustimmung; gegen Wiedemann aber *Casper*, ZHR 179 (2015), 44, 67; *ders.*, in: Großkomm, HGB, § 161 Rn. 271.

[236] § 152 Abs. 2 Satz 2 KAGB; *Wiedemann*, NZG 2013, 1041, 1043: Gebot der Vorwarnung verhindere antizipiertes Einverständnis; *Wallach*, ZGR 2014, 289, 316: Hinweis bei Ladung zur Gesellschaftsversammlung; *Hoffert*, in: FrankKomm, KapAnlR Bd. 1, § 152 KAGB Rn. 51:

Der Gesetzgeber hat keine Rechtsfolge für den Fall eines unzureichenden/unterlassenen Hinweises bzw. fehlender Zustimmung angeordnet. Möglich wäre ein Wiederaufleben der Haftung der Anleger mit dem Verweis auf Schadensersatzansprüche gegen die Fondsgesellschaft oder ein Ablehnen jeglicher Haftung der Anleger unter Hinweis auf den investmentrechtlichen Anlegerschutz im KAGB.[237] Richtigerweise ist ein Wiederaufleben der Haftung schon deshalb geboten, weil die Gesellschaftsgläubiger in der Regel keine Kenntnis über gesellschaftsinterne Kommunikationsvorgänge besitzen.[238] Überdies kann dem KAGB kein Rechtsgrundsatz entnommen werden, nach dem Anleger nur aufgrund ihres Status als Anleger in jeglicher Hinsicht zu bevorteilen sind[239] und deswegen eine etwaige Außenhaftung möglichst zu vermeiden ist. Das zeigt schon der Umstand, dass § 176 Abs. 1 HGB weiterhin für geschlossene Spezial-InvKGs gilt und auch § 173 HGB über § 149 Abs. 1 Satz 2 KAGB für neu eintretende Kommanditisten zur Anwendung kommt und so zu einer Außenhaftung in den Grenzen der §§ 171, 172 HGB führen kann. Tragend dürfte auch die folgende Überlegung sein: § 172 Abs. 4 HGB gestaltet sich aus Sicht der Gläubiger als bloße Rechtsfortwirkung zu § 171 Abs. 1 HGB. Wenn nun der wesentliche Haftungsgrundpfeiler aus § 171 Abs. 1 HGB vom KAGB unangetastet bleibt, dann muss das mangels anderweitiger Regelung auch für § 172 Abs. 4 HGB gelten. Die vorstehend beschriebene Kohärenz beider Normen kann damit auch nicht im Einzelfall dazu führen, dass man in Ermangelung einer gesetzlichen Anordnung ein Wiederaufleben der Haftung nur bei Privatanlegern ablehnt bzw. nur bei qualifizierten Anlegern zulässt, wie es bisweilen vertreten wird.[240]

Hinweis bei Einholung der Zustimmung; *Klebeck/Kunschke*, in: Beckmann/Scholtz/Vollmer, Investment-Hdb., Losebl. (Stand: 2/14), 405 § 152 KAGB Rn. 72: allgemeiner Hinweis ausreichend; krit. *Servatius*, ZflR 2014, 134, 142: vor *jeder* Einlagenrückgewähr sollte Hinweis erfolgen.

[237] Für Wiederaufleben der Haftung: LG Rottweil, Urt. v. 31.8.2016 – 1 S 31/16, BeckRS 2016, 20862 (Entscheidung über Revision ausstehend, BGH, II ZR 239/16); *Freitag*, NZG 2013, 329, 335; *Eichhorn*, WM 2016, 110, 116 f.; *Könnecke*, in: Baur/Tappen, Investmentgesetze, § 152 KAGB Rn. 82: Aufleben der Haftung sei sogar „unzweifelhaft"; *Kunschke/ Klebeck*, in: Beckmann/Scholtz/Vollmer, Investment-Hdb., Losebl. (Stand: 5/14), 405 § 127 KAGB Rn. 40; *Paul*, in: Weitnauer/Boxberger/Anders, KAGB, § 152 Rn. 16; *Kobabe*, in: Möllers/Kloyer, Das neue KAGB, Rn. 911, 961; *Strohn*, in: Ebenroth/Boujong/Joost/Strohn, HGB, § 172 Rn. 21; *Casper*, ZHR 179 (2015), 44, 67 f.; *ders.*, in: Großkomm, HGB, § 161 Rn. 271; *Häublein*, in: BeckOK, HGB, § 161 Rn. 99; für Vorrang des Anlegerschutzes: *Zetzsche*, AG 2013, 613, 625, der aber gleichzeitig anerkennt, dass etwas anderes „im Einzelfall für qualifizierte Anleger" gelten mag; wie Zetzsche auch *Hoffert*, in: FrankKomm, KapAnlR Bd. 1, § 152 KAGB Rn. 55 ff.: Wiederaufleben der Haftung nur bei (semi-)professionellen Anlegern.

[238] *Könnecke*, in: Baur/Tappen, Investmentgesetze, § 152 KAGB Rn. 82.

[239] Vgl. zur Einschränkung des Anlegerschutzes auch 6. Teil, B.II.3.a)bb)(4).

[240] So *Zetzsche*, AG 2013, 613, 625. *Wallach*, ZGR 2014, 289, 322 möchte im Sonderhaftungsrecht für Kommanditisten keinen Unterschied zwischen den Anlegerkategorien machen.

Nach wie vor besteht allerdings noch ein konzeptioneller Unterschied zwischen beiden Fondsvehikeln in dieser Hinsicht. Eine Rückgewähr der Einlage unter den Teil der im Handelsregister eingetragenen Haftungssumme ist nicht verboten und führt bloß zum Wiederaufleben der Haftung des Kommanditisten im Außenverhältnis. Bei der InvAG mfK. besteht hingegen eine strenge Kapitalbindung, die eine Einlagenrückgewähr verbietet,[241] bei Zuwiderhandeln allerdings lediglich einen Anspruch der AG gegen den Aktionär im Innenverhältnis auslöst[242]. Dieser kann zwar von den Gläubigern geltend gemacht werden.[243] Das führt jedoch nicht dazu, dass eine eigenständige Haftung im Außenverhältnis begründet wird.

(c) Haftung bei und nach Ausscheiden des Kommanditisten

Bemerkenswert ist, dass die Gesetzesbegründung zu § 152 Abs. 6 KAGB sogar bewusst davon spricht, die Änderung am KG-Gesellschaftsrecht aus Gründen der Gleichstellung mit den nach dem KAGB möglichen Fondsvehikeln – also auch zur Gleichstellung mit der InvAG mfK. – vorgenommen zu haben.[244] Nach § 152 Abs. 6 Satz 1 KAGB *gilt* die Erfüllung des Abfindungsanspruchs durch Ausscheiden *nicht* als Rückzahlung der Einlage, weshalb insoweit die oben angesprochene Außenhaftung nach §§ 172 Abs. 4, 171 Abs. 1 HGB auch ohne Hinweis oder Zustimmung ausscheidet.[245] Diese Fiktion[246] wird man auch für den derivativen Erwerb mit fehlendem Rechtsnachfolgevermerk in Stellung bringen dürfen, da das Gesellschaftsvermögen bei diesem nicht einmal angetastet wird.[247] Unter Berücksichtigung des weitgehenden § 152 Abs. 6 Satz 2 KAGB, der dem Kommanditisten[248] entgegen § 160 HGB einen generellen Nachhaftungsausschluss für Verbindlichkeiten der gInvKG zugute kommen lässt und damit das herkömmlich existierende Residualhaftungsrisiko bei nicht werthaltigem Freistellungsanspruch des Anlegers aus §§ 161

---

[241] § 140 Abs. 1 Satz 2 KAGB i. V. m. § 57 Abs. 1 Satz 1 AktG.

[242] § 140 Abs. 1 Satz 2 KAGB i. V. m. § 62 Abs. 1 AktG.

[243] § 140 Abs. 1 Satz 2 KAGB i. V. m. § 62 Abs. 2 AktG.

[244] BegrRegE BT-Drs. 17/12294, S. 250 f. Auch *Paul*, GWR 2015, 463, 465 f. konstatiert, dass die Haftungssituation der eines Aktionärs einer AG ähnele; ebenso *Jakovou*, in: Langenbucher/Bliesener/Spindler, BankR, Kap. 39 Rn. 158.

[245] *Könnecke*, in: Baur/Tappen, Investmentgesetze, § 152 KAGB Rn. 138.

[246] *Wallach*, ZGR 2014, 289, 316.

[247] So zurecht *Casper*, ZHR 179 (2015), 44, 69; *ders.*, in: Großkomm, HGB, § 161 Rn. 274.

[248] Für Treugeber eines Treuhandkommanditisten: *Veith*, BKR 2015, 233, 236: Da § 152 Abs. 1 Satz 2 KAGB eine Gleichstellung des Treugebers mit dem Kommanditisten nur im Innenverhältnis und nicht auch im Außenverhältnis verfolge, hafte der Treugeber in Fortführung der bislang ergangenen Rechtsprechung auch weiterhin nur im Innenverhältnis, weswegen § 152 Abs. 6 KAGB für ihn keine Relevanz besitze. Ein Teilausscheiden in Höhe des gekündigten Anteils des Treugebers führe zu einer entsprechenden Enthaftung des Treuhandkommanditisten nach § 152 Abs. 6 KAGB. Freistellungsansprüche gegenüber dem Treugeber bestünden dann nicht, sodass dem ausgeschiedenen Treugeber die Enthaftung des Treuhandkommanditisten unmittelbar zugute komme; *Paul*, GWR 2015, 463, 467: analoge Anwendung von § 152 Abs. 6 Satz 2 KAGB auf den mittelbar beteiligten Kommanditisten.

Abs. 2, 105 Abs. 5 HGB, 738 Abs. 1 Satz 2 BGB gegen die Fondsgesellschaft eliminiert,[249] ist die Bedeutung der Fiktion in § 152 Abs. 6 Satz 1 KAGB ohnehin fraglich.[250] Der Nachhaftungsausschluss ist angesichts der genannten Gesetzesbegründung und der damit angesprochenen Parallele zu der InvAG mfK., bei der die Anleger im Außenverhältnis nicht haften, umfassend zu verstehen und erfährt weder eine inhaltliche noch eine zeitliche Begrenzung.[251] In Konsequenz dessen haften die Kommanditisten auch nach Beendigung der Liquidation nicht für die Verbindlichkeiten der gInvKG.[252] Die dahinter stehende gesetzgeberische Wertung tritt deutlich zutage: Anlegerschutz vor Gläubigerschutz.[253]

Stellte man für den Zeitpunkt des Ausscheidens auf den das Ausscheiden bewirkenden Umstand ab, käme der Eintragung ins Handelsregister insofern keine Relevanz mehr zu. Das dem HGB innewohnende System um den Verkehrsschutz und die Rechtsscheingrundsätze in § 15 HGB wäre aus den Angeln gehoben,[254] obwohl der Anleger nicht um jeden Preis im KAGB geschützt wird[255]. Dennoch sprechen die besseren Argumente dafür, dass es auf den Zeitpunkt der Eintragung im Handelsregister nicht ankommen kann.[256] Für diese Erkenntnis lässt sich der Wortlaut § 152 Abs. 6 Satz 2 KAGB ins Feld führen, der ohne eine weitere Einschränkung lediglich auf den Zeitpunkt des Ausscheidens abstellt. Eben dies wird durch einen Blick auf die – bisweilen fälschlicherweise als Norm zur Anordnung einer Nachhaftung verstanden[257] – Enthaftungsregel des § 160 HGB bestätigt: Während dort eine Enthaftung ausweislich § 160 Abs. 1 Satz 2 HGB immer auch eine Eintragung im Handelsregister voraussetzt, findet sich eine derartige Einschränkung für den umfassenden Nachhaftungsausschluss in § 152 Abs. 6 Satz 2 KAGB nicht. Insoweit ist die einzuschlagende Argumentationsrichtung schon umgekehrt, da vielmehr ein Hinzufügen von Wirksamkeitsbeschränkungen für den Haftungsausschluss begründungsbedürftig ist. Zieht man den Eintritt eines Kommanditisten als actus contrarius heran, so wird dieser nach § 152 Abs. 4 KAGB erst mit Eintragung im Handelsregister wirksam. Verfehlt wäre es, aus dieser offenbar notwendigen Ein-

---

[249] *Könnecke*, in: Baur/Tappen, Investmentgesetze, § 152 KAGB Rn. 136 f.

[250] *Paul*, in: Weitnauer/Boxberger/Anders, KAGB, § 152 Rn. 30.

[251] Ebd., Rn. 31 ff.; *Freitag*, NZG 2013, 329, 335: jegliche Nachhaftung.

[252] § 161 Abs. 4 KAGB; BegrRegE BT-Drs. 17/12294, S. 253.

[253] *Wiedemann*, NZG 2013, 1041, 1043; *Veith*, BKR 2015, 233, 236.

[254] *Paul*, in: Weitnauer/Boxberger/Anders, KAGB, § 152 Rn. 36.

[255] 6. Teil, B.II.3.a)bb)(4).

[256] Ebenso *Hoffert*, in: FrankKomm, KapAnlR Bd. 1, § 152 KAGB Rn. 78; wohl auch *Stöber*, in: Westermann/Wertenbruch, Hdb. Personengesellschaften, Losebl. (Stand: 2/14), § 54a Rn. 3170k: Enthaftung sofort; offen lassend *Könnecke*, in: Baur/Tappen, Investmentgesetze, § 152 KAGB Rn. 141 f.; dagegen *Paul*, in: Weitnauer/Boxberger/Anders, KAGB, § 152 Rn. 36.

[257] So bei *Kracke*, in: Baur/Tappen, Investmentgesetze, § 133 KAGB Rn. 12. Die Haftung wird in § 160 HGB richtigerweise bereits vorausgesetzt, s. *K. Schmidt*, in: MünchKomm, HGB, § 160 Rn. 1.

tragung ebenso die Notwendigkeit einer Eintragung für den Haftungsausschluss zu konstruieren. Denn zum einen erwähnt § 152 Abs. 6 KAGB wie bereits erläutert keineswegs eine Eintragung, zum anderen dient § 152 Abs. 4 KAGB dem Anleger-schutz, indem die Haftung aus § 176 Abs. 2 HGB wie bereits erläutert ausge-schlossen wird. Als actus contrarius müsste auch der Austritt allein von Anleger-schutzgesichtspunkten getragen sein. Wenn also die Haftung bei Eintritt anders als im HGB so weit wie möglich hinausgezögert wird, liegt es nahe, dass die Haftung bei Austritt so früh wie möglich ausscheiden soll. Eine Differenzierung zwischen Pu-blikums-AIFs und Spezial-AIFs ist in keinster Weise indiziert, liegt eine solche doch auch nicht dem § 152 Abs. 4 KAGB zugrunde.

b) Ergänzung des KAGB-Gesellschaftsrechts

Das KAGB hat das nationale Gesellschaftsrecht im Rahmen des eigenen An-wendungsbereichs in vielen Punkten Modifikationen unterworfen. Es hat allerdings auch speziell aus Gründen des Anlegerschutzes einige Ergänzungen am Rechts-rahmen beider Fondsvehikel vorgenommen, die ebenfalls gleichmäßig verlaufen.

aa) Unterschreitung der regulatorischen Mindestmittel bei intern verwalteten geschlossenen AIFs

Für die intern verwaltete InvAG mfK. und für die intern verwaltete gInvKG gelten identische Pflichten bei Unterschreitung des Anfangskapitals oder der zusätzlich erforderlichen Eigenmittel gem. § 25 KAGB. Beide müssen die BaFin und ihre Anleger unverzüglich darüber informieren, und die jeweiligen Geschäftsführungen müssen bei dieser Gelegenheit eine Haupt- bzw. Gesellschafterversammlung ein-berufen.[258] Die Pflichten können nur bei intern verwalteten Investmentvermögen eintreten, da bei der externen Verwaltung nur die externe KVG den Vorschriften zum Anfangskapital und den zusätzlichen Eigenmitteln unterliegt.[259]

bb) Fehlende Auflösungsmöglichkeit einzelner Anleger

Einzelne Anleger können von der gesetzlichen Konzeption her weder bei der InvAG mfK. noch bei der gInvKG die Auflösung des Investmentvermögens errei-chen.[260] Bei der InvAG mfK. ergibt sich das bereits aus § 140 Abs. 1 Satz 2 KAGB i. V. m. §§ 119 Abs. 1 Nr. 8, 262 Abs. 1 Nr. 2 AktG, wonach der Auflösungsbeschluss einer drei Viertel-Mehrheit des bei der Beschlussfassung vertretenen Grundkapitals bedarf. Dieses Ergebnis wird für die extern verwaltete InvAG mfK. durch § 144 Satz 4 i. V. m. § 99 Abs. 5 KAGB bestätigt. Nach § 99 Abs. 5 KAGB kann kein

---

[258] §§ 145, 155 KAGB.

[259] BegrRegE BT-Drs. 17/12294, S. 248.

[260] *Zetzsche*, AG 2013, 613, 625.

Anleger die Aufhebung der in Ansehung des Sondervermögens bestehenden Gemeinschaft der Anleger verlangen. Diese für Sondervermögen bestehende Regelung, mit der eine Kündigung des Verwaltervertrags ausgeschlossen wird[261] und die Anleger daher auf ihr Rückgaberecht verweist,[262] irritiert allerdings im Anwendungsbereich von Investmentgesellschaften, bei denen die Kündigung des Verwaltervertrags mit der externen KVG Geschäftsführungsangelegenheit ist.

Bei der gInvKG ist das außerordentliche Recht zur Auflösungsklage nach § 133 Abs. 1 HGB gem. § 161 Abs. 2 Satz 1 KAGB ausgeschlossen.[263] Die einzige Möglichkeit zur Auflösung des Fonds durch einzelne Anleger besteht bei entsprechender gesellschaftsvertraglicher Gestaltung in der außerordentlichen Kündigung des Gesellschafters. § 131 Abs. 3 Nr. 3 HGB, nach dem eine Kündigung des Gesellschafters gesetzlich nur zum Ausscheiden des Gesellschafters führt, ist auch nach Maßgabe des § 150 Abs. 4 KAGB nur dispositiv.[264] Anders als in § 144 Satz 4 KAGB wird § 99 Abs. 5 KAGB in § 154 Abs. 1 Satz 4 KAGB für die gInvKG nicht in Verweis genommen. Dadurch wird der dispositive Charakter des § 131 Abs. 3 Nr. 3 HGB jedenfalls bei externer Verwaltung der gInvKG unterstrichen.[265] Zur Auflösung kommt es spätestens aber, wenn der vorletzte Gesellschafter ausscheidet und das Gesellschaftsvermögen durch liquidationslose Vollbeendigung der gInvKG unter Gesamtrechtsnachfolge[266] auf den letzten − dann nicht mehr − Gesellschafter übergeht.[267] Für Private Equity-Fonds ist eine solche Auflösung durch Ausscheiden eines Anlegers indes nur theoretischer Natur, da neben der Komplementär-GmbH regelmäßig auch auf ein von den Initiatoren eingesetztes Carry-Vehikel als Kommanditist zurückgegriffen wird.

cc) Kündigung des Verwaltungsrechts und Abwicklung

Das KAGB enthält für die geschlossenen Investmentvermögen rechtsformübergreifende Regelungen zur Kündigung der Verwaltung durch die externe KVG und zur sich hieran gegebenenfalls anschließenden Abwicklung. Eine Kündigung kann nur aus wichtigem Grund erfolgen.[268] Der externen KVG wird somit aufgrund der

---

[261] BT-Drs. 15/1553, S. 87.

[262] *A. München*, in: Baur/Tappen, Investmentgesetze, § 99 KAGB Rn. 19.

[263] *Wallach*, ZGR 2014, 289, 317: Ausdruck des allgemeinen investmentrechtlichen Grundsatzes, dass ein einzelner Anleger nicht die Auflösung eines Investmentvermögens verlangen kann; begrüßend *Jesch*, in: FrankKomm, KapAnlR Bd. 1, § 161 KAGB Rn. 12.

[264] *Zetzsche*, AG 2013, 613, 625.

[265] Unklar *Paul*, in: Weitnauer/Boxberger/Anders, KAGB, § 154 Rn. 16, nach dem § 99 Abs. 5 KAGB auf die InvKG aus gesellschaftsrechtlichen Gründen nicht ohne Weiteres passe.

[266] Umfassend *Klöhn*, in: Henssler/Strohn, GesR, § 131 HGB Rn. 63 m.w.N. auch zur Rechtsprechung.

[267] *Freitag*, NZG 2013, 329, 332; regelmäßig würde der Gründungskommanditist daher vom Fondsinitiator oder einem externen Anbieter gestellt, *Wallach*, ZGR 2014, 289, 303.

[268] §§ 144 Satz 4 Nr. 1, 154 Abs. 1 Satz 4 Nr. 1 KAGB.

Illiquidität der Vermögensgegenstände geschlossener AIFs und der damit für die Anleger einhergehenden Unwägbarkeiten bei der möglicherweise sogar zur Liquidation führenden Kündigung zugemutet, das Investmentvermögen bis zum Ende der Laufzeit ohne die Möglichkeit einer ordentlichen Kündigung zu verwalten.[269] Eine Kündigung setzt darüber hinaus eine Frist voraus, die in einem angemessenen Verhältnis zu dem Zeitraum steht, der erforderlich ist, um die zum Investmentvermögen gehörenden Vermögensgegenstände zu liquidieren.[270] Diese gesetzliche Anordnung gilt sowohl für Spezial-AIFs als auch für Publikums-AIFs[271] – für Publikums-AIFs beträgt die Frist jedoch mindestens sechs Monate[272]. Nach der Kündigung kann sich das Investmentvermögen entweder in einen intern verwalteten geschlossenen AIF umwandeln oder eine andere externe KVG bestellen,[273] was bei Publikums-AIFs jeweils von der BaFin genehmigt bzw. bei Spezial-AIFs nur angezeigt werden muss.[274] Seit dem OGAW V-UmsG findet im Fall der Bestellung einer anderen externen KVG zudem § 100b Abs. 1, 3 und 4 KAGB mit der Maßgabe Anwendung, dass die Übertragung (also die Bestellung) bei geschlossenen Publikums-AIFs frühestens mit Erteilung der Genehmigung wirksam wird.[275] Erfolgt keine Umwandlung in einen internen AIF oder eine Bestellung einer anderen externen KVG, geht das Investmentvermögen auf die Verwahrstelle über und wird dort abgewickelt.[276] Die investmentrechtliche Parallelität der Abwicklungsmodalitäten bei beiden geschlossenen Fondsvehikeln wird jedoch mit § 154 Abs. 2 Satz 1 Nr. 2 Halbsatz 1 KAGB durchbrochen, wonach allein die gInvKG-Gesellschafter dazu

---

[269] *Zetzsche*, AG 2013, 613, 628.

[270] §§ 144 Satz 4 Nr. 2 Halbsatz 1, 154 Abs. 1 Satz 4 Nr. 2 Halbsatz 1 KAGB.

[271] A.A. *Zetzsche*, AG 2013, 613, 627: nur für geschlossene Spezialfonds; *Silberberger/Lorenz*, in: Weitnauer/Boxberger/Anders, KAGB, § 144 Rn. 10. Die Regelung soll aber als eine Ausprägung des Gebots zum Handeln im Anlegerinteresse zugleich eine vertragliche Nebenpflicht darstellen. Übersehen wird, dass das Gesetz bei § 144 Satz 4 Nr. 2 Halbsatz 1 KAGB keine Differenzierung vornimmt und die Mindestkündigungsfrist im zweiten Halbsatz als Schutzmaßnahme nur die Frist aus dem ersten Halbsatz konkretisiert. Auch der Gesetzesbegründung ist keine entsprechende Beschränkung auf Spezial-AIFs zu entnehmen.

[272] §§ 144 Satz 4 Nr. 2 Halbsatz 1, 154 Abs. 1 Satz 4 Nr. 2 Halbsatz 2 KAGB.

[273] Obwohl in § 154 Abs. 2 Satz 1 Nr. 1 KAGB die Rede von „benennt" ist, ist eine Bestellung gemeint, *Paul*, in: Weitnauer/Boxberger/Anders, KAGB, § 154 Rn. 24.

[274] §§ 144 Satz 5, 154 Abs. 2 Satz 1 Nr. 1 KAGB. Bei der Rezeption in der Literatur kam es aufgrund des Wortlauts dieser Vorschriften zu Irritationen. So heißt es, dass sich die Genehmigungs- bzw. Anzeigepflicht möglicherweise bloß auf den Übergang des Verwaltungsrechts auf die Verwahrstelle beziehen könne, wenn sich die extern verwaltete InvAG nicht in eine intern verwaltete InvAG umwandelt und auch keine andere KVG bestellt, *Lorenz*, in: Weitnauer/Boxberger/Anders, KAGB, § 112 Rn. 11. Im Ergebnis wird diese Auslegung aber verhindert, weil der an dieser Stelle identische § 112 Abs. 1 Satz 5 Nr. 2 KAGB laut Gesetzesbegründung auf den früheren § 95 Abs. 3 InvG zurückgeht, BegrRegE BT-Drs. 17/12294, S. 238, der eine Übertragung der Verwaltung eines Spezial-Sondervermögens auf eine *andere Kapitalanlagegesellschaft* von einer Genehmigung der BaFin freigestellt hat, es also niemals um die Genehmigung der Übertragung des Verwaltungsrechts auf die Depotbank ging.

[275] §§ 144 Satz 6, 154 Abs. 2 Satz 2 KAGB.

[276] §§ 144 Satz 5 i.V.m. 100, 154 Abs. 2 Satz 1 i.V.m. 100 KAGB.

befugt sind, die Bestellung eines anderen Liquidators als der Verwahrstelle zu be-schließen. Die Gründe dafür, warum die Verwahrstelle trotz ihrer Sachnähe gerade bei der gInvKG nicht zur Abwicklung geeignet sein soll, bleiben im Dunkeln. Sollten sie in der Natur der vom AIF gehaltenen Vermögensgegenstände liegen, muss diese Vorschrift auch für die InvAG mfK. zur Anwendung kommen.[277] Für eine solche dem Gesetz zugrunde liegende Begründung spräche, dass die offene Investmentkom-manditgesellschaft (oInvKG), die in sämtliche Vermögensgegenstände investieren darf, deren Verkehrswert ermittelbar ist,[278] insbesondere liquide Vermögensgegen-stände, eine identische Regelung nicht kennt. Mit diesem Befund ist jedenfalls gleichzeitig ausgeschlossen, dass dieses Mehr an Rechten bei der gInvKG mögli-cherweise aufgrund der gegebenenfalls bestehenden persönlichen Nähe der Anleger Eingang ins Gesetz gefunden hat,[279] ist die oInvKG doch immer ein Spezial-AIF und kein Publikums-AIF.[280]

c) Gegenüberstellung mit offenen Fondsvehikeln

Auch eine Gegenüberstellung der geschlossenen Investmentvermögen mit den Rechtsform-Pendants der offenen Fondsvehikel bzw. den diesen gegenüber beste-henden Unterschieden ist weitere Evidenz für die Konvergenz.

aa) Mitgliedschaftliche Verwaltungsrechte der Anleger

Bei den geschlossenen Fondsvehikeln stehen den Anlegern sämtliche mit der Gesellschafterstellung einhergehenden Verwaltungsrechte zu.[281] Bei der gInvKG sind diese aus Gründen der Rechtsform reduziert, vor allen Dingen das Stimmrecht beschränkt sich auf die wenn auch in den Grenzen der Kernbereichslehre dispositiven Mitwirkungsbefugnisse bei außergewöhn-lichen und Grundlagengeschäften nach dem HGB.[282] Zwar stehen den Kommanditisten der oInvKG dieselben Verwal-tungsrechte zu wie denen einer gInvKG.[283] Anders gestaltet sich die Rechtslage jedoch bei der InvAG mvK. Dort teilen sich die Aktien in Unternehmens- und

---

[277] So *Zetzsche*, AG 2013, 613, 628.

[278] §§ 91 Abs. 2, 282 Abs. 2 KAGB.

[279] *Zetzsche*, AG 2013, 613, 628 sieht hierin einen möglichen Erklärungsansatz, distanziert sich hiervon im gleichen Atemzug aber aufgrund der Realität geschlossener Fonds.

[280] § 91 Abs. 2 KAGB.

[281] § 140 Abs. 1 Satz 2 KAGB i. V. m. §§ 118 ff. AktG für die InvAG mfK und § 149 Abs. 1 Satz 2 KAGB i. V. m. §§ 164, 166 HGB.

[282] *Grunewald*, in: MünchKomm, HGB, § 164 Rn. 9 ff.; *Roth*, in: Baumbach/Hopt, HGB, § 164 Rn. 2, 4, 6.

[283] § 124 Abs. 1 Satz 2 KAGB i. V. m. §§ 164, 166 HGB; *Zetzsche*, AG 2013, 613, 619 ordnet die offene InvKG aufgrund ihrer in der Rechtsform angelegten Unterscheidung zwischen Anlegern und geschäftsführenden Gesellschaftern allerdings in dieselbe Kategorie ein wie die InvAG mvK. und der dortigen Differenzierung zwischen Unternehmer- und Anlageaktionären.

Anlageaktien auf. Letztere berechtigen nicht zur Teilnahme an der Hauptversammlung und gewähren kein Stimmrecht, sofern die Satzung nicht etwas Abweichendes vorsieht.[284] Hintergrund dessen ist, dass Aktionäre im Investmentbereich reine Gewinninteressen verfolgen;[285] also selbiges Agrument, dass für die Zweckfreiheit auf Anlegerebene streitet[286]. Den Aktionären bei der InvAG mvK. steht ein regelmäßiges Rückgaberecht zu, wovon sie Gebrauch machen können, wenn sie mit der Anlageverwaltung nicht einverstanden sind. Bei der InvAG mfK. fehlt ein solches Rückgaberecht. Allein deshalb steht den Aktionären als Kompensation das Stimmrecht zu.[287] Daneben sehen geschlossene Fonds typischerweise eine feste Laufzeitbeschränkung vor.[288]

bb) Bildung von Teilgesellschaftsvermögen

Weder die InvAG mfK. noch die gInvKG können über eine Umbrella-Struktur Teilgesellschaftsvermögen (TGVs) ausweisen.[289] Dies bleibt den offenen Fondsvehikeln vorbehalten.[290] Je nach Investmentprodukt ist damit die Auflage eines neuen Investmentvermögens von Nöten.[291] Dies wird vereinzelt kritisiert, gäbe es doch keinen sachlichen Grund für diese Ungleichbehandlung.[292] Eine Erklärung bleibt die Gesetzesbegründung schuldig,[293] sodass nur Mutmaßungen angestellt werden können. So bestehen angesichts der regelmäßig bestehenden bestimmten Laufzeitdauer des geschlossenen Investmentvermögens sicherlich Unverträglichkeiten bei der Bildung von TGVs je nach Lebensphase des geschlossenen AIF, wohingegen TGVs doch dem Bedürfnis nach rascher Auflegung neuer Fondsprodukte entspringen[294] und aus diesem Grund nicht die Zustimmung der Hauptversammlung einer InvAG mvK. voraussetzen[295]. Vielleicht wollte der Gesetzgeber den Errichtungsaufwand auch deshalb erschweren, weil keine kurzfristige und vereinfachte Entscheidung

---

[284] § 109 Abs. 3 Satz 2 KAGB.

[285] *Herrmann*, in: Baur/Tappen, Investmentgesetze, § 109 KAGB Rn. 6.

[286] 5. Teil, B.I.2.c).

[287] Krit. *Fischer/Friedrich*, ZBB 2013, 153, 163: Auch die InvAG mfK. sollte Anlageaktien ausgeben können; *Silberberger/Lorenz*, in: Weitnauer/Boxberger/Anders, KAGB, § 140 Rn. 12

[288] 4. Teil, C.

[289] §§ 140 ff., 149 ff. KAGB enthalten hierzu keine Regelung; *Jesch*, RdF 2014, 180, 181; *ders.*, in: Baur/Tappen, Investmentgesetze, § 1 KAGB Rn. 42; *Wollenhaupt/Beck*, DB 2013, 1950, 1953; *Zetzsche*, AG 2013, 613, 617; *Oetker*, in: Oetker, HGB, § 161 Rn. 212.

[290] §§ 117 Abs. 1 Satz 1, 132 Abs. 1 Satz 1 KAGB.

[291] *Buck-Heeb*, Kapitalmarktrecht, § 16 Rn. 928.

[292] *Fischer/Friedrich*, ZBB 2013, 153, 163; *Wallach*, RdF 2013, 92, 100; *ders.*, ZGR 2014, 289, 312, 321; *Emde*, in: Emde/Dornseifer/Dreibus/Hölscher, InvG, Einl. Rn. 92; *Köndgen/Schmies*, in: Schimansky/Bunte/Lwowski, Bankrechts-Hdb., § 113 Rn. 232.

[293] *Zetzsche*, AG 2013, 613, 617 Fn. 70: „der Grund für die Beschränkung bleibt im Dunkeln".

[294] *Köndgen/Schmies*, in: Schimansky/Bunte/Lwowski, Bankrechts-Hdb., § 113 Rn. 232a.

[295] § 117 Abs. 1 Satz 2 KAGB.

über das Anbieten eines weiteren auf illiquide Märkte ausgerichteten Fondsprodukts getroffen werden soll (Warnfunktion).

III. Das Steuerrecht als Strukturierungsmaxime

Die Präponderanz des Steuerrechts für die Strukturierung von Private Equity-Fonds setzt sich in Ansehung der zunehmenden gesellschaftsrechtlichen Konvergenz der geschlossenen Fondsvehikel auch nach Inkrafttreten des KAGB fort. Das gilt unverändert auch bei den möglicherweise nach wie vor auftretenden GmbH & Co. KG-Vehikeln im Anwendungsbereich der De-minimis-Regelungen nach § 2 Abs. 4, 4a und 5 KAGB, für die auf die bisherigen Erkenntnisse verwiesen werden kann. Bei der Errichtung des geschlossenen Investmentvermögens im erlaubnispflichtigen Bereich besteht das vorrangige steuerliche Interesse wie bereits vor Inkrafttreten des KAGB in dem Bereitstellen eines vermögensverwaltenden Fondsvehikels zum Zwecke der steuerlichen Transparenz für die Anleger und der steuervergünstigenden Einnahme des Carried Interest durch die Fondsinitiatoren. Da AIFs nun in den Anwendungsbereich des InvStG in der Fassung des am 24. Dezember 2013 in Kraft getretenen AIFM-StAnpG[296] fallen,[297] ist die Umsetzbarkeit dieser Strukturierung zu überprüfen. In diesem Zusammenhang erfolgt auch ein Ausblick auf das InvStG 2018 nach der Investmentsteuerreform 2018. Schließlich ist zu hinterfragen, ob die für die sonstige Strukturierung des Private Equity-Fonds maßgebliche gewerbliche Entprägung unter dem KAGB gelingen kann.

1. Rechtsformwahl

Entsprechend der durch den Rechtsformzwang vorgegebenen Auswahl an geschlossenen Fondsvehikeln ist zwischen der gInvKG und der InvAG mfK. zu differenzieren.

a) Leveraged Buy Out und die gInvKG
als vermögensverwaltende Gesellschaft

Die Besteuerung der Investmentvermögen nach KAGB richtet sich nach dem InvStG, das (noch bis 2018) zwischen sog. Investmentfonds nach § 1 Abs. 1b Satz 2 InvStG und sog. Investitionsgesellschaften nach § 1 Abs. 1c Satz 1 InvStG differenziert. Da Investmentfonds ihren Anlegern gem. § 1 Abs. 1b Satz 2 Nr. 2 InvStG mindestens einmal jährlich ein Rückgabe- bzw. Kündigungsrecht einräumen, sind gInvKGs schon eingedenk ihrer strengen geschlossenen Struktur Investitionsge-

---

[296] Gesetz zur Anpassung des Investmentsteuergesetzes und anderer Gesetze an das AIFM-Umsetzungsgesetz (AIFM-Steuer-Anpassungsgesetz – AIFM-StAnpG) vom 18. Dezember 2013, BGBl. I, S. 4318.

[297] § 1 Abs. 1 Satz 1 InvStG.

sellschaften.[298] Daneben bieten auch das Verbot der aktiven unternehmerischen Bewirtschaftung der Portfoliogesellschaften,[299] die Beteiligungshöchstgrenze an Kapitalgesellschaften insgesamt i. H. v. 20 Prozent des eigenen Werts[300] und die Begrenzung der unmittelbaren Beteiligung an einer Kapitalgesellschaft auf unter zehn Prozent des Kapitals der Kapitalgesellschaft[301] regelmäßig Obstruktionspotenzial bei der Qualifizierung als Investmentfonds.[302] Investitionsgesellschaften in der Rechtsform einer InvKG und damit auch gInvKGs sind sog. Personen-Investitionsgesellschaften nach § 18 InvStG.[303] Für die gInvKG kommen gem. § 18 Satz 3 InvStG die allgemeinen steuerrechtlichen Regelungen zur Anwendung, einschließlich der Möglichkeit zur steuerlichen Transparenz.[304]

Zweifel an dem vermögensverwaltenden Status eines als gInvKG strukturierten LBO-Fonds bestehen indes insoweit, als dass nach dem bereits erörterten Kriterienkatalog des BMF-Schreibens aus dem Jahr 2003 eine umfangreiche eigene Organisation, die das Ausmaß dessen übersteigt, was bei einem *privaten* Großvermögen üblich ist, gegen eine bloße Vermögensverwaltung streitet.[305] Denn die neue Regulierung hält noch an anderer Stelle zu untersuchende, umfangreiche Organisationspflichten in den §§ 28, 29 KAGB i. V. m. der AIFM-VO bereit.[306] Allerdings richten sich die Organisationspflichten bei extern verwalteten gInvKGs allein an den externen AIFM. In diesen Fällen könnte die Steuertransparenz des Fondsvehikels nur dann in Gefahr sein, wenn man mit der BFH-Rechtsprechung eine Zurechnung der

---

[298] *Haisch/Helios*, BB 2013, 1687, 1695; *Elser*, in: Beckmann/Scholtz/Vollmer, Investment-Hdb., Losebl. (Stand: 9/15), 420 § 18 InvStG Rn. 10; *Angsten*, in: Beckmann/Scholtz/Vollmer, Investment-Hdb., Losebl. (Stand: 1/13), vor 405 Rn. 120.

[299] § 1 Abs. 1b Satz 2 Nr. 3 InvStG. Vgl. bereits 4. Teil, Fn. 32.

[300] § 1 Abs. 1b Satz 2 Nr. 6 InvStG.

[301] § 1 Abs. 1b Satz 2 Nr. 7 InvStG.

[302] Begr BT-Drs. 18/68, S. 41 f.; *Geurts/Faller*, DB 2012, 2898, 2901.

[303] *Sagasser*, in: Assmann/Schütze, Hdb. KapitalanlageR, § 27 Rn. 295; *Fischer/Friedrich*, ZBB 2013, 153, 162; *Mann*, in: Blümich, EStG, KStG, GewStG, Losebl. (Stand: 4/17), § 18 InvStG Rn. 4; *Hüwel*, in: Baur/Tappen, Investmentgesetze, § 124 KAGB Rn. 13; *Wagner*, ZfBR 2015, 113, 116.

[304] *Patzner/Kempf*, in: Patzner/Döser/Kempf, Investmentrecht, § 18 InvStG Rn. 5 f. Dazu 5. Teil, A.II.2. Dass geschlossene Fonds weiterhin nach den allgemeinen steuerrechtlichen Regelungen behandelt werden, wird mit systematischen (geschlossene Fonds entsprechen nicht dem Leitbild einer standardisierten kollektiven Vermögensverwaltung), verfahrenstechnischen (Besteuerungsregelungen für Investmentfonds sind im Bereich der Publikums-Investmentfonds regelmäßig auf anonymes Massenverfahren ausgerichtet, der geschlossene Fonds hingegen kennt typischerweise seine Anleger) und letztlich auch fiskalischen (erhebliche Steuerminderreinnahmen) Erwägungen begründet, vgl. Begr. BT-Drs. 18/68, S. 34 ff.

[305] *BMF*, Schreiben vom 16.12.2003, IV A 6-S 2240-153/03, Einkommensteuerliche Behandlung von Venture Capital und Private Equity Fonds; Abgrenzung der privaten Vermögensverwaltung vom Gewerbebetrieb, Rn. 11, BStBl. 2004 I, S. 40 und BStBl. 2006 I, S. 632.

[306] A.A. ohne Weiteres *Ewald/Jansen*, DStR 2016, 1784, 1787: Geschäftsorganisation müsse nur angemessen sein. Auch eine angemessene Geschäftsorganisation kann indes schädlich i. S. des BMF-Schreibens sein.

Organisation an den Fonds in den Fällen annähme, in denen Personenidentität zwischen den Fondsmanagern der externen KVG und den Geschäftsführern des Fonds bzw. bei Geschäftsführergesellschaften den jeweils dahinter stehenden Geschäftsführern bestünde.[307] Unklar ist indes, wie sich das mit der früheren BFH-Rechtsprechung verträgt, nach der eine private Vermögensverwaltung nicht zum Gewerbebetrieb wird, nur weil die Verwaltungsgeschäfte durch eine Person geführt werden, die Geschäfte dieser Art gewerbsmäßig betreibt.[308] Daneben wäre die Steuertransparenz bei intern verwalteten gInvKGs gefährdet. Etwas anderes gilt in beiden Verwaltungsalternativen, falls für die gInvKG lediglich im Rahmen der De-minimis-Regelung des § 2 Abs. 4 KAGB optiert wird.

Den vorstehenden Gefahren ließe sich begegnen, wenn allein die eigentlich für das Fondsgeschäft erforderliche Organisation ohne regulatorischen Aufsatz den Entscheidungsgegenstand im Rahmen der Abgrenzung zur Gewerblichkeit bildete. Doch ist dem entgegenzuhalten, dass das BMF-Schreiben die Hintergründe für die konkrete Organisation nicht hinterfragt und daher ausschließlich die tatsächlichen Gegebenheiten ausschlaggebend sein können. Dennoch spricht viel für die Möglichkeit der Steuertransparenz. So stehen die Organisationspflichten unter dem Vorbehalt des Proportionalitätsprinzips, richten sich mithin nach der Art, dem Umfang und der Komplexität der Geschäfte des AIFM.[309] Dies gilt auch, soweit sie im registrierungspflichtigen Bereich zur Anwendung gelangen.[310] Allerdings ist einzuräumen, dass das Geschäftsmodell LBO mehr komplex als einfach ist.[311] Auch muss der AIFM in Auslagerungssachverhalten stets fähig sein, die Anlageverwaltungsfunktionen wahrzunehmen.[312] Davon unabhängig kann schwerlich von der *Organisation* auf die gewerbliche *Tätigkeit* deduziert werden, insbesondere wenn sich qua Regulierung nur die Organisation ändert, nicht jedoch die Tätigkeit per se. Andernfalls müsste das bei allen internen AIFMs für eine gewerbliche Tätigkeit sprechen; demgegenüber gelingt eine Befreiung von der Gewerbesteuer für inländische Investmentfonds i. S. des Investmentsteuerrechts.[313] Es sollte damit in allen Konstellationen bei der Möglichkeit zur Steuertransparenz bleiben. Zukünftige geschlossene Private Equity-Fonds werden daher in der Rechtsform einer gInvKG aufgelegt.[314]

---

[307] BFH, Urt. v. 24.8.2011 – I R 46/10, BFHE 234, 339 Rn. 22. Maßgeblich soll hier angeblich sein, dass der Fonds die umfangreiche Organisation der Managementgesellschaft ausnutzen würde und ihm daher zuzurechnen sei.

[308] BFH, Beschl. v. 25.6.1984 – GrS 4/82, BFHE 141, 405, 428 f.

[309] Ausführlich noch 6. Teil, B.I.2.d) und 6. Teil, B.II.5.

[310] Vgl. § 2 Abs. 5 KAGB, dazu auch 6. Teil, B.II.6.a)aa)(2).

[311] Ausführlich noch 6. Teil, B.I.2.d).

[312] 6. Teil, B.II.2.c).

[313] § 11 Abs. 1 Satz 2 und 3 InvStG bzw. auch mit der Investmentsteuerreform 2018 kann nach § 15 InvStG 2018 eine Gewerbesteuerbefreiung gelingen.

[314] Für Private Equity-Fonds: *Sagasser*, in: Assmann/Schütze, Hdb. KapitalanlageR, § 27 Rn. 394; *Weitnauer*, in: Weitnauer, MBO, A Rn. 108; *Berger*, Regulierung der Management-

b) Die InvAG mfK. als steuerlich intransparentes Fondsvehikel

InvAGs mfK. im Allgemeinen und auch LBO-Fonds als InvAGs mfK. im Besonderen sind aus den gleichen Gründen wie gInvKGs niemals Investmentfonds, sondern sog. Kapital-Investitionsgesellschaften nach § 19 InvStG. Für sie gilt grundsätzlich die inländische Regelbesteuerung für Kapitalgesellschaften.[315] Aufgrund der zusätzlichen Besteuerungsebene sind sie steuerlich intransparent.[316] Die InvAG mfK. wird daher nicht die Rechtsform der Praxis.[317] Die gInvKG bietet steuerliche Attraktivität, während die InvAG mfK. bei gewünschter Produktgestaltung nur aufgrund ihrer möglichen Börsennotierung punkten kann.

c) Ausblick: Einfluss der Investmentsteuerreform 2018

Es war das erklärte Ziel der Bundesregierung in der am 22. Oktober 2013 begonnen 18. Legislaturperiode, die Investmentbesteuerung grundlegend zu reformieren.[318] Schlussendlich resultierten die zum Teil hitzig diskutierten Gesetzesentwürfe[319] in dem Investmentsteuerreformgesetz (InvStRefG) vom 19. Juli 2016[320] als Artikelgesetz, das mit Wirkung ab dem 1. Januar 2018[321] zu einem grundlegenden Wandel im Bereich der Steuertransparenz führen wird.

aa) Anwendungsbereich des InvStG 2018

Das InvStG 2018 ist anzuwenden auf Investmentfonds und deren Anleger.[322] Die bislang im InvStG vorgesehene Unterscheidung zwischen Investmentfonds und Personen- bzw. Kapitalinvestitionsgesellschaften wird aufgehoben.[323] An deren

---

Ebene bei Private Equity-Fonds, S. 237; allgemein für die gInvKG: *Servatius*, ZflR 2014, 134, 135; *Rüber/Reiff*, BB 2014, 1634, 1635; *Freitag*, NZG 2013, 329; *Fischer/Friedrich*, ZBB 2013, 153; *Veith*, BKR 2015, 233, 235; *Gottschling*, in: FrankKomm, KapAnlR Bd. 1, § 1 KAGB Rn. 196.

[315] Begr BT-Drs. 18/68, S. 64.

[316] *Fischer/Friedrich*, ZBB 2013, 153, 162.

[317] *Bäuml*, FR 2013, 640, 646: praktisch bedeutungslos; *Sagasser*, in: Assmann/Schütze, Hdb. KapitalanlageR, § 27 Rn. 394: steuerliche Mehrbelastungen für den Fonds und seine Anleger.

[318] Koalitionsvertrag zwischen CDU, CSU und SPD für die 18. Legislaturperiode, Deutschlands Zukunft gestalten, S. 91.

[319] Zum Diskussionsentwurf etwa: *Haisch*, RdF 2015, 294, 299 ff.; *Stadler/Jetter*, DStR 2015, 1833; *Rehm/Nagler*, BB 2015, 1248; *Jesch/Koch*, BB 2016, 471, 473; *Moritz*, BB 2015, Heft 35, Die Erste Seite; zum Referentenentwurf etwa: *Kempf/Hirtz*, DStR 2016, 1; *Jetter/Mager*, SteuK 2016, 23.

[320] Gesetz zur Reform der Investmentbesteuerung (Investmentsteuerreformgesetz – InvStRefG) vom 19. Juli 2016, BGBl. I, S. 1730.

[321] § 56 InvStG 2018.

[322] § 1 Abs. 1 InvStG 2018.

[323] BegrRegE BT-Drs. 18/8045, S. 54.

Stelle soll einerseits ein intransparentes Besteuerungsregime für Investmentfonds, andererseits ein semi-transparentes Besteuerungsregime für sog. Spezial-Investmentfonds treten.[324] Die vom InvStG 2018 verwendeten Definitionen für Investmentfonds und Spezial-Investmentfonds harmonieren dabei weder mit den im KAGB vorhandenen Begrifflichkeiten noch mit denen aus dem bisherigen InvStG.

Investmentfonds nach § 1 Abs. 2 Satz 1 InvStG 2018 sind Investmentvermögen gem. § 1 Abs. 1 KAGB, ohne dass es wie bisher auf die Einhaltung bestimmter Voraussetzungen (die sog. Anlagebestimmungen aus § 1 Abs. 1b Satz 2 InvStG) ankommt.[325] Dass sowohl OGAWs als auch AIFs unter dem Begriff des Investmentfonds zusammengefasst werden, irritiert sprachlich, da AIFs gerade *Alternative* Investmentfonds sind, ist aber konsequent, weil diese Vereinheitlichung bereits im bisherigen § 1 Abs. 1b Satz 2 InvStG angelegt ist. Während der Begriff des Spezial-AIF nach § 1 Abs. 6 KAGB an den Investorenkreis anknüpft,[326] sind Spezial-Investmentfonds nach § 26 InvStG 2018 solche Investmentfonds, die die Voraussetzungen für eine Gewerbesteuerbefreiung nach § 15 Abs. 2 und 3 InvStG 2018 erfüllen und in der Anlagepraxis nicht wesentlich gegen den engmaschigen und überwiegend[327] bereits aus § 1 Abs. 1b Satz 2 InvStG bekannten Katalog von Anlagebestimmungen nach § 26 InvStG 2018 verstoßen, wie etwa das Einräumen jährlicher Rückgaberechte. Neu ist jedoch das Kriterium, wonach sich an dem Investmentfonds unmittelbar oder mittelbar über Personengesellschaften insgesamt nicht mehr als 100 Anleger beteiligen dürfen.[328] Natürliche Personen dürfen beteiligt sein, wenn (i) sie ihre Spezial-Investmentanteile im Betriebsvermögen halten, (ii) die Beteiligung aufgrund aufsichtsrechtlicher [sic] Regelungen erforderlich ist *oder* (iii) die mittelbare Beteiligung an einem Spezial-Investmentfonds vor dem 9. Juni 2016 erworben wurde.[329] Eine konkrete Anlegerzahl, um als Spezial-AIF zu qualifizieren, ist dem KAGB fremd. Parallel dazu werden bloße Investmentfonds nach dem InvStG 2018 in der Regierungsbegründung begrifflich auch als Publikums-Investmentfonds bezeichnet,[330] ohne dass dies jedoch gesetzlich reflektiert wird. Auch hier ergeben sich Friktionen mit den Termini des KAGB, da ein In-

---

[324] Ebd.: „Der Begriff „Semi-Transparenz" bringt zum Ausdruck, dass bei Spezial-Investmentfonds – anders als bei Personengesellschaften – nicht alle Einkünfte dem Anleger zugerechnet werden. Vielmehr bedarf es für die Zurechnung einer ausdrücklichen gesetzlichen Anordnung. Aufgrund dieser Semi-Transparenz ist das heutige Investmentsteuerrecht günstiger für die Anleger als die Direktanlage, da bestimmte Erträge (im Wesentlichen Gewinne aus der Veräußerung von Wertpapieren und aus Termingeschäften) steuerfrei thesauriert werden können (sog. Thesaurierungsprivileg)".

[325] Ebd., S. 66.

[326] 4. Teil, B.

[327] *Stadler/Mager*, DStR 2016, 697, 702.

[328] § 26 Nr. 8 Satz 1 InvStG 2018. In § 20 Abs. 1 Nr. 8 Satz 1 des Diskussionsentwurfes zum neuen InvStG 2018 hieß es noch, dass sich „nicht mehr als 100 Anleger, die keine natürlichen Personen sind" beteiligen dürfen.

[329] § 26 Nr. 8 Satz 2 InvStG 2018.

[330] Etwa BegrRegE BT-Drs. 18/8045, S. 54.

vestmentfonds, der 101 ausschließlich (semi-)professionelle Anleger vereinigt, nach dem InvStG 2018 ein Publikums-Investmentfonds ist, während er im KAGB weiterhin als Spezial-AIF qualifiziert.

bb) Relevanz für das Segment Private Equity

Zukünftig sollen grundsätzlich auch geschlossene Investmentvermögen vom InvStG 2018 erfasst werden.[331] Keine Investmentfonds i.S. des § 1 Abs. 1 InvStG 2018 sind hingegen Investmentvermögen in der Rechtsform einer Personengesellschaft, es sei denn, es handelt sich um OGAWs nach § 1 Abs. 2 KAGB oder um Altersvorsorgevermögenfonds nach § 53 InvStG 2018.[332] Das für die Auflage von Private Equity-Fonds in Deutschland potenziell relevante Fondsvehikel der gInvKG ist daher als Personengesellschaft vom Anwendungsbereich des InvStG 2018 ausgenommen, mit der Konsequenz, dass sich das Segment Private Equity vor denkbaren Steuermehrbelastungen durch Wechsel in das intransparente Besteuerungsregime des neuen Investmentsteuerrechts in Sicherheit wiegt.

Die InvAG mfK. hingegen konnte diesem Anspruch schon unter dem bisherigen InvStG nicht gerecht werden. Auch unter dem InvStG 2018 gilt dieser Befund fort. So entfällt zwar die bisherige Regelung des § 19 InvStG. Doch ist es ein echtes Novum, dass auch die InvAG mfK. nunmehr als Investmentfonds i.S. des § 1 Abs. 1 InvStG 2018 qualifiziert und der Investmentbesteuerung ausgesetzt wird.[333] Soweit nach § 8 InvStG 2018 keine Steuerbefreiung aufgrund der Beteiligung steuerbegünstigter Anleger (z.B. solche nach § 44a Abs. 7 EStG) am Investmentfonds möglich ist, unterliegen die inländischen Beteiligungseinnahmen von Investmentfonds und damit auch von der InvAG mfK. der Körperschaftsteuer.[334] Insoweit ergeben sich keine Änderungen für Dividenden, da die InvAG mfK. schon zuvor als Kapital-Investitionsgesellschaft der Regelbesteuerung unterlag. Veräußerungsgewinne und Zinsen werden auf Fondsebene indes nicht besteuert.[335] Nun soll aber auch die für Dividenden relevante Steuerbefreiung nach § 8b KStG auf Fondsebene nicht zur Anwendung kommen, um die InvAG mfK. anderen Anlegern mit Streubesitzbeteiligungen gleichzustellen.[336] Das löst Fragezeichen aus, da andere Anleger auch Beteiligungen von 10 Prozent oder mehr halten können und dann von dem Privileg des § 8b Abs. 4 KStG profitieren. Auch eine Befreiung von der Gewerbesteuer wird

---

[331] Ebd.

[332] § 1 Abs. 3 Nr. 2 InvStG 2018; die Regierungsbegründung bei BegrRegE BT-Drs. 18/8045, S. 54 ist hier nicht vollständig, wenn es heißt, dass Personengesellschaften nur dann in den Anwendungsbereich fielen, wenn ihr Gesellschaftszweck unmittelbar und ausschließlich der Abdeckung von betrieblichen Altersvorsorgeverpflichtungen dient (sog. Pension-Asset-Pooling); s. auch *Lechner*, RdF 2016, 208, 210.

[333] *Stadler/Jetter*, DStR 2015, 1833, 1837.

[334] § 6 Abs. 2 InvStG 2018.

[335] § 6 Abs. 3 InvStG 2018; BegrRegE BT-Drs. 18/8045, S. 72.

[336] § 6 Abs. 6 InvStG 2018; BegrRegE BT-Drs. 18/8045, S. 75.

für einen LBO-Fonds als InvAG mfK. ausscheiden, da er seine Vermögensgegenstände aktiv unternehmerisch bewirtschaftet.[337] Aus diesem Grund könnte auch nie eine Qualifizierung als Spezial-Investmentfonds nach § 26 InvStG 2018 gelingen. Ohnehin können inländische Spezial-Investmentfonds nur Sondervermögen oder InvAGs mvK. sein.[338] Auch die Anleger einer InvAG mfK. werden dem neuen Besteuerungssystem für Investmentfonds entgegensehen müssen, insbesondere der – wenn auch nach dem neuen System der Investmentbesteuerung nur deklaratorischen[339] – Nichtanwendung von §§ 3 Nr. 40 EStG, 8b KStG bei Erträgen aus Investmentfonds[340], dem erstmalig anzuwendenden System der Vorabpauschale nach § 18 InvStG 2018[341] und den verschiedenen Teilfreistellungen je nach Anleger und Fonds. Da LBO-Fonds als Aktienfonds nach § 2 Abs. 6 InvStG 2018 qualifizieren können, kann das für natürliche Personen als Anleger aufgrund der pauschalen Teilfreistellung in § 20 Abs. 1 InvStG 2018 i. H. v. 30 Prozent bzw. 60 Prozent (im Betriebsvermögen) vorteilhaft sein. Körperschaften sehen sich indes insbesondere im Hinblick auf Veräußerungsgewinne durch Freistellung nur i. H. v. 80 Prozent im Gegensatz zu vormals 95 Prozent (§ 8b Abs. 2 und 3 KStG) einer Steuermehrbelastung ausgesetzt.

2. Gewerbliche Entprägung einer extern verwalteten gInvKG

Steuertransparenz erheischt die gewerbliche Entprägung der Fondsgesellschaft. Die stets bloß schuldrechtliche Bestellung einer externen KVG führt jedoch nicht bereits zur Einräumung einer organschaftlichen Geschäftsführungsbefugnis i. S. des § 15 Abs. 3 Nr. 2 EStG.[342] Der Einsatz eines geschäftsführenden Kommanditisten ist daher weiterhin notwendig. Doch ob im Fall einer extern verwalteten gInvKG eine gewerbliche Entprägung erreichbar ist, könnte möglicherweise deswegen angezweifelt werden, weil die Geschäftsführungsbefugnis des sonst geschäftsführenden Kommanditisten aufgrund der Zuordnung eines – bereits aufgezeigten[343] – weitgehenden, originären Verantwortungsbereichs an die externe KVG begrenzt wird. Der externen KVG einer gInvKG obliegt neben der Anlage und Verwaltung des Kom-

---

[337] § 15 Abs. 2 Nr. 2 InvStG 2018. Zur Auslegung vgl. bereits Nachweise in 4. Teil, Fn. 32.

[338] § 27 InvStG 2018.

[339] BegrRegE BT-Drs. 18/8045, S. 86 f. Hintergrund dessen ist, dass Erträge aus Investmentfonds zugleich als Kapitaleinkünfte nach einem neuen § 20 Abs. 1 Nr. 3 EStG (vgl. RegE BT-Drs. 18/8045, S. 44) eingeordnet werden, sodass § 3 Nr. 40 EStG und § 8b KStG dann ohnehin nicht mehr anwendbar wären.

[340] § 16 Abs. 3 InvStG 2018; in den Grenzen von § 19 Abs. 2 Satz 2, Abs. 3 Satz 3 InvStG kommen diese bei Ausschüttungen und Gewinnen aus der Veräußerung von Kapital-Investitionsgesellschaftsanteilen bislang noch zur Anwendung; krit. auch *Jetter/Mager*, SteuK 2016, 23, 25.

[341] *Lechner*, RdF 2016, 208, 214: Die Vorabpauschale soll das bisherige Konzept der ausschüttungsgleichen Erträge ersetzen.

[342] *Rüber/Reiff*, BB 2014, 1634, 1635 f.; *Wagner*, ZfBR 2015, 113, 115. f.

[343] 4. Teil, D.

manditanlagevermögens auch die Wahrnehmung der allgemeinen Verwaltungstätigkeit, obwohl diese im Wortlaut des § 154 Abs. 1 Satz 2 KAGB anders als bei den für InvAGs geltenden §§ 112 Abs. 1 Satz 2, 144 Abs. 1 Satz 2 KAGB nicht ausdrücklich genannt ist.[344] Gleichwohl kann eine gewerbliche Entprägung richtigerweise gelingen, weil der Geschäftsführung die Letztverantwortlichkeit über den Verwaltungsvertrag zukommt und ihr auch weiterhin die übrigen, gesetzlich zugewiesenen und bereits an besagter Stelle beschriebenen Aufgaben obliegen.[345] Das so gefundene Ergebnis wird auch entstehungsgeschichtlich bekräftigt.[346] Im Diskussionsentwurf zum AIFM-UmsG konnte die Geschäftsführung einer (offenen und geschlossenen) InvKG nur von Komplementären wahrgenommen werden.[347] Der Diskussionsentwurf stieß dabei auf verbandsseitigen Widerstand.[348] Bereits im Regierungsentwurf wurde vom bisherigen Vorhaben Abstand genommen. Eine in diese Richtung deutende Regierungsbegründung findet sich nicht, doch wird man vermuten dürfen, dass dies allein geschah, damit die InvKG über die Bestellung eines geschäftsführenden Kommanditisten eine gewerbliche Entprägung erfahren kann.[349]

IV. Auswirkungen des Prinzips der Einzelzuständigkeit einer KVG

Die Erlaubnispflicht nach § 20 Abs. 1 Satz 1 KAGB wird ausgelöst, wenn der Geschäftsbetrieb eines Unternehmens darauf gerichtet ist, AIFs zu verwalten.[350] Eine solche Verwaltung liegt nach § 17 Abs. 1 Satz 2 KAGB vor, wenn mindestens die

---

[344] *BaFin* vom 10.7.2013, Häufige Fragen zum Thema Auslagerung gemäß § 36 KAGB, zuletzt geändert am 15.11.2017, WA 41-Wp 2137-2013/0036, Abschn. 2; zust. *Hüwel*, in: Baur/Tappen, Investmentgesetze, § 129 KAGB Rn. 40.

[345] Ebenso *Rüber/Reiff*, BB 2014, 1634, 1636 f.; *Wallach*, ZGR 2014, 289, 307; *Lechner/Johann*, RdF 2015, 229, 231; *Bentele*, in: Baur/Tappen, Investmentgesetze, § 17 KAGB Rn. 28; *Geurts/Faller*, DB 2012, 2898, 2901; *Kracke*, in: Baur/Tappen, Investmentgesetze, § 128 KAGB Rn. 11; *Könnecke*, in: Baur/Tappen, Investmentgesetze, § 153 KAGB Rn. 29; *Patzner/Kempf*, in: Patzner/Döser/Kempf, Investmentrecht, § 18 InvStG Rn. 8; *Winterhalder*, in: Weitnauer/Boxberger/Anders, KAGB, § 17 Rn. 44a; *Geurts/Schubert*, in: Hellner/Steuer, BuB, Losebl. (Stand: 5/16), 9/485; *Mardini*, Gewerbliche Prägung und Entprägung von geschlossenen Fonds – sticht Aufsichtsrecht das Steuerrecht?; ohne Begründung auch *D. Voigt*, in: Möllers/Kloyer, Das neue KAGB, Rn. 129, 172; offen lassend *Wagner*, ZfBR 2015, 113, 116.

[346] *Mardini*, Gewerbliche Prägung und Entprägung von geschlossenen Fonds – sticht Aufsichtsrecht das Steuerrecht?.; *Ewald/Jansen*, DStR 2016, 1784, 1789.

[347] §§ 124, 149 KAGB-E in der Fassung des Diskussionsentwurfs.

[348] Soweit ersichtlich allein: *VGF* (nun: bsi) vom 17.8.2012, Stellungnahme zum DiskE des AIFM-UmsG, S. 52.

[349] *Winterhalder*, in: Weitnauer/Boxberger/Anders, KAGB, § 17 Rn. 42 Fn. 96; *Mardini*, Gewerbliche Prägung und Entprägung von geschlossenen Fonds – sticht Aufsichtsrecht das Steuerrecht?: „Nach Konsultationen wurde dies im Gesetzgebungsverfahren geändert, um eine Entprägung zu ermöglichen".

[350] Ausführlich 6. Teil, B.II.2.

Portfolioverwaltung oder das Risikomanagement für ein oder mehrere AIFs erbracht wird.[351] Die Portfolioverwaltung und das Risikomanagement bezeichnet man auch als sog. Anlageverwaltungsfunktionen.[352] Abweichend von der materiellen Erlaubnispflichtigkeit sind aber nur solche Unternehmen erlaubnisfähig, die zwingend beide Anlageverwaltungsfunktionen erbringen.[353] Ist eine KVG Inhaberin einer KAGB-Konzession, darf sie zwar mehrere AIFs verwalten, pro AIF kann nach § 17 Abs. 3 KAGB, der auf Art. 5 Abs. 1 AIFM-RL zurückgeht, jedoch nur *eine* KVG zuständig sein. Dies wird hier das *Prinzip der Einzelzuständigkeit* genannt. Es soll nur noch einen zentralen Akteur geben, der die Letztverantwortlichkeit für die Anlageverwaltungsfunktionen trägt.[354] Da der zulässige Auslagerungsumfang überschritten wird, wenn die KVG zur Briefkastenfirma wird,[355] geht damit auch ein bestimmtes Maß an tatsächlicher Wahrnehmung der Anlageverwaltungsfunktionen einher.[356] Weitere Akteure sind nun in die Kategorien des Auslagerungsunternehmens oder des bloßen Investment Advisors einzuordnen, worauf im Rahmen der folgenden Ausführungen noch zurückgekommen wird.

Als Folge des in § 17 Abs. 3 KAGB statuierten Prinzips der Einzelzuständigkeit einer KVG, das sowohl für den erlaubnis- als auch für den nur registrierungspflichtigen Bereich gilt, können sich je nach Fondskonstruktion Abgrenzungsschwierigkeiten ergeben, welcher der Beteiligten nun als KVG qualifiziert. Zu hinterfragen ist deshalb, wie die Einbindung der KVG auf die bereits identifizierten Erscheinungsformen wirkt. Das ist im Bereich Private Equity von besonderem Interesse, wenn man bedenkt, dass die Geschäftsführung in die laufende Geschäftsführung (insbesondere die Prüfung der Beteiligungen, die Verhandlung der Beteiligungsverträge, die Überwachung der Beteiligungen, das Berichtswesen, die Kapitalabrufe und die Betreuung der Anleger) einerseits und die letztverantwortliche Anlageentscheidungszuständigkeit andererseits aufgespalten wurde.[357] Wenn beide Aufgabenbereiche Portfolioverwaltung darstellen, müssen sie nun auf Ebene der KVG vereinheitlicht werden.

---

[351] Krit. *Tollmann*, in: Möllers/Kloyer, Das neue KAGB, Rn. 1060, 1069 ff.: Portfolioverwaltung und Risikomanagement.

[352] Anhang I Abs. 1 AIFM-RL.

[353] § 23 Nr. 10 KAGB.

[354] *Tollmann*, in: Dornseifer/Jesch/Klebeck/Tollmann, AIFM-RL, Art. 5 Rn. 7; *ders.*, in: Möllers/Kloyer, Das neue KAGB, Rn. 1060, 1067; *Winterhalder*, in: Weitnauer/Boxberger/Anders, KAGB, § 17 Rn. 56.

[355] § 36 Abs. 5 KAGB.

[356] 6. Teil, B.II.2.c).

[357] 5. Teil, A.I.

1. Umfang der Portfolioverwaltung

Während man den Inhalt des Risikomanagements aus den gesetzlichen Vorschriften herleiten kann,[358] lässt sich der Umfang der Portfolioverwaltung nicht in gleicher Weise umreißen. Die AIFM-RL zeigt in Erwägungsgrund 20 lediglich auf, dass ein externer AIFM nicht die Wertpapierdienstleistung der Portfolioverwaltung erbringt,[359] sondern vielmehr die „gemeinsame Portfolioverwaltung gemäß dieser Richtlinie". Tatsächlich wird dieser Begriff in der AIFM-RL nicht weiter verwendet. Allerdings wurde der Terminus „gemeinsame Portfolioverwaltung" bereits in Anhang II der OGAW IV-RL genutzt,[360] der an dieser Stelle auch nicht durch die mittlerweile in Kraft getretene OGAW V-RL geändert wurde.[361] Die gemeinsame Portfolioverwaltung nach OGAW IV ist im Wesentlichen identisch mit den in Anhang I AIFM-RL gelisteten Tätigkeiten eines AIFM,[362] umfasst allerdings nicht die dort erwähnten „Tätigkeiten im Zusammenhang mit den Vermögenswerten des AIF" in Anhang I Abs. 2 lit. c AIFM-RL. Die „bloße" Portfolioverwaltung nach der AIFM-RL scheint daher nur ein Bereich der gemeinsamen Portfolioverwaltung zu sein, stellte man in diesem Kontext naheliegend auf das OGAW-Verständnis ab.[363] Selbiges gilt für die Einordnung der Portfolioverwaltung unter den Begriff der „kollektiven Vermögensverwaltung" nach § 1 Abs. 19 Nr. 24 KAGB, der die in Anhang I AIFM-RL genannten Tätigkeiten spiegelt. Sicher ist jedenfalls, dass die Portfolioverwaltung per definitionem einen Bereich der „Verwaltung" eines AIF darstellt.[364] Die Verwaltung eines Investmentvermögens wurde im Rahmen von § 9 InvG a.F. als die Anschaffung, Veräußerung und Einkunftserzielung aus Vermögensgegenständen verstanden.[365] Dieses Begriffsverständnis wird im KAGB nicht

---

[358] 6. Teil, B.II.6.

[359] Deswegen verbietet sich auch eine ansatzweise Übertragung dieses Verständnisses auf den Begriff der Portfolioverwaltung. Diesen Versuch unternimmt hingegen *Hanten*, in: Baur/Tappen, Investmentgesetze, § 36 KAGB Rn. 75.

[360] Das erkennt auch *Hanten*, in: Baur/Tappen, Investmentgesetze, § 36 KAGB Rn. 74.

[361] Richtlinie 2014/91/EU des Europäischen Parlaments und des Rates vom 23. Juli 2014 zur Änderung der Richtlinie 2009/65/EG zur Koordinierung der Rechts- und Verwaltungsvorschriften betreffend bestimmte Organismen für gemeinsame Anlagen in Wertpapieren (OGAW) im Hinblick auf die Aufgaben der Verwahrstelle, die Vergütungspolitik und Sanktionen, ABl. Nr. L 257, S. 186 (zit.: OGAW V-RL).

[362] Anhang I Abs. 1 und 2 AIFM-RL: Portfolioverwaltung, Risikomanagement, administrative Tätigkeiten, Vertrieb, Tätigkeiten im Zusammenhang mit den Vermögenswerten des AIF.

[363] A.A. *Eckhold/Bolzer*, in: Assmann/Schütze, Hdb. KapitalanlageR, § 22 Rn. 79 sowie *Winterhalder*, in: Weitnauer/Boxberger/Anders, KAGB, § 17 Rn. 20: Portfolioverwaltung meine die gemeinsame Portfolioverwaltung i.S. der OGAW-RL. Das ergibt wenig Sinn, zählen doch auch administrative Tätigkeiten und der Vertrieb zur gemeinsamen Portfolioverwaltung.

[364] Art. 4 Abs. 1 lit. w AIFM-RL; § 17 Abs. 1 Satz 2 KAGB: Portfolioverwaltung oder Risikomanagement.

[365] *Köndgen*, in: Berger/Steck/Lübbehüsen, InvG, § 9 Rn. 21; *Steck*, in: Emde/Dornseifer/Dreibus/Hölscher, InvG, § 9 Rn. 14 ff.

mehr ohne Weiteres aufrechtzuerhalten sein, da auch lediglich das Erbringen des Risikomanagements bereits eine Verwaltung des AIF darstellt.[366] Eine Konturierung des Begriffs „Portfolioverwaltung" ist aber nicht nur für die richtige Anwendung der Auslagerungsvorschriften nach § 36 KAGB geboten. Mit Blick auf die Strafbarkeit des unerlaubten bzw. unregistrierten Investmentgeschäfts nach § 339 Abs. 1 KAGB ist die fehlende Definition aufgrund mangelnder Bestimmtheit nach Art. 103 Abs. 2 GG zugleich verfassungsrechtlich bedenklich.

Eine Deduktion aus der Gesetzessystematik auf den Gehalt der Portfolioverwaltung ist für die hiesigen Zwecke jedoch möglich.[367] Speziell für die extern verwaltete gInvKG wird in § 154 Abs. 1 Satz 2 KAGB klargestellt, dass der externen KVG insbesondere die *Anlage und Verwaltung* des Kommanditanlagevermögens obliegt. Wendet man mit Blick auf die in Anhang I AIFM-RL bzw. § 1 Abs. 19 Nr. 24 KAGB genannten Funktionen bzw. Aufgaben das Ausschlussverfahren an, ist die *Anlage*tätigkeit der Portfolioverwaltung zuzuordnen.[368] Dafür spricht zudem, dass eine Funktionstrennung zwischen der ebenso im Vorfeld von Anlageentscheidungen tätigen Risikocontrolling-Funktion der KVG (§ 29 Abs. 3 Nr. 1 KAGB)[369] und der Portfolioverwaltung vorgeschrieben wird,[370] die in diesem Zeitfenster andernfalls keinen Sinn machen würde. Eingedenk dieses Begriffsverständnisses der Portfolioverwaltung müssen auch sonstige pre-akquisitorische Prozesse und Entscheidungen, die investitionstypisch mit der Anlage in Verbindung stehen und diese erst ermöglichen, als „Weniger" vom Aufgabenumfang der Portfolioverwaltung gedeckt sein; daneben kann allerdings (wie z. B. bei der Prüfung der Beteiligungen, also der Due Diligence) eine Schnittstelle mit dem Risikomanagement bestehen.[371] Diese Zuordnung zur Portfolioverwaltung muss jedenfalls für solche anlagebezogenen Tätigkeiten gelten, die die KVG verpflichtend wahrzunehmen hat (wie die Due Diligence, vgl. Art. 19 Abs. 1 lit. d AIFM-VO). Da der Portfolioverwaltung nach

---

[366] A. A. für die AIFM-RL *Zetzsche/Eckner*, in: Zetzsche, AIFMD, Chapt. 9 No. 2.1.1., die bei *dies.*, in: Zetzsche, AIFMD, Chapt. 14 No. 3.1.1 wiederum das Gegenteil aufzeigen.

[367] Zu unspezifisch *Hanten*, in: Baur/Tappen, Investmentgesetze, § 36 KAGB Rn. 75: Portfolioverwaltung sei die Verwaltung von Portfolios mit Ermessensspielraum. Er sieht hierin einen Oberbegriff, der sowohl die Tätigkeit von Verwaltungsgesellschaften nach OGAW als auch die Tätigkeiten von Wertpapierfirmen nach MiFID einschließe.

[368] Ebenso *Eichhorn*, in: FrankKomm, KapAnlR Bd. 1, § 129 KAGB Rn. 12; im Ergebnis auch *Schücking*, in: FrankKomm, KapAnlR Bd. 1, § 17 KAGB Rn. 20; *Zetzsche*, in: FS Köndgen, S. 677, 687; *Emde/Dreibus*, BKR 2013, 89, 93; *Escher*, in: Bankrechtstag 2013, S. 123, 137 f.; *Gottschling*, in: FrankKomm, KapAnlR Bd. 1, § 1 KAGB Rn. 354; *Zöll*, in: Beckmann/Scholtz/Vollmer, Investment-Hdb., Losebl. (Stand: 2/16), 405 § 216 KAGB Rn. 9; *Jakovou*, in: Langenbucher/Bliesener/Spindler, BankR, Kap. 39 Rn. 10; a. a. offenbar *Bußalb/Unzicker*, BKR 2012, 309, 313, nach denen Portfolioverwaltung das Verwalten von Finanzinstrumenten und anderen Anlageobjekten sowie das Halten und Verwalten von Anteilen an Zweckgesellschaften bedeutet.

[369] 6. Teil, B.II.6.c)cc)(2).

[370] § 29 Abs. 1 Satz 1 KAGB.

[371] Zur Due Diligence als Schnittstelle zwischen Portfolioverwaltung und Risikomanagement s. 6. Teil, B.II.6.c)cc)(2).

Ansicht der BaFin aber auch die Entscheidung obliegt, ob und *zu welchen* Bedingungen Vermögensgegenstände angeschafft werden,[372] ist der Portfolioverwaltung der KVG nicht nur die Letztverantwortlichkeit für die Anlageentscheidungen überantwortet,[373] sondern z.B. auch die gesetzlich nicht separat als Verpflichtung dekretierte Verhandlung der Beteiligungsverträge. Die originäre Zuständigkeit der KVG für die Anlageentscheidungen gilt nicht zuletzt vor dem Hintergrund der Abgrenzung von Advisory-Modellen zu einem Auslagerungsunternehmen: Sollte die KVG ohne eigene Beurteilung der Anlage die Anlageempfehlung umsetzen, wäre der Investment Advisor nach der Ansicht der BaFin ein Auslagerungsunternehmen.[374] Da die KVG für das Verschulden der Auslagerungsunternehmen haftet,[375] kommt hierin eine Fortwirkung der originären Verantwortung für Anlageentscheidungen zum Ausdruck. Letztere sind immaterielle Beiträge.[376] Sonstige immaterielle Beiträge (Erfahrungen, Kontakte, Netzwerke) werden zwar auf dem Weg zur und im Anschluss an die Anlageentscheidung regelmäßig genutzt. Ihre Wahrnehmung wird man allerdings nicht als eigenständigen Aufgabengegenstand im Rahmen der Portfolioverwaltung qualifizieren können, sondern sie erfolgt lediglich im eigenen Interesse, insbesondere zur Einwerbung des Investorenkapitals.

Einschnitte bei der originären Zuständigkeit des Verwalters für die Anlageentscheidungen durch Zustimmungsvorbehalte zugunsten von Anlegergremien dürften möglich sein. Die Frage nach der Möglichkeit von Kompetenzbegrenzungen zu Lasten des Verwalters eines Kapitalpools ist untrennbar mit der Frage nach dem Bestehen des der Kollektivanlage inhärenten Fremdverwaltungscharakters[377] verbunden. In dem Maße, in dem Kompetenzeinschnitte den Charakter des Organismus als Kollektivanlage aus dem Blickwinkel der Fremdverwaltung (noch) nicht tangieren, kann auch das Konzept der originären Zuständigkeit kein Obstruktionspo-

---

[372] So noch *BaFin* vom 3.2.2017, Konsultation 01/2017 – Kapitalverwaltungsgesellschaften und extern verwaltete AIF-Investmentgesellschaften, Abschn. 3 lit. a). Diese Aussage findet sich aber bei *BaFin* vom 21.12.2017, Auslegungsentscheidung zu den Tätigkeiten einer Kapitalverwaltungsgesellschaft und der von ihr extern verwalteten AIF-Investmentgesellschaft, WA 41-Wp 2100–2016/0001, nicht wieder.

[373] Für die Anlageentscheidungen: *BaFin* vom 7.10.2015, Rundschreiben 08/2015 (WA) – Aufgaben und Pflichten der Verwahrstelle nach Kapitel 1 Abschnitt 3 des KAGB, WA 41-Wp 2137-2013/0068, Abschn. 7.1.3.; *Zetzsche*, Prinzipien der kollektiven Vermögensanlage, § 30 A. I.; *ders./Eckner*, in: Zetzsche, AIFMD, Chapt. 9 No. 2.1.2; *Josek/Steffen*, in: Baur/Tappen, Investmentgesetze, § 29 KAGB Rn. 42; *Josek*, in: Dornseifer/Jesch/Klebeck/Tollmann, AIFM-RL, Art. 15 Rn. 255.

[374] *BaFin* vom 10.7.2013, Häufige Fragen zum Thema Auslagerung gemäß § 36 KAGB, zuletzt geändert am 15.11.2017, WA 41-Wp 2137-2013/0036, Abschn. 12.

[375] § 36 Abs. 4 KAGB.

[376] *BMF*, Schreiben vom 16.12.2003, IV A 6-S 2240-153/03, Einkommensteuerliche Behandlung von Venture Capital und Private Equity Fonds; Abgrenzung der privaten Vermögensverwaltung vom Gewerbebetrieb, Rn. 3, BStBl. 2004 I, S. 40 und BStBl. 2006 I, S. 632: „[…] Anlageentscheidungen und sonstigen immateriellen Beiträge".

[377] Instruktiv zum Fremdverwaltungscharakter: *Zetzsche*, Prinzipien der kollektiven Vermögensanlage, § 2 D. I.

tenzial bieten. Der Nexus ist simpel: Die originäre Zuständigkeit folgt schließlich aus der Tätigkeit der Fremdverwaltung. Die ESMA hat bereits festgehalten, dass der Fremdverwaltungscharakter erst aufgegeben wird, wenn die Anteilseigner des Organismus als Gruppe laufende Ermessens- bzw. Kontrollbefugnis besitzen,[378] mithin eine unmittelbare und kontinuierliche Entscheidungsgewalt über operative Fragen in Bezug auf die tägliche Verwaltung der Vermögenswerte haben[379]. Nach diesem Maßstab besteht viel Spielraum für Elemente der Selbständigkeit, ohne vollständig in diese umzuschlagen. Angesprochen ist zunächst das Erfordernis der „Gruppe", da im Anlegergremium nicht sämtliche Investoren vertreten sind.[380] Doch soll dies laut ESMA gerade nicht als Nachweis dafür dienen können, dass es sich bei dem Organismus nicht um einen Organismus für gemeinsame Anlagen handelt.[381] Davon unabhängig muss ein Anlageausschuss, dessen Zustimmungsvorbehalte sich nur auf die Anlageentscheidungen reduzieren (= keine tägliche Verwaltung) und dabei an das Vorliegen von Schwellenwerten anknüpfen (= keine kontinuierliche Entscheidungsgewalt), einsetzbar sein, ohne dass der Charakter als Kollektivanlage verloren geht und ohne dass die originäre Verantwortung der KVG entgegensteht.[382] Die

---

[378] ESMA/2013/611 vom 13.8.2013, Guidelines on key concepts of the AIFMD, Abschn. VI Rn. 12 lit. c.

[379] Ebd., Abschn. II. In jüngster Zeit ist das im Zusammenhang mit der Registrierungsfreiheit von Kapitalpools von Business Angels relevant geworden, die – so das Ergebnis – unter dem KAGB konstruierbar ist, vgl. *BaFin* vom 8.4.2016, E-Mail an Roland Kirchof (Business Angels Netzwerk Deutschland e.V.), EVG 1-QF 2100-2015/0048 (60287) - Rü, 2016/0514581, abrufbar unter http://www.business-angels.de/wp-content/uploads/2016/04/Schreiben-BaFin-08.04.2016.pdf (zuletzt abgerufen am 27.8.2017); dazu nun auch *Kirchhof*, GWR 2016, 333, 334 f.

[380] Ob eine Fremdverwaltung in Fällen einzelner/mehrerer Investoren mit Leitungsbefugnissen vorliegt, hänge laut *Jakovou*, in: Langenbucher/Bliesener/Spindler, BankR, Kap. 39 Rn. 67 von allen Umständen des Einzelfalls ab (Anzahl der Investoren, Verhältnis zu Mitinvestoren, etc.).

[381] ESMA/2013/611 vom 13.8.2013, Guidelines on key concepts of the AIFMD, Abschn. VI Rn. 12 lit. c.

[382] Laut *Zetzsche/Preiner*, WM 2013, 2101, 2103 darf ein Anlageausschuss die strategische und taktische Asset Allokation sowie die Titelidentifikation übernehmen. Von der Wahrnehmung von Zustimmungsvorbehalten ist dort keine Rede. Laut *Zetzsche*, Prinzipien der kollektiven Vermögensanlage, § 2 D. I. (ebenso *ders./Preiner*, in: Zetzsche, AIFMD, Chapt. 3 No. 2.1.3.1) seien Zustimmungsvorbehalte zu einzelnen Entscheidungen mit der „Selbständigkeit" der Verwaltung nicht vereinbar. Dabei bezieht er sich aber auf das gesetzliche Leitbild. So führt er in § 2 D. I. Fn. 261 an, dass eine gesetzlich nicht geregelte Zustimmungspflicht des Anlageausschusses bei Spezialfonds in der Praxis etabliert sei – ohne dies (in der Fn.) entsprechend zu monieren. Ungereimtheiten ist jedenfalls unter Rekurs auf die Ansicht der ESMA entgegenzutreten. Dass sich die anlegerspezifischen Weisungen in bindenden Abreden (den Anlagebedingungen) erschöpfen (*Zetzsche*, Prinzipien der kollektiven Vermögensanlage, § 30 II. 2.), widerstrebt dann zwar grundsätzlich einem Verständnis, das daneben noch Anlegerausschüsse mit Zustimmungsbefugnissen in der Kollektivanlage für zulässig erklärt. Doch lässt sich dem begegnen, wenn man anerkennt, dass die Einrichtung eines Anlegerausschusses selbst Bestandteil der bindenden Abreden ist. *Wallach*, ZGR 2014, 289, 314 hält die Einrichtung eines Anlegerausschusses, „bei dem die Anleger bei wesentlichen Anlageentscheidungen mitwirken", für möglich. Vergleichbar ist, dass *Reiner*, GWR 2016, 136, 139 – wenn auch ohne

Fremdverwaltung der Kollektivanlage ist damit nach europäischer Lesart beständiger als die Fremdverwaltung im Rahmen der Finanzportfolioverwaltung nach deutscher Lesart,[383] bei der anerkannt ist,[384] dass Zustimmungsvorbehalte schädlich sind und lediglich Vetorechte den Entscheidungsspielraum des Verwalters nicht beenden. Analog zur Verantwortung des Vorstands bei Zustimmungsvorbehalten zugunsten des Aufsichtsrats einer AG zur Mitigierung von Risiken des Principal Agent-Konflikts muss auch die Verantwortung des Verwalters unberührt bleiben.[385]

2. Änderungsbedarf bei den Erscheinungsformen A und B

In den Erscheinungsformen A und B sind die Geschäftsführungsbefugnisse allein gesellschaftsrechtlich verteilt. Da die Anlageverwaltungsfunktionen deshalb gesellschaftsintern wahrgenommen werden, wird der Private Equity-Fonds durch seine Geschäftsführung verwaltet.[386] In der Folge qualifizieren aufgrund des eindeutigen Wortlauts des § 17 Abs. 2 Nr. 2 KAGB, der an dieser Stelle auf Erwägungsgrund 20 der AIFM-RL zurückgeht, nicht die Geschäftsführer, sondern der AIF qualifiziert selbst als KVG und wird damit grundsätzlich erlaubnispflichtig.[387] Den Komple-

---

Begründung – Zustimmungsvorbehalte zugunsten der Fondsgesellschaft im Fall externer Verwaltung für möglich hält. *Weitnauer*, in: Weitnauer, Hdb. VC, B. Rn. 101 hält Steuerungs- und Kontrollmöglichkeiten in einem Investment Committee für zulässig. *Fischer*, FR 2016, 27, 28 hält ein „Einwirken" von Anlegern auf die KVG für zulässig, solange die Letztentscheidung der KVG nicht derogiert werde. *BaFin* vom 25. 11. 2015, Häufig gestellte Fragen zum KAGB, S. 7 hält Anlageausschüsse bei Publikums-Fonds für zulässig, wenn Anlegergleichbehandlung gewährleistet sei. Auf die Befugnisse dieser Anlageausschüsse geht die BaFin indes nicht ein.

[383] A. A. *Gottschling*, in: FrankKomm, KapAnlR Bd. 1, § 1 KAGB Rn. 80.

[384] *BaFin* vom 3.1.2011, Merkblatt – Hinweise zum Tatbestand der Finanzportfolioverwaltung, zuletzt geändert am 11.6.2014, Abschn. 1 lit. d; *Schäfer*, in: Boos/Fischer/Schulte-Mattler, KWG, CRR-VO, § 1 KWG Rn. 159.

[385] Für die AG: *Spindler*, in: Spindler/Stilz, AktG, § 111 Rn. 75; *Habersack*, in: Münch-Komm, AktG, § 111 Rn. 128. Die Verantwortung würde erst aufgegeben, wenn der Organismus aufgrund der Selbständigkeit seiner Anleger den Charakter als Kollektivanlage verlöre. Etwaige Haftungsansprüche sind von der Verwahrstelle geltend zu machen, dazu umfassend 6. Teil, B.II.1.b).

[386] Losgelöst von der Eigenheit der aufgespaltenen Geschäftsführungsbefugnis im Bereich Private Equity: *Winterhalder*, in: Weitnauer/Boxberger/Anders, KAGB, § 17 Rn. 62 f.; *Bentele*, in: Baur/Tappen, Investmentgesetze, § 17 KAGB Rn. 27; *Weiser/Hüwel*, BB 2013, 1091, 1093.

[387] *Escher*, in: Bankrechtstag 2013, S. 123, 137; *Beckmann*, in: Beckmann/Scholtz/Vollmer, Investment-Hdb., Losebl. (Stand: 3/15), 405 § 17 KAGB Rn. 75; *Winterhalder*, in: Weitnauer/Boxberger/Anders, KAGB, § 17 Rn. 48; *Bentele*, in: Baur/Tappen, Investmentgesetze, § 17 KAGB Rn. 27; *Gottschling*, in: FrankKomm, KapAnlR Bd. 1, § 1 KAGB Rn. 200; *Weiser/Hüwel*, BB 2013, 1091, 1093; *Kloyer*, in: Möllers/Kloyer, Das neue KAGB, Rn. 856, 897; *Zetzsche/Preiner*, WM 2013, 2101, 2102; *Wollenhaupt/Beck*, DB 2013, 1950, 1955; *Bußalb/Unzicker*, BKR 2012, 309, 313; *Jesch*, RdF 2014, 180, 183; irritierend *Herring/Loff*, DB 2012, 2029 f., nach denen die Komplementär-GmbH typischerweise zur AIF-KVG würde, aber

mentär oder den geschäftsführenden Kommanditisten, die beide lediglich gesellschaftsrechtlich mit dem Fondsvehikel verbunden sind, wird man nicht als externe
Verwalter i. S. des Art. 5 Abs. 1 Satz 2 lit. a AIFM-RL einordnen können,[388] wenn die
Verwaltung von innen heraus erfolgt und keine weiteren schuldrechtlichen Ver-
tragsbeziehungen zwischen Gesellschafter und AIF bestehen. Da die Anlageverwaltungsfunktionen beim AIF als KVG i. S. des § 17 Abs. 3 KAGB zentriert sind,
können die Erscheinungsformen A und B damit per se bestehen bleiben. Das gilt
insbesondere im registrierungspflichtigen Bereich. Im erlaubnispflichtigen Bereich
hingegen liegt es womöglich nicht im Interesse des Fondsinitiators, für jeden Private
Equity-AIF eine Erlaubnis einholen und die damit verbundenen administrativen und
organisationsrechtlichen Regulierungsvorgaben einhalten zu müssen. Auch im registrierungspflichtigen Bereich kann ein Interesse daran bestehen, nicht jeden einzelnen Fonds zu registrieren. Sollte daher eine externe KVG bestellt werden, kann die
Gesellschafterstruktur an sich zwar fortgeführt werden. Denn die grundsätzliche
Organisationsstruktur einer Investmentgesellschaft und die allgemeinen Rechte und
Pflichten der Organe einer Investmentgesellschaft bleiben von der schuldrechtlichen
Bestellung einer externen KVG unberührt. Doch wegen der jetzt zwingenden Regelung, dass nur noch eine KVG pro AIF zuständig sein kann, dürften die Management-GmbH und die Carry-KG in Erscheinungsform A nicht mehr die oben beschriebenen Aufgaben *wahrnehmen*. Denn diese ragen in beiden Teilen – laufende
Betreuung der Unternehmensbeteiligungen durch die Management-GmbH einerseits
und Treffen der letztverantwortlichen Anlageentscheidungen durch die Carry-KG
andererseits – weit in die oben erläuterte Portfolioverwaltung hinein, für die fortan
nur noch die externe KVG verantwortlich ist. Eine (Teil-)„Einlagerung" der Portfolioverwaltung in/an den AIF – wahrgenommen durch den geschäftsführenden
Kommanditisten – kommt laut BaFin nicht in Betracht.[389] Auf einen der beiden
geschäftsführenden Kommanditisten kann deshalb, muss aber nicht, verzichtet
werden. Der andere ist weiterhin zur gewerblichen Entprägung notwendig, die trotz
Bestellung einer externen KVG gelingen kann.[390] Der Komplementär kann dafür von
der Geschäftsführung ausgeschlossen werden und würde nur noch als Haftungsvehikel fungieren. Aus denselben Gründen wird man zwar auch die Gesellschafter-

---

gleichzeitig die KG als AIF die AIF-KVG sei; nicht richtig *Casper*, ZHR 179 (2015), 44, 57,
nach dem der Komplementär nach Art. 4 Abs. 1 lit. b AIFM-RL (Vorschrift für AIFM!) juristische Person zu sein habe, also nur das Management des AIFM an dieser Vorgabe zu messen
sei; *ders.*, in: Großkomm, HGB, § 161 Rn. 267; auch *Hoffert*, in: FrankKomm, KapAnlR Bd. 1,
§ 154 KAGB Rn. 10 ist der Meinung, dass der Komplementär einer intern verwalteten gInvKG
eine GmbH sein müsste.

[388] Ausführlich bereits 4. Teil, D.

[389] *BaFin* vom 21. 12. 2017, Auslegungsentscheidung zu den Tätigkeiten einer Kapitalverwaltungsgesellschaft und der von ihr extern verwalteten AIF-Investmentgesellschaft, WA
41-Wp 2100–2016/0001, Abschn. II. Ziff. 4; *BaFin* vom 10. 7. 2013, Häufige Fragen zum
Thema Auslagerung gemäß § 36 KAGB, zuletzt geändert am 15. 11. 2017, WA 41-Wp 2137–
2013/0036, Abschn. 2.

[390] Ausführlich 5. Teil, B.III.2.

struktur in der Erscheinungsform B umsetzen können, nicht hingegen die dort praktizierte Verteilung der Geschäftsführungsbefugnisse. Im Ergebnis bietet es sich an, beide Erscheinungsformen zu vereinheitlichen. Ob und inwiefern der weiterhin notwendige geschäftsführende Kommanditist in beiden Erscheinungsformen zugleich noch als Carry-Vehikel unter dem KAGB eingesetzt werden kann, wird noch separat diskutiert.[391]

3. Änderungsbedarf bei den Erscheinungsformen C und D

Die Bestimmung der KVG in den Erscheinungsformen C und D ist demgegenüber vergleichsweise schwierig. Dort wird ebenso mit der aufgespaltenen Geschäftsführungsbefugnis gearbeitet. Doch die Beratungs-GmbH übernimmt die laufende Geschäftsführung nur im Wege eines Dienstvertrags, während die Carry-KG (Option C) bzw. die Private Equity-Gesellschaft (Option D) die letztverantwortlichen Anlageentscheidungen qua gesellschaftsrechtlicher Position treffen. Nähme man an, dass die externe Beratungs-GmbH nun als externe KVG einzuordnen sei,[392] könnte den Gesellschaftern nach der inneren Organisation des AIF zwar auch weiterhin die Letztverantwortlichkeit über die Anlageentscheidungen zukommen. Sie dürften jedoch nicht von ihr Gebrauch machen. Denn das Treffen von Anlageentscheidungen gehört zum Aufgabenumfang der Portfolioverwaltung, die nunmehr allein der KVG überantwortet ist. Eine (Teil-)„Einlagerung" der Portfolioverwaltung in/an den AIF – wahrgenommen durch den geschäftsführenden Kommanditisten – kommt wie eben erläutert nicht in Betracht. Da die Organisationsstruktur bei Bestellung einer externen KVG unangetastet bleibt, ließe sich die bisherige Strukturierung in den Optionen C und D zwar aufrechterhalten, dürfte in Ansehung der Aufgabenverteilung allerdings nicht mehr umgesetzt werden. Qualifizierte man hingegen die für die letztverantwortlichen Anlageentscheidungen zuständigen Gesellschafter in den jeweiligen Optionen C und D als die maßgeblich für die Verwaltung des AIF Berufenen mit der Konsequenz, dass der AIF selbst interne KVG wäre, läge es nahe, die externe Beratungs-GmbH als Auslagerungsunternehmen einzustufen. Denn auch wenn letztere nicht als externe KVG qualifiziert, erbringt sie dennoch einen erheblichen Teil der Portfolioverwaltung. Als Auslagerungsunternehmen müsste die externe Beratungs-GmbH allerdings grundsätzlich für die Zwecke der Vermögensverwaltung oder Finanzportfolioverwaltung zugelassen oder registriert sein und einer Aufsicht unterliegen.[393] Eine solche von den Fondsinitiatoren vorzuhaltende zweispurige Erlaubnis/Registrierung innerhalb einer Fondskonstruktion wird nicht gewollt sein. Wäre eine solche Auslagerung demnach nicht gewollt oder könnte sie wegen der in § 36 KAGB kodifizierten Anforderungen an die Auslagerung nicht gelingen, müsste der AIF in diesen Erscheinungsformen nunmehr allein intern

---

[391] 5. Teil, B.V.

[392] *Tollmann*, in: Dornseifer/Jesch/Klebeck/Tollmann, AIFM-RL, Art. 5 Rn. 34.

[393] § 36 Abs. 1 Nr. 3 KAGB; dazu 6. Teil, B.II.2.c).

verwaltet werden. In den Erscheinungsformen C und D würde somit die Wahrnehmung der laufenden Geschäftsführung durch die schuldrechtlich beauftragte Beratungs-GmbH entfallen. Ist die interne Verwaltung des AIF aus den bereits erläuterten Erwägungen nicht gewollt, bliebe nichts anderes übrig, als eine externe KVG zu bestellen, die sodann einziger zentraler Akteur wäre. Im Ergebnis gestaltete sich die Strukturierung dann so wie zu den Erscheinungsformen A und B erläutert.

Obwohl die Bestimmung der KVG hier mit fundamentalen Konsequenzen verbunden ist, stellt das Gesetz dem Rechtsanwender keine Abgrenzungskriterien anheim.[394] Dafür nimmt die BaFin die Abgrenzung von Auslagerung und externer Verwaltung in den Blick und stellt darauf ab, wer für die Tätigkeit die Verantwortung gegenüber Dritten (Verantwortung im Außenverhältnis) trägt.[395] Letztlich ist diese Verteilung der Verantwortung allein Vertragsgegenstand,[396] weswegen keine pauschale Antwort für die Bestimmung der KVG gefunden werden kann. Ergäbe sich allerdings, dass beide Beteiligten jeweils im Rahmen ihres Kompetenzbereichs die Verantwortung gegenüber Dritten tragen sollten, drohte bei beiden die Qualifizierung als relevanter Fondsmanager.[397] Dieses Konstrukt wäre in Ansehung von § 17 Abs. 3 KAGB nicht mehr aufrechtzuerhalten. Auch nach der ESMA wird der AIF daher frei bestimmen können, wer als AIFM bestellt wird, sofern dieser über eine Konzession verfügt.[398] Im Ergebnis darf nur noch ein zentraler Akteur existieren, der nach außen die Verantwortung trägt.

4. Vereinheitlichte Strukturierung im Fall extern verwalteter Spezial-AIFs

Vorausgeschickt, dass die externe Verwaltung eines Spezial-AIF im erlaubnispflichtigen Bereich den Regelfall bilden wird, wird man die bislang bekannten Erscheinungsformen von Private Equity-Fonds vereinheitlichen können. Die externe KVG darf nur noch der einzige, zentrale Akteur sein. Die gespaltene Aufgabenwahrnehmung lässt sich aufgrund der Unzulässigkeit einer (teilweisen) Einlagerung nicht mehr umsetzen. Eine interne Verwaltung des AIF bei gleichzeitiger Beauf-

---

[394] So bereits ESMA/2012/117 vom 23.2.2012, Discussion paper, Key concepts of the Alternative Investment Fund Managers Directive and types of AIFM, Abschn. V. Rn. 45.

[395] *BaFin* vom 10.7.2013, Häufige Fragen zum Thema Auslagerung gemäß § 36 KAGB, zuletzt geändert am 12.5.2014, WA 41-Wp 2137-2013/0036, Abschn. 14; *Tollmann*, in: Dornseifer/Jesch/Klebeck/Tollmann, AIFM-RL, Art. 5 Rn. 34 hingegen fragt nach dem Umfang der Kompetenzverteilung zwischen dem Geschäftsführer des Fonds und dem Investment Advisor.

[396] *Volhard/Jang*, in: Weitnauer/Boxberger/Anders, KAGB, § 36 Rn. 4.

[397] *Winterhalder*, in: Weitnauer/Boxberger/Anders, KAGB, § 17 Rn. 61 fragt hingegen einzig danach, wer die Anlage- und Veräußerungsentscheidungen zu welchen Konditionen trifft (mithin wem die Portfolioverwaltung obliegt).

[398] ESMA/2012/117 vom 23.2.2012, Discussion paper, Key concepts of the Alternative Investment Fund Managers Directive and types of AIFM, Abschn. V. Rn. 45.

tragung einer eigens von den Fondsinitiatoren gehaltenen Beratungs-GmbH als Auslagerungsunternehmen würde aufgrund der doppelten Erlaubnispflichtigkeit gemieden. Die grundsätzliche Organisationsstruktur des AIF wird durch Bestellung einer externen KVG unangetastet gelassen, sodass auch weiterhin ein geschäftsführender Kommanditist zum Erreichen der gewerblichen Entprägung eingesetzt werden kann. Der geschäftsführende Kommanditist wird eine Kapitalbeteiligung halten und kann entweder eine separate Carry-KG oder aber die Private Equity-Gesellschaft selbst sein. Eine weitere Management-GmbH zur Wahrnehmung der laufenden Geschäftsführung ist daneben nicht mehr erforderlich. Auch die Verwaltungs-GmbH als Komplementärin kann als bloßes Haftungsvehikel ohne Geschäftsführungsbefugnis und ohne Kapitalbeteiligung fungieren. Bei Spezial-AIFs ist allerdings der Rückgriff auf einen Treuhandkommanditisten unzulässig.[399] Zulässig in der fremdverwalteten Kollektivanlage sind aber weiterhin Anlegergremien, denen in verschiedenen Fragen der Anlagetätigkeit Zustimmungsvorbehalte zustehen. Diese werden im Folgenden (wie schon zuvor) nicht illustriert. Der Einfachheit halber wird davon ausgegangen, dass die externe KVG von der Private Equity-Gesellschaft gehalten und eingesetzt wird. Das folgende Schaubild berücksichtigt allein die Wirkung von § 17 Abs. 3 KAGB auf die Strukturierung des Fonds, nicht jedoch (wie nachfolgend untersucht), ob die neuen regulierungsrechtlichen Vorgaben Änderungen bei der Einbindung der Carry-KG bedingen.

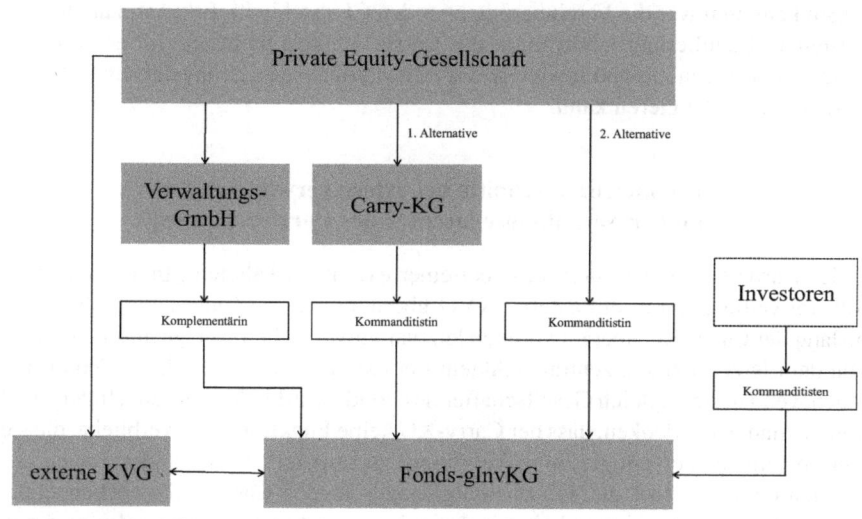

Quelle: Eigene Darstellung

Abbildung 5: Strukturierung nach KAGB

---

[399] 5. Teil, B.II.1.

V. Abschied vom Carry-Vehikel?

Unter der AIFM-RL und dem KAGB könnten sich verschiedene regulierungs-rechtliche und aufsichtsbehördliche Vorgaben zudem unter einem anderen Ge-sichtspunkt auf die gesellschaftsrechtliche Strukturierung auswirken. Was im Schrifttum bislang, soweit ersichtlich, keine Beachtung gefunden hat, ist die Frage nach der Zukunft des Carry-Vehikels. Bestehende Kompetenzeinschnitte zu Lasten der Geschäftsführung eines AIF im Fall der externen Verwaltung gepaart mit un-terschiedlichen Vorgaben an die Zahlung des Carried Interest (im Folgenden „CI") bilden den Nährboden für eine Argumentation, die die Zukunft eines neben der KVG bestehenden Carry-Vehikels in Frage zu stellen geeignet ist. Das könnte im Ergebnis dazu führen, dass zwar wegen des Erfordernisses der gewerblichen Entprägung nicht auf den Einsatz eines geschäftsführenden Kommanditisten verzichtet wird, dieser aber im Gegensatz zu bisher geläufigen Strukturen im Bereich Private Equity nicht mehr zum (steuervergünstigten) Bezug des CI eingesetzt werden darf. Mit der Frage nach der Zukunft des Carry-Vehikels wird also keineswegs die Existenzberechtigung des hierzu eingesetzten Rechtsträgers (GmbH & Co. KG) in Frage gestellt, sondern lediglich der mit dem Vehikel im Eigeninteresse der Fondsinitiatoren verfolgte Zweck. Dass der Einsatz eines Carry-Vehikels dennoch regulierungskonform ist, soll hier qua Auslegung begründet werden. In der Folge ist jedoch zu diskutieren, ob die Steuerbegünstigung gem. §§ 3 Nr. 40a, 18 Abs. 1 Nr. 4 EStG auch weiterhin ge-lingen kann und wer die Vereinbarung über den CI abschließt. Erkennt man die hier vertretene Regulierungskonformität des Carry-Vehikels nicht an, gilt es abschlie-ßend zu überlegen, ob und inwiefern der AIFM ohne Regulierungslücken selbst als Carry-Vehikel fungieren kann.

1. Kompetenzeinschnitte bei extern verwalteten AIFs und der Vergütungscharakter des Carried Interest

Es wurde bereits erläutert, dass bei einer extern verwalteten gInvKG die Port-folioverwaltung durch die externe KVG übernommen wird und damit sämtliche, bislang der Carry-KG überantworteten letztverantwortlichen Anlageentscheidungen von dem jetzt einzigen, zentralen Akteur der externen KVG gefällt werden dürfen (auch wenn diese zugleich Gesellschafter des Fonds würde). Vor diesem Hintergrund könnte man daran denken, dass der Carry-KG keine Funktion mehr verbliebe, die sie wertungsmäßig berechtigte, eine Vergütung zu erhalten. Daran änderte auch der Umstand nichts, dass die Entscheidungsträger in der Carry-KG gegebenenfalls vollständig personenidentisch[400] mit den relevanten Fondsmanagern der externen KVG sind. Materiell wäre in die Position des „Vergütungsberechtigten" die externe

---

[400] *Invest Europe* vom 23.10.2015, Response to ESMA Consultation Paper: „Guidelines on sound remuneration policies under the UCITS Directive and AIFMD", S. 15; *Kirchner/Hesser*, in: Baur/Tappen, Investmentgesetze, § 37 KAGB Rn. 20: Über die Carry-Vehikel sei das Management der AIF-KVG als Kommanditist am Fondsvehikel beteiligt.

KVG eingerückt. Eine Einlagerung von Kompetenzen in/an den AIF ist wie bereits gesehen nicht zulässig. Lediglich bei der intern verwalteten gInvKG könnte die Portfolioverwaltung samt Zuständigkeit zum Treffen der letztverantwortlichen Anlageentscheidungen bei der Carry-KG als geschäftsführender Kommanditistin verbleiben. Für die Carry-KG einer extern verwalteten gInvKG wird die Kompetenzverteilung hingegen zum Problem, da die AIFM-RL und infolge dessen auch das KAGB den CI regulierungsrechtlich als Vergütung eingeordnet haben,[401] was verbandsseitig auf Unverständnis traf[402]. Das entspricht auch der Auffassung der deutschen Finanzverwaltung, die letztlich im Gesetz verankert wurde.[403] Jedenfalls diejenigen Vertreter, die entgegen der Finanzverwaltung in Deutschland und auch mit Blick auf die diskutierte Abschaffung der Steuervergünstigung den CI nicht als eine den Einkünften aus selbständiger Arbeit unterliegende Tätigkeitsvergütung qualifizieren wollen, stoßen sich daran und sprechen sich gegen ein Übergreifen dieser regulierungsrechtlichen Wertung auf das deutsche Steuerrecht aus.[404]

Doch würde der Vergütungscharakter des CI allein aufgrund der vorstehenden Erwägungen in Frage gestellt, übersähe man, dass der CI bislang nicht nur für das Treffen der letztverantwortlichen Anlageentscheidungen, sondern auch für sonstige immaterielle Beiträge (Erfahrungen, Kontakte, Netzwerke) gezahlt wurde.[405] Dem entspricht die Aussage der BaFin von der „Förderung des Zwecks des Spezial-AIF"[406]. Diese immateriellen Beiträge sind nicht von dem Aufgabenbereich der Portfolioverwaltung umfasst.[407] Auch lassen sich diese immateriellen Beiträge unter den tätigkeitsbezogenen Vergütungscharakter des CI einordnen, da sie regelmäßig Niederschlag in den Handlungen der Fondsmanager finden. Aus diesem Blickwinkel

---

[401] Art. 4 Abs. 1 lit. d AIFM-RL: Der CI ist ein „Anteil an den Gewinnen des AIF, die ein AIFM als Vergütung für die Verwaltung des AIF erhält"; Anhang II Abs. 2 AIFM-RL: Der CI wird dort den Anforderungen an das Vergütungssystem unterworfen; § 1 Abs. 19 Nr. 7 KAGB: Der CI ist „der Anteil an den Gewinnen des AIF, den eine AIF-Verwaltungsgesellschaft als Vergütung für die Verwaltung des AIF erhält".

[402] ESMA/2013/201 vom 11.2.2013, Final report, Guidelines on sound remuneration policies under the AIFMD, Rn. 11 und 17; *EVCA* (nun: Invest Europe) vom 27.9.2012, Response to ESMA Consultation Paper: Guidelines on sound remuneration policies under the Alternative Investment Fund Managers Directive (AIFMD), 28 June 2012, ESMA/2012/406, S. 4 Rn. 10, S. 7 Rn. 28 ff., S. 8 Rn. 32: Einerseits sei dies der Sache nach unzutreffend, andererseits würde die AIFM-RL in der englischen Sprachfassung den CI gar nicht als Vergütung (also „remuneration") einordnen (s. Legaldefinition, dort „compensation"), sondern im Gegenteil sogar explizit zwischen „remuneration" und „amounts directly paid by the AIF itself" (Anhang II Abs. 2 AIFM-RL) differenzieren; *EY*, Game-changing regulation?, S. 14.

[403] 5. Teil, A.II.2.b).

[404] So *Boxberger*, in: Dornseifer/Jesch/Klebeck/Tollmann, AIFM-RL, Art. 13 Rn. 48.

[405] *BMF*, Schreiben vom 16.12.2003, IV A 6-S 2240-153/03, Einkommensteuerliche Behandlung von Venture Capital und Private Equity Fonds; Abgrenzung der privaten Vermögensverwaltung vom Gewerbebetrieb, Rn. 3, BStBl. 2004 I, S. 40 und BStBl. 2006 I, S. 632.

[406] *BaFin* vom 12.11.2014, Häufig gestellte Fragen zum KAGB, S. 7. Vgl. dazu aber 5. Teil, B.VI.3.

[407] 5. Teil, B.IV.1.

ließe sich der Vergütungscharakter des von einer Carry-KG bezogenen CI wiederum bejahen. Das könnte allerdings nur im Hinblick auf die Qualifikation als Vergütung im Rahmen von § 18 Abs. 1 Nr. 4 EStG („Vergütung für Leistungen zur Förderung des Gesellschafts- oder Gemeinschaftszwecks") gelten. Selbst dort gilt es jedoch zu überlegen, ob die im Steuerrecht vorgenommene Qualifizierung des CI als verdeckte Tätigkeitsvergütung für eine Dienstleistung nicht auch zu einem Rückgriff auf das dem Schuldrecht inhärente Äquivalenzprinzip zwingt.[408] Dieses würde möglicherweise deswegen verletzt, weil die Zahlung „nur" für die Erfahrungen, Kontakte und das Netzwerk erfolgte. Da das Treffen der letztverantwortlichen Anlageentscheidungen einerseits und die sonstigen immateriellen Beiträge andererseits aber stets im selben Atemzug als Leistung für das Entgelt genannt werden und damit eine Gleichrangigkeit vermutet werden darf, wird man hier keine Äquivalenzstörung annehmen können. Eine Einordnung als Vergütung i. S. der Legaldefinition des CI im KAGB kann hingegen *nicht* gelingen, da der CI dort als Vergütung für die „Verwaltung des AIF"[409] gezahlt wird.[410] Da hiermit allein die KVG selbst adressiert ist, wird der Bogen zu der nachfolgend zu untersuchenden Frage nach dem formell Bezugsberechtigten für den CI gespannt.

2. Formell Bezugsberechtigter des Carried Interest

Über die verschiedenen Rechts- und Rechtserkenntnisquellen verteilt, insbesondere im Bereich der Vergütungsregulierung, lassen sich diverse Anknüpfungspunkte entnehmen, die die formelle Bezugsberechtigung und damit die *funktionelle* Daseinsberechtigung des Carry-Vehikels in Frage stellen. Das klingt paradox, da die Vergütungsregulierung keine Einflussnahme auf die gesellschaftsrechtliche Strukturierung eines Fonds intendiert, sondern fehlerhaften Verhaltensanreizen begegnen will.[411] Letztlich sind die hier aufgezeigten Zweifel aber die Konsequenz des Umgangs mit der erfolgsabhängigen Vergütung durch die jeweiligen Rechts- bzw. Rechtserkenntnisquellen. Da für die hiesigen Zwecke nur ein Ausschnitt an regulatorischen und aufsichtsbehördlichen Vorgaben herangezogen werden muss, erfolgt hier keine umfassende Darstellung des größeren Kontextes dieser Vorgaben im Rahmen der Vergütungsregulierung. Eine ausführliche Erläuterung der Vergütungsregulierung wird an anderer Stelle in dieser Arbeit nachgeholt.[412]

---

[408] Zum Äquivalenzprinzip statt aller BGH, Urt. v. 9. 10. 1985 – VIII ZR 217/84, NJW 1986, 179, 180.

[409] § 1 Abs. 19 Nr. 7 KAGB; s. auch ESMA/2013/232 vom 3. 7. 2013, Guidelines on sound remuneration policies under the AIFMD, Abschn. V Rn. 13.

[410] Krit. *EVCA* (nun: Invest Europe) vom 27. 9. 2012, Response to ESMA Consultation Paper: Guidelines on sound remuneration policies under the Alternative Investment Fund Managers Directive (AIFMD), 28 June 2012, ESMA/2012/406, S. 29 Rn. 139(c): Hierfür werde die Management Fee gezahlt.

[411] Zu dem Hintergrund der Vergütungsregulierung 6. Teil, B.II.7.

[412] Ebd.

a) AIFM-RL und ESMA-Guidelines

Den Anfang macht die in Art. 4 Abs. 1 lit. d AIFM-RL enthaltene Legaldefinition des CI:

„Carried interest" ist ein Anteil an den Gewinnen des AIF, die ein AIFM als Vergütung für die Verwaltung des AIF erhält, hiervon sind sämtliche Anteile an den Gewinnen des AIF ausgeschlossen, die der AIFM als Rendite für Anlagen des AIFM in den AIF bezieht.

Expressis verbis ist die Rede davon, dass der AIFM den CI erhält[413] und nicht etwa das Carry-Vehikel. Sicherlich könnte zwischen Carry-Vehikel und externem AIFM ein abgekürzter Zahlungsweg vereinbart werden, mit der Folge, dass der CI tatsächlich an das Carry-Vehikel ausgezahlt würde. Das wäre aber das Ergebnis einer separaten Leistungsbeziehung zwischen Carry-Vehikel und KVG, sodass das Carry-Vehikel den CI nicht mehr wie in § 18 Abs. 1 Nr. 4 EStG gefordert als Beteiligter der vermögensverwaltenden Gesellschaft, also des Private Equity-Fonds, erhielte. Auch bei internen AIFMs werden durch die Legaldefinition Irritationen hervorgerufen, da nur der AIF den CI erhalten dürfte. Zudem ist zu überlegen, ob der Unionsgesetzgeber nicht von der Vorstellung ausgegangen ist, dass der AIFM gesellschaftsrechtlich an dem AIF beteiligt ist. Denn er grenzt den CI von den Gewinnanteilen ab, die der AIFM als Rendite für Anlagen des AIFM in den AIF bezieht. Da eine intern verwaltete gInvKG gleichzeitig als interner AIFM qualifiziert,[414] der Erwerb eigener Anteile für eine Personengesellschaft jedoch schlechthin ausgeschlossen ist,[415] wäre der Maßgeblichkeit dieser Legaldefinition für interne AIFMs in der Rechtsform einer gInvKG das Fundament entzogen. Man wird sich aber gewiss streiten dürfen, da die in der Legaldefinition angelegte Abgrenzung zu Gewinnanteilen auch nur für die Fälle erfolgt sein kann, in denen tatsächlich eine gesellschaftsrechtliche Beteiligung gegeben ist.

Im Widerspruch zur Legaldefinition des CI steht der nach Art. 13 Abs. 1 UAbs. 2 AIFM-RL zu beachtende Anhang II AIFM-RL. In Anhang II Abs. 1 AIFM-RL werden detaillierte Vorgaben für die Vergütungspolitik einschließlich der Gehälter für einzelne Mitarbeiterkategorien (z. B. Geschäftsleitung, Risikoträger, etc.) innerhalb des AIFM angeführt. Diese Vergütungsregulierung nimmt aber ausschließlich das Verhältnis zwischen dem *AIFM und den eigenen Mitarbeitern* in den

---

[413] So auch das verbandsseitige Verständnis im Bereich Private Equity, s. ESMA/2013/201 vom 11.2.2013, Final report, Guidelines on sound remuneration policies under the AIFMD, Abschn. II Rn. 31; *Teichmann/Brunner*, CFL 2011, 321, 324. Dies deckt sich mit der Realität: *Invest Europe* vom 23.10.2015, Response to ESMA Consultation Paper: „Guidelines on sound remuneration policies under the UCITS Directive and AIFMD", S. 4: „[...] paid out to the manager and subsequently to its executives [...]".

[414] 5. Teil, B.IV.2.

[415] *K. Schmidt*, in: MünchKomm, HGB, § 105 Rn. 92 f.; *Roth*, in: Baumbach/Hopt, HGB, § 105 Rn. 30; *Schäfer*, in: MünchKomm, BGB, § 705 Rn. 79a, 309; *Behme*, in: Baur/Tappen, Investmentgesetze, § 292 KAGB Rn. 12; a.A. *Priester*, ZIP 2014, 245 mit Erwiderung von *K. Schmidt*, ZIP 2014, 493.

Blick.[416] Auch der CI wird in Anhang II Abs. 2 AIFM-RL als ein direkt von dem *AIF zugunsten der AIFM-Mitarbeiter* gezahlter Betrag genannt, für den die Vergütungsregulierung zur Anwendung kommt. Anhang II Abs. 2 AIFM-RL lautet:

> Die in Absatz 1 genannten Grundsätze gelten für alle Arten von Vergütungen, die von AIFM gezahlt werden, für jeden direkt von dem AIF selbst gezahlten Betrag, einschließlich carried interests, und für jede Übertragung von Anteilen des AIF, die zugunsten derjenigen Mitarbeiterkategorien, einschließlich der Geschäftsleitung, Risikokäufer, Mitarbeiter mit Kontrollfunktionen und aller Mitarbeiter, die eine Gesamtvergütung erhalten, aufgrund derer sie sich in derselben Einkommensstufe befinden wie Mitglieder der Geschäftsleistung und Risikokäufer, vorgenommen werden, deren berufliche Tätigkeit sich wesentlich auf ihr Risikoprofil oder auf die Risikoprofile der von ihnen verwalteten AIF auswirkt.

Direkt von dem AIF gezahlte Vergütungen sollen unter die Vergütungsregulierung fallen, da man letztere andernfalls umgehen könnte.[417] An dieser Stelle geht die AIFM-RL davon aus, dass der CI durchaus auch direkt an die identifizierten Mitarbeiter (Fondsmanager bzw. Fondsprofessionals) der KVG und nicht wie von der Legaldefinition des CI ins Auge gefasst an die eigens rechtsfähige externe KVG fließt bzw. im Fall der internen Verwaltung der KVG zusteht.[418] In der Zahlung vom AIF an die Mitarbeiter muss nach diesem Konzept eine eigene Leistungsbeziehung i. S. der Regulierung zu erblicken sein. Denn läge hierin eine (im Fall externer Verwaltung abgekürzte) Zahlung der KVG an ihre Mitarbeiter, bräuchte man die besagte Regelung in Anhang II Abs. 2 AIFM-RL nicht. Darüber hinaus stellt Anhang II Abs. 1 lit. r AIFM-RL klar, dass die variable Vergütung nicht „through vehicles", die eine Umgehung der Vergütungsregulierung erleichtern, gezahlt werden darf. In der deutschen Sprachfassung findet sich hier fehlerhaft der Begriff „Instrumente", obwohl die englische Fassung zwischen „instruments" (Anhang II Abs. 1 lit. m AIFM-RL) und „vehicles" unterscheidet. Auch die ESMA hat zur Anhangsregelung Stellung genommen. Die von ihr aufgestellten Guidelines sind unverbindlich, werden aber zurzeit von der Verwaltungspraxis der BaFin über-

---

[416] 6. Teil, B.II.7.

[417] ESMA/2013/232 vom 3. 7. 2013, Guidelines on sound remuneration policies under the AIFMD, Abschn. V Rn. 10: „[…] whenever payments, excluding reimbursements of costs and expenses, are made directly by the AIF to the AIFM for the benefit of the relevant categories of staff of the AIFM for professional services rendered, which may otherwise result in a circumvention of the relevant remuneration rules, they should be considered remuneration for the purpose of the guidelines and Annex II to the AIFMD".

[418] Im Bereich Private Equity komme das in „some cases" vor, so der verbandsseitige Hinweis im Rahmen der Konsultationen zu den ESMA Guidelines, vgl. ESMA/2013/201 vom 11. 2. 2013, Final report, Guidelines on sound remuneration policies under the AIFMD, Abschn. II Rn. 31; *EVCA* (nun: Invest Europe) vom 27. 9. 2012, Response to ESMA Consultation Paper: Guidelines on sound remuneration policies under the Alternative Investment Fund Managers Directive (AIFMD), 28 June 2012, ESMA/2012/406, S. 10 Rn. 43, S. 16 Rn. 67. Ebenso *Faigle*, Die Besteuerung des Carried Interests von Private Equity Fonds, S. 28. Auch *Weitnauer*, in: Weitnauer, Hdb. VC, B. Rn. 105 geht davon aus, dass der CI an die Mitarbeiter fließe – er scheint dabei die Legaldefinition zu übersehen.

nommen und entfalten so mittelbare Wirkung.[419] Die ESMA anerkennt zunächst, dass der Anhang II Abs. 2 AIFM-RL die direkte Zahlung an die Mitarbeiter umfasse. Daneben legt sie den Anhang II Abs. 2 AIFM-RL gegen den Widerstand in der Branche[420] allerdings noch weitergehend aus. Die ESMA ist der Ansicht, dass Anhang II Abs. 2 AIFM-RL nicht nur den direkt an die KVG-Mitarbeiter gezahlten CI der Vergütungsregulierung unterwerfe, sondern auch den direkt *an die KVG* gezahlten CI, der jedoch *zugunsten* der relevanten KVG-Mitarbeiter geleistet werde.[421] Begründet wird dies unter Rekurs auf den Wortlaut von Anhang II Abs. 2 AIFM-RL.[422] Der branchenseitige Widerstand mutet seltsam an, da die ESMA insoweit zu einem Stück lediglich die Rechtslage unter der Legaldefinition des CI rehabilitiert. Vor diesem Hintergrund wäre es konsequent, wenn man neben diesen beiden erörterten Zahlungswegen dem Carry-Vehikel die Daseinsberechtigung abspräche. Insbesondere ist es nach dem Vorstehenden nicht richtig, eine Zahlung an das Carry-Vehikel mit einer direkten Zahlung an die Mitarbeiter i. S. des Anhangs II Abs. 2 AIFM-RL gleichzusetzen.[423] Das vehikelfeindliche Credo der AIFM-RL wird auch in den Leitlinien der ESMA angesprochen,[424] wenngleich in der deutschen Fassung dieselbe fehlerhafte Übersetzung gewählt wurde. Merkwürdigerweise heißt es allerdings weiter, dass wenn jedoch ein solches Vehikel genutzt werden und die darüber getätigte Zahlung als CI qualifizieren sollte, diese Zahlung der Vergütungsregulierung unterliege.[425] Hier ist man sich aber wiederum einig, dass „vehicles" mit „Vehikeln" zu übersetzen sein soll – was die oben aufgezeigte Fehlerhaftigkeit der Übersetzungsleistung bestätigt.

Es lässt sich festhalten, dass die AIFM-RL in Ansehung des CI kein konsistentes Konzept verfolgt. Einerseits soll der CI eine Vergütung sein, die der AIFM und nicht das Carry-Vehikel erhält. Andererseits kann der CI eine Zahlung darstellen, die direkt an die Mitarbeiter des AIFM geleistet wird. Würde man die formelle Bezugsberechtigung des CI aufgrund seiner Legaldefinition allein dem AIFM zusprechen, entzöge man den CI in diesem entscheidenden Rechtsverhältnis im erlaubnis-

---

[419] 6. Teil, B.II.7.a)bb).

[420] ESMA/2013/201 vom 11.2.2013, Final report, Guidelines on sound remuneration policies under the AIFMD, Abschn. II Rn. 29.

[421] Ebd., Abschn. II Q6 ESMA's response; krit. *Boxberger/Klebeck*, BKR 2013, 441, 443.

[422] ESMA/2013/201 vom 11.2.2013, Final report, Guidelines on sound remuneration policies under the AIFMD, Abschn. II Q6 ESMA's response: „[…] ESMA is of the view that such a revised approach is compatible with the Level 1 text, to the extent that such text does not limit its application to payments directly made to the AIFM's staff, but refers to payments made „to the benefits" of such categories of staff, thus including under the rules also those payments which are directly made to the AIFM, but are to the benefit of the AIFM's staff".

[423] So aber *EVCA* (nun: Invest Europe) vom 1.2.2013, Response to ESMA Consultation paper on Guidelines on key concepts of the Alternative Investment Fund Managers Directive (AIFMD), 19 December 2012, ESMA/2012/845, S. 3, 5.

[424] ESMA/2013/232 vom 3.7.2013, Guidelines on sound remuneration policies under the AIFMD, Abschn. V Rn. 15.

[425] Ebd., Rn. 16.

pflichtigen Bereich allerdings der Vergütungsregulierung, die in dem Verhältnis AIF zu AIFM nicht gilt.[426] Dieser richtlinieninternen Inkonsistenz lässt sich teilweise unter Rückgriff auf die geschilderte, weitgehende Auslegung durch die ESMA abhelfen. Die AIFM-RL spricht einem daneben bestehenden Carry-Vehikel, das eigens zum steuervergünstigten Bezug des CI eingesetzt und vor die KVG-Mitarbeiter geschaltet wird, offenbar die Existenzberechtigung ab. Die ESMA hingegen scheint in puncto Zulässigkeit einer Carry-KG unschlüssig zu sein. Anhang II Abs. 2 AIFM-RL wird zunächst konsequent angewandt, da laut ESMA ein Vehikel grundsätzlich nicht vor die Mitarbeiter geschaltet werden dürfe. Sollte dies dennoch geschehen, dürfe das jedoch nicht zur Umgehung der Regulierung führen. Deshalb sollen die CI-Zahlungen an die Mitarbeiter des AIFM über das Vehikel zugleich der Vergütungsregulierung unterliegen. Diese Auslegung bricht mit der AIFM-RL und führt daher zu Unverständnis, insbesondere im Hinblick auf die fehlende Rechtssetzungsbefugnis der ESMA.

b) KAGB

Das KAGB harmoniert in diesem Kontext mit der AIFM-RL und führt deshalb zu derselben Widersprüchlichkeit. In § 1 Abs. 19 Nr. 7 KAGB wird der CI unterschiedslos sowohl für Publikums-AIFs als auch Spezial-AIFs wie folgt definiert:

> Carried interest ist der Anteil an den Gewinnen des AIF, den eine AIF-Verwaltungsgesellschaft als Vergütung für die Verwaltung des AIF erhält; der carried interest umfasst nicht den Anteil der AIF-Verwaltungsgesellschaft an den Gewinnen des AIF, den die AIF-Verwaltungsgesellschaft als Gewinn für Anlagen der AIF-Verwaltungsgesellschaft in den AIF bezieht.

Auch hier besteht daher die formelle Voraussetzung, dass der CI an die KVG gezahlt wird. Gleichzeitig inkorporiert § 37 Abs. 2 KAGB den Anhang II der AIFM-RL und die damit ins KAGB Eingang findende Bestimmung, nach der der CI offenbar nicht zwingend an die KVG, sondern auch direkt an die jeweiligen Mitarbeiter gezahlt werden kann. Auf den bereits zur AIFM-RL entwickelten Gedankengang wird deshalb verwiesen.

c) BaFin-Verwaltungspraxis

Die BaFin hat Verwaltungspraxis zu zwei unterschiedlichen Themenkreisen veröffentlicht, die sich in die bereits gewonnenen Erkenntnisse kaum einordnen lässt. Über den aus Art. 3 Abs. 1 GG bzw. dem rechtsstaatlichen Vertrauensschutzprinzip folgenden Grundsatz der Selbstbindung der Verwaltung entfalten diese Vorgaben

---

[426] Die Aussage bei *Teichmann/Brunner*, CFL 2011, 321, 324, dass eine Zahlung des CI an den AIFM aufgrund von Anhang II Abs. 2 AIFM-RL der Vergütungsregulierung unterliege, trifft nicht zu. Der Vergütungsregulierung unterliegen nur Zahlungen zugunsten von AIFM-Mitarbeitern. Eben dieses Ergebnis möchte die ESMA per Auslegung erreichen.

jedoch mittelbare Wirkung gegenüber den Marktteilnehmern.[427] Die beiden Rechtserkenntnisquellen werden an anderer Stelle ausführlich erläutert, hier genügt die Auseinandersetzung mit einzelnen Gesichtspunkten.

Zum einen existiert eine Verwaltungspraxis zu der Frage, ob eine Carry-KG bei Spezial-AIFs als semiprofessioneller Anleger qualifiziert.[428] Indem der Zweck des Vehikels beschrieben wird, der in der steuervergünstigenden Gewähr variabler Vergütungsbestandteile an KVG-Mitarbeiter bestehe, bekräftigt die BaFin hier zunächst, dass das Carry-Vehikel etwas anderes ist als die Mitarbeiter der KVG selbst. Wenn nun aber aus Anhang II der AIFM-RL zu schließen ist, dass ein Carry-Vehikel nicht zwischen die KVG-Mitarbeiter und den Fonds geschaltet werden darf, da sonst keine „direkte" Zahlung vom AIF an die Mitarbeiter erfolgt, die den Regeln der Vergütungsregulierung unterworfen ist, dann begibt sich die BaFin dazu in Widerspruch. Auch die ESMA lehnt zunächst den Einsatz eines separaten Vehikels zum Bezug der erfolgsabhängigen Vergütung ab, widerspricht sich im Anschluss aber selbst, wenn der CI, der über ein Carry-Vehikel gezahlt wird, dennoch der Vergütungsregulierung unterliegen soll. Die BaFin könnte also nur mit der in sich widersprüchlichen Ansicht der ESMA harmonieren. Das ist prekär, wenn man sich in Erinnerung ruft, dass die Guidelines unverbindlich sind und nur über die Anerkennung durch die BaFin mittelbar Wirkung entfalten. Davon unabhängig konfligiert die in der Verwaltungspraxis zum Ausdruck kommende Anerkennung der Carry-KG nach wie vor mit der Legaldefinition des CI. Reflektiert man das Vorstehende, müsste man konstatieren, dass die BaFin (wie die ESMA) die Regelungen in der AIFM-RL (bzw. im KAGB) mit den hier aufgezeigten Folgerungen ignoriert. Nähme die BaFin an, dass die KVG entgegen der (an sich zu Regulierungslücken führenden) Legaldefinition nicht zwingend den CI erhalten müsste, stünde sie in der argumentativen Bringschuld. Ein abgekürzter Zahlungsweg zwischen KVG und Carry-Vehikel führt jedenfalls nicht zu dem gewünschten Steuerspareffekt.[429]

Die zweite hier relevante Verwaltungspraxis besteht aus Musterbausteinen einschließlich Erläuterungen für Kostenregelungen für geschlossene Publikumsinvestmentvermögen.[430] Die Ausgangslage ist hier aber eine andere: Während sich diese Verwaltungspraxis nur an KVGs von Publikums-AIFs richtet, adressiert die AIFM-RL hingegen Verwalter von Investmentvermögen, zu denen ausschließlich professionelle Anleger Zugang haben, und stellt die Entscheidung über einen weiteren Vertrieb an Privatanleger in den Verantwortungsbereich der Mitgliedstaaten. Vor diesem Hintergrund könnte die Verwaltungspraxis zu keinen Friktionen mit der

---

[427] Allgemein BVerwG, Urt. v. 17.4.1970 – VII C 60/68, BVerwGE 35, 159, 161 ff.; BVerwG, Beschl. v. 8.4.1997 – 3 C 6/95, BVerwGE 104, 220, 223 ff.; *Sachs*, in: Stelkens/ Bonks/Sachs, VwVfG, § 40 Rn. 104, 123 ff.

[428] *BaFin* vom 12.11.2014, Häufig gestellte Fragen zum KAGB, S. 6 f.; ausführlich 5. Teil, B.VI.

[429] 5. Teil, B.V.2.a).

[430] *BaFin* vom 30.9.2014, Musterbausteine für Kostenklauseln geschlossener Publikumsinvestmentvermögen, WA 41-Wp-2137-2013/0026; ausführlich 6. Teil, B.II.7.b).

AIFM-RL führen. Dieser Unterschied wird aber nivelliert, da die Legaldefinition des CI in der AIFM-RL als Vorlage für die Legaldefinition des CI im KAGB diente und der Anhang II der AIFM-RL über § 37 Abs. 2 KAGB auch für die Verwalter von Publikums-AIFs inkorporiert wird. Sodann heißt es in der Verwaltungspraxis, dass eine erfolgsabhängige Vergütung nur zugunsten der AIF-KVG vereinbart und im Anschluss ausgeschüttet bzw. ausgezahlt werden dürfe.[431] Das entspricht der Legaldefinition des CI, müsste aber augenscheinlich zugleich dazu führen, dass sich der CI als erfolgsabhängige Vergütung der Vergütungsregulierung entzöge. Hier müsste man unter Rückgriff auf die weitgehende Auslegung durch die ESMA intervenieren. Beachtenswert ist auch, dass die Ausschüttung eines CI unter den Vorbehalt der steuerlichen Anerkennung gestellt wird.[432]

Nach dem Konzept der BaFin soll die Daseinsberechtigung eines neben der KVG bestehenden Carry-Vehikels damit abhängig vom Investorenkreis sein. Die in den Kostenklauseln etablierten Standards an Transparenz und Anlegerschutz bei Vereinbarung eines CI sind für Spezial-AIFs hingegen nicht maßgeblich. Für Publikums-AIFs liegt die BaFin auf einer Linie mit dem Wortlaut der Legaldefinition des CI, beschwört damit aber zugleich Irritationen bei der Frage nach der Anwendung der Vergütungsregulierung herauf. Wenn sie schon diesen Weg einschlägt, ist auch zu hinterfragen, wieso sie sich nur im Kontext von Publikums-AIFs an die Legaldefinition hält, obwohl diese unterschiedslos sowohl für Publikums-AIFs als auch für Spezial-AIFs Geltung beansprucht. Die Erklärung hierfür mag darin liegen, dass die BaFin die Zahlung des CI in dem sensiblen Bereich der Publikums-AIFs nur dann zulassen will, wenn zugleich ein bestimmter Grad an Transparenz und Anlegerschutz gewährleistet ist. Hierfür liegt eine Koppelung des CI an die KVG nahe, da nur diese den Private Equity-AIF verwaltet und damit der Aufsicht unterliegt. Es ist zu mutmaßen, dass nur aus diesem Grund kein Platz für eine neben der KVG bestehende Carry-KG ist, nicht hingegen, weil sich die BaFin an die Legaldefinition gebunden fühlt.

d) Sonderfall: Anwendungsbereich der De-minimis-Regelungen

Für KVGs im Anwendungsbereich der De-minimis-Regelungen[433] gelten die eben erörterten Vorgaben nicht in demselben Umfang. So kommt Anhang II der AIFM-RL über § 37 Abs. 2 KAGB nicht zur Anwendung.[434] Insoweit sind auch die ESMA Guidelines irrelevant. Der Einsatz eines Carry-Vehikels kann damit zu keinen Gefahren im Hinblick auf ein Unterlaufen der Vergütungsregulierung führen. Allerdings gilt die Legaldefinition des CI in der AIFM-RL und im KAGB, nach der die

---

[431] Ausführlich 6. Teil, B.II.7.b)dd).

[432] *BaFin* vom 30.9.2014, Musterbausteine für Kostenklauseln geschlossener Publikumsinvestmentvermögen, WA 41-Wp-2137-2013/0026, S. 2.

[433] Ausführlich 6. Teil, B.II.2.d).

[434] Vgl. Verweise in § 2 Abs. 4 ff. KAGB.

KVG den CI als Vergütung für die Verwaltung des AIF erhält. Außerdem ist die Verwaltungspraxis der BaFin zu beachten, die von einer Existenz einer Carry-KG bei Spezial-AIFs unter dem KAGB ausgeht. Im Hinblick auf die Verwaltungspraxis zu den Kostenklauseln ist zu differenzieren: KVGs unter den § 2 Abs. 4 und 4a KAGB werden nicht adressiert, da auf das in § 267 KAGB kodifizierte Erfordernis der Genehmigung der Anlagebedingungen als Grundlage für diese Verwaltungspraxis nicht verwiesen wird. Die aufsichtsbehördliche Einschränkung, wonach bei Publikums-AIFs im erlaubnispflichtigen Bereich neben der KVG keine weitere Carry-KG existieren könne, ist damit außer Acht zu lassen. KVGs unter dem § 2 Abs. 5 KAGB hingegen müssen sich wegen der Inbezugnahme von § 267 KAGB an diese Restriktion halten.

3. Regulierungskonformität eines Carry-Vehikels

Erst aus einer wie vorstehend erfolgten, breit angelegten Exegese erkennt man die Widersprüchlichkeit der Vorgaben an die Zahlung eines CI. Diese mündet offenbar in einen gordischen Knoten, für den auf den ersten Blick keine Lösung existiert. Eine Harmonisierung der unterschiedlichen Vorgaben ist dennoch möglich. Im Folgenden sollen hierfür sachgerechte Auslegungsgrundsätze in Bezug auf externe AIFMs nahegebracht werden. Im Anschluss gilt es zu überprüfen, ob und inwiefern hiervon für interne AIFMs abzuweichen ist.

a) Auslegung in Bezug auf externe AIFMs

aa) Vermeidung einer Umgehung der Vergütungsregulierung

Um der Gefahr der Umgehung der Vergütungsregulierung entgegenzuwirken, ist zwingend auf die von der ESMA vorgegebene Auslegung zu rekurrieren. Danach greift die Vergütungsregulierung auch dann ein, wenn der CI zwar direkt vom AIF an den AIFM gezahlt wird, dies jedoch *zugunsten* der relevanten AIFM-Mitarbeiter geschieht. Ausgenommen sind Rückerstattungen von Kosten und Aufwendungen.[435] Bei einer solchen letztlich mitarbeiterbegünstigenden Verwendung der Zahlung ist pauschal von dem Eingreifen der Vergütungsregulierung auszugehen, da der AIF nicht durch eigene Zweckbindung der Zahlung (z. B. nur für nicht-relevante Mitarbeiter) die Vergütungsregulierung aushöhlen darf, wenn er doch lediglich von seiner Leistungsverpflichtung gegenüber dem AIFM frei werden möchte und außerdem keinen Einfluss auf die AIFM-interne Allokation der Mittel hat. Die AIFM-interne Mittelverteilung hingegen erfolgt in einem zweiten, von der Zahlung des AIF an den AIFM getrennten Schritt. Im Ergebnis entspricht dies sogar der Ansicht des Branchenverbands, der bemerkenswerterweise postuliert, dass der CI allgemein der

---

[435] ESMA/2013/232 vom 3. 7. 2013, Guidelines on sound remuneration policies under the AIFMD, Abschn. V Rn. 10.

Vergütungsregulierung unterliegen *sollte*.[436] Etwaige Regulierungsdefizite werden so per Auslegung eliminiert. Bei einer direkten Zahlung des CI vom AIF an die AIFM-Mitarbeiter bleibt es hingegen grundsätzlich bei der allgemeinen Regelungssystematik, i. e. der Differenzierung zwischen relevanten und nicht relevanten Mitarbeitern; alles Weitere (etwa die Identifizierung von Strohmännern) ist der konkreten Ermittlungstätigkeit der BaFin überlassen. Der Unionsgesetzgeber hat jedenfalls aus der AIFM-RL hinzugelernt, da die Vergütungsregulierung im Bereich der OGAW V-Regulierung auch für Zahlungen vom OGAW an den Verwalter gelten soll.[437]

Wenn man die Auslegung der ESMA im Rahmen von Anhang II Abs. 2 AIFM-RL wie hier akzeptiert, obwohl sie zu einem Wortlaut ergangen ist, der möglicherweise zuvörderst eine direkte Zahlung an die AIFM-Mitarbeiter selbst nahelegt, dann kommt das einem Eingeständnis gleich, nach dem der CI nicht zwingend direkt an natürliche Personen zu entrichten ist. Das ist sachgerecht, wenn über das Konstrukt der letztlich mitarbeiterbegünstigenden Verwendung der Zahlung keine Regulierungslücken entstehen. Diese Methode soll als Reaktion auf die misslungene Regelungssystematik technisch für Zwecke der Vergütungsregulierung nichts anderes als eine Durchschau auf die Mitarbeiter hinter der Gesellschaft ermöglichen und den CI auf diesem Wege in das regulierungsrechtliche Korsett schnüren. Aus diesem Blickwinkel ist auch der Einsatz eines Carry-Vehikels neben dem AIFM nicht ausgeschlossen, da die Vergütungsregulierung – vorbehaltlich der noch zu erläuternden Implikationen aus der Legaldefinition – zum Tragen kommen könnte. Im registrierungspflichtigen Bereich findet § 37 Abs. 2 KAGB i. V. m. Anhang II Abs. 2 AIFM-RL hingegen keine Anwendung, sodass der Einsatz eines Carry-Vehikels insoweit möglich wäre.

Unerforscht ist zudem, ob und inwiefern der CI, sei es über Carry-Vehikel, in Auslagerungssachverhalten an Dritte gezahlt werden darf. Die ESMA ist in Bezug auf die Vergütungsregulierung der – indes in Frage gestellten[438] – Ansicht, dass der AIFM sicherstellen sollte, dass die Auslagerungsunternehmen ebenso regulatori-

---

[436] *EVCA* vom 27. 9. 2012, Response to ESMA Consultation Paper: Guidelines on sound remuneration policies under the Alternative Investment Fund Managers Directive (AIFMD), 28 June 2012, ESMA/2012/406, S. 4 Rn. 11, S. 7 Rn. 28.

[437] Erwägungsgrund 7 OGAW V-RL; ESMA/2016/411 vom 31. 3. 2016, Final report, Guidelines on sound remuneration policies under the UCITS Directive and AIFMD, Annex III Rn. 11 (ausgenommen Rückerstattungen von Kosten und Aufwendungen); begrüßend *Klebeck/ Boxberger*, GWR 2014, 253, 254; *Rieble*, in: FrankKomm, KapAnlR Bd. 1, § 37 KAGB Rn. 9b ff.

[438] *Rieble*, in: FrankKomm, KapAnlR Bd. 1, § 37 KAGB Rn. 58 ff.: ESMA setze sich über abschließende gesetzliche Auslagerungsrestriktionen hinweg. Gegen eine Ausweitung der Vergütungsregeln wurde schon im Rahmen der Konsultationen Widerstand laut: *EVCA* (nun: Invest Europe) vom 27. 9. 2012, Response to ESMA Consultation Paper: Guidelines on sound remuneration policies under the Alternative Investment Fund Managers Directive (AIFMD), 28 June 2012, ESMA/2012/406, S. 6 Rn. 21, S. 10 Rn. 40. Begrüßend hingegen *Engert*, ZBB 2014, 108, 118.

schen Anforderungen von gleicher Wirksamkeit unterlägen, *oder* dass angemessene vertragliche Vereinbarungen getroffen würden, die eine Umgehung der Vergütungsregulierung verhinderten.[439] Ob eine direkte Zahlung vom AIF an den Dritten, oder an das Carry-Vehikel zugunsten des Dritten oder an das Auslagerungsunternehmen zugunsten des Dritten einer vergleichbaren Vergütungsregulierung unterliegt, ist im Einzelfall für die bei Art. 78 Abs. 2 AIFM-VO (i. V. m. § 36 Abs. 10 KAGB) genannten Auslagerungsstellen zu prüfen und kann hier nicht pauschal beantwortet werden.[440] Da die gleiche Wirksamkeit der Regulierung verlangt wird, muss bereits die Zahlung an das Auslagerungsunternehmen der jeweiligen Regulierung unterliegen. Bei einer Carry-KG als Kompositum von AIFM-Mitarbeitern und Dritten muss eine Zahlung vom AIF an die Carry-KG den verschiedenen Regulierungsregimes entsprechen; die Aufsicht muss bei Missständen aber zwischen den Beteiligten differenzieren. Die daneben von der ESMA ins Auge gefassten vertraglichen Vereinbarungen sollen „any payments"[441], mithin auch die Zahlung von CI, erreichen. Selbst wenn man nun die Kritik an dem von der ESMA vorgegebenen Rahmen ignorierte und akzeptierte, dass eine Auslagerung nicht dazu führen darf, dass die Vergütungsregeln übergangen werden,[442] dann ist es jedenfalls methodisch bedenklich, die Möglichkeit der Abbildung der AIFM-Vergütungsregulierung über vertragliche Abreden als echte Alternative zur zwingenden Regulierung auszugestalten. Dass Anleger- und Systemschutz akzessorisch zur zivilrechtlichen Wirksam- und Durchsetzbarkeit zivilrechtlicher Abreden sein sollen, kann nicht überzeugen.

bb) Implikationen aus der Legaldefinition

Der Rückgriff auf ein Carry-Vehikel verträgt sich nicht mit dem Wortlaut der Legaldefinition, dem prima vista eine starre Anordnung der alleinigen formellen Bezugsberechtigung des AIFM zu entnehmen ist. Das kann jedoch kein Selbstzweck sein, wenn hiermit Regulierungsfriktionen verbunden sind, die man nur qua Auslegung beseitigen kann, und nach ebenjener Auslegung auch der Einsatz einer Carry-KG möglich scheint. Ist die Legaldefinition insoweit entschärft, sind die Implikationen aus dem bislang im Schatten der Diskussion um die formelle Bezugsbe-

---

[439] ESMA/2013/232 vom 3.7.2013, Guidelines on sound remuneration policies under the AIFMD, Abschn. V Rn. 18.

[440] ESMA34-32-352 vom 11.7.2017, Questions and Answers, Application of the AIFMD, Abschn. I Q4: Bei den CRD-Regeln anzunehmen. Auch im Fall eines externen AIFM als Auslagerungsunternehmen ist das logischerweise zu bejahen. Die KVG muss aber darlegen können, dass der externe AIFM qualifiziert ist, § 36 Abs. 1 Nr. 6 lit. a KAGB. Die Qualifikation würde nur für das eigene Anlageuniversum bestehen, das durch die BaFin im Rahmen der Zulassung beschränkt werden kann, § 20 Abs. 1 Satz 2 KAGB.

[441] ESMA/2013/232 vom 3.7.2013, Guidelines on sound remuneration policies under the AIFMD, Abschn. V Rn. 18.

[442] Wohlgemerkt muss das Auslagerungsunternehmen nicht zwingend zugelassen oder registriert sein und einer Aufsicht unterliegen, § 36 Abs. 1 Nr. 3 Halbsatz 2 KAGB.

rechtigung stehenden Charakter des CI als Vergütung für die Verwaltung des AIF herauszuarbeiten.

Damit dieser Charakter gewahrt bleibt, muss sich die Zahlung des CI an den Empfänger bei sachgemäßer Auslegung noch als Vergütung für die Verwaltung des AIF durch den AIFM darstellen. Um die Vorgaben aus der Legaldefinition bei Nutzung eines Carry-Vehikels oder bei der direkten Zahlung des CI an die natürliche Person nicht zu unterlaufen, ist es deshalb unerlässlich, dass diejenigen, die Carry-Berechtigte im Carry-Vehikel sind, sowie die natürlichen Personen, die direkte Zahlungsempfänger sind, außer im Fall von Auslagerungssachverhalten grundsätzlich auch zugleich AIFM-Mitarbeiter (auch Geschäftsleiter sind Mitarbeiter, vgl. Anhang II Abs. 2 AIFM-RL)[443] sind. Das ist jedenfalls notwendige Bedingung, um in dieser Hinsicht als verlängerter Arm des AIFM durchzugehen. Andernfalls würde wohl auch die ESMA-Auslegung ins Leere gehen, da keine mitarbeiterbegünstigende Verwendung sichergestellt wäre. Ausnahmsweise dürfte es erlaubt sein, Familienmitglieder, Freunde oder Treuhänder einer Familientreuhand der carryberechtigten Fondsmanager ebenso am Carry-Vehikel partizipieren zu lassen, sofern ausgeschlossen ist, dass diese externen Mitglieder Verwaltungtätigkeiten entfalten.[444] Nur unter dieser Voraussetzung wäre sichergestellt, dass diese Dritten im Lager des regulatorisch Carry-Berechtigten stehen und keine AIFM-fremde Verwaltung ausgeübt wird. Die besagte Charakterwahrung des CI würde dann reüssieren. Ist die notwendige Bedingung erfüllt, muss die Vergütungsregulierung richtigerweise selbst dann eingreifen, wenn lediglich nicht relevante AIFM-Mitarbeiter im Carry-Vehikel organisiert wären, da sogar bei einer CI-Zahlung an den AIFM stets von der Anwendung der Vergütungsregulierung auszugehen ist und das Carry-Vehikel nicht für Umgehungszwecke genutzt werden darf. Diese Klarstellung erscheint aber von akademischer Natur, sind im Carry-Vehikel ohnehin auch Geschäftsführer, also Mitglieder des Senior Management, vertreten, weil die Investoren dies fordern.[445] Die Legaldefinition gilt davon unabhängig auch im registrierungspflichtigen Bereich. Bei einer Auslagerung in den Grenzen des § 36 KAGB wäre der AIFM weiterhin für die Verwaltung des AIF verantwortlich, Teile von dieser würden lediglich vom Auslagerungsunternehmen wahrgenommen.[446] Insoweit bestünden keine Imponderabilien mit der Legaldefinition.

Daneben ist zu überlegen, ob die notwendige Bedingung auch bereits hinreichende Bedingung ist. Denn bei der Frage nach der eben beschriebenen Charakterwahrung ist zu bedenken, dass der AIFM regelmäßig noch mehr Mitarbeiter als die

---

[443] Aufschlussreich für den Mitarbeiterbegriff *Rieble*, in: FrankKomm, KapAnlR Bd. 1, § 37 KAGB Rn. 39.

[444] A.A. BaFin, vgl. *Volhard/Jang*, in: Weitnauer/Boxberger/Anders, KAGB, § 1 Rn. 11.

[445] *Boxberger/Klebeck*, BKR 2013, 441, 448; *Invest Europe* vom 23.10.2015, Response to ESMA Consultation Paper: „Guidelines on sound remuneration policies under the UCITS Directive and AIFMD", S. 14.

[446] *BaFin* vom 10.7.2013, Häufige Fragen zum Thema Auslagerung gemäß § 36 KAGB, zuletzt geändert am 15.11.2017, WA 41-Wp 2137-2013/0036, Abschn. 1.

letztlich eingesetzten Carry-Berechtigten bzw. direkten Empfänger hat, die ebenso zur Verwaltung des AIF beitragen. Müssten auch die sonstigen Mitarbeiter beteiligt werden, wäre dies jedoch ein unzulässiger Eingriff in die Unternehmensautonomie des AIFM und die Eigentumsrechte der gegebenenfalls wider ihren Willen zu beteiligenden Mitarbeiter. Denn zum einen würde dem AIFM die Entscheidungsbefugnis darüber genommen, wen er über die variable Vergütung belohnen möchte, und zum anderen müssten die zwangsweise zu beteiligenden Mitarbeiter ihren Beitrag zum „skin in the game" leisten. Nicht zuletzt auch aufgrund der mit einer Beteiligung am Carry-Vehikel einhergehenden mitgliedschaftlichen Treubindungen und sonstigen Pflichten kann es deshalb nicht überzeugen, einen entsprechenden Kontrahierungszwang für sämtliche AIFM-Mitarbeiter anzunehmen. Die BaFin geht hiervon wohl ebenso aus, weil sie anerkennt, dass sich nicht in jeder Carry-KG ausschließlich Geschäftsleiter und Mitarbeiter i. S. des § 37 Abs. 1 KAGB (Vergütungsregulierung) finden würden[447] – in manchen also schon.

b) Besonderheiten bei intern verwalteten AIFs

Für intern verwaltete AIFs ist zunächst ebenso zu konstatieren, dass das Carry-Vehikel selbst kein Mitarbeiter ist, sodass zur Anwendung der Vergütungsregulierung auf die letztlich mitarbeiterbegünstigende Verwendung des CI abzustellen ist. Eine Besonderheit ergibt sich in diesem Kontext jedoch aus dem Umstand, dass die Verwaltung von innen heraus erbracht wird. Denn aus dem Blickwinkel der Legaldefinition genügt es für die Zahlung des CI an das Carry-Vehikel, wenn das Carry-Vehikel als Gesellschafter der intern verwalteten gInvKG gesellschaftsrechtlich für die Verwaltung des AIF zuständig ist, in dieser Hinsicht also die nötige Geschäftsführungsbefugnis besitzt. Bei einer Zahlung an das Carry-Vehikel erfolgte stets eine Zahlung für die Verwaltung des AIF. Wer letztlich Carry-Berechtigter wäre, würde aus dieser Perspektive irrelevant sein. Der CI könnte damit ausschließlich für Nicht-AIFM-Mitarbeiter außerhalb der Vergütungsregulierung verwendet werden. Um hier eine nicht zu rechtfertigende Ungleichbehandlung mit der Rechtslage bei externen AIFMs zu vermeiden, muss sich die Charakterwahrung des CI als Vergütung für die Verwaltung des AIF auch auf Ebene der Carry-KG wie bei externen AIFMs abbilden. Selbiges gilt im registrierungspflichtigen Bereich, auch wenn hier keine Vergütungsregulierung ausgehöhlt werden kann.

c) Schlussfolgerungen

Im Ergebnis entspricht die hier befürwortete Zulässigkeit eines separaten Carry-Vehikels nicht nur der wenn auch widersprüchlichen Auffassung der ESMA, sondern liegt auch auf einer Linie mit der Ansicht der BaFin im Kontext von Spezial-AIFs. Wird in Übereinstimmung mit den hier dargelegten Ausführungen sichergestellt,

---

[447] *BaFin* vom 6. 10. 2014, Häufige Fragen zum Kapitalanlagegesetzbuch (KAGB), S. 7. Zu dieser Verwaltungspraxis vgl. noch 5. Teil, B.VI.3.

dass eine Zahlung an das Carry-Vehikel eines intern oder extern verwalteten AIF zugleich eine Zahlung für die Verwaltung durch den AIFM darstellt und in der Folge auch die Vergütungsregulierung eingreifen kann, müsste auch eine Abweichung von der sonst strengen BaFin-Verwaltungspraxis zu Publikums-AIFs zulässig sein, die den Einsatz eines Carry-Vehikels verbietet. Mit der hier entwickelten Auslegung werden auch die aufgezeigten Imponderabilien bei internen AIFMs im Hinblick auf die Legaldefinition beseitigt. Denn dadurch, dass der Einsatz eines Carry-Vehikels möglich und dieses gesellschaftsrechtlich am AIF beteiligt ist, kann eine gegebenenfalls von der Legaldefinition eingeforderte Abgrenzung zu proportionalen Gewinnanteilen gelingen.

4. Der Vergütungscharakter des Carried Interest im Lichte von § 18 Abs. 1 Nr. 4 EStG

Nach alledem ist auch die Frage nach dem verbleibenden Vergütungscharakter des CI bei Nutzung eines Carry-Vehikels geklärt. Der Einsatz eines Carry-Vehikels ist möglich, die Zahlung des CI muss sich aber auch dort als Vergütung für die Verwaltung des AIF darstellen. Zu unspezifisch und deshalb wohl zu weit ist hingegen die Ansicht der BaFin, nach der die Carry-KG Anteile am Ergebnis vereinnahme, die ihr aufgrund der *Förderung des Zwecks des Spezial-AIF* zustünden.[448] Denn nicht jede Zweckförderung ist wie bereits erörtert auch Verwaltung des AIF. Mit diesem Wissen ist nun zu hinterfragen, ob und inwiefern Steuer- und Regulierungsrecht so harmonieren, dass eine Steuerbegünstigung gelingen kann. Die Lektüre der in dieser Arbeit zu § 18 Abs. 1 Nr. 4 EStG gewonnenen Erkenntnisse, insbesondere zur Notwendigkeit einer gesellschaftsrechtlichen Beteiligung des Carry-Vehikels mit ebenso *gesellschaftsrechtlich veranlasster* Zweckförderung, wird für die folgenden Ausführungen nahegelegt.[449]

a) Steuerbegünstigung des CI bei intern verwalteten gInvKGs

Nur im Fall der intern verwalteten gInvKG ergeht der CI als Vergütung für die Verwaltung des AIF auf gesellschaftsrechtlicher Basis und lässt sich als Vergütung für Leistungen zur Förderung des Gesellschaftszwecks gem. § 18 Abs. 1 Nr. 4 EStG einordnen. In diesen Konstellationen wird der CI damit zwar auch für das Treffen der letztverantwortlichen Anlageentscheidungen gezahlt, nicht mehr jedoch – wie bislang üblich – für das Erbringen sonstiger immaterieller Beiträge. Da der CI auch nach dem Konzept der AIFM-RL bzw. des KAGB eine Tätigkeitsvergütung wie im Steuerrecht darstellt, harmonieren die beiden Regelungsmaterien insoweit.[450] Re-

---

[448] *BaFin* vom 12.11.2014, Häufig gestellte Fragen zum KAGB, S. 7.

[449] 5. Teil, A.II.2.b).

[450] *Volhard/Jang*, in: Weitnauer/Boxberger/Anders, KAGB, § 1 Rn. 70: „Die gesetzliche Regelung entspricht auch der derzeitigen steuerlichen Betrachtungsweise gemäß §§ 18 Abs. 1

flektiert man indes, dass das BMF-Schreiben aus dem Jahr 2003 (als Grundlage für § 18 Abs. 1 Nr. 4 EStG) die Zahlung des CI als Gegenstand einer Leistungsbeziehung zwischen den *Investoren* und den Initiatoren betrachtet, Anhang II Abs. 2 AIFM-RL (i. V. m. § 37 Abs. 2 KAGB) jedoch von der Zahlung des CI vom *AIF* spricht, könnte die Steuerbegünstigung in Frage stehen. Das ist allerdings nur ein Scheinproblem, da die technische Zahlung durch den AIF nur die Folge des Verzichts der Investoren auf einen Teil ihrer Gewinne im Rahmen der Gewinnverteilung ist.

b) Steuerbegünstigung des CI bei extern verwalteten gInvKGs?

Weitaus komplexer gestaltet sich demgegenüber die Diskussion zur Steuerbegünstigung im Fall externer Verwaltung. Die hinter dem Carry-Vehikel einer extern verwalteten gInvKG stehenden AIFM-Mitarbeiter erbringen die Verwaltungstätigkeit infolge des schuldrechtlichen Managementvertrags[451] zwischen dem AIFM und dem AIF. Daran ändert auch der Umstand nichts, dass sie nun in einem separaten Gesellschafter-Vehikel organisiert sind, das am Kapital der Fondsgesellschaft haftet. Denn der CI wird weiterhin für die Verwaltung des AIF gezahlt, die jedoch *allein* der externe AIFM originär erbringt. Hier wirkt das Prinzip der Einzelzuständigkeit nach. Die Carry-KG eines extern verwalteten AIF erbringt die Verwaltung rechtlich nicht. Bei einer nach den bisherigen Ausführungen zulässigen Zahlung des CI an die Carry-KG *stellt* sich die Zahlung des CI lediglich als Vergütung für die Verwaltung des AIF *dar* und ist deswegen regulierungskonform. Eine Einlagerung von Aufgaben in den AIF ist verboten.[452] Das Carry-Vehikel darf nicht mehr die letztverantwortlichen Anlageentscheidungen treffen, sondern nur noch die übrigen auch weiterhin erforderlichen immateriellen Beiträge (Erfahrungen, Kontakte, Netzwerk) auf gesellschaftsrechtlicher Grundlage erbringen. Hierfür erhält das Carry-Vehikel den CI jedoch nicht mehr. Würde man die Zahlung des CI nur für das Erbringen von sonstigen immateriellen Beiträgen (gesellschaftsrechtlich) vereinbaren, bestünde keine ausreichende Verbindung mehr zum Vergütungscharakter nach § 1 Abs. 19 Nr. 7 KAGB und man bewegte sich nicht in den dort gesetzten Grenzen. Denn sonstige immaterielle Beiträge könnten auch AIFM-fremde Personen leisten, was jedoch die intendierte Regulierung des CI unterliefe. Dass die einzige zum Erhalt des CI berechtigende Leistung nunmehr ausschließlich die Verwaltung des AIF darstellt, wird im Hinblick auf die steuerliche Privilegierung nun zum Problem, da die privilegierte Leistung im Rahmen des § 18 Abs. 1 Nr. 4 EStG gesellschaftsrechtlich veranlasst sein muss, das Carry-Vehikel selbst die Verwaltung des AIF aber nicht erbringen darf.

Nr. 4, 3 Nr. 40a EStG, wonach der Carry als Tätigkeitsvergütung und – anders als der kapitalproportionale Gewinnanteil – nicht als Kapitaleinkunft gesehen wird".

[451] Vgl. 4. Teil, D.

[452] 5. Teil, B.IV.2.

Wenn man dem Carry-Vehikel einer extern verwalteten gInvKG nun das Steuerprivileg abspräche, leistete man einer Ungleichbehandlung der Carry-Bezugsberechtigten einer externen KVG gegenüber den Carry-Bezugsberechtigten einer internen KVG Vorschub. Dass die Regulierung mit dem Steuerrecht interferieren sollte, lässt sich aber keineswegs den Gesetzgebungsmaterialien entnehmen.[453] Das wird auch durch die BaFin bestätigt, wenn es im Bereich der Publikums-AIFs heißt, dass nur steuerlich anerkannter CI an die externe KVG ausgezahlt werden dürfe.[454] Implizit kommt damit zum Ausdruck, dass das Steuerprivileg auch unter Geltung des KAGB gelingen kann. Doch muss sich dieser Wille auch rechtlich konstruieren lassen. Folgende Lösungsansätze sind zu diskutieren:

aa) Verwaltung des AIF als zulässiger Gesellschafterbeitrag?

Aufgrund der bei der Bestellung einer externen KVG unangetastet gelassenen Organisationsstruktur des AIF ist es weiterhin gesellschaftsvertraglich zulässig, als Gesellschafterbeitrag des Carry-Vehikels die Verwaltung des AIF zu stipulieren. Ob die Steuerbegünstigung sodann auf diesen lediglich formalrechtlich bestehenden Gesellschafterbeitrag gestützt werden könnte, ist jedoch anzuzweifeln. Denn nicht aus den Augen geraten darf, dass der CI nach § 18 Abs. 1 Nr. 4 EStG für die Zweck*förderung*, also augenscheinlich für die tatsächliche Wahrnehmung dieser Zweckförderung, gezahlt wird.[455] Eine Steuerbegünstigung gelingt daher auch nicht, wenn die Verwaltung des AIF nicht gesondert gesellschaftsvertraglich stipuliert würde, sondern allein die „Geschäftsführung" im Rahmen des AIF geschuldet wäre, die denklogisch auch die Verwaltung des AIF beinhaltete.

bb) Entbehrlichkeit der gesellschaftsrechtlichen Veranlassung der Zweckförderung

Nur diejenigen Vertreter, die eine schuldrechtliche „Beteiligung" am Private Equity-Fonds im Rahmen von § 18 Abs. 1 Nr. 4 EStG oder eine gesellschaftsrechtliche Beteiligung mit bloß schuldrechtlicher Grundlage für den CI für ausreichend erachten, könnten insoweit auch weiterhin den Vergütungscharakter des CI i. S. des Steuerrechts annehmen.[456] Zwar besteht der schuldrechtliche Managementvertrag als Grundlage für die Verwaltungstätigkeit nur zwischen dem AIFM und dem AIF. Doch ist hier das bereits Gesagte in Erinnerung zu rufen: Der Einsatz eines

---

[453] Jedenfalls gibt die Regierungsbegründung hierfür nichts her.

[454] *BaFin* vom 30.9.2014, Musterbausteine für Kostenklauseln geschlossener Publikumsinvestmentvermögen, WA 41-Wp-2137-2013/0026, S. 2.

[455] Nur ein Erfolg ist nicht geschuldet, *Faigle*, Die Besteuerung des Carried Interests von Private Equity Fonds, S. 72.

[456] Das gilt indes nicht für *Elser/Dürrschmidt*, FR 2010, 1075, 1079 f., die vermittelnd ein schuldrechtliches Leistungsverhältnis genügen lassen, wenn zugleich substanzielle Gesellschafterbeiträge erbracht würden.

Carry-Vehikels ist zulässig, wenn sich die Zahlung des CI noch als Vergütung für die Verwaltung des AIF durch den AIFM darstellt. Zugunsten des Carry-Vehikels bzw. der in ihm organisierten Bezugsberechtigten wirkt sodann auch der schuldrechtliche Vergütungscharakter. Das Carry-Vehikel stünde als verlängerter Arm des AIFM im Lager desselben, sodass die für den Erhalt des CI berechtigende Leistungserbringung auch als auf schuldrechtlicher Basis erbracht zu betrachten wäre.

Diesen Vertretern ist nun insoweit zu folgen, wie die Aufgabe des Erfordernisses der gesellschaftsrechtlichen Veranlassung des für die Tätigkeitsvergütung maßgeblichen Aufgabenbereichs, also die Verwaltung des AIF, aus Gründen der Gleichbehandlung erforderlich ist. Eine Leistungserbringung auf schuldrechtlich veranlasster Basis genügt. Die Notwendigkeit einer gesellschaftsrechtlichen Beteiligung selbst ist indes nicht aufzugeben. Damit wird zwar der Vorwurf des Formalismus befeuert. Das ist allerdings hinzunehmen, weil das BMF und auch das EStG von einer gesellschaftsrechtlichen Beteiligung der Steuerbegünstigten ausgehen.[457] Würde man der wie vorstehend nahegelegten Ermöglichung der Steuerbegünstigung des CI aufgrund Gleichbehandlungserwägungen nicht folgen, bliebe nichts anderes übrig als festzustellen, dass die bisherige Ausprägung des Steuervergünstigungstatbestands in §§ 3 Nr. 40a, 18 Abs. 1 Nr. 4 EStG von den Entwicklungen im Bereich der Regulierung der alternativen Investments überholt wurde. Denn wenngleich das Steuerprivileg durch die Regulierung nicht ausgehebelt werden sollte, muss es sich stets rechtlich konstruieren lassen.

5. Vereinbarung über den Carried Interest bei Einsatz einer Carry-KG

Ist der Einsatz einer Carry-KG zulässig, ist des Weiteren zu hinterfragen, wer die Vereinbarung über den CI trifft. Im Fall interner Verwaltung ist dies eindeutig, da entsprechende Regelungen mit der Carry-KG als Gesellschafterin im Gesellschaftsvertrag getroffen würden. Bei externer Verwaltung hingegen könnte entweder der externe AIFM oder aber die Carry-KG zuständiges Rechtssubjekt sein. Da der CI die gewinnabhängige Vergütung für die Verwaltung des AIF ist (§ 1 Abs. 19 Nr. 7 KAGB), rechtlich also mit der Aufgabe der Verwaltung gekoppelt sein muss, ist die Zahlung des CI mit dem externen AIFM zu vereinbaren. Die Bestellung der externen KVG mag die gesellschaftsrechtliche Organisation des Fonds zwar unangetastet lassen, sodass eine Regelung über den CI zugunsten der Carry-KG im Gesellschaftsvertrag des Fonds möglich ist. Das Regulierungsrecht verbietet jedoch die Zahlung des CI auf einer anderen Basis als der für die externe Verwaltung, da andernfalls CI und Verwaltung entkoppelt und ersterer gegebenenfalls an der Vergütungsregulierung vorbei gezahlt würde. Der Umstand, dass der Einsatz einer Carry-KG zulässig ist, wenn sich die Zahlung des CI als Vergütung für die Verwaltung darstellt und die Carry-KG damit als verlängerter Arm des AIFM in die Sphäre desselben rückt, erlaubt ihr nicht zugleich, sich durch eigene Zahlungsbedingungen

---

[457] 5. Teil, A.II.2.b)bb).

aus ebenjener Sphäre zu lösen. Der Konnex zwischen CI und Verwaltung ist zu respektieren. Nichts anderes ergibt sich, wenn man die Metapher von dem Carry-Vehikel als verlängertem Arm des AIFM bemüht; der Arm mag Aktivitäten entfalten können, doch der AIFM bleibt das Steuerungsorgan. Eine Auszahlung des CI auf Basis der gesellschaftsvertraglich getroffenen Vereinbarung ist daher regulierungsrechtlich nur dann zulässig, wenn eine korrespondierende Vereinbarung im Verwaltervertrag existiert, die auf die zugunsten der Carry-KG getroffene Regelung Bezug nimmt.

6. Alternativszenario: Kompatibilität der KVG als Carry-Vehikel

Der bis hierhin beschrittene Weg fußt auf der Annahme, dass der Einsatz einer Carry-KG zulässig ist. Folgte man dem nicht, dürfte nur der AIFM den CI erhalten. Drohenden Regulierungslücken wäre ebenso unter Rekurs auf die Auslegung der ESMA zu begegnen. Sollte der AIFM tatsächlich alleiniger Carry-Bezugsberechtigter sein, stellte sich die Frage, ob und inwiefern der AIFM selbst Steuervorteile heben könnte. Zu bedenken ist, dass man den Beteiligten i. S. der §§ 3 Nr. 40a, 18 Abs. 1 Nr. 4 EStG nach richtiger Lesart in die Strukturierung des Private Equity-Fonds gesellschaftsrechtlich wird einbinden müssen. Ohnehin würde es sonst an einer „Ausschüttung" fehlen, von der man in der Verwaltungspraxis der BaFin zu den Musterbausteinen für Kostenregelungen für geschlossene Publikums-AIF liest.

a) Steuerbegünstigung des CI bei internen KVGs

Interne KVGs (die also zugleich AIFs sind) können damit *niemals* in den Genuss von §§ 3 Nr. 40a, 18 Abs. 1 Nr. 4 EStG kommen. Denn die InvAG mfK. als Kapitalgesellschaft würde nach derzeitiger Lesart des Erfordernisses der „vermögensverwaltenden Gesellschaft" durch das Bayerische Landesamt für Steuern aus dem Anwendungsbereich exkludiert, während eine gInvKG als Personenhandelsgesellschaft wie bereits erwähnt schon keine Anteile an sich halten kann. Selbst wenn man unverständlicherweise auf das Erfordernis der gesellschaftsrechtlichen Beteiligung verzichtete, könnte eine Steuervergünstigung nicht gelingen. Denn in jedem Fall ist im Steuerrecht die Stellung als „Beteiligter" nötig. Auch schuldrechtlich könnte diese indes nicht umgesetzt werden, weil der AIFM nicht mit sich selbst kontrahieren kann. Man müsste im Steuerrecht – sofern dies vom rechtspolitischen Willen getragen würde – ausnahmsweise auf die Beteiligtenstellung insgesamt verzichten, um eine Steuervergünstigung zu gewährleisten.

b) Steuerbegünstigung des CI bei externen KVGs

Bei der Analyse der Kompatibilität einer externen KVG als Carry-Vehikel sind verschiedene Problemkreise voneinander abzuschichten, die unterschiedslos auch für den Bereich der De-minimis-Regelungen gelten. Angesprochen ist die Vereinbarkeit mit regulierungsrechtlichen, gesellschaftsrechtlichen und steuerrechtlichen Parametern.

aa) Regulierungsrechtlich

Zunächst ist zu überprüfen, ob regulierungsrechtlich etwaige Hürden genommen werden müssten, wenn man die externe KVG zugleich als steuertaugliches Carry-Vehikel einsetzen wollte. Bisherige Praxis war, dass eine GmbH & Co. KG als Carry-Vehikel genutzt wurde. Um in dieser Hinsicht eine größtmögliche Harmonie mit bereits bekannten doppelstöckigen KG-Strukturen im Bereich der geschlossenen Fonds und den dort verwendeten geschäftsführenden Kommanditisten in Form einer GmbH & Co. KG zu gewährleisten, dürfen externe KVGs nach § 18 Abs. 1 KAGB neben den Rechtsformen der AG und GmbH auch als GmbH & Co. KG strukturiert werden.[458] Bisweilen wird aber angezweifelt, ob die GmbH & Co. KG eine zulässige Rechtsform für eine externe KVG darstellt, da der AIFM nach Art. 4 Abs. 1 lit. b AIFM-RL eine „juristische Person" zu sein hat.[459] Aufgrund der gebotenen autonomen Auslegung des europäischen Rechts[460] und mangels europäischen Konzepts der juristischen Person[461] wird dem jedoch ganz überwiegend und zurecht entgegengetreten.[462] Anders als andere finanzmarktrechtliche Richtlinien differenziert die

---

[458] BegrRegE BT-Drs. 17/12294, S. 212: „[...] um dem praktischen Bedürfnis bestehender geschlossener AIF zu entsprechen"; *Bentele*, in: Baur/Tappen, Investmentgesetze, § 18 KAGB Rn. 4 f.; *Winterhalder*, in: Weitnauer/Boxberger/Anders, KAGB, § 18 Rn. 4; krit. *Häublein*, in: BeckOK, HGB, § 161, Rn. 89: Beschränkung auf GmbH & Co. KG sei willkürlich; *Geurts/Schubert*, KAGB kompakt, S. 114; *Schücking*, in: FrankKomm, KapAnlR Bd. 1, § 18 KAGB Rn. 11 f. hält die Begrenzung auf die in § 18 Abs. 1 KAGB genannten Rechtsformen sogar für verfassungswidrig.

[459] *Freitag*, NZG 2013, 329, 332; auch für *Tancredi*, Die Regulierung von Hedge-Fonds und Private Equity in Europa, S. 35 ist eine deutsche Personengesellschaft ohne Weiteres keine „juristische Person" i. S. der AIFM-RL.

[460] EuGH, Urt. v. 14.1.1982 – Rs. 64/81, Slg. 1982, 13 Rn. 8 – Cormann: „[...] grundsätzlich will die Gemeinschaftsrechtsordnung ihre Begriffe nicht in Anlehnung an eine oder mehrere Rechtsordnungen definieren, sofern dies nicht ausdrücklich vorgesehen ist"; EuGH, Urt. v. 17.12.1980 – Rs. 149/79, Slg. 1980, 3881 Rn. 19 – Kommission/Belgien; EuGH, Urt. v. 28.10.1982 – Rs. 135/81, Slg. 1982, 3799 Rn. 10 – Agences de voyages/Kommission; EuGH, Urt. v. 22.11.1977 – Rs. 43/77, Slg. 1977, 2175 Rn. 15 ff. – Riva; EuGH, Urt. v. 26.5.1981 – Rs. 157/80, Slg. 1981, 1391 Rn. 11 – Rinnkahn; *Mayer*, in: Grabitz/Hilf/Nettesheim, EUV/AEUV, Losebl. (Stand: 6/10), Art. 19 EUV Rn. 53, 60; *Riesenhuber*, in: Riesenhuber, Europäische Methodenlehre, § 10 Rn. 4 ff.

[461] *Zetzsche/Eckner*, in: Zetzsche, AIFMD, Chapt. 9 No. 3.1; *Zetzsche/Preiner*, WM 2013, 2101, 2102.

[462] *Wallach*, ZGR 2014, 289, 299; *Zetzsche/Preiner*, WM 2013, 2101, 2102; *Niewerth/Rybarz*, WM 2013, 1154, 1158 f.; *Bußalb/Unzicker*, BKR 2012, 309, 313; *Kracke*, in: Baur/Tappen, Investmentgesetze, § 128 KAGB Rn. 13; *Hüwel*, in: Baur/Tappen, Investmentgesetze, Vorbem §§ 124 bis 138 Rn. 31 ff.; *Winterhalder*, in: Weitnauer/Boxberger/Anders, KAGB, § 18 Rn. 5; *Gottschling*, in: FrankKomm, KapAnlR Bd. 1, § 1 KAGB Rn. 22; *Schücking*, in: FrankKomm, KapAnlR Bd. 1, § 18 KAGB Rn. 24; aus einem falschen Verständnis (Art. 4 Abs. 1 lit. b AIFM-RL wird als Anforderung an die Geschäftsführung des Fonds betrachtet)

AIFM-RL nicht zwischen Unternehmen, die juristische Personen sind, und solchen, die es nicht sind.[463] Der Begriff der „juristischen Person" wird an zahllosen Stellen immer in einem Atemzug mit dem der „natürlichen Person" und gleichzeitig auch als Alternative zu diesem erwähnt,[464] weshalb die beiden Begriffe im Rahmen der AIFM-RL als terminologische Gegensätze zu verstehen sind.[465] Da die GmbH & Co. KG jedenfalls keine natürliche Person ist, ist sie juristische Person i. S. der AIFM-RL. Der deutsche Gesetzgeber subsumiert nunmehr ebenso Personenvereinigungen unter den Begriff der „legal persons".[466] Im Anwendungsbereich der De-minimis-Regelungen wird hingegen gar nicht auf § 18 Abs. 1 KAGB verwiesen. Das führt zu noch mehr Flexibilität bei der Rechtsformwahl der KVG, da diese juristische Person (nach deutschem Begriffsverständnis) oder Personenhandelsgesellschaft (also auch oHG) sein kann.[467] Die BaFin knüpft an die gesetzlich ermöglichte Strukturierungsvereinfachung an und führt diese im Rahmen ihrer Verwaltungspraxis fort, nach der sich eine externe KVG selbst als Komplementärin oder geschäftsführende Kommanditistin an dem AIF beteiligen könne.[468] In diesem Fall dürfe die KVG jedoch keine Tätigkeiten im Namen des AIF entfalten, die zu ihren Aufgaben als externe KVG gehörten und die somit im Namen der externen KVG – wenn auch für Rechnung des AIF – auszuüben seien.[469]

bb) Gesellschaftsrechtlich

Gesellschaftsrechtlich dürfte wie bei der Errichtung des Fonds auch bei der Strukturierung der KVG maßgebend sein, dass etwaige Haftungsrisiken im Außenverhältnis im Allgemeinen und im Besonderen als Kommanditistin des Fonds (§§ 171 Abs. 1, 172 Abs. 4 HGB) von den Gesellschaftern abgeschirmt werden.

---

heraus auch: *Klebeck/Kunschke*, in: Beckmann/Scholtz/Vollmer, Investment-Hdb., Losebl. (Stand: 2/14), 405 § 149 KAGB Rn. 4; *Casper*, ZHR 179 (2015), 44, 58; *Stöber*, in: Westermann/Wertenbruch, Hdb. Personengesellschaften, Losebl. (Stand: 2/14), § 54a Rn. 3168a.

[463] So aber Art. 4 Abs. 1 Nr. 1 MiFID II; Art. 13 Abs. 2 CRD IV.

[464] AIFM-RL: Art. 4 Abs. 1 lit. e Satz 1; Art. 4 Abs. 1 lit. e Satz 1 ii); Art. 4 Abs. 1 lit. e Satz 2; Art. 4 Abs. 1 lit. j; Art. 4 Abs. 1 lit. u; Art. 7 Abs. 2 lit. b; Art. 8 Abs. 2 lit. c; Art. 8 Abs. 3 lit. a; Art. 8 Abs. 3 lit. b; Art. 19 Abs. 4 Satz 1 lit. a; Art. 26 Abs. 5 Satz 2 lit. b; Art. 27 Abs. 3 lit. b.

[465] Ebenso *Hüwel*, in: Baur/Tappen, Investmentgesetze, Vorbem §§ 124 bis 138 Rn. 33; *Niewerth/Rybarz*, WM 2013, 1154, 1158 allerdings unter Hinweis auf die englische Fassung („legal person"), die eine Abgrenzung zur „natürlichen Person" ermögliche; *Wallach*, ZGR 2014, 289, 299 hingegen setzt den Begriff „legal person" noch weiter mit „rechtsfähiger Person" gleich; Letzteres kann indes nicht überzeugen, da die Abgrenzung zur natürlichen Person hinfällig würde.

[466] BegrRegE BT-Drs. 18/6744, S. 71.

[467] § 44 Abs. 1 Satz 1 Nr. 6 KAGB.

[468] *BaFin* vom 12.11.2014, Häufig gestellte Fragen zum KAGB, S. 8 f.; so auch *Wallach*, ZGR 2014, 289, 301 f. Die BaFin geht damit implizit davon aus, dass § 20 Abs. 6 KAGB einer Beteiligung als Komplementärin nicht entgegensteht.

[469] *BaFin* vom 12.11.2014, Häufig gestellte Fragen zum KAGB, S. 8.

Hierfür bietet sich naturgemäß die Nutzung einer Kapitalgesellschaft als Rechtsform an.[470] Doch wie bereits im Rahmen der Ausführungen zur Fondsstrukturierung erwähnt ist auch die Verwendung einer GmbH & Co. KG-Struktur hierfür zielführend.[471] Die Verwendung einer GmbH & Co. KG als KVG-Struktur ist vor allen Dingen bei registrierten KVGs akzeptiert.[472]

cc) Steuerrechtlich

Steuerrechtlich muss differenziert werden, ob eine GmbH & Co. KG, also eine Personenhandelsgesellschaft, oder eine Kapitalgesellschaft als Carry-Vehikel eingesetzt würde.

(1) Externe KVG in der Rechtsform einer GmbH & Co. KG

Erstere kann grundsätzlich Beteiligte i. S. von § 18 Abs. 1 Nr. 4 EStG und damit Carry-Vehikel sein. Schädlich wäre indes ein originär gewerbliches Tätigwerden der als Carry-Vehikel eingesetzten Personengesellschaft.[473] Ob die KVG gewerblich tätig wird, hängt von mehreren Faktoren ab. Dabei ist auf die besondere Situation im Unterschied zur bisherigen Rechtslage unter dem InvG a. F. aufmerksam zu machen. Dort konnte eine Kapitalanlagegesellschaft (KAG) nur eine Kapitalgesellschaft sein.[474] Nach § 8 Abs. 2 KStG wurden die von ihr erzielten Einkünfte ohnehin als Einkünfte aus Gewerbebetrieb qualifiziert, weswegen sich die Frage nach der originär gewerblichen Tätigkeit nicht stellte. Das gilt auch im Hinblick auf § 18 Abs. 1 Nr. 4 EStG, da sich Private Equity-Fonds außerhalb des InvG a. F. bewegten[475] und eine KAG im Rahmen der Besteuerung des CI daher keine Rolle spielte. Erforderlich für die Annahme einer originär gewerblichen Tätigkeit ist die Beteiligung am allgemeinen wirtschaftlichen Verkehr.[476] Eine originär gewerbliche Betätigung ist abzulehnen, wenn die Dienstleistung nur als Gesellschafterbeitrag erbracht wird.[477] Hier ist streng zwischen der Tätigkeit als Gesellschafter und der Tätigkeit als schuldrechtlich bestellte KVG zu trennen. Letztere ist auf die Verwaltung des AIF gerichtet. Ob dabei von einer Marktteilnahme auszugehen ist, hängt davon ab, ob Leistungen gegen Entgelt am Markt – wenn auch nur gegenüber einem eng be-

---

[470] §§ 13 Abs. 2 GmbHG, 1 Abs. 1 Satz 2 AktG.

[471] 5. Teil, A.II.1.

[472] Vgl. Datenbank der BaFin, abrufbar unter https://portal.mvp.bafin.de/database/InstInfo/ (zuletzt abgerufen am 27.8.2017); dort unter Kategorie „Kapitalverwaltungsgesellschaften" auswählen.

[473] 5. Teil, A.II.2.b)bb).

[474] § 6 Abs. 1 Satz 2 InvG a. F.

[475] 6. Teil, A.I.1.a).

[476] § 15 Abs. 2 EStG.

[477] So speziell für das Carry-Vehikel, aber ohne Bezug zu einer externen KVG unter dem KAGB: *Schnittker/Steinbiß*, IStR 2015, 760, 764 unter Bezugnahme auf BFH, Beschl. v. 26.7. 2006 – X B 58/06, BFH/NV 2006, 1837.

grenzten Personenkreis[478] – erbracht und für Dritte äußerlich erkennbar angeboten werden.[479] Das ist zu verneinen, wenn die KVG von Anfang an nur für einen Fonds oder konzerninterne Fonds konzipiert ist. Eine andere Beurteilung ergibt sich, falls die externe KVG als Service-KVG im weiteren Sinne[480] für eine Vielzahl an Marktinteressenten ihre Leistungen anbietet und erbringt. Eine Service-KVG muss jetzt jedoch die im Vergleich zu § 16 InvG a. F. strengeren Auslagerungsanforderungen, insbesondere das Verbot des Verkommens zur Briefkastenfirma, einhalten können.[481] Reflektiert man vorstehende Ausführungen, würde der Einsatz einer externen KVG in der Rechtsform einer GmbH & Co. KG, die nicht als Service-KVG am Markt aufträte, als Beteiligte i. S. des § 18 Abs. 1 Nr. 4 EStG nicht aufgrund Erbringens originär gewerblicher Tätigkeiten verhindert.

Im Übrigen wiederholte sich jedoch die mit Blick auf das Prinzip der Einzelzuständigkeit nach § 17 Abs. 3 KAGB bereits erläuterte Problematik. Der CI würde nur für die Verwaltung des AIF gezahlt, die im Fall der externen KVG schuldrechtlich erbracht würde und gesellschaftsrechtlich von keinem Fonds-Gesellschafter mehr wahrgenommen werden dürfte. Demgegenüber erfordert § 18 Abs. 1 Nr. 4 EStG eine gesellschaftsrechtlich veranlasste Zweckförderung. Eine steuerliche Ungleichbehandlung in den Varianten der internen und externen Verwaltung, wie sie im Fall der Carry-KG eines extern verwalteten AIF ins Feld geführt wurde, um eine Steuerbegünstigung zu erstreiten, ist hier nicht zu gewärtigen. Denn die intern verwaltete gInvKG als AIFM könnte wie gesehen nie in den Genuss von §§ 3 Nr. 40a, 18 Abs. 1 Nr. 4 EStG kommen, da sie keine Anteile an sich selbst halten kann. Im Ergebnis wäre bei intern und extern verwalteten gInvKGs eine vergünstigte Besteuerung des CI nicht möglich. Wenn rechtspolitisch eine Steuervergünstigung für externe KVGs in der Rechtsform der GmbH & Co. KG gewollt wäre, müsste man also – ungeachtet der Rechtslage bei intern verwalteten gInvKGs, bei denen die Steuervergünstigung weiterhin unerreicht bliebe – das Erfordernis der gesellschaftsrechtlich veranlassten Zweckförderung ausschalten, um eine Steuervergünstigung zu ermöglichen.

(2) Externe KVG in der Rechtsform einer AG oder GmbH

Ob eine Kapitalgesellschaft als steuertaugliches Carry-Vehikel fungieren kann, ist umstritten und hängt sehr von der Auslegung des § 18 Abs. 1 Nr. 4 EStG durch einzelne Länderfinanzverwaltungen ab.[482] Auf die bisherigen steuerrechtlichen Überlegungen zum CI wird insoweit verwiesen. Auf Ebene der Fondsmanager als

---

[478] Bereits früh: BFH, Urt. v. 26. 10. 1977 – I R 110/76, VersR 1978, 555. Aus der jüngeren Zeit etwa BFH, Urt. v. 20. 3. 2013 – X R 15/11, BFH/NV 2013, 1548.

[479] BFH, Urt. v. 19. 2. 2009 – IV R 10/06, BFHE 224, 321.

[480] Hier soll die Portfolioverwaltung weiter von der KVG erbracht werden; die Service-KVG im herkömmlichen Sinne erbringt nur Administrationsleistungen, s. *Jesch*, RdF 2012, 14.

[481] Ausführlich hierzu 6. Teil, B.II.2.c).

[482] 5. Teil, A.II.2.b)bb).

eigentliche Carry-Berechtigte würden die Einkünfte allerdings als Ausschüttungen unter § 20 Abs. 1 Nr. 1 EStG fallen und damit der Besteuerung im Wege der Kapitalertragsteuer ausgesetzt sein, wohingegen die GmbH & Co. KG als Carry-Vehikel steuerliche Transparenz gewährte. Eine Steuervergünstigung scheiterte jedoch an denselben Erwägungen wie bei der gInvKG.

VI. Regulierungskonformität der Carry-KG im Übrigen

Deutlich wird aus den vorstehenden Ausführungen, dass die Carry-KG zunehmend ins Visier der Aufsicht gerät. Weitere regulierungsrechtlich relevante Aspekte im Zusammenhang mit der Carry-KG sind bei der Strukturierung von Private Equity-Fonds zu berücksichtigen und im Folgenden zu illustrieren.

1. Carry-Vehikel als AIF?

Zu diskutieren ist, ob ein Carry-Vehikel als AIF qualifiziert. Für die Qualifikation als AIF müsste es in jedem Fall zu einer *Einsammlung von Kapital* i. S. des § 1 Abs. 1 KAGB kommen. Das Einsammeln von Kapital ist stets vom Vertrieb zu unterscheiden.[483] Andernfalls könnte im Fall der ausschließlichen sog. Reverse Solicitation[484] niemals ein AIF vorliegen. Die BaFin geht aber explizit davon aus, dass wenn kein Vertrieb durch oder im Auftrag der KVG erfolgt, dennoch ein Investmentvermögen existiert.[485] Gleichwohl werden die Unterschiede zwischen Vertrieb und Einsammeln verwischt; so wird das Einsammeln als direkter oder indirekter Schritt der Kapital*beschaffung* bzw. als gewerbsmäßiges *Anwerben* verstanden.[486] Zu folgen ist daher Zetzsche/Preiner, die das Merkmal des Einsammelns von Kapital mit der gewerblichen Entgegennahme von Kapital gleichsetzen.[487]

---

[483] *Zetzsche/Preiner*, WM 2013, 2101, 2104.

[484] Unter Reverse Solicitation ist das Phänomen zu verstehen, dass Investoren eigeninitiativ dem Fonds ihr Kapital zur Verfügung stellen, mithin kein Vertrieb erfolgt. Vgl. auch § 293 Abs. 1 Satz 2 KAGB.

[485] *BaFin* vom 4.7.2013, Häufige Fragen zum Vertrieb und Erwerb von Investmentvermögen nach dem KAGB, zuletzt geändert am 13.7.2016, WA 41-Wp 2137-2013/0293, Abschn. 1.2; a. A. *Jesch*, in: FrankKomm, KapAnlR Bd. 1, § 149 KAGB Rn. 21; rein passive Vorgänge aus dem Anwendungsbereich ebenso herausnehmend *Krause*, in: Beckmann/Scholtz/Vollmer, Investment-Hdb., Losebl. (Stand: 8/12), vor 405 Rn. 16.

[486] ESMA/2013/611 vom 13.8.2013, Guidelines on key concepts of the AIFMD, Abschn. VII Rn. 13; *BaFin* vom 14.6.2013, Auslegungsschreiben zum Anwendungsbereich des KAGB und zum Begriff des „Investmentvermögens", zuletzt geändert am 9.3.2015, Q 31-Wp 2137-2013/0006, Abschn. I Ziff. 3 und Ziff. 3 lit. b. Dazu *J. Schneider*, in: Möllers/Kloyer, Das neue KAGB, Rn. 179, 201 ff. Krit. *Zetzsche/Preiner*, WM 2013, 2101, 2105. Anschaulich zu den Schwierigkeiten dieser Vorgabe im Umgang mit Business Angels: *Kirchhof*, GWR 2016, 333, 335 f.

[487] *Zetzsche/Preiner*, WM 2013, 2101, 2104; *dies.*, in: Zetzsche, AIFMD, Chapt. 3 No. 2.2.1.2.

Die ESMA hat noch in einem Consultation Paper die Auffassung vertreten, dass es bei dem Einsammeln von Kapital um Kapital ginge, „which is not provided (i) by a member of the governing body of the undertaking or the legal person managing that undertaking, nor (ii) by any risk-taker employed by the undertaking or the legal person managing the undertaking and investing in that undertaking"[488]. Nichts anderes hätte für ein mittelbares Investment über ein Carry-Vehikel gelten können, über das die verschiedenen Beteiligungen zu Verwaltungszwecken kanalisiert worden wären. Im Final Report ist die ESMA hingegen von ihrer Auffassung abgerückt: „[…] ESMA is of the view that the exemption would have been against the Level 1 provisions, since the relationship of the investor with an undertaking should not define the existence of a fund"[489]. Damit kann nur die konkrete „legal relationship" gemeint sein, da es im Übrigen sehr wohl darauf ankommt, in welcher Beziehung der potenzielle Anleger zu der Kollektivanlage steht. Dies ergibt sich aus Erwägungsgrund 7 der AIFM-RL, nach dem Family Office-Vehikel, die das Privatvermögen von Anlegern investieren, ohne „Fremdkapital" (nicht gemeint: Mittel aus Finanzierung) zu beschaffen, nicht als AIFs gemäß der AIFM-RL betrachtet werden sollen. Der AIFM-RL ist damit das Konzept des „externen Kapitals"[490] inhärent. Das wird ebenso von der britischen Aufsichtsbehörde FCA anerkannt: „[…] the AIF definition does not cover an arrangement in which the *persons* raising and providing capital are the same"[491]. Die Ausführungen bei der BaFin sind diesbezüglich hingegen etwas irritierend: Aus den Leitlinien der ESMA würde sich ergeben, dass beim AIF externes Kapital gepoolt werde.[492] Expressis verbis hat die ESMA ein eigenes Konzept des externen Kapitals indes nicht festgeschrieben, insbesondere beschränkt sie sich auf Familienvermögen als *pre-existing groups*, die nicht als AIFs qualifizierten.[493]

---

[488] ESMA/2012/845 vom 19.12.2012, Consultation Paper, Guidelines on key concepts of the AIFMD, Abschn. III Rn. 15.

[489] ESMA/2013/600 vom 24.5.2013, Final report, Guidelines on key concepts of the AIFMD, S. 13 ESMA's response.

[490] Das Fremdkapital wird in der englischen Fassung des Erwägungsgrundes 7 AIFM-RL als „external capital" bezeichnet; *Krause/Klebeck*, BB 2012, 2063, 2066; *Seibt/Jander-McA-lister*, DB 2013, 2374, 2375; *dies.*, DB 2013, 2433; *Zetzsche/Preiner*, WM 2013, 2101, 2104: „Das Kapital muss nur extern sein, also über das des Verwalters hinausgehen".

[491] *FCA*, Handbook, PERG, Chapter 16.2, Question 2.50.

[492] *BaFin* vom 14.6.2013, Auslegungsschreiben zum Anwendungsbereich des KAGB und zum Begriff des „Investmentvermögens", zuletzt geändert am 9.3.2015, Q 31-Wp 2137-2013/0006, Abschn. I Ziff. 1 und 2. Merkwürdigerweise aber nicht bei Abschn. I Ziff. 3, wo die „Einsammlung von Kapital" inhaltlich behandelt wird.

[493] Krit. zur Ansicht der ESMA *Zetzsche/Preiner*, WM 2013, 2101, 2105. Richtig an den Ausführungen der vorgenannten Autoren ist, dass im Einklang mit der BaFin auch Investmentclubs im Einzelfall nicht als AIF qualifizieren. Instruktiv *Weitnauer*, GWR 2014, 1, 4 f. Mittlerweile müssen die im Investmentclub organisierten Business Angels entgegen der früheren Verwaltungspraxis keine natürlichen Personen sein, vgl. *BaFin* vom 8.4.2016, E-Mail an Roland Kirchof (Business Angels Netzwerk Deutschland e.V.), EVG 1-QF 2100-2015/0048 (60287) - Rü, 2016/0514581, abrufbar unter http://www.business-angels.de/wp-content/uploads/2016/04/Schreiben-BaFin-08.04.2016.pdf (zuletzt abgerufen am 27.8.2017).

Das Konzept des externen Kapitals wird auch für die hier in Rede stehenden Carry-Berechtigten virulent, deren investmenttypische Schutzbedürftigkeit fehlt.[494] Wenn die Personen, die im Lager des Verwalters stehen, zugleich zum Schutzobjekt zu erheben wären, würde man den mit der Regulierung intendierten Anlegerschutz konterkarieren. Bereits im Rahmen der Konsultationen wurde hierauf verbandsseitig hingewiesen.[495] Der Beitrag der Fondsmanager zum „skin in the game" ist nicht intrinsisch motiviert, sondern wird von den Investoren als Mittel des Risikomanagements (Interessenkonvergenz) eingefordert.[496] Erkennt man mit der hier nähergebrachten Auslegung zur Zulässigkeit eines Carry-Vehikels nach dem Vorgabengefüge von AIFM-RL, KAGB, ESMA und BaFin an, dass auch eine Zahlung an das Carry-Vehikel im erlaubnispflichtigen Bereich die Vergütungsregulierung auslöst, dann wird man insgesamt (sowohl bei internen als auch externen KVGs) in Frage stellen dürfen, wieso dem Carry-Vehikel daneben noch regulatorisch Bedeutung zugeschrieben werden sollte.[497]

Der Weg der FCA besteht demgegenüber darin, die Bereichsausnahme für Arbeitnehmerbeteiligungssysteme (§ 2 Abs. 1 Nr. 6 KAGB) in Stellung zu bringen;[498] so heißt es: „The exclusion applies because a scheme for carried interest participation allows the employees to benefit from the success of the *AIF* management undertaken by the employer"[499]. Selbst Familienmitglieder der Mitarbeiter oder Treuhänder einer Familientreuhand des Arbeitnehmers seien erfasst.[500] Auch wenn sich der AIFM eigens am Carry-Vehikel beteiligen würde, sollte das nicht zur Nichtanwendung der Bereichsausnahme führen.[501] Darüber hinaus liege auch dann kein „Einsammeln von Kapital" vor, wenn die Beteiligung am Carry-Vehikel als ar-

---

[494] Ebenso *Haisch/Helios*, BB 2013, 23, 26; *Weitnauer/Boxberger*, Venture Capital Magazin 4/2013, 20, 21; *Gottschling*, in: FrankKomm, KapAnlR Bd. 1, § 1 KAGB Rn. 105. Nicht geteilt wird hier die Lesart bei *Zetzsche/Preiner*, WM 2013, 2101, 2105 zum Konzept des externen Kapitals, wonach die Qualifizierung der KVG-Geschäftsleiter etc. in § 1 Abs. 19 Nr. 33 lit. b KAGB als semiprofessioneller Anleger dazu führe, dass auch ein AIF vorliege. Gegen die vorgenannten Autoren wenden sich zurecht *Eckhold/Bolzer*, in: Assmann/Schütze, Hdb. KapitalanlageR, § 22 Rn. 20: Die genannte Vorschrift soll ohne Implikationen für die Qualifizierung als AIF nur eine Partizipation am AIF ermöglichen; ebenso *Gottschling*, in: FrankKomm, KapAnlR Bd. 1, § 1 KAGB Rn. 106.

[495] *EVCA* (nun: Invest Europe) vom 1. 2. 2013, Response to ESMA Consultation paper on Guidelines on key concepts of the Alternative Investment Fund Managers Directive (AIFMD), 19 December 2012, ESMA/2012/845, S. 3, 5.

[496] Ebd.

[497] Auf die Anhangsregelung weisen auch ebd. und *Haisch/Helios*, BB 2013, 23, 26 Fn. 43 hin.

[498] *FCA*, Handbook, PERG, Chapter 16.2, Question 2.35; so auch *Haisch/Helios*, BB 2013, 23, 26; *Weitnauer*, in: Weitnauer, Hdb. VC, B. Rn. 108; auch *Gottschling*, in: FrankKomm, KapAnlR Bd. 1, § 1 KAGB Rn. 106 weist darauf hin.

[499] *FCA*, Handbook, PERG, Chapter 16.2, Question 2.35.

[500] Ebd.

[501] Ebd.

beitsvertragliche Vergütung eingeräumt werde.[502] Die BaFin teilt (ohne dies nach außen in Dokumenten zu kommunizieren) jedenfalls die Auffassung, dass der Anwendungsbereich der Bereichsausnahme eröffnet sein kann.

2. Co-Investment-Vehikel als AIF?

Das Carry-Vehikel kann auch dazu genutzt werden, um ein Co-Investment der relevanten Fondsmanager abzubilden.[503] Das ändert im Ergebnis jedoch nichts an der vorstehenden rechtlichen Würdigung der Qualifikation des Carry-Vehikels, da auch hier jedenfalls das Konzept des externen Kapitals virulent wird und die Partizipation in Gestalt eines über die bloße Carry-Beteiligung hinausgehenden Co-Investments von den Investoren veranlasst wird.[504] Alternativ hierzu können die Co-Investments über eigene Zwischengesellschaften strukturiert werden. Auch hier sind die vorstehenden Überlegungen maßgeblich.

3. Qualifikation der Carry-KG als semiprofessioneller Anleger und Strukturierungsfragen

Daneben ist zu überlegen, ob eine am Kapital des Fonds haftende Carry-KG als *Anleger* qualifiziert und bei einer Beteiligung an einem Spezial-AIF daher die (Mindest-)Voraussetzungen an einen semiprofessionellen Anleger, insbesondere die Zeichnungsverpflichtung i. H. v. 200.000 Euro, zu erfüllen hat. Die BaFin hat die Carry-KG zunächst den vorgenannten, in § 1 Abs. 19 Nr. 33 lit. a KAGB kodifizierten Anforderungen an einen semiprofessionellen Anleger unterworfen.[505] Ohne Erfüllung der hohen Zeichnungsverpflichtung wurde die Carry-KG ausnahmsweise als semiprofessioneller Anleger i. S. von § 1 Abs. 19 Nr. 33 lit. b KAGB eingeordnet, falls über die Carry-KG ausschließlich Geschäftsleiter oder Mitarbeiter der KVG i. S. des § 37 Abs. 1 KAGB[506] beteiligt waren.[507] Von dieser Verwaltungspraxis ist die

---

[502] Ebd., Question 2.36.

[503] 5. Teil, A.I.1.

[504] *FCA*, Handbook, PERG, Chapter 16.2, Question 2.52; *EVCA* (nun: Invest Europe) vom 1.2.2013, Response to ESMA Consultation paper on Guidelines on key concepts of the Alternative Investment Fund Managers Directive (AIFMD), 19 December 2012, ESMA/2012/845, S. 3; auf ersteres abstellend: *Elser*, in: Beckmann/Scholtz/Vollmer, Investment-Hdb., Losebl. (Stand: 10/14), vor 420 Rn. 22.

[505] *BaFin* vom 6.10.2014, Häufige Fragen zum Kapitalanlagegesetzbuch (KAGB), S. 6.

[506] Also solche Mitarbeiter, deren Tätigkeiten einen wesentlichen Einfluss auf das Risikoprofil der Verwaltungsgesellschaft oder der verwalteten Investmentvermögen haben (Risikoträger), Mitarbeiter mit Kontrollfunktionen und alle Mitarbeiter, die eine Gesamtvergütung erhalten, auf Grund derer sie sich in derselben Einkommensstufe befinden wie Geschäftsleiter und Risikoträger.

[507] *BaFin* vom 6.10.2014, Häufige Fragen zum Kapitalanlagegesetzbuch (KAGB), S. 7.

BaFin bereits einen Monat später abgerückt:[508] Bei der Carry-KG handele es sich nicht um einen Anleger, ihr Zweck bestehe vielmehr in der steuervergünstigenden Gewähr variabler Vergütungsbestandteile an KVG-Mitarbeiter. So heißt es, eine Carry-KG liege dann vor, „wenn (1) der Zweck der von ihr eingebrachten Einlage in der Vereinnahmung von Ergebnisanteilen besteht, die sie für die Förderung des Zwecks des Spezial-AIF erhält (Carried Interest), und (2) der Anspruch auf den Carried Interest unter der Voraussetzung eingeräumt worden ist, dass die Investoren ihr eingezahltes Kapital vollständig zurückerhalten haben"[509]. Es war jedoch bereits Gegenstand der in dieser Arbeit angestellten Ausführungen, dass die Carry-KG den CI nicht für die „Förderung des Zwecks des Spezial-AIF" erhält, sondern dass sich bei einer in Gemäßheit der verschiedenen Vorgaben strukturierten Carry-KG die Zahlung des CI als Vergütung für die Verwaltung des AIF darstellt.[510] Nicht jede Zweckförderung ist aber auch AIF-Verwaltung.

Die Einlage der Carry-KG im Fonds ist auf eine Minimalbeteiligung zu beschränken (z.B. 100 bis 1000 Euro). Jede darüberhinausgehende Kapitalzusage erfolgt nicht allein aus Steuergründen und eröffnet gegebenenfalls die Anlegerqualifikation mit der Folge, dass die Anforderungen an einen semiprofessionellen Anleger zu erfüllen wären, um nicht der Fondsqualifikation als Spezial-AIF verlustig zu werden. Damit können Auswirkungen auf die Fondsstrukturierung verbunden sein. Es gilt: Kann die Carry-KG eine Zeichnung i. H. v. 200.000 Euro übernehmen, können die Anforderungen an einen semiprofessionellen Anleger erfüllt werden. Sind die Carry-Berechtigten zur Zahlung eines solchen Betrages in Summe nicht imstande (z.B. nur 100.000 Euro), gelingt die Qualifikation als professioneller Anleger nur, wenn sämtliche Carry-Berechtigten selbst semiprofessionelle Anleger i. S. des § 1 Abs. 19 Nr. 33 lit. b KAGB sind. Die BaFin nimmt dann ausnahmsweise eine Durchschau vor.[511] Sind nicht nur semiprofessionelle Anleger in der Carry-KG, behilft sich die Praxis (wenn eine Erhöhung der Einlage auf 200.000 Euro tatsächlich nicht umsetzbar ist) mit einer Aufteilung der Carry-KG in zwei Gesellschaften. In der einen (der Carry-KG i. S. der Verwaltungspraxis) sind sämtliche Carry-Berechtigte Gesellschafter, in der anderen werden die 100.000 Euro gegenüber dem Fonds zugesagt und nur solche Gesellschafter aufgenommen, die semiprofessionelle Anleger sind.

[508] *BaFin* vom 12.11.2014, Häufig gestellte Fragen zum KAGB, S. 6; *Geurts/Schubert*, in: Hellner/Steuer, BuB, Losebl. (Stand: 5/16), 9/270: richtig, jedoch dogmatisch inkonsequent und systematisch kaum begründbar.

[509] *BaFin* vom 12.11.2014, Häufig gestellte Fragen zum KAGB, S. 7.

[510] 5. Teil, B.V.3.a)bb).

[511] *Volhard/Jang*, in: Weitnauer/Boxberger/Anders, KAGB, § 1 Rn. 12.

4. Exkurs: Co-Investment-Vehikel der Investoren als AIF?

Im Kontext von Vehikeln und dem Einsammeln von Kapital ist wenigstens kurz zu ergründen, ob auch ein Co-Investment-Vehikel für die Investoren als AIF qualifiziert. Die Motivation für diese Strukturen kann wie bereits gesehen verschiedene Gründe haben.[512] Keineswegs zwingend ist, dass überhaupt auf ein separates Vehikel für derartige Co-Investments zurückgegriffen wird. Denkbar sind auch Direktbeteiligungen. Sollte ein Co-Investment-Vehikel genutzt werden, lässt sich keine pauschale Antwort auf obige Frage finden, da mannigfaltige Strukturen solcher Vehikel existieren. So kann es für nur einen Investor strukturiert sein und damit aus dem Begriff der Kollektivanlage ausscheiden.[513] Richtet es sich an verschiedene bereits im Fonds investierte Investoren für eine spezielle Transaktion, würde die Qualifikation als AIF bereits verhindert, wenn echte Mitsprache im Tagesgeschäft bestünde. Wäre dies nicht der Fall, ist zu hinterfragen, ob es zur Einsammlung von Kapital kommt. Stellt man auf die gewerbliche Entgegennahme von Kapital ab, wäre dies zu bejahen. Zu einem anderen Ergebnis könnte man gelangen, wenn man die aufsichtsbehördliche Auslegung heranzieht. Denn Co-Investment-Rechte würden regelmäßig im Fondsstatut zugesprochen,[514] sodass man bei einer von einem aktiven Investor ausgehenden Initiative des Bereitstellens des zusätzlichen (durchaus bis zu mehr als 100 Prozent der bisherigen Kapitalzusage)[515] Kapitals nicht davon sprechen kann, dass Schritte der Kapitalbeschaffung bzw. Einwerbung unternommen werden. Die Rechtslage ist aber einzelfallabhängig zu beurteilen. Man könnte noch überlegen, ob der Anlegerstatus im Private Equity-AIF zugleich entsprechenden Schutz im Rahmen der Co-Investment-Vehikel verzichtbar macht. Das ist indes zu verneinen. So ist schon zu rekapitulieren, dass sich die Verpflichtung der Verwahrstelle zur etwaigen Verfolgung von Ansprüchen der Anleger nach § 89 Abs. 1 Nr. 1 KAGB nur auf den AIF (bzw. dessen Investoren) bezieht, für den sie beauftragt ist.[516] Externe Co-Investoren hingegen, die keine Kapitalzusage im Fonds halten, würden regelmäßig für das Co-Investment angeworben. Nichts anderes gälte, wenn von vornherein ein echter Co-Investment-Fonds für eine Vielzahl von Transaktionen aufgelegt würde.

C. Resümee

Die im gesamten 5. Teil angestellten Überlegungen zur Strukturierung von LBO-Fonds lassen sich wie folgt resümieren:

---

[512] 2. Teil, A.II.2.

[513] *FCA*, Handbook, PERG, Chapter 16.2, Question 2.52.

[514] *Corelli/Le*, Private Equity Co-Investments, S. 1 f.

[515] *Preqin*, Preqin Special Report: Private Equity Co-Investment Outlook, S. 7.

[516] § 80 Abs. 1 Satz 1 KAGB.

A. Für eine etwaige Errichtung von LBO-Fonds in Deutschland hätte man auf marktgängige Strukturen für Private Equity-Fonds zurückgreifen können. Diese wurden regelmäßig in der Rechtsform der GmbH & Co. KG strukturiert. Die einzelnen Erscheinungsformen differierten, doch waren einheitliche Muster nach Maßgabe der dargestellten Optionen A bis D zu entnehmen. Typischerweise wurde mit einer gespaltenen Wahrnehmung der Geschäftsführungsbefugnisse gearbeitet. Während die mit einer Management Fee vergütete laufende Geschäftsführung entweder von der Komplementär-GmbH, der Management-GmbH oder einer externen Beratungs-GmbH wahrgenommen wurde, wurden die letztverantwortlichen Anlageentscheidungen formell von der Carry-KG – die zugleich für Co-Investments der Fondsmanager aktiviert werden konnte – oder direkt von der Private Equity-Gesellschaft getroffen. Die Anleger beteiligten sich entweder direkt als Kommanditisten oder mittelbar über einen Treuhandkommanditisten; zugleich konnten sie über Anlegergremien vertreten sein. Aus gesellschaftsrechtlicher Perspektive eignete sich die Nutzung einer GmbH & Co. KG als Fondsvehikel zum einen, da mit ihr die gewünschte Haftungsabschirmung erzielt werden konnte, zum anderen, da sie ein flexibles Zahlungsmanagement gewährleistete, insbesondere im Hinblick auf die schnelle Rückführung von Kapital.

Steuerlich bestand das überwiegende Interesse darin, ein steuertransparentes Vehikel zu konstruieren. Personengesellschaften wie eine GmbH & Co. KG genügten dem grundsätzlich. Doch war daneben zu beachten, dass ein geschäftsführender Kommanditist zum Zwecke der gewerblichen Entprägung des Fondsvehikels eingesetzt wurde. Weiterhin war insbesondere zu berücksichtigen, dass die Akquisitionsfinanzierung nicht auf Ebene des Fonds bestand, die Beteiligungen in den Portfoliogesellschaften mindestens mittelfristig waren und ein unternehmerisches Tätigwerden über eine aktive Beteiligung am Management der Zielgesellschaften verhindert wurde. Letzteres wurde nicht durchgehend umgesetzt. Wenn gleichwohl eine Qualifikation als vermögensverwaltendes Fondsvehikel gelang, konnte das nur mit einer entsprechend geringen Gewichtung dieses Kriteriums im Rahmen der Würdigung des Gesamtbilds der Tätigkeiten erklärt werden. Letztlich hatten die Initiatoren auch ein Eigeninteresse an der Strukturierung des Fonds als vermögensverwaltende GmbH & Co. KG. Denn der CI konnte sodann über eine Carry-KG steuervergünstigt nach Maßgabe des Teileinkünfteverfahrens vereinnahmt werden. Zwar wird auch eine nicht gewerblich tätige Kapitalgesellschaft als steuertaugliches Carry-Vehikel fungieren können, doch erfolgt bei dieser auf Ebene der Gesellschafter noch eine Besteuerung nach § 20 Abs. 1 Nr. 1 EStG.

B.I. Da LBO-Fonds nun als AIFs qualifizieren, müssen sie unter Einhaltung der neuen Regulierung strukturiert werden. Im Rahmen des registrierungspflichtigen Bereichs ist die Nutzung einer GmbH & Co. KG als Fondsvehikel weiterhin möglich. Im erlaubnispflichtigen Bereich hingegen herrscht nun ein Rechtsformzwang, nach dem geschlossene inländische Investmentvermögen nur noch als InvAG mfK. oder gInvKG errichtet werden dürfen. Sollte dem keine Beachtung geschenkt werden, drohen je nach Szenario aufsichtsrechtlich (i) die Versagung der Erlaubnis,

(ii) Eingriffe (Einstellungs- und Abwicklungsverfügung) und Aufklärungs- bzw. Verfolgungsmaßnahmen durch die BaFin nach den §§ 15, 16 KAGB und/oder (iii) Aufsichtsmaßnahmen nach § 5 Abs. 6 KAGB, strafrechtlich hingegen eine Geld- oder Freiheitsstrafe. Eine Unwirksamkeit des Gesellschaftsvertrags auf Basis von § 134 BGB scheidet u. a. deswegen aus, weil man den Anlegern sonst den Schutz des KAGB nähme. Eine Wertungskontrolle gebietet aber, dass etwa der Verstoß gegen das für die gInvKG bestehende Schriftformerfordernis aus § 150 KAGB auch zu einer Nichtigkeit des Gesellschaftsvertrags z. B. einer oHG führt. Der Hinweis in der Literatur auf die Auflösung eines als GbR strukturierten Fondsvehikels gem. § 726 BGB ist zu undifferenziert und kann nur bei intern verwalteten GbRs von Bedeutung sein, wenn diese im Zuge des Regimewechsels nicht der gegebenenfalls gebotenen Umstrukturierung in eine KAGB-konforme Rechtsform nachgekommen sind.

B.II. Die vor dem KAGB maßgeblichen gesellschaftsrechtlichen Erwägungen für eine Strukturierung eines LBO-Fonds können auch unter dem KAGB umgesetzt werden. Im Bereich der Spezial-AIFs verbietet sich aber nunmehr der Rückgriff auf einen Treuhandkommanditisten. Das neue KAGB-Gesellschaftsrecht kreiert zudem in weiten Teilen konvergente, vorgefertigte Anlageorganisationen, die bei der Rechtsformwahl des Fondsvehikels mehr denn je eine Orientierung an anderen als gesellschaftsrechtlichen Parametern nahelegen.

Soweit etwa im KAGB eine Modifikation des sonst für die AG und die KG geltenden Gesellschaftsrechts erfolgt, geschieht das mit einzelnen Ausnahmen gleichmäßig. So sehen beide Fondsvehikel eine Doppelbesetzung ihrer Geschäftsführung vor. Nur bei der gInvKG kann eine juristische Person, mithin auch die externe KVG, als Geschäftsführer bestellt werden. Dagegen wehrt sich die Literatur bisweilen unter Hinweis darauf, dass der Vorstand einer extern verwalteten InvAG mfK. ohnehin kein (tragendes) Einsatzfeld mehr habe und die Möglichkeit der Bestellung der externen KVG als Vorstandsmitglied daher geboten sei. Diese Argumentation steht indes mit Blick auf die Möglichkeit einer personenidentischen Besetzung des Vorstands der InvAG mfK. mit Mitgliedern der externen KVG und den verbleibenden Residualbestand an Kompetenzen des Vorstands auf tönernen Füßen. Von diesem formellen Unterschied abgesehen besteht eine weitere Gemeinsamkeit beider Fondsvehikel darin, dass die jeweiligen Geschäftsführungen identischen Leitungsgrundsätzen („Pflichtentrias") unterliegen. Ein Unterschied besteht wiederum insoweit, als dass der Vorstand der InvAG mfK. grundsätzlich gesamtgeschäftsführungsbefugt ist, wohingegen die Geschäftsführung der gInvKG über Einzelgeschäftsführungsbefugnis verfügt. Die Literatur würde die Gesamtgeschäftsführungsbefugnis gerne auch mit Geltung für die gInvKG qua Analogie in Stellung bringen. Aus Anlegerschutzgesichtspunkten ist das nachvollziehbar, doch setzte man sich damit über tradierte Erkenntnisse der Methodenlehre hinweg.

Die beiden geschlossenen Fondsvehikel nähern sich bei interner Verwaltung im Publikums-Bereich auch deswegen an, weil beide ein Aufsichtsorgan einrichten müssen. Zusammensetzung sowie Rechte und Pflichten des Publikums-KG-Beirats orientieren sich an dem aktienrechtlichen Vorbild des Aufsichtsrats. Bei beiden Aufsichtsorganen ist ein unabhängiges Mitglied zu bestellen, wobei insbesondere Unabhängigkeit von der Fondsgesellschaft zu verlangen ist. Im Übrigen gelten für die Aufsichtsratsmitglieder (nicht: Arbeitnehmervertreter) und Beiratsmitglieder identische besondere persönliche Voraussetzungen. Das Erfordernis der persönlichen Voraussetzungen ist zwar ein Bruch mit der herkömmlichen Begründung, diese als Kompensation für das fehlende Wahlrecht bei der Aufsichtsratsbesetzung zu fordern, doch aus Anlegerschutzgesichtspunkten ist dagegen nichts einzuwenden. Im Ergebnis erfolgt eine Absicherung der Anlegerinteressen durch die Wahl des Aufsichts-/Beirats auf AIF-Ebene, die besonderen persönlichen Voraussetzungen ihrer Mitglieder und das gleichlaufende Anforderungsprofil der Aufsichts-/Beiratsmitglieder einer etwaigen externen KVG.

Eine Angleichung der beiden Fondsvehikel äußert sich tendenziell sogar mit Blick auf die Satzung bzw. den Gesellschaftsvertrag. Für letzteren gilt nun erstmalig ein Formerfordernis (Schriftform), während für die InvAG mfK. von der Satzungsstrenge abgerückt wird. Bei beiden bestehen zudem die identischen gesetzlichen Anforderungen an den Unternehmensgegenstand. Die Anlagebedingungen sind weder Bestandteil der Satzung noch des Gesellschaftsvertrags. Daneben haben Satzung und Gesellschaftsvertrag bestimmte Anforderungen an Ladungen und Abschriften zur Haupt-/Gesellschaftsversammlung vorzusehen, die wertungsmäßig nunmehr ein äquivalentes Informationsniveau gewährleisten.

Von zentraler Bedeutung für die Anleger sind die Änderungen am Haftungsgefüge einer üblichen KG, mit denen man sich der Haftungssituation der Aktionäre einer InvAG mfK. annähert. Im Innenverhältnis erlischt die Haftung des Kommanditisten, wenn die Einlage erbracht wird. Verlustausgleichs- und Nachschusspflichten bestehen wie in der InvAG mfK. nicht. Die Haftung des Kommanditisten im Außenverhältnis wurde so modifiziert, dass die Kommanditisten nach Einzahlung der (Haft-)Einlage haftungsrechtlich in die Nähe eines Aktionärs rücken, der bekanntlich im Außenverhältnis nicht für etwaige Verbindlichkeiten einsteht. So existiert eine Außenhaftung eines Kommanditisten nur noch als unbeschränkte Gründerhaftung bei geschlossenen Spezial-InvKGs und gegebenenfalls bei einer Einlagenrückgewähr nach § 172 Abs. 4 HGB (auch im Fall des Neueintritts, § 173 HGB). Zu einer haftungsbegründenden Einlagenrückgewähr darf es zwar erst kommen, wenn fondsseitig Hinweispflichten beachtet und Einverständniserklärungen eingeholt werden. Gleichwohl lassen Verstöße hiergegen die Haftung im Außenverhältnis (wohl) aus guten Gründen unangetastet. Alle anderen Möglichkeiten zur Haftung im Außenverhältnis im KG-Gesellschaftsrecht hat das KAGB eliminiert. Das gilt insbesondere für eine Nachhaftung bei Ausscheiden des Kommanditisten. Die besseren Argumente sprechen hier sogar dafür, dass das Ausscheiden für den Nachhaftungsausschluss nicht einmal registerpublik sein muss.

Schließlich wird auch bei regulierungsrechtlichen Neuerungen stets ein Gleichlauf verfolgt. Bei intern verwalteten InvAGs mfK. und gInvKGs bestehen die gleichen Pflichten bei Unterschreitung der regulatorischen Mindestmittel. Einzelne Anleger beider Fondsvehikel besitzen kein Auflösungsrecht. Die Regelungen zur Kündigung der Verwaltung durch die externe KVG und der sich hieran gegebenenfalls anschließenden Abwicklung gelten rechtsformübergreifend. Die investmentrechtliche Parallelität der Abwicklungsmodalitäten bei beiden geschlossenen Fondsvehikeln wird jedoch insoweit durchbrochen, als dass allein die gInvKG-Gesellschafter dazu befugt sind, die Bestellung eines anderen Liquidators als der Verwahrstelle zu beschließen. Die Begründung hierfür bleibt im Dunkeln. Auch treten die beiden geschlossenen Fondsvehikel einheitlich gegenüber den offenen Investmentvermögen auf. Bei beiden können die Anleger ihre mitgliedschaftlichen Verwaltungsrechte wahrnehmen und bei beiden ist die Bildung von Teilgesellschaftsvermögen verboten.

B.III. Maßgebender Treiber für die Strukturierung von Private Equity-Fonds ist daher auch künftig das Steuerrecht. Für die im Anwendungsbereich der De-minimis-Regelungen weiterhin möglichen GmbH & Co. KGs als Fondsvehikel kann auf die bisherigen Ausführungen verwiesen werden. Auch bleibt es bei dem vorrangigen Interesse daran, Fondsvehikel steuertransparent zu strukturieren. Dieses Vorhaben ist unter dem InvStG (i.d.F. vor der Investmentsteuerreform 2018) umsetzbar. So qualifizieren gInvKGs im Allgemeinen und gInvKGs, über die das Geschäftsmodell des LBO realisiert werden soll, im Besonderen nicht als Investmentfonds i.S. des Investmentsteuerrechts, sondern als Personen-Investitionsgesellschaften, für die die allgemeinen steuerrechtlichen Regelungen zur Anwendung gelangen. Die umfangreichen Organisationspflichten mögen zwar bei extern (im Einzelfall) und intern verwalteten gInvKGs Obstruktionspotenzial bei der Qualifikation als vermögensverwaltende Gesellschaften bieten. Doch zum einen ist das Proportionalitätsprinzip zu berücksichtigen, zum anderen ist es ohnehin nicht überzeugend, von der Organisation auf die Tätigkeit zu schließen. Eine gewerbliche Entprägung kann jedenfalls auch bei extern verwalteten gInvKGs aufgrund des der Fonds-Geschäftsführung qualitativ und quantitativ verbleibenden Kompetenzbereichs gelingen, was im Übrigen auch entstehungsgeschichtlich bekräftigt wird. Es ist daher zu erwarten, dass geschlossene Private Equity-Fonds in Deutschland im erlaubnispflichtigen Bereich in der Rechtsform einer gInvKG errichtet werden. Hieran wird auch die geplante Investmentsteuerreform 2018 nichts ändern. Zwar ist beabsichtigt, dass grundsätzlich auch geschlossene Investmentvermögen als Investmentfonds qualifizieren und damit der neuen, intransparenten Investmentbesteuerung unterliegen sollen. Doch Personengesellschaften, bei denen es sich nicht um OGAWs oder um Altersvorsorgevermögenfonds handelt, sind hiervon ausgenommen.

B.IV. Da es für einen AIF nur noch einen zentralen Akteur in Gestalt der KVG geben darf, ist nach den Auswirkungen dieses Prinzips der Einzelzuständigkeit nach § 17 Abs. 3 KAGB auf die bisher marktgängigen Erscheinungsformen von Private Equity-Fonds zu fragen. Denn diese haben mit einer gespaltenen Wahrnehmung der

Geschäftsführungsbefugnisse operiert. Diese Befugnisse unterfallen indes nunmehr dem weit zu verstehenden Begriff der Portfolioverwaltung und stehen damit im Verantwortungsbereich der KVG. Zwar stößt man bei dem Versuch, den Begriff der „Portfolioverwaltung" zu exegieren, an die natürlichen Grenzen, die sich aus dem Fehlen einer Legaldefinition ergeben. Doch wenn sich qua Ausschlussverfahren ermitteln lässt, dass die „Anlage des Kommanditanlagevermögens" der Portfolioverwaltung zuzuschreiben ist, dann wird man auch sonstige pre-akquisitorische Prozesse und Entscheidungen, die investitionstypisch mit der Anlage in Verbindung stehen und diese erst ermöglichen, als vom Aufgabenumfang der Portfolioverwaltung gedeckt ansehen dürfen. Die originäre Zuständigkeit besteht in diesem Rahmen aber nicht vorbehaltlos. So ergibt sich im Hinblick auf die Due Diligence eine Schnittstelle mit dem Risikomanagement. Außerdem ist der Einsatz von Anlegergremien mit Zustimmungsvorbehalten möglich, ohne dass der Charakter der Fremdverwaltung aufgehoben würde.

Für die bisherigen Erscheinungsformen sind jedoch stets dieselben Erwägungen maßgeblich. Intern verwaltete Fonds können grundsätzlich wie bislang möglich strukturiert werden. Bei einem extern verwalteten AIF lässt die schuldrechtliche Bestellung einer externen KVG zwar die rechtliche Organisationsstruktur des AIF unangetastet. Doch wäre die gespaltene Aufgabenwahrnehmung eingedenk des Prinzips der Einzelzuständigkeit nicht mehr umsetzbar. Berücksichtigt man zudem, dass die externe Verwaltung im erlaubnispflichtigen Bereich der Regelfall würde, wird man alle Strukturen im Kern entlang des Schaubilds „Strukturierung nach KAGB" wie folgt vereinheitlichen können: Die Bestellung einer externen KVG hindert nicht den Einsatz eines geschäftsführenden Kommanditisten zum Erreichen der gewerblichen Entprägung. Dieser könnte zugleich zum Bezug des CI aktiviert werden (als Carry-KG oder als direkte Beteiligung der Private Equity-Gesellschaft). Einer weiteren Management-GmbH als Kommanditistin für die laufende Geschäftsführung bedürfte es daneben nicht. Die Aufgaben der laufenden Kontrolle der Beteiligungen etc. würden nunmehr von der externen KVG wahrgenommen werden, wohingegen die Restkompetenzen der laufenden Geschäftsführung beim geschäftsführenden Kommanditisten verbleiben würden. Die Verwaltungs-GmbH als Komplementärin könnte dann als bloßes Haftungsvehikel ohne Geschäftsführungsbefugnis und ohne Kapitalbeteiligung fungieren.

B.V. Verschiedene regulierungsrechtliche und aufsichtsbehördliche Vorgaben liefern einen Nährboden für Zweifel, ob neben der KVG ein separates Carry-Vehikel zum Bezug des CI eingesetzt werden darf. Da der AIFM den CI nach seiner Legaldefinition für die Verwaltung des AIF erhält, steht die materielle und formelle Bezugsberechtigung des (vom AIFM getrennten) Carry-Vehikels in Frage. Bei konsequenter Anwendung der Legaldefinition würde diese aber zu Regulierungsdefiziten führen, da für Zahlungen im Verhältnis AIF und AIFM keine Vergütungsregulierung gilt. Letztere kommt nur im Verhältnis AIFM und AIFM-Mitarbeiter zur Anwendung. Daneben sollen aber CI-Zahlungen vom AIF direkt an die AIFM-Mitarbeiter der Regulierung unterliegen, obschon der Legaldefinition dahingehende Freiräume für einen solchen Zahlungsweg nicht zu entnehmen sind. Dass Carry-Vehikel zulässig sein sollen, ergibt sich aus dem Gesetzeswortlaut nicht. Vielmehr ist gemäß Vergütungsregulierung die Zahlung einer variablen Vergütung „through vehicles" zu verhindern, sofern eine Umgehung der Vergütungsregulierung erleichtert wird. Die ESMA spiegelt dieses vehikelfeindliche Credo, lässt ein Carry-Vehikel aber dennoch zu. Die BaFin ist der Ansicht, dass ein Carry-Vehikel nur bei Spezial-AIFs eingesetzt werden könne. Die aufsichtsbehördlichen Ausführungen scheinen wiederum in Widerspruch zur Gesetzeslage zu stehen. Der Umgang mit diesem Konvolut an nicht aufeinander abgestimmten Vorgaben wird im registrierungspflichtigen Bereich zur Sisyphus-Aufgabe, da dort nicht einmal jede Vorgabe zur Anwendung kommt. In jedem Fall gilt die Legaldefinition des CI. Gleich ob registrierungs- oder erlaubnispflichtiger Bereich ist eine Lösung dieses gordischen Knotens qua Auslegung von großer Notwendigkeit.

Eine solche Lösung kann gelingen. Die ESMA fragt, ob eine Zahlung vom AIF an den AIFM letztlich zugunsten der AIFM-Mitarbeiter erfolgt. Bejahendenfalls unterliege auch eine solche Zahlung (entgegen des Gesetzeswortlauts) der Vergütungsregulierung. Mit dieser Argumentation kann die Vergütungsregulierung auch bei Zahlung des CI vom AIF an das Carry-Vehikel eingreifen. Aus der Legaldefinition des CI folgt indes, dass im Carry-Vehikel grundsätzlich nur AIFM-Mitarbeiter gepoolt werden dürfen. Andernfalls würde sich die Zahlung des CI an das Carry-Vehikel nicht mehr als Vergütung für die Verwaltung des AIF darstellen; so jedenfalls die Rechtslage bei extern verwalteten AIFs. Bei interner Verwaltung würde das Carry-Vehikel immer die Verwaltung erbringen. Aus Gründen der Gleichbehandlung darf hier jedoch nichts anderes gelten. Nicht erforderlich ist, dass sämtliche AIFM-Mitarbeiter beteiligt werden. Dritte können ebenso ins Carry-Vehikel miteingebunden werden, wenn ausgeschlossen ist, dass sie Verwaltungtätigkeiten entfalten. Dritte mit Verwaltungtätigkeiten wären Abgesandte eines Auslagerungsunternehmens. Für diese ist nach Maßgabe der ESMA zu prüfen, ob sie einer vergleichbaren Vergütungsregulierung unterliegen.

Es drohen aber steuerrechtliche Unwägbarkeiten. Bei externer Verwaltung des AIF wird der CI nicht mehr wie von § 18 Abs. 1 Nr. 4 EStG vorgesehen für gesellschaftsrechtlich veranlasste Leistungen gezahlt. Das Carry-Vehikel erhält den CI gemäß dessen Legaldefinition allein für die Verwaltung des AIF, die auf schuldrechtlicher Grundlage (Managementvertrag) erbracht wird. Nichts anderes gilt für die im Carry-Vehikel beteiligten Fondsmanager, da allein der AIFM die Verwaltung erbringen darf (§ 17 Abs. 3 KAGB), eine Einlagerung von Portfolioaktivitäten an/in den AIF nicht möglich ist und die schuldrechtliche Verwaltungtätigkeit insoweit auch in Ansehung der einzelnen Fondsmanager wirkt. Nur im Fall der internen Verwaltung einer gInvKG ergeht der CI damit auf gesellschaftsrechtlicher Basis und kann im Ergebnis vergünstigt besteuert werden. Einer steuerrechtlichen Ungleichbehandlung zwischen beiden Verwaltungsvarianten lässt sich begegnen, wenn man sich zum Zwecke der Steuervergünstigung unter Aufrechterhaltung der Notwendigkeit einer gesellschaftsrechtlichen Beteiligung an der vermögensverwaltenden

Gesellschaft mit einer Leistungserbringung auf schuldrechtlicher Grundlage begnügt. Ebendies träfe auf das gesellschaftsrechtlich beteiligte Carry-Vehikel des extern verwalteten AIF zu, da sich die Zahlung des CI an das Carry-Vehikel als Vergütung für die Verwaltung des AIF darstellt und ebenjene Leistungserbringung mit Blick auf den schuldrechtlichen Managementvertrag zwischen AIF und AIFM als schuldrechtlich erbracht zu betrachten ist.

Ist der Einsatz einer Carry-KG zulässig, ist auch zu überlegen, mit wem die Konditionen des CI zu vereinbaren sind. Im Fall interner Verwaltung erfolgt die Vereinbarung auf gesellschaftsrechtlicher Basis mit der Carry-KG. Bei externer Verwaltung ist wegen der Koppelung von CI und Verwaltungsaufgabe nur der AIFM zuständig. Eine Auszahlung des CI auf Basis der gesellschaftsvertraglich mit der Carry-KG getroffenen Vereinbarung ist aber zulässig, wenn eine korrespondierende Vereinbarung im Verwaltervertrag existiert, die auf die zugunsten der Carry-KG getroffenen Regelung Bezug nimmt.

Folgte man der hier vertretenen Zulässigkeit des Einsatzes eines separaten Carry-Vehikels nicht, müsste der CI zwingend an den formell bezugsberechtigten AIFM gezahlt werden. Dieses Alternativszenario erlaubt jedoch keine steuervergünstigte Vereinnahmung des CI. Wenn man mit der herrschenden Ansicht eine gesellschaftsrechtliche Beteiligung im Rahmen von § 18 Abs. 1 Nr. 4 EStG fordert, müsste sich der interne AIFM zum Zwecke der Steuervergünstigung an sich selbst beteiligen. Das ist im Rahmen von InvAGs mfK. in den geltenden Grenzen zwar möglich, doch qualifizieren Kapitalgesellschaften nach Lesart des § 18 Abs. 1 Nr. 4 EStG durch das Bayerische Landesamt für Steuern nicht als „vermögensverwaltende Gesellschaften". Intern verwaltete gInvKGs können schon rechtlich keine eigenen Anteile halten. Interne KVGs könnten somit insgesamt nicht in den Genuss der Besteuerung nach Maßgabe des Teileinkünfteverfahrens gelangen. Die Steuervergünstigung könnte man, wenn dies rechtspolitisch gewollt wäre, nur erreichen, wenn man auf das Erfordernis der Beteiligtenstellung in dieser besonderen Konstellation ausnahmsweise verzichtete. Externen KVGs wird bei der Beteiligung am AIF regulierungsrechtlich und gesellschaftsrechtlich keine Hürde in den Weg gelegt, insbesondere können sie als GmbH & Co. KG strukturiert sein und auch die BaFin erlaubt eine Beteiligung als (geschäftsführender) Kommanditist. Doch steuerrechtlich wird man die externe KVG weder in der Rechtsform einer GmbH & Co. KG noch als Kapitalgesellschaft als kompatibles Carry-Vehikel aktivieren können. Zwar wird man eine für die Zwecke der Steuervergünstigung schädliche gewerbliche Tätigkeit verhindern können, wenn die Aktivität als KVG nicht am Markt angeboten wird. Aber das Problem, dass die steuerliche Privilegierung eine gesellschaftsrechtlich veranlasste Zweckförderung voraussetzt, die Verwaltung aber auf schuldrechtlicher Basis allein durch die KVG erbracht wird und werden darf, kann dieses Mal nicht unter Rückgriff auf Gerechtigkeitserwägungen aufgrund einer gebotenen Gleichbehandlung mit internen KVGs gelöst werden. Ist eine Steuervergünstigung für externe KVGs gleichwohl gewollt, müsste man auch hier auf das Erfordernis der gesellschaftsrechtlich veranlassten Zweckförderung verzichten.

B. VI. Die Frage nach der Regulierungskonformität des Carry-Vehikels stellt sich auch unter anderen Gesichtspunkten. Die AIF-Qualität des Carry-Vehikels ist abzulehnen, weil kein externes Kapital eingesammelt wird und der Einsatz eines Carry-Vehikels vielmehr als Maßnahme eines proaktiven Risikomanagements zu verstehen ist. Vornehmlich aufsichtsbehördlich wird auch die Bereichsausnahme für Arbeitnehmerbeteiligungssysteme in Stellung gebracht. Sollte über das Carry-Vehikel (oder über eine andere Gesellschaft) zugleich ein Co-Investment der relevanten AIFM-Mitarbeiter abgebildet werden, änderte dies nichts am fehlenden AIF-Status.

Strukturierungsfolgen beim Fonds im Hinblick auf die Einbindung einer Carry-KG sind zu gewärtigen, wenn die Carry-KG mehr als bloß eine für steuerliche Zwecke erforderliche Minimalbeteiligung am Kapital hält, in der Carry-KG nicht nur semiprofessionelle Anleger beteiligt sind und eine Kapitalzusage der Carry-KG im Fonds i. H. v. 200.000 Euro nicht umsetzbar ist. Dies würde in der Aufteilung der Carry-Struktur in zwei Gesellschaften münden. In der einen, die nur eine Minimalbeteiligung am Fonds hält, wären alle Carry-Berechtigten organisiert. In der anderen, in der sich nur semiprofessionelle Anleger beteiligen dürften, wäre das Kapital gepoolt.

Die Strukturierung von Co-Investment-Vehikeln für Investoren gestaltet sich so heterogen, dass sich jede pauschale Aussage in Bezug auf die Einordnung als AIF verbietet. Mit der aufsichtsbehördlichen Auslegung des Tatbestandsmerkmals des Einsammelns von Kapital könnte die AIF-Qualität z. B. dann abzulehnen sein, wenn die Möglichkeit für Co-Investment-Rechte statutarisch zugesichert wäre und aktive Investoren eigeninitiativ hiervon Gebrauch machen wollten. Demgegenüber wären Co-Investment-Vehikel dann AIFs, wenn die Gelder wie bei echten Parallelfonds eingesammelt würden.

6. Teil

Regulierung des Leveraged Buyout-Sektors

Mit diesem letzten und zugleich Hauptteil soll die nunmehr bestehende Regulierung im LBO-Sektor erarbeitet werden. Um die Tragweite des regulatorischen Paradigmenwechsels im LBO-Segment aus der nationalen Brille nachzuvollziehen, sollen in einem ersten Schritt die bislang maßgeblichen Regulierungsvorgaben für den Bereich LBO wiedergegeben und auf nationaler Ebene geäußerter Reformbedarf zusammengetragen werden (sogleich A.). Im Anschluss erfolgt eine breit angelegte Analyse der neuen Regulierungsvorgaben aus dem Blickwinkel des LBO-Segments (unter B.). Schließlich soll das neue Regulierungsgerüst mit dem auf nationaler Ebene konstatierten Reformbedarf abgeglichen werden (unter C.).

A. Bisheriger Regulierungsrahmen und Reformvorschläge

Einen verpflichtenden Regulierungsrahmen speziell für LBO-Fonds hat es in Deutschland nie gegeben.[1] Möglich war allein, für die besondere und hier nicht weiter relevante Regulierung nach dem UBGG zu optieren.[2] Das Gesetz zur Modernisierung der Rahmenbedingungen für Kapitalbeteiligungen (MoRaKG) vom 12. August 2008[3] hat dieses in einzelnen Punkten geändert, um die bisher gemachten Erfahrungen für weitere Verbesserungen zu nutzen.[4] Dem ursprünglich im Koalitionsvertrag von CDU, CSU und SPD vom 11. November 2005 angedachten Vorhaben eines einheitlichen Private Equity-Gesetzes durch Fortentwicklung des bestehenden Unternehmensbeteiligungsgesetzes wurde aber letztlich kein Leben eingehaucht.[5]

---

[1] *Kaserer/Achleitner/von Einem/Schierek*, Private Equity in Deutschland, S. 53; *Volhard/El-Qalqili*, CFL 2013, 202, 205: KAGB enthalte zum ersten Mal einen regulierten Rahmen für Private Equity-Branche; *Wetzig*, Regulierung des Grauen Kapitalmarkts, S. 34, 198: weitgehend nicht reguliert; *Möllers/Seidenschwann*, in: Möllers/Kloyer, Das neue KAGB, Rn. 1, 22.

[2] *Schatz*, in: Jesch/Striegel/Boxberger, Rechtshdb. Private Equity, § 4 Abschn. 3.3.: Wagniskapital- und Unternehmensbeteiligungsgesellschaften seien keine besondere Rechtsform, sondern ein möglicher Status.

[3] Gesetz zur Modernisierung der Rahmenbedingungen für Kapitalbeteiligungen (MoRaKG) vom 12. August 2008, BGBl. I, S. 1672.

[4] BegrRegE BT-Drs. 16/6311, S. 15 f.

[5] Koalitionsvertrag „Gemeinsam für Deutschland. Mit Mut und Menschlichkeit", S. 86; *Leible/Lehmann*, NZG 2008, 729, 730; krit. dazu *R. Koch*, in: Möllers/Kloyer, Das neue KAGB, Rn. 261, 267.

Anknüpfungspunkte für eine Regulierung konnten sich daher nur aus den allgemeinen Vorschriften der nationalen Regulierung für Produkte des Grauen Kapitalmarkts ergeben. Die Reichweite dieser Regulierung soll nachfolgend herausgearbeitet werden (unter I.). Der nachfolgende Überblick über regulatorische Anknüpfungspunkte gibt die Rechtslage ausschließlich bis zum Inkrafttreten des KAGB am 22. Juli 2013 wieder.[6] Im Anschluss werden die auf nationaler Ebene konstatierten Reformvorschläge erläutert (unter II.).

I. Bisheriger Regulierungsrahmen

Das bisherige Regelungsgeflecht soll im Hinblick auf die LBO-Fonds (sogleich 1.), die Management-Gesellschaft (unter 2.) und die Vertriebs- bzw. Emissionsregulierung (unter 3.) illustriert werden.

1. Fondsregulierung im Grauen Kapitalmarkt?

a) Vom KAGG a. F. zum InvG a. F.

Das Augenmerk ist zunächst auf die Vorgängerversionen des KAGB zu legen. Die Regulierung inländischer geschlossener Fonds vor Geltung des KAGB fand ihren Anfang mit Inkrafttreten des Drittes Finanzmarktförderungsgesetzes.[7] Dieses ermöglichte Initiatoren, den geschlossenen Fonds als sog. Investmentaktiengesellschaft gem. § 51 Abs. 1 KAGG a. F. zu errichten – verpflichtete sie jedoch *nicht* dazu.[8] Die üblichen Erscheinungsformen geschlossener Fonds, wie etwa Personenhandelsgesellschaften, wurden keiner Regulierung unterworfen. Mit Inkrafttreten des Investmentmodernisierungsgesetzes[9] im Jahr 2004 löste das InvG a. F. das KAGG a. F. ab. Das InvG a. F. leistete wie das KAGG a. F. keinen Beitrag zur Regulierung typischer Strukturen geschlossener Fonds. So wurden schon nach der Gesetzesbegründung „keine kollektiven Anlageformen in Personenhandelsgesellschaften oder andere Vertragskonstruktionen erfasst"[10]; sie blieben Produkte „des

---

[6] Der Graue Kapitalmarkt erlebt seitdem eine fortschreitende Verrechtlichung, s. das Kleinanlegerschutzgesetz vom 3. Juli 2015, BGBl. I, S. 1114.

[7] Gesetz zur weiteren Fortentwicklung des Finanzplatzes Deutschland (Drittes Finanzmarktförderungsgesetz) vom 27. März 1998, BGBl. I, S. 525.

[8] Die Investmentaktiengesellschaft fungierte damit lediglich als Gütesiegel, BegrRegE BT-Drs. 13/8933, S. 126.

[9] Gesetz zur Modernisierung des Investmentwesens und zur Besteuerung von Investmentvermögen (Investmentmodernisierungsgesetz) vom 15. Dezember 2003, BGBl. I, S. 2676.

[10] BegrRegE BT-Drs. 15/1553, S. 74.

nicht regulierten so genannten Grauen Kapitalmarktes"[11]. Die Auflage einer speziell auf die Erfordernisse von geschlossenen Fonds zugeschnittenen Investmentaktiengesellschaft, nun als sog. Investment-aktiengesellschaft mit fixem Kapital bezeichnet, war zunächst zwar weiterhin möglich. Das änderte sich jedoch schon bald. Grund hierfür war die mangelnde Praxisrelevanz dieses Vehikels.[12] In der Konsequenz wurden die hierauf gerichteten Vorschriften im Zuge des Investmentänderungsgesetzes[13] aus dem InvG a. F. gestrichen.[14]

Seit diesem Zeitpunkt waren vom InvG a. F. nur noch offene Fonds erfasst: Anleger im Rahmen von Sondervermögen (§ 37 Abs. 1 InvG a. F.) und Investmentaktiengesellschaften (§ 105 Abs. 2 InvG a. F., dort jedenfalls unter Beachtung der gesetzlichen Grenzen) konnten grundsätzlich jederzeit die Rücknahme ihrer Anteile verlangen, was mit dem Geschäftsmodell LBO, das auf illiquiden Märkten umgesetzt wird, nicht in Einklang zu bringen war.[15] Selbst bei einem Optieren für die jeweiligen Fondsvehikel wäre die Befolgung des Regulierungsregimes aus dem InvG a. F. mit einschneidenden und für LBO-Fonds hinderlichen[16] Anlagerestriktionen verbunden gewesen. So durften Investmentvermögen nur zu 20 Prozent in nicht börsennotierte Unternehmensbeteiligungen im Allgemeinen und fünf Prozent in einzelne Unternehmen investieren.[17] Das InvG a. F. wurde jedenfalls für auf Kontrollerwerb gerichtete geschlossene LBO-Fonds bedeutungslos.[18]

---

[11] Ebd., S. 76. Der Begriff des Grauen Kapitalmarkts ist einer eindeutigen Definition nicht zugänglich, s. auch *Wetzig*, Regulierung des Grauen Kapitalmarkts, S. 31 ff., 198: Private Equity-Fonds hätten zum Bereich des Grauen Kapitalmarkts gehört.

[12] Bis zum Zeitpunkt des Inkrafttretens des Investmentmodernisierungsgesetzes wurde keine einzige Investmentaktiengesellschaft unter dem KAGG a. F. gegründet; verantwortlich wurden die steuerliche Behandlung und die rechtlichen Rahmenbedingungen gemacht, s. BegrRegE, BT-Drs. 15/1553, S. 68; *Fischer/Friedrich*, ZBB 2013, 153, 158; *Thoma/Steck*, AG 2001, 330 sahen insbesondere das gesetzlich vorgeschriebene Preisbildungsverfahren für die Aktien kritisch, das eine Mitursache für das beobachtete Phänomen gewesen sein könnte, dass Anteile an geschlossenen Fonds nach Erstausgabe auf dem Zweitmarkt unter Berücksichtigung eines Wertabschlags gehandelt wurden (sog. „Market Discount Phenomenon").

[13] Gesetz zur Änderung des Investmentgesetzes und zur Anpassung anderer Vorschriften (Investmentänderungsgesetz) vom 21. Dezember 2007, BGBl. I, S. 3089.

[14] BegrRegE, BT-Drs. 16/5576, S. 50 f., 87, 89.

[15] *Kaserer/Achleitner/von Einem/Schierek*, Private Equity in Deutschland, S. 56; *Klebeck/Jesch*, CFL 2010, 372, 377.

[16] *Köndgen*, in: Berger/Steck/Lübbehüsen, InvG, § 1 Rn. 17; *Weiser*, in: Grieser/Heemann, Bankaufsichtsrecht, S. 727, 737; *Weitnauer*, in: Weitnauer, MBO, A Rn. 77; *Klebeck/Jesch*, CFL 2010, 372, 377; vgl. auch BegrRegE BT-Drs. 15/1553, S. 108: Mit den Anlagegrenzen „soll einerseits verhindert werden, dass Private-Equity-Fonds sich als „Hedge Funds" ausgeben und so die Möglichkeiten des Investmentgesetzes nutzen".

[17] Publikums-Sondervermögen: § 90 h Abs. 4 InvG a. F. bzw. Spezial-Sondervermögen: § 91 Abs. 2, Abs. 3 Nr. 4 i. V. m. § 90 h Abs. 4 InvG a. F. bzw. Investmentaktiengesellschaften: § 99 Abs. 3 Satz 1 i. V. m. § 90 h Abs. 4 InvG a. F.; *Jesch*, in: FrankKomm, KapAnlR Bd. 1, § 287 KAGB Rn. 18; *Herkströter/Krismanek*, in: Beckmann/Scholtz/Vollmer, Investment-Hdb., Losebl. (Stand: 5/15), 405 § 287 KAGB Rn. 4.

Wenngleich der Regulierungsansatz ein anderer ist, sei in diesem Zusammenhang darauf hingewiesen, dass auch der Vertrieb (§ 1 Satz 1 Nr. 3 InvG a. F.) ausländischer Private Equity-Fonds – die naturgemäß nicht die Erfordernisse des formellen Investmentbegriffes erfüllten – vom InvG a. F. unangetastet blieb, da diese Fonds nicht unter den materiellen Investmentbegriff des ausländischen Investmentvermögens i. S. des § 2 Abs. 8 InvG a. F. eingeordnet werden konnten. So wurden ausländische Personengesellschaften zunächst per se vom Begriff des ausländischen Investmentvermögens exkludiert.[19] Alternative Begründungsansätze brachten die vom früheren Bundesamt für das Kreditwesen (BAKred) zu § 1 Abs. 1 AuslInvG entwickelten Kriterien in Stellung, bei deren Vorliegen eine Anlage nach dem Grundsatz der Risikomischung abzulehnen war.[20] Mangels Anlage nach dem Grundsatz der Risikomischung hätte kein Investmentvermögens nach Maßgabe des § 1 Satz 2 InvG a. F. vorgelegen und damit auch kein ausländisches Investmentvermögen, da § 2 Abs. 8 InvG a. F. insoweit auf § 1 Satz 2 InvG a. F. verwiesen hat. Im Jahr 2008 ließ die BaFin letztlich verlautbaren, dass kein Investmentvermögen vorliege, wenn der Fonds in einem beachtlichen Umfang solche Unternehmensbeteiligungen erwerbe, deren Wert durch eine aktive unternehmerische Tätigkeit gesteigert werden sollte.[21] Die in diesem Kontext relevanten Kriterien (z. B. Erwerb von Mehrheitsbeteiligungen) wurden bereits in einem anderen Kontext erläutert[22] und ähnelten denen des BAKred stark. Nach diesem Maßstab konnten LBO-Fonds nicht als Investmentvermögen qualifizieren.[23] Davon abgesehen hätte es zur Qualifizierung als ausländisches Investmentvermögen ohnehin einer Anlage unter Einhaltung der oben aufgezeigten Anlagegrenzen bedurft.[24]

b) Regulierung im Kontext der MiFID I und FRUG: KWG und WpHG

Eine zunehmende Verrechtlichung des Grauen Kapitalmarkts als Playing Field für geschlossene Fonds wurde durch den Gesetzgeber im Bereich des KWG und WpHG

---

[18] *Köndgen*, in: Berger/Steck/Lübbehüsen, InvG, § 1 Rn. 17; *Weitnauer*, in: Weitnauer, MBO, A Rn. 77; *Wetzig*, Regulierung des Grauen Kapitalmarkts, S. 198: Private Equity-Fonds wären bislang nicht den strengen Regelungen des InvG unterworfen gewesen; *J. Schneider*, in: Möllers/Kloyer, Das neue KAGB, Rn. 179, 182; *R. Koch*, in: Möllers/Kloyer, Das neue KAGB, Rn. 261, 266.

[19] *BaFin* vom 2. 11. 2005, Schreiben an den BVI, den BAI und den VAB, WA 4/09, in: Beckmann/Scholtz/Vollmer, Losebl. (Stand: 5/11), 412 Nr. 11; anschaulich *Gemmel/Schierle*, BB 2008, 1144.

[20] *Geerling/Kost*, IStR 2005, 757 f.

[21] *BaFin* vom 22. 12. 2008, Rundschreiben 14/2008 (WA) zum Anwendungsbereich des Investmentgesetzes nach § 1 Satz 1 Nr. 3 InvG, Abschn. I. 4. lit. a.

[22] 4. Teil, A.I.

[23] *Köndgen*, in: Berger/Steck/Lübbehüsen, InvG, § 1 Rn. 17.

[24] *BaFin* vom 22. 12. 2008, Rundschreiben 14/2008 (WA) zum Anwendungsbereich des Investmentgesetzes nach § 1 Satz 1 Nr. 3 InvG, Abschn. I. 1. lit. d; *Weiser*, in: Grieser/Heemann, Bankaufsichtsrecht, S. 727, 737; *Klebeck/Jesch*, CFL 2010, 372, 378.

vorangetrieben, faktisch aber auch behördlicherseits durch (ausufernde) Verwaltungspraxis. Im Mittelpunkt für die Eröffnung des Anwendungsbereichs der erlaubnispflichtigen Tätigkeiten des KWG sowie der Transparenz- und Organisationsanforderungen des WpHG steht der Begriff des Finanzinstruments, dessen Bedeutung zu Beginn geklärt werden muss und auf den sich alle sodann erörterten Regulierungsansätze KWG und WpHG beziehen. Gerade das Erfordernis einer bankaufsichtsrechtlichen Erlaubnis nach § 32 Abs. 1 KWG für Fondsgesellschaften hätte Private Equity-Fonds, für die es bislang keinen eigenen regulatorischen Rahmen gab, wegen der für die Erteilung maßgeblichen Vorgaben, z. B. des Vorhaltens angemessener Eigenmittel und Liquidität nach § 10 Abs. 1 Satz 1 KWG oder der Einrichtung einer dem § 25a KWG gerecht werdenden Geschäftsorganisation, zu wesentlichen Umbrüchen gezwungen, was freilich mit unkalkulierbaren Ausweichreaktionen verbunden gewesen wäre.

aa) LBO und die Investition in Finanzinstrumente

Die erlaubnispflichtigen Bankgeschäfte und Finanzdienstleistungen nach KWG sowie die marktaufsichtsbezogene Pflichten nach sich ziehenden Wertpapierdienstleistungen gemäß WpHG verlaufen zu weiten Teilen parallel, weshalb die inhaltlich hier vorwiegend zu KWG gezogene Konturierung der erlaubnispflichtigen Tatbestände für die Reichweite der WpHG-Wertpapierdienstleistungen keine abweichende Bedeutung erlaubt.[25] Eine der Schwächen der KWG- und WpHG-Regulierungsansätze für den Bereich LBO offenbarte sich jedenfalls darin, dass sich die Fondsgesellschaft als Regulierungsadressatin nur fassen ließ, wenn sie in sog. Finanzinstrumente investierte. Bei den hier untersuchten LBO-Fonds, die Beteiligungen an nicht börsennotierten Unternehmen erwerben, bereitete das anfänglich Probleme. Der Begriff der Finanzinstrumente ist bzw. war in § 1 Abs. 11 KWG und in § 2 Abs. 2b WpHG a. F. geregelt. Für den Bereich Private Equity reicht die Erkenntnis, dass Wertpapiere unter den damaligen Begriff des Finanzinstruments nach KWG und WpHG fielen. Während Wertpapiere früher in § 1 Abs. 11 Satz 2 KWG a. F. in der Fassung durch das FRUG[26] definiert waren, blieb die Systematik des § 2 Abs. 1 WpHG a. F. insoweit stets unberührt. Die Begriffsdefinitionen in § 1 Abs. 11 Satz 2 KWG a. F. und § 2 Abs. 1 WpHG a. F. müssen im Zusammenhang gelesen werden, da beide durch die Begriffsbestimmung des Art. 4 Abs. 1 Nr. 18 der europäischen Finanzmarktrichtlinie MiFID I[27] vom 21. April 2004 veranlasst waren. Die

---

[25] *Kumpan*, in: Schwark/Zimmer, KMRK, § 2 WpHG Rn. 61.

[26] Gesetz zur Umsetzung der Richtlinie über Märkte für Finanzinstrumente und der Durchführungsrichtlinie der Kommission (Finanzmarktrichtlinie-Umsetzungsgesetz) vom 16. Juli 2008, BGBl. I, S. 1330.

[27] Richtlinie 2004/39/EG des Europäischen Parlaments und des Rates vom 21. April 2004 über Märkte für Finanzinstrumente, zur Änderung der Richtlinien 85/611/EWG und 93/6/EWG des Rates und der Richtlinie 2000/12/EG des Europäischen Parlaments und des Rates und zur Aufhebung der Richtlinie 93/22/EWG des Rates, ABl. Nr. L 145, S. 1.

Definition des Wertpapiers in § 1 Abs. 11 Satz 2 KWG a. F. war nahezu identisch mit der des § 2 Abs. 1 WpHG a. F. und enthielt lediglich geringfügige, für die hiesigen Zwecke zu vernachlässigende Abweichungen.[28] Wertpapiere nach § 1 Abs. 11 Satz 2 Nr. 1 KWG a. F. waren, auch wenn keine Urkunden über sie ausgestellt waren, alle Gattungen von übertragbaren Wertpapieren mit Ausnahme von Zahlungsinstrumenten, die ihrer Art nach auf den Kapitalmärkten/Finanzmärkten handelbar waren, insbesondere Aktien und andere Anteile an in- oder ausländischen juristischen Personen, Personengesellschaften und sonstigen Unternehmen, soweit sie Aktien vergleichbar waren, sowie Zertifikate, die Aktien vertraten.

Bei Aktien kam es schon nach der Gesetzesbegründung des FRUG nicht darauf an, ob sie an einem organisierten Markt handelbar waren, weswegen auch nicht frei handelbare Wertpapiere als „übertragbare Wertpapiere" eingestuft wurden.[29] Es war nicht einmal erforderlich, dass tatsächlicher Handel stattfand: Ausreichend war, wenn der Handel nach der Art des Anlageinstrumentes möglich war.[30] Deswegen war es für Aktien auch irrelevant, ob sie börsennotiert waren, da aufgrund ihrer Standardisierung die Handlungsmöglichkeit bestand. Bei einem Aktienerwerb war das Eingreifen von Erlaubnistatbeständen damit nicht ausgeschlossen.[31] Der Umgang mit GmbH-Anteilen war hingegen schwieriger. Die Abtretung von GmbH-Anteilen erfordert nach § 15 Abs. 3 GmbHG eine notarielle Beurkundung. Die Vergleichbarkeit mit der Handelbarkeit von Aktien und damit die Qualifikation von GmbH-Anteilen als Finanzinstrumente konnte man daher aus einem guten Grund ablehnen.[32] Die BaFin ordnete GmbH-Anteile allerdings im Jahr 2011 im Hinblick auf den durch das MoMiG aus dem Jahr 2008 ermöglichten Gutglaubenserwerb (§ 16 Abs. 3

---

[28] Während die Definition des Wertpapiers in § 1 Abs. 11 Satz 2 KWG a. F. alle übertragbaren Wertpapiere umfasste, die ihrer Art nach auf den „Kapitalmärkten" handelbar waren, verwendet § 2 Abs. 1 WpHG auch bis heute den Begriff der „Finanzmärkte", ohne dass für diese Abweichung ein Grund ersichtlich war, *Schäfer*, in: Boos/Fischer/Schulte-Mattler, KWG, 4. Aufl. 2011, § 1 Rn. 219. Darüber hinaus enthielt § 1 Abs. 11 Satz 2 KWG a. F. im Rahmen der Definition des Wertpapiers im Gegensatz zu § 2 Abs. 1 WpHG noch die beispielhafte Aufzählung von Anteilen an Investmentvermögen, die von einer Kapitalanlagegesellschaft oder einer ausländischen Investmentgesellschaft ausgegeben wurden (§ 1 Abs. 11 Satz 2 Nr. 4 KWG a. F.)

[29] BegrRegE BT-Drs. 16/4028, S. 54. Ebenso *Kumpan*, in: Schwark/Zimmer, KMRK, § 2 WpHG Rn. 9.

[30] *BaFin* vom 20.12.2011, Merkblatt – Hinweise zu Finanzinstrumenten nach § 1 Abs. 11 Satz 1 Nummern 1 bis 7 KWG (Aktien, Vermögensanlagen, Schuldtitel, sonstige Rechte, Anteile an Investmentvermögen, Geldmarktinstrumente, Devisen und Rechnungseinheiten), zuletzt geändert am 19.7.2013, Abschn. 2 lit. a) cc).

[31] Vgl. aber *Weiser/Jang*, BB 2011, 1219, 1221, nach denen Private Equity-Fonds (pauschal) nicht in Finanzinstrumente investieren würden. Ein Erwerb einer AG ist indes nicht auszuschließen, wenngleich GmbHs sicherlich das primäre Zielobjekt aus Gründen der Kapitalerhaltung und Corporate Governance sind. Davon unabhängig besteht die Möglichkeit zu Maßnahmen nach dem UmwG.

[32] *Schröder/Rahn*, GWR 2014, 49, 53; für § 2 Abs. 1 WpHG: *Kumpan*, in: Schwark/Zimmer, KMRK, § 2 WpHG Rn. 10, 18; *Lehmann*, Finanzinstrumente, S. 311; a. A. *Assmann*, in: Assmann/Schneider, WpHG, § 2 Rn. 16.

GmbHG) als Finanzinstrumente ein.[33] Für Anteile an ausländischen Gesellschaften war stets eine Einzelfallbetrachtung der Vergleichbarkeit vorzunehmen. Jedenfalls steht seit den Modifizierungen des Gesetzes zur Novellierung des Finanzanlagenvermittler- und Vermögensanlagenrechts am 1. Juni 2012 fest, dass auch GmbH-Anteile sowie entsprechende ausländische Beteiligungen, mithin Anteile, die eine Beteiligung am Ergebnis eines Unternehmens gewähren, als Finanzinstrumente qualifizieren.[34] Anteile an Personengesellschaften waren bis zu diesen Modifizierungen aus 2012 ebenso nicht erfasst. Für diesen Befund wird auf die noch im Zusammenhang mit der Regulierung der Emission und des Vertriebs zu erörternde Frage, ob Anteile an geschlossenen Fonds als Wertpapiere i. S. der MiFID I einzuordnen waren, verwiesen.[35]

Zu klären ist schließlich, ob der bei LBOs typische Einsatz eines Akquisitionsvehikels der Annahme einer Investition in Finanzinstrumente *durch den LBO-Fonds* als gewollten Regulierungsadressaten entgegenstehen konnte. Angesprochen ist damit die – im KAGB wiederkehrende[36] – Frage nach der Berechtigung eines „Look Through"-Ansatzes. Die Akquisitionsvehikel werden gerade deshalb eingesetzt, um eine Isolation unerwünschter Rechtswirkungen, etwa Haftungsrisiken oder steuerliche[37] Effekte, zu erreichen. Demgegenüber geht der Gesetzgeber im Aufsichtsrecht offenbar von einem Look Through aus. Denn in der Begründung zum Gesetz zur Fortentwicklung des Pfandbriefrechts, mit dem der erlaubnispflichtige Tatbestand der Anlageverwaltung in § 1 Abs. 1a Satz 2 Nr. 11 KWG eingeführt wurde, welcher ebenfalls eine Investition in Finanzinstrumente voraussetzt, stellt der Gesetzgeber Überlegungen dazu an, aus welchem Grund Private Equity-Fonds inhaltlich den Tatbestand nicht verwirklichen.[38] Potenziell erlaubnispflichtiges Rechtssubjekt ist für ihn damit allein der Private Equity-Fonds. Man mag sich dieser Folgerung unter Hinweis darauf erwehren, dass der Gesetzgeber womöglich von einem Direktinvestment ohne Rückgriff auf Objektgesellschaften ausgegangen ist. Angesichts der Atypik eines solchen Vorgehens vermag dieser Einwand bei lebensnaher Auslegung jedoch nicht zu überzeugen. Der Look Through muss wegen des bereits erörterten Gleichlaufs zwischen KWG und WpHG auch für sämtliche Wertpapierdienstleistungen nach WpHG gelten.

---

[33] *BaFin* vom 20. 12. 2011, Merkblatt – Hinweise zu Finanzinstrumenten nach § 1 Abs. 11 Sätze 1 bis 3 KWG (Wertpapiere, Geldmarktinstrumente, Devisen und Rechnungseinheiten), Abschn. 2 lit. b) aa) (1).

[34] *BaFin* vom 20. 12. 2011, Merkblatt – Hinweise zu Finanzinstrumenten nach § 1 Abs. 11 Satz 1 Nummern 1 bis 7 KWG (Aktien, Vermögensanlagen, Schuldtitel, sonstige Rechte, Anteile an Investmentvermögen, Geldmarktinstrumente, Devisen und Rechnungseinheiten), zuletzt geändert am 19. 7. 2013, Abschn. 2 lit. b) bb) (1).

[35] 6. Teil, A.I.3.b).

[36] 6. Teil, B.I.2.e)bb).

[37] 5. Teil, A.II.2.a)bb).

[38] BegrRegE BT-Drs. 16/11130, S. 43.

bb) Finanzkommissionsgeschäft?

Zu untersuchen ist, ob LBO-Fonds unter dem Gesichtspunkt des Finanzkommissionsgeschäfts nach § 1 Abs. 1 Satz 2 Nr. 4 KWG nach Maßgabe der Verwaltungspraxis der BaFin erlaubnispflichtig waren.

(1) Rechtsanwendungspraxis der BaFin

Die BaFin begegnete seit ihrer Gründung im Jahr 2002 diversen kollektiven Anlagemodellen mit Unterlassungs- und Abwicklungsverfügungen wegen des Betreibens von unerlaubten Finanzkommissionsgeschäften.[39] Die Anlagemodelle sahen die Ausgabe von Beteiligungen an Kommanditgesellschaften oder Gesellschaften bürgerlichen Rechts oder die Emission von schuldrechtlichen Beteiligungen wie als „Zertifikate" bezeichnete Genussrechte[40] bzw. Genussscheine und Schuldverschreibungen vor.[41] Das Pooling war überwiegend, aber nicht immer,[42] so konzipiert, dass die Gelder der Anleger in bei der Investition ausgewählte Portfolios flossen und im Folgenden das hierdurch gewonnene Anlagevermögen vom eigenen Betriebsvermögen des Emittenten getrennt wurde.[43] Die Beteiligung bestand sodann nur am Anlagevermögen.

Finanzkommissionsgeschäfte nach § 1 Abs. 1 Satz 2 Nr. 4 KWG kennzeichnen sich durch die Anschaffung und die Veräußerung von Finanzinstrumenten im eigenen Namen für fremde Rechnung. Unbestritten war, dass die Fondsgesellschaften die Finanzinstrumente im eigenen Namen anschafften. Problematisch war hingegen der Umgang mit dem Kriterium „für fremde Rechnung". Durch den vom KWG intendierten Anlegerschutz[44] vor unsachgemäßer Vermögensverwaltung geleitet, bejahte die BaFin dieses Merkmal und damit den Tatbestand des Finanzkommissionsgeschäfts insgesamt unter Heranziehung einer wirtschaftlichen Auslegung des § 1 Abs. 2 Satz 2 Nr. 4 KWG: Für die Verwirklichung des Handelns „für fremde Rechnung" würde es ausreichen, dass die Vor- und Nachteile der Anschaffung von Finanzinstrumenten sich unmittelbar beim Anleger auswirkten, wenn also zwar ein

---

[39] Jahresberichte der BaFin: 2002 Teil A, S. 25; 2003 Teil A, S. 74; 2004, S. 85; 2005, S. 189. Umfassend zur Rechtslage auch *Schäfer*, in: Boos/Fischer/Schulte-Mattler, KWG, CRR-VO, § 1 KWG Rn. 74 ff.

[40] Die Rechtsnatur der Genussrechte ist umstritten, nach überwiegender Auffassung sind sie schuldrechtliche Beteiligungen: BGH, Urt. v. 5.3.1959 – II ZR 145/57, WM 1959, 434, 436; LG Bremen, Urt. v. 2.11.1990 – 15 O 22/90, NJW-RR 1991, 615, 616; *Seiler*, in: Spindler/Stilz, AktG, § 221 Rn. 24; *Dreher*, ZIP 2004, 2161, 2168; a. A. offenbar VG Frankfurt a.M., Beschl. v. 7.5.2004 – 9 G 6496/03 (V), WM 2004, 1917, 1918: Verkauf von Genussrechten spreche für eine gesellschaftsrechtliche Lösung der Anlage.

[41] Jahresbericht BaFin 2003 Teil A, S. 74.

[42] *Fock*, ZBB 2004, 365, 368.

[43] Beispielhaft VG Frankfurt a.M., Beschl. v. 17.2.2003 – 9 G 5459/02 (V), JurionRS 2003, 33497; *Fock*, ZBB 2004, 365, 368; *Kind*, in: Lüdicke/Arndt, Geschlossene Fonds, S. 183 f.

[44] So die Erwägungsgründe der Richtlinie 93/22/EWG des Rates vom 10. Mai 1993 über Wertpapierdienstleistungen, ABl. Nr. L 141, S. 27, deren Umsetzung im KWG erfolgte.

rechtlich eigenes, bei wirtschaftlicher Betrachtungsweise aber fremdes Geschäft vorliege.[45] Die sonst üblichen aus dem Handelsrecht bekannten Abgrenzungskriterien (z. B. Provisionsabrede, zusätzlich ausgewiesene Ausgabeaufschläge, etc.)[46] zwischen Kommission und Eigengeschäft ignorierte die BaFin und konzentrierte sich allein und damit losgelöst von der handelsrechtlichen Kommission in §§ 383 ff. HGB auf das vorstehende Begriffsverständnis.

Die rechtliche Würdigung der BaFin beruhte auf einer Gleichsetzung von kollektiven Anlagemodellen, die gesellschaftsrechtliche Beteiligungen offerierten, mit denjenigen, die keine Gesellschaftsanteile ausgaben, sondern schlicht vergütete Dienstleistungen für die Anleger, also für fremde Rechnung, anboten. Erstere hätten sich nur zur Vermeidung der scharfen Rechtsfolgen des KWG im Gewand eines Fonds, der gesellschaftsrechtliche Beteiligungen ausgibt, strukturiert, sodass eine Trennlinie zwischen diesen beiden Anlagemodellen im Ergebnis nicht gezogen werden dürfte.[47] Im Fall der Ausgabe von schuldrechtlichen Beteiligungen erblickte die BaFin in der Verwaltung des vom Betriebsvermögen getrennten Anlagevermögens ein treuhänderisches Handeln und deshalb auch die Tätigkeit eines Finanzkommissionärs.[48] Charakteristisch war somit, dass die BaFin das Handeln der Fondsgesellschaft unabhängig von der Beteiligungsmöglichkeit der Anleger (schuldrechtlich oder gesellschaftsrechtlich) als Dienstleistung – konkreter: Geschäftsbesorgung – für die Anleger einordnete, auch wenn diese nur als mittelbare Gesellschafter über eine Treuhand beteiligt waren, sowie die Einnahme der Anlegergelder nicht als bloße Finanzierung des Geschäftsbetriebs qualifizierte.

(2) Anwendung auf LBO-Fonds

Aus den Jahresberichten der BaFin geht nicht hervor, ob auch Private Equity-Fonds Adressaten der behördlichen Verfügungen waren. Ein entsprechendes Echo war in der Literatur nicht zu vernehmen.[49] Es lässt sich zwar tatsächlich ein Fall recherchieren, in dem der Adressat der aufsichtsbehördlichen Abwicklungsverfügung den Anlegern unter verschiedenen Portfolios sogar ein auch auf den Erwerb von „Private Equity-Beteiligungen, Private Equity Fonds und Mezzanine-Finanzierungen" gerichtetes Private Equity-Portfolio anbot.[50] Doch angesichts der geringen Zeichnungssumme von 10.100 Euro und im Hinblick darauf, dass nur 16,2 Prozent des Fondskapitals in das Private Equity-Portfolio fließen sollten, standen typische

---

[45] Bestätigt durch die Rechtsprechung, s. VG Frankfurt a.M., Beschl. v. 12. 6. 2003 – 9 G 955/03 (1), JurionRS 2003, 43439.

[46] *Hopt*, in: Baumbach/Hopt, HGB, § 383 Rn. 7; *Häuser*, in: MünchKomm, HGB, § 383 Rn. 30 ff.; *Roth*, in: Koller/Kindler/Roth/Morck, HGB, § 383 Rn. 4; *Füller*, in: Ebenroth/Boujong/Joost/Strohn, HGB, § 383 Rn. 17.

[47] Jahresbericht BaFin 2005, S. 190; zustimmend VG Frankfurt a.M., Beschl. v. 16. 11. 2004 – 9 G 3823/04 (V), WM 2005, 515, 517: „äußerer Rechtsmantel".

[48] Jahresbericht BaFin 2004, S. 85.

[49] s. aber *Berger*, Regulierung der Management-Ebene bei Private Equity-Fonds, S. 65.

[50] Ausweislich des Tatbestandes bei BGH, Urt. v. 7. 12. 2009 – II ZR 15/08, WM 2010, 262.

Private Equity-Fonds augenscheinlich nicht im Visier der Aufsicht. Davon unabhängig lassen sich zwischen den Adressaten der Verfügungen und LBO-Fonds Gemeinsamkeiten und Unterschiede identifizieren. Aus den Jahresberichten der BaFin und dem vorstehenden Fall ist abzulesen, dass es auch um die Ausgabe von Kommanditanteilen und die anschließende Anlage des Kommanditkapitals in Wertpapieren ging.[51] Die gesellschaftsrechtliche Beteiligung über Kommanditgesellschaften ist ebenso für den Bereich der LBO-Fonds typisch. Die Anlage in Wertpapieren konnte im Bereich Private Equity zu dem damaligen Zeitpunkt hingegen nur insoweit relevant sein, wie in AGs als Zielgesellschaften investiert wurde. Die Anbieter der von der BaFin adressierten kollektiven Anlagemodelle vereinbarten oft gewinnunabhängige Vergütungen mit den Anlegern, was sie dazu motivierte, lediglich auf den Fortbestand der Anlageprodukte zu achten, während eine Wertentwicklung der Finanzinstrumente für sie von nachrangiger Bedeutung war.[52] Auch bei LBO-Fonds werden erfolgungsunabhängige Management Fees gezahlt.[53] Zudem fehlt es an Performance Fees, die an den Nettoinventarwert der Vermögensgegenstände des Fonds geknüpft sind.[54] Andererseits ist zu konzedieren, dass das Segment Private Equity nicht ohne gewinnabhängige Vergütungen (Carried Interest) auskommt. Ein gewichtiger Unterschied bestand schließlich darin, dass den Anlegern offenbar die Möglichkeit zur Rückgabe ihrer erworbenen Beteiligungen anheimgestellt wurde,[55] was für LBO-Fonds mit Blick auf die Problematik der Fristeninkongruenz vermieden wird.

Entscheidendes Kriterium, damit auch LBO-Fonds in den Sog der Erlaubnispflichtigkeit wegen des Erbringens des Finanzkommissionsgeschäfts nach Lesart der BaFin hätten geraten können, war jedenfalls der Dienstleistungscharakter des Geschäftsmodells. Dieser wäre wohl anzunehmen gewesen, wenn die Beteiligungs- und Mitwirkungsrechte der Anleger weitgehend ausgeschaltet geworden wären. Denn auch das BVerwG erblickte im Jahr 2004 bei einem Anlagemodell, bei dem Anleger im Wege einer solch ausgehöhlten Gesellschafterposition partizipierten, einen Dienstleistungscharakter.[56] Diese Rechtsprechung erging zwar im Zusammenhang mit der Verwirklichung der Finanzportfolioverwaltung durch den Geschäftsführer einer Publikums-BGB-Außengesellschaft, doch für die Frage des Dienstleistungscharakters rechtfertigt sich keine unterschiedliche Würdigung. Die Geschäftsführertätigkeit wird der Gesellschaft zugerechnet, sodass auch diese erlaubnispflichtig würde.[57] Typische Private Equity-Fonds wurden hiervon nicht erreicht. Denn das

---

[51] Jahresberichte der BaFin: 2003 Teil A, S. 74; 2005, S. 189.

[52] Jahresbericht der BaFin 2005, S. 190.

[53] 6. Teil, B.II.7.c)aa).

[54] 6. Teil, B.II.8.a).

[55] Jahresbericht der BaFin 2003, S. 74.

[56] BVerwG, Urt. v. 22.9.2004 – 6 C 29/03, BVerwGE 122, 29, 37 ff. Ausführlich 6. Teil, A.I.1.b)cc)(2).

[57] BVerwG, Urt. v. 24.2.2010 – 8 C 10/09, NZG 2011, 114; a.A. noch VGH Kassel, Urt. v. 5.11.2008 – 6 A 713/08, BeckRS 2010, 49824.

BVerwG anerkannte, dass das KWG juristische Personen, die hinsichtlich des eigenen Vermögens stets Eigenverwaltung erbrachten, mit anderen Personenhandelsgesellschaften gleichstellte.[58] Auch bei GmbH & Co. KGs findet daher in Bezug auf das eigene Vermögen der Gesellschaft nur die Eigenverwaltung statt. Sowieso ist es bei einer KG der Regelfall, dass die Mitgesellschafter (Kommanditisten) von der Geschäftsführung und damit von der Mitwirkung bei der Vermögensverwaltung ausgeschlossen sind.[59] Im Bereich LBO werden zudem die Beitrittskonditionen ausgehandelt. Verschiedene Gesellschafterrechte wie Auskunftsverlangen können ausgeübt werden, zudem wird regelmäßig ein Anlegergremium eingerichtet.[60] Mitsprecherechte können auch über Co-Investment-Möglichkeiten statutarisch abgesichert werden. Gegen die von der BaFin verübte Praxis richtete sich ohnehin bereits nach kurzem die Kritik der Literatur,[61] ab 2005 auch die unterinstanzliche Rechtsprechung,[62] gefolgt ab 2006 von der oberinstanzlichen Rechtsprechung[63] und im Jahr 2008 letztlich auch vom BVerwG[64]. Letzteres bestätigte, dass die wirtschaftliche Auslegung der BaFin, wenn auch auf Kosten des Anlegerschutzes, nicht mit dem an den §§ 383 ff. HGB zu orientierendem Verständnis des § 1 Abs. 1 Satz 2 Nr. 4 KWG vereinbar gewesen sei.

---

[58] BVerwG, Urt. v. 22.9.2004 – 6 C 29/03, BVerwGE 122, 29, 42.

[59] § 164 Satz 1 HGB.

[60] *Boué/Kehlbeck/Leonhartsberger-Heilig*, Basiswissen Private Equity, Abschn. 7.3.3., 7.3.4.

[61] Der Begriff des Finanzkommissionsgeschäfts müsse sich an dem Begriffsverständnis der handelsrechtlichen Kommission orientieren, so: *Dreher*, ZIP 2004, 2161, 2162; *Hammen*, WM 2005, 813, 814, 816 f.; *Wolf*, DB 2005, 1723, 1724; *Fock*, ZBB 2004, 365, 367 f.; a. A. *Sahavi*, ZIP 2005, 929, 934: Finanzkommissionsgeschäft habe nur Teilidentität mit handelsrechtlicher Kommission; *Eßer*, WM 2008, 671, 674; *Voge*, WM 2007, 1640, 1641 ff.

[62] Die Rechtsanwendungspraxis der BaFin fand zu Beginn Zuspruch bei der zunächst zuständigen neunten Kammer des VG Frankfurt a.M. unter gleichzeitiger Bestätigung durch den VGH Kassel: VG Frankfurt a.M., Beschl. v. 17.2.2003 – 9 G 5459/02 (V), JurionRS 2003, 33497; VG Frankfurt a.M., Beschl. v. 12.6.2003 – 9 G 955/03 (1), JurionRS 2003, 43439 bestätigt durch VGH Kassel, Urt. v. 27.8.2003 – 6 TG 1581/03, JurionRS 2003, 41513; VG Frankfurt a.M., Beschl. v. 4.12.2003 – 9 G 6822/03, JurionRS 2003, 40380; VG Frankfurt a.M., Beschl. v. 7.5.2004 – 9 G 6496/03 (V), WM 2004, 1917; VG Frankfurt a.M., Beschl. v. 16.11.2004 – 9 G 3823/04 (V), WM 2005, 515. Die anfängliche Befürwortung schlug jedoch schon im Jahr 2005 – nach gerichtsinterner Zuständigkeitsänderung – unter Zuständigkeit der ersten Kammer des VG Frankfurt a.M. in erste Zweifel um, so: VG Frankfurt a.M., Beschl. v. 25.7.2005 – 1 G 1938/05 (V), DB 2005, 2014; VG Frankfurt a.M., Beschl. v. 5.8.2005 – 1 G 5800/04, WM 2005, 2036; beide Beschlüsse enthalten die gleichen inhaltlichen Aussagen. Die Zweifel mündeten schließlich noch im gleichen Jahr in einer Abkehr von der Ansicht der BaFin, so: VG Frankfurt a.M., Urt. v. 27.10.2005 – 1 E 1159/05, DB 2005, 2628; zustimmend *Gstädtner/Elicker*, BKR 2006, 437, 442 f.

[63] VGH Hessen, Beschl. v. 14.2.2006 – 6 TG 1447/05, ZIP 2006, 800; VGH Hessen, Urt. v. 13.12.2006 – 6 UE 3083/05, ZIP 2007, 999.

[64] BVerwG, Urt. v. 27.2.2008 – 6 C 11.07, BVerwGE 130, 262. Bestätigt durch BVerwG, Urt. v. 8.7.2009 – 8 C 4/09, ZIP 2009, 1899.

cc) Erlaubnispflicht aufgrund vermögensverwaltender Tätigkeit?

§ 1 KWG enthält keinen generellen Tatbestand der Vermögensverwaltung.[65] Die Vermögensverwaltung ist ein Oberbegriff, unter den verschiedene erlaubnispflichtige Geschäfte gezählt werden. Dazu gehörte das Investmentgeschäft nach § 1 Abs. 1 Satz 2 Nr. 6 KWG a. F. in der bis zum Inkrafttreten des Investmentänderungsgesetzes am 28. Dezember 2007 geltenden Fassung (nach der Aufhebung dieser Bestimmung ausschließlich im mittlerweile aufgehobenen Investmentgesetz geregelt gewesen). Die Vermögensverwaltung umfasst auch die Finanzportfolioverwaltung nach § 1 Abs. 1a Satz 2 Nr. 3 KWG[66] sowie seit dem 26. März 2009 die Anlageverwaltung gem. § 1 Abs. 1 Satz 2 Nr. 11 KWG[67]. Die Erlaubnispflichtigkeit wird auf Basis dieser Differenzierung untersucht.

(1) Investmentgeschäft?

Das Investmentgeschäft war bis zum Inkrafttreten des Investmentänderungsgesetzes am 28. Dezember 2007 ein Bankgeschäft gem. § 1 Abs. 1 Satz 2 Nr. 6 KWG a. F. Das KWG nahm keine eigene Begriffsbestimmung vor, sondern definierte Investmentgeschäfte unter Verweis auf die in § 7 Abs. 2 InvG a. F. bezeichneten Geschäfte. Die dort genannten Tätigkeiten waren einerseits die Verwaltung von Investmentvermögen und andererseits Dienstleistungen bzw. Nebendienstleistungen, die von der Kapitalanlagegesellschaft neben der Verwaltung von Investmentvermögen erbracht werden durften (z. B. individuelle Vermögensverwaltung). Die Einordnung des Investmentgeschäfts als erlaubnispflichtiges Bankgeschäft nach KWG war logische Konsequenz dessen, dass Kapitalanlagegesellschaften nach §§ 2 Abs. 6, 6 Abs. 1 des InvG a. F. in der durch das Investmentmodernisierungsgesetz geltenden Fassung nur Kreditinstitute sein konnten.[68]

Zwei kurz aufeinander folgende Beschlüsse des VG Frankfurt a.M. stifteten wegen dessen Umgang mit dem Verweis auf § 7 Abs. 2 InvG a. F. Verwirrung.[69] So unterwarf das VG Frankfurt a.M. entgegen der h.L.[70] zwei geschlossene *Fondsgesellschaften* einer Erlaubnispflicht wegen des Betreibens von Investmentgeschäften, weil sich ihre Geschäftsmodelle materiell als Verwaltung von Investmentvermögen darstellten; dem lag die Vorstellung zugrunde, dass sämtliche kollektive Vermögensanlagen erfasst sein sollen, die nach dem Grundsatz der Risikomischung angelegt werden. Das Verwaltungsgericht anerkannte also eine rechtsformunabhängige

---

[65] VGH Hessen, Urt. v. 13. 12. 2006 – 6 UE 3083/05, ZIP 2007, 999, 1003.

[66] BVerwG, Urt. v. 27. 2. 2008 – 6 C 11.07, BVerwGE 130, 262 Rn. 29.

[67] Gesetz zur Fortentwicklung des Pfandbriefrechts vom 20. März 2009, BGBl. I, S. 616.

[68] *Schäfer,* in: Boos/Fischer/Schulte-Mattler, KWG, CRR-VO, § 1 KWG Rn. 85.

[69] VG Frankfurt a.M., Beschl. v. 25. 7. 2005 – 1 G 1938/05 (V), ZIP 2005, 1500; VG Frankfurt a.M., Beschl. v. 5. 8. 2005 – 1 G 5800/04, WM 2005, 2036.

[70] *Kümpel,* Bank- u. KapMarktR, 3. Aufl. 2004, Rn. 12.64; *Sahavi,* ZIP 2005, 929, 931; *Fock,* ZBB 2004, 365, 367; *Köndgen/Schmies,* WM 2004 Sonderbeil. Nr. 1, 1, 6; *Görner/ Dreher,* ZIP 2005, 2139 ff.

Geltung des § 7 Abs. 2 InvG a. F. aufgrund der Verweisungsvorschrift des § 1 Abs. 1 Satz 2 Nr. 6 KWG a. F. (sog. *materieller Investmentbegriff*). Bei konsequenter Anwendung dieser Rechtsprechung hätte das auch für risikogemischte LBO-*Fonds* eine bankaufsichtsrechtliche Erlaubnispflicht nach sich ziehen müssen. Das VG Frankfurt a.M. würdigte allerdings den Verweis aus dem KWG nicht zutreffend. Da § 7 Abs. 2 InvG a. F. eine Vorschrift aus dem Regulierungsbereich der Kapitalanlagegesellschaften (§ 6 InvG a. F.) war, konnte eine Erlaubnispflicht wegen des Betreibens eines Bankgeschäfts in Form des Investmentgeschäfts nur in Frage kommen, wenn die betroffene Gesellschaft als Kapitalanlagegesellschaft (entweder als AG oder als GmbH, § 6 Abs. 1 Satz 2 InvG a. F.) und damit als Kreditinstitut gegründet war (sog. *formeller Investmentbegriff*). Darauf deutet auch die Gesetzesbegründung hin: „Das Investmentgeschäft entspricht den nach § 7 Abs. 2 Investmentgesetz zulässigen Tätigkeiten einer Kapitalanlagegesellschaft"[71]. Das InvG a. F. war ausschließlich optionale Regulierung, ohne dass damit Implikationen für Anlagemodelle außerhalb dieser Regulierung verbunden waren.[72] Schon kurze Zeit später hat das VG Frankfurt a.M. deshalb unter Rekurs auf die vorstehende Argumentation seine Rechtsprechung aufgegeben und ist fortan dem formellen Investmentbegriff – mit anschließender Bestätigung vom VGH Kassel[73] – gefolgt,[74] sodass auch insofern Entwarnung für LBO-Fonds gegeben war.

(2) Finanzportfolioverwaltung?

Unter Finanzportfolioverwaltung versteht § 1 Abs. 1a Satz 2 Nr. 3 KWG die Verwaltung einzelner in Finanzinstrumente angelegter Vermögen für andere mit Entscheidungsspielraum. Typisch ist also der Dienstleistungscharakter für den Vermögensinhaber. Die Verwaltungstätigkeit bezieht sich dabei auf einzelne Kundenvermögen.[75] Eine Verwaltung „für andere" scheidet aus, wenn eigenes Vermögen verwaltet wird.[76] Zwar wurden in einem Schreiben der BaFin vom 21. Februar 2003 Geschäftsführer von GbR-Investmentclubs als Finanzportfolioverwalter eingeordnet.[77] Dies wurde höchstrichterlich bestätigt, da auch das BVerwG im Jahr 2004 eine Verwaltungstätigkeit „für andere" bei der Geschäftsführung einer (Publikums-)

---

[71] BegrRegE BT-Drs. 15/1553, S. 134.

[72] VG Frankfurt a.M., Urt. v. 27.10.2005 – 1 E 1159/05, DB 2005, 2628, 2629 f.

[73] VGH Kassel, Beschl. v. 14.2.2006 – 6 TG 1447/05, ZIP 2006, 800, 804 f.; BVerwG, Urt. v. 27.2.2008 – 6 C 11.07, BVerwGE 130, 262 Rn. 57.

[74] VG Frankfurt a.M., Urt. v. 27.10.2005 – 1 E 1159/05, DB 2005, 2628, 2629 f.

[75] *BaFin* vom 3.1.2011, Merkblatt – Hinweise zum Tatbestand der Finanzportfolioverwaltung, zuletzt geändert am 11.6.2014, Abschn. 1 lit. a.

[76] *Schäfer*, in: Boos/Fischer/Schulte-Mattler, KWG, CRR-VO, § 1 KWG Rn. 159.

[77] Abrufbar unter http://www.class-actions.de/BaFin-Verfuegung.295.0.html (zuletzt abgerufen am 27.8.2017). Krit. dazu *Schäfer*, in: Boos/Fischer/Schulte-Mattler, KWG, CRR-VO, § 1 KWG Rn. 161 ff. Diese Rechtslage gilt unverändert auch heute, s. *BaFin* vom 3.1.2011, Merkblatt – Hinweise zum Tatbestand der Finanzportfolioverwaltung, zuletzt geändert am 11.6.2014, Abschn. 1 lit. c.

BGB-Außengesellschaft erblickte.[78] Zugleich musste dies aus Gründen der Zurechnung dazu führen, dass auch die Gesellschaft der Erlaubnispflicht unterlag.[79] Die BaFin hat die Ergebnisse der Rechtsprechung des BVerwG im Anschluss in ihre Verwaltungspraxis überführt.[80] Doch typische Private Equity-Vehikel konnten hiermit nicht erreicht werden. Insoweit kann auf die bisherigen Ausführungen zum Finanzkommissionsgeschäft verwiesen werden.

(3) Anlageverwaltung?

Das BVerwG hatte im Jahr 2008 der bisherigen Rechtsanwendungspraxis der BaFin bei Finanzkommissionsgeschäften eine Absage erteilt.[81] Gleichzeitig hat es jedoch betont, dass die Auffassung der Aufsichtsbehörde dem Anlegerschutz „möglicherweise besser dienen würde"[82]. Als Reaktion hierauf führte der Gesetzgeber mit Inkrafttreten des Gesetzes zur Fortentwicklung des Pfandbriefrechts[83] am 26. März 2009 den neuen erlaubnispflichtigen Tatbestand der Anlageverwaltung gem. § 1 Abs. 1a Satz 2 Nr. 11 KWG bei den Finanzdienstleistungen ein, um auf diese Weise dem Anlegerschutz Rechnung zu tragen.[84] Anlageverwaltung war demnach die Anschaffung und die Veräußerung von Finanzinstrumenten für eine Gemeinschaft von Anlegern, die natürliche Personen sind, mit Entscheidungsspielraum bei der Auswahl der Finanzinstrumente, sofern dies ein Schwerpunkt des angebotenen Produkts ist und zu dem Zweck erfolgt, dass diese Anleger an der Wertentwicklung der erworbenen Finanzinstrumente teilnehmen.[85] Bei LBO-Fonds werden die Anlegergelder zwar sogar über gesellschaftsrechtliche Verbindungen gepoolt, adressiert werden jedoch überwiegend institutionelle Anleger,[86] die gerade keine natürlichen Personen i. S. des Tatbestands waren.

Zu beachten ist des Weiteren, dass den Entscheidungsträgern bei Anlageentscheidungen zwar ein Entscheidungsspielraum eingeräumt wird, die Anlage aber schwerpunktmäßig in Finanzinstrumenten zu erfolgen hat. Für den Bereich Private Equity war das bei Einführung des Tatbestands nur insoweit relevant, wie ein In-

---

[78] BVerwG, Urt. v. 22. 9. 2004 – 6 C 29/03, BVerwGE 122, 29; bestätigt durch BVerwG, Urt. v. 27. 2. 2. 2008 – 6 C 11.07, BVerwGE 130, 262 Rn. 58; zust. *Eßer*, WM 2008, 671; krit. *Schäfer*, in: Boos/Fischer/Schulte-Mattler, KWG, CRR-VO, § 1 KWG Rn. 164; *Volhard/Wilkens*, in: Grieser/Heemann, Bankaufsichtsrecht, S. 705, 718.

[79] Vgl. bereits 6. Teil, A.I.1.b)bb)(2).

[80] *BaFin* vom 3. 1. 2011, Merkblatt – Hinweise zum Tatbestand der Finanzportfolioverwaltung, zuletzt geändert am 11. 6. 2014, Abschn. 1 lit. c.

[81] Zu dieser bereits 6. Teil, A.I.1.b)bb).

[82] BVerwG, Urt. v. 27. 2. 2008 – 6 C 11.07, BVerwGE 130, 262 Rn. 26.

[83] Gesetz zur Fortentwicklung des Pfandbriefrechts vom 20. März 2009, BGBl. I, S. 616.

[84] BegrRegE BT-Drs. 16/11130, S. 43.

[85] § 1 Abs. 1a Satz 2 Nr. 11 KWG in der durch das Gesetz zur Fortentwicklung des Pfandbriefrechts geltenden Fassung.

[86] 2. Teil, A.II.2.

vestment in AGs erfolgte.[87] Als bloße Nebentätigkeit ausgeführte Investments in Finanzinstrumenten, etwa die Anlage von Liquiditätsreserven, wie im Fall Private Equity – so die Gesetzesbegründung[88] – sollen nicht unter den Tatbestand der Anlageverwaltung fallen. In der Gesetzesbegründung liest man weiter, dass selbst bei einer Anlage in AGs als Zielgesellschaften die Erlaubnispflicht von Private Equity-Fonds im Ergebnis abzulehnen war.[89] Denn der Zweck des Investments muss darin liegen, dass die Anleger wirtschaftlich die Vor- und Nachteile treffen, indem sie an der Wertentwicklung der erworbenen Finanzinstrumente teilnehmen.[90] War die Anlage aber wie bei LBO-Fonds darauf gerichtet, im Wege der erworbenen Anteile unternehmerische Entscheidungen zu treffen und so in den Verantwortungsbereich der Zielgesellschaften einzudringen, fungierte das Investment nicht als bloße Teilhabeplattform für die Wertentwicklung zugunsten der Anleger.[91] Die geschilderte Weiterentwicklung des Finanzinstrumentebegriffs ab dem Jahr 2011 war deshalb für die Bewertung der Erlaubnispflichtigkeit von LBO-Fonds in Ansehung des Tatbestands der Anlageverwaltung im Ergebnis ohne Bedeutung.

(4) Eigenhandel und Eigengeschäft?

Mit dem FRUG hat sich der Gesetzgeber dem Umstand angenommen, dass die Finanzmarktrichtlinie keine Differenzierung vornimmt, ob ein Handel auf eigene Rechnung für andere, also mit Kundenbezug, oder ohne Kundenbezug stattfindet.

(a) Anwendungsbereich des Eigengeschäfts und des Eigenhandels

Infolgedessen wurde der bereits in § 1 Abs. 1a Satz 2 Nr. 4 KWG a. F. verankerte Erlaubnistatbestand des sog. Eigenhandels leicht geändert und als das Anschaffen und die Veräußerung von Finanzinstrumenten für eigene Rechnung als Dienstleistung für andere geführt. Daneben wurde im Wege einer Fiktion das Anschaffen oder Veräußern von Finanzinstrumenten für eigene Rechnung, ohne Dienstleistung für andere im vorbezeichneten Sinne darzustellen, gem. § 1 Abs. 1a Satz 3 KWG a.F als sog. Eigengeschäft einer Finanzdienstleistung gleichgestellt.[92] Zuvor war die Verwaltung des gesellschaftseigenen Vermögens regulierungsrechtlich unerheblich.[93] Der zu dieser Zeit neue Genehmigungstatbestand sah jedoch diverse Ausnahmen in § 2 Abs. 6 Satz 1 Nr. 9, 11, 13 und 14 KWG a. F. vor. Zu nennen war insbesondere die

---

[87] Ausführlich 6. Teil, A.I.1.b)aa).

[88] BegrRegE BT-Drs. 16/11130, S. 43; *BaFin* vom 13.10.2011, Merkblatt – Hinweise zum Tatbestand der Anlageverwaltung, zuletzt geändert am 26.7.2013, Abschn. 2 lit. e.

[89] BegrRegE BT-Drs. 16/11130, S. 43 f.; *Weitnauer*, in: Weitnauer, MBO, A Rn. 78 lehnt eine Erlaubnispflicht aufgrund des Erbringens der Anlageverwaltung ohne Begründung ab.

[90] *Schäfer*, in: Boos/Fischer/Schulte-Mattler, KWG, CRR-VO, § 1 KWG Rn. 196; *Volhard/ Wilkens*, in: Grieser/Heemann, Bankaufsichtsrecht, S. 705, 711.

[91] BegrRegE BT-Drs. 16/11130, S. 43 f.; *Schäfer*, in: Boos/Fischer/Schulte-Mattler, KWG, CRR-VO, § 1 KWG Rn. 196; *Wetzig*, Regulierung des Grauen Kapitalmarkts, S. 35.

[92] BegrRegE BT-Drs. 16/4028, S. 90.

[93] VGH Kassel, Urt. v. 5.11.2008 – 6 A 713/08, BeckRS 2010, 49824.

Ausnahme nach § 2 Abs. 6 Satz 1 Nr. 14 KWG a. F., wenn das Eigengeschäft oder der Eigenhandel die einzig ausgeübte *Finanzdienstleistung* war und das Unternehmen nicht als „Market Maker an Börsen oder in Handelssystemen" oder als „Handelssystemanbieter" qualifizierte.[94]

Das Gesetz zur Umsetzung der geänderten Bankenrichtlinie und der geänderten Kapitaladäquanzrichtlinie vom 19. November 2010[95] strich die Regelung des Eigengeschäfts unter § 1 Abs. 1a Satz 3 KWG a. F. und führte stattdessen eine Erlaubnispflicht für das Eigengeschäft unter dem neuen § 32 Abs. 1a KWG ein.[96] Ferner entfiel die Ausnahmeregelung des § 2 Abs. 6 Satz 1 Nr. 14 KWG a. F. ersatzlos. § 32 Abs. 1a KWG ist neben dem Tatbestand der Anlageverwaltung anzuwenden,[97] doch war die Anlageverwaltung im Bereich LBO ohnehin nicht von Bedeutung. Gleichzeitig wurde die Definition des Eigenhandels unter § 1 Abs. 1a Satz 2 Nr. 4 KWG a. F. erweitert. Diese Änderung kann für die hiesigen Zwecke außer Acht gelassen werden, zumal das Herzstück des Wortlauts – das Anschaffen und Veräußern von Finanzinstrumenten für eigene Rechnung als Dienstleistung für andere – unter der geringfügigen Abweichung, dass es nicht mehr „Anschaffen und Veräußern", sondern nun „Anschaffen oder Veräußern" hieß, beibehalten wurde.[98] Eine Erlaubnis nach § 32 Abs. 1a KWG für das Betreiben von Eigengeschäften bedarf seit diesem Zeitpunkt an nur, wer daneben noch *Bankgeschäfte* oder *Finanzdienstleistungen* i. S. des § 1 Abs. 1a Satz 2 Nr. 1 bis 5 und 11 KWG erbringt. Finanzinstitute, die hingegen das Factoring, das Finanzierungsleasing oder das Sortengeschäft und sonst nur Eigengeschäft betreiben, sollen bei letzterem keinem weiteren Aufsichtsregime unterworfen werden.[99] Das ausschließliche Betreiben von Eigengeschäften war seitdem insgesamt nicht mehr erlaubnispflichtig.

(b) Anwendung auf LBO-Fonds

Es wurde bereits im Kontext des Finanzkommissionsgeschäfts und der Finanzportfolioverwaltung darauf hingewiesen, dass im Bereich Private Equity eine Qualifizierung der Vermögensverwaltung als Dienstleistung für andere fernliegt. Es

---

[94] Ebd.; *Waclawik*, ZIP 2007, 1341, 1346.

[95] Gesetz zur Umsetzung der geänderten Bankenrichtlinie und der geänderten Kapitaladäquanzrichtlinie vom 19. November 2010, BGBl. I, S. 1592.

[96] Der Tatbestand des Eigengeschäfts wurde im Zuge des Gesetzes zur Abschirmung von Risiken und zur Planung der Sanierung und Abwicklung von Kreditinstituten und Finanzgruppen vom 7. August 2013, BGBl. I, S. 3090 wiederum in § 1 Abs. 1a Satz 3 KWG unter geänderten Voraussetzungen eingeführt. Eine Erlaubnis nach § 32 Abs. 1 Satz 1 KWG bei bloßem Betreiben des Eigengeschäfts brauchen nun Finanzhandelsinstitute einer Instituts- oder (gemischten) Finanzholding-Gruppe, der CRR-Kreditinstitute angehören, s. BegrRegE BT-Drs. 17/12601, S. 40.

[97] *BaFin* vom 13. 10. 2011, Merkblatt – Hinweise zum Tatbestand der Anlageverwaltung, zuletzt geändert am 26. 7. 2013, Abschn. 3.

[98] Zu den Hintergründen *Schäfer*, in: Boos/Fischer/Schulte-Mattler, KWG, CRR-VO, § 1 KWG Rn. 169.

[99] BegrRegE BT-Drs. 17/1720, S. 31.

wird lediglich Gesellschaftskapital verwaltet, sodass allein der Erlaubnistatbestand des Eigengeschäfts beachtlich war. In einem durch den Begriff des Finanzinstruments begrenzt vorgegebenen Rahmen hätte die Geschäftspraxis von LBO-Fonds damit durchaus als fingierte Finanzdienstleistung anerkannt werden können. Gleichwohl musste die durch das FRUG eingeführte Ausnahmevorschrift des § 2 Abs. 6 Nr. 14 KWG a. F. zur Anwendung gelangen und die Fondsgesellschaften von der Erlaubnispflicht befreien, insbesondere wurden weitere Finanzdienstleistungen wie die Finanzportfolioverwaltung oder die Anlageverwaltung nicht erfüllt. Außerdem hätte die mit diesen Tatbeständen verbundene Erlaubnispflichtigkeit an dieselbe Geschäftspraxis wie das Eigengeschäft angeknüpft, sodass keine „weitere" Finanzdienstleistung vorliegen konnte. Auch die am KWG im Jahr 2010 veranlassten Änderungen konnten hieran nichts ändern, da neben dem Eigengeschäft weiterhin kein weiteres Bankgeschäft (s. Finanzkommissionsgeschäft) oder eine der in § 32 Abs. 1a KWG genannten Finanzdienstleistungen erbracht wurde.

2. Managerregulierung im Grauen Kapitalmarkt?

Ob und inwiefern eine Regulierung bei einer schuldrechtlich „bestellten" Management-Gesellschaft ansetzte, hing von ihrem Auftreten im Einzelfall ab, wurde bisweilen aber auch pauschal abgelehnt.[100] Die Annahme einer Anlagevermittlung nach § 1 Abs. 1a Satz 2 Nr. 1 KWG setzte die Vermittlung von Geschäften über die Anschaffung und Veräußerung von Finanzinstrumenten voraus. Erforderlich war das Auftreten als Bote zur Übermittlung einer Willenserklärung oder – in Anlehnung an den Vermittler aus der GewO – das zielgerichtete Fördern der Abschlussbereitschaft des Anlegers damit dieser ein Geschäft über die Anschaffung und Veräußerung von Finanzinstrumenten mit einem Dritten abschloss.[101] War das Management nicht als Bote in den Vertragsschluss einbezogen, konnte sich eine Erlaubnispflicht nur aus dem vorgenannten Fördern der Abschlussbereitschaft ergeben. Als Indiz hierfür konnte eine transaktionsabhängige Vergütung oder Provision herangezogen werden.[102] Wurde eine solche weder vom Portfoliounternehmen noch vom Fonds gezahlt, schied der Tatbestand insgesamt aus.[103] Eine Abschlussvermittlung nach § 1 Abs. 1a Satz 2 Nr. 2 KWG war zu bejahen, wenn Finanzinstrumente im fremden Namen für fremde Rechnung, i. e. mit Vertretungsmacht, angeschafft und veräußert wurden.[104] Die Erlaubnispflicht stand und fiel abermals mit der konkreten Einbindung in den Vertragsschluss. Eine Regulierung war dann zu negieren, wenn keine

---

[100] So *Kaserer/Achleitner/von Einem/Schierek*, Private Equity in Deutschland, S. 56, 245.

[101] *BaFin* vom 17.5.2011, Merkblatt – Hinweise zum Tatbestand der Anlagevermittlung, zuletzt geändert am 13.7.2013, Abschn. 1 lit. a.

[102] Ebd. für die Provision.

[103] *Boué/Kehlbeck/Leonhartsberger-Heilig*, Basiswissen Private Equity, Abschn. 4.5.1.; *Berger*, Regulierung der Management-Ebene bei Private Equity-Fonds, S. 65 f.

[104] *BaFin* vom 7.12.2009, Merkblatt – Hinweise zum Tatbestand der Abschlussvermittlung, zuletzt geändert am 11.9.2014, Abschn. 1 lit. b.

Vollmacht erteilt wurde[105] oder wenn es nicht zu einer *gewerbsmäßigen* Abschlussvermittlung kam, also wenn pro Monatsdurchschnitt bezogen auf einen Zeitraum von sechs Monaten 25 oder weniger Einzeltransaktionen durchgeführt wurden.[106] Eine Finanzkommission nach § 1 Abs. 1 Satz 2 Nr. 4 KWG war schon deshalb nicht erfüllt, weil das Management die Beteiligungen nicht im eigenen Namen erwarb, sondern die Beteiligungen vom Fonds (über die durchzuschauende AcquiCo) gehalten wurden. Eine Verwaltung i. S. der bereits erörterten Finanzportfolioverwaltung lag dann vor, wenn für Rechnung des Kunden, also des Fonds (Look Through!), Finanzinstrumente angeschafft und veräußert wurden.[107] Auch hier war eine Erlaubnispflicht vom individuellen Einsatzkreis des Managers abhängig. Waren die fondsseitigen Mitentscheidungsbefugnisse jedoch zu stark ausgestaltet, hatte der Manager keinen ausreichenden Entscheidungsspielraum i. S. der Finanzportfolioverwaltung.[108] Private Equity-Manager haben zwar wohl den Tatbestand der Anlageberatung i. S. des § 1 Abs. 1a Satz 2 Nr. 1a KWG als „Minus" zu ihrer sonstigen fondsbezogenen und nicht erlaubnispflichtigen Verwaltungstätigkeit ausgeübt.[109] Da hierfür jedoch keine gesonderte Vergütung in Rechnung gestellt wurde, konnten sie wohl von dem Ausnahmetatbestand des § 2 Abs. 6 Nr. 15 KWG profitieren.

All diese zur Erlaubnispflicht führenden Tatbestände schieden jedenfalls aus, wenn das Management nicht schuldrechtlich bestellt wurde, sondern die Geschäftsführung des Fonds bildete. Denn die Geschäftsführung schließt die Anlagegeschäfte selbst (keine Anlagevermittlung) im fremden Namen (keine Finanzkommission) und erbringt keine Dienstleistung für andere (keine Abschlussvermittlung,[110] keine Finanzportfolioverwaltung,[111] keine Anlageberatung).

---

[105] Ebd.

[106] *BaFin* vom 7. 12. 2009, Merkblatt – Hinweise zum Tatbestand der Abschlussvermittlung, zuletzt geändert am 11. 9. 2014, Abschn. 3.

[107] Ebd., Abschn. 2 lit. c.

[108] *BaFin* vom 3. 1. 2011, Merkblatt – Hinweise zum Tatbestand der Finanzportfolioverwaltung, zuletzt geändert am 11. 6. 2014, Abschn. 1 lit. d; *Berger*, Regulierung der Management-Ebene bei Private Equity-Fonds, S. 66.

[109] Offenbar auch *Boué/Kehlbeck/Leonhartsberger-Heilig*, Basiswissen Private Equity, Abschn. 4.5.1.

[110] Ebd.; *Berger*, Regulierung der Management-Ebene bei Private Equity-Fonds, S. 65.

[111] 6. Teil, A.I.1.b)bb)(2).

3. Regulierung des Vertriebs und der Emission

a) Prospektpflicht

Die bereits durch das Anlegerschutzgesetz[112] vom Oktober 2004 zur Gewährleistung einer erhöhten Transparenz für Anleger im Grauen Kapitalmarkt eingeführte
Prospektpflicht für Anteile an geschlossenen Fonds in § 8 f VerkProspG a. F.[113] wurde
mit Inkrafttreten des Gesetzes zur Novellierung des Finanzvermittler- und Vermögensanlagenrechts[114] (im Wesentlichen) zum 1. Juni 2012 durch § 6 VermAnlG
abgelöst. Die korrespondierende Prospekthaftung war seit diesem Zeitpunkt in den
§§ 20, 21 VermAnlG geregelt. Der Anlegerschutz wurde im Zuge der neuen Haf-
tungstatbestände u. a. dadurch verbessert, dass die Ausschlussfrist, innerhalb derer
der Erwerb der Vermögensanlage nach dem ersten öffentlichen Angebot im Inland
abgeschlossen sein musste, von sechs Monaten auf zwei Jahre verlängert wurde.[115]
Doch auch die neue Prospektpflicht selbst führt zu mehr Anlegerschutz. So sind
seitdem einerseits zusätzliche inhaltliche Anforderungen einzuhalten, insbesondere
Informationen zu geben, die eine Beurteilung der Seriösität der Fondsinitiatoren
ermöglichen.[116] Andererseits wurde der Prüfungsmaßstab der BaFin in Bezug auf die
Verkaufsprospekte dem bei Wertpapieren bestehenden Maßstab angepasst.[117] So
kommt der BaFin nicht mehr nur die nach dem VerkProspG a. F. bestehende formale
Vollständigkeits-, sondern nun auch gem. § 8 VermAnlG eine Kohärenz- und Ver-
ständlichkeitsprüfung zu.[118] Eine materielle Überprüfung auf inhaltliche Richtigkeit
besteht wie im WpPG nicht.[119] Hinzu tritt, dass Kurzinformationsblätter („Bei-
packzettel") erstellt werden müssen, um die Anleger in prägnanter und verständlicher Form über das angebotene Produkt zu informieren.[120] Für LBO-Fonds relevante
Ausnahmen von der Prospektpflicht waren in § 2 Nr. 3 lit. a (keine Ausgabe von
mehr als 20 Anteilen) und lit. c (Mindestzeichnungssumme von 200.000 Euro)
VermAnlG.[121] Eine Prospektpflicht bestand jedenfalls nicht, sofern die Vermö-

---

[112] Gesetz zur Verbesserung des Anlegerschutzes (Anlegerschutzverbesserungsgesetz –
AnSVG) vom 28. Oktober 2004, BGBl. I, S. 2630.

[113] *Fleischer*, BKR 2004, 339; *Moritz/Grimm*, BB 2004, 1352; *Verfürth/Grunenberg*, DB
2005, 1043; *Rosa*, Prospektpflichten und Prospekthaftung für geschlossene Fonds, S. 101 ff.;
Wetzig, Regulierung des Grauen Kapitalmarkts, S. 72 ff.

[114] Gesetz zur Novellierung des Finanzanlagenvermittler- und Vermögensanlagenrechts
vom 6. Dezember 2011, BGBl. I, S. 2481.

[115] *Wetzig*, Regulierung des Grauen Kapitalmarkts, S. 132 f.

[116] BegrRegE BT-Drs. 17/6051, S. 30.

[117] Ebd.

[118] *Wetzig*, Regulierung des Grauen Kapitalmarkts, S. 63, 107.

[119] *Heidelbach*, in: Schwark/Zimmer, KMRK, § 13 WpPG Rn. 14.

[120] BegrRegE BT-Drs. 17/6051, S. 30.

[121] *Weitnauer*, in: Weitnauer, MBO, A Rn. 141; *R. Koch*, in: Möllers/Kloyer, Das neue
KAGB, Rn. 261, 271; *Berger*, Regulierung der Management-Ebene bei Private Equity-Fonds,
S. 42.

gensanlage im Inland nicht öffentlich angeboten wurde (sog. Private Placement), § 1 Abs. 1 VermAnlG, was für den Bereich Private Equity in den Fällen in Betracht kam, in denen das Kapital ausschließlich über Verhandlungen mit potenziellen Investoren eingesammelt wurde.

b) Beteiligungen an geschlossenen Fonds als Wertpapiere i. S. der MiFID I?

Im Zusammenhang mit dem Erlass der MiFID I kam die Frage auf, ob auch Anteile an geschlossenen Fonds, mithin – aber nicht zwingend[122] – an Personengesellschaften, als Wertpapiere i. S. der MiFID I einzustufen waren.[123] Denn in Art. 4 Abs. 1 Nr. 18 lit. a MiFID I hieß es, dass auch Anteile an Personengesellschaften als übertragbare Wertpapiere qualifizieren können, also solche Wertpapiere, die auf dem Kapitalmarkt gehandelt werden können.

aa) Regulierungsrechtliche Konsequenzen

Einerseits hätte dies die Qualifikation als Finanzinstrument gem. § 1 Abs. 11 Satz 2 KWG a. F. zur Folge gehabt und im Zusammenhang mit *der Emission und dem Vertrieb* notwendigerweise zur Abwicklung von erlaubnispflichtigen Bankgeschäften bzw. Finanzdienstleistungen geführt, z. B. in Gestalt (i) des Finanzkommissionsgeschäfts nach § 1 Abs. 1 Satz 2 Nr. 4 KWG durch einen Beteiligungstreuhänder, gegebenenfalls auch in Kombination mit dem Depotgeschäft nach § 1 Abs. 1 Satz 2 Nr. 5 KWG, falls aufgrund der Ausgestaltung des Treuhandvertrages eine Verwahrung angestrebt war, (ii) des Emissionsgeschäfts nach § 1 Abs. 1 Satz 2 Nr. 10 KWG durch ein Kreditinstitut oder (iii) der Anlagevermittlung nach § 1 Abs. 1a Satz 2 Nr. 1 KWG sowie der Anlageberatung nach § 1 Abs. 1a Satz 2 Nr. 1a KWG durch die Vertriebseinheiten der Fonds.[124]

Andererseits wurde in der Literatur bisweilen betont, dass einzelne geschlossene Fondsgesellschaften (mithin die GmbH & Co. KGs) gegebenenfalls als Emittenten von Wertpapieren und damit als Wertpapierdienstleistungsunternehmen nach § 2 Abs. 4 WpHG a. F. einzustufen gewesen wären – mit weitreichenden Folgen im Bereich der Transparenzpflichten (Ad-hoc-Publizität, § 15 WpHG a. F.; Directors' Dealings, § 15a WpHG a. F.; Führung von Insiderverzeichnissen, § 15b WpHG a. F.)

---

[122] Anlagemodelle außerhalb des InvG a. F. konnten auch Kapitalgesellschaften sein, *Wolf*, DB 2005, 1723. Für Private Equity-Fonds vgl. 5. Teil, A.I.

[123] *Spindler/Kasten*, WM 2006, 1749, 1751 f.; *dies.*, WM 2007, 1245, 1246; *Volhard/ Wilkens*, DB 2006, 2051, 2054; *Duve/Keller*, BB 2006, 2425, 2426; *Handelsrechtsausschuss des Deutschen Anwaltvereins*, NZG 2006, 935; *Voß*, BKR 2007, 45 ff.; *Sester*, ZBB 2008, 369 ff.; *Kind*, in: Lüdicke/Arndt, Geschlossene Fonds, S. 177; *Kumpan*, in: Schwark/Zimmer, KMRK, § 2 WpHG Rn. 8, 19; *Schäfer*, in: Boos/Fischer/Schulte-Mattler, KWG, CRR-VO, § 1 KWG Rn. 280.

[124] *Voß*, BKR 2007, 45, 46.

und der Verhaltens- und Organisationspflichten der §§ 31 ff. WpHG a.F.[125] Das ist in der Sache jedoch aus mehreren Gründen unverständlich. §§ 15, 15b WpHG a.F. haben sich seit jeher an (Inlands-)Emittenten, deren Wertpapiere an einem organisierten Markt zugelassen sind, gerichtet. Die privaten Zweitmarktmodelle bei geschlossenen Fonds waren jedoch gerade nicht i.S. des § 2 Abs. 5 WpHG a.F. von staatlich anerkannten Stellen geregelt und überwacht.[126] Insofern hilft es auch nicht weiter, die bei geschlossenen Fonds auftretenden Zweitmarktmodelle als multilaterale Handelssysteme (MTFs) unter Geltung einer BaFin-Beaufsichtigung einzuordnen,[127] da diese auch trotz Aufsicht nicht staatlich geregelt werden.[128] Lediglich die Betreiber der Zweitmarktplattformen hätten aufgrund der mit dem Erlass des FRUG neu eingeführten Tatbestands des Betreibens eines multilateralen Handelssystems nach § 1 Abs. 1a Satz 2 Nr. 1b KWG a.F. einer Erlaubnispflicht unterliegen können.[129] Die Directors' Dealings-Regelung wendete sich überdies nur an Führungspersonen, die eigene Geschäfte mit *Aktien* tätigten. Nicht einzusehen ist des Weiteren, wieso geschlossene Fondsgesellschaften gegebenenfalls als Adressaten der Verhaltens- und Organisationspflichten der §§ 31 ff. WpHG a.F. hätten eingeordnet werden können. Diese gelten nur für Wertpapierdienstleistungsunternehmen. Dass die Fondsgesellschaft nunmehr eine Wertpapierdienstleistung oder Wertpapiernebendienstleistung i.S. von § 2 Abs. 3 und 3a WpHG a.F. in Bezug auf die eigenen Anteile erfüllt hätte, lag fern. Es gilt das oben Gesagte, wonach die in Rede stehenden Maßnahmen (z.B. Anlageberatung, Depotgeschäft, etc.) von anderen erbracht werden.

bb) Keine Vergleichbarkeit mit Aktien

Indes war entgegen des offenen Wortlauts von Art. 4 Abs. 1 Nr. 18 lit. a MiFID I in Übereinstimmung mit der Gesetzesbegründung[130] zum FRUG eine Qualifikation von Anteilen an geschlossenen Fonds als Wertpapiere abzulehnen,[131] „da es an der

---

[125] Ebd.

[126] Überblick zu den Zweitmarktmodellen bei *Jäger/Maas/Renz*, CCZ 2014, 63, 70.

[127] So *Voß*, BKR 2007, 45, 47; *Wetzig*, Regulierung des Grauen Kapitalmarkts, S. 145.

[128] MTFs sind private Kapitalmärkte, s. *BaFin* vom 20.12.2011, Merkblatt – Hinweise zu Finanzinstrumenten nach § 1 Abs. 11 Satz 1 Nummern 1 bis 7 KWG (Aktien, Vermögensanlagen, Schuldtitel, sonstige Rechte, Anteile an Investmentvermögen, Geldmarktinstrumente, Devisen und Rechnungseinheiten), zuletzt geändert am 19.7.2013, Abschn. 2 lit. a) cc). Die Abgrenzung zwischen einem organisierten Markt und einem multilateralen Handelssystem lässt sich nur formal über das Erfordernis einer staatlichen Genehmigung/Regelung/Überwachung bewerkstelligen, *Kumpan*, in: Schwark/Zimmer, KMRK, § 2 WpHG Rn. 119.

[129] Für die Rechtslage nach Inkrafttreten des Gesetzes zur Novellierung des Finanzanlagenvermittler- und Vermögensanlagenrechts s. *Wetzig*, Regulierung des Grauen Kapitalmarkts, S. 145.

[130] BegrRegE, BT-Drs. 16/4028, S. 54.

[131] Ebenso *Voß*, BKR 2007, 45, 47 ff.; *Spindler/Kasten*, WM 2007, 1245, 1246; *Sester*, ZBB 2008, 369, 379; *Weiser*, in: Grieser/Heemann, Bankaufsichtsrecht, S. 727, 739 f.; *Kumpan*, in:

Vergleichbarkeit zu Aktien und an der Standardisierung mangelt und sie in der Regel nicht geeignet sind, am Kapitalmarkt gehandelt zu werden"[132]. Die vorsichtige Umschreibung „in der Regel" implizierte den Blick des Gesetzgebers darauf, dass die Zirkulationsfähigkeit der Fondsanteile womöglich von dem einzelnen Personengesellschaftsvertrag abhing. Nicht gegeben war sie jedenfalls, wenn die Übertragung – wie grundsätzlich – die Zustimmung aller Gesellschafter erfordert.[133] Gleiches galt, wenn der Gesellschaftsvertrag einer Publikumsgesellschaft die Umlauffähigkeit analog einer Vinkulierung im Kapitalgesellschaftsrecht nur von der Zustimmung der Geschäftsführung abhängig machte.[134] Doch auch ein von Übertragungsrestriktionen befreiter Gesellschaftsvertrag konnte in Anbetracht der gesetzlichen Rahmenbedingungen eines geschlossenen Fonds (im Regelfall: GmbH & Co. KG Struktur), etwa des Gesellschafter-Haftungsregimes einschließlich des notwendigen Rechtsnachfolgevermerks im Handelsregister zur Vermeidung der Haftung analog § 172 Abs. 4 HGB sowie des Eintragungserfordernisses bei Eintritt in den Fonds, genauso wenig für eine Umlauffähigkeit der Fondsanteile sprechen.[135]

Auch unter Zugrundelegung der in der englischen Sprachfassung der MiFID gewählten Formulierung „those classes of securities which are negotiable" ergab sich nichts anderes: Die rechtliche Möglichkeit zur Übertragung war nicht ausreichend, der Anwendungsbereich sollte auf solche „securities" begrenzt werden, die einer eigenen (standardisierten) Asset-Klasse angehören.[136] Dies bestätigt auch ein Blick auf die im Anschluss an die Eigenkapitaltitel folgenden Schuldverschreibungen („bonds") in Art. 4 Abs. 1 Nr. 18 lit. b der MiFID I, die wegen ihrer Verbriefung ein umlauffähiges Wertpapier sind.[137] An einer derartigen Standardisierung fehlt es bei Anteilen an geschlossenen Fonds aber nicht nur wegen der divergierenden Ausge-

---

Schwark/Zimmer, KMRK, § 2 WpHG Rn. 8, 19; *R. Koch*, WM 2014, 433, 434; *ders.*, in: Möllers/Kloyer, Das neue KAGB, Rn. 261, 269; *Wetzig*, Regulierung des Grauen Kapitalmarkts, S. 34 f.; *Schröder/Rahn*, GWR 2014, 49, 53 für oHGs und KGs; dagegen *Assmann*, in: Assmann/Schütze, WpHG, § 2 Rn. 16 f.; *Handelsrechtsausschuss des Deutschen Anwaltvereins*, NZG 2006, 935; *Möllers/Weichert/Wenninger* vom 20.2.2007, Stellungnahme zum Entwurf des FRUG, S. 6 ff.; in diese Richtung wohl auch *Schäfer*, in: Boos/Fischer/Schulte-Mattler, KWG, CRR-VO, § 1 KWG Rn. 280; *Volhard/Wilkens*, DB 2006, 2051, 2054: Gesetzesbegründung fraglich; offen *Kind*, in: Lüdicke/Arndt, Geschlossene Fonds, S. 177.

[132] BegrRegE BT-Drs. 16/4028, S. 54.

[133] *Sester*, ZBB 2008, 369, 375 ff. setzt hingegen den Begriff der Handelbarkeit mit „rechtstechnischer Übertragbarkeit" gleich und bejaht diese, sieht aber auch die Komplikationen, die sich aus gesellschaftsvertraglichen Beschränkungen sowie der haftungsrechtlich erforderlichen Abbildung der Übertragung im Handelsregister ergeben.

[134] Gesellschaftsverträge einer Publikumspersonengesellschaft sind insofern modifizierbar, *Wagner*, in: Assmann/Schütze, Hdb. KapitalanlageR, § 17 Rn. 93; *Bost/Halfpap*, in: Lüdicke/Arndt, Geschlossene Fonds, S. 38.

[135] *Voß*, BKR 2007, 45, 52 f.

[136] *Sester*, ZBB 2008, 369, 375.

[137] Ebd.; *Kumpan*, in: Schwark/Zimmer, KMRK, § 2 WpHG Rn. 16: Eine Vergleichbarkeit mit Aktien lasse sich nur über eine Verbriefung oder eine dahingehende Verkörperung erreichen, die eine Anwendung der Vorschriften über den gutgläubigen Erwerb möglich machten.

staltung der Gesellschaftsverträge, sondern auch wegen der unterschiedlichen Beteiligungshöhen der Anleger, die dem Fondsanteil einen individuellen Charakter beimessen.[138]

c) Gesetz zur Novellierung des Finanzanlagenvermittler- und Vermögensanlagenrechts

Auf die Vorlage eines Berichts[139] zum Grauen Kapitalmarkt durch die BaFin an den Finanzausschuss des Deutschen Bundestages am 10. Juni 2009 folgte die Verabschiedung des Gesetzes zur Novellierung des Finanzanlagenvermittler- und Vermögensanlagenrechts am 6. Dezember 2011.[140] Die bis dahin bestehende Kapitalmarktgesetzgebung im Bereich des Grauen Kapitalmarkts war defizitär und erhielt nun eine neue Prägung.[141] Adressaten der Regulierung waren nicht nur die Fondsgesellschaften, sondern auch die mit dem Vertrieb betrauten Finanzintermediäre.

aa) Einführung des VermAnlG

Wesentlicher Bestandteil der Novelle war zunächst die bereits genannte Einführung des VermAnlG, das mit weitreichenden Transparenz- und Haftungsvorschriften im Bereich der Prospektierung verbunden war. Anteile an geschlossenen Fonds unterfielen als Vermögensanlagen gem. § 1 Abs. 2 Nr. 1 bzw. Nr. 3 VermAnlG dem Anwendungsbereich des VermAnlG,[142] weshalb die jeweiligen Fondsgesellschaften nun als Emittenten i. S. des § 1 Abs. 3 VermAnlG qualifizierten und fortan die bereits erörterte Prospektpflicht nach § 6 VermAnlG beachten mussten. Falls eine entsprechende Verpflichtung noch nicht nach HGB bestand, mussten Emittenten von Vermögensanlagen nun auch einen Jahresabschluss erstellen und diesen spätestens sechs Monate nach Ablauf des Geschäftsjahres beim elektronischen Bundesanzeiger einreichen.[143]

bb) Vermögensanlagen als Finanzinstrumente nach KWG und WpHG

Bedeutend war andererseits die Erweiterung des im KWG und im WpHG im Mittelpunkt stehenden Begriffs des Finanzinstruments um Vermögensanlagen i. S.

---

[138] *Sester*, ZBB 2008, 369, 378 f.

[139] *BaFin* vom 10.6.2009, Bericht der BaFin an den Finanzausschuss des Deutschen Bundestages zum „Grauen Kapitalmarkt", Q 31-FR 2105-2009/0001.

[140] Gesetz zur Novellierung des Finanzanlagenvermittler- und Vermögensanlagenrechts vom 6. Dezember 2011, BGBl. I, S. 2481.

[141] Überblick über die Neuerungen: BegrRegE BT-Drs. 17/6051, S. 30.

[142] *Wetzig*, Regulierung des Grauen Kapitalmarkts, S. 35.

[143] § 23 VermAnlG.

des § 1 Abs. 2 VermAnlG.[144] Diese hatte die bereits im Zusammenhang mit dem Erlass der MiFID I diskutierte[145] Konsequenz, dass auch Anteile an geschlossenen Fonds in den Anwendungsbereich dieser Gesetze fielen und der dortigen Regulierung ausgesetzt waren.[146] Es kam zu einer inhaltlichen Erweiterung der erlaubnispflichtigen Finanzdienstleistungen, indem auch die Erbringer von Dienstleistungen im Zusammenhang mit Produkten des bisherigen Grauen Kapitalmarktes, respektive im Bereich der Emission und des Vertriebs, von der Bundesanstalt beaufsichtigt wurden.[147] Derartige Dienstleister, also die Finanzintermediäre, mussten sich nun mit anlegergerechter Beratung, Offenlegung von Provisionen und der Protokollierung von Beratungsgesprächen auseinandersetzen.[148]

cc) Ausnahmebestimmungen

Um den Übergang aus dem Grauen in den – da beschränkt auf den Anwendungsbereich der Novelle – vermeintlich Weißen Kapitalmarkt[149] annehmbarer zu gestalten, wurde zulasten des Anlegerschutzes eine Reihe an Ausnahmen für Anbieter, Treuhänder und den Vertrieb geschaffen.[150] Im KWG wurde der Katalog der Ausnahmebestände in § 2 Abs. 1 und 6 KWG a. F. erweitert.[151] Das ausschließlich für den Anbieter oder Emittenten von Vermögensanlagen betriebene Finanzkommissionsgeschäft, etwa bei Einschaltung eines Beteiligungstreuhänders, sowie das ausschließlich für den Anbieter oder Emittenten von Vermögensanlagen durch die Übernahme von Platzierungsgarantien erfolgende Emissionsgeschäft (sog. Underwriting)[152] blieben aufgrund der Ausnahmen in § 2 Abs. 1 Nr. 10 und 11 KWG a. F. erlaubnisfrei. Konzessionsfreiheit galt ebenso für Unternehmen, die gem. § 2 Abs. 6 Nr. 8 lit. e KWG ausschließlich die Anlageberatung und die Anlage- und Abschlussvermittlung zwischen Kunden und Anbietern oder Emittenten von Vermögensanlagen sowie gem. § 2 Abs. 6 Nr. 20 KWG a. F. ausschließlich die Finanzportfolioverwaltung und die Anlageverwaltung für Anbieter oder Emittenten von Vermögensanlagen erbrachten. Auch das WpHG machte eine Ausnahme für die freien Vermittler. Sie wurden gem. § 2a Abs. 1 Nr. 7 lit. e WpHG a. F. nicht als Wertpapierdienstleistungsunternehmen eingestuft, wenn sie ausschließlich die An-

---

[144] §§ 1 Abs. 11 Nr. 2 KWG, 2 Abs. 2b WpHG a. F.

[145] 6. Teil, A.I.3.b).

[146] *Jäger/Maas/Renz*, CCZ 2014, 63, 70.

[147] BegrRegE BT-Drs. 17/6051, S. 42

[148] Ebd., S. 30; *Wetzig*, Regulierung des Grauen Kapitalmarkts, S. 143.

[149] *Wetzig*, Regulierung des Grauen Kapitalmarkts, S. 28: Begriff stehe für hohen Grad an Organisation bzw. Regulierung.

[150] *Kind*, in: Lüdicke/Arndt, Geschlossene Fonds, S. 179.

[151] BegrRegE BT-Drs. 17/6051, 42.

[152] *Schäfer*, in: Boos/Fischer/Schulte-Mattler, KWG, CRR-VO, § 1 KWG Rn. 112.

lageberatung und die Anlagevermittlung zwischen Kunden und Anbietern oder Emittenten von Vermögensanlagen i. S. des § 1 Abs. 2 VermAnlG anboten.[153]

dd) Finanzanlagenvermittler und § 34 f GewO

Auch wenn die Möglichkeit bestand, dass die Vertriebstätigkeiten von Finanzanlagenvermittler durch die weitreichenden Ausnahmebestimmungen im KWG von der BaFin unbeaufsichtigt verbleiben konnten, waren und sind sie immer noch im Rahmen der genannten Bereichsausnahme des § 2 Abs. 6 Satz 1 Nr. 8 KWG der gewerberechtlichen Regulierung ausgesetzt. Die Vorgaben für Finanzanlagenvermittler wurden im Zuge des – wenn auch strittigen[154] – Gesetzgebungsverfahrens zum Gesetz zur Novellierung des Finanzanlagenvermittler- und Vermögensanlagenrechts aus dem früheren § 34c GewO herausgelöst und in einem eigenen Tatbestand § 34 f GewO zusammengeführt.[155] Finanzanlagenvermittler bzw. -berater bedürfen einer Erlaubnis von der zuständigen Industrie- und Handelskammer.[156] Voraussetzung hierfür war auch schon vor der Reform, dass die Antragssteller zuverlässig waren und geordnete Vermögensverhältnisse aufweisen konnten. Hinzugekommen sind noch die Erfordernisse einer Berufshaftpflichtversicherung sowie der Sachkundenachweis durch Ablegung einer Prüfung vor der Industrie- und Handelskammer.[157] Darüber hinaus besteht nun eine Pflicht zur Registrierung in dem bei den Industrie- und Handelskammern geführten Vermittlerregister.[158] Eine weitere, aus Anlegersicht begrüßenswerte Änderung war die im Rahmen der Verordnungsermächtigung in § 34 g GewO begründete Verpflichtung, ein von den Finanzanlagenvermittlern einzuhaltendes, den Informations-, Beratungs- und Dokumentationspflichten des damaligen sechsten Abschnitts des WpHG vergleichbares Anlegerschutzniveau herzustellen.[159] Der Verpflichtung wurde durch Erlass der Finanzanlagenvermittlungsverordnung, dort unter Abschnitt 4, am 2. Mai 2012 nachgekommen.[160]

---

[153] BegrRegE BT-Drs. 17/6051, S. 41 f.

[154] *Kind*, in: Lüdicke/Arndt, Geschlossene Fonds, S. 178: Streitgegenstand war die Zuständigkeit über die Aufsicht (Gewerbeamt oder BaFin).

[155] *Wetzig*, Regulierung des Grauen Kapitalmarkts, S. 146 ff.

[156] Krit. *Jäger/Maas/Renz*, CCZ 2014, 63, 72 f.: Zweiteilung der Aufsicht bei freien Vermittlern durch IHK und bei Banken und Wertpapierdienstleistungsunternehmen durch qualitativ hochwertige und sachkundige Prüfung durch BaFin sei bedenklich.

[157] § 34 f Abs. 2 GewO.

[158] BegrRegE BT-Drs. 17/6051, S. 43.

[159] § 34 g Abs. 1 Satz 3 GewO.

[160] Verordnung über die Finanzanlagenvermittlung (Finanzanlagenvermittlungsverordnung – FinVermV) vom 2. Mai 2012, BGBl. I, S. 1006. Ausführlich *Wetzig*, Regulierung des Grauen Kapitalmarkts, S. 157 ff.

II. Reformbedarf aus nationaler Perspektive

Reformvorschläge sind das Ergebnis konstruktiver Kritik. In einem ersten Schritt werden daher die durch die Literatur aufgedeckten regulatorischen Missstände zusammengetragen, die vor der durch das KAGB eingeläuteten Epoche ermittelt wurden. Sodann werden die einzelnen Reformvorschläge beleuchtet, wobei sich die hier gesammelten Änderungsvorschläge allein der Eliminierung von Gefahren für den Bestand der Zielunternehmen durch LBO-Aktivitäten widmen und nicht dem Ziel verschreiben, etwaige Handlungsoptionen zur Steigerung der Standortattraktivität Deutschlands aufzuzeigen.[161]

1. Aufdeckung regulatorischer Missstände

Die Kritik richtete sich in erster Linie gegen die Maßnahmen, die der Gesetzgeber hätte umsetzen sollen, aber unterlassen hat, als gegen die, die er tatsächlich verabschiedet hat. Zunächst wurde der Vorwurf erhoben, dass das Regulierungsrecht keine geeigneten Instrumente bereit gehalten habe, um den Gefahren eines „Overleverage"[162] im Rahmen der Akquisitionsfinanzierung durch LBO-Fonds im Vorfeld der Transaktion wirksam zu begegnen.[163] Für den Wirkungskreis nach Anteilserwerb hingegen wurde moniert, dass die durch LBOs-Fonds im Einzelfall hervorgerufenen Risiken aufgrund von hochgradig fremdkapitalfinanzierten Ausschüttungen nicht adressiert gewesen wären.[164] In puncto Beteiligungstransparenz wurde verdeutlicht, dass die bisherigen Vorschriften beim Beteiligungserwerb die typischen LBO-Konstellationen nicht erreichten, da sie nur für solche Anlageorganisationen Bedeutung erlangten, die Beteiligungen an börsennotierten Unternehmen erwürben.[165] Überdies wurde eine allgemein gehaltene Kritik am gesellschaftsrechtlichen Transparenzrahmen der §§ 20 AktG, 40 GmbHG geäußert, die man letztlich auch als Kritik aufgrund von fehlender Regulierung durch Beteiligungstransparenz wird begreifen können. Eine hinreichende gesellschaftsrechtliche Transparenz wird deswegen vermisst, weil die Mitteilungspflicht aus § 20 AktG nur bei einem Akti-

---

[161] Dafür kann im Wesentlichen auf die Vorschläge bei *Kaserer/Achleitner/von Einem/ Schierek*, Private Equity in Deutschland, S. 225 ff. verwiesen werden, die vor allem durch eine grundlegende Reformierung des UBGG einen speziellen Regelungsrahmen für Private Equity, insbesondere für LBOs, konstruieren und nutzbar machen wollen. Soweit dort diskutiert wird (S. 253 ff.), inwiefern Missbrauchsfälle auf Ebene der Portfoliogesellschaften zu vermeiden sind, wird dies selbstredend berücksichtigt.

[162] Begriff bei *U. H. Schneider*, NZG 2007, 888, 888, 893.

[163] *Eidenmüller*, DStR 2007, 2116, 2119 für das Risikobegrenzungsgesetz; *U. H. Schneider*, NZG 2007, 888, 893.

[164] *Eidenmüller*, DStR 2007, 2116, 2118 ff. für das Risikobegrenzungsgesetz; *U. H. Schneider* vom Januar 2008, Stellungnahme zum Gesetzentwurf der Bundesregierung für das Risikobegrenzungsgesetz, S. 1.

[165] *Eidenmüller*, DStR 2007, 2116, 2118 zum Risikobegrenzungsgesetz.

enerwerb von einem Unternehmen ausgelöst werden könne[166] und die bei einer GmbH einzureichende Gesellschafterliste nach § 40 GmbHG keine Konzernverbindungen und Treuhandverhältnisse transparent mache sowie Zurechnungsvorschriften fehlten[167]. Schließlich wird betont, dass es durch die unterbliebene Verabschiedung eines einheitlichen Private Equity-Gesetzes zu einer Rechtszersplitterung (WKBG a. F. und UBGG) gekommen sei, der sich bürokratische Ineffizienzen bei der Aufsicht (BaFin für WKBs und Wirtschaftsministerien der Länder für UBGs) angeschlossen hätten.[168]

2. Konkrete Reformvorschläge

Die Reformvorschläge konnten nicht auf einem bereits ausdifferenzierten Regulierungsrahmen aufbauen, sondern mussten sich an eine weitgehend regulatorische Leere herantasten. Unter diesem Gesichtspunkt ist es umso nachvollziehbarer, dass ein wie auch immer gearteter regulatorischer Vorstoß auf nationaler Ebene zugleich das Potenzial hatte, eine Diskussion um die Standortattraktivität Deutschlands zu entfachen. Dem entsprach es, dass ein nationaler Alleingang bisweilen sowohl im Schrifttum[169] als auch auf Seiten des Gesetzgebers[170] abgelehnt wurde. Im Kontrast zu diesem Befund existierte allerdings auch ein breit angelegtes Sammelsurium an Vorschlägen zu regulatorischen Anknüpfungspunkten, die auf eine präventive Erschwernis der typischen LBO-Aktivitäten abzielten.

Im Einzelnen, soweit ersichtlich, gab es zunächst die Überlegung, als Radikalmaßnahme die weitgehend bestehende regulatorische Leere vollständig zu beseitigen. Denn Private Equity-Gesellschaften sollten einer regulierungsrechtlichen Erlaubnispflicht verbunden mit einer laufenden Aufsicht und einer im Einzelfall greifenden, zur Gewinnabschöpfung berechtigenden Missbrauchsaufsicht unterworfen werden.[171] Ebenso sollten einzelne Maßnahmen wie etwa eine Ausschüttungssperre bei einer „Superdividende" in den Bereich der Regulierung verlagert werden, wobei in der causa Ausschüttungssperre zugleich eine Schnittmenge mit der

---

[166] *U. H. Schneider*, NZG 2007, 888, 890; *Schulz/Kaserer/Trappel*, Finanzinvestoren im Medienbereich, S. 315.

[167] *U. H. Schneider*, NZG 2007, 888, 890; *Schulz/Kaserer/Trappel*, Finanzinvestoren im Medienbereich, S. 314.

[168] *Leible/Lehmann*, NZG 2008, 729, 733.

[169] *Otto*, AG 2013, 357, 373 f.: Gesetzgeber befinde sich in Bringschuld zu nachteiligen Auswirkungen bei Private Equity; a. A. in Bezug auf eine Beteiligungstransparenz: *Voth*, Transparenz und Fairness auf einem einheitlichen europäischen Kapitalmarkt, S. 66.

[170] BegrRegE BT-Drs. 16/7438, S. 8: „Nicht zielführend sind hingegen einige in der Öffentlichkeit immer wieder diskutierte Maßnahmen, die bei den Finanzinvestoren selber ansetzen und deren Handlungsmöglichkeiten einschränken, solange die Maßnahmen lediglich im nationalen Rahmen ergriffen werden".

[171] *U. H. Schneider*, NZG 2007, 888, 893.

Reformdiskussion für das Gesellschaftsrecht bestand.[172] Vergleichbar war der Vorschlag, Aktienrückkäufe zu limitieren (z. B. nicht mehr als fünf Prozent aller ausstehenden Aktien p. a.).[173] Ein weiterer, wie die Ausschüttungssperre nicht weniger umstrittener regulatorischer Anknüpfungspunkt bestand darin, dass bereits im Vorfeld des Anteilserwerbs gesetzliche Verschuldungsgrenzen zur Vermeidung eines Overleverage eingeführt werden sollten.[174] Als hierzu alternativer, mittelbarer Regulierungsweg sollte bei den Finanzinstitutionen angesetzt werden, indem im Wege einer risikoabhängigen Belastung des Eigenkapitals nebst risikoadäquater Verzinsung ein Risikobewusstsein bei der Kreditvergabe erzeugt werden sollte.[175] Sogar auf die in der Portfoliogesellschaft gebildete Kapitalstruktur sollte dadurch eingewirkt werden, dass die Schuldenaufnahme weniger attraktiv gestaltet werden sollte.[176] Alternativ oder zusätzlich hierzu sollte auch die Kreditvergabe der Banken re-

---

[172] Ebd.: Ausschüttungssperren im Aufsichtsrecht; *R. H. Schmidt/Spindler*, Finanzinvestoren, E. Rn. 9: Grundsätzliche Ausschüttungssperre mit im Gesellschaftsinteresse liegenden Ausnahmen im Einzelfall für einen begrenzten Zeitraum sei zur Flankierung der Übertragung des Verbots der Financial Assistance auf die GmbH angezeigt, um die Verbotswirkungen nicht durch eine „normale" Ausschüttung zu unterlaufen; *Deutscher Gewerkschaftsbund* vom 19.7. 2007, Stellungnahme zum Referentenentwurf „Gesetz zur Modernisierung der Rahmenbedingungen für Kapitalbeteiligungen (MoRaKG)", S. 4: Sonderausschüttungen sollten verboten werden; dagegen *Kaserer/Achleitner/von Einem/Schierek*, Private Equity in Deutschland, S. 260 f.: (1) Massiver Eingriff in unternehmerische Freiheit, (2) sinnvolle Ausschüttungen wären generell untersagt, (3) Ausschüttungsverbot würde Ausschüttungen nur aufschieben, aber nicht gänzlich verhindern, (4) Umgehung eines Ausschüttungsverbots durch vertragliche Gestaltungen (Verschmelzung, Konzernierung), (5) Gründe der Wettbewerbsfähigkeit; *Eidenmüller*, ZHR 171 (2007), 644, 659; *Holzner*, Private Equity, der Einsatz von Fremdkapital und Gläubigerschutz, S. 328 ff.: Eine solche nur für Private Equity-Fonds geltende Ausschüttungssperre dürfte niemals strikt ausgestaltet sein, da nicht jede (fremdfinanzierte) Ausschüttung schädlich sei. In einer Öffnungsklausel müsste sie die Schuldendeckungsfähigkeit der Gesellschaft mit in den Blick nehmen, was angesichts der seit dem MoMiG bestehenden Insolvenzverursachungshaftung aus § 64 Satz 3 GmbHG aber überflüssig sei.

[173] *Voth*, Transparenz und Fairness auf einem einheitlichen europäischen Kapitalmarkt, S. 64.

[174] *U. H. Schneider*, NZG 2007, 888, 893; *Deutscher Gewerkschaftsbund* vom 19.7.2007, Stellungnahme zum Referentenentwurf „Gesetz zur Modernisierung der Rahmenbedingungen für Kapitalbeteiligungen (MoRaKG)", S. 4: Gesetzliche Begrenzung von Kreditfinanzierung der „leveraged buy outs" durch eine Mindesteigenkapitalquote von 30 % für die ersten 5–7 Jahre nach einer Unternehmensübernahme. Unklar bleibt, auf welcher Ebene (Fonds oder Akquisitionsvehikel) diese Einschränkung ansetzen soll. A. A. *Eidenmüller*, ZHR 171 (2007), 644, 659, der sich in Fn. 80 darüber hinaus auch gegen eine Pflicht zur Veröffentlichung der Verschuldungsgrade wendet; *Kaserer/Achleitner/von Einem/Schierek*, Private Equity in Deutschland, S. 268 ff. die eine derartige Verschuldungsbegrenzung aber als gesellschaftsrechtliche Angelegenheit einordnen; *R. H. Schmidt/Spindler*, Finanzinvestoren, C. Rn. 191: Lediglich steuerliche Anreize zu einer allzu hohen Verschuldung sollten reduziert werden.

[175] *Rudolph*, ZGR 2008, 161, 183; sympathisierend *Tasma*, Leveraged Buyout und Gläubigerschutz, S. 420.

[176] *Voth*, Transparenz und Fairness auf einem einheitlichen europäischen Kapitalmarkt, S. 64 f.

striktiver gestaltet werden.[177] Insgesamt sollten die LBO-Fonds jedenfalls zu mehr Beteiligungstransparenz angehalten werden.[178] Um eine frühzeitige Unterrichtung der Arbeitnehmer über die Absichten und Interessen der Investoren sicherzustellen, kam der Gedanke auf, eine Investorenerklärung entsprechend *Schedule 13D* der U.S. Securities and Exchange Commission einzuführen.[179] Auch auf die Vergütungsstrukturen sollte durch mehr Interessenkonvergenz zwischen Fondsmanagement und Investoren sowie durch eine wirksame Form der Verlustbeteiligung eingewirkt werden, da die asymmetrische Beteiligung der Fondsinitiatoren am Veräußerungsgewinn (bis zu 20 Prozent)[180] bei einer gleichzeitig nur minimalen Beteiligung am Fondsvolumen als Ausfalldeckelung zu einem Gambling in der Zielgesellschaft incentiviere.[181]

III. Resümee

Die unter A. angestellten Überlegungen zur bisherigen Regulierung lassen sich wie folgt resümieren:

1. Für LBO-Fonds existierte kein besonderes, zwingendes Regulierungswerk. Das KAGG a. F. und das InvG a. F. waren nur optionales Regulierungsrecht. Das InvG a. F. verlor seit dem Investmentänderungsgesetz ohnehin jede Bedeutung für geschlossene Fonds, da allein offene Fonds adressiert wurden, strenge Anlagerestriktionen bestanden und das Geschäftsmodell von LBOs sogar dazu führte, dass eine Qualifizierung als Investmentvermögen schon gar nicht gelingen konnte. Aus den letzten beiden Gründen konnte das InvG a. F. auch den Vertrieb ausländischer Private Equity-Fonds nicht erreichen.

Die bankaufsichtliche Zulassung nach § 32 KWG und die damit verbundenen regulierungsrechtlichen Erteilungsvoraussetzungen sowie das WpHG hätten hier Abhilfe schaffen können, waren aber vor der umfänglichen Erweiterung des Finanzinstrumentebegriffs im Jahr 2012 ohnehin nur in einem schmalen Korridor zur Anwendung auf die Geschäftsmodelle der hier untersuchten LBO-Fonds geeignet

---

[177] Ebd., S. 65.

[178] *U. H. Schneider*, NZG 2007, 888, 889 f.; skeptisch *Eidenmüller*, DStR 2007, 2116, 2118: „[…] die nicht hinterfragte Vorstellung, dass mehr Transparenz nur nützen und nicht schaden könne"; a. A. jedenfalls *Böttger*, Strukturen und Strategien von Finanzinvestoren, S. 51.

[179] *R. H. Schmidt/Spindler*, Finanzinvestoren, E. Rn. 50, hier aber als Maßnahme des Arbeitsrechts.

[180] 6. Teil, B.II.7.c)bb).

[181] *Rudolph*, ZGR 2008, 161, 176 ff., 183; *Zetzsche*, Prinzipien der kollektiven Vermögensanlage, § 31 A. III. 2. weist darauf hin, dass Verlustbeteiligungen im Bereich Private Equity nicht üblich seien; Eingriffe in die Carry-Strukturen hält *ders.*, NZG 2009, 692, 697 explizit für nicht wünschenswert. Die Stiftung Warentest hat in der Vergangenheit jedenfalls bei den Performance-Fees von Investmentfonds eine fehlende Verlustbeteiligung moniert, vgl. *Stiftung Warentest*, Finanztest, Februar 2010, S. 33, 34.

und konnten die herkömmlichen Erscheinungsformen von LBO-Fonds bei system-
gerechter Auslegung jedenfalls nicht erfassen. In den Jahren nach ihrer Gründung hat
die BaFin zwar eine extensive Auslegung des Tatbestands des Finanzkommissionsgeschäfts verfolgt. Für LBO-Fonds hätte sich hieraus mangels Dienstleistungscharakters der Verwaltungstätigkeit trotzdem keine Erlaubnispflicht ableiten können. Auch war der Tatbestand der Finanzportfolioverwaltung nicht einschlägig, da
fondsseitig keine Tätigkeit für andere erfolgte. Keine Erlaubnispflicht erwuchs des
Weiteren aus dem Tatbestand der Anlageverwaltung, da dieser anders als LBO-Fonds
ausschließlich die Vermögensverwaltung für natürliche Personen in den Blick nahm
und auf passive Teilnahme an der Wertentwicklung der erworbenen Finanzinstrumente gerichtet war. Einzig aus der vom VG Frankfurt a.M. vorübergehend vertretenen rechtlichen Würdigung des im Tatbestand des Investmentgeschäfts nach § 1
Abs. 1 Satz 2 Nr. 6 KWG a.F. enthaltenen Verweises auf § 7 Abs. 2 InvG a.F. konnte
sich eine Erlaubnispflicht für risikogemischte LBO-Fonds ergeben. Denn einzelne
geschlossene Fonds wurden nach Maßgabe eines materiellen Investmentbegriffs als
Erbringer der Verwaltung von Investmentvermögen angesehen. Diese Rechtsprechung war jedoch systemwidrig und wurde bereits kurze Zeit später nicht weiter
aufrechterhalten. Daneben hätte das Geschäftsgebaren der LBO-Fonds zwar
durchaus unter das Eigengeschäft als fingierte Finanzdienstleistung gem. § 1 Abs. 1a
Satz 3 KWG a.F. subsumiert werden können. Das führte im Ergebnis aber dennoch
nicht zur Erlaubnispflicht, da neben dem eigentlichen Geschäftsmodell keine weiteren Finanzdienstleistungen erbracht wurden und deshalb ein Ausnahmetatbestand
eingriff. Angesichts der Tatsache, dass sich die LBO-Fonds nicht durch die KWG-
Tatbestände fassen ließen, konnten sie keine Institute i. S. des § 1 Abs. 1b KWG sein
und qualifizierten somit lediglich als unregulierte sog. Finanzunternehmen i. S. des
§ 1 Abs. 3 Satz 1 Nr. 1 KWG.[182]

Die Regulierung einer schuldrechtlich beauftragten Management-Gesellschaft
selbst war untrennbar mit der Frage nach der Aktivität im Kontext des Abschlusses
des Vertrages zum Erwerb von Finanzinstrumenten verbunden und konnte entsprechend vermieden werden. Fungierte das Management als Bote oder förderte es
i. S. der GewO die Abschlussbereitschaft, war es als Anlagevermittler einzuordnen.
Als Abschlussvermittler hätte es hingegen eine eigene Willenserklärung im fremden
Namen für fremde Rechnung, also mit Vertretungsmacht, abgeben müssen. Die
Abschlussvermittlung war bei Fehlen einer Vollmacht und in jedem Fall dann abzulehnen, wenn der Deal Flow nicht die nach der BaFin für die Annahme einer
Gewerbsmäßigkeit erforderliche Fluktuation erreichte. Eine Finanzkommission
schied mangels Handelns im eigenen Namen aus. Die Verwirklichung der Finanzportfolioverwaltung hing wiederum vom Einzelfall ab, war aber abzulehnen, falls
dem Fonds weitreichende Mitwirkungsbefugnisse zustanden. Die Anlageberatung

---

[182] *Jesch*, Private-Equity-Beteiligungen, S. 145; *Ohler*, in: Leible/Lehmann, Hedgefonds
und Private Equity – Fluch oder Segen, S. 139, 143; *Boué/Kehlbeck/Leonhartsberger-Heilig*,
Basiswissen Private Equity, Abschn. 4.5.1.; *Berger*, Regulierung der Management-Ebene bei
Private Equity-Fonds, S. 65, 211.

hingegen war womöglich erfüllt. Mangels gesonderter Vergütung konnte jedoch eine Bereichsausnahme in Stellung gebracht werden. War das Management nicht schuldrechtlich beauftragt, sondern bildete die Geschäftsführung des Fonds, war keiner der erlaubnispflichtigen Tatbestände erfüllt.

Anlegerschützend war demgegenüber unbestritten die bereits vor Inkrafttreten des KAGB bestehende Prospektpflicht als Vertriebsregulierung. Eine Einordnung der Anteile an geschlossenen Fonds als Wertpapiere i. S. der MiFID I hätte zu einer weitergehenden Regulierung im Kontext der Emission und des Vertriebs führen können, war aber richtigerweise abzulehnen. Merkliche Bewegung in die Regulierung des Grauen Kapitalmarkts kam mit dem Gesetz zur Novellierung des Finanzanlagenvermittler- und Vermögensanlagenrechts aus dem Jahr 2011, das seinerseits aber noch viele Ausnahmebestimmungen vorsah. Ein ganzheitlicher Weißer Kapitalmarkt wurde jedenfalls nicht kreiert. Für die Fondsgesellschaften ergaben sich nur Änderungen im Hinblick auf den Pflichtenumfang beim Emissionsprospekt, während die wesentliche Neuerung in Gestalt der Erweiterung des Begriffs des Finanzinstruments nach KWG und WpHG um die Vermögensanlagen i. S. des VermAnlG lediglich die bislang auf dem Grauen Kapitalmarkt agierenden Finanzintermediäre traf. Reguliert wurde nur der Vertrieb, nicht auch das Produkt selbst.

II. Die Kritik der Literatur am bisherigen Rechtsrahmen konzentrierte sich auf wesentliche Gesichtspunkte. Zum Vorwurf wurde die fehlende Handhabe mit einem etwaigen Overleverage im Rahmen der Akquisitionsfinanzierung gemacht. Gleichermaßen wurde moniert, dass fremdfinanzierte Ausschüttungen nicht in einem geordneten Rahmen abliefen. Überdies wurde die fehlende Beteiligungstransparenz bemängelt, wobei die Übergänge zur Reformdiskussion im Gesellschaftsrecht fließend waren. Die Kritik mündete letztlich in weitreichenden Reformvorschlägen, deren Nukleus die Forderung nach einem speziellen, zwingenden Ordnungsrahmen für den Bereich Private Equity bildete. Insbesondere wurde mit Ausschüttungssperren, einer Limitierung von Aktienrückkäufen und gesetzlich festgelegten Verschuldungsgrenzen im Rahmen der Akquisitionsfinanzierung kokettiert. Daneben sollte auch das aus dem amerikanischen Recht bekannte *Schedule 13D* als Maßnahme der Beteiligungstransparenz fruchtbar gemacht werden. Meriten versprach man sich eingedenk der Bedeutung von Incentivierungsmechanismen überdies von einer wirksamen Form der Verlustbeteiligung der relevanten Manager.

B. Neuer Regulierungsrahmen für Verwalter von Leveraged Buyout-Fonds

Das KAGB samt flankierender Vorgaben auf europäischer und nationaler Ebene hat in Deutschland zu einer neuen Architektur der Regulierung im Bereich der alternativen Investments geführt. Angeknüpft wird nunmehr an die Verwalter der Investmentfonds. Da das Gesetz recht jung ist, verwundert es nicht, dass einzelne

Problemkreise von der einschlägigen Literatur eher stiefmütterlich behandelt werden und in vielen Punkten noch Unsicherheit herrscht. Einige Detailfragen kann der Rechtsanwender zudem nur unter Rückgriff auf tiefschürfende Auslegungen bewältigen. Die im vorstehenden Sinne beschriebene Komplexität des neuen Vorgabengefüges wurde bereits im Kontext der Frage nach der Zukunft des Carry-Vehikels illustriert. Die neuen Vorgaben für die Verwalter von LBO-Fonds sollen in diesem Teil in drei Schritten erschlossen werden. Zu Beginn sind die Grundlagen des neuen unionsrechtlichen Playing Field zu erarbeiten (sogleich I.). Sodann werden verschiedene Aspekte der assetklassenübergreifenden Verwalter- und Produktregulierung analysiert und auf Folgerungen für das LBO-Segment untersucht (unter II.). Schließlich werden die besonderen Vorschriften für Verwalter von AIFs, die die Kontrolle über nicht börsennotierte Unternehmen erlangen, erforscht (unter III.). Solange es nicht explizit anders erwähnt wird, ist mit „KVG" dabei schlicht eine „AIF-KVG" gemeint.

I. Grundlagen des neuen regulatorischen Playing Field

Die Grundlagen des neuen regulatorischen Playing Field sollen in zwei Schritten herausgearbeitet werden. Zum einen ist aufzuzeigen, welche Konsequenzen der Wechsel vom unregulierten ins regulierte Regime für die bereits bestehenden Regulierungsmaßnahmen und diskutierten Anknüpfungspunkte vor dem KAGB zeitigt. Zum anderen sind einzelne elementare Fragen in Bezug auf die Reichweite, Anwendung und Rechtsnatur des neuen Rechtsrahmens im Allgemeinen und für den Bereich LBO im Besonderen zu erörtern.

1. Ablösung des alten regulatorischen Rechtsrahmens

Die Regulierung vor dem KAGB war in erster Linie eine Regulierung des Vertriebs. Überlegungen zur Einordnung des Geschäftsmodells von LBO-Fonds unter KWG- und WpHG-Tatbestände konnten letztlich nicht reüssieren. Je nach Einsatzfeld der beauftragten Management-Gesellschaft war auch ihr Geschäftsbetrieb erlaubnisfrei.

a) Irrelevanz der KWG-Tatbestände bei eigener KAGB-Lizenz

Unter dem KAGB sind die Fondsgesellschaften grundsätzlich ebensowenig eigenständiger Adressat einer Erlaubnispflicht. Die Erlaubnispflicht zielt vielmehr auf KVGs ab, die Private Equity-AIFs außerhalb der De-minimis-Regelungen der § 2 Abs. 4, 4a und 5 KAGB verwalten.[183] Erlaubnisträger kann jedoch auch der AIF selbst sein, wenn die Rechtsform des AIF eine interne Verwaltung zulässt und kein

---

[183] 6. Teil, B.II.2.

externer Verwalter bestellt wird .[184] Sofern sich KVGs und extern verwaltete Investmentgesellschaften auf das Betreiben der kollektiven Vermögensverwaltung (§ 1 Abs. 19 Nr. 24 KAGB), gegebenenfalls einschließlich der Gewährung von Gelddarlehen, oder die in § 20 Abs. 3 KAGB aufgeführten Dienstleistungen oder Nebendienstleistungen (z. B. individuelle Vermögensverwaltung und Anlageberatung, Finanzportfolioverwaltung, etc.) beschränken, gelten sie nunmehr nicht als Kredit- oder Finanzdienstleistungsinstitut nach dem KWG.[185] Die Erlaubnis nach dem KAGB verdrängt eine etwaige Erlaubnispflicht nach dem KWG.

b) Unnötige Doppelregulierung des Vertriebs vor Inkrafttreten des KAGB

Mit Fug und Recht dürfen auch die aus dem Gesetz zur Novellierung des Finanzanlagenvermittler- und Vermögenanlagenrechts vom 6. Dezember 2011 folgenden Änderungen für die Vertriebsregulierung in der Fondswelt als „unnötige Doppelregulierung"[186] bezeichnet werden. Denn mit Inkrafttreten des AIFM-UmsG[187] wurden viele Errungenschaften dieser Vertriebsregulierung durch neue Regelungen abgelöst und zum Teil überholt.

aa) Änderungen am VermAnlG und Rechtslage nach dem KAGB

So wurden die Anteile an Investmentvermögen i. S. des § 1 Abs. 1 KAGB aus dem gerade erst für den Bereich der geschlossenen Fonds anwendbar gemachten Vermögensanlagenbegriff des § 1 Abs. 2 VermAnlG extrahiert.[188] Die Prospektpflicht als Teil der Vertriebsregulierung und die diese flankierende Prospekthaftung werden für geschlossene inländische Publikums-AIFs nunmehr in §§ 268, 306 KAGB geregelt.[189] Den §§ 8 Abs. 1 Satz 2, 9 Abs. 2 VermAnlG vergleichbare Regelungen zur Prüfung der Kohärenz und Verständlichkeit des Prospektinhalts durch die BaFin sowie zur Veröffentlichung des Verkaufsprospekts im Bundesanzeiger sucht man im KAGB vergebens.[190] Der Prospekt ist nach § 268 Abs. 1 Satz 2 KAGB vielmehr auf der Internetseite der KVG zugänglich zu machen. Dafür geht die für den Bereich der OGAWs und Publikums-AIFs gleichermaßen bestehende Prospekthaftung nach § 306 KAGB in einigen Punkten sogar weiter als die Prospekthaftung nach § 20

---

[184] § 17 Abs. 2 Nr. 2 KAGB.

[185] § 2 Abs. 1 Nr. 3b, Abs. 6 Nr. 5a KWG.

[186] *Spindler/Tancredi*, WM 2011, 1393, 1395; *Weiser/Jang*, BB 2011, 1219, 1221.

[187] Gesetz zur Umsetzung der Richtlinie 2011/61/EU über die Verwalter alternativer Investmentfonds (AIFM-Umsetzungsgesetz – AIFM-UmsG) vom 4. Juli 2013, BGBl. I, S. 1981.

[188] *R. Koch*, in: Möllers/Kloyer, Das neue KAGB, Rn. 261, 305.

[189] Ausführlich zur Prospekthaftung *Assmann*, in: Assmann/Schütze, Hdb. KapitalanlageR, § 5 Rn. 320 ff.; krit. zudem *Hoffmeyer*, NZG 2016, 1133, 1135 im Vergleich mit der bürgerlichrechtlichen Prospekthaftung im engeren Sinne.

[190] *Dorenkamp*, in: Baur/Tappen, Investmentgesetze, § 268 KAGB Rn. 39 f. § 316 Abs. 2 KAGB sieht im Anzeigeverfahren für den Vertrieb eine bloße Vollständigkeitsprüfung vor.

VermAnlG, da bei der Konstruktion ersterer der für offene Fondsvehikel modellierte § 127 InvG a. F. Pate stand.[191] Exemplarisch kann hier angeführt werden, dass die Haftung für einen fehlerhaften Prospekt nach § 306 Abs. 1 KAGB anders als § 20 VermAnlG keine Ausschlussfrist kennt.[192] Kritisch zu sehen ist, dass dem Anleger in Abkehr von § 20 VermAnlG dem Wortlaut des § 306 KAGB nach kein Anspruch auf Ersatz der mit dem Erwerb verbundenen üblichen Kosten eingeräumt wird. Die Nachteilhaftigkeit dieser prima facie von § 20 VermAnlG abweichenden Rechtslage ist wiederum zu relativieren, da das Schrifttum den Anlegern entsprechend der bereits zu § 127 InvG a. F. vertretenen Auffassung[193] einen Aufwendungsersatz zugesteht[194] und sich damit auch auf eine Linie mit der Rechtsprechung des BGH zur Prospekthaftung außerhalb des Anwendungsbereichs der gesetzlich geregelten Prospekthaftung begibt[195]. § 306 KAGB ist aber vor allen Dingen das Ergebnis einer Symbiose. Denn in einigen Punkten richtet sich § 306 KAGB nicht nach der Schablone des § 127 InvG a. F., sondern sucht i. S. eines effektiven Anlegerschutzes eine Anleihe bei § 20 VermAnlG.[196] So trägt der Anspruchsgegner eingedenk der Beweislastverteilung aus § 306 Abs. 3 Satz 2 Nr. 2 KAGB die Beweislast für die Transaktionskausalität.[197] Dieser Symbiosecharakter äußert sich zudem dadurch, dass die in beiden Haftungsvorschriften vorgesehenen Anspruchsgegner in die Pflicht genommen werden.[198]

---

[191] BegrRegE BT-Drs. 17/12294, S. 283. Dadurch werden auch die bereits bekannten Probleme zu § 127 InvG a. F. (etwa die Frage nach der Beweislastumkehr für die Kausalität des Kaufs) auf § 306 KAGB transferiert, vgl. *Möllers*, in: Möllers/Kloyer, Das neue KAGB, Rn. 630, 643 ff.

[192] *Möllers*, in: Möllers/Kloyer, Das neue KAGB, Rn. 630, 646. Nach § 20 Abs. 1 VermAnlG muss das Erwerbsgeschäft nach Veröffentlichung des Verkaufsprospekts und während der Dauer des öffentlichen Angebots nach § 11 VermAnlG, spätestens jedoch innerhalb von zwei Jahren nach dem ersten öffentlichen Angebot der Vermögensanlagen im Inland, abgeschlossen worden sein.

[193] *Köndgen*, in: Berger/Steck/Lübbehüsen, InvG, § 127 Rn. 19.

[194] *Assmann*, in: Assmann/Schütze, Hdb. KapitalanlageR, § 5 Rn. 409 f.

[195] BGH, Urt. v. 3. 12. 2007 – II ZR 21/06, BKR 2008, 163 f.

[196] *Schnauder*, NJW 2013, 3207, 3209.

[197] BegrRegE BT-Drs. 18/1305, S. 51. Mit dem FinMarktAnpG wurde auf die Kritik von *Schnauder*, NJW 2013, 3207, 3209 reagiert.

[198] Anspruchsgegner (i) sind bei § 20 Abs. 1 VermAnlG diejenigen, die für den Verkaufsprospekt die Verantwortung übernommen haben, und diejenigen, von denen der Erlass des Verkaufsprospekts ausgeht, (ii) waren bei § 127 Abs. 1 InvG a. F. die Kapitalanlagegesellschaft oder die ausländische Investmentgesellschaft und derjenige, der diese Anteile im eigenen Namen gewerbsmäßig verkauft hat, (iii) sind bei § 306 Abs. 1 KAGB nun die Verwaltungsgesellschaft, diejenigen, die neben der Verwaltungsgesellschaft für den Verkaufsprospekt die Verantwortung übernommen haben oder von denen der Erlass des Verkaufsprospekts ausgeht, und derjenige, der diese Anteile oder Aktien im eigenen Namen gewerbsmäßig verkauft hat. Hintergrund ist, dass man mit der Prospekthaftung auch die Prospektveranlasser erreichen möchte, *Schnauder*, NJW 2013, 3207, 3209. Im Übrigen setzt sich die bereits bekannte Kritik an der Inanspruchnahme einer Personengesellschaft (hier: intern verwaltete gInvKG), die keine eigenen Anteile übernehmen kann, fort, vgl. auch *Schnauder*, NJW 2013, 3207, 3210.

Für den Vertrieb von Anteilen an Spezial-AIFs bedarf es hingegen keines Prospekts. Entsprechende Informationspflichten mit korrespondierender Haftung ergeben sich jedoch aus § 307 Abs. 1 KAGB.[199] Da die Regulierung des Vertriebs nicht an ein *öffentliches* Angebot gekoppelt ist,[200] ist eine Privatplatzierung im erlaubnispflichtigen Bereich nicht mehr möglich.[201] Das ist in dieser Hinsicht Neuland für Spezial-AIFs, da unter dem VermAnlG ein Private Placement und damit ein Vertrieb ohne Verkaufsprospekt ermöglicht wurden.[202] Nunmehr muss eine KVG, die einen inländischen Spezial-AIF vertreiben möchte, gem. § 321 Abs. 1 KAGB ein Anzeigeverfahren gegenüber der BaFin durchlaufen und dabei sowohl die Anlagebedingungen als auch das Informationsdokument (§ 307 Abs. 1 KAGB) einreichen – was branchenseitig freilich nicht auf Wohlwollen stößt.[203] Bei diesem Procedere hat sich der Gesetzgeber offenbar sehr an dem Schutzbedürfnis der Privatanleger orientiert.[204] Ein Vertrieb an (semi-)professionelle Anleger scheidet gem. § 293 Abs. 1 Satz 3 KAGB erst aus, wenn dieser nicht mehr auf Initiative der KVG oder in deren Auftrag erfolgt (sog. Reverse Solicitation) oder sich nicht an (semi-)professionelle Anleger mit Wohnsitz oder Sitz im Inland oder einem EU-Mitgliedstaat oder EWR-Staat richtet. Da Bezugsobjekt des Vertriebs jedoch stets Anteile am Investmentvermögen sind, muss letzteres auch angebotsreif sein, i. e. die Anlagebedingungen müssen bereits *vollständig* ausgehandelt sein.[205] Wenn die Anlagebedingungen – auch nach vorausgehender Initiative durch die KVG – vollständig mit dem Investorenkreis aus (semi-)professionellen Anlegern ausgehandelt wurden und sich die an den Verhandlungen beteiligten Anleger dazu entschließen, Anteile zu erwerben, lehnt die BaFin *in Ansehung der besagten Anleger* das Vorliegen eines Vertriebs ab und gibt

---

[199] *Wetzig*, Regulierung des Grauen Kapitalmarkts, S. 253.

[200] § 293 Abs. 1 Satz 1 KAGB: „Vertrieb ist das direkte oder indirekte Anbieten oder Platzieren von Anteilen oder Aktien eines Investmentvermögens".

[201] *Volhard/Jang*, DB 2013, 273, 274; *Wollenhaupt/Beck*, DB 2013, 1950, 1957; *Emde/Dreibus*, BKR 2013, 89, 97; *Burgard/Heimann*, WM 2014, 821, 829; *Escher*, in: Bankrechtstag 2013, S. 123, 151, 153; *Einsele*, Bank- und KapMarktR, § 10 Rn. 63; *Zingel*, in: Baur/Tappen, Investmentgesetze, § 293 KAGB Rn. 9 ff.; *Weitzel/Herkströter*, in: Beckmann/Scholtz/Vollmer, Investment-Hdb., Losebl. (Stand: 9/12), vor 405 Rn. 203 f.; *D. Voigt*, in: Möllers/Kloyer, Das neue KAGB, Rn. 129, 156 ff.; *Kobabe*, in: Möllers/Kloyer, Das neue KAGB, Rn. 911, 1031; *Buck-Heeb*, Kapitalmarktrecht, § 16 Rn. 908. Im registrierungspflichtigen Bereich finden auf KVGs nach § 2 Abs. 4 KAGB die Vertriebsvorschriften in Kapitel 4 des KAGB hingegen keine Anwendung, sodass der Vertrieb ohne Anzeige bei der BaFin möglich ist, vgl. *BaFin* vom 4.7.2013, Häufige Fragen zum Vertrieb und Erwerb von Investmentvermögen nach dem KAGB, zuletzt geändert am 13.7.2016, WA 41-Wp 2137-2013/0293, Abschn. 4.

[202] 6. Teil, A.I.3.a).

[203] Losgelöst vom KAGB: *EVCA* (nun: Invest Europe) vom 26.6.2009, Response to the Proposed Directive of the European Parliament and Council on Alternative Investment Fund Managers (AIFM), Abschn. 3.1.

[204] Krit. *Escher*, in: Bankrechtstag 2013, S. 123, 151.

[205] *BaFin* vom 4.7.2013, Häufige Fragen zum Vertrieb und Erwerb von Investmentvermögen nach dem KAGB, zuletzt geändert am 13.7.2016, WA 41-Wp 2137-2013/0293, Abschn. 1.2.

deshalb die Notwendigkeit des Durchlaufens des Anzeigeverfahrens auf.[206] Gerade im Hinblick auf die Gebühren im LBO-Segment ist ein Aushandeln gängige Praxis.[207] Wenn insoweit keine Vertriebsaktivitäten stattfinden, müssen aus gesetzessystematischen Gründen auch die Informationen nach § 307 KAGB nicht mehr gegenüber diesen Anlegern erteilt werden.[208] Besteht eine über die an den Verhandlungen beteiligten Anleger hinausgehende konkrete Vertriebsabsicht, ist eine Vertriebsanzeige wiederum erforderlich.[209] Bei den vorstehenden Ausführungen ist zu berücksichtigen, dass nach Ansicht der BaFin auch im Bereich Private Equity typische sog. Side Letters, in denen individuelle Konditionen mit Anlegern vereinbart sind, zu den Anlagebedingungen zählen.[210] Da man vor diesem Hintergrund die Gesamtheit der im Einzelnen verhandelten Konditionen mit den Anlegern als Anlagebedingungen verstehen darf,[211] und im Rahmen des Private Equity-Fundsraising regelmäßig noch Verhandlungen mit neu eintretenden Investoren geführt werden,[212] sind die Anlagebedingungen also gegebenenfalls erst zum Closing des Fonds *vollständig* i. S. der Auslegung der BaFin ausgehandelt.[213] Mit Blick auf die Gesetzessystematik ist die Ansicht der BaFin zu den Side Letters durchaus angreifbar. Zwar wird der Begriff der Anlagebedingungen keineswegs gesetzlich definiert. Indes lässt sich dem Gesetz entnehmen, was abstrakt Inhalt der Anlagebedingungen werden kann[214] oder im Bereich der Publikums-AIFs sogar werden muss[215]. Gefragt sind Regelungen, die für die Gesamtheit der Anleger Geltung beanspruchen. Das bestätigt § 1 Abs. 1 Satz 2 KAGB, wonach es an einer „Anzahl von Anlegern" in einem Organismus fehlt, wenn die „Anlagebedingungen, die Satzung oder der Gesellschaftsvertrag des Organismus" die Anzahl möglicher Anleger auf

---

[206] Ebd.

[207] *Steffen*, in: Baur/Tappen, Investmentgesetze, § 26 KAGB Rn. 88; *European Commission*, Report of the Alternative Investment Expert Group, S. 11.

[208] § 307 KAGB befindet sich im Unterabschnitt zu „Vorschriften für den Vertrieb und den Erwerb von AIF in Bezug auf semiprofessionelle und professionelle Anleger".

[209] *BaFin* vom 4. 7. 2013, Häufige Fragen zum Vertrieb und Erwerb von Investmentvermögen nach dem KAGB, zuletzt geändert am 13. 7. 2016, WA 41-Wp 2137-2013/0293, Abschn. 1.2.

[210] *BaFin* vom 22. 3. 2013, Merkblatt zum Erlaubnisverfahren für eine AIF-Kapitalverwaltungsgesellschaft nach § 22 KAGB, zuletzt geändert am 27. 11. 2017, Abschn. A Nr. 12.

[211] So *Swoboda*, in: Weitnauer/Boxberger/Anders, KAGB, § 273 Rn. 3; wohl auch *Volhard/ Jang*, in: Dornseifer/Jesch/Klebeck/Tollmann, AIFM-RL, Art. 7 Rn. 17, nach denen die Vertragsbedingungen noch während des Fundraisingprozesses mit den Investoren verhandelt würden.

[212] *Swoboda*, in: Weitnauer/Boxberger/Anders, KAGB, § 273 Rn. 3; *Volhard/Jang*, in: Dornseifer/Jesch/Klebeck/Tollmann, AIFM-RL, Art. 7 Rn. 17; *Invest Europe*, Handbook vom November 2015, Professional Standards, Sec. 3 No. 3.2.5.: until the final closing of the fund.

[213] Die Auslegung durch die BaFin begrüßend *Volhard/El-Qalqili*, CFL 2013, 202, 205.

[214] Beispielhaft § 275 Abs. 1 Nr. 1 KAGB (Möglichkeit der Belastung von Vermögensgegenständen); § 26 Abs. 3 KAGB (Vorzugsbehandlung von Investoren); umfassend *Hüwel*, in: Baur/Tappen, Investmentgesetze, § 126 Rn. 8.

[215] § 266 Abs. 2 KAGB.

einen Anleger begrenzen. Es liegt daher nahe, dass die Anlagebedingungen stets ein an die (potenzielle) Anlegergesamtheit gerichtetes Vertragsdokument sein müssen. Dem entspricht es, wenn die Anlagebedingungen als AGB eingestuft werden.[216] Dass die BaFin dennoch auch Side Letters als Anlagebedingungen betrachtet, ist wohl allein der Notwendigkeit geschuldet, i. S. effektiver Aufsicht über die Vertragswerke (wie die Anlagebedingungen) den erforderlichen Anleger- und Systemschutz zu gewährleisten.[217] Ohnehin haben die neueintretenden Anleger jedenfalls den restlichen Teil der (eigentlichen) Anlagebedingungen zur Gestaltung des Fonds nicht mitausgehandelt, sodass – falls kein bloßes Pre-Marketing vorliegt – insoweit jedenfalls von einem Vertrieb eines Investmentvermögens auszugehen ist.

Während die unterlassene Veröffentlichung eines Verkaufsprospekts nach § 268 KAGB eine Haftung aus § 306 Abs. 5 KAGB begründet, scheidet eine vergleichbare Haftung für das Versäumnis, dem Erwerber die Informationen aus § 307 Abs. 1 KAGB zur Verfügung zu stellen, hingegen aus.[218]

Schließlich geht auch die Pflicht zur Erstellung eines Informationsblatts aus § 13 VermAnlG wertungsmäßig im KAGB auf, da die einen Private Equity-Publikums-AIF verwaltende KVG neben dem Verkaufsprospekt auch wesentliche Anlegerinformationen gem. § 268 Abs. 1 KAGB (bzw. ab dem Jahr 2020 ein Basisinformationsblatt nach der PRIIP-VO)[219] zu erstellen hat. Die hierzu korrespondierende Haftung bei Fehlerhaftigkeit ist in § 306 Abs. 2 KAGB geregelt, der letztlich die alte Rechtslage unter dem § 127 Abs. 2 InvG a. F. fortführt – und dieser war wiederum Vorbild für die Haftung nach § 22 VermAnlG.[220] Für den Vertrieb von Spezial-AIFs an semiprofessionelle Anleger räumt § 307 Abs. 5 KAGB ein Wahlrecht zur Erstellung entweder wesentlicher Anlegerinformationen oder eines PRIIP-Basisinformationsblattes ein. Dieses Wahlrecht kann künftig keinen Bestand mehr haben, wenn auch Anbieter von Publikums-AIFs auf das PRIIP-Basisinformationsblatt wechseln müssen.[221]

---

[216] So jüngst BGH, Urt. v. 22.9.2016 – III ZR 264/15, WM 2016, 2116; v. Ammon/Izzo-Wagner, in: Baur/Tappen, Investmentgesetze, § 162 KAGB Rn. 27; Paul, in: Weitnauer/Boxberger/Anders, KAGB, § 266 Rn. 6; Patzner/Schneider-Deters, in: FrankKomm, KapAnlR Bd. 1, § 162 KAGB Rn. 20; Decker, in: FrankKomm, KapAnlR Bd. 1, § 273 KAGB Rn. 23; Klett, Die Trust-Struktur im Vertragsmodell des Investmentrechts, S. 166.

[217] Die BaFin ist auch Aufseherin über die jeweiligen Vertragswerke, s. § 5 Abs. 6 Satz 2 KAGB. Dazu Bußalb, in: Möllers/Kloyer, Das neue KAGB, Rn. 577, 585.

[218] § 307 Abs. 3 KAGB verweist nicht auf § 306 Abs. 5 KAGB; Assmann, in: Assmann/Schütze, Hdb. KapitalanlageR, § 5 Rn. 328.

[219] Es gilt die Übergangsregelung (31. Dezember 2019) des Art. 32 Abs. 2 PRIIP-VO; Ziff. 2 Abs. 13 der Leitlinien der Kommission zur Anwendung der Verordnung (EU) Nr. 1286/2014 des Europäischen Parlaments und des Rates über Basisinformationsblätter für verpackte Anlageprodukte für Kleinanleger und Versicherungsanlageprodukte (PRIIP), ABl. Nr. C 218, S. 11.

[220] Assmann, in: Assmann/Schütze, Hdb. KapitalanlageR, § 5 Rn. 302.

[221] Wahlrecht im Ergebnis auch ablehnend Paul, in: Weitnauer/Boxberger/Anders, KAGB, § 307 Rn. 19.

bb) Modifizierung des Begriffs „Finanzinstrument" im KWG und WpHG

Andererseits wurde der Begriff des Finanzinstruments in (nun) §§ 1 Abs. 11 Nr. 5 KWG, 2 Abs. 4 Nr. 2 WpHG modifiziert, indem nun Anteile an inländischen Investmentvermögen nach dem KAGB als Finanzinstrumente qualifizieren.[222] Auch insoweit wurde das Regulierungsniveau des Gesetzes zur Novellierung des Finanzanlagenvermittler- und Vermögensanlagenrechts fortgeführt, da die Finanzintermediäre letztlich derselben Vertriebsregulierung nach dem KWG und WpHG unterliegen wie bereits vor Inkrafttreten des KAGB. Diese Kontinuität spiegelt sich auch im Rahmen der Ausnahmebestimmungen wider. Die bereits im Jahr 2011 geschaffenen Ausnahmetatbestände in § 2 Abs. 1 Nr. 10 und 11, Abs. 6 Satz 1 Nr. 8 lit. e, Nr. 19 und 20 KWG wurden durch das AIFM-UmsG entsprechend angepasst bzw. bei § 2 Abs. 6 Satz 1 Nr. 8 durch einen zuvor geschalteten lit. d ergänzt. Bemerkenswert ist, dass das WpHG in dieser Hinsicht gleichwohl nicht dieselbe Stringenz verfolgt. So wurde von den Ausnahmebestimmungen in (nun) § 3 Abs. 1 Nr. 7 lit. e, Nr. 14 WpHG nur § 3 Abs. 1 Nr. 7 WpHG durch einen zuvor geschalteten lit. d ergänzt. Unternehmen, die das Platzierungsgeschäft ausschließlich für Anbieter oder für Emittenten von geschlossenen AIFs i. S. des § 1 Abs. 5 KAGB erbringen, fallen demnach nicht unter die Ausnahme des § 3 Abs. 1 Nr. 14 WpHG. Das kann nur ein Versehen sein, da auch für die Erbringer des Platzierungsgeschäfts nach KWG ein Gleichlauf zwischen Vermögensanlagen nach § 1 Abs. 2 VermAnlG und geschlossenen AIFs nach § 1 Abs. 5 KAGB im Rahmen von § 2 Abs. 6 Nr. 19 KWG umgesetzt wurde.

cc) Schlussfolgerung

Vor diesem Hintergrund ist es unverständlich, wieso der Gesetzgeber nicht zunächst trotz sehenden Auges[223] den Erlass der AIFM-RL sowie deren Umsetzung abgewartet hat. Den Vorschlag zur AIFM-RL hat die EU-Kommission sogar bereits im Jahr 2009 veröffentlicht.[224] Die einzige Erklärung hierfür kann nur eine gewisse Dringlichkeit gewesen sein, bereits im Zeitraum zwischen den Jahren 2011 bis 2013 einen entsprechenden Anlegerschutz zu gewährleisten. In diese Richtung gehende Motive sucht man in der Gesetzesbegründung, der vorwiegend das Ziel der Rehabilitation des in der Finanzkrise verlorenen Vertrauens der Anleger zu entnehmen ist,[225] jedoch vergebens.

---

[222] BegrRegE BT-Drs. 17/12294, S. 314.
[223] BegrRegE BT-Drs. 17/6051, S. 30.
[224] 3. Teil.
[225] BegrRegE BT-Drs. 17/6051, S. 30.

2. Neues Normengefüge und Grundlagenfragen

Von immenser Bedeutung für die neue Regulierungsarchitektur und deshalb in einem ersten Schritt zu untersuchen sind die grundlegenden Fragen und Konzepte, die sich aus der neuen Regelungsmaterie, insbesondere dem Zusammenspiel von KAGB und AIFM-VO, ergeben. Sie dienen als das Fundament dieser Arbeit und sind unabdingbar für das Verständnis des neuen Regulierungssystems.

a) Räumlicher Geltungsbereich des KAGB

Die im Laufe dieser Arbeit analysierten Vorgaben gelten für KVGs i. S. des § 17 Abs. 1 Satz 1 KAGB, also Unternehmen mit satzungsmäßigem Sitz *und* Hauptverwaltung im Inland, deren Geschäftsbetrieb darauf gerichtet ist, inländische Investmentvermögen, EU-Investmentvermögen oder ausländische AIFs zu verwalten.[226] Der Anwendungsbereich des KAGB geht jedoch aufgrund der durch den EU-Pass eröffneten grenzüberschreitenden Verwaltungs- und Vertriebsmöglichkeiten (Manager- bzw. Vertriebspass)[227] noch darüber hinaus. Die in diesem Kontext relevanten Konstellationen, in denen wesentliche Bestimmungen des KAGB zur Anwendung kommen, werden im Folgenden beleuchtet.

Ausländische AIF-Verwaltungsgesellschaften (im Folgenden „ausländische AIFMs") sind Unternehmen mit *Sitz*[228] in einem Drittstaat, die den Anforderungen an einen AIFM i. S. der AIFM-RL entsprechen.[229] Je nachdem, ob die Bundesrepublik Deutschland Referenzmitgliedstaat für den ausländischen AIFM ist, sind im Zuge des Drittstaatenpasses zwei von den §§ 57, 66 KAGB geregelte Konstellationen zu unterscheiden. Anzumerken ist aber vorab, dass die §§ 57, 66 KAGB ausweislich § 344 Abs. 1 KAGB erst ab dem Drittstaatenstichtag gelten, mit dessen Eintritt der Pass auch für die ausländischen AIFMs Anwendung findet. Dieser Stichtag wird durch einen delegierten Rechtsakt der Kommission bestimmt, der innerhalb von drei Monaten nach Eingang einer positiven Empfehlung und Stellungnahme der ESMA zur Anwendung des Passes zu erlassen ist.[230] Doch selbst im Dezember 2017 liegen bislang nur Stellungnahmen für einzelne Drittstaaten vor (positiv z. B. Guernsey und

---

[226] § 17 Abs. 1 KAGB nimmt insoweit bereits das Prinzip der Einheit von Sitz und Verwaltung aus § 23 Nr. 7 KAGB vorweg, obwohl entscheidendes Abgrenzungsmerkmal nach Lesart der AIFM-RL allein der Sitz ist, s. auch § 1 Abs. 16 f. KAGB, *Bentele*, in: Baur/Tappen, Investmentgesetze, § 17 KAGB Rn. 12 ff. Für die Verwaltung von EU-AIFs und ausländischen AIFs durch inländische KVGs sind die besonderen Vorschriften der § 53 und §§ 55, 322 Abs. 1 Nr. 4 KAGB einzuhalten. Zu § 55 KAGB s. auch *Klebeck/Boxberger*, GWR 2014, 75.

[227] *Wallach*, RdF 2011, 80, 86; *Wilkowski/Grulke*, in: Weitnauer/Boxberger/Anders, KAGB, § 53 Rn. 2.

[228] Krit. *Zetzsche/Marte*, in: Zetzsche, AIFMD, Chapt. 16 No. 2.1: Indiziert sei Orientierung an Hauptverwaltungssitz.

[229] § 1 Abs. 18 KAGB.

[230] Art. 67 Abs. 5 AIFM-RL.

Jersey),[231] sodass der delegierte Rechtsakt auch im Hinblick auf aktuelle Ereignisse wie Brexit oder Panama Papers noch aussteht. Den Eintritt des Drittstaatenstichtages unterstellt, müssen ausländische AIFMs, für die Deutschland der Referenzmitgliedstaat nach § 56 KAGB ist, und die beabsichtigen, inländische Spezial-AIFs oder EU-AIFs zu verwalten *oder* von ihr verwaltete AIFs gem. Artt. 39 oder 40 AIFM-RL (d. h. per Pass) in den Mitgliedstaaten der EU oder in den EWR-Vertragsstaaten zu vertreiben, nach § 57 Abs. 1 KAGB eine Erlaubnis einholen und sind nach § 57 Abs. 2 KAGB verpflichtet – mit Ausnahme der §§ 53, 54, 321, 323 und 331 KAGB – die Bestimmungen des KAGB einzuhalten, die für KVGs, die Spezial-AIFs verwalten, gelten. Eine grenzüberschreitende Verwaltung inländischer Publikums-AIFs verbietet sich im Umkehrschluss. Dieser Grundsatz wird in § 317 Abs. 1 Nr. 1 KAGB fortgeführt, da ein Vertrieb von EU-AIFs und ausländischen AIFs an Privatanleger im Geltungsbereich des KAGB voraussetzt, dass keine grenzüberschreitende Verwaltung stattfindet.

Ist Deutschland nicht Referenzmitgliedstaat und will der ausländische AIFM inländische Spezial-AIFs verwalten, ist das gem. § 66 Abs. 1 Nr. 1 KAGB nur zulässig, wenn die zuständige Stelle des Referenzmitgliedstaates des ausländischen AIFM u. a. eine Bescheinigung darüber, dass der ausländische AIFM eine Zulassung nach der AIFM-RL erhalten hat, übersendet. Die ausländischen AIFMs unterliegen somit bereits den harmonisierten Regelungen in anderen Mitgliedstaaten. Daneben kommen aber auch selektiv Regelungen des KAGB zur Anwendung. Wird im Inland eine Zweigniederlassung eingerichtet, sind laut § 66 Abs. 4 Satz 1 KAGB insbesondere die Vorschriften zu Verhaltenspflichten und Interessenkonflikten nach §§ 26 Abs. 2, 3 und 7, 27 Abs. 1 bis 4 KAGB einzuhalten. Außerdem und auch für den Fall des bloß grenzüberschreitenden Dienstleistungsverkehrs sind nach § 66 Abs. 5 KAGB das KAGB-Gesellschaftsrecht (§§ 80 bis 161 KAGB), die Anforderungen an die Anlagebedingungen nach § 273 Satz 1 KAGB und die §§ 274 bis 292 KAGB (also auch die Regeln zur Beschränkung der Belastung von Vermögensgegenständen sowie das Sonderbeteiligungsrecht) zu berücksichtigen.

Darüber hinaus sind zwei Konstellationen für ausländische AIFMs außerhalb des Drittstaatenpasses von Relevanz. Erstens: Vor Anwendung des Drittstaatenpasses ist ausländischen AIFMs der Vertrieb von ausländischen AIFs oder EU-AIFs, die von ihnen verwaltet werden, an professionelle oder semiprofessionelle Anleger bereits

---

[231] ESMA/2015/1236 vom 30.7.2015, ESMA's advice to the European Parliament, the Council and the Commission on the application of the AIFMD passport to non-EU AIFMs and AIFs, Abschn. 2. Die Kommission hat die ESMA sodann mit Schreiben vom 17.12.2015, Ares (2015)6454561, gebeten, bis zum 30.6.2016 ihre Bewertung für die bislang diskutierten und weitere Jurisdiktionen abzuschließen. Dazu nun ESMA/2016/1140 vom 18.7.2016 bzw. 12.9. 2016, ESMA's advice to the European Parliament, the Council and the Commission on the application of the AIFMD passport to non-EU AIFMs and AIFs. Vgl. ergänzend auch die Rede von Steven Maijoor bei ESMA/2016/1459 vom 11.10.2016. Zur Einführung des Passes in Drittstaatenkonstellationen: *Klebeck*, in: Weitnauer/Boxberger/Anders, KAGB, § 58 Rn. 2 ff.; aus der Perspektive der Schweiz *Frick*, in: Gericke, Private Equity III, S. 77 ff. Vgl. auch § 295 Abs. 2 Nr. 2, Abs. 3 Nr. 2 KAGB zum zeitlichen Anwendungsbereich der Vertriebsvorschriften.

nach § 330 KAGB erlaubt. Diese Regelung wird wohl auch künftig von Bedeutung für solche Drittstaaten sein, die keine positive Empfehlung von der ESMA erhalten. Wird nur an professionelle Anleger vertrieben, ist nach § 330 Abs. 1 Satz 1 Nr. 1 KAGB vor allen Dingen das Sonderbeteiligungsrecht der §§ 287 ff. KAGB einzuhalten.[232] Bei einem Vertrieb auch an semiprofessionelle Anleger, müssen der ausländische AIFM und die Verwaltung des AIF durch diesen gem. § 330 Abs. 1 Satz 1 Nr. 2 KAGB sogar insgesamt den im KAGB umgesetzten Anforderungen der AIFM-RL entsprechen. Zweitens: Für eine grenzüberschreitende Verwaltung oder einen Vertrieb von an Privatanleger gerichtete AIFs in Drittstaatenkonstellationen existiert kein Pass.[233] Soll ein EU-AIF oder ausländischer AIF durch einen ausländischen AIFM an Privatanleger im Geltungsbereich des KAGB vertrieben werden, gelten die §§ 317 bis 320 KAGB. Der Vertrieb ist gem. § 317 Abs. 1 Nr. 3 KAGB nur zulässig, wenn die Verwaltung des AIF durch den ausländischen AIFM den Anforderungen der AIFM-RL entspricht. Überdies sind die Anlagebedingungen und der Gesellschaftsvertrag/die Satzung so zu gestalten, dass verschiedene Vorschriften (z. B. das Sonderbeteiligungsrecht, obwohl dieses bereits als Mindeststandard Ausfluss der AIFM-RL ist) eingehalten werden.[234]

Auch bei einer grenzüberschreitenden Verwaltung von inländischen Spezial-AIFs durch EU-AIFMs, also Unternehmen mit Sitz in einem anderen EU-Mitgliedstaat oder EWR-Vertragsstaat, die den Anforderungen der AIFM-RL entsprechen,[235] sind KAGB-Normen einzuhalten. Eine solche Verwaltung von inländischen Spezial-AIFs (ebenso also nicht Publikums-AIFs) ist nach § 54 KAGB zulässig. Diese bedingt wie bei ausländischen AIFMs, deren Referenzmitgliedstaat nicht die Bundesrepublik Deutschland ist, dass die zuständige Stelle des Herkunftsmitgliedstaats des EU-AIFM u. a. eine Bescheinigung darüber, dass der EU-AIFM eine Zulassung nach der AIFM-RL erhalten hat, übersendet.[236] Für EU-AIFMs kommen sodann die bereits genannten Bestimmungen für ausländische AIFMs, deren Referenzmitgliedstaat nicht Deutschland ist und die inländische Spezial-AIFs zu verwalten beabsichtigen, gleichfalls zur Anwendung.[237] Bei den Sachverhalten außerhalb des EU-Passes gilt: Bis zum Eintritt des Drittstaatenstichtags können EU-AIFMs ausländische AIFs bereits nach § 329 KAGB im Inland an (semi-)professionelle Anleger vertreiben. Bei einem Vertrieb von ausländischen AIFs, die von EU-AIFMs verwaltet werden, an (semi-)professionelle Anleger kommt es (anders als bei ausländischen AIFMs) nach § 329 Abs. 1 Satz 1 Nr. 1 und 2 KAGB einzig auf die Einhaltung der umgesetzten

---

[232] *Volhard/El-Qalqili*, CFL 2013, 202, 205; *Thiermann*, NZG 2016, 335, 336.

[233] *Loff/Klebeck*, BKR 2012, 353, 357 für den Vertrieb.

[234] Vgl. Katalog in § 317 Abs. 1 Nr. 7 KAGB; für das Sonderbeteiligungsrecht: § 317 Abs. 1 Nr. 7 lit. c i. V. m. § 261 Abs. 7 i. V. m. §§ 287 ff. KAGB, daneben insbesondere die Leverage-Begrenzung (lit. c i. V. m. § 263 KAGB) und die Regelungen für Portfoliobewertungen (lit. h).

[235] § 1 Abs. 17 Nr. 2 KAGB.

[236] § 54 Abs. 1 Nr. 1 KAGB.

[237] § 54 Abs. 4, 5 KAGB.

Bestimmungen der AIFM-RL im Herkunftsmitgliedstaat an, nicht hingegen auf die KAGB-Regelungen. Der Vertrieb von EU-AIFs oder ausländischen AIFs durch EU-AIFMs an Privatanleger im Geltungsbereich des KAGB richtet sich indes ebenso nach den bereits erläuterten Bestimmungen der §§ 317 bis 320 KAGB.

b) Reichweite der AIFM-VO

Die von der ESMA ausgearbeitete[238] und von der Kommission als delegierter Rechtsakt (sog. Level 2-Maßnahme) erlassene AIFM-VO beruht auf verschiedenen, über die AIFM-RL verteilten Ermächtigungsgrundlagen je nach Regelungsgegenstand.[239] Da die AIFM-RL ihren Geltungsbereich auch auf Nicht-EU-AIFMs, die einen oder mehrere EU-AIFs verwalten sowie Nicht-EU-AIFMs, die einen oder mehrere AIFs in der Union vertreiben, unabhängig davon, ob es sich bei solchen AIFs um EU-AIFs oder Nicht-EU-AIFs handelt, erstreckt,[240] gilt das aus Kompetenzgründen auch für die AIFM-VO. Die AIFM-RL beschränkt ihren Anwendungsbereich dabei auf AIFMs, deren verwaltete Investmentvermögen sich an professionelle Anleger richten.[241] Soweit Mitgliedstaaten, wie Deutschland es getan hat, Publikums-AIFs zulassen, gelten die Anforderungen der AIFM-RL als Mindeststandard.[242] Die AIFM-VO kann aus Kompetenzgründen nicht weitergehen als ihre Ermächtigungsgrundlage und ist damit ihrerseits auf Verwalter von Spezial-AIFs begrenzt,[243] was auch dem deutschen Gesetzgeber bewusst ist[244]. Für die Verwalter von Spezial-AIFs kommt die AIFM-VO daher kraft ihrer unmittelbaren Wirkung zur Anwendung.[245] Für Verwalter von Publikums-AIFs gilt sie jedoch nur, sofern die einzelnen Bestimmungen durch Verweisung in entsprechenden Inkorporationsnormen herangezogen werden.[246] Diese Regelungstechnik kann in der Theorie bei lückenhafter Verweisung in Schutzdefiziten zu Lasten der Privatanleger in Publikums-AIFs münden. In der deutschen Umsetzung der AIFM-RL in Gestalt des KAGB ist dies aber ausgeschlossen, da der Gesetzgeber fortlaufend auf die jeweiligen Vorschriften der AIFM-VO verweist.[247] Eine korrespondierende *Intention* hinter dieser

---

[238] Das Mandat war ursprünglich an das CESR gerichtet, s. Provisional Request to CESR for Technical Advice on Possible Level 2 Measures concerning the Future Directive on Alternative Investment Fund Managers, Ref. Ares(2010)892960-02/12/2010.

[239] Überblick in der „Eingangsformel" der AIFM-VO (vor den Erwägungsgründen).

[240] Art. 2 Abs. 1 lit. a und b AIFM-RL.

[241] Umkehrschluss aus Art. 43 AIFM-RL.

[242] Art. 43 AIFM-RL.

[243] *Schultheiß*, in: Baur/Tappen, Investmentgesetze, § 168 KAGB Rn. 11.

[244] Das kommt in der Gesetzesbegründung zu § 169 Abs. 3 KAGB zum Ausdruck, Begr-RegE BT-Drs. 17/12294, S. 259: „Die EU-Verordnung ist damit auch auf die Bewertungsverfahren von Publikums-AIF anwendbar".

[245] Art. 288 Abs. 2 AEUV.

[246] *Schultheiß*, in: Baur/Tappen, Investmentgesetze, § 168 KAGB Rn. 11.

[247] Z. B. §§ 26 Abs. 7, 27 Abs. 5, 28 Abs. 3, 29 Abs. 5, 169 Abs. 3 KAGB.

Inkorporationstechnik sucht man in der Gesetzesbegründung jedoch vergebens. Zum großen Teil wird sich unverständlicherweise auf den Hinweis beschränkt, die jeweiligen Normen des KAGB dienten der Umsetzung der in der AIFM-RL enthaltenen Ermächtigungsgrundlagen für die AIFM-VO.[248] Der Sache nach bleibt im Dunkeln, wieso man in einer europäischen Richtlinie enthaltene Ermächtigungsgrundlagen für eine durch die EU-Kommission zu erlassende Delegierte Verordnung umzusetzen plant. Für den Bereich der De-minimis-Regelungen kann die AIFM-VO jedenfalls nur insoweit relevant sein, wie die einzelnen Bestimmungen des KAGB, für die auch die Level 2-Regelungen in der AIFM-VO zu berücksichtigen sind, zur Anwendung kommen.

c) Eingriffe in die Privatautonomie und Dispositivität im Bereich der Spezial-AIFs

Das neue Normengefüge hält in den verschiedensten Hinsichten detaillierte Vorgaben für den Komplex der Spezial-AIFs bereit, der bislang keiner vergleichbaren Regulierung unterlag. Für die Betroffenen ist es von besonderer Wichtigkeit, diesen neuen Regulierungsstandard zu verinnerlichen. Das gilt umso mehr, als dass im Bereich der Spezial-AIFs typischerweise Verhandlungen zwischen den (semi-) professionellen Anlegern und der Private Equity-Gesellschaft stattfinden und die neuen Vorschriften damit zu Eingriffen in die Privatautonomie der Beteiligten führen können. Damit ist zugleich die Frage nach der Dispositivität einzelner Regelungen, insbesondere solcher aus der AIFM-VO, aufgeworfen. Rekapituliert man, dass die AIFM-VO für den Bereich der professionellen Anleger zugeschnitten ist und diese Regelungen trotz der im Bereich der Spezial-AIFs stattfindenden Verhandlungen über die Anlagebedingungen verabschiedet wurden, dann ist diese Wertung zu respektieren. Neben diesem Befund gilt es zu erkennen, dass die AIFM-RL von der Vorstellung getrieben ist, einen „strengen Regulierungs- und Aufsichtsrahmen einzurichten, der keine Lücken in der Finanzregulierung lässt"[249]. Dieses Mantra verträgt sich nicht mit der Möglichkeit, auf einzelne Regelungen verzichten zu können. Für die AIFM-VO muss diese in der Level 1-Maßnahme verankerte Wertung bereits aus Kompetenzgründen übernommen werden, wohingegen das KAGB insoweit richtlinienkonform auszulegen ist.[250] Letztlich ist es ein Erfordernis des von der AIFM-RL verfolgten Ziels eines *EU-Binnenmarkts* für AIFMs sowie eines *harmonisierten* und strikten Regulierungs- und Kontrollrahmens für die AIFM-Tätig-

---

[248] Statt aller vgl. etwa Begründung zu § 28 Abs. 3 KAGB in BegrRegE BT-Drs. 17/12294, S. 218.

[249] Erwägungsgrund 92 AIFM-RL. Vgl. bereits 3. Teil, C.

[250] Auch für das KAGB: *Tollmann*, in: Dornseifer/Jesch/Klebeck/Tollmann, AIFM-RL, Art. 5 Rn. 15: „[...] weil der AIFM mit der Bestellung kraft Gesetzes die sich aus der AIFM-Richtlinie bzw. deren nationaler Umsetzung ergebenden Rechte erlangt und Pflichten zu erfüllen hat. Aufgrund der zwingenden Natur der aufsichtsrechtlichen Regelungen kann der Vertrag zwischen AIF und AIFM diese Rechte und Pflichten nicht abbedingen".

keiten,[251] auf einheitliche Regulierungsstandards zu bestehen, auf die sich alle Marktteilnehmer verlassen können, ohne dass letztere Sorge dafür tragen müssen, in den Verhandlungen stets auf bestimmte Punkte zu achten. Selbst wenn eine Norm im KAGB nicht auf die AIFM-RL samt ihres lückenlosen Regulierungsanspruches zurückzuführen ist, sollte man nicht auf die Anwendung dieser Norm verzichten können, wenn die Regelung ausschließlich im Anlegerinteresse ergangen ist und die Investoren an den Verhandlungen beteiligt waren. Denn die Norm ist Gesetz und damit eine allgemein verbindliche Regelung für die Interaktion mit den Investoren.[252] Das Gesetz gibt den Rahmen der Privatautonomie vor und nicht umgekehrt. Sogar der von der AIFM-RL verfolgte Ansatz, professionelle Investoren trotz ihrer oft propagierten fehlenden Schutzbedürftigkeit zu adressieren, zeigt doch, dass auch professionelle Anleger fehlbar sind. Die Rechtfertigung für den gewählten Investorenschutz im Kontext von Private Equity wurde bereits erörtert.[253] Überdies kann auch nie ausgeschlossen werden, dass einzelne Bestimmungen nicht zugleich auch dem Systemschutz dienen (etwa im Bereich der Anreizstrukturen), was jedoch für den Einzelfall überprüft werden muss.

Besondere Aufmerksamkeit sollte man jedoch dem von der BaFin eingeschlagenen Weg in Ansehung des Vertriebs an (semi-)professionelle Anleger schenken. Es wurde bereits erläutert, dass keine Notwendigkeit zum Durchlaufen eines Anzeigeverfahrens nach § 321 KAGB besteht, sofern die Anlagebedingungen *vollständig* mit dem *gesamten* Investorenkreis ausgehandelt wurden.[254] Auch in dieser Konstellation beanspruchen die obigen Ausführungen einschränkungslos Gültigkeit. Demgegenüber lässt sich in der Kommentierung zu den allgemeinen Verhaltensregeln in § 26 KAGB die Aussage finden, dass nicht zu erkennen sei, dass der Gesetzgeber bei der Aushandlung von Anlagebedingungen in die Vertragsfreiheit der Anleger eingreifen wollte[255] – wohingegen der indisponible Charakter der AIFM-VO ausdrücklich anerkannt wird[256]. Diese Aussage zum Verhältnis zwischen Privatautonomie und Regulierung vernachlässigt jedoch nicht nur die aus den obigen Ausführungen gewonnenen Erkenntnisse. Sie ist auch deswegen in Frage zu stellen, weil sich trotz Partizipation des vollständigen Investorenkreises an den Verhandlungen im Folgenden zu erläuternde Schutzbedürfnisse existieren, die man mit einem Verzicht auf die Regulierung ignorieren würde. Dabei ist stets die maßgebliche Argumen-

---

[251] Erwägungsgrund 4 AIFM-RL.

[252] *Winterhalder*, in: Weitnauer/Boxberger/Anders, KAGB, § 17 Rn. 39: „[...] kraft Bestellung den Rechten und Pflichten des KAGB unterworfen, die zwingend sind und insoweit die Vertragsautonomie einschränken. Aufsichtsrecht ist nicht disponibel".

[253] 3. Teil, C.

[254] 6. Teil, B.I.1.b)aa).

[255] *Swoboda*, in: Weitnauer/Boxberger/Anders, KAGB, § 26 Rn. 37; a.A. speziell zum Carried Interest *Tollmann*, in: Dornseifer/Jesch/Klebeck/Tollmann, AIFM-RL, Art. 4 Rn. 75: Grundsatz der Privatautonomie werde nunmehr eingeschränkt, da der AIFM auch bei der Vergütung verpflichtet sei, im besten Interesse der Anleger zu handeln.

[256] *Swoboda*, in: Weitnauer/Boxberger/Anders, KAGB, § 26 Rn. 10.

tationsrichtung im Blick zu behalten: Der Ausgangspunkt ist, dass eine Regulierung auch in dieser Konstellation besteht. Verkehrt wäre es, würde man nach Argumenten suchen, um in der Konstellation, in der ein Durchlaufen eines Anzeigeverfahrens nicht nötig ist, die Anwendbarkeit der Regulierung zu begründen.

Selbst wenn sämtliche (semi-)professionelle Anleger eines Fonds dazu imstande sind, in Verhandlungen mit den Fondsinitiatoren zu treten, bedeutet das nicht zugleich, dass sie in diesem Kontext nicht mehr schutzwürdig sind. Es mag zwar sein, dass die Anlagebedingungen vollständig ausgehandelt werden. Doch ist die Qualität des Aushandelns durch einzelne Investoren und damit das Ergebnis der Verhandlungen niemals homogen, sondern wird vom Gewicht der eigenen Verhandlungsposition determiniert. Gerade im Segment Private Equity lassen sich unterschiedliche Rechtspositionen unter den Investoren beobachten, denen man in der Folge mit sog. Most Favoured Nation Clauses, also einem Meistbegünstigtenprinzip, zu begegnen versucht, wonach auch die schwächeren Investoren von dem Verhandlungsergebnis der gewichtigeren Investoren profitieren sollen.[257] Oft profitieren hiervon jedoch nur vergleichbar gewichtige Anleger.[258] Dieses Gefälle im individuellen Verhandlungsergebnis muss sich nun an der Pflicht des AIFM zur fairen Behandlung der Investoren messen lassen.[259] Dass sich die vergleichsweise schwächeren Investoren dennoch für eine Zeichnung entscheiden, bedeutet zwar, dass sie an den durch den AIFM versprochenen Renditen – insbesondere in Zeiten eines Niedrigzinsumfelds – teilhaben wollen, darf aber nicht dazu führen, dass sie zugleich durch partiellen Regelungsverzicht abgestraft werden, wenn doch Schutzgefälle weiterhin präsent sein können. Selbst wenn kein Schutzgefälle im *individuellen* Verhandlungsergebnis droht, besteht die Gefahr, dass für die *Gesamtheit* ausgehandelte Anlagebedingungen in wesentlichen Punkten (z. B. Budgetierung für die Due Diligence)[260] durch gewichtige Investoren für vergleichsweise schwächere Investoren „fremddiktiert" werden, die Anlagebedingungen aber gleichzeitig nicht dem regulatorischen Mindeststandard genügen, was mangels eines Erfordernisses der Genehmigung der Anlagebedingungen bei Spezial-AIFs (§ 273 Satz 2 KAGB) nur ex-post durch die BaFin festgestellt werden kann. Theoretisch kann auch die Marktmacht von Private Equity-Gesellschaften – etwa im Niedrigzinsumfeld[261] – so groß sein (Annäherung an „take it or leave it"), dass Anleger trotz schlechter Verhandlungsergebnisse Anteile zeichnen. Hier ist abermals die Schutzbedürftigkeit angesprochen. Denn es besteht die Gefahr der Vereinbarung (nun) überzogener Kosten, die von den jeweiligen Anlegern nur deshalb in Kauf genommen wird, weil sie sich ein positives Gesamtergebnis erhoffen. Auch in diesen

---

[257] 6. Teil, B.II.3.c).

[258] Ebd.

[259] Ebd.

[260] Zur Budgetierung für die Due Diligence in den Anlagebedingungen s. 6. Teil, B.II.6.c) cc)(3)(b).

[261] So jüngst die Stimmen aus der Praxis der Fondsstrukturierung im Interview bei *Hofmann*, VentureCapital Magazin 9/16, 14, 15.

Konstellationen trägt der Grundsatz der lückenlosen Regulierung seine Berechtigung in sich, da sich Investor und Private Equity-Gesellschaft eben nicht auf „Augenhöhe" begegnen. Der bloße Umstand, dass im Bereich der Spezial-AIFs das Durchlaufen eines Anzeigeverfahrens nach § 321 KAGB gegebenenfalls nicht notwendig ist, gibt für die hier geführte Diskussion jedenfalls nichts her. Dass nur, weil sich der AIFM administrativen Vertriebsaufwand erspart, zugleich auch seine sonstige Pflichtenlage eingeschränkt sein soll, ist dem Gesetz nicht zu entnehmen und auch nicht nachvollziehbar.

d) LBO und der Proportionalitätsgrundsatz

Es wird noch Gegenstand der Ausführungen zum allgemeinen Regulierungsregime (z. B. bei der Geschäftsorganisation oder speziell dem Risikomanagement) sein, dass AIFMs in vielerlei Hinsicht einer grundsätzlich als Mindeststandard zu begreifenden Regulierung nach der AIFM-VO unterliegen, die konkrete Ausgestaltung einzelner Elemente dieser Regulierung hingegen von der *Art*, dem *Umfang* und der *Komplexität* der Geschäfte des AIFM abhängt (sog. Proportionalitätsgrundsatz).[262] Die *Größe* des AIFM bildet in der AIFM-VO keinen tauglichen Anknüpfungspunkt für die organisatorische Ausgestaltung.[263] Lediglich in Verbindung mit der Einrichtung einer unabhängigen Compliance-Funktion in Erwägungsgrund 74 AIFM-VO wird die Größe des AIFM genannt. Das wird jedoch nicht mehr von dem zugehörigen Art. 61 AIFM-VO gespiegelt und auch sonst wird die Größe des AIFM nicht im Zusammenhang mit der organisatorischen Ausgestaltung erwähnt. Davon abgesehen spielt die Größe des AIFM nur bei der Festlegung der Grundsätze zum Interessenkonfliktmanagement in Art. 31 Abs. 1 und Art. 33 Abs. 1 AIFM-VO eine Rolle. Von Bedeutung ist die Größe des AIFM aber im Rahmen der Anwendung der in Anhang II Abs. 1 AIFM-RL genannten Grundsätze für die Vergütungspolitik. Das Segment Private Equity mit seinen bislang charakteristisch schlanken Management- und Organisationsstrukturen[264] muss sich der neuen Regulierung nun flächendeckend stellen. Der Rekurs auf die bisherigen Management- und Organisationsstrukturen, wie er zum Teil branchenseitig im Rahmen der Konsultation zur AIFM-VO ins Feld geführt wurde,[265] als Argument, um sich in den

---

[262] *Swoboda*, in: Weitnauer/Boxberger/Anders, KAGB, § 28 Rn. 6.

[263] A. A. *Zetzsche/Eckner*, in: Zetzsche, AIFMD, Chapt. 14 No. 4.3.1.1 für das Risikomanagement.

[264] *R. H. Schmidt/Spindler*, Finanzinvestoren, B Rn. 38; *Weber/Eitelwein et al.*, Private-Equity-Controller, S. 116: Private Equity-Gesellschaften seien in der Regel relativ klein; *EVCA* (nun: Invest Europe) vom 27. 9. 2012, Response to ESMA Consultation Paper: Guidelines on sound remuneration policies under the Alternative Investment Fund Managers Directive (AIFMD), 28 June 2012, ESMA/2012/406, S. 11 Rn. 46 (in Frankreich etwa hätten 90 Prozent der AIFMs weniger als 10 Arbeitnehmer), S. 16 Rn. 70.

[265] Etwa im Kontext des Risikomanagements s. ESMA/2011/379 vom 16. 11. 2011, Final report, ESMA's technical advice to the European Commission on possible implementing measures of the Alternative Investment Funds Managers Directive, Annex IV. Box 30 Rn. 158.

Grenzen des Proportionalitätsprinzips der Adaption an die neue Regulierung zu entziehen, darf nicht fruchten, da man andernfalls die neuen Anforderungen durch Verweis auf die bisherige Praxis unterlaufen würde.[266]

Das Proportionalitätsprinzip muss vielmehr im Lichte der jeweiligen Asset-Klasse und der mit ihr einhergehenden Geschäftstätigkeit für die KVG gedeutet werden. Kennzeichnend für den Bereich Private Equity sind insbesondere die intensiven, nun verpflichtenden[267] Sorgfaltspflichten vor Erwerb von Unternehmensbeteiligungen (Due Diligence), für deren Wahrnehmung man im Rahmen von LBOs auf die Hinzuziehung externer Berater (Anwälte, Wirtschaftsprüfer, Unternehmensberater, Steuerberater, etc.) angewiesen ist.[268] Aufgrund der Illiquidität der Anlagepositionen zieht sich die dem Erwerb anschließende Überwachung über einen mehrere Jahre umfassenden Zeitraum. Sie erfordert eine entsprechende Ressourcenbindung, zumal die Portfoliogesellschaften noch für die Zwecke des eigenen Risikocontrollings eingerichtet und die im anfänglichen Business Plan vorgesehenen Maßnahmen umgesetzt werden müssen.[269] Speziell das Geschäftsmodell des LBO zwingt schon deswegen zu einem kontinuierlichen Monitoring, da auch die Einhaltung der Financial Covenants von den Fremdkapitalgebern im Blick zu behalten ist.[270] Die kontinuierliche Betreuung ist auch deshalb essenziell, da grundsätzlich für jedes Unternehmen Wertschöpfungspotenziale realisiert werden sollen. Umso mehr rückt die Frage nach dem richtigen Zeitpunkt des Exits in den Vordergrund. In den Portfoliogesellschaften selbst ist zudem für eine Stimmwahrnehmung zu sorgen. Das Geschäftskonzept im Segment Private Equity ist daher mehr komplex als einfach[271] und damit grundlegend anders als Modelle, die den Erwerb jederzeit abstoßbarer Anlagepositionen zum Gegenstand haben. Eine gewichtige Rolle spielt sicherlich auch der Anlagefokus. Denn je enger dieser gefasst ist, umso mehr wird die KVG dadurch in die Lage versetzt, wiederkehrende Fragen und Prozesse nach einem einheitlichen Muster zu lösen bzw. anzugehen.[272]

e) HoldCos und AcquiCos im Regulierungsgefüge des KAGB

Für die Analyse der Regulierung ist noch zu untersuchen, ob und inwiefern sich der im Bereich Private Equity typische Einsatz von Zweckgesellschaften auf die

---

[266] *Swoboda*, in: Weitnauer/Boxberger/Anders, KAGB, § 28 Rn. 7, § 29 Rn. 20.

[267] 6. Teil, B.II.6.c)cc)(1).

[268] 6. Teil, B.II.6.c)cc)(3)(a).

[269] 6. Teil, B.II.6.c)aa).

[270] 2. Teil, B.V.2.a).

[271] *Swoboda*, in: Weitnauer/Boxberger/Anders, KAGB, § 28 Rn. 7, § 29 Rn. 14, 20; *Zetzsche*, Prinzipien der kollektiven Vermögensanlage, § 31 B. III. 3. c): „Für komplexe Strategien mit Hebel- und Verschuldungseinsatz oder erheblichem Verwaltungsaufwand (Private Equity) […]".

[272] Für die Due Diligence *Swoboda*, in: Weitnauer/Boxberger/Anders, KAGB, § 29 Rn. 12.

Regulierung des AIFM auswirkt. Dabei sind zwei verschiedene Fragestellungen auseinanderzuhalten, wobei für diese Zwecke von der regelmäßig mindestens zweistufigen Akquisitionsstruktur ausgegangen wird.[273] Zum einen ist zu klären, ob die HoldCos und AcquiCos ihrerseits als AIFs qualifizieren und somit selbst in die Kategorien der intern oder extern verwalteten AIFs mit Folgen für die Regulierung eingeordnet werden müssen. Eine verkannte AIF-Eigenschaft wäre nicht nur für die Zweckgesellschaft selbst relevant. Überdies würde wohl bei Erwerb oder Gründung einer HoldCo regelmäßig eine Verletzung der Anlagebedingungen des Private Equity-AIF anzunehmen sein, da letzterer auf Direktinvestments in Portfoliogesellschaften, nicht jedoch auf den Anteilserwerb an AIFs ausgerichtet ist. Die Verwahrstelle wäre sodann im Schadensfalle zur Geltendmachung der Anlegersprüche verpflichtet.[274] Die Anleger wären so zu stellen, als wäre es nie zur pflichtverletzenden Investition in die HoldCo gekommen, mithin als würde ihr kurz vor Closing abgerufenes Kapital noch im Fonds haften. Sollten die Zweckgesellschaften nicht als AIFs qualifizieren, ist zum anderen zu überprüfen, ob und inwieweit durch die Zweckgesellschaften für Zwecke der Regulierung „hindurchgeschaut" wird, sodass z. B. etwaige vom AIFM zu observierende Restriktionen und Pflichten in Bezug auf Gesellschaften, die unter dem AIF „hängen", nicht in den Zweckgesellschaften ihren Anknüpfungspunkt finden, sondern auf die weiter nachgelagerten Portfoliogesellschaften zu projezieren sind („Look Through-Ansatz").

aa) HoldCos als AIFs: Einfluss von Co-Investments und Managementbeteiligungen?

§ 2 Abs. 1 Nr. 7 KAGB erwähnt nur Verbriefungszweckgesellschaften als vom Bereich des KAGB ausgenommene Rechtsträger. Damit andere Zweckgesellschaften in den Anwendungsbereich fielen, müssten sie unter den AIF-Begriff subsumiert werden können. Im Verwahrstellenschreiben hat die BaFin mittlerweile die grundlegende Auslegung in Bezug auf Objektgesellschaften vorgegeben: Im Regelfall handele es sich bei einer nur aus Strukturierungsgründen eingesetzten Objektgesellschaft nicht um einen AIF, da sie lediglich die Anlagestrategie des AIF umsetze und somit keine eigene Anlagestrategie verfolge.[275] Dies trifft ohne Weiteres auf AcquiCos zu. Die Auslegung der BaFin wird an dieser Stelle geteilt. Überdies wird von der Literatur ins Feld geführt, dass wenn die Objektgesellschaft ohnehin nur (konzeptionell) als Ein-Mann-Gesellschaft strukturiert ist, es im Übrigen auch an

---

[273] 2. Teil, B.I.

[274] § 89 Abs. 1 Satz 1 Nr. 1 KAGB.

[275] *BaFin* vom 7. 10. 2015, Rundschreiben 08/2015 (WA) – Aufgaben und Pflichten der Verwahrstelle nach Kapitel 1 Abschnitt 3 des KAGB, WA 41-Wp 2137-2013/0068, Abschn. 4; ebenso bereits *Haisch/Helios*, BB 2013, 23, 26; *dies.*, BB 2013, 1687, 1691; *Elser*, in: Beckmann/Scholtz/Vollmer, Investment-Hdb., Losebl. (Stand: 10/14), vor 420 Rn. 24.

einer „Anzahl an Anlegern" i. S. des § 1 Abs. 1 KAGB fehle.[276] Gegenteiliges lässt sich indes unter Rekurs auf die Destinatär-Theorie vertreten, nach der durch den Fonds auf die Anleger zu schauen ist.[277] Als Anwendungsfall werden in diesem Kontext Dachfonds, Treuhänder und Feeder-Konstellationen genannt.[278] Doch letztlich sind das nur Beispiele, das Konzept hinter der Destinatär-Theorie würde auch bei sonstigen Organismen fruchten.[279] Die aufsichtsbehördliche Auslegung ist aber im Hinblick auf HoldCos nicht ausreichend, um deren Qualifikation als AIFs zu negieren. Denn eine andere Bewertung könnte sich in typischen Private Equity-Konstellationen dadurch ergeben, dass noch weitere Gelder neben denen des Private Equity-AIF in den HoldCos gebündelt werden. Angesprochen sind etwaige Co-Investments der KVG-Mitarbeiter und Investoren[280] sowie Beteiligungen des Managements der Zielgesellschaft. Zwar wird nach wie vor dieselbe Anlagestrategie des Private Equity-AIF umgesetzt. Doch nun partizipieren auch Geldgeber am Vehikel, die nicht in den Genuss des Anlegerschutzes auf Ebene des Private Equity-AIF gelangen.

Für die Qualifizierung als AIF müsste es in jedem Fall zu einer „Einsammlung von Kapital" kommen. Bei den Ausführungen zum Carry-Vehikel wurde bereits erläutert, dass es hierfür im Unterschied zum Vertrieb bloß auf eine gewerbliche Entgegennahme von Kapital ankommt,[281] was im Fall der HoldCo, die das vereinnahmte Kapital zur nachfolgenden Gewinnerzielung durch Kauf und Verwaltung[282] der Anteile am Zielunternehmen der AcquiCo zur Verfügung stellt, anzunehmen ist. Doch ist die Auslegung der britischen Aufsichtsbehörde FCA ergänzend hinzuziehen. Diese exkludiert vom Private Equity-AIF eingesetzte Akquisitionsvehikel deswegen vom AIF-Begriff, weil es zu keinem *erneuten* Einsammeln von Kapital

---

[276] *Haisch/Helios*, BB 2013, 23, 26; *dies.*, BB 2013, 1687, 1691; *Gottschling*, in: Frank-Komm, KapAnlR Bd. 1, § 1 KAGB Rn. 72; davon gehen auch *Geurts/Schubert*, KAGB kompakt, S. 36 aus.

[277] *Kloyer*, in: Möllers/Kloyer, Das neue KAGB, Rn. 226, 248.

[278] ESMA/2013/611 vom 13.8.2013, Guidelines on key concepts of the AIFMD, Abschn. VIII Rn. 19; *Volhard/Jang*, in: Weitnauer/Boxberger/Anders, KAGB, § 1 Rn. 14, 106; *Gottschling*, in: FrankKomm, KapAnlR Bd. 1, § 1 KAGB Rn. 51. BaFin vom 14.6.2013, Auslegungsschreiben zum Anwendungsbereich des KAGB und zum Begriff des „Investmentvermögens", zuletzt geändert am 9.3.2015, Q 31-Wp 2137-2013/0006, Abschn. I. Nr. 4 nennt sogar nur den Treuhänder.

[279] ESMA/2013/611 vom 13.8.2013, Guidelines on key concepts of the AIFMD, Abschn. VIII Rn. 18. Es ergeben sich aber Abgrenzungsschwierigkeiten, weil letztlich „hinter jeder wirtschaftlichen Einheit mehr als ein Anleger stehen kann", *Zetzsche/Preiner*, WM 2013, 2101, 2104.

[280] Diese beteiligen sich nicht immer direkt an der Portfoliogesellschaft. Denkbar ist auch eine Strukturierung über die Erwerberholding.

[281] 5. Teil, B.VI.1.

[282] Ob auch eine Veräußerung angestrebt ist, ist eine Frage des Einzelfalls, vgl. dazu auch die im Folgenden noch angestellten Ausführungen zum Eingreifen der Bereichsausnahme für Holdinggesellschaften.

komme.[283] Für die vom Private Equity-AIF eingesammelten Gelder wird man diese Auslegung auch in Ansehung des der HoldCo weitergeleiteten Kapitals in Stellung bringen können. Denn ein erneutes Einsammeln wäre es nur – hier ist wiederum auf die Auslegung der BaFin zu rekurrieren – wenn die Gelder von einem Organismus mit eigener Anlagestrategie eingesammelt würden. Weiteren Anlegerschutz auf Ebene der HoldCo bedarf es insoweit nicht mehr.[284] Nach Maßgabe dieser Auslegung ist auch die Rechtslage hinsichtlich der Einbringung des Kapitals weiterer Geldgeber zu würdigen. So wird durch solche Co-Investment-Vehikel für Investoren, die gemäß der bereits an anderer Stelle angestellten Überlegungen als AIFs qualifizieren,[285] ebenso lediglich bereits eingesammeltes Kapital zur Verfügung gestellt, während die HoldCo abermals nur als bloße Objektgesellschaft ohne Anlagestrategie genutzt wird. Doch qualifiziert nicht jeder der oben genannten Geldgeber als AIF. Diese Erkenntnis wurde bereits für bestimmte Co-Investment-Vehikel für Anleger je nach Einzelfall sowie Zwischengesellschaften zur Strukturierung von Co-Investments der KVG-Mitarbeiter gewonnen.[286] Man begäbe sich in Wertungswidersprüche, würde man nun auf Ebene einer nur aus Strukturierungsgründen eingesetzten HoldCo ohne eigene Anlagestrategie das Zurverfügungstellen des Kapitals regulierungsrechtlich für rechtserheblich halten.

Eine vergleichbare Argumentation gilt im Fall der Beteiligung mehrerer Manager der Zielgesellschaft über eine sog. Manager-Gesellschaft, die die indirekten Beteiligungen an der Erwerberholding kanalisiert.[287] Die HoldCo hat für die Manager-Gesellschaft keine andere Bedeutung wie für die vorstehenden Kapitalgeber. Sie ist nur eine aus Strukturierungszwecken eingesetzte Zweckgesellschaft. Insoweit gilt auch für die Manager-Gesellschaft die Zuordnung in eines der beiden obigen Argumentationsmuster: Entweder die Manager-Gesellschaft qualifiziert als AIF, sodass es auf Ebene der HoldCo zu keinem erneuten Einsammeln von Kapital und keiner Notwendigkeit weiteren Anlegerschutzes kommt. Oder die AIF-Eigenschaft der Manager-Gesellschaft ist aus verschiedenen Überlegungen abzulehnen, sodass diese Wertung nicht auf Ebene der HoldCo konterkariert werden darf. Im Ergebnis überzeugt Letzteres. Bisweilen wird argumentiert, es liege bereits kein Einsammeln von Kapital vor,[288] weil es sich um kein externes Kapital handele,[289] weil nur die Herstellung eines Interessengleichlaufes, nicht hingegen die Gewinnerzielung, im

---

[283] *FCA*, Handbook, PERG, Chapter 16.2, Question 2.53.

[284] So die parallele Argumentation bei *Haisch/Helios*, BB 2013, 23, 26; *dies.*, BB 2013, 1687, 1691.

[285] 5. Teil, B.VI.4.

[286] 5. Teil, B.VI.2. und 5. Teil, B.VI.4. Co-Investments der KVG-Mitarbeiter über eine Carry-KG haften am Fondskapital und werden der HoldCo nicht separat zur Verfügung gestellt.

[287] Zur Bündelung der Beteiligungen *Weitnauer*, in: Weitnauer, MBO, D Rn. 23.

[288] Ohne Begründung *Bloß*, GmbHR 2016, 104, 109.

[289] *Haisch/Helios*, BB 2013, 23, 26; *dies.*, BB 2013, 1687, 1691 f.; *Bäuml*, FR 2013, 640, 644.

Vordergrund stehe[290] oder weil es an der gewerblichen Absicht zur Kapitalein-
sammlung fehle[291]. Im Hinblick auf die Argumentation zum externen Kapital ist auf
die bereits gewonnenen Erkenntnisse hinzuweisen: Bei Personen, die zugleich
Kapital einsammeln und zur Verfügung stellen, wird man ein Einsammeln von
Kapital i. S. des § 1 Abs. 1 KAGB ablehnen können.[292] Ob das Management der
Zielgesellschaft diesem Typus zuzuordnen ist, ist fraglich. Die Managementbeteiligung wird erst im Zuge der Akquisition und auf Veranlassung der Fondsmanager
beabsichtigt. Das spricht für die Einordnung als externes Kapital. Erforderlich
müsste dann aber stets sein, dass die Manager-Gesellschaft auch nicht von den
Managern selbst geführt wird. Denn wenn die Manager die interne Verwaltung unter
sich aufteilen, kann es nicht zu den investmenttypischen Gefahren aus der Fremdverwaltung kommen. Bei GmbH & Co. KG-Strukturen wird zwar in der Regel der
Komplementär fondsseitig gestellt, doch übernehmen einzelne Manager zum
Zwecke der gewerblichen Entprägung die Geschäftsführung.[293] Bereits deswegen
sprechen gute Gründe gegen eine Qualifizierung als AIF. Je nach Einzelfall kann die
Geschäftsführung aber auch anders verteilt sein, etwa (daneben) zugunsten einer
fondsseitig eingesetzten sog. Warehouse-GmbH als „Vorratsstelle" für Beteiligungen für zukünftige Mitarbeiter.[294] Nicht überzeugend ist es jedenfalls, wenn man die
AIF-Qualifizierung deshalb ablehnt, weil die Managementbeteiligung aus Sicht der
Investoren und des Fondsmanagements lediglich der Herstellung eines Interessengleichlaufes dient. Denn aus dem Blickwinkel des Managements steht das wirtschaftliche Interesse im Vordergrund.[295] Dieser Umstand kann wie bei den „herkömmlichen" Investoren eine Schutzbedürftigkeit bei einer fremdgeführten Manager-Gesellschaft begründen. Hierin liegt ein entscheidender Unterschied zur Carry-
KG. Dennoch ist die Gefahrenlage eine andere, weil das Management die Zielgesellschaft besser als der AIFM kennt und es bei Lichte besehen das Management ist,
das das einzige Asset jedenfalls im Tagesgeschäft verwaltet. Vor diesem Hintergrund
besteht durchaus Argumentationsspielraum zur Ablehnung des Merkmals „Einsammeln von Kapital".

Manager-Gesellschaften dürften aber jedenfalls von der Ausnahme für Arbeitnehmerbeteiligungssysteme in § 2 Abs. 1 Nr. 6 KAGB erfasst sein.[296] Dieser Begriff

[290] *Eckhold/Bolzer*, in: Assmann/Schütze, Hdb. KapitalanlageR, § 22 Rn. 20; *Weitnauer/ Boxberger*, Venture Capital Magazin 4/2013, 20, 21.

[291] *Boxberger/Röder*, in: Weitnauer/Boxberger/Anders, KAGB, § 2 Rn. 12.

[292] 5. Teil, B.VI.1.

[293] *Bloß*, GmbHR 2016, 104, 108; *von Werder/Li*, BB 2013, 1736, 1737, 1745; *Mackensen*, in: Eilers/Koffka/Mackensen, Private Equity, VI. Rn. 31.

[294] *von Werder/Li*, BB 2013, 1736, 1745 f.

[295] *Mackensen*, in: Eilers/Koffka/Mackensen, Private Equity, VI. Rn. 7.

[296] *Haisch/Helios*, BB 2013, 23, 26; *Boxberger/Röder*, in: Weitnauer/Boxberger/Anders, KAGB, § 2 Rn. 12; *Eckhold/Bolzer*, in: Assmann/Schütze, Hdb. KapitalanlageR, § 22 Rn. 37; *Bloß*, GmbHR 2016, 104, 109; auch *von Livonius/Riedl*, in: FrankKomm, KapAnlR Bd. 1, § 2 KAGB Rn. 22 halten die Anwendung der Bereichsausnahme für möglich.

wird nicht definiert, was eine autonome Auslegung bedingt und eine weite Auslegung ermöglicht.[297] Würde die Bereichsausnahme keine Anwendung finden, würden
Manager-Gesellschaften gegebenenfalls dem Schutz des KAGB unterstellt, während
traditionelle Arbeitnehmer im deutschrechtlichen Sinne vom Schutz auszunehmen
wären; das kann nicht gewollt sein.[298] Im Ergebnis entspricht das auch der weiten
Auslegung der FCA, die „partners, directors and consultants"[299] erfasst wissen
möchte. Die Nähe zum Arbeitnehmer i. S. des KAGB wird letztlich dadurch ausreichend begründet, dass die Managementbeteiligung an das Anstellungs- bzw.
Organverhältnis gekoppelt ist[300] und der Manager in Ansehung des Empfangs von
Sweet Equity keinem gewöhnlichen Investment nachgeht[301]. Im Übrigen darf es im
Hinblick auf die AIF-Diskussion auf Ebene der HoldCo keinen Unterschied machen,
ob sich einzelne oder ein einzelner Manager unmittelbar an der Erwerberholding
beteiligen/beteiligt. Es entfiele zwar die zwischengeschaltete Manager-Gesellschaft
und damit die Diskussion zum bereits eingesammelten Kapital. Es wäre aber ein
Wertungswiderspruch, würde man die Wirkungen der Ausnahme für Arbeitnehmerbeteiligungssysteme nicht auch in Ansehung der sich unmittelbar an der HoldCo
neben anderen Geldgebern beteiligenden Managern anwenden, wenn deren Partizipation letztlich unter denselben Konditionen und oben genannten Prämissen erfolgt. Die HoldCo selbst wäre insoweit partiell ein Arbeitnehmerbeteiligungssystem.
Außerdem ist auch hier die Argumentation zum externen Kapital maßgeblich.

Ordnete man die Kapitalbeteiligungen auf Ebene der HoldCo unverständlicherweise als das Ergebnis eines Einsammelns von Kapital i. S. des § 1 Abs. 1 Satz 1
KAGB ein, könnte die HoldCo immernoch in den Genuss der Bereichsausnahme für
Holdinggesellschaften gelangen.[302] Denn dort schadet ausweislich des eindeutigen
Wortlauts des § 2 Abs. 1 Nr. 1 lit. b bb) KAGB nur die im Rahmen des Jahresberichts
oder anderer amtlicher Unterlagen nach außen in Erscheinung tretende Zweck-
richtung dergestalt, dass die Gesellschaft durch Veräußerung ihrer Tochterunternehmen oder verbundenen Unternehmen Rendite generieren will. Die Unterneh-
mensgegenstände in den Satzungen der HoldCos in Strukturen, bei denen der Exit im
Wege der Veräußerung der Anteile an der HoldCo erfolgt, sind in der Praxis allerdings regelmäßig nur auf den Erwerb und die Verwaltung von Beteiligungen an

---

[297] *European Commission*, Your Questions On Legislation, ID 1155: „As there is no clear
definition of employee participation schemes and employee savings schemes, but there is a
large variety of such schemes in the Member States, we suggest that each form of such a scheme
be assessed on its own merits in order to conclude whether it fulfills or not the elements of the
definition of an AIF as laid down in Article 4(1)(a) of the AIFMD".

[298] Überzeugend *Eckhold/Bolzer*, in: Assmann/Schütze, Hdb. KapitalanlageR, § 22 Rn. 37.

[299] *FCA*, Handbook, PERG, Chapter 16.2, Question 2.34.

[300] *Mackensen*, in: Eilers/Koffka/Mackensen, Private Equity, VI. Rn. 43 ff.

[301] 2. Teil, B.V.3.b).

[302] *Boxberger/Röder*, in: Weitnauer/Boxberger/Anders, KAGB, § 2 Rn. 6; *Weitnauer/
Boxberger*, Venture Capital Magazin 4/2013, 20; *Nussbaum/Leuchten*, Börsen-Zeitung vom
1. 12. 2015.

anderen Unternehmen gerichtet. Nur in den Fällen, in denen der Exit dadurch erfolgt, dass die HoldCo ihre Anteile an von ihr gehaltenen Gesellschaften veräußert,[303] umfasst der Unternehmensgegenstand auch die Veräußerungen von anderen Beteiligungen.

bb) Zweckgesellschaften und der Look Through-Ansatz

Auch wenn nun festgestellt ist, dass AcquiCos und HoldCos nicht als AIFs qualifizieren, ist damit aber noch nicht geklärt, ob und inwiefern sich die Nutzung dieser und weiterer Objektgesellschaften auf das Pflichtengefüge der AIFMs auswirkt. Von großer Bedeutung ist das etwa bei der Vergabe von Gesellschafterdarlehen oder im Anwendungsbereich des Sonderbeteiligungsrechts der §§ 287 ff. KAGB. Maßgebliches Bezugsobjekt könnte die Zweckgesellschaft oder i. S. des Look Through-Ansatzes die letztlich von den Zweckgesellschaften gehaltene Zielgesellschaft sein, für die die Akquisitionsstruktur aufgelegt wurde. Im bisherigen KWG-Regulierungsrahmen vor Geltung des KAGB sprach in Ansehung der Gesetzesbegründung zum Tatbestand der Anlageverwaltung viel für die Maßgeblichkeit eines Look Through-Ansatzes,[304] wenn auch die KWG-Tatbestände für LBO-Fonds keine Rechtsfolgen zeitigten. Die alte Rechtslage begründet insoweit jedoch kein Präjudiz für die neue unionsrechtliche Regulierung. Swoboda hat für die neue Regulierung bereits aufgezeigt, dass der Gesetzgeber und die Aufsicht den Rechtsanwender größtenteils im Stich lassen, da der Look Through-Ansatz letztlich nur in einzelnen Bereichen kodifiziert und aufsichtsbehördlich anerkannt wurde.[305] In der AIFM-VO wird er nur in den Erwägungsgründen 26 (Hedging) und 102 (Verwahrstelle) sowie Artt. 89 Abs. 3, 90 Abs. 5 AIFM-VO (jeweils Verwahrstelle) und im Formblatt zur Berichterstattung im Hinblick auf die Eigentümerstruktur des AIF genannt. Für die bereits im Kern erörterte Reichweite der Leverage-Beschränkung findet sich in Art. 6 Abs. 3 AIFM-VO eine Sonderregelung, nach der es für die Berücksichtigung von Risiken aus anderen Rechtsstrukturen bei der Leverage-Berechnung darauf ankommt, ob die auf Ebene einer anderen Gesellschaft aufgenommene Fremdfinanzierung auch bis auf Ebene des AIF gehebelt wird, mithin eine Ausfallhaftung greift.[306] In der AIFM-RL und im KAGB findet sich das Look Through-Prinzip gar nicht wieder. Die BaFin hat es allerdings für die Rechte und Pflichten der Verwahrstelle generell anerkannt und geht damit sogar über die Reichweite gemäß der AIFM-VO hinaus.[307] Im Rahmen der Übergangsbestimmung des § 353 Abs. 1

---

[303] Welche der beiden Konstellationen nun vorliegt, hängt von der Struktur und den steuerrechtlichen Erwägungen im Einzelfall ab, s. für den Fall einer Veräußerung der Anteile an unteren Gesellschaften *von Werder/Li*, BB 2013, 1736, 1738.

[304] 6. Teil, A.I.1.b)aa).

[305] *Swoboda*, in: Weitnauer/Boxberger/Anders, KAGB, § 288 Rn. 7 ff.

[306] 3. Teil, D.I.

[307] *BaFin* vom 7. 10. 2015, Rundschreiben 08/2015 (WA) – Aufgaben und Pflichten der Verwahrstelle nach Kapitel 1 Abschnitt 3 des KAGB, WA 41-Wp 2137-2013/0068, Abschn. 3.

KAGB nimmt die BaFin für die Frage, ob vom AIF nach dem 21. Juli 2013 noch Anlagen getätigt werden, zudem eine Durchschau auf die Anlagetätigkeit der Zweckgesellschaft vor, wenn die Anlageentscheidung maßgeblich von dem AIF oder der KVG beeinflusst werden kann (in der Regel bei mehr als 50 Prozent der Stimmrechte).[308] Reflektiert man diese bislang nur punktuell akzeptierte Maßgeblichkeit des Look Through-Prinzips, verbietet sich eine Argumentation hin zur allgemeinen Gültigkeit. Es ist je nach Systematik und Telos der Regelung zu überprüfen, ob für die in Rede stehende Norm eine Durchschau postuliert wird.[309]

f) Rechtsnatur und Implikationen für das Zivilrecht

Das neue Regelungsregime wirft auch die Frage auf, welcher Rechtsnatur die neuen Bestimmungen sind. Gedankliche Anleihen könnten sich aus der parallelen Diskussion zur Rechtsnatur der Verhaltenspflichten der §§ 31 ff. WpHG a. F. (nun §§ 63 ff. WpHG) und den damit verbundenen Implikationen auf das Zivilrecht ergeben, deren Ergebnisse zu Beginn kursorisch wiedergegeben werden sollen. Auch das KAGB kennt mit § 26 KAGB Verhaltenspflichten. Allerdings ist die Frage nach der Rechtsnatur der neuen Regelungen eine grundsätzliche Frage, die zwar bei den Verhaltenspflichten aufgrund einer etwaigen Haftung der Fondsverwalter ihre Veranlassung findet, jedoch nicht nur dort ihre Berechtigung trägt. Auf dogmatisch ungesichertem Terrain bewegt man sich dabei insbesondere mit Blick auf etwaige Verstöße gegen die AIFM-VO.

aa) Rechtslage zu §§ 31 ff. WpHG a. F.

In der Literatur lassen sich viele Stimmen finden, die für eine Schutzgesetzeigenschaft diverser Bestimmungen der Wohlverhaltenspflichten votieren.[310] Herrschend wird jedenfalls eine Ausstrahlungswirkung auf das zivilrechtliche Pflichtenregime im Kontext der Anlageberatung angenommen.[311] Der BGH geht indes

---

[308] *BaFin* vom 18.6.2013, Häufige Fragen zu den Übergangsvorschriften nach den §§ 343 ff. des KAGB, WA 41-Wp 2137-2013/0343, Abschn. III Ziff. 5 lit. i.

[309] *Swoboda*, in: Weitnauer/Boxberger/Anders, KAGB, § 288 Rn. 10: je nach Sinn und Zweck der Norm.

[310] *Spindler*, in: FS Köndgen, S. 615, 618 f.; *ders.*, in: Langenbucher/Bliesener/Spindler, BankR, Kap. 33 Rn. 30, 66; *Fuchs*, in: Fuchs, WpHG, vor §§ 31 Rn. 101 ff.; *J. Koch*, in: Schwark/Zimmer, KMRK, § 31d WpHG Rn. 106; *Koller*, in: Assmann/Schneider, WpHG, Vor § 31 Rn. 7; Hopt, ZHR 159 (1989), 135, 160; *Kumpan/Hellgardt*, DB 2006, 1714, 1716; *Harnos*, BKR 2014, 1, 4 f. m. w. N. in Fn. 38; *Veil*, WM 2007, 1821, 1826; *Einsele*, JZ 2008, 477, 482; Überblick bei *Kumpan*, in: Baumbach/Hopt, HGB, WpHG Einl. Rn. 7 ff.

[311] *Fuchs*, in: Fuchs, WpHG, Vor §§ 31 ff. Rn. 80 ff.; *Schwark*, in: Schwark/Zimmer, KMRK, Vorbem. §§ 31 ff. WpHG Rn. 16; *Koller*, in: Assmann/Schneider, WpHG, Vor § 31 Rn. 3; *Harnos*, BKR 2014, 1, 6 f.; *ders.*, BKR 2012, 185, 190 f.; *Preuße/Schmidt*, BKR 2011, 265, 270; weitergehend *Veil*, WM 2007, 1821, 1825: Doppelnatur; *Einsele*, JZ 2008, 477, 482 f.: Privatrecht.

davon aus, dass die §§ 31 ff. WpHG a. F. nur von „aufsichtsrechtlicher" Natur seien, ohne dass ihnen eine eigenständige schadensersatzrechtliche Bedeutung zukomme.[312] Deshalb wird ihnen auch der Schutzgesetzcharakter i. S. des § 823 Abs. 2 BGB versagt.[313] Im Hinblick auf eine etwaige Ausstrahlungswirkung auf (vor-)vertragliche Aufklärungs- und Beratungspflichten ist hingegen nach der Qualität der Ausstrahlung zu differenzieren. Im Jahr 2013 konnte man im Nachgang zur Rechtsprechung des EuGH in der Sache Genil,[314] der zu entnehmen war, dass der MiFID nicht zwingend eine vertragsrechtliche Bedeutung zuzuschreiben sein soll,[315] die deutliche Positionierung des BGH herauslesen, eine Ausstrahlungswirkung dann zu versagen, wenn diese eine eigenständige schuldrechtliche Aufklärungspflicht im Rahmen des Anlagevertrags begründen soll.[316] Konzediert wurde aber nach wie vor, dass die §§ 31 ff. WpHG a. F., soweit ihnen eine anlegerschützende Funktion zukomme, für Inhalt und Reichweite (vor-)vertraglicher Aufklärungs- und Beratungspflichten von Bedeutung sein könnten.[317] Ihr zivilrechtlicher Schutzbereich gehe aber nicht über diese (vor-)vertraglichen Pflichten hinaus.[318] Daraus folge, dass ihnen keine eigenständige, über die zivilrechtlichen Aufklärungs- und Beratungspflichten hinausgehende schadensersatzrechtliche Bedeutung beizumessen sei.[319] Unter Rekurs auf weitreichende rechtspolitische Entwicklungen im Bereich der Regulierung hat sich der BGH im Jahr 2014 indes von dem Dogma der fehlenden Ausstrahlungswirkung im Bereich der Anlageberatung verabschiedet, ohne dies in dieser Deutlichkeit auszusprechen.[320] Mit Blick auf die über die letzten Jahre fortentwickelte Regulierung der Anlageberatung heißt es, dass das „aufsichtsrechtliche Prinzip, dass Zuwendungen Dritter grundsätzlich verboten und allenfalls dann erlaubt sind, wenn diese offen gelegt werden, [...] als Ausdruck eines allgemeinen – nunmehr nahezu flächendeckenden – Rechtsprinzips bei der Auslegung der (kon-

---

[312] BGH, Urt. v. 19.12.2006 – XI ZR 56/05, BGHZ 170, 226 Rn. 18; BGH, Urt. v. 27.9. 2011 – XI ZR 182/10, BGHZ 191, 119, 135 Rn. 47; BGH, Urt. v. 17.9.2013 – XI ZR 332/ 12, NZG 2013, 1226, 1228; BGH, Urt. v. 3.6.2014 – XI ZR 147/12, WM 2014, 1382, 1385.

[313] BGH, Urt. v. 19.2.2008 – XI ZR 170/07, BGHZ 175, 276 Rn. 17; BGH, Urt. v. 17.9. 2013 – XI ZR 332/12, NZG 2013, 1226, 1228.

[314] EuGH, Urt. v. 30.5.2013 – C-604/11, NZG 2013, 786, 789.

[315] *Spindler*, in: Langenbucher/Bliesener/Spindler, BankR, Kap. 33 Rn. 28a.

[316] BGH, Urt. v. 17.9.2013 – XI ZR 332/12, NZG 2013, 1226, 1228; krit. *Fuchs*, in: Fuchs, WpHG, Vor §§ 31 ff. Rn. 83a.

[317] BGH, Urt. v. 17.9.2013 – XI ZR 332/12, NZG 2013, 1226, 1228; so bereits BGH, Urt. v. 19.12.2006 – XI ZR 56/05, BGHZ 170, 226 Rn. 18; BGH, Urt. v. 5.10.1999 – XI ZR 296/98, BGHZ 152, 345, 355 f.: Umfang anstatt Reichweite.

[318] BGH, Urt. v. 17.9.2013 – XI ZR 332/12, NZG 2013, 1226, 1228

[319] BGH, Urt. v. 27.9.2011 – XI ZR 182/10, BGHZ 191, 119 Rn. 47.

[320] BGH, Urt. v. 3.6.2014 – XI ZR 147/12, WM 2014, 1382, 1385; krit. *Spindler*, in: Langenbucher/Bliesener/Spindler, BankR, Kap. 33 Rn. 29; *Buck-Heeb*, WM 2014, 1601, 1604; *Kropf*, RdF 2015, 107, 110 ff. Vgl. aber *Fuchs*, in: Fuchs, WpHG, Vor §§ 31 ff. Rn. 83a, der sich nicht festlegt, ob der vom BGH anerkannte Konnex zwischen Aufsichtsrecht und Zivilrecht als „Ausstrahlungswirkung" zu bezeichnen sei.

kludenten) Vertragserklärungen zu berücksichtigen"[321] sei. In Rede steht somit eine Ausstrahlung qua Auslegung.

bb) Transfer auf den Bereich des Investmentrechts?

Die bislang geäußerten Reaktionen in der Literatur zum KAGB divergieren. So heißt es einerseits, dass die von der Rechtsprechung zur Anlageberatung entwickelten Grundsätze nicht auf das Verwaltungshandeln der KVG übertragen werden könnten und deshalb ein Anspruch aus § 823 Abs. 2 BGB in Betracht käme.[322] Dementsprechend ist auch die Rede davon, dass sich im Einzelfall aus der „Verletzung der Sorgfaltspflicht i. S. des § 26 Abs. 2 Nr. 2 [...] ein Schadensersatzanspruch der Anleger ableiten"[323] lasse. Mit dem Vorstehenden liegt es im Ergebnis auf einer Linie, eine deliktische Haftung nach dem Zivilrecht stets für möglich zu halten, soweit die Vorschriften des KAGB dem Anlegerschutz dienten,[324] etwa bei § 26 KAGB[325]. Noch deutlicher wird bisweilen formuliert, dass es sich bei den Vorgaben aus § 26 f. KAGB nicht „um bloße aufsichtsrechtliche Regelungen [handelt], sondern es werden Ansprüche begründet, deren Verletzung ggf. Leistungs- und/oder Schadensersatzansprüche der Anleger begründen können"[326]. Andererseits liest man, dass § 26 KAGB für den Geschäftsbesorgungsvertrag zwischen KVG und AIF „faktische Ausstrahlungswirkung"[327] (also keine *rechtliche* Ausstrahlungswirkung) habe. Auch die Schutzgesetzqualität des § 26 KAGB fehle: Zum einen seien die gesetzlichen Wohlverhaltenspflichten für den Maßstab des § 823 Abs. 2 BGB nicht konkret genug, zumal sie durch detaillierte Anlagebedingungen und vertragliche Absprachen überlagert würden, zum anderen könnte der AIF bzw. der Anleger bereits vertraglich über § 280 BGB Regress suchen.[328] Die Vorschriften der §§ 26 ff. KAGB seien primär öffentlich-rechtliche Normen; dem Anleger sei kein Selbst-

---

[321] BGH, Urt. v. 3.6.2014 – XI ZR 147/12, WM 2014, 1382, 1385.

[322] *Steffen*, in: Baur/Tappen, Investmentgesetze, § 26 KAGB Rn. 32; *Köndgen/Schmies*, in: Schimansky/Bunte/Lwowski, Bankrechts-Hdb., § 113 Rn. 114.

[323] *Steffen*, in: Baur/Tappen, Investmentgesetze, § 26 KAGB Rn. 34.

[324] *Klusak*, in: Weitnauer/Boxberger/Anders, KAGB, § 78 Rn. 7; *Boxberger*, in: Weitnauer/Boxberger/Anders, KAGB, § 89 Rn. 1.

[325] *Beckmann*, in: Beckmann/Scholtz/Vollmer, Investment-Hdb., Losebl. (Stand: 3/15), 405 § 17 KAGB Rn. 144.

[326] *Herring*, in: Baur/Tappen, Investmentgesetze, § 78 KAGB Rn. 6; der Sache nach ebenso *Einsele*, Bank- und KapMarktR, § 10 Rn. 20.

[327] *Swoboda*, in: Weitnauer/Boxberger/Anders, KAGB, § 26 Rn. 2.

[328] Ebd., Rn. 8, der darüber hinaus noch auf das Rechtsfolgensystem des §§ 339 f. KAGB hinweist, welches Verletzungen der §§ 26 f. KAGB gerade nicht sanktioniere. Mit dem OGAW V-UmsG wurde dieser Argumentation aber die Grundlage entzogen, vgl. die weiteren Ausführungen. *Geibel*, in: Derleder/Knops/Bamberger, Dt. u. eu. Bank- u. KapR, § 58 Rn. 20.

schutz durch ein zivilrechtliches Regelungssystem eingeräumt worden.[329] Zwischen diesen beiden äußeren Polen ist die Position anzusiedeln, die nach dem Vorbild der Diskussion zu §§ 31 ff. WpHG a. F. die Pflichten der §§ 26 bis 30 KAGB als öffentlich-rechtliche Pflichten einordnet, jedoch zugleich eine Ausstrahlungswirkung auf das schuldrechtliche bzw. zivilrechtliche Rechtsverhältnis zulässt.[330]

Wirft man einen Blick auf die der BGH-Rechtsprechung zugrundeliegende Argumentation zur Ablehnung des zivilrechtlichen Charakters der §§ 31 ff. WpHG a. F., liegt es nahe, auch im Investmentbereich prima facie von einer ausschließlich öffentlich-rechtlichen Natur der Verhaltensregeln auszugehen und infolgedessen eine Schutzgesetzqualität von Grund auf zu negieren. So rekurriert der BGH zum einen auf die Gesetzesbegründung zum FRUG, nach der die neu im WpHG verankerten Regelungen solche des Aufsichtsrechts sein sollen.[331] Dieser Gesichtspunkt lässt sich für das KAGB spiegeln: In der Gesetzesbegründung heißt es, dass „der Aufsichts- und Regulierungsrahmen"[332] fortentwickelt werden soll. Auch die vom BGH angeführte Zuständigkeit der BaFin, mittels hoheitlichen Zwangs Aufsicht auszuüben (§§ 4, 35 WpHG a. F.),[333] ist im Rahmen des KAGB gleichermaßen gegeben (§ 5 KAGB). Im Investmentrecht besitzt zudem der Fingerzeig auf die ausschließlich im öffentlichen Interesse liegende Aufgabenwahrnehmung durch die BaFin (§ 4 Abs. 4 FinDAG) gleichermaßen Gültigkeit.[334] Die bisherige Diskussion berücksichtigt indes nicht die Eigenheiten des Investmentrechts. Zudem wird durch die Konzentration auf die Verhaltensregeln der Blick für den gesamten Regelungszusammenhang verstellt. Denn im KAGB lassen sich vielmehr vier Normfelder identifizieren, denen Evidenz für einen zivilrechtlichen Charakter zu entnehmen ist und in die die Verhaltensregeln einzuordnen sind.

Zuerst wird man für einige Normen deutschen Ursprungs den zivilrechtlichen Charakter nicht ernsthaft in Abrede stellen können. Exemplarisch kann hierfür § 84 Abs. 2 Satz 3 KAGB herangezogen werden, nach dem bei einem zustimmungspflichtigen Geschäft eine Verfügung ohne Zustimmung der Verwahrstelle gegenüber den Anlegern unwirksam ist. Dadurch wird ein dem § 135 BGB vergleichbares Sanktionsgebilde konstruiert.[335] Auch ist auf das bereits angesprochene Recht zur Kündigung des Verwaltungsvertrags nach § 154 Abs. 1 Satz 4 KAGB hinzuweisen.[336] Wenn diese Normen auf die zivilrechtliche Rechtslage Einfluss nehmen

---

[329] *Geurts/Schubert*, in: FrankKomm, KapAnlR Bd. 1, § 26 KAGB Rn. 8, 40, die jedoch bei Rn. 10 ff. Gedanken für das gegenteilige Ergebnis anstellen, § 28 KAGB Rn. 17, 69; *Geibel*, in: Derleder/Knops/Bamberger, Dt. u. eu. Bank- u. KapR, § 58 Rn. 34.

[330] *Jakovou*, in: Langenbucher/Bliesener/Spindler, BankR, Kap. 39 Rn. 114, 172, 176.

[331] BGH, Urt. v. 17.9.2013 – XI ZR 332/12, NZG 2013, 1226, 1228: BT-Drs. 16/4028, S. 53 und BT-Drs. 16/4899, S. 12.

[332] BegrRegE BT-Drs. 17/12294, S. 187.

[333] BGH, Urt. v. 17.9.2013 – XI ZR 332/12, NZG 2013, 1226, 1228.

[334] Ebd.

[335] *Herring*, in: Baur/Tappen, Investmentgesetze, § 84 KAGB Rn. 17.

[336] 4. Teil, D.

sollen, muss das zugleich von ihrer Rechtsnatur reflektiert werden. Es handelt sich schlicht um materielles (Vertrags-)Schuldrecht.[337] Zugleich kann die oben angeführte Aussage in der Gesetzesbegründung zur Fortentwicklung *des Aufsichts- und Regulierungsrahmens* nicht auf die vorstehenden Normen abzielen, weil sich die Aussage nur auf die europäischen Regulierungsmaßnahmen bezieht, die im KAGB umgesetzt werden sollen.[338]

Doch auch Normen im KAGB, die unionsrechtlich veranlasst sind, können einen zivilrechtlichen Charakter teilen. Dies bedingt schon das Konzept der internen Verwaltung von Investmentgesellschaften und die damit einhergehenden Kollisionen mit dem nationalen Gesellschaftsrecht. So interferiert die an die Fondsgesellschaft adressierte Verpflichtung zum Handeln im besten Interesse des verwalteten Investmentvermögens oder der Anleger dieser Investmentvermögen (Art. 12 Abs. 1 lit. b AIFM-RL bzw. § 26 Abs. 2 Nr. 2 KAGB), die nur von ihren Organen wahrgenommen werden kann, grundsätzlich mit dem national induzierten gesellschaftsrechtlichen Pflichtenkreis der Organmitglieder, in Deutschland also z. B. mit der Pflicht zum Handeln im Unternehmensinteresse. Dass in Deutschland bereits Vorsorge getroffen wurde, indem die Leitungsgrundsätze der Organe entsprechend angepasst wurden,[339] vermag an dieser Einschätzung nichts zu ändern und dient vielmehr als Indiz dafür, dass die neuen Verhaltenspflichten gesellschaftsrechtlich, i. e. zivilrechtlich, gespiegelt werden müssen.[340] Die Regelungen zu den Leitungsgrundsätzen in §§ 147 Abs. 1, 153 Abs. 1 KAGB sind daher insoweit lediglich deklaratorisch.[341] Wollte man der Verhaltenspflicht ausschließlich öffentlich-rechtlichen Charakter zusprechen, würde im Konfliktfall regulierungsrechtlich das sanktioniert, was zivilrechtlich (Verpflichtung auf das Unternehmensinteresse) erlaubt wäre. Das kann nicht gewollt sein.

Abgesehen von diesen Sonderkonstellationen lässt sich eine dritte Normkategorie im Kontext der Begründung von Anlegeransprüchen ermitteln. Akzeptierte man die aufgezeigte Übertragbarkeit der höchstrichterlichen Rechtsprechung zu den §§ 31 ff. WpHG a. F., stellte sich im KAGB analog zu § 28 Abs. 1 Satz 1 Nr. 1 InvG a. F. die

---

[337] *Köndgen*, in: Berger/Steck/Lübbehüsen, InvG, § 9 Rn. 9 im Hinblick auf Kündigung des Investmentvertrags; in diese Richtung auch *Geibel*, in: Derleder/Knops/Bamberger, Dt. u. eu. Bank- u. KapR, § 58 Rn. 18.

[338] Das ergibt sich jedenfalls aus dem Kontext der Begründung, da im Absatz zuvor die europäischen Regulierungsmaßnahmen aufgezählt werden.

[339] 5. Teil, B.II.2.a)aa)(1)(b).

[340] Im Anlagerecht findet ein eigenes Unternehmensinteresse keine Berücksichtigung, *Zetzsche*, Prinzipien der kollektiven Vermögensanlage, § 30 C. II. 1 a); *ders.*, in: Möllers/Kloyer, Das neue KAGB, Rn. 312, 370; *ders.*, AG 2013, 613, 615; *Wallach*, ZGR 2014, 289, 320; irritierend demgegenüber *Wiedemann*, NZG 2013, 1041, 1043: Formulierung der Corporate Governance der Investmentgesellschaft verlange eindeutige Ausrichtung der Geschäftsleitung am Unternehmensinteresse.

[341] *Kracke*, in: Baur/Tappen, Investmentgesetze, § 128 KAGB Rn. 15; a. A. *Klebeck/Kunschke*, in: Beckmann/Scholtz/Vollmer, Investment-Hdb., Losebl. (Stand: 2/14), 405 § 153 KAGB Rn. 28 f.

Frage, wie man mit der in § 89 Abs. 1 Satz 1 Nr. 1 KAGB angeordneten Zuständigkeit der Verwahrstelle zur Geltendmachung von Ansprüchen der Anleger u.a. wegen *Verletzung der Vorschriften des KAGB* gegen die KVG umzugehen hätte. Da mit der Vorschrift keine eigene Anspruchsgrundlage begründet wird,[342] sondern Anspruchsgrundlagen vielmehr dem Zivilrecht entnommen werden müssen, muss das KAGB denknotwendig Einfluss auf das zivilrechtliche Pflichtenregime nehmen können.[343] Schon zu § 9 InvG a.F. (und nunmehr auch zu §§ 26 ff. KAGB) wurden bzw. werden die Wohlverhaltenspflichten daher als „privatrechtliche Pflichten mit zweispuriger Sanktionierung"[344] qualifiziert und die Schutzgesetzeigenschaft anerkannt[345]. Der Umkehrschluss aus § 89 KAGB ist auch der maßgebende Grund für die eingangs angeführte Auffassung, die den Verhaltensregeln des KAGB den ausschließlich öffentlich-rechtlichen Charakter abspricht,[346] und bildet die tragende Rechtfertigung für eine Abweichung von der Rechtsprechung zu §§ 31 ff. WpHG a.F. Ohnehin ist diese Rechtsprechung angreifbar. Gebrochen wird etwa mit der höchstrichterlichen Rechtsprechung zur Annahme einer Schutzgesetzeigenschaft von § 32 KWG, die mit Blick auf die Gesetzesbegründung[347] anerkennt, dass § 4 Abs. 4 FinDAG lediglich den Fiskus vor etwaigen Amtshaftungsansprüchen schützen möchte, jedoch keine Implikationen für das Verhältnis Intermediär und Vertragspartner zeitigt.[348]

Da nach dem Vorstehenden nur solche Normen in die dritte Kategorie fallen können, die haftungsrechtlich relevant sind, ist ihnen ein zivilrechtlicher Charakter dann zuzuschreiben, wenn ein aus der Verletzung dieser Normen resultierender Anlegeranspruch „sinnvoll und im Lichte des haftungsrechtlichen Gesamtsystems tragbar erscheint"[349]. Letzteres ist ständige Rechtsprechung zu § 823 Abs. 2 BGB, um den fehlenden Vermögensschutz bei bloß fahrlässigem Verhaltensverstoß nicht zu unterlaufen. Nichts anderes darf hier gelten, da die einzelne Norm zum Gegen-

---

[342] *Beckmann*, in: Beckmann/Scholtz/Vollmer, Investment-Hdb., Losebl. (Stand: 3/15), 405 § 17 KAGB Rn. 155.

[343] *Köndgen*, in: Berger/Steck/Lübbehüsen, InvG, § 28 Rn. 4; offenbar auch *Klett*, Die Trust-Struktur im Vertragsmodell des Investmentrechts, S. 198: „vertragliche Ansprüche".

[344] *Köndgen*, in: Berger/Steck/Lübbehüsen, InvG, § 9 Rn. 11; *ders./Schmies*, in: Schimansky/Bunte/Lwowski, Bankrechts-Hdb., § 113 Rn. 114.

[345] *Köndgen*, in: Berger/Steck/Lübbehüsen, InvG, § 9 Rn. 13; *ders./Schmies*, in: Schimansky/Bunte/Lwowski, Bankrechts-Hdb., § 113 Rn. 114; keine Stellungnahme bei *Steck*, in: Emde/Dornseifer/Dreibus/Hölscher, InvG, § 9 Rn. 3 ff.

[346] *Herring*, in: Baur/Tappen, Investmentgesetze, § 78 KAGB Rn. 5 f.

[347] BegrRegE BT-Drs. 10/1441, S. 20.

[348] So bei BGH, Urt. v. 21.4.2005 – III ZR 238/03, WM 2005, 1217, 1218; BGH, Urt. v. 11.7.2006 – WM 2006, 1898, 1900; ebenso Hess. VGH, Urt. v. 20.5.2009 – 6 A 1040/08, WM 2009, 1889, 1893 f.; eine Trennung der Verhältnisse Aufsichtsbehörde und Beaufsichtigte sowie Beaufsichtigte und Endkunden hält auch das BVerwG, Urt. v. 15.12.2010 – 8 C 37.09, BKR 2011, 208, 210 für geboten.

[349] Statt aller BGH, Urt. v. 17.9.2013 – XI ZR 332/12, NZG 2013, 1226, 1228.

stand einer im Detail noch zu erläuternden[350] Sonderverbindung zwischen Anleger und AIFM mit korrespondierender Haftung nach § 280 BGB samt Beweiserleichterung erhoben werden soll. Mit § 89 Abs. 1 Satz 1 Nr. 1 KAGB als maßgeblicher Argumentationsbasis wird das jedenfalls nur auf solche Regelungen zutreffen, die – soweit sich die Schutzzwecke trennen und gewichten lassen – primär anlegerschützend (z. B. ähnlich der bereits vertraglich geschuldeten Sorgfaltspflichten nach §§ 276 BGB, 347 Abs. 1 HGB) und hinreichend konkret sind. Diese Normen sind dann einerseits für eine Haftung aus der Sonderverbindung relevant; zugleich können sie aufgrund ihres individualschützenden Charakters (z. B. § 26 Abs. 1, Abs. 2 Nr. 1 und 2 KAGB)[351] als Schutzgesetze i. S. des § 823 Abs. 2 BGB qualifizieren.[352] Man mag dieses Ergebnis mit dem im Jahr 2016 in Kraft getretenen OGAW V-UmsG in Zweifel ziehen können. Denn anders als bisher werden – wegen der vergleichbaren Sachlage auch bei der AIF-KVG[353] – nun sogar Verstöße gegen § 26 Abs. 1 und 2 KAGB als Ordnungswidrigkeit geahndet.[354] Die Vorstellung, dass ein Verstoß gegen eine zivilrechtliche Norm zugleich öffentlich-rechtliche Sanktionen nach sich ziehen kann, ist nicht nur befremdlich, sondern vielmehr ein Systembruch. Gleichwohl wurde diese Zweispurigkeit der Sanktionssysteme für privatrechtliche Normen wie bereits erläutert für den Geltungsbereich des InvG a. F. für möglich erachtet. Die Bußgeldbewehrtheit einer Norm war für den BGH in der Vergangenheit jedenfalls kein Hindernis bei der Annahme einer Haftung nach § 823 Abs. 2 BGB.[355] Dem entspricht die Erkenntnis, dass sich Schutzgesetze auch dem öffentlichen Recht

---

[350] Zur Dogmatik vgl. 6. Teil, B.II.1.b).

[351] BGH, Urt. v. 17.9.2013 – XI ZR 332/12, NZG 2013, 1226, 1228 f. spricht den §§ 31 ff. WpHG a. F. eine anlegerschützende Funktion zu, reduziert diese jedoch mit Blick auf den gesamten Regelungszusammenhang auf einen bloß reflexiven Anlegerschutz. Da der Regelungszusammenhang im Investmentrecht anders gelagert und eine Haftung bei Verstoß gegen die im Klammerzusatz genannten KAGB-Normen sinnvoll ist, wird man diesen Normen (Individual-)Anlegerschutz zusprechen dürfen.

[352] *Spindler/Tancredi*, WM 2011, 1441, 1446: Schutz des Einzelnen dienende Normen könnten Schutzgesetze sein; allgemein für möglich haltend *Steffen*, in: Baur/Tappen, Investmentgesetze, § 26 KAGB Rn. 32; *Eckhold*, ZBB 2016, 102, 105 ff. stuft die strafbewehrten Erlaubnis- und Registrierungsvorbehalte (zurecht) als Schutzgesetze ein; s. auch *Eckhold/Bolzer*, in: Assmann/Schütze, Hdb. KapitalanlageR, § 22 Rn. 3; Schutzgesetzqualität des § 26 KAGB insgesamt ablehnend *Swoboda*, in: Weitnauer/Boxberger/Anders, KAGB, § 26 Rn. 8. Stellt eine Vorschrift nur eine aufsichtsrechtliche Regelung dar, verneint der BGH die Tendenz des Gesetzgebers, an die Verletzung des geschützten Interesses eine deliktische Einstandspflicht des dagegen Verstoßenden zu knüpfen, BGH, Urt. v. 17.9.2013 – XI ZR 332/12, NZG 2013, 1226, 1228.

[353] BegrRegE BT-Drs. 18/6744, S. 68.

[354] § 340 Abs. 2 Nr. 5 KAGB.

[355] BGH, Urt. v. 13.9.2004 – II ZR 276/02, WM 2004, 2150, 2154 für einen Verstoß gegen §§ 7 f. AuslInvG (Vertrieb ohne Anzeige); ebenso OLG Karlsruhe, Urt. v. 24.2.2006 – 1 U 190/05, WM 2006, 967.

entnehmen lassen.[356] Hält man jedoch wie hier mit Blick auf § 89 Abs. 1 Satz 1 Nr. 1 KAGB für Zwecke der Sonderverbindung an dem privatrechtlichen Kern der besagten Regelungen fest, überzeugt es allein, von einer Doppelnatur der Verhaltensregeln auszugehen.[357] Da den Normen mit Doppelnatur auch das regulierungsrechtliche Element inhärent ist, sind sie unabdingbar. Anerkennt man diese Ambivalenz der Verhaltensregeln, lässt sich das zugleich mit der nach § 5 Abs. 6 KAGB bestehenden Aufsicht der BaFin über die Gebote des KAGB, mithin auch § 26 KAGB, vereinbaren.

Die vierte und letzte Normkategorie bilden schließlich die unmittelbaren Anspruchsgrundlagen, die der unionsrechtlichen Umsetzung im KAGB bzw. dem Unionsrecht zu entnehmen sind. Das gilt für § 88 KAGB (Art. 21 Abs. 12 AIFM-RL) für eine Haftung der Verwahrstelle[358] sowie für § 216 Abs. 7 KAGB (Art. 19 Abs. 10 AIFM-RL) für eine Haftung des AIFM bei Bestellung eines externen Bewerters[359]. Diese vierte Kategorie wird zudem um die merkwürdig anmutende Regelung des Art. 7 Abs. 3 Satz 2 ELTIF-VO (i. V. m. § 338a KAGB) ergänzt, nach der der Verwalter des ELTIF für Schäden und Verluste haftet, die durch die Nichteinhaltung der ELTIF-VO entstehen. Da eine zivilrechtliche Kompensationspflicht dekretiert wird,[360] stellt sich diese Regelung im Haftungsgefüge deutscher Dogmatik als Fremdkörper dar. Zwar wurde im Zuge der dritten Normkategorie aufgezeigt, dass auch das deutsche Recht eine zivilrechtliche Haftung des AIFM gegenüber den Anlegern bei Verstoß gegen harmonisierte Regelungen kennt. Doch die Annahme einer Haftung nach Art. 7 Abs. 3 Satz 2 ELTIF-VO kommt ohne jedweden Be-

---

[356] *Spindler,* in: Langenbucher/Bliesener/Spindler, BankR, Kap. 33 Rn. 30; *Fuchs,* in: Fuchs, WpHG, vor §§ 31 Rn. 79; *Zimmermann,* in: Fuchs, WpHG, vor §§ 21–30 Rn. 20; *Zetzsche,* Prinzipien der kollektiven Vermögensanlage, § 27 B. III.

[357] Auch *Zetzsche,* in: Möllers/Kloyer, Das neue KAGB, Rn. 312, 314 anerkennt, dass die Mehrzahl der KAGB-Bestimmungen Doppelnorm sei. Er führt dies jedoch nicht aus und verweist in der dazu gehörigen Fußnote nur auf die – wegen der Eigenheiten des Investmentrechts hier nicht fruchtbare – Diskussion zur Rechtsnatur der Wohlverhaltensregeln des WpHG. Vgl. im Übrigen für Informationspflichten vor Vertragsschluss auch *Spindler/Tancredi,* WM 2011, 1441, 1443, die ebenso eine Zweispurigkeit von Sanktionen annehmen.

[358] Das ergibt sich aus § 88 Abs. 1 Satz 4 KAGB („Ansprüche"); s. zudem *Schultheiß,* WM 2015, 603, 605 f.; *Möllers,* in: Möllers/Kloyer, Das neue KAGB, Rn. 630, 637; dieses Verständnis liegt auch implizit der Kommentierung zugrunde, s. *Boxberger,* in: Weitnauer/Boxberger/Anders, KAGB, § 88 Rn. 1 ff.; *Moericke,* in: Baur/Tappen, Investmentgesetze, § 88 KAGB Rn. 1 ff.; *Schäfer,* in: FrankKomm, KapAnlR Bd. 1, § 88 KAGB Rn. 1 ff.

[359] *Schultheiß,* WM 2015, 603, 607; *Baum,* in: Weitnauer/Boxberger/Anders, KAGB, § 216 Rn. 23 f.; *Zöll,* in: Beckmann/Scholtz/Vollmer, Investment-Hdb., Losebl. (Stand: 2/16), 405 § 216 KAGB Rn. 29, 31; *Möllers,* in: Möllers/Kloyer, Das neue KAGB, Rn. 630, 661; für § 216 Abs. 7 Satz 2 KAGB ebenso herauslesbar *Wülfert,* in: Baur/Tappen, Investmentgesetze, § 216 KAGB Rn. 21; a. A. für § 216 Abs. 7 Satz 1 KAGB *Kretzschmann,* in: FrankKomm, KapAnlR Bd. 1, § 216 KAGB Rn. 121.

[360] *Zetzsche,* ZBB 2015, 362, 364; *ders./Preiner,* in: Zetzsche, AIFMD, Chapt. 7 No. 3.3.

gründungsaufwand aus, tritt anscheinend im Gewand einer Garantiehaftung auf[361] und ist im Hinblick auf etwaige Anspruchsinhaber bewusst offen formuliert.

cc) Rechtsnatur von Art. 16 ff. AIFM-VO

Doch nicht nur § 26 KAGB, sondern auch die Konkretisierungen in den Art. 16 ff. AIFM-VO zu den Verhaltensregeln werden nun zu Modifikationen führen. Dass selbst Bestimmungen der AIFM-VO in das zivilrechtliche Pflichtenregime hineinwirken können, mag zunächst irritieren, da der AIFM-VO nicht zu entnehmen ist, dass die Kommission europäisches Privatrecht erlassen wollte. Es ist vielmehr so, dass die AIFM-VO in dieser Hinsicht neutral verbleibt und sich nicht in die Kategorien des öffentlichen oder privaten Rechts einordnen lässt. Denn die AIFM-VO muss aus Kompetenzgründen (Art. 12 Abs. 3 AIFM-RL) den Charakter der AIFM-RL teilen. Letztere überlässt es in Art. 12 Abs. 1 AIFM-RL ausdrücklich den Mitgliedstaaten, „sicherzustellen", dass AIFMs stets die dort beschriebenen Wohlverhaltensregeln einhalten.[362] Dies hätte in zivilrechtlicher oder regulatorischer Form geschehen können.[363] Der nationale Gesetzgeber hat jedoch den Weg eingeschlagen, die Bestimmungen der AIFM-VO fortlaufend über Verweisungsnormen in das KAGB zu inkorporieren, um so auch die Verwalter von Publikums-AIFs zu erreichen.[364] Damit teilen sie als Bestandteil des KAGB die Rechtsnatur der jeweiligen Norm, die sie konkretisieren.

dd) Administrative und organisatorische Vorgaben

Wohlgemerkt können abgesehen von den genannten Sonderkonstellationen nur solche Bestimmungen Einfluss auf das Zivilrecht nehmen, die primär anlegerschützend sind. Damit fallen sämtliche administrative (z. B. Dokumentationsvorschriften nach Art. 19 Abs. 2 AIFM-VO) und organisatorische Anforderungen (z. B. das Vorhalten aller erforderlichen Mittel nach § 26 Abs. 2 Nr. 4 KAGB), deren konkrete Ausgestaltung in das Ermessen der KVG gestellt ist, aus diesem Muster.[365]

---

[361] Dem Unionsgesetzgeber sind Regelungen zum Verschulden durchaus bekannt, s. Art. 21 Abs. 12 AIFM-RL. Deshalb darf der Anspruch nicht durch deutsche Haftungskonzepte eingeschränkt werden, so aber im Ergebnis *Zetzsche*, ZBB 2015, 362, 364.

[362] So die identische Argumentation für die Wohlverhaltensregeln aus Art. 19 MiFID I bei BGH, Urt. v. 27.9.2011 – XI ZR 182/10, BGHZ 191, 119 Rn. 47.

[363] Ebd.

[364] Speziell für § 26 KAGB in § 26 Abs. 7 KAGB.

[365] Wie hier *Spindler/Tancredi*, WM 2011, 1441, 1446; *Möllers*, in: Möllers/Kloyer, Das neue KAGB, Rn. 630, 649; *Herring*, in: Baur/Tappen, Investmentgesetze, § 78 KAGB Rn. 7 für die Verletzung von Melde- und Anzeigepflichten, von Dokumentationsvorschriften sowie die Verletzung des Gebotes, „über die für eine ordnungsgemäße Geschäftstätigkeit erforderlichen Mittel und Verfahren zu verfügen und diese wirksam einzusetzen"; *Zetzsche*, Prinzipien der kollektiven Vermögensanlage, § 35 C. I. schließt den zivilrechtlichen Charakter bei Mitteilungspflichten gegenüber Behörden, öffentlich-rechtlichen Verfahrensvorschriften und Ein-

Etwas anderes gilt jedoch, wenn ein hinreichender Anlegerbezug zu erkennen ist und die in Rede stehende Vorschrift konkrete Vorgaben als potenzielle Anknüpfungspunkte für einen Verhaltensverstoß macht;[366] hier ist eine Differenzierung geboten.[367]

3. Resümee

Die unter I. angestellten Ausführungen zur neuen Regulierung lassen sich wie folgt resümieren:

1. Das neue Regelungsgeflecht rund um das KAGB verdrängt die Regulierung, die bislang im Bereich der alternativen Investments galt bzw. in bestimmten Szenarien hätte eingreifen können. Einerseits qualifizieren KVGs und extern verwaltete Investmentgesellschaften insbesondere im Hinblick auf die Erbringung der kollektiven Vermögensverwaltung grundsätzlich kategorisch nicht als Institute i. S. des KWG. Andererseits entpuppt sich die vor Erlass des KAGB noch auf nationaler Ebene angestrebte Verrechtlichung des Grauen Kapitalmarkts in der Rückschau aus zwei Gründen als unnötige Doppelregulierung: Erstens wurde die Prospektierung samt flankierender Haftung für den Bereich der Publikums-AIFs mit dem KAGB auf eine neue Grundlage gestellt und verkörpert nunmehr eine Symbiose aus vorrangig InvG a. F.-Elementen und nachrangig VermAnlG-Bausteinen. Im gleichen Atemzug erfolgte die Verabschiedung von der noch unter dem VermAnlG bestehenden Möglichkeit des Private Placement. Ein Vertrieb von Anteilen an Spezial-AIFs liegt indes nicht im Fall der Reverse Solicitation vor. Einer etwaigen Überregulierung des Vertriebs für den Komplex der Spezial-AIFs begegnet die BaFin per Auslegung; so scheide ein Vertrieb auch bei vorausgehender Initiative der KVG in Bezug auf solche Investoren aus, mit denen die Anlagebedingungen vollständig ausgehandelt würden. Side Letters sind zwar aus Gründen effektiver Aufsicht ebenso Anlagebedingungen.

---

griffsbefugnissen aus; zum WpHG: *Fuchs*, in: Fuchs, WpHG, Vor §§ 31 ff. Rn. 105; a. A. *Geurts/Schubert*, in: FrankKomm, KapAnlR Bd. 1, § 26 KAGB Rn. 13 für das Risikomanagement.

[366] Auf Letzteres stellt *Fuchs*, in: Fuchs, WpHG, Vor §§ 31 ff. Rn. 105 ab; schon *Hopt*, ZHR 159 (1989), 135, 160 f. hielt stets die konkrete Ausgestaltung der Organisationspflicht für entscheidend.

[367] *Herring*, in: Baur/Tappen, Investmentgesetze, § 78 KAGB Rn. 7 im Hinblick auf Einrichtung eines Risikomanagementsystems; s. auch *Spindler/Kasten*, AG 2006, 785, 791 für Offenlegung von Interessenkonflikten; differenzierend *Zetzsche*, Prinzipien der kollektiven Vermögensanlage, § 35 C. III. 3., der etwa an eine Unterkapitalisierung oder das Fehlen der Dreiecksstruktur (Anleger, Verwalter, Verwahrer) nur gegenüber Privatanlegern eine deliktsrechtliche Einstandspflicht knüpft; zu streng *Köndgen*, in: Berger/Steck/Lübbehüsen, InvG, § 28 Rn. 5. Während im Gesellschaftsrecht an einen Verstoß gegen die Organisationsnorm des § 91 Abs. 2 AktG keine Haftung nach § 823 Abs. 2 BGB geknüpft wird (*Spindler*, in: MünchKomm, AktG, § 91 Rn. 72; *Fleischer*, in: Spindler/Stilz, AktG, § 91 Rn. 46), kann dies im Investmentrecht (eingeschränkter Spielraum, kein Handeln im Unternehmensinteresse, Kontrolle der gegenüber den Anlegern verlautbarten zeichnungsentscheidenden Fondsdokumentation wie Anlagestrategie und Risikoprofil) im Hinblick auf die Einrichtung des Risikomanagementsystems nicht gelten.

Doch ist von einem Vertrieb auszugehen, wenn daneben die Anlagebedingungen zur Gestaltung des Investmentvermögens nicht ausgehandelt wurden. Zweitens sind auch Anteile an AIFs nun wie Vermögensanlagen als Finanzinstrumente einzuordnen. Der zwischen dem KWG und WpHG bestehende Gleichlauf bei den Ausnahmebestimmungen für Finanzintermediäre ist aber im Hinblick auf das Platzierungsgeschäft gestört.

2. Mit der neuen Regulierung harren verschiedene grundsätzliche Fragen hinsichtlich der Reichweite und Wirkung der Regulierung einer Antwort. Zunächst lässt sich festhalten, dass das KAGB je nach Geltung des EU-/Drittstaatenpasses auch für die grenzüberschreitende Verwaltung oder den grenzüberschreitenden Vertrieb von AIFs durch ausländische AIFMs oder EU-AIFMs relevant ist. In diesem Kontext kommt es zudem entscheidend darauf an, welcher Mitgliedstaat Referenzmitgliedstaat für den ausländischen AIFM ist. Daneben ist auch vor Geltung des Drittstaatenpasses der Vertrieb durch ausländische AIFMs bzw. von ausländischen AIFs im Inland bei Einhaltung verschiedener KAGB-Bestimmungen möglich.

Die AIFM-VO ist dabei stets zu berücksichtigen. Diese ist in ihrem Anwendungsbereich aus Kompetenzgründen auf KVGs, die Spezial-AIFs verwalten, beschränkt. Doch auch für Verwalter von Publikums-AIFs wird ihr aufgrund fortlaufender Inkorporation in das KAGB Geltung verschafft. Im lediglich registrierungspflichtigen Bereich kommt sie nur insoweit zur Anwendung, wie auch die Regelungen, die sie konkretisiert, anzuwenden sind.

Außerdem wurde herausgearbeitet, dass und aus welchen Gründen die AIFM-VO sowie das KAGB zwingend sind und die Privatautonomie der Verhandlungsbeteiligten einschränken können. Hier sind verschiedene gesetzliche Wertungen und selbst bei (semi-)professionellen Anlegern bestehende Schutzbedürfnisse zu berücksichtigen, die ein strenges Anwendungsverständnis des neuen Regulierungsgefüges sogar für die im LBO-Segment bedeutende Konstellation, dass die Anlagebedingungen vollständig ausgehandelt werden, nahelegen.

Von zentraler Bedeutung für die Handhabe der neuen Regulierung ist zudem der Proportionalitätsgrundsatz, der ein assetklassenübergreifendes Ventil für die Bestimmung der Regulierungsdichte in Abhängigkeit von der Art, dem Umfang und der Komplexität der Geschäfte der KVG im Einzelfall bereitstellt. Das bislang durch schlanke Managementstrukturen gekennzeichnete LBO-Segment ist jedoch aus verschiedenen Gründen (Due Diligence, Monitoring, Illiquidität, Planung des Exit, etc.) mehr komplex als simpel.

Eine weitere Erkenntnis ist, dass die in der regelmäßig mindestens zweistufigen Akquisitionsstruktur eingesetzten AcquiCos und HoldCos keine AIFs sind. Für erstere kann bereits die Auslegung der BaFin in Stellung gebracht werden. Bei einer HoldCo besteht weiterer Argumentationsbedarf, da dort nicht nur Kapital vom Private Equity-Fonds zur Verfügung gestellt wird, sondern auch Co-Investments der Investoren und der KVG-Mitarbeiter sowie Mittel der Manager-Gesellschaft (also der Manager der Zielgesellschaft) gepoolt werden. Für das hier gefundene Ergebnis lassen sich u. a. unter Rückgriff auf die aufsichtsbehördliche Auslegung der BaFin sowie der FCA verschiedene wertungsorientierte Argumentationsmuster ins Feld führen. Dabei ist insbesondere zu berücksichtigen, dass selbst die Manager-Gesellschaft schon nicht den Tatbestand des AIF erfüllt oder jedenfalls als Arbeitnehmerbeteiligungssystem aus dem Anwendungsbereich des KAGB zu exkludieren ist. Steht die fehlende AIF-Qualität der besagten Objektgesellschaften fest, erhebt sich des Weiteren die Frage, ob und inwiefern bei einem Einsatz von Objektgesellschaften letztlich für die Zwecke der KVG-Regulierung auf die von diesen gehaltenen Vermögensgegenstände „durchgeschaut" werden muss (Look Through-Ansatz). Ob ein Look Through gewollt ist, lässt sich allerdings nur aus dem konkreten Kontext der Gesetzessystematik herleiten. Für den Bereich der Verwahrstelle ist dieser jedenfalls gesetzlich verankert.

Schließlich ist die für die zivilrechtliche Haftung relevante Frage aufgeworfen, welcher Rechtsnatur die neuen Regulierungsbestimmungen sind. Der Rekurs auf die Gesetzessystematik hat zutage gefördert, dass unter dem Dach des KAGB durchaus verschiedene Normfelder vereinigt sind, die von zivilrechtlicher Bedeutung sind. Insbesondere teilen unionsrechtlich veranlasste Regelungen im KAGB eine Doppelnatur, soweit sie primär anlegerschützend und hinreichend konkret sind. Selbiges gilt für die konkretisierenden Vorschriften aus der AIFM-VO, die aufgrund ihrer Inkorporation in das KAGB unter derselben Prämisse als Hybride gelten. Organisationspflichten hingegen sind öffentlich-rechtlicher Natur. Je nach Anlegerbezug und Grad der Konkretisierung mag indes etwas anderes gelten.

II. Assetklassenübergreifende Verwalter- und Produktregulierung

Das KAGB bildet die Regulierungsbasis sowohl für den Bereich der OGAWs als auch den der alternativen Investments. Von der Regelungstechnik her unterliegen die Verwalter in beiden Segmenten im Ausgangspunkt denselben allgemeinen Verhaltens- und Organisationspflichten der §§ 26 bis 38 KAGB, unabhängig von der Ausrichtung der konkret aufgelegten Produkte, insbesondere der Anlagestrategie und den verschiedenen Märkten, auf denen die Investmentvermögen investiert sind.[368] Verschiedentlich halten die Tatbestände indes auch ein differenziertes Regulierungsregime für den Bereich der OGAWs oder (Publikums-)AIFs bereit, das durch einzelne nationale Rechtsverordnungen weiter vertieft wird. Die vorbeschriebene allgemeine Regulierung der KVGs wird je nach Anlegerkreis des aufgelegten Produkts zudem um eine grundsätzlich ebenso allgemein gehaltene Produktregulierung – für die geschlossenen AIFs in den §§ 261 ff. und 273 ff. KAGB – ergänzt. Mit den folgenden Ausführungen werden als sinnvolle Schwerpunktsetzung

---

[368] Krit. dazu bereits *Klebeck*, DStR 2009, 2154, 2155 f.

nur wesentliche materiell-rechtliche Pflichten des neuen Regelungsgeflechts, die sich nicht nur in rein formellen Vorgaben erschöpfen, analysiert.

Da jedwede Regulierung nur dann eine Verhaltenssteuerung bewirkt, wenn sie auch entsprechend forciert werden kann, soll zu Beginn kurz das Rechtsfolgensystem veranschaulicht werden (sogleich 1.). Sodann wird die nunmehr bestehende Erlaubnispflicht auch unter Berücksichtigung der Auswirkungen einer etwaigen Auslagerung erörtert (unter 2.). Im Anschluss werden die Verhaltenspflichten nach § 26 KAGB erhellt (unter 3.). Danach widmet sich die Untersuchung dem Umgang mit Interessenkonflikten nach § 27 KAGB (unter 4.). Wesentlich sind überdies die neuen Anforderungen an die Geschäftsorganisation gem. § 28 KAGB (unter 5.). Die Anforderungen an die Einrichtung eines Risikomanagements nach §§ 28, 29 KAGB (unter 6.) sowie die Vergütungssysteme und Kostenregelungen nach §§ 37, 26 Abs. 5 KAGB (unter 7.) bilden einen Schwerpunkt der hiesigen Untersuchung. Die Erörterung der Portfoliobewertung (unter 8.) setzt sodann den Schlusspunkt unter die Analyse der allgemeinen Verwalterregulierung. Anschließend ist das Augenmerk auf die Produktregulierung zu richten. Hier ist vor allen Dingen der Leverage-Beschränkung (unter 9.) und der Beschränkung der Belastung von Vermögensgegenständen (unter 10.) nach dem Konzept des KAGB nachzugehen. In jüngster Zeit ist zudem die Vergabe von Gesellschafterdarlehen in die Aufmerksamkeit der Regulatoren geraten (unter 11.). Schließlich sollen kurz die Besonderheiten der Regulierung der verschiedenen Investitionswege in Private Equity dargestellt werden (unter 12.).

1. Rechtsfolgensystem

Das Rechtsfolgensystem bei einem etwaigen Verstoß gegen Regulierungsvorschriften wird zuvörderst durch Konsequenzen und Maßnahmen öffentlich-rechtlicher Natur bestimmt. Diese Präponderanz im Rahmen des Rechtsfolgensystems darf jedoch mit Blick auf die bereits diskutierte Rechtsnatur der neuen Regelungen nicht den Blick dafür verstellen, dass im Einzelfall auch eine zivilrechtliche Haftung zu gewärtigen sein kann.

a) Öffentlich-rechtliche Konsequenzen

Rechtsfolgen, die bei etwaigen Verstößen gegen die Bestimmungen des KAGB ausgelöst werden, wurden in wesentlichen Zügen bereits im Kontext eines Verstoßes gegen den Rechtsformzwang im KAGB veranschaulicht, worauf an dieser Stelle verwiesen wird.[369] Beantragt die KVG eine Erlaubnis, kann ihr eine Versagung nach Maßgabe des noch an anderer Stelle zu erläuternden § 23 KAGB drohen.[370] Betreibt eine KVG ohne Erlaubnis oder ohne Registrierung Investmentgeschäfte, stehen der

---

[369] 5. Teil, B.I.2.a).
[370] 6. Teil, B.II.2.b).

BaFin aufsichtsrechtliche Eingriffs- und Aufklärungs- bzw. Verfolgungsbefugnisse nach den §§ 15, 16 KAGB zu.[371] Insbesondere drohen nach § 15 Abs. 2 Nr. 1 KAGB eine Einstellungs- und/oder Abwicklungsverfügung gegenüber dem Unternehmen sowie gegenüber seinen Gesellschaftern und den Mitgliedern seiner Organe.[372] Widerspruch und Anfechtungsklage gegen diese Maßnahmen haben keine aufschiebende Wirkung.[373] In diesem Sinne sofort vollziehbare Maßnahmen werden auf der Internetseite der BaFin öffentlich bekannt gemacht (sog. „Naming and Shaming"), soweit dies bei Abwägung der betroffenen Interessen zur Beseitigung oder Verhinderung von Missständen geboten ist.[374] Das Naming and Shaming ist keineswegs durch die OGAW- oder AIFM-RL indiziert. Es wurde erst mit dem am 18. März 2016 in Kraft getretenen OGAW V-UmsG gesetzlich festgeschrieben. Pate stand dabei § 26b VermAnlG in der Fassung des Kleinanlegerschutzgesetzes.[375] Hier wirkt wohl die Reminiszenz nach, dass die Bereichsregulierung der alternativen Investments letztlich aus dem „allgemeinen" Rechtsrahmen für den Grauen Kapitalmarkt herausgelöst wurde und damit eine vergleichbare Sachnähe besteht.

Ist die KVG Inhaberin einer Erlaubnis oder registriert, schützt sie das allerdings nicht vor einer Beaufsichtigung durch die BaFin und der korrespondierenden Anordnungsbefugnis nach § 5 Abs. 6 KAGB.[376] Diese besteht, um die Ver- und Gebote des KAGB durchzusetzen. Hierfür kann die BaFin insbesondere von jedermann Auskünfte einholen, die Vorlage von Unterlagen und die Überlassung von Kopien verlangen, Personen laden und vernehmen sowie bereits existierende Aufzeichnungen von Telefongesprächen und Datenübermittlungen anfordern.[377] Außerdem sei auf das bereits genannte, jüngst eingeführte Whistleblowing-System nach § 4d FinDAG als weitere Informationsquelle hingewiesen.[378] Als ultima ratio ist die BaFin auch befugt, die Erlaubnis insbesondere dann wieder zu entziehen, wenn gegen die KVG aufgrund bestimmter Ordnungswidrigkeiten (z.B. ein Verstoß gegen die Verhaltenspflichten aus § 26 Abs. 1 KAGB oder die Vorgaben zum Umgang mit Interessenkonflikten nach § 27 Abs. 1 KAGB) eine Geldbuße festgesetzt werden kann oder die KVG nachhaltig gegen die Bestimmungen des KAGB verstößt.[379] Alternativ hierzu kann die BaFin die Abberufung der verantwortlichen Geschäftsleiter verlangen und die Organbefugnisse für den Übergangszeitraum, bis die KVG

---

[371] *Freitag*, NZG 2013, 329, 330; *Demleitner*, BB 2014, 2058, 2060.

[372] *Baumann*, in: Weitnauer/Boxberger/Anders, KAGB, § 15 Rn. 9.

[373] § 7 Abs. 1 KAGB.

[374] § 7a Abs. 1 KAGB.

[375] BegrRegE BT-Drs. 18/6744, S. 44.

[376] Zu dieser *Bußalb*, in: Möllers/Kloyer, Das neue KAGB, Rn. 577, 585 ff.

[377] § 5 Abs. 6 Satz 3 KAGB.

[378] 5. Teil, B.I.2.a).

[379] § 39 Abs. 3 Nr. 5 und 6 KAGB.

über neue Geschäftsleiter verfügt, auf einen geeigneten Sonderbeauftragten übertragen.[380]

Schließlich existieren diverse Straf- und Bußgeldvorschriften. Bei vorsätzlichem Betreiben des Geschäfts einer KVG ohne Erlaubnis oder ohne Registrierung droht eine Freiheitsstrafe bis zu fünf Jahren oder eine Geldstrafe.[381] Handelt der Täter fahrlässig, geht die Freiheitsstrafe bis zu drei Jahren.[382] Angesichts dessen ist es von großer Notwendigkeit, dass der Anwendungsbereich des KAGB klar abgesteckt ist. Im Hinblick auf Carry-Vehikel,[383] Co-Investment-Vehikel für KVG-Mitarbeiter[384] oder Investoren[385], HoldCos[386] und Manager-Gesellschaften[387] wurde die maßgebliche Auslegung in dieser Arbeit bereits vorgegeben. Die Präventionswirkungen von Bußgeldvorschriften werden zwar durchaus in anderen Regelungsbereichen in Frage gestellt.[388] Für das KAGB können derartige Zweifel angesichts der vorstehend erläuterten Verzahnung mit der Befugnis, die Erlaubnis zu entziehen, jedenfalls nicht reüssieren. Außerdem sind nach § 340 Abs. 7 KAGB seit dem Jahr 2016 bei vorsätzlichen Verstößen (§ 17 Abs. 2 OWiG) drakonische Bußgelder bis zu fünf Mio. Euro und (bei Gesellschaften) weitere Geldbußen in Höhe von bis zu zehn Prozent (wie bei § 81 Abs. 4 GWB) des jährlichen Gesamtumsatzes zu gewärtigen. Auch wird eine doppelte Gewinnabschöpfung erlaubt, deren Höhe geschätzt werden darf.

b) Zivilrechtes Haftungsregime

Auch eine zivilrechte Haftung nach Maßgabe des nachfolgend skizzierten Haftungsgefüges bewirkt eine Verhaltenssteuerung. Im Fall eines intern verwalteten AIF ist das Fondsvehikel selbst die KVG. Die Anleger sind zusammen mit den von den Initiatoren eingesetzten Gesellschaftern Vertragsparteien eines Gesellschaftsvertrags. Daneben kommt nach Annahme der Zeichnungserklärung durch den AIF ein separater sog. Investmentvertrag zwischen der Gesellschaft und jedem einzelnen Anleger zustande.[389] Das kann aus dem Umstand geschlossen werden, dass die

---

[380] § 40 KAGB.

[381] § 339 Abs. 1 KAGB.

[382] § 339 Abs. 3 KAGB.

[383] 5. Teil, B.VI.1.

[384] 5. Teil, B.VI.2.

[385] 5. Teil, B.VI.4.

[386] 6. Teil, B.I.2.e)aa).

[387] Ebd.

[388] Für § 39 WpHG a. F.: *Veil*, ZHR 175 (2011), 83, 85 f.

[389] *Wallach*, ZGR 2014, 289, 298; *Wagner*, ZfBR 2015, 113, 115; *Eckhold/Balzer*, in: Assmann/Schütze, Hdb. KapitalanlageR, § 22 Rn. 81; *Geibel*, in: Derleder/Knops/Bamberger, Dt. u. eu. Bank- u. KapR, § 58 Rn. 150; *Eichhorn*, WM 2016, 110, 113 f., der hier irritierend davon spricht, der Investmentvertrag würde die KVG zur Verwaltung des *Sondervermögens* verpflichten; v. *Ammon/Izzo-Wagner*, in: Baur/Tappen, Investmentgesetze, § 162 KAGB Rn. 22: Zusendung der Kaufabrechnung führe zum Vertragsschluss; wohl auch *Hüwel*, in:

Anlagebedingungen kein Bestandteil der Satzung/des Gesellschaftsvertrags sind (§§ 143 Satz 2, 151 Satz 2 KAGB) und damit kein gesellschaftsrechtliches Verhältnis begründen können, sondern Vertragscharakter (str.) besitzen.[390] Schließlich sind auch Side Letters schuldrechtliche Nebenvereinbarungen und werden von der BaFin als Anlagebedingungen eingeordnet.[391] Diese Dichotomie der Rechtsbeziehung zwischen Anleger und AIF wird von §§ 266 Abs. 1, 273 Satz 1 Nr. 2 und 3 KAGB gespiegelt, wonach sich das Rechtsverhältnis des AIF zu seinen Anlegern aus den Anlagebedingungen *in Verbindung mit* der Satzung/dem Gesellschaftsvertrag ergibt. Die Anlagebedingungen, mithin auch die Side Letters, konkretisieren den Inhalt des Investmentvertrags. Hieraus erwächst dem Anleger jedenfalls der als Individualanspruch zustehende Anspruch auf (sorgfaltsgemäße) Verwaltung des AIF-Vermögens.[392] Konsequent ist es daher, wenn man den Investmentvertrag wie den Verwaltervertrag zwischen einem AIF und der externen KVG[393] mangels Weisungsrechts als modifizierten Geschäftsbesorgungsvertrag einordnet.[394] Der Inhalt des Investmentvertrags wird überdies durch solche Normen des KAGB konkretisiert,

---

Baur/Tappen, Investmentgesetze, § 126 Rn. 8, 14 f.; a. A. *Hartrott*, in: Baur/Tappen, Investmentgesetze, § 266 KAGB Rn. 6.

[390] *Wallach*, ZGR 2014, 289, 298; *Jakovou*, in: Langenbucher/Bliesener/Spindler, BankR, Kap. 39 Rn. 178, 183; Vertragscharakter ebenso annehmend: BegrRegE BT-Drs. 16/5576, S. 86; *Escher*, in: Bankrechtstag 2013, S. 123, 146; *Kunschke/Klebeck*, in: Beckmann/Scholtz/Vollmer, Investment-Hdb., Losebl. (Stand: 5/14), 405 § 126 KAGB Rn. 19; *Klebeck/Kunschke*, in: Beckmann/Scholtz/Vollmer, Investment-Hdb., Losebl. (Stand: 2/14), 405 § 151 KAGB Rn. 18; *Dorenkamp*, in: Beckmann/Scholtz/Vollmer, Investment-Hdb., Losebl. (Stand: 8/16), 405 § 143 KAGB Rn. 7; *Möllers*, in: Möllers/Kloyer, Das neue KAGB, Rn. 630, 647; *Decker*, in: FrankKomm, KapAnlR Bd. 1, § 273 KAGB Rn. 8 f; *Paul*, in: Weitnauer/Boxberger/Anders, KAGB, § 266 Rn. 6: AGB; auch *Zetzsche*, Prinzipien der kollektiven Vermögensanlage, § 25 C. II. 3. anerkennt die Anlagebedingungen als Ausdruck vertraglicher (nicht: mitgliedschaftlicher) Gestaltungsfreiheit; für eine getrennte Betrachtung von Mitgliedschaft und Investmentverhältnis bereits schon *Fock*, BB 2006, 2371, 2374; *Fock/Hartig*, in: FS Spiegelberger, S. 653, 660 f.; a. A. *Hartrott*, in: Baur/Tappen, Investmentgesetze, § 266 KAGB Rn. 6: Annex zur Satzung bzw. Gesellschaftsvertrag; *Lorenz*, in: Weitnauer/Boxberger/Anders, KAGB, § 126 Rn. 2: „ergänzendes gesellschaftsrechtliches Dokument"; *D. Voigt/Kneisel*, in: Beckmann/Scholtz/Vollmer, Investment-Hdb., Losebl. (Stand: 12/15), 405 § 266 KAGB Rn. 8: Annex zur Satzung/Gesellschaftsvertrag, aber dennoch Rechtsverhältnis sui generis; *Patzner/Schneider-Deters*, in: FrankKomm, KapAnlR Bd. 1, § 162 KAGB Rn. 42: keine Trennung von Mitgliedschaft und Investmentverhältnis; *Busse*, in: FrankKomm, KapAnlR Bd. 1, § 266 KAGB Rn. 28, 31; *Köndgen/Schmies*, in: Schimansky/Bunte/Lwowski, Bankrechts-Hdb., § 113 Rn. 209; *Geurts/Schubert*, in: Hellner/Steuer, BuB, Losebl. (Stand: 5/16), 9/496; *Einsele*, Bank- und KapMarktR, § 10 Rn. 46a; *Sachtleber*, Zivilrechtliche Strukturen von open-end-Investmentfonds in Deutschland und England, S. 149 ff.

[391] 6. Teil, B.I.1.b)aa).

[392] *v. Ammon/Izzo-Wagner*, in: Baur/Tappen, Investmentgesetze, § 162 KAGB Rn. 25; *Decker*, in: FrankKomm, KapAnlR Bd. 1, § 273 KAGB Rn. 22; *Jakovou*, in: Langenbucher/Bliesener/Spindler, BankR, Kap. 39 Rn. 181.

[393] 4. Teil, D.

[394] *Jakovou*, in: Langenbucher/Bliesener/Spindler, BankR, Kap. 39 Rn. 180: Vertrag sui generis.

die entlang der bereits angestellten Ausführungen zur Doppelnatur primär anlegerschützend sind.[395] Ebenjene Normen lassen sich zudem als Schutzgesetze einordnen; doch bei Verstoß gegen die im Investmentvertrag enthaltenen Konditionen droht ohnehin eine zivilrechtliche Inanspruchnahme aufgrund von Vertragsverletzung samt Beweiserleichterung (§ 280 BGB).[396] Dennoch bestehen Haftungsansprüche in derlei Konstellationen nicht einschränkungslos. Im Aktienrecht knüpft die Diskussion zu Schadensersatzansprüchen von Aktionären gegen die AG (Zurechnung von Organhandeln analog § 31 BGB) bei den Problemfeldern der Einlagenrückgewähr und – im Fall der Prospekthaftung – des Erwerbs eigener Anteile an, wird aber immer nur dann relevant, wenn der Aktionär Schadensersatzansprüche geltend macht, die ihm aufgrund seiner Mitgliedschaft gegen die Gesellschaft zustehen.[397] Um Letzteres geht es auch hier, da eine Verletzung des nur mit Anlegern abzuschließenden Investmentvertrags in Rede steht. Für die intern verwaltete InvAG mfK. wird man die aktienrechtliche Diskussion übertragen dürfen. Die intern verwaltete gInvKG hingegen hat kein gebundenes Haftungskapital und kann keine eigenen Anteile erwerben. Ist nach dem Vorstehenden eine Geltendmachung von Schadensersatzansprüchen gegen die eigene Gesellschaft zulässig, ist im nächsten Schritt festzuhalten, dass die erfolgreiche Liquidation des Schadens schlussendlich vom konkreten Anspruchsgegenstand abhängt. Von Bedeutung ist die sonst für außervertragliche Ansprüche zuvörderst im Kontext von Kapitalgesellschaften (§§ 117 Abs. 1 Satz 2, 317 Abs. 1 Satz 2 AktG) diskutierte Problematik des Reflexschadens.[398] Reine Anteilswertminderungen ohne Eingriff in die als absolutes Recht geschützte Mitgliedschaft des Anlegers können keinen Anspruch aus § 823 Abs. 1 BGB begründen.[399] Auch im Investmentbereich wird bei einer Schmälerung des Gesellschaftsvermögens im Fall „bloßer" sorgfaltswidriger Geschäftsführung ein Anspruch der Anleger gegen die Gesellschaft zurecht abgelehnt.[400] Doch ist man hier

---

[395] Im Ergebnis ebenso *Eckhold/Balzer*, in: Assmann/Schütze, Hdb. KapitalanlageR, § 22 Rn. 87; weiter *Patzner/Schneider-Deters*, in: FrankKomm, KapAnlR Bd. 1, § 162 KAGB Rn. 19, die die zivilrechtlichen Vorschriften zur Geschäftsbesorgung durch das Aufsichtsrecht verdrängt sehen.

[396] *Möllers*, in: Möllers/Kloyer, Das neue KAGB, Rn. 630, 647; *Jakovou*, in: Langenbucher/Bliesener/Spindler, BankR, Kap. 39 Rn. 197; *Hoffert*, in: FrankKomm, KapAnlR Bd. 1, § 151 KAGB Rn. 32; *Herring*, in: Baur/Tappen, Investmentgesetze, § 78 KAGB Rn. 8; *Eckhold*, ZBB 2016, 102, 107; für die Rechtslage unter dem WpHG *Nikolaus/d'Oleire*, WM 2007, 2129 f.

[397] BGH, Urt. v. 9. 5. 2005 – II ZR 287/02, NJW 2005, 2450, 2452 – EM.TV; zur Diskussion ausführlich u. a. *Cahn/v. Spannenberg*, in: Spindler/Stilz, AktG, § 57 Rn. 47 ff.; *Bayer*, in: MünchKomm, AktG, § 57 Rn. 19 ff.; *Drygala*, in: KölnKomm, AktG, § 57 Rn. 30 ff.; *Henze*, NZG 2005, 115.

[398] Dazu *Spindler*, in: MünchKomm, AktG, § 93 Rn. 304, 318 ff.; *Mertens/Cahn*, in: KölnKomm, AktG, § 93 Rn. 208, 213 ff.; *Fleischer*, in: Spindler/Stilz, AktG, § 93 Rn. 323.

[399] *Spindler*, in: MünchKomm, AktG, § 93 Rn. 305.

[400] *Einsele*, Bank- und KapMarktR, § 10 Rn. 46; ohne Begründung indes *Engert*, in: FS Köndgen, S. 167, 170; für eine Haftung aus § 823 Abs. 2 BGB i. V. m. §§ 91, 139 KAGB auch *Freitag/Fürbaß*, ZGR 2016, 729, 755 f.

vor dogmatische Komplikationen gestellt. Die bislang unerkannte Besonderheit liegt darin, dass bei dieser Diskussion auch der Anspruch aus § 280 BGB in den Blick zu nehmen ist, für den eine anspruchsbegründende Pflichtverletzung in Gestalt sorgfaltswidriger Vermögensverwaltung offenbar gegeben scheint. Nur im Deliktsrecht mag eben jener Vorwurf keinen mitgliedschaftsbezogenen Eingriff zu begründen. Dies übersieht Einsele, die im Hinblick auf § 280 BGB keine Verletzung einer konkreten Sonderrechtsbeziehung des Anlegers zu seiner Gesellschaft zu erblicken vermag.[401] Davon unabhängig ist ein Gleichlauf zwischen den Tatbeständen im Ergebnis geboten. Denn wenngleich zwischen Mitgliedschaft und Investmentverhältnis zu differenzieren ist, ist deren Kohärenz nicht von der Hand zu weisen. Insbesondere hat der einzelne Anleger das Recht auf sorgfaltsgemäße Verwaltung letztlich nur, weil er sich für eine Mitgliedschaft in der Kollektivanlage entscheidet. Für die Annahme einer Pflichtverletzung bedarf es daher ebenso eines mitgliedschaftsbezogenen Eingriffs. Die Frage nach der Trennung oder Union zwischen Mitgliedschaft und Investmentverhältnis ist insoweit im Ergebnis unterschiedlos. Denkbar sind indes Ansprüche bei mitgliedschaftsbezogenen Eingriffen oder vorsätzlicher sittenwidriger Schädigung (§ 826 BGB) durch Organhandeln.[402] Bei einer Inanspruchnahme der Geschäftsführung kann der einzelne Anleger allerdings nur Sonderschäden liquidieren. Denn bei Reflexschäden könnte nur Leistung an die Gesellschaft verlangt werden.[403] So wird vom BGH speziell für die GmbH & Co. KG in Stellung gebracht, dass „der Schaden primär der KG entstanden und daher – auch aus Gründen der Gleichbehandlung aller Kommanditisten – dort wiedergutzumachen"[404] sei. Für die Anspruchsverfolgung wird man die gesetzliche Prozessstandschaft der Verwahrstelle analog § 89 Abs. 1 Satz 1 Nr. 1 KAGB bejahen dürfen.[405] In jüngster Zeit wird dem Fondsverwalter aber nach dem Vorbild des § 93 Abs. 1 Satz 2 AktG zurecht eine Verfahrens- statt Erfolgshaftung zugesprochen („Investment Judgement Rule").[406]

---

[401] *Einsele*, Bank- und KapMarktR, § 10 Rn. 46. Sie lehnt ohnehin das Zustandekommen eines Investmentvertrags ab (Rn. 46a).

[402] *Freitag/Fürbaß*, ZGR 2016, 729, 755 f. Fn. 89: Begrenzung auf Investmentbetriebsvermögen.

[403] *Spindler*, in: MünchKomm, AktG, § 93 Rn. 308; *Einsele*, Bank- und KapMarktR, § 10 Rn. 46.

[404] BGH, Urt. v. 22. 10. 1984 – II ZR 2/84, NJW 1985, 1900; s. auch *Hüffer*, ZGR 1980, 320, 350 f. Das verträgt sich gut mit dem in der Literatur gemachten Hinweis auf den Grundsatz der Naturalrestitution (§ 249 BGB), demzufolge ein Schaden dort ausgeglichen werden müsse, wo er eingetreten sei, s. *Mertens/Cahn*, in: KölnKomm, AktG, § 93 Rn. 213; *Mertens*, in: FS Fischer, S. 461, 474 f., gleichwohl auf § 251 Abs. 2 BGB als Begründung für den Ausgleich des einzelnen Entwertungsschadens in das Privatvermögen hinweisend; *Baums*, ZGR 1987, 554, 560 f.; *Cahn*, Kapitalerhaltung im Konzern, S. 110.

[405] So zurecht *Engert*, in: FS Köndgen, S. 167, 170.

[406] *Zetzsche*, Prinzipien der kollektiven Vermögensanlage, § 30 A. III. 2. b); *Engert*, in: FS Köndgen, S. 167, 179; *Köndgen/Schmies*, in: Schimansky/Bunte/Lwowski, Bankrechts-Hdb., § 113 Rn. 248.

Wird der AIF extern verwaltet, besteht zwischen AIF und KVG ein Verwaltungsvertrag, der eine Haftungsgrundlage bildet. Insbesondere wird der AIF auch weiterhin durch seine Organe gesetzlich vertreten, die deswegen prozessfähig i. S. des § 51 Abs. 1 ZPO sind.[407] Zwischen Investor und AIF bleibt es nach wie vor bei der Existenz eines Investmentvertrags;[408] §§ 266, 273 KAGB zeigen, dass die Anlagebedingungen als Grundlage des Investmentvertrags stets nur das Rechtsverhältnis zwischen AIF und Anleger konkretisieren können.[409] Wenn also zwischen externer KVG und Anleger keine vertragliche Sonderverbindung existiert,[410] ist nach Ansprüchen der Investoren gegen die externe KVG zu fragen. Hier liegt zunächst die Überlegung nahe, den Verwaltungsvertrag als Vertrag mit Schutzwirkung zugunsten Dritter einzuordnen,[411] sodass eine entsprechende Pflichtverletzung vom Anleger über §§ 280 Abs. 1, 241 Abs. 2 BGB i. V. m. Verwaltungsvertrag geltend gemacht werden könnte. Da zwischen der externen KVG und dem Anleger jedoch ein gesetzliches Schuldverhältnis mit eigenen Rechten und Pflichten anzunehmen ist,[412]

---

[407] OLG München, Urt. v. 1. 10. 2015 – 23 U 1570/15, BB 2015, 2769, 2770; OLG München, Urt. v. 29. 10. 2015 – 23 U 2093/15, BB 2016, 529; zur Diskussion s. bereits 4. Teil, D.

[408] *Wallach*, ZGR 2014, 289, 301; a. A. *Geibel*, in: Derleder/Knops/Bamberger, Dt. u. eu. Bank- u. KapR, § 58 Rn. 44, 140, 150, der aus einem falschen Verständnis heraus (angeblich keine Ansprüche gegen die externe KVG) davon ausgeht, dass der Investmentvertrag mit der externen KVG zustandekomme.

[409] A. A. *Jakovou*, in: Langenbucher/Bliesener/Spindler, BankR, Kap. 39 Rn. 178 f., 183: Investmentvertrag bestünde mit externer KVG.

[410] *Tollmann*, in: Dornseifer/Jesch/Klebeck/Tollmann, AIFM-RL, Art. 5 Rn. 15; *Patzner/Schneider-Deters*, in: FrankKomm, KapAnlR Bd. 1, § 162 KAGB Rn. 50; *Geurts/Schubert*, KAGB kompakt, S. 95. Nicht überzeugend *Teichmann/Brunner*, CFL 2011, 321, 325, die es bei diesem Ergebnis belassen und eine weitere Haftung gegenüber den Investoren ablehnen.

[411] *Geurts/Schubert*, KAGB kompakt, S. 96, die aber auf letzte Zweifel hinsichtlich der Leistungsnähe hinweisen; *Wallach*, Der Konzern 2007, 487, 494 (neben einem gesetzlichen Schuldverhältnis); *Dornseifer*, AG 2008, 53, 59 Fn. 38 (neben einem gesetzlichen Schuldverhältnis); offenbar auch *Einsele*, AG 2011, 141, 152, die bei *dies.*, Bank- und KapMarktR, § 10 Rn. 46a jedoch eine Diskussion vermissen lässt; *Zetzsche*, Prinzipien der kollektiven Vermögensanlage, § 30 C. I. 1. bastelt das Investmentviereck in ein Investmentdreieck um, indem er eine organidentische Verwaltung der Investmentgesellschaft durch die externe KVG zulässt. Als Vorteil angepriesen, dass die Mitglieder von Vorstand und Aufsichtsrat der KVG in der Folge unmittelbar in Anspruch genommen werden könnten. Er verschweigt, dass es sich bei der Organhaftung um eine Innenhaftung handelt, die nur gegenüber der Gesellschaft besteht (auch für die Geschäftsführer einer Komplementär-GmbH) und bei der Anspruchsverfolgung Interessenkonflikten (ARAG/Garmenbeck) ausgesetzt ist. Die Rolle der Verwahrstelle, die zur Verfolgung von Ansprüchen nur von Anlegern verpflichtet ist (§ 89 Abs. 1 Nr. 1 KAGB), wird insoweit negiert; an anderer Stelle *Zetzsche*, in: FS Köndgen, S. 677, 697 f. wird jedoch deutlich, dass der Verwaltervertrag aufgrund des originären Leistungsinteresses der Anleger als Vertrag zugunsten Dritter eingeordnet wird.

[412] *Wallach*, ZGR 2014, 289, 301 (hier ist keine Rede mehr von einem Vertrag mit Schutzwirkung zugunsten Dritter); *ders.*, Der Konzern 2007, 487, 493 f. (neben einem Vertrag mit Schutzwirkung zugunsten Dritter); *Dornseifer*, AG 2008, 53, 59 Fn. 38 (neben einem Vertrag mit Schutzwirkung zugunsten Dritter); *Fischer/Steck*, in: Berger/Steck/Lübbehüsen, InvG, § 96 Rn. 37; *Fischer/Friedrich*, ZBB 2013, 153, 155 f.; *Beckmann*, in: Beckmann/Scholtz/Vollmer, Investment-Hdb., Losebl. (Stand: 3/15), 405 § 17 KAGB Rn. 141; *Doren-*

besteht mangels Schutzbedürfnisses für die Anleger daneben praktisch kein Raum mehr für die Nutzung der Figur des Vertrags mit Schutzwirkung zugunsten Dritter[413]. Vereinzelt wird zur Begründung der gesetzlichen Sonderverbindung das von der KVG einzuhaltende anlegerschützende Pflichtenregime herangezogen.[414] Indes ist das gesetzliche Schuldverhältnis bereits aus einem anderen Grund zwingend. Nicht mehr der AIF ist für die Einhaltung des Investmentvertrags, insbesondere der Anlagebedingungen, verantwortlich, sondern die externe KVG, die für die Verwaltung des AIF bestellt wurde und der insoweit eine originäre Verantwortung zukommt.[415] Dies muss mit einem zeitlich an den Abschluss des Verwaltungsvertrags anknüpfenden gesetzlichen Übergang der Pflichten aus dem Investmentvertrag verbunden sein, da sich der AIF der Nichteinhaltung der Anlagebedingungen nicht mehr schuldhaft machen kann.[416] Die daraus resultierende Sonderverbindung zwischen externer KVG und Anleger wird dann nicht nur durch die Pflichten aus dem Investmentvertrag konkretisiert, sondern ist auch Gegenstand von Einwirkungen durch solche Normen im KAGB, die die bereits beschriebene Doppelnatur vorweisen. Im Übrigen bleibt auch hier der Hinweis auf die Problematik des Reflexschadens.[417] Insbesondere bedingt ein Anspruch aus § 280 BGB gleichfalls einen mitgliedschaftsbezogenen Eingriff. Andernfalls würde der Pflichtenübergang weitergehende Anspruchsmöglichkeiten eröffnen, obwohl die externe KVG insoweit nur an die Stelle der Geschäftsführung einer internen KVG tritt.

---

kamp, in: Beckmann/Scholtz/Vollmer, Investment-Hdb., Losebl. (Stand: 8/16), 405 § 144 KAGB Rn. 11; *Campbell/Müchler*, ILF Working Paper Series No. 101, 4/2009, S. 9 ff.; *Patzner/Schneider-Deters*, in: FrankKomm, KapAnlR Bd. 1, § 162 KAGB Rn. 50; *Köndgen/Schmies*, in: Schimansky/Bunte/Lwowski, Bankrechts-Hdb., § 113 Rn. 244; *Winterhalder*, in: Weitnauer/Boxberger/Anders, KAGB, § 17 Rn. 36b.

[413] *Campbell/Müchler*, ILF Working Paper Series No. 101, 4/2009, S. 11 ff.; *Sachtleber*, Zivilrechtliche Strukturen von open-end-Investmentfonds in Deutschland und England, S. 106 Fn. 492.

[414] *Campbell/Müchler*, ILF Working Paper Series No. 101, 4/2009, S. 10 f.; *Dorenkamp*, in: Beckmann/Scholtz/Vollmer, Investment-Hdb., Losebl. (Stand: 8/16), 405 § 144 KAGB Rn. 11; *Winterhalder*, in: Weitnauer/Boxberger/Anders, KAGB, § 17 Rn. 47; *Patzner/Schneider-Deters*, in: FrankKomm, KapAnlR Bd. 1, § 162 KAGB Rn. 48; eher nur hilfsweise *Fischer/Friedrich*, ZBB 2013, 153, 155 f.

[415] Zur originären Verantwortung der KVG s. 4. Teil, D.

[416] *Wallach*, ZGR 2014, 289, 301; *ders.*, Der Konzern 2007, 487, 493 f.; *Beckmann*, in: Beckmann/Scholtz/Vollmer, Investment-Hdb., Losebl. (Stand: 3/15), 405 § 17 KAGB Rn. 142: Verantwortung werde auch im Verhältnis zu den Anlegern auf externe KVG übertragen; auch *Fischer/Friedrich*, ZBB 2013, 153, 155 f. führen diesen Grund an, stützen das gesetzliche Schuldverhältnis aber daneben auf die Übernahme der „anlegerschützenden Verhaltens- und Organisationspflichten".

[417] So bereits *Einsele*, AG 2011, 141, 153; *dies.*, Bank- und KapMarktR, § 10 Rn. 46a.

2. Zulassung nach § 20 KAGB und Auslagerung nach § 36 KAGB

Im Folgenden soll das neue Zulassungskonzept für KVGs, auch im Hinblick auf Auslagerungsmöglichkeiten und Schwellenwerte, nähergebracht werden.

a) Erlaubnispflichtigkeit bei Erbringung der Anlageverwaltungsfunktionen

Unternehmen mit satzungsmäßigem Sitz und Hauptverwaltung im Inland, deren Geschäftsbetrieb darauf gerichtet ist, LBO-Fonds zu verwalten, sind Kapitalverwaltungsgesellschaften nach § 17 Abs. 1 Satz 1 KAGB, da LBO-Fonds unter dem KAGB nun als AIFs qualifizieren. Eine Verwaltung liegt nach § 17 Abs. 1 Satz 2 KAGB vor, wenn mindestens die Portfolioverwaltung oder das Risikomanagement (sog. Anlageverwaltungsfunktionen)[418] für ein oder mehrere Investmentvermögen erbracht wird.[419] Der Begriff der Portfolioverwaltung wurde bereits an anderer Stelle untersucht.[420] Handelt es sich nach diesem Maßstab um eine Verwaltung, benötigt das Unternehmen vorbehaltlich der noch zu erläuternden De-minimis-Regelungen eine aufsichtsrechtliche Erlaubnis.[421] Während die Erlaubnispflichtigkeit bereits bei Erbringung einer der beiden Anlageverwaltungsfunktionen einsetzt, ist die kumulative Erbringung ebenjener indes existenziell für die Erlaubnisfähigkeit.[422] Portfolioverwaltung und Risikomanagement sind damit Kernfunktionen der sog. kollektiven Vermögensverwaltung nach § 1 Abs. 19 Nr. 24 KAGB, für die die KVG vollumfänglich originär zuständig ist.[423] Für die externe KVG wird diese originäre Zuständigkeit im Gesetz bestätigt, da §§ 144 Satz 3, 154 Abs. 1 Satz 3 KAGB klarstellen, dass die Bestellung einer KVG kein Fall der Auslagerung ist; bei einer Auslagerung behielte das Fondsvehikel die Verantwortung.[424]

b) Anforderungen an die Erlaubniserteilung

Über den Erlaubnisantrag wird von der BaFin innerhalb von drei Monaten, je nach Einzelfall aber innerhalb von maximal sechs Monaten entschieden.[425] Die konkreten Anforderungen an die Vollständigkeit des Erlaubnisantrags sind in § 22 KAGB statuiert, während die Versagungsgründe, mithin die tatsächlichen Erteilungsvoraussetzungen, in § 23 KAGB aufgezählt sind. Die Versagungsgründe können im Folgenden nicht in extenso dargestellt werden, was der einschlägigen Kommentie-

---

[418] Anhang 1 Abs. 1 AIFM-RL.

[419] Krit. *Tollmann*, in: Möllers/Kloyer, Das neue KAGB, Rn. 1060, 1069 ff.: Portfolioverwaltung und Risikomanagement.

[420] 5. Teil, B.IV.1.

[421] § 20 Abs. 1 Satz 1 KAGB.

[422] § 23 Nr. 9 und 10 KAGB.

[423] 4. Teil, D.

[424] *Wallach*, ZGR 2014, 289, 301; s. § 36 Abs. 4 KAGB.

[425] § 22 Abs. 2 KAGB.

rung überlassen bleibt. Zentral sind zunächst die – starker branchenseitiger Kritik ausgesetzten[426] – Anforderungen aus § 25 KAGB an das Eigenkapital einer KVG.[427] Eine externe KVG muss mit mindestens 125.000 Euro Anfangskapital und zusätzlichen Eigenmitteln i. H. v. 0,02 Prozent, um den der Wert der tatsächlich verwalteten Investmentvermögen 250 Mio. Euro übersteigt, ausgestattet sein.[428] Insgesamt darf die geforderte Summe beider Positionen jedoch nicht zehn Mio. Euro übersteigen.[429] § 25 KAGB regelt u. a. auch weitere Anforderungen einerseits an eine etwaige Garantie einer Bank oder eines Versicherungsunternehmens als Substitut von bis zu 50 Prozent der zusätzlichen Eigenmittel und andererseits an zusätzliche Eigenmittel für potenzielle Berufshaftungsrisiken. In § 23 KAGB werden zudem Vorgaben in personeller Hinsicht gemacht, etwa im Hinblick auf die Anzahl[430] oder Qualität der Geschäftsleiter[431] und Inhaber bedeutender Beteiligungen[432]. Zur Versagung der Erlaubnis führen enge Verbindungen zwischen der KVG und anderen natürlichen oder juristischen Personen, die die BaFin bei Erfüllung ihrer Aufsichtsfunktion behindern, oder wenn diese Beziehungen zu solchen natürlichen oder juristischen Personen bestehen, die Rechts- und Verwaltungsvorschriften eines Drittstaates unterstehen, deren Anwendung denselben Effekt hätte.[433] Außerdem muss sich die Hauptverwaltung oder der satzungsmäßige Sitz der KVG im Inland befinden[434] – andernfalls liegt begrifflich schon keine KVG i. S. des § 17 Abs. 1 KAGB vor. Daneben sind wie oben gesehen zwingend die Anlageverwaltungsfunktionen zu erbringen.

Gemäß dem ersten Satzteil von § 23 Nr. 8 KAGB muss die KVG bereit oder in der Lage sein, die organisatorischen Vorkehrungen zum ordnungsgemäßen Betreiben der angestrebten Geschäfte zu schaffen.[435] Damit wird der Bogen zu den organisatorischen Vorkehrungen im Rahmen der allgemeinen regulatorischen Anforderungen in den §§ 26 ff. KAGB gespannt, die noch untersucht werden. Von Bedeutung sind darüber hinaus die generalklauselartigen Versagungstatbestände des § 23 Nr. 8 a. E.

---

[426] *EVCA* (nun: Invest Europe) vom 26.6.2009, Response to the Proposed Directive of the European Parliament and Council on Alternative Investment Fund Managers (AIFM), Abschn. 2.1; ebenso *Klebeck*, DStR 2009, 2154, 2157; zurückhaltender die Umfrageergebnisse bei *EY*, Game-changing regulation?, S. 16.

[427] § 23 Nr. 1 KAGB.

[428] § 25 Abs. 1 KAGB.

[429] § 25 Abs. 1 Nr. 2 Halbsatz 2 KAGB.

[430] § 23 Nr. 2 KAGB: mindestens zwei.

[431] § 23 Nr. 3 KAGB: zuverlässig und die zur Leitung erforderliche fachliche Eignung (§ 25c Abs. 1 KWG).

[432] § 23 Nr. 4 KAGB: Wenn der Inhaber nicht zuverlässig ist oder aus anderen Gründen nicht den im Interesse einer soliden und umsichtigen Führung der KVG zu stellenden Ansprüchen genügt.

[433] § 23 Nr. 5 und 6 KAGB.

[434] § 23 Nr. 7 KAGB.

[435] § 23 Nr. 8 KAGB.

bzw. 11 KAGB, bei denen bereits aufgrund ihrer Weite bezweifelt wird, ob sie verfassungsrechtlichen Anforderungen genügen.[436] Im Einzelnen ist es schwierig, eine klare Trennlinie zwischen den beiden Tatbeständen untereinander, aber auch gegenüber dem ersten Satzteil von § 23 Nr. 8 KAGB zu ziehen. Nach § 23 Nr. 8 a. E. KAGB reicht es bereits aus, wenn die KVG nicht in der Lage ist, die „in diesem Gesetz" festgelegten Anforderungen einzuhalten. Das ist indes auch der Fall, wenn die organisatorischen Vorkehrungen nach den §§ 26 ff. KAGB nicht getroffen werden, was bereits vom ersten Satzteil des § 23 Nr. 8 KAGB reflektiert wird. Vom Wortlaut her werden aber auch alle sonstigen Verfehlungen, wegen der die KVG nicht in der Lage ist, die gesetzlichen Anforderungen einzuhalten, erreicht.[437] Das irritiert, da mit dem „in der Lage" sein vom Wortsinn nur organisatorische Maßnahmen angesprochen sein können. Ist die erlaubnispflichtige externe KVG etwa eine oHG, liegt ein Verstoß gegen § 18 Abs. 1 KAGB vor. Abgesehen von § 18 Abs. 1 KAGB könnte sie aber dennoch in der Lage sein, die gesetzlichen Anforderungen einzuhalten. Würde man § 23 Nr. 8 a. E. KAGB nun so auslegen, dass jeder Gesetzesverstoß die KVG nicht mehr in die Lage versetzte, eben diese Norm, gegen die verstoßen wurde, einzuhalten, wäre das Verhältnis zu § 23 Nr. 11 KAGB sehr fraglich. Dort wurde ein Auffangtatbestand etabliert, nach dem die Erlaubnis zu versagen ist, wenn andere als die in den § 23 Nr. 1 bis 10 KAGB aufgeführten Voraussetzungen für die Erlaubniserteilung nach diesem Gesetz nicht erfüllt sind. Dies ist kein genereller Auffangtatbestand für jegliche Verstöße gegen das KAGB,[438] sondern nur für solche, die zugleich Voraussetzung für die Erlaubniserteilung sind.[439] Diese Gesetzessystematik ist aus rechtsstaatlichen Gesichtspunkten durchaus problematisch, da für den Antragsteller nicht erkennbar wird, welche Erteilungsvoraussetzungen zu befolgen sind. Ein Anwendungsbeispiel für § 23 Nr. 11 KAGB muss aber gerade ein Verstoß gegen den genannten § 18 Abs. 1 KAGB sein. Ist die KVG nicht in der richtigen Rechtsform organisiert, darf keine Konzession erteilt werden. § 23 Nr. 11 KAGB wäre seiner eigenständigen Bedeutung beraubt, würde man § 23 Nr. 8 a. E. KAGB zu weit auslegen. Insgesamt muss man feststellen, dass die Gesetzessystematik die Rechtsanwendung deutlich erschwert; das gilt vor allem vor dem Hintergrund, dass die Gesetzesbegründung keine weiterführenden Hinweise enthält, sondern nur den Gesetzeswortlaut wiedergibt.[440]

---

[436] *Winterhalder*, in: Weitnauer/Boxberger/Anders, KAGB, § 23 Rn. 24; *Bentele*, in: Baur/Tappen, Investmentgesetze, § 23 KAGB Rn. 2.

[437] *Beckmann*, in: Beckmann/Scholtz/Vollmer, Investment-Hdb., Losebl. (Stand: 2/16), 405 § 23 KAGB Rn. 196 f. reduziert den Tatbestand auf gesetzliche Anforderungen an die Organisation (ohne Mehrwert gegenüber dem ersten Satzteil).

[438] So nun deutlicher als in der Vorauflage *Winterhalder*, in: Weitnauer/Boxberger/Anders, KAGB, § 23 Rn. 24.

[439] *Bentele*, in: Baur/Tappen, Investmentgesetze, § 23 KAGB Rn. 2, 30; *Beckmann*, in: Beckmann/Scholtz/Vollmer, Investment-Hdb., Losebl. (Stand: 2/16), 405 § 23 KAGB Rn. 220.

[440] BegrRegE BT-Drs. 17/12294, S. 216.

c) Kollektive Vermögensverwaltung und Auslagerung nach § 36 KAGB

Das „Erbringen" von Anlageverwaltungsfunktionen ist gleichzusetzen mit dem Tragen der originären Verantwortung. Eine Auslagerung bezeichnet demgegenüber nur die Wahrnehmung dieser Aufgaben durch Dritte.[441] Selbst bei Auslagerung der Anlageverwaltungsfunktionen würden ebenjene noch von der KVG erbracht.[442] Es sei auf das bereits in dieser Arbeit untersuchte Abgrenzungsbeispiel zwischen externer Verwaltung und bloßer Auslagerung verwiesen.[443] Konsequenterweise hat eine KVG ein Verschulden des Auslagerungsunternehmens zu vertreten.[444] Wenn das Erbringen der beiden Anlageverwaltungsfunktionen essenziell für die Erlaubniserteilung ist und zudem ein Entzug der Erlaubnis droht, falls sie nicht mehr kumulativ von der KVG erbracht würden,[445] dann steht es mit dieser Wertung prima facie im Widerspruch, wenn das Gesetz zugleich eine Auslagerung von Anlageverwaltungsfunktionen erlaubt.[446] Eine Auslagerung der Anlageverwaltungsfunktionen ist allerdings nicht ohne Weiteres möglich, sondern unterliegt strengen gesetzlichen Grenzen und ist nach Ansicht der BaFin stets im eigenen Namen der KVG vorzunehmen. Außerdem muss der AIFM weiterhin fähig sein, beide Tätigkeiten ausüben zu können.[447] Insofern wird der Bedeutung der Anlageverwaltungsfunktionen wiederum Rechnung getragen. Für einen großen Teil der Marktteilnehmer im Segment Private Equity gehört eine Auslagerung von Anlageverwaltungsfunktionen jedoch nicht zum Geschäftsmodell.[448] Etwas anderes gilt durchaus in grenzüberschreitenden Sachverhalten.[449]

Eine Auslagerung der Anlageverwaltungsfunktionen muss sich in jedem Fall in dem geltenden Rechtsrahmen des § 36 KAGB sowie der Artt. 75 bis 82 AIFM-VO (i. V. m. § 36 Abs. 10 KAGB für Publikums-AIFs) bewegen. Insbesondere muss sie anhand von objektiven Gründen zu rechtfertigen sein.[450] Außerdem darf sie nur durchgeführt werden, sofern das Auslagerungsunternehmen für die Zwecke der Vermögensverwaltung oder Finanzportfolioverwaltung zugelassen oder registriert ist und einer Aufsicht unterliegt.[451] Falls diese Bedingung nicht erfüllt werden kann,

---

[441] *BaFin* vom 10. 7. 2013, Häufige Fragen zum Thema Auslagerung gemäß § 36 KAGB, zuletzt geändert am 15. 11. 2017, WA 41-Wp 2137-2013/0036, Abschn. 1.

[442] *Jesch/Alten*, RdF 2013, 191, 194.

[443] 5. Teil, B.IV.3.

[444] § 36 Abs. 4 KAGB.

[445] § 39 Abs. 3 Nr. 3 KAGB.

[446] § 36 Abs. 1 Nr. 3 KAGB.

[447] BegrRegE BT-Drs. 17/12294, S. 216.

[448] *EY*, Game-changing regulation?, S. 20.

[449] Ausführlich zu grenzüberschreitenden Beratungs- und Verwaltungsstrukturen *S. Käpplinger/Ulrich*, in: Pöllath/Rodin/Wewel, Private Equity and Venture Capital Fonds, § 9 Rn. 1 ff., im Erscheinen.

[450] § 36 Abs. 1 Nr. 1 KAGB, Art. 76 AIFM-VO.

[451] § 36 Abs. 1 Nr. 3 KAGB, Art. 78 AIFM-VO.

kommt jedoch eine Genehmigung durch die BaFin in Betracht.[452] Art. 78 Abs. 2 lit. b AIFM-VO ist zu entnehmen, dass auch für die Portfolioverwaltung zugelassene Wertpapierfirmen gem. MiFID als Auslagerungsunternehmen pauschal diesen Anforderungen entsprechen. Für alle Auslagerungssachverhalte außerhalb der Verwaltung von Finanzinstrumenten i. S. der MiFID (wie z. B. auch bei LBOs) ist das irritierend; Art. 78 Abs. 2 AIFM-VO („wird davon ausgegangen") spricht jedoch für ein liberales Verständnis.[453] In Deutschland werden allerdings auch Vermögensanlagen i. S. des § 1 Abs. 2 VermAnlG (wie z. B. GmbH-Anteile und deren ausländische Pendants) in den Begriff des Finanzinstruments einbezogen,[454] sodass sich vorgenannte Irritationen jedenfalls für den Bereich Private Equity schon nicht ergeben. Davon unabhängig muss die Wertpapierfirma aber gem. § 36 Abs. 1 Nr. 6 lit. a KAGB für die Auslagerungstätigkeit qualifiziert sein, was im Einzelfall zu bezweifeln sein kann. Soweit auch keine Auslagerung auf eine andere externe KVG in Betracht kommt,[455] ist die eben angesprochene Genehmigungsmöglichkeit der BaFin daher von großer Bedeutung für sämtliche Sachverhalte außerhalb der Verwaltung von Finanzinstrumenten.[456] Für die Auslagerung hinsichtlich der Portfolioverwaltung oder des Risikomanagements ist im Übrigen zu beachten, dass eine Auslagerung nicht auf die Verwahrstelle oder einen Unterverwahrer[457] oder auf ein anderes Unternehmen erfolgen darf, bei dem potenzielle Interessenkonflikte mit der KVG oder den Anlegern des Investmentvermögens drohen, außer wenn das Auslagerungsunternehmen diesen Interessenkonflikten mit einer funktional und hierarchischen Trennung von den anderen betroffenen Aufgaben begegnet und die potenziellen Interessenkonflikte ordnungsgemäß ermittelt, steuert, beobachtet und den Anlegern des Investmentvermögens gegenüber offenlegt.[458]

Eine KVG darf nach Ansicht der BaFin zudem niemals die Portfolioverwaltung und das Risikomanagement für *alle* verwalteten Investmentvermögen auslagern, da sie sonst nur die administrativen Tätigkeiten im Rahmen der Fondsverwaltung ausführte und so zur Briefkastenfirma[459] würde.[460] Möglich blieb nach bisheriger Ansicht der BaFin aber die vollständige Auslagerung der Portfolioverwaltung und

---

[452] § 36 Abs. 1 Nr. 3 Halbsatz 3 KAGB; *Partsch/Mullmaier*, in: Zetzsche, AIFMD, Chapt. 11 No. 4.1.

[453] *Zetzsche/Eckner*, in: Zetzsche, AIFMD, Chapt. 14 No. 3.2.3.3.

[454] 6. Teil, A.I.1.b)aa).

[455] Art. 78 Abs. 2 lit. d AIFM-VO, *Herring/Loff*, DB 2012, 2029, 2032.

[456] Allgemein *A. Koch*, in: FrankKomm, KapAnlR Bd. 1, § 36 KAGB Rn. 68; für Anlagen in Immobilien: *Weiser/Hüwel*, BB 2013, 1091, 1095 und *van Kann/Redeker/Keiluweit*, DStR 2013, 1483, 1485.

[457] § 36 Abs. 3 Nr. 1 KAGB.

[458] § 36 Abs. 3 Nr. 2 KAGB, Art. 80 Abs. 2 AIFM-VO.

[459] § 36 Abs. 5 KAGB, Art. 82 AIFM-VO.

[460] *BaFin* vom 10. 7. 2013, Häufige Fragen zum Thema Auslagerung gemäß § 36 KAGB, zuletzt geändert am 15. 11. 2017, WA 41-Wp 2137-2013/0036, Abschn. 11; *Tollmann*, in: Möllers/Kloyer, Das neue KAGB, Rn. 1060, 1077 f.

des Risikomanagements für *eines* der verwalteten Investmentvermögen, sofern den quantitativen und qualitativen Kriterien des Art. 82 Abs. 1 lit. d sowie dessen i) bis vii) AIFM-VO (z. B. geografische Verteilung der Anlagen des AIF oder der Art der Anlagestrategien) Rechnung getragen würde.[461] Diese Praxis mag zwar wünschenswert gewesen sein, ließ sich aber nicht mit geltendem Recht in Einklang bringen. Denn sowohl Art. 20 Abs. 3 AIFM-RL als auch Art. 82 Abs. 1 AIFM-VO stellen stets darauf ab, ob der AIFM noch als Verwalter „des AIF" angesehen werden kann.[462] Der von Art. 82 Abs. 1 lit. d AIFM-VO vorgesehene quantitative Maßstab, ob der AIFM Funktionen der Anlageverwaltung in einem Umfang überträgt, der die Wahrnehmung solcher Funktionen durch den AIFM selbst deutlich überschreitet, ist damit auf den *einzelnen* AIF zu münzen. Selbiges gilt für die qualitativen Kriterien, die insbesondere auf die Vermögenswerte und deren Bedeutung im Rahmen der Auslagerung sowie für den Erfolg des AIF abstellen. Auch die ESMA hat diese Sichtweise in ihren AIFMD-FAQ bestätigt.[463] Das in einem ihrer früheren Discussion Papers vorgesehene Verbot, dass der AIFM nicht beide Funktionen zur selben Zeit delegieren dürfe,[464] wurde zwar nicht formell in die AIFM-VO aufgenommen, aber durch den Briefkastenfirma-Test letztlich materiell implementiert[465]. Die BaFin hat sich nunmehr der ESMA-Ansicht, d. h. der fondsbezogenen Betrachtung, im November 2017 angeschlossen.[466]

Ausgangspunkt de lege lata muss sein, dass aufgrund der Bedeutung der Portfolioverwaltung für den Erfolg der Anlagestrategie eine vollständige Auslagerung der Portfolioverwaltung unzulässig ist, wohingegen eine Ausübung des vollständi-

---

[461] *BaFin* vom 10.7.2013, Häufige Fragen zum Thema Auslagerung gemäß § 36 KAGB, zuletzt geändert am 12.5.2014 (alte Verwaltungsauffassung), WA 41-Wp 2137–2013/0036, Abschn. 11; die Voll-Auslagerbarkeit der Risikocontrolling-Funktion hat die BaFin bei Abschn. 10 Tz. 2 KAMaRisk bestätigt; krit. zu den Kriterien *Kuper*, in: Möllers/Kloyer, Das neue KAGB, Rn. 103, 115 f.: Einschränkungen zu eng und regulatorische Fragmentierung drohe durch unterschiedliche Auslegung durch nationale Aufsichtsbehörden; *Weiser/Hüwel*, BB 2013, 1091, 1096..

[462] *Tollmann*, in: Möllers/Kloyer, Das neue KAGB, Rn. 1060, 1078 Fn. 62, 1089. Auch die englische Sprachfassung entspricht dem, heißt es in der Überschrift von Art. 82 AIFM-VO doch „managing an AIF". Daraus ergibt sich, dass auch das „manager of the AIF" als Singular zu lesen ist.

[463] ESMA34-32-352 vom 11.7.2017, Questions and Answers, Application of the AIFMD, Abschn. VIII Q1; *Partsch/Mullmaier*, in: Zetzsche, AIFMD, Chapt. 11 No. 3.3.4.

[464] ESMA/2012/117 vom 23.2.2012, Discussion paper, Key concepts of the Alternative Investment Fund Managers Directive and types of AIFM, Abschn. III Rn. 8 (wenn auch widersprüchlich bei Abschn. V Rn. 47). Aus dem Kontext (Rn. 7, 9) ergibt sich, dass es hier ebenso um die Einzelfondsebene geht. Konkretisierungen zur Auslagerung wurden sodann nicht weiterverfolgt, vgl. ESMA/2012/845 vom 19.12.2012, Consultation Paper, Guidelines on key concepts of the AIFMD, Abschn. II Rn. 5.

[465] *Partsch/Mullmaier*, in: Zetzsche, AIFMD, Chapt. 11 No. 3.3.6.

[466] *BaFin* vom 10.7.2013, Häufige Fragen zum Thema Auslagerung gemäß § 36 KAGB, zuletzt geändert am 15.11.2017, WA 41-Wp 2137–2013/0036, Abschn. 11.

gen Risikomanagements durch Dritte offenbar sogar gesetzlich gebilligt wird.[467]
Nicht auslagerbar sind jedenfalls Geschäftsleitungsfunktionen.[468] Darüber hinaus
wird man für reine LBO-Portfolios keine pauschale Wertung treffen können. Für die
qualitativen Kriterien besteht aber sicherlich eine Schnittmenge mit den Kriterien,
die im Bereich der Publikums-AIFs für die noch zu erläuternde Regulierung in
Gestalt des Erfordernisses der Risikomischung gem. § 262 Abs. 1 KAGB maßgeblich sein könnten, d. h. Managementqualität, Sitz des Zielunternehmens, Exitfähigkeit innerhalb eines bestimmten Zeitraums sowie Mindestbilanzsumme.[469]
Umfasst das fondsspezifische Portfolio auch Venture Capital und/oder MBOs etc.,
müssen die LBO-Eigenheiten in die Waagschale geworfen werden. Hier kann auf die
bereits gewonnenen Erkenntnisse zum Proportionalitätsgrundsatz rekurriert werden;
das Geschäftsmodell LBO ist mehr komplex als simpel.[470] Ein Unterschied zu VC-
Beteiligungen liegt insbesondere darin, dass eine Akquisitionsfinanzierung aufgenommen wird und nachfolgend die Financial Covenants eingehalten werden müssen.
Tendenziell spricht das eher gegen eine Zulässigkeit der Auslagerung von Teilen der
Portfolioverwaltung.

d) Ausnahmen von der Erlaubnispflicht

Von der Erlaubnispflicht für KVGs bestehen Ausnahmen. § 2 Abs. 1 bis 3 KAGB
sieht Bereichsausnahmen vor, bei denen die Vorschriften des KAGB keine Anwendung finden. An anderer Stelle in dieser Arbeit wurde bereits aufgezeigt, dass
LBO-Fonds von der dort einzig in Betracht kommenden Ausnahmevorschrift für
Holdinggesellschaften in § 2 Abs. 1 Nr. 1 KAGB nicht erfasst sind.[471] Von außer-

---

[467] *Tollmann*, in: Möllers/Kloyer, Das neue KAGB, Rn. 1060, 1079 f., 1096; Art. 60 Abs. 2
lit. e AIFM-VO; a. A. *Zetzsche*, ZBB 2014, 22, 25: Auch Auslagerung von Portfolioverwaltung
in Gänze möglich; *ders./Marte*, RdF 2015, 4, 10; *ders./Eckner*, in: Zetzsche, AIFMD, Chapt. 9
No. 2.1.3; *Wollenhaupt/Beck*, DB 2013, 1950, 1958 halten den Einsatz von sog. Master-KVGs
weiterhin für zulässig – obwohl bei diesen bekanntlich die Portfolioverwaltung ausgelagert
wird; ebenso *Jakovou*, in: Langenbucher/Bliesener/Spindler, BankR, Kap. 39 Rn. 119; *Böhme*,
BB 2014, 2380, 2385; *Herring/Loff*, DB 2012, 2029, 2030 ff. (ihr Beitrag konnte bereits den
Entwurf der AIFM-VO berücksichtigen); *Schücking*, in: FrankKomm, KapAnlR Bd. 1, § 17
KAGB Rn. 54; *A. Koch*, in: FrankKomm, KapAnlR Bd. 1, § 36 KAGB Rn. 104; auch *Wallach*,
ZGR 2014, 289, 325 geht von der Zulässigkeit des Geschäftsmodells der Master-KVG implizit
aus; ebenso *Hübner*, WM 2014, 106, 109 für die Service-KVG; *Weiser/Hüwel*, BB 2013,
1091, 1096 distanzieren sich sogar von einem Verbot der Doppelauslagerung, sodass beide
Anlageverwaltungsfunktionen simultan ausgelagert werden dürften; krit. hingegen *Emde/
Dreibus*, BKR 2013, 89, 92 f., die das Konzept der Master-KVG in Frage stellen; ebenso
Volhard/Jang, in: Weitnauer/Boxberger/Anders, KAGB, § 36 Rn. 7; *Seidenschwann*, Die
Master-Kapitalverwaltungsgesellschaft, S. 286 ff.: vollständige Auslagerung einer der beiden
Kernaufgaben (mithin auch Risikomanagement) nicht mehr möglich.

[468] Art. 82 Abs. 1 lit. b AIFM-VO, aufgelistet in Art. 60 Abs. 2 AIFM-VO.

[469] 6. Teil, B.II.12.a).

[470] 6. Teil, B.I.2.d).

[471] 4. Teil, A.II.2.

ordentlicher Bedeutung für den Bereich Private Equity in Deutschland sind dafür die De-minimis-Regelungen nach § 2 Abs. 4 ff. KAGB, die bestimmte KVGs, je nach Anlegerkreis der verwalteten AIFs und Wert der verwalteten Vermögensgegenstände der AIFs, von der Erlaubnispflicht ausnehmen und lediglich einer Registrierungspflicht nach § 44 KAGB sowie der Anwendung eines nur eingeschränkten Kreises an Rechtsvorschriften des KAGB unterwerfen, sofern diese KVGs nicht – was übergreifend für alle betroffenen KVGs geregelt ist[472] – für die vollständige Anwendung des KAGB optieren. Begründet werden diese Ausnahmebestimmungen mit dem Verhältnismäßigkeitsprinzip.[473] Auch wenn sich die Auswirkungen auf die Finanzmarktstabilität bei einzelnen dieser Akteure in Grenzen halten sollen, könnten sie jedoch in ihrer Gesamtheit systemische Risiken nach sich ziehen, weshalb zumindest eine Registrierung erforderlich scheine, um Informationen zu gewinnen.[474]

Übergreifend verweisen § 2 Abs. 4 Satz 3, Abs. 4a Satz 2 und Abs. 5 Satz 3 KAGB auf die Artt. 2 bis 5 AIFM-VO, in denen die Berechnung der Schwellenwerte konkretisiert und das weitere Procedere bei einem Über- oder Unterschreiten ebenjener behandelt werden. Bei einer nach Ansicht des AIFM nicht nur vorübergehenden Überschreitung teilt der AIFM dies der BaFin mit und beantragt innerhalb von 30 Kalendertagen eine Zulassung.[475] Bei einer nach Einschätzung des AIFM nur vorübergehenden Überschreitung muss der AIFM dies der BaFin nur mitteilen.[476] Ein Zeitraum von drei Monaten ist jedenfalls nicht mehr nur vorübergehend.[477] Die Periodik der Beteiligungsbewertung richtet sich zum Zwecke der Schwellenwertberechnung im registrierungspflichtigen Bereich nach Art. 2 Abs. 6 AIFM-VO, der eine mindestens jährlich zu erfolgende Bewertung fordert. Der AIFM hat hierfür einen Termin zu bestimmen, den er konsequent einzuhalten hat. Hierfür bietet sich regelmäßig der Stichtag des jeweiligen Jahresabschlusses an.[478] Die mindestens jährlich zu erfolgende Bewertung harmoniert für KVGs im Anwendungsbereich des § 2 Abs. 5 KAGB auch mit der jährlich durchzuführenden Portfoliobewertung gem. § 272 Abs. 1 KAGB.

---

[472] §§ 2 Abs. 4 Satz 2 Nr. 3, Abs. 4a Satz 1 Nr. 3, Abs. 5 Satz 2 Nr. 3 KAGB.

[473] *Europäische Kommission*, Vorschlag für AIFM-RL vom 30.4.2009, KOM(2009) 207 endg., S. 5 f.; BegrRegE BT-Drs. 17/12294, S. 205; für § 2 Abs. 4a KAGB s. BT-Drs. 17/3395, S. 648.

[474] Erwägungsgrund 17 AIFM-RL; *Jesch*, in: Baur/Tappen, Investmentgesetze, § 2 KAGB Rn. 24; *Tollmann*, in: Dornseifer/Jesch/Klebeck/Tollmann, AIFM-RL, Art. 3 Rn. 19. Zu den Mitteilungspflichten gegenüber der BaFin vgl. § 44 Abs. 7 KAGB i. V. m. Art. 5 Abs. 1 und 2 AIFM-VO bzw. i. V. m. Art. 110 AIFM-VO bzw. i. V. m. Art. 5 Abs. 3 Satz 2, 110 Abs. 6 AIFM-VO und Erwägungsgrund 9 AIFM-VO.

[475] Art. 4 Abs. 2 AIFM-VO, § 44 Abs. 6 Satz 1 KAGB; KVGs nach § 2 Abs. 4a KAGB müssen bei Überschreitung grundsätzlich nur eine Registrierung nach § 2 Abs. 5 KAGB beantragen, soweit sie diese Voraussetzungen erfüllen können.

[476] Art. 4 Abs. 3 AIFM-VO.

[477] Art. 4 Abs. 4 AIFM-VO.

[478] Ebenso *Postler*, Private Equity und das KAGB – Portfoliobewertung, S. 27.

aa) Berechnung der Schwellenwerte im Bereich Private Equity

Die Berechnung der genannten Schwellenwerte richtet sich nach Art. 2 AIFM-VO. Für jeden verwalteten AIF müssen die Portfoliowerte festgestellt werden; Kapitalzusagen, die noch nicht abgerufen wurden, sind nicht zu berücksichtigen.[479] Für die Wertermittlung wird auf die innerstaatlichen Vorschriften des AIF-Sitzlandes sowie gegebenenfalls in der Satzung des AIF festgelegte Bewertungsregeln verwiesen.[480] Die auf diese Weise ermittelten Werte aller AIFs müssen aggregiert und der daraus resultierende Gesamtwert mit der maßgeblichen Schwelle verglichen werden.[481] Laut BaFin sei zur Bewertung der Anlagepositionen auf die *handelsrechtlichen Buchführungsvorschriften* unter Berücksichtigung der übrigen Vorgaben des Art. 2 AIFM-VO zurückzugreifen.[482] Das im erlaubnispflichtigen Bereich anzuwendende Bewertungskonzept ist, wie noch erläutert wird,[483] ein anderes. Dort werden die für die Bewertung der Vermögensgegenstände maßgeblichen handelsrechtlichen Buchführungsvorschriften durch verschiedene Bestimmungen des KAGB, der AIFM-VO und der Kapitalanlage-Rechnungslegungs- und Bewertungsverordnung (KARBV)[484] (bzw. KARBV-E-2017 i.d.F. des Konsultations-Entwurfes aus Juli 2017)[485] überlagert; das HGB hingegen hat nur noch in Ansehung der Rechnungslegungsvorschriften Bedeutung, dort aber lediglich als Auffanggesetz[486]. Das Bewertungkonzept nach HGB soll im Folgenden veranschaulicht werden. Im Anschluss wird zu zeigen sein, dass die HGB-Bewertung entgegen der Ansicht der BaFin selbst im registrierungspflichtigen Bereich nicht stets den Bewertungsrahmen bildet.

---

[479] Das lässt sich aus Art. 3 UAbs. 1 AIFM-VO schließen („Kapitalabrufe"); *van Dam/Mullmaier*, in: Zetzsche, AIFMD, Chapt. 26 No. 3.1.

[480] Art. 2 Abs. 1 lit. b AIFM-VO.

[481] Art. 2 Abs. 1 lit. c AIFM-VO.

[482] *BaFin* vom 30.8.2013, Merkblatt – Einzelne Hinweise zur Registrierung nach § 44 KAGB i.V.m. Art. 2 bis 5 der Delegierten Verordnung 231/2013, WA 41-Wp 2137-2013/0044, Abschn. 3.

[483] 6. Teil, B.II.8.

[484] Verordnung über den Inhalt, Umfang und Darstellung der Rechnungslegung von Sondervermögen, Investmentaktiengesellschaften und Investmentkommanditgesellschaften sowie über die Bewertung der zu dem Investmentvermögen gehörenden Vermögensgegenstände (Kapitalanlage-Rechnungslegungs- und –Bewertungsverordnung – KARBV) vom 16. Juli 2013, BGBl. I, S. 2483 (zit.: KARBV).

[485] *BaFin* vom 25.7.2017, Konsultation 07/2017 – Novellierung der KARBV und der KAPrüfbV, WA 41-FR 4100-2017/0001.

[486] § 20 Abs. 1 Satz 2 KARBV bzw. § 20 Abs. 1 Satz 3 KARBV-E-2017: „Soweit sich aus den Vorschriften des Kapitalanlagegesetzbuches, der Verordnung (EU) Nr. 231/2013 und dieser Verordnung nichts anderes ergibt, sind die Bestimmungen des Dritten Buches des Handelsgesetzbuches anzuwenden"; *Postler*, Private Equity und das KAGB – Portfoliobewertung, S. 20.

(1) Zugangs- und Folgebewertung nach HGB

Nach HGB sind Unternehmensbeteiligungen gem. § 253 Abs. 1 Satz 1 HGB bei Erwerb höchstens mit den Anschaffungskosten[487] anzusetzen. Ihre Nutzung ist zeitlich nicht begrenzt.[488] Als Finanzanlagen, mithin als Bestandteil des Anlagevermögens (§§ 247 Abs. 2, 271 Abs. 1 HGB),[489] erfahren sie deshalb nach § 253 Abs. 3 Satz 5 HGB nur außerplanmäßige Abschreibungen bei voraussichtlich dauernder Wertminderung (sog. gemildertes Niederstwertprinzip). Das Niederstwertprinzip ist letztlich eine Ausprägung des in den allgemeinen Bewertungsgrundsätzen kodifizierten Vorsichtsprinzips gem. § 252 Abs. 1 Nr. 4 HGB. Seit dem BilMoG[490] aus dem Jahr 2009 besteht für Finanzanlagen im Gegensatz zu anderen Gegenständen des Anlagevermögens nach § 253 Abs. 3 Satz 6 HGB das Wahlrecht, außerplanmäßige Abschreibungen auch bei voraussichtlich nicht dauernder Wertminderung vorzunehmen oder den Buchwert beizubehalten.[491] Relevanter Wertmaßstab, auf den abzuschreiben ist, ist der *beizulegende Wert*, der gesetzlich nicht definiert wird.[492] Hinsichtlich Unternehmensbeteiligungen ist auf den Ertragswert abzustellen.[493] Für die periodische Bewertung von Unternehmen der ins Visier von LBO-Fonds gefassten Größenordnungen zum Bilanzstichtag wird auf Gesamtbewertungsverfahren, in Deutschland insbesondere das Ertragswertverfahren, zurückgegriffen.[494] Dieses ist darauf gerichtet, den Unternehmenswert durch Abzin-

---

[487] § 255 Abs. 1 HGB: „Anschaffungskosten sind die Aufwendungen, die geleistet werden, um einen Vermögensgegenstand zu erwerben und ihn in einen betriebsbereiten Zustand zu versetzen, soweit sie dem Vermögensgegenstand einzeln zugeordnet werden können. Zu den Anschaffungskosten gehören auch die Nebenkosten sowie die nachträglichen Anschaffungskosten. Anschaffungspreisminderungen, die dem Vermögensgegenstand einzeln zugeordnet werden können, sind abzusetzen".

[488] *Ballwieser*, in: MünchKomm, HGB, § 253 Rn. 48.

[489] Im LBO-Segment ist der Eintritt in den unternehmerischen Verantwortungsbereich der Portfoliogesellschaft intendiert; eine Einordnung der Unternehmensbeteiligung in das Umlaufvermögen scheidet damit aus.

[490] Gesetz zur Modernisierung des Bilanzrechts (Bilanzrechtsmodernisierungsgesetz – BilMoG) vom 25. Mai 2009, BGBl. I, S. 1102.

[491] *Merkt*, in: Baumbach/Hopt, HGB, § 253 Rn. 15.

[492] *Böcking/Gros*, in: Ebenroth/Boujong/Joost/Strohn, HGB, § 253 Rn. 88; *Tiedchen*, in: MünchKomm, BilR, § 253 HGB Rn. 121. Dieser Begriff ist nicht zu verwechseln mit dem „beizulegenden Zeitwert" in § 255 Abs. 4 HGB, s. *Ballwieser*, in: MünchKomm, HGB, § 255 Rn. 95.

[493] *Merkt*, in: Baumbach/Hopt, HGB, § 253 Rn. 15; *Tiedchen*, in: MünchKomm, BilR, § 253 HGB Rn. 121; *Kupke/Nestler*, BB 2003, 2671.

[494] *Schultheiß*, in: Baur/Tappen, Investmentgesetze, § 168 KAGB Rn. 172; *Hölscher*, in: Emde/Dornseifer/Dreibus/Hölscher, InvG, § 36 Rn. 154; nach IDW RS HFA 10, Anwendung der Grundsätze des IDW S 1 bei der Bewertung von Beteiligungen und sonstigen Unternehmensanteilen für die Zwecke eines handelsrechtlichen Jahresabschlusses (Stand: 29.11.2012), Rn. 3, Quelle: WPg 23/2005, 1322 f., FN-IDW 11/2005, 718 ff., FN-IDW 1/2012, 24, WPg Supplement 1/2013, 132, FN-IDW 1/2013, 62 (zit.: IDW RS HFA 10) würde aber auch das Discounted Cashflow-Verfahren bei gleichen Bewertungsannahmen zu einem gleichen Unternehmenswert führen; *Zwirner*, DB 2013, 825.

sung der dem Eigentümer künftig zufließenden finanziellen Überschüsse zu bestimmen, und verbindet so prognostische Elemente im Hinblick auf zu erwartende Ertragsüberschüsse mit der gleichzeitigen Berücksichtigung von Anlagealternativen des Kaufinteressenten, die über den Kapitalisierungszinsfuß abgebildet werden.[495] In der Praxis der Unternehmensbewertung haben sich im Kontext der Ertragswertbestimmung unter Heranziehung eines Gesamtbewertungsverfahrens verschiedene Unternehmenswertkonzepte herausgebildet. Bei bestehender Halteabsicht ist die Bewertung nach IDW RS HFA 10 aus Sicht des bilanzierenden – die Beteiligung haltenden – Unternehmens durchzuführen, sodass wie bei der Preisfindung subjektive Elemente und damit Synergieeffekte[496] berücksichtigt werden (*subjektiver Unternehmenswert*).[497] Im Zugangszeitpunkt ist zu erwarten, dass die Anschaffungskosten nicht höher als der subjektive Unternehmenswert sind.[498] Der für die Folgebewertung zu überprüfende Buchwert ist damit regelmäßig geringer als der subjektive Unternehmenswert.[499] Bei Veräußerungsabsicht ist der Unternehmenswert aus der Perspektive eines potenziellen Erwerbers bei Unternehmensfortführung mit unverändertem Konzept (Stand alone-Betrachtung) zu ermitteln (*objektivierter Unternehmensbegriff*).[500] Es dürfen daher nur unechte Synergieeffekte berücksichtigt werden, d. h. Synergien, die sich ohne Berücksichtigung der Auswirkungen aus dem Bewertungsanlass (= Veräußerung) realisieren lassen.[501] Auch der objektivierte Unternehmenswert liegt damit regelmäßig unter dem subjektiven Unternehmens-

---

[495] IDW S 1 i. d. F. 2008, Grundsätze zur Durchführung von Unternehmensbewertungen (Stand: 2. 4. 2008), Rn. 102 ff., Quelle: WPg Supplement 3/2008, S. 68 ff. (zit.: IDW S 1 i. d. F. 2008); *Deilmann*, in: Hölters, AktG, § 305 Rn. 50; zu den Details: *Böcking/Nowak*, in: Fleischer/Hüttemann, Rechtshdb. Unternehmensbewertung, § 4; ausführlich auch *Peemöller/Kunowski*, in: Peemöller, Praxishdb. Unternehmensbewertung, S. 281 ff. Die Ertragswertmethode ist auch verfassungsrechtlich unbedenklich, ohne dass ihre Anwendung jedoch von Verfassungs wegen geboten wäre, vgl. zuletzt BVerfG, Beschl. v. 26. 4. 2011 – 1 BvR 2658/10, NZG 2011, 869, 870.

[496] IDW RS HFA 10 Rn. 5 spricht schlicht von „Synergieeffekte[n]". Man wird auf IDW S 1 i. d. F. 2008, Rn. 33 f., 50 f. zurückgreifen können: Unter Synergieeffekten versteht man die Veränderung der finanziellen Überschüsse, die durch den wirtschaftlichen Verbund zweier oder mehrer Unternehmen entstehen und von der Summe der isoliert entstehenden Überschüsse abweichen. Unechte Synergien sind dadurch gekennzeichnet, dass sie sich ohne Durchführung der dem Bewertungsanlass zugrunde liegenden *Maßnahme* realisieren lassen. Echte Synergien ergeben sich erst mit Durchführung der dem Bewertungsanlass zugrunde liegenden *Maßnahme*. Eine Differenzierung zwischen unechten und echten Synergien bei IDW RS HFA 10 Rn. 5 findet sich nicht. Hintergrund ist, dass die Bewertung zum Zwecke der Rechnungslegung keine Maßnahme i. S. einer Strukturmaßnahme ist, sodass im Rahmen des IDW RS HFA 10 Rn. 5 der Sache nach ohnehin nur unechte Synergien (losgelöst von Maßnahmen) gemeint sein können.

[497] IDW RS HFA 10, Rn. 5 f. Der Berater ermittelt einen *subjektiven Entscheidungswert* s. IDW S 1 i. d. F. 2008, Rn. 12.

[498] IDW RS HFA 10, Rn. 5.

[499] *Kupke/Nestler*, BB 2003, 2671, 2672.

[500] IDW RS HFA 10, Rn. 11. Begriff des objektivierten Unternehmenswerts bei IDW S 1 i. d. F. 2008, Rn. 12.

[501] IDW RS HFA 10, Rn. 11.

wert.[502] Die Bewertung der Unternehmensbeteiligungen hat sich zudem im Rahmen der weiteren allgemeinen, auf Gläubigerschutz ausgerichteten Bewertungsgrundsätze des § 252 HGB zu bewegen. Als eine andere Ausprägung des Vorsichtsprinzips ist damit insbesondere das in § 252 Abs. 1 Nr. 4 Halbsatz 2 HGB verankerte Realisationsprinzip angesprochen, wonach Gewinne nur zu berücksichtigen sind, wenn sie am Abschlussstichtag realisiert sind.

(2) Regelungssystematik für KVGs nach § 2 Abs. 4 und Abs. 4a KAGB

Für die Bewertungsvorschriften findet die KARBV ihre Ermächtigungsgrundlage in den §§ 96 Abs. 4 Satz 1, 168 Abs. 8 Satz 1 KAGB. Dies sind Regelungen aus dem Bereich der offenen AIFs. Nur § 168 Abs. 8 Satz 1 KAGB ist gleichfalls für die geschlossenen Investmentgesellschaften relevant, weil er über §§ 271 Abs. 1, 286 Abs. 1 KAGB in Bezug genommen wird. Für die KVGs nach § 2 Abs. 4 und 4a KAGB fehlt diese Inbezugnahme von § 168 Abs. 8 Satz 1 KAGB indes. Die speziellen Bewertungsvorschriften der KARBV kommen für die registrierungspflichtigen KVGs nach § 2 Abs. 4 und 4a KAGB daher nicht zur Anwendung, es bleibt bei der HGB-Bewertung. Auch die sonst relevanten Bewertungsvorschriften im Bereich Private Equity z.B. zur Häufigkeit und dem Bewerter in §§ 261 Abs. 6, 271, 272 KAGB für Publikums-AIFs sowie in § 286 KAGB für Spezial-AIFs sind unanwendbar. All diese Regelungen sind aber dann relevant, wenn die besagten KVGs für die Anwendung des vollen Umfangs des KAGB optieren.[503]

Sollten sich diese registrierungspflichtigen KVGs nach § 44 Abs. 1 Satz 3 und 4 KAGB lediglich für eine freiwillige Errichtung der verwalteten geschlossenen Investmentvermögen in der Rechtsform der KAGB-Vehikel entscheiden, ohne sich gleichzeitig der vollen Reglementierung des KAGB zu unterwerfen, wären auch die besonderen Vorschriften zum Jahresbericht nach §§ 148, 158 KAGB zu beachten. Als KAGB-Vehikel würden sie überdies zugleich als Investmentgesellschaften i. S. des § 1 Abs. 11 KAGB qualifizieren, sodass nach §§ 1 Nr. 1 lit. b und c, 20 Abs. 1 Satz 1 KARBV auch die Vorschriften zur Rechnungslegung in der KARBV Anwendung fänden. Die Ermächtigungsgrundlage zur Anwendung der KARBV für die Rechnungslegung ergibt sich dabei aus verschiedenen Verweisketten.[504] In dem dann maßgeblichen § 21 Abs. 3 Satz 2 KARBV-E-2017 heißt es für die Bilanzierung wiederum, dass auf die Bewertung des Investmentanlagevermögens auch die Bewertungsregeln der §§ 26 bis 30 und 32–34a KARBV anzuwenden sind. Die Anwendung der Bewertungsvorschriften (§§ 32, 34 KARBV i. V. m. § 284 Abs. 2 Nr. 2 lit. i KAGB) kann gewollt sein, würde dann aber nicht von der Ermächtigungs-

[502] *Kupke/Nestler*, BB 2003, 2671, 2673.

[503] s. § 2 Abs. 4 Satz 2 Nr. 3, Abs. 4a Satz 1 Nr. 3 und Abs. 5 Satz 2 Nr. 3 KAGB.

[504] § 148 Abs. 1 KAGB i. V. m. § 120 Abs. 8 KAGB; § 158 Satz 1 KAGB i. V. m. § 135 Abs. 11 KAGB. *Boxberger/Röder*, in: Weitnauer/Boxberger/Anders, KAGB, § 2 Rn. 23 irren, wenn sie durch den Verweis auf § 135 Abs. 11 KAGB (Rechnungslegung) per se auch § 34 KARBV (Bewertung) für anwendbar halten.

grundlage für die KARBV reflektiert. Dieses Ergebnis kann aber auch unerwünscht sein; dann würde der Wille des Gesetzgebers im Systematikdschungel geopfert.

(3) Regelungssystematik für KVGs nach § 2 Abs. 5 KAGB

Für KVGs nach § 2 Abs. 5 KAGB gelten nach § 2 Abs. 5 Satz 1 Nr. 6 KAGB auch die §§ 169 KAGB entsprechend, 261 Abs. 6, 271 Abs. 1 und 4, § 272 KAGB. Das führt zunächst zu begrifflichen Abweichungen gegenüber der Bewertung nach HGB. Denn dadurch, dass über § 271 Abs. 1 KAGB auch § 168 Abs. 3 KAGB für anwendbar erklärt wird, gilt auch hier, dass stets der *Verkehrswert* als Wertmaßstab zugrundezulegen ist. Demgegenüber greift das HGB auf die Termini der Anschaffungskosten und des beizulegenden Werts zurück.

Davon unabhängig ist der Rückgriff auf die handelsrechtlichen Bewertungsvorschriften sogar versperrt. Denn weil § 168 KAGB über § 271 Abs. 1 KAGB zur Anwendung gelangt, trägt die Ermächtigungsgrundlage für die Bewertungsvorschriften der KARBV in § 168 Abs. 8 KAGB ihre Berechtigung für KVGs nach § 2 Abs. 5 KAGB. Dem entspricht es, dass die Eröffnung des Geltungsbereichs der KARBV-Bewertungsregeln gem. § 1 Nr. 2 KARBV keine Eingrenzung auf Investmentgesellschaften kennt. In der Folge sind die Bewertungsregeln der KARBV auch für die vorgenannten KVGs maßgeblich. Dieses Bewertungskonzept kommt nicht erst dann zur Anwendung, wenn die KVGs bereits registriert sind. Denn die selektiven Regelungen des KAGB sind schon dann anzuwenden, wenn die in § 2 Abs. 5 Satz 2 KAGB aufgeführten Anforderungen erfüllt sind – zu denen eine Registrierung nicht gehört. Daneben finden die KARBV-Regelungen zur Rechnungslegung durch die Verweiskette des § 2 Abs. 5 Satz 1 Nr. 4 KAGB i. V. m. § 46 Satz 1 KAGB i. V. m. § 135 Abs. 11 KAGB Anwendung, obwohl die von den KVGs nach § 2 Abs. 5 KAGB (außerhalb eines Optierens) verwalteten AIFs keine Investmentgesellschaften sind. Dabei mischt sich eine nur subsidiär anwendbare HGB-Rechnungslegung (§§ 46 Satz 1 KAGB, 20 Abs. 1 Satz 3 KARBV-E-2017) mit einer vorrangigen investmentrechtlichen Rechnungslegung.

bb) Kleine Spezial-AIFMs nach § 2 Abs. 4 KAGB

Von großer Bedeutung für Verwalter von LBO-Fonds ist § 2 Abs. 4 KAGB.[505] Erfasst sind KVGs, die ausschließlich Spezial-AIFs verwalten, deren verwaltete Vermögensgegenstände (lit. a) einschließlich der durch den Einsatz von Leverage

---

[505] *Tollmann,* in: Dornseifer/Jesch/Klebeck/Tollmann, AIFM-RL, Art. 3 Rn. 27; *Volhard/El-Qalqili,* CFL 2013, 202, 204; *Jesch,* RdF 2014, 180, 188; *Nelle/Klebeck,* BB 2013, 2499; *Möllers/Harrer/Krüger,* WM 2011, 1537, 1538; a. A. *Weitnauer,* in: Weitnauer, MBO, A Rn. 113: De-minimis-Regelung werde in Buy Out-Transaktionen kaum relevant sein, da die Beteiligungen hier meist einen höheren Wert hätten. Im Übrigen dürften auch VC-Fonds regelmäßig von der Ausnahme profitieren, so *ders.,* BKR 2011, 143, 144; *Teichmann/Brunner,* CFL 2011, 321, 322; *Berger,* Regulierung der Management-Ebene bei Private Equity-Fonds, S. 185, 247.

erworbenen Vermögensgegenstände insgesamt nicht den Wert von 100 Mio. Euro oder (lit. b) insgesamt nicht den Wert von 500 Mio. Euro[506] überschreiten, sofern für die Spezial-AIFs kein Leverage eingesetzt wird und die Anleger für die Spezial-AIFs keine Rücknahmerechte innerhalb von fünf Jahren nach Tätigung der ersten Anlage ausüben können (im Folgenden „kleine Spezial-AIFMs").[507] LBO-Fonds sind in der Regel Spezial-AIFs und werden über geschlossene Fondsvehikel, also ohne Rückgaberechte, aufgelegt. Die 500 Mio. Euro-Schwelle ist im Übrigen deshalb maßgeblich, weil auf Fondsebene abgesehen von der je nach Bedarf aufgenommenen und gem. Art. 6 Abs. 4 AIFM-VO unbeachtlichen Übergangsfinanzierung von Kapitalabrufen keine Finanzierung aufgenommen wird und die Akquisitionsfinanzierung auf Ebene des Akquisitionsvehikels kein Leverage im vorgenannten Sinne darstellt.[508] Der in diesem Bereich geltende Regulierungsumfang ist auch trotz der Modifikationen durch das OGAW V-UmsG im Hinblick auf die Vergabe von Gelddarlehen[509] überschaubar[510] und wird maßgeblich durch die Anwendung der zentralen Registrierungsnorm in § 44 Abs. 1 KAGB bestimmt. Gem. § 2 Abs. 4 Satz 2 Nr. 1 KAGB erfolgt jedenfalls eine Konzernbetrachtung, die eine Umgehung der Schwellenüberschreitung durch Gründung einer Vielzahl an separater, jeweils unter der Schwelle von 500 Mio. Euro bleibender KVGs verhindert.[511] Am meisten Spielraum haben deshalb eine externe KVG, die nur einen AIF verwaltet, und eine interne KVG.[512]

---

[506] Branchenseitig wurde um eine Erhöhung auf einen Betrag von 1 Mrd. Euro gebeten, s. *EVCA* (nun: Invest Europe) vom 26.6.2009, Response to the Proposed Directive of the European Parliament and Council on Alternative Investment Fund Managers (AIFM), Abschn. 1.

[507] Begriff des kleinen Spezial-AIFM bei: *Boxberger/Röder*, in: Weitnauer/Boxberger/Anders, KAGB, § 2 Rn. 20; *Jesch*, in: Baur/Tappen, Investmentgesetze, § 2 KAGB Rn. 21; *Nelle/Klebeck*, BB 2013, 2499, 2501. Das avisierte Fondsvolumen ist hierfür unbeachtlich, s. *Boxberger/Röder*, in: Weitnauer/Boxberger/Anders, KAGB, § 2 Rn. 20 Fn. 41 sowie *Volhard/El-Qalqili*, CFL 2013, 202, 204.

[508] 3. Teil, D.I.

[509] 6. Teil, B.II.11.

[510] *Jesch*, in: Baur/Tappen, Investmentgesetze, § 2 KAGB Rn. 24 spricht von „vernachlässigenswerter AIFM". Zur Anwendung kommen §§ 1 bis 17, 42, 20 Abs. 10 entsprechend, 44 Abs. 1, 4 bis 9 KAGB und im Hinblick auf eine Vergabe von Gelddarlehen für Rechnung eines AIF § 20 Absatz 9 entsprechend, § 34 Absatz 6, § 282 Abs. 2 Satz 3 und § 285 Abs. 2 und 3 sowie im Hinblick auf eine Vergabe von Gelddarlehen nach § 285 Abs. 2 die §§ 26 Abs. 1, 2 und 7, § 27 Abs. 1, 2 und 5, § 29 Abs. 1, 2, 5 und 5a und 30 Abs. 1 bis 4 KAGB.

[511] *Boxberger/Röder*, in: Weitnauer/Boxberger/Anders, KAGB, § 2 Rn. 25; *Jesch*, in: Baur/Tappen, Investmentgesetze, § 2 KAGB Rn. 23; *Tollmann*, in: Dornseifer/Jesch/Klebeck/Tollmann, AIFM-RL, Art. 3 Rn. 25; *Nelle/Klebeck*, BB 2013, 2499, 2501.

[512] Zu letzterer *Boxberger/Röder*, in: Weitnauer/Boxberger/Anders, KAGB, § 2 Rn. 25.

cc) Interne Mini-Publikums-AIFMs nach § 2 Abs. 4a KAGB

Weitestgehend unbedeutend in Anbetracht der Größenordnung der von LBO-Fonds durchgeführten Transaktionen[513] und des angesprochenen Investorenkreises ist die Ausnahme nach § 2 Abs. 4a KAGB für *interne* Mini-Publikums-AIFMs.[514] Überschreiten die Vermögensgegenstände des eigens verwalteten inländischen geschlossenen Publikums-AIF einschließlich der durch den Einsatz von Leverage erworbenen Vermögensgegenstände insgesamt nicht den Wert von fünf Mio. Euro und werden die Anteile am AIF nicht von mehr als fünf natürlichen Personen gehalten, ist der lediglich registrierungspflichtige Bereich eröffnet. Bei einem solch kleinen Anlegerkreis kennen sich die Investoren in der Regel untereinander und im Zweifel auch den Fondsverwalter.[515]

dd) Kleine Publikums-AIFMs nach § 2 Abs. 5 KAGB

Eine weitere Ausnahme besteht nach § 2 Abs. 5 KAGB für KVGs, die ausschließlich inländische geschlossene AIFs, bei denen es sich nicht ausschließlich um Spezial-AIFs handelt, verwalten, deren verwaltete Vermögensgegenstände einschließlich der durch den Einsatz von Leverage erworbenen Vermögensgegenstände insgesamt nicht den Wert von 100 Mio. Euro überschreiten.[516] Auch hier ist wie bei § 2 Abs. 4 KAGB eine Konzernbetrachtung zugrundezulegen.[517] Diese KVGs unterliegen lediglich der Registrierungspflicht, aber auch einer Regulierung „light"[518]. Zur Anwendung kommen u. a. die Verwahrstellenregelungen, die Produkt- und Vertriebsvorschriften für geschlossene Publikums-AIFs sowie die aus dem VermAnlG übernommenen Rechnungslegungsvorschriften (s. o.).[519] Außerdem müssen die Verhaltens- und Organisationspflichten aus den §§ 26 bis 28 KAGB eingehalten werden. Hier können keine überzogenen Anforderungen gestellt werden, da sich Grenzen aus dem Proportionalitätsprinzip ergeben. Das war vor Inkrafttreten des OGAW V-UmsG expressis verbis in § 2 Abs. 5 Satz 1 Nr. 2 KAGB a. F. festgehalten. Da das Proportionalitätsprinzip in diesem Kontext jedoch bereits der AIFM-VO

---

[513] Für eine Orientierung: Bei *BVK*, Das Jahr 2016 in Zahlen, abrufbar unter http://www.bvkap.de/sites/default/files/page/2010-2016_bvk-statistik_2016_final_270217.xlsx (zuletzt abgerufen am 27. 8. 2017), lässt sich aus der Branchenstatistik für das Jahr 2016 entnehmen, dass 3.231.662.000 Euro in Buyouts von 100 Unternehmen flossen. Im Mittel wurden daher circa 32,3 Mio. Euro pro Unternehmen eingesetzt.

[514] Begriff bei *Boxberger/Röder*, in: Weitnauer/Boxberger/Anders, KAGB, § 2 Rn. 29.

[515] BT-Drs. 17/3395, S. 648.

[516] *Weitnauer*, in: Weitnauer, MBO, A Rn. 115: kaum Bedeutung für als geschlossene Publikums-AIFs strukturierte Buy Out-Investoren.

[517] § 2 Abs. 5 Satz 2 Nr. 1 KAGB.

[518] *Boxberger*, GWR 2013, 415 ff.; *ders./Röder*, in: Weitnauer/Boxberger/Anders, KAGB, § 2 Rn. 36.

[519] BegrRegE BT-Drs. 17/12294, S. 205.

inhärent ist,[520] wurde der entsprechende Satzteil gegen verbandsseitigen Widerstand[521] gestrichen. Gerade im Zusammenhang mit dem Risikomanagement resultieren aus § 2 Abs. 5 Satz 1 Nr. 3 KAGB noch zu beantwortende Folgefragen, da § 29 KAGB nicht anwendbar ist und eine KVG mit der Unsicherheit konfrontiert wird, welche Risiken insbesondere auf welcher Ebene abgedeckt werden müssen.[522]

3. Verhaltenspflichten nach § 26 KAGB

Erlaubnis- und nach § 2 Abs. 5 KAGB registrierungspflichtige KVGs müssen die allgemeinen Verhaltensregeln nach § 26 KAGB einhalten. Selbiges gilt für KVGs nach § 2 Abs. 4 KAGB im Hinblick auf eine Vergabe von Gelddarlehen nach § 285 Abs. 2 KAGB. Bei den neuen Verhaltenspflichten gilt ein besonderes Augenmerk in einem ersten Schritt den in § 26 Abs. 1 KAGB geregelten Leitprinzipien. Sodann sollen einzelne weitere Verhaltenspflichten aus § 26 Abs. 2 KAGB mitangeschnitten werden. Schließlich folgt ein kurzer Abgleich mit dem bisherigen Branchenstandard.

a) Leitprinzipien

Die KVG handelt nach § 26 Abs. 1 KAGB bei der Wahrnehmung ihrer Aufgaben unabhängig von der Verwahrstelle und ausschließlich im Interesse der Anleger.

aa) Aufgabenwahrnehmung unabhängig von Verwahrstelle

An erster Stelle steht damit das unabhängige Handeln von der Verwahrstelle. „Verwahrstelle" ist der neue Begriff für die aus dem InvG a. F. bekannte Depotbank;[523] im registrierungspflichtigen Bereich müssen nur KVGs nach § 2 Abs. 5 KAGB eine Verwahrstelle für jeden AIF beauftragen. Der nun zwingende Einsatz einer Verwahrstelle im Bereich Private Equity hat für viel Unmut gesorgt. Die Rolle der Verwahrstelle ist daher im Folgenden zu beleuchten. Im Anschluss sollen die Konsequenzen dieses Leitprinzips aufgezeigt werden.

(1) Verwahrstellen im Bereich Private Equity

Verwalter von LBO-Fonds wurden von etwaigen Regelungen zu Depotbanken bislang nicht erfasst, zumal sie in nicht verwahrfähige Unternehmensbeteiligungen investier(t)en.[524] Es haben sich aber über den Einsatz von Wirtschaftsprüfungsgesellschaften den Depotbanken ähnliche Strukturen in Gestalt von sog. Mittelver-

---

[520] BegrRegE BT-Drs. 18/6744, S. 43.

[521] *BVK*, Stellungnahme zum RegE des OGAW V-UmsG, S. 7 f.

[522] 6. Teil, B.II.6.a)aa)(2).

[523] *Patz*, BKR 2015, 193, 194.

[524] *Tollmann*, in: Dornseifer/Jesch/Klebeck/Tollmann, AIFM-RL, Art. 21 Rn. 4; *Weitnauer*, in: Weitnauer, MBO, A Rn. 138; *Volhard/Kruschke*, EWS 2012, 21, 23.

wendungskontrolleuren entwickelt, die entlang den fondseigenen Anlagerichtlinien die Verwendung der zur Verfügung stehenden Anlegergelder überprüften.[525] Nunmehr ist für jeden AIF eine Verwahrstelle zu bestellen.[526] Das Zusammenspiel im sog. Investmentviereck zwischen Anleger, Depotbank, Fonds und Fondsmanager, insbesondere im Hinblick auf notwendige Dokumentationen, muss sich im Bereich Private Equity damit erst noch ausprägen.[527] Der Unionsgesetzgeber nimmt aber explizit Rücksicht auf die bisherigen Praktiken:[528] In Umsetzung von Art. 21 Abs. 3 UAbs. 3 AIFM-RL sieht § 80 Abs. 3 KAGB vor, dass auch ein Treuhänder[529] im Rahmen seiner beruflichen oder geschäftlichen Tätigkeit die Aufgaben einer Verwahrstelle für geschlossene AIFs wahrnehmen darf.[530] Die dafür notwendige Voraussetzung, dass bei den geschlossenen AIFs innerhalb von fünf Jahren nach Tätigung der ersten Anlagen keine Rücknahmerechte ausgeübt werden können, ist nach Modifikation des Begriffs des geschlossenen AIF durch das FinMarktAnpG – vorbehaltlich von Übergangsfristen – ohnehin hinfällig.[531] Es bleibt aber abzuwarten, ob Treuhänder bereit und/oder fähig sind, ihre Dienste nebst korrespondierender Haftung auch auf die neuen Aufgabengebiete auszuweiten – oder ob ein Rückgriff auf eine Verwahrstelle unausweichlich ist.[532]

Die branchenseitig stark kritisierte und gar für überflüssig befundene[533] Verwahrstelle fungiert im Bereich Private Equity in erster Linie als Zahlstelle und Eigentumsprüferin.[534] Nach dem in Art. 90 Abs. 5 AIFM-VO verankerten Look Through-Ansatz erstreckt sich die nach § 81 Abs. 1 Nr. 2 lit. a KAGB erforderliche

---

[525] *Jesch*, Private-Equity-Beteiligungen, S. 155; *Tollmann*, in: Dornseifer/Jesch/Klebeck/Tollmann, AIFM-RL, Art. 21 Rn. 4; *Bußalb/Unzicker*, BKR 2012, 309, 317.

[526] § 80 Abs. 1 KAGB. Krit. *Lüßmann*, DB 2010 Beil., 87.

[527] *Giesler*, DStR 2013, 1912, 1913; *Swoboda*, in: Weitnauer/Boxberger/Anders, KAGB, § 26 Rn. 40 f.

[528] Erwägungsgrund 34 AIFM-RL. So war auch der Bedarf für eine Zahlstellenfunktion einer Verwahrstelle gering, *Zetzsche*, Prinzipien der kollektiven Vermögensanlage, § 22 B. III. 3.

[529] Mit dem Begriff des Treuhänders ist nicht der Treuhandkommanditist gemeint, sondern der Treuhänder nach Maßgabe der §§ 70 ff. VAG, BegrRegE BT-Drs. 17/12294, S. 232.

[530] Begrüßend *R. Koch*, in: Möllers/Kloyer, Das neue KAGB, Rn. 261, 284; *Hooghiemstra*, in: Zetzsche, AIFMD, Chapt. 17 No. 2.2.5: „has been warmly welcomed in Europe". Zu den Einzelheiten vgl. *BaFin* vom 18.7.2013, Merkblatt zu den Anforderungen an Treuhänder als Verwahrstelle nach § 80 Abs. 3 KAGB, WA 41-Wp 2137-2013/0080.

[531] Zu den Auswirkungen des FinMarktAnpG auf den Begriff des geschlossenen AIF s. 4. Teil, C.I.2.

[532] *EY*, Game-changing regulation?, S. 24.

[533] *EVCA* (nun: Invest Europe) vom 26.6.2009, Response to the Proposed Directive of the European Parliament and Council on Alternative Investment Fund Managers (AIFM), Abschn. 2.3; *EY*, Game-changing regulation?, S. 22 f.; *van Dam/Mullmaier*, in: Zetzsche, AIFMD, Chapt. 26 No. 3.4.

[534] *Tollmann*, in: Dornseifer/Jesch/Klebeck/Tollmann, AIFM-RL, Art. 21 Rn. 36; auch *Weitnauer*, BKR 2011, 143, 145 betont die Prüfung der Rechtsinhaberschaft.

Eigentumsprüfung (gemeint: Inhaberschaft)[535] uneingeschränkt auf die Vermögensgegenstände von Objektgesellschaften.[536] Eine Durchschau auf die Vermögensgegenstände auf Ebene des nicht börsennotierten Zielunternehmens verbietet sich, weil die Unternehmensbeteiligung am nicht börsennotierten Unternehmen nach der Anlagestrategie des AIF letztlich den Vermögensgegenstand i. S. des § 81 Abs. 1 Nr. 2 lit. a KAGB darstellen soll.[537] Dass der Wortlaut des Art. 90 Abs. 5 AIFM-VO von selbst „geschaffenen" Rechtsstrukturen spricht, die die Vermögenswerte halten, kann für diese Erkenntnis indes kein Argument sein, weil auch eine erworbene Unternehmensbeteiligung in diesem Sinne zu einer geschaffenen Rechtsstruktur führt.[538] Eine Kontrolle der Zahlungsströme auf Ebene der Akquisitionsgesellschaft muss die Verwahrstelle jedoch nicht durchführen.[539] Für die von der Verwahrstelle zu verantwortende, unabhängige Überprüfung ist ihr Zugang zu allen relevanten Informationen zu gewähren, damit sie „Gewissheit" darüber erlangen kann, dass der AIF/AIFM Eigentümer ist.[540] Nicht jede – eigenständig durchzuführende[541] – Prüfung der Rechtekette (auch Chain of Title), insbesondere bei Personengesellschaften als Zielgesellschaften, wird sich jedoch bis zur Gründung rückverfolgen lassen.[542] Zur Vermeidung der Haftung nach § 88 Abs. 2 KAGB[543] ist hier mit verschiedenen Vermögensverzeichnissen zu arbeiten. Bei ernstlichen Zweifeln darf keine Eintragung in das für die Berechnung des Nettoinventarwerts (Net Asset Value, NAV) maßgebliche Vermögensverzeichnis erfolgen.[544] Nach dem eindeutigen Gesetzeswortlaut in § 81 Abs. 1 Nr. 2 lit. b KAGB („[…] die Beurteilung, ob der inländische

---

[535] *Schäfer*, in: FrankKomm, KapAnlR Bd. 1, § 81 KAGB Rn. 34.

[536] *BaFin* vom 7.10.2015, Rundschreiben 08/2015 (WA) – Aufgaben und Pflichten der Verwahrstelle nach Kapitel 1 Abschnitt 3 des KAGB, WA 41-Wp 2137-2013/0068, Abschn. 3; anderes Verständnis noch bei *Hesse/Lamsa*, CFL 2011, 39, 44.

[537] Wie hier *Boxberger*, in: Weitnauer/Boxberger/Anders, KAGB, § 81 Rn. 16; anschl. *Jeuk*, Ausgewählte Auswirkungen der Einführung des Kapitalanlagegesetzbuchs (KAGB) auf Private Equity Fonds in Deutschland, S. 54; a. A. *Herring*, in: Baur/Tappen, Investmentgesetze, § 83 KAGB Rn. 31; wohl auch *Schäfer*, in: FrankKomm, KapAnlR Bd. 1, § 81 KAGB Rn. 47.

[538] So zurecht *Schäfer*, in: FrankKomm, KapAnlR Bd. 1, § 81 KAGB Rn. 49; *Herring*, in: Baur/Tappen, Investmentgesetze, § 83 KAGB Rn. 29.

[539] Es geht nur um „Verwahrpflichten", für die die Anwendung des Look Through-Ansatzes in Rede steht. *BaFin* vom 7.10.2015, Rundschreiben 08/2015 (WA) – Aufgaben und Pflichten der Verwahrstelle nach Kapitel 1 Abschnitt 3 des KAGB, WA 41-Wp 2137-2013/0068, Abschn. 3.; a. A. *Herring*, in: Baur/Tappen, Investmentgesetze, § 83 KAGB Rn. 30.

[540] Erwägungsgrund 37 AIFM-RL; § 85 Abs. 1 KAGB; Art. 90 Abs. 2 lit. a und b AIFM-VO.

[541] *Janzen*, ZBB 2015, 230, 237 f.

[542] Unkritischer *Berger*, Regulierung der Management-Ebene bei Private Equity-Fonds, S. 199.

[543] *Patz*, BKR 2015, 193, 197: Aufgabe der Eigentumsverifikation sei am fehleranfälligsten.

[544] *Tollmann/Specht*, in: Dornseifer/Jesch/Klebeck/Tollmann, AIFM-RL, Art. 21 Rn. 247.

AIF [...] Eigentümer [...] ist") hat die Prüfung erst post-akquisitorisch zu erfolgen.[545] Außerdem hat die Verwahrstelle nach § 83 Abs. 1 KAGB sicherzustellen, dass (Nr. 1) die Ausgabe und Rücknahme von Anteilen des AIF sowie die Ermittlung des Werts dieser Anteile den Vorschriften des KAGB und den Anlagebedingungen sowie dem Gesellschaftsvertrag des AIF entsprechen,[546] wobei die Aufsicht über die Bewertung branchenseitig für redundant gehalten wird,[547] (Nr. 2) bei den für die gemeinschaftliche Rechnung der Anleger getätigten Geschäften der Gegenwert innerhalb der üblichen Fristen an den oder für den AIF überwiesen wird und (Nr. 3) die Erträge des AIF nach dem KAGB, den Anlagebedingungen und dem Gesellschaftsvertrag des AIF verwendet werden. Die Verwahrstelle ist gegenüber der KVG nach § 83 Abs. 5 KAGB weisungsgebunden, sofern die Weisung nicht gegen gesetzliche Vorschriften oder die Anlagebedingungen verstößt (sog. *Rechtmäßigkeitskontrolle*).[548]

Die Verwahrstelle ist von der gesetzlichen Konzeption her in weiten Teilen auf eine nachgelagerte Kontrolle beschränkt. In diesem Rahmen hat sie ein Verfahren zu schaffen, mit dem nachträglich die Einhaltung der einschlägigen Rechts- und Verwaltungsvorschriften sowie Vertragsbedingungen und Satzung überprüft wird.[549] In § 84 KAGB sind zwar einzelne zustimmungspflichtige Geschäfte (z.B. Kreditaufnahme auf Ebene des Publikums-AIF) aufgelistet, für das Geschäftsgebaren der Verwalter von LBO-Fonds sind diese jedoch ohne Belang. Es besteht aber durchaus die Möglichkeit, die Verwahrstelle frühzeitig einzubinden. Dann muss sie ein Einschreiten für angemessen halten und ein Einverständnis zum proaktiven Tätigwerden vom AIFM erteilt bekommen.[550] Ein proaktives Tätigwerden der Verwahrstelle ist ohnehin dann gefordert, wenn der Transfer von Bankguthaben zum Zwecke der Akquisition eine Mitwirkung der Verwahrstelle bedingt. Dies ist der Fall, wenn die Geldmittel des AIF auf Konten im Namen der Verwahrstelle oder auf Konten des AIF bzw. der KVG mit freiwilligem Sperrvermerk zugunsten der Verwahrstelle verbucht werden.[551] Bei KVG-seitiger Instruktion zur Kaufpreiszahlung ist dann grundsätzlich

---

[545] Wie hier ebd., Rn. 246: „[...] eingehend darauf hin überprüfen, ob tatsächlich das Eigentum erworben worden ist"; *Moroni*, in: FrankKomm, KapAnlR Bd. 1, § 81 KAGB Rn. 35; a.A. *Schröder/Rahn*, GWR 2014, 49, 54: vor dem Closing; *Giesler*, DStR 2013, 1912, 1915.

[546] Gefragt ist insbesondere eine Überprüfung der internen Bewertungsrichtlinie, Art. 94 Abs. 1 lit. a AIFM-VO, s. auch *Patz*, BKR 2015, 193, 195. Zur Portfoliobewertung ausführlich 6. Teil, B.II.8.

[547] *EY*, Game-changing regulation?, S. 18.

[548] *BaFin* vom 7.10.2015, Rundschreiben 08/2015 (WA) – Aufgaben und Pflichten der Verwahrstelle nach Kapitel 1 Abschnitt 3 des KAGB, WA 41-Wp 2137-2013/0068, Abschn. 7.1.; *Zetzsche*, Prinzipien der kollektiven Vermögensanlage, § 30 B. II. 2. b); *Patz*, BKR 2015, 193, 195 f.

[549] Erwägungsgrund 109 AIFM-VO.

[550] Ebd.

[551] Zur Inhaberschaft der Konten: § 83 Abs. 6 Satz 2 KAGB, Art. 85 Abs. 1 AIFM-VO. Nur OGAW-Guthaben müssen auf Sperrkonten verbucht werden, § 72 Abs. 2 KAGB. Ein Sperrvermerk zugunsten von AIF-Verwahrstellen ist aber möglich, *BaFin* vom 7.10.2015, Rund-

eine Rechtmäßigkeitsprüfung *vor* Abwicklung indiziert. Nach Ansicht der BaFin ist eine Ausnahme hiervon nur für den Erwerb von Wertpapieren, Geldmarktinstrumenten, etc. aus Zeitgründen (ggf. Schaden für die KVG) geboten, nicht jedoch beim Erwerb von Unternehmensbeteiligungen.[552]

(2) Aufgabenwahrnehmung unabhängig von Verwahrstelle

Die aus § 26 Abs. 1 KAGB resultierenden Unabhängigskeitsanforderungen obstruieren eine gesellschaftsrechtliche Verflechtung zwischen KVG und Verwahrstelle nicht.[553] Hieran hat auch das Zweite Finanzmarktnovellierungsgesetz vom 23. Juni 2017 selbst für den Bereich der Publikums-AIF nichts geändert, obwohl die Debatte um die Unabhängigkeitspostulate in jüngster Vergangenheit im Zuge der Aufarbeitung des Madoff-Skandals mit der OGAW V-RL an Fahrt aufgenommen hat. So werden Verbindungen und Gruppenverbindungen zwischen KVG und Verwahrstelle nach dem neuen Verweis für nicht ausschließlich Spezial-AIFs verwaltende KVGs in § 26 Abs. 7 Satz 3 KAGB auf Art. 23 der Delegierten Verordnung (EU) Nr. 2016/438[554] weiterhin geduldet, unterliegen jedoch u. a. strengeren Unabhängigkeitserfordernissen für die Leitungsorgane und Aufsichtsfunktionen der KVG und Verwahrstelle[555]. Abweichendes gilt bislang für Treuhänder nach § 80 Abs. 3 KAGB, die weder Gesellschafter noch Organmitglied (Vorstand, Aufsichtsrat) oder Angestellter der KVG sein dürfen.[556] Zur weiteren Beurteilung des Kriteriums der unabhängigen Aufgabenwahrnehmung muss das bereits erläuterte Kompetenzgefüge der Verwahrstelle in den Blick genommen werden. Dieses ist durch die in weiten Teilen nachgelagerte Kontrollfunktion der Verwahrstelle gekennzeichnet. Doch auch soweit bereits im Vorfeld im oben beschriebenen Sinne ein Aufgabenbereich besteht, der zu entsprechender Kommunikation mit der Verwahrstelle führt, kann der in diesem Korridor stattfindende und gesetzlich gewollte geistige Austausch

---

schreiben 08/2015 (WA) – Aufgaben und Pflichten der Verwahrstelle nach Kapitel 1 Abschnitt 3 des KAGB, WA 41-Wp 2137-2013/0068, Abschn. 4.2. sowie *BaFin* vom 18.7.2013, Merkblatt zu den Anforderungen an Treuhänder als Verwahrstelle nach § 80 Abs. 3 KAGB, WA 41-Wp 2137-2013/0080, Abschn. IV Ziff. 2.; strenger: *Tollmann*, in: Dornseifer/Jesch/Klebeck/Tollmann, AIFM-RL, Art. 21 Rn. 166 verlangt jedenfalls Zustimmungsvorbehalte zugunsten der Verwahrstelle; *Moroni*, in: FrankKomm, KapAnlR Bd. 1, § 83 KAGB Rn. 55 fordert für Termingelder nach § 195 KAGB eine Verbuchung auf Sperrkonten.

[552] *BaFin* vom 7.10.2015, Rundschreiben 08/2015 (WA) – Aufgaben und Pflichten der Verwahrstelle nach Kapitel 1 Abschnitt 3 des KAGB, WA 41-Wp 2137-2013/0068, Abschn. 7.1.4. und 7.1.5.

[553] BegrRegE BT-Drs. 11/5411, S. 30; *Steffen*, in: Baur/Tappen, Investmentgesetze, § 26 KAGB Rn. 26; *Geurts/Schubert*, in: FrankKomm, KapAnlR Bd. 1, § 26 KAGB Rn. 38.

[554] Delegierte Verordnung (EU) Nr. 2016/438 der Kommission vom 17. Dezember 2015 zur Ergänzung der Richtlinie 2009/65/EG des Europäischen Parlaments und des Rates in Bezug auf die Pflichten der Verwahrstellen, ABl. Nr. L 78, S. 11. Zum Hintergrund auch *Moroni/Wibbeke*, RdF 2015, 187, 193 f.

[555] § 85 Abs. 3 Satz 4 KAGB i. V. m. Art. 24 der Delegierten Verordnung (EU) Nr. 2016/438.

[556] § 85 Abs. 5 Satz 3 KAGB.

keine Zweifel an der Selbständigkeit des Handelns der KVG hervorrufen. Unzulässig ist es hingegen, wenn es aufgrund der gesellschaftsrechtlich von der Verwahrstelle gehaltenen Mehrheitsbeteiligung an der KVG zu einem Oktroyieren geschäftspolitischer Entscheidungen kommt.[557] Unschädlich wiederum ist es aus der Perspektive des § 26 Abs. 1 KAGB, wenn ein Vertreter der Verwahrstelle in nicht geschäftsführenden Aufsichtsgremien des AIF oder der KVG sitzt.[558] Auch wenn es sich um ein Gremium, das Anlageentscheidungen trifft oder beeinflusst, handelt, wird vertreten, dass § 26 Abs. 1 KAGB nicht berührt sei.[559] Dies könnte eventuell für KVGs, die ausschließlich Spezial-AIFs verwalten, gelten, da § 26 Abs. 7 Satz 3 KAGB i. V. m. Art. 21 lit. c der Delegierten Verordnung (EU) Nr. 2016/438 nur für KVGs, die nicht ausschließlich Spezial-AIFs verwalten, eine Personenidentität zwischen Mitgliedern des Leitungsorgans der Verwahrstelle und „Mitarbeitern" der Verwaltungs- oder Investmentgesellschaft verbietet. § 85 Abs. 5 Satz 1 KAGB müsste vor diesem Hintergrund dann einschränkend ausgelegt werden.

bb) Handeln im ausschließlichen und besten Interesse der Anleger

Nach § 26 Abs. 1 KAGB handelt die KVG ausschließlich im Interesse der Anleger. Über § 26 Abs. 2 Nr. 2 KAGB wird diese Regelung um die Verpflichtung zum Handeln im besten Interesse der Anleger ergänzt. Vereinzelt wird geschlussfolgert, dass sich aus letzterer kein eigenständiger Regelungsgehalt mehr ergebe.[560] Abstrakt lässt sich der Mehrwert jedoch beschreiben: Falls sich verschiedene, im Anlegerinteresse liegende Handlungsoptionen für die KVG auftun, ist diejenige Handlungsoption zu wählen, die sich von den anderen insgesamt zugunsten der Anleger abhebt.[561] Die Sicherstellung der Aufgabenwahrnehmung im Anlegerinteresse bildet eine Handlungsmaxime, die über das KAGB verteilt bei vielen regulatorischen Anknüpfungspunkten durch spezielle Regelung wieder aufgegriffen wird.[562] Dass die Verpflichtung auf die Anlegerinteressen nun auch gesetzlich zum investmentrechtlichen Dogma bislang unregulierter Bereiche erhoben wird, ist eine wesentliche Neuerung. Erstmals werden auch die Fondsmanager intern verwalteter AIFs weg von gesellschaftsrechtlichen Richtschnuren auf investmentrechtliche Zielvorgaben geeicht, die sonst als Gegenstand des Gesellschaftsvertrags hätten ausgestaltet werden

---

[557] *Steffen*, in: Baur/Tappen, Investmentgesetze, § 26 KAGB Rn. 26: kein Diktieren.

[558] *Swoboda*, in: Weitnauer/Boxberger/Anders, KAGB, § 26 Rn. 17.

[559] Ebd., der in den Mandaten höchstpersönliche Ämter sieht; a. A. *Steffen*, in: Baur/Tappen, Investmentgesetze, § 26 KAGB Rn. 26: nur grundsätzliche und tendenzielle Abstimmungen der Anlageziele.

[560] *Steffen*, in: Baur/Tappen, Investmentgesetze, § 26 KAGB Rn. 27, 43.

[561] *Swoboda*, in: Weitnauer/Boxberger/Anders, KAGB, § 26 Rn. 8: Je nach Lebensphase des Fonds könne Bewertung unterschiedlich ausfallen.

[562] Etwa im Rahmen der Kostenstruktur, § 26 Abs. 5 KAGB, des Umgangs mit Interessenkonflikten, § 27 Abs. 4 KAGB, oder der Auslagerung, § 36 Abs. 1 Satz 1 Nr. 5 KAGB.

müssen.[563] Bei schuldrechtlich beauftragten Management-Gesellschaften musste dieser investmentspezifische Rahmen bislang im Verwaltungsvertrag abgebildet werden. Die Konsequenzen des zweiten Leitprinzips sind in Bezug auf Best Execution Standards (unter (1)), das Marktgerechtigkeitskriterium (unter (2)) und Anreize durch Leistungsentgelte (unter (3)) zu diskutieren. Außerdem ist den Grenzen der Handlungsmaxime nachzugehen (unter (4)).

(1) Best Execution Standards?

Ein Element der eben erläuterten Handlungsmaxime sind die Best Execution Standards in Artt. 27 und 28 AIFM-VO, die über § 26 Abs. 7 Satz 1 KAGB auch mit Geltung für Verwalter von Publikums-AIFs zur Anwendung gelangen. Art. 27 AIFM-VO regelt die Eigenausführung von Handelsentscheidungen durch die KVG, Art. 28 AIFM-VO hingegen die Drittausführung, mithin unter Hinzuziehung eines Intermediärs.[564] Bei jedem Kauf oder Verkauf von Vermögenswerten soll verschiedenen Aspekten wie dem Kurs, den Kosten, der Geschwindigkeit, der Wahrscheinlichkeit der Ausführung und Abrechnung, dem Umfang und der Art des Auftrags Rechnung getragen werden, um letztlich das bestmögliche Ergebnis zu erreichen.[565] Diese Vorgaben können für Private Equity-Fondsmanager keine Rolle spielen, da sie auf die Platzierung von Handelsaufträgen bei verschiedenen *Ausführungsplätzen* rekurrieren und damit auf die Märkte für offene Fonds zugeschnitten sind.[566] Bei Anlagemodellen wie LBO-Fonds gibt es weder verschiedene noch überhaupt Ausführungsplätze – worauf auch Branchenvertreter im Zuge der Konsultation zur AIFM-VO hingewiesen haben.[567] Die Kauf- und Verkaufentscheidungen werden auf dem Parkett von Verhandlungen bei ausführlicher Analyse der Zielgesellschaften getroffen. Konsequenterweise halten die Artt. 27 Abs. 7, 28 Abs. 5 AIFM-VO entsprechende Ausnahmen bereit, falls keine Wahlmöglichkeit zwischen verschiedenen Ausführungsplätzen besteht, was auch die Konstellation erreichen soll, dass überhaupt kein Ausführungsplatz existiert.[568] Die Gesetzessystematik ist hier jedoch etwas irritierend. Art. 28 Abs. 2 bis 5 AIFM-VO sollen keine Anwendung finden, Art. 28 Abs. 1 AIFM-VO hingegen schon. Art. 28 Abs. 1 AIFM-VO verpflichtet den AIFM für den Fall, dass eine bestmögliche *Ausführung* von Bedeutung ist, wieder auf das Handeln im besten Interesse der von ihm verwalteten AIFs oder der Anleger dieser, wenn er Handelsaufträge bei anderen Ausführungseinrichtungen platziert. Die bestmögliche Ausführung ist aber ausweislich der

---

[563] Zum Spannungsfeld gesellschaftsrechtlicher und investmentrechtlicher Richtschnuren bei interner Verwaltung s. bereits 6. Teil, B.I.2.f)bb).

[564] *Schultheiß*, in: Baur/Tappen, Investmentgesetze, § 168 KAGB Rn. 204.

[565] Artt. 27 Abs. 2, 28 Abs. 2 AIFM-VO.

[566] *Swoboda*, in: Weitnauer/Boxberger/Anders, KAGB, § 26 Rn. 5 f.

[567] *European Commission*, Impact Assessment vom 19.12.2012, SWD(2012) 386 final, Annex 14 Rn. 107, abrufbar unter http://ec.europa.eu/internal_market/investment/docs/2012121 9-directive/ia_en.pdf (zuletzt abgerufen am 27.8.2017).

[568] Ebd., Annex 14 Box 14 ESMA's response.

Kommission im Fall von Private Equity insgesamt nicht relevant, weil die Anlage letztlich nach Verhandlungen über die Modalitäten der Vereinbarung getätigt wird.[569] Wieso Art. 28 Abs. 1 AIFM-VO dennoch gilt, obwohl bereits Art. 12 Abs. 1 lit. b AIFM-RL eine Verpflichtung zum Handeln im besten Interesse vorsieht, bleibt im Dunkeln.

Best Execution Standards sind allerdings auch in § 168 Abs. 7 Satz 1 bis 3 KAGB kodifiziert. § 168 Abs. 7 KAGB stellt die Nachfolgeregelung von § 36 Abs. 2 InvG a. F. dar[570] und kommt über §§ 271 Abs. 1, 286 Abs. 1 KAGB auch für Verwalter von geschlossenen AIFs zur Anwendung. § 168 Abs. 7 Satz 1 bis 3 KAGB enthält keine Differenzierung zwischen Eigen- und Drittausführung von Handelsentscheidungen. Anders als die Artt. 27 und 28 AIFM-VO macht § 168 Abs. 7 Satz 1 bis 3 KAGB die Verpflichtung zur Erzielung des bestmöglichen Ergebnisses (= prozedurale Verpflichtung)[571] bemerkenswerterweise nicht von der Existenz verschiedener Ausführungsplätze abhängig. Im Ergebnis ist ein Wertungswiderspruch mit den detaillierten Regelungen der AIFM-VO zu vermeiden, sodass das Erfordernis alternativer Ausführungsplätze beizubehalten ist.[572] Davon unabhängig gilt auch hier, dass es im LBO-Bereich nicht zu einer *Auftragsausführung* i. S. des § 168 Abs. 7 Satz 2 KAGB kommt.

Losgelöst von der konkreten, auch mit Dokumentationsaufwand verbundenen Ausgestaltung der Best Execution Standards in der AIFM-VO und im KAGB lässt sich der tragende Gedanke, i. S. einer prozeduralen Verpflichtung das bestmögliche Ergebnis für die Anleger zu erzielen, gewiss ohne Weiteres als gleichlaufender Pflichtinhalt aus dem Gebot des § 26 Abs. 2 Nr. 2 KAGB entnehmen. Dem Handeln im besten Interesse der Anleger und dem Erzielen des bestmöglichen Ergebnisses ist schließlich eine Interdependenz nicht abzusprechen.[573] Die konkreten Auswirkungen im Bereich Private Equity sind auf den Einzelfall zu münzen. Modalitäten zur Erzielung des besten Ergebnisses können z. B. der Rückgriff auf renommierte Kanzleien, die Häufigkeit und Intensität der Besprechung des bisherigen Verhandlungsstandes, die Güte der Plausibilitätskontrollen der Due Diligence-Reports, die Sachkunde der eingesetzten Portfoliomanager, etc. sein. Für Ergebniskontrollen hingegen besteht eine spezielle Regelung in dem nachfolgend erläuterten Marktgerechtigkeitskriterium.

---

[569] Erwägungsgrund 45 AIFM-VO, dort allerdings nur beispielhaft für eine Investition in Personengesellschaften.

[570] BegrRegE BT-Drs. 17/12294, S. 258.

[571] „Die Kapitalverwaltungsgesellschaft hat alle angemessen Maßnahmen zu ergreifen, um […] das bestmögliche Ergebnis […] zu erzielen", § 168 Abs. 7 Satz 1 KAGB. *Schultheiß*, in: Baur/Tappen, Investmentgesetze, § 168 KAGB Rn. 213 f.; *Hölscher*, in: Emde/Dornseifer/ Dreibus/Hölscher, InvG, § 36 Rn. 59.

[572] *Schultheiß*, in: Baur/Tappen, Investmentgesetze, § 168 KAGB Rn. 206.

[573] Diese anerkennend ebd., Rn. 205.

(2) Marktgerechtigkeitskriterium

Getrennt von den Best Execution Standards in § 168 Abs. 7 Satz 1 bis 3 KAGB ist die Regelung in § 168 Abs. 7 Satz 4 KAGB (i. V. m. §§ 271 Abs. 1, 286 Abs. 1 KAGB) zu sehen, wonach Geschäftsabschlüsse für das Investmentvermögen zu nicht marktgerechten Bedingungen unzulässig sind, wenn sie für das Investmentvermögen nachteilig sind.[574] Die Loslösung von den Best Execution Standards ist dem Umstand geschuldet, dass das Marktgerechtigkeitskriterium einer Ergebniskontrolle dient.[575] Das äußert sich schon sprachlich darin, dass es um Geschäfts*abschlüsse* geht, deren *Bedingungen* überprüft werden sollen, wohingegen im Zentrum der Best Execution Standards *Aspekte* (§ 168 Abs. 7 Satz 2 KAGB) bzw. *Faktoren* (§ 168 Abs. 7 Satz 3 KAGB) stehen, die für die Auftrags*ausführung* relevant sind. Was marktgerecht sein soll, wird gleichwohl nicht angeordnet.

Ausgangspunkt ist, dass relevante Geschäftsabschlüsse im LBO-Bereich vornehmlich Unternehmenskaufverträge auf Ebene der Akquisitionsvehikel sind. Die Überwachungsfunktion der Verwahrstelle dringt bis hierhin vor; so hat die BaFin bereits bestätigt, dass die Verwahrstelle im Rahmen ihrer Rechtmäßigkeitskontrolle die Tätigkeiten auf Ebene von Objektgesellschaften im Hinblick auf die Einhaltung der Marktgerechtigkeitskontrolle überwachen muss.[576] Unter den „Bedingungen" i. S. des § 168 Abs. 7 Satz 4 KAGB sind Bedingungen, die selbst Bestandteil des Geschäfts sind,[577] mithin auch Vertragskonditionen, zu verstehen. Auf einzelne Transaktionen zugeschnittene Unternehmenskaufverträge sind in diesem Maße indes aufgrund ihres individuellen Einschlags, insbesondere im Hinblick auf Kaufpreisberechnung, Garantien, etc., einem Vergleichsmaßstab und damit strukturell auch dem Kriterium der Marktgerechtigkeit entzogen. Etwas anderes könnte gelten, wenn man analog zur Diskussion über die AGB-Eigenschaft von derartigen Vertragsklauseln hinterfragte, ob diese zur Disposition des anderen Teils stünden.[578] Nur verneinendenfalls eröffnete sich überhaupt erst die Möglichkeit einer (Markt-) Standardisierung.

---

[574] *Schultheiß*, in: Baur/Tappen, Investmentgesetze, § 168 KAGB Rn. 206, 251.

[575] Wie hier ebd., Rn. 253; a. A. *Kayser/Selkinski*, in: Weitnauer/Boxberger/Anders, KAGB, § 168 Rn. 49: Abstellen auf Einflussfaktoren nach § 168 Abs. 7 Satz 2 KAGB; ebenso *Patzner/Schneider-Deters*, in: FrankKomm, KapAnlR Bd. 1, § 168 KAGB Rn. 52; *Hölscher*, in: Emde/Dornseifer/Dreibus/Hölscher, InvG, § 36 Rn. 89; *Postler*, Private Equity und das KAGB – Portfoliobewertung, S. 26, der expressis verbis nur den Preis in die Beurteilung miteinbezieht, mit Fn. 152 aber offenbar davon ausgeht, dass die Kriterien aus § 168 Abs. 7 Satz 2 KAGB insgesamt maßgeblich sein sollen.

[576] *BaFin* vom 7. 10. 2015, Rundschreiben 08/2015 (WA) – Aufgaben und Pflichten der Verwahrstelle nach Kapitel 1 Abschnitt 3 des KAGB, WA 41-Wp 2137-2013/0068, Abschn. 3 und 7.7.

[577] *Schultheiß*, in: Baur/Tappen, Investmentgesetze, § 168 KAGB Rn. 253.

[578] Überblick zur AGB-Diskussion bei *Beisel*, in: Beisel/Klumpp, Unternehmenskauf, § 1 Rn. 118 ff.

Stellt man auf den Preis als Beurteilungsgrundlage für die Marktgerechtigkeit eines Geschäftsabschlusses ab,[579] könnte man den Verkehrswert als Blaupause für die Marktgerechtigkeit in die rechtliche Würdigung einbeziehen[580]. Dabei ist der Verkehrswert gem. KARBV der Betrag, zu dem der jeweilige Vermögensgegenstand in einem Geschäft zwischen sachverständigen, vertragswilligen und unabhängigen Geschäftspartnern ausgetauscht wird;[581] durch seine Abstraktion von subjektiven Elementen vermag er eine naheliegende Stellschraube für die Bewertung der Marktgerechtigkeit zu bilden. Doch einen jederzeit einsehbaren Kurs wie bei notierten Vermögensgegenständen, der dort als Verkehrswert (§§ 168 Abs. 2 KAGB, 27 Abs. 1 KARBV) und tragend für die Bewertung der Marktgerechtigkeit eingeordnet wird,[582] gibt es gerade nicht. Kurse von Dritten, insbesondere Ratingagenturen, werden nicht gestellt. Das wirft die Frage auf, wie der Verkehrswert für ein nicht börsennotiertes Unternehmen zu ermitteln ist. § 32 Abs. 1 KARBV für Publikums-AIFs und § 34 Abs. 2 i.V.m Abs. 1 i. V. m. 32 Abs. 1 KARBV i. V. m. § 284 Abs. 2 Nr. lit. i KAGB für Spezial-AIFs zeigen, dass hierfür auf anerkannte Grundsätze für die Unternehmensbewertung zurückzugreifen ist.[583] Als Verkehrswert im Rahmen der Zugangsbewertung ist aber gem. § 32 Abs. 2 Satz 1 KARBV der Kaufpreis einschließlich der Anschaffungsnebenkosten anzusetzen. Die KARBV ist insoweit für das Marktgerechtigkeitskriterium relevant; diese Aussage gilt wie im Folgenden gezeigt wird aber auch vice versa, sodass man mit Fug und Recht von einer Wechselwirkung sprechen kann: Die Regelung zur Zugangsbewertung trägt ihre Berechtigung nur deshalb, weil pre-akquisitorisch bei Publikums-AIFs gem. § 261 Abs. 6 KAGB eine Unternehmensbewertung durch externe Bewerter durchzuführen ist und diese als Grundlage für die Kaufpreisbemessung fungieren kann.[584] Vergrößert sich der zeitliche Abstand zwischen externer Bewertung und Zugangsbewertung, kann erstere als Bewertungsgrundlage nicht mehr sachgerecht sein.[585] Bei Spezial-AIFs ist eine verpflichtende pre-akquisitorische Bewertung schon gar nicht angeordnet. Im hypothetischen Extremfall könnte das zu einem krassen Missverhältnis zwischen dem zu ermittelnden Verkehrswert und dem Kaufpreis führen. In

---

[579] So *Schultheiß*, in: Baur/Tappen, Investmentgesetze, § 168 KAGB Rn. 253; *Kayser/ Selkinski*, in: Weitnauer/Boxberger/Anders, KAGB, § 168 Rn. 49; *Postler*, Private Equity und das KAGB – Portfoliobewertung, S. 26.

[580] So bei *Schultheiß*, in: Baur/Tappen, Investmentgesetze, § 168 KAGB Rn. 253 f.; *Postler*, Private Equity und das KAGB – Portfoliobewertung, S. 26: Marktwert.

[581] § 2 Nr. 4 KARBV. Die KARBV ist hier maßgeblich, weil die Bewertungsvorschriften der KARBV in dem hier relevanten § 168 Abs. 8 KAGB ihre Ermächtigungsgrundlage finden.

[582] *Schultheiß*, in: Baur/Tappen, Investmentgesetze, § 168 KAGB Rn. 254.

[583] § 32 Abs. 1 KARBV gilt insbesondere für die pre-akquisitorische Prüfung bei Publikums-AIFs. Im Bereich der Spezial-AIFs findet eine solche nicht statt, doch würde es der Sache nach wenig überzeugen, allein deswegen auf eine andere Annahme zurückzugreifen. Zu diesen sog. Wertermittlungsverfahren vgl. 6. Teil, B.II.8.c)cc).

[584] *Schultheiß*, in: Baur/Tappen, Investmentgesetze, § 168 KAGB Rn. 179. Zur pre-akquisitorischen Bewertung vgl. 6. Teil, B.II.8.c)gg).

[585] *Schultheiß*, in: Baur/Tappen, Investmentgesetze, § 168 KAGB Rn. 179.

beiden Konstellationen sorgt allein die aus § 168 Abs. 7 Satz 4 KAGB folgende Verpflichtung zum Abschluss marktgerechter Geschäfte samt Verkehrswertermittlung für eine sachliche Berechtigung für die Zugangsbewertung gem. § 32 Abs. 2 Satz 1 KARBV.

Das Abstellen auf den Verkehrswert für die Beurteilung der Marktgerechtigkeit i.S. einer Ergebniskontrolle scheint als objektiver Ansatz sinnvoll und zugleich alternativlos. Gleichwohl ist eine Entscheidungsfindung gewissen Imponderabilien ausgesetzt. Rekapituliert man, dass Verkehrswertermittlung stets Unternehmensbewertung bedeutet, leitet sich hieraus die widersinnige Erkenntnis ab, dass es letztlich der Fondsmanager bzw. sein beauftragter Bewerter selbst ist, der den Maßstab der Marktgerechtigkeit und damit seinen eigenen Regulierungsrahmen vorgeben würde. Nur im Bereich der Publikums-AIFs wird diesem Interessenkonflikt durch Anordnung einer zwingenden Bewertung durch einen externen Berater mit entsprechenden Unabhängigkeitsanforderungen begegnet. Zwar muss die KVG von Spezial-AIFs bei interner Bewertung nach § 286 Abs. 1 i.V.m. § 169 Abs. 1 Satz 2 KAGB für eine unabhängige Bewertung sorgen. Doch es wird noch Gegenstand der Ausführungen zu den Bewertungsvorschriften sein, dass diese im Ergebnis nicht für eine etwaige pre-akquisitorische Bewertung gelten.[586] Die BaFin übt zwar die Aufsicht über die Einhaltung des Marktgerechtigkeitskriteriums aus und kann zu diesem Zweck auch Aufsichtsmittel einsetzen. Die Identifizierung der Schwelle der Marktgerechtigkeit würde aber die Durchführung einer sachgerechten Unternehmensbewertung erfordern. Ob die BaFin KVGs von Spezial-AIFs nach Geschäftsabschluss zu einer nachzuholenden sachgerechten Bewertung etwa durch externe Bewerter anhalten kann, ist jedenfalls zweifelhaft, weil dadurch gerade die fehlende pre-akquisitorische Bewertungspflicht durch externe Bewerter durch die Hintertür eingeführt würde. Insoweit ist ein Spannungspotenzial im Gesetz angelegt. Daneben darf nicht aus dem Blick geraten, dass den verschiedenen Wertermittlungsverfahren letztlich auch eigene Schwächen immanent sind. So sind für die DCF-Methode Prognosen essenziell, die naturgemäß unsicher sind. Im gleichen Maße wäre der Maßstab der Marktgerechtigkeit unsicher. Vergleichsangebote im Bieterverfahren sind in die Beurteilung miteinzubeziehen, doch sind diese nicht einsehbar und auch die BaFin kann ihre Aufsicht nur über die Regulierungsadressaten ausüben. Brancheninterne Multiples sind im Zweifel ebenso wenig hilfreich für die Beurteilung der Marktgerechtigkeit. Unternehmen sind verschieden und können selbst innerhalb desselben Sektors unterschiedliche Wachstumsprognosen aufweisen. Müssten sich Multiples stets in die historischen Daten der Branchenstandards einfügen, könnte man zudem im Niedrigzinsumfeld einen regulierungswirksamen Geschäftsabschluss verhindern.

Selbst wenn man sich nun für das Marktgerechtigkeitskriterium am jeweiligen Verkehrswert orientierte und feststellte, dass eine nicht unerhebliche Abweichung von diesem vorläge, gälte es zu bedenken, dass diese für eine Verletzung von § 168

---

[586] 6. Teil, B.II.8.c)gg).

Abs. 7 Satz 4 KAGB auch nachteilig für den AIF sein müsste. Hiervon abweichend sieht die BaFin das Marktgerechtigkeitskriterium neuerdings bereits dann verletzt, wenn der nicht marktgerechte Geschäftsabschluss nicht vorteilhaft ist, billigt aber einen zu nicht marktgerechten Bedingungen erfolgten Geschäftsabschluss im Bereich der Spezial-AIFs, wenn der Geschäftsabschluss mit Zustimmung aller Anleger erfolgt, sachlich begründet und dokumentiert ist.[587] Das ist abzulehnen, weil dem Gesetz ein Postulat nach einem Vorteil nicht zu entnehmen ist und im Übrigen die bereits herausgearbeiteten Erkenntnisse zur Dispositivität der Regulierung auch im Segment der Spezial-AIFs ignoriert werden. Das für eine Verletzung von § 168 Abs. 7 Satz 4 KAGB richtigerweise zugrundezulegende Erfordernis eines Nachteils ist bei Unternehmenstransaktionen aber kaum justiziabel. Im Ausgangspunkt sind beim Unternehmenskauf sowohl die Anschaffungskosten als auch der objektivierte Unternehmenswert *regelmäßig* geringer als der subjektive Unternehmenswert.[588] Wie noch an anderer Stelle zu zeigen sein wird, nähert sich der Verkehrswert dem objektivierten Unternehmenswert an.[589] Der Käufer geht davon aus, dass entsprechendes Wertschöpfungspotenzial die Anschaffungskosten rechtfertigt. Ob sich Anschaffungskosten (Preis) und objektivierter Unternehmenswert entsprechen,[590] ist irrelevant, weil in der Theorie eine Differenz zum subjektiven Unternehmenswert besteht und diese Differenz aufgrund der erhofften Realisierung von Wertschöpfungspotenzialen nicht nachteilig i.S. des § 168 Abs. 7 Satz 4 KAGB sein kann. Andernfalls würde man den Käufer stets zum Erwerb zum objektivierten Unternehmenswert zwingen, obwohl nach dem subjektiven Entscheidungswert noch Spielraum nach oben bestünde. Die Regulierung würde so in unzulässiger Weise in marktwirtschaftliche Prozesse eingreifen. Nach diesem Maßstab könnte eine Nachteilszufügung nur angenommen werden, wenn die Anschaffungskosten den subjektiven Unternehmenswert überstiegen. Damit gesellt sich aber die Problematik der Rückschaufehler („Hindsight Bias") hinzu, die es in dem Sinne zu vermeiden gilt, dass eine post-akquisitorische nachteilige Entwicklung auszublenden ist.[591] Ein nach den vorstehenden Ausführungen zulässiger Geschäftsabschluss kann abgesehen von äußerst krassen Ausnahmefällen faktisch nicht von einem unzulässigen Geschäftsabschluss auseinandergehalten werden. Hier offenbart sich die strukturelle Schwäche des § 168 Abs. 7 Satz 4 KAGB, dessen Meriten für die Investoren teils unerreicht bleiben. *Insoweit* sind wirksamere Mittel vielmehr dem Zivilrecht in Gestalt der Kollusion überantwortet.[592]

---

[587] Abschn. 4.6 Tz. 10 KAMaRisk.

[588] 6. Teil, B.II.2.d)aa)(1).

[589] 6. Teil, B.II.8.c)ee).

[590] *Schindler*, in: Beisel/Klumpp, Unternehmenskauf, § 3 Rn. 5: selten; vgl. auch IDW RS HFA 10, Rn. 4: Objektivierter Unternehmenswert könne als „Ausgangspunkt" für die Ermittlung des Kaufpreises zugrundegelegt werden.

[591] *Schultheiß*, in: Baur/Tappen, Investmentgesetze, § 168 KAGB Rn. 255.

[592] So z.B. jüngst BGH, Urt. v. 28.1.2014 – II ZR 371/12, NZG 2014, 389, 390.

(3) Anreize durch Leistungsentgelte nach Art. 24 AIFM-VO

Art. 24 AIFM-VO konkretisiert, dass AIFMs dann nicht im besten Interesse der Anleger handeln, wenn sie bei der Wahrnehmung der in Anhang I AIFM-RL genannten Funktionen[593] (z. B. Anlageverwaltungsfunktionen) für ausgeführte Tätigkeiten eine Gebühr oder Provision zahlen oder *erhalten* (!) oder eine nicht in Geldform angebotene Zuwendung gewähren oder erhalten, es sei denn, dass ein Katalog an bestimmten Ausnahmen erfüllt ist. Letzteres ist etwa der Fall bei einer Gebühr, einer Provision oder einer nicht in Geldform angebotenen Zuwendung, die dem AIF oder einer für ihn handelnden Person gezahlt bzw. *vom* AIF oder einer für ihn handelnden Person gewährt wird.[594] Damit sind insbesondere Management Fees erfasst, die vom AIF im Rahmen der nun geltenden Regularien an die KVG gezahlt werden.[595]

Außerdem greift eine Ausnahme bei einer Gebühr, einer Provision oder einer nicht in Geldform angebotenen Zuwendung, die einem Dritten oder einer für ihn handelnden Person gezahlt bzw. *von* diesen gewährt wird, wenn der AIFM[596] nachweisen kann, dass kumulativ zwei verschiedene, im Folgenden beleuchtete Bedingungen erfüllt sind.[597] Zum einen stellt die AIFM-VO eine Forderung nach umfassender, zutreffender und verständlicher Offenlegung gegenüber den AIF-Anlegern.[598] Alternativ kann diese auch in zusammengefasster Form erfolgen, sofern sich der AIFM verpflichtet, auf Wunsch des Anlegers des von ihm verwalteten Fonds weitere Einzelheiten offenzulegen, und dieser Verpflichtung auch nachkommt.[599] Zum anderen muss die jeweilige Zahlung bzw. Zuwendung darauf ausgelegt sein, die *Qualität der betreffenden Dienstleistung zu verbessern* und den AIFM nicht daran zu hindern, pflichtgemäß im besten Interesse des von ihm verwalteten AIF oder dessen Anlegern zu handeln.[600] Das wurde bereits in den Konsultationen verbandsseitig sowie bisweilen auch in der Literatur kritisiert, da es „Phantasie"[601] erfordere, sich vorzustellen, wie die jeweilige Zahlung die Qualität der Dienstleistung erhöhen

---

[593] Anlageverwaltungsfunktionen, administrative Tätigkeiten, Vertrieb und Tätigkeiten im Zusammenhang mit den Vermögenswerten des AIF.

[594] Art. 24 Abs. 1 lit. a AIFM-VO.

[595] Ausführlich 6. Teil, B.II.7.c)aa).

[596] Die AIFM-VO spricht davon, dass der „AIF" diese Bedingungen nachweisen müsste. Dabei muss es sich um ein redaktionelles Versehen handeln, da sich die AIFM-VO explizit an die AIFMs richtet. So offenbar auch *Steffen*, in: Baur/Tappen, Investmentgesetze, § 26 KAGB Rn. 63, der schlicht von KVGs spricht, ohne den abweichenden Wortlaut der AIFM-VO zu thematisieren.

[597] Art. 24 Abs. 1 lit. b AIFM-VO.

[598] Art. 24 Abs. 1 lit. b i) AIFM-VO.

[599] Art. 24 Abs. 2 AIFM-VO.

[600] Art. 24 Abs. 1 lit. b ii) AIFM-VO.

[601] *Swoboda*, in: Weitnauer/Boxberger/Anders, KAGB, § 26 Rn. 15.

soll.[602] Die Antwort könne nur darin liegen, dass ohne die Zahlung die entsprechende Dienstleistung z. B. gar nicht erst erbracht worden wäre.[603] Für sachgerechte Gebühren, die die Erbringung der betreffenden Dienstleistung ermöglichen oder dafür notwendig sind und die wesensbedingt keine Konflikte mit der Verpflichtung des AIFM hervorrufen, ehrlich, redlich und im besten Interesse des von ihm verwalteten AIF oder dessen Anlegern zu handeln, existiert allerdings ein weiterer Ausnahmetatbestand.[604]

Alle Zahlungen bzw. Zuwendungen an Dritte bzw. von Dritten im Kontext von Private Equity müssen sich an diesen Vorgaben messen lassen. Genannt werden insbesondere Vermittlungsprovisionen, Broken Deal Fees, Monitoring Fees, etc.[605] Bisweilen wird darauf hingewiesen, dass lediglich eine Bezweckung der Qualitätssteigerung erforderlich sei.[606] Das ist richtig („sind darauf ausgelegt"), doch gleichzeitig ist aus Anlegerschutzgesichtspunkten zu fordern, dass die Qualitätssteigerung auch erreichbar ist. Andernfalls könnte man die Zweckbestimmung missbrauchen, um dem Regulierungsregime zu entfliehen. Wäre eine Qualitätssteigerung nicht mehr möglich, bezweckte die Zahlung der Gebühr z. B. durch die Portfoliogesellschaft als Dritten ausweislich der Vertragsdokumentation aber eine solche, bestünde vielmehr die Gefahr unnötigen Kapitalabzugs. Davon unabhängig ist stets der Blick auf die einzelne Zahlung, den mit ihr verfolgten Zweck und die Kontrollfrage, ob es sich um ein Entgelt („für ausgeführte Tätigkeiten") für die in Anhang I der AIFM-RL genannten Tätigkeiten handelt, erforderlich. Im Übrigen ist man, sofern sich argumentativ keine Qualitätssteigerung im oben beschriebenen Sinne begründen lässt, entweder dazu gezwungen, die Zahlungen als sachgerechte Gebühren einzuordnen, um so die Zulässigkeit dieser Gebühr zu begründen. Das stellt sicherlich nicht für alle Zahlungen einen gangbaren Weg dar, da diese Ausnahmebestimmung expressis verbis nur für Gebühren und damit nicht für Provisionen oder anderweitige Zuwendungen gilt. Oder man interpretiert das Kriterium der Qualitätssteigerung tatsächlich so, dass es auch erfüllt ist, wenn die Dienstleistung durch die Zahlung erst ermöglicht wird. Damit begibt man sich aber in Ansehung der Gesetzessystematik auf Abwege, da die Qualitätssteigerung und die Ermöglichung von Dienstleistung wie eben erläutert zwei verschiedene Begriffe sind und unter zwei verschiedene Tatbestände fallen. Auch die Historie spricht gegen ein solches Verständnis. Art. 24 AIFM-VO ist zwar für AIF-KVGs regulatorisches Neuland. Für OGAW-KVGs gab es aber bereits gleichlautende Bestimmungen in Art. 29 OGAW-RL in der Fassung der OGAW IV-RL, worauf auch die ESMA

---

[602] *European Commission*, Impact Assessment vom 19. 12. 2012, SWD(2012) 386 final, Annex 14 Rn. 114: „[…] difficult to see how that payment could enhance the quality of the service", abrufbar unter http://ec.europa.eu/internal_market/investment/docs/20121219-directive/ia_en.pdf (zuletzt abgerufen am 27. 8. 2017).

[603] *Swoboda*, in: Weitnauer/Boxberger/Anders, KAGB, § 26 Rn. 15.

[604] Art. 24 Abs. 1 lit. c AIFM-VO.

[605] *Swoboda*, in: Weitnauer/Boxberger/Anders, KAGB, § 26 Rn. 14.

[606] So *Steffen*, in: Baur/Tappen, Investmentgesetze, § 26 KAGB Rn. 63.

hinweist.[607] Unter dem damaligen CESR wurden einzelne Kriterien aufgestellt, die bei der Beurteilung der Compliance mit dem Merkmal der Qualitätssteigerung in Betracht gezogen werden sollten.[608] Als Merkmal pro Qualitätssteigerung heißt es dort explizit „[…] and whether the incentive is likely to change the management company's behaviour"[609]. Laut ESMA sollen die im Bereich der Anreize bestehenden Prinzipien aus der OGAW-Regulierung auch für die AIFM-Regulierung fruchtbar gemacht werden.[610] Im Ergebnis ist daher stets zu überprüfen, ob die Zahlung die in Rede stehende Dienstleistung erst ermöglicht und damit nur als sachgerechte Gebühr zulässig sein kann oder ob sie eine ohnehin zu erbringende Dienstleistung qualitativ steigert und unter den oben genannten Voraussetzungen zulässig ist. Dies soll anhand der Monitoring und Transaction Fees illustriert werden.

(a) Monitoring Fees

Die Monitoring Fee wird als Entgelt für die Überwachung der Umsetzung von Transformationsmaßnahmen bei der Portfoliogesellschaft von dieser (also einem Dritten) gezahlt.[611] Die Überwachung erfolgt regelmäßig durch Beratung, sodass die Monitoring Fee zugleich eine Advisory Fee ist.[612] Aus der Perspektive der Portfoliogesellschaft stellt sie zwar kein Entgelt für die Portfolioverwaltung der KVG für den AIF dar, sondern ist Gegenstand einer eigenen vertraglichen Abrede mit der KVG. Aus dem Blickwinkel des AIFM ergibt sich jedoch etwas anderes: Würde der AIFM nicht die Portfolioverwaltung i. S. des Anhangs 1 Abs. 1 lit. a AIFM-RL für den AIF erbringen, wäre es nicht zu dieser vertraglichen Vereinbarung gekommen. Die Monitoring Fee ergeht für die Überwachung und stellt damit ein Entgelt für die Portfolioverwaltung dar, das von einem Dritten gewährt wird. Der Anwendungsbereich von Art. 24 AIFM-VO ist eröffnet.[613] Dafür spricht auch, dass die Monitoring Fee anreiztechnisch relevant ist, da der Zielgesellschaft Kapital entzogen wird, und somit Anlegerschutzgesichtspunkte für eine Anwendung des Art. 24 AIFM-VO streiten.

---

[607] ESMA/2011/379 vom 16.11.2011, Final report, ESMA's technical advice to the European Commission on possible implementing measures of the Alternative Investment Funds Managers Directive, Abschn. IV.II. Rn. 31.

[608] CESR/09-963 vom 28.10.2009, CESR's technical advice to the European Commission on the level 2 measures related to the UCITS management company passport, S. 77 Rn. 49.

[609] Ebd., S. 77 Rn. 49 lit. c.

[610] ESMA/2011/379 vom 16.11.2011, Final report, ESMA's technical advice to the European Commission on possible implementing measures of the Alternative Investment Funds Managers Directive, Abschn. IV.II. Rn. 31.

[611] *FSA*, Private equity: a discussion of risk and regulatory engagement, S. 24; *Tasma*, Leveraged Buyout und Gläubigerschutz, S. 51 Fn. 195; *IOSCO*, Private Equity Conflicts of Interest, FR 11/10, S. 16.

[612] *Phalippou/Rauch/Umber*, Private Equity Portfolio Company Fees, S. 19.

[613] Ohne Begründung im Ergebnis auch *Swoboda*, in: Weitnauer/Boxberger/Anders, KAGB, § 26 Rn. 14.

Doch auch ohne separate Monitoring Fee würde die KVG die Umsetzung von Transformationsmaßnahmen in der Portfoliogesellschaft bewachen und begleiten. Schließlich erhält sie parallel noch eine Management Fee[614] als Entgelt für die Portfolioverwaltung sowie den Carried Interest[615]. Letzterer ist regelmäßig die tragende Motivation („main incentive"[616]) zu einer gewinnbringenden Verwaltung der einzelnen Assets und stellt damit maßgeblich die Überwachung in den Portfoliogesellschaften sicher. Die Monitoring Fee kann damit nicht als sachgerechte Gebühr zulässig sein. Auch für den Fall, dass eine Anrechnung der Monitoring Fee auf die Management Fee möglich ist[617] und die Monitoring Fee so an die Stelle der Management Fee tritt, ergibt sich keine andere Bewertung. Hier drohen Imponderabilien dadurch, dass eine auf den einzelnen Investor bezogene Betrachtung anzustellen wäre, da nicht jeder Anleger das Gewicht hat, eine solche Regelung mit dem Fondsmanagement zu treffen.[618] Soll eine Monitoring Fee also nur teilweise regulierungswirksam sein? Für die Annahme einer sachgerechten Gebühr ist zudem erforderlich, dass die Gebühr wesensbedingt keine Konflikte mit der Verpflichtung des AIFM zum Handeln im besten Interesse der Anleger hervorruft. Ein Kapitalabzug aus der Portfoliogesellschaft ist aber gerade der Grundstein für derartige Konflikte.

Bei Verzicht auf die Monitoring Fee könnte höchstens angezweifelt werden, ob der Portfoliogesellschaft noch dieselbe Aufmerksamkeit wie bei Vereinbarung einer Monitoring Fee zukäme. Der Sache nach geht es um die Frage, ob und inwiefern eine Monitoring Fee eine Qualitätssteigerung im oben beschriebenen Sinne bezweckt.[619] Diese Zweifel können aber ausgeräumt werden. Denn der KVG ist an der Überwachung zum Zwecke der eigenen Gewinnmaximierung im Rahmen des Carried Interest sehr gelegen. Die variablen Vergütungsstrukturen und der mit den internen IRR-Vorgaben verbundene Track Record der Manager (Reputationsargument) sorgen bereits für eine Incentivierung, die in einem Qualitätsniveau kulminiert, das nicht mehr durch die starre Monitoring Fee gesteigert wird. Das bestätigen die Forschungsergebnisse aus der Ökonomie, die mit Blick auf die europäische Regulierung

---

[614] 6. Teil, B.II.7.c)aa).

[615] 6. Teil, B.II.7.c)bb).

[616] *Invest Europe*, Handbook vom November 2015, Professional Standards, Sec. 3 Glossary „Carried Interest".

[617] *IOSCO*, Private Equity Conflicts of Interest, FR 11/10, S. 16; *Invest Europe*, Handbook vom November 2015, Professional Standards, Sec. 5 No. 3.5. Mittlerweile ist auch in Europa die Erwartungshaltung der Investoren angekommen, auf Ebene der Portfoliogesellschaft bezogene Fees auf die Management Fee *voll* anzurechnen, vgl. *Mardini/Veith*, 2015 MUPET-magazin / M&A, 53, 55.

[618] *IOSCO*, Private Equity Conflicts of Interest, FR 11/10, S. 8 zum Gefälle der Einflussmöglichkeiten verschiedener Investoren. Speziell für die noch zu erläuternden Transaction Fees: ebd., S. 13.

[619] Auch für *Swoboda*, in: Weitnauer/Boxberger/Anders, KAGB, § 26 Rn. 15 handelt es sich um eine Qualitätssteigerung, wenn die Dienstleistung ohne Gebühr schlechter erbracht würde.

zugleich dem Feld der Rechtstatsachenforschung[620] im Kontext der Economics der Fonds zuzuordnen sind. Genannt seien die Untersuchungen von Phalippou/Rauch/ Umber (2016) und Metrick/Yasuda (2009). Dort wird betont, dass die Monitoring Services zu keinem weiteren Aufwand führten, der nicht ohnehin schon durch die Management Fee abgegolten wäre.[621] Eben daher erklärt sich die Anrechenbarkeit der Monitoring Fee auf die Management Fee.[622] Auch bei nicht anrechenbaren, in Abhängigkeit[623] vom EBITDA der Portfoliogesellschaft bestimmten Monitoring Fees kommt es nach Maßgabe der bereits erläuterten Incentivierung nicht zur Qualitätssteigerung. Die Annahme einer Qualitätssteigerung im Kontext der unmittelbar durch die KVG wahrgenommenen Portfolioverwaltung würde zudem bedeuten, dass die KVG erst extern motiviert werden müsste, um vollen Einsatz für die Investoren zu bringen. Im Dunkeln bliebe, wie das mit der Verpflichtung zum Handeln im besten Interesse der Anleger vereinbar sein soll. Selbst wenn die Performance der Portfoliogesellschaft keinen Carried Interest mehr auf einer Deal-by-Deal-Basis[624] verspräche und daher der wesentliche Incentivierungsfaktor entfiele, wäre die KVG immernoch originär für die Erbringung der Portfolioverwaltung verantwortlich und erhielte weiterhin eine Management Fee hierfür. Eine fixe Monitoring Fee führte hingegen gegebenenfalls zu der Möglichkeit, in schlechten Zeiten noch Gelder für Leistungen zu generieren, die ohnehin geschuldet wären und für deren Wahrnehmung kein zusätzlicher Aufwand betrieben würde. Außerdem würde man verkehrte Anreize setzen, sollte man die Vereinbarung einer Monitoring Fee bei Wegfall wesentlicher Incentivierungsmechanismen für möglich halten: Wenn die Performance der Portfoliogesellschaft gewinnversprechend wäre, würde die Vereinbarung einer Monitoring Fee unzulässig sein, während bei schlechter Performance weitergehender Kapitalabzug durch eine Monitoring Fee zulässig wäre.

Der Wegfall von Monitoring Fees könnte damit als Ausweichreaktion zu erhöhten Management Fees führen, soweit der Anbieter wirtschaftlich nicht ohnehin das Konzept der vollständigen Anrechnung verfolgen würde. Die ESMA hingegen scheint in einem anderen Kontext implizit von der Zulässigkeit von Monitoring Fees

---

[620] *Spindler/Gerdemann*, AG 2016, 698.

[621] *Phalippou/Rauch/Umber*, Private Equity Portfolio Company Fees, S. 11: „Those services are the usual ones provided by GPs [General Partners] and for which LPs [Limited Partners] pay management fees. No minimum amount of work is required".

[622] *Metrick/Yasuda*, The Economics of Private Equity Funds, S. 22 f.: „While it may seem odd that funds are effectively paying themselves a fee to run companies that they own, the sharing rules with LPs can make this an indirect way for the LPs to pay the GPs for their services. From the perspective of the LPs, it should not matter whether these payments come directly through management fees or indirectly through monitoring fees, as long as the GP can create sufficient value to justify them".

[623] EBITDA-orientierte Monitoring Fees sind nicht der Regelfall, s. *Phalippou/Rauch/Umber*, Private Equity Portfolio Company Fees, S. 11.

[624] 6. Teil, B.II.7.c)bb). Bei Funds-as-a-whole-Modellen hingegen bestünden weiterhin Anreize zur Gewinnmaximierung.

auszugehen,[625] was angesichts des strengen Art. 24 AIFM-VO zu Unverständnis führt. An diesem Punkt ist die Frage legitim, ob Art. 24 AIFM-VO nicht dann vernachlässigt werden kann, wenn die Anlagebedingungen ausgehandelt wurden und sich die jeweiligen Investoren mit der Vereinbarung einer Monitoring Fee gegenüber den Portfoliogesellschaften trotz des damit verbundenen Vermögensabflusses in den einzelnen Assets einverstanden erklärt haben.[626] Denn rekapituliert man die bereits beleuchtete Genese von Art. 24 AIFM-VO als paralleles Produkt zur OGAW-Regulierung wird offensichtlich, dass diese Regelung ein Schutzniveau bezweckt, das im Bereich der (semi-)professionellen Anleger keineswegs geboten ist.[627] Dieser Gedanke kann aber aus den zur vermeintlichen Dispositivität der AIFM-VO-Bestimmungen erläuterten Gründen nicht überzeugen.[628] Um in diese Richtung gehende Rücksichtnahme wurde zwar von einigen Vermögensverwaltern im Rahmen der Konsultationen zur AIFM-VO gebeten.[629] Dennoch blieb der geplante Wortlaut des jetzigen Art. 24 AIFM-VO unverändert.

(b) Transaction Fees

Transaction Fees sind von den Portfoliogesellschaften für die Anlageentscheidung und Durchführung der Akquisition gezahlte Gebühren in Höhe von 0,5 bis ein Prozent des Kaufpreises der Zielgesellschaft, die Fondsmanager mit entsprechender Erfolgshistorie gegenüber den Investoren durchzusetzen imstande sind.[630] Da die Transaction Fees wie die Monitoring Fees direkt mit den Portfoliounternehmen vereinbart werden, kann die Transparenz in gleicher Weise darunter leiden. Dem wirkt nunmehr die eingangs erläuterte zwingende Transparenz gegenüber den AIF-Anlegern entgegen. Die durch die aufklärerischen Tätigkeiten der amerikanischen Securities and Exchange Commission (SEC) seit dem Jahr 2012 veranlasste Feldforschung zeigt, dass die „one-time" Transaction Fees in den entsprechenden

---

[625] So offenbar ESMA/2011/379 vom 16. 11. 2011, Final report, ESMA's technical advice to the European Commission on possible implementing measures of the Alternative Investment Funds Managers Directive, Abschn. IV.III. Rn. 11, wonach die Zahlung einer Monitoring Fee im Rahmen des Interessenkonfliktmanagements adressiert werden soll. Wäre die Zahlung einer Monitoring Fee nach Art. 24 AIFM-VO unzulässig, müsste sie gar nicht erst zum Gegenstand des Interessenkonfliktmanagements gemacht werden.

[626] *Zetzsche*, Prinzipien der kollektiven Vermögensanlage, § 31 A. II. 2. hält das für qualifizierte Anleger „jedenfalls außerhalb des KAGB" für möglich. Investoren verhandeln nicht den Inhalt der Monitoring Fee Agreements, sondern nur darüber, ob solche vereinbart werden können und ob und inwieweit die Monitoring Fees auf die Management Fees anrechenbar sind, s. *Phalippou/Rauch/Umber*, Private Equity Portfolio Company Fees, S. 7.

[627] Zurecht *Swoboda*, in: Weitnauer/Boxberger/Anders, KAGB, § 26 Rn. 11.

[628] Ausführlich 6. Teil, B.I.2.c).

[629] *European Commission*, Impact Assessment vom 19. 12. 2012, SWD(2012) 386 final, Annex 14 Rn. 115, abrufbar unter http://ec.europa.eu/internal_market/investment/docs/2012121 9-directive/ia_en.pdf (zuletzt abgerufen am 27. 8. 2017).

[630] *FSA*, Private equity: a discussion of risk and regulatory engagement, S. 24.

Verträgen für nicht weiter bezeichnete Beratungstätigkeiten zu zahlen sein sollen.[631] Diese Gebühren erhalten die Fondsmanager on top zu der bereits genannten Management Fee und dem Carried Interest. Da diese Transaction Fees regelmäßig ohne weiteren Aufwand einhergehen, wurden sie von Businessinsidern sogar schon als „crack cocaine of the private equity industry"[632] gelabelt. Aufgrund ihres Charakters als einmalige Erfolgsgebühr[633] ermöglichen oder verbessern Transaction Fees daher keineswegs die Portfolioverwaltung. Im Übrigen gelten dieselben Erwägungen wie zu den Monitoring Fees, sollte es zu einer Anrechnung der Transaction Fee auf die Management Fee kommen. Soweit die Zahlung der Transaction Fees auch die Monitoring Fees mit abgilt,[634] kann auf das zu Monitoring Fees Gesagte verwiesen werden.

(4) Grenzen der Handlungsmaxime

Die durch § 26 KAGB vorgegebene Ausrichtung der KVGs auf die Anlegerinteressen kann im Einzelfall mit anderen Schutzgütern kollidieren. Relevant ist das im Hinblick auf das Verbot des Asset Stripping in § 292 KAGB, das für einen zweijährigen Zeitraum einzelne gesellschaftsrechtliche Maßnahmen wie z.B. Ausschüttungen durch KVGs in einem bestimmten Rahmen untersagt. Deutlich wird daraus, dass der Anleger als vermeintlich „heilige Kuh" des Investmentrechts nicht unantastbar ist.[635] Außerdem leistet das Gesetz so in Eigenregie Interessenkonflikten zwischen KVGs und AIFs Vorschub, da letztere nicht Regelungsadressaten von § 292 KAGB sind.[636] Jenseits gesetzlicher Normen muss sich die von der KVG über das Akquisitionsvehikel wahrgenommene Portfolioverwaltung zudem im Rahmen der mitgliedschaftlichen Treubindungen bewegen. Treuepflichten bestehen nicht nur gegenüber der (Ziel-)Gesellschaft, sondern auch – für die Minderheitsgesellschafter mit der Girmes-Entscheidung des BGH klargestellt[637] – wechselseitig unter den (Mehrheits- und Minderheits-)Gesellschaftern,[638] sofern es sich nicht um eine bloße Ein-Mann-Gesellschaft handelt[639]. Die Schrankenfunktion der Treuepflicht ist all-

---

[631] *Phalippou/Rauch/Umber*, Private Equity Portfolio Company Fees, S. 8.

[632] *Delevingne*, A whistleblower wants to take away private equity's „crack cocaine".

[633] *FSA*, Private equity: a discussion of risk and regulatory engagement, S. 24.

[634] Laut *Invest Europe*, Handbook vom November 2015, Professional Standards, Sec. 3 Glossary „Transaction fee(s) and Broken deal fees" soll das „increasingly" zu beobachten sein.

[635] *Zetzsche*, in: The European Financial Market in Transition, Chapt. 16, S. 339, 354 ff. (sehr krit.); *ders./Preiner*, in: Zetzsche, AIFMD, Chapt. 8 No. 4.3.1; *Jesch/Kohl*, in: Frank-Komm, KapAnlR Bd. 1, § 292 KAGB Rn. 22: § 292 KAGB sei schwer mit Verpflichtungen aus § 26 KAGB in Einklang zu bringen.

[636] *Swoboda*, in: Weitnauer/Boxberger/Anders, KAGB, § 26 Rn. 7.

[637] BGH, Urt. v. 20.3.1995 – II ZR 205/94, BGHZ 129, 136.

[638] Statt aller *Altmeppen*, in: Roth/Altmeppen, GmbHG, § 13 Rn. 29 ff. m.w.N.

[639] In der Ein-Mann-Gesellschaft existieren keine weiteren Gesellschafter, gegenüber denen eine Treuepflicht bestehen könnte. Str. ist hingegen die Antwort auf die Frage nach der

gemein anerkannt.[640] Daneben ist nicht auszuschließen, dass die Treuepflicht den Gesellschafter zu einer Handlung zwingt, die gegebenenfalls mit den Interessen des Gesellschafters bzw. im Fall der KVG den Interessen der Anleger kollidiert. Wie die beiden Ebenen des Regulierungs- und des Gesellschaftsrechts einer Lösung zuzuführen sind, ist eine noch zu erörternde Frage des Umgangs mit Interessenkonflikten.[641]

b) Aufgabenwahrnehmung mit der gebotenen Sorgfalt und Sachkenntnis

Neben den vorstehend wiedergegebenen Leitprinzipien sei noch auf die Verpflichtung zum Handeln mit der gebotenen Sorgfalt nach § 26 Abs. 2 Nr. 1 KAGB hingewiesen. Die Intensität dieser Sorgfaltspflicht ist abhängig von der jeweiligen Asset-Klasse und Anlagestrategie des AIF.[642] Im Fall eines LBO spielt die Durchführung einer Due Diligence eine wesentliche Rolle, die unter dem KAGB als Element des Risikomanagements ausgestaltet ist und damit in diesem Kontext untersucht wird.[643] Außerdem muss die KVG mit der gebotenen Sachkenntnis handeln.[644] Die Anforderungen hieran werden in Art. 21 AIFM-VO konkretisiert, wonach das Leitungsgremium des AIFM u. a. *kollektiv* über die nötigen Kenntnisse, Kompetenzen und Erfahrungen verfügt, der Aufgabenwahrnehmung genügend Zeit widmet sowie aufrichtig, integer und unvoreingenommen handelt. Damit korrespondiert die Pflicht, im Erlaubnisantrag Angaben zur Beurteilung der fachlichen Eignung der Geschäftsleiter zu machen.[645] Die Anforderungen an die fachliche Eignung richten sich nach den bereits aus § 25c KWG bekannten Hürden, wonach etwa eine Regelvermutung für die fachliche Eignung bei einer dreijährigen Leitungserfahrung besteht.[646] Nach der BaFin soll es allerdings nur für die Anfangsphase unter bestimmten Voraussetzungen ausreichen können, wenn bei zwei Geschäftsleitern deren jeweilige Kenntnis auf den eigenen Bereich begrenzt ist.[647] Für den weiteren Verlauf müsse plausibilisiert werden, inwiefern die geforderten Kenntnisse

---

Treuepflicht gegenüber der Gesellschaft, s. Überblick bei *Merkt*, in: MünchKomm, GmbHG, § 13 Rn. 105 ff.

[640] BGH, Urt. v. 9. 6. 1954 – II ZR 70/53, BGHZ 14, 25, 38; *Lieder*, in: Michalski/Heidinger/Leible/J. Schmidt, GmbHG, § 13 Rn. 161 ff.; *Merkt*, in: MünchKomm, GmbHG, § 13 Rn. 110 ff.

[641] 6. Teil, B.II.4.b)cc)(3).

[642] *Swoboda*, in: Weitnauer/Boxberger/Anders, KAGB, § 26 Rn. 18.

[643] 6. Teil, B.II.6.c)cc).

[644] Ebenfalls § 26 Abs. 2 Nr. 1 KAGB.

[645] § 22 Abs. 1 Nr. 4 KAGB.

[646] § 23 Nr. 3 KAGB.

[647] *BaFin* vom 22. 3. 2013, Merkblatt zum Erlaubnisverfahren für eine AIF-Kapitalverwaltungsgesellschaft nach § 22 KAGB, zuletzt geändert am 27. 11. 2017, Abschn. A Nr. 4; *BaFin* vom 4. 1. 2016, Merkblatt zu den Geschäftsleitern gemäß KWG, ZAG und KAGB, zuletzt geändert am 31. 1. 2017, Abschn. III.

auch für den jeweils anderen Bereich angeeignet werden.[648] Diese Handhabe steht offensichtlich im Widerspruch zu der auf ein Kollektivverständnis gerichteten Regelung des Art. 21 AIFM-VO.[649]

c) Pflicht zur fairen Behandlung aller Anleger

Auch müssen nach § 26 Abs. 2 Nr. 6 KAGB alle Anleger der Investmentvermögen fair behandelt werden. Die ESMA hat sich im Rahmen der Konsultationen zur AIFM-VO zunächst schwer damit getan, festzulegen, was unter einer fairen Behandlung zu verstehen ist. Sie hat zwei Optionen zur Auswahl gestellt, nach denen eine faire Behandlung entweder *requires* oder *includes* „that no investor may obtain a preferential treatment that has an overall material disadvantage to other investors"[650]. Letztlich entschied sie sich für die zweite Option, da eine auf maximale Harmonisierung gerichtete Definition wegen der Subjektivität der wahrgenommenen Behandlung nicht möglich und ohnehin den Handlungsmöglichkeiten der nationalen Aufsichtsbehörden abträglich sei, sofern diese den Eintritt der strengen Voraussetzungen nicht begründen könnten.[651] Dieses Ergebnis wird nun auch in Art. 23 AIFM-VO gespiegelt, wonach eine faire Behandlung gewährleistet sein muss und sofern eine Vorzugsbehandlung (z. B. bei der Berichterstattung oder den Gebührenbestimmungen)[652] gewährt wird, darf diese für die anderen Anleger insgesamt keine wesentliche Benachteiligung mit sich bringen. Ist Letzteres der Fall, ist die Schwelle zur unfairen Behandlung zwingend überschritten. Eine unfaire Behandlung beschränkt sich jetzt aber nicht i. S. eines „requires" auf die vorbeschriebene Schwelle der Vorzugsbehandlung. Daneben ist zu beachten, dass eine Benachteiligung anderer Anleger entgegen des Vorschlags[653] von Marktteilnehmern im Zuge der Konsultation nicht durch Offenlegung der Vorzugsbehandlung nivelliert werden kann. Eine Of-

---

[648] Ebd.

[649] *Steffen*, in: Baur/Tappen, Investmentgesetze, § 26 KAGB Rn. 39 Fn. 39 hält es für fraglich, ob die Verwaltungspraxis der AIFM-VO standhalte.

[650] ESMA/2011/209 vom 13. 7. 2011, Consultation paper, ESMA's draft technical advice to the European Commission on possible implementing measures of the Alternative Investment Fund Managers Directive, Abschn. IV.II. Box 19.

[651] ESMA/2011/379 vom 16. 11. 2011, Final report, ESMA's technical advice to the European Commission on possible implementing measures of the Alternative Investment Funds Managers Directive, Abschn. IV.II. Rn. 37 f.

[652] Vgl. auch *Invest Europe*, Handbook vom November 2015, Professional Standards, Sec. 3 No. 3.2.4.: „[...] certain preferential rights or economic advantages (such as positions on the LPAC, preferential access to co-investment opportunities, reduced management fees or a participation in carried interest)". LPAC ist das Limited Partner Advisory Committee; *Zetzsche/Eckner*, in: Zetzsche, AIFMD, Chapt. 9 No. 5.2.1.3.; *Swoboda*, in: Weitnauer/Boxberger/Anders, KAGB, § 26 Rn. 29: Bei Publikums-AIFs sei Ungleichbehandlung bzgl. Reporting laut BaFin nicht zu rechtfertigen.

[653] *European Commission*, Impact Assessment vom 19. 12. 2012, SWD(2012) 386 final, Annex 14 Rn. 118, abrufbar unter http://ec.europa.eu/internal_market/investment/docs/2012121 9-directive/ia_en.pdf (zuletzt abgerufen am 27. 8. 2017).

fenlegung ist aber in jedem Fall nötig, da das Gewähren einer Vorzugsbehandlung nach § 26 Abs. 3 KAGB nunmehr zwingend entweder in den Anlagebedingungen, der Satzung oder dem Gesellschaftsvertrag des AIF vorzusehen ist.

In vielen Fällen kann eine unfaire Behandlung durch sog. Most Favoured Nation Clauses (MFN-Clauses) verhindert werden. Mit diesen sollen nach Maßgabe des Meistbegünstigungsprinzips auch weniger einflussreiche Anleger von den mit größeren Investoren ausgehandelten, besseren Konditionen profitieren.[654] Diese Klauseln greifen im Bereich Private Equity jedoch gegebenenfalls nur zugunsten von Investoren mit einem Commitment in einer ähnlichen Größenordnung.[655] Zudem ist auch das Zugestehen von MFN-Clauses selbst an der Pflicht zur fairen Behandlung aller Anleger zu messen.[656] Davon unabhängig sind MFN-Clauses mit Blick auf lediglich kontingentierte Vorteile keine Allzweckwaffe, so etwa, wenn es um das Einräumen von sog. First Closing Incentives[657] als Rabatt für die frühzeitige Anteilszeichnung oder die bevorzugte Vergabe von Sitzplätzen in Anlegergremien geht. Hier muss man zunächst festhalten, dass über die Verpflichtung zur fairen Behandlung und im KAGB bzw. der AIFM-VO generell kein Gleichbehandlungsgrundsatz implementiert wird.[658] Eine Bevorzugung einzelner Investoren ist nach Art. 23 Abs. 2 AIFM-VO und § 26 Abs. 3 KAGB möglich. Den Vorwurf der Unfairness kann man indes nur durch Rückgriff auf objektive Kriterien (z. B. Zeitpunkt der Anteilszeichnung, Höhe des Commitment, Beteiligung an früheren Fonds, Nutzen der Anleger für Fondsmanagement,[659] etc.) abweisen. „Erkaufte" Nachteile

---

[654] ESMA/2011/209 vom 13. 7. 2011, Consultation paper, ESMA's draft technical advice to the European Commission on possible implementing measures of the Alternative Investment Fund Managers Directive, Abschn. IV.II. Rn. 36. Dieser Vorschlag ist zwar für die erste Option („requires") ergangen, ist aber in gleicher Weise auch für die zweite, weniger strenge Option („includes") berechtigt.

[655] *IOSCO*, Private Equity Conflicts of Interest, FR 11/10, S. 8, 11.

[656] *Invest Europe*, Handbook vom November 2015, Professional Standards, Sec. 3 No. 3.2.4.

[657] Jüngste Stimmen aus der Praxis der Fondsstrukturierung im Interview bei *Hofmann*, VentureCapital Magazin 9/16, 14, 15: z. B. 0,15 %.

[658] Wie hier *Swoboda*, in: Weitnauer/Boxberger/Anders, KAGB, § 26 Rn. 20; demgegenüber einen Gleichbehandlungsgrundsatz annehmend: *Zetzsche*, Prinzipien der kollektiven Vermögensanlage, § 26 C. II., § 32 B., der von der Existenz der Vorschrift § 96 Abs. 1 und Abs. 2 KAGB auf die Existenz einer Gleichbehandlungspflicht schließt. Dagegen spricht, dass (a) dies eine Argumentation speziell zur Produktregulierung ist, eine allgemeine Gleichbehandlungspflicht aber explizit als allgemeine Verhaltenspflicht hätte ausgestaltet werden müssen sowie (b) neben den Regelungen zur fairen Behandlung (im KAGB und AIFM-VO) kein Raum für inhaltlich in nahezu dieselbe Richtung zielende Regelungen ist; *ders./Eckner*, in: Zetzsche, AIFMD, Chapt. 9 No. 5.2.2.3 schließen aus Art. 12 Abs. 1 lit. a AIFM-RL auf die Existenz eines Gleichbehandlungsgrundsatzes, anerkennen aber auch den fließenden Übergang zur Pflicht zur fairen Behandlung; auch *Geurts/Schubert*, in: FrankKomm, KapAnlR Bd. 1, § 26 KAGB Rn. 66 sprechen von einem Anlegergleichbehandlungsprinzip (wo soll dies stehen?), relativieren dies aber aufgrund der Möglichkeit zur Vorzugsbehandlung.

[659] *Invest Europe*, Handbook vom November 2015, Professional Standards, Sec. 3 No. 3.2.4.

als Kompensation bleiben außer Betracht.[660] Zugegeben scheinen die Grenzen zwischen einer nicht rechtfertigbaren Ungleichbehandlung und Unfairness daher fließend. Das zeitliche Moment, dass die an der Kollektivanlage Interessierten vor Zeichnung noch nicht Anleger i. S. des § 26 Abs. 3 KAGB sind, kann jedenfalls nicht zur Umgehung der Regulierung führen, da die ausgehandelten Konditionen nach der Kapitalzusage (gegebenenfalls) als unfaire Bedingungen fortwirken. Eine Alternative zu MFN-Clauses oder sogar die Heilung bei Verstößen gegen die Pflicht zur Fairness wäre es, den bereits in den AIFs investierten Anlegern im Zeitraum des Fundraising eine kostenfreie Rückgabe ihrer Anteile bei unfairer Behandlung zu gewährleisten.[661] Keine Problematik des § 26 KAGB ist es jedenfalls, wenn die Anleger im Wege eines Beschlusses selbst über das Einräumen von Sonderrechten abstimmen.[662] Die Hürden können hier jedoch je nach gesellschaftsvertraglich erforderlicher Beschlussmehrheit bzw. – fehlte es an einer Regelung – Notwendigkeit zur Einstimmigkeit[663] (str. ob auch bei Publikumsgesellschaften[664]) hoch gesetzt sein.

Daneben wird mit § 2 Abs. 2 der Kapitalanlage-Verhaltens- und Organisations-Verordnung (KAVerOV) für die Verwalter von Publikums-AIFs ein undurchsichtiger Sonderweg eingeschlagen. In § 2 Abs. 2 Satz 1 KAVerOV heißt es zunächst, dass die KVG eine faire Behandlung der Anleger von Publikums-AIF sicherzustellen hat und die Interessen eines Anlegers oder einer bestimmten Gruppe von Anlegern nicht über die Interessen eines anderen Anlegers oder einer anderen Anlegergruppe stellen darf. Die BaFin erblickt hierin einen Grundsatz der Anlegergleichbehandlung.[665] Reflektiert man den engen Wortlaut des zweiten Satzteils, scheint indes kein Raum für die Annahme eines Gleichbehandlungs*grundsatzes* zu sein. Mit dem engen Wortlaut hätte es auf einer Linie gelegen, die im Konsultations-Entwurf zu § 2 Abs. 2 Satz 2 KAVerOV aus Anlegerschutzgründen angedachte Bestimmung, abweichend von Art. 23 Abs. 2 AIFM-VO und § 26 Abs. 3 KAGB eine Vorzugsbehandlung zu ver-

---

[660] *Swoboda*, in: Weitnauer/Boxberger/Anders, KAGB, § 26 Rn. 21.

[661] ESMA/2011/209 vom 13. 7. 2011, Consultation paper, ESMA's draft technical advice to the European Commission on possible implementing measures of the Alternative Investment Fund Managers Directive, Abschn. IV.II. Rn. 37.

[662] *Swoboda*, in: Weitnauer/Boxberger/Anders, KAGB, § 26 Rn. 23.

[663] § 149 Abs. 1 Satz 2 KAGB iVm. §§ 161 Abs. 2 HGB, 119 Abs. 1 HGB.

[664] Überblick bei *Roth*, in: Baumbach/Hopt, HGB, Anh. § 177a Rn. 69b. Die Rechtsprechung tendiert offenbar in Richtung der Notwendigkeit von Einstimmigkeit bei fehlender abweichender Regelung, s. BGH, Urt. v. 15. 11. 2011 – II ZR 272/09, WM 2012, 507, 509. Das ist überzeugend, da es schon an einer Konturierung des Begriffs der Publikumsgesellschaft fehlt.

[665] *BaFin* vom 22. 7. 2013, Begründung zur Kapitalanlage-Verhaltens- und -Organisationsverordnung – KAVerOV, Abschn. B § 2 KAVerOV: „Kapitalverwaltungsgesellschaften müssen bei der Verwaltung von [...] Publikums-AIF den Grundsatz der Anlegergleichbehandlung einhalten"; „Privatanleger sollen grundsätzlich bei allen Investmentvermögen auf der Geltung des Gleichbehandlungsgrundsatzes vertrauen dürfen [...]".

bieten,[666] gesetzlich zu fixieren. Nunmehr ist dort jedoch nur die Rede davon, dass eine wesentliche Benachteiligung von Anlegern eines Publikums-AIF i.S. des Art. 23 Abs. 2 AIFM-VO insbesondere dann vorliegt, wenn die Anleger in Bezug auf die Gewinn- oder Verlustbeteiligung am Investmentvermögen ungleich behandelt werden. Im Ergebnis anerkennt die BaFin also einen Gleichbehandlungsgrundsatz sowie die Pflicht zur fairen Behandlung aller Anleger zugleich; der Mehrwert hierdurch ist in Frage gestellt, zumal die Möglichkeit zur Vorzugsbehandlung unterhalb der Schwelle von Art. 23 Abs. 2 AIFM-VO beibehalten wurde. Auch scheint der zweite Satzteil von § 2 Abs. 2 Satz 1 KAVerOV inhaltlich unerschlossen. Der Gleichbehandlungsgrundsatz wird ohnehin im Hinblick auf gesetzlich vorgegebene Gestaltungsmöglichkeiten (z.B. im Rahmen von Anteilsklassen) geopfert.[667]

d) Abgleich mit bisherigem Branchenstandard in Deutschland

Im Bereich Private Equity existiert der unverbindliche Verhaltenskodex (Code of Conduct) des BVK vom 22. April 2009, der dem Verhaltenskodex der EVCA (nun: Invest Europe) vom Oktober 2008 (nunmehr abgelöst seit November 2015)[668] entspricht.[669] Die Leitsätze lauten:

- Handeln Sie integer,

- halten Sie Ihre Versprechen,

- legen Sie Interessenkonflikte offen,

- handeln Sie fair,

- wahren Sie Vertraulichkeit, und

- schaden Sie der Branche nicht.

Organisatorische Anforderungen wie in § 26 Abs. 2 Nr. 3 (Interessenkonfliktmanagement) und 4 (Mittel und Verfahren für ordnungsgemäße Geschäftstätigkeit) KAGB fehlen vollständig.[670] Auch die Leitprinzipien des § 26 Abs. 1 KAGB sind dem Verhaltenskodex fremd. Der Umgang mit Interessenkonflikten wird zwar adressiert. Der Unionsgesetzgeber stimmt sich aber – wie sogleich noch zu erläutern ist – längst nicht mit der bloßen Offenlegung zufrieden. Auch das Fairnesselement findet sich wieder. Allerdings wird es im Verhaltenskodex lediglich als das Gebot,

---

[666] *BaFin* vom 22.5.2013, Konsultation 09/2013 – Entwurf: Kapitalanlage-Verhaltens- und Organisationsverordnung (KAVerOV), zuletzt geändert am 25.6.2013, WA 41-Wp 2169-2013/0004, § 2 Abs. 2 Satz 2 KAVerOV.

[667] *BaFin* vom 22.7.2013, Begründung zur Kapitalanlage-Verhaltens- und -Organisationsverordnung – KAVerOV, Abschn. B § 2 KAVerOV.

[668] *Invest Europe*, Handbook vom November 2015, Professional Standards. Der Code of Conduct blieb unverändert.

[669] Zum Vergleich s. *EVCA*, Handbook vom November 2012, Professional Standards for the Private Equity and Venture Capital Industry, S. 5.

[670] *Barac*, in: Dornseifer/Jesch/Klebeck/Tollmann, AIFM-RL, Art. 12 Rn. 62.

sich den Umständen angemessen an die Spielregeln zu halten, verstanden.[671] Ein konkreter Bezug zu den Investoren fehlt. Auch kommt der Detaillierungsgrad des bisherigen Code of Conduct bei Weitem nicht an die durch das Zusammenspiel von KAGB, AIFM-VO und KAVerOV erzeugte Regulierungsdichte heran.

4. Umgang mit Interessenkonflikten nach § 27 KAGB

Die Vorgaben zum Umgang mit Interessenkonflikten nach § 27 KAGB stellen für die Fondsmanager neues Terrain dar. In einem ersten Schritt soll ein Überblick über die neuen regulatorischen Anforderungen vermittelt werden. In einem zweiten Schritt ist zu überprüfen, zu welchen Konsequenzen die neue Regulierung für einzelne, strukturelle Interessenkonflikte im Segment Private Equity führt.

a) Überblick

Während das Interessenkonfliktmanagement in § 26 Abs. 2 Nr. 3 KAGB bereits dem Bereich der allgemeinen Verhaltensregeln zugeordnet wird, erfährt es in § 27 KAGB seine letztliche Konkretisierung. Im Anwendungsbereich der De-minimis-Regelungen kommen wesentliche Teile von § 26 f. KAGB für KVGs nach § 2 Abs. 4 KAGB nur im Hinblick auf eine Darlehensvergabe nach § 285 Abs. 2 KAGB zum Tragen, für KVGs nach § 2 Abs. 4a KAGB hingegen gar nicht. KVGs nach § 2 Abs. 5 KAGB müssen die Vorschriften vollständig beachten, wobei das aus den begleitenden Regelungen der AIFM-VO folgende Proportionalitätsprinzip zu berücksichtigen ist.[672] Dieses Proportionalitätsprinzip ist übergreifend auch auf AIFMs im erlaubnispflichtigen Bereich anzuwenden. Die Grundsätze für den Umgang mit Interessenkonflikten müssen der Größe und Organisation des AIFM sowie der Art, dem Umfang und der Komplexität seiner Geschäfte angemessen sein.[673] Die relevanten Regelungen in Artt. 30 bis 37 AIFM-VO gelten für Verwalter von Spezial-AIFs kraft unmittelbarer Geltung, für KVGs von Publikums-AIFs kommen sie in ihrer Gesamtheit über den Verweis in § 27 Abs. 5 KAGB zur Anwendung. Im Folgenden ist der Identifikation von Interessenkonflikten (unter aa)), den notwendigen organisatorischen und administrativen Vorkehrungen (unter bb)), der Beachtung des Trennungs- und Unabhängigkeitsprinzips (unter cc)) und letztlich dem Umgang mit unvermeidbaren Interessenkonflikten (unter dd)) nachzugehen.

---

[671] *BVK Verhaltenskodex* vom 22.4.2009, S. 6.

[672] Art. 31 Abs. 1 AIFM-VO; *Steffen*, in: Baur/Tappen, Investmentgesetze, § 27 KAGB Rn. 26; *Zentis*, in: Dornseifer/Jesch/Klebeck/Tollmann, AIFM-RL, Art. 14 Rn. 20.

[673] Art. 31 Abs. 1 Satz 2 AIFM-VO.

aa) Identifikation von Interessenkonflikten

Die Grundlage für den Umgang mit den Interessenkonflikten bildet zunächst ihre fortlaufende[674] Ermittlung, die entlang der gesetzlichen Vorgaben zu erfolgen hat.

(1) Personelle Beziehungen

Das Gesetz liefert in § 27 Abs. 1 KAGB zunächst Angaben, bei welchen personellen Beziehungen die Ermittlung von Interessenkonflikten im Zusammenhang mit der Verwaltung des Investmentvermögens ansetzen muss. Zuerst wird die Beziehung zwischen der KVG sowie ihren Führungskräften, Mitarbeitern oder anderen Personen, die über ein Kontrollverhältnis mit der KVG direkt oder indirekt verbunden sind, und dem von ihr verwalteten Investmentvermögen oder den Anlegern dieses Investmentvermögens angeführt.[675] „Reibungsfläche" besteht schon deswegen, weil sich die gesamte Tätigkeit der KVG am Anlegerinteresse zu orientieren hat, die KVG samt Mitarbeiter aber gleichfalls Gewinninteressen verfolgt.[676] Weiterhin wird die Beziehung zwischen verschiedenen Investmentvermögen nebst Anlegern genannt,[677] die insbesondere bei der Assetallokation berührt ist. An dritter Stelle steht das Verhältnis zwischen dem Investmentvermögen oder seinen Anlegern und einem anderen Kunden der KVG,[678] falls die KVG auch sonstige nach § 20 Abs. 3 KAGB zulässige Dienstleistungen für einzelne Kunden erbringt (z.B. die individuelle Vermögensverwaltung)[679]. Zuletzt ist auch das Verhältnis zwischen zwei Kunden der KVG in den Blick zu nehmen.[680] Nicht erfasst sind damit Interessenkonflikte zwischen den Anlegern desselben Investmentvermögens[681] und solchen zwischen dem AIF(M) und den Portfoliogesellschaften.

(2) Arten von (potenziellen?) Interessenkonflikten

Konkrete Vorgaben im Hinblick auf die Ermittlung der Arten von Interessenkonflikten sind in Art. 30 AIFM-VO enthalten. AIFMs berücksichtigen, ob der AIFM, relevante Personen[682] oder eine über ein Kontrollverhältnis mit dem AIFM verbundene Person zu Lasten eines AIF oder seiner Anleger einen finanziellen

---

[674] *Zentis*, in: Dornseifer/Jesch/Klebeck/Tollmann, AIFM-RL, Art. 14 Rn. 18.

[675] § 27 Abs. 1 Nr. 1 KAGB.

[676] *Zentis*, in: Dornseifer/Jesch/Klebeck/Tollmann, AIFM-RL, Art. 14 Rn. 15: häufiger Konfliktfall.

[677] § 27 Abs. 1 Nr. 2 KAGB.

[678] § 27 Abs. 1 Nr. 3 KAGB.

[679] *Zentis*, in: Dornseifer/Jesch/Klebeck/Tollmann, AIFM-RL, Art. 14 Rn. 15.

[680] § 27 Abs. 1 Nr. 4 KAGB.

[681] *Geurts/Schubert*, in: FrankKomm, KapAnlR Bd. 1, § 27 KAGB Rn. 14. Hier werden aber branchenseitig Empfehlungen bereit gehalten, s. *Invest Europe*, Handbook vom November 2015, Professional Standards, Sec. 3 No. 3.7.4.

[682] Definiert in Art. 1 Nr. 2 AIFM-VO. Angesprochen sind etwa Mitglieder der Geschäftsführung, Angestellte oder Dritte im Rahmen der Auslagerung.

Vorteil erzielt oder einen finanziellen Verlust vermeidet,[683] und ob mit dem AIF tatsächlich Interessenkonvergenz im Hinblick auf das Ergebnis einer für den AIF erbrachten Dienstleistung/Tätigkeit oder eines Geschäfts durch die vorstehenden Personen besteht[684]. Auch ist in Betracht zu ziehen, ob für die obigen Personen Anreize existieren, die Interessen eines Kunden oder einer Gruppe von Kunden oder eines anderen AIF über die des AIF bzw. die Interessen eines Anlegers über die Interessen eines anderen Anlegers oder einer Gruppe von Anlegern desselben AIF zu stellen.[685] Relevant ist zudem, ob die oben Genannten für den AIF und einen anderen AIF dieselben Leistungen erbringen.[686] Schließlich ist zu berücksichtigen, ob eben jene Personen von einer anderen Person als dem AIF oder seinen Anlegern in Bezug auf Leistungen der gemeinsamen Portfolioverwaltung[687], die für den AIF erbracht werden, zusätzlich zu der hierfür üblichen Provision oder Gebühr weitere Anreize (z.B. Geld) erhalten.[688] Hiervon ausgehend sollte im weiteren Verlauf zwischen strukturellen und personenbezogenen Interessenkonflikten unterschieden werden.[689] Während sich erstere bereits allein aus den typisierten Interessen der Beteiligten ergeben,[690] rekurrieren letztere auf die persönlichen Verhältnisse der Beteiligten und bedürfen zur Ermittlung einer Einzelfallbetrachtung. Die Identifizierung der strukturellen Interessenkonflikte ist sehr vom Zuschnitt der Anlageklasse abhängig,[691] wobei die ESMA den Rechtsanwender mit Beispielen, auch in Anlehnung an den IOSCO-Report zu Interessenkonflikten bei Private Equity, versorgt.[692]

In der Literatur wird angenommen, dass uneingeschränkt auch potenzielle Interessenkonflikte, also solche, die im Zusammenhang mit der kollektiven Vermögensverwaltung entstehen könnten, zu identifizieren seien.[693] Geht man davon aus, dass eine entsprechende Differenzierung im Wortlaut mit einerseits „auftreten" für tatsächliche Interessenkonflikte und andererseits „auftreten könnten" oder dergleichen („entstehen könnten", etc.) für potenzielle Interessenkonflikte gespiegelt wird, ist diese Annahme unverständlich. In § 27 Abs. 1 KAGB sind nur Interessenkonflikte zu ermitteln, die „auftreten". Etwas anderes gilt im Rahmen von § 27 Abs. 3 KAGB:

---

[683] Art. 30 lit. a AIFM-VO.

[684] Art. 30 lit. b AIFM-VO.

[685] Art. 30 lit. c AIFM-VO.

[686] Art. 30 lit. d AIFM-VO.

[687] Zum Begriff 5. Teil, B.IV.1.

[688] Art. 30 lit. e AIFM-VO.

[689] So zurecht *Swoboda*, in: Weitnauer/Boxberger/Anders, KAGB, § 27 Rn. 6.

[690] Ebd.

[691] *Klebeck/Zollinger*, BB 2013, 459, 462 f.

[692] ESMA/2011/379 vom 16.11.2011, Final report, ESMA's technical advice to the European Commission on possible implementing measures of the Alternative Investment Funds Managers Directive, Abschn. IV.III. Rn. 6 ff.

[693] So *Swoboda*, in: Weitnauer/Boxberger/Anders, KAGB, § 27 Rn. 6; *Steffen*, in: Baur/Tappen, Investmentgesetze, § 27 KAGB Rn. 12; *Zentis*, in: Dornseifer/Jesch/Klebeck/Tollmann, AIFM-RL, Art. 14 Rn. 18.

Aufgaben und Veranwortungsbereiche sind voneinander zu trennen, die u. a. potenziell systematische Interessenkonflikte „hervorrufen könnten".[694] Außerdem haben AIFMs zu prüfen, ob die *Bedingungen der Ausübung ihrer Tätigkeit* (nicht: die Tätigkeit selber)[695] wesentliche andere Interessenkonflikte „nach sich ziehen könnten".[696] Relevant sind potenzielle Interessenkonflikte daher entweder nur AIFM-intern oder im Hinblick auf die Bedingungen der Ausübung der Tätigkeit. Erst aus Art. 31 Abs. 2 lit. a AIFM-VO lässt sich schließen, dass auch für die Bandbreite der in § 27 Abs. 1 KAGB genannten Beziehungen potenzielle Interessenkonflikte zu ermitteln sind. Einschränkend soll in den schriftlichen Grundsätzen aber nur festgelegt werden, unter welchen Umständen ein Interessenkonflikt vorliegt oder entstehen könnte, der den Interessen des AIF oder seiner Anleger *erheblich* schaden könnte (*qualifizierte Interessenkonflikte*). Angaben über potenziell Interessenkonflikte auslösende Umstände sind für die Welt der Spezial-AIFs jedenfalls nicht in den Anlegerinformationen nach § 307 KAGB zu machen. Demgegenüber muss der Verkaufsprospekt im Bereich der Publikums-AIFs Angaben über Umstände oder Beziehungen, die Interessenkonflikte begründen können, enthalten.[697] Die Einschränkung aus der AIFM-VO wird man hinzulesen dürfen.

bb) Organisatorische und administrative Vorkehrungen

Nach § 27 Abs. 2 KAGB muss eine KVG wirksame organisatorische und administrative Vorkehrungen, die es ermöglichen, alle angemessenen Maßnahmen zur Ermittlung, Vorbeugung, Beilegung und Beobachtung von Interessenkonflikten zu ergreifen, treffen und beibehalten, um zu verhindern, dass Interessenkonflikte den Interessen der Investmentvermögen und ihrer Anleger schaden. Da bloße organisatorische und administrative Vorkehrungen nicht zielführend sind, ist § 27 Abs. 2 KAGB so zu lesen, dass auch tatsächlich ein Interessenkonfliktmanagement wahrgenommen wird.[698] Das Interessenkonfliktmanagement ist dabei als Aufgabe der Compliance-Funktion der KVG zu verstehen.[699] Unter Einhaltung des Proportionalitätsprinzips muss die KVG schriftliche Grundsätze zum Interessenkonfliktmanagement festlegen, wobei gruppenangehörige KVGs auch allen Umständen Rechnung tragen müssen, die der KVG bekannt sind oder sein sollten und die aufgrund der Struktur und der Geschäftstätigkeiten anderer Gruppenmitglieder zu

---

[694] § 27 Abs. 3 Satz 1 KAGB.

[695] *Zentis*, in: Dornseifer/Jesch/Klebeck/Tollmann, AIFM-RL, Art. 14 Rn. 27: innerbetriebliche Bedingungen.

[696] § 27 Abs. 3 Satz 2 KAGB.

[697] § 269 Abs. 1 i. V. m. § 165 Abs. 2 Nr. 38 KAGB.

[698] So zurecht *Zentis*, in: Dornseifer/Jesch/Klebeck/Tollmann, AIFM-RL, Art. 14 Rn. 17.

[699] 6. Teil, B.II.5.a)aa).

einem Interessenkonflikt Anlass geben könnten.[700] Im Hinblick auf Leistungen des AIFM muss festgelegt werden, welche Interessenkonflikte, die den Interessen des AIF oder der Anleger erheblich schaden könnten, vorliegen oder entstehen könnten und wie diese gemanagt werden.[701]

Die KVG muss proaktiv tätig werden und denkbaren Interessenkonflikten vorbeugen. Zentral ist die Herstellung eines Interessengleichlaufs,[702] der sich über Beteiligungs- und Vergütungsstrukturen erzeugen lässt. Wesentlich ist ebenso die Durchführung einer funktionalen Trennung von miteinander konfligierenden Aufgaben oder Verantwortungsbereichen. Die Grundlage für ein austariertes Interessenverhältnis (z. B. Hard Caps für Einschaltung externer Dritter oder Einbindung unabhängiger Dritter in Entscheidungsprozesse) wird zudem über die im Vorfeld mit (semi-)professionellen Investoren stattfindenden Verhandlungen gelegt.[703] In gleicher Weise muss die KVG auch bei Erwerb von geeigneten Assets durch mehrere von ihr verwaltete AIFs auf eine Co-Investment-Vereinbarung hinwirken, um die Verwaltung von Portfoliogesellschaften zu regeln.[704] Die Interessenkonflikte verlagern sich in dieser Konstellation auf den Abschluss eines solchen Übereinkommens vor.[705] Auch im Fall der alleinigen Verwaltung von Portfoliogesellschaften hat die KVG für verschriftlichte Strategien für die Ausübung der Stimmrechte zu sorgen, die sich an der Anlagepolitik des Fonds orientieren und den einzelnen Anlegern gegenüber auf Anfrage offengelegt werden müssen.[706] Verwaltet die KVG Publikums-AIFs, muss sie eine Kurzbeschreibung dieser Strategien auf ihrer Internetseite veröffentlichen.[707] Generell verringern sich die Interessenkonflikte, je enger die Anlagestrategie und je geringer die Anzahl der verwalteten AIFs sind.[708] Maßgebliche Handlungsmaxime bleibt jedenfalls immer das Handeln im ausschließlichen und besten Interesse der Anleger, das Detailregelungen zur Beilegung überflüssig erscheinen lässt.[709] Nimmt man die Verpflichtung zum Treffen von organisatorischen Vorkehrungen zudem ernst und akzeptiert, dass die Pflicht zwar an die KVG gerichtet ist, aber nicht zwingend durch organisatorische Vorkehrungen *auf ihrer Ebene* umzusetzen ist, rücken auch Anlegergremien als Konfliktbeilegungsstelle je nach Sinnhaftigkeit und Effizienz (auch unter Berücksichtung von Anlegerschutzgesichtspunkten) in den

---

[700] Art. 31 Abs. 1 UAbs. 2 AIFM-VO. Für den Begriff der Gruppe soll laut *Steffen*, in: Baur/Tappen, Investmentgesetze, § 27 KAGB Rn. 29 auf Art. 2 Nr. 5 der MiFID-Durchführungsrichtlinie 2006/73/EG zurückgegriffen werden.

[701] Art. 31 Abs. 2 AIFM-VO.

[702] *Swoboda*, in: Weitnauer/Boxberger/Anders, KAGB, § 27 Rn. 14.

[703] Für den Bereich Private Equity instruktiv *IOSCO*, Private Equity Conflicts of Interest, FR 11/10, S. 10 ff.

[704] *Swoboda*, in: Weitnauer/Boxberger/Anders, KAGB, § 27 Rn. 16.

[705] Ebd.

[706] Art. 37 AIFM-VO; *Steffen*, in: Baur/Tappen, Investmentgesetze, § 27 KAGB Rn. 30 ff.

[707] § 3 Abs. 2 Satz 1 KAVerOV.

[708] *Swoboda*, in: Weitnauer/Boxberger/Anders, KAGB, § 27 Rn. 14.

[709] Ebd., § 26 Rn. 4.

Vordergrund – so jedenfalls bei Spezial-AIFs. Im Bereich LBO sind diese Gremien ohnehin üblich, da sie für die Investoren als Ausgleich für die Investition in einen geschlossenen Organismus fungieren und ihre Einrichtung letztlich der Branchenempfehlung entspricht.[710]

cc) Trennungs- und Unabhängigkeitsprinzip

Wie bereits angesprochen ist ein zentraler Eckpfeiler zur Vorbeugung von Interessenkonflikten die funktionale Trennung von Aufgaben oder Verantwortungsbereichen, die als miteinander unvereinbar gesehen werden oder potenziell systematische Interessenkonflikte hervorrufen könnten (*Trennungsprinzip*).[711] Die funktionale Trennung ist bis zur Ebene der Geschäftsleiter vorzunehmen und muss auch von den Vergütungsstrukturen gespiegelt werden.[712] Die Vorgaben des KAGB überlappen sich in verschiedenen Bereichen durchaus, ohne dass damit Friktionen entstehen. So wird separat dekretiert, dass die noch zu erläuternde Risikocontrolling-Funktion im Rahmen des Risikomanagements von den operativen Bereichen hierarchisch und funktionell unabhängig ist.[713] Ebenso wird über § 37 Abs. 2 KAGB i. V. m. Anhang II Abs. 1 lit. e AIFM-RL eine funktionsspezifische Vergütung für Mitarbeiter mit Kontrollfunktionen sichergestellt, die eine funktionale Trennung vergütungsrechtlich reflektiert. Auch die von einem AIFM vorgehaltene unselbständige Bewertungseinheit bei interner Bewertung der Portfoliogegenstände agiert von der Portfolioverwaltung und der Vergütungspolitik funktional unabhängig.[714] Das wird wohl übersehen, wenn die funktionale Trennung in diesen Bereichen zur eigenständigen Angelegenheit von § 27 Abs. 3 Satz 1 KAGB erhoben wird.[715] Jedenfalls kann eine Funktionstrennung im Rahmen von § 27 Abs. 3 Satz 1 KAGB im Einzelfall je nach Lebenszyklus des Fonds und aktuellem Szenario der Portfoliogesellschaft auch nur für einen Interimszeitraum geboten sein;[716] hierauf wird noch zurückzukommen sein[717].

Auch Art. 33 AIFM-VO knüpft an diese funktionale Trennung an. Die schriftlichen Grundsätze für die Prävention und Steuerung von den Interessenkonflikten sollen dafür sorgen, dass relevante Personen, die verschiedene Geschäftsführungstätigkeiten ausführen, die das Risiko eines Interessenkonflikts nach sich ziehen, diese Tätigkeiten mit einem Grad an Unabhängigkeit ausführen, der der Größe und dem

---

[710] *Invest Europe*, Handbook vom November 2015, Professional Standards, Sec. 3 No. 3.7.5.

[711] § 27 Abs. 3 Satz 1 KAGB.

[712] *Swoboda*, in: Weitnauer/Boxberger/Anders, KAGB, § 27 Rn. 9; *Zentis*, in: Dornseifer/Jesch/Klebeck/Tollmann, AIFM-RL, Art. 14 Rn. 25.

[713] § 29 Abs. 1 Satz 1 KAGB. Ausführlich 6. Teil, B.II.6.a)bb).

[714] 6. Teil, B.II.8.c)bb).

[715] So bei *Swoboda*, in: Weitnauer/Boxberger/Anders, KAGB, § 27 Rn. 9.

[716] Ebd., Rn. 10.

[717] 6. Teil, B.II.4.b)cc)(3).

Betätigungsfeld des AIFM und der Gruppe, der er angehört, sowie der Erheblichkeit des Risikos, dass die Interessen des AIF oder seiner Anleger geschädigt werden, angemessen ist. Erforderlichenfalls muss sich die KVG der in Art. 33 Abs. 2 AIFM-VO genannten Mittel bedienen, um diesen Grad an Unabhängigkeit zu gewährleisten. Angesprochen sind damit insbesondere sog. Chinese Walls, eine gesonderte Beaufsichtigung relevanter Personen und eine funktionsspezifische Trennung der Vergütungen, um etwaige Eigeninteressen (z. B. Bonus von Portfoliomanagement an Due Diligence-Abteilung) zu eleminieren.[718]

dd) Umgang mit unvermeidbaren Interessenkonflikten

Interessenkonflikte lassen sich nicht immer vermeiden, was auch das Gesetz in Kauf nimmt („Beilegung").[719] Die KVG hat in diesen Konstellationen zu versuchen, den Interessenkonflikt mit allen angemessenen Maßnahmen sachgerecht einer Lösung zuzuführen.[720] Ist das nicht möglich, ist zunächst mit der Schaffung von Transparenz zu reagieren. Diese beginnt KVG-intern, da die Geschäftsleitung oder eine andere interne Stelle (Compliance-Funktion, s. o.) zu informieren ist.[721] Reichen die getroffenen organisatorischen Vorkehrungen nicht aus, um nach vernünftigem Ermessen zu gewährleisten, dass das Risiko einer Beeinträchtigung von Anlegerinteressen vermieden wird, setzt die KVG, bevor sie nun Geschäfte für Rechnung des AIF tätigt, die Anleger über die allgemeine Art und Quelle des Interessenkonflikts unmissverständlich in Kenntnis.[722] Idealerweise ist eine Offenlegung bereits (losgelöst von § 307 KAGB) vor Beteiligung am AIF geboten, soweit dies je nach Interessenkonflikt möglich ist.[723] Diese Informationen müssen den Anlegern auf einem dauerhaften Datenträger oder auf einer Website zur Verfügung gestellt werden.[724] Daneben sind angemessene Strategien und Verfahren zu entwickeln,[725] die schon im Voraus zu etablieren sind,[726] um mit einem einsatzbereiten Mechanismus auf die stattfindende Verzögerung des ordentlichen Geschäftsablaufs reagieren zu können. Dabei sollte auf möglichst objektive Kriterien zurückgegriffen werden.[727] Der Steuerungsprozess obliegt der bereits informierten Geschäftsleitung oder einer an-

---

[718] Ausführlich *Zentis*, in: Dornseifer/Jesch/Klebeck/Tollmann, AIFM-RL, Art. 14 Rn. 25.

[719] *Steffen*, in: Baur/Tappen, Investmentgesetze, § 27 KAGB Rn. 12; *Zentis*, in: Dornseifer/Jesch/Klebeck/Tollmann, AIFM-RL, Art. 14 Rn. 18.

[720] *Zentis*, in: Dornseifer/Jesch/Klebeck/Tollmann, AIFM-RL, Art. 14 Rn. 18.

[721] Art. 34 AIFM-VO; *Steffen*, in: Baur/Tappen, Investmentgesetze, § 27 KAGB Rn. 42.

[722] § 27 Abs. 4 KAGB.

[723] *Zentis*, in: Dornseifer/Jesch/Klebeck/Tollmann, AIFM-RL, Art. 14 Rn. 30.

[724] Art. 36 Abs. 1 AIFM-VO.

[725] § 27 Abs. 4 KAGB.

[726] *Swoboda*, in: Weitnauer/Boxberger/Anders, KAGB, § 27 Rn. 23 spricht von zukünftigen Konflikten und der Anwendung von Verfahren hinsichtlich solcher.

[727] *Zentis*, in: Dornseifer/Jesch/Klebeck/Tollmann, AIFM-RL, Art. 14 Rn. 33.

deren internen Stelle des AIFM.[728] Hier bietet sich erforderlichenfalls eine Konsultation mit den Anlegern oder Anlegergremien an, um in einem Miteinander – gegebenenfalls aber auch unter Billigung eines Mehrheitsbeschlusses – die Interessenkonflikte beizulegen.[729] Davon unabhängig sind bestehende Interessenkonflikte immer zu beobachten. Diese Überwachung reicht unter Art. 35 AIFM-VO so weit, dass für einen Interessenkonflikt, der aufgetreten ist bzw. noch auftreten könnte, bei dem das Risiko eines Schadeneintritts für die Anleger erheblich ist, Aufzeichnungen anzufertigen sind.[730] Dadurch soll ein Berichtswesen implementiert werden, das die Geschäftsleitung regelmäßig, aber mindestens einmal jährlich informiert.[731]

b) Anwendung auf Verwalter von LBO-Fonds

Bislang war es ein Erfordernis des Markts, sich mit auftretenden Interessenkonflikten auseinanderzusetzen. Hier haben sich lange Zeit praktizierte Instrumente etabliert, die nun an den neuen regulatorischen Anforderungen gemessen werden müssen. Nach einer kurzen Erläuterung des bisherigen Interessenkonfliktmanagements (unter aa)) soll daher der Einfluss der Neuerungen in zwei Schritten (unter bb) und cc)) erarbeitet werden.

aa) Bisheriges Interessenkonfliktmanagement

Interessenkonflikte wurden adressiert, indem über Co-Investments der Fondsmanager und die Ausgestaltung der Carry-Strukturen eine weitgehende Interessenkonvergenz hergestellt wurde.[732] Diese begrenzte sich allein auf das Verhältnis Fondsmanager und Fonds, respektive seine Anleger. Auch wurde bereits auf die zwischen der Private Equity-Gesellschaft und potenziellen Anlegern stattfindenden Verhandlungen vor Kapitalzusage hingewiesen. Hier war insbesondere die Nutzung der bereits erläuterten Most Favoured Nation-Clauses zu beobachten, die auch weniger mächtigen Investoren die besser ausgehandelten Konditionen zugestanden.[733] Außerdem wurde ein bis zu vierteljährlich stattfindendes Investorreporting eingesetzt, um über die Entwicklung des Fonds und seiner Assets zu informieren.[734]

---

[728] Art. 34 AIFM-VO.

[729] *Swoboda*, in: Weitnauer/Boxberger/Anders, KAGB, § 27 Rn. 21 ff.

[730] Nicht jeder Interessenkonflikt fällt hierunter, *Steffen*, in: Baur/Tappen, Investmentgesetze, § 27 KAGB Rn. 51.

[731] Art. 35 Abs. 2 AIFM-VO.

[732] 5. Teil, A.I.1.

[733] 6. Teil, B.II.3.c).

[734] *IPEV*, Investor Reporting Guidelines vom Oktober 2012, S. 11. Diese Standards waren vom pan-europäischen Branchenverband EVCA (nun: Invest Europe) anerkannt, s. *EVCA*, Handbook vom Januar 2013, Professional Standards for the Private Equity and Venture Capital

Über dieses Investorreporting wurde auch die Handhabe mit Interessenkonfliken offengelegt, die sodann von einem gegebenenfalls vorhandenen Investmentkommittee evaluiert werden konnte.[735] Erforderlichenfalls wurde auch mit Informationsbarrieren (Chinese Walls) gearbeitet.[736]

bb) Interessenkonfliktmanagement im Kontext von Vertragsverhandlungen

Da sich vielen Interessenkonflikten proaktiv durch entsprechende Regelung im Fondsstatut begegnen lässt, ist die Frage aufgeworfen, inwiefern § 27 KAGB im Kontext von Vertragsverhandlungen für die KVG Bedeutung erlangt. Vertragliche Verhandlungen sind grundsätzlich eine Angelegenheit der Privatautonomie und frei von Regularien, die das Verhandlungsergebnis von der Zielrichtung her zu Lasten einer der Parteien determinieren. § 27 KAGB würde diesen Grundsatz durchbrechen, wenn die KVG gezwungen wäre, vertragliche Restriktionen (etwa die bereits angesprochenen Hard Caps bei Beauftragung externer Dritter) für das eigene geschäftliche Wirken anzustreben, um mit deren Hilfe Interessenkonflikten vorzubeugen. Die Überlegung, dass die KVG dann nicht im besten Interesse der Anleger handeln muss, wenn diese ihre Interessen selbst wahrnehmen können, ist zwar naheliegend. Angesichts der bereits herausgearbeiteten Erkenntnisse zur Dispositivität der Bestimmungen im KAGB und in der AIFM-VO wird die Privatautonomie aber überlagert.[737] § 27 KAGB ist sehr weit formuliert, da organisatorische und administrative Vorkehrungen, die es ermöglichen, *alle angemessenen Maßnahmen* für ein Interessenkonfliktmanagement zu ergreifen etc., getroffen werden sollen. Dasselbe gilt für die AIFM-RL bzw. die AIFM-VO.[738] Wie bereits erläutert erschöpft sich die Pflicht nicht nur im Treffen von reinen Vorkehrungen, sondern zwingt auch zum tatsächlichen Interessenkonfliktmanagement. Auch *vertragliche* Maßnahmen lassen sich hierunter subsumieren, sogar noch in diesem vorbereitenden Stadium. Davon geht sogar die ESMA aus, da sie bei der exemplarischen Aufzählung an denkbaren Interessenkonflikten auch auf solche Interessenkonflikte aus dem IOSCO-Report rekurriert, die in diesem frühen Stadium begründet werden und auch nur durch entsprechende vertragliche Regelungen beigelegt werden können.[739] Das harmoniert auch mit der zum Umgang mit unvermeidbaren Interessenkonflikten angestellten Überlegung, dass eine Offenlegung gegebenenfalls sogar bereits vor Beteiligung des Anlegers am AIF erfolgen muss. Dass die potenziellen Kapitalgeber zu diesem Zeitpunkt noch keine Anleger sind, ist – wie bereits im Zusammenhang mit § 26

Industry, Sec. 3 No. 3.7.1. Auch der deutsche BVK anerkennt diese Richtlinien, s. http://www. bvkap.de/bvk/was-wir-leisten/branchenrichtlinien (zuletzt abgerufen am 27.8.2017).

[735] *IOSCO*, Private Equity Conflicts of Interest, FR 11/10, S. 11.

[736] Ebd.

[737] 6. Teil, B.I.2.c).

[738] Art. 14 Abs. 4 lit. b AIFM-RL, auf dem die AIFM-VO beruht.

[739] 6. Teil, B.II.4.b)cc)(1).

KAGB erläutert – unschädlich.[740] Vertragliche Restriktionen für die KVG, die womöglich mit negativen finanziellen Auswirkungen verbunden sein können, müssen deswegen gegebenenfalls KVG-seitig adressiert werden. Etwas anderes kann einzig dann gelten, wenn ein Interessenkonfliktmanagement im Rahmen des Fondsstatuts zwar möglich ist, jedoch auch außerhalb vertraglicher Regelungen bewerkstelligt werden kann. Das ist letztlich eine Frage des Einzelfalls. Können die Interessenkonflikte nur durch Regelung im Fondsstatut verhindert werden, ist dieser Weg einzuschlagen. Es besteht keine Wahlmöglichkeit zwischen Interessenkonfliktmanagement inklusive Prävention einerseits und Offenlegung qua § 27 Abs. 4 KAGB andererseits.[741]

cc) Kategorisierung und Konfliktmanagement
anhand eines Phasenmodells

Unter der neuen Regulierung muss der Umgang mit den bisher identifizierten Interessenkonflikten neu aufgerollt werden. Die folgenden Ausführungen analysieren daher, inwiefern sich für ausgewählte, strukturelle Interessenkonflikte Änderungsbedarf ergibt. Für die hiesige Analyse kann auf die bereits im IOSCO-Report vom November 2010 erfolgte Kategorisierung spezifischer Interessenkonflikte im Segment Private Equity zurückgegriffen werden. Der Report beschränkt sich auf Risiken für Anleger durch Interessenkonflikte auf Ebene der Private Equity-Gesellschaft bzw. des Fonds und ordnet die Interessenkonflikte nach verschiedenen Phasen im Lebenszyklus eines Fonds. In jeder dieser Phase ist nun eine Identifikation entlang der in Art. 30 AIFM-VO niedergelegten Kriterien erforderlich.

(1) Fundraising Stage

Den Anfang bildet das Interesse der Private Equity-Gesellschaft an dem Auflegen hochvolumiger Fonds, um Marktanteile zu sichern. Diesem Erhaltungs- und Expansionsdrang steht die Knappheit attraktiver Zielgesellschaften gegenüber.[742] Dieser Konflikt wird in einem Niedrigzinsumfeld befeuert und manifestiert sich letztlich in der zu zahlenden Management Fee, die sich während der Investitionsphase des Fonds auf einen niedrigen einstelligen Prozentsatz der Kapitalzusagen bezieht.[743] Auch die ESMA führt diesen Interessenkonflikt als Beispiel auf.[744] Bis-

---

[740] 6. Teil, B.II.3.c).

[741] *Zentis*, in: Dornseifer/Jesch/Klebeck/Tollmann, AIFM-RL, Art. 14 Rn. 29; *Beckmann*, in: Beckmann/Scholtz/Vollmer, Investment-Hdb., Losebl. (Stand: 10/16), 405 § 27 KAGB Rn. 215; in diese Richtung auch *Köndgen/Schmies*, in: Schimansky/Bunte/Lwowski, Bankrechts-Hdb., § 113 Rn. 119.

[742] *IOSCO*, Private Equity Conflicts of Interest, FR 11/10, S. 12.

[743] 6. Teil, B.II.7.c)aa).

[744] ESMA/2011/379 vom 16.11.2011, Final report, ESMA's technical advice to the European Commission on possible implementing measures of the Alternative Investment Funds Managers Directive, Abschn. IV.III. Rn. 7.

lang wurde dem überwiegend über die Nutzung von verbindlichen Co-Investments der Fondsmanager begegnet (etwa über die Carry-KG)[745], deren Höhe sich in einem prozentualen Anteil parallel zum zugesagten Kapital bewegte.[746] Außerdem konnte über Verhandlungen eine Hard Cap für das Fondsvolumen stipuliert werden.[747] Diese Notwendigkeit besteht unter dem KAGB nicht mehr. Es wird noch im Kontext der Vergütungsregulierung und der Kostenregelungen zu zeigen sein, dass sich Management Fees für Verwalter von Publikums- und Spezial-AIFs nach hier vertretener Auffassung nunmehr dann, wenn § 26 Abs. 5 KAGB[748] zum Tragen kommt (also nicht für KVGs nach § 2 Abs. 4 und 4a KAGB), ohnehin am Nettoinventarwert (NAV) des AIF als Bemessungsgrundlage orientieren müssen.[749] Im Anwendungsbereich der besagten De-minimis-KVGs gilt § 27 KAGB hingegen nicht. Wenn sich die Management Fee am NAV zu orientieren hat, wandelt sich das Konfliktpotenzial: Jetzt besteht die Gefahr, dass die Fonds künstlich länger am Leben gehalten werden, um noch weiter Management Fees generieren zu können.[750] Selbiges gilt für das Halten einzelner Investments zur Aufrechterhaltung eines konstant hohen NAV. Zur Lösung dieses Konflikts sei auf die Ausführungen zum Interessenkonfliktmanagement in der Exit Stage verwiesen.

(2) Investment Stage

Auf Ebene der Investment Stage triggerte die Zahlung von Monitoring oder Transaction Fees Interessenkonflikte, da mit diesen negative finanzielle Auswirkungen auf das Vermögen der Portfoliogesellschaft verbunden waren und gegebenenfalls kein transparenter Umgang gewährleistet war.[751] Unter Art. 24 AIFM-VO (für Publikums-AIFs i. V. m. § 26 Abs. 7 KAGB) dürfen keine Monitoring und Transaction Fees mehr fließen.[752] Zu einem weiteren Interessenkonflikt kommt es, wenn die KVG vor der Entscheidung steht, attraktive Assets entweder zugunsten des aktuellen, noch nicht vollständig investierten Fonds zu allokieren oder sie bereits für einen nachfolgenden Fonds zu reservieren.[753] Selbiges gilt, falls die KVG auch sich

---

[745] 5. Teil, A.I.1.

[746] *IOSCO*, Private Equity Conflicts of Interest, FR 11/10, S. 13.

[747] Ebd.

[748] § 26 Abs. 5 KAGB: „Die Kapitalverwaltungsgesellschaft muss insbesondere über geeignete Verfahren verfügen, um bei Investmentvermögen unter Berücksichtigung des Wertes des Investmentvermögens und der Anlegerstruktur eine Beeinträchtigung von Anlegerinteressen durch unangemessene Kosten, Gebühren und Praktiken zu vermeiden".

[749] Ausführlich 6. Teil, B.II.7.

[750] *Volhard/Kruschke*, DB 2011, 2645, 2647.

[751] *IOSCO*, Private Equity Conflicts of Interest, FR 11/10, S. 13.

[752] 6. Teil, B.II.3.a)bb)(3).

[753] *IOSCO*, Private Equity Conflicts of Interest, FR 11/10, S. 14; ESMA/2011/379 vom 16. 11. 2011, Final report, ESMA's technical advice to the European Commission on possible implementing measures of the Alternative Investment Funds Managers Directive, Abschn. IV.III. Rn. 10.

in Ansehung von Anlagestrategien überlappende Fonds verwaltet. Entweder ist für diese Konstellationen bereits in den Fondsstatuten Vorsorge getroffen oder die KVG ist nun zu einer Auseinandersetzung in den schriftlichen Grundsätzen zum Interessenkonfliktmanagement gehalten, etwa in dem Sinne, dass nur dem älteren Fonds die Assets zugesprochen werden.

(3) Management Stage

An anderer Stelle wurde bereits festgehalten, dass das, was im Rahmen der Portfolioverwaltung von Unternehmensbeteiligungen gegebenenfalls regulierungsrechtlich indiziert sein mag, gesellschaftsrechtlich nicht zwingend umsetzbar ist.[754] Das Regulierungsrecht stößt so im Bereich der Unternehmensbeteiligungen an seine natürlichen Grenzen. Während der Verwaltung von Portfoliogesellschaften ist überdies denkbar, dass die der KVG obliegende Verpflichtung zum Handeln im ausschließlichen und besten Interesse der Anleger mit der für das Akquisitionsvehikel bestehenden mitgliedschaftlichen Treubindung derart konfligiert, dass das Gesellschaftsrecht im Widerspruch zum Regulierungsrecht eine bestimmte Handlung einfordert. Positive Stimmpflichten sind höchstrichterlich anerkannt,[755] aber jedenfalls nur in Ausnahmefällen insbesondere unter Berücksichtigung der schutzwürdigen Interessen des Gesellschafters zumutbar.[756] Die unterschiedlichen Interessenbindungen können sich vor allen Dingen in Krisensituationen zuspitzen, zumal die KVG Verluste durch anderweitige Erfolge des diversifizierten Fondsportfolios kompensieren kann.[757] Hier drohen aufsichtsrechtliche Konsequenzen bei Nichteinhaltung der Gebote des KAGB. Dieser Interessenkonflikt ist zugunsten des Gesellschaftsrechts aufzulösen. Für dieses Ergebnis kann zunächst die aus dem Verbot des Asset Stripping geschöpfte Wertung in Stellung gebracht werden, dass Anlegerinteressen nicht stets der Vorrang einzuräumen ist.[758] Im Übrigen lässt sich der AIFM-RL für das Verhältnis zwischen reguliertem Gesellschafter und Zielgesellschaft der wenn auch versteckte Hinweis entnehmen, dass die allgemeinen Grundsätze des Unternehmensrechts respektiert werden und daher vorrangig sein müssen. Angesprochen ist die in Erwägungsgrund 54 AIFM-RL im Kontext der Transparenzvorschriften des noch im Detail zu erörternden Sonderbeteiligungsrechts anzutreffende Aussage, nach der im Verhältnis zwischen Anteilseignern und Arbeitnehmervertretern/Arbeitnehmern gemäß den allgemeinen Grundsätzen des Unternehmensrechts keine direkte Beziehung bestünde und sich deshalb auch das Regulierungsrecht nicht über diese tradierte Rechtslage hinwegsetzen könne.

---

[754] 6. Teil, B.II.3.a)bb)(4).

[755] Etwa BGH, Urt. v. 25.9.1986 – II ZR 262/85, BGHZ 98, 276.

[756] BGH, Urt. v. 10.6.1965 – II ZR 6/64, BGHZ 44, 40; *Lieder*, in: Michalski/Heidinger/Leible/J. Schmidt, GmbHG, § 13 Rn. 183.

[757] 6. Teil, B.II.12.a).

[758] 6. Teil, B.II.3.a)bb)(4).

Relevant ist dieses Spannungsverhältnis zwischen Regulierungs- und Gesellschaftsrecht insbesondere bei Interessenkonflikten, die aus der Bekleidung von „Doppelmandaten"[759] durch die Portfoliomanager der KVG resultieren, wenn diese also zur Vertretung der Anlegerinteressen zu Mitgliedern im Aufsichtsorgan der Portfoliogesellschaft berufen werden.[760] Obwohl ein Interessengleichlauf auf beiden Ebenen vorherrschen kann, ist dieser nicht immer sichergestellt.[761] Die Interessen können in Krisensituationen diametral entgegenlaufen. Aufsichtsratsmitglieder schulden nach dem nationalen Gesellschaftsrecht bei Sanierungsbemühungen gesteigerte Sorgfaltspflichten;[762] zudem ist es ein Erfordernis des deutschen Gesellschaftsrechts, dass Aufsichtsratsmitglieder im Rahmen ihrer Organtätigkeit den Interessen ihrer Gesellschaft den Vorrang einräumen[763]. Auch der BGH anerkennt in seiner Rechtsprechung zu Vorstandsdoppelmandaten im Konzern, die bisweilen auch für die hier wohl vergleichbaren Aufsichtsratsdoppelmandate herangezogen wird,[764] dass stets die Interessen beider Pflichtenkreise wahrzunehmen sind[765]. Der gesellschaftsrechtlich induzierte Pflichtenkreis konfligiert so mit der Aufgabenwahrnehmung nach Maßgabe von § 26 Abs. 1, Abs. 2 Nr. 2 KAGB. Aufgrund der beiderseitigen rechtlichen Bindungen kann es zu unauflösbaren Interessenkonflikten kommen, die gegebenenfalls in dauerhafte Konfliktlagen umschlagen. Diese müssten abgesehen von vereinzelt denkbaren Stimmenthaltungen in einer – gegebenenfalls gerichtlich zu erwirkenden – Mandatsniederlegung münden, sofern das Aufsichtsorganmitglied nicht mehr imstande ist, seiner Aufgabenwahrnehmung nachzukommen.[766]

Ist der Vorrang des Gesellschaftsrechts wie vorstehend begründet, muss der Interessenkonflikt entsprechend gemanagt werden. Bei derart unvermeidbaren Interessenkonflikten ist nun die Geschäftsleitung oder eine andere interne Stelle (Compliance-Funktion, s. o.) zur Steuerung des weiteren Vorgehens einzuschalten. Des Weiteren sind Verfahren und Strategien bereitzuhalten. So kann die KVG ihre Fondsmanager zusätzlich auf die Einhaltung ihrer gesetzlichen Pflichten aus der Stellung als Organmitglied hinweisen, insbesondere die Verschwiegenheitspflicht im Hinblick auf weiteren Informationstransfer.[767] Für einen Interimszeitraum ist an einen Austausch des relevanten Portfoliomanagementteams zu denken, gegebe-

---

[759] Portfoliomanager müssen nicht Organmitglieder bei der KVG sein. Sie sind aber jedenfalls Mitarbeiter der KVG, die im Anlegerinteresse handeln muss.

[760] s. bereits 2. Teil, B.V.3.a).

[761] *IOSCO*, Private Equity Conflicts of Interest, FR 11/10, S. 17.

[762] Nachweise bei *Spindler*, in: Spindler/Stilz, AktG, § 116 Rn. 39.

[763] BGH, Urt. v. 26. 1. 1962 – II ZR 1/61, BGHZ 36, 296, 307; BGH, Urt. v. 21. 12. 1979 – II ZR 244/78, NJW 1980, 1629, 1630.

[764] *Spindler*, in: Spindler/Stilz, AktG, § 116 Rn. 97.

[765] BGH, Urt. 9. 3. 2009 – II ZR 170/07, BGHZ 180, 105 Rn. 16.

[766] *Spindler*, in: Spindler/Stilz, AktG, § 116 Rn. 85, 97.

[767] So bereits in *IOSCO*, Private Equity Conflicts of Interest, FR 11/10, S. 17.

nenfalls auch durch einen unabhängigen Dritten.[768] Es ist in diesen Situationen ohnehin gängige Praxis, zusätzliches Personal einzusetzen, um die Portfoliogesellschaft zu überwachen.[769] Fraglich ist, ob der Interessenkonflikt den Anlegern daneben offenzulegen ist. In § 27 Abs. 4 KAGB bzw. Art. 36 Abs. 1 AIFM-VO i. V. m. Art. 14 Abs. 2 AIFM-RL heißt es, die KVG setzt die Anleger, bevor sie in ihrem Auftrag Geschäfte tätigt, in Kenntnis. Diese Regelung ist misslungen, da sie offenbar nur auf die Konstellation zugeschnitten ist, dass Einzelvermögen von Kunden verwaltet werden. Bei der kollektiven Vermögensverwaltung eines geschlossenen AIF wird jedoch u. a. Fondsvermögen angelegt und verwaltet; die KVG wird in der Folge nicht mehr im Auftrag der Anleger tätig.[770] Die Offenlegungspflicht hat aber auch bei der Verwaltung von Fondsgesellschaftsvermögen ihre Berechtigung. Daneben ist allerdings fraglich, ob die Wahrnehmung von Stimmrechten oder sonstigen Mitwirkungshandlungen als „Geschäft" einzuordnen ist. Zwar sind die Reaktionsmöglichkeiten für Anleger in geschlossenen Strukturen bei Offenlegung von Interessenkonflikten limitiert, doch wäre es gerade in geschlossenen Strukturen nicht einzusehen, wieso der vermögensbildende oder -mindernde Haltevorgang anders als die Disposition über den Vermögensgegenstand von § 27 Abs. 4 KAGB ausgeklammert sein soll, wenn es bei § 27 Abs. 4 KAGB ohnehin nur um Konstellationen geht, bei denen nach vernünftigem Ermessen nicht mehr gewährleistet werden kann, dass das Risiko einer Beeinträchtigung von Anlegerinteressen vermieden wird.

(4) Exit Stage

Auch eine Laufzeitverlängerung eines Fonds ist gem. IOSCO-Report und ESMA vor dem Hintergrund konfligierender Interessen zu sehen.[771] Sie soll idealerweise die zeitliche Flexibilität für die Portfoliomanager im Rahmen eines Desinvestment gewährleisten. Gleichzeitig besteht die aus Anlegersicht latente Gefahr, dass die KVG lediglich für einen weiteren Zeitraum Management Fees generieren will. Dieser Interessenkonflikt kann nur im Gesellschaftsvertrag des Fonds adressiert werden. Daher muss die KVG eigenständig auf entsprechende Regelungen zur Laufzeitverlängerung und deren Voraussetzungen hinwirken, da sie zum Interessenkonfliktmanagement verpflichtet ist. Ein probates Mittel wäre es, wenn die Entscheidung direkt von der Zustimmung der Anleger bzw. eines Anlegergremiums

---

[768] *Swoboda*, in: Weitnauer/Boxberger/Anders, KAGB, § 27 Rn. 10; *IOSCO*, Private Equity Conflicts of Interest, FR 11/10, S. 17.

[769] *IOSCO*, Private Equity Conflicts of Interest, FR 11/10, S. 17.

[770] Es kann auf die bereits angestellten Ausführungen zum Finanzkommissionsgeschäft/zur Finanzportfolioverwaltung verwiesen werden, s. 6. Teil, A.I.1.b)bb)(2).

[771] *IOSCO*, Private Equity Conflicts of Interest, FR 11/10, S. 19; ESMA/2011/379 vom 16. 11. 2011, Final report, ESMA's technical advice to the European Commission on possible implementing measures of the Alternative Investment Funds Managers Directive, Kap. IV.III. Rn. 7 ff.

abhängig gemacht würde.[772] Regelmäßig ist bei einer Laufzeitverlängerung auch mit einer Neuaushandlung der Fees zu rechnen.[773] Ein ähnlicher und gleichfalls von der KVG zu adressierender Interessenkonflikt hängt mit der Haltedauer der Portfoliogesellschaften zusammen. Die KVG könnte versucht sein, die Portfoliogesellschaften künstlich lange zu halten, um durch einen konstant hohen NAV des AIF höhere – nun am NAV zu orientierende[774] – Management Fees zu generieren. Die Lösung ist in der von der BaFin für den Bereich der Publikums-AIFs vorgeschlagenen Regelung zu suchen, als Berechnungsgrundlage der Management Fees die Summe aus dem durchschnittlichen NAV im jeweiligen Geschäftsjahr und den bis zum jeweiligen Berechnungsstichtag an die Anleger geleisteten Zahlungen zugrundezulegen.[775]

5. Geschäftsorganisation nach § 28 KAGB

KVGs im Private Equity-Sektor müssen nun vorbehaltlich des allgemeinen Proportionalitätsprinzips in Art. 57 Abs. 1 UAbs. 2 AIFM-VO über eine ordnungsgemäße Geschäftsorganisation i. S. des § 28 KAGB verfügen, die die Einhaltung der von der KVG zu beachtenden gesetzlichen Bestimmungen gewährleistet („Compliance-Generalklausel"[776]). Die dort verwendeten Elemente sind bereits aus anderen Sektorregulierungen (z. B. dem Banken- und Finanzdienstleistungswesen und dem früheren Investmentrecht)[777] bekannt und verschreiben sich dem Ziel, die Gefahren, die sich aus dem Risikofaktor *Organisation* bei arbeitsteiligem Zusammenwirken ergeben, zu adressieren.[778] § 28 KAGB nähert sich dabei überwiegend der Vorgängerregelung des § 9a InvG a. F. an und dekretiert in gleicher Weise, dass die ordnungsgemäße Geschäftsorganisation insbesondere ein angemessenes Risikomanagementsystem, geeignete Regelungen für die persönlichen Geschäfte der Mitarbeiter, geeignete Regelungen für die Anlage des eigenen Vermögens der KVG, angemessene Kontroll- und Sicherheitsvorkehrungen für den Einsatz der EDV, eine

---

[772] Für letzteres: *IOSCO*, Private Equity Conflicts of Interest, FR 11/10, S. 19.

[773] Ebd.

[774] 6. Teil, B.II.7.c)aa).

[775] 6. Teil, B.II.7.b)dd)(1).

[776] *Kort/Lehmann*, in: Möllers/Kloyer, Das neue KAGB, Rn. 479, 487; *Geurts/Schubert*, in: FrankKomm, KapAnlR Bd. 1, § 28 KAGB Rn. 1: Compliance-Generalnorm.

[777] Insbesondere Verwaltungspraxis der BaFin: *BaFin* vom 7.6.2010, Rundschreiben 4/2010 (WA) – MaComp, zuletzt geändert am 8.3.2017, WA 31-Wp 2002-2009/0010 (zit.: MaComp) (zurzeit in Konsultation 15/2017 (WA)); novelliert: *BaFin* vom 27.10.2017, Rundschreiben 09/2017 (BA) – Mindestanforderungen an das Risikomanagement – MaRisk, BA 54-FR 2210-2017/0002 (zit.: MaRisk (BA)); für das InvG a. F. noch *BaFin* vom 30.6.2010, Rundschreiben 5/2010 (WA) zu den Mindestanforderungen an das Risikomanagement für Investmentgesellschaften – InvMaRisk, WA 41-Wp 2136–2008/0009 (zit.: InvMaRisk) (bereits überholt).

[778] Grundlegend zur Analyse der Figur der Organisationspflicht: *Spindler*, Unternehmensorganisationspflichten.

vollständige Dokumentation der ausgeführten Geschäfte, angemessene Kontroll-
verfahren (insbesondere interne Revision) und eine ordnungsgemäße Verwaltung
und Buchhaltung umfasst. Darüber hinaus muss die KVG aber noch angemessene
und geeignete personelle sowie technische Ressourcen vorhalten.[779] Zudem ist seit
dem OGAW V-UmsG nicht nur die OGAW-KVG, sondern auch die AIF-KVG
verpflichtet, einen Whistleblowing-Prozess zu installieren, der es Mitarbeitern ermöglicht, einen Verstoß gegen investmentrechtliche Normen sowie strafbare
Handlungen innerhalb der KVG an geeignete Stellen zu melden.[780] All dies ist
Ausfluss eines investmentrechtlichen Compliance-Rahmens.[781]

Neben § 9a InvG a. F. fanden sich weitere Vorgaben zur Geschäftsorganisation in
der durch die BaFin erlassenen InvVerOV a. F.[782] und den ebenso überholten Inv-
MaRisk. Besonderes Augenmerk ist hier auf die in §§ 8 f. InvVerOV a. F. statuierten
Anforderungen an die Compliance-Funktion sowie die interne Revision zu legen.
Diese gehen zurück auf Artt. 10 f. der OGAW-DurchführungsRL,[783] welche wie-
derum abgesehen von notwendigen redaktionellen Anpassungen mit den Bestim-
mungen aus Artt. 6 und 8 der MiFID I-DurchführungsRL identisch sind.[784] In
Artt. 61 und 62 AIFM-VO werden diese Vorgaben übernommen,[785] sodass viel dafür
spricht, die hierzu ergangenen Konkretisierungen neben denen der KAMaRisk aus
Januar 2017 auch auf den Bereich der alternativen Investments zu transferieren.
Auffällig ist allerdings die unterschiedliche Regelungstechnik: Während die Anforderungen aus Artt. 61 und 62 AIFM-VO unmittelbar gelten (für Verwalter von
Publikums-AIFs jedoch nur über § 28 Abs. 3 KAGB), mussten die Bestimmungen
der Richtlinien zunächst umgesetzt werden.[786] Dementsprechend fällt § 4 KAVerOV
als Nachfolgeregelung zu §§ 4 ff. InvVerOV vom Umfang her nicht annähernd

---

[779] § 28 Abs. 1 Satz 2 Nr. 2 KAGB.

[780] § 28 Abs. 1 Satz 2 Nr. 9 KAGB. BegrRegE BT-Drs. 18/6744, S. 47: vergleichbare Interessenlage zwischen OGAW-KVG und AIF-KVG.

[781] *Kort/Lehmann*, in: Möllers/Kloyer, Das neue KAGB, Rn. 479, 498 ff.

[782] Verordnung zur Konkretisierung der Verhaltensregeln und Organisationsregeln nach
dem Investmentgesetz (Investment-Verhaltens- und Organisationsverordnung – InvVerOV)
vom 28.6.2011, BGBl. I, S. 1288.

[783] Richtlinie 2010/43/EU der Kommission vom 1. Juli 2010 zur Durchführung der
Richtlinie 2009/65/EG des Europäischen Parlaments und des Rates im Hinblick auf organi-
satorische Anforderungen, Interessenkonflikte, Wohlverhalten, Risikomanagement und den
Inhalt der Vereinbarung zwischen Verwahrstelle und Verwaltungsgesellschaft, ABl. Nr. L 176,
S. 42.

[784] Richtlinie 2006/73/EG der Kommission vom 10. August 2006 zur Durchführung der
Richtlinie 2004/39/EG des Europäischen Parlaments und des Rates in Bezug auf die organi-
satorischen Anforderungen an Wertpapierfirmen und die Bedingungen für die Ausübung ihrer
Tätigkeit sowie in Bezug auf die Definition bestimmter Begriffe für die Zwecke der genannten
Richtlinie, ABl. Nr. L 241/26.

[785] *Heist*, in: Dornseifer/Jesch/Klebeck/Tollmann, AIFM-RL, Art. 18 Rn. 7, speziell für die
Compliance-Funktion auch Rn. 60.

[786] Art. 288 Abs. 3 AEUV bzw. Art. 249 Abs. 3 EGV a. F.; *Klebeck/Zollinger*, BB 2013,
459, 460.

vergleichbar aus und beschränkt sich für KVGs von Publikum-AIFs auf Aspekte der Qualifikation des eingesetzten Personals und der Anlegerbeschwerden. Die folgenden Ausführungen begrenzen sich auf eine Darstellung der Anforderungen zur Implementierung einer ständigen Compliance-Funktion sowie einer Innenrevisionsfunktion, ergänzt um eine zusammenfassende Analyse der nun personellen Konsequenzen unter dem KAGB bzw. der AIFM-VO.

a) Compliance-Funktion

KVGs legen angemessene Grundsätze und Verfahren (*Compliance Policy*) fest, die darauf ausgelegt sind, jedes Risiko einer Missachtung der Pflichten aus dem KAGB sowie die damit verbundenen Risiken aufzudecken, setzen diese um und erhalten sie aufrecht.[787] Dabei ist das Proportionalitätsprinzip zu beachten, um der Heterogenität der Unternehmensstruktur und der Vielfalt der Geschäftstätigkeiten gerecht zu werden. Der AIFM hat nunmehr eine permanente und wirksame unabhängig arbeitende Compliance-Funktion (CF) einzurichten.[788] Die Einrichtung einer ständigen und wirksamen CF ist zwingend, das Proportionalitätsprinzip kommt nur im Hinblick auf die Einrichtung einer unabhängigen Compliance-Stelle zum Tragen.[789] Die Existenz einer dauerhaften und wirksamen CF ist in die Verantwortung der Geschäftsleitung, also des Senior Management, gestellt, selbst wenn diese Funktion von einem Dritten ausgeübt wird.[790] Während die Compliance ohnehin als Ausdruck der allgemeinen Organisationspflicht der Organmitglieder verstanden werden kann,[791] erfolgt nunmehr eine regulatorische Klarstellung speziell für den Bereich der alternativen Investments. Als Orientierungshilfe bei der genauen Bestimmung des Aufgabenbereichs und der Ausgestaltung der CF sind die Leitlinien der ESMA zur Compliance nach der MiFID I heranzuziehen.[792] Denn diese setzen sich mit Regelungen auseinander, die wie oben bereits erläutert auch im Rahmen von Art. 61 AIFM-VO zur Geltung kommen. Die nachfolgende Darstellung der CF beschränkt sich dabei auf AIFMs, die allein die kollektive Vermögensverwaltung erbringen, und damit nicht auch im Hinblick auf etwaige Nebenleistungen den

---

[787] Art. 61 Abs. 1 UAbs. 1; Abschn. 11 Tz. 1 KAMaRisk.

[788] Art. 61 Abs. 2 AIFM-VO.

[789] Erwägungsgrund 74 AIFM-VO; Abschn. 11 Tz. 3 KAMaRisk; ESMA/2011/379 vom 16.11.2011, Final report, ESMA's technical advice to the European Commission on possible implementing measures of the Alternative Investment Funds Managers Directive, Abschn. IV.VII. Rn. 12 f.; *Heist*, in: Dornseifer/Jesch/Klebeck/Tollmann, AIFM-RL, Art. 18 Rn. 60; so wohl auch *Swoboda*, in: Weitnauer/Boxberger/Anders, KAGB, § 28 Rn. 6, der nur die „Elemente einer Organisation" je nach Komplexität etc. für obsolet erklärt.

[790] Art. 60 Abs. 2 lit. d AIFM-VO; *Klebeck/Zollinger*, BB 2013, 459, 460.

[791] *Spindler*, WM 2008, 905; erst jüngst betonte *Paefgen*, WM 2016, 433, 443 f. das unternehmerische Ermessen der Leitungsebene hinsichtlich Einrichtung und Ausgestaltung.

[792] ESMA/2012/388 vom 25.6.2012, Leitlinien zu einigen Aspekten der MiFID-Anforderungen an die Compliance-Funktion.

Anforderungen an die CF nach den § 5 Abs. 2 KAGB i.V.m. den einschlägigen wertpapierrechtlichen Regelungen unterliegen.

aa) Aufgabenbereich

Den Aufgabenbereich umschreibt Art. 61 Abs. 2 AIFM-VO zunächst selbst. Der CF obliegt die Überwachung und regelmäßige Bewertung der in der Compliance Policy festgelegten Maßnahmen, Grundsätze und Verfahren sowie der darauf basierend eingeleiteten Schritte. Die CF muss deswegen insbesondere interne Organisations- und Arbeitsanweisungen für das Unternehmen begleiten.[793] Außerdem berät die CF die für Dienstleistungen und Tätigkeiten zuständigen relevanten Personen[794] und unterstützt sie im Hinblick auf die in dem KAGB festgelegten Pflichten. Die ESMA Leitlinien zur Compliance im Rahmen der MiFID I stellen weitergehende Anforderungen zu den Bewertungs-, Überwachungs-, Berichts- und Beratungsaufgaben der CF auf. Eine dieser ESMA-Konkretisierungen, die auch in den MaComp aufgenommen wurde,[795] besteht in der Einbindung der CF (Beratung, Einbringung von Sachkenntnis) in die operativen Bereiche.[796] Für den Bereich LBO ist hier vor allen Dingen an die Compliance mit dem Sonderbeteiligungsrecht in den §§ 287 ff. KAGB zu denken, worauf die CF bereits vor Anteilserwerb hinzuwirken hat. Da die Compliance-Policy nur die Risiken aufgrund von Verstößen gegen das KAGB bzw. die damit verbundenen Risiken abzudecken hat und deshalb auch der Aufgabenbereich der CF in gleicher Weise eingegrenzt ist, kommt der CF nach der AIFM-VO keine allgemeine Kontrolle für Gesetzesverstöße jedweder Art zu.[797] Diese können von ihr abgedeckt werden, wenn die CF wegen der bereits nach § 28 Abs. 1 Satz 1 KAGB bestehenden Verpflichtung zur Gewährleistung gesetzeskonformer Geschäftstätigkeit[798] hierfür von der Geschäftsleitung eingesetzt wird, sie können aber auch dem Risikomanagement überantwortet werden[799]. Sowohl Art. 10 der OGAW-DurchführungsRL als auch der mit diesem identische Art. 61 AIFM-VO sowie die nun aktuellen KAMaRisk enthalten keine weiteren Vorgaben zum Aufgabenbereich einer CF. Da jedoch in den – wenn auch überholten – InvMaRisk trotz der Regelung des Art. 10 OGAW-

---

[793] *Klebeck/Zollinger*, BB 2013, 459, 462.

[794] Definiert in Art. 1 Nr. 2 AIFM-VO. Angesprochen sind etwa Mitglieder der Geschäftsführung, Angestellte oder Dritte im Rahmen der Auslagerung.

[795] Abschn. BT 1.2.4 Tz. 2 ff. MaComp.

[796] ESMA/2012/388 vom 25.6.2012, Leitlinien zu einigen Aspekten der MiFID-Anforderungen an die Compliance-Funktion, Rn. 39 ff.

[797] Das war schon unter Abschn. 10 Tz. 1 ff. InvMaRisk nicht so; a.A. *Swoboda*, in: Weitnauer/Boxberger/Anders, KAGB, § 28 Rn. 18: nicht nur aufsichtsrechtliche Seite (KAGB), sondern auch sonstige rechtlichen Aspekte des Geschäfts; anschl. *Jesch*, CB 2017, 165, 166.

[798] *Köndgen*, in: Berger/Steck/Lübbehüsen, InvG, § 9a Rn. 5.

[799] So *Swoboda*, in: Weitnauer/Boxberger/Anders, KAGB, § 28 Rn. 18.

DurchführungsRL noch die Zuständigkeit der CF für das Interessenkonfliktmanagement, die Bearbeitung von Anlegerbeschwerden und die Überwachung der Weitergabe compliance-relevanter Informationen verankert ist, sollte dies auch unter dem KAGB bzw. der KAVerOV fortgelten.[800] Es entbehrt schließlich nicht einer gewissen Logik, dass sich diese Aufgaben sogar sektorübergreifend als Aufgabenbereich einer CF herauskristallisieren lassen.[801]

bb) Ausgestaltung der Compliance-Funktion

Zentral bei der Ausgestaltung der CF ist die Vorgabe nach Art. 61 Abs. 2 AIFM-VO, wonach die CF permanent (bzw. dauerhaft)[802] und wirksam unabhängig arbeitend sein soll. Dabei ist das Proportionalitätsprinzip zu beachten, worauf auch die ESMA hingewiesen hat.[803]

(1) Permanent

Ein AIFM wird durchgehend für einen Compliance-Mechanismus aufgrund interner Organisations- und Arbeitsanweisungen sowie im Fall der Abwesenheit des vom AIFM[804] bestellten Compliance-Beauftragten (zu diesem sogleich) auch für entsprechende Vertretungsregeln sorgen müssen. Das ergibt sich abermals aus den weiterführenden Leitlinien der ESMA zur Compliance bei der MiFID I,[805] daneben aus den KAMaRisk[806]. Das Kriterium der Dauerhaftigkeit setzt zudem eine regelmäßige und nicht nur anlassbezogene Überwachungstätigkeit entlang eines

---

[800] Abschn. 10 Tz. 3 InvMaRisk; *Steffen*, in: Baur/Tappen, Investmentgesetze, § 28 KAGB Rn. 51 greift ohne Weiteres auf die InvMaRisk zur Konkretisierung des Aufgabenbereichs der CF zurück. Für das Interessenkonfliktmanagement: Die Zuständigkeit der CF für das Interessenkonfliktmanagement deutet sich höchstens vage bei ESMA/2012/388 vom 25.6.2012, Leitlinien zu einigen Aspekten der MiFID-Anforderungen an die Compliance-Funktion, Rn. 51 an, wonach der Compliance-Officer über die nötige berufliche Erfahrung verfügen müsse, um die Interessenkonflikte einschätzen zu können, die sich aus der Geschäftstätigkeit der Wertpapierfirma ergeben; *Klebeck/Zollinger*, BB 2013, 459, 462 f.; a. A. *Steffen*, in: Baur/Tappen, Investmentgesetze, § 27 KAGB Rn. 38: Unterschiedliche Organisationseinheiten könnten damit betraut werden, wobei es sinnvoll wäre, die Compliance-Funktion frühzeitig einzubeziehen

[801] Abschn. AT 6.2 Tz. 2 und BT 1.2.1 Tz. 3 MaComp.

[802] Art. 60 Abs. 2 lit. d AIFM-VO.

[803] ESMA/2011/379 vom 16.11.2011, Final report, ESMA's technical advice to the European Commission on possible implementing measures of the Alternative Investment Funds Managers Directive, Abschn. IV.VII. Rn. 12.

[804] Der Compliance-Beauftragte sollte von der Geschäftsleitung oder vom Aufsichtsrat bestellt werden, ESMA/2012/388 vom 25.6.2012, Leitlinien zu einigen Aspekten der MiFID-Anforderungen an die Compliance-Funktion, Rn. 57.

[805] Ebd., Rn. 53 f.

[806] Abschn. 11 Tz. 3 f. KAMaRisk.

Schlüsselbereiche identifizierenden Überwachungsplans voraus, die die Fähigkeit, rasch auf unvorhergesehene Ereignisse zu reagieren, miteinschließt.[807]

(2) Wirksam

Die Anforderungen an eine wirksame Aufgabenwahrnehmung werden erfüllt, wenn die CF gem. Art. 61 Abs. 3 UAbs. 1 lit. a AIFM-VO über die notwendigen Befugnisse, Ressourcen und Fachkenntnisse verfügt und Zugang zu allen einschlägigen Informationen hat. Die KAMaRisk halten insoweit keine Konkretisierungen bereit. Einzelheiten lassen sich wieder den Leitlinien der ESMA zur Compliance im Hinblick auf die MiFID I entnehmen.[808] So sollten CF-Mitarbeiter zumindest die AIFM-RL und die dazu gehörigen nationalen Gesetze, insbesondere das KAGB, sowie alle dazugehörigen Standards und Leitlinien der ESMA und der zuständigen Behörden kennen, sofern diese für die Aufgabenerfüllung relevant sind.[809] Als Instrument zur Installation einer wirksamen CF ist auch die Benennung eines Compliance-Beauftragen (oder: Compliance-Officer) einzuordnen, der für die CF und das zu implementierende, regelmäßige, aber mindestens jährlich stattfindende Berichtswesen verantwortlich ist.[810] Nicht nur die Einrichtung einer CF ist für jede KVG wie bereits erläutert zwingend, sondern auch die Bestellung eines Compliance-Officer. Zwar müsste die Bestellung eines Compliance-Officer als Element der Organisation dem *allgemeinen* Proportionalitätsprinzip unterworfen sein. Doch Art. 61 Abs. 3 UAbs. 2 AIFM-VO trifft hier eine Sonderregelung: Der AIFM wird von bestimmten Anforderungen an die Ausgestaltung der CF bei Disproportionalität befreit; die Benennung des Compliance-Officer ist davon jedoch ausgenommen.[811]

(3) Unabhängig

In anderen sektoralen Vorgaben ist die CF organisationsrechtlich stets als Instrument der Geschäftsleitung eingebettet,[812] vereinzelt aber zugleich in dem Sinne verselbständigt, dass die Überwachungsaufgaben unabhängig von der Geschäftsleitung und weisungsfrei von anderen Geschäftsbereichen ausgeübt werden kön-

---

[807] ESMA/2012/388 vom 25.6.2012, Leitlinien zu einigen Aspekten der MiFID-Anforderungen an die Compliance-Funktion, Rn. 55 f.; Abschn. 11 Tz. 3 KAMaRisk; *Klebeck/Zollinger*, BB 2013, 459, 461.

[808] ESMA/2012/388 vom 25.6.2012, Leitlinien zu einigen Aspekten der MiFID-Anforderungen an die Compliance-Funktion, Rn. 43 ff.

[809] Ebd., Rn. 50.

[810] Art. 61 Abs. 3 UAbs. 1 lit. b AIFM-VO. Zum Berufsbild eines solchen Compliance-Officer *Hauschka*, CCZ 2014, 165; speziell zur AIFM-VO auch *Jesch*, CB 2017, 165, 168.

[811] *Jesch*, CB 2017, 165, 168 hält aber zurecht eine Personalunion zwischen Geschäftsleiter und Compliance-Officer aus Gründen der Verhältnismäßigkeit für möglich.

[812] Abschn. 10 Tz. 7 InvMaRisk; Abschn. BT 1.1 Tz. 2 MaComp; Abschn. AT 4.4.2 Tz. 3 MaRisk (BA).

nen[813]. Auch die CF nach der AIFM-VO ist nach den KAMaRisk ein Instrument der Geschäftsleitung.[814] Ob und inwiefern die CF nach der AIFM-VO weisungsfrei sein soll, darüber schweigen Art. 61 AIFM-VO und die KAMaRisk jedoch. Auch die überholten InvMaRisk treffen hierzu keine Aussage. Die Rechtslage erinnert an die Anfänge der Compliance-Regulierung im Bereich der Wertpapierdienstleistungsunternehmen. Als noch keine Verwaltungspraxis etabliert war, gab es Unklarheiten, ob Weisungsfreiheit aus der Vorgabe „unabhängig handeln" zu schließen war.[815] In der ersten sodann veröffentlichten Fassung der MaComp war die CF fachlich weisungsgebunden gegenüber der Geschäftsleitung,[816] wovon mittlerweile schon seit Veröffentlichung der dritten Fassung der MaComp Abstand genommen wurde.[817] Dieser Wandel ist auf die bereits genannten Leitlinien der ESMA zur Compliance im Hinblick auf die MiFID I zurückzuführen.[818] Für den Bereich der alternativen Investments darf aufgrund der bereits genannten Argumentation zur Maßgeblichkeit dieser ESMA-Leitlinien nichts anderes gelten.[819]

Ein Erfordernis der Unabhängigkeit ist darüber hinaus, dass die Personen, deren Tätigkeiten überwacht werden sollen, nicht zugleich zum Überwacher in eigener Sache werden. Deshalb dürfen CF-Mitarbeiter auch nicht in die von ihnen überwachten Dienstleistungen oder Tätigkeiten eingebunden werden.[820] In dieselbe Richtung geht die Vorgabe aus Art. 61 Abs. 3 UAbs. 1 lit. d AIFM-VO, nach der die Vergütung die Objektivität der CF-Mitarbeiter unangetastet lassen muss. Eben dies ergibt sich indes bereits aus dem Erfordernis einer funktionsspezifischen Vergütung nach § 37 Abs. 2 KAGB i. V. m. Anhang II Abs. 1 lit. e AIFM-RL für Mitarbeiter mit Kontrollfunktionen. In der Regel werden die Geschäftsleiter in irgendeiner Art in die operativen Geschäfte involviert sein, sodass sie grundsätzlich nicht auch zum Compliance-Officer bestellt werden können. Da jedoch beide vorgenannte Vorgaben dem Proportionalitätsprinzip unterliegen, wird Personalunion allerdings durchaus ermöglicht.[821] Soweit der Geschäftsleiter ohnehin nicht in die operativen Geschäfte

---

[813] Abschn. BT 1.3.3 Tz. 1 MaComp.

[814] Abschn. 11 Tz. 5 KAMaRisk.

[815] Dagegen *Spindler*, WM 2008, 905, 910 f.

[816] Abschn. BT 1.1.1 Tz. 1 MaComp in der Fassung vom 7. 6. 2010; dazu auch *Schäfer*, BKR 2011, 45, 48 f.

[817] Abschn. BT 1.3.3 Tz. 1 MaComp in der Fassung vom 30. 11. 2012.

[818] *BaFin* vom 30. 11. 2012, Anschreiben an alle Kredit- und Finanzdienstleistungsinstitute, WA 31-Wp 2002-2009/0010; ESMA/2012/388 vom 25. 6. 2012, Leitlinien zu einigen Aspekten der MiFID-Anforderungen an die Compliance-Funktion, Rn. 58.

[819] A. A. *Klebeck/Zollinger*, BB 2013, 459, 461, die die Weisungsgebundenheit wenig überzeugend auf die überholte BaFin-Verwaltungspraxis stützen, obwohl ihnen die ESMA-Leitlinien bekannt sind.

[820] Art. 61 Abs. 3 UAbs. 1 lit. c AIFM-VO.

[821] Art. 61 Abs. 3 UAbs. 2 AIFM-VO; ESMA/2011/379 vom 16. 11. 2011, Final report, ESMA's technical advice to the European Commission on possible implementing measures of the Alternative Investment Funds Managers Directive, Abschn. IV.VII. Rn. 13; *Heist*, in:

einbezogen ist, kann er zum Compliance-Officer bestellt werden, ohne dass das Proportionalitätsprinzip bemüht werden muss.[822] Die Vergütung höherer Führungskräfte im Bereich der Compliance-Aufgaben wird jedenfalls unmittelbar vom Vergütungsausschuss kontrolliert, sofern ein solcher einzurichten ist.[823] Schließlich ist zur Gewährleistung der Unabhängigkeit der CF zu beachten, dass die CF nicht mit der internen Revision, die die CF ihrerseits überwacht, zusammengelegt wird.[824] Etwas anderes kann nach der ESMA aus praktischen Gründen (Entscheidungsfindung) und vorbehaltlich des Proportionalitätsprinzips geboten sein.[825]

b) Interne Revision

AIFMs richten eine von den übrigen Funktionen und Tätigkeiten des AIFM getrennte, unabhängige Innenrevisionsfunktion ein und erhalten diese aufrecht.[826] Nach Maßgabe des Proportionalitätsprinzips kann jedoch gegebenenfalls auf die Erfordernisse der Separation und Unabhängigkeit von anderen Funktionen und Tätigkeiten verzichtet werden, sodass die Aufgaben der internen Revisionseinheit von anderen Trägern wahrgenommen werden.[827] Ausreichend kann es dann auch sein, dass die Aufgaben der internen Revision von lediglich einem Geschäftsleiter erfüllt werden.[828] Die interne Revision hat nach Art. 62 Abs. 2 lit. a AIFM-VO ein Revisionsprogramm zu implementieren und aufrechtzuerhalten, um die Angemessenheit und Wirksamkeit der Systeme, internen Kontrollmechanismen und Vorkehrungen des AIFM zu prüfen und zu bewerten. Dabei ist auf einen risikoorientierten Prüfungsplan zurückzugreifen, der eine Prüfung grundsätzlich innerhalb von drei Jahren, bei besonderen Risiken jedoch jährlich, vorsieht.[829] Die interne Revision unterliegt damit nicht derselben organisationsrechtlichen Anforderung der Dauerhaftigkeit wie die CF. Basierend auf ihren Prüfungsaktivitäten hat die interne Revision Empfehlungen herauszugeben, die Einhaltung dieser zu überprüfen und Berichte zu Fragen der Innenrevision zeitnah[830] zu erstatten.[831] Unverbindliche Branchenemp-

---

Dornseifer/Jesch/Klebeck/Tollmann, AIFM-RL, Art. 18 Rn. 62; *Steffen*, in: Baur/Tappen, Investmentgesetze, § 28 KAGB Rn. 51.

[822] Abschn. BT 1.3.3.1 Tz. 4 MaComp.

[823] § 37 Abs. 2 KAGB i. V. m. Anhang II Abs. 1 lit. f AIFM-RL.

[824] ESMA/2012/388 vom 25.6.2012, Leitlinien zu einigen Aspekten der MiFID-Anforderungen an die Compliance-Funktion, Rn. 67, 69.

[825] Ebd., Rn. 69.

[826] Art. 62 Abs. 1 AIFM-VO.

[827] ESMA/2011/379 vom 16.11.2011, Final report, ESMA's technical advice to the European Commission on possible implementing measures of the Alternative Investment Funds Managers Directive, Abschn. IV.VII. Rn. 16; Art. 43 Abs. 2 lit. a AIFM-VO; a. A. *Heist*, in: Dornseifer/Jesch/Klebeck/Tollmann, AIFM-RL, Art. 18 Rn. 66 f.: Einrichtung eigener Funktion sei verpflichtend.

[828] Abschn. 12.1 Tz. 1 KAMaRisk.

[829] Abschn. 12.4 Tz. 2 KAMaRisk.

[830] Abschn. 12.5 Tz. 1 KAMaRisk.

fehlung ist überdies, dass Internal Reviews auch die Einhaltung der einzelnen Vereinbarungen mit den Investoren in den Blick nehmen.[832]

Das Trennungspostulat erfordert nicht nur eine Trennung von anderen Funktionen wie der CF oder der Risikocontrolling-Funktion,[833] sondern auch eine Trennung von anderen internen Einheiten wie der Bewertungseinheit[834]. Die Trennung zwischen CF und interner Revision ist damit – vorbehaltlich der oben dargestellten Ausnahme durch die ESMA – doppelt indiziert: einerseits aus der Perspektive der CF, andererseits aus der Perspektive der Innenrevisionsfunktion. Die interne Revision ist zwar ein Instrument der Geschäftsleitung,[835] handelt aber unabhängig, insbesondere weisungsfrei im Bereich der Berichterstattung und Wertung der Prüfungsergebnisse[836]. Dem steht es nicht entgegen, dass der Geschäftsleitung ein Direktionsrecht zur Anordnung zusätzlicher Prüfungen zukommt.[837] In personeller Hinsicht bleibt zu beachten, dass grundsätzlich weder die Mitarbeiter der internen Revision mit revisionsfremden Aufgaben betraut werden dürfen, noch es erlaubt ist, dass die Mitarbeiter anderer Organisationseinheiten Aufgaben der internen Revision wahrnehmen.[838]

c) Personelle Ressourcen und Auswirkungen organisatorischer Anforderungen

Nach § 28 Abs. 1 Nr. 2 KAGB muss die Geschäftsorganisation insbesondere über angemessene und geeignete personelle Ressourcen verfügen. Zwingend ist der Blick auf betriebsinterne Erfordernisse, die Geschäftsaktivitäten sowie die Risikosituation.[839] Abhängig von ihrem Einsatzfeld haben die Mitarbeiter über die erforderlichen Kenntnisse und Erfahrungen zu verfügen.[840] Wie bereits gesehen fordert die ESMA bei Mitarbeitern der CF weitreichende rechtliche Kenntnisse der einschlägigen regulatorischen Vorgaben. Der Compliance-Officer muss sogar über eine höhere

---

[831] Art. 62 Abs. 2 lit. b – d AIFM-VO.

[832] *Invest Europe*, Handbook vom November 2015, Professional Standards, Sec. 3 No. 3.11.10.

[833] *Steffen*, in: Baur/Tappen, Investmentgesetze, § 28 KAGB Rn. 50.

[834] 6. Teil, B.II.8.c)bb).

[835] Abschn. 12.1 Tz. 2 KAMaRisk.

[836] Abschn. 12.3 Tz. 1 KAMaRisk; *Heist*, in: Dornseifer/Jesch/Klebeck/Tollmann, AIFM-RL, Art. 18 Rn. 70.

[837] Abschn. 12.3 Tz. 1 KAMaRisk.

[838] Abschn. 12.3 Tz. 2 und 3 KAMaRisk.

[839] Abschn. 7.1 Tz. 1 InvMaRisk. Abschn. 8.1 Tz. 2 KAMaRisk sieht entsprechendes nur für den Umfang und die Qualität der elektronischen Datenverarbeitung vor; eine Aussage zu personellen Ressourcen wird nicht getroffen.

[840] Abschn. 7.1 Tz. 2 InvMaRisk. So auch die Branchenempfehlung: *Invest Europe*, Handbook vom November 2015, Professional Standards, Sec. 3 No. 3.11.5.

Qualifikation verfügen.[841] Lockerungen sollten über die Stellschraube des allgemeinen Proportionalitätsprinzips möglich sein. Das Erfordernis des vorzuhaltenden Erfahrungsschatzes darf letztlich nicht in dem Sinne verstanden werden, dass der nun neu zu bestellende Funktionsträger, etwa der Riskmanager, auch zwingend Erfahrungen in der Eigenschaft als Riskmanager gesammelt haben muss.[842] Die Erfahrung im Umgang mit den je nach Geschäftsmodell typischen Risiken als Investmentmanager muss ausreichend sein. Im Segment LBO sind letztlich die unterschiedlichsten Geschäftsleiter und Investmentmanager anzutreffen, die ihre Erfahrungen eher aus anderen Bereichen als dem Finanzwesen (Industrie, etc.) speisen.[843]

Die bislang im Bereich LBO etablierten, schlanken Managementstrukturen, bei denen Doppelfunktionen einzelner Entscheidungsträger gängige Praxis waren,[844] können nicht mehr ohne Weiteres bestehen bleiben. Schon die neuen Regelungen zum Umgang mit Interessenkonflikten verdeutlichen, dass nunmehr funktionale Trennungen innerhalb der Organisationsstrukturen bis hin zur Geschäftsleiterebene geboten und deshalb erhebliche Änderungen, insbesondere in personeller Hinsicht, zu erwarten sind.[845] Selbiges gilt im Hinblick auf die zwingend einzurichtende CF, die grundsätzlich unabhängig von anderen Einheiten (insbesondere der internen Revision) ausgestaltet sein muss. Auch ein Compliance-Officer muss implementiert werden, der grundsätzlich nicht zugleich operativer Geschäftsleiter sein kann. Überdies ist unter der AIFM-VO die interne Revision von sonstigen Funktionen (CF, Risikocontrolling) und Tätigkeiten (Bewertung) des AIFM zu trennen. Je nach Proportionalität kann die interne Revision jedoch von einem Geschäftsleiter erfüllt werden. Im Verlauf dieser Arbeit werden noch weitere organisatorische Anforderungen beleuchtet, die personelle Auswirkungen auf das Geschäftsmodell LBO zeitigen werden. So ist das Risikomanagement von der Portfolioverwaltung zu trennen.[846] Auch interne Bewertungseinheiten der KVG müssen von der Portfolioverwaltung unabhängig sein.[847] Die aggregierten Anforderungen werden die Verwalter von LBO-Fonds vor neue organisatorische Herausforderungen stellen, die auch Auswirkungen auf die Kostenstruktur, respektive die Rendite für die Anleger haben werden.[848]

---

[841] ESMA/2012/388 vom 25.6.2012, Leitlinien zu einigen Aspekten der MiFID-Anforderungen an die Compliance-Funktion, Rn. 50.

[842] *Swoboda*, in: Weitnauer/Boxberger/Anders, KAGB, § 28 Rn. 11.

[843] Ebd., Rn. 10.

[844] Ebd., § 27 Rn. 17.

[845] *Zentis*, in: Dornseifer/Jesch/Klebeck/Tollmann, AIFM-RL, Art. 14 Rn. 40; *Swoboda*, in: Weitnauer/Boxberger/Anders, KAGB, § 27 Rn. 13, 17.

[846] 6. Teil, B.II.6.a)bb) und 6. Teil, B.II.6.a)cc).

[847] 6. Teil, B.II.8.c)bb).

[848] *Swoboda*, in: Weitnauer/Boxberger/Anders, KAGB, § 27 Rn. 13, 17; *Wetzig*, Regulierung des Grauen Kapitalmarkts, S. 211 im Hinblick auf das Interessenkonfliktmanagement.

6. Einrichtung eines Risikomanagementsystems
nach §§ 28 Abs. 1 Satz 2 Nr. 2, 29 KAGB

Das Risikomanagement wurde im Gefüge des Regulierungsrechts vom reinen Betriebsmodus zum zentralen Bestandteil der Anlageverwaltungsfunktionen erhoben[849] und ist elementar für die Erlaubniseinholung. Zu Beginn soll daher ein Überblick über die neuen Vorgaben an das Risikomanagementsystem gegeben werden (unter a)). Auch ist die Relevanz eines Liquiditätsmanagements zu erhellen (unter b)). Schließlich soll untersucht werden, welche Konsequenzen die neuen Anforderungen für den Bereich LBO zeitigen (unter c)).

a) Überblick über das Risikomanagementsystem

Ausdruck der auf Compliance gerichteten Geschäftsorganisation ist, dass eine KVG über ein angemessenes Risikomanagementsystem verfügen muss.[850] Eine Definition, was unter einem Risikomanagementsystem zu verstehen ist, lässt das Gesetz vermissen. Ein Rückgriff auf die KAMaRisk fördert zu Tage, dass ein Risikomanagementsystem nicht als abschließende Geschäftseinheit zu verstehen ist, sondern als „Gesamtheit von umfangreichen formalen Strukturen und Prozessen"[851]. Dem entspricht es, dass etwa die Übergänge zwischen Risikomanagement und Compliance-Funktion fließend sein können.[852] § 29 KAGB ist die Spezialnorm für ein Risikomanagement in Bezug auf die verwalteten AIFs, während § 28 Abs. 1 Satz 2 Nr. 1 KAGB sprachlich als Generalklausel zu verstehen ist und *daneben* auch das Risikomanagement der für die KVG einschlägigen Risiken abdeckt.[853] Dass selbst § 28 KAGB die Risiken auf Ebene der AIFs erreicht, wird dadurch bestätigt, dass der von § 28 Abs. 3 KAGB in Verweis genommen Art. 60 Abs. 2 lit. g AIFM-VO auch von Risikolimits für AIFs spricht. Dem entspricht das Verständnis in der Praxis, da auch in den branchenseitigen Empfehlungen reflektiert wird, dass Risiken auf beiden Ebenen abgedeckt werden sollen.[854] Falls § 29 KAGB nicht anwendbar

---

[849] *Zetzsche/Eckner*, in: Zetzsche, AIFMD, Chapt. 14 No. 1 und 3.1.

[850] §§ 28 Abs. 1 Satz 2 Nr. 1, 29 Abs. 2 KAGB; 6. Teil, B.II.5.

[851] Abschn. 4.1 Tz. 2 KAMaRisk.

[852] *Zetzsche/Eckner*, in: Zetzsche, AIFMD, Chapt. 14 No. 2.2.2.1.

[853] *Sprengnether/Wächter*, WM 2014, 877, 878 f. auch unter Rekurs auf die mittlerweile überholten InvMaRisk 4.1. Tz. 2.; *Geurts/Schubert*, in: FrankKomm, KapAnlR Bd. 1, § 28 KAGB Rn. 1, 22, § 29 KAGB Rn. 32; a. A. offenbar *Steffen*, in: Baur/Tappen, Investmentgesetze, § 28 KAGB Rn. 33 i. V. m. *Josek/Steffen*, in: Baur/Tappen, Investmentgesetze, § 29 KAGB Rn. 54, nach denen die konkreten Anforderungen an das Risikomanagementsystem für § 28 KAGB in § 29 KAGB bestimmt werden und im Rahmen von § 29 KAGB etwa auch das Gesamtrisikoprofil (nur) der KVG bei § 29 Abs. 3 Nr. 3 KAGB geprüft werden sollte; *Felsenstein/Müller*, KSzW 2016, 55, 57: Anforderungen des RM-Systems nach § 28 Abs. 1 Nr. 1 KAGB würden in § 29 KAGB aufgelistet.

[854] *Invest Europe*, Handbook vom November 2015, Professional Standards, Sec. 3 No. 3.11.4.

ist, ist § 28 Abs. 1 Satz 2 Nr. 1 KAGB in Bezug auf die Risiken für die Investmentvermögen nach hier vertretener Auffassung allerdings nur eine leere Hülle, deren Pflichtinhalt nicht konkretisiert werden kann.[855] Nur so kann der konkretisierenden Funktion des § 29 KAGB, die man bei Wegfall des § 29 KAGB unterlaufen würde, angemessen Rechnung getragen werden. Für das Risikomanagement der für die KVG einschlägigen Risiken ist die Ausgangssituation schon eine andere, da keine mit § 29 KAGB vergleichbare Norm existiert, sondern einzelne Pflichtinhalte über das KAGB verstreut sind, etwa in § 25 Abs. 6, Abs. 8 KAGB i. V. m. Artt. 12 bis Art. 15 AIFM-VO.[856] Die folgenden Ausführungen begrenzen sich auf § 29 KAGB als Grundlage für das Risikomanagement für LBO-Fonds.

aa) Rechtsquellen und Verwaltungspraxis

(1) Erlaubnispflichtiger Bereich

Mit § 29 KAGB wird Art. 15 der AIFM-RL umgesetzt; zusätzlich gelangen über § 29 Abs. 5 KAGB die Artt. 38 bis 45 und 50 bis 56 der AIFM-VO auch für Verwalter von Publikums-AIFs zur Anwendung. Den Erlass näherer Bestimmungen zu den Risikomanagementsystemen und -verfahren für Publikums-AIFs erlaubt auch die Verordnungsermächtigung aus § 29 Abs. 6 KAGB, von der in Gestalt der KAVerOV Gebrauch gemacht wurde. Diese ordnet in § 5 Abs. 2 KAVerOV an, dass vor dem Erwerb eines Vermögensgegenstands für einen Publikums-AIF, soweit es der Art des Vermögensgegenstands angemessen ist, Prognosen abzugeben und Analysen durchzuführen sind über die Auswirkungen des Erwerbs auf die Zusammensetzung des Investmentvermögens, auf dessen Liquidität und auf dessen Risiko- und Ertragsprofil. Die Analysen dürfen sich quantitativ wie qualitativ nur auf verlässliche und aktuelle Daten stützen. Daneben kommen die umfassenden Konkretisierungen der KAMaRisk zur Anwendung.

(2) Registrierungspflichtiger Bereich

Für KVGs, die die Anforderungen des § 2 Abs. 4 und Abs. 4a KAGB erfüllen, gelten weder § 28 KAGB noch § 29 KAGB. Die Konsequenz dessen ist, dass sie unter dem KAGB insgesamt nicht zur Einrichtung eines Risikomanagementsystems verpflichtet sind. Nach § 44 Abs. 1 Satz 1 Nr. 4 lit. b KAGB müssen sie die BaFin nur über die größten Risiken und Konzentrationen der von ihnen verwalteten AIFs regelmäßig unterrichten, was eine hierauf gerichtete Risikoerfassung und -messung

---

[855] A. A. Abschn. 2 Tz. 1 und Abschn. 4.3 Tz. 1 KAMaRisk; *Sprengnether/Wächter*, WM 2014, 877, 878 f., 885 f., die offenbar davon ausgehen, dass sich aus § 28 Abs. 1 Satz 2 Nr. 1 KAGB eine Funktionstrennung und ein vollständiger Risikomanagement-Prozess ableiten lasse. Indes handelt es sich hier um spezielle Elemente des § 29 KAGB.

[856] Etwa die Absicherung der Berufshaftungsrisiken durch zusätzliche Eigenmittel oder eine Berufshaftpflichtversicherung sowie die Einrichtung einer historischen Verlustdatenbank. Dazu *Josek/Steffen*, in: Baur/Tappen, Investmentgesetze, § 29 KAGB Rn. 41; *Swoboda*, in: Weitnauer/Boxberger/Anders, KAGB, § 29 Rn. 8.

erfordert.[857] Für KVGs, die die Voraussetzungen des § 2 Abs. 5 Satz 2 KAGB erfüllen, ist § 29 KAGB nicht anwendbar. Auch hier gilt nur § 44 Abs. 1 Satz 1 Nr. 4 lit. b KAGB. Im Gegensatz zu den obigen KVGs ist gem. § 2 Abs. 5 Satz 1 Nr. 3 KAGB jedoch § 28 KAGB zu beachten. Während § 2 Abs. 5 Satz 1 Nr. 3 KAGB in der Fassung vor Inkrafttreten des OGAW V-UmsG noch den Hinweis enthielt, dass sich die Ausgestaltung der in diesen Vorschriften [§§ 26 bis 28 KAGB] geforderten Verhaltens- und Organisationspflichten nach dem Prinzip der Verhältnismäßigkeit richtet, indem die Art, der Umfang und die Komplexität der Geschäfte der AIF-KVG und der von der AIF-KVG verwalteten AIF berücksichtigt werden, wurde dieser Zusatz mit Inkrafttreten des OGAW V-UmsG aus redaktionellen Gründen gestrichen, da sich bereits aus der AIFM-VO ein entsprechendes Proportionalitätsprinzip ergebe.[858] In Ansehung von § 28 KAGB kann damit nur Art. 57 Abs. 1 UAbs. 2 AIFM-VO als allgemeines Proportionalitätsprinzip im Rahmen der Anforderungen an die Geschäftsorganisation gemeint sein. Der Rückgriff auf das spezielle Proportionalitäts- bzw. Verhältnismäßigkeitsprinzip für den Bereich des Risikomanagements in den Artt. 40 Abs. 5 und 45 Abs. 2 AIFM-VO ist hingegen versperrt. Denn diese Artikel beruhen auf der Ermächtigungsgrundlage in Art. 15 Abs. 5 AIFM-RL, sind mithin allein für das Risikomanagement für AIFs ergangen – was auch gesetzlich reflektiert wird.[859] Wenn aber § 29 KAGB als Umsetzung von Art. 15 AIFM-RL nicht anwendbar ist, können die besagten Artikel nicht im Rahmen von § 28 KAGB von Bedeutung sein. Das missachtet die BaFin, die auch für AIFs, die von KVGs nach § 2 Abs. 5 KAGB verwaltet werden, ein Risikomanagementsystem nach § 29 KAGB eingerichtet sehen will.[860] Wie bereits erläutert begründet § 28 Abs. 1 Satz 2 Nr. 1 KAGB im Fall der Nichtanwendbarkeit von § 29 KAGB nur die Pflicht zur Einrichtung eines Risikomanagements auf Ebene der KVG für die dortigen Risiken, nicht jedoch für die hier relevanten Risiken für LBO-Fonds. Platzierungsrisiken, die materiell eher die KVG treffen, müssen aber nach wie vor analysiert werden.[861]

[857] *Sprengnether/Wächter*, WM 2014, 877, 886.

[858] 6. Teil, B.II.2.d)dd).

[859] Das Proportionalitätsprinzip in Art. 40 Abs. 5 AIFM-VO bezieht sich auf die Risk Management Policy gem. Art. 40 Abs. 1 AIFM-VO, in der die Risiken zu nennen sind, denen die von den AIFMs verwalteten AIFs ausgesetzt sind oder sein könnten. Bei Art. 45 Abs. 2 AIFM-VO bezieht sich das Verhältnismäßigkeitsprinzip auf die Vorkehrungen, Prozesse und Verfahren nach Art. 45 Abs. 1 AIFM-VO und damit auf solche, die für die Risiken der von den AIFMs verwalteten AIFs installiert werden müssen.

[860] Abschn. 2 Tz. 1 und Abschn. 4.3 Tz. 1 KAMaRisk.

[861] Näher 6. Teil, B.II.6.c)ee)(1).

bb) Bestandteile des Risikomanagementsystems

Grundlegend ist die von der KVG zu erlassene Risikomanagementrichtlinie (*Risk Management Policy*)[862] nach Art. 40 AIFM-VO als Rahmendokument,[863] mit der angemessene und dokumentierte Grundsätze für das Risikomanagement festgelegt, umgesetzt und aufrechterhalten werden. Im Hinblick auf die Organisationsstruktur muss die KVG eine dauerhafte Risikocontrollingfunktion (*RC-Funktion*) einrichten und aufrechterhalten, die vorbehaltlich des Proportionalitätsprinzips von den operativen Bereichen hierarchisch und funktionell unabhängig ist (Funktionstrennung).[864] Einen weiteren Eckpfeiler bildet der eigentliche, auf den beiden vorstehenden Säulen aufbauende Risikomanagementprozess (*RM-Prozess*), in dessen Rahmen alle Risiken, die für die jeweilige Anlagestrategie eines jeden AIF wesentlich sind und denen jeder AIF unterliegt oder unterliegen kann, zu ermitteln, messen, steuern und zu überwachen sind.[865] Die Gesamtheit dieser im Rahmen des RM-Prozesses zu leistenden Tätigkeiten wird im Folgenden als *Risikokontrolle* bezeichnet. § 29 Abs. 2a KAGB als Umsetzung der Änderungsrichtlinie 2013/14/ EU[866] sieht in diesem Kontext mittlerweile vor, dass sich KVGs bei der Bewertung der Kreditqualität der Vermögensgegenstände der Investmentvermögen nicht ausschließlich oder automatisch auf Ratings einer Ratingagentur i. S. des Art. 3 Abs. 1 lit. b der Verordnung (EG) Nr. 1060/2009[867] (*Ratingverordnung*) stützen dürfen.[868] Mit Art. 5a der zeitgleich mit der Änderungsrichtlinie 2013/14/EU erlassenen Verordnung (EU) Nr. 462/2013[869] zur Änderung der Ratingverordnung müssen auch AIFMs interne Ratingprozesse installieren und dürfen sich bei der Bewertung der Bonität eines Unternehmens oder eines Finanzinstruments nicht ausschließlich oder automatisch auf Ratings stützen. Eine KVG hat darüber hinaus ein Risikolimitsystem

---

[862] Begriff bei Abschn. 4.4. Tz. 1 KAMaRisk.

[863] *Josek*, in: Dornseifer/Jesch/Klebeck/Tollmann, AIFM-RL, Art. 15 Rn. 181; *ders./Steffen*, in: Baur/Tappen, Investmentgesetze, § 29 KAGB Rn. 33: oder Integration in interne Organisationshandbücher.

[864] § 29 Abs. 1 KAGB; begrüßend *R. Koch*, in: Möllers/Kloyer, Das neue KAGB, Rn. 261, 283.

[865] § 29 Abs. 2 KAGB, Art. 39 Abs. 1 lit. a AIFM-VO.

[866] Richtlinie 2013/14/EU des Europäischen Parlaments und des Rates vom 21. Mai 2013 zur Änderung der Richtlinie 2003/41/EG über die Tätigkeiten und die Beaufsichtigung von Einrichtungen der betrieblichen Altersvorsorge, der Richtlinie 2009/65/EG zur Koordinierung der Rechts- und Verwaltungsvorschriften betreffend bestimmte Organismen für gemeinsame Anlagen in Wertpapieren (OGAW) und der Richtlinie 2011/61/EU über die Verwalter alternativer Investmentfonds im Hinblick auf übermäßigen Rückgriff auf Ratings, ABl. Nr. L 145, S. 1.

[867] Verordnung (EG) Nr. 1060/2009 des Europäischen Parlaments und des Rates vom 16. September 2009, ABl. Nr. L 302, S. 1.

[868] Ausführlich *Josek/Steffen*, in: Baur/Tappen, Investmentgesetze, § 29 KAGB Rn. 60 ff.

[869] Verordnung (EU) Nr. 462/2013 des Europäischen Parlaments und des Rates vom 21. Mai 2013 zur Änderung der Verordnung (EG) Nr. 1060/2009 über Ratingagenturen, ABl. Nr. L 146, S. 1.

einzurichten, das quantitative und/oder qualitative Risikolimits festlegt, deren Einhaltung überwacht wird.[870] Schließlich sieht § 29 Abs. 4 KAGB vor, dass jede KVG ein Höchstmaß an Leverage für ihre verwalteten AIFs festgelegt.[871] Die KVG hat die Risikomanagementsysteme regelmäßig, mindestens jedoch einmal jährlich, zu überprüfen und erforderlichenfalls anzupassen.[872] Die genauen Anforderungen an die Überprüfung des Managementsystems, auch in zeitlicher Hinsicht, ergeben sich aus Art. 41 AIFM-VO. Der Anfälligkeit der Risikomessungstechniken und -modelle sollte durch das Durchführen von Stresstests, Rückvergleichen (Backtests) und Szenarioanalysen Rechnung getragen werden.[873]

cc) Aufgabenbereich und Ausgestaltung der Risikocontrolling-Funktion

Das Herzstück des Risikomanagementsystems bildet die RC-Funktion. Der Begriff der RC-Funktion scheint ein deutsche Besonderheit zu sein, da er im KAGB (dort in § 29 Abs. 1 und 5 Nr. 3 KAGB) und in der KAVerOV (§ 5 Abs. 1 Nr. 3 KAVerOV) vorkommt, nicht jedoch auf EU-Ebene verwendet wird, weder in Art. 15-AIFM-RL, noch in der AIFM-VO, die vielmehr durchweg von der Risikomanagement-Funktion (*RM-Funktion*) spricht.[874] Sprengnether/Wächter[875] haben hieraus abgeleitet, dass damit der Bezug zum Begriff des Risikocontrollings nach den mittlerweile überholten InvMaRisk[876] hergestellt und wie dort der Steuerungsprozess als Bestandteil der Risikokontrolle von der Funktionstrennung ausklammern werden soll, ohne diesen aber generell als eine Verpflichtung aus der Einrichtung eines angemessenen Risikomanagementsystems herauszunehmen. Unter dem KAGB ist das jedoch kein gangbarer Weg. Denn nach § 29 Abs. 5 Nr. 3 KAGB bestimmt sich die Art und Weise der Funktionstrennung zwischen der RC-Funktion und den operativen Abteilungen nach Art. 42 AIFM-VO; dort wird die RM-Funktion in Referenz genommen, die für die Wahrnehmung des RM-Prozesses, mithin *auch* die Steuerung, zuständig ist. Die frühere Beschränkung in den InvMaRisk findet sich auch nicht mehr in den KAMaRisk.[877] Die Funktionstrennung muss durch die gesamte hierarchische Struktur der KVG bis zum Leitungsgremium sichergestellt

---

[870] Art. 44 AIFM-VO.

[871] *Josek/Steffen*, in: Baur/Tappen, Investmentgesetze, § 29 KAGB Rn. 79 ff.; *Josek*, in: Dornseifer/Jesch/Klebeck/Tollmann, AIFM-RL, Art. 15 Rn. 333 ff.; *Swoboda*, in: Weitnauer/Boxberger/Anders, KAGB, § 29 Rn. 23.

[872] § 29 Abs. 2 Satz 2 KAGB; ausführlich *Josek/Steffen*, in: Baur/Tappen, Investmentgesetze, § 29 KAGB Rn. 56 ff.

[873] Erwägungsgrund 56 AIFM-VO.

[874] Etwa Artt. 38, 39 Abs. 1, 42 AIFM-VO.

[875] *Sprengnether/Wächter*, WM 2014, 877, 882.

[876] Abschn. 4.4.2 Tz. 1 InvMaRisk.

[877] Abschn. 4.5 Tz. 1 und 3 sowie Abschn. 4.8 Tz. 1 KAMaRisk.

sein.[878] Der Aufgabenkatalog der RM-Funktion ergibt sich aus Art. 39 AIFM-VO. Ihr obliegt

- die Umsetzung der Risk Management Policy (Wahrnehmung des RM-Prozesses),

- die Gewährleistung, dass das gegenüber den Anlegern offengelegte Risikoprofil des AIF im Einklang mit den festgelegten Risikolimits des AIF steht,

- die Überwachung der Einhaltung der festgelegten Risikolimits und die Kommunikation über (drohende) Brüche mit diesen Risikogrenzen gegenüber dem Leitungsgremium und gegebenenfalls der Aufsichtsfunktion der KVG,

- die regelmäßige Bereitstellung von Aktualisierungen über die Kohärenz zwischen den Risikolimits und dem Risikoprofil des AIF und die Einhaltung der Risikolimits,

- die Angemessenheit und Wirksamkeit des RM-Prozesses, einschließlich Angaben darüber, ob bei tatsächlichen oder zu erwartenden Mängeln angemessene Abhilfemaßnahmen eingeleitet wurden oder werden, und

- die regelmäßige Berichterstattung gegenüber der Geschäftsleitung über den aktuellen Risikostand bei den verwalteten AIFs und jede tatsächliche oder vorhersehbare Überschreitung der festgelegten Risikolimits, um zu gewährleisten, dass umgehend angemessene Maßnahmen eingeleitet werden.

Das Leitungsgremium ist das Gremium, das bei einem AIFM die ultimative Entscheidungsbefugnis besitzt und die Aufsichts- und Führungsfunktion bzw. bei Trennung der beiden Funktionen die Führungsfunktion wahrnimmt.[879] Unter Geschäftsleitung sind hingegen die Personen zu verstehen, die die Geschäfte des AIFM tatsächlich führen sowie gegebenenfalls die geschäftsführenden Mitglieder des Leitungsgremiums. Da der AIFM-VO zu entnehmen ist, dass nicht einmal ein (von der Geschäftsleitung getrenntes) Leitungsgremium verpflichtend einzurichten ist,[880] wird an dieser Stelle davon ausgegangen, dass die gegenüber dem Leitungsgremium einzuhaltenden Pflichten bei Fehlen eines separat eingerichteten Leitungsgremiums gegenüber der Geschäftsleitung erfüllt werden müssen.

Die KAMaRisk stellen unter Rekurs auf Erwägungsgrund 51 AIFM-VO klar, dass die RC-Funktion keineswegs eine nur nachgelagerte Organisationseinheit ist.[881] Sie ist vielmehr schon im Vorfeld der Anlagetätigkeit des Fondsmanagements einzubeziehen. Dort spielt sie eine wesentliche Rolle bei der Festlegung des Risikoprofils

---

[878] Art. 42 Abs. 2 AIFM-VO; Abschn. 4.5 Tz. 1 KAMaRisk; *Geurts/Schubert*, in: Frank-Komm, KapAnlR Bd. 1, § 29 KAGB Rn. 45.

[879] Art. 1 Nr. 4 AIFM-VO.

[880] Erwägungsgrund 42 AIFM-VO: „[…] dem Leitungsgremium oder – im Falle von Unternehmen, die kein Leitungsgremium haben […]"; Art. 1 Nr. 4 AIFM-VO: „[…] gegebenenfalls das geschäftsführende Mitglied oder die geschäftsführenden Mitglieder des Leitungsgremiums".

[881] Abschn. 4.5 Tz. 3 KAMaRisk.

und der grundsätzlichen Anlagestrategie der Investmentvermögen durch Unterstützung der Geschäftsleitung. Werden Anlageentscheidungen getroffen, müssen sich diese in den Grenzen der geltenden Risikolimits bewegen. Sind damit wesentliche Auswirkungen auf das Risikoprofil des AIF verbunden, ist die RC-Funktion ebenfalls im Vorfeld einzubeziehen.[882] Die RC-Funktion hat auch Rechtsrisiken im Rahmen des RM-Prozesses zu erfassen. Wesentliche Rechtsrisiken sind nach den KAMaRisk in einer vom Fondsmanagement unabhängigen Stelle (z. B. Rechtsabteilung) zu beurteilen.[883] Insoweit ist streng zwischen der Funktion der Risikokontrolle und den tatsächlichen Entscheidungsträgern zu unterscheiden. Es gilt die eingangs erläuterte Definition eines Risikomanagementsystems, nach der das Risikomanagement nicht von einer abschließenden Geschäftseinheit wahrgenommen wird. Schließlich überprüft die RM-Funktion die für die Portfoliobewertung angenommene Bewertungsrichtlinie der KVG und bietet gegebenenfalls angemessene Unterstützung an.[884]

Der Begriff des Risikoprofils wird weder in der AIFM-RL noch im KAGB oder in der AIFM-VO definiert. Anders als im Bank- und Versicherungswesen dient das Risikoprofil des Fonds nicht der Ermittlung des vorzuhaltenden Eigenkapitals auf Ebene der KVG, sondern legt allein die Grenzen fest, im Rahmen derer sich das Fondsmanagement bewegen darf, ohne die Anlagestrategie und die vorgegebenen Risikolimits zu übertreten.[885] Der Erlaubnisantrag der KAGB muss Angaben zu den Risikoprofilen der verwalteten AIF enthalten,[886] genauso wie das gegenwärtige Risikoprofil in regelmäßigen Abständen gegenüber der BaFin[887] und den Anlegern[888] offengelegt werden muss. Für den Bereich LBO ist das schon deswegen von Bedeutung, da viele Fonds über die Platzierungsphase hinweg noch als Blind Pools konzipiert sind[889] und die jeweiligen Risiken aus den einzelnen Unternehmensbeteiligungen als Anlagepositionen deswegen erst zu einem späteren Zeitpunkt vollständig erfasst werden können. Die RC-Funktion muss im Nachgang zur Festlegung des Risikoprofils jedenfalls dafür sorgen, dass das laufende Risikoprofil dem Ziel-Risikoprofil entspricht.[890]

---

[882] Abschn. 4.5 Tz. 3 KAMaRisk.

[883] Abschn. 4.5 Tz. 6 KAMaRisk.

[884] Art. 70 Abs. 3 AIFM-VO. Zur Portfoliobewertung ausführlich 6. Teil, B.II.8.

[885] *Josek/Steffen*, in: Baur/Tappen, Investmentgesetze, § 29 KAGB Rn. 52 f. Anders verhält es sich für das Risikoprofil des AIFM, da dieses der Ermittlung der notwendigen Kapitalausstattung dient, s. Art. 13 Abs. 7 AIFM-VO. Hierzu *Josek/Steffen*, in: Baur/Tappen, Investmentgesetze, § 29 KAGB Rn. 54.

[886] § 22 Abs. 1 Nr. 10 lit. c KAGB.

[887] § 35 Abs. 2 Nr. 3 KAGB, Art. 110 Abs. 2 lit. d, Absatz 3 AIFM-VO.

[888] §§ 300 Abs. 1 Nr. 3, Absatz 3, 308 Abs. 4 KAGB, Art. 108 Abs. 4 AIFM-VO.

[889] *Heist*, in: Dornseifer/Jesch/Klebeck/Tollmann, AIFM-RL, Art. 18 Rn. 59 Fn. 78; *Jesch*, Private-Equity-Beteiligungen, S. 177 f.

[890] § 29 Abs. 3 Nr. 3 KAGB; *Josek*, in: Dornseifer/Jesch/Klebeck/Tollmann, AIFM-RL, Art. 15 Rn. 81; *ders./Steffen*, in: Baur/Tappen, Investmentgesetze, § 29 KAGB Rn. 55.

b) Relevanz eines Liquiditätsmanagements nach § 30 KAGB?

Das vorstehend beschriebene Risikomanagement steht in einem engen Zusammenhang mit dem Liquiditätsmanagement nach § 30 KAGB. Denn das Liquiditätsmanagement verschreibt sich dem Umgang mit Liquiditätsrisiken, die schon begrifflich Risiken und damit tauglicher Regelungsgegenstand im Rahmen des Risikomanagements sind. Das Liquiditätsmanagement wird deswegen an dieser Stelle zwar als Kategorie des Risikomanagements verstanden, unterliegt jedoch eigenen gesetzlichen Regelungen.[891] Für die Verwalter von LBO-Fonds werden § 30 KAGB und die über § 30 Abs. 4 KAGB zusätzlich für die Verwalter von Publikums-AIFs inkorporierten Artt. 46 bis 49 AIFM-VO allerdings keine Rolle spielen.[892] So muss eine KVG nach § 30 Abs. 1 Satz 1 KAGB nur dann über ein angemessenes Liquiditätsmanagementsystem für jedes von ihr verwaltete Investmentvermögen verfügen, wenn es sich um offene oder geschlossene, aber Leverage einsetzende Investmentvermögen handelt. LBO-Fonds nehmen jedoch regelmäßig nur gem. Art. 6 Abs. 4 AIFM-VO unbeachtliche kurzfristige Übergangsfinanzierungen von Kapitalabrufen auf Fondsebene und sonst nur Kredite auf Ebene des Akquisitionsvehikels auf, die mangels Ausfallhaftung des AIF kein Leverage i. S. der Legaldefinition darstellen.[893] § 30 Abs. 1 Satz 1 KAGB geht auf Art. 16 Abs. 1 UAbs. 1 AIFM-RL zurück. Aus gesetzessystematischen Gründen kann deshalb auch Art. 16 Abs. 1 UAbs. 2 AIFM-RL, mithin § 30 Abs. 2 KAGB, nach dem die AIFMs regelmäßig Stresstests durchführen sollen, mit denen sie die Liquiditätsrisiken bewerten und überwachen können, nicht maßgebend sein. Problematisch ist hingegen der Umgang mit § 30 Abs. 3 KAGB. An der Aufmerksamkeit der Literatur vorbei hat die ESMA eine Opinion herausgegeben, in der sie davon ausgeht, dass Art. 16 Abs. 2 AIFM-RL, mithin § 30 Abs. 3 KAGB, für alle Arten von AIFMs gelten soll.[894] Nach Art. 16 Abs. 2 AIFM-RL sollen AIFMs gewährleisten, dass die Anlagestrategie, das Liquiditätsprofil und die Rücknahmegrundsätze eines jeden von ihnen verwalteten AIF schlüssig ineinander greifen (Kohärenzgrundsatz)[895]. Mit dem Wechsel der Legaldefinition eines geschlossenen AIF durch das FinMarktAnpG hat die Auffassung der ESMA für nicht hebelfinanzierte geschlossene AIFs indes jede Berechtigung ver-

---

[891] Strenger *Zetzsche/Eckner*, in: Zetzsche, AIFMD, Chapt. 14 No. 4.2.3.2 (Anwendung der Auslagerungsregelungen für das Risikomanagement); wie diese auch Abschn. 1 Tz. 1 KA-MaRisk; in diese Richtung auch *Josek/Steffen*, in: Baur/Tappen, Investmentgesetze, § 30 KAGB Rn. 12, nach denen etwaige Liquiditätsrisiken bei ungehebelten, geschlossenen AIFs auch über § 29 KAGB gemanagt werden könnten.

[892] Ebenso *Berger*, Regulierung der Management-Ebene bei Private Equity-Fonds, S. 194, 254 f.; in diese Richtung bereits *Klebeck*, DStR 2009, 2154, 2158.

[893] 3. Teil, D.I.

[894] ESMA/2013/1119 vom 13.8.2013, Opinion, Draft regulatory technical standards on types of AIFMs under Article 4(4) of Directive 2011/61/EU, Abschn. III Rn. 24.

[895] *Geurts/Schubert*, in: FrankKomm, KapAnlR Bd. 1, § 30 KAGB Rn. 48.

loren.[896] Denn die von Art. 16 Abs. 2 AIFM-RL, respektive § 30 Abs. 3 KAGB, verlangte Kohärenz kann bei diesen AIFs keineswegs mehr angestrebt werden, da zum einen mangels Einsatzes von Leverage keine Koordinierung von Anlagestrategie und Liquiditätsprofil vonnöten ist, zum anderen, weil während der Laufzeit der Fonds keine Rückgaberechte mehr eingeräumt werden können. Für hebelfinanzierte geschlossene AIFs bleibt § 30 Abs. 3 KAGB hingegen – wenn auch nur noch mit Einschränkungen – weiterhin maßgeblich.

c) Anwendung der Anforderungen an das Risikomanagement auf den Bereich LBO

Für die Verwalter von LBO-Fonds ist die Regulierung in Gestalt des zwingenden Einrichtens eines Risikomanagementsystems neu.[897] Deswegen gilt es, die wesentlichen Neuerungen für das bisher (unter aa)) in diesem Bereich zum Einsatz kommende Risikocontrolling herauszuarbeiten. Dabei stellen sich insbesondere Fragen im Hinblick auf die Erforderlichkeit des Einrichtens einer unabhängigen RC-Funktion (unter bb)), die Due Diligence als Schnittstelle zwischen Risikocontrolling und Portfolioverwaltung (unter cc)) sowie die Konkurrenz mit eigens auf Ebene der Portfoliounternehmen einzurichtenden Controllingsystemen (unter dd)). Auch sind Überlegungen zum RM-Prozess (unter ee)) und zur Relevanz von Kontrollmechanismen für eine Standardisierung des RM-Prozesses (unter ff)) anzustellen. Das Heranziehen externer Ratings im Rahmen des RM-Prozesses unter Beachtung von § 29 Abs. 2a KAGB sowie Art. 5a der geänderten Ratingverordnung (EU) Nr. 462/2013 wird im Folgenden ausgeklammert. Zwar kann sich die Bewertung durch Ratingagenturen auch auf die Bonität eines Unternehmens beziehen,[898] doch geht es im Bereich LBO um den Kontrollerwerb an nicht börsennotierten Unternehmen, für den – je nach Anlagestrategie[899] – eine umfassende Due Diligence notwendig ist.[900] Diese wird nicht durch Ratingagenturen, deren Ergebnisse sodann im Sinne von Art. 2 Abs. 1 der Ratingverordnung (EG) Nr. 1060/2009 der Öffentlichkeit oder an Abonnenten weitergegeben werden, durchgeführt, sondern die käuferseitige Due Diligence ist ein im Auftrag des Erwerbsinteressenten wahrgenommener Prozess, in

---

[896] *Josek/Steffen*, in: Baur/Tappen, Investmentgesetze, § 30 KAGB Rn. 12 gehen dagegen ohnehin davon aus, dass ungehebelte, geschlossene AIFs vollständig von den in § 30 KAGB beschriebenen Anforderungen an das Liquiditätsmanagement ausgenommen seien; auch *Swoboda*, in: Weitnauer/Boxberger/Anders, KAGB, § 30 Rn. 5 spricht davon, dass ungehebelte, geschlossene Fonds „kein Liquiditätsmanagement" benötigten, obwohl es im Gesetz heißt, dass für diese Fonds kein Liquiditätsmanagement*system* eingerichtet werden muss. Damit rekurriert er offenbar auf die amtliche Überschrift von § 30 KAGB. Ergo dürfte § 30 Abs. 3 KAGB auch für ihn bislang keine Rolle gespielt haben.

[897] Allgemein für Verwalter geschlossener Fonds *Josek/Steffen*, in: Baur/Tappen, Investmentgesetze, § 29 KAGB Rn. 4.

[898] Art. 5a Abs. 1 der Verordnung (EU) Nr. 462/2013.

[899] *Swoboda*, in: Weitnauer/Boxberger/Anders, KAGB, § 29 Rn. 12.

[900] *Josek*, in: Dornseifer/Jesch/Klebeck/Tollmann, AIFM-RL, Art. 15 Rn. 317.

den viele Beteiligte, insbesondere Wirtschaftsprüfer, Anwälte und Branchenexperten, eingebunden sind.[901]

aa) Bisheriges Risikocontrolling durch Private Equity-Gesellschaften

Risiken auf Anlegerebene während der Haltedauer von Beteiligungen werden im Segment Private Equity im Wege eines Interessengleichlaufs mit den Anlegern adressiert, etwa über Co-Investments der relevanten Fondsmanager oder Carry-Strukturen.[902] Um Risiken aus dem zwischen der Private Equity-Gesellschaft und dem Management auf Ebene der Portfoliogesellschaft bestehenden Principal Agent-Konflikt zu mitigieren, wird typischerweise auf Beteiligungsprogramme zurückgegriffen.[903]

Dem gleichen Zweck dient die Implementierung eines wirksamen *Beteiligungscontrollings*.[904] Dieses rückt als Aktivmaßnahme zur Gewährleistung eines erfolgreichen Investments während der Beteiligungsphase in den Portfoliogesellschaften in den Mittelpunkt der Betätigung. Controlling ist ein Begriff aus der Betriebswirtschaftslehre, der über die letzten 30 Jahre Gegenstand intensiver Identitätsdiskussionen war und mittlerweile vorherrschend als Rationalitätssicherung der Führung verstanden wird.[905] Das Controlling ist auf die Ausschaltung von kognitiven und voluntativen Rationalitätsdefiziten der Beteiligungsführung gerichtet.[906] In seiner Grundannahme widersetzt es sich damit dem Sinnbild des *Homo oeconomicus*.[907] Dadurch unterstützt das Controlling die Beteiligungsführung, kann ihr Handeln im gleichen Atemzug aber auch begrenzen und führt deshalb insgesamt zu einer Effektuierung.[908] Unter dem KAGB erfüllt das Beteiligungscontrolling jedenfalls auch Compliance-Funktionen.[909] Im Bereich Private Equity ist anders als in Konzernstrukturen keine einheitliche Strategie im Verbund umzusetzen, sodass hierauf gerichtete, herkömmliche Aufgaben des Controlling wie die Überprüfung des „Fits" der Portfoliogesellschaft in die Gesamtstrategie und die Integration des Controlling der Portfoliogesellschaft in ein beteiligungsübergreifendes Konzerncontrolling entfallen.[910] Einzelne Beteiligungen müssen sich „stand alone" rechnen

---

[901] 6. Teil, B.II.6.c)cc)(3)(a).

[902] *Swoboda*, in: Weitnauer/Boxberger/Anders, KAGB, § 28 Rn. 11 Fn. 11. Dazu bereits 5. Teil, A.I.1.

[903] 2. Teil, B.V.3.b).

[904] *Theiler*, in: Jesch/Striegel/Boxberger, Rechtshdb. Private Equity, § 14 Abschn. 3.1.3. a. E. und 5.1.

[905] *Eitelwein et al.*, Private Equity Controlling, S. 9.

[906] Ebd.

[907] *Weber/Eitelwein et al.*, Private-Equity-Controller, S. 72.

[908] *Eitelwein et al.*, Private Equity Controlling, S. 9.

[909] *Kort/Lehmann*, in: Möllers/Kloyer, Das neue KAGB, Rn. 479, 490 ff.

[910] *Weber/Eitelwein et al.*, Private-Equity-Controller, S. 109.

und sind daher auch jeweils einzeln zu analysieren.[911] Zwar existiert auch ein Controlling auf Gesamtportfolioebene, doch erschöpft sich dieses in administrativen Aufgaben.[912] Da im Rahmen des Beteiligungscontrollings auch Risiken identifiziert und bewertet werden (also Risikocontrolling im engeren Sinne), stellt es zugleich ein Instrument der Risikofrüherkennung dar und dient damit im Bereich der Kapitalanlagen im besonderen Maße dem Anlegerschutz. Ein von dem Beteiligungscontrolling separiertes Risikocontrolling wurde nicht durchgeführt.[913] Funktionell ging letzteres vollständig im Beteiligungscontrolling auf, wie die nachfolgend zu beschreibenden Aufgabenbereiche nebst Trägerschaft veranschaulichen.

(1) Aufgabenbereiche

Der aus dem Beteiligungscontrolling folgende Aufgabenbereich im Segment Private Equity ist in Abhängigkeit vom Aufgabenbereich der Beteiligungsführung für die einzelnen, bereits im Rahmen des Interessenkonfliktmanagements aufgeschlüsselten Phasen eines typischen Beteiligungsinvestments (Investment, Management und Exit Stage) zu identifizieren.[914]

(a) Investment Stage

Die in der Investment Stage von den Fondsmanagern ausgearbeitete sog. Investitionshypothese bildet die Entscheidungsgrundlage für die spätere Akquisition, gibt in der Regel einen konkreten Handlungsplan für die Betätigung in der Portfoliogesellschaft vor und fungiert letztlich auch als Blaupause für einen Soll-Ist-Vergleich für das Beteiligungscontrolling.[915] Das Beteiligungscontrolling kann die der Investitionshypothese zugrundeliegenden Annahmen überprüfen, Berechnungen kontrollieren, Markt- und Unternehmensdaten bereitstellen und darauf achten, dass quantifizierbare Vorgaben als Grundlage für das spätere Risikocontrolling verwendet werden.[916]

(b) Management Stage

In der Management Stage dreht sich aus der Perspektive der Portfolioverwaltung alles um die (Finanz-)Kontrolle zur Vermeidung von Ausfallrisiken und um die Beratung der Portfoliogesellschaft etwa im Hinblick auf Finanzierungsfragen oder strategische Überlegungen.[917] Dabei sollen die Portfoliogesellschaften möglichst

---

[911] Ebd.

[912] Ebd.

[913] Ebd., S. 127.

[914] *Eitelwein et al.*, Private Equity Controlling, S. 14.

[915] *Eitelwein et al.*, Private Equity Controlling, S. 16; *Weber/Eitelwein et al.*, Private-Equity-Controller, S. 119 ff.

[916] *Eitelwein et al.*, Private Equity Controlling, S. 17 f.; *Theiler*, in: Jesch/Striegel/Boxberger, Rechtshdb. Private Equity, § 14 Abschn. 3.1.

[917] *Eitelwein et al.*, Private Equity Controlling, S. 19 f.

schnell auf Kurs gebracht werden. Bereits in der Anfangsphase werden hierfür die notwendigen Grundlagen gelegt (z. T. als 100-Tage-Plan bezeichnet).[918] Angesprochen sind die Implementierung einer formellen Informationsinfrastruktur in Gestalt der personellen Besetzung von vorhandenen oder einzurichtenden Aufsichtsgremien und der Einrichtung eines regelmäßigen, werteorientierten Berichtswesens auf Ebene der Portfoliogesellschaft sowie die erste Initiierung wesentlicher, Cash Flow-relevanter Maßnahmen.[919]

Das Beteiligungscontrolling spielt hier eine tragende Rolle, insbesondere bei der Evaluierung des auf Ebene der Portfoliogesellschaft vorhandenen Controllingsystems und Berichtswesens, der Konkretisierung von formellen Vorgaben für letzteres sowie der Durchführungs- und/oder Ergebniskontrolle von bereits initiierten Projekten/Maßnahmen.[920] Gerade im Hinblick auf den aus der Akquisitionsfinanzierung resultierenden und weitergeleiteten Schuldendienst ist die Etablierung eines transparenten Kennzahlensystems von besonderer Notwendigkeit.[921] Das Kennzahlensystem muss auf die qualitativen und quantitativen Anforderungen der Private Equity-Gesellschaft (z. B. Investorreporting, Einhaltung von Financial Covenants) abgestimmt werden.[922] Das Beteiligungscontrolling hat dabei Sorge zu tragen, dass im Rahmen des Berichtswesens auf Ebene der Portfoliounternehmen die relevanten Kennzahlen wie typischerweise GuV, Bilanz, Cashflow, Working Capital, Covenants (z. B. Capex) und bestimmte KPIs herausgefiltert, aufbereitet (z. B. Ampelsysteme) und gegebenenfalls um unternehmensspezifische Informationen (z. B. Auftragslage, Veränderungen bei Key Persons) ergänzt werden.[923] Einzelne KPIs der jeweiligen Portfoliogesellschaften (z. B. EBITDA) können dann ohne Weiteres auch für das Berichtswesen der Private Equity-Gesellschaft gegenüber den Investoren verwendet werden.[924] Aus ihnen speist sich auch der im Rahmen des Investorreporting nach dem unverbindlichen Branchenstandard anzugebende Fair Value der einzelnen Portfoliogesellschaften,[925] für den die Ermittlung der Ertragskraft eine zentrale Rolle spielt (Ertragswertverfahren, DCF).[926] Branchenüblich war ein durchaus quartalsweise

---

[918] Ebd., S. 20; *Weber/Eitelwein et al.*, Private-Equity-Controller, S. 122.

[919] *Eitelwein et al.*, Private Equity Controlling, S. 20; *IOSCO*, Private Equity Conflicts of Interest, FR 11/10, S. 17; *Weber/Eitelwein et al.*, Private-Equity-Controller, S. 191 f.; *Invest Europe*, Handbuch vom November 2015, Professional Standards, Sec. 3 No. 3.4.1. und 3.4.5.

[920] *Eitelwein et al.*, Private Equity Controlling, S. 21 f.; *Weber/Eitelwein et al.*, Private-Equity-Controller, S. 179; *Theiler*, in: Jesch/Striegel/Boxberger, Rechtshdb. Private Equity, § 14 Abschn. 3.2.1.

[921] *Theiler*, in: Jesch/Striegel/Boxberger, Rechtshdb. Private Equity, § 14 Abschn. 2.2.2.

[922] Ebd., § 14 Abschn. 2.2.2. und 4.3.2.2.

[923] Ebd., § 14 Abschn. 4.3 und 4.3.2.1.; *Weber/Eitelwein et al.*, Private-Equity-Controller, S. 179, 224.

[924] Die Investor Reporting Guidelines sind nunmehr auf Ebene des Verbands Invest Europe konsolidiert. Zur Angabe des EBITDA s. *Invest Europe*, Handbuch vom November 2015, Professional Standards, Sec. 5 No. 4.2. lit. c.

[925] Ebd., Sec. 5 No. 4.1. und 4.2. lit. d.

[926] Zum Begriff des Fair Value 6. Teil, B.II.8.c)ee).

durchgeführtes Investorreporting.[927] Hauptcharakteristikum des Beteiligungscontrollings ist deshalb, dass es auf dem Informationswesen und dem Risikocontrolling der einzelnen Portfoliogesellschaften aufbaut,[928] das für diese Zwecke neu modelliert wird[929]. Tatsächlich sind es damit in der Regel auch die Unternehmen, die die gegenüber den Managementberichten kondensierten Berichte für die finanzierenden Banken erstellen.[930] Das Kreieren eines derart standardisierten und periodischen Berichtswesens führt zu einer gesteigerten Unternehmenstransparenz und bildet letztlich eine eigene Wertsteigerung, die beim Exit vereinnahmt werden kann.[931]

Neben der Installierung eines den Interessen der Private Equity-Gesellschaft gerecht werdenden Berichtswesens wird als Maßnahme des Risikocontrollings auch ein verstärktes Finanzcontrolling durchgeführt. Dieses äußert sich nicht nur in der bereits angesprochenen Aufnahme einer Cashflow-Rechnung in das Berichtswesen sowie in der durch das Berichtswesen ermöglichten Überprüfung von Covenants, sondern auch in der Erstellung von Liquiditätsplänen.[932] Davon abgesehen wurde dem Risikocontrolling auf Ebene des Portfoliounternehmens eine vergleichsweise geringe Bedeutung zugemessen.[933] Gleichwohl wird ein funktionsfähiges Risikomanagementsystem vorausgesetzt, wobei Risiken schon im Rahmen der Due Diligence identifiziert, evaluiert und sodann gesteuert werden.[934]

Im Anschluss kommt es zur fortwährenden Kontrolle der Beteiligungen sowie der den Investments zugrundeliegenden Prämissen und dem bereits erwähnten Soll-Ist-Abgleich als Grundlage für die monatlichen Controlling-Gespräche unter den relevanten Entscheidungsträgern.[935] Dabei sind insbesondere die monatlichen Berichte auf Plausibilität und Richtigkeit zu überprüfen.[936] Das auf Ebene der Portfoliogesellschaften etablierte regelmäßige Berichtswesen erfüllt seine Aufgabe als Risikofrühwarnsystem insbesondere in Konstellationen, wenn Verzögerungen oder formelle Änderungen am Reporting zu verzeichnen sind und deshalb den Entscheidungsträgern gemeldet werden können.[937] Je nach wirtschaftlichem Szenario können die relevanten Cashflow-Kennzahlen auch wöchentlich abgefragt werden.[938]

---

[927] 6. Teil, B.II.4.b)aa).

[928] *Theiler*, in: Jesch/Striegel/Boxberger, Rechtshdb. Private Equity, § 14 Abschn. 2.2.2., 3.2.1. und 4.3.

[929] Ausführlich die Interviewergebnisse bei *Weber/Eitelwein et al.*, Private-Equity-Controller, S. 210 ff.

[930] Ebd., S. 161, 225 f.

[931] Ebd., S. 162.

[932] Ebd., S. 231 f.

[933] Ebd., S. 229 f.

[934] Ebd., S. 232 f.

[935] *Eitelwein et al.*, Private Equity Controlling, S. 22; *Theiler*, in: Jesch/Striegel/Boxberger, Rechtshdb. Private Equity, § 14 Abschn. 3.2.2., 4.3. und 4.4.

[936] *Weber/Eitelwein et al.*, Private-Equity-Controller, S. 180.

[937] *Theiler*, in: Jesch/Striegel/Boxberger, Rechtshdb. Private Equity, § 14 Abschn. 4.3.1.

[938] *Weber/Eitelwein et al.*, Private-Equity-Controller, S. 160.

Davon abgesehen und sofern einzelne Themen nicht explizit durch das Management der Portfoliogesellschaft angesprochen werden, existiert aber das Selbstverständnis bei Private Equity-Gesellschaften, keine allgemeine Unternehmenskontrolle zur Risikovermeidung durchzuführen.[939] Die Intensität des Beteiligungscontrollings hing jedenfalls von der Performance der Portfoliogesellschaft und zuweilen sehr von dem Führungsstil der Private Equity-Gesellschaft ab.[940] Es waren jedoch stets die gesetzlichen Sorgfaltspflichten im Auge zu behalten.

(c) Exit Stage

Das Beteiligungscontrolling unterstützt die Beteiligungsführung auch im Hinblick auf die Beurteilung der Exitfähigkeit (z. B. Market Timing) einer Portfoliogesellschaft und hält entsprechende Kennzahlen bereit.[941] Nach Exit beschränkt sich der Aufgabenbereich des Beteiligungscontrollings auf die Ergebniskontrolle (mithin der IRR im Fall von LBOs) und auf die Aufarbeitung des vergangenen Investments zu Lernzwecken, wobei hierfür keineswegs flächendeckend formale Prozesse unter den Private Equity-Gesellschaften eingerichtet sind.[942]

(2) Trägerschaft

Übergreifend ließ sich – vorwiegend bei kleineren Private Equity-Gesellschaften – beobachten, dass die Wahrnehmung des überwiegenden Teils der Beteiligungscontrollingaufgaben durch die Investmentmanager (gegebenenfalls unter Hinzuziehung des Anlegergremiums) erfolgte.[943] Gerade in der Anfangsphase ist es ein wesentlicher Vorteil, dass das Investmentteam das Management bereits aus der Akquisitionsphase kennt.[944] Es wurde angeführt, dass die Effektivität eines angemessenen Risikomanagements durch die Personalunion grundsätzlich nicht in Mitleidenschaft gezogen würde, da Investmentmanager fortwährend schon selbst in einen funktionalen Risikomodus verfielen.[945] Außerdem würden Rationalitätsdefizite auch dadurch überwunden, dass für einzelne Portfoliogesellschaften ein Team an Investmentmanagern zuständig sei.[946] Wurden eigenständige Controller eingesetzt, hatten diese ihren Aufgabenschwerpunkt hingegen im Bereich der Informations-

---

[939] Ebd., S. 195.

[940] Ebd., S. 170; *Invest Europe*, Handbook vom November 2015, Professional Standards, Sec. 3 No. 3.4.11.

[941] *Theiler*, in: Jesch/Striegel/Boxberger, Rechtshdb. Private Equity, § 14 Abschn. 3.3.; *Weber/Eitelwein et al.*, Private-Equity-Controller, S. 163.

[942] *Eitelwein et al.*, Private Equity Controlling, S. 23 ff.; *Weber/Eitelwein et al.*, Private-Equity-Controller, S. 125 f.

[943] *Eitelwein et al.*, Private Equity Controlling, S. 26; *EY*, Game-changing regulation?, S. 12.

[944] *Weber/Eitelwein et al.*, Private-Equity-Controller, S. 179.

[945] *Eitelwein et al.*, Private Equity Controlling, S. 26; *Weber/Eitelwein et al.*, Private-Equity-Controller, S. 116.

[946] Ebd.

bereitstellung.[947] In der Investment Stage werden zudem externe Berater für die Due Diligence hinzugezogen.[948] Demgegenüber waren Funktionstrennungen im Rahmen des Risikomanagements zur Vermeidung mangelnder „Neutralität" relevanter Einschätzungen bei größeren Private Equity-Gesellschaften keineswegs fremd.[949] Soweit dies bislang nicht praktiziert wurde, wurde hierzu jedoch aufgrund des damit einhergehenden Mehrwerts für die Portfoliogesellschaften (Objektivität, intensivere Auseinandersetzung in den Controlling-Gesprächen) geraten.[950]

bb) Erforderlichkeit der Einrichtung einer unabhängigen Risikocontrolling-Funktion

Die Einrichtung einer von den operativen Bereichen hierarchisch und funktionell unabhängigen RC-Funktion ist nach § 29 Abs. 1 Satz 3 KAGB dann nicht erforderlich, wenn eine Einrichtung einer derart unabhängigen RC-Funktion unverhältnismäßig ist (Proportionalitätsprinzip), dafür aber besondere Schutzvorkehrungen gegen Interessenkonflikte zur Ermöglichung eines unabhängigen Risikocontrollings getroffen werden und der RM-Prozess den Anforderungen in § 29 Abs. 1 bis 6 KAGB genügt und durchgehend wirksam ist.[951] Ein echtes Novum im Gegensatz zur bislang bekannten OGAW-Regulierung ist, dass die Anforderungen an die Schutzvorkehrungen nun in einem eigenen Art. 43 AIFM-VO wie folgt konkretisiert werden.[952]

Zunächst müssen die Entscheidungen der RM-Funktion auf zuverlässigen, von ihr selbst überwachten Daten beruhen.[953] Auch ist die Vergütung funktionsspezifisch auszugestalten,[954] was aber bereits ein Erfordernis der allgemeinen Vergütungsregulierung für Mitarbeiter mit Kontrollfunktionen ist.[955] Außerdem wird die RM-Funktion einer angemessenen unabhängigen Überprüfung unterzogen.[956] Angaben zur Periodik und zur Zuständigkeit fehlen vollends. Aus Art. 43 Abs. 2 AIFM-VO ergibt sich lediglich, dass nur in den Fällen, in denen dies unter Berücksichtigung der Art, des Umfangs und der Komplexität der Geschäfte der KVG verhältnismäßig ist, zu gewährleisten ist, dass die Ausübung der RM-Funktion regelmäßig von der in-

---

[947] *Weber/Eitelwein et al.*, Private-Equity-Controller, S. 116, 183.

[948] *Eitelwein et al.*, Private Equity Controlling, S. 27.

[949] *Swoboda*, in: Weitnauer/Boxberger/Anders, KAGB, § 29 Rn. 22; *EY*, Game-changing regulation?, S. 12.

[950] *Theiler*, in: Jesch/Striegel/Boxberger, Rechtshdb. Private Equity, § 14 Abschn. 4.4. und 5.3.

[951] *Sprengnether/Wächter*, WM 2014, 877, 882.

[952] Art. 12 Durchführungsrichtlinie 2010/43/EU enthielt keine vergleichbaren Anforderungen.

[953] Art. 43 Abs. 1 lit. a AIFM-VO.

[954] Art. 43 Abs. 1 lit. b AIFM-VO.

[955] 6. Teil, B.II.7.a)bb).

[956] Art. 43 Abs. 1 lit. c AIFM-VO.

ternen Revision oder, falls eine solche nicht eingerichtet wurde, vom Leitungsgremium beauftragten externen Dritten überprüft wird.[957] Im Leitungsgremium oder – falls vorhanden – Aufsichtsgremium der KVG muss die RM-Funktion mindestens mit denselben Befugnissen wie die Funktion Portfolioverwaltung vertreten sein.[958] Die fehlende Funktionstrennung wird im Übrigen stark relativiert, da kollidierende Aufgaben auch weiterhin ordnungsgemäß voneinander getrennt werden müssen.[959] Je nach Proportionalität muss auch ein Risikoausschuss, falls vorhanden, über angemessene Mittel verfügen und seine nicht unabhängigen Mitglieder dürfen keinen unzulässigen Einfluss auf die Ausübung der RM-Funktion haben.[960] Die Modalitäten des Risikoausschusses werden an keiner Stelle ausgeführt, sodass Zusammensetzung, Aufgabenbereich und Organisation im Dunkeln bleiben. Tatsächlich wird das Mysterium Risikoausschuss allein in Art. 43 Abs. 2 lit. b AIFM-VO erwähnt und ist auch der OGAW-Regulierung fremd.[961]

Reflektiert man die bisherige Praxis von Private Equity-Gesellschaften im Rahmen des Risikomanagements, lässt sich der im Zuge der Konsultation zur AIFM-VO branchenseitig gegebene Fingerzeig auf die Schwierigkeiten einer durchgehenden Funktionstrennung im Bereich Private Equity nachvollziehen.[962] Auch heißt es, die oben erläuterten Schutzvorkehrungen würden nur unnötige Kosten generieren, die von den Investoren getragen werden müssten.[963] Die ESMA hat die Problematik um die Erforderlichkeit einer Funktionstrennung zwar nicht nur erkannt, sondern auch anerkannt, aber für den weiteren Umgang wieder auf das Proportionalitätsprinzip verwiesen.[964] Es bleibt der Hinweis auf die Komplexität des Geschäftsmodells LBO.[965] Funktionstrennungen sind jedenfalls möglich,[966] insbesondere mit Blick auf die „Herrschaft" über die Kennzahlensystematik. Auf den

---

[957] Art. 43 Abs. 2 lit. a AIFM-VO.

[958] Art. 43 Abs. 1 lit. d AIFM-VO.

[959] Art. 43 Abs. 1 lit. e AIFM-VO.

[960] Art. 43 Abs. 2 lit. b AIFM-VO.

[961] Auch die Kommentierung geht mit keiner Silbe auf den Risikoausschuss ein, Erläuterungen fehlen bei *Swoboda*, in: Weitnauer/Boxberger/Anders, KAGB, § 29 Rn. 9 f., 19 f.; *Josek/Steffen*, in: Baur/Tappen, Investmentgesetze, § 29 KAGB Rn. 27 ff.; *Geurts/Schubert*, in: FrankKomm, KapAnlR Bd. 1, § 29 KAGB Rn. 50 f., 93 f. Bei *Zetzsche/Eckner*, in: Zetzsche, AIFMD, Chapt. 14 No. 4.1.1.2 findet sich lediglich der Hinweis, dass der Risikoausschuss direkt gegenüber dem Leitungsgremium/der Geschäftsführung berichte.

[962] ESMA/2011/379 vom 16.11.2011, Final report, ESMA's technical advice to the European Commission on possible implementing measures of the Alternative Investment Funds Managers Directive, Annex IV. Box 30 Rn. 158, 162; krit. auch *van Dam/Mullmaier*, in: Zetzsche, AIFMD, Chapt. 26 No. 3.7.

[963] ESMA/2011/379 vom 16.11.2011, Final report, ESMA's technical advice to the European Commission on possible implementing measures of the Alternative Investment Funds Managers Directive, Annex IV. Box 30 Rn. 158.

[964] Ebd., Kap. IV.IV. Rn. 2, 3.

[965] 6. Teil, B.I.2.d).

[966] *Swoboda*, in: Weitnauer/Boxberger/Anders, KAGB, § 29 Rn. 20.

Mehrwert für Portfoliogesellschaften und damit auch für die Anleger des Fonds als Kompensation für die Nachteile aus der doppelten Ressourcenbindung wurde bereits hingewiesen. Es sind aber auch Kompetenzfragen aufgeworfen, insbesondere vor dem Hintergrund, dass Risikocontroller bislang nicht wie Investmentmanager in Kontakt mit dem Management in den Portfoliogesellschaften standen und damit nicht denselben Zugang zu unternehmensspezifischen Informationen hatten. Auch wenn es i. S. einer förderlichen Unternehmenskommunikation angezeigt sein mag, dass die Investmentmanager, die das Management auf Ebene der Portfoliogesell-schaften bereits aus der Akquisitionsphase kennen, zunächst den Kontakt leiten, stellt das sukzessive Heranführen des Controlling an die Unternehmen beim Wechsel von der Investment zur Management Stage kein unüberwindbares Hindernis dar. Es ist wichtig zu erkennen, dass dem Risikomanagement in diesem Kontext ein ei-genständiger Verantwortungsbereich zugeordnet wird. Denn ohne die Etablierung eines werteorientierten Berichtswesens lassen sich weder Anlegerrisiken überbli-cken, noch die Portfolioverwaltung kontrollieren.[967] Die Implementierung des transparenteren Berichtswesens dient aber der Vermeidung von Rationalitätsdefi-ziten und ist daher zuvörderst Aufgabe des Risikocontrollings. Die Portfoliover-waltung kann theoretisch auch mit den bereits in den Unternehmen vorhandenen Controllingsystemen arbeiten. Der Rückgriff auf die eigenen Standards hingegen dient der Effektuierung der Portfolioverwaltung, für die das Risikocontrolling be-rufen ist. Daneben fungieren die eigenen Standards zugleich als Covenants-Kontrolle zur Vermeidung hieraus resultierender Risiken (Waiver Fees, Zinserhöhungen, etc.)[968] – ebenfalls ein Metier des Risikocontrollings. Allerdings darf nicht übersehen werden, dass das neu zu implementierende Berichtswesen auch die Grundlage für das Investorreporting ist, das von der Geschäftsleitung oder dem Leitungsgremium der KVG wahrgenommen wird. Insoweit bildet die Etablierung des Berichtswesens eine Schnittstelle, für die beide Geschäftsorganisationsbereiche i. S. arbeitsteiligen Zu-sammenwirkens Sorge zu tragen haben. Die Neuordnung des Berichtswesens kann daher auch weiterhin von der Portfolioverwaltung angestoßen und umgesetzt wer-den, sofern im gleichen Zuge gewährleistet ist, dass das Risikocontrolling diesen Prozess überwachen und jederzeit reagieren kann. Soweit das Einfordern bestimmter Kennzahlen oder unternehmensspezifischer Informationen nach Einschätzung der RM-Funktion für ein angemessenes Risikocontrolling erforderlich ist, ist dies von der Portfolioverwaltung zu berücksichtigen.

---

[967] Das Risikomanagement soll aber gerade die Funktion eines Korrektivs gegenüber der auf Chancen ausgerichteten Portfolioverwaltung einnehmen, *Sprengnether/Wächter*, WM 2014, 877, 880.

[968] 2. Teil, B.V.2.a).

cc) Due Diligence als Schnittstelle zwischen Portfolio- und Risikomanagement

Ein Novum ist, dass die Regulierung sogar bis zur Due Diligence vordringt. Zunächst ist die nunmehr bestehende Verpflichtung zur Durchführung einer Due Diligence vor dem Hintergrund des bisherigen Rechtsrahmens zu würdigen. Daneben ergeben sich Fragen nach der Zuständigkeit für die Wahrnehmung der Due Diligence und die im Segment LBO zu beachtenden Sorgfaltsanforderungen.

(1) Pflicht zur Durchführung einer Due Diligence

Die heutigen Erkenntnisse zu den Fragen einer käufer- oder verkäuferseitigen privatrechtlichen Haftung im Zusammenhang mit der Durchführung einer Due Diligence wurden aus einer langjährigen Diskussion gewonnen.[969] Deren Darstellung kann hier nicht nachgeholt werden, doch sollen die wesentlichen Aussagen zur hier relevanten käuferseitigen Due Diligence reproduziert werden. Grundlegender Gedanke im deutschen Kaufrecht ist, dass den Käufer keine Pflicht und keine allgemeine Obliegenheit zur Untersuchung einer Kaufsache vor Abschluss des Vertrags trifft.[970] Seiner Gewährleistungsrechte wird er erst verlustig, wenn er bei Vertragsschluss Kenntnis oder grob fahrlässige Unkenntnis von der Mangelhaftigkeit der Kaufsache besitzt.[971] Hierauf baut letztlich auch die in § 377 Abs. 1 HGB verankerte, erst post-akquisitorisch einsetzende Rügepflicht auf, falls der in Rede stehende Kauf für beide ein Handelsgeschäft ist.[972] Eine unterlassene Untersuchung vor Erwerb kann auch nicht den Vorwurf des Mitverschuldens im Rahmen einer etwaigen vorvertraglichen Haftung des Verkäufers nach c. i. c. begründen.[973] Daneben ist jedoch auch der Pflichtenkreis der Organmitglieder der jeweiligen Gesellschaft auf Käuferseite in den Blick zu nehmen. So wird für den Vorstand einer AG oder den Geschäftsführer einer GmbH eine allgemeine Pflicht zur Durchführung einer Due Diligence im Regelfall bejaht.[974] Eine Übernahme ohne Due Diligence ist hingegen

---

[969] Überblick bei *Picot*, in: Berens/Brauner/Strauch/Knauer, Due Diligence, S. 323, 345 ff.; *Hölters*, in: Hölters, AktG, § 93 Rn. 176 ff.; vor der Schuldrechtsmodernisierung auch noch *Fleischer/Körber*, BB 2001, 841.

[970] *W. Hölters/T. Hölters*, in: W. Hölters, Hdb. Unternehmenskauf, Rn. 10.16 ff.; *Semler*, in: W. Hölters, Hdb. Unternehmenskauf, 7.53; *Beisel*, in: Beisel/Klumpp, Unternehmenskauf, § 2 Rn. 8 ff. m. w. N. zum Streitstand.

[971] § 442 Abs. 1 BGB.

[972] *Fleischer/Körber*, BB 2001, 841, 844.

[973] *Dies.*, in: Berens/Brauner/Strauch/Knauer, Due Diligence, S. 295, 315.

[974] LG Hannover v. 23. 2. 1977 – 1 O 123/75, AG 1977, 198, 200; LG Frankfurt v. 7. 10. 1997 – 3/11 O 44/96, AG 1998, 488, 490; *Spindler*, in: MünchKomm, AktG, § 93 Rn. 69, 102; *J. Koch*, in: Hüffer/Koch, AktG, § 93 Rn. 23; *Fleischer/Körber*, in: Berens/Brauner/Strauch/Knauer, Due Diligence, S. 295, 315 *Picot*, in: Berens/Brauner/Strauch/Knauer, Due Diligence, S. 323, 355; *Hauschka*, AG 2004, 461, 465; *Kiethe*, NZG 1999, 976, 982; *Lutter*, ZIP 2007, 841, 844: bei Kaufpreis von 100 Mio. US-Dollar; *Stoffels*, ZHR 165 (2001), 362, 368 und Fn. 27; *Werner*, ZIP 2000, 989, 990 ff.

nicht pflichtwidrig, wenn der Vorstand bzw. die Geschäftsführung „nach einer Gesamtwürdigung der konkreten Umstände des Einzelfalls und einer Risikoabwägung zu dem Ergebnis kommt, dass der Erwerb auch ohne vorheriges Due Diligence-Verfahren im Unternehmensinteresse liegt"[975]. Es müssen aber stets die Besonderheiten des Einzelfalls (Kosten/Nutzen-Verhältnis, Dringlichkeit, Wirtschaftsszenario bei der Zielgesellschaft, Zulassung einer Due Diligence durch die Zielgesellschaft bzw. deren Gesellschafter, etc.) beim Kauf berücksichtigt werden.[976] Zwar trifft den Verkäufer in Fällen des Unternehmenskaufs sogar eine gesteigerte Aufklärungs- und Sorgfaltspflicht gegenüber dem Käufer.[977] Bei einer Ziel-AG sind die Informationsrechte des Aktionärs allerdings nicht zielführend und die Zulassung einer Due Diligence hängt grundsätzlich allein vom Vorstand ab.[978] Bei einer GmbH hingegen bestehen mit § 51a GmbHG weitreichende Informationsrechte für die Gesellschafter; eine Verweigerung der Informationserteilung durch den Geschäftsführer erfordert nach § 51a Abs. 2 Satz 2 GmbHG sogar eine Einholung eines Gesellschafterbeschlusses. Werden die Informationen erteilt, bewegt sich der Veräußerer aufgrund seines Interesses zur Weitergabe gesellschaftsbezogener Informationen und der gegenüber der Gesellschaft geschuldeten Verschwiegenheitspflicht in einem Spannungsfeld, dessen Auflösung sich stets um die Frage dreht, ob für eine Informationsweitergabe eine Zustimmung der Mitgesellschafter erforderlich ist oder nicht.[979]

Mit Art. 19 Abs. 1 lit. d AIFM-VO wurde ein Paradigmenwechsel vollzogen, da eine Transaktion vor Ausführung nunmehr mit der gebotenen Sorgfalt zu prüfen ist.[980] Ausnahmen hiervon sieht die Verordnung nicht vor. Namentlich die rechtliche,

---

[975] *Spindler*, in: MünchKomm, AktG, § 93 Rn. 102 m. w. N.; liberal auch *Beisel*, in: Beisel/Klumpp, Unternehmenskauf, § 2 Rn. 28; *W. Hölters/T. Hölters*, in: W. Hölters, Hdb. Unternehmenskauf, Rn. 10.19 ff.; *J. Koch*, in: Hüffer/Koch, AktG, § 93 Rn. 23.

[976] *Hölters*, in: Hölters, AktG, § 93 Rn. 179 ff. m. w. N.

[977] BGH, Urt. v. 4.4.2001 – VIII ZR 32/00, NJW 2001, 2163; ein Praxisleitfaden bei *Koppmann*, BB 2014, 1673.

[978] *Körber*, NZG 2002, 263, 265, 268; *Beisel*, in: Beisel/Klumpp, Unternehmenskauf, § 2 Rn. 24 will hingegen § 51a GmbHG analog anwenden.

[979] Grundsätzliche Unzulässigkeit ohne Zustimmung der Gesellschafter deutet sich an bei: BGH, Urt. v. 11.11.2002 – II ZR 125/02, BGHZ 152, 339, 344: „Die Weitergabe von Informationen zu gesellschaftsfremden Zwecken oder an gesellschaftsfremde Dritte ist grundsätzlich pflichtwidrig, und zwar ohne Rücksicht auf ihren Inhalt und ohne Rücksicht darauf, welche Zwecke mit der Verbreitung der Kenntnisse verfolgt werden"; streng auch LG Köln, Urt. v. 26.3.2008 – 90 I 11/08, GmbHR 2009, 261, das jedoch darauf hinweist, dass die Bewertung des Gesellschaftsanteils durch Einschaltung eines neutralen Wirtschaftsprüfers erfolgen könne; *Körber*, NZG 2002, 263, 271; a. A. nur Geheimhaltung müsse sichergestellt sein: statt aller *Krömker*, NZG 2003, 418, 422; *Hillmann*, in: MünchKomm, AktG, § 51a Rn. 12.

[980] *Schröder/Rahn*, GWR 2014, 49 f. sehen zwar die gesetzliche Regelung, spielen ihre Bedeutung aber dadurch herunter, dass nur die bisher schon bestehenden, allgemeinen vertraglichen Sorgfaltspflichten wiedergegeben würden; *Beisel*, in: Beisel/Klumpp, Unternehmenskauf, § 2 Rn. 10.

steuerliche und finanzielle Due Diligence wird besonders hervorgehoben.[981] Diese
Verpflichtung ist zunächst nur regulierungsrechtlich relevant. In der Theorie könnte
das bedeuten, dass aus der gesellschaftsrechtlichen Perspektive in Ausnahmefällen
(z. B. Dringlichkeit, geringer Wert) von der Durchführung einer Due Diligence
abgesehen werden könnte, während dies im strengen Regulierungsrecht nicht
möglich wäre. Um diesen Friktionen nach dem Vorbild der §§ 147, 153 KAGB zu
begegnen, ist die Pflichtenlage in beiden Rechtskreisen einheitlich und nach Maßgabe des Regulierungsrechts zu beurteilen. Dogmatisch ist das konstruierbar und
geboten. So ist in Erinnerung zu rufen, dass primär anlegerschützende und hinreichend konkretisierte Regelungen im KAGB auch zivilrechtlicher Natur sind und die
sie konkretisierenden Vorschriften aus der AIFM-VO diese Natur teilen. Eben dies ist
für die neu implementierte Sorgfaltsprüfung im Vorfeld zum Vertragsschluss nicht
von der Hand zu weisen. Art. 19 Abs. 1 lit. d AIFM-VO konkretisiert die in § 26
Abs. 2 Nr. 1 KAGB festgeschriebene und auch zivilrechtlich relevante Verpflichtung
zur Einhaltung der gebotenen Sorgfalt.[982] Selbiges gilt für den im Rahmen der Due
Diligence-Verpflichtung zu beachtenden und noch zu erläuternden Sorgfaltsmaßstab
in Art. 18 Abs. 1 AIFM-VO. Von der Regelungstechnik her wurde der bislang bekannte Ansatz, die Verpflichtung zur Durchführung einer Due Diligence in Abhängigkeit von der organschaftlichen Pflichtenlage auf Geschäftsführungsebene zu
bestimmen, ignoriert und die neue Verpflichtung vielmehr als direkt an die AIFMs,
also die Gesellschaften, adressiertes Postulat gestaltet. Das ist nicht nur für die
externen (AG, GmbH, GmbH & Co. KG) und internen (InvAG, InvKG) KVGs im
erlaubnispflichtigen Bereich, sondern auch für die kleinen Publikums-AIFMs wegen
des Verweises in § 2 Abs. 5 Satz 1 Nr. 2 KAGB auf § 26 KAGB relevant, die sich
gem. § 44 Abs. 1 Satz 1 Nr. 6 KAGB als juristische Personen oder Personenhandelsgesellschaften (also auch oHGs) organisieren dürfen.

(2) Zuständigkeit für die Durchführung einer Due Diligence

In der Literatur existiert das vorherrschende Verständnis, dass die Durchführung
einer Due Diligence vorrangig Aufgabe des Portfoliomanagements sei.[983] Indes ist
die neue Regelungssystematik von AIFM-RL, KAGB und AIFM-VO in dieser
Hinsicht keineswegs kohärent. Während die Sorgfaltsanforderungen an die Due
Diligence mit Art. 18 f. AIFM-VO im Bereich der Verhaltenspflichten angesiedelt
sind, ist der Sorgfaltsprüfungsprozess der Due Diligence nach Art. 15 Abs. 3 Nr. 1
AIFM-RL (dort expressis verbis) und nach § 29 Abs. 3 Nr. 1 KAGB als Bestandteil

---

[981] *Beisel*, in: Beisel/Klumpp, Unternehmenskauf, § 2 Rn. 10.

[982] Kapitel III Abschnitt 1 der AIFM-VO konkretisiert die allgemeinen Grundsätze aus
Art. 12 Abs. 1 AIFM-RL, mithin auch § 26 Abs. 2 Nr. 1 KAGB.

[983] *Josek*, in: Dornseifer/Jesch/Klebeck/Tollmann, AIFM-RL, Art. 15 Rn. 332; *Sprengne-
ther/Wächter*, WM 2014, 877, 881 f.; offen *Winterhalder*, in: Weitnauer/Boxberger/Anders,
KAGB, § 17 Rn. 20.

des Risikomanagements ausgestaltet.[984] Da die Due Diligence zu weiten Teilen als ein auf die Aufdeckung unternehmensspezifischer Risiken gerichteter Risikoermittlungsprozess verstanden werden kann, liegt die Einordnung als Element des Risikomanagements nicht fern.[985] Man könnte noch einen Schritt weitergehen und die Wahrnehmung der Due Diligence entgegen des Schrifttums als vom Wortlaut des Art. 39 AIFM-VO, mithin vom Aufgabenumfang der RM-Funktion, erfasst betrachten.[986] Denn der RM-Funktion obliegt die Wahrnehmung des RM-Prozesses, der auch die Ermittlung solcher Risiken einschließt, denen jeder AIF „unterliegen kann"[987], also solcher, die in Zukunft nach Unternehmenserwerb zu eigenen Risiken würden. Das würde sich tendenziell auch mit dem aus den KAMaRisk gewonnenen Verständnis decken, nach dem die RC-Funktion sogar im Vorfeld von Anlageentscheidungen miteingebunden werden muss, wenn wesentliche Auswirkungen auf das Risikoprofil des AIF zu gewärtigen sind.[988] Insofern könnte man die Schirmherrschaft über die Due Diligence dem Risikomanagement im Allgemeinem und der RM-Funktion im Besonderen zusprechen. Die vermeintlich erforderliche Suche nach einem „Hauptverantwortlichen" verstellt allerdings den Blick dafür, dass das in den relevanten Sorgfaltsanforderungen in Art. 18 f. AIFM-VO dekretierte sukzessive Maßnahmenprogramm im Vorfeld einer Anlage den AIFM als arbeitsteilige Organisation adressiert und sich deshalb unterschiedliche Aufgabenbereiche ergeben. Auch die BaFin fordert, dass die Arbeitsabläufe und Verantwortungsbereiche im Bereich der Due Diligence (erst noch) in der Risk Management Policy festzulegen sind.[989] Dies könnte sich wie folgt gestalten.

Im Vorfeld der Due Diligence sind die nun zwingende Aufstellung eines mit der Laufzeit des AIF und den Marktbedingungen in Einklang stehenden Geschäftsplans[990] sowie die Suche nach und die Auswahl von mit diesem Geschäftsplan in Einklang stehenden Transaktionen[991] typische Aufgabe der Portfolioverwaltung.[992] Denn es wurde schon an anderer Stelle herausgearbeitet, dass jedenfalls verpflichtend wahrzunehmende pre-akquisitorische Prozesse und Entscheidungen, die investitionstypisch mit der Anlage in Verbindung stehen und diese erst ermöglichen, grundsätzlich vom Aufgabenumfang der Portfolioverwaltung gedeckt sind.[993] Die

---

[984] *Geurts/Schubert*, in: FrankKomm, KapAnlR Bd. 1, § 29 KAGB Rn. 64 ff. gehen auf diese Kollision nicht ein.

[985] *Josek*, in: Dornseifer/Jesch/Klebeck/Tollmann, AIFM-RL, Art. 15 Rn. 332; a. A. *Steffen*, in: Baur/Tappen, Investmentgesetze, § 26 KAGB Rn. 36: Redaktionsversehen.

[986] A. A. *Josek*, in: Dornseifer/Jesch/Klebeck/Tollmann, AIFM-RL, Art. 15 Rn. 332; *Sprengnether/Wächter*, WM 2014, 877, 881.

[987] Art. 39 Abs. 1 lit. a AIFM-VO.

[988] 6. Teil, B.II.6.a)cc).

[989] Abschn. 4.4 Tz. 3 KAMaRisk.

[990] Art. 19 Abs. 1 lit. a AIFM-VO.

[991] Art. 19 Abs. 1 lit. b AIFM-VO.

[992] In der Praxis werden hier externe Investment Advisor hinzugezogen.

[993] 5. Teil, B.IV.1.

RM-Funktion kann in Bezug auf die einzelne Transaktion zuvor denklogisch nicht tätig werden. Wurde eine potenzielle Zielgesellschaft auserkoren, wird auch die Überprüfung dahingehend, dass Anlageentscheidungen u. a. mit den Zielen und der Anlagestrategie übereinstimmen,[994] als typische Aufgabe der Portfolioverwaltung zu qualifizieren sein. Die ganzheitliche Bewertung ausgewählter Transaktionen unter Berücksichtung eventuell vorhandener Gelegenheiten stellt allerdings freilich eine Schnittstelle für die Portfoliomanager als „Risk Taker"[995] einerseits und das Risikomanagement andererseits dar.[996] Letzteres muss überprüfen, ob gesetzte Risikolimits überschritten würden und die angestrebte Investition gegebenenfalls nicht mehr in Einklang mit dem Risikoprofil zu bringen ist.[997] Anlageentscheidungen außerhalb vorgegebener Risikolimits dürfen daher niemals im Alleingang getroffen werden.[998] Auch wenn Risikolimits rechtlich ein aliud zu Anlagegrenzen sind,[999] wirken sie faktisch wie solche. Für die vorbeschriebene Aufgabenwahrnehmung trägt die RM-Funktion eine eigenständige Verantwortung. Die aus diesem Prozess gewonnenen Ergebnisse müssen der Portfolioverwaltung für die Bewertungtätigkeit übermittelt werden. Das Risikomanagement ist daher in den ganzheitlichen, von der Portfolioverwaltung wahrgenommenen Bewertungsprozess einzubinden. Hierfür sind Kommunikationswege einzurichten, die nach der Vorstellung von Art. 39 Abs. 1 lit. c und e AIFM-VO einen Informationsfluss zum Leitungsgremium und der Geschäftsleitung der KVG gewährleisten.[1000] Im Übrigen beinhaltet die bisweilen in der Literatur getroffene Aussage, dass wenig für eine chancenorientierte Due Diligence spräche,[1001] eine Gewichtung, die der AIFM-VO („ganzheitliche Bewertung", „vorhandene Gelegenheiten") nicht zu entnehmen ist.

(3) Sorgfaltsanforderungen im Segment LBO

(a) Rechtslage vor Geltung des KAGB und der AIFM-VO

Im Regelfall der GmbH & Co. KG wurden Geschäftsführungsaufgaben entweder von der Komplementär-GmbH, einer Management-GmbH oder einer extern beauftragten Beratungs-GmbH wahrgenommen. In allen Fällen war der geschuldete Sorgfaltsmaßstab im Verhältnis Geschäftsführer und GmbH dem § 43 Abs. 1 GmbHG (Sorgfalt eines ordentlichen Geschäftsmanns) zu entnehmen. Für die Komplementär-GmbH hat der BGH weitergehend klargestellt, dass sich der

---

[994] Art. 18 Abs. 3 AIFM-VO.

[995] *Josek*, in: Dornseifer/Jesch/Klebeck/Tollmann, AIFM-RL, Art. 15 Rn. 205.

[996] *Zetzsche/Eckner*, in: Zetzsche, AIFMD, Chapt. 14 No. 4.2.2.

[997] *Josek*, in: Dornseifer/Jesch/Klebeck/Tollmann, AIFM-RL, Art. 15 Rn. 332; *Sprengnether/Wächter*, WM 2014, 877, 882.

[998] *Josek/Steffen*, in: Baur/Tappen, Investmentgesetze, § 29 KAGB Rn. 53.

[999] Abschn. 4.4.3 Tz. 3 und 4 InvMaRisk.

[1000] Eine geregelte Zusammenarbeit direkt mit dem Portfoliomanagement sei förderlich, so *Sprengnether/Wächter*, WM 2014, 877, 881 Fn. 60 für den Bereich der Risikoerfassung.

[1001] *Swoboda*, in: Weitnauer/Boxberger/Anders, KAGB, § 29 Rn. 15.

Schutzbereich der Sonderrechtsbeziehung zwischen Komplementär-GmbH und ihrem Geschäftsführer auch auf die KG erstreckt – selbst für den Fall, dass kein Dienstverhältnis zwischen beiden besteht.[1002] Dieser Sorgfaltsmaßstab könnte bei einer KG auf die Sorgfalt in eigenüblichen Angelegenheiten nach §§ 161 Abs. 2, 105 Abs. 3 HGB, 708 BGB zu begrenzen sein. Das ist umstritten, wird man aber richtigerweise als Scheinproblem einordnen dürfen, weil der Sorgfaltsmaßstab aus § 43 Abs. 1 GmbHG insoweit die Sorgfalt in eigenen Angelegenheiten konkretisiert.[1003] Gesicherte Erkenntnis ist jedenfalls, dass § 708 BGB bei Fehlen der sonst typischen persönlichen Verbundenheit unter den Gesellschaftern wie etwa im Fall von Publikums-Personengesellschaften nicht maßgeblich ist.[1004] Die vom BGH angenommene unmittelbare Haftung des Geschäftsführers gegenüber der KG kann man sicherlich auch bei einem Geschäftsführer der als geschäftsführende Kommanditistin bestellten Management-GmbH bejahen. Denn der Anknüpfungspunkt für das direkte Haftungsverhältnis nach Lesart der höchstrichterlichen Rechtsprechung ist, ob die Geschäftsführung – wie im Fall der Management-GmbH – die alleinige oder wesentliche Aufgabe der GmbH darstellt.[1005] Die Beratungs-GmbH hingegen haftete ohnehin schuldrechtlich bei Nichteinhaltung des Sorgfaltsmaßstabs aus §§ 276 BGB, 347 HGB gegenüber der KG.

In der Praxis bedient man sich im Segment LBO für die Ermittlung einer angemessenen Informationsgrundlage im Kontext einer Due Diligence seit jeher externer Expertise (Anwälte, Wirtschaftsprüfer, Unternehmensberater, Steuerberater, etc.), da die Due Diligence vielschichtige Aspekte wie Marktgegebenheiten, Finanzkennzahlen, steuerliche Auswirkungen, technischer Zustand, Rechtsverhältnisse, usw. abdeckt.[1006] Wurden externe Berater eingeschaltet, konnte sich der Geschäftsführer nur gemäß der in den letzten Jahren aufgestellten Grundsätze für die Einholung externen (Fach-)Rats exkulpieren.[1007] Erforderlich war, dass sich der Geschäftsführer „unter umfassender Darstellung der Verhältnisse der Gesellschaft und Offenlegung der erforderlichen Unterlagen von einem unabhängigen, für die zu klärende Frage fachlich qualifizierten Berufsträger beraten lässt und die erteilte Rechtsauskunft einer sorgfältigen Plausibilitätskontrolle unterzieht"[1008]. Die im Namen der Fondsgesellschaft eingeschalteten Berater waren keine Erfüllungsgehilfen des Geschäftsführers, sondern konnten konzeptionell nur im Pflichtenkreis der Gesellschaft

---

[1002] Aus jüngster Zeit BGH, Urt. v. 18.6.2013 – II ZR 86/11, BGHZ 197, 304 Rn. 15 ff.

[1003] *Gummert*, in: MünchHdb. KG, § 52 Rn. 18; BGH, Urt. v. 12.11.1979 – II ZR 174/77, BGHZ 75, 321, 327 m.w.N.

[1004] So bereits BGH, Urt. v. 4.7.1977 – II ZR 150/75, BGHZ 69, 207, 209 f.

[1005] BGH, Urt. v. 18.6.2013 – II ZR 86/11, BGHZ 197, 304, Rn. 15, 18.

[1006] *Josek*, in: Dornseifer/Jesch/Klebeck/Tollmann, AIFM-RL, Art. 15 Rn. 324; ausführlich *Koffka*, in: Eilers/Koffka/Mackensen, Private Equity, I Nr. 3 Rn. 1 ff.

[1007] Grundlegend BGH, Urt. v. 20.9.2011 – II ZR 234/09, NZG 2011, 1271, 1273; BGH, Urt. v. 28.4.2015 – II ZR 63/14, NZG 2015, 792, 794; Überblick dazu bei *Fleischer*, in: MünchKomm, GmbHG, § 43 Rn. 42 ff.

[1008] BGH, Urt. v. 20.9.2011 – II ZR 234/09, NZG 2011, 1271, 1273.

tätig werden.[1009] Die Durchführung einer Due Diligence war aber keine vorvertragliche Pflicht der Gesellschaft.

(b) Rechtslage mit Geltung des KAGB und der AIFM-VO

Nunmehr gilt für die Aufgabenwahrnehmung der Sorgfaltsmaßstab in Art. 18 Abs. 1 AIFM-VO („große Sorgfalt").[1010] Dieser bleibt unabhängig von der Assetklasse gleich. Die damit verbundenen Anforderungen bei Investitionen in illiquide Anlagen mit langfristigem Anlagezeitraum fallen jedoch intensiver aus als in Bereichen, in denen Anlagepositionen innerhalb kurzer Zeit wieder abgestoßen werden können. Im Bereich Private Equity ist diese Vorgabe in Abhängigkeit von der Anlagestrategie und dem Risikoprofil des AIF sowie dem individuellen Zuschnitt der Zielgesellschaft umzusetzen.[1011] Es ist auch nicht zu verhehlen, dass die Durchführung einer Due Diligence im Segment LBO angesichts der angestrebten Kontrollerlangung von bereits am Markt etablierten Unternehmen mit entsprechender Bilanzsumme und der Notwendigkeit sorgfältiger Finanzplanung zur Bedienung des Schuldendienstes durch die Zielunternehmen anspruchsvoller ist als der Erwerb von Minderheitsbeteiligungen an jungen Unternehmen oder Start-Ups, die im Wesentlichen noch aufgebaut werden.[1012] Doch je konzentrierter die Anlagestrategie (z. B. Sparte, Jurisdiktion, etc.), desto eher wird man die Due Diligence entlang von intern gesetzten Standards durchführen können.[1013] Eine dem Sorgfaltsmaßstab gerechtwerdende Schablone wird man wegen der individuellen Anlagebedingungen und der latenten Gefahr, von den Entwicklungen im operativen Bereich der Zielgesellschaften überholt zu werden, indes nicht schneidern können. Allgemein gehaltene Checklisten[1014] müssen deshalb stets auf Aktualität im Einzelfall geprüft werden.[1015] Die Ausgestaltung der Due Diligence wird damit in das Ermessen der KVG gestellt.[1016] Diese gerät in das Spannungsfeld, einerseits im besten Interesse der Anleger einen hohen Sorgfaltsmaßstab anzulegen, andererseits im besten Interesse der Anleger das Budget im Rahmen eines Kosten/Nutzen-Verhältnisses niedrigzuhalten.[1017] Sicherlich ist dabei der von Swoboda beschriebene Weg, die Budgetierung oder die

---

[1009] Ebd.

[1010] Bei der Due Diligence handelt es sich daher gerade nicht um „eine Art selbstverpflichtenden Sorgfaltsmaßstab, den der AIFM festzusetzen und ständig zu überwachen hat", so aber *Tancredi*, Die Regulierung von Hedge-Fonds und Private Equity in Europa, S. 125.

[1011] *Swoboda*, in: Weitnauer/Boxberger/Anders, KAGB, § 29 Rn. 13.

[1012] In diese Richtung ebd.

[1013] So zurecht ebd., Rn. 12.

[1014] Beispiel bei *Beisel*, in: Beisel/Klumpp, Unternehmenskauf, § 19 Rn. 22 ff.

[1015] So bereits die Rechtslage vor der neuen Regulierung: *Körber*, NZG 2002, 263, 264; *Beisel*, in: Beisel/Klumpp, Unternehmenskauf, § 2 Rn. 9.

[1016] *Swoboda*, in: Weitnauer/Boxberger/Anders, KAGB, § 29 Rn. 13.

[1017] Es sind stets Broken Deal-Kosten zu gewärtigen, sollte eine Due Diligence nicht in der ursprünglich gewünschten Akquisition münden. Mit den Beratern werden daher oft geteilte Kostensätze vereinbart, *Kinzius*, in: Berens/Brauner/Strauch/Knauer, Due Diligence, S. 863, 870.

Hinzuziehung eines Anlegergremiums bereits in den Anlagebedingungen zu adressieren, nützlich.[1018] Diese Verhandlung mit den Investoren über die Budgetierung darf jedoch nicht zur Folge haben, dass die BaFin ihr Prüfungsrecht über die Einhaltung der gebotenen Sorgfalt verliert.[1019] Der zwingende Charakter der AIFM-VO-Bestimmungen wurde bereits ausführlich diskutiert.[1020]

(4) Modifiziertes Haftungsregime

(a) Rechtslage vor Geltung des KAGB und der AIFM-VO

Bei einer Pflichtverletzung hafteten die Geschäftsführer im Innenverhältnis gegenüber der KG nach § 43 Abs. 2 GmbHG, da sich der Schutzbereich der Sonderrechtsbeziehung zwischen Komplementär-GmbH/Management-GmbH und ihrem Geschäftsführer wie bereits erläutert auch auf die KG erstreckte. Eine deliktische Haftung im Außenverhältnis gegenüber den Anlegern, die aufgrund der Zurechnung nach § 31 BGB auch in einem Anspruch gegen die Gesellschaft hätte münden können,[1021] setzte außerhalb von § 826 BGB erschwerend einen mitgliedschaftsbezogenen Eingriff im Rahmen von § 823 Abs. 1 BGB voraus, für den eine bloße Wertminderung des Anteils nicht ausreichte.[1022] Deshalb schied auch eine deliktische Haftung der Gesellschaft aus. Die Annahme einer vertraglichen Haftung der Fondsgesellschaft (§ 31 BGB) hätte das Vorliegen eines Vertragsverhältnisses bedingt. Side Letters werden diesem Anspruch gerecht. Allerdings sind dort nur individuelle Konditionen festgeschrieben. Die sorgfaltswidrige Durchführung einer Due Diligence stellte keine Verletzung dieser Nebenkonditionen dar.

Ein direkter Anspruch der Anleger gegen die externen Berater konnte sich nicht aus einem etwaigen zwischen den externen Beratern und den Anlegern konkludent geschlossenen Auskunftsvertrag ergeben, da den externen Beratern insoweit nach dem maßgeblichen objektiven Empfängerhorizont kein Rechtsbindungswille gegenüber weiteren Dritten zu entnehmen war.[1023] Jenseits des strengen § 826 BGB kam als einzige Anspruchsgrundlage für eine direkte Haftung der externen Berater gegenüber den Anlegern nur die Einordnung des Beratervertrages als Vertrag mit

---

[1018] *Swoboda*, in: Weitnauer/Boxberger/Anders, KAGB, § 29 Rn. 16.

[1019] A. A. *Swoboda*, in: Weitnauer/Boxberger/Anders, KAGB, § 29 Rn. 17, der sich damit in Widerspruch zu der eigens bei § 26 Rn. 10 anerkannten Indisponibilität der AIFM-VO-Bestimmungen setzt.

[1020] 6. Teil, B.I.2.c).

[1021] *Spindler*, in: MünchKomm, AktG, § 93 Rn. 299.

[1022] Ebd., Rn. 304 f.

[1023] *Merkelbach*, Die Haftung von Experten gegenüber Dritten für Fehler im Due Diligence-Report, S. 90; *Bosch*, ZHR 163 (1999), 274, 283 bei fehlendem Kontakt mit Dritten und fehlender Adressierung an Dritte; *Canaris*, ZHR 163 (1999), 206, 212 f.; *Grunewald*, AcP 187 (1987), 285, 296; *Hopt*, AcP 183 (1983), 608, 617 f.; *H. Schneider*, ZHR 163 (1999), 246, 251 f.

Schutzwirkung zugunsten Dritter in Betracht.[1024] Voraussetzung hierfür war jedenfalls stets, dass die Dritten, also die Anleger, bestimmungsgemäß mit der Leistung in Berührung kamen. Die Due Diligence-Reports richten sich indes zuvörderst an den Auftraggeber (also den Fonds). Anleger würden den Report nur dann vorgelegt bekommen,[1025] wenn über das Anlegergremium Mitspracherechte vermittelt würden, Co-Investments eingegangen oder Sicherheiten[1026] bestellt werden sollen. Letzteres dürfte im LBO-Segment keine Rolle spielen. Weiterhin stellte sich die Frage nach dem Einbeziehungsinteresse des Gläubigers (mithin des Fonds). Erblickt man wie der BGH die Grundlage für den Vertrag mit Schutzwirkung zugunsten Dritter in einer ergänzenden Vertragsauslegung,[1027] hängt die Würdigung des Einbeziehungsinteresses jedenfalls von allen Umständen des Einzelfalls ab, respektive der Bestimmung der Begünstigten des Reports,[1028] des Verwendungszwecks,[1029] etwaiger Haftungsausschlüsse[1030] und der Modalitäten der Weitergabe durch den Gläubiger. In Abhängigkeit hiervon war auch die Erkennbarkeit der Drittbezogenheit der Leistung für den Schuldner sowie die Zumutbarkeit einer Haftung zu beurteilen. Anderweitige Ansprüche gegen den Berater oder den Fonds (s. oben) als Ausdruck fehlender Schutzbedürftigkeit[1031] existierten nicht. Jedoch fiel der Anspruch der bereits erläuterten Problematik des sog. Reflex- bzw. Doppelschadens anheim[1032] und war daher mit Ausnahme von Sonderschäden auf Ersatzleistung an die Gesellschaft

---

[1024] Zunächst handelte es sich nicht um eine Drittschadensliquidation, da diese aufgrund Nachrangs gegenüber dem Vertrag mit Schutzwirkung zugunsten Dritter zurücktrat, vgl. die Ausführungen bei *Merkelbach*, Die Haftung von Experten gegenüber Dritten für Fehler im Due Diligence-Report, S. 93 ff. Auch eine eigene Haftung aus § 311 Abs. 3 BGB war abzulehnen, da sich eine Haftung sonst nicht an den Interessen der Parteien und dem Vertragszweck (etwa § 334 BGB) orientieren konnte, *Merkelbach*, Die Haftung von Experten gegenüber Dritten für Fehler im Due Diligence-Report, S. 100; *Beisel*, in: Beisel/Klumpp, Unternehmenskauf, § 2 Rn. 55 f. bejaht den Charakter als Vertrag mit Schutzwirkung zugunsten Dritter für die finanzierenden Banken. In der Praxis verlangen die Berater aber die Unterschrift unter einem Release Letter.

[1025] Eine tatsächliche Vorlage ist erforderlich, BGH, Urt. v. 14.6.2007 – III ZR 125/06, NJW-RR 2007, 1332, 1335; BGH, Beschl. v. 31.10.2007 – III ZR 298/05, NJW-RR 2008, 286, 287 ab.

[1026] Dies führt *Merkelbach*, Die Haftung von Experten gegenüber Dritten für Fehler im Due Diligence-Report, S. 46 f., 128 f. an.

[1027] BGH, Urt. v. 20.4.2004 – X ZR 250/02, BGHZ 159, 1, 4.

[1028] *Krebs/Kemmerer*, NZG 2012, 847, 849.

[1029] So kann der Verwendungszweck eine Einbeziehung auch dann nahelegen, wenn das Gutachten nur für den Auftraggeber bestimmt ist, so bei BGH, Urt. v. 20.4.2004 – X ZR 250/02, BGHZ 159, 1, 6 ff.

[1030] Aus jüngerer Zeit für eine tierärztliche Ankaufsuntersuchung: OLG Hamm, Urt. v. 29.5.2013 – 12 U 178/12, NJW-RR 2013, 1522.

[1031] BGH, Urt. v. 15.2.1978 – VIII ZR 47/77, BGHZ 70, 327, 330; BGH, Urt. v. 20.3.1995 – II ZR 205/94, BGHZ 129, 136, 169 – Girmes; BGH, Urt. v. 2.7.1996 – X ZR 104/94, BGHZ 133, 168, 173, 176; BGH, Urt. v. 8.6.2004 – X ZR 283/02, NJW 2004, 3420, 3421.

[1032] *Merkelbach*, Die Haftung von Experten gegenüber Dritten für Fehler im Due Diligence-Report, S. 128; zur Problematik s. bereits 6. Teil, B.II.1.b).

gerichtet. In den Fällen des Reflexschadens lag wiederum keine ersatzfähige Schadensposition vor, wenn der Fonds Regress bei den externen Beratern suchte.[1033] Letztere hafteten aus Vertrag gegenüber dem Fonds,[1034] falls eine Pflicht unter Außerachtlassung des nach § 276 Abs. 1 BGB bzw. § 347 Abs. 1 HGB[1035] geschuldeten Sorgfaltsmaßstabs verletzt wurde.[1036] Nichts anderes galt für den Fall, dass die Prüfung der Beteiligungen ohnehin von einer vertraglich beauftragten Beratungs-GmbH wie in den Erscheinungsformen in Option C und D wahrgenommen wurde. Eine Geltendmachung des mittelbaren Schadens durch den Anleger war allein dann denkbar, wenn der Fonds von einer Anspruchsverfolgung absah.[1037]

(b) Rechtslage mit Geltung des KAGB und der AIFM-VO

Mit der neuen Regulierung sind Änderungen am Haftungsregime zu verzeichnen. Dogmatisch erschöpfen sich diese auch unter Berücksichtigung der bereits erläuterten Grundlagen für die Haftung einer KVG nicht in Nuancen, sondern stellen das Haftungsgefüge punktuell neu auf. Im Ergebnis ändert sich aus wirtschaftlicher Perspektive indes nichts. Das modifizierte Haftungsregime wurde jedenfalls, soweit ersichtlich, noch nicht entsprechend gewürdigt.[1038] Ausgangspunkt ist der bereits herausgearbeitete Befund, dass die Artt. 18 f. AIFM-VO den (auch) zivilrechtlichen Charakter von § 26 Abs. 2 Nr. 1 KAGB teilen und ein Pflichtverstoß daher haftungsrechtlich relevant ist. Da dieser Pflichtverstoß jedoch letztlich „nur" die Sorgfaltswidrigkeit der Vermögensverwaltung begründet, ohne zugleich einen mitgliedschaftsbezogenen Eingriff darzustellen, scheidet eine Haftung aus § 280 BGB und § 823 Abs. 1 BGB im Fall interner und externer Verwaltung des AIF aus.[1039]

Es macht dabei keinen Unterschied, ob die KVG den Due Diligence-Prozess vollständig alleine wahrnimmt oder auch externe Berater einbindet. Diese werden zwar, da die Due Diligence nun als eigene vorvertragliche (auch zivilrechtliche) Pflicht ausgestaltet ist, innerhalb des Pflichtenkreises des AIFM tätig und qualifizieren daher im Rahmen der Sonderverbindung zwischen Anleger und AIFM als

---

[1033] *Merkelbach*, Die Haftung von Experten gegenüber Dritten für Fehler im Due Diligence-Report, S. 128; s. auch BGH, Urt. v. 22.6.1992 – II ZR 178/90, NJW 1992, 3167, 3171.

[1034] *Beisel*, in: Beisel/Klumpp, Unternehmenskauf, § 2 Rn. 52.

[1035] Sofern das Geschäft für beide Parteien ein Handelsgeschäft war.

[1036] *Beisel*, in: Beisel/Klumpp, Unternehmenskauf, § 2 Rn. 53: Eine Exkulpation würde dem Berater nicht gelingen, weil er gemäß seinem Auftrag den Sachverhalt genau ermitteln müsse und auch für die restlichen Risiken und Bedeutungen der vorgefundenen Informationen einzustehen habe.

[1037] BGH, Urt. v. 23.6.1969 – II ZR 272/67, NJW 1969, 1712; BGH, Urt. v. 24.1.1967 – VI ZR 92/65, WM 1967, 287, 288; BGH, Urt. v. 29.6.1987 – II ZR 173/86, NJW 1988, 413, 415.

[1038] Das dürfte dem Umstand geschuldet sein, dass bis dato lediglich die neue Sektorregulierung (Art. 19 AIFM-VO) an sich erkannt wurde, ohne die Auswirkungen der Rechtsnatur der neuen Bestimmungen zu würdigen.

[1039] 6. Teil, B.II.1.b).

Erfüllungsgehilfen i. S. des § 278 BGB. Der Schuldner, also die KVG, hat sodann Pflichtverletzungen und das Verschulden seines Erfüllungsgehilfens zu vertreten, ohne sich durch den Nachweis sorgfältiger Auswahl entlasten zu können.[1040] Zuzurechnende Sorgfaltspflichtverstöße der externen Berater führen aber gleichfalls nur zur Sorgfaltswidrigkeit der Vermögensverwaltung des AIFM. Dabei muss sich die Tätigkeit der externen Berater mindestens an dem Sorgfaltsmaßstab des Art. 18 Abs. 1 AIFM-VO messen. Daneben gesellt sich die bereits aus dem allgemeinen Schuldrecht bekannte Problematik hinzu, ob für das Handeln des Erfüllungsgehilfens stets *nur* der für seinen Geschäftsherrn geltende Verschuldensmaßstab maßgeblich ist. Konsens dürfte sein, dass wenn sich die externen Berater als Experten auf ihre besondere Fachkunde berufen, das Zugrundelegen eines strengeren Haftungsmaßstabes mit der Folge naheliegt, dass auch die Sorgfaltspflichten des hinter dem externen Berater stehenden Geschäftsherrn (KVG) verstärkt werden.[1041]

In den Sonderkonstellationen, in denen eine unmittelbare Haftung des externen Beraters gegenüber dem Anleger auf Basis des Instituts des Vertrags mit Schutzwirkung zugunsten Dritter in Betracht kam, gilt auch unter der neuen Regulierung nichts Abweichendes. Insbesondere ist die Schutzbedürftigkeit des Anlegers anzunehmen, da er keinen Anspruch gegen den AIFM hat. Nach wie vor fällt der Anspruch jedoch der Problematik des Doppelschadens anheim. Es wird allerdings weiterhin primär der Fonds sein, der seinen Schaden während der Laufzeit gegenüber den externen Beratern liquidiert. Die Geschäftsführung des Fonds ist auch bei externer Verwaltung weiterhin prozessfähig.[1042] Eine Liquidation von Sonderschäden bleibt jedoch möglich. Zwar mutet es bei Lichte besehen merkwürdig an, dass ein und dieselbe Pflichtverletzung einen Anspruch gegen die Berater rechtfertigt, gegen den AIFM trotz Zurechnung hingegen nicht. Diese Pflichtverletzung muss aber stets im Rahmen der jeweiligen Haftungsfiguren gewürdigt werden.

dd) Doppelstufigkeit der Risikomanagementsysteme

Da sich die aus der Einrichtung eines Risikomanagementsystems erwachsenden risikospezifischen Pflichten zu einem großen, wenn auch nicht ausschließlichen Teil auf die Anlagepositionen des Investmentvermögens beziehen, knüpfen sie im Fall von LBO-Fonds an die sich aus den Unternehmensbeteiligungen ergebenden Risiken an. In den Portfoliogesellschaften haben der Vorstand einer AG und die Geschäftsführung einer GmbH allerdings nach §§ 91 Abs. 2 AktG, 43 Abs. 1 GmbHG

[1040] So die Rechtslage zu § 278 BGB, *Grundmann*, in: MünchKomm, BGB, § 278 Rn. 2; *Schulze*, in: Schulze u. a., BGB, § 278 Rn. 1.

[1041] Für einen Anlageberater BGH, Urt. v. 26. 4. 1991 – V ZR 165/89, BGHZ 114, 263, 272; für eine Bank BGH, Urt. v. 7. 10. 2008 – XI ZR 89/07, BGHZ 178, 149 Rn. 17.

[1042] 6. Teil, B.II.1.b).

bereits für entsprechende Kontrollstrukturen zu sorgen.[1043] Insofern ergeben sich unvermeidbare Überschneidungen im Bereich der laufenden Risikokontrolle. Es ist deshalb eine wesentliche Fragestellung unter dem § 29 KAGB, wie das Verhältnis der beiden Risikomanagementsysteme auf Ebene der KVG und der Portfolioge-sellschaften (*Doppelstufigkeit der Risikomanagementsysteme*) zueinander auszuta-rieren ist. Eine vergleichbare Herausforderung hat sich im Rahmen von § 9a InvG a. F. (Organisationspflichten) nicht gestellt, weil sich LBO-Fonds außerhalb des InvG a. F. bewegten und in dieser Hinsicht nicht reguliert wurden.[1044] Reflektiert man den Kontext der jeweiligen, gesetzlichen Einbettung der Risikomanagementsysteme, ergibt sich, dass die gesellschaftsrechtlichen Risikomanagementsysteme dem Un-ternehmensinteresse und damit dem Schutz des Unternehmens dienen, während das Risikomanagement auf Ebene der KVG als Maßnahme zum Anleger- und Markt-schutz zu begreifen ist.[1045] Daher geht es bei dem KAGB-Risikomanagementsystem nicht um die Analyse allgemeiner Unternehmensrisiken, sondern um einen spezi-fischen Anlegerschutz durch eine Analyse der Risiken der Investmentvermögen.[1046] In der Folge lassen sich zwei wesentliche Erkenntnisse ableiten. Zum einen darf das Risikomanagement auf Ebene der KVG nicht das Risikomanagement auf Ebene der Zielgesellschaft dergestalt substituieren, dass letzteres ersatzlos wegfiele. Letztlich würde die Geschäftsführung der Zielgesellschaft auch ihrer eigens gesellschafts-rechtlich auferlegten Verpflichtung zur Installation eines Risikomanagementsystems nicht nachkommen, wenn man dies anders sähe. Zum anderen muss das Risiko-management auf Ebene der Zielgesellschaften nicht entlang der regulatorischen Vorgaben an das Risikomanagement der KVG ausgestaltet werden, zumal man andernfalls anerkennen würde, dass eine im Lager des Gesellschafters bestehende organisationsrechtliche Pflicht allein aufgrund der mitgliedschaftlichen Beteiligung zur Pflicht der Gesellschaft werden könnte.

Die Ausgestaltung der gesellschaftsrechtlich indizierten Risikomanagementsys-teme bewegt sich vielmehr innerhalb eines eigenen Rechtskreises. Es kann stets nur mit erheblichen Abstrichen auf die in anderen Gesetzen regulierungsrechtlich im-plementierten Organisationsanforderungen zurückgegriffen werden.[1047] So liegt eine

---

[1043] Zur AG: ausführlich *Spindler*, in: MünchKomm, AktG, § 91 Rn. 33 ff.; zur GmbH etwa *Fleischer*, in: MünchKomm, GmbHG, § 43 Rn. 61; *Ziemons*, in: Michalski/Heidinger/Leible/ J. Schmidt, GmbHG, § 43 Rn. 168.

[1044] 6. Teil, A.I.1.a).

[1045] *Kort*, AG 2013, 582, 583; *Geurts/Schubert*, in: FrankKomm, KapAnlR Bd. 1, § 29 KAGB Rn. 11, 29.

[1046] *Kort*, AG 2013, 582, 585; *ders./Lehmann*, in: Möllers/Kloyer, Das neue KAGB, Rn. 479, 562.

[1047] *Spindler*, Unternehmensorganisationspflichten, S. 381 ff.; *ders.*, in: MünchKomm, AktG, § 91 Rn. 38 m. w. N. auch zur Gegenansicht; *Mertens/Cahn*, in: KölnKomm, AktG, § 91 Rn. 30; *Kort*, in: Großkomm, AktG, § 91 Rn. 93a; speziell für das KAGB: *Kort*, AG 2013, 582, 583: Sektorspezifische Anforderungen an Risikomanagement von KVGs nach dem KAGB ließen sich nicht auf die Anforderungen an das Risikomanagement bei nicht der Kapitalan-lagebranche angehörenden, gewöhnlichen Kapitalgesellschaften übertragen.

Orientierung an dem Prüfungsstandard IDW PS 340[1048] zwar nahe,[1049] überzeugen kann dies jedoch nur für den Anwendungsbereich im Rahmen von § 317 Abs. 4 HGB, also für börsennotierte AGs. Die spezialgesetzlichen Anforderungen des KAGB und der AIFM-VO im Hinblick auf das Risikomanagementsystem werden vom gesetzlichen Rahmen des Gesellschaftsrechts für die dortigen Risikomanagementsysteme nicht annähernd reflektiert. § 91 Abs. 2 AktG zwingt schon seinem Wortlaut nach nur zur Einrichtung eines Frühwarnsystems,[1050] während § 43 Abs. 1 GmbHG in dieser Hinsicht komplett schweigt und nur die Sorgfaltspflichten eines Geschäftsführers statuiert. Würde man einen Transfer der regulatorischen Vorgaben auf die Ausgestaltung des Risikomanagements der Zielgesellschaften bejahen, würde man eine Regulierungsdichte für maßgeblich erachten, die keineswegs Anklang im Gesellschaftsrecht findet. Eine Ausstrahlungswirkung des KAGB- bzw. AIFM-VO-Regulierungsrechts auf den gesellschaftsrechtlichen Pflichtinhalt eines Risikomanagements ist daher insgesamt abzulehnen.[1051]

ee) Risikomanagementprozess

Ausfluss des RM-Prozesses ist, dass eine KVG insbesondere die für die jeweiligen Anlagestrategien *wesentlichen* Risiken der Investmentvermögen jederzeit erfasst, misst, steuert und überwacht.

(1) Erfassung

Art. 40 Abs. 2 AIFM-VO ordnet an, dass eine KVG Grundsätze für Verfahren einrichtet, die notwendig sind, damit die KVG bei jedem von ihr verwalteten AIF dessen Markt-, Liquiditäts- und Gegenparteirisiko sowie alle sonstigen relevanten Risiken, einschließlich operationeller Risiken, *bewerten* kann.[1052] Zur Bewertung ist eine vorherige Identifizierung i. S. einer Risikoinventur[1053] nötig,[1054] weshalb die in

---

[1048] IDW PS 340, Die Prüfung des Risikofrüherkennungssystems nach § 317 Abs. 4 HGB (Stand: 11.9.2000), Quelle: WPg 16/1999, S. 658 ff.

[1049] *Spindler*, in: MünchKomm, AktG, § 91 Rn. 33 ff.

[1050] *Kort*, AG 2013, 582 f. Darüber hinausgehende Erstreckung der regulierungsrechtlichen Erfordernisse auf jede AG ohne Rücksicht auf Gegenstand und sonstige Verhältnisse des Unternehmens wird von der herrschenden Meinung abgelehnt, s. *J. Koch*, in: Hüffer/Koch, AktG, § 91 Rn. 8 f.; OLG Celle, Urt. v. 28.5.2008 – 9 U 184/07, WM 2008, 1745, 1746.

[1051] *Kort*, AG 2013, 582, 583, 587.

[1052] Diese Risikodifferenzierung findet sich bereits in Art. 38 Abs. 1 UAbs. 2 der Richtlinie 2010/43/EU der Kommission vom 1. Juli 2010 zur Durchführung der Richtlinie 2009/65/EG des Europäischen Parlaments und des Rates im Hinblick auf organisatorische Anforderungen, Interessenkonflikte, Wohlverhalten, Risikomanagement und den Inhalt der Vereinbarung zwischen Verwahrstelle und Verwaltungsgesellschaft, ABl. Nr. L 176, S. 42, wieder und wird auch von den InvMaRisk, Abschn. 4.1 Tz. 2 gespiegelt, wobei bei hier die Rede von Adressenausfallrisiken anstelle von Gegenparteirisiken ist.

[1053] Begriff bei Abschn. AT 2.2 Tz. 1 MaRisk (BA); *Josek*, in: Dornseifer/Jesch/Klebeck/Tollmann, AIFM-RL, Art. 15 Rn. 202.

Art. 40 Abs. 2 AIFM-VO enthaltene exemplarische Aufzählung auch bei der Risikoerfassung zu beachten ist. Die Risikoinventur hat „laufend"[1055] zu erfolgen, eine Durchführung in kürzeren Perioden liegt deswegen nahe.[1056] Die monatlichen Kontrollgespräche im LBO-Segment dürften dem jedenfalls grundsätzlich gerecht werden, sofern nicht ein bestimmtes Szenario ein intensiveres Management („große Sorgfalt") erfordert.

Auf unionsrechtlicher Ebene erfolgt keine weitere Definition der beispielhaft genannten Risikotypen. Legaldefinitionen hält hingegen der deutschrechtliche § 5 Abs. 3 KAVerOV bereit. Dieser gilt zwar nur für die Verwalter von Publikums-AIFs, weshalb im Hinblick auf eine KVG eines Spezial-AIF unter Beachtung der erforderlichen autonomen Auslegung[1057] unionsrechtlicher Begriffe Unsicherheiten verbleiben. Wichtige Anhaltspunkte liefert § 5 Abs. 3 KAVerOV davon ungeachtet.[1058] Denn letztlich stammen die Definitionen in § 5 Abs. 3 KAVerOV aus Art. 3 Nr. 7 bis 10 der DurchführungsRL zur OGAW IV-RL.[1059] Da sich die AIFM-VO im Bereich des Risikomanagements insgesamt an dieser Durchführungsrichtlinie (dort Artt. 38 ff.) orientiert, spricht es sogar dafür, dass man die KAVerOV-Definitionen ohne Systembruch auch für Art. 40 Abs. 2 AIFM-VO übernehmen kann.

(a) Beteiligungsspezifische Risiken im Bereich LBO

In § 29 Abs. 3 Nr. 2 KAGB heißt es, dass die „mit den einzelnen Anlagepositionen des Investmentvermögens verbundenen Risiken" Gegenstand der Risikokontrolle der RC-Funktion sind. Die Unternehmensrisiken auf Ebene der Portfoliogesellschaften determinieren daher die beteiligungsspezifischen Risiken des Investmentvermögens. Gleichwohl hat wie bereits gesehen keine Analyse allgemeiner Unternehmensrisiken zu erfolgen. Eingedenk der Illiquidität der Unternehmensbeteiligungen werden die dort zentrierten Risiken für einen längeren Zeitraum gehalten. Vor diesem Hintergrund nimmt die Definierung der Risiken bei illiquiden Anlagen wie Unternehmensbeteiligungen ohnehin schon eine andere Qualität an als bei jederzeit abstoßbaren Assets.[1060] Die bisherige Praxis des Beteiligungscontrollings

---

[1054] Step 5 und 4 bei *Zetzsche/Eckner*, in: Zetzsche, AIFMD, Chapt. 14 No. 3.2.2. Wenn auch Step 5 und 4 zur Wahrnehmung des Risikomanagements gehören, gelten für sie die generellen Auslagerungsrestriktionen wie allgemein für das Risikomanagement.

[1055] § 29 Abs. 3 Nr. 2 KAGB.

[1056] *Sprengnether/Wächter*, WM 2014, 877, 881 Fn. 60: jährlich.

[1057] 5. Teil, B.V.6.b)aa).

[1058] *Josek/Steffen*, in: Baur/Tappen, Investmentgesetze, § 29 KAGB Rn. 35: Definitionen könnten generell auch für Spezialfonds herangezogen werden.

[1059] Richtlinie 2010/43/EU der Kommission vom 1. Juli 2010 zur Durchführung der Richtlinie 2009/65/EG des Europäischen Parlaments und des Rates im Hinblick auf organisatorische Anforderungen, Interessenkonflikte, Wohlverhalten, Risikomanagement und den Inhalt der Vereinbarung zwischen Verwahrstelle und Verwaltungsgesellschaft, ABl. Nr. L 176, S. 42.

[1060] *Swoboda*, in: Weitnauer/Boxberger/Anders, KAGB, § 29 Rn. 3.

wird dem grundsätzlich gerecht. So ist es zum einen bereits gängige Praxis, die relevanten Risiken eingangs im Rahmen der Due Diligence zu analysieren. Zum anderen werden die komplexen Vorgänge in den Zielgesellschaften über schlanke Kennzahlensysteme in wiederkehrenden, i. e. regelmäßig monatlichen, Abständen abgebildet[1061] und damit erfasst. Daneben wird auch das Finanzcontrolling durch intensivere Liquiditätskontrolle neu modelliert. Durch diese Aktivitäten wird ein Risikofrühwarnsystem etabliert, das eine Plattform zum Erkennen von Fehlentwicklungen bildet. Überdies wird in monatlichen Kontrollgesprächen Raum für Gedankenaustausch und Aufklärung über unternehmensspezifische Risiken gegeben. Ob und inwiefern insbesondere für unternehmensspezifische Risiken ein Rückgriff auf Score Cards, Ampelsysteme, Risk Maps, etc. sinnvoll ist, ist eine Frage der Anlagestrategie des AIF, der Branche der Portfoliounternehmen, der Komplexität und Klassifizierbarkeit der Risiken, der Diversifizierung der Risiken auf verschiedene Geschäftsbereiche sowie eine Frage nach dem dadurch bewirkten Nutzen.[1062] In jedem Fall müssen die Risiken erfasst werden. Da gerade im Bereich Private Equity oftmals keine werteorientierte Klassifizierung der unternehmensspezifischen Risiken (Standortrisiken, Managementqualität, Key Person-Risiken, ökologische Risiken, Compliance-Verstöße, Market Timing für Exit, etc.) geleistet werden kann, muss dort mit eigenen Einschätzungen oder Prognosen oder solchen von Experten gearbeitet werden.[1063] Da bei bestehender Funktionstrennung zwischen Portfolioverwaltung und Risikocontrolling davon auszugehen ist, dass die Portfolioverwalter die Kontrollgespräche führen, ist eine Zusammenarbeit der Portfolioverwaltung mit der RC-Funktion i. S. eines angemessenen Risikomanagements nicht nur „förderlich"[1064], sondern zwingend. Das sollte entsprechend in der Risk Management Policy reflektiert werden.

Daneben können noch weitere Risiken aus der Anlageposition „Unternehmensbeteiligung" im Kontext des Erwerbs und des Exit auftreten. Denkbar sind etwaige Prozessrisiken bei Anschaffung des Anlagegegenstands, etwa eine unzureichende Due Diligence oder eine – nicht notwendigerweise darauf aufbauende – Fehlbewertung der Qualität des Portfoliounternehmens.[1065] Gleichermaßen muss die Exitfähigkeit (z. B. Market Timing) von der Analyse erreicht werden.[1066] Hier müssen auch die Risiken identifiziert werden, die verbleiben, wenn wie im Regelfall kein Clean Exit umsetzbar ist, etwa Risiken aus Garantiezusagen bei laufenden Rechtsstreitigkeiten oder Steuerschulden.[1067] Für als Blind Pools konzipierte LBO-

---

[1061] *Theiler*, in: Jesch/Striegel/Boxberger, Rechtshdb. Private Equity, § 14 Abschn. 4.1.

[1062] Offen *Swoboda*, in: Weitnauer/Boxberger/Anders, KAGB, § 29 Rn. 6: Jedenfalls müsse Weg für Risikomessung gefunden werden.

[1063] So zurecht ebd.

[1064] So *Sprengnether/Wächter*, WM 2014, 877, 881 Fn. 60.

[1065] *Swoboda*, in: Weitnauer/Boxberger/Anders, KAGB, § 29 Rn. 3.

[1066] Ebd., Rn. 6; *Jesch*, Private-Equity-Beteiligungen, S. 180 spricht vom Exit-Risiko.

[1067] Zum Clean Exit s. 2. Teil, B.VI.

Fonds besteht außerdem die Gefahr, dass sich keine geeigneten Investitionsmöglichkeiten finden lassen.

Oft werden sämtliche vorgenannten Risiken zunächst nur als typische Renditerisiken qualifizieren, die nicht zwangsweise mit Ausfällen für die Anleger verbunden sind. An der zwingend zu leistenden Erfassung dieser Risiken ändert dies nichts. Überdies kann der Eintritt einer Vielzahl an renditegefährdenden Risiken dazu führen, dass sie in anlagegefährdende Risiken umschlagen. Die vorstehenden Ausführungen verdeutlichen zugleich, dass die in Art. 40 Abs. 2 AIFM-VO exemplarisch aufgezählten Risikotypen unter Zugrundelegung der in § 5 Abs. 3 KAVerOV gewählten Legaldefinitionen die bei LBO-Fonds wesentlichen Risiken nur unzureichend erfassen. Bei Lektüre des Art. 40 Abs. 2 AIFM-VO wird deshalb für den Bereich Private Equity der falsche Eindruck erweckt, als würde die dortige Nennung einzelner Risiken bereits AIF-übergreifend alle wesentlichen Risiken erfassen.[1068] AIF-spezifische Risiken, wie im Fall von Private Equity, werden jedenfalls im Risikoprofil des AIF dokumentiert.[1069]

(b) Sonstige Risiken i. S. des Art. 40 Abs. 2 AIFM-VO

Umgekehrt lässt sich aber auch nicht feststellen, dass den Risikoarten des Art. 40 Abs. 2 AIFM-VO für den RM-Prozess bei LBO-Fonds gar keine Bedeutung zukommt. Im Vergleich zu offenen AIFs, die typischerweise fortlaufend Kapital einsammeln, streben geschlossene Fonds regelmäßig ein Closing an,[1070] zu dem das Fundsraising beendet wird. Für die Verwalter geschlossener AIFs besteht damit das Risiko, in dieser Platzierungsphase nicht genügend Kapital von Investoren für den aufgelegten Fonds einzusammeln (Platzierungsrisiko).[1071] Hierin kann sich auch ein Kontrahentenrisiko i. S. des Art. 40 Abs. 2 AIFM-VO verwirklichen, wenn ein potenzieller Investor bereits ein Capital Commitment gegeben hat, diesem aber nicht mehr oder nicht rechtzeitig nachkommen kann.[1072] Formell liegt darin sicherlich ein Risiko für den verwalteten AIF. Denn dieser kann möglicherweise nicht in die Investitionsphase übergehen und muss deswegen liquidiert werden, sofern innerhalb der vorgeschriebenen Platzierungszeiträume kein Ersatz, gegebenenfalls auch im Wege einer Zwischenfinanzierung, gefunden wird. Materiell trifft das Platzierungsrisiko aber die KVG, da sie, wenn die anderen Anleger je nach Zeichnungsvereinbarung keine Kostenbeteiligung bei der Rückzahlung des eingezahlten Be-

---

[1068] Allgemein *Josek/Steffen*, in: Baur/Tappen, Investmentgesetze, § 29 KAGB Rn. 38: Nicht immer alle diese Risikoarten seien wesentlich.

[1069] *Josek*, in: Dornseifer/Jesch/Klebeck/Tollmann, AIFM-RL, Art. 15 Rn. 184.

[1070] s. bereits 4. Teil, C.

[1071] *Josek*, in: Dornseifer/Jesch/Klebeck/Tollmann, AIFM-RL, Art. 15 Rn. 214.

[1072] Ebd., Rn. 74. Die Praxis begegnet Zahlungsversäumnissen daher üblicherweise mit Strafzahlungen im Wege von sog. Haircut Clauses, *Boué/Kehlbeck/Leonhartsberger-Heilig*, Basiswissen Private Equity, Abschn. 7.4.1. Die KVG haftet für den Fall, dass Anteile in den Verkehr gelangt sind, ohne dass der Gegenwert dem Gesellschaftsvermögen zugeflossen ist, §§ 149 Abs. 2 i. V. m. 93 Abs. 7 KAGB.

trages leisten müssen, allein auf den bereits angefallenen Kosten sitzen bleibt.[1073] Insofern liegt es näher, dass hier der Anwendungsbereich von § 28 Abs. 1 Satz 2 Nr. 1 KAGB eröffnet ist; diese Festlegung kann von Relevanz sein kann, wenn die KVG aufgrund Unterschreitens bestimmter Schwellenwerte im Anwendungsbereich der De-minimis-Bestimmungen nur einer Registrierungspflicht unter Außerachtlassung von § 29 KAGB unterliegt.

Auch ein Liquiditätsrisiko kann bei LBO-Fonds auftreten. Dieser Befund ist aber nicht selbstverständlich. Denn Liquiditätsrisiken sind zuvörderst im Rahmen des Liquiditätsmanagements nach § 30 KAGB zu überwachen. Für LBO-Fonds ist die Einrichtung eines Liquiditätsmanagements aber nicht erforderlich. Nach § 5 Abs. 3 Nr. 2 KAVerOV ist ein Liquiditätsrisiko das Risiko, dass eine Position im Portfolio des Investmentvermögens nicht innerhalb hinreichend kurzer Zeit mit begrenzten Kosten veräußert, liquidiert oder geschlossen werden kann und dass dadurch die Erfüllung von *Rückgabeverlangen* der Anleger oder von *sonstigen Zahlungsverpflichtungen* beeinträchtigt wird. Die drohende Beeinträchtigung der Erfüllung von Rückgabeverlangen der Anleger besteht bei LBO-Fonds zwar nicht, da diese als geschlossene AIFs keine Rückgaberechte vor Beginn der Liquidations- oder Auslaufphase gewähren können. Gegebenenfalls kann aber eine sonstige Zahlungsverpflichtung beeinträchtigt werden, wenn der Anleger im Wege der Kündigung aus wichtigem Grund oder aufgrund eines Ausschlusses vorzeitig aus dem AIF ausscheidet und er deswegen auszuzahlen ist. Außerordentliche Kündigungsrechte sind keine Rückgaberechte.[1074]

Schließlich müssen nach Art. 40 Abs. 2 AIFM-VO auch gegebenenfalls auftretende operationelle Risiken erfasst werden, ohne dass diesen im Voraus für den Bereich Private Equity eine besondere Rolle weder zu- noch abgesprochen werden kann. Nach § 5 Abs. 3 Nr. 4 KAVerOV sind darunter Verlustrisiken für ein Investmentvermögen zu verstehen, die aus unzureichenden internen Prozessen sowie aus menschlichem oder Systemversagen bei der KVG oder aus externen Ereignissen resultieren; darin eingeschlossen sind Rechts-, Dokumentations- und Reputationsrisiken sowie Risiken, die aus den für ein Investmentvermögen betriebenen Handels-, Abrechnungs- und Bewertungsverfahren resultieren.

(2) Messung

Der RM-Prozess erfordert in einem zweiten Schritt, dass die identifizierten Risiken jederzeit gemessen werden können. Im Hinblick auf Art. 15 Abs. 2 („bewertet") und Abs. 3 lit. b („bewertet, eingeschätzt") AIFM-RL sowie Art. 40 Abs. 2 AIFM-VO („bewerten") wird für die hiesigen Zwecke davon ausgegangen, dass das Bewerten auch im Rahmen der Messung erfolgt. Dies bestätigt nunmehr die BaFin,

---

[1073] *Josek*, in: Dornseifer/Jesch/Klebeck/Tollmann, AIFM-RL, Art. 15 Rn. 214.
[1074] Vgl. 4. Teil, Fn. 113.

die „Messung" im Sinne von „Beurteilung" versteht.[1075] Der Übergang zwischen Erfassung und Messung scheint fließend, da die Risiken als Erstes erfasst und dargestellt werden müssen, in diesem Schritt aber (etwa bei Risk Maps)[1076] gleichzeitig eine Bewertung erfolgt.

Wesentliche Instrumente zur Risikomessung sind einerseits die vom Gesetzgeber in § 29 Abs. 3 Nr. 2 KAGB und in Art. 45 Abs. 3 lit. c AIFM-VO geforderten periodischen Stresstests,[1077] andererseits die Einrichtung eines Risikolimitsystems nach Art. 44 AIFM-VO. Im Bereich LBO-Fonds wird man für letzteres mitunter auf die bereits aus der Akquisitionsfinanzierung bekannten Financial Covenants zurückgreifen können.[1078] So wird insbesondere die Debt Service Coverage Ratio, definiert als das Verhältnis des Cash Flow des Nettoerlöses zum Schuldendienst, als Kennziffer verwendet.[1079] Eine Messung lässt sich denklogisch nicht in jeder Hinsicht (belastbar) zahlenmäßig abbilden, etwa weil sich einzelne finanzielle Auswirkungen der Risiken niemals binärisch erfassen lassen, sondern eine breite Spannweite an denkbaren Schadenshöhen zur Folge haben können, oder weil sie generell nicht-quantifizierbar sind, etwa im Bereich operationeller Risiken.[1080] Die KVGs müssen hier Wege zur Abhilfe finden, da sie zur Erfassung und Messung der Risiken regulatorisch verpflichtet sind.[1081] Sofern es in jeder Hinsicht ausgeschlossen ist, konkrete Anhaltspunkte zur Bezifferung ausfindig zu machen, müssen KVGs auf Basis einer Plausibilisierung (qualifizierte Experten-)Schätzungen vornehmen.[1082]

Die Bewertung der jeweiligen Risiken verpflichtet zur Evaluierung der Eintrittswahrscheinlichkeit und der jeweiligen Schadenshöhe.[1083] Zur Bewertung der breiten Spektren an potenziellen finanziellen Auswirkungen bietet sich eine Szenariotechnik an (Worst/Normal/Good Case).[1084] Im Hinblick auf die Einschätzung der Eintrittswahrscheinlichkeit verursacht die Bewertung der erfassten Risiken für den Bereich Private Equity durchaus Schwierigkeiten, weil einige der vom Management der Portfoliogesellschaft mitgeteilten, unternehmensspezifischen Risiken extern begründet sein können. Das Gesetz, das in § 29 Abs. 3 Nr. 2 KAGB nur von „ordnungsgemäßer" Risikomessung spricht, weist für die Rechtsanwendung Lücken

---

[1075] Abschn. 4.3 Tz. 6 KAMaRisk.

[1076] Anschaulich *Zetzsche/Eckner*, in: Zetzsche, AIFMD, Chapt. 14 No. 4.1.2.4.

[1077] *Sprengnether/Wächter*, WM 2014, 877, 881 Fn. 61; *Josek/Steffen*, in: Baur/Tappen, Investmentgesetze, § 29 KAGB Rn. 45 f.

[1078] Zu den Financial Covenants 2. Teil, B.V.2.a).

[1079] *Josek*, in: Dornseifer/Jesch/Klebeck/Tollmann, AIFM-RL, Art. 15 Rn. 193.

[1080] *Sprengnether/Wächter*, WM 2014, 877, 881 Fn. 61.

[1081] *Swoboda*, in: Weitnauer/Boxberger/Anders, KAGB, § 29 Rn. 6.

[1082] Für die Regulierung nach KWG s. Abschn. AT 4.1 Tz. 5 MaRisk (BA); *Sprengnether/ Wächter*, WM 2014, 877, 881 Fn. 61; *Josek*, in: Dornseifer/Jesch/Klebeck/Tollmann, AIFM-RL, Art. 15 Rn. 247.

[1083] *Swoboda*, in: Weitnauer/Boxberger/Anders, KAGB, § 29 Rn. 7; *Timmerbeil/Spachmüller*, DB 2012, 1425, 1426.

[1084] Für die Bewertung ebd.

auf, da den KVGs keine Bewertungsmaßstäbe zur Einschätzung der Eintrittswahrscheinlichkeit anheimgestellt werden und so Unsicherheiten entstehen. So ist auch fraglich, ob sich die KVG auf Risikoeinschätzungen des Managements der Portfoliounternehmen ohne Weiteres verlassen darf. Die KVGs könnten je nach Strenge des Bewertungsmaßstabs Gefahr laufen, bei Berücksichtigung von außergewöhnlich unwahrscheinlichen, aber dennoch existenten Risiken jederzeit quantitative und/oder qualitative Risikolimits zu übersteigen. Eine angemessene Bewertung ist auch für den nachfolgenden Schritt der Steuerung von wesentlicher Bedeutung, da nicht davon ausgegangen werden kann, dass jedes irgendwie erfasste Risiko zugleich die KVGs verpflichtet, Steuerungsmaßnahmen zu veranlassen. Katalysator für ein angemessenes Risikomanagementsystem ist daher stets die ordnungsgemäße Risikobewertung.[1085] Auch die AIFM-VO lässt konkrete Bewertungsgrundsätze vermissen. Es wird vielmehr in die Verantwortung des AIFM gestellt, für die Festlegung, Umsetzung und Aufrechterhaltung angemessener und dokumentierter Grundsätze für das Risikomanagement zu sorgen, die auch die Verfahren beinhalten, die notwendig sind, um alle relevanten Risiken bewerten zu können.[1086] Allgemeine Grundsätze, etwa wie im Folgenden veranschaulicht, sind vor diesem Hintergrund empfehlenswert.

(a) Orientierung am bankenrechtlichen Vorsichtsprinzip

Es bietet sich ein Blick in die sektorspezifische Regulierung für Banken an. Auch im Bankenbereich müssen Kreditinstitute nach § 25a Abs. 1 Satz 3 KWG ein angemessenes und wirksames Risikomanagement einrichten, das im Rahmen der Abschlussprüfung gemäß dem Prüfungsstandard IDW PS 525 einer Kontrolle unterzogen wird.[1087] § 25a Abs. 1 Satz 3 Nr. 3 lit. b KWG verpflichtet zur Errichtung eines internen Kontrollsystems, das Prozesse zur Identifizierung, Beurteilung, Steuerung sowie Überwachung und Kommunikation der Risiken umfasst. Zwar findet sich in den MaRisk (BA)[1088] keine weitere Anordnung bestimmter Beurteilungsgrundsätze. Doch weiterführend könnte § 25a Abs. 1 Satz 3 Nr. 2 KWG sein, wonach das Risikomanagement insbesondere Verfahren zur Ermittlung und Sicherstellung der Risikotragfähigkeit umfasst, wobei eine *vorsichtige* Ermittlung der Risiken und des zu ihrer Abdeckung erforderlichen Risikodeckungspotenzials zugrundezulegen ist. Die entsprechenden Verfahren stehen zwar in der Verantwortung des Instituts, müssen aber nach den MaRisk (BA) die Ziele sowohl der Fortführung des Instituts als auch des Schutzes der Gläubiger vor Verlusten aus ökonomischer Sicht angemessen berücksichtigen.[1089] Die letztliche Festschreibung des Vorsichts-

---

[1085] *Josek/Steffen*, in: Baur/Tappen, Investmentgesetze, § 29 KAGB Rn. 2: Chancen/Risiko-Abwägung sei Bestandteil des Risikomanagements.

[1086] Art. 40 Abs. 1 und Abs. 2 AIFM-VO.

[1087] IDW PS 525, Die Beurteilung des Risikomanagements von Kreditinstituten im Rahmen der Abschlussprüfung (Stand: 26.6.2010), Quelle: WPg Supplement 3/2010, S. 4 ff.

[1088] Abschn. AT 4.3.2. MaRisk (BA).

[1089] Abschn. AT 4.1 Tz. 2, 8 MaRisk (BA).

prinzips bei der Risikoermittlung im Gesetz ist dem Umsetzungsgesetz zur CRD IV-RL geschuldet.[1090] Nach der Gesetzesbegründung wird damit bezweckt, dass die Risikoermittlung auf Grundlage konservativer Annahmen und vorsichtiger Schätzungen und nicht lediglich auf mehr oder weniger als wahrscheinlich angenommenen oder gar optimistischen Annahmen beruht.[1091] Die „Risikoermittlung" fügt sich nicht nahtlos in die obenstehende Differenzierung zwischen „Identifizierung, Beurteilung, Steuerung sowie Überwachung und Kommunikation" in § 25a Abs. 1 Satz 3 Nr. 3 lit. b KWG ein. Da die Risikoermittlung aber „vorsichtig" durchgeführt werden muss und deshalb zu überprüfen ist, ob bestimmte Annahmen konservativ oder womöglich zu optimistisch sind, erfolgt denklogisch auch eine Beurteilung der Risiken; Identifizierung und Beurteilung werden insofern verbunden. Die Konsequenz dessen ist, dass auch die Beurteilung der Risiken, respektive die Bewertung der Risiken, dem Vorsichtsprinzip folgt.

Das aus dem Risikotragfähigkeitsprinzip fließende Vorsichtsprinzip, das die *eigens* getätigten Geschäfte der Kreditinstitute absichern soll, kann auch für KVGs Früchte tragen. Zwar ist das Risikotragfähigkeitsprinzip dem Investmentrecht zunächst fremd, da KVGs die Eigenmittel strikt von den verwalteten Anlegergeldern trennen müssen und sich die Risiken auf Ebene des Fonds grundsätzlich nicht auf die Höhe der vorzuhaltenden Eigenmittel der KVG auswirken.[1092] Doch das mit dem Risikotragfähigkeitsprinzip verfolgte Ziel der Vermeidung einer Insolvenz der Gesellschaft kann auch für KVGs eine – wenn auch nur nachgelagerte – Rolle spielen, etwa bei der Anlage eigenen Vermögens.[1093] Insoweit besteht hier eine gleiche Interessenlage. Wenn man das Vorsichtsprinzip nun für KVGs im Hinblick auf eigene Geschäfte transferieren wollte, dann muss das erst recht für die Geschäfte für Rechnung des AIF gelten. Denn nur in den AIFs ist das systemrelevante Kapital gepoolt. Tatsächlich besteht sogar als Ausnahme zum oben erläuterten Grundsatz eine direkte Verbindung zwischen den Risiken des Fonds und den Eigenmitteln der KVG: KVGs müssen gem. § 25 Abs. 6 KAGB über zusätzliche Eigenmittel zur Abdeckung potenzieller Berufshaftungsrisiken verfügen.[1094] Ein Rückgriff auf das Vorsichtsprinzip bietet sich auch an, wenn man sich am Telos des § 29 KAGB orientiert, der den Schutz der Anleger und der Finanzmarktstabilität durch angemessenes Risikomanagement zum Gegenstand hat. Gefragt ist ein möglichst risikoorientierter Ansatz, der i. S. eines effektiven Anleger- und Marktschutzes eine wahrheitsgemäße, i. e. vorsichtige, Risikoabbildung postuliert.

[1090] Gesetz zur Umsetzung der Richtlinie 2013/36/EU über den Zugang zur Tätigkeit von Kreditinstituten und die Beaufsichtigung von Kreditinstituten und Wertpapierfirmen und zur Anpassung des Aufsichtsrechts an die Verordnung (EU) Nr. 575/2013 über Aufsichtsanforderungen an Kreditinstitute und Wertpapierfirmen (CRD IV-Umsetzungsgesetz) vom 28. August 2013, BGBl. I, S. 3395.

[1091] BegrRegE BT-Drs. 17/10974, S. 85.

[1092] *Josek/Steffen*, in: Baur/Tappen, Investmentgesetze, § 29 KAGB Rn. 5.

[1093] Ebd.

[1094] Ebd., Rn. 5 Fn. 9, die daneben noch § 25 Abs. 5 KAGB nennen.

(b) Eintrittswahrscheinlichkeit von Risiken

Da nun die Modalität geklärt ist, unter der die Bewertung zu erfolgen hat, muss noch erläutert werden, welchen Grad an Eintrittswahrscheinlichkeit von Risiken man als maßgeblich erachtet, dessen Unterschreiten unter keinen Umständen zu Steuerungsmaßnahmen zwingen kann. Nach den KAMaRisk haben Stresstests auch außergewöhnliche, aber plausibel mögliche Ereignisse abzubilden.[1095] Für den Bereich der KVG-Regulierung wäre es nicht nachvollziehbar, wieso wesentliche Risiken, deren Eintrittswahrscheinlichkeit nach dem Vorsichtsprinzip so hoch ist, dass sie innerhalb dieser Spannweite liegen, nicht weiter berücksichtigt werden müssten. Damit ist aber bereits die äußerste Grenzziehung für Risiken, die nach der Risikobewertung entsprechendes Gewicht finden müssen, erreicht. Risiken, deren Eintrittswahrscheinlichkeiten unterhalb dieser Schwelle anzusiedeln sind, können im Nachgang zur Bewertung im Rahmen der Steuerung vernachlässigt werden, da deren Eintritt nicht nur außergewöhnlich und nicht plausibel möglich wäre, sondern ihnen möglicherweise auch eine hier vorzuziehende Gewinnchance gegenübersteht. Sie müssen nach wie vor erfasst werden, können aber keine Maßnahmen im Rahmen der Risikosteuerung als Bestandteil des Risikomanagements zur Folge haben. In Zweifelsfällen sollte eine Entscheidung wegen des Schutzzwecks der Regulierung in diesem Punkt „in dubio pro periculo" (also im Zweifel für das Risiko) erfolgen. Zugegeben ist das Kriterium „außergewöhnlich, aber plausibel möglich" immernoch schwammig. Zudem muss bei der Bewertung von Risiken mit Prognosen gearbeitet werden, denen Unsicherheiten immanent sind. Angesichts dessen wird sich eine vollends befriedigende Lösung nicht finden lassen. Doch in Kombination mit dem Vorsichtsprinzip verkommt das Kriterium nicht zur Leerformel, da der Rechtsanwender anders als beim Abstellen auf willkürliche prozentuale Angaben (z. B. Eintrittswahrscheinlichkeit ab 30 Prozent) jedenfalls ein grobes Gespür für die Rechtsanwendung bekommt.

Da § 29 KAGB die KVG adressiert und insoweit einen eigenständigen Verantwortungsbereich eröffnet, darf sich die KVG im Übrigen nicht ohne Weiteres auf eine Einschätzung der Eintrittswahrscheinlichkeit durch das Management auf Ebene der Portfoliogesellschaften verlassen. Ähnlich wie bei der Abgrenzung[1096] zwischen Advisory-Modellen und Auslagerungsunternehmen ist eine eigene Auseinandersetzung mit den Informationen und Empfehlungen geboten. Das entspricht aber ohnehin der bisherigen Praxis. Je nach Risikoart ist es allerdings dieses Management, das aufgrund eines entsprechenden Erfahrungsschatzes im Zweifel die besseren Bewertungsfähigkeiten besitzt.

[1095] Abschn. 4.3 Tz. 1 KAMaRisk.

[1096] 5. Teil, B.IV.1.

(3) Steuerung

Aus einer nach den vorstehenden Ausführungen durchgeführten, ordnungsgemäßen Risikomessung bzw. -bewertung lässt sich zum einen die Auslastung der nach Art. 44 AIFM-VO eingerichteten Risikolimits für die AIFs ableiten, zum anderen dient der aus einer solchen Risikobewertung resultierende Erkenntnisgewinn der Selbstkontrolle zur Einhaltung der im Rahmen der Akquisitionsfinanzierung auferlegten Financial Covenants.[1097] Die Reaktion auf die durch die Bewertung erlangten Erkenntnisse erfolgt hingegen im Vorgang der Steuerung. Unter dem KAGB hat die Risikosteuerung während der Beteiligungsdauer zum Ziel, dass das laufende Risikoprofil in Einklang mit dem gegenüber den Anlegern verlautbarten Risikoprofil steht.[1098] Nicht jedes irgendwie erfasste Risiko verlangt jedoch zugleich Steuerungsmaßnahmen ab. So müssen Risiken nicht immer ausgeschaltet werden, sondern können bewusst im Rahmen vereinbarter Grenzen in Kauf genommen werden oder dazu anregen, die Entscheidung angemessener zu analysieren.[1099] Eine Reduzierung der Eintrittswahrscheinlichkeit ist deswegen nicht zwingende Maxime. Gegebenenfalls kann in den Grenzen der vorgegebenen Risikolimits sogar eine Risikoerhöhung angestrebt werden, um die intendierte Rendite zu generieren.[1100]

Nicht in jedem Fall ist die RC-Funktion für die Risikosteuerung zuständig. Anlageentscheidungen etwa, durch die ebenso Risikosteuerung betrieben wird, fallen in den Aufgabenbereich der Portfolioverwaltung.[1101] Vor der Akquisition ist die RC-Funktion aber gleichwohl einzubinden. Die RC-Funktion darf nötige Steuerungsmaßnahmen nicht im Außenverhältnis in eigener Verantwortung und direkter Interaktion mit dem Portfoliomanagement veranlassen. Denn sie fungiert als bloße Informationsträgerin. So muss sie ein Risikoreporting gegenüber der Geschäftsleitung nach Art. 39 Abs. 1 lit. e AIFM-VO unterhalten, um zu gewährleisten, dass umgehend angemessene Maßnahmen eingeleitet werden können. Dass die Risikosteuerung Teil des RM-Prozesses nach Art. 39 Abs. 1 AIFM-VO ist, in dessen Rahmen die RC-Funktion nach Art. 39 Abs. 2 AIFM-VO über alle notwendige Befugnisse und Zugang zu allen relevanten Informationen verfügt, ändert hieran nichts. Denn Art. 39 Abs. 2 AIFM-VO hat allein interne Kompetenzen zum Gegenstand. Eine Steuerung durch die RC-Funktion wirkt damit allein intern und zwingt zu einem Zusammenspiel mit den operativen Einheiten. In jedem Fall muss die KVG angemessene Verfahren festlegen, umsetzen und aufrechterhalten, die im Falle von tatsächlichen oder zu erwartenden Verstößen gegen die Risikolimits des

---

[1097] *Swoboda*, in: Weitnauer/Boxberger/Anders, KAGB, § 29 Rn. 7. Zu Financial Covenants 2. Teil, B.V.2.a).

[1098] *Josek*, in: Dornseifer/Jesch/Klebeck/Tollmann, AIFM-RL, Art. 15 Rn. 254.

[1099] Ebd., Rn. 213; *Josek/Steffen*, in: Baur/Tappen, Investmentgesetze, § 29 KAGB Rn. 42: Eine grundsätzliche Strategie sei die Akzeptanz festgestellter Risiken innerhalb vereinbarter Grenzen.

[1100] *Josek/Steffen*, in: Baur/Tappen, Investmentgesetze, § 29 KAGB Rn. 42; *Josek*, in: Dornseifer/Jesch/Klebeck/Tollmann, AIFM-RL, Art. 15 Rn. 258.

[1101] 5. Teil, B.IV.1.

AIF zu zeitnahen Abhilfemaßnahmen im besten Interesse der Anleger führen,[1102] was in der Risk Management Policy erfolgen kann[1103]. Die RC-Funktion kann aber auch bereits proaktiv Strategien und korrespondierende Maßnahmen aufstellen, die sicherstellen, dass eine fortlaufende Einhaltung des Risikoprofils gegeben ist,[1104] was auch dem proaktiven Verständnis eines Risikomanagements der ESMA entspräche[1105]. Allerdings steht der effizienten Risikosteuerung im Fall von geschlossenen AIFs und damit auch LBO-Fonds grundsätzlich die Illiquidität der Anlagepositionen entgegen,[1106] die ein sorgfältiges und pflichtbewusstes Portfolio- und Risikomanagement bedingt.

(4) Überwachung

Die Überwachung knüpft an die im Rahmen der Erfassung identifizierten Risiken an und erfordert eine fortwährende Kontrolle der Entwicklung und des Eintritts dieser Risiken sowie der Einhaltung der nach Art. 44 AIFM-VO festgelegten Risikolimits.[1107] Bei einem (drohenden) Bruch des Risikoprofils mit den Risikolimits sind das Leitungsgremium und gegebenenfalls die Aufsichtsfunktion (in Deutschland, falls vorhanden, regelmäßig der Aufsichtsrat) des AIFM zu unterrichten.[1108] Hinzu tritt ein regelmäßiges – etwa monatliches[1109] – Risikoreporting über den aktuellen Risikostand bei jedem verwalteten AIF und jede tatsächliche oder vorhersehbare Überschreitung der Risikolimits.[1110] Dem wird die bisherige Praxis im Bereich LBO mit Blick auf das monatliche Reporting und die sich anschließenden Kontrollgespräche ohnehin gerecht. Jedenfalls bleibt es stets erforderlich, die durch die RC-Funktion aufgedeckten Unregelmäßigkeiten im Kennzahlensystem zu hinterfragen und über veränderte Risikosituationen auf Ebene der Portfoliounternehmen zu sprechen und diese zu beobachten.[1111] Gleichzeitig müssen etwaige neue Risiken erfasst werden, weshalb der Übergang zwischen Überwachung und Erfassung fließend ist. Steuerungsmaßnahmen, die zur Reduzierung der Eintrittswahrscheinlich-

---

[1102] Art. 45 Abs. 3 lit. e AIFM-VO.

[1103] *Josek/Steffen*, in: Baur/Tappen, Investmentgesetze, § 29 KAGB Rn. 37.

[1104] Ebd., Rn. 42.

[1105] ESMA/2011/379 vom 16.11.2011, Final report, ESMA's technical advice to the European Commission on possible implementing measures of the Alternative Investment Funds Managers Directive, Abschn. IV.IV. Rn. 10.

[1106] *Swoboda*, in: Weitnauer/Boxberger/Anders, KAGB, § 29 Rn. 5.

[1107] *Josek*, in: Dornseifer/Jesch/Klebeck/Tollmann, AIFM-RL, Art. 15 Rn. 260; *Sprengnether/Wächter*, WM 2014, 877, 881 Fn. 63.

[1108] Art. 39 Abs. 1 lit. c AIFM-VO.

[1109] *Josek/Steffen*, in: Baur/Tappen, Investmentgesetze, § 29 KAGB Rn. 44.

[1110] Art. 39 Abs. 1 lit. e AIFM-VO.

[1111] *Swoboda*, in: Weitnauer/Boxberger/Anders, KAGB, § 29 Rn. 4: Rückkoppelung mit Geschäftsleitern oder Aufsichtsgremien der Portfoliogesellschaft sei sinnvoll, um das Know How hinsichtlich der operativen Risiken zu integrieren, Rn. 6: Risikoidentifikation und -messung seien Mindeststandard.

keit ergriffen wurden, müssen konsequent beobachtet werden,[1112] um im Fall ihrer Fehlwirkung rechtzeitig intervenieren zu können. Auch in dieser Hinsicht ist der Bereich LBO bereits gut aufgestellt. Neben dem informellen Informationsaustausch wird überdies eine formelle Informationsinfrastruktur eingerichtet, um Fehlentwicklungen diskutieren zu können. Das Berichtswesen und die monatlichen Kontrollgespräche liefern zudem eine fruchtbare Grundlage, um unternehmensspezifische Risiken zu besprechen, zu steuern und im weiteren Verlauf zu überwachen. Eine andere Qualität der Überwachung nimmt jedenfalls die regelmäßige Überprüfung der Angemessenheit und Wirksamkeit des RM-Prozesses ein, bei der die RC-Funktion erforderlichenfalls bei tatsächlichen oder zu erwartenden Mängeln angemessene Abhilfemaßnahmen einleiten muss.[1113] Im Übrigen ist in jedem Fall „große Sorgfalt" bei der laufenden Überwachung der Anlage zu bewahren.[1114] Nach preakquisitorischer Due Diligence mit nachfolgendem Erwerb ist die Wertentwicklung des AIF unter Berücksichtigung des Geschäftsplans zu überwachen.[1115] Eine Verpflichtung zur Durchführung einer weiteren Due Diligence kann hieraus nicht geschlossen werden.[1116]

(5) Schlussfolgerung

Reflektiert man die bisherige Praxis des Beteiligungscontrollings (Due Diligence, Berichtswesen, Liquiditätskontrolle, Kontrollgespräche, Informationsinfrastruktur) im Bereich LBO, wird man zu dem Ergebnis kommen dürfen, dass sie im Kern, nämlich im Hinblick auf die *beteiligungsspezifischen* Risiken, bereits den Anforderungen an die Wahrnehmung eines angemessenen RM-Prozesses entspricht[1117] und nur noch um die Feinheiten im Rahmen der Risk Management Policy (Steuerungsoptionen, Kommunikationswege und -inhalte innerhalb der KVG, etc.) ergänzt werden muss[1118].

[1112] *Josek*, in: Dornseifer/Jesch/Klebeck/Tollmann, AIFM-RL, Art. 15 Rn. 260; *Josek/Steffen*, in: Baur/Tappen, Investmentgesetze, § 29 KAGB Rn. 43.

[1113] Art. 39 Abs. 1 lit. d Nr. ii AIFM-VO.

[1114] Art. 18 Abs. 1 AIFM-VO.

[1115] Art. 19 Abs. 1 lit. e AIFM-VO.

[1116] A.A. *Josek*, in: Dornseifer/Jesch/Klebeck/Tollmann, AIFM-RL, Art. 15 Rn. 321 schließt aus Art. 18 Abs. 1 AIFM-VO (hohe Sorgfalt bei laufender Überwachung), dass auch während der Betriebsphase eine Due Diligence erforderlich sei. Art. 19 Abs. 1 lit. e AIFM-VO, der nur eine Überwachung fordert, ist insofern aber spezieller. Auch *Timmerbeil/Spachmüller*, DB 2012, 1425, 1427 begründen unter Rekurs auf die Überwachungspflicht, dass die Pflicht zur Due Diligence nicht mit Abschluss der Transaktion ende. Im Gesellschaftsrecht wird die Durchführung einer Post-M&A Due Diligence nur je nach Einzelfall, etwa bei begründetem Anlass für Ansprüche gegen den Verkäufer, für geboten gehalten s. *von Falkenhausen*, NZG 2015, 1209, 1211.

[1117] Ebenso *Berger*, Regulierung der Management-Ebene bei Private Equity-Fonds, S. 193 f.

[1118] So auch das branchenseitige Eingeständnis: *EY*, Game-changing regulation?, S. 12.

ff) Standardisierter Risikomanagementprozess
durch Kontrollmechanismen?

Swoboda empfiehlt, dass das Risikomanagement insbesondere im Bereich Private Equity durch Implementierung von Kontrollmechanismen entlang revolvierender Abläufe zunehmend standardisiert und die Qualität der Entscheidungen (z. B. Mindeststandard Kaufvertragsinhalte) sichergestellt werden sollte.[1119] Dieser Eindruck wird im Hinblick auf Geschäftsabschlüsse auch durch die KAMaRisk bekräftigt, nach denen die KVG standardisierte Vertragstexte bei Geschäftsabschlüssen zu verwenden hat, soweit dies in Anbetracht der jeweiligen Geschäftsart möglich und zweckmäßig ist.[1120] Im Ausgangspunkt trifft es zu, dass die grundsätzlichen Abläufe und Entscheidungsstrukturen mit wiederkehrenden Elementen gekennzeichnet sind. Doch ist es im KAGB nicht Ausfluss des Risikomanagements, Mindeststandards im besten Interesse der Anleger sicherzustellen. Das ist vielmehr den bereits erörterten Wohlverhaltenspflichten aus § 26 KAGB überantwortet. Tatsächlich ist dem Hinweis von Swoboda damit weniger der Rang einer Empfehlung als vielmehr der einer Verpflichtung zuzuschreiben, sofern ein Verzicht auf derartige Kontrollmechanismen dazu führte, dass nicht mehr im besten Interesse der Anleger gehandelt würde. Gleichwohl ergibt sich eine Schnittstelle mit dem Risikomanagement. Denn sobald kein Handeln im besten Interesse der Anleger sichergestellt ist und *hieraus* Risiken resultieren, die im Anschluss gesteuert werden müssen, ist das Risikomanagement zum Einschreiten berufen. Derartige Risiken sind dann in die Kategorie des operationellen Risikos („unzureichende interne Prozesse") i. S. von Art. 40 Abs. 2 AIFM-VO, § 5 Abs. 3 Nr. 4 KAVerOV einzuordnen, wobei Fälle von operationellem Versagen in einer hierfür eingerichteten historischen Verlustdatenbank erfasst werden müssen.[1121]

7. Vergütungssysteme und Kostenregelungen

Fondsverwalter im Segment Private Equity sind von regulatorischen Vergütungsvorgaben bislang unberührt geblieben. Der nun durch Art. 13 AIFM-RL eingeläutete Richtungswechsel ist die Konsequenz der im Nachgang zur Finanzkrise einsetzenden Entwicklung auf nationaler und EU-Ebene,[1122] den an kurzfristigen Erfolgen ausgerichteten und deshalb fehlerhaften Verhaltensanreizen im Kontext der Vergütungspolitik entgegenzusteuern. Dieser Prozess findet seinen Ursprung in der Verständigung der G20-Staaten auf die Prinzipien für solide Vergütungspraktiken vom 2. April 2009 (sog. Principles for Sound Compensation Practices) des Financial Stability Forum und den darauf aufbauenden konkreten Standards vom 25. September 2009 (Principles for Sound Compensation Practices – Implementation

---

[1119] *Swoboda*, in: Weitnauer/Boxberger/Anders, KAGB, § 29 Rn. 22.

[1120] Abschn. 4.6 Tz. 6 KAMaRisk.

[1121] Art. 13 Abs. 2 AIFM-VO.

[1122] Dazu *Kirchner/Hesser*, in: Baur/Tappen, Investmentgesetze, § 37 KAGB Rn. 1.

Standards) des Financial Stability Board. Die Vergütungsregeln sind dabei nicht nur Ausdruck angemessener Fund und Market Governance, sondern leisten durch Vermeidung von Anreizen zu exzessiver Risikoeingehung bzw. kurzfristigen Erfolgen in ebenjenem Maße auch ihren Beitrag zur Corporate Social Responsability im Investmentbereich.[1123] Die Vergütungsregulierung aus Art. 13 AIFM-RL nimmt allerdings ausschließlich das Verhältnis vom AIF(M) zu den eigenen Mitarbeitern in den Blick. Jedwede Gebühren, die dem AIF von dem externen AIFM in Rechnung gestellt werden, bewegen sich daher grundsätzlich außerhalb dieser Vergütungsregulierung.[1124] Das wurde kritisiert und mit der Empfehlung verbunden, auch diese Vergütungen regulatorisch zu erfassen, um Fehlanreize zum Nachteil des System- und Anlegerschutzes zu vermeiden.[1125] Dieser Wunsch wurde so konkret nicht im KAGB umgesetzt. Für diese Kosten existieren aber nun zum Zwecke des Anlegerschutzes besondere Vorgaben, die bereits aus der OGAW-Regulierung bekannt sind und im Gefüge der KAGB-Gesetzessystematik eine neue Tragweite erreichen. Demgegenüber hat der Unionsgesetzgeber im Rahmen der OGAW V-RL darauf bestanden, mit der Vergütungsregulierung auch Zahlungen vom OGAW an die Verwaltungsgesellschaft zu erfassen.[1126] Dies wird man indes nicht auf das AIF-Regime übertragen können. So stellt auch die Regierungsbegründung zum OGAW V-UmsG klar, dass keine materielle Rechtsänderung für AIF-KVGs erfolgt.[1127]

Auf dem Markt für privates Beteiligungskapital haben sich lange praktizierte und die beiderseitigen Interessen zwischen Kapitalgebern und Fondsmanagern austarierende Vergütungs- bzw. Kostenstrukturen in Form von laufenden Gebühren und erfolgsabhängigen Vergütungen etabliert,[1128] die nur Vorgaben zur steuerlichen Optimierung[1129] unterlagen. Mit den neuen regulatorischen Anforderungen stellt sich die Frage, inwiefern man an diesen Marktstandards im Bereich der Vergütung für Private Equity-Manager festhalten kann. Dem sollen die folgenden Ausführungen nachgehen (unter c)), beginnend mit einer allgemeinen Erläuterung der maßgeblichen Vorgaben (unter a) und b)).

[1123] *Zetzsche/Preiner*, in: Zetzsche, AIFMD, Chapt. 8 No. 4.1.1.

[1124] *Möllers/Hailer*, ZBB 2012, 178, 192; *Boxberger/Klebeck*, BKR 2013, 441, 443, 447; *Engert*, ZBB 2014, 108, 109. Für die Einzelheiten vgl. 6. Teil, B.II.7.c)aa).

[1125] *Möllers/Hailer*, ZBB 2012, 178, 192.

[1126] Erwägungsgrund 7 OGAW V-RL; ESMA/2016/411 vom 31.3.2016, Final report, Guidelines on sound remuneration policies under the UCITS Directive and AIFMD, Annex III Rn. 11; begrüßend *Klebeck/Boxberger*, GWR 2014, 253, 254; *Rieble*, in: FrankKomm, KapAnlR Bd. 1, § 37 KAGB Rn. 9b ff.

[1127] BegrRegE BT-Drs. 18/6744, S. 48.

[1128] *Boxberger*, in: Dornseifer/Jesch/Klebeck/Tollmann, AIFM-RL, Art. 13 Rn. 37; *von Livonius/Schatz*, Absolutreport 6/2010, 54, 57 f.

[1129] 5. Teil, A.II.2.b).

a) Vorgaben für Vergütungsstrukturen

Die Vorgaben für die Vergütungsstrukturen sind größtenteils bereits festgeschrieben und verteilen sich zum status quo mit § 37 KAGB, dem Anhang II zur AIFM-RL, den Leitlinien der ESMA und der Empfehlung der Kommission 2009/483/EG auf vier verschiedene Rechtsquellen bzw. Rechtserkenntnisquellen. Das BMF wird darüber hinaus in § 37 Abs. 3 KAGB zum Erlass einer Rechtsverordnung zur Ausgestaltung und Ergänzung der Vorgaben in Anhang II AIFM-RL ermächtigt. Die Verordnungsermächtigung hat das BMF auf die BaFin gem. § 37 Abs. 3 Satz 4 KAGB übertragen.[1130] Zum Redaktionsschluss dieser Arbeit hat die BaFin hiervon noch nicht Gebrauch gemacht.[1131] Im Anwendungsbereich der De-minimis-KVGs spielt die Vergütungsregulierung keine Rolle.

aa) § 37 KAGB

§ 37 KAGB ist die zentrale Norm, nach der sich der Pflichtenkreis für KVGs im Kontext der Vergütungsregulierung richtet. In personeller Hinsicht werden in § 37 Abs. 1 KAGB bestimmte Mitarbeiterkategorien (Geschäftsleiter, Risikoträger, Mitarbeiter mit Kontrollfunktionen, etc.) innerhalb der KVG genannt, für die ein Vergütungssystem festgelegt werden muss.[1132] Sachlich muss das Vergütungssystem mit einem soliden und wirksamen Risikomanagementsystem vereinbar und diesem förderlich sein und darf keine Anreize zur Eingehung von Risiken setzen, die nicht mit dem Risikoprofil, den Anlagebedingungen, der Satzung oder dem Gesellschaftsvertrag der von ihnen verwalteten Investmentvermögen vereinbar sind. § 37 Abs. 1 KAGB übernimmt insoweit nahezu wörtlich Anhang II Abs. 1 lit. a AIFM-RL. Deutlich wird aus diesem Grundsatz insbesondere die Eigenschaft des Vergütungssystems als Bestandteil eines (proaktiven) Risikomanagements.[1133] Die konkreten Anforderungen an das Vergütungssystem werden in Anhang II der AIFM-RL bestimmt, der über den Verweis in § 37 Abs. 2 KAGB inkorporiert wird. Maßgeblich

---

[1130] Siebzehnte Verordnung zur Änderung der Verordnung zur Übertragung von Befugnissen zum Erlass von Rechtsverordnungen auf die Bundesanstalt für Finanzdienstleistungsaufsicht vom 11. Juli 2013, BGBl. I, S. 2231.

[1131] Zu inhaltlichen Prognosen *Mujan*, BB 2013, 1653; *Geurts/Schubert*, KAGB kompakt, S. 145: zeitnah zu erwarten; *Rieble*, in: FrankKomm, KapAnlR Bd. 1, § 37 KAGB Rn. 23: Erlass dauerhaft nicht zu erwarten.

[1132] Zu den Mitarbeiterkategorien umfassend *Boxberger*, in: Dornseifer/Jesch/Klebeck/Tollmann, AIFM-RL, Art. 13 Rn. 15 f.; *ders.* in: Weitnauer/Boxberger/Anders, KAGB, § 37 Rn. 6 ff.; *Kirchner/Hesser*, in: Baur/Tappen, Investmentgesetze, § 37 KAGB Rn. 9 ff.; *Rieble*, in: FrankKomm, KapAnlR Bd. 1, § 37 KAGB Rn. 35 ff.; krit. *Engert*, ZBB 2014, 108, 118. Vgl. auch ESMA34-32-352 vom 11.7.2017, Questions and Answers, Application of the AIFMD, Abschn. I Q5.

[1133] *Spindler/Tancredi*, WM 2011, 1393, 1404; *Boxberger*, in: Dornseifer/Jesch/Klebeck/Tollmann, AIFM-RL, Art. 13 Rn. 1; *Kirchner/Hesser*, in: Baur/Tappen, Investmentgesetze, § 37 KAGB Rn. 3.

sind diese Anforderungen ausweislich Anhang II Abs. 2 AIFM-RL für die vom AIFM und vom AIF selbst gezahlten Beträge an die AIFM-Mitarbeiter.

bb) Anhang II AIFM-RL und ESMA Leitlinien

Anhang II Abs. 1 AIFM-RL enthält einen breit angelegten Katalog an regulierungsrechtlichen Grundsätzen, den die KVGs nach Maßgabe ihrer Größe, ihrer internen Organisation und der Art, dem Umfang und der Komplexität ihrer Geschäfte (Proportionalitätsprinzip) anzuwenden haben.[1134] Er lässt sich aufteilen in lediglich formelle, verfahrensrechtliche Vorschriften und materielle Grundsätze. Die formellen Anforderungen (Anhang II Abs. 1 lit. c, d und f der AIFM-RL)[1135] und die jeweiligen Kompetenzen zur Festlegung der Vergütung werden nicht weiter untersucht. Von den materiellen Grundsätzen werden nur die im weiteren Verlauf noch relevanten Grundsätze aufgezeigt. Nach Art. 13 Abs. 2 AIFM-RL stellt die ESMA sicher, dass Leitlinien für eine solide Vergütungspolitik existieren, die Anhang II AIFM-RL entsprechen. Dem ist die ESMA am 11. Februar 2013 nachgekommen.[1136] Am 3. Juli 2013 wurde die deutsche Übersetzung der Leitlinien veröffentlicht.[1137] Im Zuge der OGAW V-Richtlinie wurden die Leitlinien in Ziffer 33 im Hinblick auf die Anwendung sektorfremder Vergütungsregulierung in Gruppensachverhalten geändert,[1138] was für die hier angestellten Ausführungen allein zur AIFM-RL aber ohne Folgen bleibt. Für die Maßgeblichkeit der einzelnen Vorgaben ist laut ESMA zu beachten, dass sich das Proportionalitätsprinzip für eine handvoll an Vorgaben (z. B. erfolgsabhängige Vergütung) auch auf das „Ob" und nicht nur das „Wie" der Anwendung der einzelnen Vorgaben auswirken kann.[1139] Die inhaltliche Verknüpfung

---

[1134] Einige Autoren weisen darauf hin, dass es weitgehend zu Überschneidungen mit der CRD sowie der InstitutsVergV komme und deshalb bei der Auslegung der Bestimmungen zumindest teilweise auf die dortigen Empfehlungen und Erfahrungen zurückgegriffen werden soll. So *Kirchner/Hesser*, in: Baur/Tappen, Investmentgesetze, § 37 KAGB Rn. 6; *Mujan*, BB 2013, 1653, 1656; *Boxberger/Klebeck*, BKR 2013, 441, 443.

[1135] Lit. c: Festlegung, Überprüfung und Umsetzung der Grundsätze zur Vergütungspolitik; lit. d: jährliche interne Überprüfung, ob Vergütungspolitik vorschriftsgemäß umgesetzt wurde; lit. f: unmittelbare Überprüfung der Vergütung höherer Führungskräfte durch Vergütungsausschuss.

[1136] ESMA/2013/201 vom 11.2.2013, Final report, Guidelines on sound remuneration policies under the AIFMD. Separat in ESMA/2013/232 vom 3.7.2013, Guidelines on sound remuneration policies under the AIFMD konsolidiert.

[1137] ESMA/2013/232 vom 3.7.2013, Leitlinien für solide Vergütungspolitiken unter Berücksichtigung der AIFMD.

[1138] ESMA/2016/411 vom 31.3.2016, Final report, Guidelines on sound remuneration policies under the UCITS Directive and AIFMD, Abschn. 3.4 Annex IV Rn. 3.

[1139] ESMA/2013/201 vom 11.2.2013, Final report, Guidelines on sound remuneration policies under the AIFMD, Annex II VII. Rn. 23 ff. Anders das Verständnis der EBA, EBA/Op/2015/25 vom 21.12.2015, Opinion of the European Banking Authority on the application of the principle of proportionality to the remuneration provisions in Directive 2013/36/EU, Ziff. 13.

des Anhangs II AIFM-RL und der Leitlinien der ESMA zwingt jedenfalls zur zu-
sammenhängenden Erläuterung. Dabei darf nicht übersehen werden, dass die
Leitlinien der ESMA als Level 3-Maßnahmen nicht bindend sind.[1140] Deswegen
handelt es sich nicht um „regulatorische" Vorgaben. Erst wenn sie von den nationalen
Aufsichtsbehörden in ihre Verwaltungspraxis übernommen werden, wie hier geschehen, können sie über die Selbstbindung der Verwaltung mittelbare Wirkung
entfalten.[1141]

Ausgangspunkt bildet Anhang II Abs. 1 lit. a AIFM-RL, der nahezu wörtlich in
dem bereits aufgezeigten § 37 Abs. 1 KAGB gespiegelt wird und eine Incentivierung
zu Risiken, die unvereinbar mit dem Risikoprofil des verwalteten AIF sind, verbietet.
Ein weiterer Grundsatz ist gem. Anhang II Abs. 1 lit. b AIFM-RL, dass die Vergütungspolitik im Einklang mit Geschäftsstrategie, Zielen, Werten und Interessen des
AIFM und der von ihm verwalteten AIFs oder der Anleger solcher AIFs steht und
auch Maßnahmen zur Vermeidung von Interessenkonflikten umfasst. Anhang II
Abs. 1 lit. b AIFM-RL ist damit auch eine konkrete Ausprägung der Pflicht zum
Handeln im besten Interesse der von den AIFMs verwalteten AIFs oder der Anleger
dieser AIFs. Auf eine funktionsspezifische Vergütung läuft Anhang II Abs. 1 lit. e
AIFM-RL hinaus, wonach die Mitarbeiter, die Kontrollfunktionen innehaben, ent-
sprechend der Erreichung der mit ihren Aufgaben verbundenen Ziele entlohnt
werden, und zwar unabhängig von den Leistungen in den von ihnen kontrollierten
Geschäftsbereichen.

Im Hinblick auf erfolgsabhängige Vergütungen gilt nach Anhang II Abs. 1 lit. g
AIFM-RL, dass der Vergütung insgesamt eine Bewertung sowohl der Leistung des
betreffenden Mitarbeiters und seiner Abteilung bzw. des betreffenden AIF als auch
des Gesamtergebnisses des AIFM zugrundeliegt, und bei der Bewertung der individuellen Leistung finanzielle (z. B. IRR oder EBITDA)[1142] wie auch nicht finanzielle Kriterien (z. B. Erreichung strategischer Ziele, Anlegerzufriedenheit, Einhaltung der Risikomanagementpolitik, Führungsqualitäten, Teamarbeit oder Zusammenarbeit mit anderen Geschäftseinheiten)[1143] berücksichtigt werden. Nach
Anhang II Abs. 1 lit. h AIFM-RL sollte die Leistungsbeurteilung in einem mehr-

---

Zum Ganzen s. auch den Brief der ESMA an die Kommission, das Parlament und den Rat der
EU, ESMA/2016/412 vom 31.3.2016.

[1140] Art. 16 Abs. 3 der Verordnung (EU) Nr. 1095/2010 (zit.: ESMA-VO); *Rieble*, in:
FrankKomm, KapAnlR Bd. 1, § 37 KAGB Rn. 26 ff.; *Kirchner/Hesser*, in: Baur/Tappen, Investmentgesetze, § 37 KAGB Rn. 8; *Gurlit*, ZHR 177 (2013), 862, 875; *Merkt*, DB 2015, 2988,
2989; *Loritz/Uffmann*, WM 2013, 2193, 2195; *von Graevenitz*, EuZW 2013, 169: ganz erhebliche Wirkung, aber kein „sicherer Hafen" für den (privaten) Rechtsanwender; *Sonder*, BKR
2012, 8, 9: aber „normativer" Charakter"; *Walla*, BKR 2012, 265, 267; *Weitnauer*, in: Weitnauer, MBO, A Rn. 91; a. A. *Möllers/Harrer/Krüger*, WM 2011, 1537, 1543: rechtliche Verbindlichkeit; zur Diskussion auch *Zetzsche*, in: Zetzsche, AIFMD, Chapt. 1 No. 2.1.

[1141] *Hitzer/Hauser*, BKR 2015, 52, 55; *Boxberger/Klebeck*, BKR 2013, 441, 443.

[1142] ESMA/2013/232 vom 3.7.2013, Guidelines on sound remuneration policies under the
AIFMD, Rn. 112.

[1143] Ebd., Rn. 113.

jährigen Rahmen (sog. Abgrenzungszeitraum)[1144] erfolgen, der dem Lebenszyklus des verwalteten AIF entspricht.[1145] Dadurch soll gewährleistet werden, dass die Beurteilung auf die längerfristige Leistung abstellt und die tatsächliche Auszahlung erfolgsabhängiger Vergütungskomponenten über einen Zeitraum verteilt ist, der der Rücknahmepolitik der verwalteten AIFs und ihren Anlagerisiken Rechnung trägt. Maßgeblich bei der Beurteilung der Leistung sollten aber nur die effektiven Ergebnisse in dem Abgrenzungszeitraum sein.[1146] Die Leistungsbeurteilung ist sodann im Rahmen eines sog. Zuerkennungsverfahrens in die variable Vergütungskomponente des Mitarbeiters zu übersetzen.[1147] Es kommt zum sog. Auszahlungsverfahren. Die variable Vergütung ist jedoch nur teilweise im Voraus (kurzfristig) als Belohnung für die Leistung im Abgrenzungszeitraum auszubezahlen.[1148] Ein anderer, langfristiger Teil sollte hinausgeschoben und erst während und nach dem sich dem Abgrenzungszeitraum anschließenden Zurückstellungszeitraum[1149] verbunden mit einer erneuten Leistungsbeurteilung ausgezahlt werden.[1150] Das richtige Gleichgewicht zwischen Abgrenzungs- und Auszahlungszeiträumen hängt von der Art der vom AIFM verwalteten AIFs und von der Art der Geschäftstätigkeit und der Tätigkeit des Mitarbeiters ab.[1151] Je länger der Abgrenzungszeitraum, desto länger die Zeitspanne, während der Risiken berücksichtigt werden können.[1152]

Nach Anhang II Abs. 1 lit. j AIFM-RL stehen bei der Gesamtvergütung feste und variable Bestandteile in einem *angemessenen* Verhältnis und der Anteil der festen Komponente an der Gesamtvergütung ist genügend hoch, dass eine flexible Politik bezüglich der variablen Komponente uneingeschränkt möglich ist und auch ganz auf die Zahlung einer variablen Komponente verzichtet werden kann. Eine Obergrenze wie die Grenze von 100 Prozent von der fixen Vergütung im Institutswesen in § 25a Abs. 5 Satz 2 KWG existiert nicht,[1153] only „sky's the limit"[1154]. Sogar in Grup-

---

[1144] ESMA/2013/232 vom 3.7.2013, Leitlinien für solide Vergütungspolitiken unter Berücksichtigung der AIFMD, Rn. 4: Der Abgrenzungszeitraum ist der Zeitraum, in dem die Leistung des Mitarbeiters zu Zwecken der Festlegung der Vergütung erfasst und gemessen wird; Rn. 96.

[1145] *Insam/Heisterhagen/Hinrichs*, DStR 2014, 913, 915: Bei Mitarbeitern in Kontrolleinheiten dürfe bereits einjähriger Referenzzeitraum ausreichen.

[1146] ESMA/2013/232 vom 3.7.2013, Leitlinien für solide Vergütungspolitiken unter Berücksichtigung der AIFMD, Rn. 96.

[1147] Ebd., Rn. 97.

[1148] Ebd., Rn. 98.

[1149] Auch als Zurückbehaltungszeitraum bezeichnet. ESMA/2013/232 vom 3.7.2013, Leitlinien für solide Vergütungspolitiken unter Berücksichtigung der AIFMD, Rn. 4: Der Zeitraum, in dem die variable Vergütung nach Ende des Abgrenzungszeitraums zurückbehalten wird.

[1150] Ebd., Rn. 98.

[1151] Ebd., Rn. 100.

[1152] Ebd.

[1153] *Insam/Heisterhagen/Hinrichs*, DStR 2014, 913, 914; *Engert*, ZBB 2014, 108, 110, 118 f.

pensachverhalten sieht die Institutsvergütungsverordnung aus 2017 eine Ausnahme für Unternehmen vor, die in den Anwendungsbereich von § 37 KAGB fallen.[1155] Das Verhältnis ist in Anlehnung an die neue Institutsvergütungsverordnung aus 2017 angemessen, wenn einerseits keine signifikante Abhängigkeit von der variablen Vergütung besteht, die variable Vergütung aber andererseits einen wirksamen Verhaltensanreiz setzen kann.[1156]

Die Erfolgsmessung, anhand derer variable Vergütungskomponenten oder Pools von variablen Vergütungskomponenten berechnet werden, schließt nach Anhang II Abs. 1 lit. l AIFM-RL einen umfassenden Berichtigungsmechanismus für alle einschlägigen Arten von laufenden und künftigen Risiken ein. Streng und für die Modelle geschlossener Fonds mit Unklarheiten behaftet sind die Vorgaben nach Anhang II Abs. 1 lit. m AIFM-RL zur Ausgestaltung der variablen Vergütungsbestandteile.[1157] Je nach der rechtlichen Struktur des AIF und seiner Vertragsbedingungen oder seiner Satzung muss ein erheblicher Anteil der variablen Vergütungskomponente, und in jedem Fall mindestens 50 Prozent, aus Anteilen des betreffenden AIF oder gleichwertigen Beteiligungen oder mit Anteilen verknüpften Instrumenten oder gleichwertigen unbaren Instrumenten bestehen. Nach Anhang II Abs. 1 lit. n AIFM-RL wird zudem ein wesentlicher Anteil der variablen Vergütungskomponente, und in jedem Fall mindestens 40 Prozent, über einen Zeitraum zurückgestellt, der angesichts des Lebenszyklus und der Rücknahmegrundsätze des betreffenden AIF angemessen und ordnungsgemäß auf die Art der Risiken dieses AIF ausgerichtet ist. Der Zeitraum sollte mindestens drei bis fünf Jahre betragen, es sei denn der Lebenszyklus des betreffenden AIF ist kürzer. Macht die variable Komponente einen besonders hohen Betrag aus, so wird die Auszahlung von mindestens 60 Prozent des Betrags zurückgestellt. Anhang II Abs. 1 lit. n AIFM-RL ist in Verbindung mit Anhang II Abs. 1 lit. o AIFM-RL zu lesen. Im Sinne der gebotenen langfristigen Leistungsbeurteilung sowie eines wirksamen Risikomanagements ist es erforderlich, dass zurückgestellte Vergütungsbestandteile gegebenenfalls durch Mechanismen zur Ex-post-Risikoanpassung berichtigt werden können.[1158] Die variable Vergütung,

---

[1154] *Boxberger*, in: Dornseifer/Jesch/Klebeck/Tollmann, AIFM-RL, Art. 13 Rn. 31.

[1155] Ausführlich *Ulrich*, ZBB 2017, 335 ff.

[1156] § 6 Abs. 1 Satz 2 InstitutsVergV 2017. Dies wurde bereits für die InstitutsVergV aus 2010 so vertreten: *Boxberger*, in: Dornseifer/Jesch/Klebeck/Tollmann, AIFM-RL, Art. 13 Rn. 31; auch *Insam/Heisterhagen/Hinrichs*, DStR 2014, 913, 914 legen eine vergleichende Betrachtung mit den Rahmenbedingungen für Institute nahe. Krit. zur Methodik *Rieble*, in: FrankKomm, KapAnlR Bd. 1, § 37 KAGB Rn. 20, im Ergebnis aber ebenso bei Rn. 90. Nur für die InstitutsVergV 2014 war das kein gangbarer Weg, da dort auch die Einhaltung der absoluten Obergrenze aus § 25a Abs. 5 KWG zur Annahme von Angemessenheit vorausgesetzt wurde. *Engert*, ZBB 2014, 108, 119 weist darauf hin, dass man stets das Gesamtgefüge der Anreize würdigen müsste.

[1157] *Boxberger*, in: Dornseifer/Jesch/Klebeck/Tollmann, AIFM-RL, Art. 13 Rn. 31; *Escher*, in: Bankrechtstag 2013, S. 123, 150.

[1158] ESMA/2013/232 vom 3. 7. 2013, Guidelines on sound remuneration policies under the AIFMD, Rn. 80.

einschließlich des zurückgestellten Anteils, wird deshalb nur dann nach Anhang II Abs. 1 lit. o AIFM-RL ausgezahlt oder erworben, wenn sie angesichts der Finanzlage des AIFM insgesamt tragbar ist und nach der Leistung der betreffenden Geschäftsabteilung, des AIF und der betreffenden Person gerechtfertigt ist. Eine schwache oder negative finanzielle Leistung des AIFM oder der betreffenden AIFs führt in der Regel zu einer erheblichen Schrumpfung der gesamten variablen Vergütung, wobei sowohl laufende Kompensationen als auch Verringerungen bei Auszahlungen von zuvor erwirtschafteten Beträgen, auch durch Malus- oder Rückforderungsvereinbarungen, berücksichtigt werden. Diese Flexibilität bei der Vergütungspolitik bedeutet auch, dass die Vergütung in einigen Fällen auf Null schrumpfen kann.[1159]

cc) Empfehlung der Kommission 2009/384/EG

Die in der Empfehlung 2009/384/EG der Kommission vom 30. April 2009 zur Vergütungspolitik im Finanzdienstleistungssektor festgelegten Grundsätze[1160] für eine solide Vergütungspolitik stimmen mit den in der AIFM-RL festgelegten Grundsätzen überein und ergänzen diese.[1161] Die in der Empfehlung enthaltenen Grundsätze werden darüber hinaus von den Leitlinien der ESMA berücksichtigt.[1162] Auf eine weitergehende Erläuterung wird daher verzichtet. Empfehlungen sind ohnehin nicht verbindlich.[1163]

b) Vorgaben für Kostenregelungen

Auf nationaler Ebene stößt mit § 26 Abs. 5 KAGB eine Vorschrift hinzu, der bei der Gestaltung von Gebührenstrukturen immense Bedeutung zukommt. Laut § 26 Abs. 5 KAGB muss die KVG insbesondere über geeignete Verfahren verfügen, um bei Investmentvermögen unter Berücksichtigung des Werts des Investmentvermögens („Wert-Kriterium") und der Anlegerstruktur eine Beeinträchtigung von Anlegerinteressen durch *unangemessene Kosten, Gebühren und Praktiken* zu vermeiden. § 26 Abs. 5 KAGB ist nicht auf die AIFM-RL zurückzuführen. Die Regelung wurde vom Gesetzgeber aus § 9 Abs. 3 Satz 2 InvG a. F. unbesehen auf sämtliche, bislang unregulierte Geschäftsmodelle übertragen.[1164] Aus diesem Grund trägt die Vorschrift großes Änderungspotenzial für am Markt übliche Kosten- und Gebührenmodelle in

---

[1159] Ebd., Rn. 94.

[1160] Empfehlung 2009/384/EG der Kommission vom 30. April 2009 zur Vergütungspolitik im Finanzdienstleistungssektor, ABl. Nr. L 120, S. 22.

[1161] Erwägungsgrund 26 AIFM-RL.

[1162] Art. 13 Abs. 2 AIFM-RL.

[1163] Art. 288 Abs. 5 AEUV.

[1164] BegrRegE BT-Drs. 17/12294, S. 217; *BaFin* vom 2. 10. 2014, Kostenklauseln, Prüfung von Kostenregelungen in den Anlagebedingungen von Investmentvermögen, S. 4; *Swoboda*, in: Weitnauer/Boxberger/Anders, KAGB, § 26 Rn. 36.

sich, die nicht mit den neuen Vorgaben harmonieren. Zunächst wird deshalb die allgemeine Zielrichtung dieser nun für KVGs geltenden Vorschrift zu klären sein (unter aa)). Auf den gewonnenen Erkenntnissen aufbauend ist sodann zu untersuchen, welchen Einfluss das Wert-Kriterium bei den unterschiedlichen Kostenregelungen nehmen wird (unter bb)). Parallel zu § 26 Abs. 5 KAGB verläuft Art. 17 Abs. 2 AIFM-VO, nach dem KVGs sicherstellen müssen, dass den verwalteten AIFs oder den Anlegern dieser AIFs *keine überzogenen Kosten* in Rechnung gestellt werden. Hier gilt es, das Verhältnis zwischen § 26 Abs. 5 KAGB und Art. 17 Abs. 2 AIFM-VO zu hinterfragen (unter cc)). Die BaFin hat auf die neue Rechtslage bereits reagiert und ihre Verwaltungspraxis bei der Genehmigung von Kostenregelungen in den Anlagebedingungen geschlossener Publikumsinvestmentvermögen im Wege von Musterbausteinen für Kostenklauseln konkretisiert.[1165] Diese sind entgegen der allgemein gehaltenen Bezeichnung nur für geschlossene Publikums-*AIFs* maßgeblich (was sich punktuell aus den Vorgaben dieser Verwaltungspraxis schließen lässt)[1166] und sollen im Anschluss analysiert werden (unter dd)), um den Umgang mit dem Wert-Kriterium zu illustrieren. Schließlich wird die Frage nach dem Umgang von § 26 Abs. 5 KAGB im Hinblick auf Spezial-AIFs aufgeworfen (unter ee)).

aa) Verhaltenspflicht und inhaltlicher Kontrollmaßstab

§ 26 Abs. 5 KAGB ist wie seine Vorgängernorm § 9 Abs. 3 Satz 2 InvG a. F. im Rahmen der allgemeinen Verhaltensregeln verortet und deswegen zuvörderst eine an die KVGs gerichtete Verhaltenspflicht als Element des Anlegerschutzes. Zugleich beinhaltet die Norm allerdings auch einen inhaltlichen Kontrollmaßstab. Diese Erkenntnis lässt sich nur mit einem extensiven Blick auf die Historie zu § 9 Abs. 3 Satz 2 InvG a. F. gewinnen.

Im Zuge des Investmentänderungsgesetzes aus dem Jahr 2007 war es ursprünglich vorgesehen, die Vorschrift in einem neuen § 41 Abs. 2a Satz 2 InvG-E im Rahmen der Regelung zu den Kosten einzubringen.[1167] Die inhaltliche Nähe zur Regelung zu den Kosten in § 41 InvG a. F. war nicht von der Hand zu weisen. Nach § 41 Abs. 1 Satz 1 InvG a. F. war in den Vertragsbedingungen mitzuteilen, nach welcher Methode, in welcher Höhe und auf Grund welcher Berechnung die Kosten an die Kapitalanlagegesellschaft geleistet wurden. Im Jahresbericht und den wesentlichen Anlegerinformationen mussten sämtliche im Jahresverlauf vom Sondervermögen getragenen laufenden Kosten bzw. erfolgsabhängigen Vergütungen sodann

---

[1165] *BaFin* vom 30.9.2014, Musterbausteine für Kostenklauseln geschlossener Publikumsinvestmentvermögen, WA 41-Wp-2137-2013/0026.

[1166] So widmet sich die Verwaltungspraxis der Genehmigung von Kostenregelungen nach § 266 Abs. 2 i. V. m. § 162 Abs. 2 Nr. 11 KAGB. Bereits in der Vorbemerkung werden Kapitalverwaltungsgesellschaften als AIF-KVGs definiert. Im Anschluss werden immer nur AIF-KVGs genannt. Bisweilen ist auch explizit die Rede von AIFs, vgl. S. 9 der Musterbausteine für Kostenklauseln. An keiner Stelle hingegen fallen die Begriffe OGAW-KVG oder OGAW.

[1167] RegE BT-Drs. 16/5576.

gem. § 41 Abs. 2 InvG a. F. in einer Kostenquote im Verhältnis zum bzw. als Prozentsatz des durchschnittlichen Nettoinventarwerts (Net Asset Value = NAV) angegeben werden. Durch Verankerung in § 9 Abs. 3 Satz 2 InvG a. F. wurde hingegen dem Charakter als organisatorische Pflicht Rechnung getragen.[1168]

In der Fassung durch das Investmentänderungsgesetz war § 9 Abs. 3 Satz 2 InvG a. F. zunächst einzig dazu konstruiert, um unter Einrichtung von Verfahren eine Beeinträchtigung von Anlegerinteressen durch *Transaktionskosten* zu vermeiden. Angesprochen waren beispielsweise Maßnahmen, um eine nicht an den Anlegerinteressen ausgerichtete hohe Umschlaghäufigkeit zu vermeiden (sog. Churning-Verbot), oder Vorkehrungen gegen Nachteile durch rücknahmebedingte Transaktionskosten, etwa aufgrund von Rückgaben mit hohem Gesamtwert, die sich zu Lasten der im Sondervermögen verbleibenden Anleger auswirken können.[1169] § 9 Abs. 3 Satz 2 InvG a. F. wurde mit dem OGAW IV-UmsG modifiziert,[1170] indem die „Transaktionskosten" durch die auch in § 26 Abs. 5 KAGB übernommene Trias aus „unangemessenen Kosten, Gebühren und Praktiken" ersetzt wurden. Zum einen sollte hiermit Art. 22 Abs. 4 der Richtlinie 2010/43/EU[1171] umgesetzt werden, wonach die Verwaltungsgesellschaft dazu verpflichtet werden sollte, durch ihre Handlungsweise zu verhindern, dass den OGAWs und ihren Anteilsinhabern überzogene Kosten in Rechnung gestellt werden.[1172] Anders als es letztlich § 9 Abs. 3 Satz 2 InvG a. F. vorsah, enthielt Art. 22 Abs. 4 der Richtlinie keinen Hinweis darauf, dass die Vermeidung überzogener Kosten vom Wert des Investmentvermögens oder der Anlegerstruktur abhängig sein sollte. Zum anderen wurde Erwägungsgrund 18 der Richtlinie 2010/43/EU Rechnung getragen, nach dem die Verwaltungsgesellschaften unter Berücksichtigung der Anlageziele und -politik des OGAW angemessene Verfahren zum Schutz gegen unangemessene Gebühren und Praktiken wie die übermäßige Verursachung von Geschäftsvorfällen („Excessive Trading") schaffen sollten.[1173] Die Gesetzesbegründung zum OGAW IV-UmsG stellte überdies klar, dass auch bestimmte *Ausgestaltungsformen* sog. Performance Fees gegen dieses

---

[1168] Begr BT-Drs. 16/6874, S. 115.

[1169] Ebd.

[1170] Gesetz zur Umsetzung der Richtlinie 2009/65/EG zur Koordinierung der Rechts- und Verwaltungsvorschriften betreffend bestimmte Organismen für gemeinsame Anlagen in Wertpapieren (OGAW IV-Umsetzungsgesetz – OGAW IV-UmsG) vom 22. Juni 2011, BGBl. I, S. 1126.

[1171] Richtlinie 2010/43/EU der Kommission vom 1. Juli 2010 zur Durchführung der Richtlinie 2009/65/EG des Europäischen Parlaments und des Rates im Hinblick auf organisatorische Anforderungen, Interessenkonflikte, Wohlverhalten, Risikomanagement und den Inhalt der Vereinbarung zwischen Verwahrstelle und Verwaltungsgesellschaft, ABl. Nr. L 176, S. 42.

[1172] BegrRegE BT-Drs. 17/4510, S. 61.

[1173] Ebd.

Gebot verstießen.[1174] Dem konnten Kapitalanlagegesellschaften deshalb nicht im Wege einer Verhaltensänderung begegnen, sondern nur durch Anpassung der bisherigen Gebührenstrukturen.

Mit dem OGAW IV-UmsG wurde außerdem die bislang in § 43 Abs. 2 Satz 1 InvG a. F. bestehende Genehmigungsfreiheit der nach § 41 Abs. 1 Satz 1 InvG a. F. zu erfolgenden Beschreibung der Kosten aufgehoben. Die BaFin konnte seitdem prüfen, ob dem Anleger unangemessene Kosten- und Gebührenstrukturen auferlegt wurden, insbesondere solche, die für den Anleger als interessenwidrig anzusehen waren (z. B. bestimmte Gestaltung von Performance Fees).[1175] Die Genehmigungspflicht flankierte so § 9 Abs. 3 Satz 2 InvG a. F. als Maßstab für die Kostenregelungen. Deutlich wurde daraus wieder die inhaltliche Nähe von § 9 Abs. 3 Satz 2 InvG a. F. mit § 41 InvG a. F. Die Festlegung der Höhe der in Rechnung gestellten Verwaltervergütung als rein wirtschaftliche Entscheidung unterlag jedoch nicht der aufsichtsbehördlichen Kontrolle.[1176] Im Rahmen des KAGB wird bisweilen aber vertreten, der BaFin wenigstens eine am Wuchertatbestand orientierte Prüfung der Höhe der Kosten zuzusprechen, wobei eine Genehmigung der BaFin kein Präjudiz für eine zivilrechtliche Einschätzung begründe.[1177] Die BaFin hatte auf die neu kodifizierte Pflicht zur Genehmigung der nach § 41 Abs. 1 InvG a. F. zu beschreibenden Kosten reagiert und am 4. September 2012 einen Musterbaustein für Kostenklauseln herausgegeben.[1178]

bb) Berücksichtigung des Werts des Investmentvermögens

Zum Verständnis des in § 26 Abs. 5 KAGB enthaltenen Änderungspotenzials für den Bereich der geschlossenen AIFs ist die Bedeutung des Erfordernisses der Berücksichtigung des Werts des Investmentvermögens zu erhellen. Die Gesetzesbegründung zum InvG a. F. oder zum KAGB lässt den Rechtsanwender vollends im Stich.[1179] Im Hinblick auf den Charakter als bloße Verhaltensregel ist der Rückgriff auf das Wert-Kriterium verständlich, weil die Einstufung als „überhöhte" Umschlaghäufigkeit unter Berücksichtigung des umgeschichteten Portfolios, respektive des Werts, und der hierbei verursachten Kosten zu erfolgen hat. Da eine solche Umschlaghäufigkeit und auch die sonstigen unter Geltung des InvG a. F. ins Auge gefassten Verhaltensanforderungen (z. B. Rücknahmepolitik) indes nur im Bereich der OGAWs eine Rolle spielen, ist die Berechtigung der Regelung für den Sektor der

---

[1174] Ebd. Performance Fees sind erfolgsabhängige Gebühren. Vgl. auch *Steffen*, in: Baur/Tappen, Investmentgesetze, § 26 KAGB Rn. 98; *Rohleder/Wilkens*, in: Möllers/Kloyer, Das neue KAGB, Rn. 37, 56 ff.

[1175] BegrRegE BT-Drs. 17/4510, S. 72.

[1176] Ebd.

[1177] *Steffen*, in: Baur/Tappen, Investmentgesetze, § 26 KAGB Rn. 87.

[1178] *BaFin* vom 4.9.2012, Musterbaustein für Kostenregelung von Sondervermögen (ohne Immobilien-Sondervermögen).

[1179] Begr BT-Drs. 16/6874, S. 115; BegrRegE BT-Drs. 17/12294, S. 217.

alternativen Investments eingedenk der Illiquidität der Anlagepositionen und der Nutzung geschlossener AIFs insoweit in Frage gestellt.

Neben der Verhaltenspflicht beinhaltet § 26 Abs. 5 KAGB gleichfalls einen inhaltlichen Kontrollmaßstab für die Ausgestaltung der Kostenregelungen. Auch dessen Bedeutung ist im Kontext geschlossener AIFs zu klären. Insoweit sind zwei verschiedene Deutungen denkbar. Zum einen könnte man das Wert-Kriterium so auslegen, dass unter dessen Zuhilfenahme verschiedene Schutzabstufungen und daher auch unterschiedliche Intensitäten im Umgang mit § 26 Abs. 5 KAGB je nach Wert des Investmentvermögens zu berücksichtigen wären. Das könnte dazu führen, dass die zulässige Ausgestaltung einer Kostenregelung bei einem Investmentvermögen mit hohem Wert vom Kontrollmaßstab her strenger beurteilt werden müsste als eine Regelung bei einem Investmentvermögen mit geringem Wert. Zum anderen könnte sich aus dem neuen Erfordernis eine *konkrete* Vorgabe für die Ausgestaltung der Kostenregelung ergeben. § 26 Abs. 5 KAGB würde so Einfluss auf die Bemessungsgrundlage nehmen. Bei laufenden, also dem Grunde nach fixen, Kosten wäre das nur möglich, wenn die Bemessungsgrundlage als Prozentsatz des NAV des Investmentvermögens ausgestaltet würde. Für variable, also dem Grunde *und* der Höhe nach unfixe, Kosten und Gebühren hingegen könnte die vorstehende Bemessungsgrundlage nicht maßgeblich sein, weil die Kosten und Gebühren sonst dem Grunde nach fix wären. Die Berücksichtigung des NAV könnte in die Ausgestaltung variabler Kostenregelungen nur dadurch Eingang finden, dass die Zahlung der variablen Gebühren dem Grunde und der Höhe nach in irgendeiner anderen Art in Abhängigkeit von der Entwicklung des NAV bestimmt würde (z. B. Erreichen einer bestimmten NAV-Schwelle als Zahlungsvoraussetzung) *und/oder* der NAV als Deckelung der generierten Kosten fungierte. Diese Auslegung von § 26 Abs. 5 KAGB gälte dann gleich welchen konkreten Werts das Investmentvermögen auch sein mag und damit unabhängig von einem durch Schutzerwägungen geprägten stufenartigen Modell.

Für Ersteres spräche nicht nur der systematische Gleichlauf mit der im Rahmen von § 26 Abs. 5 KAGB gleichzeitig zu berücksichtigenden Anlegerstruktur, die zur Ableitung unterschiedlicher Schutzlevel geeignet ist und in einem Atemzug mit dem Wert des Investmentvermögens erwähnt wird, sondern auch der Regelungszweck der AIFM-RL zur Vermeidung von systemischen Risiken. Denn letztere sind bei einem systemrelevanten bzw. – soweit begrifflich eine Abstufung möglich ist – systemrelevanteren AIFM, dessen Wert der verwalteten Investmentvermögen also sehr hoch ist, präsenter als bei einem nach diesem Maßstab weniger bedeutsamen AIFM. Ein schwaches Argument wäre es, wenn man sich auf den Standpunkt stellte, der mit § 9 Abs. 3 Satz 2 InvG a. F. verfolgte Zweck (Churning-Verbot, Vorkehrungen gegen rücknahmebedingte Transaktionskosten, etc.) erforderte keinen konkreten Einbezug des Werts des Investmentvermögens bei der Ausgestaltung von Kostenregelungen. Denn die bereits erläuterte Gesetzesbegründung bezieht sich in diesen Punkten auf die Hintergründe der Norm als Verhaltensregel, während darüber hinaus auch bestimmte Ausgestaltungsformen von

Performance Fees sanktioniert werden sollten und damit der inhaltliche Kontrollmaßstab der Regelung angesprochen war.

Gegen ein Verständnis i. S. der vorstehenden Auslegung muss man allerdings einwenden, dass dem KAGB ein gestaffeltes Schutzkonzept in Abhängigkeit vom Wert des Investmentvermögens außerhalb der bereits erörterten De-minimis-Regelungen fremd ist. Soweit sich aus dem Wert des Investmentvermögens eine Aussage über Schutzerwägungen ableiten lässt, erschöpft sich der Aussagegehalt auf die in den § 2 Abs. 4, Abs. 4a und Abs. 5 KAGB in Bezug genommenen Verweisungen. Für kleine Spezial-AIFMs sowie interne Mini-Publikums-AIFMs ist kein Verweis auf § 26 Abs. 5 KAGB vorgesehen. Dementsprechend kommen die Neuerungen aus § 26 Abs. 5 KAGB für sie schon gar nicht zur Anwendung. Lediglich kleine Publikums-AIFMs müssen sich den Vorgaben aus § 2 Abs. 5 Satz 1 Nr. 3 i. V. m. § 26 Abs. 5 KAGB stellen. Darüber hinaus kennt das KAGB hingegen keine Wertschwellen, die Anlass zu einer weitergehenden Differenzierung geben. Dem KAGB ist ein allgemeines Proportionalitätsprinzip insgesamt fremd. Der Wert des verwalteten Investmentvermögens hat im Rahmen des KAGB nur noch Einfluss auf die Eigenkapitalausstattung der KVG, dort aber nicht i. S. eines Proportionalitätsprinzips.[1180] Zwar ist der AIFM-VO in vielen Punkten ein Proportionalitätsprinzip geläufig,[1181] das in das KAGB über entsprechende Verweisungsnormen auch für den Bereich der Publikums-AIFs inkorporiert und damit Bestandteil des KAGB wird. Doch im einschlägigen Abschnitt zu den allgemeinen Grundsätzen einschließlich des für die Kostenregelungen relevanten Art. 17 Abs. 2 AIFM-VO taucht dieses gerade nicht auf. Ohnehin knüpft das Proportionalitätsprinzip nicht an den Wert des Investmentvermögens an.[1182] Es ist auch nicht recht einzusehen, wieso der ausweislich des Wortlauts der Norm ausdrücklich verfolgte Anlegerschutz i. S. eines gestaffelten Schutzkonzepts vom Wert des verwalteten Investmentvermögens abhängig sein soll. Aus dem gleichen Grund wurde die AIFM-RL bzw. das KAGB schließlich schon für das Konzept kritisiert, einzelne KVGs im Bereich der De-minimis-Regelungen nur einer Registrierungspflicht und gegebenenfalls Regulierung „light" zu unterwerfen.[1183]

cc) Verhältnis zu Art. 17 Abs. 2 AIFM-VO

Parallel zu § 26 Abs. 5 KAGB verläuft der auch für KVGs von Publikums-AIFs über § 26 Abs. 7 KAGB inkorporierte Art. 17 Abs. 2 AIFM-VO, nach dem KVGs sicherstellen müssen, dass den verwalteten AIFs oder den Anlegern dieser AIFs keine

---

[1180] Eine KVG muss nach § 25 Abs. 1 Nr. 2 Halbsatz 1 KAGB über zusätzliche Eigenmittel in Höhe von wenigstens 0,02 % des Betrags, um den der Wert der verwalteten Investmentvermögen 250 Mio. Euro übersteigt, verfügen, wenn der Wert der von der AIF-KVG verwalteten Investmentvermögen 250 Mio. Euro überschreitet. Vgl. bereits 6. Teil, B.II.2.b).

[1181] Etwa Art. 31 Abs. 1, Art. 40 Abs. 5, Art. 57 Abs. 1 Satz 2 AIFM-VO.

[1182] 6. Teil, B.I.2.d).

[1183] *Möllers/Hailer*, ZBB 2012, 178, 191.

überzogenen Kosten in Rechnung gestellt werden. Art. 17 Abs. 2 AIFM-VO entspricht inhaltlich dem bereits erläuterten Art. 22 Abs. 4 der Richtlinie 2010/43/EU. Bisweilen wird vertreten, diese Vorgabe gehe in § 26 Abs. 5 KAGB ohnehin auf, weshalb sich die Praxis an der nationalen Norm orientieren müsse.[1184] Die Überschneidung der beiden Bestimmungen ist insoweit nachvollziehbar, als dass auch dem Art. 17 Abs. 2 AIFM-VO in gleicher Weise der Charakter einer Verhaltensregel und eines inhaltlichen Kontrollmaßstabes zuzuschreiben ist. Zwar wird in Erwägungsgrund 39 der AIFM-VO lediglich das handlungsbezogene Verständnis des Art. 17 Abs. 2 AIFM-VO betont. Auch sollte man sich in Erinnerung rufen, dass es letztlich nur die Gesetzesbegründung zum deutschen OGAW IV-UmsG war, die die Ausgestaltung von Gebühren adressiert hat (wenngleich sie eine Auslegung der europarechtlichen Norm ist). Doch wäre es nicht nachzuvollziehen, wenn der AIFM zwar im Anlegerinteresse handeln soll, also überzogene Kosten zu vermeiden hat, die Ausgestaltung einzelner Gebührentatbestände aber gleichzeitig zu überzogenen Kosten führen dürfte.

Von dieser Überschneidung zwischen § 26 Abs. 5 und Art. 17 Abs. 2 AIFM-VO abgesehen vermag die oben erwähnte Auffassung nicht zu überzeugen. Für diesen Befund ist zunächst auf die unterschiedliche Regelungstechnik zwischen alter und neuer Rechtslage hinzuweisen: Während Art. 22 Abs. 4 der Richtlinie 2010/43/EU erst noch umgesetzt werden musste, gilt Art. 17 Abs. 2 AIFM-VO für Verwalter von Spezial-AIFs unmittelbar und für Verwalter von Publikums-AIFs über die oben aufgezeigte Inkorporierung. Wenn der Regelungsinhalt aus Art. 17 Abs. 2 AIFM-VO daher anders als bislang unmittelbar anwendbares Recht ist, kommen § 26 Abs. 5 KAGB und Art. 17 Abs. 2 AIFM-VO nebeneinander zur Anwendung. Soweit die Normen im Widerspruch stehen sollten, tritt die nationale Norm aufgrund der europarechtlichen Kollisionsregel des absoluten (Konzeption des EuGH) bzw. relativen (Konzeption des BVerfG) Anwendungsvorrangs zurück.[1185] Wie es in dieser Arbeit bereits zu Art. 22 Abs. 4 der Richtlinie 2010/43/EU festgestellt wurde, gilt auch die Verpflichtung aus Art. 17 Abs. 2 AIFM-VO frei von weiteren Parametern wie der Berücksichtigung des Werts oder der Anlegerstruktur. Art. 17 Abs. 2 AIFM-VO gewährt damit ohne Rücksicht auf die Anlegerstruktur und damit auch im Bereich der Spezial-AIFs einen Mindeststandard, der nicht im Rahmen des deutschrechtlichen § 26 Abs. 5 KAGB unterlaufen werden darf. Da auch die Berücksichtigung des Werts des Investmentvermögens nicht in Art. 17 Abs. 2 AIFM-VO erwähnt wird, liegt es nahe, dass die unionsrechtliche Norm auch insofern keine Einschränkungen erfahren darf. Da die Berücksichtigung des Werts des Investmentvermögens im Rahmen der Ausgestaltung der Kostenregelungen jedoch zu einem gesteigerten Schutz der Anleger etwa im Bereich der laufenden Kosten führen kann, ist der

---

[1184] So *Steffen*, in: Baur/Tappen, Investmentgesetze, § 26 KAGB Rn. 88; wohl auch *Beckmann*, in: Beckmann/Scholtz/Vollmer, Investment-Hdb., Losebl. (Stand: 10/16), 405 § 27 KAGB Rn. 306.

[1185] Vgl. bereits 4. Teil, C.II.3.a)bb).

Rückgriff auf dieses Kriterium für den Schutzzweck von Art. 17 Abs. 2 AIFM-VO sogar förderlich.

dd) Verwalter von geschlossenen Publikums-AIFs

Nach § 26 Abs. 5 KAGB muss auch unter Berücksichtigung der Anlegerstruktur eine Beeinträchtigung von Anlegerinteressen durch unangemessene Kosten, Gebühren und Praktiken vermieden werden. Wie eben mit Blick auf Art. 17 Abs. 2 AIFM-VO erklärt, darf das nicht dazu führen, dass überzogene Kosten für Spezial-AIFs in irgendeiner Weise toleriert werden. Für Verwalter von Publikums-AIFs bildet die AIFM-RL und damit auch die AIFM-VO nur einen Mindeststandard, strengere Voraussetzungen sind möglich. Im Hinblick darauf, dass (nur) die Anlagebedingungen von Publikums-AIFs genehmigungspflichtig sind,[1186] hat die BaFin wie schon unter dem InvG a. F. Musterbausteine für Kostenklauseln herausgegeben. Diese gewähren dem Anwender aber durchaus noch Gestaltungsspielräume, sofern die abweichenden Regelungen und Formulierungen „hinsichtlich Transparenz und Angemessenheit nicht hinter den durch die Musterbausteine gesetzten Maßstäben zurückbleiben"[1187]. Praktisch werden sich die KVGs aber an den BaFin-Kostenklauseln orientieren, um ganz sicher eine Genehmigung für die eigenen Anlagebedingungen zu erhalten.[1188] Die Verwaltungspraxis der BaFin erfährt über die Selbstbindung der Verwaltung eine mittelbare Wirkung. Im Schrifttum fristen die neuen aufsichtsbehördlichen Vorgaben aus der Verwaltungspraxis dennoch ein Schattendasein.[1189]

Die Festlegung der Höhe der Verwaltungsgebühren verbleibt eine rein wirtschaftliche Entscheidung.[1190] Doch KVGs von Publikums-AIFs sehen sich nun gezwungen, die von der Verwaltungspraxis vorgegebenen Spezifika in Bezug auf den Umgang mit § 26 Abs. 5 KAGB im Rahmen von Kostenregelungen zu adaptieren. Der Übergang zwischen „Kosten" und „Vergütungen" ist in diesem Zusammenhang fließend. „Vergütungen" betreffen hier anders als bei § 37 KAGB insbesondere das Verhältnis AIF zu AIFM. So setzt die Genehmigungsfähigkeit der Anlagebedingungen nach § 266 Abs. 2 i. V. m. § 162 Abs. 2 Nr. 11 KAGB voraus, dass Angaben

---

[1186] §§ 267 Abs. 1 Satz 1, 273 Satz 2 KAGB.

[1187] *BaFin* vom 30. 9. 2014, Musterbausteine für Kostenklauseln geschlossener Publikumsinvestmentvermögen, WA 41-Wp-2137-2013/0026, S. 1.

[1188] *Kobabe*, Börsen-Zeitung vom 11. 11. 2014.

[1189] Eine Ausnahme bilden die Ausführungen von *Busse*, in: FrankKomm, KapAnlR Bd. 1, § 266 KAGB Rn. 81 ff. und *Swoboda*, in: Weitnauer/Boxberger/Anders, KAGB, § 26 Rn. 37 (sehr kritisch). Bei *Kobabe*, Börsen-Zeitung vom 11. 11. 2014, lässt sich der hier nicht weiter vertiefte Vorwurf eines Mangels an demokratischer Legitimation entnehmen, betrachte man das Verhältnis der Anzahl der BaFin-Mitarbeiter zur faktischen Reichweite der Musterbausteine für Kostenklauseln mit Blick auf den mit ihnen verbundenen Eingriff in (ökonomische) Freiheitsrechte.

[1190] *BaFin* vom 2. 10. 2014, Kostenklauseln, Prüfung von Kostenregelungen in den Anlagebedingungen von Investmentvermögen, S. 5.

zur Berechnung (einschließlich Methode und Höhe) von Vergütungen „aus dem Investmentvermögen an die Verwaltungsgesellschaft" gemacht werden. Die Anlagebedingungen sind schließlich frei von KVG-internen Angaben zur Vergütungspolitik zu halten.[1191] Kohärent dazu subsumiert die BaFin auch die laufenden sowie die erfolgsabhängigen Vergütungen an die KVG unter den Begriff der Kosten.[1192] Nichts anderes gilt für den CI, der ausweislich seiner Legaldefinition eine Vergütung für den AIFM darstellt und wie an anderer Stelle bereits herausgearbeitet zugunsten der KVG-Mitarbeiter oder – unter Aufrechterhaltung der Vergütungsregulierung – an den AIFM oder ein Carry-Vehikel gezahlt werden kann.[1193] Materiell handelt es sich bei dem CI um nichts anderes als Kosten, die letztlich dem Fonds in Rechnung gestellt werden. Nach dem bei der Auslegung des Wert-Kriteriums gefundenen Ergebnis müsste die KVG die Ausgestaltung aller Kosten- und damit auch Vergütungsregelungen unter konkreter Berücksichtigung des Werts des Investmentvermögens vornehmen. Tatsächlich ist dieses Kriterium in einigen Punkten jedoch aus Anlegerschutzgesichtspunkten teleologisch zu reduzieren, was bei der nachfolgenden Darstellung einzelner, ausgewählter Kostenpositionen gesehen wird.

(1) Laufende Vergütungen

Bei laufenden Vergütungen rekurriert die BaFin richtigerweise auf den NAV als Bemessungsgrundlage,[1194] da sie dadurch „Zombie-Portfolios"[1195] verhindert, bei denen eine hohe jährliche Management Fee ohne korrespondierenden Verwaltungsaufwand anfällt. Ohnehin ist für die laufenden Kosten in den wesentlichen Anlegerinformationen nach § 270 Abs. 1 i.V.m. § 166 Abs. 5 Satz 3 KAGB eine Gesamtkostenquote im Verhältnis zum durchschnittlichen NAV des AIF auszuweisen. Fungierte das Zeichnungskapital als Bemessungsgrundlage, wäre das unangemessen, wenn der NAV deutlich unter der Einlage läge.[1196] Demgegenüber ermögliche der NAV als Maßstab eine Bindung an die Wertentwicklung sowie die Marktgegebenheiten und führe zu einer Teilhabe der KVG an den Risiken des Geschäfts.[1197] Alternativ zur Bemessungsgrundlage allein in Gestalt des durchschnitt-

---

[1191] Vgl. Vorgaben in § 266 Abs. 2 i.V.m. ausgewählten Bestimmungen in § 162 Abs. 2 KAGB.

[1192] *BaFin* vom 30.9.2014, Musterbausteine für Kostenklauseln geschlossener Publikumsinvestmentvermögen, WA 41-Wp-2137-2013/0026, S. 5 ff.

[1193] 5. Teil, B.V.

[1194] *BaFin* vom 30.9.2014, Musterbausteine für Kostenklauseln geschlossener Publikumsinvestmentvermögen, WA 41-Wp-2137-2013/0026, S. 5; krit. *Busse*, in: FrankKomm, KapAnlR Bd. 1, § 266 KAGB Rn. 84 ff.

[1195] *Boxberger*, in: Dornseifer/Jesch/Klebeck/Tollmann, AIFM-RL, Art. 13 Rn. 42.

[1196] *BaFin* vom 2.10.2014, Kostenklauseln, Prüfung von Kostenregelungen in den Anlagebedingungen von Investmentvermögen, S. 14. So auch *Boxberger*, in: Dornseifer/Jesch/Klebeck/Tollmann, AIFM-RL, Art. 13 Rn. 42: Nur Bezugsgröße des tatsächlich investierten Kapitals sei geeignet, Interessenkonflikten vorzubeugen.

[1197] *BaFin* vom 2.10.2014, Kostenklauseln, Prüfung von Kostenregelungen in den Anlagebedingungen von Investmentvermögen, S. 14.

lichen NAV können zusätzlich noch die an die Anleger geleisteten Auszahlungen hinzugezogen werden, maximal aber 100 Prozent des von den Anlegern gezeichneten Kommanditkapitals.[1198] Im Fall von Private Equity ist dabei als Begründung die Vermeidung von Fehlanreizen, die Veräußerung von Vermögensgegenständen bzw. die Ausschüttung der Erlöse zum Nachteil der Anlegerinteressen hinauszuzögern, anzugeben.[1199] Diese von der BaFin zugesprochene Optionalität wird hier nicht geteilt. Denn die von der BaFin lediglich als Alternative vorgeschlagene Regelung ist letztlich die einzige Möglichkeit, dem besagten Interessenkonflikt zu begegnen. Es besteht keine Wahlmöglichkeit zwischen verbindlichem Interessenkonfliktmanagement inklusive Prävention einerseits und Offenlegung qua § 27 Abs. 4 KAGB andererseits.[1200]

(2) Transaktionsgebühren

Nach dem Verständnis der BaFin soll die Transaktionsgebühr sämtliche in Verbindung mit dem Transaktionsvorgang entstandenen Aufwendungen abdecken.[1201] Transaktionsgebühren nach Lesart der BaFin sind Gebühren in Höhe eines bestimmten Prozentsatzes X des Kaufpreises bzw. Verkaufpreises des Vermögensgegenstands, auch bei Einbindung einer die Vermögensgegenstände haltenden Objektgesellschaft, die gegenüber dem Fonds selbst verlangt werden. Im Segment Private Equity werden Transaction Fees indes direkt mit den einzelnen Portfoliounternehmen vereinbart. Letztere sind nach der hier vertretenen Auffassung nunmehr ohnehin unzulässig.[1202] Die BaFin ist aber auch offen für eine andere Bemessungsgrundlage.[1203] Eine Bezugnahme auf den NAV wäre nicht nachvollziehbar, sogar vielmehr unangemessen. Es ist nicht einzusehen, wieso für die Transaktionsgebühr bei einem einzelnen Vermögensgegenstand auf den aggregierten NAV des Investmentvermögens abzustellen sein sollte. Dadurch würden die Kosten für die

---

[1198] *BaFin* vom 30.9.2014, Musterbausteine für Kostenklauseln geschlossener Publikumsinvestmentvermögen, WA 41-Wp-2137-2013/0026, S. 5; *Busse*, in: FrankKomm, KapAnlR Bd. 1, § 266 KAGB Rn. 93: Ausuferung der Kosten bei stabilem NAV und stabilen Ausschüttungen soll vermieden werden.

[1199] *BaFin* vom 30.9.2014, Musterbausteine für Kostenklauseln geschlossener Publikumsinvestmentvermögen, WA 41-Wp-2137-2013/0026, S. 5. Die daneben bestehende Begründungsmöglichkeit in Form des Hinweises auf laufende Abschreibungen bei „sich verzehrenden" Sachwerten ist für das Segment Private Equity mangels Sachwert-Eigenschaft der Vermögensgegenstände nicht relevant. Auch *Möllers/Hailer*, ZBB 2012, 178, 182 haben die Gefahr gesehen, dass der Fonds unnatürlich aufgebläht und das Kapital möglichst lange gebunden werde.

[1200] 6. Teil, B.II.4.b)bb).

[1201] *BaFin* vom 30.9.2014, Musterbausteine für Kostenklauseln geschlossener Publikumsinvestmentvermögen, WA 41-Wp-2137-2013/0026, S. 10.

[1202] 6. Teil, B.II.3.a)bb)(3)(b).

[1203] *BaFin* vom 2.10.2014, Kostenklauseln, Prüfung von Kostenregelungen in den Anlagebedingungen von Investmentvermögen, S. 21: „Einmalige Vergütung prozentual am Kaufpreis (o.a. Bemessungsgrundlage) bemessen".

Anleger gerade in die Höhe getrieben. Bei Lichte besehen postuliert der Anleger-schutz in dieser Konstellation damit eine zwingende Außerachtlassung des Werts des Investmentvermögens als Bemessungsgrundlage. § 26 Abs. 5 KAGB ist insoweit teleologisch zu reduzieren.

(3) Erfolgsabhängige Vergütungen

Die BaFin hält zwei Alternativen für die Gestaltung erfolgsabhängiger Vergü-tungen bereit,[1204] wobei die Zulässigkeit der Ausschüttung eines CI unter den Vor-behalt der steuerlichen Anerkennung gestellt wird.[1205] Beiden Alternativen ist ge-mein, dass die erfolgsabhängige Vergütung nur *zugunsten der AIF-KVG* vereinbart werden darf.[1206] Deshalb ist auch nur die Rede von einem Anspruch für die AIF-KVG.[1207] Steuerlich anerkannter CI darf in Form von Ausschüttungen „an die AIF-KVG"[1208] ausgekehrt werden. Konsequent ist die Feststellung in dem begleitenden Seminar zu den Kostenklauseln, wonach eine „Auszahlung nur an [Anm.: die] KVG"[1209] zur freien Verfügung erfolgen dürfe. Es wurde bereits an anderer Stelle herausgearbeitet, dass sich bei konsequenter Anwendung dieser Verwaltungspraxis der CI außerhalb der Vergütungsregulierung bewegen würde. Hier ist unter Rückgriff auf die Ansicht der ESMA zu intervenieren: Eine Zahlung an den AIFM unterliegt ebenso der Vergütungsregulierung, wenn diese Zahlung letztlich *zugunsten der KVG-Mitarbeiter* erfolgt.[1210] Den beiden Alternativen ist zudem gemein, dass eine erfolgsabhängige Vergütung in Bezug auf die Wertentwicklung einzelner Vermö-gensgegenstände unzulässig ist und stets nur die Gesamtbilanz zählt.[1211]

In der Alternative A kann die KVG je ausgegebenen Anteil eine erfolgsabhängige Vergütung in Höhe von bis zu X Prozent (Höchstbetrag) des Betrags erhalten, um den der Anteilwert am Ende der Abrechnungsperiode unter Berücksichtigung bereits aus Ausschüttungen geleisteter Zahlungen die gezeichnete Kommanditeinlage zuzüg-lich einer jährlichen Verzinsung von X Prozent übersteigt (absolut positive Anteil-wertentwicklung), jedoch insgesamt höchstens bis zu X Prozent des durchschnitt-lichen NAV der Gesellschaft in der Abrechnungsperiode.[1212] Die Abrechnungspe-riode beginnt mit der Auflage des Investmentvermögens und ist nach der Veräu-

---

[1204] *BaFin* vom 30.9.2014, Musterbausteine für Kostenklauseln geschlossener Publi-kumsinvestmentvermögen, WA 41-Wp-2137-2013/0026, S. 10.

[1205] Zur Besteuerung des CI s. 5. Teil, A.II.2.b).

[1206] *BaFin* vom 30.9.2014, Musterbausteine für Kostenklauseln geschlossener Publi-kumsinvestmentvermögen, WA 41-Wp-2137-2013/0026, S. 11.

[1207] Ebd, S. 10.

[1208] Ebd, S. 2.

[1209] *BaFin* vom 2.10.2014, Kostenklauseln, Prüfung von Kostenregelungen in den Anla-gebedingungen von Investmentvermögen, S. 25.

[1210] 5. Teil, B.V.

[1211] *BaFin* vom 30.9.2014, Musterbausteine für Kostenklauseln geschlossener Publi-kumsinvestmentvermögen, WA 41-Wp-2137-2013/0026, S. 11.

[1212] Ebd., S. 10.

ßerung der Vermögensgegenstände beendet.[1213] Die Abrechnungsperiode ist daher mit der Fondslaufzeit gleichzusetzen.[1214] Abrechnung und Entnahme der erfolgsabhängigen Vergütung sind erst nach Ende der Fondslaufzeit nach Veräußerung der Vermögensgegenstände zulässig.[1215] Anteilige Vorschüsse oder Regelungen zur laufenden Abführung von erfolgsabhängigen Vergütungen ab Erreichen bestimmter Ausschüttungsbeträge sind daher verboten.[1216] Die Referenz auf den Prozentanteil des durchschnittlichen NAV dient als Höchstgrenze für die zuvor bestimmte Höhe der erfolgsabhängigen Vergütung.[1217]

In der Alternative B hat die KVG einen Anspruch auf eine erfolgsabhängige Vergütung, wenn zum Berechnungszeitpunkt kumulativ erfüllt ist, dass (a) die Anleger Auszahlungen in Höhe ihrer geleisteten Einlagen[1218] erhalten haben, wobei die Haftsumme erst im Rahmen der Liquidation ausgekehrt wird, und (b) die Anleger darüber hinaus Auszahlungen in Höhe einer durchschnittlichen jährlichen Verzinsung von X Prozent bezogen auf ihre geleisteten Einlagen für den Zeitraum von der Auflage des Investmentvermögens bis zum Berechnungszeitpunkt erhalten haben.[1219] Danach besteht ein Anspruch auf erfolgsabhängige Vergütung für die KVG in Höhe von X Prozent aller weiteren Auszahlungen aus Gewinnen der Gesellschaft.[1220] Hier ist nicht mehr die Rede von einer der Fondslaufzeit entsprechenden Abrechnungsperiode, sondern allein von dem Berechnungszeitpunkt. Laufende Entnahmen sind daher unter Einhaltung der obigen Auszahlungsvoraussetzungen möglich. Alternative B ist damit auf Fonds mit Ausschüttungen vor Laufzeitende zugeschnitten. Der jeweilige Anspruch auf erfolgsabhängige Vergütung wird dabei jeweils zum Ende des Wirtschaftsjahres, spätestens nach der Veräußerung aller Vermögensgegenstände, zur Zahlung fällig.[1221] Anders als bei Alternative A existiert hier keine Höchstgrenze in Prozent des Durchschnitts-NAV. Angesichts dessen kann Alternative B im Ergebnis attraktiver als Alternative A sein.

[1213] Ebd.

[1214] *BaFin* vom 2.10.2014, Kostenklauseln, Prüfung von Kostenregelungen in den Anlagebedingungen von Investmentvermögen, S. 24.

[1215] *BaFin* vom 30.9.2014, Musterbausteine für Kostenklauseln geschlossener Publikumsinvestmentvermögen, WA 41-Wp-2137-2013/0026, S. 11.

[1216] Ebd.

[1217] *BaFin* vom 2.10.2014, Kostenklauseln, Prüfung von Kostenregelungen in den Anlagebedingungen von Investmentvermögen, S. 24.

[1218] Keine Voraussetzung ist somit die vollständige Rückzahlung der gezeichneten Einlagen. Die gezeichneten Kommanditeinlagen werden in den Musterbausteinen stets als solche bezeichnet (s. Alternative A und S. 3 und 4).

[1219] *BaFin* vom 30.9.2014, Musterbausteine für Kostenklauseln geschlossener Publikumsinvestmentvermögen, WA 41-Wp-2137-2013/0026, S. 10.

[1220] Ebd.

[1221] *BaFin* vom 2.10.2014, Kostenklauseln, Prüfung von Kostenregelungen in den Anlagebedingungen von Investmentvermögen, S. 25.

Vergleicht man beide Modelle, fällt die unterschiedliche Strukturierung im Hinblick auf die Berücksichtigung des NAV auf. Letztere mag man bei Alternative A unter Rekurs auf das Wert-Kriterium erklären können. Im nächsten Schritt ist dann die Frage aufgeworfen, wieso die das Wert-Kriterium nicht berücksichtigende Alternative B überhaupt als Kostenklausel wählbar ist. Das lässt sich damit beantworten, dass dem Postulat des Anlegerschutzes aufgrund der zwingend notwendigen Rückzahlung der geleisteten Einlagen zuzüglich vereinbarter Hurdle Rate bereits Genüge getan ist. Ebendies führt jedoch gleichzeitig zu der Annahme, dass die unterschiedliche Handhabe beider Alternativen in Ansehung der Vereinbarung einer Höchstgrenze unverständlich ist. Denn bei beiden Modellen ist die Zahlung einer erfolgsabhängigen Vergütung zum jeweiligen Auszahlungszeitpunkt letztlich nur berechtigt, wenn das Investorenkapital zuzüglich Hurdle Rate zurückgezahlt werden kann. Dem Anlegerschutz ist damit hinreichend Rechnung getragen. Für eine Berücksichtigung einer aus dem Wert-Kriterium abzuleitenden Höchstgrenze besteht aus Anlegerschutzgesichtspunkten keine Notwendigkeit mehr. Gründe für eine Rechtfertigung der Ungleichbehandlung sucht man vergebens. So bleibt in beiden Konstrukten die Haftsumme bzw. eine korrespondierende Haftung bei Einlagenrückgewähr (selbst bei Rückgewähr ohne Zustimmung des Anlegers)[1222] bis zum Zeitpunkt der Liquidation erhalten; der Gläubigerschutz ist insoweit nicht tangiert. Die beiden Modelle unterscheiden sich sonst nur hinsichtlich des Abrechnungszeitpunkts und der laufenden Entnahmen. Beides ist kein sachlicher Rechtfertigungsgrund. Im Ergebnis ist die Alternative B nicht mit derselben Begrenzung zu modifizieren, sondern Alternative A ist vielmehr um ebenjene zu bereinigen. Die Höchstgrenze ist ein auf die anlegerschützenden AIF-Vergütungsstrukturen nicht übertragbares Charakteristikum aus dem Bereich der OGAWs, das dort sowohl bei dem Modell der absolut positiven Anteilwertentwicklung als auch bei dem Maßstab der Outperformance gegenüber einem Vergleichsindex stets vorgesehen ist.[1223] Der Konflikt wird indes entschärft, wenn man bedenkt, dass die tatsächliche Festlegung der Höhe der Vergütung, mithin auch die Höhe des Höchstbetrags, als wirtschaftliche Entscheidung der Kontrolle der BaFin entzogen ist.

ee) Anwendung auf Verwalter von Spezial-AIFs

Die oben beschriebene Verwaltungspraxis der BaFin gilt nur für geschlossene Publikums-AIFs, da die Anlagebedingungen von Spezial-AIFs nicht genehmigt werden, sondern der BaFin nur vorzulegen sind.[1224] Überdies dürfen an Verwalter von Publikums-AIFs über den Mindeststandard für Spezial-AIFs hinaus strengere Voraussetzungen gestellt werden. Eingedenk der Verhandlungen zwischen Investoren und Private Equity-Gesellschaft wird in der Literatur vertreten, dass die so ausge-

---

[1222] 5. Teil, B.II.2.a)ee)(2)(b).

[1223] *BaFin* vom 4.9.2012, Musterbaustein für Kostenregelung von Sondervermögen (ohne Immobilien-Sondervermögen) S. 6 ff.

[1224] § 273 Satz 2 KAGB.

handelten Kostenpositionen nicht unangemessen sein können und der Gesetzgeber nicht in die Vertragsfreiheit der Anleger eingreifen wollte.[1225] Mit der bereits herausgearbeiteten Indisponibilität auch von Normen, die wie § 26 Abs. 5 KAGB nicht auf die AIFM-RL zurückgehen, ist dieses Rechtsverständnis unvereinbar;[1226] das Regulierungsrecht gibt den Rahmen der Verhandlungen vor. § 26 Abs. 5 KAGB gilt auch für KVGs, die Spezial-AIFs verwalten. Die Konsequenz dessen ist, dass der Wert des Investmentvermögens bei der Ausgestaltung der Kostenregelungen konkret zu berücksichtigen ist. Die Anlegerstruktur kann schon dann keine Unterschiede rechtfertigen, wenn dadurch überzogene Kosten zu gewärtigen wären und man sich in der Folge in Widerspruch zu Art. 17 Abs. 2 AIFM-VO begäbe, der per se nur den Bereich der Spezial-AIFs adressiert. Überzogene Kosten können und sollen nach dem nationalen Sonderweg indes auch im Bereich der Spezial-AIFs durch eine konkrete Berücksichtigung des NAV vermieden werden; sie wurden bisher von den Anlegern womöglich lediglich aus anderen Gründen bzw. Konditionen (etwa eine Anrechnung diverser Gebühren auf andere Gebühren) gebilligt. So sind unangemessene Gebühren unter Berücksichtigung des Werts des Investmentvermögens *und* der Anlegerstruktur zu vermeiden. Würde man im Bereich der Spezial-AIFs auf das Wert-Erfordernis bei der konkreten Ausgestaltung der Gebühren verzichten, würden die beiden Voraussetzungen nicht mehr kumulativ erfüllt. Der Systematik des § 26 Abs. 5 KAGB wird es vielmehr nur gerecht, wenn im Rahmen der Ausgestaltung der Gebühren hinterfragt wird, ob und inwiefern die Anlegerstruktur eine unterschiedliche, sich in den Grenzen der Angemessenheit bewegende Ausgestaltung einzelner Elemente *abgesehen* von der konkreten Berücksichtigung des Werts des Investmentsvermögens rechtfertigt.

c) Anwendung auf bisherige LBO-typische Vergütungsstrukturen

Untersuchungsgegenstand sind im Folgenden nur die elementaren Vergütungs- bzw. Gebührenregelungen in Gestalt der Management Fee, des CI und des Cash Bonus. Direkt mit den Portfoliounternehmen vereinbarte Gebühren wie die Monitoring oder Transaction Fee wurden bereits in Verbindung mit den Anreizstrukturen behandelt[1227] und unterliegen weder der Vergütungsregulierung aus § 37 KAGB noch dem Maßstab aus § 26 Abs. 5 KAGB.

aa) Management Fee

Die Management Fee ist die zentrale, regelmäßige Einnahmequelle für die Fondsverwalter. Sie wird für die typischen Verwaltungstätigkeiten wie die Prüfung und Kontrolle der Beteiligungen, das Berichtswesen, die Kapitalabrufe und die

---

[1225] *Swoboda*, in: Weitnauer/Boxberger/Anders, KAGB, § 26 Rn. 37.
[1226] 6. Teil, B.I.2.c).
[1227] 6. Teil, B.II.3.a)bb)(3).

Betreuung der Anleger entrichtet.[1228] Die Höhe dieser Gebühr differiert je nach Fonds. Die Zahlung erfolgt regelmäßig vierteljährlich im Voraus.[1229] Irritierend sind jedenfalls die unterschiedlichen Angaben über die Bemessungsgrundlage. So soll die Management Fee im Bereich von ein bis drei Prozent entweder des Zeichnungs-kapitals (Committed Capital)[1230] oder des investierten Kapitals[1231] liegen. Dadurch wird ein falscher Eindruck von der tatsächlichen Vergütungsstruktur vermittelt, die in der Praxis flexibel ausgestaltet ist.[1232] So ist die Bezugsgröße des Committed Capital nur während der in der Regel fünf jährigen Investitionsphase maßgeblich. Danach findet ein Step Down statt. Die Referenzbasis für die Management Fee kann im Anschluss das investierte und noch nicht an die Investoren zurückgezahlte Kapital sein,[1233] also die Akquisitionskosten der noch gehaltenen Investments[1234]. Alternativ könnte sich die Management Fee auch auf das nicht abgerufene Kapital zuzüglich der Akquisitionskosten für die noch gehaltenen Investments beziehen.[1235] Auf den mit dieser Gebührenstrukturierung einhergehenden Interessenkonflikt – aus Manager-sicht besteht zunächst ein Anreiz, das Zeichnungskapital zu maximieren, um ent-sprechend höhere Gebühren zu generieren – wurde bereits aufmerksam gemacht.[1236]

[1228] 5. Teil, A.I.1.

[1229] *Invest Europe*, Handbook vom November 2015, Professional Standards, Sec. 3 Glossary „Management fee(s) or Priority profit share".

[1230] *Sagasser*, in: Assmann/Schütze, Hdb. KapitalanlageR, § 27 Rn. 400; *Holzner*, Private Equity, der Einsatz von Fremdkapital und Gläubigerschutz, S. 45; *Veith*, in: FrankKomm, Private Equity, Kap. 1 Rn. 163: zwei bis drei % der von den Investoren eingelegten Summe; *Elser*, in: Beckmann/Scholtz/Vollmer, Investment-Hdb., Losebl. (Stand: 9/15), 420 § 18 InvStG Rn. 75: Fondsvolumen; *Kinzius*, in: Berens/Brauner/Strauch/Knauer, Due Diligence, S. 863, 868: Fondsvolumen; *Rudolph*, ZGR 2008, 161, 177; *BMF*, Schreiben vom 16. 12. 2003, IV A 6-S 2240-153/03, Einkommensteuerliche Behandlung von Venture Capital und Private Equity Fonds; Abgrenzung der privaten Vermögensverwaltung vom Gewerbebetrieb, Rn. 3, BStBl. 2004 I, S. 40 und BStBl. 2006 I, S. 632.

[1231] *Inhester/Herrmann*, in: MünchHdb. KG, § 26 Rn. 126; *Levedag*, in: MünchHdb. KG, § 71 Rn. 203; *Eitelwein et al.*, Private Equity Controlling, S. 7; European Commission, Report of the Alternative Investment Expert Group, S. 11.

[1232] *Jesch*, Private-Equity-Beteiligungen, S. 148: Im Vertrag sei Bemessungsgrundlage genau festzulegen: (1) Gesamtsumme der einzuzahlenden Gelder, (2) bereits eingezahlte Gelder, (3) bereits investierte Gelder oder (4) Gesamtwert des Portfolios. Gleichwohl würde man meist den Bezug auf die Gesamtsumme der einzuzahlenden Gelder nehmen.

[1233] *Boxberger*, in: Dornseifer/Jesch/Klebeck/Tollmann, AIFM-RL, Art. 13 Rn. 42; *ders.*, in: Weitnauer/Boxberger/Anders, KAGB, § 37 Rn. 19; *Weitnauer*, in: Weitnauer, Hdb. VC, B. Rn. 104; *Boué/Kehlbeck/Leonhartsberger-Heilig*, Basiswissen Private Equity, Abschn. 6.2.; *IOSCO*, Private Equity Conflicts of Interest, FR 11/10, S. 9; *Metrick/Yasuda*, The Economics of Private Equity Funds, S. 9.

[1234] *Invest Europe*, Handbook vom November 2015, Professional Standards, Sec. 3 Glossary „Management fee(s) or Priority profit share"; *Invest Europe* vom 23. 10. 2015, Response to ESMA Consultation Paper: „Guidelines on sound remuneration policies under the UCITS Directive and AIFMD", S. 3.

[1235] *FSA*, Private equity: a discussion of risk and regulatory engagement, S. 24; *Tasma*, Leveraged Buyout und Gläubigerschutz, S. 50.

[1236] 6. Teil, B.II.4.b)cc)(1).

Die Vergütungsregulierung gibt zwar für die Beurteilung der Zulässigkeit einer Gebühr im Verhältnis von AIF zu externem AIFM grundsätzlich keinen Aufschluss. Doch greift die Vergütungsregulierung nach der hier geteilten Auslegung der ESMA ein, wenn die Zahlung letztlich zugunsten der KVG-Mitarbeiter erfolgt.[1237] Eben dies trifft auf die Management Fee zu, die durchaus an die eigenen Gesellschafter/Mitarbeiter ausgeschüttet bzw. als Fest- oder variables Gehalt[1238] ausgezahlt wird. Zwar ist das nicht ihr ausschließlicher Verwendungszweck, da mit ihr auch z. B. die Kosten für Büroräume und Reisekosten gedeckt werden.[1239] Doch wird die Management Fee als Gesamtpaket vereinbart, sodass eine weitergehende Differenzierung weder indiziert noch praktikabel erscheint. Intern verwaltete AIFs sind hingegen selbst Adressaten der Vergütungsregulierung.[1240] Die Management Fee steht bei internen AIFMs damit zunächst dem AIF(M) zu und wird im nächsten Schritt in der Regel an eine Gesellschaft (z. B. Komplementär-GmbH oder Management GmbH) gezahlt.[1241] Letztere ist zwar keine zum Eingreifen der Vergütungsregulierung erforderliche natürliche Person; doch darf es im Hinblick auf die Anwendung der Vergütungsregulierung im Ergebnis keinen Unterschied machen, ob der AIF intern oder extern verwaltet wird, wenn die Management Fee letztlich stets (auch) zugunsten der AIFM-Mitarbeiter verwendet wird. In der Literatur werden Geschäftsführer der Komplementär-GmbH ohnehin als identifizierte Mitarbeiter eingeordnet.[1242] Die dem AIF(M) zustehende Management Fee dürfte aber in Ansehung ihrer festen, erfolgsunabhängigen Bezugsgröße ohne Weiteres mit den Vorgaben aus Anhang II Abs. 1 AIFM-RL zu vereinbaren sein.[1243] Insbesondere können sämtliche Vorgaben für erfolgsabhängige Vergütungen ignoriert werden. Zu unbotmäßigen Risiken wird nicht animiert. Hiervon zu trennen ist letztlich die Frage nach der Vereinbarkeit der einzelnen Zahlung an den AIFM-Mitarbeiter. Die in diesem Verhältnis relevanten Cash Boni werden noch gesondert gewürdigt.

[1237] Vgl. bereits ausführlich 5. Teil, B.V.

[1238] *Boxberger*, in: Dornseifer/Jesch/Klebeck/Tollmann, AIFM-RL, Art. 13 Rn. 41; *Invest Europe* vom 23.10.2015, Response to ESMA Consultation Paper: „Guidelines on sound remuneration policies under the UCITS Directive and AIFMD", S. 3, 6, 13, 16; *EVCA* (nun: Invest Europe) vom 27.9.2012, Response to ESMA Consultation Paper: Guidelines on sound remuneration policies under the Alternative Investment Fund Managers Directive (AIFMD), 28 June 2012, ESMA/2012/406, S. 5 Rn. 18, S. 16 Rn. 67.

[1239] *Invest Europe* vom 23.10.2015, Response to ESMA Consultation Paper: „Guidelines on sound remuneration policies under the UCITS Directive and AIFMD", S. 3, 6.

[1240] *Möllers/Hailer*, ZBB 2012, 178, 192; *Boxberger/Klebeck*, BKR 2013, 441, 443; *Rieble*, in: FrankKomm, KapAnlR Bd. 1, § 37 KAGB Rn. 34.

[1241] *Boxberger/Klebeck*, BKR 2013, 441, 446; *Boxberger*, in: Dornseifer/Jesch/Klebeck/Tollmann, AIFM-RL, Art. 13 Rn. 40; *ders.*, in: Weitnauer/Boxberger/Anders, KAGB, § 37 Rn. 19; *Volhard/Kruschke*, DB 2011, 2645, 2646. Vgl. auch 5. Teil, A.I.1.

[1242] *Boxberger/Klebeck*, BKR 2013, 441, 444; *Boxberger*, in: Weitnauer/Boxberger/Anders, KAGB, § 37 Rn. 7; *Rieble*, in: FrankKomm, KapAnlR Bd. 1, § 37 KAGB Rn. 36.

[1243] So bei *Boxberger*, in: Dornseifer/Jesch/Klebeck/Tollmann, AIFM-RL, Art. 13 Rn. 42; *ders.*, in: Weitnauer/Boxberger/Anders, KAGB, § 37 Rn. 20; *Weitnauer*, in: Weitnauer, Hdb. VC, B. Rn. 104.

Die Management Fees in ihrer bisherigen Ausgestaltung können aber unter Geltung der neuen regulatorischen Vorgaben aus § 26 Abs. 5 KAGB nicht mehr beibehalten werden. Das ist auf den hier zwingenden § 26 Abs. 5 KAGB i.V.m Art. 17 Abs. 2 AIFM-VO und im Fall von Publikums-AIFs auf die zusätzlich zu beachtende Verwaltungspraxis der BaFin zu den Musterbausteinen für Kostenklauseln zurückzuführen. Bei der neuen Modellierung ist nun – gleich ob Publikums- oder Spezial-AIF – der Wert des Investmentvermögens zu berücksichtigen. Das erfordert einen konkreten Einbezug in die Ausgestaltung der Gebührenregelung. Dieser neuen Vorgabe kann nur durch Anpassung der Bemessungsgrundlage entsprochen werden. Der Rekurs etwa während der Investitionsphase auf das Committed Capital ist nicht mehr zulässig. Dieses Ergebnis kommt in gleicher Weise für KVGs im Anwendungsbereich von § 2 Abs. 5 KAGB zum Tragen. Im Bereich der Publikums-AIFs ist es nach der BaFin optional, ob zur Bemessungsgrundlage allein in Gestalt des durchschnittlichen NAV im jeweiligen Geschäftsjahr zusätzlich noch die an die Anleger geleisteten Auszahlungen hinzugezogen werden, maximal aber 100 Prozent des von den Anlegern gezeichneten Kommanditkapitals. Für Spezial-AIFs dürfte – folgte man der Ansicht der BaFin – nichts anderes gelten, weil ihre Verwalter sonst strenger reguliert würden als die der Publikums-AIFs. Nach hier vertretener Auffassung hingegen ist eine solche ergänzende Regelung als Maßnahme des *verbindlichen* Interessenkonfliktmanagements bei Publikums-AIFs und Spezial-AIFs sogar zwingend.[1244]

bb) Carried Interest

Der CI ist eine gemessen an der kapitalmäßigen Beteiligung des Carry-Vehikels disproportionale Beteiligung von 20 Prozent an den Gewinnen des LBO-Fonds und wird nach Maßgabe von lange Zeit praktizierten Verteilungsregeln (sog. Distribution Waterfall) ausgezahlt. Üblicherweise wird er erst dann gewährt, wenn die Investoren ihre Einlagen zuzüglich einer bestimmten Mindestverzinsung des Investorenkapitals (sog. Hurdle Rate) von branchenüblichen sieben bis zehn Prozent zurückerhalten haben.[1245] Ist der vorgenannte Schwellenwert erreicht, beginnt die Catch up-Phase, in der dem Management bevorzugt die weiteren Ausschüttungen zugewiesen wer-

---

[1244] Vgl. bereits 6. Teil, B.II.7.b)dd)(1).

[1245] *Tasma*, Leveraged Buyout und Gläubigerschutz, S. 51; *Holzner*, Private Equity, der Einsatz von Fremdkapital und Gläubigerschutz, S. 45; *Sagasser*, in: Assmann/Schütze, Hdb. KapitalanlageR, § 27 Rn. 400, 457; *Inhester/Herrmann*, in: MünchHdb. KG, § 26 Rn. 127; *Kind*, in: Lüdicke/Arndt, Geschlossene Fonds, S. 422; *Boué/Kehlbeck/Leonhartsberger-Heilig*, Basiswissen Private Equity, Abschn. 6.2.: hier werden sogar zwölf % genannt; *Boxberger*, in: Jesch/Striegel/Boxberger, Rechtshdb. Private Equity, § 6 Abschn. 3.6.; *Möllers/Hailer*, ZBB 2012, 178, 181; *Veith*, in: FrankKomm, Private Equity, Kap. 1 Rn. 110, 163; *Eidenmüller*, ZHR 171 (2007), 644, 650; *FSA*, Private equity: a discussion of risk and regulatory engagement, S. 24; ausführlich *Volhard/Kruschke*, DB 2011, 2645, 2647.

den.[1246] Regelmäßig steht der verbleibende Gewinn deshalb zunächst so lange in der Höhe eines definierten Anteils (branchenüblich sind 80 bis 100 Prozent) dem Management zu, bis eine Gesamtgewinnverteilung von in der Regel 80 zu 20 Prozent (Investor/Management) erreicht ist.[1247] Alle weiteren Gewinne werden zu 20 Prozent (= CI) an das Management und zu 80 Prozent an die Fondsinvestoren ausgeschüttet.[1248] Es gibt aber Unterschiede bei den Berechnungszeitpunkten und Auszahlungsvoraussetzungen. So setzt das im europäischen Raum vorherrschende sog. Fund as a whole-Modell voraus, dass es vor der Zahlung des CI zu einer Rückzahlung des (vollständig) gezeichneten Kapitals kommt; in der Folge wird erst am Ende der Fondslaufzeit abgerechnet, sofern der Umfang der bisherigen Rückflüsse nicht bereits früher eine Auszahlung von CI erlaubt.[1249] Demgegenüber erfolgt eine Abrechnung bei den amerikanischen Deal by Deal-Modellen nach jeder Transaktion;[1250] bisweilen kann das (letztlich „unechte") Deal by Deal-Modell aber auch bloß zu Abschlagszahlungen und einer Zwischenabrechnung (ggf.) mit späterer Nachforderung führen, wenn weiterhin an das gezeichnete Kapital als maßgebliche Größe für die Rückzahlung des Investorenkapitals angeknüpft wird[1251]. Ein Modell zwischen Fund as a whole und Deal by Deal bietet das Konzept der Full Repayment of Capital Contribution; hier müssen die bereits geleisteten Kapitalbeiträge zurückgezahlt worden sein.[1252] Letzteres legt (offenbar) auch die BaFin in ihren Musterbausteinen für Kostenklauseln sowie in ihrer Verwaltungspraxis zur Frage, ob eine Carry-KG als semiprofessionelle Anlegerin zu qualifizieren ist, zugrunde. Bei den Carry-Modellen kann sich im Zuge der Liquidation des Fonds herausstellen, dass den Anlegern entgegen des vereinbarten Distribution Waterfall nicht der ihnen zustehende Betrag ausgezahlt wurde.[1253] Hier sorgen sog. Clawback-Regelungen für einen Berichtigungsmechanismus;[1254] für eine entsprechende Überprüfung ist nun die

---

[1246] *Jesch*, in: Baur/Tappen, Investmentgesetze, § 1 KAGB Rn. 104; *Invest Europe*, Handbook vom November 2015, Professional Standards, Sec. 3 Glossary „Carried Interest".

[1247] Beispiel bei *Metrick/Yasuda*, The Economics of Private Equity Funds, S. 11.

[1248] *Elser*, in: Beckmann/Scholtz/Vollmer, Investment-Hdb., Losebl. (Stand: 9/15), 420 § 18 InvStG Rn. 76.

[1249] *Faigle*, Die Besteuerung des Carried Interests von Private Equity Fonds, S. 30.

[1250] *Jesch*, RdF 2014, 180, 182; *Boxberger*, in: Dornseifer/Jesch/Klebeck/Tollmann, AIFM-RL, Art. 13 Rn. 57; *Faigle*, Die Besteuerung des Carried Interests von Private Equity Fonds, S. 30 f.; *Behrens*, FR 2004, 1211, 1218.

[1251] *Faigle*, Die Besteuerung des Carried Interests von Private Equity Fonds, S. 31; *Behrens*, FR 2004, 1211, 1218; *Boxberger*, in: Jesch/Striegel/Boxberger, Rechtshdb. Private Equity, § 6 Abschn. 3.6.3.1.

[1252] *Faigle*, Die Besteuerung des Carried Interests von Private Equity Fonds, S. 31; *Wiesbrock*, in: Jesch/Striegel/Boxberger, Rechtshdb. Private Equity, § 18 Abschn. 2.3.4.1.

[1253] *Jesch*, in: Baur/Tappen, Investmentgesetze, § 1 KAGB Rn. 106.

[1254] *Boxberger*, in: Dornseifer/Jesch/Klebeck/Tollmann, AIFM-RL, Art. 13 Rn. 52; *Jesch*, in: Baur/Tappen, Investmentgesetze, § 1 KAGB Rn. 106; *Volhard/Kruschke*, DB 2011, 2645, 2647; *Invest Europe*, Handbook vom November 2015, Professional Standards, Sec. 3 Glossary „Clawback".

Verwahrstelle zuständig[1255]. Aus diesem Grund wird ein Teil des CI regelmäßig auf ein dafür vorgesehenes Treuhandkonto hinterlegt.[1256]

Die Frage nach der Zukunft des CI ist im Vergleich zur Management Fee weitaus mehr in das Bewusstsein der Literatur nach Verabschiedung der AIFM-RL gerückt. Während sich die Auseinandersetzungen im Geburtsjahr der AIFM-RL in dem Hinweis erschöpften, dass die Auswirkungen auf den CI zunächst offen seien,[1257] können die anfänglichen Unklarheiten nunmehr aufgelöst werden. Es wurde bereits aufgezeigt, dass die Ausgestaltung des CI trotz aller Irritationen im Hinblick auf das Personenverhältnis, in dem er gezahlt wird, nicht nur an der Vergütungsregulierung zu messen ist, sondern auch an den Vorgaben für Kostenregelungen.[1258] Zunächst muss der CI deshalb compliant mit Anhang II AIFM-RL, diese flankiert um die ESMA Guidelines, vereinbart werden. Die Vergütungsregulierung findet nach der Differenzierung der ESMA aber nur Anwendung, soweit es nicht infolge eines Co-Investment um die bloße Gewinnbeteiligung aufgrund eigener, am AIF gehaltener Anteile geht.[1259] Steht hingegen eine für die Vergütungsregulierung relevante Struktur im Raum, sei laut der ESMA zwar zwingend eine Einzelfallprüfung vorzunehmen.[1260] Der überwiegende Anteil an Anforderungen (i. e. die materiellen Anforderungen an die Risikoausrichtung der variablen Vergütung, das Zuerkennungsverfahren und das Auszahlungsverfahren) werde aber eingehalten, sofern es vor Zahlung der variablen Vergütung an die identifizierten Mitarbeiter des AIFM zuerst zu einer Vollrückzahlung des *eingebrachten* Investorenkapitals zuzüglich einer (gegebenenfalls) vereinbarten Hurdle Rate komme und die variable Vergütung bis zur Auflösung des AIF Rückforderungsvereinbarungen unterliege.[1261] Der CI wird hier zwar keineswegs namentlich genannt. Die ESMA nimmt mit ihren Voraussetzungen aber Bezug auf den bereits dargestellten Distribution Waterfall bei CI-Strukturen im Bereich Private Equity.[1262] Angesprochen ist indes offenbar nur die CI-Verteilung nach dem Modell Full Repayment of Capital Contribution („eingebracht" bzw. „contributed").[1263] Der Anlegerschutz ist jedoch bei Fund as a whole- sowie

---

[1255] § 83 Abs. 7 KAGB i. V. m. Art. 97 Abs. 1 lit. c AIFM-VO.

[1256] *Boxberger*, in: Dornseifer/Jesch/Klebeck/Tollmann, AIFM-RL, Art. 13 Rn. 53; *ders.*, in: Jesch/Striegel/Boxberger, Rechtshdb. Private Equity, § 6 Abschn. 3.6.3.1.

[1257] *Spindler/Tancredi*, WM 2011, 1393, 1405; *Weitnauer*, BKR 2011, 143, 145; strenger hingegen *Weiser/Jang*, BB 2011, 1219, 1222: einiges Umdenken erforderlich.

[1258] Für die Vergütungsregulierung: 5. Teil, B.V.; für die Vorgaben für Kosten: 6. Teil, B.II.7.b)dd).

[1259] ESMA/2013/232 vom 3. 7. 2013, Guidelines on sound remuneration policies under the AIFMD, Rn. 12 und 16.

[1260] Ebd., Rn. 159.

[1261] Ebd.

[1262] *Boxberger*, in: Dornseifer/Jesch/Klebeck/Tollmann, AIFM-RL, Art. 13 Rn. 50; *Weitnauer*, in: Weitnauer, Hdb. VC, B. Rn. 105.

[1263] Der ESMA unterscheidet durchaus zwischen Contribution und Commitment, s. ESMA/2013/232 vom 3. 7. 2013, Guidelines on sound remuneration policies under the AIFMD, Rn. 16. Krit. *EVCA* vom 27. 9. 2012, Response to ESMA Consultation Paper: Guidelines on sound

unechten Deal by Deal-Modellen (letztere aber nur bei Clawback und Treuhand-konto) gleichauf; diese Modelle sind ebenso einzubeziehen.[1264]

Der CI wird nach der Wertung der ESMA im Rahmen des Auszahlungsverfahrens selbst zu einer Art unbaren Vergütungsinstruments.[1265] Auf diesem Wege wird daher ohne Weiteres die in Anhang II Abs. 2 lit. m AIFM-RL dekretierte Anforderung, dass mindestens 50 Prozent der variablen Vergütung aus Anteilen des AIF oder gleichwertigen unbaren Instrumenten bestehen muss, erfüllt. Da die ESMA einen entlang des Distribution Waterfall gestalteten CI auch in Ansehung des sonstigen Auszahlungsverfahrens billigt, kommt der Rückstellungsverpflichtung eines Anteils der variablen Vergütung keine weitere Bedeutung zu. Das ist nachvollziehbar, da die Rückstellungsverpflichtung nach Maßgabe des Anhangs II AIFM-RL im Kontext einer Ex-post-Risikoanpassung zu sehen ist, die für den CI nicht mehr maßgeblich sein kann. Die ESMA nimmt jedoch nicht die Verpflichtung, ein angemessenes Verhältnis zwischen fester und variabler Vergütungsbestandteile zur Gesamtvergü-tung zu kreieren, in Bezug, sodass hier weiterer Argumentationsbedarf besteht.[1266] Bisweilen wird überlegt, ob der CI mangels fester Vergütungskomponente unzu-lässig sein könnte.[1267] Dem liegt aber das falsche Verständnis zugrunde, dass jede Vergütungskomponente aus variablen und festen Gehaltsbestandteilen bestehen müsste. Tatsächlich geht es dem Wortlaut nach allein um die Frage, ob bei der *Gesamtvergütung* feste und variable Bestandteile in einem angemessenen Verhältnis stehen. Insoweit ist festzuhalten, dass auch die Zahlung der Management Fee für Festgehälter der oder Ausschüttungen an die KVG-Mitarbeiter verwendet wird.[1268] Man mag zwar konstatieren, dass die Management Fee (möglicherweise) knapp bemessen ist und nur der Kostendeckung dient,[1269] weshalb der Fonds aus Mana-gersicht erst profitabel wird, sofern auch ein CI hinzutritt[1270]. Doch bereits in der

---

remuneration policies under the Alternative Investment Fund Managers Directive (AIFMD), 28 June 2012, ESMA/2012/406, S. 4 Rn. 13 ff.

[1264] Nicht jedoch echte Deal by Deal-Modelle, so auch *van Dam/Mullmaier*, in: Zetzsche, AIFMD, Chapt. 26 No. 3.8.

[1265] *Boxberger/Klebeck*, BKR 2013, 441, 448; *Boxberger*, in: Dornseifer/Jesch/Klebeck/Tollmann, AIFM-RL, Art. 13 Rn. 51; diesen Gedanken anführend bereits *Volhard/Kruschke*, DB 2011, 2645, 2646. Anschaulich *Invest Europe* vom 23.10.2015, Response to ESMA Consultation Paper: „Guidelines on sound remuneration policies under the UCITS Directive and AIFMD", S. 8; *EVCA* vom 27.9.2012, Response to ESMA Consultation Paper: Guidelines on sound remuneration policies under the Alternative Investment Fund Managers Directive (AIFMD), 28 June 2012, ESMA/2012/406, S. 25 Rn. 118 f.

[1266] ESMA/2013/232 vom 3.7.2013, Guidelines on sound remuneration policies under the AIFMD, Rn. 159 enthält keinen Verweis auf Abschn. XII.I (mithin Rn. 94).

[1267] So *Volhard/Kruschke*, DB 2011, 2645, 2648 f., die sich unter Rekurs auf den (ver-meintlichen) Charakter des CI als Gewinnbeteiligung aber für die Zulässigkeit des CI aus-sprechen.

[1268] *Faigle*, Die Besteuerung des Carried Interests von Private Equity Fonds, S. 29.

[1269] *Volhard/Kruschke*, DB 2011, 2645, 2646; *Boué/Kehlbeck/Leonhartsberger-Heilig*, Basiswissen Private Equity, Abschn. 6.2.

[1270] *FSA*, Private equity: a discussion of risk and regulatory engagement, S. 24.

jetzigen Ausgestaltung wird eine flexible Politik in Bezug auf die variable Vergütungskomponente ermöglicht und ein Verzicht auf die variable Vergütung gelebt.[1271] Denn zur Zahlung eines CI kann es überhaupt erst kommen, soweit im Auszahlungszeitpunkt tatsächlich Gewinne angefallen sind. Daneben wird man auch die Anforderung an eine funktionsspezifische Tätigkeitsvergütung von Mitarbeitern mit Kontrollfunktionen als erfüllt ansehen dürfen, wenn letztlich durch Bezug zum konkreten AIF sichergestellt ist, dass keine AIFM-weiten Leistungskriterien zugrundegelegt werden.[1272] Denn dann ist auch die variable Vergütung der Kontrollmitarbeiter darauf gerichtet, für den konkreten AIF bestehende Risiken zu verhindern, um im Ergebnis am CI zu partizipieren.

Aus der von den Verwaltern von Spezial- oder Publikums-AIFs stets anzuwendenden Vorschrift des § 26 Abs. 5 KAGB folgt, dass der Wert des Investmentvermögens bei der Ausgestaltung der erfolgsabhängigen Vergütung grundsätzlich konkret in Bezug genommen werden muss. Nicht übersehen werden darf aber, dass die Regelung des § 26 Abs. 5 KAGB zuvörderst dem Bereich der OGAWs entspringt und im Segment der alternativen Investments nicht von derselben Tragweite ist. In letzterem weichen OGAW-typische Performance Fees anlegerschützenden Vergütungsstrukturen, die insbesondere von den Anlegern eingefordert werden. Der CI fungiert hierfür als Musterbeispiel. Wenn die Fondsmanager in den Genuss des CI erst kommen, nachdem die Investoren auch durch Zahlung einer Mindestrendite bedient wurden, oder ebendies durch Mechanismen (Clawback, Treuhandkonto) sichergestellt wird, kann es insoweit zu keinen unangemessenen/überzogenen Kosten nach dem selbst für Verwalter von Spezial-AIFs geltenden Maßstab des § 26 Abs. 5 KAGB i. V. m. Art. 17 Abs. 2 AIFM-VO kommen. Im Gegenteil: Der CI ist vielmehr ein Instrument des Risikomanagements und Interessengleichlaufs. Das Wert-Kriterium tritt insofern im Wege einer teleologischen Reduktion zurück. Ebendies muss auch bei echten Deal by deal-Modellen im Hinblick auf die Einzeltransaktion gelten. Für den Umstand, dass die Anleger dort generell Gefahr laufen, nicht ihr voll geleistetes und/oder zugesagtes Kapital zurückzuerhalten, ist das Wert-Kriterium ohne Relevanz. Es ist einzig daran zu denken, ob dieses Modell nicht per se zu unangemessenen Kosten führt. Hier wird man die Anlegerstruktur berücksichtigen dürfen. So wurde in dieser Arbeit bereits dargelegt, dass eine unterschiedliche Ausgestaltung von Kostenregelungen je nach Investorenkreis *abgesehen* vom Wert-Kriterium möglich ist. Im Bereich der Spezial-AIFs sind diese Modelle daher weiterhin möglich.

[1271] *Boxberger/Klebeck*, BKR 2013, 441, 448 stellen darauf ab, dass aufgrund des branchenüblichen Festgehalts bereits keine Abhängigkeit bestünde. Irritierend ist es daher, wenn man bei *Berger*, Regulierung der Management-Ebene bei Private Equity-Fonds, S. 191 f. von keinem großen „Anpassungsbedarf" bei dem CI liest.

[1272] Ebenso *EVCA* vom 27. 9. 2012, Response to ESMA Consultation Paper: Guidelines on sound remuneration policies under the Alternative Investment Fund Managers Directive (AIFMD), 28 June 2012, ESMA/2012/406, S. 28 f. Rn. 138.

Dafür, dass das Wert-Kriterium bei dem Full Repayment of Capital Contribution-Konzept keine Bedeutung hat, spricht auch die Verwaltungspraxis der BaFin bei Publikums-AIFs. Dort anerkennt sie, dass die Zahlung einer erfolgsabhängigen Vergütung bei vorheriger Sicherstellung der Rückzahlung der *geleisteten* Einlagen zuzüglich Mindestrendite ohne Weiteres mit § 26 Abs. 5 KAGB harmoniert. Gleicht man die für Publikums-AIFs zulässige Ausgestaltung einer erfolgsabhängigen Vergütung nach der Alternative B mit dem typischen Distribution Waterfall bei einem CI ab, wird man aber schlussfolgern müssen, dass eine 100 prozentige Catch up-Phase bei Publikums-AIFs unzulässig ist. Denn alle weiteren Gewinne nach Rückzahlung des geleisteten Investorenkapitals zuzüglich Hurdle Rate stehen dem AIFM nur zu einem Prozentsatz X zu, müssen mithin mit den Investoren geteilt werden. Für Spezial-AIFs wird man diese Wertung jedoch nicht transferieren können. Nicht richtig ist es jedenfalls, die Aushandlung der Höhe der Gebühren der Verpflichtung zum Handeln im besten Interesse der Anleger zu unterwerfen.[1273] Denn in der Folge würde der AIFM diesbezüglich einer Aufsicht unterliegen. Zu § 26 Abs. 5 KAGB i. V. m. Art. 17 Abs. 2 AIFM-VO wurde jedoch herausgearbeitet, dass die Höhe der Gebühren eine wirtschaftliche Entscheidung ist, die einer Kontrolle durch die BaFin nicht zugänglich ist.

cc) Cash Bonus

Eine andere Frage ist es, ob ein aus der Management Fee gezahlter jährlicher Cash Bonus als variable Vergütung neben dem CI noch der Vergütungsregulierung unterliegt. Branchenseitig wird ins Feld geführt, dass der CI als zentrale erfolgsabhängige Vergütung die alleinige Aufmerksamkeit des Regulierungsrechts im Hinblick auf variable Vergütungen auf sich zu ziehen habe; die Zahlung eines Cash Bonus sei nur die Folge einer internen Verteilung einer fixen, dem AIFM zustehenden Gebühr, ohne dass ein exzessives Risk-Taking oder eine entsprechende Vorsicht die Höhe der Management Fee tangiere.[1274]

Selbst wenn man dieser Ansicht folgte, darf nicht übersehen werden, dass die Regulierung wenn überhaupt nur insoweit ausgeblendet werden darf, wie auch der CI die regulierungsrechtlichen Anforderungen erfüllt. Der Sache nach vermittelt die Ansicht der ESMA (wie eben erörtert) allerdings den falschen Eindruck, als wären unter Zugrundelegung des von ihr geschilderten CI-Modells nur die von ihr genannten Vergütungsregularien erfüllt. Davon losgelöst kann eine pauschale Exklusion aus der Vergütungsregulierung nicht überzeugen. Man wird die jeweiligen Anreizwirkungen im Einzelfall zu würdigen haben. Gerechtfertigt wäre der branchenseitige Fingerzeig, wenn vom Cash Bonus keine Verhaltensanreize mehr aus-

---

[1273] So aber *Tollmann*, in: Dornseifer/Jesch/Klebeck/Tollmann, AIFM-RL, Art. 4 Rn. 75; wie hier *Möllers/Hailer*, ZBB 2012, 179, 190.

[1274] *EVCA* vom 27. 9. 2012, Response to ESMA Consultation Paper: Guidelines on sound remuneration policies under the Alternative Investment Fund Managers Directive (AIFMD), 28 June 2012, ESMA/2012/406, S. 5 Rn. 17 f.

gingen, die einer durch Vereinbarung des CI verfolgten Interessenkonvergenz zuwiderliefen. Eine Interessendivergenz ist ausgeschlossen, wenn der Cash Bonus an den CI gekoppelt und damit in gleicher Weise zurückgestellt sowie von der Leistung abhängig würde. In anderen Konstellationen ist es jedoch denkbar, dass kurzfristiger Liquiditätsbedarf einzelner Mitarbeiter der KVG zu risikoträchtigem Verhalten animiniert, und ebenjenes Verhalten lediglich mit der Hoffnung verbunden ist, in der Zukunft dennoch die Auszahlungsvoraussetzungen für den CI zum späteren Abrechnungszeitpunkt zu erfüllen. Der Umstand, dass die Management Fee und der CI im Voraus als Gesamtpaket ausgehandelt werden, kann jedenfalls keinen Verzicht auf die Regulierung rechtfertigen,[1275] da diese zwingend ist und insoweit die Privatautonomie einschränkt[1276].

8. Portfoliobewertungskonzept nach KAGB, AIFM-VO und KARBV

Die Vermögensgegenstände der LBO-Fonds müssen zum Zwecke der Berechnung des NAV der Anteile und der Rechnungslegung bewertet werden. Das KAGB enthält dafür kein in sich geschlossenes Bewertungskonzept, sondern wird durch Rechtsquellen auf nationaler und europäischer Ebene ergänzt. Im Folgenden soll ein Überblick über die Hintergründe der Bewertungsregelungen, die maßgeblichen Rechtsvorschriften und den Bewertungsprozess gegeben werden.

a) Hintergrund

Die Sicherstellung einer verlässlichen und objektiven Bewertung der Vermögensgegenstände eines AIF erfolgt zuvörderst zum Schutz von Anlegerinteressen.[1277] In vielen Vergütungsmodellen, etwa im Bereich der Hedgefonds,[1278] dient der aggregierte Wert der einzelnen Vermögensgegenstände eines Fondsportfolios als Referenz für die Entlohnung der Fondsmanager.[1279] Sollten letztere eine aktive Rolle bei der Bewertung des Portfolios spielen, bestehen Interessenkonflikte.[1280] Zum einen könnten diese Fondsmanager gehalten sein, unter Ausnutzung bestehender Bewertungsspielräume ihre Vergütung zu optimieren.[1281] Zum anderen würden sie auf diesem Weg eine vermeintlich bessere Performance des AIF im Marktvergleich erzeugen, mit deren Hilfe sie wiederum neue Anlegergelder akquirieren und so

---

[1275] So aber ebd., Rn. 18.

[1276] 6. Teil, B.I.2.c).

[1277] Erwägungsgrund 29 AIFM-RL.

[1278] *IOSCO*, Principles for the Valuation of Hedge Fund Portfolios, S. 8.

[1279] Ohne Einschränkung: *Tollmann*, in: Dornseifer/Jesch/Klebeck/Tollmann, AIFM-RL, Art. 19 Rn. 6; *Postler*, Private Equity und das KAGB – Portfoliobewertung, S. 7.

[1280] *IOSCO*, Principles for the Valuation of Hedge Fund Portfolios, S. 8.

[1281] *Tollmann*, in: Dornseifer/Jesch/Klebeck/Tollmann, AIFM-RL, Art. 19 Rn. 6.

abermals ihre Entlohnung steigern könnten.[1282] Für die bisherige Praxis der LBO-Fonds treffen diese Aussagen zu Interessenkonflikten nicht zu.[1283] Denn die Bemessungsgrundlage der Management Fee war während der Investitionsphase das Zeichnungskapital. Nach dem Step Down änderte sich die Referenzbasis. Relevant waren sodann entweder das investierte und noch nicht an die Anleger zurückgezahlte Kapital oder das nicht abgerufene Kapital zuzüglich der Akquisitionskosten für die noch gehaltenen Investments.[1284] Nur eine pre-akquisitorisch überhöhte Bewertung durch die Fondsmanager als Rechtfertigung, um von den Investoren mehr Kapital einzuberufen, konnte hier für eine entsprechende Beeinträchtigung der Anlegerinteressen führen. Je nach Wertsteigerungspotenzial musste ein Erwerb zu überhöhten Anschaffungskosten aber den CI mindern. Außerdem trägt im Bereich Private Equity das Argument nicht, dass durch eine künstliche bessere Performance des AIF im Markt während der „Bewirtschaftung" der Vermögensgegenstände mehr Anleger akquiriert werden können, um so die Entlohnung zu steigern. Eine Performance Fee[1285] während der Laufzeit des Fonds wird im Segment Private Equity nicht gezahlt. Die Akzeptanz eines Fonds bzw. der Verwaltung eines Fonds durch ein bestimmtes Management und damit auch die Entscheidung von Investoren zur Verfügungstellung von Kapital für weitere AIFs hängt im Bereich Private Equity vornehmlich von dem Track Record ab, mithin dem Erreichen der vorgegebenen Renditeziele. Neue Anlegergelder könnten auf dem eben beschriebenen Wege nur für neu aufgelegte AIFs angeworben werden, da der AIF für weitere Anleger nach Abschluss der Zeichnungsphase nicht mehr offen steht.

Das neue Konzept der Portfoliobewertung bezieht sich – vorbehaltlich einer Sonderregelung für Publikums-AIFs – nur auf bereits bestehende Vermögensgegenstände des AIF, was noch in aller Ausführlichkeit erläutert wird. Dadurch dass § 26 Abs. 5 KAGB i.V.m. Art. 17 Abs. 2 AIFM-VO und das verpflichtende Interessenkonfliktmanagement nach hier vertretener Auffassung zu einer Neu-Modellierung der Management Fees dergestalt führen, dass die Summe des durchschnittlichen NAV zuzüglich zum Berechnungszeitpunkt geleisteter Auszahlungen an die Anleger als Bemessungsgrundlage heranzuziehen ist, werden die eingangs genannten Interessenkonflikte mit der neuen Regulierung aber auch im LBO-Segment virulent. In der Folge wirken die Vorgaben für die Kostenstrukturen nunmehr mit der Regulierung der Bewertung zusammen. Dieses Zusammenspiel kulminiert in einem synergetischen Regulierungsniveau, das dem Anlegerschutz im Bereich Private Equity Vorschub leistet.

[1282] Ebd.

[1283] *IOSCO*, Private Equity Conflicts of Interest, FR 11/10, S. 19: „[...] fees based on the current market value of the fund or its underlying investments" seien „un-common"; *EVCA* (nun: Invest Europe) vom 26.6.2009, Response to the Proposed Directive of the European Parliament and Council on Alternative Investment Fund Managers (AIFM), Abschn. 2.2.

[1284] 6. Teil, B.II.7.c)aa).

[1285] Allgemein zu Performance Fees s. *Steffen*, in: Baur/Tappen, Investmentgesetze, § 26 KAGB Rn. 98; *Rohleder/Wilkens*, in: Möllers/Kloyer, Das neue KAGB, Rn. 37, 56 ff.

b) Rechtsquellen

Das für KVGs maßgebliche Bewertungskonzept im Hinblick auf Portfolioge-sellschaften ist verschiedenen Rechtsquellen zu entnehmen, zu deren Bestimmung zwingend zwischen dem erlaubnispflichtigen und dem nur registrierungspflichtigen Bereich differenziert werden muss.

aa) Erlaubnispflichtiger Bereich

Im erlaubnispflichtigen Bereich existiert ein Bewertungskonzept, das auf spe-ziellen Bewertungsvorschriften beruht. Es lassen sich drei Rechtsquellen unter-scheiden. Das KAGB kennt eigene Vorschriften zum Wertmaßstab, zur Bewer-tungsdurchführung und zu den Anforderungen an externe Bewerter in den §§ 168, 169, 216 KAGB. Diese für offene Publikumsinvestmentvermögen (§§ 168, 169 KAGB) bzw. für offene inländische Publikums-AIFs (§ 216 KAGB) geltenden Vorschriften finden über § 271 KAGB auch für geschlossene inländische Publikums-AIFs Anwendung.[1286] Die Häufigkeit der Bewertung richtet sich dabei nach § 272 KAGB (mindestens einmal jährlich). Diese Regelmäßigkeit ist bei illiquiden An-lagepositionen nicht frei von Kritik; allerdings profitieren die Investoren durch mehr Transparenz.[1287] Das Bewertungskonzept wird des Weiteren durch § 261 Abs. 6 KAGB ergänzt, der besondere Anforderungen im Vorfeld der Akquisition von Vermögensgegenständen bereithält. Für geschlossene inländische Spezial-AIFs, also die typischen LBO-Fondsmodelle, finden die §§ 168, 169, 216, 272 KAGB über § 286 KAGB Anwendung. Als weitere Rechtsquelle treten die Artt. 67 bis 74 AIFM-VO hinzu, die spezielle Anforderungen insbesondere im Kontext einer ordnungs-gemäßen Bewertung und zur Überprüfung der Verfahren, Methoden und Berech-nungen beinhalten und über § 169 Abs. 3 KAGB vollständig – auch mit Geltung für Publikums-AIFs – in das KAGB inkorporiert werden.

Schließlich ist die KARBV zu beachten, die u. a. auf § 168 Abs. 8 Satz 1 KAGB zurückgeht.[1288] Für die investmentrechtliche Rechnungslegung darf gem. § 5 Abs. 1 KARBV auf die formellen Grundsätze ordnungsgemäßer Geschäftsführung zu-rückgegriffen werden, soweit sich aus den vorstehenden Rechtsquellen und der KARBV nichts anderes ergibt. Die KARBV sieht in den §§ 6 ff. KARBV zunächst spezielle Vorschriften zur Rechnungslegung für Sondervermögen vor, die grund-sätzlich auch für Investmentgesellschaften anzuwenden sind, soweit sich aus den §§ 20 ff. KARBV nichts anderes ergibt. Für die Rechnungslegung von Investment-gesellschaften darf nach § 20 Abs. 1 Satz 3 KARBV-E-2017 im Übrigen auf die Vorschriften des Dritten Buches des HGB zurückgegriffen werden. Das HGB fun-giert in dieser Hinsicht nur noch als Auffanggesetz. Spezielle Bewertungsvor-

---

[1286] Zurecht kritisiert *Miederhoff*, RdF 2016, 22, 24 den zu knapp formulierten Verweis, der Zweifel an der Inbezugnahme von § 216 Abs. 7 KAGB aufkeimen lässt.

[1287] *Berger*, Regulierung der Management-Ebene bei Private Equity-Fonds, S. 195 f., 270.

[1288] Eingangsformel der KARBV.

schriften enthalten die §§ 26 ff. KARBV. Für die hiesigen Zwecke sind § 28 KARBV (Bewertung auf der Grundlage geeigneter Bewertungsmodelle)[1289] sowie § 32 KARBV-E-2017 (Besonderheiten bei Unternehmensbeteiligungen gemäß § 261 Absatz 1 des Kapitalanlagegesetzbuches) von Bedeutung. Der Anwendungsbereich der KARBV ist dabei grundsätzlich für Publikums-AIFs und Spezial-AIFs eröffnet. Von diesem Grundsatz abweichend ist § 32 KARBV konzeptionell nur für Publikums-AIFs ausgelegt, wird aber über § 34 Abs. 2 i. V. m. Abs. 1 KARBV i. V. m. § 284 Abs. 2 Nr. 2 lit. i KAGB auch für Spezial-AIFs relevant.[1290] Merkwürdigerweise wird das für Spezial-AIFs, die in Unternehmensbeteiligungen investieren, entgegen des ausdrücklichen Gesetzeswortlauts nicht in der Begründung der BaFin zu § 34 KARBV reflektiert.[1291] § 21 Abs. 3 Satz 2 KARBV-E-2017 verweist für die Bewertung des Investmentanlagevermögens im Rahmen der Bilanzierung zudem auf die §§ 32, 34 KARBV. Die Bewertungsvorschriften der §§ 252 ff. HGB samt allgemeiner Bewertungsgrundsätze werden hingegen verdrängt. Eine dem § 20 Abs. 1 Satz 3 KARBV-E-2017 vergleichbare Vorschrift zur subsidiären Anwendung des HGB im Bereich der Bewertung fehlt und eine erweiternde Auslegung des § 20 Abs. 1 Satz 3 KARBV-E-2017 mit Gültigkeit auch für die Bewertung lässt sich aufgrund der gesetzessystematischen Einbettung im Abschnitt zur Rechnungslegung nicht bewerkstelligen.

bb) Registrierungspflichtiger Bereich

Für die im registrierungspflichtigen Bereich maßgeblichen Bewertungsvorschriften kann auf die bereits an anderer Stelle angestellten Ausführungen verwiesen werden:[1292] Für KVGs nach § 2 Abs. 4 und Abs. 4a KAGB bleibt es bei einer Bewertung nach HGB. Werden die verwalteten AIFs als Fondsvehikel aus dem erlaubnispflichtigen Bereich strukturiert, gelten nicht nur die Vorschriften zu den Jahresberichten gem. §§ 148, 158 KAGB, sondern auch die Vorschriften zur Rechnungslegung in der KARBV und – wenn auch auch gesetzessystematisch inkonsistent – die Bewertungsregeln der §§ 26 bis 30 und 32–34a KARBV-E-2017. Bei Optieren für die vollständige Regulierung des KAGB gilt ohnehin auch das Bewertungskonzept aus dem erlaubnispflichtigen Bereich. Für KVGs unter der Regulierung „light" nach § 2 Abs. 5 KAGB kommen jedoch nicht nur die relevanten Vorschriften der §§ 169 entsprechend, 261 Abs. 6, 271 Abs. 1 und 4, 272 KAGB zur

---

[1289] Dessen Einhaltung ist regelmäßig von der internen Revision zu überprüfen, § 26 Abs. 4 KARBV.

[1290] *Patzner/Schneider-Deters*, in: FrankKomm, KapAnlR Bd. 1, § 168 KAGB Rn. 40.

[1291] *BaFin* vom 22.7.2013, Begründung zur Kapitalanlage-Rechnungslegungs- und -Bewertungsverordnung – KARBV, Abschn. B Zu § 34 KARBV. § 32 gilt aufgrund von § 34 Abs. 2 i. V. m. Abs. 1 KARBV i. V. m. § 284 Abs. 2 Nr. 2 lit. e, f und h KAGB auch für Anlagen in Immobilien, Beteiligungen an Immobilien-Gesellschaften und ÖPP-Projektgesellschaften. Diese werden explizit in der Begründung erwähnt.

[1292] 6. Teil, B.II.2.d)aa)(2) und 6. Teil, B.II.2.d)aa)(3).

Anwendung, sondern auch die Bewertungsregeln sowie die Regeln zur Rechnungslegung aus der KARBV.

c) Überblick zum Bewertungsprozess

Erstmalig gelten für LBO-Fonds besondere Vorgaben im Hinblick auf den Bewertungsprozess. Damit gerät nicht nur die eigentliche Bewertungsdurchführung in reglementierte Bahnen, sondern auch der zugrundezulegende Wertmaßstab, an den insbesondere ergebnisbezogene Anforderungen gestellt werden. Die Verteilung auf verschiedene Rechtsquellen stiftet aber angesichts der jeweils verwendeten Terminologie Verwirrung und bedarf vorab der Klärung (unter aa)), um die Essenz der neuen Vorschriften zu erfassen. Sodann ist auf die Bewertungsrichtlinie einzugehen (unter bb)). Ausweislich Erwägungsgrund 29 AIFM-RL sollte das Verfahren für die Bewertung von Vermögenswerten und die Berechnung des NAV von der Portfolioverwaltung und der Vergütungspolitik des AIFM funktional unabhängig sein. Das hier verfolgte Augenmerk liegt daher auch unter Berücksichtigung des Hintergrunds der Bewertungsvorschriften auf den Regelungen zur Sicherstellung der Unabhängigkeit. Im Anschluss sind die Auswahl (unter cc)) und Anwendung (unter dd)) der Wertermittlungsverfahren zu beleuchten, gefolgt von dem Wertmaßstab und den ergebnisbezogenen Vorgaben (unter ee)). Auf diesen Erkenntnissen aufbauend ist das Konzept des Erstansatzes und der Folgebewertung darzustellen (unter ff)). Zudem stellt sich die Frage, ob die Bewertungsregeln auch für pre-akquisitorische Bewertungen Anwendung finden (unter gg)). Die Ausführungen zum Bewertungsprozess schließen mit einer Auseinandersetzung mit dem externen Bewerter (unter hh)).

aa) Intransparente Terminologie in den Rechtsquellen

Es ist die Rede von „Bewertungsverfahren"[1293], „Verfahren für die [...] Bewertung"[1294], „Wertermittlungsverfahren"[1295], „Bewertung"[1296], „Bewertungsprozess"[1297], „Methoden und Berechnungen"[1298], „Bewertungsmodelle"[1299] und „Bewertungsmethode"[1300]. Volhard/El-Qalqili haben bei der Deutung wesentlich die Richtung vorgegeben, der hier in der Mehrzahl der Punkte gefolgt wird.[1301] Nicht jede

---

[1293] Amtliche Überschrift des § 169 KAGB; § 216 Abs. 6 KAGB.

[1294] § 169 Abs. 1 Satz 2 KAGB.

[1295] § 169 Abs. 1 Satz 3 KAGB.

[1296] §§ 169 Abs. 2, 216 Abs. 1 KAGB.

[1297] Art. 67 Abs. 1 AIFM-VO.

[1298] § 169 Abs. 3 Satz 1 KAGB.

[1299] § 168 Abs. 3 KAGB, § 28 Abs. 1 und 2 KARBV.

[1300] Art. 67 Abs. 1 UAbs. 2 AIFM-VO.

[1301] *Volhard/El-Qalqili*, DB 2013, 2103, 2104.

Deutung bleibt zweifelsfrei, aber die hiesigen Ausführungen gehen von den folgenden Annahmen aus.

Grundlegend ist zunächst die Unterscheidung zwischen Bewertung einerseits und Berechnung andererseits. Erstere ist in Verbindung mit der Wertermittlung der Vermögensgegenstände zu sehen und umfasst nicht das konkrete Procedere,[1302] während sich letztere auf den sich der Bewertung anschließenden Rechenschritt zur Ermittlung des NAV pro Anteil bezieht.[1303] Das Bewertungsverfahren oder das Verfahren für die Bewertung wird von den obigen Autoren – nach dem hier herausgelesenen Verständnis – mit dem Wertermittlungsverfahren gleichgesetzt,[1304] was nach der hier vertretenen Ansicht aber nicht zutrifft.[1305] Richtig ist zunächst, dass das Wertermittlungsverfahren konkret zur Bewertung der einzelnen Vermögensgegenstände eingesetzt wird. In der AIFM-VO entspricht es dem Begriff der Bewertungsmethode.[1306] Das Bewertungsverfahren hingegen beschreibt den vollständigen Ablauf für die Bewertung eines Vermögensgegenstandes und setzt insofern Rahmenbedingungen. Darauf deutet schon hin, dass unter der Überschrift „Bewertungsverfahren" bei § 169 KAGB auch Unabhängigkeitsanforderungen, mithin personelle Vorgaben, an die Bewertung der Vermögensgegenstände gestellt werden. Es geht damit gerade nicht (nur) um die konkret eingesetzte Methode zur Bewertung (= Wertermittlungsverfahren). Außerdem besteht eine begriffliche Differenzierung zwischen „Verfahren für die Bewertung" in § 169 Abs. 1 Satz 2 KAGB (ergo: Bewertungsverfahren) einerseits und „Wertermittlungsverfahren" in § 169 Abs. 1 Satz 3 KAGB andererseits. Vor diesem Hintergrund findet das Bewertungsverfahren vielmehr in dem Bewertungsprozess sein begriffliches Pendant in der AIFM-VO.

Unter dieses Verständnis lassen sich allerdings drei Abweichungen im Gesetz nicht einordnen, die insofern begrifflich verfehlt sind. § 28 Abs. 2 Satz 3 KARBV spricht von „eingesetzten Bewertungsverfahren" und zielt damit vielmehr auf die konkreten Wertermittlungsverfahren ab, die zur Bewertung verwendet werden. Art. 67 Abs. 1 AIFM-VO unterscheidet Bewertungsprozess und Bewertungsverfahren. Mit letzterem können die Wertermittlungsverfahren nicht gemeint sein, da diese den Bewertungsmethoden entsprechen. Die Begriffsbedeutung bleibt offen,

---

[1302] *Schultheiß*, in: Baur/Tappen, Investmentgesetze, § 168 KAGB Rn. 12.

[1303] *Volhard/El-Qalqili*, DB 2013, 2103, 2104. Für die Berechnung wird in der Literatur die KVG als zuständig angesehen, *Miederhoff*, RdF 2016, 22, 23 f.; *Schultheiß*, in: Baur/Tappen, Investmentgesetze, § 168 KAGB Rn. 52.

[1304] *Volhard/El-Qalqili*, DB 2013, 2103, 2104; ebenso *Kayser/Selkinski*, in: Weitnauer/Boxberger/Anders, KAGB, § 169 Rn. 12.

[1305] Irritierend *Schultheiß*, in: Baur/Tappen, Investmentgesetze, § 168 KAGB Rn. 12 f., 97, § 169 Rn. 14, nach dem das Bewertungsverfahren sämtliche Aspekte des Procedere regele, aber *dennoch* mit dem Begriff des Wertermittlungsverfahrens gleichzusetzen sei.

[1306] *Volhard/El-Qalqili*, DB 2013, 2103, 2105 Fn. 32; *Schultheiß*, in: Baur/Tappen, Investmentgesetze, § 168 KAGB Rn. 13, § 169 KAGB Rn. 4; *Kayser/Selkinski*, in: Weitnauer/Boxberger/Anders, KAGB, § 169 Rn. 12; a.A. *Tollmann*, in: Dornseifer/Jesch/Klebeck/Tollmann, AIFM-RL, Art. 19 Rn. 29, der Bewertungsmethode und Bewertungsverfahren als Synonyme verwendet.

widerspricht aber dem hier gefundenen Ergebnis. Art. 68 Abs. 2 Satz 2 AIFM-VO kennt darüber hinaus noch ein spezielles Bewertungsverfahren, mit dem die Bewertung eines Modells vor seiner Verwendung durch eine fachkenntliche Person beschrieben wird. Der Begriff des Bewertungsmodells lässt sich etwa aus § 33 Abs. 2 KARBV erklären, wonach zur Wertermittlung eines Schiffs ein Ertragswertverfahren einzusetzen ist. Sodann heißt es, dass bei der Bewertung mit Hilfe eines Bewertungsmodells bestimmte Parameter berücksichtigt werden müssen. Das Bewertungsmodell kommt damit innerhalb des Wertermittlungsverfahrens zur Anwendung.[1307] Mit dem Bewertungsmodell sollen mathematisch verschiedene Parameter (Inputfaktoren) bzw. Prämissen miteinander verknüpft und kalkuliert werden, um so Aussagen zu treffen.[1308]

bb) Bewertungsrichtlinie

Grundlage des Bewertungsprozesses bildet die Bewertungsrichtlinie, die als Rahmendokument geeignete und kohärente Verfahren für die ordnungsgemäße, transparente und unabhängige Bewertung der Vermögensgegenstände des Investmentvermögens festlegt,[1309] und bereits vor Vertriebsbeginn aufgestellt sein muss[1310]. Ihr Pendant in Art. 67 Abs. 1 AIFM-VO sind die „Grundsätze und Verfahren".[1311] Die Bewertungsrichtlinie muss mindestens jährlich überprüft werden.[1312] Art. 70 Abs. 3 AIFM-VO spricht dieses Überprüfungsrecht zwar explizit der RM-Funktion zu. Die RM-Funktion kann aber aufgrund des Wortlauts von Art. 70 Abs. 3 AIFM-VO („bietet gegebenenfalls angemessene Unterstützung an") nur zusätzlicher Akteur neben den Bewertungsexperten des AIFM sein.[1313] In der Bewertungsrichtlinie müssen auch die jeweiligen Anforderungen an entweder die interne, also die durch den AIFM selbst wahrgenommene, Bewertung oder die Bewertung durch einen externen Berater aufgeschlüsselt werden.[1314] Im Hinblick auf den externen Bewerter muss die Bewertungsrichtlinie gewährleisten, dass diesem alle für die Bewertung

---

[1307] *Volhard/El-Qalqili*, DB 2013, 2103, 2104; a. A. *Patzner/Schneider-Deters*, in: Frank-Komm, KapAnlR Bd. 1, § 169 KAGB Rn. 9, die das Bewertungsmodell mit dem Wertermittlungsverfahren gleichsetzen.

[1308] *Volhard/El-Qalqili*, DB 2013, 2103, 2104.

[1309] § 169 Abs. 1 Satz 1 und Satz 2 KAGB.

[1310] §§ 269 Abs. 1, 307 Abs. 1 Satz 2 Nr. 11 KAGB; *Tollmann*, in: Dornseifer/Jesch/Klebeck/Tollmann, AIFM-RL, Art. 19 Rn. 25; *Schultheiß*, in: Baur/Tappen, Investmentgesetze, § 169 KAGB Rn. 9.

[1311] *Schultheiß*, in: Baur/Tappen, Investmentgesetze, § 169 KAGB Rn. 8.

[1312] Art. 70 Abs. 1 AIFM-VO.

[1313] Ebenso *Tollmann*, in: Dornseifer/Jesch/Klebeck/Tollmann, AIFM-RL, Art. 19 Rn. 69; *Schultheiß*, in: Baur/Tappen, Investmentgesetze, § 169 KAGB Rn. 48.

[1314] *Möllers/Harrer/Krüger*, WM 2011, 1537, 1540: Interne Bewertung erscheine wenig attraktiv. Das Wahlrecht zwischen interner und externer Bewertung ergibt sich aus § 216 Abs. 1 KAGB.

erforderlichen Informationen bereitgestellt werden.[1315] Im Segment Private Equity ist allerdings vornehmlich die interne Bewertung von Relevanz;[1316] bei dieser liegt das Augenmerk nunmehr u. a. auf der Behandlung der Zuständigkeit und der Unabhängigkeit des die Bewertung der Vermögensgegenstände effektiv vornehmenden Personals[1317] sowie insbesondere auf der Beschreibung der Schutzvorkehrungen für die von der Portfolioverwaltung und der Vergütungspolitik funktional unabhängigen Durchführung der Bewertungsaufgabe[1318]. Die Schutzvorkehrungen müssen jeden ungebührlichen Einfluss, etwa durch Weisung der Geschäftsführung,[1319] auf die Art und Weise der internen Bewertungsperson verhindern oder einschränken. Das Bewertungsteam ist insofern auch hierarchisch bzw. organisatorisch von der Portfolioverwaltung zu trennen (Chinese Walls).[1320] Da die Bewertungseinheit ein unselbständiger Teil des AIFM und damit eine rechtliche Unabhängigkeit anders als beim externen Bewerter nicht sicherzustellen ist, kommt der Handhabung der Vergütungspolitik eine maßgebliche Verantwortlichkeit in diesem Kontext zu. Jeglicher Bezug von variablen Vergütungsbestandteilen zu dem Wert der Assets under Management verbietet sich,[1321] um Interessenkonflikte zu vermeiden. Die funktionale Unabhängigkeit muss sich auch in der Beförderungspolitik widerspiegeln,[1322] die allein von objektiven Kriterien wie Dauer, Sorgfalt und Kommunikation im Rahmen der Aufgabenwahrnehmung geprägt sein darf. Ob und inwiefern eine Beteiligung am AIFM oder am AIF bestehen darf, ist gesetzlich nicht geregelt. Nahe liegt, dass die für die Bewertung zuständigen Mitarbeiter eines externen AIFM weder Anteile am AIF noch am AIFM halten dürfen.[1323] Wären sie am AIFM beteiligt, könnten sie unmittelbar durch die Bewertungstätigkeit die nunmehr am NAV auszurichtende Management Fee erhöhen und davon selbst profitieren. Bei einer Beteiligung am AIF könnten sie durch ihre Bewertungstätigkeit (theoretisch) bei einer Veräußerung ihrer Anteile auf dem Sekundärmarkt Gewinn erzielen.

[1315] Art. 67 Abs. 3 AIFM-VO.

[1316] *EY*, Game-changing regulation?, S. 18; a. A. offenbar *Boué/Kehlbeck/Leonhartsberger-Heilig*, Basiswissen Private Equity, Abschn. 7.6.2.

[1317] Art. 67 Abs. 2 UAbs. 2 lit. a AIFM-VO.

[1318] Art. 67 Abs. 4 AIFM-VO.

[1319] *Boué/Kehlbeck/Leonhartsberger-Heilig*, Basiswissen Private Equity, Abschn. 7.6.2.; *Tollmann*, in: Dornseifer/Jesch/Klebeck/Tollmann, AIFM-RL, Art. 19 Rn. 42; *Schultheiß*, in: Baur/Tappen, Investmentgesetze, § 169 KAGB Rn. 25; *Kayser/Selkinski*, in: Weitnauer/Boxberger/Anders, KAGB, § 169 Rn. 27; *Kretzschmann*, in: FrankKomm, KapAnlR Bd. 1, § 216 KAGB Rn. 50 f.

[1320] *Tollmann*, in: Dornseifer/Jesch/Klebeck/Tollmann, AIFM-RL, Art. 19 Rn. 91; *Schultheiß*, in: Baur/Tappen, Investmentgesetze, § 169 KAGB Rn. 25.

[1321] *Tollmann*, in: Dornseifer/Jesch/Klebeck/Tollmann, AIFM-RL, Art. 19 Rn. 92.

[1322] Ebd., Rn. 93.

[1323] Wohl auch ebd., Rn. 78, 91, nach dem beim externen Bewerter im Fall einer solchen Beteiligung eine wirtschaftliche Abhängigkeit begründet werde und für die interne Bewertung „vieles entsprechend" gelte.

cc) Auswahl des Wertermittlungsverfahrens

In der Bewertungsrichtlinie soll auch festgehalten sein, dass für jeden Vermögensgegenstand ein geeignetes, am jeweiligen Markt anerkanntes Wertermittlungsverfahren zugrunde zu legen ist.[1324] Die sprachlich verwendeten Attribute sind sehr vage und werden nicht weiter definiert. Auch was Art. 67 Abs. 1 UAbs. 2 AIFM-VO mit der Anwendung „fairer, angemessener und transparenter Bewertungsmethoden" meint, bleibt im Dunkeln. Für Erhellung sorgt für den Geltungsbereich der deutschen Jurisdiktion zunächst § 32 Abs. 1 Satz 1 KARBV im Zusammenspiel mit der korrespondierenden Begründung der BaFin. Demnach sind die Verkehrswerte der Beteiligungen an nicht börsennotierten Unternehmen nach anerkannten Grundsätzen für die Unternehmensbewertung zu ermitteln. Dabei kommen insbesondere das Ertragswertverfahren oder ein geeignetes DCF-Verfahren in Betracht.[1325] Die in der Bewertungsrichtlinie zu benennenden Bewertungsparameter sind z. B. der risikoadäquate Zinssatz oder die Cash Flows der Zielgesellschaft.[1326] Latente Steuern aus Verlustvorträgen sind hingegen nur zu berücksichtigen, wenn sie in den nächsten fünf Jahren nach ihrer Entstehung genutzt werden können.[1327]

Die BaFin ist auch gegenüber anderen als den genannten Wertermittlungsverfahren offen („insbesondere"); sollte indes in der namentlichen Nennung zugleich eine Favorisierung der besagten Gesamtbewertungsverfahren bzw. „Zukunftserfolgswertverfahren"[1328] zum Ausdruck kommen, wird man dies für das Segment Private Equity als zu allgemein gehalten werten müssen.[1329] Abhängig von der Lebensphase sowie der Eigenheiten der Zielgesellschaft und dem aktuellen Szenario bietet sich möglicherweise der Rückgriff auf andere Bewertungsmethoden an, etwa die Nutzung diverser Marktbewertungsmethoden anhand von Multiplikatoren mit gemeinsamen Bezugsgrößen der Vergleichsunternehmen (EBIT, EBITDA, Cash Flow, etc.) oder speziell im Bereich Venture Capital die Anwendung der Price of recent Investment-Methode.[1330] Anwendungsempfehlungen halten die aktuellen IPEV Valuation Guidelines vom Dezember 2015 bereit,[1331] denen auch der europäische Branchenverband Invest Europe folgt.[1332] Die in den IPEV Valuation Guidelines zusammengetragenen Bewertungsmethoden und Anwendungsempfehlungen stellen branchenspezifische Standards dar, die bei der Suche nach dem „geeigneten, am Markt anerkannten" Wertermittlungsverfahren die Ausgestaltung

---

[1324] § 169 Abs. 1 Satz 3 KAGB.

[1325] *BaFin* vom 22.7.2013, Begründung zur Kapitalanlage-Rechnungslegungs- und -Bewertungsverordnung – KARBV, Abschn. B Zu § 32 KARBV.

[1326] Ebd.

[1327] Ebd.

[1328] *Postler*, Private Equity und das KAGB – Portfoliobewertung, S. 35.

[1329] Wie hier *Hölscher*, in: Emde/Dornseifer/Dreibus/Hölscher, InvG, § 36 Rn. 155.

[1330] Zu letzterer speziell *Volhard/El-Qalqili*, DB 2013, 2103, 2107.

[1331] *IPEV*, Valuation Guidelines vom Dezember 2015, S. 45 ff.

[1332] *Invest Europe*, Handbook vom November 2015, Professional Standards, Sec. 6.

der Verwaltungspraxis zum Zwecke der Rechtssicherheit bestimmen sollten.[1333] Damit erspart man sich auch die pauschale Festlegung auf verschiedene Wertermittlungsverfahren,[1334] die der Unternehmensbewertung je nach Einzelfall möglicherweise gar nicht gerecht werden. Ertragswert- und DCF-Verfahren bieten sich aber bei bereits etablierten Unternehmen aufgrund der bei ihnen bestehenden Möglichkeit zur Abgabe vergleichsweise zuverlässiger Prognosen auf Basis historischer Abschlüsse zur Bewertung im Rahmen von LBOs an – vorbehaltlich der in den IPEV Valuation Guidelines herausgearbeiteten Schwächen.[1335]

dd) Anwendung des Wertermittlungsverfahrens

Regulatorische Vorgaben zur Anwendung des Wertermittlungsverfahrens existieren in Gestalt der Regelungen zur Verwendung von Bewertungsmodellen.[1336] Letztere sollen nach § 28 Abs. 2 Satz 1 KARBV auf einer anerkannten und geeigneten Methodik beruhen. Konkretere Hinweise lässt auch die Begründung zu § 28 KARBV vermissen. Für die Inputparameter sollen aber zunächst in größtmöglichem Umfang Marktdaten verwendet werden, bevor auf unternehmensspezifische Daten rekurriert wird.[1337] § 28 Abs. 2 Satz 2 KARBV verweist im Übrigen auf die Einhaltung der Anforderungen nach Art. 71 AIFM-VO. Das muss ein Versehen sein, da sich inhaltliche Anforderungen an die Bewertungsmodelle aus Art. 68 AIFM-VO ergeben und Art. 71 AIFM-VO nur ergebnisbezogene Vorgaben festschreibt.[1338] Art. 68 Abs. 1 AIFM-VO stellt zunächst detaillierte Anforderungen an die Dokumentation des Bewertungsmodells in der Bewertungsrichtlinie. Außerdem ist vor Verwendung eines Bewertungsmodells eine Bewertung desselben durch eine fachkenntliche Person, die nicht an der Entwicklung des Modells beteiligt war,[1339] er-

---

[1333] So *Volhard/El-Qalqili*, DB 2013, 2103, 2106 f.; a. A. offenbar *Postler*, Private Equity und das KAGB – Portfoliobewertung, S. 40 ff.; zurückhaltend *Schultheiß*, in: Baur/Tappen, Investmentgesetze, § 168 KAGB Rn. 171: Orientierung an den IPEV Guidelines sei möglich; *Paul*, in: Weitnauer/Boxberger/Anders, KAGB, § 271 Rn. 2: IPEV Guidelines kämen in Betracht; *Patzner/Schneider-Deters*, in: FrankKomm, KapAnlR Bd. 1, § 168 KAGB Rn. 36: Bewertung könne nach IPEV Guidelines erfolgen.

[1334] In diese Richtung aber *Postler*, Private Equity und das KAGB – Portfoliobewertung, S. 36 ff.: Zukunftserfolgswertverfahren und in außergewöhnlichen Bewertungssituationen auch Multiplikatorverfahren.

[1335] *IPEV*, Valuation Guidelines vom Dezember 2015, S. 39: „The disadvantages of the DCF valuation technique centre around its requirement for detailed Cash Flow forecasts and the need to estimate the „terminal value" and an appropriate risk-adjusted discount rate. All of these inputs require substantial subjective judgements to be made, and the derived present value amount is often sensitive to small changes in these inputs"; s. auch *Kempf*, Rechnungslegung von Investmentvermögen, S. 119.

[1336] *Volhard/El-Qalqili*, DB 2013, 2103, 2105.

[1337] *BaFin* vom 22. 7. 2013, Begründung zur Kapitalanlage-Rechnungslegungs- und -Bewertungsverordnung – KARBV, Abschn. B Zu § 28 KARBV.

[1338] Unverständnis auch bei *Volhard/El-Qalqili*, DB 2013, 2103, 2105.

[1339] Art. 68 Abs. 2 AIFM-VO.

forderlich. Auf diesem Weg wird zumindest die Angemessenheit der Bewertung mit Bezug auf die Bewertungsvorgaben sichergestellt. Die Unabhängigkeit des fachkenntlichen Bewerters wird nicht vorausgesetzt.[1340] Generell und damit auch im Rahmen einer internen Bewertung ist eine Genehmigung des Modells durch die Geschäftsführung erforderlich. Das mag aus dem Blickwinkel der Unabhängigkeit ebenso irritierend sein. Die Unabhängigkeit der Bewertung in diesem Kontext wird aber auf einem anderen Weg, nämlich durch die Befugnis der BaFin, eine Überprüfung des Modells durch einen externen Bewerter oder Rechnungsprüfer zu verlangen,[1341] gewährleistet. Auch hier zeigt sich, dass die Unabhängigkeit der Bewertung beim externen Bewerter fortwirken muss.

ee) Wertmaßstab und ergebnisbezogene Prüfung

Der Wertmaßstab für das Ergebnis der Bewertungsdurchführung ist nach den §§ 168 Abs. 3 KAGB, 28 Abs. 1, 32 Abs. 1 KARBV der *Verkehrswert*. Der investmentrechtliche Bewertungsrahmen sucht damit bereits terminologisch die Nähe zum *Fair Value* bzw. *beizulegenden Zeitwert* der IFRS 13.[1342] Der AIFM-VO kommt in dieser Hinsicht keine Bedeutung zu, da sie keinen Wertmaßstab vorgibt.[1343] Das wird auch von § 169 Abs. 3 KAGB reflektiert, wonach die AIFM-VO nur für die „Kriterien für die Verfahren für die ordnungsgemäße Bewertung" inkorporiert wird. Der Verkehrswert ist nach § 2 Nr. 4 KARBV der Betrag, zu dem der jeweilige Vermögensgegenstand in einem Geschäft zwischen sachverständigen, vertragswilligen und unabhängigen Geschäftspartnern ausgetauscht wird.[1344] Durch diese Typisierung der Geschäftspartner nach dem Vorbild des Dealing at arm's length-Prinzips lehnt sich § 2 Nr. 4 KARBV auch an die Definition der *Marktteilnehmer* im Rahmen der Bestimmung des *beizulegenden Zeitwerts* nach IFRS 13[1345] an und

---

[1340] Nur weil die Person nicht in die Entwicklung des Modells einbezogen war, heißt es nicht, dass sie unabhängig i. S. der Terminologie des KAGB ist. Anders offenbar *Schultheiß*, in: Baur/Tappen, Investmentgesetze, § 169 KAGB Rn. 30.

[1341] Art. 68 Abs. 3 Satz 2 AIFM-VO.

[1342] *Postler*, Private Equity und das KAGB – Portfoliobewertung, S. 28 ff.; *Bielenberg/ Schmuhl*, DB 2014, 1089.

[1343] Es ist immer nur die Sprache von dem *Wert der Vermögenswerte*, so in: Art. 67 Abs. 1 UAbs. 3 Satz 3, Art. 67 Abs. 2 UAbs. 2 lit. d, Art. 71 Abs. 1 Satz 2, Art. 71 Abs. 3 Satz 1, Art. 71 Abs. 3 Satz 3 lit. a, b und d AIFM-VO.

[1344] Richtigerweise sollte es „ausgetauscht werden könnte" heißen, *Kayser/Selkinski*, in: Weitnauer/Boxberger/Anders, KAGB, § 168 Rn. 24.

[1345] International Financial Reporting Standard 13, Bemessung des beizulegenden Zeitwerts, Anhang A Definitionen: „Käufer und Verkäufer im Hauptmarkt oder vorteilhaftesten Markt für den Vermögenswert oder die Schuld, die alle nachstehenden Merkmale erfüllen: (a) Sie sind unabhängig voneinander, d. h. sie sind keine nahestehenden Unternehmen und Personen gemäß Definition in IAS 24. Trotzdem kann der Preis in einem Geschäftsvorfall zwischen nahestehenden Unternehmen und Personen als Inputfaktor für die Bemessung eines beizulegenden Zeitwerts verwendet werden, sofern dem Unternehmen Nachweise vorliegen, dass der Geschäftsvorfall zu Marktbedingungen erfolgte. (b) Sie sind sachkundig und verfügen über

abstrahiert den Verkehrswert definitionsmäßig so weit wie möglich von subjektiven Verhältnissen.[1346] Der Verkehrswert erhält dadurch objektiven Charakter und wird so auch in die Nähe zum *objektivierten Unternehmenswert* aus IDW S 1 gerückt.[1347] Doch ändert das nichts an der herkömmlichen Problematik, dass Bewertungsspielräume der Bewerter bestehen und es nicht nur einen einzigen *wahren* Verkehrswert geben kann.[1348]

§ 168 Abs. 3 KAGB macht auch ergebnisbezogene Vorgaben. Zugrundezulegen ist der Verkehrswert, der bei sorgfältiger Einschätzung nach geeigneten Bewertungsmodellen unter Berücksichtigung der aktuellen Marktgegebenenheiten *angemessen* ist. Dieses Angemessenheitskriterium wird von § 28 Abs. 1 KARBV nicht gespiegelt. Die KARBV kann sich aber nicht über ihre Ermächtigungsgrundlage in § 168 Abs. 8 KAGB hinwegsetzen und einfachgesetzlich kodifizierte Erfordernisse wieder ausblenden.[1349] Art. 71 Abs. 1 AIFM-VO geht mit dem Begriffspaar *angemessen und fair* noch einen Schritt weiter und fordert auch eine Dokumentation darüber, wie die Angemessenheit und Fairness des Werts des Vermögensgegenstandes bewertet werden. Das Kriterium der Fairness wird jedoch im Anschluss nicht weiter genannt, wenn es bei Art. 71 Abs. 2 AIFM-VO heißt, dass Überprüfungsverfahren für die Fälle eingerichtet werden sollen, bei denen ein wesentliches Risiko einer nicht *angemessenen* Bewertung besteht.[1350] Überprüfungsverfahren sind insbesondere in Konstellationen festzulegen, in denen eine Unabhängigkeit von der Portfolioverwaltung nicht gewährleistet ist. Beispielsweise wird die Situation angeführt, in der die Bewertung von einer oder mehreren Einzelperson(en) innerhalb des AIFM beeinflusst wird, Art. 71 Abs. 2 lit. f AIFM-VO, oder wenn möglicherweise – bildlich als verlängerter Arm der Portfoliomanager – die Bewertung von Parteien beeinflusst wird, die mit dem AIFM verbunden sind, Art. 71 Abs. 2 lit. c AIFM-VO. Die Überprüfungsverfahren sind insbesondere auf die Kontrolle der Plausibilität des Werts der einzelnen Vermögensgegenstände und damit auf die Kontrolle eines angemessenen Maßes an Objektivität gerichtet.[1351] In den Konstellationen, die das Überprüfungsverfahren ins Auge fasst, muss für entsprechende

---

angemessenes Wissen über den Vermögenswert oder die Schuld und über den Geschäftsvorfall. Hierzu nutzen sie alle bei vertretbarem Aufwand verfügbaren Informationen unter Einschluss von Informationen, die im Wege allgemein üblicher Überprüfungsanstrengungen eingeholt werden können. (c) Sie sind in der Lage, eine Transaktion über den Vermögenswert oder die Schuld abzuschließen. (d) Sie sind bereit, eine Transaktion über den Vermögenswert oder die Schuld abzuschließen, d.h. sie sind motiviert, aber nicht gezwungen oder anderweitig dazu genötigt".

[1346] *Postler*, Private Equity und das KAGB – Portfoliobewertung, S. 29 f.

[1347] Ebd., S. 29 ff. Zum objektivierten Unternehmenswert s. bereits 6. Teil, B.II.2.d)aa)(1).

[1348] *Postler*, Private Equity und das KAGB – Portfoliobewertung, S. 30.

[1349] *Volhard/El-Qalqili*, DB 2013, 2103, 2106.

[1350] *Schultheiß*, in: Baur/Tappen, Investmentgesetze, § 169 KAGB Rn. 51: Unionsgesetzgeber wolle mit alleiniger Nennung der Angemessenheit einen „speziellen Bezug zur objektiven Bewertung respektive zur Belastbarkeit einzelner Parameter assoziieren".

[1351] Art. 71 Abs. 3 Satz 1 und 2 AIFM-VO.

Eskalationsmaßnahmen gesorgt sein.[1352] Erforderlichenfalls müssten diese bis zur Neudurchführung der Bewertung reichen.

ff) Konzept des Erstansatzes und der Folgebewertung

Das im registrierungspflichtigen Bereich geltende Konzept der Zugangs- und Folgebewertung aus dem HGB wurde bereits an anderer Stelle erläutert und ist für das Verständnis der hier angestellten Ausführungen elementar.[1353] Von der Zielrichtung her können die Bewertungsideologien im registrierungs- und erlaubnispflichtigen Bereich nicht unterschiedlicher sein. Während die Rechnungslegung nach HGB dem Gläubigerschutz dient und daher im Rahmen der Bewertungsvorschriften auf den Gläubigerschutz ausgerichtete Prinzipien wie das Niederstwert- und das Realisationsprinzip als Ausprägungen des Vorsichtsprinzips kennt, soll die investmentrechtliche Berichterstattung gem. § 3 Abs. 1 KARBV den Anlegern ein realistisches Bild der Anlagepositionen vermitteln, um eine zuverlässige Grundlage für weitere Investmententscheidungen zu gewährleisten.[1354] Die Unterschiede äußern sich in Ansehung der Bewertung der Vermögensgegenstände begrifflich im zugrundezulegenden Wertmaßstab. Im HGB ist die Unternehmensbeteiligung eingangs höchstens mit den Anschaffungskosten anzusetzen. Sodann ist spätestens zum Bilanzstichtag der beizulegende Wert zu ermitteln, auf den bei dauernder Wertminderung nach § 253 Abs. 3 Satz 5 HGB außerplanmäßig abzuschreiben ist. Die Praxis der Unternehmensbewertung ist davon gekennzeichnet, dass im Rahmen der Ermittlung des beizulegenden Werts nach Maßgabe des IDW RS HFA 10 zwischen dem subjektiven und dem objektivierten Unternehmenswert je nach Halte- oder Veräußerungsabsicht unterschieden wird. Im erlaubnispflichtigen Bereich hingegen zielen die §§ 168 Abs. 3 (i. V. m. §§ 271 Abs. 1, 286 Abs. 1) KAGB, 28 Abs. 1, 32 Abs. 1 KARBV wie bereits gesehen auf die Ermittlung des Verkehrswerts ab.

Eingangs ergibt sich dadurch kein Unterschied, da als Verkehrswert gem. § 32 Abs. 2 Satz 1 KARBV der Kaufpreis einschließlich der Anschaffungsnebenkosten anzusetzen ist. Auch nach § 255 Abs. 1 Satz 2 HGB zählen die Nebenkosten zu den Anschaffungskosten.[1355] Doch spätestens nach dem Ablauf von zwölf Monaten ist der Verkehrswert erneut – sinnvollerweise ohne Berücksichtigung der Anschaffungsnebenkosten[1356] – zu ermitteln und anzusetzen,[1357] wohingegen im registrie-

---

[1352] Art. 71 Abs. 4 AIFM-VO.

[1353] 6. Teil, B.II.2.d)aa)(1).

[1354] *Postler*, Private Equity und das KAGB – Portfoliobewertung, S. 20 f. Ebenso bereits *Kempf*, Rechnungslegung von Investmentvermögen, S. 46.

[1355] Aus Gründen der Rechtssicherheit bietet sich hier Rückgriff auf Begrifflichkeit des Handelsrechts an; einschränkend aus Gründen des Anlegerschutzes hingegen *Hölscher*, in: Emde/Dornseifer/Dreibus/Hölscher, InvG, § 36 Rn. 164, die indes keine abschließende Auflistung an Abzugsposten liefert.

[1356] Ebd.

[1357] § 32 Abs. 2 Satz 2 KARBV.

rungspflichtigen Bereich in den ersten Jahren der Haltezeit weiterhin der eingangs (wohl unterhalb des subjektiven Unternehmenswerts) zugrundegelegte Buchwert fortgeführt wird. Rekapituliert man, dass der Verkehrswert in die Nähe zum objektivierten Unternehmenswert rückt, ist es konsequent, wenn Synergieeffekte bei der Ermittlung des Verkehrswerts wie beim objektivierten Unternehmenswert aufgrund der gebotenen Stand-Alone-Betrachtung keinen Eingang in die Bewertung finden. Gebilligt werden sollte wie bei IDW RS HFA 10 nur die Einbeziehung unechter Synergieeffekte, d. h. Synergien, die sich ohne Berücksichtigung der Auswirkungen aus dem Bewertungsanlass realisieren lassen.[1358] Der Bewertungsanlass ist im IDW RS HFA 10 die Veräußerung, die im Rahmen der KARBV somit fortlaufend als beabsichtigt anzunehmen ist. Auf diese Weise wird man der Anforderung gem. § 3 Abs. 1 KARBV, den Anlegern ein realistisches Bild über die Vermögenslage zu vermitteln, gerecht. Ob sich bereits bei der ersten Folgebewertung aufgrund des *bloßen* Wechsels von Zugangs- zu Folgebewertung, i. e. aufgrund zeitlichen Ablaufs und ohne Wertveränderung, abgesehen von der Ausklammerung der Anschaffungsnebenkosten hypothetisch bilanzieller Änderungsbedarf ergibt, kann pauschal nicht beantwortet werden. Zur Bilanzierung nach HGB wurde bereits festgestellt, dass sowohl Anschaffungskosten als auch objektivierter Unternehmenswert bei Zugang regelmäßig geringer als der subjektive Unternehmenswert sind. Für den Verkehrswert i. S. der KARBV wird man dieselbe Aussage treffen dürfen. Doch ob sich Anschaffungskosten und Verkehrswert (nahezu) entsprechen, ist eine Frage des Einzelfalls. Ein wesentlicher Unterschied ist überdies, dass der Weg zur Bilanzierung in der Zwischenzeit erreichter, aber noch nicht realisierter Unternehmenswertsteigerungen im registrierungspflichtigen Bereich aufgrund des Realisationsprinzips in § 252 Abs. 1 Nr. 4 Halbsatz 2 HGB versperrt ist, während die KARBV keine vergleichbaren Einschränkungen bereithält.[1359] Die allgemeinen Bewertungsgrundsätze gelten wie bereits herausgearbeitet im Rahmen der KARBV nicht, auch nicht subsidiär.[1360] Das ist letztlich die Konsequenz daraus, dass der Verkehrswert turnusmäßig neu zu ermitteln und anzusetzen ist. Das Realisationsprinzip harmonierte auch nicht mit § 3 Abs. 1 KARBV. Anders als im HGB kann der nach der KARBV zu ermittelnde Buchwert die Anschaffungskosten daher übersteigen.

Abweichend von dem Erfordernis der Verkehrswertermittlung erst nach Ablauf von zwölf Monaten ist eine neue Ermittlung bereits früher vorzunehmen, wenn sich wesentliche Bewertungsfaktoren ändern und der Ansatz des zuletzt ermittelten Werts deshalb nicht mehr sachgerecht erscheint.[1361] Der Begriff der außerplanmäßigen Abschreibung ist der KARBV gänzlich fremd. Eine zeitliche Komponente ist anders

---

[1358] Zum Ganzen vgl. bereits 6. Teil, B.II.2.d)aa)(1).

[1359] *Postler*, Private Equity und das KAGB – Portfoliobewertung, S. 21, 32 f.; *PKF Fasselt Schlage*, Das neue KAGB, S. 11; ebenso bereits *Kempf*, Rechnungslegung von Investmentvermögen, S. 47, 86.

[1360] 6. Teil, B.II.8.b)aa).

[1361] § 32 Abs. 2 Satz 3 KARBV.

als das Erfordernis der *dauernden* Wertminderung bei § 253 Abs. 3 Satz 5 HGB nicht vorgesehen. Auch hier kommt die gegenüber dem HGB unterschiedliche Zielrichtung zum Ausdruck, dem Investor alsbald ein realistisches Bild über die Vermögensverhältnisse zu vermitteln.

Bemerkenswerterweise statuiert die BaFin in ihrer Begründung zu § 32 Abs. 2 KARBV eine Pflicht der KVG, die jeweiligen Zielgesellschaften zu verpflichten, ihr bzw. dem externen Bewerter in angemessenen Abständen die für die qualifizierte Überprüfung der Bewertung bzw. deren Durchführung die erforderlichen Daten zu übermitteln.[1362] Das lässt sich im Fall von GmbHs zwar über das Weisungsrecht aus § 46 Nr. 6 GmbHG verwirklichen, bei AGs hingegen nur über den Einfluss auf die Besetzung des Aufsichtsrats oder informell – und ist ohnehin prekär, weil diese Pflicht nicht im Gesetz abgebildet wird. Bei Minderheitsbeteiligungen gerät die KVG an ihre rechtlichen Grenzen und ist auf das Wohlwollen der Geschäftsführung angewiesen.[1363] Die Abschlussverpflichtung muss sich in dieser Konstellation nach dem wertungsmäßig als Vorbild heranzuziehenden § 291 Abs. 1 Nr. 1 KAGB (Besondere Vorschriften hinsichtlich des Jahresabschlusses und des Lageberichts) zur Pflicht wandeln, die Zielgesellschaft nur nach besten Kräften zum gewünschten Erfolg zu bewegen.

gg) Pre-akquisitorische Portfoliobewertung?

Zu hinterfragen ist, ob und inwiefern auch im Vorfeld zum Beteiligungserwerb eine Bewertung nach Maßgabe der Bewertungsrichtlinie (samt Unabhängigkeitserfordernissen, etc.) vorzunehmen ist. Für Publikums-AIFs wird im KAGB ein Sonderweg eingeschlagen, da nur für sie die besondere Regelung des § 261 Abs. 6 KAGB zur Bewertung *vor* der Investition in eine Zielgesellschaft gilt. Investieren Publikums-AIFs direkt in nicht börsennotierte Unternehmen,[1364] müssen sie vor Erwerb den *Wert* der Unternehmensbeteiligung durch einen oder zwei externe Bewerter ermitteln lassen, die nicht auch zugleich die jährliche Bewertung nach § 272 KAGB durchführen.[1365] § 32 Abs. 1 KARBV zeigt, dass die Ermittlung des *Verkehrswerts* gemeint ist. Ein Bewerter ist ausreichend, sofern der Wert des Vermögensgegenstands 50 Mio. Euro nicht übersteigt. Müssen zwei Bewerter eingeschaltet werden, ist die Bewertung unabhängig voneinander vorzunehmen. In jedem Fall kommen die Anforderungen an den externen Bewerter nach § 216 KAGB zum Tragen, insbesondere die Unabhängigkeitskriterien nach § 216 Abs. 1 Satz 1 Nr. 1 KAGB, auf die noch zurückgekommen wird.[1366] *Bei* Erwerb ist nach der Systematik

---

[1362] *BaFin* vom 22.7.2013, Begründung zur Kapitalanlage-Rechnungslegungs- und -Bewertungsverordnung – KARBV, Abschn. B Zu § 32 KARBV.

[1363] Für den hier vergleichbaren § 271 Abs. 3 Satz 3 KAGB: *Grimm*, in: Baur/Tappen, Investmentgesetze, § 271 KAGB Rn. 8.

[1364] Zulässig nach § 261 Abs. 1 Nr. 4 KAGB.

[1365] § 261 Abs. 6 Satz 1 KAGB.

[1366] 6. Teil, B.II.8.c)hh).

des § 32 Abs. 2 KARBV aber nicht der durch die externe Bewertung ermittelte Verkehrswert anzusetzen; *als* Verkehrswert ist vielmehr der Kaufpreis einschließlich der Anschaffungsnebenkosten anzusetzen. Das ist auch für den Fall gerechtfertigt, dass die externe Bewertung zeitlich zurückliegt, weil der Geschäftsabschluss ohnehin marktgerecht sein muss.[1367] Im Anschluss erfolgt die regelmäßige Verkehrswertermittlung nach § 32 Abs. 2 Satz 2 KARBV. Das KAGB hält allerdings keine dem § 261 Abs. 6 KAGB vergleichbare Regelung für Spezial-AIFs bereit. Zwar gilt nach § 34 Abs. 2 i. V. m. Abs. 1 KARBV i. V. m. § 284 Abs. 2 Nr. 2 lit. i KAGB auch der oben genannte § 32 Abs. 1 KARBV entsprechend, der für die Zwecke des § 261 Abs. 6 KAGB auf die Verkehrswertermittlung nach anerkannten Grundsätzen für die Unternehmensbewertung verweist. Doch wäre die Reichweite der Ermächtigungsgrundlage nach § 168 Abs. 8 KAGB übertreten, würde man dies so auslegen, dass über die dem KAGB nachgelagerte KARBV eine vergleichbare Pflicht zur Erstbewertung vor Erwerb für Spezial-AIFs bestünde.[1368]

Man muss sich aber die Frage stellen, ob nicht außerhalb von § 261 Abs. 6 KAGB in diesem zeitlichen Rahmen das Bewertungsregime nach Maßgabe der Bewertungsrichtlinie zur Anwendung gelangt. So liest man etwa in der Literatur, dass Sinn und Zweck es erforderten, die Bewertungsrichtlinie bereits vor der Investition in bestimmte Vermögensgegenstände aufzustellen.[1369] Jedenfalls liegt von hier der Gedanke nicht fern, dass der Anlegerschutz bereits in diesem frühen Stadium eine angemessene und unabhängige Bewertung erfordern könnte, wenn man rekapituliert, dass hinter den Bewertungsvorschriften maßgeblich das Ziel steht, eine überzogene Vergütung unter Bezug auf den Wert der aggregierten Vermögensgegenstände zu vermeiden, und diese Gefahr bestehen kann, wenn bereits im Erstansatz infolge des ermittelten, nicht angemessenen Werts auch der Kaufpreis deutlich über Verkehrswert ausfällt. Auch ist zu konzedieren, dass die AIFM-VO punktuell Hinweise enthält, die sich in diese Richtung ins Feld führen lassen. So heißt es in Art. 67 Abs. 1 UAbs. 2 Satz 3 AIFM-VO, dass *vor* dem erstmaligen Investment in eine bestimmte Art von Vermögenswert eine oder verschiedene angemessene Bewertungsmethoden für diese spezifische Art von Vermögenswert ermittelt worden sein müssen. Außerdem muss die Bewertungsrichtlinie, *bevor* in eine neue Art von Vermögenswert investiert wird, laut Art. 70 Abs. Satz 1 AIFM-VO überprüft werden. Zudem sind nach Art. 67 Abs. 1 UAbs. 3 Inputs, Modelle und die Auswahlkriterien für die *Preis*findung und Quellen für Marktdaten in der Bewertungsrichtlinie zu behandeln. Denkbar ist hier, dass sich der Begriff der Preisfindung auf den noch zu zahlenden Betrag für den zu erwerbenden Vermögensgegenstand bezieht.

Überzeugend ist indes das Gegenteil, wonach eine Bewertung nach Maßgabe des dargestellten Bewertungsregimes erst für die im Anschluss an den Erwerb stattfin-

---

[1367] 6. Teil, B.II.3.a)bb)(2).

[1368] Im Ergebnis ebenso *Schultheiß*, in: Baur/Tappen, Investmentgesetze, § 168 KAGB Rn. 185 f.

[1369] Ebd., § 169 KAGB Rn. 9.

dende Folgebewertung durchzuführen ist.[1370] Das ergibt sich bereits aus den §§ 168, 169 KAGB als Grundlage für das Bewertungskonzept, die der Ermittlung des NAV des Anteils dienen, nicht jedoch der Ableitung von Preisangeboten. So wird sprachlich konkretisiert, dass der Wert eines Investmentvermögens u. a. aufgrund der jeweiligen Verkehrswerte „der zu ihm gehörenden Vermögensgegenstände"[1371] zu ermitteln und damit gerade keine Rede etwa von *noch zu erwerbenden Vermögensgegenständen* ist.[1372] Das KAGB kennt mit dem als Ergebniskontrolle konzipierten Marktgerechtigkeitskriterium in § 168 Abs. 7 Satz 4 KAGB (i. V. m. §§ 271 Abs. 1, 286 Abs. 1 KAGB), an dem sämtliche Geschäftsabschlüsse zu messen sind, ohnehin einen speziellen Schutzstandard, dessen Einhaltung im pre-akquisitorischen Zeitraum zur Verkehrswertermittlung durch Unternehmensbewertung anhält.[1373] Eine KAGB-konforme Unternehmensbewertung vermeidet jedenfalls den Eindruck von Geschäftsabschlüssen zu marktwidrigen Bedingungen.[1374] § 25 Abs. 1 Satz 1 der früheren Investment-Rechnungslegungs- und Bewertungsverordnung (InvRBV)[1375] a. F. war hier strenger, da zum Nachweis des angemessenen Erwerbspreises vor Erwerb eine Unternehmensbewertung nach anerkannten Grundsätzen durch einen unabhängigen Sachverständigen durchzuführen war.[1376] Der für Publikums-AIFs maßgebliche § 261 Abs. 6 KAGB ist eine Absicherung des hier gefundenen Ergebnisses.[1377] Denn wenn im Vorfeld zur Akquisition ohnehin das Bewertungsregime zur Anwendung käme, ist nicht recht einzusehen, wieso die Klarstellung erfolgt, dass

---

[1370] *Postler*, Private Equity und das KAGB – Portfoliobewertung, S. 25: „Vor dem Verkauf der Beteiligungen dienen Bewertungen der Unternehmen der Ableitung von Preisforderungen [...]. Bei den aufgeführten Beispielen handelt es sich jeweils um Bewertungen aus unternehmerischer Initiative und zunächst nicht um einen direkten Anwendungsbereich der Bewertungsvorschriften"; ebd., S. 33: Erstansatz erfordere keine Unternehmensbewertung, eine eigentliche Unternehmensbewertung erfolge erst im Rahmen der Folgebewertung.

[1371] § 168 Abs. 1 Satz 2 KAGB.

[1372] *Schultheiß*, in: Baur/Tappen, Investmentgesetze, § 168 KAGB Rn. 169: § 32 Abs. 2 Satz 1 KARBV (Erstansatz) verstoße nicht gegen § 168 Abs. 3 KAGB, da gerade nicht „die Bewertung der bereits im Investmentvermögen enthaltenen Vermögensgegenstände" betroffen sei.

[1373] 6. Teil, B.II.3.a)bb)(2).

[1374] *Postler*, Private Equity und das KAGB – Portfoliobewertung, S. 26.

[1375] Verordnung über Inhalt, Umfang und Darstellung von Jahres-, Halbjahres-, Zwischen-, Auflösungs- und Liquidationsberichten von Sondervermögen und der Jahresabschlüsse und Lageberichte, Halbjahres-, Zwischen-, Auflösungs- und Liquidationsberichte von Investmentaktiengesellschaften sowie die Bewertung der dem Investmentvermögen zugehörigen Vermögensgegenstände (Investment-Rechnungslegungs- und Bewertungsverordnung – InvRBV) vom 16. Dezember 2009, BGBl. I, S. 3871 (zit.: InvRBV).

[1376] Die InvRBV a. F. bezieht sich hier auf die Fassung des InvG vor dem 1. 7. 2011, s. *Hölscher*, in: Emde/Dornseifer/Dreibus/Hölscher, InvG, § 36 Rn. 141; zudem ebd. Rn. 142: Mit dieser Regelung sollte die Einhaltung des Marktgerechtigkeitsgebots forciert werden.

[1377] Das bringt auch *Hartrott*, in: Baur/Tappen, Investmentgesetze, § 261 KAGB Rn. 25 zum Ausdruck: „Die Vorschrift ist nicht mit dem Bewertungserfordernis nach §§ 271 f. zu verwechseln, dessen Ziel in einer turnusgemäßen Bewertung des Vermögensgegenstands und der daraus ableitbaren Ermittlung des Nettoinventarwerts je Anteil oder Aktie besteht".

für den externen Bewerter auch die Unabhängigkeitsanforderungen aus dem § 216 KAGB gelten. Diese fänden dann bereits über § 271 Abs. 4 KAGB Anwendung. Auch der AIFM-RL und selbst der AIFM-VO sind diverse Hinweise zu entnehmen, dass die neuen Regelungen nur zur Bewertung von bereits bestehendem Anlagevermögen heranzuziehen sind.[1378] Mit diesem Verständnis lassen sich zudem die obigen AIFM-VO-Vorschriften erklären: Wären bestimmte Punkte wie die Festlegung der Bewertungsmethoden vor der Investition in Vermögensgegenstände noch offen, kann es im Nachgang zu Verzögerungen und möglicherweise zum Verstreichen gewählter Bewertungszeitpunkte führen. Allein dem will die AIFM-VO vorbeugen. Daher beziehen sich auch die festzulegenden Auswahlkriterien für die Preisfindung auf die Wertermittlung der eigenen Vermögenswerte, nicht auf den zu zahlenden Betrag für noch zu erwerbende Vermögensgegenstände.

hh) Externe Bewerter

Die zentrale Vorschrift im Umgang mit externen Bewertern ist § 216 KAGB. Externer Bewerter kann nach § 216 Abs. 1 Nr. 1 KAGB nur eine natürliche oder juristische Person oder Personenhandelsgesellschaft sein, die unabhängig vom AIF oder der KVG und von anderen Personen mit engen Verbindungen[1379] zum AIF oder zur KVG ist. Um dieses Erfordernis nicht zu unterlaufen, kann die Bewertungsaufgabe nicht an Dritte delegiert werden.[1380] Die Unabhängigkeit muss zunächst in rechtlicher Hinsicht (z. B. gesellschaftsrechtliche Beziehungen) bestehen. Dementsprechend sind auch personelle Verflechtungen, z. B. dergestalt, dass ein Mitglied des Bewertungsteams der Bewertungsgesellschaft eine Funktion beim AIFM oder AIF wahrnimmt, zu vermeiden. Zur Sicherstellung der rechtlichen Unabhängigkeit vom AIFM oder AIF bzw. den mit diesen eng verbundenen Personen gehört auch die Weisungsfreiheit von diesen.[1381] Bisweilen wird auch die Weisungsfreiheit im Verhältnis zwischen der Bewertungsgesellschaft und dem konkret vorgesehenen Berufsträger verlangt.[1382] Indes wird dieses Personenverhältnis nicht vom Gesetzeswortlaut in Bezug genommen. Daneben sind in wirtschaftlicher Hinsicht gewisse Anforderungen zu stellen. Die zuständige Bewertungsgesellschaft oder die einzelne (n) Bewertungsperson(en) darf bzw. dürfen ihre Einnahmen nicht überwiegend aus

---

[1378] Erwägungsgrund 29 AIFM-RL: „Bewertung der Vermögenswerte der AIF"; Art. 19 Abs. 3 UAbs. 3 AIFM-RL: „von dem AIF gehaltenen Vermögenswerten"; Art. 69 Abs. 4 AIFM-VO: „von den AIF gehaltenen Vermögenswerte"; Art. 71 Abs. 1 Satz 1 AIFM-VO: „von einem AIF gehaltenen Vermögenswerte"; Art. 74 Abs. 1 AIFM-VO: „von offenen AIF gehaltenen Finanzinstrumente".

[1379] § 1 Abs. 19 Nr. 10 KAGB.

[1380] § 216 Abs. 4 KAGB.

[1381] BegrRegE BT-Drs. 17/12294, S. 263 f.

[1382] *Tollmann*, in: Dornseifer/Jesch/Klebeck/Tollmann, AIFM-RL, Art. 19 Rn. 83; *Kretzschmann*, in: FrankKomm, KapAnlR Bd. 1, § 216 KAGB Rn. 40.

der Bewertung des jeweiligen AIF generieren.[1383] Wie bei einem öffentlich bestellten Sachverständigen sind auch geordnete wirtschaftliche Verhältnisse erforderlich,[1384] um die Gefahr auszuschließen, sich zu Gefälligkeitsbewertungen verleiten zu lassen. Letztlich ist auch jedes sonstige Wohlverhalten gegenüber dem AIFM, womit letzterer Einfluss auf das Bewertungsergebnis erlangt, etwa ein vorheriger Austausch über den Bewertungsentwurf, zu vermeiden.[1385]

§ 216 Abs. 2 KAGB enthält weitere Voraussetzungen für die Bestellung eines externen Bewerters. So muss der externe Bewerter nach § 216 Abs. 2 Nr. 2 KAGB berufliche Garantien vorlegen können, die Belege enthalten, die u. a. bestätigen, dass adäquate Verfahren zur Wahrung einer unabhängigen Bewertung vorliegen.[1386] Die verschiedenen Belege sind notwendig, da die BaFin andernfalls die Bestellung eines anderen externen Bewerters verlangen kann.[1387] Von Art. 19 Abs. 5 lit. c AIFM-RL bzw. § 216 Abs. 2 Nr. 3 KAGB wird gefordert, dass der AIFM bei Bestellung des externen Bewerters nachweisen muss, dass die Bestellung den Anforderungen des Art. 20 Abs. 1 AIFM-RL bzw. des § 36 Abs. 1 KAGB entspricht. Folgt man der Gesetzessystematik, widersprechen die AIFM-RL und als deren Umsetzung auch das KAGB den bereits erläuterten Anforderungen an die Weisungsfreiheit. Denn in Art. 20 Abs. 1 Satz 2 lit. f AIFM-RL heißt es wiederum, dass der AIFM jederzeit zur wirksamen Überwachung und zur Erteilung weiterer Anweisungen in der Lage sein muss, wenn dies im Anlegerinteresse liegt. § 36 Abs. 1 Nr. 7 KAGB spricht explizit davon, Weisungsbefugnisse vertraglich zu sichern. Nur wenn man die Gesetzesbegründung zu § 216 Abs. 2 KAGB hinzuzieht, stellt man fest, dass sich die Weisungsbefugnisse niemals auf den Gutachteninhalt und das Bewertungsergebnis beziehen dürfen.[1388] Die Erwägungsgründe der AIFM-RL lassen gleichlautende Ausführungen vermissen.

[1383] *Tollmann*, in: Dornseifer/Jesch/Klebeck/Tollmann, AIFM-RL, Art. 19 Rn. 76 f.; *Schultheiß*, in: Baur/Tappen, Investmentgesetze, § 169 KAGB Rn. 25; *Kretzschmann*, in: FrankKomm, KapAnlR Bd. 1, § 216 KAGB Rn. 42.

[1384] *Tollmann*, in: Dornseifer/Jesch/Klebeck/Tollmann, AIFM-RL, Art. 19 Rn. 79. Zu dem Erfordernis bei öffentlich bestellten Sachverständigen: BVerwG, Urt. v. 27. 6. 1974 – I C 10.73, GewA 1974, 333, 337.

[1385] *Tollmann*, in: Dornseifer/Jesch/Klebeck/Tollmann, AIFM-RL, Art. 19 Rn. 84.

[1386] Art. 73 Abs. 2 lit. b AIFM-VO (i. V. m. § 216 Abs. 3).

[1387] § 216 Abs. 5 KAGB; krit. *Miederhoff*, RdF 2016, 22, 29: Bestellung der KVG wäre auch denkbar.

[1388] BegrRegE BT-Drs. 17/12294, S. 263 f. Ebenso *European Commission*, Your Questions On Legislation, ID 1156. Bei *BaFin* vom 29. 7. 2015, Rundschreiben 07/2015 (WA) – Anforderungen bei der Bestellung externer Bewerter für Immobilien und Immobilien-Gesellschaften, zuletzt geändert am 1. 9. 2015, WA 41-Wp 2137-2013/0216, Abschn. III ist gleichfalls zu lesen, dass sich die Überwachungsmaßnahmen ausschließlich auf die Ordnungsmäßigkeit des Bewertungsprozesses beziehen dürfen.

9. Leverage-Beschränkung nach §§ 263, 274 Satz 1
i. V. m. 215 KAGB

Eine sich in LBO-Konstellationen letztlich auf die Kapitalstruktur des Zielunternehmens auswirkende Leverage-Beschränkung im Rahmen einer Akquisitionsfinanzierung ist stets im Kontext der bereits erläuterten Diskussion um die optimale Kapitalstruktur eines Unternehmens zu sehen und muss sich an den dort erörterten Vor- und Nachteilen messen lassen.[1389] Dabei wurde die Erkenntnis gewonnen, dass eine exzessive Überantwortung des Schuldendienstes zu einer Erhöhung des Insolvenzrisikos der Zielgesellschaft führen kann. Aus diesem Grund war eine Leverage-Beschränkung im vorbeschriebenen Sinne ein erkorenes Ziel bei den auf nationaler Ebene geäußerten Reformvorschlägen.[1390] In der Vergangenheit wurde der Gedanke für diskussionswürdig gehalten, sich bei einer Leverage-Beschränkung an § 18 des damaligen REIT-Gesetzesentwurfes[1391] zu orientieren, nach dem Kredite nur bis zur Höhe von 60 Prozent des Gesellschaftsvermögens aufgenommen werden durften, wenn die Bedingungen der Kreditaufnahme marktüblich waren und dies in der Satzung vorgesehen war.[1392] Ein „zu ermittelndes standardisiertes Eigenkapital-/ Fremdkapitalverhältnis"[1393] geriet in den Mittelpunkt. Eine Implementierung im Rahmen des nationalen Gesellschaftsrechts hätte aber bedeutet, dass diese Begrenzung „nicht nur für Private Equity-finanzierte Unternehmen gültig"[1394] gewesen wäre. Vom deutschen Gesetzgeber blieb die geäußerte Kritik am Overleverage hingegen unbeachtet. Mit der bereits erwähnten Zinsschranke des § 4 h EStG (i. V. m. § 8a KStG) aus der Unternehmenssteuerreform 2008 ist zwar nicht auszuschließen, dass ein ähnlicher Effekt bewirkt wird. Ihr Erlass hat aber einen anderen Hintergrund, der nicht zwingend eine Reduzierung der Verschuldung sicherstellt.[1395] Auch von Vertretern auf EU-Ebene wurde vor Erlass der AIFM-RL mit einer Leverage-Beschränkung kokettiert. So heißt es in der bereits erwähnten Rede[1396] von Rasmussen: „[…] funds acquiring companies with intent to resell should be constrained in their ability to leverage acquisitions. This may be achieved either through a limit on the leverage multiple (which may vary according to the industry where the target company operates) or, in a simpler and more flexible way, through a limit on the deductibility of interests paid by the target and the acquisition vehicle when such interests exceed a certain percentage – for instance 30 % – of the target company's

---

[1389] 2. Teil, B.I.

[1390] 6. Teil, A.II.2.

[1391] So § 18 Abs. 4 des Gesetzesentwurfes zur Schaffung deutscher Immobilien-Aktiengesellschaften mit börsennotierten Anteilen, BT-Drs. 16/4026, S. 10.

[1392] *Kaserer/Achleitner/von Einem/Schierek*, Private Equity in Deutschland, S. 260 Fn. 176.

[1393] Ebd., S. 260.

[1394] Ebd., S. 260.

[1395] 2. Teil, B.IV.2.a).

[1396] 3. Teil, D.II.1.

EBITDA"[1397]. Die nunmehr verankerte Leverage-Beschränkung soll im Folgenden in drei Schritten erschlossen werden.

a) Allgemeine Aufnahmegrenzen

Eine Begrenzung des Leverage wird nun in den § 274 Satz 1 i. V. m. § 215 KAGB für Spezial-AIFs und in § 263 Abs. 1 KAGB für Publikums-AIFs geregelt. KVGs von Spezial-AIFs müssen der BaFin zeigen, dass die gewählte Begrenzung des Leverage angemessen ist und konsequent eingehalten wird. Erforderlichenfalls kann die BaFin nach Information der ESMA sowie des Europäischen Ausschusses für Systemrisiken und der zuständigen Stellen des Herkunftsmitgliedstaats des AIF den Umfang des Leverage beschränken oder sonstige Beschränkungen anordnen, wenn sie dies zur Gewährleistung der Stabilität und Integrität des Finanzsystems als nötig erachtet.[1398] Die Vorgaben für einen geschlossenen inländischen Publikums-AIF sind hingegen strenger. Zum einen erfordert eine Kreditaufnahme die Zustimmung der Verwahrstelle.[1399] Zum anderen besteht eine Deckelung. Vor Inkrafttreten des OGAW V-UmsG am 18. März 2016 durften Kredite nach § 263 Abs. 1 Satz 1 KAGB a. F. nur bis zur Höhe von 60 Prozent des Verkehrswerts der im geschlossenen Publikums-AIF befindlichen Vermögensgegenstände und nur dann aufgenommen werden, wenn die Bedingungen der Kreditaufnahme marktüblich waren und dies in den Anlagebedingungen vorgesehen war.[1400] In der jetzigen Ausgestaltung liegt die betragsmäßige Grenze bei 150 Prozent des aggregierten eingebrachten Kapitals und noch nicht eingeforderten zugesagten Kapitals des geschlossenen Publikums-AIF.[1401] Der Sache nach bleibt der Prozentsatz aber gleich, es ändert sich lediglich die Darstellungsart.[1402]

Wenn man den Wortlaut streng befolgte, wäre das *noch nicht eingebrachte, aber eingeforderte zugesagte Kapital* nicht erfasst.[1403] Im Mittelpunkt sollen aber wohl

---

[1397] *Rasmussen*, Commission conference on private equity, S. 9.

[1398] § 215 Abs. 2 Satz 1 Halbsatz 2 und Satz 2 KAGB; *Wetzig*, Regulierung des Grauen Kapitalmarkts, S. 197 f.: Die Nutzung dieser Befugnis werde wohl eine Ausnahme bleiben.

[1399] § 84 Abs. 1 Nr. 1 KAGB.

[1400] Entgegen der noch im KAGB-Diskussionsentwurf (KAGB-DiskE) vorgesehenen 30 % in § 227 KAGB-DiskE. Diese Änderung befürwortend *Wetzig*, Regulierung des Grauen Kapitalmarkts, S. 193.

[1401] Berechnet auf der Grundlage der Beträge, die nach Abzug sämtlicher direkt oder indirekt von den Anlegern getragenen Gebühren, Kosten und Aufwendungen für Anlagen zur Verfügung stehen, § 263 Abs. 1 Satz 1 KAGB.

[1402] BegrRegE BT-Drs. 18/6744, S. 62: „Bei einem Verkehrswert der im geschlossenen Publikums-AIF befindlichen Vermögensgegenstände von 100 ist nach derzeitiger Regelung Fremdkapital bis zu 60 erlaubt. Das Eigenkapital beträgt damit mindestens 40. Bezogen auf das Eigenkapital von 40 ist damit Fremdkapital von bis zu 150 % (40 x 150 % = 60) erlaubt".

[1403] Ebenso *Paul*, GWR 2016, 224, 225, der zudem richtig darauf hinweist, es handele sich hier nur um Anlegerkapital. *Zander*, DB 2016, 331, 332 hingegen spricht von „Investitions-

vielmehr die beiden Kategorien „eingebracht" und bislang bloß „zugesagt" stehen, sodass das vollständig bislang bloß zugesagte Kapital grundsätzlich Eingang in die Berechnung finden muss. Etwas anderes muss jedoch gelten, wenn das Kapital letztlich uneinbringlich ist.[1404] Mit der Änderung der Darstellung sollten eine Angleichung an die Terminologie zu der EuVECA-VO, der EuSEF-VO und der ELTIF-VO angestrebt, Missverständnisse von Anlegern vermieden und der fondsseitige Verwaltungsaufwand bezüglich der Überwachung der Kreditaufnahmegrenze verringert werden.[1405] Wie sich das Verhältnis von Fremdkapital zu dem Wert der Vermögensgegenstände verhält, hätte für den Anleger vor Ablauf der Fondslaufzeit ohnehin nur informatorischen Charakter.[1406] Für den Anleger ist es damit wichtiger, bereits vor Kapitalzusage zu wissen, in welcher Höhe Kredite bezogen auf das eingezahlte bzw. zugesagte Kapital aufgenommen werden und mit welchem Ergebnis der AIF am Laufzeitende abschließt.[1407] Maßgeblicher Berechnungszeitpunkt für § 263 Abs. 1 KAGB muss dabei der Zeitpunkt der Kreditaufnahme sein.[1408]

b) Keine Aufnahmegrenzen im Kontext der Akquisitionsfinanzierung und der Übergangsfinanzierung von Kapitalabrufen

Anders als sich zunächst annehmen lässt, sind mit dieser Leverage-Begrenzung aber keineswegs Auswirkungen für die LBO-typische Akquisitionsfinanzierung verbunden. Denn aus dem Zusammenspiel von AIFM-RL und AIFM-VO ergibt sich, dass mit Leverage nicht eine Hebelfinanzierung auf Ebene des Akquisitionsvehikels gemeint ist, soweit nicht etwa – was im LBO nicht vorkommt – eine Ausfallhaftung des AIF besteht.[1409] Die vorstehend erläuterten Begrenzungen beziehen sich damit ausschließlich auf die Kreditaufnahme auf Fondsebene. Dort wird aber kein Fremdkapital zur Akquisitionsfinanzierung gebündelt.[1410] Dass die Fremdkapitalaufnahme auf Ebene des Akquisitionsvehikels keine relevante Erhöhung des Leverage darstellt, mag bei Anwendung der neuen regulierungrechtlichen Vorgaben verständlich sein. Doch steht dieses Ergebnis im krassen Widerspruch zu dem nicht nur auf nationaler Ebene verlautbarten Wunsch nach gedeckelter Verschuldung zugunsten der Zielgesellschaften bei auf Exit gerichteten Akquisitionen durch Finanzinvestoren. Dafür stellt die EZB nunmehr per unverbindlicher Richtlinien und

---

eigenkapital"; der Begriff wird dort zwar richtig definiert, die Wortwahl führt hingegen etwas in die Irre, da auch Gründerkapital erfasst sein könnte.

[1404] Überzeugend *Paul*, GWR 2016, 224, 225.

[1405] BegrRegE BT-Drs. 18/6744, S. 62.

[1406] Ebd.

[1407] Ebd.

[1408] Aufschlussreich *Paul*, GWR 2016, 224, 226 f.

[1409] Ausführlich 3. Teil, D.I.

[1410] 2. Teil, B.I.

trotz starker branchenseitiger Kritik[1411] weitergehende Vorgaben an das Risikomanagement bedeutender Kreditinstitute i. S. des Art. 6 Abs. 4 der VO (EU) Nr. 1024/2013 (Single Supervisory Mechanism-Verordnung), wenn sie Kredite an ein Unternehmen ausgeben, bei denen das Verhältnis von Total Debt (gemeint sind Brutto-Gesamtverbindlichkeiten) zu EBITDA den Faktor 4.0 nach der Finanzierung überschreitet, *oder* wenn die Kredite an Unternehmen ausgereicht werden, die von Finanzsponsoren kontrolliert bzw. gehalten werden.[1412] Bei strenger Befolgung der Definition von Finanzsponsoren, die nur auf in LBO-Aktivitäten verwickelte Wertpapierfirmen i. S. des Art. 4 Abs. 1 Nr. 2 CRR Bezug nimmt, wären Fonds und deren Manager (als Vermögensverwaltungsgesellschaften i. S. des Art. 4 Abs. 1 Nr. 19 CRR) exkludiert. Diese definitorische Fehlleistung wird aber sicherlich durch den Willen der EZB, die eine Eingrenzung der Finanzsponsoren nur auf „private equity sponsor[s]"[1413] als zu eng gesehen hat, überholt.

Daneben zeigt die Leverage-Beschränkung keine Auswirkungen auf eine etwaige Übergangsfinanzierung (3 bis 12 Monate) von Kapitalabrufen zur schnelleren Abwicklung der Transaktion, sofern die nur vorübergehende Kreditvereinbarung in vollem Umfang durch Kapitalzusagen gedeckt ist.[1414]

c) Marktüblichkeitskriterium im Bereich der Spezial-AIFs?

Die Kreditaufnahme bei Publikums-AIFs erfordert, dass die Bedingungen der Kreditaufnahme marktüblich sind. Für Spezial-AIFs wurde eine entsprechende Einschränkung im Kontext einer Kreditaufnahme nicht statuiert. Indes ist nicht eindeutig, ob für geschlossene Spezial-AIFs nicht dennoch dieselbe Restriktion gilt. Denn nach § 286 Abs. 1 i. V. m. § 168 Abs. 7 Satz 4 KAGB findet das bereits erläuterte Marktgerechtigkeitskriterium grundsätzlich auch für KVGs von Spezial-AIFs Anwendung. Dieses gilt für *Geschäftsabschlüsse* für den AIF, worunter dem Wortlaut nach auch die Kreditaufnahme fallen könnte. Der systematische Zusammenhang des Marktgerechtigkeitskriteriums mit § 168 Abs. 7 Satz 1 KAGB („Erwerb und Veräußerung von Vermögensgegenständen"), der anders als § 168 Abs. 1 Satz 2 KAGB „aufgenommene Kredite" neben „Vermögensgegenständen" nicht erwähnt, weist indes auf ein gegenteiliges Verständnis hin.

Doch auch bei unterstellter Einordnung der Kreditaufnahme als Geschäftsabschluss könnte das Marktgerechtigkeitskriterium nur dann maßgeblich sein, wenn das Marktgerechtigkeitskriterium auch uneingeschränkten Geltungsanspruch trotz

---

[1411] *Invest Europe*, Response to the ECB Consultation its Draft Guidance on leveraged transactions, 27 January 2017, S. 1 ff.

[1412] *ECB*, Guidance on leveraged transactions, May 2017, S. 4.

[1413] *ECB*, Feedback statement, Responses to the public consultation on the draft ECB guidance on leveraged transactions, May 2017, S. 16.

[1414] Art. 6 Abs. 4 AIFM-VO; *van Dam/Mullmaier*, in: Zetzsche, AIFMD, Chapt. 26 No. 3.1.; *Volhard/Jang*, in: Weitnauer/Boxberger/Anders, KAGB, § 1 Rn. 98.

bzw. neben der besonderen Produktregulierung hätte. Das für geschlossene Publikums-AIFs geltende Marktüblichkeitskriterium in § 263 KAGB wäre dann aufgrund der allgemeinen Vorschrift des (§ 271 Abs. 1 i. V. m.) § 168 Abs. 7 Satz 4 KAGB bloß deklaratorischer Natur.[1415] Überzeugender ist allerdings der Gedanke, eine Produktregulierung, die für einen Sachverhalt eigene ergebnisbezogene Vorgaben macht oder einen bestimmten Geschäftsabschluss anderweitig speziell regelt, als eine den § 168 Abs. 7 Satz 4 KAGB verdrängende Regelung (lex specialis) aufzufassen. Das wird mit einem Blick auf die besondere Produktregulierung für offene Immobilien-Sondervermögen bestätigt. Dort enthält § 260 KAGB eine Regelung für die Veräußerung von zu dem Sondervermögen gehörenden Vermögensgegenständen. Laut § 260 Abs. 1 Satz 1 Nr. 2 KAGB darf die Gegenleistung den im speziellen Bewertungsverfahren nach § 249 KAGB ermittelten Wert nicht oder nicht wesentlich unterschreiten.[1416] Dies ist im Vergleich zu dem Marktgerechtigkeitskriterium eine speziellere Regelung. Auch die BaFin bekräftigt dieses zu § 260 KAGB entwickelte Verständnis. Denn im Verwahrstellenschreiben wird nur für geschlossene Investmentvermögen darauf hingewiesen, dass dort zwar keine dem § 260 KAGB vergleichbare Regelung für Verfügungen existiere, dafür aber das Marktgerechtigkeitskriterium nach § 271 Abs. 1 i. V. m. § 168 Abs. 7 KAGB einzuhalten sei.[1417] § 274 i. V. m. § 215 KAGB macht für die Kreditaufnahme für inländische Spezial-AIFs zwar keine ergebnisbezogenen Vorgaben, regelt aber den Geschäftsabschluss der Leverageaufnahme abschließend und damit als lex specialis ohne Raum für § 168 Abs. 7 Satz 4 KAGB.

10. Belastungs-Beschränkung nach §§ 263 Abs. 3 f., 275 KAGB

Wenn auf Ebene des AIF die Aufnahme von Fremdkapital im Rahmen der Leverage-Beschränkungen zulässig ist, muss dem AIF auch die Möglichkeit zur Belastung seiner Vermögensgegenstände eingeräumt werden. Deswegen sind die für Publikums-AIFs in § 263 Abs. 3 f. KAGB und für Spezial-AIFs in § 275 KAGB statuierten Belastungs-Beschränkungen spiegelbildlich zu den Leverage-Beschränkungen zu sehen. Beide Fondskategorien unterliegen zunächst denselben Anforderungen an eine Belastung. So sind die Belastung von Vermögensgegenständen, die zu einem geschlossenen inländischen Publikums-AIF bzw. die zu einem Spezial-AIF gehören, sowie die Abtretung und Belastung von Forderungen aus Rechtsverhältnissen, die sich auf diese Vermögensgegenstände beziehen, zulässig,

---

[1415] So für § 199 KAGB *Bahr*, in: Weitnauer/Boxberger/Anders, KAGB, § 199 Rn. 12, der § 168 Abs. 7 KAGB nicht explizit nennt, aber von „Geschäftsabschlüsse[n] zu nicht marktüblichen Bedingungen" spricht.

[1416] *Hübner*, WM 2014, 106, 113: Spätestens bei Abweichung von mehr als 4,0 % sei Schwelle überschritten.

[1417] *BaFin* vom 7.10.2015, Rundschreiben 08/2015 (WA) – Aufgaben und Pflichten der Verwahrstelle nach Kapitel 1 Abschnitt 3 des KAGB, WA 41-Wp 2137-2013/0068, Abschn. 6.2.3.

wenn dies in den Anlagebedingungen vorgesehen und mit einer ordnungsgemäßen Wirtschaftsführung vereinbar ist und die Verwahrstelle den vorgenannten Maßnahmen zustimmt, weil sie die Bedingungen, unter denen die Maßnahmen erfolgen sollen, für marktüblich erachtet.[1418] Warum auch Spezial-AIFs der letzteren Restriktion unterliegen, obwohl die Aufnahme von Krediten bei Spezial-AIFs anders als bei Publikums-AIFs nach § 84 Abs. 1 Nr. 1 KAGB nicht der Zustimmung der Verwahrstelle unterliegt, bleibt im Dunkeln[1419] und wird bisweilen sogar bewusst ignoriert[1420]. Im Übrigen kann die BaFin die Höhe der zulässigen Belastung der zu dem Spezial-AIF gehörenden Vermögensgegenstände beschränken, wenn sie dies zum Schutz der Anleger oder zur Gewährleistung der Stabilität und Integrität des Finanzsystems als nötig erachtet.[1421] An dieser Stelle wird die oben beschriebene Spiegelbildlichkeit ein weiteres Mal durchbrochen, da die BaFin für eine Leverage-Beschränkung nach § 274 Satz 1 i. V. m. § 215 Abs. 1 Satz 2 KAGB den Anlegerschutz nicht berücksichtigen kann. Bei Publikums-AIFs gilt wie bei der Leverage-Beschränkung, dass die KVG sicherstellen muss, dass die Belastung nach § 263 Abs. 3 KAGB insgesamt 150 Prozent des aggregierten eingebrachten Kapitals und noch nicht eingeforderten zugesagten Kapitals des geschlossenen Publikums-AIF nicht überschreitet.[1422]

Der Wortlaut der Belastungs-Beschränkungen („Vermögensgegenstände, die *zu* einem Publikums-AIF/Spezial-AIF *gehören*") ist sehr weit geraten. Das ist bedenklich, weil man entlang der vom AIF ausgehenden und über die Akquisitionsvehikel bis zu den Portfoliogesellschaften reichenden Beteiligungskette eine Vielzahl an zu dem AIF gehörenden Vermögensgegenständen identifizieren kann, die bereits zur Leverage-Beschränkung gewonnenen Erkenntnisse, insbesondere unter Rekurs auf Art. 6 Abs. 3 Satz 2 AIFM-VO, jedoch verdeutlichen, dass die Leverage-Berechnung nur auf Ebene des AIF ansetzt, wenn keine Ausfallhaftung etwa für Kredite auf Ebenen unterhalb des AIF besteht.[1423] Aufgrund der Kohärenz der Figuren der Leverage- und Belastungs-Beschränkung ist letztere vor diesem Hintergrund so zu lesen, dass sie im Fall von Private Equity nur für Vermögensgegenstände gilt, die *dem* AIF *gehören*, soweit keine anderweitige Ausfallhaftung eingreift.[1424]

[1418] §§ 263 Abs. 3, 275 Abs. 1 KAGB.

[1419] Krit. auch *Swoboda*, in: Weitnauer/Boxberger/Anders, KAGB, § 275 Rn. 6.

[1420] *Moroni*, in: FrankKomm, KapAnlR Bd. 1, § 275 KAGB Rn. 6, 23; *Krause*, in: Beckmann/Scholtz/Vollmer, Investment-Hdb., Losebl. (Stand: 5/15), 405 § 275 KAGB Rn. 11 geht jedenfalls davon aus, dass auch trotz fehlender Zustimmung eine Verfügung als Berechtigter erfolge.

[1421] § 275 Abs. 2 KAGB.

[1422] Abermals berechnet auf der Grundlage der Beträge, die nach Abzug sämtlicher direkt oder indirekt von den Anlegern getragenen Gebühren, Kosten und Aufwendungen für Anlagen zur Verfügung stehen, § 263 Abs. 4 KAGB.

[1423] *Swoboda*, in: Weitnauer/Boxberger/Anders, KAGB, § 275 Rn. 1, 8. Ausführlich 3. Teil, D.I.

[1424] Ebenso *Swoboda*, in: Weitnauer/Boxberger/Anders, KAGB, § 275 Rn. 8, 14 f.: AIF selbst müsse Vermögensgegenstand im Eigentum halten und bilanzieren; a. A. *Moroni*, in:

Dafür spricht zudem zweierlei. Erstens: Eine Regelung, die die Belastung von Vermögensgegenständen auf Ebene von Zweckgesellschaften den Belastungs-Restriktionen unterwirft, existiert nur im Bereich der Sachwerte (§ 260 Abs. 4 KAGB). Zweitens: Dem Bereich der geschlossenen Publikums-AIFs ist eine Regelung zur Berücksichtigung der Kredite auf Ebene von nur in Sachwerte investierenden Zweckgesellschaften im Rahmen der Leverage-Berechnung bekannt (§ 263 Abs. 1 Satz 3 KAGB), wohingegen es an einer korrespondierenden Vorschrift für die Belastungs-Beschränkung insgesamt fehlt. Die aktuelle gesetzliche Terminologie ist schließlich nur bei Sondervermögen aufgrund ihrer fehlenden Rechtsfähigkeit indiziert.[1425] Im Ergebnis fällt damit auch der Fall aus dem Anwendungsbereich von §§ 263 Abs. 3 f., 275 KAGB, in dem zugunsten des AIF bzw. des Akquisitionsvehikels eine Sicherheit bestellt wird (z. B. für ein Gesellschafterdarlehen).[1426]

11. Gesellschafterdarlehen nach § 285 Abs. 2 und 3 KAGB

Der nationale Gesetzgeber hat mit dem Inkrafttreten des OGAW V-UmsG am 18. März 2016[1427] die Gelegenheit genutzt und in diesem Zuge auch die in den Mittelpunkt geratene Regulierung der Vergabe und Restrukturierung von Gelddarlehen durch KVGs für Rechnung der AIFs in eine neue Form gegossen.[1428] Im Folgenden werden der Hintergrund der neuen Regelungen, die Relevanz von Gesellschafterdarlehen im Bereich LBO und die neuen Restriktionen für deren Vergabe erhellt.

a) Hintergrund

Vor dem KAGB galt, dass für die Gewährung von Darlehen sowie die Darlehensrestrukturierung und -prolongation eine Bankkonzession nach § 32 KWG einzuholen war, wenn dadurch das Kreditgeschäft i. S. des § 1 Abs. 1 Nr. 2 KWG betrieben wurde.[1429] Für die Vergabe von Gesellschafterdarlehen war nach Ansicht der

---

FrankKomm, KapAnlR Bd. 1, § 275 KAGB Rn. 18 f., der die Belastungs-Beschränkung auf Ebene der Zweckgesellschaften anwendet.

[1425] § 92 Abs. 1 KAGB: „Die zum Sondervermögen gehörenden Vermögensgegenstände […]".

[1426] *Swoboda*, in: Weitnauer/Boxberger/Anders, KAGB, § 275 Rn. 7 will diese Konstellation bereits aus teleologischen Gründen exkludieren.

[1427] Gesetz zur Umsetzung der Richtlinie 2014/91/EU des Europäischen Parlaments und des Rates vom 23. Juli 2014 zur Änderung der Richtlinie 2009/65/EG zur Koordinierung der Rechts- und Verwaltungsvorschriften betreffend bestimmte Organismen für gemeinsame Anlagen in Wertpapieren (OGAW) im Hinblick auf die Aufgaben der Verwahrstelle, die Vergütungspolitik und Sanktionen vom 3. März 2016, BGBl. I, S. 348.

[1428] Überrascht über die Zulassung von Kreditfonds, *Zander*, DB 2016, 331, 334.

[1429] Zu den Detailfragen, ob eine Konditionenanpassung, Kreditprolongation oder Stundung den Tatbestand erfüllt, s. *BaFin* vom 8. 1. 2009, Merkblatt – Hinweis zum Tatbestand des Kreditgeschäfts, zuletzt geändert am 2. 5. 2016, Abschn. 1 lit. a bb) (4).

BaFin indes keine KWG-Erlaubnis erforderlich, weil Gesellschafterdarlehen aufgrund der dem Gesellschafter obliegenden Treuepflicht und den gesetzlich verankerten insolvenzverhindernden Entnahme- und Ausschüttungssperren[1430] als nur *bedingt rückzahlbare* Gelder qualifizieren.[1431] Im Investmentbereich konnten deshalb nur Darlehensfonds von der KWG-Erlaubnispflicht erreicht werden. Mit Inkrafttreten des KAGB wurde in § 2 Abs. 1 Nr. 3b KWG eine mittlerweile modifizierte Bereichsausnahme für KVGs und extern verwaltete Investmentgesellschaften geschaffen, wonach diese nicht als Kreditinstitute galten, sofern sie die kollektive Vermögensverwaltung erbrachten oder neben der kollektiven Vermögensverwaltung ausschließlich die nach § 20 Abs. 2 und 3 KAGB erlaubten (Neben-)Dienstleistungen als Bankgeschäfte betrieben. Da dem KAGB vor dem OGAW V-UmsG allerdings nur vereinzelt Regelungen zur Vergabe von Darlehen für den AIF-Bereich zu entnehmen waren,[1432] war die BaFin daher der Ansicht, dass die Vergabe von Darlehen für Rechnung des Investmentvermögens grundsätzlich kein Teil der kollektiven Vermögensverwaltung und deshalb grundsätzlich unzulässig gewesen sei.[1433] Nach dieser Lesart konnte die KWG-Bereichsausnahme nicht eingreifen und KVGs waren je nach Geschäftsmodell (z. B. bei Darlehensfonds) zum Einholen einer Bankerlaubnis gezwungen. Auch im Rahmen der Gesetzesbegründung zum OGAW V-UmsG wird diese Auffassung gespiegelt und so dargestellt, als wäre der nationale Gesetzgeber von dieser Rechtslage bereits bei Schaffung des KAGB ausgegangen.[1434] Die BaFin machte aber für die Vergabe von Gesellschafterdarlehen für Rechnung von AIFs ohne oder nahezu ohne Produktvorgaben eine (im Lichte ihrer eigenen Argumentation systemwidrige) Ausnahme, wenn – wie regelmäßig – keine § 32 KWG-Konzession einzuholen war oder wenn das Bankgeschäft auf konzernangehörige Unternehmen beschränkt wurde.[1435] Der Erwerb von unverbrieften Darlehensforderungen war hingegen im Rahmen der einschlägigen Pro-

---

[1430] §§ 64 Satz 3 GmbHG, 92 Abs. 2 Satz 3 AktG, 130a Abs. 1 Satz 3, 177a Satz 1 i. V. m. 130a HGB.

[1431] *BaFin* vom 8. 1. 2009, Merkblatt – Hinweis zum Tatbestand des Kreditgeschäfts, zuletzt geändert am 2. 5. 2016, Abschn. 1 lit. a cc) (5); krit. *Fischer*, WM 2014, 1709, 1715 f., weil die BaFin sonst selbst einen um eine insolvenzverhindernde Funktion aufgestockten Rangrücktritt verlangt.

[1432] § 240 KAGB zur Darlehensvergabe an eine Immobilien-Gesellschaft für Rechnung des Immobilien-Sondervermögens. Der mittlerweile entfallene § 93 Abs. 4 KAGB a. F., der die Vergabe von Gelddarlehen im Rahmen von Sondervermögen verbot, ging auf Art. 88 OGAW-RL zurück und galt daher nur für den OGAW-Bereich, s. *BaFin* vom 12. 5. 2015, Änderung der Verwaltungspraxis zur Vergabe von Darlehen usw. für Rechnung des Investmentvermögens vom 12. 5. 2015, WA 41-Wp 2100 - 2015/0001, Abschn. IV Nr. 1.

[1433] *BaFin* vom 12. 5. 2015, Änderung der Verwaltungspraxis zur Vergabe von Darlehen usw. für Rechnung des Investmentvermögens vom 12. 5. 2015, WA 41-Wp 2100 - 2015/0001, Abschn. II.

[1434] BegrRegE BT-Drs. 18/6744, S. 64.

[1435] *BaFin* vom 12. 5. 2015, Änderung der Verwaltungspraxis zur Vergabe von Darlehen usw. für Rechnung des Investmentvermögens vom 12. 5. 2015, WA 41-Wp 2100 - 2015/0001, Abschn. II.

duktregulierung ohne Weiteres zulässig.[1436] Die Zulässigkeit von anschließenden Darlehensrestrukturierungen oder Prolongationen wiederum war danach zu beurteilen, ob diese im KWG als Darlehensgewährung zu behandeln waren.[1437]

Die BaFin hat im Mai 2015 ihre Verwaltungspraxis geändert und die Vergabe von Darlehen sowie die Darlehensrestrukturierung und -prolongation durch AIFs als Teil der kollektiven Vermögensverwaltung der KVG eingeordnet und damit vorbehaltlich etwaiger Produktregeln im KAGB für zulässig erklärt.[1438] Eine KWG-Konzession war nicht mehr nötig.[1439] Für diesen Sinneswandel waren aus der Perspektive der BaFin mehrere Punkte kumulativ ausschlaggebend: Zum einen enthalte die AIFM-RL keine Produktregeln und stehe der Zulässigkeit der Darlehensvergabe nicht entgegen.[1440] Zum anderen würden die EuVECA-VO, die EuSEF-VO und die ELTIF-VO sogar vielmehr bezeugen, dass der Unionsgeber die Darlehensvergabe für zulässig erachtet, da die AIFs unter diesen Verordnungen in Darlehen investieren dürften.[1441] Schließlich würde auch die ESMA auf die vorstehenden Argumente stützend sog. Loan Origination AIFs (Kreditfonds) für zulässig erachten, was letztlich auch von einigen Mitgliedstaaten bereits praktiziert würde.[1442] Die BaFin hat sodann als Überbrückung bis zum gesetzgeberischen Vorstoß hier nicht weiter untersuchte Empfehlungen zur Handhabung der „neu gewonnenen" Zulässigkeit der Aktivitäten herausgegeben.[1443] Reflektiert man die angeführten Argumente, muss man zu dem Ergebnis kommen, dass etwa die AIF-Darlehensvergabe im Rahmen des KAGB nie per se unzulässig war. Die erst zu einem späteren Zeitpunkt gefundene „richtige" Auslegung ändert keineswegs die Rechtslage, die bereits mit Inkrafttreten des KAGB galt. Tatsächlich war das KAGB damit, soweit nicht Produktregeln zu beachten waren, in dieser Hinsicht sehr liberal.[1444] Die Vergabe von Gesellschafterdarlehen im Rahmen der Verwaltung des AIF war jedenfalls auch unter Rückgriff auf die anfängliche Position der BaFin möglich. Die neuen Regeln im KAGB führen

---

[1436] §§ 221 Abs. 5 Satz 1, 222 Abs. 1 Satz 1 KAGB zum Erwerb von unverbrieften Darlehensforderungen. Wenn der Verkehrswert der Darlehensforderungen ermittelt werden konnte, durften auch offene und geschlossene Spezial-AIFs unverbriefte Darlehensforderungen erwerben. Bei offenen inländischen Spezial-AIFs mit festen Anlagebedingungen mussten die Anleger jedoch zustimmen, § 284 Abs. 2 Nr. 2 lit. i KAGB.

[1437] *BaFin* vom 12.5.2015, Änderung der Verwaltungspraxis zur Vergabe von Darlehen usw. für Rechnung des Investmentvermögens vom 12.5.2015, WA 41-Wp 2100 - 2015/0001, Abschn. II.

[1438] Ebd., Abschn. IV.

[1439] Ebd.

[1440] Ebd., Abschn. III Nr. 1.

[1441] Ebd., Abschn. III Nr. 2. So schon *Zetzsche/Marte*, RdF 2015, 4, 5.

[1442] *BaFin* vom 12.5.2015, Änderung der Verwaltungspraxis zur Vergabe von Darlehen usw. für Rechnung des Investmentvermögens vom 12.5.2015, WA 41-Wp 2100 - 2015/0001, Abschn. III Nr. 3.

[1443] Ebd., Abschn. IV; dazu *von Einem/Schlote*, WM 2015, 1925, 1928 f.; *Hanten/von Tiling*, WM 2015, 2122, 2130 f.

[1444] *Swoboda*, in: Weitnauer/Boxberger/Anders, KAGB, § 285 Rn. 1.

nun zur entgegengesetzten Bewertung: Die Vergabe von Darlehen ist unzulässig, soweit nicht die Vergabemodalitäten eingehalten werden. Die neue Architektur des KAGB schränkt damit vormals existente Freiräume ein.[1445]

b) Relevanz von Gesellschafterdarlehen im Bereich LBO

In der Gesetzesbegründung zum OGAW V-UmsG heißt es, man wolle mit den neuen Regeln zu Gesellschafterdarlehen den „praktischen Bedürfnissen insbesondere in den Bereichen Private Equity und Venture Capital sowie zur Strukturierung über Zweckgesellschaften Rechnung tragen"[1446]. Auch für für das LBO-Segment als ein Bereich des Private Equity-Sektors ist die Bedeutung von Gesellschafterdarlehen nicht von der Hand zu weisen. Das wurde bereits im Kontext der Managementbeteiligungen verdeutlicht: Die Manager der Zielgesellschaft erhalten regelmäßig dadurch ein Sweet Equity an der HoldCo, dass deren Eigenkapitalwert (so weit wie sinnvoll) gering gehalten wird. Das gelingt, indem nicht das vollständige für die Transaktion vom Fonds bereitgestellte Kapital als Eigenkapital eingebracht wird, sondern z. B. ein Teil als Gesellschafterdarlehen (über eine weitere Zwischengesellschaft) ausgereicht wird. Außerdem eignen sich Gesellschafterdarlehen, die von der AcquiCo im Zuge der Transaktion gekauft werden, im Rahmen eines Debt Push Down als Aktivforderungen für eine Aufrechnung gegen den Aufwendungsersatzanspruch der Zielgesellschaft gegen die AcquiCo nach Schuldübernahme der Finanzierungsverbindlichkeiten. Ein weiteres Einsatzfeld von (nachrangigen) Gesellschafterdarlehen tut sich im Rahmen der Equite Cure bei Verstößen gegen die Financial Covenants auf.[1447] Ob und inwiefern ein Darlehen zudem an das operative Unternehmen für weitere Investitionen ausgegeben wird, ist eine Frage der Wirtschaftlichkeit im Einzelfall[1448] und steht insbesondere unter dem Vorbehalt steuerlicher Attraktivität, i. e. der Vermeidung einer gewerblichen Infizierung der Fondsgesellschaft, der Abzugsfähigkeit der Zinsen und der Höhe der Steuern auf die Zinserträge im Vergleich zu den Steuern auf Dividendenerträge.[1449] Überdies ist ein

---

[1445] Sehr krit. daher *Boxberger/Röder*, in: Weitnauer/Boxberger/Anders, KAGB, § 2 Rn. 28c; *Swoboda*, in: Weitnauer/Boxberger/Anders, KAGB, § 285 Rn. 13.

[1446] BegrRegE BT-Drs. 18/6744, S. 65.

[1447] 2. Teil, B.V.2.a).

[1448] Mehr Einblick freilich: *Elser*, in: Beckmann/Scholtz/Vollmer, Investment-Hdb., Losebl. (Stand: 9/15), 420 § 18 InvStG Rn. 9: Finanzierung sei typisch, Rn. 43 zu steuerrechtlichen Implikationen; *BVK*, Stellungnahme zum Referentenentwurf des OGAW V-UmsG, S. 4. f.: „von großer Bedeutung".

[1449] Zur Infektion *Jesch/Härtwig*, DStR 2015, 2312, 2316 f., nach denen eine gewerbliche Qualifikation der Einkünfte aus Darlehen und damit eine Infektion des sonst vermögensverwaltenden Fonds abzulehnen sei, wenn die Anzahl der ausgereichten Darlehen „weit eher der Anzahl zB von Portfolio-Unternehmen eines typischen Private-Equity-Fonds als zB der Anzahl der ausgereichten bzw. in den Büchern geführten Darlehen einer typischen Bankfiliale" entspreche; *Jesch*, RdF 2016, 32, 36; auch *Haisch/Bühler*, BB 2015, 1986, 1990 f. ordnen Loan Origination Funds generell als vermögensverwaltend ein; im Ergebnis ebenso *Krause*, in: Beckmann/Scholtz/Vollmer, Investment-Hdb., Losebl. (Stand: 6/16), 405 § 285 KAGB

Engagement in den Portfoliogesellschaften je nach Ausgestaltung der Kreditverträge mit den finanzierenden Banken abzustimmen[1450] und gegenüber den vorrangigen Fremdkapitalgebern – nicht jedoch notwendigerweise gegenüber weiteren Gläubigern[1451] – zu subordinieren. In vielen Fällen würde man eine Gesellschafterfinanzierung dabei aus organisatorischen, haftungsrechtlichen und steuerlichen Gründen über Objektgesellschaften strukturieren, die unmittelbar oder mittelbar vom Fonds gehalten werden.[1452]

c) Einschränkungen für die Vergabe von Gesellschafterdarlehen

Im Mittelpunkt der neuen Regulierung steht der für geschlossene Spezial-AIFs maßgebliche § 285 KAGB. § 285 Abs. 2 KAGB ist die zuvörderst für Darlehensfonds relevante, allgemeine Regelung für die Vergabe von Gelddarlehen durch eine KVG für Rechnung des AIF. Ist der Spezial-AIF bereits an dem darlehensnehmenden Unternehmen beteiligt, kann allerdings auf die Privilegien im Rahmen von § 285 Abs. 3 KAGB zurückgegriffen werden. Dessen konkrete Gestaltung war im Zuge des Gesetzgebungsprozesses stark umstritten und wurde erst mit Beschlussempfehlung des Finanzausschusses finalisiert. Ausweislich der zugrundeliegenden Begründung soll mit den zuletzt eingepflegten Weiterungen den „praktischen Bedürfnissen zur Vergabe von Gesellschafterdarlehen insbesondere in den Bereichen Private Equity und Venture Capital in größerem Umfang Rechnung getragen werden"[1453]. Überdies wird klargestellt, dass ein Gesellschafterdarlehen *alternativ* entweder nach § 285 Abs. 2 oder nach § 285 Abs. 3 KAGB gewährt werden kann.[1454] Beide Regelungen sind deshalb in den Blick zu nehmen. Auch für geschlossene Publikums-AIFs darf in Gelddarlehen investiert werden. Doch zulässig ist nur das Investment in Gelddarlehen nach § 285 Abs. 3 Satz 1 und 3, der mit einigen Modifikationen entsprechend

---

Rn. 48 ff.; die anderen beiden steuerlichen Gesichtspunkte anführend *Best/Haberstock*, 2015 MUPETmagazin / M&A, 17, 21. Im Gegensatz zum haftenden Eigenkapital (§ 8b Abs. 3 Satz 3 KStG) können mit der Vergabe eines Gesellschafterdarlehens je nach Lesart von § 8b Abs. 3 Satz 4 KStG auch Verluste wirtschaftlich abgefedert werden. Das dort verankerte Abzugsverbot für Gewinnminderungen im Zusammenhang mit einer Darlehensforderung gilt erst, wenn der darlehensgewährende Gesellschafter zu mehr als 25 % an der Zielgesellschaft beteiligt ist. Wenn nun auf die durchgerechneten Beteiligungsverhältnisse abzustellen ist und der Gesellschafter nicht als nahestehende Person i.S. des § 1 Abs. 2 AStG qualifiziert, was eine Durchrechnung andernfalls vereiteln würde, könnten die Investoren Verluste aus dem Gesellschafterdarlehen steuermindernd berücksichtigen.

[1450] *Diem*, Akquisitionsfinanzierungen, § 22 Rn. 47; *Ingenhoven*, in: Jesch/Striegel/Boxberger, Rechtshdb. Private Equity, § 12 Abschn. 5.2.2.1 und 5.2.2.2.

[1451] *Diem*, Akquisitionsfinanzierungen, § 40 Rn. 47, 50 f.

[1452] Ausführlich *Ulrich*, in: Jesch/Striegel/Boxberger, Rechtshdb. Private Equity, 2. Aufl. 2018, § 17, im Erscheinen. Vgl. aber *Eilers*, in: Eilers/Koffka/Mackensen, Private Equity, IV. Rn. 41: Die zwischen Fonds und HoldCo geschaltete (ausländische) Objektgesellschaft würde ebenfalls hybrid finanziert.

[1453] Begr BT-Drs. 18/7393, S. 77.

[1454] Ebd.

anzuwenden ist.[1455] Eine abschließende Auflistung, für die Rechnung welcher Fonds Gelddarlehen gewährt werden dürfen (z. B. auch EuVECAs, EuSEFs, ELTIFs und UBGs), ist in § 20 Abs. 9 KAGB enthalten. Für die Vergabe von Gelddarlehen ist nach § 34 Abs. 6 KAGB außerdem das Millionenkredit-Reporting einzuhalten. Einschränkungen für den *Erwerb* von unverbrieften Darlehensforderungen halten die auf die *Vergabe* von Darlehen gerichteten Regelungen des §§ 20 Abs. 9, 285 Abs. 2 und 3 KAGB nicht bereit.[1456] Anschließende Darlehensrestrukturierungen und -prolongationen sind wortlautgetreu jedenfalls ohne Weiteres zulässig.[1457] Die neue Regulierung zu Gesellschafterdarlehen gilt dabei gleich ob erlaubnis- oder registrierungspflichtiger Bereich.[1458]

aa) § 285 Abs. 2 KAGB

Nach § 285 Abs. 2 KAGB darf die KVG für Rechnung des geschlossenen Spezial-AIF Gelddarlehen nur unter den folgenden Bedingungen gewähren:

1. für den geschlossenen Spezial-AIF werden Kredite nur bis zur Höhe von 30 Prozent des aggregierten eingebrachten Kapitals und noch nicht eingeforderten zugesagten Kapitals aufgenommen, berechnet auf der Grundlage der Beträge, die nach Abzug sämtlicher direkt oder indirekt von den Anlegern getragener Gebühren, Kosten und Aufwendungen für Anlagen zur Verfügung stehen;

2. das Gelddarlehen wird nicht an Verbraucher i. S. des § 13 BGB vergeben; und

3. an einen Darlehensnehmer werden Gelddarlehen nur bis zur Höhe von insgesamt 20 Prozent des aggregierten eingebrachten Kapitals und noch nicht eingeforderten zugesagten Kapitals des geschlossenen Spezial-AIF vergeben, berechnet auf der Grundlage der Beträge, die nach Abzug sämtlicher direkt oder indirekt von den Anlegern getragener Gebühren, Kosten und Aufwendungen für Anlagen zur Verfügung stehen.

Bei Nr. 3 ist Berechnungsgrundlage ausschließlich das Anlegerkapital. Für das dem Wortlaut nach nicht erfasste *noch nicht eingebrachte, aber eingeforderte*

[1455] § 261 Abs. 1 Nr. 8 KAGB; *Zetzsche/Marte*, RdF 2015, 4, 13 befürworten weitergehend generell den Erwerb unverbriefter Darlehensforderungen durch geschlossene Publikums-AIFs.

[1456] *Krause*, in: Beckmann/Scholtz/Vollmer, Investment-Hdb., Losebl. (Stand: 6/16), 405 § 285 KAGB Rn. 8; *Swoboda*, in: Weitnauer/Boxberger/Anders, KAGB, § 285 Rn. 7, 9. Ein Darlehen wird bereits dann gewährt, wenn der Darlehensvertrag abgeschlossen wird, *Brockhaus/Thiessen*, RdF 2017, 31, 35 f.

[1457] § 20 Abs. 9 Satz 2 KAGB. Insbesondere führt die Einstufung als erlaubnispflichtiges Bankgeschäft unter dem KWG (so etwa die Prolongation) nicht zu Implikationen für das KAGB, BegrRegE BT-Drs. 18/6744, S. 46. Einschränkend *Brockhaus/Thiessen*, RdF 2017, 31, 33 ff.: Keine bloße Änderung der Darlehensbedingungen bei Erhöhung des Darlehensbetrages sowie bei Änderungen, die den Charakter des Darlehens grundlegend ändern (Einzelfallprüfung).

[1458] § 2 Abs. 4 Satz 1 Nr. 4, Abs. 4a Satz 1, Abs. 5 Satz 1 Nr. 8 KAGB.

zugesagte Kapital sei auf die identischen Erwägungen zur Leverage-Beschränkung im KAGB verwiesen; auch dieses Kapital muss Eingang in die Berechnungsgrundlage finden.[1459] Carry-Zuweisungen sind keine abzugsfähigen Kostenpositionen.[1460] Die vorstehenden Anforderungen unter 1. bis 3. müssen vor dem Hintergrund gesehen werden, dass auf europäischer Ebene (ESRB und ESMA) nichtbankgestützte Finanzierungsformen aufgrund der damit verbundenen Systemrisiken kritisch betrachtet werden. Die Anfälligkeit des Finanzsystems wird mit einer Reihe an Punkten begründet, die zusammenwirken können: Regulierungsarbitrage, Prozyklizität, „run" von Anlegern, Ansteckung anderer Bereiche des Finanzsystems und exzessives Kreditwachstum.[1461] Diese Gefahreneinschätzung wird letztlich vom deutschen Gesetzgeber geteilt und war Anlass für die rigiden Voraussetzungen, die an eine Zulässigkeit der Darlehensvergabe geknüpft werden.[1462] Insbesondere „run"-Gefahren werden im Hinblick auf § 285 Abs. 2 KAGB nunmehr vollständig eliminiert, da offene Spezial-AIFs nur Gesellschafterdarlehen nach § 285 Abs. 3 KAGB ausreichen dürfen[1463] und geschlossene AIFs keine Rückgaberechte gewähren können.

Die Beschränkung in Nr. 1 stellt für LBO-Fonds keinen Einschnitt in das Geschäftskonzept dar, da grundsätzlich kein Fremdkapital auf Ebene der Fondsgesellschaft aufgenommen wird.[1464] Schon begrifflich können Gesellschafterdarlehen nicht wie in Nr. 2 verboten an Verbraucher ausgereicht werden. Eine absolute Grenze an ausreichbarem Kapital besteht nicht. Unterstellt man, dass der Fonds selbst Gesellschafterdarlehen vergibt, kann allein das Streuungsgebot in Gestalt der auf den einzelnen Darlehensnehmer bezogenen 20 Prozent-Grenze in Nr. 3 zu Anlagebeschränkungen bei der Vergabe von Gelddarlehen (zu denen auch Nachrangdarlehen zu zählen sind)[1465] führen. Allerdings verlangt das Gesetz nicht, dass im Sinne einer Kreditnehmereinheit (wie etwa im Bankwesen für Reportingzwecke (§§ 19 Abs. 2 und 3 KWG i. V. m. Art. 4 Abs. 1 Nr. 39 CRR)) verbundene Darlehensnehmer zur Vermeidung von Klumpenrisiken zusammenzufassen sind.[1466] Einschränkungen ergeben sich aber aus den KAMaRisk, nach denen die Kapitaldienstfähigkeit des Darlehensnehmers

---

[1459] 6. Teil, B.II.9.a).

[1460] *Ulrich*, in: Jesch/Striegel/Boxberger, Rechtshdb. Private Equity, 2. Aufl. 2018, § 17, im Erscheinen.

[1461] BegrRegE BT-Drs. 18/6744, S. 64; *European Systemic Risk Board*, Press Release 31. 3. 2014; ESMA/2015/526 vom 11. 3. 2015, Report on trends, risks and vulnerabilities No. 1, 2015, 53 f.

[1462] BegrRegE BT-Drs. 18/6744, S. 64.

[1463] §§ 282 Abs. 2 Satz 3, 284 Abs. 5 KAGB; BegrRegE BT-Drs. 18/6744, S. 65; *Zander*, DB 2016, 331, 332.

[1464] 2. Teil, B.I.

[1465] *Ulrich*, in: Jesch/Striegel/Boxberger, Rechtshdb. Private Equity, 2. Aufl. 2018, § 17, im Erscheinen.

[1466] *Krause*, in: Beckmann/Scholtz/Vollmer, Investment-Hdb., Losebl. (Stand: 6/16), 405 § 285 KAGB Rn. 17.

besonders zu berücksichtigen ist.[1467] Spiegelbildlich stellt sich die Frage nach der Person des Darlehensgebers. Werden Gesellschafterdarlehen über eine Objektgesellschaft ausgereicht, die unmittelbar oder mittelbar vom AIF gehalten wird, liegt ein Look Through dergestalt, dass für Zwecke der Regulierung letztlich der AIF als Darlehensgeber auftritt und die Objektgesellschaft von der KWG-Bereichsausnahme profitiert, nahe, ohne dass es eine Rolle spielen dürfte, wie das Kapital an die Objektgesellschaft fließt (als Darlehen oder Einzahlung in die Rücklage).[1468] Eine effektive Aufsicht kann bei kontrollierten Rechtsstrukturen (Art. 90 Abs. 5 AIFM-VO) weiterhin gewährleistet werden, sodass ein Rückgriff auf das KWG nicht sachgerecht wäre. Die Gesetzessystematik legt keinen gegenteiligen Schluss nahe. Zwar ist die Rede davon, dass Gelddarlehen „für Rechnung eines geschlossenen Spezial-AIF" ausgegeben werden. Doch ist dies kein contra-Argument, sondern denklogischer Ausgangspunkt einer jeden Look Through-Diskussion. So hat die Verwahrstelle auch das Eigentum an den Vermögensgegenständen von Objektgesellschaften zu prüfen, obwohl bei § 81 Abs. 1 Nr. 2 lit. a KAGB die Rede von dem „Eigentum des inländischen AIF" ist.[1469] Eine Darlehensvergabe, die nur auf § 285 Abs. 2 KAGB gestützt werden kann, ist neben den Anlagebeschränkungen auch deswegen nachteilig für die KVG, weil nunmehr mit § 29 Abs. 5a Satz 1 KAGB besondere Anforderungen an das Risikomanagement, insbesondere die Einrichtung eigener Prozesse für die Kreditbearbeitung, die Kreditbearbeitungskontrolle und die Behandlung von Problemkrediten, einzuhalten sind.[1470]

bb) § 285 Abs. 3 KAGB

Ist die Darlehensvergabe hingegen nach § 285 Abs. 3 KAGB zulässig, müssen keine besonderen Anforderungen im Hinblick auf das Risikomanagement eingehalten werden.[1471] Hier besteht indes eine absolute Grenze an ausreichbarem Kapital. Nach § 285 Abs. 3 Satz 1 KAGB darf die KVG abweichend von § 285 Abs. 2 KAGB für Rechnung eines geschlossenen Spezial-AIF Gelddarlehen an Unternehmen[1472] gewähren, an denen der geschlossene Spezial-AIF bereits beteiligt (d.h. mitgliedschaftlich beteiligt)[1473] ist, wenn höchstens 50 Prozent (bzw. 30 Prozent bei Publi-

---

[1467] Abschn. 5.2.1 Tz. 1 KAMaRisk.

[1468] *Ulrich*, in: Jesch/Striegel/Boxberger, Rechtshdb. Private Equity, 2. Aufl. 2018, § 17, im Erscheinen.

[1469] 6. Teil, B.II.3.a)aa)(1).

[1470] Dazu umfassend Abschn. 5 KAMaRisk.

[1471] § 29 Abs. 5a Satz 2 KAGB.

[1472] Der Unternehmensbegriff ist weiter als bei § 14 BGB zu verstehen; eine Erschwerung von Private Equity-Tätigkeiten sollte nicht erfolgen, *Krause*, in: Beckmann/Scholtz/Vollmer, Investment-Hdb., Losebl. (Stand: 6/16), 405 § 285 KAGB Rn. 26.

[1473] Die Gesetzesbegründung spricht von „Gesellschafterdarlehen", sodass eine mitgliedschaftliche Beteiligung zu fordern ist. Ausführlich *Ulrich*, in: Jesch/Striegel/Boxberger, Rechtshdb. Private Equity, 2. Aufl. 2018, § 17, im Erscheinen m.w.N. auch zur Gegenansicht.

kums-AIFs, § 261 Abs. 1 Nr. 8 KAGB) des aggregierten eingebrachten Kapitals und noch nicht eingeforderten zugesagten Kapitals des geschlossenen Spezial-AIF für diese Darlehen verwendet werden, berechnet auf der Grundlage der Beträge, die nach Abzug sämtlicher direkt oder indirekt von den Anlegern getragener Gebühren, Kosten und Aufwendungen für Anlagen zur Verfügung stehen, und zudem eine der folgenden Bedingungen erfüllt ist:

1. bei dem jeweiligen Unternehmen handelt es sich um ein Tochterunternehmen des geschlossenen Spezial-AIF;

2. das Darlehen muss nur aus dem frei verfügbaren Jahres- oder Liquidationsüberschuss oder aus dem die sonstigen Verbindlichkeiten des Unternehmens übersteigenden frei verfügbaren Vermögen und in einem Insolvenzverfahren über das Vermögen des Unternehmen nur nach der Befriedigung sämtlicher Unternehmensgläubiger erfüllt werden; oder

3. die dem jeweiligen Unternehmen gewährten Darlehen überschreiten nicht das Zweifache der Anschaffungskosten (bzw. die einfachen Anschaffungskosten bei Publikums-AIFs, § 261 Abs. 1 Nr. 8 KAGB) der an dem Unternehmen gehaltenen Beteiligungen.

Wenn die KVG die Anforderungen des § 285 Abs. 2 Nr. 1 KAGB erfüllt, können gem. § 285 Abs. 3 Satz 2 KAGB auch mehr als 50 Prozent des aggregierten eingebrachten Kapitals und noch nicht eingeforderten zugesagten Kapitals des geschlossenen Spezial-AIF für nach § 285 Abs. 3 Satz 1 Nr. 2 KAGB nachrangige Darlehen verwendet werden. Wenn die Vergabe eines Gelddarlehens nach § 285 Abs. 3 Satz 1 KAGB an ein Tochterunternehmen erfolgt, muss die KVG gem. § 285 Abs. 3 Satz 3 KAGB sicherstellen, dass das Tochterunternehmen seinerseits Gelddarlehen nur an Unternehmen gewährt, an denen das Tochterunternehmen bereits beteiligt ist, und eine der entsprechend anzuwendenden Bedingungen des § 285 Abs. 3 Satz 1 Nr. 1 bis 3 KAGB erfüllt ist.[1474]

§ 285 Abs. 3 KAGB gewährt mit der grundsätzlichen Deckelung bei 50 Prozent des Anlegerkapitals einen weiten Spielraum für vom geschlossenen Spezial-AIF ausgereichte Gesellschafterdarlehen. Je nach Einzelfall könnte eine weitere Unternehmensfinanzierung oder die Umsetzbarkeit von Managementbeteiligungen allerdings limitiert sein. Als eine Alternative zum Gesellschafterdarlehen im Kontext von Managementbeteiligungen käme vorbehaltlich der steuerlichen Sinnhaftigkeit in Betracht, das vom Fonds für die Transaktion abgerufene Eigenkapital teilweise im Wege der Stillen Gesellschaft (§§ 230 ff. HGB) der HoldCo zur Verfügung zu stellen.[1475] Das ist jedoch mit entsprechenden Konsequenzen bei der Gewinnverteilung auf Ebene der HoldCo verbunden: Während der Fonds bei Gesellschafterdarlehen als Gläubiger vorrangig vor dem Management oder sonstigen Co-Inves-

---

[1474] Zurecht krit. *Swoboda*, in: Weitnauer/Boxberger/Anders, KAGB, § 285 Rn. 18.

[1475] *Weitnauer*, in: Weitnauer, MBO, D Rn. 26.

toren bedient wird,[1476] erhält der Stille eine wenn auch bloß schuldrechtliche[1477] Beteiligung am Gewinn (§ 232 Abs. 1 HGB). Im Fall einer nach § 285 Abs. 3 Satz 1 Nr. 2 KAGB vereinbarten Nachrangigkeit kann die 50 Prozent-Grenze von Private Equity-AIFs dafür überschritten werden, da die Anforderung aus § 285 Abs. 2 Nr. 1 KAGB (max. 30 Prozent Fremdkapitalaufnahme auf Ebene des Fonds) wie bereits erläutert immer erfüllt ist.

Das Erfordernis der Nachrangigkeit bleibt aber durchaus ein Mysterium. In der Literatur wird der Rangrücktritt bisweilen als qualifizierter Rangrücktritt eingeordnet.[1478] Hier ist Vorsicht geboten. Der vom KAGB vorgesehene Rangrücktritt erfüllt zwar mit Blick auf die vorinsolvenzrechtliche Durchsetzungssperre und die Tiefe des Rangrücktritts im Insolvenzverfahren die Anforderungen der neuen BGH-Rechtsprechung[1479] an einen überschuldungsvermeidenden Rangrücktritt (§§ 19 Abs. 2 Satz 2, 39 Abs. 2 InsO) und die Anforderungen[1480] an einen qualifizierten Rangrücktritt in der Bankenregulierung.[1481] Allerdings ist er ebenso dazu geeignet, einen steuerlichen Wegfallgewinn nach § 5 Abs. 2a EStG zu vermeiden und deswegen im steuerlichen Sinn ein einfacher Rangrücktritt mit Besserungsabrede.[1482] Hintergrund der Regelung im KAGB soll sein, dass keine Regulierungsarbitrage mit dem KWG zu befürchten sei, da bei einem derartigen Rangrücktritt kein Kreditgeschäft betrieben werde.[1483] Der Tatbestand des Kreditgeschäfts ist aber nach Ansicht der BaFin ohnehin schon deswegen nicht erfüllt, weil Gesellschafterdarlehen bereits aufgrund der dem Gesellschafter obliegenden Treuepflicht und den gesetzlich verankerten insolvenzverhindernden Entnahme- und Ausschüttungssperren nur bedingt rückzahlbare Gelder seien. Entweder die neue Regelung im KAGB ist daher speziell für die – in ihrer Relevanz äußerst fragwürdige[1484] – Konstellation gedacht, in der auch die Vergabe eines Gesellschafterdarlehens den Tatbestand des Kreditgeschäfts auslösen kann, mithin bei Unanwendbarkeit der Ausschüttungssperren oder (so die BaFin) bei einer Vergabe an eine Publikums-

[1476] *Mackensen*, in: Eilers/Koffka/Mackensen, Private Equity, VI. Rn. 26 f.

[1477] RG, Urt. v. 20.12.1929 – II 66/29, RGZ 126, 386, 390: Gesellschaftsvermögen werde nicht begründet; BGH, Urt. v. 24.9.1952 – II ZR 136/51, BGHZ 7, 174, 178; *K. Schmidt*, in: MünchKomm, HGB, § 230 Rn. 80.

[1478] *Krause*, in: Beckmann/Scholtz/Vollmer, Investment-Hdb., Losebl. (Stand: 6/16), 405 § 285 KAGB Rn. 39; *Swoboda*, in: Weitnauer/Boxberger/Anders, KAGB, § 285 Rn. 19.

[1479] BGH, Urt. v. 5.3.2015 – IX ZR 133/14, BGHZ 204, 231.

[1480] BegrRegE BT-Drs. 15/3641, S. 36; *BaFin* vom 11.3.2014, Merkblatt – Hinweis zum Tatbestand des Einlagengeschäfts, Abschn. I. 5.lit. b.

[1481] Ausführlich *Ulrich*, in: Jesch/Striegel/Boxberger, Rechtshdb. Private Equity, 2. Aufl. 2018, § 17, im Erscheinen.

[1482] Ebd.

[1483] BegrRegE BT-Drs. 18/6744, S. 65 f.

[1484] Zu bedenken ist, dass es hier um ein Investment von Ziel-AIFs geht, in denen bereits Gelder gepoolt sind.

Gesellschaft.[1485] Konsequenterweise müsste dann aber eine separat vereinbarte Nachrangigkeit außerhalb dieser Fälle überflüssig sein (insbesondere für die Durchbrechung der 50 Prozent-Schwelle).[1486] Oder die gesetzliche Regelung im KAGB in Kombination mit der Gesetzesbegründung bestätigt letztlich den bisweilen geäußerten Hinweis[1487] darauf, dass die von der BaFin bemühte Argumentation zur Qualifikation von Gesellschafterdarlehen als bedingt rückzahlbare Gelder für die Zwecke des KWG nicht hinreichend und vielmehr stets ein qualifizierter Rangrücktritt zu wählen ist.

Daneben ist das Merkmal der Ausreichung des Gesellschafterdarlehens an Tochterunternehmen von besonderer Relevanz. Auch hier drohe nach der Gesetzesbegründung mit Blick auf den Ausnahmetatbestand des § 2 Abs. 1 Nr. 7 KWG keine Regulierungsarbitrage mit der Bankenregulierung.[1488] Der Begriff des Tochterunternehmens ist in beiden Regelungsmaterien jedoch nicht vollständig deckungsgleich. Nach der Legaldefinition in § 1 Abs. 19 Nr. 35 KAGB ist das handelsrechtliche Verständnis i. S. des § 290 HGB maßgeblich.[1489] Das deckt sich zwar grundsätzlich mit dem für die Bankenregulierung maßgeblichen Verständnis von einer Tochtergesellschaft gemäß der Definition in der CRR, die auf die bereits aufgehobene siebente RL 83/349/EWG („Konzernbilanz-RL") (nach hiesigem Verständnis in der im Jahr 2013 geltenden Fassung, d. h. insbesondere unter Berücksichtigung der Modernisierungsrichtlinie 2003/51/EG) verweist. Von dem in Art. 1 Abs. 2 lit. b der Konzernbilanz-RL vorgesehenen Konzept der einheitlichen Leitung hat Deutschland seit dem BilMoG in § 290 HGB jedoch Abstand genommen.[1490] Soweit der Verweis in der CRR auf die Konzernbilanz-RL als dynamischer Verweis auf die neue Bilanz-RL 2013/34/EU gedeutet wird,[1491] ändert das hieran nichts.

Unmittelbar vom Spezial-AIF gehaltene Objektgesellschaften werden jedenfalls aufgrund der Mehrheit der Stimmrechte beherrscht und qualifizieren deshalb als Tochterunternehmen i. S. des § 290 Abs. 2 Nr. 1 HGB. Der Konsolidierungskreis im HGB wird darüber hinaus maßgeblich durch die Zuordnungsregel des § 290 Abs. 3 HGB abgesteckt: Demnach stehen auch Rechte, die einem anderen Tochterunter-

---

[1485] *BaFin* vom 11.3.2014, Merkblatt – Hinweis zum Tatbestand des Einlagengeschäfts, Abschn. I. 5. lit. b.

[1486] *Ulrich*, in: Jesch/Striegel/Boxberger, Rechtshdb. Private Equity, 2. Aufl. 2018, § 17, im Erscheinen.

[1487] *Fischer*, WM 2014, 1709, 1711 ff.

[1488] BegrRegE BT-Drs. 18/6744, S. 65 f.

[1489] Im Ergebnis auch *Krause*, in: Beckmann/Scholtz/Vollmer, Investment-Hdb., Losebl. (Stand: 6/16), 405 § 285 KAGB Rn. 34 ff., der die Legaldefinition übersieht.

[1490] *Ulrich*, in: Jesch/Striegel/Boxberger, Rechtshdb. Private Equity, 2. Aufl. 2018, § 17, im Erscheinen.

[1491] *BaFin* vom 16.8.2011, Merkblatt – Hinweise zur Bereichsausnahme des so genannten Konzernprivilegs, zuletzt geändert am 11.4.2014, Abschn. 2 lit. b.; *Schäfer*, in: Boos/Fischer/Schulte-Mattler, KWG, CRR-VO, § 2 KWG Rn. 31.

nehmen an einem Unternehmen zustehen, dem Mutterunternehmen (also dem Spezial-AIF) zu. Deshalb ist ein Enkelunternehmen zugleich ein Tochterunternehmen des Mutterunternehmens[1492] und sogar die Rechte der Enkelunternehmen werden dem Mutterunternehmen mittelbar zugerechnet[1493]. Für die Zwecke von § 285 Abs. 3 Satz 1 Nr. 1 KAGB ist mit der Aussage „[…] an denen der geschlossene Spezial-AIF bereits beteiligt ist" in § 285 Abs. 3 Satz 1 KAGB angesichts dessen auch die mittelbare Beteiligung adressiert.[1494] Im LBO-Bereich wird die Mehrheit der Stimmrechte an der Zielgesellschaft durch die AcquiCo erworben, sodass die Zielgesellschaft nach konsequenter Anwendung der Zurechnungskette ein Tochterunternehmen i. S. des § 290 HGB des Fonds darstellt. Darlehen an die erworbene Gesellschaft können also für Rechnung des AIF nicht nur nach § 285 Abs. 2 KAGB, sondern auch über § 285 Abs. 3 Satz 1 Nr. 1 KAGB ausgereicht werden. Letzteres ist aus den bereits erläuterten Gründen (keine sensible Anlagegrenze oder besonderes Risikomanagement) von Vorteil.

Allerdings ist in den Blick zu nehmen, dass der Fonds die Gesellschafterdarlehen nicht zwingend selbst vergibt, sondern zwischengeschaltete Objektgesellschaften hierfür eingesetzt werden können, an die das Kapital bereits selbst als Darlehen ausgereicht wird oder in deren Kapitalrücklagen die Mittel eingezahlt werden. Im ersten Fall greift der bereits aufgezeigte Umgehungsschutz des § 285 Abs. 3 Satz 3 KAGB. Die dort niedergelegten Restriktionen sind in dieser Weite mit Blick auf die Bedürfnisse von operativ tätigen Unternehmen indes abzulehnen.[1495] Der Gesetzgeber scheint den zweiten Fall einer möglichen Darlehensvergabe durch Objektgesellschaften nicht bedacht zu haben. Wenn es in der Gesetzesbegründung heißt, dass mit § 285 Abs. 3 KAGB einer Strukturierung über Zweckgesellschaften Rechnung getragen werden soll, erschöpft sich die regulatorische Relevanz dieser Zweckgesellschaften offenbar in den vorstehend dargestellten Besonderheiten (Begründung der Zulässigkeit durch Rückgriff auf Tochtergesellschaften sowie Regelung des Umgehungsschutzes). Wenn also nur eine Darlehensvergabe durch den Fonds im Rahmen von § 285 Abs. 3 KAGB umsetzbar scheint, würde dies im Ergebnis bedeuten, dass die Darlehensvergabe durch Zwischengesellschaften konzeptionell nicht unter § 285 Abs. 3 KAGB fallen könnte, dafür aber nach dem strengeren § 285 Abs. 2 KAGB unter Anwendung des hier vertretenen Look Through-Ansatzes zu würdigen wäre. Der Umstand, dass in beiden Absätzen eigenständige und unabhängig voneinander bestehende Regelungen („Abweichend von Absatz 2") getroffen wurden, mag dies bestätigen. Um jedoch die gesetzgebe-

---

[1492] *von Colbe*, in: MünchKomm, HGB, § 290 Rn. 61 f.; *Senger/Hoehne*, in: MünchKomm, BilR, § 290 HGB Rn. 159; *Grottel/Kreher*, in: Beck Bil-Komm, § 290 HGB Rn. 80. Dies deckt sich mit dem bankregulierungsrechtlichen Verständnis, s. § 1 Abs. 35 KWG i. V. m. Art. 4 Abs. 1 Nr. 16 Satz 2 CRR.

[1493] *Senger/Hoehne*, in: MünchKomm, BilR, § 290 HGB Rn. 159.

[1494] Ebenso *Swoboda*, in: Weitnauer/Boxberger/Anders, KAGB, § 285 Rn. 14, 17.

[1495] *Ulrich*, in: Jesch/Striegel/Boxberger, Rechtshdb. Private Equity, 2. Aufl. 2018, § 17, im Erscheinen.

risch angestrebte Privilegierung des Private Equity-Segments nicht zu unterlaufen, ist § 285 Abs. 3 KAGB in derlei Konstellationen analog anzuwenden – dogmatisch scheint ein Look Through wegen der eigenständigen regulatorischen Bedeutung der Zwischengesellschaften verfehlt – und die später intendierte Darlehensvergabe zum Zeitpunkt der Einzahlung in die Kapitalrücklage an der 50 Prozent-Anlegerkapitalgrenze zu messen, sofern die Einzahlung in die Kapitalrücklage zum Zwecke einer späteren Darlehensausreichung erfolgt.

d) Ausblick: EU-einheitlicher Rechtsrahmen?

Die bisherigen Entwicklungen haben augenscheinlich nur ihren vorläufigen Höhepunkt gefunden. Denn die Kommission hat sich ausweislich ihres Aktionsplans zur Schaffung einer Kapitalmarktunion vorgenommen, die Notwendigkeit eines koordinierten Ansatzes für die Kreditvergabe durch Fonds und die Zweckmäßigkeit künftiger EU-Rahmenvorschriften zu bewerten.[1496] Die ESMA hat diese Absicht aufgegriffen und bereits am 11. April 2016 eine entsprechende Opinion veröffentlicht.[1497] Insbesondere wird überlegt, ob und inwieweit eine aufsichtsrechtliche Erlaubnis zwingend sein soll.[1498] KVGs im Bereich der De-minimis-Regelungen könnten daher Änderungen am insoweit liberalen Rechtsrahmen des KAGB gewärtigen. Im Übrigen sympathisiert die ESMA mit der auch im KAGB eingeschlagenen Richtung, eine Darlehensvergabe grundsätzlich nur durch geschlossene Fondsvehikel zuzulassen.[1499] Ob und inwieweit Retailanleger Zugang zu diesen Fonds haben sollen, wird jedenfalls kritisch betrachtet, sei aber nicht auszuschließen.[1500] Das KAGB ist insoweit bereits gut aufgestellt, da geschlossene Publikums-AIFs nur in Gesellschafterdarlehen investieren dürfen. Es ist jedoch zu erwarten, dass die Vergabe von Krediten an das Vorhalten noch strengerer Policies, Prozesse und Verfahren gekoppelt wird.[1501] Darlehensgewährende Fonds dürften aber durchaus bis zu einem gewissen Limit Leverage aufweisen.[1502] Ob und inwiefern eine Diversifizierung zwingend sein soll, bleibt jedoch vorerst offen.[1503] An keiner Stelle geht die ESMA auf Gesellschafterdarlehen ein. Man könnte daraus schließen, dass sich LBO-Fonds aus diesem Blickwinkel in Sicherheit wähnen können. Wie das neue Gebilde

---

[1496] *Europäische Kommission*, Aktionsplan zur Schaffung einer Kapitalmarktunion, COM (2015) 468 final, Abschn. 1.4.

[1497] ESMA/2016/596 vom 11.4.2016, Opinion, Key principles for a European framework on loan origination by funds.

[1498] Ebd., Rn. 20 ff.

[1499] Ebd., Rn. 25. Im Einzelfall und unter Einhaltung bestimmter Bedingungen könnte jedoch auf Vorschlag des Fondsmanagements hin etwas anderes gelten.

[1500] Ebd., Rn. 30 ff.

[1501] Ebd., Rn. 33 f.

[1502] Ebd., Rn. 36 f.

[1503] Ebd., Rn. 42.

letztlich ausgestaltet wird, bleibt daher abzuwarten.[1504] Die ESMA hat aber auch zu erkennen gegeben, dass die Kommission die verschiedenen mitgliedstaatlichen Ausnahmen bei der Kreditvergabe durch bestimmte Fonds, wie z. B. Private Equity Fonds, berücksichtigen sollte.

12. Investitionswege in Private Equity und Risikomischung

Im Bereich der alternativen Investments existieren verschiedene Investitionswege. Mit Erlass des KAGB wurden diese erstmalig teilweise reguliert. Unabhängig von der Zulässigkeit dieser Investitionswege muss für die Investitionen von Publikums-AIFs der Grundsatz der Risikomischung nach § 262 KAGB eingehalten werden, der zur Risikomischung spätestens 18 Monate nach Beginn des Vertriebs zwingt.[1505] Dies stellt eine echte Herausforderung dar, da sich die Investitionsperiode – wie bei der Erörterung der Management Fee gesehen – durchaus auf einen mehrjährigen Zeitraum erstreckt.[1506] Spezial-AIFs unterliegen keiner vergleichbaren Anlagebeschränkung, sie müssen gem. § 285 Abs. 1 KAGB lediglich in Vermögensgegenstände investieren, deren Verkehrswert ermittelt werden kann.

a) Direkt-Investment durch geschlossene Publikums-AIFs

Eine dieser Investitionsformen ist das Direkt-Investment des Publikums-AIF in die Portfoliogesellschaft. Direktinvestitionen durch Publikums-AIFs in Beteiligungen an nicht börsennotierten Unternehmen sind nach § 261 Abs. 1 Nr. 4 KAGB zulässig. Mit dem Direkt-Investment sind jedoch auch Risiken für die Investoren verbunden. Nach den bisherigen Ausführungen bildet eine Unternehmenswertsteigerung den Idealfall eines Private Equity-Investments. Konzeptionell soll sich jede Kapitalanlage „stand alone" rechnen.[1507] Ist die Investition hingegen nicht vom gewünschten Erfolg gezeichnet, drohen Verluste bis hin zum Totalverlust, die von den Investoren getragen werden müssen. Um diese Verluste aufzufangen, finden sich regelmäßig mehrere Zielgesellschaften im Portfolio eines Private Equity-Fonds.[1508] Damit wird eine Risikostreuung erreicht.[1509] Gleichzeitig incentiviert dieser Umstand allerdings dazu, gegebenenfalls kein objektiv notwendiges Eigenkapital für die

---

[1504] Auch *Metzner/Pfisterer*, RdF 2016, 188, 192 kommen zu dem Ergebnis, dass das nationale Recht in wesentlichen Punkten bereits der avisierten harmonisierten Darlehensvergabe entspräche.

[1505] Gemeint ist Vertriebshandlung i. S. des § 293 KAGB wie Werbung und Angebot, *BaFin* vom 25. 11. 2015, Häufig gestellte Fragen zum KAGB, S. 20.

[1506] Krit. daher *Jesch*, RdF 2014, 180, 184.

[1507] *Eitelwein et al.*, Private Equity Controlling, S. 6.

[1508] *Holzner*, Private Equity, der Einsatz von Fremdkapital und Gläubigerschutz, S. 40, 74.

[1509] *Kind*, in: Lüdicke/Arndt, Geschlossene Fonds, S. 419 f.; *Holzner*, Private Equity, der Einsatz von Fremdkapital und Gläubigerschutz, S. 40; *Kinzius*, in: Berens/Brauner/Strauch/Knauer, Due Diligence, S. 863, 868.

einzelne Zielgesellschaft nachzuschießen.[1510] Die Anzahl verschiedener Beteiligungen variiert, genannt werden Zahlen bis zu 20 Zielgesellschaften.[1511]

Die Einhaltung des Grundsatzes der Risikomischung im Kontext von Private Equity-Investitionen ist zwingend, da eine Anlage ohne Einhaltung des Grundsatzes der Risikomischung im Einzelfall nur für solche Publikums-AIFs zulässig sein kann, die gem. § 261 Abs. 2 Satz 1 Nr. 1 KAGB *nicht* in Beteiligungen an nicht börsennotierten Unternehmen gem. § 261 Abs. 1 Nr. 4 KAGB investieren.[1512] Die in § 262 Abs. 1 Satz 2 Nr. 1 KAGB kodifizierte, in quantitativer Hinsicht bestehende widerlegbare Vermutung der Erfüllung des Grundsatzes der Risikomischung im Fall der Investition in drei Vermögenswerte bei im Wesentlichen gleichmäßiger Verteilung gemessen an dem Wert des gesamten AIF ist für Private Equity-Publikums-AIFs irrelevant, da die Vorgabe nur für Sachwerte nach § 261 Abs. 2 KAGB gilt.[1513] Als zweite Tatbestandsalternative existiert die widerlegbare Vermutung des § 262 Abs. 1 Satz 2 Nr. 2 KAGB, die erfüllt ist, wenn bei wirtschaftlicher Betrachtungsweise eine Streuung des Ausfallrisikos gewährleistet ist. Dort ist zwar eine qualitative Betrachtung maßgeblich.[1514] Ein den Erfordernissen der quantitativen Verteilung der Anlagerisiken nach § 262 Abs. 1 Satz 2 Nr. 1 KAGB entsprechendes Portfolio würde aber regelmäßig schon die Einhaltung der qualitativen Kriterien indizieren.[1515]

Das Gesetz sieht allerdings keine Konkretisierung der Vorgabe in § 262 Abs. 1 Satz 2 Nr. 2 KAGB vor und auch der Gesetzesbegründung lässt sich nur die Anführung eines Beispiels für den Bereich der Sachwerte entnehmen.[1516] Zum Teil wird für diese Tatbestandsalternative ein Abstellen auf die Branchenzugehörigkeit vorgeschlagen.[1517] Richtigerweise sollte die unterschiedliche Branchenzugehörigkeit zwar berücksichtigt werden *können*, aber nicht *müssen*. Hier ist vielmehr Zurück-

---

[1510] Ebenso *Holzner*, Private Equity, der Einsatz von Fremdkapital und Gläubigerschutz, S. 74 f., abschließend hingegen mit dem Hinweis auf das gewichtige Argument, dass der Private Equity-Fonds eine Insolvenz aus Reputationsgründen in aller Regel vermeiden würde, da er auf kontinuierlichen Zugang zu den Fremdkapitalmärkten angewiesen sei.

[1511] *European Commission*, Report of the Alternative Investment Group, S. 20; *R. H. Schmidt/Spindler*, Finanzinvestoren, B Rn. 39; *Kinzius*, in: Berens/Brauner/Strauch/Knauer, Due Diligence, S. 863, 868; *Holzner*, Private Equity, der Einsatz von Fremdkapital und Gläubigerschutz, S. 40: bis zu zehn.

[1512] *Hartrott*, in: Baur/Tappen, Investmentgesetze, § 262 KAGB Rn. 9; *Kobabe*, in: Möllers/Kloyer, Das neue KAGB, Rn. 911, 929; *F. Voigt*, in: FrankKomm, KapAnlR Bd. 1, § 262 KAGB Rn. 43; *D. Voigt*, in: Beckmann/Scholtz/Vollmer, Investment-Hdb., Losebl. (Stand: 12/15), 405 § 261 KAGB Rn. 17; *Schubert/Schuhmann*, BKR 2015, 45, 47.

[1513] *Weitnauer*, in: Weitnauer, MBO, A Rn. 132; *F. Voigt*, in: FrankKomm, KapAnlR Bd. 1, § 262 KAGB Rn. 20; a. A. *D. Voigt*, in: Beckmann/Scholtz/Vollmer, Investment-Hdb., Losebl. (Stand: 12/15), 405 § 261 KAGB Rn. 8.

[1514] BegrRegE BT-Drs. 17/12294, S. 271.

[1515] Zurecht *F. Voigt*, in: FrankKomm, KapAnlR Bd. 1, § 262 KAGB Rn. 21.

[1516] BegrRegE BT-Drs. 17/12294, S. 271.

[1517] *Paul*, in: Weitnauer/Boxberger/Anders, KAGB, § 262 Rn. 12; *Jakovou*, in: Langenbucher/Bliesener/Spindler, BankR, Kap. 39 Rn. 220.

haltung geboten, um nicht unter dem Deckmantel einer Risikomischung im KAGB nicht vorgesehene branchenspezifische Anlagegrenzen einzuführen und den Geschäftsbereich Private Equity, z. B. bei einer Verknappung an attraktiven Zielgesellschaften, über Gebühr einzuschränken.[1518] Die hier nahegelegte Lesart wird erschwert, wenn man die Wertung des § 262 Abs. 2 Satz 1 Nr. 1 KAGB rekapituliert, dass gerade bei Private Equity-Fonds der Beachtung des Grundsatzes der Risikomischung ein hohes Gewicht beizumessen ist. Insoweit sind Spannungen im Gesetz angelegt. Eine unterschiedliche Branchenzugehörigkeit als konstitutives Merkmal einer Risikomischung ist für den Bereich Private Equity dennoch nicht indiziert. Der Anlegerschutz wird zum einen schon durch die notwendige Hinzuziehung von externen Bewertern vor Beteiligungskauf gem. § 261 Abs. 6 KAGB sichergestellt.[1519] Die in diesem Kontext genutzten Gesamtbewertungsverfahren als typische Wertermittlungsverfahren berücksichtigen auch prognostische Elemente, im Rahmen derer die zukünftige Entwicklung des Unternehmens auch im Hinblick auf branchenbezogene Eigenheiten bewertet wird.[1520] Zum anderen bietet sich noch ein Strauß an weiteren effektiven, sogar weniger eingriffsintensiven Beurteilungskriterien an, wie etwa die Managementqualität, der Sitz des Zielunternehmens, die Exitfähigkeit innerhalb eines bestimmten Zeitraums, die unternehmerische Verantwortung entlang der ESG-Faktoren (Environmental, Social and Governance)[1521] sowie die Mindestbilanzsumme und die Gesellschaftsform der Portfoliogesellschaft. Ganz überwiegend kommen in der Praxis auch prozentuelle Höchstsätze in Bezug auf das Committed Capital je Einzelinvestment vor.[1522]

b) Mittelbare Investitionskonzepte

Denkbar ist auch, dass AIFs lediglich mittelbar in Beteiligungen an nicht börsennotierten Unternehmen investieren.

aa) Dachfonds

Einer dieser mittelbaren Investitionswege wird durch das Konzept des Dachfonds ermöglicht.[1523] Der Dachfonds sammelt Gelder der Investoren, um sie dann in ver-

---

[1518] Oft entsteht die mangelnde Diversifikation im Hinblick auf die Branchenzugehörigkeit aus der Not, keine geeigneten Portfoliogesellschaften am Markt vorzufinden, s. *Weber/Eitelwein et al.*, Private-Equity-Controller, S. 130.

[1519] 6. Teil, B.II.8.c)gg).

[1520] Zum Ertragswertverfahren 6. Teil, B.II.2.d)aa)(1).

[1521] *Invest Europe*, Handbook vom November 2015, Professional Standards, Sec. 3 No. 3.3.2.

[1522] *Boué/Kehlbeck/Leonhartsberger-Heilig*, Basiswissen Private Equity, Abschn. 7.4.3.: zehn bis 20 Prozent; *Jesch*, Private-Equity-Beteiligungen, S. 152. Vgl. auch Beispiel bei *Invest Europe*, Handbook vom November 2015, Professional Standards, Sec. 5 No. 7.1.: 15 Prozent.

[1523] *Eckhold/Balzer*, in: Assmann/Schütze, Hdb. KapitalanlageR, § 22 Rn. 65.

schiedene Private Equity-Fonds, sog. Zielfonds, zu investieren. Nach der Fondskategorien-Richtlinie der BaFin dürfen sich inländische Publikumsinvestmentvermögen nur dann als „Dachfonds" bezeichnen, wenn nach den Anlagebedingungen mindestens 51 Prozent des Werts des Investmentvermögens in Zielfondsanteile angelegt werden.[1524] Dachfonds-Konzepte gewährleisten das höchste Maß an Risikodiversifikation.[1525] Auf diese Weise können auch solche Retailanleger erreicht werden, die auf Ebene des Zielfonds nicht die Zeichnungserfordernisse erfüllen.[1526] Im Übrigen steht den Vorteilen der Nachteil gegenüber, dass durch die Zwischenschaltung der Ebene der Zielfonds auch erhöhte Verwaltungsgebühren anfallen.[1527]

Private Equity-Dachfonds unter Einbindung von Privatanlegern i.S. des § 1 Abs. 19 Nr. 31 KAGB sind auch unter dem KAGB zulässig. Für geschlossene inländische Publikums-AIFs stellen sowohl Anteile oder Aktien an *geschlossenen* inländischen Publikums-AIFs bzw. Spezial-AIFs als auch solche an europäischen bzw. ausländischen *geschlossenen* Publikums-AIFs bzw. (EU-)Spezial-AIFs, deren Anlagepolitik Anforderungen unterliegt, die den Vorgaben für inländische AIFs vergleichbar sind, zulässige Anlagegegenstände dar.[1528] Der Grundsatz der Risikomischung gem. § 262 Abs. 1 KAGB ist auch von Private Equity-Dachfonds, die Publikums-AIFs sind, zu beachten. Die Kriterien zur Beurteilung der Erfüllung der widerlegbaren Vermutung nach § 262 Abs. 1 Satz 1 Nr. 2 KAGB, die wie bereits gesehen eine qualitative Betrachtung erfordert, können für Dachfonds wohl auf wesentliche Parameter wie die Anlagestrategie der Zielfonds (z.B. Streuung der Investitionen über mehrere Länder), mögliche Co-Investments sowie die Managementqualität der Verwalter der Zielfonds heruntergebrochen werden. Die Anlagestrategie der (Publikums-)Zielfonds ist heterogen, da diese die bereits angesprochenen Kriterien im Kontext der Einhaltung des Grundsatzes der Risikomischung für Direkt-Investments beachten (müssen). Vorstehende Erwägungen lassen erahnen, dass sich für Dachfonds mannigfaltige Gestaltungsvarianten bei der Definition der eigenen Anlagerestriktionen ergeben können. Anders als direkt investierende Private Equity-Publikums-AIFs müssen Private Equity-Publikums-Dachfonds aber gem. § 262 Abs. 2 KAGB nicht zwingend den Grundsatz der Risikomischung einhalten, wenn der Dachfonds im Publikum nur von bestimmten qualifizierten Privatanlegern (Zeichnungskapital von mind. 20.000 Euro und im Übrigen dieselben Anforderungen wie an semiprofessionelle Anleger) erworben werden kann. Die in § 262 Abs. 2 Satz 1 Nr. 1 KAGB enthaltene Rückausnahme, nach der die Risikomischung

---

[1524] *BaFin* vom 22.7.2013, Fondskategorien-Richtlinie, zuletzt geändert am 17.4.2015, Art. 1 und Art. 3 Tz. 1.

[1525] *Blome-Drees/Rang*, Private Equity-Investitionen in deutsche Unternehmen und ihre Wirkungen auf die Mitarbeiter, S. 14; *Kind*, in: Lüdicke/Arndt, Geschlossene Fonds, S. 427: „breite Risikostreuung"; aufschlussreich auch *von Kuhlberg/Seidel*, in: Jesch/Striegel/Boxberger, Rechtshdb. Private Equity, § 3 Abschn. 1.

[1526] *Kind*, in: Lüdicke/Arndt, Geschlossene Fonds, S. 427.

[1527] Ebd.

[1528] § 261 Abs. 1 Nr. 5 und 6 KAGB.

zwingend einzuhalten ist, gilt nur für direkt investierende Private Equity-Zielfonds. Das bedeutet jedoch nicht, dass keinerlei Schwelle existiert, mit der nicht zumindest ein Grundmaß an Risikodiversifikation auf Dachfondsebene sichergestellt wird. Denn nach § 261 Abs. 8 KAGB dürfen Publikums-AIFs keine sog. Feeder-AIFs in einer Master-Feeder-Konstruktion sein. Feeder-AIFs wären sie, wenn ein Engagement von mindestens 85 Prozent ihres Werts in einem Master-AIF bestünde (z. B. wenn 85 Prozent der Anteile gehalten würden).[1529]

Dem Gesetz sind damit folgende Wertungen zu entnehmen: Ein Private Equity-Publikums-Ziel-AIF muss zwingend den Grundsatz der Risikomischung bei seinen Direktinvestments einhalten, selbst wenn es sich bei seinen Anlegern um qualifizierte Privatanleger handelt. Hierin kommt eine besondere Schutzbedürftigkeit von (qualifizierten) Privatanlegern im Private Equity-Segment zum Ausdruck. Ein Private Equity-Publikums-Dachfonds muss den Grundsatz der Risikomischung wie andere Dachfonds nicht einhalten, wenn nur (mindestens) qualifizierte Privatanleger in ihn investieren dürfen. Für Private Equity-Publikums-Dachfonds ist der Grundsatz der Risikomischung ohnehin überflüssig, wenn der Dachfonds an der auf Ebene des Private Equity-Publikums-Zielfonds zwingend bestehenden Risikomischung partizipiert. Zu bedenken ist aber auch, dass Spezial-AIFs als Ziel-AIFs nicht dem Grundsatz der Risikomischung verpflichtet sind, sie theoretisch also nur eine Portfoliogesellschaft halten können. Das KAGB erachtet es dennoch für möglich, dass 84,99 Prozent des Kapitals eines Dachfonds mit qualifizierten Privatanlegern in einen einzigen Private Equity-Spezial-AIF, der seinerseits nur ein Investment hält, investiert werden.[1530] Auch wenn all dies aufgrund von Marktanforderungen nur akademischer Natur bleiben wird: Wieso in dieser Höhe ein Schutz durch Risikomischung nicht indiziert sein soll, bei qualifizierten Privatanlegern eines Private Equity-Publikums-Ziel-AIF hingegen schon und sogar darüber hinaus in Höhe des gesamten Fondskapitals, ist aber mit Blick auf die vom Gesetzgeber geäußerte Schutzbedürftigkeit auch von qualifizierten Privatanlegern im Segment Private Equity nicht recht einzusehen. Man wird den vom Gesetzgeber beschrittenen Weg nur damit erklären können, dass das hier herausgearbeitete Schutzbedürfnis der (qualifizierten) Privatanleger von Dachfonds bei einer Investition in einen Private Equity-Spezial-AIF, der keine Risikomischung verfolgt, dadurch überlagert wird, dass Dachfonds nach der Definition des § 1 Abs. 19 Nr. 32 KAGB i. V. m. Anhang II Abschnitt I Nr. 1 lit. e der Richtlinie 2014/65/EU (MiFID II) professionelle Anleger i. S. des KAGB und deshalb weniger schutzbedürftig sind. Eine Durchschau auf die hinter dem Dachfonds stehenden qualifizierten Privatanleger kennt das Regulierungsrecht nur für den Fall, dass der Dachfonds als *einziger* Anleger zu Umge-

---

[1529] § 1 Abs. 19 Nr. 13 KAGB.

[1530] Vorausgesetzt, dass der Dachfonds nicht der einzige Anleger des sich statutarisch auf einen einzelnen Anleger eingrenzenden Spezial-AIF wäre. Andernfalls ist i. S. der Destinatär-Theorie auf die Anleger des Dachfonds durchzuschauen, die sodann als (semi-)professionelle Anleger qualifizieren müssten.

hungszwecken (ein Investmentvermögen setzt eine „Anzahl von Anlegern" voraus) vorgeschaltet würde.[1531]

bb) Feeder-Fonds

Feeder- und Master-AIFs sind in § 1 Abs. 19 Nr. 13 und 14 KAGB definiert. Für erstere ist entscheidend, dass die getätigten Investitionen in Anteile eines Master-AIF oder mehrere Master-AIFs, die jeweils identische Anlagestrategien verfolgen, oder ein sonstiges Engagement im Master-AIF die Schwelle von 85 Prozent des Werts des AIF erreichen.[1532] Das „sonstige Engagement" kann über entsprechend strukturierte Finanzprodukte erreicht werden, beispielsweise Derivate.[1533] Der auch bei Master-Feeder-Strukturen sonst möglichen Einbindung des Retailmarkts werden durch das KAGB Grenzen gesetzt. Nach § 171 Abs. 2 KAGB gilt für offene Publikumsinvestmentvermögen, dass Spezial-AIFs nicht Masterfonds oder Feederfonds einer Master-Feeder-Struktur sein dürfen, wenn Publikumsinvestmentvermögen Masterfonds oder Feederfonds derselben Master-Feeder-Struktur sind. Selbiges ordnet § 280 KAGB für offene Spezial-AIFs an. In Master-Feeder-Strukturen nach den §§ 171 Abs. 2, 280 KAGB dürfen sich Publikumsinvestmentvermögen und Spezial-AIFs deshalb nicht vermischen.[1534] Etwas anders verhält es sich bei den geschlossenen Fondsvehikeln. Der im Regierungsentwurf nicht enthaltene, sondern erst von der Beschlussempfehlung des Finanzausschusses[1535] ergänzte § 261 Abs. 8 KAGB verbietet, dass geschlossene Publikums-AIFs als Feeder in einer Master-Feeder-Konstruktion eingebunden werden können. Eine Vermischung in der Gestalt eines geschlossenen Spezial-AIF als Feeder eines geschlossenen Publikums-AIF ist damit möglich, für den Bereich Private Equity aber irrelevant, da die Beteiligungsstruktur in umgekehrter Richtung verläuft. Herkömmliche Beteiligungskonstruktionen unterhalb der 85 Prozent-Schwelle bleiben von den hier erwähnten Einschränkungen unberührt.

[1531] *Volhard/Jang*, in: Weitnauer/Boxberger/Anders, KAGB, § 1 Rn. 14, 106; *Gottschling*, in: FrankKomm, KapAnlR Bd. 1, § 1 KAGB Rn. 51; *BaFin* vom 14.6.2013, Auslegungsschreiben zum Anwendungsbereich des KAGB und zum Begriff des „Investmentvermögens", zuletzt geändert am 9.3.2015, Q 31-Wp 2137-2013/0006, Abschn. I. Nr. 4; ESMA/2013/611 vom 13.8.2013, Guidelines on key concepts of the AIFMD, Abschn. VIII Rn. 18 f.

[1532] § 1 Abs. 19 Nr. 13 lit. a bis c KAGB; *Tollmann*, in: Dornseifer/Jesch/Klebeck/Tollmann, AIFM-RL, Art. 4 Rn. 107.

[1533] *Tollmann*, in: Dornseifer/Jesch/Klebeck/Tollmann, AIFM-RL, Art. 4 Rn. 107.

[1534] *Wind/Fritz*, in: Weitnauer/Boxberger/Anders, KAGB, § 171 Rn. 7; *Springer*, in: Weitnauer/Boxberger/Anders, KAGB, § 280 Rn. 2.

[1535] BT-Drs. 17/13395, S. 407.

13. Resümee

Die unter II. angestellten Ausführungen zur neuen Regulierung lassen sich wie folgt resümieren:

1. Das KAGB stellt der BaFin einen bunten Mix an Sanktionsinstrumenten anheim, die eine Verhaltenssteuerung bewirken können. Das Spektrum reicht von Eingriffs- und Aufklärungs- bzw. Verfolgungsbefugnissen über das „Naming and Shaming" sowie der Anordnungsbefugnis aus § 5 Abs. 6 KAGB bis zum Entzug der Erlaubnis oder der Abberufung verantwortlicher Geschäftsleiter. Überdies drohen Strafen oder Bußgelder, die aufgrund ihrer Verzahnung mit der Befugnis, die Erlaubnis zu entziehen, und ihrer Schärfe entsprechende Präventionswirkungen zeitigen. Das daneben bestehende zivilrechtliche Haftungsregime ist stets in Abhängigkeit von der Verwaltungsform zu beurteilen. Bei interner Verwaltung kann sich eine Haftung der KVG aus dem Investmentvertrag ergeben. Dessen Inhalt wird einerseits durch die Anlagebedingungen und andererseits durch primär anlegerschützende Normen mit hinreichendem Maß an Konkretisierung bestimmt. Die erfolgreiche Liquidation des Schadens des Investors gegen die eigene Fondsgesellschaft hängt jedenfalls vom konkreten Anspruchsgegenstand ab. Eine zu bloßen Reflexschäden führende sorgfaltswidrige Vermögensverwaltung kann keinen mitgliedschaftsbezogenen Eingriff (§ 823 Abs. 1 BGB) begründen. Selbiges gilt im Rahmen von § 280 BGB, da die Mitgliedschaft und das Investmentverhältnis kohärent sind. Im Fall externer Verwaltung kann die KVG gegenüber dem AIF aufgrund des Verwaltervertrags haften. Die Grundlage für eine Haftung gegenüber den Anlegern ist umstritten, aber richtigerweise auf die Annahme eines gesetzlichen Schuldverhältnisses zu stützen. Der Pflichtinhalt dieser Sonderverbindung wird zum einen durch die gesetzlich übergehenden Pflichten aus dem Investmentvertrag konkretisiert, zum anderen unter Rückgriff auf die besagten Normen mit Doppelnatur. Eine Haftung bedingt allerdings auch hier einen mitgliedschaftsbezogenen Eingriff.

2. KVGs i. S. des § 17 KAGB unterliegen grundsätzlich einer Erlaubnispflicht. Erlaubnisfähig sind sie jedoch u. a. erst, wenn sie die Anlageverwaltungsfunktionen kumulativ erbringen. Die generalklauselartigen Versagungstatbestände in § 23 KAGB sind gesetzessystematisch schwierig bis kaum auseinander zu halten, lassen die tatsächlichen Erteilungsvoraussetzungen im Dunkeln und sind daher aus rechtsstaatlicher Perspektive problematisch. Eine Auslagerung von Anlageverwaltungsfunktionen ist obgleich der essenziellen Bedeutung des Erbringens der Anlageverwaltungsfunktionen zulässig. Die KVG darf jedoch in Bezug auf den einzelnen AIF nicht zur Briefkastenfirma verkommen. Die Zulässigkeit der Auslagerung richtet sich insbesondere danach, ob ein artdiversifiziertes Portfolio vorliegt und welchen Umfang die bei der KVG verbleibenden Funktionen einnehmen. Die Eigenheiten des komplexen LBO-Geschäftsmodells sind entsprechend zu gewichten.

Eine Erlaubnispflicht ist allerdings nicht stets zwingend. Aus Gründen der Verhältnismäßigkeit sieht das KAGB einen De-minimis-Bereich für KVGs je nach

Anlegerkreis und Wert der verwalteten Vermögensgegenstände vor, in dem es lediglich zu einer Registrierungspflicht und zu einem reduzierten Aufsichtsregime kommt. Im LBO-Segment profitieren hiervon die kleinen Spezial-AIFMs (Wert der verwalteten Vermögensgegenstände der Spezial-AIFs bis 500 Mio. Euro). Der äußere Rahmen für die Berechnung der Vermögenswerte wird hierbei durch die Vorgaben aus der AIFM-VO gestellt. Die Bewertung selbst richtet sich ausweislich der BaFin nach den handelsrechtlichen Buchführungsvorschriften und ist gemäß des HGB-Konzepts für die Zugangs- und Folgebewertung vorzunehmen. Die aufsichtsbehördliche Ansicht trifft für KVGs nach § 2 Abs. 4 und Abs. 4a KAGB zu. Optieren diese mit Wirkung für ihre verwalteten AIFs für die KAGB-Vehikel, qualifizieren ihre AIFs als Investmentgesellschaften. In der Folge gelten die investmentrechtlichen Rechnungslegungsvorschriften. Folgt man der Regelungssystematik, sind zudem die Bewertungsregelungen der KARBV anzuwenden. Diese Gesetzessystematik wird indes nicht von der Ermächtigungsgrundlage für die KARBV legitimiert. Für KVGs nach § 2 Abs. 5 KAGB ist die Maßgeblichkeit des HGB für die Bewertung abzulehnen. Vielmehr wird auf die investmentrechtlichen Bewertungsregeln der KARBV rekurriert.

3. KVGs unterliegen den Verhaltenspflichten des § 26 KAGB, die in vielerlei Hinsicht durch Bestimmungen der AIFM-VO konkretisiert werden. Die Leitungsgrundsätze des § 26 Abs. 1 KAGB erfordern zunächst ein Handeln unabhängig von der Verwahrstelle. Das Konzept der Verwahrstelle ist für den Bereich Private Equity neu. Die bisherige, durch Rückgriff auf einen Mittelverwendungskontrolleur gekennzeichnete Praxis wird im KAGB entsprechend berücksichtigt, da auch Treuhänder eingesetzt werden dürfen. Im Bereich Private Equity fungiert die Verwahrstelle vornehmlich als Zahlstelle und Eigentumsprüferin (gemeint: Inhaberschaft) unter Anwendung eines Look Through-Ansatzes. Nicht jede Eigentumsprüfung lässt sich bis zum Ende rückverfolgen. Zur Haftungsvermeidung ist daher mit verschiedenen Vermögensverzeichnissen zu arbeiten. Im Übrigen ist der Tätigkeitsbereich der Verwahrstelle in weiten Teilen nachgelagert zur Akquisition. Je nach Einzelfall (z. B. beim Transfer von Bankguthaben von Konten der Verwahrstelle) kann etwas anderes gelten. Eine gesellschaftsrechtliche Verflechtung zwischen Verwahrstelle und KVG ist zulässig, nicht jedoch zwischen einem Treuhänder als Verwahrstelle und der KVG.

Daneben müssen KVGs ausschließlich und im besten Interesse der Anleger handeln. Die in diesem Zusammenhang relevanten, gesetzessystematisch zum Teil irritierenden Best Execution Standards in der AIFM-VO und im KAGB sind mangels Ausführungsplatzes bei LBO-Transaktionen zu ignorieren. Davon unabhängig sind die Geschäfte im Lichte der Verpflichtung zum Handeln im besten Interesse der Anleger abzuschließen. Das auch für geschlossene AIFs maßgebliche Marktgerechtigkeitskriterium als Ergebniskontrolle lässt sich nicht so recht auf ausgehandelte Vertragskonditionen anwenden. Möchte man den Kaufpreis auf Marktgerechtigkeit hin untersuchen, bleibt nichts anderes als ein Abgleich mit dem Verkehrswert, der durch eine Unternehmensbewertung nach anerkannten Grundsätzen ermittelt wird. Gezeigt wurde in diesem Kontext, dass zwischen dem Marktgerechtigkeitskriterium und den Bewertungsvorschriften der KARBV eine Wechselwirkung besteht. Der Orientierung an Verkehrswerten für die Bewertung der Marktgerechtigkeit sind im Bereich der Unternehmenstransaktionen aber auch Schwächen inhärent, die auf Interessenkonflikte und strukturelle Schwächen bei den Wertermittlungsverfahren zurückzuführen sind. Selbst bei nicht unerheblichem Abweichen des Kaufpreises vom ermittelten Verkehrswert wird man einen Verstoß gegen § 168 Abs. 7 Satz 4 KAGB mangels Nachteilszufügung regelmäßig ablehnen dürfen, da eine Differenz zwischen Anschaffungspreis oder objektiviertem Unternehmenswert einerseits und subjektivem Unternehmenswert andererseits durch identifiziertes Wertschöpfungspotenzial ausgeglichen wird. Bei einer Aufsicht ohne Hindsight Bias bestünde andernfalls die Gefahr, unzulässigerweise in die marktwirtschaftliche Ordnung einzugreifen. Die AIFM-VO kennt zudem besondere Anreizregelungen für Leistungsentgelte als Konkretisierung dieser Handlungspflicht. Diese Anreizregelungen erklären lange Zeit praktizierte Gebührenstrukturen für unzulässig. Angesprochen sind damit insbesondere Monitoring und Transaction Fees, die selbst bei Anrechnung auf die Management Fee nicht mit Art. 24 AIFM-VO in Einklang zu bringen sind. Die ESMA scheint das implizit anders zu sehen. Die Verpflichtung zum Handeln ausschließlich und im besten Interesse der Anleger findet ihre Grenze in dem Verbot des Asset Stripping und den mitgliedschaftlichen Treubindungen in den Zielgesellschaften.

Daneben sieht § 26 Abs. 2 KAGB weitere Verhaltenspflichten vor. Zu nennen ist insbesondere die Verpflichtung, alle Anleger fair zu behandeln. Vorzugsbehandlungen (z. B. bei Gebührenstrukturen oder Sitzen in Gremien) sind jedoch nicht ausgeschlossen, sofern sie für die anderen Anleger keine wesentlichen Benachteiligungen mit sich bringen. MFN-Clauses können bei Unfairness Abhilfe schaffen, sind jedoch keine Lösung bei kontingentierten Vorteilen. Hier ist eine Vorteilsallokation nach objektiven Kriterien geboten und ggf. die kostenfreie Lösung von der Anteilszeichnung in der Phase des Fundsraising anzubieten. Daneben existiert eine Spezialregelung für Publikums-AIFs, die streng anmutet, aber von der BaFin lediglich als Gleichbehandlungsgrundsatz eingeordnet wird. In jedem Fall ist bei Vorzugsbehandlungen nunmehr Transparenz gegenüber den AIF-Anlegern zwingend. Insgesamt betrachtet sprengen die neuen Verhaltenspflichten den bisherigen, unverbindlichen Verhaltenskodex des BVK bzw. der EVCA (nun: Invest Europe) bei Weitem; gleichwohl waren einzelne Elemente bereits im Code of Conduct angelegt.

4. Mit der neuen Regulierung muss ein der Compliance-Funktion anvertrautes Interessenkonfliktmanagement implementiert werden, insbesondere für Konflikte zwischen der KVG samt Mitarbeitern, Führungskräften, etc. und dem AIF oder dessen Anlegern. Von der AIFM-VO werden dabei verschiedene Vorgaben zur Ermittlung der Arten von (qualifizierten) Interessenkonflikten gemacht. Typischerweise wird man zwischen strukturellen und personenbezogenen Interessenkonflikten unterscheiden können. Gefordert sind jedoch nicht nur Maßnahmen zur Ermittlung, sondern auch solche zur Vorbeugung, Beilegung und Beobachtung von Interessen-

konflikten. Gängige Mittel hierfür bleiben etwa vertragliche Regelungen in den Fondsstatuten sowie eine funktionale Trennung von gegebenenfalls konfligierenden Einheiten oder Aufgaben. Letztere wird in vielen Bereichen des KAGB ohnehin eigenständig adressiert. Diese Werkzeuge gesellen sich allesamt zu den bereits im LBO-Segment bekannten Instrumenten zur Herstellung einer Interessenkonvergenz (Co-Investment, Carry-Strukturen). Als organisatorische Vorkehrung wird man bei Spezial-AIFs auch die Einrichtung eines Anlegergremiums als Konfliktbeilegungsstelle für geboten halten dürfen. Das Gesetz anerkennt aber, dass es zu unvermeidbaren Interessenkonflikten kommen kann. Bei diesen ist zunächst mit Transparenz zu reagieren. Der Steuerungsprozess obliegt dabei der Geschäftsleitung oder einer anderen internen Stelle des AIFM. Der Interessenkonflikt ist sodann nach Maßgabe angemessener Strategien und Verfahren, für die auf möglichst objektive Kriterien zurückgegriffen wird, aufzulösen. Erforderlichenfalls ist das Anlegergremium zu konsultieren. Bei den im Segment LBO stattfindenden vertraglichen Verhandlungen ist aus Sicht der KVG überdies zu berücksichtigen, dass sie Themenbereiche, deren Konfliktpotenzial nur im Rahmen von vertraglichen Vereinbarungen beigelegt werden kann, auch eigenständig adressiert. § 27 KAGB greift so in die Privatautonomie der Regulierungsadressaten ein. Das ist letztlich die Konsequenz davon, dass gerade keine Alternativität zwischen einerseits Vermeidung und Beilegung und andererseits Offenlegung von Interessenkonflikten besteht.

Diverse strukturelle Interessenkonflikte im Bereich LBO je nach Lebensphase des Fonds sind neu aufzurollen, werden aber punktuell auch eigenständig reguliert (so z. B. bei Management Fees oder Monitoring und Transaction Fees). Nach wie vor gilt, dass dort, wo Berührungspunkte mit den Aktivitäten innerhalb bzw. für die Portfoliogesellschaften bestehen (z. B. bei Doppelmandaten), stets nationales Gesellschaftsrecht zu beachten ist, das mit eigenen Instrumenten (Verpflichtung auf das Unternehmensinteresse, Treubindungen) auf Interessenkonflikte reagiert. Dem Regulierungsrecht kann man für das Verhältnis zwischen reguliertem Gesellschafter und Zielgesellschaft, wenn auch nicht in aller Deutlichkeit, wohl entnehmen, dass in Kollisionsfällen dem Gesellschaftsrecht der Vorrang einzuräumen ist.

5. KVGs müssen die Anforderungen an eine ordnungsgemäße Geschäftsorganisation i. S. des § 28 KAGB einhalten. Zentral ist die nun zwingende Einrichtung einer Compliance-Funktion (CF). Die CF muss keine allgemeine Kontrolle für Gesetzesverstöße aller Art durchführen, kann hierzu aber durchaus eingesetzt werden. Daneben ist sie in die operativen Bereiche einzubinden. Die CF muss permanent und wirksam unabhängig arbeitend sein. Permanenz setzt u. a. eine regelmäßige und nicht nur anlassbezogene Überwachung voraus. Wirksamkeit bedingt, dass sie über alle notwendigen Befugnisse und Fachkenntnisse verfügt. Auch ist ein Compliance-Officer zwingend zu benennen, der für die CF und das Berichtswesen die Verantwortung trägt. Auf übergeordneter Ebene ist die CF organisationsrechtlich als Instrument der Geschäftsleitung eingebettet, die für die Einrichtung der CF die Verantwortung trägt. Unabhängigkeit führt zu Weisungsfreiheit, auch wenn dies im Rahmen der Regulierung der Wertpapierdienstleistungsunter-

nehmen früher anders gesehen wurde. Ausfluss der Unabhängigkeit ist ebenso, dass keine Überwachung in eigener Sache stattfindet. Deswegen darf ein Geschäftsleiter vorbehaltlich des Proportionalitätsprinzips auch nicht zugleich Compliance-Officer sein. Die interne Revision hat demgegenüber ein Revisionsprogramm zu implementieren, um die Systeme, Kontrollmechanismen und Vorkehrungen des AIFM zu prüfen und zu bewerten. Die interne Revision ist nicht permanent wie die CF. Sie ist aber ebenso unabhängig auszugestalten und grundsätzlich einerseits von Funktionen wie der CF und der Risikocontrolling-Funktion, andererseits von internen Einheiten wie der Bewertungseinheit zu trennen. In den Bereichen der Berichterstattung und Wertung der Prüfungsergebnisse handelt sie daher weisungsfrei. Reflektiert man die bisherigen Ausführungen, wird mehr denn je deutlich, dass die bislang schlanken Managementstrukturen im Segment LBO überholt sind und in vielerlei Hinsicht vorbehaltlich der Maßgeblichkeit des Proportionalitätsprinzips neu aufgestellt werden müssen. So sind funktionale Trennungen insbesondere beim Interessenkonfliktmanagement, bei der CF, beim Compliance-Officer und bei der internen Revision vorzuhalten. Selbiges gilt im Hinblick auf das Risikomanagement und die internen Bewertungseinheiten.

6. Die Vorgaben an die Einrichtung eines RM-Systems sind umfassend. Im registrierungspflichtigen Bereich ist mangels Anwendung von § 29 KAGB insgesamt kein RM-System in Bezug auf Risiken auf Ebene der Investmentvermögen einzurichten. Bestandteile des RM-Systems im erlaubnispflichtigen Bereich sind die Risk Management Policy, die RC-Funktion und der RM-Prozess. Deutlich wird, dass der RC-Funktion eine zentrale Aufgabe im Organisationsgefüge der KVG und zugunsten des Anlegerschutzes zukommt. Sie ist insbesondere die leitende Kraft für die Wahrnehmung des RM-Prozesses und stellt sicher, dass das Risikoniveau laufend dem Risikoprofil des AIF entspricht. Die Figur des „Risikoprofils" unterscheidet sich von anderen Sektorregulierungen. Im Investmentrecht fungiert das Risikoprofil als faktische Anlagegrenze. Der RC-Funktion kommt nicht nur eine nachgelagerte Rolle zu, sondern sie muss auch im Vorfeld von Anlageentscheidungen tätig werden. Eine besondere Ausprägung des Risikomanagements ist letztlich auch das Liquiditätsmanagement. Für Verwalter von LBO-Fonds spielt die Verpflichtung zur Einrichtung eines angemessenen Liquiditätsmanagementsystems nach § 30 KAGB indes keine Rolle.

Das bisherige Risikocontrolling von Private Equity-Gesellschaften war ein Beteiligungscontrolling und diente der Rationalitätssicherung der Führung. Die Aufgabenbereiche richteten sich nach der jeweiligen Investment, Management oder Exit Stage und erschöpften sich insbesondere in der Durchführung einer Due Diligence, der Implementierung eines Berichtswesens flankiert um eine formelle Informationsinfrastruktur, der Etablierung einer Liquiditätskontrolle und dem Abhalten monatlicher Kontrollgespräche. Funktionsträger des Beteiligungscontrollings waren jedenfalls bei kleineren Private Equity-Gesellschaften zuvörderst Portfoliomanager. Nunmehr ist im erlaubnispflichtigen Bereich grundsätzlich eine Funktionstrennung zwischen Portfolioverwaltung und Risikomanagement verpflichtend. Nach Maßgabe des Proportionalitätsprinzips kann etwas anderes gelten. In diesem Fall sind jedoch verschiedene Schutzvorkehrungen einzuhalten, die im Detail, insbesondere im Hinblick auf die Einrichtung eines Risikoausschusses, noch Fragen offen lassen.

Auch die Due Diligence wird nunmehr von der Regulierung erreicht. Ein Paradigmenwechsel hat insofern stattgefunden, als dass die Durchführung einer Due Diligence bei Anwendung der Artt. 18 f. AIFM-VO im Bereich der alternativen Investments jetzt expressis verbis verpflichtend ist. Während eine entsprechende Pflicht bislang einzig aus den gesellschaftsrechtlichen Organpflichten abgeleitet werden konnte, richtet sie sich im regulierten Sektor direkt an die KVG und überlagert das organschaftliche Pflichtengefüge. Die Regelungssystematik stiftet jedoch Verwirrung bei der Ermittlung der zuständigen Funktionseinheit für die Due Diligence. Denn in der AIFM-VO ist die Due Diligence als Verhaltenspflicht ausgestaltet, während sie in der AIFM-RL und dem KAGB einen Bestandteil des Risikomanagements bildet. Da jedoch der AIFM als arbeitsteilige Organisation adressiert wird, ergeben sich vielmehr unterschiedliche Aufgabenbereiche; die Due Diligence bildet eine Schnittstelle zwischen Portfolioverwaltung und Risikomanagement. Die Regulierung fordert überdies eine „ganzheitliche Bewertung" auch unter Hinzuziehung „vorhandener Gelegenheiten", sodass die Due Diligence auch chancenorientiert sein darf. Ein weiteres Novum ist der sektoreigene Sorgfaltsmaßstab der „großen Sorgfalt", der an die Stelle des vor dem KAGB maßgeblichen Sorgfaltsmaßstabs aus § 43 Abs. 1 GmbHG tritt. Hier sind die Eigenheiten des LBO-Segments angemessen zu berücksichtigen. Die KVG rückt bei der Wahrnehmung der Due Diligence jedoch in ein Spannungsfeld: Einerseits ist im besten Interesse der Anleger ein hoher Sorgfaltsmaßstab einzuhalten, andererseits sollen im Anlegerinteresse auch die Kosten gering bleiben. Da Artt. 18 f. AIFM-VO den zivilrechtlichen Charakter von § 26 Abs. 2 Nr. 1 KAGB teilen, kommt es unter Berücksichtigung der bereits geschilderten Anknüpfungspunkte für eine Haftung der KVG zwar zu dogmatischen Modifikationen am Haftungsgefüge im Kontext einer Due Diligence. So qualifizieren externe Berater nunmehr als Erfüllungsgehilfen. Aber im Ergebnis bleibt es dabei, dass der Fonds bzw. die KVG bei bloß sorgfaltswidriger Due Diligence gegenüber den Anlegern nicht haftet, wohingegen externe Berater in verschiedenen Sonderkonstellationen von den Anlegern in den Grenzen der Problematik des Reflexschadens auf der Grundlage des Vertrags mit Schutzwirkung zugunsten Dritter in Anspruch genommen werden können.

Eine Besonderheit im Segment LBO ist, dass in den Portfoliogesellschaften selbst ein RM-System eingerichtet wird. Im Rahmen dieser Doppelstufigkeit der RM-Systeme sind die unterschiedlichen Vorgaben und Schutzrichtungen aber strikt auseinanderzuhalten. Im Übrigen bedingt der RM-Prozess auf Ebene der KVG ein Erfassen, Messen, Steuern und Überwachen der relevanten Risiken. Im Rahmen der Risikoinventur sind beteiligungsspezifische von sonstigen Risiken (Platzierungsrisiko, Liquiditätsrisiko, operationelles Risiko) auseinanderzuhalten. Der Übergang zwischen Erfassung und Messung von Risiken ist dabei fließend

(z. B. bei Risk Maps). Eine Messung beinhaltet auch eine Bewertung von Risiken, mithin die Evaluierung der Eintrittswahrscheinlichkeit und der jeweiligen Schadenshöhe. Dem Rechtsanwender werden allerdings keine Bewertungsgrundsätze beiseitegestellt. Eine Orientierung am Vorsichtsprinzip aus § 25a Abs. 1 Satz 3 Nr. 2 KWG könnte legitim sein. Außerdem lässt sich aus den KAMaRisk ableiten, dass auch außergewöhnliche, aber plausibel mögliche Ereignisse in die Risikoinventur Eingang finden müssen. Unterhalb dieses Grads der Eintrittswahrscheinlichkeit liegende Risiken können jedoch keine Steuerungsmaßnahmen bedingen. Ohnehin ist nicht jedes Risiko auszuschalten, sondern kann auch vorerst in Kauf genommen werden. Die Steuerung von Risiken bildet letztlich eine gemeinsame Schnittmenge zwischen Portfolioverwaltung und Risikomanagement. Die Überwachung von Risiken knüpft insbesondere an die Einhaltung von gesetzten Risikolimits an. Unregelmäßigkeiten im Berichtswesen sind zu hinterfragen. Eine post-akquisitorische Due Diligence ist aus regulatorischer Sicht nicht durchzuführen. Das Risikomanagement im Segment LBO ist in Ansehung von beteiligungsspezifischen Risiken jedenfalls bereits gut aufgestellt. Gegebenenfalls ist jedoch mit Blick auf das Zusammenspiel von der Verpflichtung zum Handeln im besten Interesse der Anleger einerseits und der Erfassung von operationellen Risiken im Rahmen des RM-Prozesses andererseits ein standardisierter RM-Prozess entlang von Kontrollmechanismen zu verinnerlichen.

7. AIFMs unterliegen nunmehr einer Vergütungsregulierung, die auf kurzfristigen Erfolgen ausgerichteten Verhaltensanreizen begegnet. Die Vergütungsregulierung gilt dabei grundsätzlich nur für Zahlungen im Verhältnis zwischen AIFM und bestimmten Mitarbeitern. Die relevanten Vorgaben speisen sich zuvörderst aus § 37 KAGB und den umfassenden, durch § 37 Abs. 2 KAGB inkorporierten Regelungen des Anhangs II AIFM-RL, samt den diese flankierenden ESMA Guidelines. Wesentlich ist das Verständnis der Vergütungsregulierung als Maßnahme eines (proaktiven) Risikomanagements. Insbesondere darf nicht zu Risiken incentiviert werden, die unvereinbar mit dem Risikoprofil des verwalteten AIF sind. Variable Vergütungsbestandteile sind nunmehr u. a. nach Maßgabe der neuen Kategorien des Abgrenzungszeitraums, des Zuerkennungsverfahrens, des Auszahlungsverfahrens und des Zurückstellungszeitraums zu entrichten.

Neben der Vergütungsregulierung kommt die bereits aus dem Bereich der OGAWs bekannte Regelung des § 26 Abs. 5 KAGB zur Anwendung, nach der die KVGs insbesondere über geeignete Verfahren verfügen müssen, um bei Investmentvermögen unter Berücksichtigung des Werts des Investmentvermögens („Wert-Kriterium") und der Anlegerstruktur eine Beeinträchtigung von Anlegerinteressen durch unangemessene Kosten, Gebühren und Praktiken zu vermeiden. § 26 Abs. 5 KAGB betrifft dabei im Gegensatz zur Vergütungsregulierung insbesondere das Verhältnis zwischen AIF und AIFM. Beleuchtet man die Genese von § 26 Abs. 5 KAGB bzw. dem früheren § 9 Abs. 3 Satz 2 InvG a. F., wird der Charakter der Vorschrift als Verhaltenspflicht und inhaltlicher Kontrollmaßstab offenkundig. Letzterer ist bei der Ausgestaltung einzelner Kostenregelungen heranzuziehen, nicht jedoch bei der Höhe der Gebühren, die als wirtschaftliche Entscheidung der Prüfung durch die Aufsicht entzogen ist. Eine Würdigung des § 26 Abs. 5 KAGB im Rahmen des Regelungsgefüges und der Gesetzessystematik des KAGB ergibt, dass man dem Wert-Kriterium des § 26 Abs. 5 KAGB nur Rechnung tragen kann, indem der NAV des Investmentvermögens konkret in die Ausgestaltung von Kostenregelungen einbezogen wird. Neben § 26 Abs. 5 KAGB gilt zudem Art. 17 Abs. 2 AIFM-VO (i. V. m. § 26 Abs. 7 KAGB) unmittelbar, nach dem KVGs keine überzogenen Kosten in Rechnung stellen dürfen. Die AIFM-VO kennt kein Wert-Kriterium; dieses darf aus Anlegerschutzgesichtspunkten aber auch weiterhin berücksichtigt werden. Der Übergang zwischen „Kosten" und „Vergütungen" ist bei § 26 Abs. 5 KAGB fließend. Auch bei dem CI handelt es sich letztlich um Kosten, die dem Fonds in Rechnung gestellt werden. Den Umgang mit dem Wert-Kriterium bei z. B. laufenden Vergütungen, Transaktionsgebühren und erfolgsabhängigen Vergütungen bei Publikums-AIFs illustriert die BaFin im Rahmen ihrer Verwaltungspraxis zu Musterbausteinen für Kostenklauseln. Gerade die vorgegebene Ausgestaltung erfolgsabhängiger Vergütungen hinterlässt im Detail aber noch Fragen und sollte korrigiert werden. Für Verwalter von Spezial-AIFs ist diese Verwaltungspraxis jedenfalls nicht maßgeblich. Doch auch dort sind § 26 Abs. 5 KAGB und Art. 17 Abs. 2 AIFM-VO verbindliches Recht. In dem vorgenannten Rahmen wird man unterschiedliche Ausgestaltungen von Kostenregelungen bei Spezial-AIFs im Vergleich zu denen bei Publikums-AIFs *abgesehen* von der Berücksichtigung des Wert-Kriteriums akzeptieren können.

Die neuen Vorgaben aus der Vergütungsregulierung sind im Bereich Private Equity im Ergebnis auch auf die Management Fee anzuwenden, die letztlich zugunsten der AIFM-Mitarbeiter gezahlt wird. Die Vergütungsregulierung zeitigt insoweit jedoch keinen Änderungsbedarf. Doch in dem Rahmen, in dem § 26 Abs. 5 KAGB zur Anwendung gelangt, ist die Gestaltung der Bemessungsgrundlage anzupassen. Diese hat sich bei Publikums- wie auch Spezial-AIFs nunmehr am durchschnittlichen NAV des Investmentvermögens zuzüglich der bereits getätigten Auszahlungen an die Investoren zu orientieren. Schon für Publikums-AIFs beschreitet die BaFin allerdings einen anderen Weg und lässt den durchschnittlichen NAV als Bemessungsgrundlage genügen. Der CI kann aus der Perspektive der Vergütungsregulierung im Ergebnis ebenso beibehalten werden, wenngleich die ESMA nicht sämtliche Regulierungsvorgaben beim CI als per se erfüllt ansieht und sich offenbar auch nur dem Full Repayment of Capital Contribution-Modell widmet. Typische Funds as a whole- oder unechte Deal by deal-Modelle dürften aber ebenso erfasst und zulässig sein. Eine darüber hinausgehende Einschränkung der Höhe des CI etwa durch eine am durchschnittlichen NAV während des Berechnungszeitraums zu orientierende Höchstgrenze als denkbarer Ausfluss von § 26 Abs. 5 KAGB ist bei den anlegerschützenden CI-Strukturen nicht geboten. Auch das echte Deal by deal-Modell wird im Bereich der Spezial-AIFs nicht von § 26 Abs. 5 KAGB tangiert. Die BaFin anerkennt sogar im Bereich der Publikums-AIFs im Hinblick auf das Full Repayment of Capital Contribution-Konzept, dass keine weitere Höchstgrenze einzuhalten ist. Eine 100-prozentige

Catch up-Phase bei Publikums-AIFs dürfte dort im Gegensatz zur Rechtslage bei Spezial-AIFs aber unzulässig sein. Aus der Management Fee gezahlte Cash Boni unterliegen jedenfalls dann nicht weiteren Einschränkungen aus der Vergütungsregulierung, wenn sie an den CI gekoppelt sind.

8. Im erlaubnispflichtigen Bereich unterliegen die KVGs bei der Portfoliobewertung einem vom HGB abweichenden Bewertungskonzept. Dieses wirkt dabei eng mit den neuen Kostenregelungen zusammen. So kann die Orientierung am durchschnittlichen NAV als Bemessungsgrundlage für die laufenden Kosten nur dann effektiv anlegerschützend sein, wenn eine angemessene Bewertung der Vermögensgegenstände sichergestellt ist. Angesichts der nunmehr zwingenden Neu-Modellierung der Management Fees ist das im LBO-Segment virulent. Die maßgeblichen Regelungen für die Portfoliobewertung ergeben sich aus dem KAGB, der AIFM-VO und der KARBV.

Die Grundlage des Bewertungsprozesses bildet die Bewertungsrichtlinie. Wesentlich ist bei dieser die Aufschlüsselung der unterschiedlichen Vorgaben an eine interne oder externe Bewertung. Bei der im Segment Private Equity vornehmlich relevanten internen Bewertung ist darauf zu achten, dass die Durchführung der Bewertungsaufgabe von der Portfolioverwaltung und der Vergütungspolitik funktional unabhängig ist. Die Verkehrswerte der Beteiligungen an nicht börsennotierten Unternehmen sind nach anerkannten Grundsätzen für die Unternehmensbewertung (= Wertermittlungsverfahren) zu ermitteln. Hier liegt ein Rückgriff auf die branchenspezifischen Bewertungsstandards nach Maßgabe der IPEV Valuation Guidelines vom Dezember 2015 nahe. Das gewählte Bewertungsmodell ist durch eine fachkenntliche, aber nicht notwendigerweise unabhängige Person, die nicht an der Entwicklung des Modells beteiligt war, zu bewerten. Die Unabhängigkeit wird dafür durch die Befugnis der BaFin gewährleistet, eine Überprüfung des Modells durch einen externen Bewerter oder Rechnungsprüfer zu verlangen. Der Verkehrswert bildet dabei den Wertmaßstab für das Ergebnis der Bewertungsdurchführung. Legt man die Legaldefinition des Verkehrswerts in der KARBV zugrunde, wird dieser bei Lichte besehen so weit wie möglich von subjektiven Verhältnissen abstrahiert und nähert sich so dem sog. objektivierten Unternehmenswert an. Dabei bestehen auch ergebnisbezogene Vorgaben, da der Verkehrswert *angemessen und fair* sein muss. Was darunter konkret zu verstehen ist, bleibt offen. Doch sind Überprüfungsverfahren und anschließende Eskalationsmaßnahmen für Sachverhalte einzurichten, in denen eine Unabhängigkeit von der Portfolioverwaltung nicht gewährleistet ist.

Eine wesentliche Erkenntnis ist, dass das Bewertungskonzept im registrierungspflichtigen Bereich (§ 2 Abs. 4 und 4a KAGB) im Vergleich zu dem im erlaubnispflichtigen Bereich unter Geltung der KARBV ein gänzlich anderes ist. Die KARBV folgt dem Leitbild, dem Anleger ein möglichst realistisches Abbild der Vermögenspositionen zu vermitteln, während im HGB das Vorsichtsprinzip mit seinen verschiedenen Ausprägungen (z. B. Realisationsprinzip) gilt. Die Unterschiede äußern sich nicht nur begrifflich bei der Zugangsbewertung, sondern auch materiell in erheblicher Weise bei der Folgebewertung. Beispielsweise muss im HGB der eingangs in Gestalt der Anschaffungskosten zugrundegelegte Buchwert nur bei außerplanmäßigen Abschreibungen verringert werden, während der Verkehrswert nach der KARBV jährlich neu zu ermitteln und zugrundezulegen ist. Aufgrund der Nähe des Verkehrswerts zum objektivierten Unternehmenswert ist eine fortlaufende Stand-Alone-Betrachtung der zu bilanzierenden Beteiligung geboten. Ein wesentlicher Unterschied ist überdies, dass der Weg zur Bilanzierung in der Zwischenzeit erreichter, aber noch nicht realisierter Unternehmenswertsteigerungen im registrierungspflichtigen Bereich (§ 2 Abs. 4 und 4a KAGB) aufgrund des Realisationsprinzips versperrt ist, während die KARBV keine vergleichbaren Einschränkungen bereithält.

Eine in dieser Arbeit untersuchte Frage war zudem, ob das Portfoliobewertungskonzept bereits pre-akquisitorisch zur Anwendung kommt. Im Ergebnis sprechen verschiedene gesetzessystematische Argumente dagegen. Eine KAGB-konforme Ermittlung des Verkehrswerts kann allerdings als Absicherung für das bereits erörterte Marktgerechtigkeitserfordernis aus § 168 Abs. 7 Satz 4 KAGB dienen. Unabhängig davon bleibt es (allein) im Bereich der Publikum-AIFs bei der Pflicht gem. § 261 Abs. 6 KAGB, pre-akquisitorisch eine Bewertung durch einen externen Bewerter durchführen zu lassen. Für diesen gelten auch die Unabhängigkeitserfordernisse aus § 216 KAGB, die für den externen Bewerter bei der Portfoliobewertung aufgestellt werden. Letzterer muss in rechtlicher und wirtschaftlicher Hinsicht unabhängig von der KVG und dem AIF sein. Etwaige Weisungsbefugnisse dürfen sich niemals auf den Gutachteninhalt und das Bewertungsergebnis beziehen.

9. und 10. Die Vorgaben für eine Leverage-Beschränkung unterscheiden sich bei geschlossenen Spezial- und Publikums-AIFs. Während für erstere keine fixe Obergrenze besteht und nur dargelegt werden muss, dass die gewählte Begrenzung angemessen ist, gilt für letztere die durch das OGAW V-UmsG nur in der Darstellung geänderte absolute Aufnahmegrenze von 150 Prozent des aggregierten eingebrachten Kapitals und noch nicht eingeforderten zugesagten Kapitals. Eine Beschränkung der Akquisitionsfinanzierung ist damit aber nicht verbunden, wenn eine Ausfallhaftung auf Ebene des AIF nicht besteht. Die EZB stellt dafür nunmehr strengere Anforderungen an das Risikomanagement von SSM-Banken, die in LBO-Aktivitäten verwickelt sind. Geschlossene Spezial-AIFs unterliegen anders als geschlossene Publikums-AIFs nicht einem Marktüblichkeitskriterium bei der Kreditaufnahme. Das in diesem Kontext wohl schon nicht anwendbare allgemeine Marktgerechtigkeitskriterium des § 286 Abs. 1 i. V. m. § 168 Abs. 7 Satz 4 KAGB wird jedenfalls durch die speziell auf den Sachverhalt der Kreditaufnahme zugeschnittenen § 274 i. V. m. § 215 KAGB verdrängt. Spiegelbildlich zur Leverage-Beschränkung ist die Beschränkung von Belastungen des zu dem AIF gehörenden Vermögens zu sehen. Denn wenn eine Kreditaufnahme ermöglicht wird, muss auch das Stellen von Sicherheiten erlaubt sein. Der Wortlaut („Vermögensgegenstände, die *zu* einem Publikums-AIF/Spezial-AIF *gehören*") ist jedoch zu weit geraten und aus verschiedenen Gründen vielmehr als „Vermögensgegenstände *des* AIF" zu lesen, zumal sich andernfalls die Terminologie für Investmentgesellschaften mit der für Sondervermögen vermengte.

11. Vormals gesetzlich existente Freiräume bei der Vergabe von Gelddarlehen wurden im Jahr 2016 eingeschränkt. Das betrifft Gesellschafterdarlehen, deren Vergabe nach Ansicht der BaFin aufgrund ihres bedingten Charakters grundsätzlich ohne Bankkonzession zulässig war. Gesellschafterdarlehen haben im Bereich LBO ein buntes Einsatzfeld (z. B. Sweet Equity, Equity Cure und Investitionen durch die Portfoliogesellschaften). Die Zulässigkeit der Vergabe von Gesellschafterdarlehen kann nunmehr entweder auf die für Darlehensfonds konzipierte Regelung des § 285 Abs. 2 KAGB zur Vergabe von Gelddarlehen oder auf die spezielle Regelung für die Vergabe von Gesellschafterdarlehen nach § 285 Abs. 3 KAGB gestützt werden. Bei ersterer besteht eine Vorgabe für eine Risikostreuung. Außerdem sind besondere Anforderungen an das Risikomanagement einzuhalten. Kontrollierte Objektgesell-schaften, über die Darlehen ausgereicht werden, unterfallen im Wege eines Look Through ebenso wie der Fonds bzw. die KVG der KWG-Bereichsausnahme. Die Restriktionen für Darlehensfonds werden bei einer Vergabe von Gesellschaf-terdarlehen nach § 285 Abs. 3 KAGB vermieden. Dort gilt grundsätzlich eine De-ckelung i. H. v. 50 Prozent des Anlegerkapitals, das für Darlehensvergaben zur Verfügung steht. Damit die Vergabe zulässig wird, müssen zudem verschiedene Bedingungen alternativ erfüllt werden, wie die – durchaus in Frage zu stellende – Vereinbarung eines Rangrücktritts oder die Vergabe an Tochterunternehmen, mithin gem. der Zuordnungsregel des § 290 Abs. 3 HGB auch an Enkelunternehmen. Bei einer Darlehensvergabe an Tochterunternehmen ist ein Umgehungsschutz einzu-halten, der in der gesetzlich vorgegebenen Weite jedoch nicht überzeugt. Wird in der Beteiligungskette durchgereichtes Eigenkapital als Darlehen vergeben, kommt § 285 Abs. 3 KAGB analog zur Anwendung. Mittlerweile wird auf EU-Ebene mit dem Erlass eines einheitlichen Rechtsrahmens für die Vergabe von Gelddarlehen durch Fonds kokettiert. Die hierzu im April 2016 veröffentlichte Opinion der ESMA geht auf die Vergabe von Gesellschafterdarlehen allerdings nicht ein.

12. Ein Direkt-Investment in Private Equity ist sowohl durch Spezial- als auch durch geschlossene Publikums-AIFs möglich. Nur letztere müssen dabei aber zwingend den Grundsatz der Risikomischung einhalten. Das Heranziehen des Kri-teriums der Branchenzugehörigkeit ist in diesem Kontext sicherlich sachdienlich, aber nicht zwingend zur Annahme einer Risikomischung bei wirtschaftlicher Ge-samtbetrachtung. Ein anderer Investitionsweg wird insbesondere für Privatanleger über den Dachfonds ermöglicht. Ein Publikums-Dachfonds muss grundsätzlich eine Risikomischung vorhalten. Etwas anderes gilt hingegen, wenn es sich bei den Pri-vatanlegern ausschließlich um qualifizierte Privatanleger handelt. Doch auch hier wird ein Grundmaß an Risikomischung sichergestellt. Denn nach § 261 Abs. 8 KAGB dürfen Publikums-AIFs niemals Feeder-AIFs in einer Master-Feeder-Kon-struktion sein, mithin ein Engagement von mindestens 85 Prozent am Master-AIF halten. Zulässig ist es aber, wenn ein Dachfonds mit qualifizierten Privatanlegern zu 84,99 Prozent in einen Private Equity-Spezial-AIF, der nur eine einzelne Portfoliogesellschaft hält, investiert. In dieser Höhe werden die qualifizierten Privatanleger als weniger schutzbedürftig eingeschätzt als qualifizierte Privatanleger eines direkt investierenden Private Equity-Publikums-AIF, der zwingend den Grundsatz der Risikomischung einhalten muss. Diesen Wertungswiderspruch wird man nur damit erklären können, dass Dachfonds professionelle Anleger sind und keine Durchschau auf ihre Investoren erfolgt.

III. Sonderbeteiligungsrecht nach §§ 287 bis 292 KAGB

Das KAGB enthält ausweislich der amtlichen Überschrift des Unterabschnitts der §§ 287 bis 292 KAGB (als Umsetzung der Artt. 26 bis 30 AIFM-RL) „Besondere Vorschriften für AIF, die die Kontrolle über nicht börsennotierte Unternehmen und Emittenten erlangen". Eine Analyse des Anwendungsbereichs dieser Regelungen wirft in vielen Punkten Grundlagenfragen auf (sogleich unter 1.). Selbiges gilt für die Sonderregulierung an sich, die sich in hier zu untersuchenden

- Transparenzpflichten (unter 2.), d. h.

  - (qualifizierten) Mitteilungspflichten nach § 289 KAGB je nach Erreichen einer bestimmten Beteiligungsschwelle,

  - Offenlegungspflichten nach § 290 KAGB, etwa über die beabsichtigte Geschäftsentwicklung, und

  - der Pflicht nach § 291 KAGB, einen erweiterten Jahresabschluss bzw. Lagebericht zu erstellen, und

- einem regulierungsrechtlichen Verbot von bestimmten gesellschaftsrechtlichen Maßnahmen zur Vermeidung – so die amtliche Überschrift – des Zerschlagens von Unternehmen nach § 292 KAGB (Asset Stripping) (unter 3.) erschöpft.

Bisweilen werden die Vorschriften in ihrer Gesamtheit auch als „Sonderübernahmerecht" für AIFMs bezeichnet.[1536] Indes werden die Mitteilungspflichten aus § 289 Abs. 1 KAGB auch bei bloßer Erlangung von Minderheitsbeteiligungen ausgelöst.[1537] Insoweit führt auch die eingangs wiedergegebene Überschrift in die Irre. Treffender wäre es, von einem „Sonderbeteiligungsrecht" als Oberbegriff zu sprechen, während das „Sonderübernahmerecht" nur die Gesamtheit der Vorschriften adressiert, die an eine Kontrollerlangung anknüpfen. Das Sonderbeteiligungsrecht gilt für den Bereich Private Equity, ist aber keine Sonderregulierung nur für die Verwalter von Private Equity-Fonds im engeren Sinne, da auch der Unternehmenserwerb an Emittenten inkludiert ist.[1538] Die Regelungen entfalten jedenfalls

---

[1536] *Zetzsche*, NZG 2012, 1164; anschl. *Weitnauer*, in: Weitnauer, MBO, A Rn. 123; *ders.*, AG 2013, 672.

[1537] § 287 Abs. 3 KAGB.

[1538] *Jesch*, in: FrankKomm, KapAnlR Bd. 1, § 287 KAGB Rn. 3; *Swoboda*, in: Weitnauer/Boxberger/Anders, KAGB, § 287 Rn. 3: kein Sonderrecht für Private Equity; *Wallach*, RdF

durch Begrenzung auf den Sektor des Beteiligungserwerbs einen produktregulierenden Charakter.[1539] Während das Segment Private Equity nunmehr erstmalig eine Sonderregulierung erfährt, mussten sich Public Deals bereits in den geltenden Regularien des WpHG und WpÜG bewegen, beispielsweise unter Einhaltung der Mitteilungspflichten nach § 21 WpHG a. F. oder der Verpflichtung zur Veröffentlichung und zur Abgabe eines Pflichtangebots nach § 35 WpÜG.[1540] Das Sonderbeteiligungsrecht bzw. in dieser Richtung zuvörderst das Verbot des Asset Stripping als pars pro toto für das Sonderbeteiligungsrecht hat in rechtspolitischer Hinsicht[1541] jedenfalls viel Kritik einstecken müssen („Diskriminierung"),[1542] da andere Marktteilnehmer, die nicht von der AIFM-RL bzw. dem KAGB erreicht werden, diesen Pflichten nicht unterliegen. Diese Reaktion hat auch der Unionsgesetzgeber antizipiert. So ist die Kommission nach Art. 69 AIFM-RL verpflichtet, bis zum 22. Juli 2017 eine Überprüfung der Anwendung und des Geltungsbereichs der AIFM-RL einzuleiten. Von dieser Überprüfung sollen insbesondere die Auswirkungen der AIFM-RL auf den im Sonderbeteiligungsrecht vorgesehenen Schutz[1543] von nicht börsennotierten Unternehmen (im Folgenden „NBUs") sowie auf die

---

2013, 92, 100: sog. Private-Equity-Regeln. Im Diskussionsentwurf waren die Regelungen noch in den §§ 256 KAGB-DiskE unter der Überschrift „Besondere Vorschriften für Private Equity-Fonds" enthalten; hiervon wurde mangels Definition zurecht Abstand genommen, s. auch *Volhard/El-Qalqili*, CFL 2013, 202, 203; *Zetzsche*, NZG 2012, 1164, 1165.

[1539] *Dornseifer*, in: Dornseifer/Jesch/Klebeck/Tollmann, AIFM-RL, Kap. V, Vor Abschn. 1 Rn. 16.

[1540] Ausführlich *R. H. Schmidt/Spindler*, Finanzinvestoren, D. Rn. 183 ff.; *Söhner*, Gläubigerschutz und Anlegerschutz vor Private-Equity- und Hedgefonds, S. 205 ff.

[1541] Das Verbot des Asset Stripping ist letztlich allein eine politische Entscheidung, *Zetzsche*, Prinzipien der kollektiven Vermögensanlage, § 12 C. III. 2. Kritikpunkt ist die bereits beschriebene „kreditfinanzierte Übernahme von Unternehmen mit lediglich 20 Prozent Eigenkapital und der Verpfändung des Unternehmens selbst zur Absicherung des Fremdkapitals („Leveraged Buyout")", *Geurts/Schubert*, in: Hellner/Steuer, BuB, Losebl. (Stand: 5/16), 9/433.

[1542] *Lehne*, DB 2010 Beil., 81, 82; allgemein für die Art. 26 ff. AIFM-RL: *Dornseifer*, in: Dornseifer/Jesch/Klebeck/Tollmann, AIFM-RL, Kap. V, Vor Abschn. 1 zu Art. 25, Rn. 2 f.; speziell für die Veröffentlichungsregeln der Art. 27 ff. AIFM-RL: *EVCA* (nun: Invest Europe) vom 26.6.2009, Response to the Proposed Directive of the European Parliament and Council on Alternative Investment Fund Managers (AIFM), Abschn. 1; *Achleitner*, DB 2010 Beil., 83, 84; zurückhaltender zu den Art. 26 ff. AIFM-RL bzw. § 287 ff. KAGB: *Volhard/El-Qalqili*, CFL 2013, 202, 205: Regelungen seien systematisch problematisch, da sie zu Schlechterbehandlung von Private Equity-Fonds-Investoren und möglichen Widersprüchen mit aktien- und kapitalmarktrechtlichen Regelungen des Sitzstaates der Portfoliogesellschaft führten; *Weitnauer*, AG 2013, 672, 678: nicht unbedingt sachgerecht erscheinende Ungleichbehandlung; *Hesse/Lamsa*, CFL 2011, 39, 42: Benachteiligung; *Berger*, Regulierung der Management-Ebene bei Private Equity-Fonds, S. 204 spricht von Benachteiligung, fordert auf S. 205 f. aber sogar, dass die Offenlegungspflichten (wie auch immer) nicht benachteiligend ausgelegt werden sollten; *Behme*, in: Baur/Tappen, Investmentgesetze, § 289 KAGB Rn. 8, 290 KAGB Rn. 5, § 291 KAGB Rn. 3: rechtspolitisch fragwürdig; *Geibel*, in: Derleder/Knops/Bamberger, Dt. u. eu. Bank- u. KapR, § 58 Rn. 122: Besser im Gesellschafts- und Übernahmerecht aufgehoben.

[1543] 3. Teil, D. und 3. Teil, D.II.2.

Gleichheit der Wettbewerbsbedingungen (Level Playing Field) zwischen AIFs und anderen Anlegern nach Erlangung einer Mehrheitsbeteiligung oder eines beherrschenden Einflusses an einem solchen NBU erfasst sein.[1544] Mit einer ersten Konsultation wird man Brancheninterna zufolge erst im Jahr 2018 rechnen können.

1. Anwendungsbereich des Sonderbeteiligungsrechts, §§ 287, 288 KAGB

Der Gesetzgeber hat das Sonderbeteiligungsrecht im Rahmen der Vorschriften für geschlossene inländische Spezial-AIFs angesiedelt. Gleichwohl sei daran erinnert, dass KVGs auch für geschlossene inländische Publikums-AIFs sowie offene inländische Spezial-AIFs in Private Equity investieren dürfen, dabei aber die Vorschriften der §§ 287 bis 292 KAGB einzuhalten sind.[1545] Merkwürdigerweise soll das Sonderbeteiligungsrecht auch für kleine Publikums-AIFMs nach § 2 Abs. 5 Nr. 6 i. V. m. § 261 Abs. 7 KAGB gelten, obwohl dies nicht einmal für kleine Spezial-AIFMs nach § 2 Abs. 4 KAGB (die sich nicht für eine Strukturierung ihrer AIFs als KAGB-Fondsvehikel entscheiden, §§ 142 Satz 1 Nr. 2, 150 Abs. 2 Satz 1 Nr. 2 KAGB) der Fall ist, die in der Praxis den Kontrollerwerb anstreben.[1546]

a) Geltungsbereich

Dass für Public Deals bereits spezielle Regularien einzuhalten sind, wird auch vom KAGB reflektiert. So dekretiert § 287 Abs. 1 KAGB, dass die §§ 287 bis 292 KAGB zunächst nur auf KVGs anzuwenden sind, die

1. AIFs verwalten, die entweder allein oder gemeinsam aufgrund einer Vereinbarung die Erlangung von Kontrolle gem. § 288 Abs. 1 KAGB über ein *NBU* zum Ziel haben; oder

2. mit einer oder mehreren KVGs aufgrund einer Vereinbarung zusammenarbeiten, gemäß der die von diesen KVGs verwalteten AIFs die Kontrolle gem. § 288 Abs. 1 KAGB über ein *NBU* erlangen.

Daneben statuiert § 287 Abs. 4 KAGB, dass lediglich die Offenlegungspflichten der § 290 Abs. 1 bis 3 KAGB sowie das Verbot des Asset Stripping auch auf KVGs anzuwenden sind, deren verwaltete AIFs Beteiligungen an Emittenten erlangen. Entsprechend der Zielsetzung dieser Arbeit wird der Erwerb von Beteiligungen an

---

[1544] Art. 69 Abs. 1 Satz 4 lit. 1 AIFM-RL. *Söhner*, WM 2011, 2121, 2127 sieht eine etwaige Ausweitung der Transparenzpflichten auf alle Marktteilnehmer, die Beteiligungen an nicht börsennotierten Unternehmen erwerben, kritisch.

[1545] 4. Teil, C.II.2. Dies wird auch im Fall des § 261 Abs. 1 Nr. 7 i. V. m. § 193 KAGB bei einem Emittenten gelten müssen, zumal die auf Liquiditätssicherung angelegten Anforderungen des § 193 Abs. 1 Satz 2 KAGB für geschlossene inländische Publikums-AIFs nicht relevant sind.

[1546] Zurecht *Weitnauer*, AG 2013, 672, 674.

Emittenten zwar ausgeklammert.[1547] Im Gefolge des Delisting erheben sich jedoch insbesondere aufgrund der unterschiedlichen Kontrollbegriffe im Public- und Private-Bereich hier einzubeziehende Fragen zur Anwendung des Sonderregulierungsregimes in Bezug auf NBUs.

aa) Begriff des nicht börsennotierten Unternehmens

Das NBU ist in § 1 Abs. 19 Nr. 27 KAGB definiert. Es ist ein Unternehmen, das seinen satzungsmäßigen Sitz in der EU oder in einem anderen Vertragsstaat des EWR-Abkommens hat und dessen Anteile i. S. von Art. 4 Abs. 1 Nr. 21 MiFID II nicht zum Handel auf einem geregelten Markt zugelassen sind. Die Legaldefinition des KAGB[1548] geht weiter als die der AIFM-RL; letztere erfasst nur die Unternehmen mit Sitz in der EU, nicht auch die Unternehmen mit Sitz in den Vertragsstaaten des EWR-Abkommens.[1549] Hintergrund der Weiterung ist, dass die AIFM-RL in das EWR-Abkommen übernommen werden sollte (s. Übergangsvorschrift des § 344 Abs. 2 KAGB). Dies geschah mit Wirkung zum 1. Oktober 2016.[1550]

(1) Börsennotierung

Die geregelten Märkte sind dem nach Art. 56 MiFID II (ehemals Art. 47 MiFID I) geführten Verzeichnis zu entnehmen. Da geregelte Märkte nur solche sein können, die durch Mitgliedstaaten zugelassen werden und der Aufsicht der zuständigen Behörde eines Mitgliedsstaates unterliegen, kann es sich stets nur um geregelte Märkte innerhalb der EU bzw. dem EWR handeln. Unternehmen mit Notierung außerhalb dieser geregelten Märkte (z. B. an der NYSE) sind daher NBUs.[1551]

Nahezu unerforscht ist, welche Auswirkungen ein Delisting von einem geregelten Markt auf die Sonderregulierung hat. Es ist danach zu fragen, ob es bei einem bloßen Delisting bleibt oder ob es – wenn auch später – zu Veränderungen bei der Anzahl der Stimmrechtsanteile kommt. Außerdem muss zwischen einer Minderheitsbeteiligung

---

[1547] Der wesentliche Teil der hier angestellten Ausführungen wird davon unabhängig auch für dieses Segment Geltung beanspruchen, wobei stets der von § 288 Abs. 1 KAGB abweichende Kontrollbegriff in § 288 Abs. 3 KAGB zugrundezulegen ist.

[1548] Die Inbezugnahme von EWR-Unternehmen erfolgte erst durch das FinMarktAnpG und stellt lediglich eine redaktionelle Anpassung dar, da in anderen Vorschriften des KAGB die mittlerweile vollzogene Aufnahme der AIFM-RL in das EWR-Abkommen bereits berücksichtigt wurde, BegrRegE BT-Drs. 18/1305, S. 43.

[1549] A. A. bereits vor dem FinMarktAnpG *Zetzsche*, NZG 2012, 1164: Gesellschaft mit Sitz im EWR.

[1550] Art. 4 des Beschlusses des gemeinsamen EWR-Ausschusses Nr. 202/2016 von 30. September 2016 zur Änderung von Anhang IX (Finanzdienstleistungen) des EWR-Abkommens [2017/279], ABl. 2017 Nr. L 46, S. 30.

[1551] *Bärenz/Steinmüller*, in: Dornseifer/Jesch/Klebeck/Tollmann, AIFM-RL, Art. 26 Rn. 33; *Bärenz/S. Käpplinger*, in: Dornseifer/Jesch/Klebeck/Tollmann, AIFM-RL, Art. 27 Rn. 14; *Behme*, in: Baur/Tappen, Investmentgesetze, § 289 KAGB Rn. 16.

und einer Kontrollerlangung differenziert werden. Eine Kontrollerlangung am Emittenten erfolgt nach Maßgabe der § 288 Abs. 3 KAGB i. V. m. § 29 Abs. 2 WpÜG bei einem Erwerb von *mindestens* 30 Prozent der Stimmrechte. Demgegenüber liegt eine Kontrolle an einem NBU gem. § 288 Abs. 1 KAGB bei Erlangung eines Stimmrechtsanteils von *mehr als* 50 Prozent vor. Dementsprechend handelt es sich bei einer Minderheitsbeteiligung um eine solche, die unterhalb dieser Schwelle liegt.[1552] Bei NBUs stellt eine Beteiligung mit Stimmrechtsanteilen i. H. v. genau 50 Prozent damit eine Minderheitsbeteiligung dar.[1553]

Bleibt es nach dem Delisting bei der zunächst am Emittenten erworbenen Minderheitsbeteiligung von weniger als 30 Prozent oder kommt es zu einer minimalen Veränderung der Stimmrechtsanteile, ohne dass eine der für Minderheitsbeteiligungen relevanten Schwellen von § 289 Abs. 1 KAGB (10, 20, 30 oder 50 Prozent) berührt wird, ist nichts weiter zu unternehmen, da die Beteiligung am Emittenten schon nach den Regeln der Transparenzrichtlinie-Änderungsrichtlinie (in Deutschland also nach § 33 Abs. 1 WpHG) gemeldet wurde.[1554] Wird nach dem Delisting eine Schwelle berührt, kommt es also zu einem „Erlangen" einer Minderheitsbeteiligung (bis 50 Prozent) an einem NBU i. S. des § 287 Abs. 3 KAGB,[1555] muss dies nach Maßgabe des § 289 Abs. 1 KAGB gemeldet werden. Wird die Minderheitsbeteiligung an dem Emittenten (unter 30 Prozent) nach dem Delisting so aufgestockt, dass es zu einer Kontrollerlangung am NBU i. S. des § 288 Abs. 1 KAGB (mehr als 50 Prozent) kommt, liegt eine Kontrollerlangung i. S. der §§ 287 bis 292 KAGB vor.

Im Hinblick auf einen von vornherein stattfindenden Kontrollerwerb am Emittenten sollten zwei Konstellationen auseinandergehalten werden:[1556] Zum einen die Konstellation, in der schon mehr als 50 Prozent der Stimmrechte am Emittenten erworben wurden und es sodann zum Delisting kommt (im Folgenden „absolute Kontrolle"), und zum anderen die, in der vor Delisting mindestens 30 Prozent, aber nicht mehr als 50 Prozent der Stimmrechte am Emittenten erlangt wurden (im Folgenden „relative Kontrolle"). In der Konstellation der absoluten Kontrolle muss

---

[1552] Für Art. 26 Abs. 3 AIFM-RL: *Bärenz/Steinmüller*, in: Dornseifer/Jesch/Klebeck/Tollmann, AIFM-RL, Art. 26 Rn. 105. *Jesch*, in: FrankKomm, KapAnlR Bd. 1, § 287 KAGB Rn. 62, § 289 KAGB Rn. 24 stellt auf § 234 Satz 2 KAGB ab.

[1553] A. A. *Herkströter/Krismanek*, in: Beckmann/Scholtz/Vollmer, Investment-Hdb., Losebl. (Stand: 5/15), 405 § 288 KAGB Rn. 6: Kontrolle liege bereits bei 50 % vor.

[1554] *Bärenz/S. Käpplinger*, in: Dornseifer/Jesch/Klebeck/Tollmann, AIFM-RL, Art. 27 Rn. 14.

[1555] *Bärenz/Steinmüller*, in: Dornseifer/Jesch/Klebeck/Tollmann, AIFM-RL, Art. 26 Rn. 106: Erlangen sei gleichzusetzen mit dem Erreichen, Überschreiten oder Unterschreiten nach Art. 27 Abs. 1 AIFM-RL.

[1556] Das übersehen *Bärenz/S. Käpplinger*, in: Dornseifer/Jesch/Klebeck/Tollmann, AIFM-RL, Art. 28 Rn. 25, wenn sie der Meinung sind, dass nach einem Delisting nach Kontrollerwerb an einem Emittenten aufgrund der beim Kontrollerwerb einzureichenden Angebotsunterlage kein weiteres Bedürfnis für die Offenlegungspflichten nach Art. 28 Abs. 4 und 5 AIFM-RL (Kontrollerlangung an einem NBU!) bestünde.

man feststellen, dass zunächst der Geltungsbereich der Sonderregulierung nach Maßgabe des § 287 Abs. 4 KAGB durch Kontrollerwerb am Emittenten eröffnet war. Nach dem Delisting ist jedoch nicht der Geltungsbereich der Sonderregulierung im Kontext einer Kontrollerlangung an einem NBU eröffnet. Denn die Kontrollerlangung an sich, auf die es technisch bei der Regelung des § 287 Abs. 1 KAGB ankommt, mithin der Erwerb der Stimmrechte, hat schon stattgefunden. Nach dem Konzept des Sonderbeteiligungsrechts steht als Auslöser von Pflichten allein die Stimmrechtsverschiebung (Kontrollerlangung oder Erreichen, Überschreiten oder Unterschreiten von Schwellen) im Mittelpunkt, nicht die Verkehrsfähigkeit der Anteile. Ersteres äußert sich punktuell im KAGB. So muss den Mitteilungspflichten so rasch wie möglich, aber nicht später als zehn Arbeitstage nach der Stimmrechtsverschiebung nachgekommen werden.[1557] Auch sind der BaFin und den Anlegern des AIF bei Kontrollerlangung Angaben zur Finanzierung des Erwerbs vorzulegen.[1558] Ein Delisting ohne Anteilsverschiebung trotz Angebots gem. § 39 Abs. 2 BörsG durch den Großaktionär[1559] (bei einem Delisting von einem inländischen regulierten Markt) ist eine Fortführung der bisherigen Stimmrechtsanteile unter geminderter Verkehrsfähigkeit und kann nicht zu einem Automatismus dergestalt führen, dass die AIFMs nach dem Delisting in den an die Kontrollerlangung am NBU anknüpfenden Geltungsbereich fallen.[1560] Selbst in etwaigen Anteilsverschiebungen durch Ausbau der Stimmrechtsposition im Zuge des Delisting kann technisch keine erneute Kontroll*erlangung* liegen, sondern nur eine Kontroll*verfestigung*. Dass in einer Kontrollverfestigung keine implizite Kontrollerlangung zu erblicken ist, ergibt sich bereits aus dem Umstand, dass das zum Teil nur zeitlich befristet geltende Sonderübernahmerecht sonst bei jeder Stimmrechtsverschiebung im Kontrollbereich neu ausgelöst würde.

Sollte die Schwelle von 75 Prozent der Stimmrechte im weiteren Verlauf erreicht werden, wäre dies nach der vorstehenden Logik nicht nach § 289 Abs. 1 KAGB mitteilungspflichtig – denn der Geltungsbereich ist ausweislich § 287 Abs. 1 KAGB nicht eröffnet. Auch die besonderen Vorschriften hinsichtlich des Jahresabschlusses

---

[1557] § 289 Abs. 5 KAGB.

[1558] § 290 Abs. 5 KAGB.

[1559] Während es zu Zeiten der Macroton-Rechtsprechung des BGH noch hieß, dass das Pflichtangebot durch die Gesellschaft oder den Großaktionär zu unterbreiten sei (BGH, Urt. v. 25. 11. 2002 – II ZR 133/01, BGHZ 153, 47, 57), trifft der Wortlaut des § 39 Abs. 2 BörsG keine vergleichbare Anordnung. Wenn der Widerruf der Zulassung ausweislich § 39 Abs. 2 Satz 2 BörsG nicht dem Schutz der Anleger widersprechen darf, muss allerdings auch der Großaktionär zur Abgabe eines Erwerbsangebots verpflichtet sein, weil der Emittent an die gesetzlichen Grenzen der §§ 71 f. AktG gebunden ist; ebenso *Goetz*, BB 2015, 2691, 2692; keine Antwort bei *Zwirner/Kähler*, BB 2016, 171. Bislang fand § 71 Abs. 1 Nr. 3 AktG auf das Delisting Anwendung, s. *Oechsler*, in: MünchKomm, AktG, § 71 Rn. 293; *Cahn*, in: Spindler/Stilz, AktG, § 71 Rn. 154.

[1560] Ebenso für den hier vergleichbaren Vorgang des Herauswachsens der Zielgesellschaft aus der Bereichsausnahme für KMUs: *Swoboda*, in: Weitnauer/Boxberger/Anders, KAGB, § 287 Rn. 15; *Jesch*, in: FrankKomm, KapAnlR Bd. 1, § 287 KAGB Rn. 60; a. A. für Art. 30 AIFM-RL *Boxberger*, in: Dornseifer/Jesch/Klebeck/Tollmann, AIFM-RL, Art. 30 Rn. 20.

und des Lageberichts nach § 291 KAGB gälten nicht. Die Offenlegungspflichten nach § 287 Abs. 4 i. V. m. § 290 Abs. 1 bis 3 KAGB wurden jedenfalls bereits mit Kontrollerlangung erfüllt. Befolgte man die vorstehende Systematik streng, wäre sogar das Verbot des Asset Stripping nach § 292 KAGB in Ansehung des NBU nicht zu befolgen. Das Delisting bei Konstellationen der absoluten Kontrolle könnte bei dieser Lesart als Umgehungsstrategie genutzt werden. Indes bringt der Unionsgesetzgeber zum Ausdruck, dass die Kontrollerlangung sowohl an einem börsennotierten Unternehmen als auch an einem NBU regulierungsbedürftig ist. Fraglich ist allein, wie dieser Wille dogmatisch umzusetzen ist.

Rekapituliert man, dass es zur technischen Kontrollerlangung allein am Emittenten kam, lässt sich der Wille des Unionsgesetzgebers unter Aufrechterhaltung der Gesetzessystematik dogmatisch nur über eine Fiktion bewerkstelligen, indem man das NBU *für die Zwecke des Sonderbeteiligungsrechts* in Ansehung der Kontrollerlangung insoweit weiter als Emittenten behandelt. Nicht überzeugend wäre es, unter Hinweis auf den Telos im Delisting per se eine Kontrollerlangung am NBU zu erblicken. Denn dann würden alle Pflichten neu ausgelöst, sodass das zeitlich befristete Verbot des Asset Stripping von Neuem zu laufen begänne, obwohl es bereits zum Erwerb der Stimmrechte in der Vergangenheit gekommen wäre. Eine Beteiligungstransparenz bei Erreichen der Schwelle von 75 Prozent nach § 33 WpHG scheidet aber aus, da das NBU nur in dem vorgenannten Korridor und damit nicht im Rahmen vom WpHG weiter als Emittent behandelt wird. Hier offenbart sich der Nachteil der Fiktion, da die Mitteilungspflichten des § 289 Abs. 1 KAGB für Emittenten nicht maßgeblich sind. Insoweit sollte man sich aber qua Erst-Recht-Schlusses über die schlechte Konstruktion des Art. 26 AIFM-RL bzw. § 287 KAGB hinwegsetzen und auch das Erreichen der Schwelle von 75 Prozent der Stimmrechte entgegen der oben geschilderten Logik zur Mitteilungspflicht nach § 289 Abs. 1 KAGB unterwerfen: Wenn schon derjenige, der vor Delisting nur eine Minderheitsbeteiligung am Emittenten hielt, nach Delisting das Berühren von weiteren Schwellen mitteilen muss, dann muss das erst recht für denjenigen gelten, der schon vor Delisting eine aufsichtsrelevantere Kontrollposition am Emittenten inne hatte. Die Vorschriften für den Jahresabschluss und Lagebericht in § 291 KAGB sollen ausweislich des Wortlauts auch für Emittenten maßgeblich sein, sodass dies im Rahmen der Fiktion auch für das NBU zu berücksichtigen ist. Zurecht wird aber überlegt, ob dem Gesetzgeber bei der Erweiterung des Anwendungsbereichs des § 291 KAGB auf Emittenten nicht ein Versehen unterlaufen ist:[1561] Denn zum einen soll § 291 KAGB nur Art. 29 AIFM-RL umsetzen, der Emittenten jedoch nicht erfasst; zum anderen wird diese Systematik nicht in § 287 Abs. 4 KAGB abgebildet, der den Geltungsbereich im Hinblick auf Emittenten absteckt.

Einer effektiven Aufsicht entspricht es auch, wenn man unter Rückgriff auf ebenjene Fiktion die KAGB-Regulierung (§ 292 KAGB) in der Konstellation der relativen Kontrolle fortwirken lässt, obwohl nach Delisting keine Kontrolle am NBU

[1561] *Behme*, in: Baur/Tappen, Investmentgesetze, § 291 KAGB Rn. 2.

i. S. des KAGB besteht. Es ist denkbar, dass sich bezüglich der Präsenz in der Hauptversammlung nichts ändert und damit auch die dem § 29 Abs. 2 WpÜG zugrundeliegende Annahme weiterhin Geltung beanspruchen kann.[1562] Sollte es im Zuge des Erwerbsangebots, aber noch vor Wirksamkeit des Delisting, letztlich zu einer Aufstockung des Stimmrechtsanteils über 50 Prozent kommen, gilt wiederum das zur absoluten Kontrolle Gesagte. Wurden zunächst nur 30 Prozent der Stimmrechte am Emittenten erworben, kommt es dann zum Delisting und erst im Anschluss – wenn auch später – zu einem Erwerb von mehr als 50 Prozent der Stimmrechte an dem NBU, liegen dogmatisch zwei verschiedene Kontrollerlangungen vor. Zunächst wirkt die Kontrollerlangung am Emittenten fort und damit auch die Anwendung von § 292 KAGB nach Maßgabe der hier entwickelten Fiktion. Wenn es aber nach Delistung zu einer eigenständigen Kontrollerlangung am NBU kommt, dann löst dieser Kontrollerwerb die fiktive Behandlung des NBU als Emittenten ab. Das Verbot des Asset Stripping beginnt nicht von Neuem zu laufen. Abermals ergeben sich jedoch Imponderabilien im Kontext der Mitteilungs- und Offenlegungspflichten. Würde man das delistete Unternehmen im Rahmen des KAGB so lange weiter als Emittenten behandeln, bis es zum Kontrollerwerb am NBU käme, wäre das Erreichen der Schwelle von 50 Prozent der Stimmrechte (= Minderheitsbeteiligung!) nicht nach § 289 Abs. 1 KAGB i. V. m. § 287 Abs. 3 KAGB mitteilungspflichtig, die nur bei NBUs zum Tragen kommen. Emittent i. S. des § 33 WpHG wäre das Unternehmen aber auch nicht. Hier ist wiederum der obige Erst-Recht-Schluss zur Begründung der Mitteilungspflicht zu bemühen. Bei Überschreiten der 50 Prozent-Schwelle kommt es zur eigenständigen Kontrollerlangung am NBU, sodass § 289 Abs. 1 KAGB ohne Weiteres auch für das Erreichen der Schwelle von 75 Prozent gilt. Weil es aufgrund des Kontrollerwerbs am Emittenten nur zur Anwendung von §§ 290 Abs. 1 bis 3, 292 KAGB kommt, sind nach eigenständigem Kontrollerwerb am NBU auch §§ 290 Abs. 4 und 5, 291 KAGB zu beachten. Der Kontrollerwerb am Emittenten hat aber ohnehin unter Einhaltung von mit § 290 Abs. 4 und 5 KAGB vergleichbaren Offenlegungspflichten zu erfolgen, s. §§ 11 Abs. 2 Satz 3 WpÜG, 43 WpHG.

(2) Rechtsform

Einen heftigen Disput darüber, welcher Rechtsform das Zielunternehmen zu sein hat, hat die deutsche Übersetzung der AIFM-RL und infolgedessen auch das KAGB als 1:1 Umsetzung provoziert, da der Terminus des nicht börsennotierten *Unternehmens* verwendet wird. So führt ein Teil der Literatur ins Feld, dass es sich hierbei um einen Übersetzungsfehler des in der englischen Fassung verwendeten Begriffs *Company* handele, der vielmehr mit *Kapitalgesellschaft* zu übersetzen sei.[1563] Das

---

[1562] BegrRegE BT-Drs. 14/7034, S. 30: „Diese Grenze orientiert sich an Regelungen in anderen europäischen Staaten und trägt darüber hinaus auch den Präsenzen in den Hauptversammlungen deutscher Unternehmen Rechnung".

[1563] *Zetzsche*, NZG 2012, 1164, der sich aber bei *ders./Eckner*, in: Zetzsche, AIFMD, Chapt. 9 No. 3.2 widerspricht („general partners or managing limited partners of the compa-

ergebe sich darüber hinaus aus (i) der mit Blick auf § 292 KAGB offenbar notwendigen kapitalistischen Verfassung,[1564] (ii) §§ 289 Abs. 4, 290 Abs. 3 KAGB,
nach denen sich die KVG zur Informationsweitergabe zugunsten von Arbeitnehmervertretern an den *Vorstand* der Zielgesellschaft zu wenden habe,[1565] (iii) dem
Erfordernis von Stimmrechten bei der Zielgesellschaft,[1566] (iv) der Historie der
Norm, da es im Gesetzgebungsverfahren angestrebt gewesen sei, die Anwendung der
2. Gesellschaftsrechtsrichtlinie 2012/30/EU [sic] auf alle *Companies* zu erstrecken,
dies aber nur bei Kapitalgesellschaften Sinn gemacht hätte,[1567] und (v) dem Umstand,
dass Personengesellschaften ohnehin nicht börsenfähig seien[1568]. Uneinigkeit unter
diesen Vertretern besteht allerdings über die Eröffnung des Anwendungsbereichs im
Hinblick auf eine KGaA. Diese wird zwar als Personenhandelsgesellschaft eingeordnet,[1569] aber vereinzelt als vom Begriff des NBU erfasst verstanden[1570]. Der
Gegenpart in der Literatur ist der Ansicht, dass aufgrund (i) des insoweit eindeutigen
Wortlauts der KAGB-Bestimmungen sowie der deutschsprachigen Fassung der
AIFM-RL,[1571] (ii) der auch in teleologischer Hinsicht nicht überzeugenden Differenzierung zwischen Kapitalgesellschaften und Personengesellschaften[1572] und
(iii) des in anderen Bereichen des EU-Rechts geltenden Unternehmensverständ-

---

ny"); *Volhard/Jang*, in: Weitnauer/Boxberger/Anders, KAGB, § 1 Rn. 102; *Swoboda*, in:
Weitnauer/Boxberger/Anders, KAGB, § 288 Rn. 3 f.; *R. Koch*, in: Möllers/Kloyer, Das neue
KAGB, Rn. 261, 286, der sich Zetzsche anschließt; *Jesch*, in: FrankKomm, KapAnlR Bd. 1,
§ 287 KAGB Rn. 23, § 288 Rn. 14; *Jeuk*, Ausgewählte Auswirkungen der Einführung des
Kapitalanlagegesetzbuchs (KAGB) auf Private Equity Fonds in Deutschland, S. 33; letztlich
offen gelassen von *Herkströter/Krismanek*, in: Beckmann/Scholtz/Vollmer, Investment-Hdb.,
Losebl. (Stand: 5/15), 405 § 287 KAGB Rn. 7 ff.

[1564] *Zetzsche*, NZG 2012, 1164; *Klebeck/Kolbe*, BB 2014, 707, 710.

[1565] *Klebeck/Kolbe*, BB 2014, 707, 710 f.

[1566] *Zetzsche*, NZG 2012, 1164.

[1567] *Swoboda*, in: Weitnauer/Boxberger/Anders, KAGB, § 288 Rn. 5 f., § 292 Rn. 5. Tatsächlich ging es im Gesetzgebungsverfahren aber noch um die 2. Gesellschaftsrechtsrichtlinie
77/91/EWG des Rates vom 13. Dezember 1976, die Neufassung kam erst im Jahr 2012.

[1568] *Swoboda*, in: Weitnauer/Boxberger/Anders, KAGB, § 288 Rn. 4. Er widerspricht sich
gewissermaßen, wenn bei Rn. 15 diskutiert wird, ob und inwiefern sich eine aus der *Kom-
manditistenstellung* an der Zielgesellschaft folgende Beschränkung des Einflusses des
Stimmrechts auf den Stimmrechtsanteil des AIF auswirkt; aus diesem Grund wohl auch *Hoffert*,
in: FrankKomm, KapAnlR Bd. 1, § 291 KAGB Rn. 5.

[1569] *Swoboda*, in: Weitnauer/Boxberger/Anders, KAGB, § 288 Rn. 4; *Zetzsche*, NZG 2012,
1164; a. A. *Jesch*, in: FrankKomm, KapAnlR Bd. 1, § 149 KAGB Rn. 20.

[1570] So *Zetzsche*, NZG 2012, 1164; a. A. offenbar *Swoboda*, in: Weitnauer/Boxberger/
Anders, KAGB, § 288 Rn. 4.

[1571] *Behme*, in: Baur/Tappen, Investmentgesetze, § 289 KAGB Rn. 17; *Tollmann*, in:
Dornseifer/Jesch/Klebeck/Tollmann, AIFM-RL, Art. 4 Rn. 205; *Viciano-Gofferje*, BB 2013,
2506, 2507; *Gottschling*, in: FrankKomm, KapAnlR Bd. 1, § 1 KAGB Rn. 377; für den Entwurf
der AIFM-RL bereits *Kolbe*, DB 2009, 1874, 1875; so wohl auch *Söhner*, WM 2014, 2110,
2112; *ders.*, WM 2011, 2121, 2125; *Weitnauer*, in: Weitnauer, MBO, D Rn. 83 Fn. 132; *Werner*,
StBW 2013, 811, 815 für § 292 KAGB.

[1572] *Behme*, in: Baur/Tappen, Investmentgesetze, § 289 KAGB Rn. 17.

nisses[1573] ein rechtsformübergreifendes Verständnis eines *Unternehmens* zugrundezulegen sei.

Man muss konzedieren, dass wesentliche Argumente zwar bereits in Stellung gebracht, jedoch nicht überzeugend angewandt wurden. Es ist schon nicht korrekt, *Company* mit *Kapitalgesellschaft* gleichzusetzen.[1574] Wollte man dies ernsthaft vertreten, müsste man – ohne dass eine Differenzierung nachvollziehbar wäre – in der Konsequenz auch konstitutiv[1575] nach § 2 Abs. 1 Nr. 1 KAGB vom Anwendungsbereich ausgenommene Holdinggesellschaften („holding companies"), die an einem oder mehreren anderen Unternehmen („companies") eine Beteiligung halten, dann wieder dem Anwendungsbereich des KAGB zuführen, wenn sie Beteiligungen an Personengesellschaften hielten. Überdies kann man auch aus der Bereichsausnahme in Art. 26 Abs. 2 lit. a AIFM-RL Rückschlüsse auf die Rechtsform des NBU ziehen.[1576] Denn auch „small and medium-sized enterprises" bzw. „kleine und mittlere Unternehmen" nach Maßgabe der Empfehlung 2003/361/EG der Kommission sind „non-listed companies" bzw. „nicht börsennotierte Unternehmen". Als Unternehmen gelten dort jedoch Einheiten, *irrespective of its legal form* bzw. *unabhängig von ihrer Rechtsform*.[1577] Ebenso kann das „Stimmrechts"-Argument nicht überzeugen, da es etwa auch in der GbR Stimmrechte gibt.[1578] Letztlich sind Personengesellschaften auch unabhängig von ihrer Eignung zur Börsennotierung immernoch *nicht börsennotierte* Unternehmen.

Vor dem Hintergrund des weiten Wortlauts sowohl der englischen als auch der deutschen Fassung der AIFM-RL, die sich bei Lichte betrachtet nicht widersprechen, und mit Blick auf die Pflichten aus §§ 289, 290 und 291 KAGB, deren Zweck auch im Rahmen von Personengesellschaften erfüllt werden kann, grenzt sich der Begriff des NBU bei diesen Regelungen nicht auf Kapitalgesellschaften ein. In Ansehung von §§ 289 Abs. 4, 290 Abs. 3 KAGB, nach denen der *Vorstand* des NBU ersucht werden soll, um die Arbeitnehmervertreter oder, falls es keine gibt, die Arbeitnehmer über die mitgeteilten Informationen in Kenntnis zu setzen, vermag das prima facie zwar nicht zu überzeugen.[1579] Doch diese Wortwahl beruht

---

[1573] *Bärenz/Steinmüller*, in: Dornseifer/Jesch/Klebeck/Tollmann, AIFM-RL, Art. 26 Rn. 29: EU-Wettbewerbsrecht, Empfehlung 2003/361/EG.

[1574] *Söhner*, WM 2014, 2110, 2112 Fn. 50 weist auf Sec. 3 des Companies Act 2006 hin („limited and unlimited companies"); auch *Thiermann*, NZG 2016, 335, 339 und *Gottschling*, in: FrankKomm, KapAnlR Bd. 1, § 1 KAGB Rn. 377 zweifeln an dem zu engen Begriffsverständnis.

[1575] 4. Teil, A.II.2.b).

[1576] *Bärenz/Steinmüller*, in: Dornseifer/Jesch/Klebeck/Tollmann, AIFM-RL, Art. 26 Rn. 29.

[1577] Anhang Art. 1 der Empfehlung 2003/361/EG der Kommission vom 6. Mai betreffend die Definition der Kleinstunternehmen sowie der kleinen und mittleren Unternehmen, ABl. Nr. L 124, S. 36.

[1578] BGH, Urt. v. 9. 11. 1998 – II ZR 213-97, NJW 1999, 571.

[1579] *Klebeck/Kolbe*, BB 2014, 707, 710 f. führen den Wortlaut indes als Argument pro Eingrenzung auf Kapitalgesellschaften an.

auf einer unzureichenden[1580] Übersetzung der englischen Fassung, die vom *board of directors* spricht. Es gilt zu erkennen, dass „board of directors" im Hinblick auf den hier relevanten europäischen Raum (AIFM-RL) ein englischer Terminus ist, der dem monistischen Gesellschaftssystem im Vereinigten Königreich entspringt.[1581] Sonst verwendet der europäische Gesetzgeber „administrative organ" als Begriff für das Leitungsorgan einer one-tier Gesellschaft.[1582] Wenn dieser Begriff nun Einzug in eine europäischen Richtlinie erhält und für Jurisdiktionen wie Deutschland, in denen das dualistische System gilt, übersetzt werden soll, ergeben sich natürliche Unwägbarkeiten.

Zur korrekten Übersetzung bedarf es eines kurzen Blicks darauf, was unter einem „board of directors" nach europäischer Prägung zu verstehen ist. Das „board of directors" ist typischerweise in Non-Executive Directors (NEDs) und Executive Directors (EDs) unterteilt.[1583] Tatsächlich wird das jedoch nicht vom Companies Act 2006 eingefordert. Dort ist nur die Rede davon, dass die Gesellschaften über „directors" verfügen müssen.[1584] In der Folge gelten für alle „directors" auch stets dieselben generellen Pflichten.[1585] Das „board of directors" ist damit kein eigenes Organ, der Organbegriff ist dem Companies Act 2006 unbekannt.[1586] Es ist vielmehr ein eingebürgerter Begriff für die Gesamtheit aller „directors" einer Gesellschaft. Wenn sich die AIFM-RL diesen Begriff nun zu eigen macht, muss auch dasselbe Begriffsverständnis gelten. Vor diesem Hintergrund kann das „board of directors" unter Berücksichtigung der aus der KMU-Ausnahme gewonnenen Erkenntnis auch die gesamte Geschäftsführungsebene von Personengesellschaften oder GmbHs meinen, da das „board" kein Organ ist und die „directors" bei diesen in Ermangelung eines Aufsichtsrats oder Beirats nur die für die Geschäftsführung berufenen Personen sein kann. Lediglich bei AGs und sonstigen Gesellschaften mit optionalem oder zwingendem Aufsichtsorgan ist zu hinterfragen, ob das „board of directors" den Vorstand oder den Aufsichtsrat meint. Das ist eine grundsätzliche Frage, die eine rechtliche Analyse der Zusammensetzung sowie der Rechte und Pflichten des „board of directors" bedingt, für die hier kein Raum ist.[1587] Davon zu trennen ist die Frage nach der faktischen Umsetzung des monistischen Systems. Eingedenk der NEDs und

---

[1580] Wie hier *Zetzsche*, NZG 2012, 1064, 1068 Fn. 47.

[1581] *FRC*, The UK Corporate Governance Code (April 2016), S. 1 Sec. 2.

[1582] So jedenfalls bei Art. 43 para. 1 of Council Regulation (EC) No. 2157/2001 of 8 October 2001 on the Statute for a European company (SE), OJ no. L 294, S. 1 (cit.: SE-VO).

[1583] *FRC*, The UK Corporate Governance Code (April 2016), partim.

[1584] Sec. 154 Companies Act 2006.

[1585] Sec. 170 ff. Companies Act 2006.

[1586] *Dreibus*, in: Hadding/Schneider, Vereinigtes Königreich von Großbritannien und Nordirland, S. 64 m. w. N.

[1587] *Spindler*, in: MünchKomm, AktG, § 76 Rn. 8: Vorstand dürfe sich nicht als „board of directors" bezeichnen, da mangels angelsächsischer Unterteilung in „outside und inside directors" Irreführungen entstehen könnten; a. A. *Kort*, in: GroßKomm, AktG, § 76 Rn. 13. Systemvergleich bei: *Schiessl*, ZHR 167 (2003), 235 ff.; *Merkt*, ZGR 2003, 650, 652 ff.

EDs wird die dualistische Verfassung der AG jedenfalls regelmäßig auch im „board of directors" gespiegelt („Konvergenz der Systeme").[1588] Da aber grundsätzlich der Vorstand für die Weitergabe unternehmensinterner Informationen zuständig ist,[1589] sollte er jedenfalls im Rahmen von § 289 Abs. 4 KAGB als „board of directors" qualifizieren. Im Übrigen gilt: Eine dem Wortlaut des KAGB nach partiell zum Ausdruck kommende Eingrenzung auf Aktiengesellschaften, die sodann auch im Rahmen von § 292 KAGB (Verbot des Asset Stripping) aufrecht zu erhalten wäre, würde die im Gesetzgebungsverfahren intendierte und letztlich abgeschwächt in Art. 30 AIFM-RL (und § 292 KAGB) umgesetzte Verpflichtung[1590] zur Einhaltung der Bestimmungen der Zweiten Gesellschaftsrechtrichtlinie (2. GesR-RL a. F.)[1591] nach Kontrollerlangung an den Portfoliounternehmen konterkarieren, da letztere ohnehin bereits für Aktiengesellschaften gilt. Der Begriff *Vorstand* ist deshalb im Wege einer Auslegung einem Begriffsverständnis zuzuführen, dass die in Bezug auf das „board of directors" gewonnenen Erkenntnisse reflektiert.[1592] Diese Angleichung der beiden Sprachfassungen der AIFM-RL ist zulässig, selbst obwohl die deutsche Fassung amtlich und damit verbindlich ist.[1593] Denn nach der Rechtsprechung des EuGH erfordert die Auslegung einer unionsrechtlichen Vorschrift einen Vergleich ihrer Sprachfassungen und für den Fall, dass diese Fassungen voneinander abweichen, sind diese anhand der allgemeinen Systematik und des Zwecks der Regelungen einheitlich auszulegen.[1594] Die bereits gewonnenen Erkenntnisse helfen auch dabei,

---

[1588] *Wiesner*, in: MünchHdb. AG, § 19 Rn. 4.

[1589] *Spindler*, in: Spindler/Stilz, AktG, § 116 Rn. 102; *Habersack*, in: MünchKomm, AktG, § 116 Rn. 62; *Mertens/Cahn*, in: KölnKomm, AktG, § 116 Rn. 46 f., 51; *Linker/Zinger*, NZG 2002, 497, 502.

[1590] Ausführlich 6. Teil, B.III.3.a).

[1591] Zweite Richtlinie 77/91/EWG des Rates vom 13. Dezember 1976 zur Koordinierung der Schutzbestimmungen, die in den Mitgliedstaaten den Gesellschaften im Sinne des Artikels 58 Absatz 2 des Vertrages im Interesse der Gesellschafter sowie Dritter für die Gründung der Aktiengesellschaft sowie für die Erhaltung und Änderung ihres Kapitals vorgeschrieben sind, um diese Bestimmungen gleichwertig zu gestalten, ABl. Nr. L, S. 1. (zit.: 2. GesR-RL a. F.); Neufassung durch Richtlinie 2012/30/EU des Europäischen Parlaments und des Rates vom 25. Oktober 2012 zur Koordinierung der Schutzbestimmungen, die in den Mitgliedstaaten den Gesellschaften im Sinne des Artikels 54 Absatz 2 des Vertrages über die Arbeitsweise der Europäischen Union im Interesse der Gesellschafter sowie Dritter für die Gründung der Aktiengesellschaft sowie für die Erhaltung und Änderung ihres Kapitals vorgeschrieben sind, um diese Bestimmungen gleichwertig zu gestalten, ABl. Nr. L 315, S. 74 (zit.: 2. GesR-RL).

[1592] Ohne Begründung auch: *Bärenz/S. Käpplinger*, in: Dornseifer/Jesch/Klebeck/Tollmann, AIFM-RL, Art. 27 Rn. 50 f., 55: Vorstand bzw. Geschäftsführung; *Behme*, in: Baur/Tappen, Investmentgesetze, § 289 KAGB Rn. 37: Organe, die funktional dem Vorstand der AG entsprächen; *Jesch*, in: FrankKomm, KapAnlR Bd. 1, § 289 KAGB Rn. 59: Geschäftsleitung; *Zetzsche*, NZG 2012, 1164, 1168: Geschäftsleitung; *Viciano-Gofferje*, BB 2013, 2506, 2509 Fn. 38: Geschäftsleitung.

[1593] *Husmann*, NZS 2010, 655, 659; *Kolbe*, DB 2009, 1874, 1876 f.

[1594] EuGH, Urt. v. 27. 10. 1977 – Rs. C-30/77, Slg. 1977, 1999 Rn. 14 – Bouchereau; EuGH, Urt. v. 7. 12. 1995 – Rs. C-449/93, Slg. 1995, 4291 Rn. 28 – Rockfon; EuGH, Urt. v. 24. 10. 1996 – Rs. C-72/95, Slg. 1996, 5403 Rn. 28 – Aannemersbedriif P.K.

die in § 291 Abs. 3 Nr. 3 KAGB vermeintlich zum Ausdruck kommende Eingrenzung auf Aktiengesellschaften („Angaben über den Erwerb eigener Aktien" im
Jahresabschluss bzw. Lagebericht des NBU) zu überwinden: Nur falls die Zielgesellschaft eine AG ist, könnten im weiteren Verlauf solche Angaben gemacht werden.[1595]

Während diese Irritationen im Rahmen von §§ 289 und 290 KAGB noch beseitigt
werden können, ist dasselbe in Ansehung von Begriffen wie Ausschüttungen, Kapitalherabsetzungen, Rücknahme von Anteilen, Ankauf eigener Anteile, Nettoaktivvermögen, etc. im Rahmen von Art. 30 AIFM-RL und damit § 292 KAGB kein
gangbarer Weg mehr. Denn all das können Personengesellschaften nicht. Bei ihnen
kommt es nicht zu Ausschüttungen, sondern zu Entnahmen.[1596] Darüber hinaus
verfügen sie über kein garantiertes Haftungskapital. In der Folge kann es zu keinen
Kapitalherabsetzungen kommen, sondern nur zur Reduzierung der Hafteinlagen der
einzelnen Gesellschafter. Eigene Anteile können Personengesellschaften nicht halten.[1597] § 292 KAGB ist vor diesem Hintergrund und in Ansehung der partiell im
Rahmen des Verbots des Asset Stripping umgesetzten Verknüpfung zur 2. GesR-
RL a. F. nur auf Kapitalgesellschaften anwendbar, auch wenn eine einheitliche Legaldefinition eines NBU existiert und sehenden Auges einer Fragmentierung innerhalb des Sonderbeteiligungsrechts Vorschub geleistet wird.[1598] Dass die deutsche
Fassung in Art. 30 Abs. 2 lit. b AIFM-RL von „Ausschüttungen an die Aktionäre"
spricht und damit von der Übersetzung „Ausschüttungen an die Anteilseigner" in
Art. 30 Abs. 2 lit. a AIFM-RL abweicht, obwohl in der englischen Fassung stets
einheitlich von „any distribution to shareholders" die Rede ist, ist abermals ein
Übersetzungsfehler.[1599] Auch die KGaA ist richtigerweise in den Anwendungsbereich einzubeziehen, wobei die Frage nach der Einordnung als Personen- oder Kapitalgesellschaft dahingestellt sein kann. Denn entscheidend ist, dass bei der KGaA
wesentliche Vorschriften wie §§ 57, 71 AktG oder die Vorschriften über die Maß-

---

[1595] So auch die Lesart bei *Behme*, in: Baur/Tappen, Investmentgesetze, § 291 KAGB
Rn. 11.

[1596] Das sieht auch ebd., § 292 KAGB Rn. 12.

[1597] *K. Schmidt*, in: MünchKomm, HGB, § 105 Rn. 92 f.; *Roth*, in: Baumbach/Hopt, HGB,
§ 105 Rn. 30; *Ulmer/Schäfer*, in: MünchKomm, BGB, § 705 Rn. 309; *Behme*, in: Baur/Tappen,
Investmentgesetze, § 292 KAGB Rn. 12; a. A. *Priester*, ZIP 2014, 245 mit Erwiderung von
K. Schmidt, ZIP 2014, 493.

[1598] Auch *Spindler/Tancredi*, WM 2011, 1441, 1445 erwähnen nur die GmbH und AG. Wie
hier für § 292 KAGB *Swoboda*, in: Weitnauer/Boxberger/Anders, KAGB, § 292 Rn. 4 ff.;
Jesch/Kohl, in: FrankKomm, KapAnlR Bd. 1, § 292 KAGB Rn. 12 f., 34; a. A. *Behme*, in: Baur/
Tappen, Investmentgesetze, § 292 Rn. 12 f.: analoge Anwendung von § 292 KAGB auf Personengesellschaften, soweit wertungsmäßig möglich (z. B. falls es zu negativen Kapitalkonten
oder einer Herabsetzung der eingetragenen Hafteinlage komme); *Clerc*, in: Zetzsche, AIFMD,
Chapt. 23 No. 4.3 für die AIFM-RL: all companies.

[1599] Den Übersetzungsfehler hat der deutsche Gesetzgeber in § 292 Abs. 2 Nr. 2 KAGB
korrigiert („Ausschüttungen an die Anteilseigner").

nahmen der Kapitalbeschaffung und Kapitalherabsetzung in §§ 179 bis 240 AktG über § 278 Abs. 3 AktG zur Anwendung gelangen.[1600]

(3) Erfordernis operativer Tätigkeit?

Bisweilen wird gefordert, dass es sich bei dem NBU um ein operativ tätiges Unternehmen handeln müsse.[1601] Was unter einer operativen Tätigkeit zu verstehen ist, wird nicht weiter ausgeführt, doch wird darauf abgestellt, dass das in den Artt. 27 bis 29 AIFM-RL zum Ausdruck kommende Vorhandensein von Arbeitnehmern die Notwendigkeit operativer Tätigkeit nahelege.[1602] Die AIFM-RL enthält keine Legaldefinition eines Unternehmens, doch lassen sich Rückschlüsse aus den in Art. 26 Abs. 2 AIFM-RL statuierten, konstitutiven[1603] Bereichsausnahmen ziehen. Der bereits erwähnte Rekurs auf den Anhang der Empfehlung 2003/361/EG der Kommission zeigt, dass ein NBU jede Einheit sein kann, unabhängig von ihrer Rechtsform, die eine wirtschaftliche Tätigkeit ausübt. Diese Definition deckt sich mit der Rechtsprechung des EuGH im Wettbewerbsrecht,[1604] der darüber hinaus konkretisiert, dass unter wirtschaftlicher Tätigkeit „jede Tätigkeit, die darin besteht, Güter oder Dienstleistungen auf einem bestimmten Markt anzubieten"[1605], zu verstehen sei. Da aber auch bloße Zweckgesellschaften für den Erwerb, den Besitz oder die Verwaltung von Immobilien vom Geltungsbereich ausgenommen werden,[1606] also solche Gesellschaften, die keine wirtschaftliche Tätigkeit im vorgenannten Sinne entfalten, ist das auf wirtschaftliche Tätigkeit gerichtete Verständnis nicht unternehmensübergreifend maßgeblich. Deshalb können auch bloße (Konzern-)Holdinggesellschaften vom Unternehmensbegriff erfasst sein.[1607] Im Übrigen ist der Grundannahme der obigen Argumentation entgegenzutreten: Selbst wenn eine Gesellschaft über Arbeitnehmer verfügt, ist sie nicht gleich operativ tätig.[1608] Zudem können die Pflichten aus §§ 289, 290 KAGB

[1600] *Perlitt*, in: MünchKomm, AktG, § 278 Rn. 267.

[1601] *Bärenz/Steinmüller*, in: Dornseifer/Jesch/Klebeck/Tollmann, AIFM-RL, Art. 26 Rn. 29, 66; *Bärenz/S. Käpplinger*, in: Dornseifer/Jesch/Klebeck/Tollmann, AIFM-RL, Art. 27 Rn. 15.

[1602] *Bärenz/S. Käpplinger*, in: Dornseifer/Jesch/Klebeck/Tollmann, AIFM-RL, Art. 27 Rn. 15.

[1603] Das dürfte für Art. 26 Abs. 2 lit. a AIFM-RL (KMUs) nicht ernsthaft in Frage gestellt werden und muss aus systematischen Gründen auch bei Art. 26 Abs. 2 lit. b AIFM-RL (Zweckgesellschaft für Erwerb, Besitz oder Verwaltung von Immobilien) gelten.

[1604] Das stellen auch *Bärenz/Steinmüller*, in: Dornseifer/Jesch/Klebeck/Tollmann, AIFM-RL, Art. 26 Rn. 29 fest.

[1605] Etwa EuGH, Urt. v. 18.6.1998 – Rs. C-35/96, EuZW 1999, 93, 95 Rn. 36 – Kommission/Italien.

[1606] Art. 26 Abs. 2 lit. b AIFM-RL; § 287 Abs. 2 Nr. 2 KAGB.

[1607] *Behme*, in: Baur/Tappen, Investmentgesetze, § 289 KAGB Rn. 15; a.A. *Bärenz/Steinmüller*, in: Dornseifer/Jesch/Klebeck/Tollmann, AIFM-RL, Art. 26 Rn. 29.

[1608] *Behme*, in: Baur/Tappen, Investmentgesetze, § 289 KAGB Rn. 15.

auch dann sinnvoll verfolgt werden (z. B. Meldung an BaFin), wenn das Unternehmen keine Arbeitnehmer hat.[1609]

bb) Auslagerung als zulässige Umgehung?

Die §§ 287 ff. KAGB sind Restriktionen für das Verwalterhandeln. Die KVG kann allerdings im Rahmen des rechtlich Zulässigen Teile der Portfolioverwaltung auf einen externen Dienstleister auslagern.[1610] Den Anforderungen an die Auslagerung in § 36 KAGB ist jedoch nicht zu entnehmen, dass der Dritte auch das Sonderbeteiligungsrecht zu respektieren hat. Dennoch wird im Schrifttum bisweilen angenommen, dass die §§ 287 ff. KAGB vom Auslagerungsunternehmen einzuhalten seien.[1611] Dem ist beizupflichten. Dass nicht in jedem Fall am Wortlaut der Auslagerungsanforderungen zu haften ist, bekräftigt die ESMA. Diese setzt sich – wenn auch nicht ohne Kritik – im Bereich der Vergütungsregulierung über die insoweit geringeren Anforderungen an eine Auslagerung hinweg und möchte auf unterschiedlichem Wege eine Compliance mit der AIFM-Vergütungsregulierung sicherstellen.[1612] Gleichwohl darf ein Bruch mit § 36 KAGB nur unter äußerst strengen Voraussetzungen legitim sein. Zu fragen ist, ob eine Missachtung der Vorschriften der Verwalterregulierung die Wirksamkeit der Verfolgung der richtlinieneigenen Ziele derogieren würde. Dies wird man hier bejahen dürfen, weil das Sonderbeteiligungsrecht insbesondere dem Schutz der NBUs dient und keine andere dem Auslagerungsunternehmen obliegende Regulierung (§ 36 Abs. 1 Nr. 3 KAGB) eben diesem Schutzzweck gewidmet ist. Die Anforderungen in § 36 KAGB können daher konzeptionell schon keine regulierungsrechtliche Kompensation für die §§ 287 ff. KAGB bieten. Die daneben bestehende Verpflichtung für die KVG, eine Umgehung ihrer Verantwortung qua Auslagerung zu verhindern (Art. 75 Abs. 1 lit. a AIFM-VO), muss deshalb schon gar nicht bemüht werden.

cc) Kontrollerwerb durch einzelnen AIF

Die §§ 287 bis 292 KAGB sind gem. § 287 Abs. 1 Nr. 1 Alt. 1 KAGB auf KVGs anzuwenden, die AIFs verwalten, die allein (also allein handelnd) die Erlangung von

---

[1609] Ebd.

[1610] 6. Teil, B.II.2.c).

[1611] *Herkströter/Krismanek*, in: Beckmann/Scholtz/Vollmer, Investment-Hdb., Losebl. (Stand: 5/15), 405 § 287 KAGB Rn. 14. Die vorstehenden Autoren verweisen zudem auf andere Stimmen im Schrifttum, namentlich *Swoboda*, in: Weitnauer/Boxberger/Anders, KAGB, § 287 Rn. 6; *Bärenz/Steinmüller*, in: Dornseifer/Jesch/Klebeck/Tollmann, AIFM-RL, Art. 26 Rn. 36; *Hesse/Lamsa*, CFL 2011, 39, 41; diese thematisieren die Auslagerungsproblematik indes nicht, sondern erläutern lediglich, dass es für den Begriff des „Verwaltens" auf das Portfoliomanagement ankomme.

[1612] 5. Teil, B.V.3.a)aa).

Kontrolle gem. § 288 Abs. 1 KAGB über ein NBU zum Ziel haben.[1613] Während der deutschen Norm zu entnehmen ist, dass der AIF die Kontrollerlangung zum Ziel haben muss,[1614] wird das in der AIFM-RL nicht gefordert[1615]. Ob eine unbeabsichtigte Kontrollerlangung an NBUs praxisrelevant ist, mag dahinstehen. Die deutsche Vorschrift ist richtlinienkonform auszulegen, da die Sondervorschriften bei jeder eine Kontrollerlangung zur Folge habenden Einzeltransaktion zur Anwendung gelangen sollen. Auch ist der einschlägige Passus im KAGB schon sprachlich nicht zu Ende gedacht, da dort nicht die Rede davon ist, dass es tatsächlich zur Kontrollerlangung kommt. Eine bloße Gesinnung ohne avisierte Umsetzung ist aber nicht regulierungsbedürftig. Umso unverständlicher wird diese Abweichung von dem Wortlaut der AIFM-RL, wenn es an besagter Stelle in der Gesetzesbegründung heißt, dass Art. 26 Abs. 1 AIFM-RL umgesetzt werde.[1616] Hatte der nationale Gesetzgeber bei Abfassung des § 287 Abs. 1 Nr. 1 Alt. 1 KAGB hingegen die umgekehrte Situation vor Augen, dass ein AIF, der zunächst nur Minderheitsbeteiligungen erwirbt, aber auf lange Sicht die Kontrollerlangung zum Ziel hat („Anschleichen"), bereits schon bei Erwerb der Minderheitsbeteiligungen zu Beteiligungstransparenz verpflichtet werden sollte, so wird dies bereits durch § 287 Abs. 3 KAGB (der auf Art. 26 Abs. 3 AIFM-RL zurückgeht) umgesetzt; eine weitere Regelung ist redundant.

dd) Acting in Concert im KAGB

Die in §§ 34 Abs. 2 WpHG, 30 Abs. 2 WpÜG kodifizierte Figur des Acting in Concert führt in Übernahmesituationen zu einer wechselseitigen Zurechnung von Stimmrechtsanteilen, wenn zwei oder mehrere Personen ihr Verhalten *aufgrund*

[1613] Wenn es im Gesetz heißt „[...] die entweder allein oder gemeinsam aufgrund einer Vereinbarung die Erlangung von Kontrolle gem. § 288 Abs. 1 KAGB über ein nicht börsennotiertes Unternehmen zum Ziel haben", dann bezieht sich das „aufgrund einer Vereinbarung" allein auf die zweite Alternative, *Swoboda*, in: Weitnauer/Boxberger/Anders, KAGB, § 287 Rn. 6.

[1614] *Zetzsche*, NZG 2012, 1164, 1165: „Dies könnte ein Redaktionsversehen sein". Daneben scheint die Literatur das zu übersehen, wenn sie sich allein auf die in der AIFM-RL geforderte Kontrollerlangung stürzt. Bei *Swoboda*, in: Weitnauer/Boxberger/Anders, KAGB, § 287 Rn. 6 heißt es, die „erste Alternative des § 287 Abs. 1 Nr. 1 ist der alleinige Kontrollerwerb durch einen AIF"; *Hartrott*, in: Baur/Tappen, Investmentgesetze, § 287 KAGB Rn. 5: „Wenn eine AIF-Kapitalverwaltungsgesellschaft AIF verwaltet, die alleine die Kontrolle über ein nicht börsennotiertes Unternehmen erlangen"; *Thiermann*, NZG 2016, 335, 336 erkennt den von der AIFM-RL abweichenden Wortlaut, hält hieran aber offenbar fest.

[1615] Art. 26 Abs. 1 lit. a Alt. 1 AIFM-RL : „[...], die einen oder mehrere AIF verwalten, die entweder allein oder gemeinsam aufgrund einer Vereinbarung, die die Erlangung von Kontrolle zum Ziel hat, [...] die Kontrolle [...] erlangen".

[1616] BegrRegE BT-Drs. 17/12294, S. 277.

einer Vereinbarung oder in sonstiger Weise abgestimmt haben.[1617] Bei Erreichen der jeweils relevanten Meldeschwellen kann das im WpHG zur Meldepflicht und im WpÜG zur Abgabe eines Pflichtangebots führen. Auch das KAGB kennt Acting in Concert-Tatbestände, die im Folgenden nähergebracht werden. Diese Tatbestände werden in § 287 Abs. 1 KAGB ausschließlich in den Kontext einer Kontrollerlangung gesetzt. Da die Mitteilungspflichten aus § 289 Abs. 1 KAGB beim Berühren bestimmter Schwellenwerte jedoch gem. § 287 Abs. 3 KAGB „unbeschadet" von § 287 Abs. 1 und 2 KAGB auch beim Erlangen einer Minderheitsbeteiligung gelten, sind die Acting in Concert-Tatbestände auch insoweit anwendbar.[1618]

(1) Kontrollerlangung aufgrund zielgebundenem Acting in Concert durch AIFs

Das in § 287 Abs. 1 Nr. 1 Alt. 2 KAGB verankerte Acting in Concert ist weder von derselben Reichweite, noch hat es dieselben rechtlichen Implikationen wie sein übernahmerechtliches Pendant im Bereich der Emittenten. Es ist lediglich die Rede davon, dass die §§ 287 bis 292 KAGB auf KVGs anzuwenden sind, die AIFs verwalten, die gemeinsam aufgrund einer Vereinbarung die Erlangung von Kontrolle gem. § 288 Abs. 1 KAGB über ein NBU zum Ziel haben. Gefordert ist explizit eine Vereinbarung zwischen AIFs derselben KVG. Die AIFs müssen die Kontrollerlangung aufgrund dieser Vereinbarung zum Ziel haben. Auch hier gilt das oben Gesagte, wonach eine bloße Gesinnung ohne letztliche Umsetzung nicht regulierungsbedürftig ist; gefordert ist mit Blick auf die AIFM-RL eine zur Kontrollerlangung führende Transaktion, die von einer entsprechenden Vereinbarung getragen wird.[1619]

Es wird nicht konkretisiert, welcher Qualität diese Vereinbarung zu sein hat. Führt man sich die noch im Kommissionsvorschlag angestrebten, niedrigen Anforderungen zur Eröffnung des Anwendungsbereichs vor Augen, dass lediglich mehrere AIFs gemeinsam – dort noch – 30 Prozent der Stimmrechte erwerben müssen,[1620] ist de lege lata eine deutliche Verschärfung erfolgt. Es ist jedoch nicht verständlich, wieso die erhöhte Stimmrechtsschwelle zugleich mit hohen Anforderungen an die Vereinbarung verbunden sein soll.[1621] De facto gibt die Historie keinen Aufschluss. Arbeitet man mit dem Normtext und der -systematik, lässt sich zunächst feststellen,

---

[1617] *Schwark*, in: Schwark/Zimmer, KMRK, § 22 WpHG Rn. 18; *Süßmann*, in: Assmann/Schütze, Hdb. KapitalanlageR, § 14 Rn. 31 ff.; *Rothenfußer*, in: Paschos/Fleischer, Hdb. WpÜG, § 11 Rn. 298 ff.

[1618] *Bärenz/Steinmüller*, in: Dornseifer/Jesch/Klebeck/Tollmann, AIFM-RL, Art. 26 Rn. 107; *Viciano-Gofferje*, BB 2013, 2506, 2508 Fn. 33.

[1619] Art. 26 Abs. 1 lit. a AIFM-RL: „[…] oder gemeinsam aufgrund einer Vereinbarung, die die Erlangung von Kontrolle zum Ziel hat, gemäß Absatz 5 die Kontrolle über ein nicht börsennotiertes Unternehmen erlangen".

[1620] Zur Historie des letztlichen Richtlinientextes *Bärenz/Steinmüller*, in: Dornseifer/Jesch/Klebeck/Tollmann, AIFM-RL, Art. 26 Rn. 2 ff.

[1621] So aber ebd., Art. 26 Rn. 38 f.; *Swoboda*, in: Weitnauer/Boxberger/Anders, KAGB, § 287 Rn. 8; *Schröder/Rahn*, GWR 2014, 49, 50.

dass keine besonderen Formerfordernisse statuiert sind.[1622] In der Praxis kann sich der Nachweis von mündlichen Abreden als schwierig gestalten, da auf gesetzliche Vermutungsregeln verzichtet wird.[1623] Zweifelsohne sind auch die typischen Verträge der Zivilrechtsdogmatik (Stimmbindungen, Gesellschaftsverträge, etc.) vom Begriff der Vereinbarung erfasst.[1624] Die Literatur fordert aber nahezu ausschließlich, dass es sich bei der Vereinbarung um einen zivilrechtlichen Vertrag handeln müsse.[1625] Das kann nicht überzeugen, insbesondere darf es mit Blick auf die gebotene autonome Auslegung unionsrechtlicher Begriffe[1626] nicht sein, dass man von den nationalen Normen der §§ 34 Abs. 2 Satz 1 WpHG, 30 Abs. 2 Satz 1 WpÜG (*Vereinbarung oder in sonstiger Weise*) und der dort akzeptierten Auslegung auf den Normgehalt des Art. 26 Abs. 1 AIFM-RL schließt.[1627] Ein Richtlinienvergleich zeigt, dass auch sog. Gentlemen's Agreements erfasst sind, wenngleich diese ihre Relevanz nicht im Rahmen von § 287 Abs. 1 Nr. 1 KAGB (Vereinbarung unter mehreren AIFs), sondern im Rahmen von § 287 Abs. 1 Nr. 2 KAGB (Vereinbarung unter mehreren KVGs) haben werden.

Art. 2 Abs. 1 lit. d der Übernahmerichtlinie 2004/25/EG (Übernahme-RL) definiert „gemeinsam handelnde Personen" als „natürliche oder juristische Personen, die mit dem Bieter oder der Zielgesellschaft auf der Grundlage einer ausdrücklichen oder stillschweigenden, mündlich oder schriftlich getroffenen Vereinbarung zusammenarbeiten, um die Kontrolle über die Zielgesellschaft zu erhalten bzw. den Erfolg

---

[1622] *Zetzsche*, NZG 2012, 1164, 1165; *Bärenz/Steinmüller*, in: Dornseifer/Jesch/Klebeck/Tollmann, AIFM-RL, Art. 26 Rn. 39; *Swoboda*, in: Weitnauer/Boxberger/Anders, KAGB, § 287 Rn. 9.

[1623] *Zetzsche*, NZG 2012, 1164, 1165.

[1624] *Swoboda*, in: Weitnauer/Boxberger/Anders, KAGB, § 287 Rn. 8; *Bärenz/Steinmüller*, in: Dornseifer/Jesch/Klebeck/Tollmann, AIFM-RL, Art. 26 Rn. 39; *Söhner*, WM 2014, 2110, 2114.

[1625] *Swoboda*, in: Weitnauer/Boxberger/Anders, KAGB, § 287 Rn. 8; *Bärenz/Steinmüller*, in: Dornseifer/Jesch/Klebeck/Tollmann, AIFM-RL, Art. 26 Rn. 39; *Söhner*, WM 2014, 2110, 2114; *Geibel*, in: Derleder/Knops/Bamberger, Dt. u. eu. Bank- u. KapR, § 58 Rn. 122; ohne Begründung auch *Tancredi*, Die Regulierung von Hedge-Fonds und Private Equity in Europa, S. 159; *Jesch*, in: FrankKomm, KapAnlR Bd. 1, § 287 KAGB Rn. 39; *Jeuk*, Ausgewählte Auswirkungen der Einführung des Kapitalanlagegesetzbuchs (KAGB) auf Private Equity Fonds in Deutschland, S. 35; nicht eindeutig: *Schröder/Rahn*, GWR 2014, 49, 50, die sich von einer Orientierung an § 30 Abs. 2 Satz 1 WpÜG distanzieren und im weiteren Verlauf eine „Kooperation" fordern; nach *Zetzsche*, NZG 2012, 1164, 1165 sei keine schriftliche Vereinbarung nötig, eine in die Tat umgesetzte Willensübereinstimmung genüge – doch konkretisiert er nicht, ob die Willensübereinstimmung von einem Rechtsbindungswillen getragen sein muss; *Herkströter/Krismanek*, in: Beckmann/Scholtz/Vollmer, Investment-Hdb., Losebl. (Stand: 5/15), 405 § 287 KAGB Rn. 18, 23: „gewisse Verbindlichkeit"; a.A. offenbar *Viciano-Gofferje*, BB 2013, 2506, 2508 f.: Für eine Vereinbarung sei ein kommunikativer Vorgang zwischen mindestens zwei Personen erforderlich, der in eine Vereinbarung oder eine Verhaltensabstimmung in sonstiger Weise münden müsse.

[1626] 5. Teil, B.V.6.b)aa).

[1627] So aber *Bärenz/Steinmüller*, in: Dornseifer/Jesch/Klebeck/Tollmann, AIFM-RL, Art. 26 Rn. 39.

des Übernahmeangebots zu vereiteln".[1628] Den Begriff der „gemeinsam handelnden Personen" in § 2 Abs. 5 WpÜG a. F. mit der noch heute existenten Differenzierung zwischen einer Abstimmung aufgrund von Vereinbarungen oder in sonstiger Weise hatte der nationale Gesetzgeber aber schon zuvor im Dezember 2001 mit Wirkung zum 1. Januar 2002 ohne die Notwendigkeit europäischer Vorgaben[1629] implementiert.[1630] Das Umsetzungsgesetz zur Übernahmerichtlinie hat hieran nichts geändert.[1631] Sachnah wäre es nun, wenn man sich für eine Auslegung des Begriffs der Vereinbarung in der AIFM-RL an dem Begriff der Vereinbarung in der Übernahme-RL orientierte, da es bei beiden sinngemäß lediglich heißt, dass die Vereinbarung die Grundlage der Zusammenarbeit bildet, um die Kontrolle über das Zielunternehmen zu erhalten. Ob der Begriff der Vereinbarung i. S. der Übernahme-RL auch Gentlemen's Agreements erfasst, ergibt sich allerdings nicht aus dem Normtext.

Doch der Unionsgesetzgeber verwendet den Begriff der Vereinbarung auch im Bereich der Beteiligungstransparenz. In dem durch die Transparenzrichtlinie-Änderungsrichtlinie[1632] (Transparenz-RL) unverändert gelassenen Art. 10 lit. a der Transparenzrichtlinie 2004/109/EG (Transparenz-RL a. F.) heißt es: „[…] eine Vereinbarung getroffen hat, die beide verpflichtet, langfristig eine gemeinsame Politik bezüglich der Geschäftsführung des betreffenden Emittenten zu verfolgen, indem sie die von ihnen gehaltenen Stimmrechte einvernehmlich ausüben".[1633] Wenn der Unionsgesetzgeber damit einerseits die „bloße" Vereinbarung als Grundlage für die Zusammenarbeit und andererseits die Vereinbarung, die beide Seiten dazu *verpflichtet*,[1634] langfristig zusammenzuarbeiten, kennt, in Art. 2 Abs. 1 lit. d Über-

---

[1628] Richtlinie 2004/25/EG des Europäischen Parlaments und des Rates vom 21. April 2004 betreffend Übernahmeangebote, ABl. Nr. L 142, S. 12 (zit.: Übernahme-RL).

[1629] BegrRegE BT-Drs. 14/7034, S. 27 f.

[1630] Gesetz zur Regelung von öffentlichen Angeboten zum Erwerb von Wertpapieren und von Unternehmensübernahmen vom 20. Dezember 2001, BGBl. I, S. 3822.

[1631] Art. 1 des Gesetzes zur Umsetzung der Richtlinie 2004/25/EG des Europäischen Parlaments und des Rates vom 21. April 2004 betreffend Übernahmeangebote (Übernahmerichtlinie-Umsetzungsgesetz) vom 8. Juli 2006, BGBl. I, S. 1426.

[1632] Richtlinie 2013/50/EU des Europäischen Parlaments und des Rates vom 22. Oktober 2013 zur Änderung der Richtlinie 2004/109/EG des Europäischen Parlaments und des Rates zur Harmonisierung der Transparenzanforderungen in Bezug auf Informationen über Emittenten, deren Wertpapiere zum Handel auf einem geregelten Markt zugelassen sind, der Richtlinie 2003/71/EG des Europäischen Parlaments und des Rates betreffend den Prospekt, der beim öffentlichen Angebot von Wertpapieren oder bei deren Zulassung zum Handel zu veröffentlichen ist, sowie der Richtlinie 2007/14/EG der Kommission mit Durchführungsbestimmungen zu bestimmten Vorschriften der Richtlinie 2004/109/EG, ABl. Nr. L 294, S. 13.

[1633] Richtlinie 2004/109/EG des Europäischen Parlaments und des Rates vom 15. Dezember 2004 zur Harmonisierung der Transparenzanforderungen in Bezug auf Informationen über Emittenten, deren Wertpapiere zum Handel auf einem geregelten Markt zugelassen sind, und zur Änderung der Richtlinie 2001/34/EG, ABl. Nr. L 390, S. 38.

[1634] Trotz dieses eindeutigen Wortlauts vertritt *Parmentier*, AG 2014, 15, 18 unter Berufung auf den neuen Art. 2 Abs. 1 lit. q der Richtlinie 2013/50/EU, der die *förmliche Vereinbarung*

nahmeRL sowie Art. 26 AIFM-RL jedoch schlichtweg nur von Vereinbarungen die Rede ist, ohne die Modalitäten (Rechtsbindung, Langfristigkeit, etc.) wie in der Transparenz-RL zu konkretisieren, kann man mit gutem Grund davon ausgehen, dass der rechtliche Charakter der Vereinbarung weder in der Übernahme-RL noch in der AIFM-RL ein zwingendes Erfordernis ist. Das gilt umso mehr, wenn man bedenkt, dass sich der Unionsgesetzgeber bei den Transparenzregelungen in der AIFM-RL bewusst an den Regelungen der Übernahme- und Transparenz-RL orientiert hat,[1635] Art. 26 AIFM-RL aber deutlich vom Wortlaut der in dieser Hinsicht sachnahen Transparenz-RL abweicht. Auch im europäischen Kartellrecht wird zwischen Vereinbarungen und aufeinander abgestimmten Verhaltensweisen differenziert,[1636] wobei sowohl der EuGH als auch das EuG Gentlemen's Agreements unter den Vereinbarungsbegriff subsumiert haben und auch die Literatur diese Ansicht teilt.[1637]

Eine Vereinbarung als bewusst willensgetragene Abstimmung mit gegenseitiger Kommunikation ist aber bei einem zwar bewusst gleichlaufenden, aber nicht abgestimmten Parallelverhalten abzulehnen.[1638] Das Sprachverständnis von „Vereinbarung" legt zudem ein Handeln aus freien Stücken nahe, weshalb ein Beteiligungserwerb aufgrund (ideellen) Drucks nach Bekanntgabe des gewünschten Abstimmungsverhaltens nicht ausreicht.[1639] Aus der Perspektive der Zielgesellschaften und der Arbeitnehmer mag das nicht nachvollziehbar sein, wenn doch letztlich die gleiche Gefahrenlage bei Kontrollerwerb droht. Hier ist aber allein der nationale Gesetzgeber berufen, den Anwendungsbereich zu erweitern. Das Sonderbeteiligungsrecht stellt gem. Art. 26 Abs. 7 AIFM-RL nur einen Mindestregulierungsstandard dar. In der Literatur werden bisweilen auch besondere Anforderungen an das Ziel der gemeinsamen Vereinbarung gestellt.[1640] Das kann aus mehreren Gesichtspunkten nicht überzeugen. Zunächst sieht der Wortlaut keine weiteren Anforderungen an das mit der Vereinbarung verfolgte Ziel vor. Das Wortlautargument wiegt umso mehr, wenn man den parallelen Weg in der Transparenz-RL heranzieht: Dort wird es expressis verbis für erforderlich gehalten, dass die Vereinbarung verpflichtet, langfristig eine gemeinsame Politik zu verfolgen. Außerdem könnte die

---

regelt („Vereinbarung, die nach geltendem Recht verbindlich ist"), dass der Begriff der Vereinbarung in Art. 10 lit. a auch Abstimmungen *in sonstiger Weise* umfasse.

[1635] Erwägungsgrund 53 AIFM-RL.

[1636] Art. 101 Abs. 1 AEUV.

[1637] EuGH, Urt. v. 15.7.1970 – Rs. 41/69, Slg. 1970, 661 Rn. 110-114 – ACF; EuG, Urt. v. 6.4.1995 – Rs. 41/69, Slg. 1995 II-791 Rn. 96 – Trefileurope; *Zimmer*, in: Immenga/Mestmäcker, GWB, § 1 Rn. 83 ff.; *Paschke*, in: MünchKomm, Kartellrecht, Art. 101 AEUV Rn. 27.

[1638] *Bärenz/Steinmüller*, in: Dornseifer/Jesch/Klebeck/Tollmann, AIFM-RL, Art. 26 Rn. 38.

[1639] Bei § 22 Abs. 2 WpHG a. F. wird dies als Abstimmung auf „sonstige Weise" angesehen: *Süßmann*, in: Assmann/Schütze, Hdb. KapitalanlageR, § 14 Rn. 32.

[1640] *Bärenz/Steinmüller*, in: Dornseifer/Jesch/Klebeck/Tollmann, AIFM-RL, Art. 26 Rn. 41: Es sei eine gewisse Nachhaltigkeit zu fordern, eine Koordination der Stimmrechtsausübung im Einzelfall genüge nicht; *Schröder/Rahn*, GWR 2014, 49, 50: langfristige Kooperation zum Zwecke zumindest erheblicher Umstrukturierungen des Zielunternehmens.

Regulierung durch das Erfordernis besonderer Anforderungen ausgehebelt werden. Denn wenn zunächst nur der „bloße" Kontrollerwerb intendiert wäre, kämen die §§ 287 bis 292 KAGB nicht zur Anwendung. Würden erst im Anschluss die besonderen Anforderungen an die Vereinbarung erfüllt, unterfiele dieser Sachverhalt nicht dem Sonderübernahmerecht, weil es zur Kontrollerlangung als Auslöser für die Anwendung des Sonderübernahmerechts bereits in der Vergangenheit gekommen wäre.[1641]

Im Übrigen gilt es zu beachten, dass § 287 Abs. 1 Nr. 1 Alt. 2 KAGB nur die Vereinbarung zwischen AIFs derselben KVG erfasst. Absprachen mit anderen Teilnehmern des Wirtschaftsgeschehens bleiben außen vor.[1642] Sollten die AIFs zusammen aufgrund einer Vereinbarung die Kontrolle erlangen, hat das – anders als dies im übernahmerechtlichen Acting in Concert der Fall ist – keine Auswirkungen für die kontrollerlangenden Rechtsträger. Es erfolgen lediglich eine Zusammenrechnung der Stimmrechte der jeweiligen AIFs sowie eine Zurechnung der auf diesem Wege vermittelten Kontrolle an die KVG. Da beide AIFs durch dieselbe KVG verwaltet werden müssen, kann § 287 Abs. 1 Nr. 1 Alt. 2 KAGB nur die Konstellation der externen Verwaltung adressieren. Das Acting in Concert zwischen den AIFs führt damit nicht zu einer Mehrung an Handlungspflichtigen. Handlungspflichtiger bleibt allein die externe KVG.

(2) Zielgebundene Kontrollerlangung aufgrund Acting in Concert durch KVGs

Das Sonderbeteiligungsrecht ist gem. § 287 Abs. 1 Nr. 2 KAGB auch auf solche KVGs anzuwenden, die mit einer oder mehreren KVGs aufgrund einer Vereinbarung zusammenarbeiten, gemäß der die von diesen KVGs verwalteten AIFs die Kontrolle gem. § 288 Abs. 1 KAGB über ein NBU erlangen. Deshalb kann es nicht überzeugen, wenn für diese Konstellation eine Mitteilungspflicht nach § 289 Abs. 2 bis 4 KAGB ausgeschlossen wird,[1643] nur weil dort von der KVG im Singular die Rede ist. Dies ist letztlich bei allen Tatbeständen des Sonderübernahmerechts der Fall. Für die Qualität der Vereinbarung kann auf die obigen Ausführungen verwiesen werden. Im Übrigen ist der gesetzliche Wortlaut schwer verständlich. Ein wesentlicher Unterschied zur Vereinbarung unter den AIFs soll darin liegen, dass die Vereinbarung unter den KVGs nicht zielgebunden sein müsse.[1644] Nicht ausreichend sei es deshalb, wenn die Kontrolle zwar angestrebt, aber nicht erlangt werde.[1645] Wenn der Kontrollerwerb

---

[1641] Vgl. bereits 6. Teil, B.III.1.a)aa)(1) für das Delisting.

[1642] Krit. *Zetzsche*, NZG 2012, 1164, 1165; *R. Koch*, in: Möllers/Kloyer, Das neue KAGB, Rn. 261, 287; *Söhner*, WM 2014, 2110, 2114; *Clerc*, in: Zetzsche, AIFMD, Chapt. 23 No. 2.2.

[1643] So *Krause/Storjohann*, in: Beckmann/Scholtz/Vollmer, Investment-Hdb., Losebl. (Stand: 6/16), 405 § 289 KAGB Rn. 10.

[1644] *Swoboda*, in: Weitnauer/Boxberger/Anders, KAGB, § 287 Rn. 13; *Jesch*, in: Frank-Komm, KapAnlR Bd. 1, § 287 KAGB Rn. 44.

[1645] *Swoboda*, in: Weitnauer/Boxberger/Anders, KAGB, § 287 Rn. 13.

aber ohnehin „gemäß" der Vereinbarung erfolgt, dann muss diese Vereinbarung denklogisch auch den Kontrollerwerb zum Ziel haben.[1646] Da aber eine Kontrollerlangung nicht „gemäß einer Vereinbarung erfolgt", sondern kraft dinglichen Rechtsgeschäfts, und diese Kontrollerlangung mittels Vereinbarung nur angestrebt werden kann, sollte man dem Satzende des Normtexts in Art. 26 Abs. 1 lit. b AIFM-RL und § 287 Abs. 1 Nr. 2 KAGB ein „wollen" gedanklich hinzufügen.[1647] Auch hier gilt aber, dass eine bloße Gesinnung ohne korrespondierende Umsetzung nicht regulierungsbedürftig ist. § 287 Abs. 1 Nr. 2 KAGB ist daher wie § 287 Abs. 1 Nr. 1 Alt. 2 KAGB zu lesen: Es muss zu einer Kontrollerlangung kommen und diese muss von einer Vereinbarung getragen werden, die die Kontrollerlangung zum Ziel hat. Im Schrifttum wird jedenfalls übereinstimmend und zurecht darauf hingewiesen, dass der Richtlinientext („gemeinsam verwalteten AIF") nicht in diesem Sinne Bestand haben kann. Denn AIFMs koordinieren bei einer Zusammenarbeit lediglich das Verhalten in Bezug auf die Zielunternehmen, verwalten (§ 17 Abs. 1 Satz 2 KAGB) jedoch fortan nicht ihre AIFs gemeinsam;[1648] andernfalls läge ein Verstoß gegen das eigens in Art. 5 Abs. 1 AIFM-RL statuierte Prinzip der Einzelzuständigkeit vor[1649].

ee) Kontrollerlangung

Im Mittelpunkt des Sonderübernahmerechts steht die Kontrollerlangung als Auslöser des regulatorischen Pflichtengefüges. Das KAGB-Konzept der Kontrollerlangung unterscheidet sich stark von dem im Bereich der Emittenten. Das äußert sich zum einen im Kontrollbegriff selbst, zum anderen darin, dass eine Kontrollerlangung anders als im Bereich des WpÜG kein Pflichtangebot zur Folge hat.[1650] „Erlangung" ist aufgrund des neutralen Wortlauts wohl weit zu verstehen, sodass auch Neugründungen hierunter fallen. Diese können jedenfalls keine Mitteilungspflichten (Erwerb, Verkauf, Halten) nach § 289 Abs. 1 KAGB auslösen,[1651] da die

---

[1646] Ohne Begründung, aber ebenso *Bärenz/Steinmüller*, in: Dornseifer/Jesch/Klebeck/Tollmann, AIFM-RL, Art. 26 Rn. 47.

[1647] *Zetzsche*, NZG 2012, 1164, 1165.

[1648] *Bärenz/Steinmüller*, in: Dornseifer/Jesch/Klebeck/Tollmann, AIFM-RL, Art. 26 Rn. 44; *Zetzsche*, NZG 2012, 1164, 1165; *Schröder/Rahn*, GWR 2014, 49, 50: „von ihnen jeweils verwaltete AIF"; unklar *Swoboda*, in: Weitnauer/Boxberger/Anders, KAGB, § 287 Rn. 13: Wortlaut des KAGB weiche inhaltlich nicht von der Richtlinie ab.

[1649] Dazu 5. Teil, B.IV.

[1650] *Söhner*, WM 2011, 2121, 2125, 2127; *ders.*, WM 2014, 2110, 2114.

[1651] Wie hier *Behme*, in: Baur/Tappen, Investmentgesetze, § 289 KAGB Rn. 20 m.w.N.; a. A. *Bärenz/S. Käpplinger*, in: Dornseifer/Jesch/Klebeck/Tollmann, AIFM-RL, Art. 27 Rn. 23; wohl auch *Swoboda*, in: Weitnauer/Boxberger/Anders, KAGB, § 289 Rn. 2: Es seien alle Vorgänge erfasst, die letztlich zu einem Kontrollerwerb führen könnten; anschl. *Krause/Storjohann*, in: Beckmann/Scholtz/Vollmer, Investment-Hdb., Losebl. (Stand: 6/16), 405 § 289 KAGB Rn. 7; Relevanz bezweifelnd *Jesch*, in: FrankKomm, KapAnlR Bd. 1, § 289 KAGB Rn. 37.

Anteile nicht „erworben", sondern erstmalig „übernommen"[1652] werden. Zwar ist das „übernommen" ein deutschrechtliches Verständnis, das für die Auslegung der Richtlinie nicht maßgeblich ist. Doch auch Art. 8 der 2. GesR-RL („Shares may not be issued") zeigt, dass es im Kontext einer Gründung nicht um ein „acquire" von Anteilen i. S. des Art. 27 Abs. 1 AIFM-RL geht. Das neu gegründete Unternehmen wird aber richtigerweise, falls es eine wirtschaftliche Tätigkeit betreibt, ohnehin zunächst als vom Anwendungsbereich ausgenommenes KMU qualifizieren.[1653] Nicht unter den Begriff der Kontrollerlangung ist das bloße Delisting zu subsumieren.[1654]

(1) Formaler Kontrollbegriff

In § 288 Abs. 1 KAGB heißt es, dass für die Zwecke der §§ 287 bis 292 KAGB Kontrolle im Fall von NBUs die Erlangung von mehr als 50 Prozent der Stimmrechte dieser Unternehmen bedeutet.[1655] Die Schwelle von mehr als 50 Prozent ist letztlich dem Umstand geschuldet, dass sich die Annahmen zur Hauptversammlungspräsenz, die der 30 Prozent-Schwelle im Emittentenbereich zugrundeliegen, nicht auf NBUs mit geringerer Streubesitzquote transferieren lassen.[1656] Da allein auf den Stimmrechtsanteil abgestellt wird, verwendet das Sonderübernahmerecht einen formalen Kontrollbegriff.[1657] Denn bei Überschreiten der Schwelle ist die Kontrollerlangung stets verwirklicht, unabhängig davon, ob im Einzelfall nicht bereits durch eine einfache Mehrheit faktische Kontrolle erlangt wird oder ob tatsächlich die Kontrollmöglichkeit besteht.[1658] So können gesellschaftsseitige Gestaltungsmittel (z. B. gesellschaftsvertragliche Mehrheitserfordernisse, Zustimmungsvorbehalte, etc.) die tatsächliche Beherrschung obstruieren.[1659]

Stimmrechte sind solche Rechte, die eine Teilnahme an der Willensbildung der Gesellschaft gewähren.[1660] Bedenkt man, dass das Stimmrecht mit dem Mitglied-

---

[1652] § 5 Abs. 2 Satz 2 GmbHG. Inländische Akquisitionsvehikel sind in der Regel GmbHs, s. 2. Teil, B.I.

[1653] *Bärenz/S. Käpplinger*, in: Dornseifer/Jesch/Klebeck/Tollmann, AIFM-RL, Art. 27 Rn. 23.

[1654] 6. Teil, B.III.1.a)aa)(1).

[1655] A.A. *Herkströter/Krismanek*, in: Beckmann/Scholtz/Vollmer, Investment-Hdb., Losebl. (Stand: 5/15), 405 § 288 KAGB Rn. 6: Kontrolle bereits bei 50 %.

[1656] *Bärenz/Steinmüller*, in: Dornseifer/Jesch/Klebeck/Tollmann, AIFM-RL, Art. 26 Rn. 52; *Kolbe*, DB 2009, 1874, 1875; *Steinmeyer*, in: Steinmeyer, WpÜG, § 29 Rn. 14.

[1657] *Bärenz/Steinmüller*, in: Dornseifer/Jesch/Klebeck/Tollmann, AIFM-RL, Art. 26 Rn. 50; *Felsenstein/Müller*, KSzW 2016, 55, 58 Fn. 48.

[1658] *Bärenz/Steinmüller*, in: Dornseifer/Jesch/Klebeck/Tollmann, AIFM-RL, Art. 26 Rn. 50 ff.; *Herkströter/Krismanek*, in: Beckmann/Scholtz/Vollmer, Investment-Hdb., Losebl. (Stand: 5/15), 405 § 288 KAGB Rn. 9 ff.

[1659] *Swoboda*, in: Weitnauer/Boxberger/Anders, KAGB, § 288 Rn. 16.

[1660] *Hartrott*, in: Baur/Tappen, Investmentgesetze, § 288 KAGB Rn. 4; *Jesch*, in: Frank-Komm, KapAnlR Bd. 1, § 288 KAGB Rn. 16.

schaftsrecht aufgrund Abspaltungverbots Hand in Hand geht, ist eine Inhaberschaft von Anteilen gefordert.[1661] Maßgeblich ist der Stimmrechtsanteil des AIF, der ausgehend von der Gesamtzahl der mit Stimmrechten versehenen Anteile berechnet wird, auch wenn die Ausübung dieser Stimmrechte ausgesetzt ist (z. B. bei eigenen Anteilen gem. §§ 71b AktG, 33 GmbHG[1662] oder einer Kaduzierung gem. §§ 64 AktG, 21 GmbHG).[1663] Sollten jedoch die Geschäftsanteile des AIF an der Zielgesellschaft kaduziert werden, sind die Stimmrechte aus den kaduzierten Geschäftsanteilen nicht mehr zu berücksichtigen, weil sie dem AIF endgültig verlustig geworden sind.[1664] Auch Höchststimmrechte aus Aktien an einer nicht börsennotierten AG wirken sich auf die Berechnung des Stimmrechtsanteils aus.[1665] Noch nicht erworbene Stimmrechte (z. B. aus Bezugs- oder Vorkaufsrechten oder noch nicht eingetragenen Kapitalmaßnahmen) haben keinen Einfluss auf die Gesamtzahl der Stimmrechte.[1666]

(2) Berücksichtigung von Stimmrechten Dritter

Nicht nur direkt, sondern auch in diesem Abschnitt zu erläuternde mittelbar gehaltene Stimmrechte werden gem. § 288 Abs. 2 KAGB „berücksichtigt". Gemeint ist eine Zurechnung. Diese Zurechnung ist zwar im Abschnitt zur Kontrollerlangung geregelt, da sie aber systematisch vor § 289 KAGB steht und mit einem offenen Wortlaut eingeleitet wird („Bei der Berechnung des Anteils an den Stimmrechten"), gilt sie auch für die Mitteilungspflichten aus § 289 Abs. 1 KAGB, die begrifflich nicht an eine Kontrollerlangung anknüpfen,[1667] und damit auch bei dem Erwerb von Minderheitsbeteiligungen nach § 287 Abs. 3 KAGB[1668]. Von den Zurechnungstatbeständen nicht erfasst sind Anteile der externen KVG, die für eigene Rechnung

---

[1661] *Bärenz/Steinmüller*, in: Dornseifer/Jesch/Klebeck/Tollmann, AIFM-RL, Art. 26 Rn. 57; *Swoboda*, in: Weitnauer/Boxberger/Anders, KAGB, § 288 Rn. 14; *Jesch*, in: FrankKomm, KapAnlR Bd. 1, § 288 KAGB Rn. 17 f.

[1662] Das GmbHG kennt keine dem § 71b AktG entsprechende Vorschrift. Doch der BGH hat für die GmbH entschieden, dass die Mitgliedschaftsrechte bei eigenen Anteilen ruhen, s. BGH, Urt. v. 30. 1. 1995 – II ZR 45/94, NJW 1995, 1027, 1028.

[1663] § 288 Abs. 2 Satz 2 KAGB. Zur Kaduzierung: Es besteht Einigkeit darüber, dass die Kaduzierung den Fortbestand des Geschäftsanteils unangetastet lässt, s. *Schütz*, in: Münch-Komm, GmbHG, § 21 Rn. 100.

[1664] *Swoboda*, in: Weitnauer/Boxberger/Anders, KAGB, § 288 Rn. 17; *Bärenz/Steinmüller*, in: Dornseifer/Jesch/Klebeck/Tollmann, AIFM-RL, Art. 26 Rn. 61.

[1665] *Bärenz/Steinmüller*, in: Dornseifer/Jesch/Klebeck/Tollmann, AIFM-RL, Art. 26 Rn. 59.

[1666] Ebd., Rn. 55; *Herkströter/Krismanek*, in: Beckmann/Scholtz/Vollmer, Investment-Hdb., Losebl. (Stand: 5/15), 405 § 288 KAGB Rn. 24.

[1667] So zurecht *Viciano-Gofferje*, BB 2013, 2506, 2507 f.; *Behme*, in: Baur/Tappen, Investmentgesetze, § 289 KAGB Rn. 25 f.; *Jesch*, in: FrankKomm, KapAnlR Bd. 1, § 288 KAGB Rn. 11; *Krause/Storjohann*, in: Beckmann/Scholtz/Vollmer, Investment-Hdb., Losebl. (Stand: 6/16), 405 § 289 KAGB Rn. 5; ohne Begründung auch *Bärenz/S. Käpplinger*, in: Dornseifer/Jesch/Klebeck/Tollmann, AIFM-RL, Art. 27 Rn. 19; a. A. *Söhner*, WM 2014, 2110, 2113 f.

[1668] *Burgard/Heimann*, WM 2014, 821, 830.

gehalten werden. Das wird in der Literatur übereinstimmend als nicht sachgerecht eingestuft, zumal über die Wahrnehmung der Portfolioverwaltung Kontrolle über den AIF ausgeübt werde.[1669] Doch verkennt diese Kritik, dass das KAGB nur die Grundlage für eine Regulierung der Fremdverwaltung einer Kollektivanlage bietet, nicht hingegen für eine Eigenverwaltung.

(a) Zurechnung bei Akquisitionsvehikeln

Stimmrechte von Unternehmen, die von dem AIF kontrolliert werden, werden dem AIF nach § 288 Abs. 2 Satz 1 Nr. 1 KAGB zugerechnet. Auch wenn anders als bei §§ 34 Abs. 1 Satz 3 WpHG, 30 Abs. 1 Satz 3 WpÜG keine explizite Regelung existiert, sind die mittelbar gehaltenen Stimmrechte aufgrund der mit der formalen Kontrollerlangung einhergehenden Einwirkungsmöglichkeiten voll und nicht nur in Höhe der an dem kontrollierten Unternehmen gehaltenen Anteile zuzurechnen.[1670] Als Anwendungsfall der Zurechnung nach § 288 Abs. 2 Satz 1 Nr. 1 KAGB wird stets das Akquisitionsvehikel genannt.[1671] Das überzeugt, bedarf aber besonderer Erläuterung. Denn i. S. des bereits erläuterten Look Through-Ansatzes[1672] könnten speziell für die Transaktion eingesetzte Objektgesellschaften regulierungsrechtlich transparent sein, sodass sie keinen Anwendungsfall des § 288 Abs. 2 Satz 1 Nr. 1 KAGB bildeten.[1673] Gegen die Anwendung dieser Durchschau spricht indes die Regelungssystematik im Sonderbeteiligungsrecht in Gestalt des Zusammenspiels von § 287 Abs. 2 Nr. 2 KAGB i. V. m. § 288 Abs. 2 Nr. 1 KAGB: Dem (Unions-) Gesetzgeber ist die Existenz von Zweckgesellschaften bekannt, da er Immobilienzweckgesellschaften als potenzielle NBUs exkludiert und im Übrigen mit § 288 Abs. 2 Satz 1 Nr. 1 KAGB einen Zurechnungtatbestand geschaffen hat, der gerade Strukturen über Zweckgesellschaften erfassen kann. Zugleich ist es richtig, das

---

[1669] *Zetzsche*, NZG 2012, 1164, 1165; *Herkströter/Krismanek*, in: Beckmann/Scholtz/Vollmer, Investment-Hdb., Losebl. (Stand: 5/15), 405 § 288 KAGB Rn. 17; *Söhner*, WM 2014, 2110, 2114; *Jesch*, in: FrankKomm, KapAnlR Bd. 1, § 288 KAGB Rn. 26.

[1670] *Bärenz/Steinmüller*, in: Dornseifer/Jesch/Klebeck/Tollmann, AIFM-RL, Art. 26 Rn. 69; *Viciano-Gofferje*, BB 2013, 2506, 2508; *Söhner*, WM 2014, 2110, 2114; *Jeuk*, Ausgewählte Auswirkungen der Einführung des Kapitalanlagegesetzbuchs (KAGB) auf Private Equity Fonds in Deutschland, S. 31 f.

[1671] *Weitnauer*, AG 2013, 672, 674; *Schröder/Rahn*, GWR 2014, 49, 50 f.; *Koch*, WM 2014, 433, 435; *Jesch*, RdF 2014, 180, 184; *ders.*, in: FrankKomm, KapAnlR Bd. 1, § 288 KAGB Rn. 25; *Jeuk*, Ausgewählte Auswirkungen der Einführung des Kapitalanlagegesetzbuchs (KAGB) auf Private Equity Fonds in Deutschland, S. 31; *Felsenstein/Müller*, KSzW 2016, 55, 58.

[1672] 6. Teil, B.I.2.e)bb).

[1673] *Swoboda*, in: Weitnauer/Boxberger/Anders, KAGB, § 288 Rn. 7 ff. Da ein Look Through gerade ohne Zurechnungsnormen auskommt, darf man § 288 Abs. 2 Satz 1 Nr. 1 KAGB nach hier vertretener Auffassung nicht als Ausdruck des Look Through-Ansatzes verstehen. So aber *Felsenstein/Müller*, KSzW 2016, 55, 58. Beim Look Through ist die in Rede stehende Gesellschaft regulierungsrechtlich irrelevant. Wenn das nun aus § 288 Abs. 2 Nr. 1 KAGB zu schließen wäre, könnte man Konzernholdings gar nicht erfassen, da stets auf die nachgelagerte Konzerngesellschaft abzustellen wäre.

Sonderbeteiligungsrecht nicht auf Akquisitionsvehikel anzuwenden.[1674] Die Begründung darin zu erblicken, dass es über keine Arbeitnehmer verfügt, verfängt jedoch wie bereits im Rahmen der Argumentation zur Notwendigkeit eines operativen Erfordernisses gesehen nicht. Akquisitionsvehikel werden entweder durch den AIF gegründet oder – so der Weg der Praxis – als Vorratsgesellschaft erworben. Eine „Erlangung" der Kontrolle wird man aufgrund des bereits erörterten neutralen Wortlauts in beiden Varianten erblicken können. Eine Anwendung des Sonderbeteiligungsrechts ist aber deswegen nicht indiziert, weil Akquisitionsvehikel zunächst nur leere Hüllen sind, die im Gegensatz zu Holdinggesellschaften bei Erwerb als Auslöser für die Sonderregulierung noch kein Unternehmen betreiben. Ohnehin können bei ihrer Gründung keine Mitteilungspflichten gem. § 289 KAGB ausgelöst werden (Erwerb vs. Übernehmen der Anteile).

Da eine Kontrollerlangung an der Zweckgesellschaft gefordert ist, kommt es im Fall bloßer Co-Investments mit Dritten nicht zu einer Zurechnung.[1675] Fraglich ist hingegen, ob etwas anderes in dem Fall zu gelten hat, in dem sich z.B. vier verschiedene AIF(M)s zu gleichen Teilen an der Zweckgesellschaft zusammentun (also jeweils 25 Prozent halten). Bei Lichte besehen könnte die Satzung der Zweckgesellschaft eine Vereinbarung i.S. des § 287 Abs. 1 Nr. 2 KAGB darstellen und so gegebenenfalls eine Zurechnungsgrundlage bilden, in deren Folge die aggregierten Stimmrechte den AIF(M)s eine Kontrollerlangung vermitteln würden. So liest man auch in der Literatur, dass im Fall der Co-Investments die Zusammenrechnung nach § 287 KAGB möglich sei.[1676] Doch § 287 Abs. 1 KAGB spricht im Kontext der Kontrollerlangung nur von AIFs und regelt somit allein die horizontale Zurechnung von auf Ebene der AIFs gehaltenen Stimmrechten am NBU, wohingegen für das vertikale Verhältnis zwischen Zweckgesellschaft und AIF(M) nur die Zurechnungsregel des § 288 Abs. 2 Nr. 1 KAGB existiert. Fallen die Vereinbarung i.S. des § 287 Abs. 1 KAGB und die Satzung der Zweckgesellschaft zusammen, kollidieren das horizontale und vertikale Zurechnungskonzept. Weitnauer folgert nun, dass eine Vereinbarung nur vorliegen könne, wenn sich ein Fonds auch mehrheitlich an der Zweckgesellschaft beteiligen würde.[1677] Hiergegen wendet sich Söhner unter Hinweis darauf, dass § 288 Abs. 2 Nr. 1 KAGB als zusätzliche Zurechnungsregel nur neben § 287 Abs. 1 KAGB trete.[1678] Letzterem wird man grundsätzlich beipflichten dürfen, weil § 287 Abs. 1 KAGB und § 288 Abs. 2 Nr. 1 KAGB konzeptionell zwei verschiedene Sachverhalte regeln. Doch ergibt sich hieraus noch nicht, ob auch der Geltungsbereich des Sonderübernahmerechts samt Zurechnung der Stimmrechte im obigen Beispiel eröffnet wäre. So geht die für die Bejahung der Kontrollerlangung

---

[1674] *Swoboda*, in: Weitnauer/Boxberger/Anders, KAGB, § 288 Rn. 8, 11; *Felsenstein/Müller*, KSzW 2016, 55, 58.

[1675] *Jesch*, in: FrankKomm, KapAnlR Bd. 1, § 288 KAGB Rn. 32.

[1676] *Swoboda*, in: Weitnauer/Boxberger/Anders, KAGB, § 288 Rn. 20; *Jesch*, in: FrankKomm, KapAnlR Bd. 1, § 288 KAGB Rn. 32.

[1677] *Weitnauer*, AG 2013, 672, 674.

[1678] *Söhner*, WM 2014, 2110, 2114.

erforderliche horizontale Zurechnung ins Leere, weil die AIF(M)s keine Stimmrechte am NBU halten (wollen); die diese Unzulänglichkeit beseitigende vertikale Zurechnung kann hingegen mangels Kontrolle eines einzelnen AIF(M) an der Zweckgesellschaft nicht gelingen.

Im WpHG bzw. WpÜG herrscht mehr oder weniger der gleiche Streit beim Acting in Concert. Das LG München hat hier einen *unmittelbaren* Bezug zum Emittenten beim abgestimmten Verhalten (auf horizontaler Ebene) für erforderlich gehalten (nicht: auf Ebene oberhalb des Emittenten wie bei vorgeschalteten Gesellschaften);[1679] sollte dieser nicht gegeben sein, verbliebe nur die Zurechnung im vertikalen Verhältnis, wenn es sich bei der Vorschaltgesellschaft um ein Tochterunternehmen i. S. des § 290 HGB handelte[1680]. Ein Transfer dieser Würdigung auf das Investmentrecht liegt zunächst insoweit nahe, wie die Zurechnung sowohl nach §§ 34 Abs. 2 WpHG, 30 Abs. 2 WpÜG als auch nach § 287 Abs. 1 Nr. 2 KAGB einen unmittelbaren Bezug zur Zielgesellschaft erheischt. § 287 Abs. 1 Nr. 2 KAGB deutet hierauf hin, weil die Vereinbarung zwischen den AIFMs einen Kontrollerwerb durch ihre verwalteten AIFs *gem. § 288 Abs. 1 KAGB* zum Gegenstand haben muss. Dort ist allein die Konstellation unmittelbar gehaltener Stimmrechte adressiert; das vertikale Verhältnis wird hingegen durch § 288 Abs. 2 Satz 1 Nr. 1 KAGB geregelt. Demgegenüber erfordert eine vertikale Zurechnung im KAGB anders als im Bereich der Ermittenten stets den Erwerb von mehr als 50 Prozent der Stimmrechte; das weite Control-Prinzip des § 290 HGB ist dem Sonderübernahmerecht des KAGB fremd. Während das HGB – wenn auch nicht ohne Kritik[1681] – eine Mehrmütterherrschaft zulässt und damit eine taugliche Zurechnungsgrundlage für die in Rede stehende Konstellation bietet, ist dies im KAGB kein gangbarer Weg. Konzeptionell ließe sich über die vertikale KAGB-Zurechnung stets nur der Fall der Beteiligung von AIF(M)s über separate Zwischenholdings erfassen.

Es ist daher nicht einzusehen, wieso eine durch Zwischenschaltung einer Zweckgesellschaft bewirkte Mediatisierung der Gesellschafterrechte ein Aushebeln des Sonderübernahmerechts legitimieren sollte, wenn (a) der Weg einer mehrfachen vertikalen Zurechnung von vornherein versperrt ist, (b) die verschiedenen AIFMs eine Vereinbarung über eine wenn auch nur mittelbare Kontrollerlangung am NBU treffen (sei es gesellschaftsvertraglich oder durch Gesellschaftervereinbarung), (c) diese AIF(M)s mehr als 50 Prozent der Stimmrechte an der Zweckgesellschaft halten, (d) eine Stimmbindung untereinander sichergestellt ist („zusammenarbei-

---

[1679] LG München I, Urt. v. 9.6.2009 – 5 HK O 591/09, AG 2009, 918, 923; gegen horizontale Zurechnung zudem *Liebscher*, ZIP 2002, 1005, 1012; *v. Bülow*, in: KölnKomm, WpÜG, § 30 Rn. 261 ff.; *Zimmermann*, in: Fuchs, WpHG, § 22 Rn. 108; *Rothenfußer*, in: Paschos/Fleischer, Hdb. WpÜG, § 11 Rn. 310, 324 f., 335, 349; dafür jedoch: *Wackerbarth*, in: MünchKomm, AktG, § 30 WpÜG Rn. 32, 57 f.; *Weiß*, Der wertpapierhandelsrechtliche und übernahmerechtliche Zurechnungstatbestand des acting in concert, S. 152 f.; *Walz*, in: FrankKomm, WpÜG, § 30 Rn. 44; *Pentz*, ZIP 2003, 1478, 1484 f.

[1680] LG München I, Urt. v. 9.6.2009 – 5 HK O 591/09, AG 2009, 918, 923.

[1681] Zur Diskussion *Senger/Hoehne*, in: MünchKomm, BilR, § 290 HGB Rn. 63, 66.

ten") und (e) über die Zweckgesellschaft aggregiert mehr als 50 Prozent der Stimmrechte am NBU gehalten werden. Diese Konstellation ist bei Lichte besehen dem Fall gleichgestellt, in dem bloß ein einzelner AIF an der Zweckgesellschaft Kontrolle erlangt und dem sodann die Stimmrechte des Akquisitionsvehikels am NBU zuzurechnen sind. Eine vertikale Zurechnung ist damit legitim und § 288 Abs. 2 Satz 1 Nr. 1 KAGB insoweit erweiternd auszulegen. Außerdem erlaubt die Mediatisierung in einem derart gelagerten Fall keine andere rechtliche Würdigung, als würden sich die jeweiligen AIF(M)s im Wege einer bloßen Stimmbindung oder sonstigen schuldrechtlichen Kooperationsgrundlage vereinen und zusammen Stimmrechte von mehr als 50 Prozent direkt am NBU halten; hier wie da wäre mit Abstand betrachtet eine Zusammenarbeit zwischen AIFMs über ein zusammen kontrolliertes NBU gegeben („Keine Flucht ins Akquisitionsvehikel").

(b) Zurechnung in Konzernstrukturen

Für den Fall eines mehrstöckigen Konzernverbunds weist Swoboda darauf hin, dass unter Zugrundelegung der Zurechnung mittelbar gehaltener Stimmrechte auch die weiteren Konzerngesellschaften vom Begriff des NBU erfasst seien, wobei sich lediglich die Pflichten aus §§ 289 Abs. 3 Nr. 2, 290 KAGB in Bezug auf das erste erworbene Unternehmen beschränken würden.[1682] Burgard/Heimann nehmen sogar eine uneingeschränkte konzernweite Geltung des Sonderübernahmerechts an.[1683] Jesch/Kohl vertreten dies jedenfalls für § 292 KAGB.[1684] Auch Viciano-Gofferje empfiehlt bis zur höchstrichterlichen oder behördlichen Klärung der Rechtsfrage eine Anwendung des Sonderbeteiligungsrechts in Bezug auf die weiteren Konzerngesellschaften, erwägt jedoch eine teleologische Reduktion des § 289 Abs. 2 KAGB in Ansehung der Zielgesellschaft und ihrer Anteilseigner, falls 100 Prozent der Anteile der Konzernobergesellschaft erworben werden.[1685]

Tatsächlich lassen die AIFM-RL und das KAGB Raum für eine Auslegung pro konzernweiter Geltung der Sonderregulierung, wenn man bedenkt, dass (i) allein die „Kontrollerlangung" maßgeblich ist, (ii) die Exegese des Unternehmensverständnisses im Sonderbeteiligungsrecht gezeigt hat, dass auch Holdinggesellschaften NBUs sein können und (iii) auch mittelbar gehaltene Stimmrechte zugerechnet werden. Die Dimensionen dieser Auslegung und ihre Implikationen auf das regulierungsrechtliche Pflichtengefüge zeigen sich, wenn man die Beteiligungskette vom Akquisitionsvehikel aus gedanklich weiterführt. Wird über das Akquisitionsvehikel

---

[1682] *Swoboda*, in: Weitnauer/Boxberger/Anders, KAGB, § 288 Rn. 11, § 289 Rn. 4, § 290 Rn. 4, 7, § 292 Rn. 8 ff.

[1683] *Burgard/Heimann*, WM 2014, 821, 830 Fn. 77.

[1684] *Jesch/Kohl*, in: FrankKomm, KapAnlR Bd. 1, § 292 KAGB Rn. 13; bei *Jesch*, in: FrankKomm, KapAnlR Bd. 1, § 288 KAGB Rn. 22 wird hingegen nur die Meinung von Burgard/Heimann wiedergegeben; wie Jesch/Kohl auch *Jeuk*, Ausgewählte Auswirkungen der Einführung des Kapitalanlagegesetzbuchs (KAGB) auf Private Equity Fonds in Deutschland, S. 39.

[1685] *Viciano-Gofferje*, BB 2013, 2506, 2510 f.

die Kontrolle an der Konzernholding mit Closing der Transaktion erlangt, dann kann die Konzernholding selbst als Zurechnungsunternehmen i. S. des § 288 Abs. 2 Satz 1 Nr. 1 KAGB qualifizieren. Mit Erwerb der Kontrolle an der Konzernholding würde auch die Kontrolle an bestehenden Töchtern erlangt. Auch hier könnte dann das Sonderbeteiligungsrecht (Beteiligungstransparenz, Offenlegung, etc.) zu berücksichtigen sein. Wenn nun diese Töchter weitere Unternehmen (Add Ons) erwürben, würde die Kontrollerlangung an diesen ebenso an den AIF vermittelt. Insgesamt gäbe es nur zwei Grenzen für die Zurechnung: zum einen der Sitz des Unternehmens (§ 1 Abs. 19 Nr. 27 KAGB: EU oder EWR-Vertragsstaat),[1686] zum anderen die *zielgebundene* Vereinbarung (unter den AIFs oder AIFMs), mithin der Wille zur Kontrollerlangung an weiteren Unternehmen. Letzteres gälte nicht für den alleinigen Erwerb durch einen einzelnen AIF, da es bei diesem nach dem bereits Herausgearbeiteten nur auf die Transaktion, nicht jedoch auf einen begleitenden Willen ankommt.

Das von Swoboda gefundene, grundsätzliche Ergebnis wird hier im Ansatz geteilt.[1687] Er hat die Erweiterung des Pflichtenkreises zugunsten aller konzernzugehörigen Gesellschaften allein auf § 288 Abs. 2 Satz 1 Nr. 1 KAGB gestützt.[1688] Das ist notwendig, aber nicht hinreichend. Denn dass die Konzernholding nach Kontrollerlangung als kontrolliertes Unternehmen nach § 288 Abs. 2 Satz 1 Nr. 1 KAGB einzuordnen ist, dürfte nicht ernsthaft in Frage gestellt werden. Die in teleologischer Hinsicht entscheidende Frage aber lautet, wieso die weiteren, beim Erwerb bereits existierenden Konzerngesellschaften aus dem Blickwinkel der Regulierung auch „Unternehmen" i. S. des § 287 KAGB sein sollen, wenn das Sonderbeteiligungsrecht lediglich durch den Erwerb der Anteile an der formell gekauften Gesellschaft ausgelöst wird (Maßgeblichkeit der Stimmrechtsverschiebung). Das beantwortet § 287 Abs. 2 Nr. 1 KAGB (Ausnahme für KMUs) jedenfalls für wirtschaftlich tätige Konzernobergesellschaften: Wenn bei der Berechnung der Anzahl der Beschäftigten und des Jahresumsatzes von KMUs die relevanten Daten der verbundenen Unternehmen hinzuzurechnen sind[1689] und

---

[1686] Insoweit ist es – soweit richtig verstanden – nicht nachvollziehbar, wenn *Swoboda*, in: Weitnauer/Boxberger/Anders, KAGB, § 292 Rn. 11 darauf hinweist, bei Zugrundelegung einer weiten Auslegung des Unternehmensbegriffs bestünde die Gefahr, auch Töchtergesellschaften im Ausland zu erfassen.

[1687] A. A. ohne Begründung *Felsenstein/Müller*, KSzW 2016, 55, 58 für die Pflichten aus §§ 289, 290 KAGB. Sie verweisen in der Fn. 55 auf Swoboda, der jedoch nur bei § 290 KAGB andere Konzerngesellschaften nicht als Offenlegungsadressaten erfasst wissen will.

[1688] *Swoboda*, in: Weitnauer/Boxberger/Anders, KAGB, § 288 Rn. 11, 18.

[1689] Anhang Art. 3 Abs. 3 und Art. 6 Abs. 2 der Empfehlung 2003/361/EG der Kommission vom 6. Mai betreffend die Definition der Kleinstunternehmen sowie der kleinen und mittleren Unternehmen, ABl. Nr. L 124, S. 36. Wenig überzeugend *Bärenz/S. Käpplinger*, in: Dornseifer/Jesch/Klebeck/Tollmann, AIFM-RL, Art. 27 Rn. 98, die eine Anwendung der Zurechnungsnormen wegen des Wortlauts in Art. 26 Abs. 2 lit. a AIFM-RL ablehnen. Ihre Argumentation ist zwar nur für das Verhältnis zwischen AIF und Zielunternehmen ergangen, ihr Wortlautargument müsste aber allgemein gelten.

gegebenenfalls, aber nicht notwendigerweise, erst dadurch der Geltungsbereich des Sonderbeteiligungsrechts eröffnet wird, die verbundenen Unternehmen mithin von regulierungsrechtlicher Relevanz sind, dann wäre es nicht einzusehen, wieso im Gegenzug und zu ihrem Nachteil eine Anwendung des Sonderbeteiligungsrechts ausscheiden soll. Bei nicht wirtschaftlich tätigen Konzernobergesellschaften darf jedoch in Ansehung des KAGB im Ergebnis nichts anderes gelten, um etwaigen Umgehungsgefahren z. B. durch Aufgabe des Waren- oder Dienstleistungsbezugs vor Akquisition vorzubeugen. Ohnehin gebietet das die Überlegung, dass ein das Sonderbeteiligungsrecht auslösender separater Erwerb der weiteren Konzerngesellschaften durch den AIF nicht mehr vollzogen wird. Freilich wird man bei der konzernweiten Geltung der Pflichten je nach Inhalt der Pflicht Ausnahmen im Einzelfall zulassen müssen, soweit dies sachgemäß erscheint und die Ziele des Unionsgesetzgebers nicht konterkariert.[1690] Auch wird noch im Kontext der Ausnahmevorschriften zum Geltungsbereich des Sonderbeteiligungsrechts zu zeigen sein, dass das Sonderbeteiligungsrecht bei Add Ons hingegen nicht ohne Weiteres gilt.[1691] Bei einem Minderheitsbeteiligungserwerb an einer Konzernholding muss die wegen § 287 Abs. 3 KAGB zur Anwendung gelangende Beteiligungstransparenz hingegen nicht in Bezug auf weitere Konzerngesellschaften eingehalten werden, da eine Anwendung von § 289 Abs. 1 KAGB Stimmrechtsanteile an dem jeweiligen Unternehmen voraussetzt. Das ist nicht der Fall, wenn nur Anteile an der Konzernholding erworben werden und mangels Kontrolle an der Konzernholding keine Zurechnung über § 288 KAGB erfolgen kann.

(c) Zurechnung von Stimmrechten beauftragter Personen

Schließlich erfolgt nach § 288 Abs. 2 Satz 1 Nr. 2 KAGB eine Zurechnung auch bei Stimmrechten von natürlichen oder juristischen Personen, die in ihrem eigenen Namen, aber im Auftrag des AIF oder eines von dem AIF kontrollierten Unternehmens handeln. Durch die Verwendung des Begriffs „Auftrag" kommt zum Ausdruck, dass eine rechtliche Einwirkung auf die Stimmrechtsausübung vorhanden sein muss. Bei einer Gegenüberstellung dieses Zurechnungstatbestands mit § 288 Abs. 2 Satz 1 Nr. 1 KAGB rechtfertigte sich andernfalls keine Zurechnung.[1692] Da der nationale Gesetzgeber den entsprechenden Passus der AIFM-RL ohne Veränderungen übernommen hat, ist darauf hinzuweisen, dass mit juristischen Personen nicht juristische Personen nach dem nationalen Verständnis gemeint sind, wenngleich diese ebenso erfasst sind. Denn es wurde bereits an anderer Stelle diskutiert, dass es im Unionsrecht kein einheitliches Konzept einer juristischen Person gibt und

---

[1690] So bei 6. Teil, B.III.2.a)bb)(2) und 6. Teil, B.III.2.c)ee).

[1691] 6. Teil, B.III.1.b).

[1692] *Bärenz/Steinmüller*, in: Dornseifer/Jesch/Klebeck/Tollmann, AIFM-RL, Art. 26 Rn. 74, 76; *Herkströter/Krismanek*, in: Beckmann/Scholtz/Vollmer, Investment-Hdb., Losebl. (Stand: 5/15), 405 § 288 KAGB Rn. 19.

Personengesellschaften dadurch, dass sie keine natürlichen Personen sind, jedenfalls juristische Personen nach dem Verständnis der AIFM-RL sind.[1693]

b) Ausnahmen vom und Einschränkungen des Geltungsbereich(s)

Das Sonderbeteiligungsrecht gilt nicht im Anwendungsbereich der De-minimis-Regelungen, sofern nicht für die KAGB-Investmentgesellschaften optiert wird. Daneben bestehen nach § 287 Abs. 2 KAGB Ausnahmen, wenn das NBU

1. ein KMU i. S. von Art. 2 Abs. 1 des Anhangs der Empfehlung 2003/361/EG oder

2. eine Zweckgesellschaft für den Erwerb, den Besitz oder die Verwaltung von Immobilien ist.

Diese Ausnahmen gelten auch für die Pflicht zur Beteiligungstransparenz bei Minderheitsbeteiligungen nach § 287 Abs. 3 KAGB („unbeschadet").[1694] Dass nur Immobilienzweckgesellschaften erfasst werden, mag sinnwidrig und sachlich nicht zu rechtfertigen sein,[1695] ist aber de lege lata hinzunehmen. Für Akquisitionsvehikel im Bereich LBO bestehen wie bereits gesehen aber auch andere Argumentationsmöglichkeiten, um aus dem Anwendungsbereich zu fallen.[1696] KMUs sind wirtschaftlich tätige Unternehmen, die weniger als 250 Personen beschäftigen und die entweder einen Jahresumsatz von höchstens 50 Mio. Euro erzielen oder deren Jahresbilanzsumme sich auf höchstens 43 Mio. Euro beläuft.[1697] Ob Nr. 1 für LBO-Fonds relevant ist, hängt vom Einzelfall ab. Auf jedenfall ist der Bereich Venture Capital angesprochen.[1698] Allein daraus, dass der Gesetzgeber expressis verbis nur Art. 2 Abs. 1 des Empfehlungsanhangs erwähnt, darf jedoch nicht geschlossen werden, dass die bereits erwähnten Zurechnungsvorschriften bei verbundenen Unternehmen nicht von Relevanz sind.[1699] Der Gesetzgeber war lediglich darum bemüht, den Begriff der KMUs zu definieren.

[1693] Für die AIFM-RL im Ergebnis ebenso, aber ohne Begründung: *Bärenz/Steinmüller*, in: Dornseifer/Jesch/Klebeck/Tollmann, AIFM-RL, Art. 26 Rn. 71. s. bereits 5. Teil, B.V.6.b)aa).

[1694] *Herkströter/Krismanek*, in: Beckmann/Scholtz/Vollmer, Investment-Hdb., Losebl. (Stand: 5/15), 405 § 287 KAGB Rn. 42.

[1695] So *Zetzsche*, NZG 2012, 1164, 1167, der die Bereichsausnahme nur als pars pro toto versteht.

[1696] 6. Teil, B.III.1.a)ee)(2)(a).

[1697] Auch Kleinstunternehmen fallen hierunter, *Zetzsche*, NZG 2012, 1164, 1166.

[1698] *Weitnauer*, BKR 2011, 143, 146; *ders.*, in: Weitnauer, Hdb. VC, B Rn. 41; *Bärenz/Steinmüller*, in: Dornseifer/Jesch/Klebeck/Tollmann, AIFM-RL, Art. 26 Rn. 89; *Zetzsche*, NZG 2012, 1164, 1167; *Jaskolski/Grüber*, CFL 2010, 188, 195; *Berger*, Regulierung der Management-Ebene bei Private Equity-Fonds, S. 203.

[1699] So aber *Bärenz/Steinmüller*, in: Dornseifer/Jesch/Klebeck/Tollmann, AIFM-RL, Art. 26 Rn. 98; wie hier *Zetzsche*, NZG 2012, 1164, 1166 f.; *Herkströter/Krismanek*, in: Beckmann/Scholtz/Vollmer, Investment-Hdb., Losebl. (Stand: 5/15), 405 § 287 KAGB Rn. 32 ff.

Bei der Anwendung der Zurechnungsvorschriften im Kontext der KMU-Ausnahme ist aber darauf zu achten, dass der Anwendungsbereich der KMU-Ausnahme nicht ausgehöhlt wird. Das wäre der Fall, wenn ein AIF eine Mehrheitsbeteiligung am KMU-Zielunternehmen erwürbe, dieses unter Rückgriff auf die Zurechnungsvorschriften wegen Verbundenheit mit dem AIF nicht mehr als KMU qualifizierte und man deshalb die Anwendung des Sonderbeteiligungsrechts stets bejahte.[1700] Richtig ist es allein danach zu fragen, ob es sich bei dem NBU *vor* Erlangung der Beteiligung um ein KMU handelt.[1701] Da hier eine konzernweite Geltung des Sonderbeteiligungsrechts vertreten und die Kontrollerlangung über § 288 Abs. 2 Satz 1 Nr. 1 KAGB auch bei Add Ons vermittelt wird, ist diese pre-akquisitorische Prüfung des KMU-Status auch hier einzuhalten. KMU-Add Ons kommen daher nicht in den Genuss von § 292 KAGB, selbst wenn zugunsten der Muttergesellschaft das Verbot des Asset Stripping einzuhalten ist. Im Konzern kann daher eine gespaltene Geltung des Sonderbeteiligungsrechts zu gewärtigen sein.

Wächst das KMU über die maßgeblichen Schwellen hinaus, kann das nicht dazu führen, dass bei vorheriger Kontrollerlangung fortan das Sonderübernahmerecht zu berücksichtigen ist.[1702] Denn es wurde bereits herausgearbeitet, dass stets die Stimmrechtsverschiebung im Mittelpunkt des Sonderbeteiligungsrechts steht und das bloß nachträgliche Herauswachsen aus dem KMU-Bereich deshalb nicht den Geltungsbereich gem. § 287 Abs. 1 KAGB eröffnen kann,[1703] zumal die Erfüllung der Pflichten kurz vor einem bereits nach zwei Jahren angestrebten Exit erst recht keinen Sinn ergäbe. Es bestehen Parallelen zur Diskussion zum Delisting. So liegt in einer etwaigen Kontrollverfestigung nach Herauswachsen keine erneute Kontrollerlangung. In der Folge wäre mangels Eröffnung des Geltungsbereichs ein Erreichen der Stimmrechtsschwelle von 75 Prozent nicht gem. § 289 Abs. 1 KAGB mitzuteilen. Da aber auch Minderheitsbeteiligungen an einem nunmehr großen Unternehmen bei etwaiger Stimmrechtsverschiebung mitzuteilen sind (§ 287 Abs. 3 KAGB), muss dies erst recht im Hinblick auf die 75 Prozent-Schwelle trotz vorherigen Kontrollerwerbs gelten. Logische Kehrseite von der Relevanz der Stimmrechtsverschiebung müsste sein, dass das Sonderübernahmerecht nach Kontrollerlangung auch dann weiter gälte, wenn das NBU in den KMU-Bereich hineinschrumpfte. Die Regelungstechnik des KAGB ist hier jedoch eine andere. Der

---

[1700] Das anerkennt auch *Bärenz/Steinmüller*, in: Dornseifer/Jesch/Klebeck/Tollmann, AIFM-RL, Art. 26 Rn. 98; a. A. *Zetzsche*, NZG 2012, 1164, 1166 f., der das für legitim hält; so wohl auch *Jesch*, in: FrankKomm, KapAnlR Bd. 1, § 287 KAGB Rn. 52: „Ob ein KMU vorliegt, richtet sich ergänzend auch nach den Beteiligungsverhältnissen am Zielunternehmen".

[1701] *Bärenz/Steinmüller*, in: Dornseifer/Jesch/Klebeck/Tollmann, AIFM-RL, Art. 26 Rn. 99.

[1702] Ebenso *Swoboda*, in: Weitnauer/Boxberger/Anders, KAGB, § 287 Rn. 15; *Jesch*, in: FrankKomm, KapAnlR Bd. 1, § 287 KAGB Rn. 60; *Jeuk*, Ausgewählte Auswirkungen der Einführung des Kapitalanlagegesetzbuchs (KAGB) auf Private Equity Fonds in Deutschland, S. 37; a. A. für Art. 30 AIFM-RL *Boxberger*, in: Dornseifer/Jesch/Klebeck/Tollmann, AIFM-RL, Art. 30 Rn. 20.

[1703] 6. Teil, B.III.1.a)aa)(1).

Geltungsbereich ist gem. § 287 Abs. 1 KAGB zunächst eröffnet. Fällt das NBU später unter die KMU-Ausnahme, *sind* die §§ 287 bis 292 KAGB ausweislich § 287 Abs. 2 KAGB *nicht* anzuwenden.

Der Geltungsbereich wird aufgrund von § 287 Abs. 5 KAGB eingeschränkt. Danach gelten sämtliche Informationspflichten gegenüber den Arbeitnehmernvertretern/Arbeitnehmern nur vorbehaltlich der Bedingungen und Beschränkungen, die in Art. 6 der Richtlinie 2002/14/EG (sog. Arbeitnehmerunterrichtungsrichtlinie) festgelegt sind.[1704] So besteht die Möglichkeit, eine Informationsweitergabe durch Arbeitnehmervertreter dadurch zu unterbinden, dass Informationen im berechtigten Interesse des Unternehmens bzw. Betriebs ausdrücklich als vertraulich mitgeteilt werden.[1705] Auch muss der Arbeitgeber in besonderen Fällen nicht dazu verpflichtet sein, Informationen weiterzugeben, wenn dies nach objektiven Kriterien die Tätigkeit des Unternehmens oder Betriebs erheblich beeinträchtigen oder dem Unternehmen oder Betrieb schaden könnte.[1706]

2. Transparenz-, Offenlegungs- und Berichtspflichten nach §§ 289, 290, 291 KAGB

Der Ruf auf europäischer Ebene nach mehr Transparenz im Beteiligungsrecht geht auf die Sozialistengruppe im Europäischen Parlament zurück.[1707] Ihm wurde im Rahmen des Feedback zu dem Bericht der im Nachgang zum Grünbuch der Kommission aus dem Jahr 2005 eingesetzten Expertengruppe zu Private Equity Ausdruck verliehen.[1708] In Erwägungsgrund 52 AIFM-RL heißt es nunmehr: „Es muss sichergestellt werden, dass die zuständigen Behörden des Herkunftsmitgliedstaats des AIFM, die Unternehmen, über die die von einem AIFM verwalteten AIF Kontrolle ausüben und die Beschäftigten dieser Unternehmen über die Informationen verfügen, die erforderlich sind, damit die Unternehmen beurteilen können, wie sich diese Kontrolle auf ihre Situation auswirkt". Da auch die Arbeitnehmer Empfänger der relevanten Informationen werden sollen, kann der Systemschutz insoweit nicht mehr als Regelungszweck identifiziert werden. Zetzsche spricht von „ethisch getragenen Verhaltensgeboten"[1709]. Es bleibt verborgen, zu welchem Zweck die Genannten, etwa die BaFin, die jeweiligen Informationen erhalten sollen, während dies in an-

---

[1704] Ausführlich *Bärenz/Steinmüller*, in: Dornseifer/Jesch/Klebeck/Tollmann, AIFM-RL, Art. 26 Rn. 114 ff.; *Bärenz/S. Käpplinger*, in: Dornseifer/Jesch/Klebeck/Tollmann, AIFM-RL, Art. 27 Rn. 53 ff.; *Krause/Storjohann*, in: Beckmann/Scholtz/Vollmer, Investment-Hdb., Losebl. (Stand: 9/16), 405 § 290 KAGB Rn. 20.

[1705] Art. 6 Abs. 1 Satz 1 Arbeitnehmerunterrichtungsrichtlinie. Vgl. auch § 79 BetrVG.

[1706] Art. 6 Abs. 2 Arbeitnehmerunterrichtungsrichtlinie. s. auch § 106 Abs. 2 BetrVG.

[1707] *Bärenz/S. Käpplinger*, in: Dornseifer/Jesch/Klebeck/Tollmann, AIFM-RL, Art. 27 Rn. 1.

[1708] *European Commission*, Overview of the Contributions to Expert Group Reports on Investment Funds in Europe, S. 23.

[1709] *Zetzsche*, Prinzipien der kollektiven Vermögensanlage, § 12 C. III. 2.

deren Bereichen von Transparenzverpflichtungen (z. B. Marktschutz bei §§ 33, 40 WpHG, Transparenz über Konzernverbindungen zugunsten von Aktionären, Gläubigern und Öffentlichkeit bei § 20 AktG) erkennbar ist.[1710] Die Forderung nach mehr Transparenz entspringt offenbar vielmehr einem allgemeinen Regulierungsbedürfnis, bei dem anstelle eines mit der Transparenz verfolgten Nutzens der Regulierungsadressat selbst (insbesondere Manager von LBO-Fonds) in den Vordergrund rückt.[1711] Dieser Eindruck wird dadurch bestätigt, dass sämtliche Transparenzpflichten erst mit Wirksamkeit der Stimmrechtsverschiebung einsetzen und so der Nutzen für die jeweils Beteiligten in Frage gestellt ist („stumpfes Schwert"[1712]).[1713] Branchenseitig werden die zusätzlichen Transparenzpflichten mit Ausnahme der Offenlegungspflichten aus § 290 Abs. 4 KAGB allerdings tendenziell nicht als belastend wahrgenommen.[1714]

a) Mitteilungspflichten nach § 289 KAGB

In Ansehung von § 289 KAGB ist zwischen der Beteiligungstransparenz bei Berühren bestimmter Schwellen und den erweiterten Mitteilungspflichten bei Kontrollerlangung zu differenzieren.

aa) Beteiligungstransparenz nach § 289 Abs. 1 KAGB

Die KVG unterrichtet die BaFin gem. § 289 Abs. 1 KAGB, wenn der Anteil der Stimmrechte des NBU, der von dem AIF gehalten wird, durch Erwerb, Verkauf oder Halten von Anteilen an dem NBU die Schwelle von 10, 20, 30, 50 und 75 Prozent erreicht, überschreitet oder unterschreitet.[1715] Entscheidend ist jeweils die dingliche Rechtslage.[1716] Die Mitteilung hat allein gegenüber der BaFin zu erfolgen. Anders als

---

[1710] *Behme*, in: Baur/Tappen, Investmentgesetze, § 289 KAGB Rn. 7, § 290 KAGB Rn. 5.

[1711] Ebd., § 289 KAGB Rn. 6, 8; krit. auch *Herring/Krause*, Absolutreport 2/2010, 54, 61; *van Dam/Mullmaier*, in: Zetzsche, AIFMD, Chapt. 26 No. 3.5. Vgl. auch *European Commission* vom 30.4.2009, SEC(2009) 576, Commission staff working document, Impact Assessment {COM(2009) 207} {SEC(2009) 577}, Ziff. 3.2.6.: „Consequently, key stakeholders (existing shareholders of target companies and their employees as well as investors in AIF) of these transactions may not receive comparable and consistent information about the intentions of the acquiring AIFM and the strategic implications of such acquisition either at the time of the transaction or on a continuous basis".

[1712] *Behme*, in: Baur/Tappen, Investmentgesetze, § 289 KAGB Rn. 8.

[1713] *Teichmann/Brunner*, CFL 2011, 321, 326; *van Kann/Redeker/Keiluweit*, DStR 2013, 1483, 1488; *Klebeck/Kolbe*, BB 2014, 707, 711; *Krause/Storjohann*, in: Beckmann/Scholtz/Vollmer, Investment-Hdb., Losebl. (Stand: 9/16), 405 § 290 KAGB Rn. 12; scharfe und anschauliche Kritik bereits bei *Kolbe*, DB 2009, 1874, 1876 f.

[1714] *EY*, Game-changing regulation?, S. 28.

[1715] Begrüßend *Berger*, Regulierung der Management-Ebene bei Private Equity-Fonds, S. 204.

[1716] *Bärenz/S. Käpplinger*, in: Dornseifer/Jesch/Klebeck/Tollmann, AIFM-RL, Art. 27 Rn. 22; *Behme*, in: Baur/Tappen, Investmentgesetze, § 289 KAGB Rn. 19; *Jesch*, in: Frank-

§ 45 Abs. 3 WpHG kennt § 289 KAGB keine Verordnungsermächtigung zugunsten des BMF zur Konkretisierung des Inhalts, der Form, etc. der Mitteilung. Im Unterschied zum Pendant der Beteiligungstransparenz in §§ 33 f. WpHG[1717] wird zudem keine Pflicht zur Mitteilung gegenüber dem Unternehmen und für letzteres in der Folge auch keine korrespondierende Veröffentlichungspflicht wie nach Maßgabe der §§ 40 WpHG, 16 i. V. m. 3a ff. WpAV statuiert,[1718] mit der letztlich die Informationsöffentlichkeit erreicht werden soll[1719]. Offenbar geht der Unionsgesetzgeber davon aus, dass Anleger von NBUs keinen vergleichbaren Informationsdefiziten unterliegen.[1720] Gleichzeitig kommt das einem Eingeständnis gleich, dass anders als im Bereich der Emittenten kein schützenswerter Markt existiert.[1721] Dass auch Unternehmen (in der EU oder im EWR) mit Notierung außerhalb der geregelten Märkte NBUs sind, spielt für den Unionsgesetzgeber offenbar keine Rolle.

Der Zweck dieser Regelung ist in mehrfacher Hinsicht unklar. Die WpHG-Bestimmungen wollen qua Eliminierung der Informationsdefizite ein „Anschleichen" verhindern und dadurch die Funktionsfähigkeit der Märkte schützen sowie das Vertrauen der Anleger in diese stärken.[1722] Die Zusammsetzung des Aktionärskreises ist ein wichtiger Faktor für Anlageentscheidungen und kann den Kurs einer Aktie erheblich beeinflussen.[1723] Diese Schutzgedanken können mangels Veröffentlichungspflicht für die NBUs über Anteilsveränderungen und mangels transparenten Kurses eines Unternehmensanteils nicht im Rahmen von § 289 Abs. 1 KAGB fruchten.[1724] Es wird nicht deutlich, wozu die BaFin diese Informationen erhält.[1725] Außerdem bleibt es im Dunkeln, zu welchem Zweck eine Information der deutschen BaFin erfolgt, wenn in anderen EU-Mitglieds- bzw. EWR-Vertragsstaaten Beteiligungen an NBUs erworben werden.[1726] Letztlich legitimiert der eingangs erläuterte Erwägungsgrund 52 AIFM-RL auch nicht die neue Beteiligungstransparenz bei Minderheitsbeteiligungen.[1727]

Komm, KapAnlR Bd. 1, § 289 KAGB Rn. 36. Ein bloßer Forderungserwerb als Grundlage eines Debt-Equity-Swaps ist daher nicht meldepflichtig, *Florstedt*, ZIP 2015, 2345, 2348.

[1717] Jüngst zur Beteiligungstransparenz nach §§ 21 ff. WpHG a. F. im Kontext von Investmentvermögen auf Erwerberseite s. *Dietrich*, ZIP 2016, 1612.

[1718] *Möllers/Harrer/Krüger*, WM 2011, 1537, 1541; *Bärenz/S. Käpplinger*, in: Dornseifer/Jesch/Klebeck/Tollmann, AIFM-RL, Art. 27 Rn. 10.

[1719] *Schwark*, in: Schwark/Zimmer, KMRK, § 26 WpHG Rn. 1.

[1720] *Möllers/Harrer/Krüger*, WM 2011, 1537, 1541; *Schröder/Rahn*, GWR 2014, 49, 50.

[1721] Ebd.; *Söhner*, WM 2011, 2121, 2126.

[1722] BegrRegE BT-Drs. 12/6679, S. 52; *Petersen*, in: Spindler/Stilz, AktG, § 22 Anh. Rn. 2.

[1723] BegrRegE BT-Drs. 12/6679, S. 52.

[1724] *Möllers/Harrer/Krüger*, WM 2011, 1537, 1541.

[1725] *Behme*, in: Baur/Tappen, Investmentgesetze, § 289 KAGB Rn. 27; *Krause/Storjohann*, in: Beckmann/Scholtz/Vollmer, Investment-Hdb., Losebl. (Stand: 6/16), 405 § 289 KAGB Rn. 3 halten dem „entgegen", dass die BaFin einen besseren Einblick in Private Equity-Tätigkeiten erhalte – wozu dies erfolgt, wird indes nicht beantwortet.

[1726] So zurecht *Zetzsche*, NZG 2012, 1164, 1170.

[1727] *Behme*, in: Baur/Tappen, Investmentgesetze, § 289 KAGB Rn. 6.

bb) Mitteilungspflichten bei Kontrollerlangung
nach § 289 Abs. 2 bis 4 KAGB

Erweiterten Mitteilungspflichten unterliegt die KVG, sofern der AIF allein oder gemeinsam mit anderen AIFs die Kontrolle über ein NBU erlangt.

(1) Mitteilungsadressaten

Mitteilungsadressaten der erweiterten Mitteilungspflichten sind gem. § 289 Abs. 2 Nr. 1, 3 KAGB zunächst das NBU und die BaFin. Daneben sind gem. § 289 Abs. 2 Nr. 2 KAGB auch die Anteilseigner zu informieren, soweit deren Identität und Adresse der KVG

a) vorliegen,

b) von dem NBU zur Verfügung gestellt werden können oder

c) über ein Register, zu dem die KVG Zugang hat oder erhalten kann, zur Verfügung gestellt werden können.

Werden 100 Prozent der Anteile am NBU übernommen, entfällt denklogisch die Mitteilungspflicht gegenüber den Anteilseignern.[1728] Existieren weitere Anteilseigner, deren Identität und Adresse der KVG unbekannt sind, sind weitere Anstrengungen zu unternehmen. Aus lit. b) lässt sich ableiten, dass das NBU jedenfalls um Auskunft durch die KVG ersucht werden muss.[1729] Als „Register" kommt das Handelsregister in Betracht. Es ist jedoch stets zu bedenken, dass NBUs auch Unternehmen mit Sitz in der EU oder einem EWR-Vertragsstaat sein können. Im Handelsregister ist bei einer GmbH die Gesellschafterliste zu entnehmen. Die Geschäftsadresse von Personenhandels- und Kapitalgesellschaften als GmbH-Gesellschafter ist aus dem jeweiligen Registerauszug der Gesellschaft abzulesen.[1730] Natürliche Personen als GmbH-Gesellschafter müssen gem. § 40 Abs. 1 Satz 1 GmbHG nur ihren Wohnort und nicht ihre Adresse angeben. Selbst wenn Letzteres vereinzelt zur Identifikation (z. B. in Großstädten) gefordert wird, wird der Rückgriff auf Alternativkriterien wie die Angabe des Geburtsorts oder des Berufs als ausreichend erachtet.[1731] Das Handelsregister hilft insoweit nicht weiter. Auch bei der Eintragung des Wohnorts von Gesellschaftern einer Personenhandelsgesellschaft als Zielunternehmen ist im Hinblick auf § 106 Abs. 2 Nr. 1 HGB keine Eintragung der Adresse gefordert.[1732] Für GbRs hingegen existiert nicht einmal ein Register. Sogar ein nach § 67 AktG geführtes Aktienregister einer AG ist aus zwei Punkten nicht für die

---

[1728] Ebd., Rn. 35.

[1729] Ebd., Rn. 39.

[1730] *Bärenz/S. Käpplinger*, in: Dornseifer/Jesch/Klebeck/Tollmann, AIFM-RL, Art. 27 Rn. 39; *Behme*, in: Baur/Tappen, Investmentgesetze, § 289 KAGB Rn. 40.

[1731] *Heidinger*, in: MünchKomm, GmbHG, § 40 Rn. 12; *Noack*, in: Baumbach/Hueck, GmbHG, § 40 Rn. 12.

[1732] *Langhein*, in: MünchKomm, HGB, § 106 Rn. 22.

hiesigen Zwecke sachdienlich. Zum einen ist die KVG kein Aktionär des NBU und hat damit schon keinen Auskunftsanspruch gegen die AG. Zum anderen ist selbst der Auskunftsanspruch des einzelnen Aktionärs aus § 67 Abs. 6 AktG nicht auf Erlangung von Informationen über Mitaktionäre gerichtet.[1733] Insoweit kann die KVG auch keine Informationen über den AIF als Informationskanal erlangen.[1734] Darauf stellt das Gesetz aber ohnehin nicht ab, da es allein um einen Zugang der KVG zu einem Register geht. Die Mitteilungspflicht besteht aufgrund dieser praktischen Hürden jedenfalls nicht gegenüber „den Anteilseignern", sondern nur gegenüber den Anteilseignern, „soweit" sich die Identität und Adresse ermitteln lässt. Bisweilen wurde diese Pflichtenlage kritisiert, da eine Informationsweitergabe durch die Geschäftsführung des NBU konstruktiver wäre.[1735] Tatsächlich besteht für eine derart effektive Informationskette aus Sicht des Unionsgesetzgebers jedoch keine Notwendigkeit; so wurde bereits im Kontext der neuen Beteiligungstransparenz erläutert, dass die Anteilseigner eines NBU als regelmäßig besser informiert eingestuft werden als die Anteilseigner eines Emittenten.

(2) Mitteilungsinhalt

§ 289 Abs. 2 KAGB verpflichtet die KVG, die oben genannten Stellen über den Kontrollerwerb zu informieren. Darüber hinaus dekretiert § 289 Abs. 3 KAGB, dass die Mitteilung an die oben stehenden Adressaten auch Angaben über

1. die sich hinsichtlich der Stimmrechte ergebende Situation,

2. die Bedingungen, unter denen die Kontrolle erlangt wurde, einschließlich Nennung der einzelnen beteiligten Anteilseigner, der zur Stimmabgabe in ihrem Namen ermächtigten natürlichen oder juristischen Personen und gegebenenfalls der Beteiligungskette, über die die Stimmrechte tatsächlich gehalten werden, und

3. das Datum, an dem die Kontrolle erlangt wurde, beinhalten muss.

Nr. 1 erfordert Angaben über (i) den prozentualen Anteil der Stimmrechte des/der AIF(s) gemessen an der Gesamtzahl der Stimmrechte sowie (ii) die Anzahl der Stimmrechte.[1736] Aus den in Nr. 2 aufgeführten Beispielen ergibt sich, dass unter den für die Kontrollerlangung relevanten Bedingungen nur Umstände gemeint sein können, die in Verbindung mit der Stimmrechtssituation stehen.[1737] Kaufvertrags-

---

[1733] *Behme*, in: Baur/Tappen, Investmentgesetze, § 289 KAGB Rn. 40.

[1734] A.A. *Bärenz/S. Käpplinger*, in: Dornseifer/Jesch/Klebeck/Tollmann, AIFM-RL, Art. 27 Rn. 39.

[1735] Ebd.; *Behme*, in: Baur/Tappen, Investmentgesetze, § 289 KAGB Rn. 41 erwägt de lege ferenda Handlungsbedarf, zweifelt aber, ob ein nationaler Alleingang mit der AIFM-RL vereinbar wäre.

[1736] *Bärenz/S. Käpplinger*, in: Dornseifer/Jesch/Klebeck/Tollmann, AIFM-RL, Art. 27 Rn. 41 f.; *Behme*, in: Baur/Tappen, Investmentgesetze, § 289 KAGB Rn. 51.

[1737] *Bärenz/S. Käpplinger*, in: Dornseifer/Jesch/Klebeck/Tollmann, AIFM-RL, Art. 27 Rn. 44; *Swoboda*, in: Weitnauer/Boxberger/Anders, KAGB, § 289 Rn. 4; *Jesch*, in: Frank-

inhalte, Angaben zur Finanzierung und dergleichen sind keine solche Bedingungen.[1738] Dabei ist es mit Swoboda richtig, die Mitteilungspflicht nach Nr. 2 KAGB auf die gekaufte Konzernobergesellschaft zu beschränken und gegenüber den weiteren Konzerngesellschaften abzulehnen.[1739] Denn wer beteiligter Anteilseigner war und wer zur Stimmabgabe ermächtigt ist, ist nur für die oberste, gekaufte Gesellschaft relevant. Für die Konzerngesellschaften ändert sich insoweit nichts. Aus demselben Grund sind auch Angaben zur Beteiligungskette der Stimmrechte irrelevant. Selbiges muss für die Pflicht nach Nr. 1 KAGB gelten.

(3) Informationsweitergabe an Arbeitnehmervertreter/Arbeitnehmer

Nach § 289 Abs. 4 KAGB hat die KVG in ihrer Mitteilung an das NBU den Vorstand [sic] des Unternehmens zu ersuchen, entweder die Arbeitnehmervertreter oder, falls es keine solchen Vertreter gibt, die Arbeitnehmer selbst unverzüglich von der Kontrollerlangung durch den AIF und von den oben stehenden Informationen in Kenntnis zu setzen. Dabei bemüht sich die KVG nach besten Kräften sicherzustellen, dass der Vorstand [sic] entweder die Arbeitnehmervertreter oder, falls es keine solchen Vertreter gibt, die Arbeitnehmer selbst ordnungsgemäß informiert. Es war bereits Gegenstand vorheriger Ausführungen, dass mit „Vorstand" die Geschäftsführung des NBU gemeint ist und keine Eingrenzung auf AGs erfolgen sollte.[1740] Der Begriff des Arbeitnehmervertreters wird in § 1 Abs. 19 Nr. 2 KAGB legaldefiniert und rekurriert auf Art. 2 lit. e der Richtlinie 2002/14/EG, mithin die Vertreter gemäß der betrieblichen Mitbestimmung.[1741]

Diese Pflichten sind vor dem Hintergrund zu sehen, dass mangels direkter Beziehung zwischen Anteilseignern und Arbeitnehmervertretern/Arbeitnehmern keine unmittelbaren Informationspflichten des AIF und damit auch der (internen) KVG gegenüber den Arbeitnehmervertretern/Arbeitnehmern statuiert werden können.[1742] Nur die Geschäftsführung des NBU als Arbeitgeber kann Kontaktperson und damit Zugang zu den Arbeitnehmervertretern/Arbeitnehmern sein. Das wird in Ansehung der Managerregulierung von der AIFM-RL reflektiert.[1743] Was unter dem Bemühen

---

Komm, KapAnlR Bd. 1, § 289 KAGB Rn. 52; *Krause/Storjohann*, in: Beckmann/Scholtz/Vollmer, Investment-Hdb., Losebl. (Stand: 6/16), 405 § 289 KAGB Rn. 12.

[1738] *Bärenz/S. Käpplinger*, in: Dornseifer/Jesch/Klebeck/Tollmann, AIFM-RL, Art. 27 Rn. 44; *Behme*, in: Baur/Tappen, Investmentgesetze, § 289 KAGB Rn. 52; *Swoboda*, in: Weitnauer/Boxberger/Anders, KAGB, § 289 Rn. 5; *Jesch*, in: FrankKomm, KapAnlR Bd. 1, § 289 KAGB Rn. 54; *Krause/Storjohann*, in: Beckmann/Scholtz/Vollmer, Investment-Hdb., Losebl. (Stand: 6/16), 405 § 289 KAGB Rn. 12.

[1739] *Swoboda*, in: Weitnauer/Boxberger/Anders, KAGB, § 289 Rn. 4.

[1740] 6. Teil, B.III.1.a)aa)(2).

[1741] *Behme*, in: Baur/Tappen, Investmentgesetze, § 289 KAGB Rn. 45. Dazu *Klebeck/Kolbe*, BB 2014, 707, 712.

[1742] Erwägungsgrund 54 AIFM-RL.

[1743] *Bärenz/S. Käpplinger*, in: Dornseifer/Jesch/Klebeck/Tollmann, AIFM-RL, Art. 27 Rn. 50.

nach besten Kräften zu verstehen ist, wird nicht konkretisiert.[1744] Festzuhalten ist jedenfalls, dass die Pflichten aus § 289 Abs. 4 KAGB keine Erfolgs-, sondern nur Handlungspflichten sind. Auf das tatsächliche Handeln der Geschäftsführung hat die KVG letztlich keinen Einfluss. Gleichzeitig wurde – anders als bei Art. 6 Abs. 2 Satz 3 Übernahme-RL, § 14 Abs. 4 Satz 2 WpÜG – auf die Festschreibung einer korrespondierenden Pflicht der Geschäftsführung zur Informationsweitergabe verzichtet.[1745] Das ist aber freilich nur dem Ansatz der Managerregulierung der AIFM-RL geschuldet. Die Information der Arbeitnehmervertreter/Arbeitnehmer ist davon unabhängig vom Gesetz gewollt, wie der eingangs wiedergegebene Erwägungsgrund 52 AIFM-RL illustriert. Die Beschäftigten werden dort den Aufsichtsbehörden und Zielunternehmen als unmittelbare Adressaten im Ergebnis gleichgesetzt. Der Unionsgesetzgeber geht sogar davon aus, dass es zu einer Information kommt, da der bereits erläuterte Art. 6 der Arbeitnehmerunterrichtungsrichtlinie in Bezug genommen wird, der das Verhältnis Arbeitgeber und Arbeitnehmervertreter/Arbeitnehmer betrifft. Diese regulatorische Zielrichtung muss auf den gesellschaftsrechtlichen Pflichtenkreis der Geschäftsführung der Zielgesellschaft ausstrahlen und sich dort zu einer Pflicht zur Informationsweitergabe verdichten.[1746] Der Gedanke, dass das Gesellschaftsrecht (auch in anderen EU-/EWR-Jurisdiktionen) als Wegbereiter für ein wirksame Regulierung herhalten soll, mag zunächst befremdlich wirken; doch nicht zu verkennen ist, dass es die Geschäftsführung des NBU mit von der Rechtspolitik als Gefahr eingestuften Finanzinvestoren zu tun hat. Aus den vorstehenden Ausführungen ergibt sich zudem, dass die KVG die Informationsweitergabe etwa in der GmbH über das Weisungsrecht auch nicht sofort gesellschaftsrechtlich erwirken muss.[1747] Verweigert die Geschäftsleitung unbegründet die Informationsweitergabe, müsste die KVG jedoch im Rahmen der ihr gesetzlich zur Verfügung stehenden Mittel intervenieren. Sollte die Geschäftsführung von einer Weitergabe der Informationen absehen, da die Weitergabe nach Art. 6 Abs. 2 der Arbeitnehmerunterrichtungsrichtlinie als erhebliche Beeinträchtigung der Tätigkeit des Unternehmens oder des Betriebes oder als Schädigung des Unternehmens oder Betriebes eingestuft wird, ist dies von der KVG zu respektieren.[1748]

[1744] *Klebeck/Kolbe*, BB 2014, 707, 711: verfassungsrechtlich bedenklich; *Jesch*, in: FrankKomm, KapAnlR Bd. 1, § 289 KAGB Rn. 61: Beachtung der im Verkehr erforderlichen Sorgfalt.

[1745] *Behme*, in: Baur/Tappen, Investmentgesetze, § 289 KAGB Rn. 47.

[1746] Ebenso, aber ohne Begründung *Behme*, in: Baur/Tappen, Investmentgesetze, § 289 KAGB Rn. 47: „[...] die Weitergabe der Informationen wird regelmäßig der Sorgfalt eines ordentlichen und gewissenhaften Geschäftsleiters (§ 93 Abs. 1 S. 1 AktG) bzw. eines ordentlichen Geschäftsmannes (§ 43 Abs. 1 GmbHG) entsprechen"; a. A. *Swoboda*, in: Weitnauer/Boxberger/Anders, KAGB, § 290 Rn. 7, 17: Die Geschäftsleitung sei nicht verpflichtet, zu handeln, bzw. „mag sich diesem Ansinnen entgegenstellen".

[1747] Zu weit *Klebeck/Kolbe*, BB 2014, 707, 711, die die Pflicht zum gesellschaftsrechtlichen Erwirken insgesamt ablehnen.

[1748] *European Commission*, Your Questions On Legislation, ID 1194. Vgl. auch Erwägungsgrund 58 AIFM-RL: „Die Mitgliedstaaten sollten vorschreiben, dass die betreffenden

Ein Informationsanspruch der Arbeitnehmervertreter/Arbeitnehmer gegenüber der KVG wurde nicht kodifiziert und er vertrüge sich auch nicht mit dem an dieser Stelle regulierungsrechtlichen Charakter des KAGB.[1749] Eine direkte Rechtsbeziehung wird gerade nicht begründet. Die KVG wird nicht in die Betriebsverfassung integriert,[1750] sodass kein Nährboden für Sonderrechtsbeziehungen existiert. Letztlich würde man auch die Anwendung der Arbeitnehmerunterrichtungsrichtlinie unterlaufen.

cc) Frist nach § 289 Abs. 5 KAGB

Die Mitteilungen nach § 289 Abs. 1, 2 und 3 KAGB werden so rasch wie möglich, aber nicht später als zehn Arbeitstage[1751] nach dem Tag gemacht, an dem der AIF die entsprechende Schwelle erreicht, über- oder unterschritten hat oder die Kontrolle über das nicht börsennotierte Unternehmen erlangt hat. „So rasch wie möglich" entspringt der Terminologie der AIFM-RL und lässt genügend Freiraum für subjektive Momente wie das im deutschen Recht bekannte „unverzüglich", also das Handeln ohne schuldhaftes Zögern, nach § 121 Abs. 1 BGB.[1752] „Gemacht" ist die Mitteilung richtigerweise, wenn sie den Adressaten innerhalb dieser Frist zugeht.[1753] Denn dem Wortlaut des § 289 Abs. 1 KAGB ist zu entnehmen, dass die BaFin innerhalb dieser Frist bereits „unterrichtet" sein muss. Diese Frist ist wohl auch für die Mitteilungspflicht aus §§ 287 Abs. 3, 289 Abs. 1 KAGB beim Erlangen von Minderheitsbeteiligungen maßgeblich, obwohl § 287 Abs. 3 KAGB explizit nur § 289 Abs. 1 KAGB in Bezug nimmt.[1754]

AIFM die Übermittlung von Informationen durch den Vorstand an die Arbeitnehmervertreter, bzw., wenn es keine gibt, die Arbeitnehmer selbst, nicht verlangen, wenn die Informationen nach objektiven Kriterien dazu geeignet wären, die Funktionsfähigkeit des betreffenden Unternehmens erheblich zu schädigen oder sich nachteilig auf dieses auszuwirken"; wie hier *Bärenz/S. Käpplinger*, in: Dornseifer/Jesch/Klebeck/Tollmann, AIFM-RL, Art. 27 Rn. 55; a. A. *Behme*, in: Baur/Tappen, Investmentgesetze, § 289 KAGB Rn. 49.

[1749] *Swoboda*, in: Weitnauer/Boxberger/Anders, KAGB, § 290 Rn. 8; *Jesch/Kohl*, in: FrankKomm, KapAnlR Bd. 1, § 290 KAGB Rn. 34 halten die Ableitung eines Informationsanspruches für zweifelhaft.

[1750] *Klebeck/Kolbe*, BB 2014, 707, 711; die insoweit angestellten Überlegungen zur betriebsverfassungsrechtlichen Stellung des Fondsverwalters bei *Kolbe*, DB 2009, 1874, 1877 haben sich daher erledigt.

[1751] *Behme*, in: Baur/Tappen, Investmentgesetze, § 289 KAGB Rn. 58: Orientierung an allgemeinem Sprachgebrauch und nicht an § 3 Abs. 2 BUrlG liege nahe, sodass Samstag nicht dazu zähle.

[1752] Ebd., Rn. 57; offen lassend *Viciano-Gofferje*, BB 2013, 2506, 2507.

[1753] Dies wird auch im Rahmen von § 21 Abs. 1 Satz 1 WpHG a. F. vertreten, s. *Bayer*, in: MünchKomm, AktG, § 22 Anh. § 21 WpHG Rn. 41 mwN.; a. A. *Behme*, in: Baur/Tappen, Investmentgesetze, § 289 KAGB Rn. 59.

[1754] Ebenso *Jesch*, in: FrankKomm, KapAnlR Bd. 1, § 287 KAGB Rn. 64.

b) Offenlegungspflichten nach § 290 KAGB

Noch weiter als die Mitteilungs- gehen die aus Art. 28 AIFM-RL folgenden Offenlegungspflichten des § 290 KAGB. § 290 KAGB verläuft in struktureller Hinsicht mit § 289 KAGB gleich. So sind die Offenlegungsadressaten nach § 290 Abs. 1 KAGB dieselben wie die Mitteilungsadressaten in § 289 Abs. 2 KAGB. Auch wird der KVG durch § 290 Abs. 3, 4 Satz 2 KAGB die bereits aus § 289 Abs. 4 KAGB bekannte Ersuchens- und Bemühenspflicht auferlegt. § 290 KAGB hinterlässt aber eigene Fragestellungen, die im Folgenden behandelt werden. Während § 290 KAGB die KVG adressiert und erst post-akquisitorisch einsetzt, sind vom Unternehmer, also vom NBU, weiterhin die aus §§ 106 Abs. 2, Abs. 3 Nr. 9a, 109a BetrVG resultierenden, pre-akquisitorischen („potentieller Erwerber") Informationspflichten gegenüber dem Wirtschaftsausschuss/Betriebsrat einzuhalten.[1755] Der Nutzen der regulatorischen Offenlegungspflicht ist daher in Frage gestellt, weil eine effektive Teilhabe der Arbeitnehmer am Unternehmensgeschehen nicht angestrebt wird.[1756] Ergänzend sei darauf hingewiesen, dass im BVK organisierte Private Equity-Gesellschaften den dort niedergelegten *unverbindlichen* Transparenz-Richtlinien unterliegen.[1757]

aa) § 290 KAGB als Ausnahme bei der konzernweiten Geltung des Sonderbeteiligungsrechts?

Als Ausnahme von der hier ebenso vertretenen konzernweiten Geltung des Sonderbeteiligungsrechts führt Swoboda – und jüngst auch Jesch/Kohl[1758] – den § 290 KAGB an, der nur gegenüber dem ersten erworbenen Unternehmen einzuhalten sei.[1759] Dabei beruft er sich auf Sinn und Zweck der Vorschrift, die er daraus herleitet, dass die ersten Entwürfe für die AIFM-RL noch von „Target Company"[1760] gesprochen hätten und damit nur die erworbene Zielgesellschaft als Adressat der Offenlegungspflicht gemeint sein könne.[1761] Überdies werde so ein unerwünschter, externer Eingriff in die Konzernkommunikation unterbunden.[1762] Indes vermag die

---

[1755] *Weitnauer*, AG 2013, 672, 675; vgl. diesbezügliche Kritik an AIFM-RL bei *Kolbe*, DB 2009, 1874, 1876 f.

[1756] *Klebeck/Kolbe*, BB 2014, 707, 711; scharfe und anschauliche Kritik bereits bei *Kolbe*, DB 2009, 1874, 1876 f.

[1757] *BVK* vom 1.1.2011, Transparenz-Richtlinien zur Publizität von Private Equity Gesellschaften und Portfoliogesellschaften.

[1758] *Jesch/Kohl*, in: FrankKomm, KapAnlR Bd. 1, § 290 KAGB Rn. 20.

[1759] *Swoboda*, in: Weitnauer/Boxberger/Anders, KAGB, § 290 Rn. 4.

[1760] Art. 3 lit. ol des Entwurfs der AIFM-RL in der Fassung von Amendment 001-001 by the Committee on Economic and Monetary Affairs vom 29.10.2010, A7-0171/2010, A7-0171/001-001: Target Company means an issuer or non-listed company that is the object of a takeover from an investor gaining a controlling influence.

[1761] *Swoboda*, in: Weitnauer/Boxberger/Anders, KAGB, § 290 Rn. 4.

[1762] Ebd.; *Jesch/Kohl*, in: FrankKomm, KapAnlR Bd. 1, § 290 KAGB Rn. 20.

Begrenzung auf die erste erworbene Gesellschaft nicht zu überzeugen. Das in der Entwurfsfassung vorgesehene Konzept der Target Company wurde gerade nicht in Art. 28 AIFM-RL übernommen. Zwar ist auch in der amtlichen Fassung der AIFM-RL in Erwägungsgrund 58 die Rede von der Zielgesellschaft bzw. Target Company. Dort wird der Begriff jedoch in den Kontext sämtlicher Mitteilungs- und Offenlegungspflichten gestellt, mithin auch solcher aus Art. 27 AIFM-RL (§ 289 KAGB). Wie bereits diskutiert soll § 289 KAGB mit Ausnahme von § 289 Abs. 3 Nr. 2 KAGB laut Swoboda jedoch konzernweit gelten. Wenn also der Begriff der Target Company im Rahmen von § 289 KAGB keine Einschränkungen der konzernweiten Reichweite bewirken kann, ist es nicht nachvollziehbar, wieso das nun innerhalb von § 290 KAGB der Fall sein soll. Auch ist es inkonsequent, einerseits § 290 KAGB nicht auf nachgelagerte Konzerngesellschaften anzuwenden, um einen externen Eingriff in die Konzernkommunikation zu unterbinden, dies andererseits im Rahmen von § 289 KAGB für möglich zu erachten. Richtigerweise bleibt es auch hier bei der bereits begründeten konzernweiten Geltung des Sonderbeteiligungsrechts für sämtliche Konzerngesellschaften, soweit sie als NBUs i. S. der Legaldefinition nach § 1 Abs. 19 Nr. 27 KAGB qualifizieren.

bb) Offenlegungsgegenstand nach § 290 Abs. 2 KAGB

Offenzulegen ist nach § 290 Abs. 2 Nr. 1 KAGB zunächst die Identität der jeweiligen KVG. Die Mitteilung der Firma und der Handelsregisternummer ist ausreichend, aber auch erforderlich.[1763] Das KAGB differenziert ausweislich §§ 289 Abs. 2 Nr. 2, 290 Abs. 1 Nr. 2 KAGB zwischen „Identität" und „Adresse", sodass auf die Angabe der Adresse verzichtet werden kann, wenn nur die Identität offenzulegen ist. In diese Richtung geht wohl auch Art. 28 Abs. 2 lit. a AIFM-RL („Name"). Während der Gehalt von § 290 Abs. 2 Nr. 1 KAGB nahezu ohne Weiteres dem Gesetz zu entnehmen ist, sorgen § 290 Abs. 2 Nr. 2 und 3 KAGB für anhaltende Irritationen.

Nach § 290 Abs. 2 Nr. 2 KAGB sind die Grundsätze zur Vermeidung und Steuerung von Interessenkonflikten, insbesondere zwischen der KVG, dem AIF und dem Unternehmen, einschließlich Informationen zu den besonderen Sicherheitsmaßnahmen, die getroffen wurden, um sicherzustellen, dass Vereinbarungen zwischen der KVG oder dem AIF und dem Unternehmen wie zwischen voneinander unabhängigen Geschäftspartnern geschlossen werden (sog. *Fremdvergleichsgrundsatz* oder *Arm's Length-Prinzip*), offenzulegen. Überdies sind nach § 290 Abs. 2 Nr. 3 KAGB Informationen über die Grundsätze für die externe und interne Kommunikation in Bezug auf das Unternehmen, insbesondere gegenüber den Ar-

---

[1763] *Behme*, in: Baur/Tappen, Investmentgesetze, § 290 KAGB Rn. 16: Firma, satzungsmäßiger Sitz, Anschrift der KVG, nicht erforderlich: Handelsregisternummer; *Bärenz/ S. Käpplinger*, in: Dornseifer/Jesch/Klebeck/Tollmann, AIFM-RL, Art. 28 Rn. 55: Firma, Sitz, Adresse und Register/Registernummer; *Schröder/Rahn*, GWR 2014, 49, 51: Name, Firma, Sitz und Registernummer.

beitnehmern, vorzulegen. Diese offenzulegenden Grundsätze haben allein Niederschlag in der Transparenznorm des § 290 Abs. 2 KAGB gefunden, ohne dass zugleich korrespondierende Pflichten zur Formulierung solcher Grundsätze im KAGB statuiert wurden. Der Umgang mit dieser Regelungstechnik ist deshalb noch ungeklärt. Die Literatur ist zwiegespalten. Es ist übereinstimmend herauszulesen, dass jedenfalls § 290 Abs. 2 Nr. 3 KAGB keine inzidente Verpflichtung zum Aufstellen solcher Kommunikationsgrundsätze enthalte.[1764] Streitig ist hingegen, ob das Gleiche für § 290 Abs. 2 Nr. 2 KAGB gilt. Das wird zum Teil ohne Einschränkungen bejaht.[1765] Zum anderen Teil wird allerdings auch vertreten, dass dem Gesetz jedenfalls eine Verpflichtung zum Treffen von Sicherheitsmaßnahmen zum Zwecke von Arm's Length-Vereinbarungen zu entnehmen sei.[1766] Daraus würde sich sogar ein „Sonderkonzernrecht" ableiten, da etwa im Vertragskonzern keine nachteiligen Vereinbarungen i. S. des § 308 Abs. 1 Satz 2 AktG mehr getroffen werden dürften.[1767] In der Praxis ist jedenfalls zu beobachten, dass bloße Standardfloskeln offengelegt werden.

Es mutet in der Tat merkwürdig an, den Gehalt der Norm auf eine bloße Transparenzvorschrift zu reduzieren, wenn das Gesetz sprachlich von einer Existenz derartiger Grundsätze dadurch ausgeht, dass der Fall nicht existenter Grundsätze nicht bedacht wird (etwa durch ein „soweit vorhanden"). Diese sprachliche Entschlossenheit könnte die Kodifizierung korrespondierender Pflichten in einer separaten Norm substituieren. Demnach könnte man prima facie davon ausgehen, dass beiden Offenlegungsverpflichtungen zugleich eine inzidente Verpflichtung zum Aufstellen eben solcher Grundsätze zugrundeliegt. Diese Regelungstechnik erinnert an § 150 Abs. 3 KAGB, der formelle Vorgaben für den Gesellschaftsvertrag in Bezug auf Gesellschafterversammlungen macht, die aber – dort ist man sich einig – nicht erst durch Aufnahme in den Gesellschaftsvertrag einzuhalten sind, sondern zuvörderst materielle Verpflichtungen für AIFs darstellen.[1768] Rekapituliert man außerdem, dass das Sonderbeteiligungsrecht letztlich auf Forderungen der Sozialistengruppe im Europäischen Parlament zurückgeht, die „[...] feared that the target company pays hidden distributions to the private equity fund in the form of fees and

---

[1764] *Swoboda*, in: Weitnauer/Boxberger/Anders, KAGB, § 290 Rn. 13 ff.; *Behme*, in: Baur/Tappen, Investmentgesetze, § 290 KAGB Rn. 22; *Bärenz/S. Käpplinger*, in: Dornseifer/Jesch/Klebeck/Tollmann, AIFM-RL, Art. 28 Rn. 22; *Krause/Storjohann*, in: Beckmann/Scholtz/Vollmer, Investment-Hdb., Losebl. (Stand: 9/16), 405 § 290 KAGB Rn. 18.

[1765] *Swoboda*, in: Weitnauer/Boxberger/Anders, KAGB, § 290 Rn. 13 ff.; *Bärenz/S. Käpplinger*, in: Dornseifer/Jesch/Klebeck/Tollmann, AIFM-RL, Art. 28 Rn. 20; *Weitnauer*, AG 2013, 672, 675 Fn. 18; *Krause/Storjohann*, in: Beckmann/Scholtz/Vollmer, Investment-Hdb., Losebl. (Stand: 9/16), 405 § 290 KAGB Rn. 16.

[1766] *Behme*, in: Baur/Tappen, Investmentgesetze, § 290 KAGB Rn. 21; *Jesch/Kohl*, in: FrankKomm, KapAnlR Bd. 1, § 290 KAGB Rn. 28; *Zetzsche*, NZG 2012, 1164, 1170.

[1767] *Zetzsche*, NZG 2012, 1164, 1170; krit. *Söhner*, WM 2014, 2110, 2118.

[1768] 5. Teil, B.II.2.a)cc).

expenses for management consultancy and financial advice"[1769], lässt sich auch dies als weiteres Argument pro Verpflichtung in Stellung bringen. Diese Sorge kann allerdings nicht mehr Bestand haben, da diverse von Dritten (wie z.B. Portfoliounternehmen) gezahlte Gebühren im LBO-Segment nicht in Einklang mit Art. 24 AIFM-VO zu bringen sind.[1770]

Dem ist jedoch nicht beizupflichten. Denn der Gesichtspunkt, dass § 290 KAGB eine Transparenznorm ist, wiegt umso mehr, wenn man bedenkt, dass der (Unions-) Gesetzgeber durchaus separate Verpflichtungen zum Umgang mit Interessenkonflikten kennt (Art. 14 AIFM-RL, §§ 26 f. KAGB), jedoch keine eigene Verpflichtung zum Umgang mit Interessenkonflikten im Verhältnis zur Portfoliogesellschaft angeordnet hat.[1771] Auch kann die parallele Regelungstechnik im Rahmen des *deutschrechtlichen* § 150 Abs. 3 KAGB nicht als Maßstab für die in § 290 KAGB umgesetzte Gesetzessystematik des *Unions*gesetzgebers herangezogen werden. Außerdem zeigt die Existenz von Art. 30 AIFM-RL bzw. § 292 KAGB (Verbot des Asset Stripping), dass wenn ein Konflikt mit der gesetzlich in § 26 Abs. 1, Abs. 2 Nr. 2 KAGB auferlegten Pflicht zum Handeln im ausschließlichen und besten Interesse der Anleger besteht, das Austarieren zwischen Anlegerschutz und Bestandsschutz von Zielgesellschaften zur Rechtssicherheit qua eigener gesetzlicher Regelung mit Detailvorschriften erfolgt. Diesem Anspruch genügt § 290 Abs. 2 Nr. 2 KAGB offensichtlich nicht, da er wesentliche Fragen zum Verhältnis mit § 26 KAGB aufwirft, die nicht beantwortet werden. Richtigerweise ist § 290 KAGB vor dem Hintergrund der Forderungen im Vorfeld der AIFM-RL deshalb als Kompromiss zu verstehen: Es werden keine eigenen Verpflichtungen statuiert, doch sollen die Offenlegungsadressaten wenigstens erfahren, welchen Regeln die KVGs als Manager der neuen (mittelbaren) Anteilseigner folgen. So ist auch die Information, dass Regeln (z.B. Offenlegung, unabhängige Überprüfung, Zustimmungsvorbehalte, Caps) zum Umgang mit Interessenkonflikten nicht existieren und lediglich die gesetzlichen Grenzen (Weisungsfreiheit des Vorstands, Stimmverbote, Erwerb eigener Anteile, etc.) eingreifen, von Wert für die Betroffenen.[1772] Es sei aber darauf hingewiesen, dass die Branchenempfehlung z.B. zum Aufstellen externer Kommunikationsgrundsätze anhält.[1773] Die Kommunikation läuft in der Unternehmenspraxis jedoch zuvörderst über die Geschäftsführung im Rahmen der gesetzlichen Bestimmungen zur Einbeziehung des Betriebsrats nach § 80 Abs. 2 BetrVG bzw. des Wirtschaftsausschusses nach § 106 BetrVG und nicht über die Anteilseigner.[1774]

[1769] *European Commission*, Overview of the Contributions to Expert Group Reports on Investment Funds in Europe, S. 23.

[1770] Ausführlich 6. Teil, B.II.3.a)bb)(3).

[1771] *Swoboda*, in: Weitnauer/Boxberger/Anders, KAGB, § 290 Rn. 14.

[1772] Ebd., Rn. 13 f.

[1773] *Invest Europe*, Handbook vom November 2015, Professional Standards, Sec. 3 No. 3.11.12.; *BVK* vom 1.1.2011, Transparenz-Richtlinien zur Publizität von Private Equity Gesellschaften und Portfoliogesellschaften, Ziff. 7.

[1774] *Behme*, in: Baur/Tappen, Investmentgesetze, § 290 KAGB Rn. 22.

Davon unabhängig bleibt auch bei § 290 KAGB unklar, wieso die BaFin Informationsadressatin sein soll.

cc) Besondere Offenlegungspflichten nach § 290 Abs. 4 und 5 KAGB

(1) Offenlegung gegenüber dem nicht börsennotierten Unternehmen und ermittelbaren Anteilseignern

Die KVG hat nach dem auf Art. 28 Abs. 4 AIFM-RL zurückgehenden § 290 Abs. 4 Satz 1 KAGB sicherzustellen, dass den NBUs und den nach Maßgabe von § 290 Abs. 1 Nr. 2 KAGB ermittelbaren Anteilseignern

1. die Absichten des AIF hinsichtlich der zukünftigen Geschäftsentwicklung des NBU und

2. die voraussichtlichen Auswirkungen auf die Beschäftigung, einschließlich wesentlicher Änderungen der Arbeitsbedingungen, offengelegt werden.[1775]

Diese Informationen sollen auch die Arbeitnehmervertreter/Arbeitnehmer erreichen, indem die KVG gem. § 290 Abs. 4 Satz 2 KAGB abermals einer Ersuchens- und Bemühenspflicht unterworfen wird. Die Umsetzung des Art. 28 Abs. 4 AIFM-RL ist partiell misslungen, da § 290 Abs. 4 KAGB ausweislich des Wortlauts nicht an eine Kontrollerlangung anknüpft, Art. 28 Abs. 4 AIFM-RL hingegen schon. Richtigerweise ist die Kontrollerlangung als Auslöser hinzuzulesen, sodass anders als bei § 43 Abs. 1 Satz 2 WpHG keine erneute Offenlegung ausgelöst wird, wenn der Meldepflichtige seine Absichten ändert.[1776] Der Offenlegungsinhalt aus Art. 28 Abs. 4 AIFM-RL ist bereits aus Art. 6 Abs. 3 lit. i Übernahme-RL, der unter Hinzufügung weiterer Regelbeispiele (z.B. Angaben über den Sitz und Standort wesentlicher Unternehmensteile, die Verwendung des Vermögens, etc.) in § 11 Abs. 2 Satz 3 Nr. 2 WpÜG umgesetzt wurde, für die Angebotsunterlage bekannt. Vergleichbare Informationspflichten resultieren für den Inhaber wesentlicher Beteiligungen auch aus § 43 Abs. 1 WpHG, der jedoch nicht für die Situation des Kontrollerwerbs zugeschnitten ist. Eine Orientierung am Übernahmerecht ist damit sachgerechter.[1777] Das kann zu handfesten Unterschieden führen, da § 43 Abs. 1

[1775] Nach *Felsenstein/Müller*, KSzW 2016, 55, 59 soll der AIFM nicht zur Offenlegung von Geschäftsgeheimnissen verpflichtet sein. Im KAGB sei dies nicht kodifiziert, während das britische Recht mit Sec. 41 The Alternative Investment Fund Managers Regulations 2013 eine solche Regelung kennen würde. Sec. 41 bezieht sich aber auf die Weitergabe der Informationen durch die Geschäftsführung der Zielgesellschaft an die Arbeitnehmervertreter/Arbeitnehmer und ist Ausfluss der AIFM-RL. Der deutsche Gesetzgeber hat dies sehr wohl in dem bereits erläuterten § 287 Abs. 5 KAGB umgesetzt.

[1776] Ebenso *Behme*, in: Baur/Tappen, Investmentgesetze, § 290 KAGB Rn. 35; *Felsenstein/ Müller*, KSzW 2016, 55, 59.

[1777] *Behme*, in: Baur/Tappen, Investmentgesetze, § 290 KAGB Rn. 30: Orientierung an §§ 11 Abs. 2 Satz 3 Nr. 2 WpÜG, 27a Abs. 1 WpHG a.F.; *Bärenz/S. Käpplinger*, in: Dornseifer/ Jesch/Klebeck/Tollmann, AIFM-RL, Art. 28 Rn. 35: Art. 6 Abs. 3 lit. i Übernahmerichtlinie 2004/25/EG; *Schröder/Rahn*, GWR 2014, 49, 51; *Krause/Storjohann*, in: Beckmann/Scholtz/

WpHG anders als § 11 Abs. 2 Satz 3 Nr. 2 WpÜG hinsichtlich der anzugebenden Absichten (bzw. „Ziele" in der Terminologie des WpHG) nicht offen („insbesondere") konstruiert ist. Die Parallele zum Bereich der Emittenten liegt jedenfalls schon deshalb nahe, weil Erwägungsgrund 58 AIFM-RL auf die Übernahme-RL und Transparenz-RL rekurriert.

Vor diesem Hintergrund gelten auch die zum WpÜG angestellten Überlegungen zur Trennlinie zwischen bloßen Überlegungen, Absichten und Beschlüssen.[1778] Es ist ein hinreichender Grad an Konkretisierung der Absicht („konkrete Absicht") notwendig, ohne dass bereits etwas beschlossen sein muss.[1779] Absichten als subjektive Umstände sind nur durch Indizien feststellbar.[1780] In Auftrag gegebene Gutachten können bereits ein Indiz darstellen, was jedoch sehr vom Gutachtengegenstand und den Gesamtumständen abhängt.[1781] Inhaltlich ist zu beachten, dass keine leeren Floskeln verwendet werden. Es ist jedoch zu bedenken, dass die Angebotsunterlage des WpÜG und die Informationspflichten nach § 290 Abs. 4 KAGB in einem entscheidenden Punkt nicht vergleichbar sind. Erstere soll ausweislich der Gesetzesbegründung dazu dienen, die von dem Angebot Betroffenen, die Öffentlichkeit und die Aufsichtsbehörde über den genauen Inhalt des Angebots und über die mit dem Angebot verfolgten Ziele zu informieren.[1782] Nur die Wertpapierinhaber der Zielgesellschaft sind die Angebotsadressaten und damit die „von dem Angebot Betroffenen", sodass hier zuvörderst das Informationsbedürfnis dieser Wertpapierinhaber in Rede steht.[1783] Die post-akquisitorische Offenlegung nach § 290 Abs. 4 KAGB hingegen fungiert nicht als Grundlage für eine konkrete Entscheidung. Zwar wird hier eine Orientierung an den Regelbeispielen des § 11 Abs. 2 Satz 3 Nr. 2 WpÜG für geboten erachtet, doch tendenziell wird man die inhaltlichen Anforderungen bei § 290 Abs. 4 Satz 1 Nr. 1 KAGB im Vergleich zum WpÜG senken dürfen. Etwas anderes gilt hingegen für § 290 Abs. 4 Satz 1 Nr. 2 KAGB. Dadurch, dass die Informationen sowohl im WpÜG (§ 14 Abs. 4 WpÜG) als auch im KAGB gleichermaßen die Arbeitnehmervertreter/Arbeitnehmer, die in beiden Konstellationen vor keine konkrete Entscheidung gestellt werden, erreichen sollen, sollten die in-

---

Vollmer, Investment-Hdb., Losebl. (Stand: 9/16), 405 § 290 KAGB Rn. 23 f.; wohl auch *Zetzsche*, NZG 2012, 1164, 1167; a. A. *Swoboda*, in: Weitnauer/Boxberger/Anders, KAGB, § 290 Rn. 18; unklar *Viciano-Gofferje*, BB 2013, 2506, 2509: Pflichten des § 290 Abs. 4 KAGB blieben hinter Offenlegungspflichten des § 27a WpHG a. F. zurück.

[1778] Insgesamt vgl. *Behme*, in: Baur/Tappen, Investmentgesetze, § 290 KAGB Rn. 33.

[1779] Ebd.; *Felsenstein/Müller*, KSzW 2016, 55, 59: nur konkrete Entscheidungen.

[1780] *Wackerbarth*, in: MünchKomm, AktG, § 11 WpÜG Rn. 46.

[1781] *Behme*, in: Baur/Tappen, Investmentgesetze, § 290 KAGB Rn. 33.

[1782] BegrRegE BT-Drs. 14/7034, S. 41.

[1783] Ebd. führt das Informationsbedürfnis dieser Wertpapierinhaber merkwürdigerweise lediglich als zweiten Gesichtspunkt an, ausführlich *Wackerbarth*, in: MünchKomm, AktG, § 11 WpÜG Rn. 1.

haltlichen Anforderungen hier wie da gleichlaufen.[1784] Davon unabhängig besteht der Informationskanal nach §§ 106 Abs. 3 Nr. 9a, 109a, 111 BetrVG.[1785] Der Richtliniengeber hat sich mit Art. 28 Abs. 4 AIFM-RL wahrlich weit von den eigentlichen Richtlinienzielen entfernt. Die besagten Offenlegungspflichten sind in keiner Weise finanzmarktrechtlich motiviert, was insbesondere dadurch bestätigt wird, dass die BaFin nicht einmal Offenlegungsadressatin wird.[1786] Mehr als andere Regelungen des Sonderbeteiligungsrechts repräsentiert Art. 28 Abs. 4 AIFM-RL damit einen Fremdkörper in der Finanzmarktrechtsrichtlinie. Irritierend ist es deshalb, wenn in Art. 69 Abs. 1 Satz 5 lit. g AIFM-RL davon die Rede ist, dass die Kommission in Zukunft die Auswirkungen der Transparenzpflichten nach Art. 28 AIFM-RL auf die Bewertung der Systemrisiken untersuchen soll.

(2) Offenlegung gegenüber der BaFin und den Anlegern

Eine weitere Offenlegungspflicht ergibt sich aus § 290 Abs. 5 KAGB. Sobald ein AIF die Kontrolle über ein NBU erlangt, legt die KVG, die den betreffenden AIF verwaltet, der BaFin und den Anlegern des AIF Angaben zur Finanzierung des Erwerbs vor. Damit wird ein Gleichlauf mit dem Transparenzniveau im Bereich der Emittenten hergestellt.[1787] Dort sind nach § 11 Abs. 2 Satz 2 Nr. 1 WpÜG Angaben zu den notwendigen Maßnahmen, die sicherstellen, dass dem Bieter die zur vollständigen Erfüllung des Angebots notwendigen Mittel zur Verfügung stehen, in die Angebotsunterlage aufzunehmen. Doch während die Angebotsunterlage nach § 14 Abs. 3 und 4 WpÜG zu veröffentlichen und an die Zielgesellschaft bzw. von dort an den Betriebsrat/die Arbeitnehmer weiterzuleiten ist, besteht die Offenlegungspflicht nach § 290 Abs. 5 KAGB nur gegenüber der BaFin und den Anlegern. Das wird bisweilen als „überzeugend"[1788] gewertet, da der Principal Agent-Konflikt zwischen Anlegern und KVG adressiert und die BaFin in die Lage versetzt werde, systemische Risiken aus Fremdfinanzierungen frühzeitig zu erkennen.

Der Nutzen zugunsten der Anleger wird hier nicht angezweifelt. Die Aussage in Bezug auf die BaFin trifft zwar auch zu, aber nicht in der Weise, die dabei suggeriert wird. Denn ein Risikofrüherkennungssystem ist nur insoweit effektiv, wie auch Maßnahmen in Reaktion auf die gewonnenen Erkenntnisse getroffen werden können. Im Regelfall sind der BaFin allerdings die Hände gebunden. Denn dadurch, dass die Fremdfinanzierung auf Ebene des Akquisitionsvehikels keinen Eingang in die Leverage-Berechnung für den AIF findet, soweit den AIF keine Ausfallhaftung

---

[1784] A. A. *Schröder/Rahn*, GWR 2014, 49, 51: Angaben zu Restrukturierungen müssten hinsichtlich der Auswirkungen auf die Beschäftigung vermutlich detaillierter ausfallen.

[1785] Ausführlich *Behme*, in: Baur/Tappen, Investmentgesetze, § 290 KAGB Rn. 38.

[1786] Das ist wiederum richtig, da nicht zu erkennen ist, zu welchem Zweck eine Offenlegung gegenüber der BaFin erfolgen sollte. Sie ist nicht zur Wahrnehmung von Arbeitnehmerrechten zuständig, so *Möllers/Harrer/Krüger*, WM 2011, 1537, 1541; *Jesch/Kohl*, in: FrankKomm, KapAnlR Bd. 1, § 290 KAGB Rn. 47.

[1787] *Volhard/El-Qalqili*, CFL 2013, 202, 206.

[1788] *Behme*, in: Baur/Tappen, Investmentgesetze, § 290 KAGB Rn. 6.

trifft,[1789] scheitert der Rückgriff auf die aufsichtsbehördliche Begrenzungsmöglichkeit aus § 215 KAGB. § 290 Abs. 5 KAGB muss im Lichte dieser Eingriffsmöglichkeiten, mithin autonom, ausgelegt werden. Anders als etwa für die Mitteilung bei § 289 Abs. 1 KAGB besteht für die Angaben über die Finanzierung jedenfalls ein regulatorisches Bedürfnis für die Offenlegung der Angaben gegenüber der BaFin.[1790] Die BaFin muss vor diesem Hintergrund in erster Linie darüber in Kenntnis gesetzt werden, ob und inwiefern die Finanzierung bis auf die Ebene des AIF gehebelt ist.

Es wäre allerdings zu kurz gedacht, die erforderlichen Informationen allein auf Angaben zu Sicherheitenbestellungen oder auf sonstige Absprachen, mittels derer das Fondsvermögen für die Akquisitionsfinanzierung haften könnte, zu begrenzen. Denn unterstellt, die Fremdfinanzierung wäre Leverage, müsste die BaFin ihre Eingriffsbefugnisse allein auf Basis der zur Verfügung gestellten Dokumentation wahrnehmen können. Dementsprechend sind die Angaben zu machen, die für die Beurteilung eines Vorgehens nach § 215 KAGB erforderlich sind. Vor allen Dingen muss der Umfang der Finanzierung aufgedeckt werden. Gefragt ist nach Angaben zum Verhältnis Eigen-/Fremdkapital.[1791] In Ansehung des Zwecks der Vorschrift kann es keineswegs überzeugen, die notwendigen Angaben auf die lediglich in § 43 Abs. 1 Satz 4 WpHG geforderten Angaben zur Herkunft der verwendeten Mittel zu beschränken,[1792] da die BaFin in diesem Fall ihrer Aufgabe bereits nicht nachkommen könnte. Angaben über die Konditionen der Finanzierung neben der Sicherheitenbestellung wird man im Bereich der Spezial-AIFs nicht machen müssen.[1793] Ansonsten würde man die Unterschiede zu Publikums-AIFs verwischen. Nur bei diesen müssen die Kredite, die zu Leverage führen, nach § 263 Abs. 1 KAGB marktüblichen Konditionen folgen, was durch die Aufsicht nach § 5 Abs. 6 Satz 3 Nr. 1 KAGB in Gestalt der Einholung von Auskünften und der Vorlage von Unterlagen kontrolliert werden kann. Für Spezial-AIFs gilt bei Kreditaufnahmen wie an anderer Stelle bereits herausgearbeitet kein Marktüblichkeitskriterium,[1794] sodass bei Krediten, die zu Leverage führen, keine Aufsicht über die Konditionen, mithin keine Pflicht zur Vorlage von Konditionen, besteht. Das ist eine grundlegende Wertung im KAGB, die nicht über § 290 Abs. 5 KAGB ausgehöhlt werden darf. Nichts anderes ergibt sich aus § 35 Abs. 4 KAGB, wonach KVGs, die AIFs verwalten, die in *be-*

[1789] Ausführlich 3. Teil, D.I.

[1790] Ebenso *Swoboda*, in: Weitnauer/Boxberger/Anders, KAGB, § 290 Rn. 19.

[1791] *Felsenstein/Müller*, KSzW 2016, 55, 59; *Krause/Storjohann*, in: Beckmann/Scholtz/Vollmer, Investment-Hdb., Losebl. (Stand: 9/16), 405 § 290 KAGB Rn. 26.

[1792] So aber *Schröder/Rahn*, GWR 2014, 49, 51 f.: Orientierung an § 27a Abs. 1 Satz 4 WpHG a. F.

[1793] A. A. *Behme*, in: Baur/Tappen, Investmentgesetze, § 290 KAGB Rn. 46; *Krause/Storjohann*, in: Beckmann/Scholtz/Vollmer, Investment-Hdb., Losebl. (Stand: 9/16), 405 § 290 KAGB Rn. 26.

[1794] 6. Teil, B.II.9.c).

trächtlichem[1795] Umfang Leverage einsetzen, im Rahmen ihrer regelmäßigen Meldepflichten keine Angaben über die Konditionen der Leverage-Aufnahme machen müssen.

Aus der abstrakten Zielrichtung der Adressierung des Principal Agent-Konfliktes durch Offenlegung der Finanzierungsangaben gegenüber den Anlegern wird man jedenfalls schwerlich das konkrete Informationsbedürfnis der Anleger konturieren können. Doch aus gesetzessystematischen Gründen wird man keine weiteren als die vorstehend herausgearbeiteten Angaben für erforderlich halten dürfen. Es wird an dieser Stelle zudem nicht verkannt, dass die Konstruktion des § 290 Abs. 5 KAGB grundsätzlich weitgehende Informationspflichten legitimiert.[1796] Denn dadurch, dass keine Veröffentlichungspflicht über die Angaben besteht und der Adressatenkreis (Anleger, BaFin) sehr eingeschränkt ist, sind nicht im gleichen Maße Wettbewerbsnachteile zu Lasten der KVG oder der Kreditgeber zu gewärtigen, die etwa bei § 43 Abs. 1 Satz 4 WpHG eine Einschränkung der offenzulegenden Informationen auf die Herkunft der verwendeten Mittel rechtfertigen.[1797] Da jedoch im Rahmen von § 290 Abs. 5 KAGB auch Angaben zu Sicherheiten und zum Verhältnis von Eigenkapital zu Fremdkapital zu machen sind, werden die notwendigen Angaben bereits empfindlich erweitert.

Die Beschränkung des Adressatenkreises auf die Anleger und die BaFin harmoniert zwar mit der grundsätzlichen Zielrichtung der AIFM-RL, nicht jedoch mit dem sonstigen Ziel der Transparenzvorschriften nach Befriedigung eines allgemeinen Informationsbedürfnisses. Das gilt umso mehr, wenn man die im Rahmen der anderen Transparenzpflichten in den §§ 289 f. KAGB zum Ausdruck kommende Annäherung an den Bereich der Emittenten als Maßstab heranzieht. Im WpÜG dienen die Angaben über die zur vollständigen Erfüllung des Angebots notwendigen Mittel dem Schutz der Zielgesellschaften und der Wertpapierinhaber der Zielgesellschaften vor der Teilnahme an Angebotsverfahren ohne vertretbare wirtschaftliche Grundlage.[1798] Dennoch sind die Angaben insgesamt zu veröffentlichen und sogar über den Vorstand der Zielgesellschaft an den Betriebsrat/die Arbeitnehmer weiterzuleiten.[1799] Wenn nun tatsächlich der Gleichlauf mit der Regulierung im Emittentenbereich gesucht wird, ist auch der Adressatenkreis im Rahmen von § 290 Abs. 5 KAGB de lege ferenda zu erweitern.

[1795] Art. 111 Abs. 1 AIFM-VO: Das Exposure des AIF übersteigt seinen NAV dreifach.

[1796] In diesem Sinne wohl *Jesch/Kohl*, in: FrankKomm, KapAnlR Bd. 1, § 290 KAGB Rn. 57.

[1797] So *Behme*, in: Baur/Tappen, Investmentgesetze, § 290 KAGB Rn. 47. s. auch BegrRegE BT-Drs. 16/7438, S. 12, dort noch zu § 27 WpHG a. F.

[1798] BegrRegE BT-Drs. 14/7034, S. 41.

[1799] § 14 Abs. 3 und 4 WpÜG.

dd) Offenlegungsfrist

Anders als Art. 27 Abs. 5 AIFM-RL enthalten Art. 28 AIFM-RL und das KAGB keine eigene Fristangabe.[1800] Die Offenlegungspflichten werden dann ausgelöst, „wenn" bzw. „sobald" die Kontrolle erlangt wurde. Aufgrund des Sachzusammenhangs sollte jedoch die Frist des § 289 Abs. 5 KAGB für sämtliche Offenlegungspflichten nach § 290 KAGB verwendet werden.[1801] Lediglich für die Erfüllung von § 290 Abs. 5 KAGB gegenüber den Anlegern wird man davon abweichend vertreten dürfen, dass eine Offenlegung im regelmäßigen Investorreporting ausreicht.[1802]

c) Berichtspflichten nach § 291 KAGB

Den Schlusspunkt der Transparenzvorschriften bildet § 291 KAGB, mit dem Art. 29 AIFM-RL umgesetzt wird, und der ausweislich der amtlichen Überschrift „Besondere Vorschriften hinsichtlich des Jahresabschlusses und des Lageberichts" statuiert, von denen am Ende sowohl die Anleger als auch die Arbeitnehmervertreter/ Arbeitnehmer des NBU profitieren sollen. § 291 KAGB ist entgegen des Wortlauts, der auf die Kontrollerlangung abstellt, im Wege einer richtlinienkonformen Auslegung („Kontrolle […] ausüben") als dauerhafte Transparenzverpflichtung einzustufen.[1803] § 291 KAGB bezweckt damit eine Verbesserung der laufenden Transparenz im Rahmen der externen Rechnungslegung gegenüber den Anlegern und Arbeitnehmervertretern/Arbeitnehmern.[1804] In Ansehung der Anleger ist das konform mit dem richtlinieneigenen Ziel der Verbesserung des Anlegerschutzes. Denn wie die Verpflichtung aus § 290 Abs. 5 KAGB ist § 291 KAGB eine Maßnahme in Reaktion auf den Principal Agent-Konflikt zwischen den Anlegern und der KVG.[1805] Der Umstand hingegen, dass auch die Arbeitnehmervertreter/Arbeitnehmer hiervon profitieren sollen, macht § 291 KAGB insoweit zu einem Fremdkörper in der Finanzmarktrechtsrichtlinie.[1806]

[1800] A. A. *Felsenstein/Müller*, KSzW 2016, 55, 59: AIFM-RL würde bei Offenlegungspflicht eine Mitteilung „so rasch wie möglich" vorsehen. Das ist jedoch nur in Art. 27 Abs. 5 AIFM-RL geregelt.

[1801] *Behme*, in: Baur/Tappen, Investmentgesetze, § 290 KAGB Rn. 24, 40, 49; *Bärenz/ S. Käpplinger*, in: Dornseifer/Jesch/Klebeck/Tollmann, AIFM-RL, Art. 28 Rn. 35.

[1802] *Bärenz/S. Käpplinger*, in: Dornseifer/Jesch/Klebeck/Tollmann, AIFM-RL, Art. 28 Rn. 34.

[1803] So zurecht *Swoboda*, in: Weitnauer/Boxberger/Anders, KAGB, § 291 Rn. 5 f.: Umkehrschluss aus § 291 Abs. 1 Nr. 2 KAGB sowie der englischen Sprachfassung der AIFM-RL („exercising control"); ebenso *Behme*, in: Baur/Tappen, Investmentgesetze, § 291 KAGB Rn. 3: laufende Transparenz; *Hoffert*, in: FrankKomm, KapAnlR Bd. 1, § 291 KAGB Rn. 6; a. A. *Felsenstein/Müller*, KSzW 2016, 55, 60: einmalig für den ersten Jahresabschluss.

[1804] *Behme*, in: Baur/Tappen, Investmentgesetze, § 291 KAGB Rn. 3.

[1805] Ebd.

[1806] Ebd.

aa) Informationsmedium und Ergänzungspflicht nach § 291 Abs. 1 KAGB

Nach § 291 KAGB sollen zusätzliche, noch zu erläuternde Informationen nach § 291 Abs. 2 KAGB Eingang in die externe Rechnungslegung des AIF oder des NBU finden. Zu unterscheiden sind zwei mögliche, *alternative* Informationsmedien. Je nach Wahl des Informationsmediums sind verschiedene Pflichten einzuhalten.

§ 291 Abs. 1 Nr. 1 KAGB[1807] dekretiert Pflichten für die KVG[1807] im Umgang mit der Rechnungslegung des NBU. Danach ist die KVG dazu verpflichtet, darum zu ersuchen und nach besten Kräften sicherzustellen, dass *der Jahresabschluss und, sofern gesetzlich vorgeschrieben, der Lagebericht* des NBU innerhalb der Frist, die in den einschlägigen nationalen Rechtsvorschriften für die Erstellung der genannten Unterlagen vorgesehen ist, gemäß § 291 Abs. 2 KAGB erstellt, um die Informationen nach § 291 Abs. 2 KAGB ergänzt und von den gesetzlichen Vertretern des Unternehmens den Arbeitnehmervertretern oder, falls es keine solchen Vertreter gibt, den Arbeitnehmern selbst zur Verfügung gestellt wird. Art. 29 Abs. 1 lit. a AIFM-RL spricht anders als das KAGB vom *Jahresbericht* des NBU. Mit Blick auf die nach Art. 29 Abs. 2 AIFM-RL zusätzlich erforderlichen Informationen, die nach Art. 46 Abs. 2 a. F. der früheren Bilanzrichtlinie 78/660/EWG (Bilanz-RL a. F.)[1808] im Lagebericht des Unternehmens gesammelt werden sollten, konnte man vor Inkrafttreten der neuen Bilanzrichtlinie 2013/34/EU (Bilanz-RL)[1809] gut vertreten, dass mit dem Jahresbericht der *Lagebericht* des NBU gemeint war.[1810] Der vom nationalen Gesetzgeber beschrittenen Inbezugnahme des Jahresabschlusses wurde daher zurecht nur geringe Bedeutung zugesprochen.[1811] So fallen die von der Pflicht zur Aufstellung eines Lageberichts befreiten kleinen Kapitalgesellschaften nach § 264 Abs. 1 Satz 4 HGB i. V. m. § 267 Abs. 1 HGB unter die Ausnahme des § 287 Abs. 2 Nr. 1 KAGB für KMUs und sind damit ohnehin nicht Bezugspunkt des Sonderbeteiligungsrechts.[1812] Kleine Kapitalgesellschaften müssen nur einen Jahresabschluss samt Anhang aufstellen; auf den Anhang dürfen Kleinstkapitalgesellschaften

---

[1807] Da auch hier der Ansatz der Managerregulierung der AIFM-RL fortwirkt, unterliegen nicht die NBUs zusätzlichen Transparenzvorschriften, so aber *Möllers/Harrer/Krüger*, WM 2011, 1537, 1541.

[1808] Vierte Richtlinie des Rates vom 25. Juli 1978 aufgrund von Artikel 54 Absatz 3 Buchstabe g) des Vertrages über den Jahresabschluß von Gesellschaften bestimmter Rechtsformen (78/660/EWG), ABl. Nr. L 222, S. 11 (Bilanz-RL a. F.).

[1809] Richtlinie 2013/34/EU des Europäischen Parlaments und des Rates vom 26. Juni 2013 über den Jahresabschluss, den konsolidierten Abschluss und damit verbundene Berichte von Unternehmen bestimmter Rechtsformen und zur Änderung der Richtlinie 2006/43/EG des Europäischen Parlaments und des Rates und zur Aufhebung der Richtlinien 78/660/EWG und 83/349/EWG des Rates, ABl. Nr. L 182, S. 19 (zit.: Bilanz-RL).

[1810] So zurecht *Bärenz/S. Käpplinger*, in: Dornseifer/Jesch/Klebeck/Tollmann, AIFM-RL, Art. 29 Rn. 9; *Behme*, in: Baur/Tappen, Investmentgesetze, § 291 KAGB Rn. 5.

[1811] *Behme*, in: Baur/Tappen, Investmentgesetze, § 291 KAGB Rn. 5.

[1812] Ebd.; *Bärenz/S. Käpplinger*, in: Dornseifer/Jesch/Klebeck/Tollmann, AIFM-RL, Art. 29 Rn. 9 Fn. 10.

(§ 267a HGB) verzichten.[1813] Dass ein Unternehmen im größenspezifischen Anwendungsbereich des Sonderbeteiligungsrechts keinen Lagebericht aufstellen muss, wird nahezu nicht vorkommen. Denn anerkennt man, dass Zielgesellschaften praktisch nur Handelsgesellschaften sein werden, entfällt die Pflicht zur Aufstellung eines Lageberichts gem. § 264a Abs. 1 HGB damit nur bei oHGs und KGs, bei denen wenigstens ein persönlich haftender Gesellschafter (phG) (i) eine natürliche Person oder (ii) eine Personengesellschaft mit einer natürlichen Person als phG ist (sog. *reine Personenhandelsgesellschaften*).[1814] Nach der Literatur sollte die Aufnahme der zusätzlichen Informationen im Rahmen des Jahresabschlusses daher (nur) für reine Personenhandelsgesellschaften von Relevanz gewesen sein.

Das überzeugt grundsätzlich; nicht hinterfragt wurde aber, wie die Aufstellung des Jahresabschlusses für die nach § 291 Abs. 2 KAGB zusätzlich erforderlichen Informationen nutzbar gemacht werden konnte. Nach § 264a HGB befreite Gesellschaften müssen weder einen Lagebericht erstellen, noch den Jahresabschluss um einen Anhang erweitern.[1815] Hieran ändert auch der bislang unerwähnte Umstand nichts, dass reine Personenhandelsgesellschaften je nach Bilanzsumme, Umsatzerlösen und Anzahl der Arbeitnehmer unter das PublG fallen können.[1816] Denn reine Personenhandelsgesellschaften sind auch unter dem PublG nicht zur Aufstellung eines Anhangs und Lageberichts verpflichtet (§ 5 Abs. 2 PublG).[1817] Da der Jahresabschluss nach § 242 Abs. 3 HGB aber nur aus der Bilanz und der GuV besteht, sind die nach § 291 Abs. 2 KAGB zusätzlich erforderlichen Informationen handelsrechtlich schlicht nicht aufnahmefähig. Diese Problematik besteht auch unter der neuen Rechtslage fort. Seit der neuen Bilanz-RL sind die zusätzlich erforderlichen Informationen nicht mehr alle nur im Lagebericht, sondern – wie noch erörtert wird – vereinzelt gem. § 285 Abs. 1 Nr. 33 HGB auch in der Anhangangabe zum Jahresabschluss zu verorten. Ohne dass sich § 291 Abs. 1 Nr. 1 KAGB geändert hat, reflektiert dieser nunmehr die aktuelle Gesetzeslage. Nach § 288 Abs. 1 Nr. 1 HGB müssen kleine Kapitalgesellschaften i. S. des § 267 Abs. 1 HGB die relevante Anhangangabe nicht machen. Es gilt aber das bereits Gesagte, wonach diese Ausnahme im Anwendungsbereich des Sonderbeteiligungsrechts irrelevant ist. Im Übrigen bleibt es dabei, dass nach § 264a HGB befreite Gesellschaften weder einen Lagebericht erstellen, noch den Jahresabschluss insgesamt um einen Anhang erweitern müssen.

[1813] § 264 Abs. 1 Satz 5 HGB.

[1814] Das übersehen *Bärenz/S. Käpplinger*, in: Dornseifer/Jesch/Klebeck/Tollmann, AIFM-RL, Art. 29 Rn. 9. Begriff der reinen Personenhandelsgesellschaft bei: *Winkeljohann/Philipps*, in: Beck Bil-Komm, § 242 HGB Rn. 13; *Grottel*, in: Beck Bil-Komm, § 325 HGB Rn. 123.

[1815] Die Pflicht zur Erweiterung des Jahresabschlusses um einen Anhang ergibt sich aus § 264 Abs. 1 Satz 1 HGB und ist daher nach § 264a Abs. 1 HGB nicht relevant.

[1816] § 3 Abs. 1 Nr. 1 PublG.

[1817] *Grottel*, in: Beck Bil-Komm, § 325 HGB Rn. 125.

Die vorstehenden Erkenntnisse stellen zugleich den Rahmen für die weiteren handlungsbezogenen Pflichten. Keineswegs folgt aus der in § 291 Abs. 1 Nr. 1 KAGB auferlegten Handlungspflicht für die KVG eine eigenständige Verantwortung für die Aufstellung des Jahresabschlusses bzw. des Lageberichts des NBU.[1818] Von diesem unstrittigen Befund abgesehen gilt es im Hinblick auf das weitere Pflichtengefüge zu differenzieren. Die Konstellation, dass lediglich der Lagebericht nicht erstellt werden muss, der Jahresabschluss aber um einen Anhang zu erweitern ist, kommt im Anwendungsbereich des Sonderbeteiligungsrechts nicht vor. Denn entweder sind beide Elemente oder keines der beiden zwingend. Sind beide Elemente zwingend, muss die KVG auf eine „Ergänzung" hinwirken. Da die Informationen aber ohnehin – wie sogleich noch analysiert wird – bereits nach dem HGB geschuldet sind, ist diese Pflicht inhaltsleer, da ein Beharren auf ihrer Erfüllung eine bloße Formalität wäre.[1819] In den Konstellationen einer Befreiung nach § 264a HGB, in denen also keines der beiden Elemente zwingend ist, zeigt § 291 Abs. 1 Nr. 1 KAGB, dass handlungsbezogene Pflichten (i. e. Erstellung und Ergänzung) im Kontext des Lageberichts irrelevant sind; denn dieser ist gerade nicht gesetzlich vorgeschrieben. Ist dieser nicht gesetzlich vorgeschrieben, soll auf eine *Ergänzung des Jahresabschlusses* hinzuwirken sein. Da die zusätzlichen Informationen indes nicht im Jahresabschluss per se aufnahmefähig sind, ist die Pflicht so zu lesen, dass die KVG auf eine Erweiterung des Jahresabschlusses um einen Anhang hinwirken muss. Dieser Anhang ist dann auch um die Informationen aus § 291 Abs. 2 KAGB zu ergänzen. Gefordert ist aber stets nur eine Handlung, kein Erfolg.[1820]

Alternativ zu § 291 Abs. 1 Nr. 1 KAGB ist die KVG nach § 291 Abs. 1 Nr. 2 KAGB dazu verpflichtet, für jeden betreffenden AIF in den gem. § 148 KAGB vorgesehenen Anhang zum Jahresabschluss (für die InvAG mfK.) oder den gem. § 158 KAGB vorgesehenen Jahresbericht (für die gInvKG) zusätzlich die in § 291 Abs. 2 KAGB genannten Informationen über das betreffende NBU aufzunehmen. Der „Jahresbericht" umfasst den Jahresabschluss, den Lagebericht, die Versicherung durch die gesetzlichen Vertreter nach §§ 264 Abs. 2 Satz 3, 289 Abs. 1 Satz 5 HGB und die Bestätigung des Abschlussprüfers.[1821]

bb) Zusätzliche Informationen nach § 291 Abs. 2 KAGB

Die zusätzlichen Informationen sind nach § 291 Abs. 2 Satz 1 KAGB in einem hier genannten Geschäftsbericht zusammenzutragen, in dem der Geschäftsverlauf des Unternehmens so dargestellt wird, dass ein den tatsächlichen Verhältnissen

---

[1818] So zurecht *Bärenz/S. Käpplinger*, in: Dornseifer/Jesch/Klebeck/Tollmann, AIFM-RL, Art. 29 Rn. 11; *Behme*, in: Baur/Tappen, Investmentgesetze, § 291 KAGB Rn. 14.

[1819] Zurückhaltender *Bärenz/S. Käpplinger*, in: Dornseifer/Jesch/Klebeck/Tollmann, AIFM-RL, Art. 29 Rn. 11: Pflicht, Behinderung der Veröffentlichung zu verhindern.

[1820] So wieder richtig *Behme*, in: Baur/Tappen, Investmentgesetze, § 291 KAGB Rn. 14.

[1821] § 158 Satz 1 KAGB i. V. m. § 135 Abs. 1 Satz 2 KAGB.

entsprechendes Bild entsteht.[1822] Der Geschäftsbericht muss nach § 291 Abs. 2 Satz 2 KAGB außerdem die

1. Ereignisse von besonderer Bedeutung, die nach Abschluss des Geschäftsjahres eingetreten sind,

2. voraussichtliche Entwicklung des Unternehmens, und

3. in Art. 22 Abs. 2 der 2. GesR-RL a. F.[1823] bezeichneten Angaben über den Erwerb eigener Aktien enthalten.

Diese Angaben waren bereits aus Art. 46 Abs. 2 Bilanz-RL a. F. bekannt und ausschließlich im Lagebericht zu verorten.[1824] Im Rahmen von Art. 19 Abs. 2 der neuen Bilanz-RL wurde jedoch darauf verzichtet, dass die vormals in Art. 46 Abs. 2 lit. a Bilanz-RL a. F. geforderten Angaben – also die nach § 291 Abs. 2 Satz 2 Nr. 1 KAGB – zu den Vorgängen von besonderer Bedeutung, die nach Schluss des Geschäftsjahres eingetreten sind, weiterhin im Lagebericht zu nennen sind. Nunmehr sind nach Art. 17 Abs. 1 lit. q Bilanz-RL die Art und finanzielle Auswirkung wesentlicher Ereignisse nach dem Bilanzstichtag, die weder in der GuV noch in der Bilanz berücksichtigt sind, als Anhangangabe zum Jahresabschluss von mittleren und großen Unternehmen sowie Unternehmen von öffentlichem Interesse aufzunehmen. Das wird im HGB dadurch gespiegelt, dass § 289 Abs. 2 Nr. 1 HGB a. F. entfallen ist sowie Art. 17 Abs. 1 lit. q Bilanz-RL in § 285 Nr. 33 HGB umgesetzt wurde.[1825] Nur Kleinstkapitalgesellschaften und reine Personenhandelsgesellschaften können wie bereits herausgearbeitet auf die Anhangangabe verzichten. Die übrigen Angaben des § 291 Abs. 2 Satz 1, Satz 2 Nr. 2 und 3 KAGB sind nach Art. 19 Abs. 2 Bilanz-RL bzw. §§ 289 Abs. 1 Satz 1, Satz 4 HGB, 160 Abs. 1 Nr. 2 AktG jedenfalls auch weiterhin in den Lagebericht aufzunehmen. Vor diesem Hintergrund muss die Aussage, dass sich aus den zusätzlichen Publizitätspflichten des § 291 Abs. 2 KAGB Wettbewerbsnachteile für durch AIFs übernommene Gesellschaften ergeben könnten,[1826] enorm relativiert werden.

[1822] In § 291 Abs. 2 Satz 1 KAGB ist der Wortlaut missraten, da dort die Rede von „zusätzlichen Informationen gemäß Absatz 1 Nummer 2" ist, die die in den Geschäftsbericht aufzunehmenden Informationen enthalten müssten. Das vernachlässigt die Systematik, wonach auch für § 291 Abs. 1 Nr. 1 KAGB auf § 291 Abs. 2 KAGB verwiesen wird. Richtigerweise sollte es daher wie in der AIFM-RL heißen, dass es um die Informationen geht, die „gemäß Absatz 1" im Jahresabschluss/Jahresbericht des Unternehmens oder des AIF aufgenommen werden müssen.

[1823] Die Angaben befinden sich nun inhaltsgleich in Art. 24 Abs. 2 der 2. GesR-RL.

[1824] *Bärenz/S. Käpplinger*, in: Dornseifer/Jesch/Klebeck/Tollmann, AIFM-RL, Art. 29 Rn. 9, 16.

[1825] BegrRegE BT-Drs. 18/4050, S. 70.

[1826] *Möllers/Harrer/Krüger*, WM 2011, 1537, 1541.

cc) Informationsweitergabe

Sollte als Informationsmedium der Jahresabschluss bzw. der Lagebericht des NBU gewählt werden, so ist bereits in § 291 Abs. 1 Nr. 1 KAGB festgehalten, dass die KVG verpflichtet ist, darum zu ersuchen und nach besten Kräften sicherzustellen, dass das *Informationsmedium* von den gesetzlichen Vertretern des NBU den Arbeitnehmervertretern oder, falls keine solchen Vertreter vorhanden sind, den Arbeitnehmern selbst zur Verfügung gestellt wird. Diese Pflicht ist inhaltsleer, wenn das Informationsmedium samt zusätzlicher Informationen wie im Regelfall ohnehin nach § 325 HGB veröffentlicht werden muss und die Arbeitnehmer deshalb Einsicht nehmen können.[1827] Einen Sonderfall stellen wiederum reine Personenhandelsgesellschaften dar, da sie weder den Jahresabschluss um einen Anhang erweitern, noch einen Lagebericht aufstellen müssen. Das gilt wie bereits gesehen sowohl nach HGB als auch nach PublG. Dementsprechend fehlt es an einer korrespondierenden Veröffentlichungspflicht. Sogar der Jahresabschluss nach § 242 HGB ist nicht veröffentlichungspflichtig.[1828] Nur reine Personenhandelsgesellschaften nach dem PublG müssen den Jahresabschluss veröffentlichen.[1829] Selbst wenn Anhang und/oder Lagebericht freiwillig erstellt würden, bestünde keine Offenlegungspflicht.[1830] Da sich die Pflicht aus § 291 Abs. 1 Nr. 1 KAGB nur auf die Weiterleitung des Informationsmediums bezieht, hängt ihre Erfüllung davon ab, ob die Geschäftsführung der reinen Personenhandelsgesellschaft der KVG-seitigen Aufforderung zur Erstellung des Informationsmediums nachkommt. Zwar könnte man hier wie bei der Weitergabe der Informationen nach § 290 KAGB argumentieren, dass die Information der Arbeitnehmer ein rechtspolitisch gewünschtes Ziel sei und sich das Regulierungsrecht dergestalt auf die gesellschaftsrechtliche Pflichtenlage der Geschäftsführung der Zielgesellschaft auswirken müsse, dass das Informationsmedium zu erstellen wäre. Doch wertungsmäßig würde die Annahme einer derartigen Pflicht zu einer anderen Qualität als die bloße Weitergabe von Informationen wie bei § 290 KAGB führen, da sie die Systematik des HGB de facto auf den Kopf stellte. Wie noch zu zeigen ist, lässt sich die Information der Arbeitnehmer aber auf einem anderen Weg sicherstellen.[1831]

Daneben sind auch den Anlegern die zusätzlichen Informationen, nicht jedoch auch das Informationsmedium an sich, gem. § 291 Abs. 3 Nr. 2 KAGB zur Verfü-

---

[1827] *Behme*, in: Baur/Tappen, Investmentgesetze, § 291 KAGB Rn. 15 hält offenbar eine Aufforderung durch die KVG im Zeitraum bis zur Offenlegung erforderlich; *Bärenz/ S. Käpplinger*, in: Dornseifer/Jesch/Klebeck/Tollmann, AIFM-RL, Art. 29 Rn. 13, 20: Pflicht, Behinderung der Veröffentlichung zu verhindern.

[1828] §§ 325 ff. HGB befinden sich im Vierten Unterabschnitt des Zweiten Abschnitts; dieser Unterabschnitt findet nur bei Personenhandelsgesellschaften gem. § 264a HGB Anwendung.

[1829] § 3 Abs. 1 Nr. 1 i.V.m. § 9 Abs. 1 PublG.

[1830] *Grottel*, in: Beck Bil-Komm, § 325 HGB Rn. 125.

[1831] 6. Teil, B.III.2.c)dd).

gung zu stellen.[1832] Zwar sind die Informationen mit Veröffentlichung des Informationsmediums auch für die Anleger einsehbar; doch mit einer gesonderten Zusammenstellung der Informationen ist dem Umstand Rechnung zu tragen, dass ein Fondsportfolio aus mehreren Portfoliogesellschaften besteht. Soweit bereits verfügbar, muss die Informationsweitergabe innerhalb der in § 148 i. V. m. § 120 Abs. 1 KAGB oder in § 158 i. V. m. § 135 Abs. 1 KAGB genannten Frist (in beiden Fällen sechs Monate nach Ende des Geschäftsjahres) und in jedem Fall *spätestens* bis zu dem Stichtag geschehen, zu dem der Jahresabschluss und der Lagebericht des NBU gemäß den einschlägigen nationalen Rechtsvorschriften erstellt werden. Letzteres beurteilt sich bei nicht konzernierten NBUs nach dem hier relevanten § 264 Abs. 1 Satz 3 HGB (keine KMUs!). Danach sind der Jahresabschluss und der Lagebericht von den gesetzlichen Vertretern in den ersten drei Monaten des Geschäftsjahres für das vergangene Geschäftsjahr aufzustellen. In Konzernkonstellationen gilt bei einer nicht kapitalmarktorientierten Konzernholding eine Frist von fünf Monaten.[1833] Laut KAGB soll die früher endende Frist gelten, wohingegen die Literatur der KVG die Sechs-Monats-Frist zugesteht.[1834] Wenn die Aufstellungsfristen bei beiden Rechtsträgern (AIF und NBU) gleichzeitig anfangen zu laufen, weil die jeweiligen Geschäftsjahre gleichlaufen (z. B. regelmäßig dem Kalenderjahr entsprechen), dann wäre es in der Tat widersprüchlich, würde man auf die kürzere Frist zurückgreifen, wenn in der Konstellation, in der für die zusätzlichen Informationen der Anhang des Jahresabschlusses bzw. der Jahresbericht des AIF als Informationsmedium gewählt wird, allein die Sechs-Monats-Frist gilt (s. wie folgt).

Wurde als Informationsmedium der in § 148 KAGB vorgesehene Anhang zum Jahresabschluss oder der gem. § 158 KAGB vorgesehene Jahresbericht gewählt, ist dieser nach §§ 148 Abs. 1 i. V. m. 123 Abs. 1, 160 Abs. 1 KAGB i. V. m. § 325 HGB zu veröffentlichen. Da keine weitere Pflicht kodifiziert wurde, nach der den Anlegern die zusätzlichen Informationen separat zuzuleiten sind, geht der Gesetzgeber damit davon aus, dass dem Informationsbedürfnis der Anleger mit der Veröffentlichung des Informationsmediums bereits Genüge getan ist.[1835] Allerdings sind auch die Arbeitnehmervertreter/Arbeitnehmer des NBU zu informieren. So hat die KVG nach § 291 Abs. 3 Nr. 1 KAGB darum zu ersuchen und nach bestmöglichem Bemühen sicherzustellen, dass die gesetzlichen Vertreter des NBU die in § 291 Abs. 1 Nr. 2 KAGB genannten *Informationen* über das betreffende Unternehmen entweder den

---

[1832] *Behme*, in: Baur/Tappen, Investmentgesetze, § 291 KAGB Rn. 16; a. A. *Bärenz/S. Käpplinger*, in: Dornseifer/Jesch/Klebeck/Tollmann, AIFM-RL, Art. 29 Rn. 20: Lagebericht zur Verfügung zu stellen. Das KAGB hat die AIFM-RL offensichtlich falsch umgesetzt, da es anstelle von „die Informationen gemäß Absatz 1 Nummer 2" vielmehr „die Informationen gemäß Absatz 1 Nummer 1" heißen müsste. In der AIFM-RL steht: „[…] den Anlegern des AIF die Informationen gemäß Absatz 1 Buchstabe a".

[1833] § 290 Abs. 1 Satz 1 HGB.

[1834] *Bärenz/S. Käpplinger*, in: Dornseifer/Jesch/Klebeck/Tollmann, AIFM-RL, Art. 29 Rn. 21; *Hoffert*, in: FrankKomm, KapAnlR Bd. 1, § 291 KAGB Rn. 18.

[1835] *Bärenz/S. Käpplinger*, in: Dornseifer/Jesch/Klebeck/Tollmann, AIFM-RL, Art. 29 Rn. 18.

Arbeitnehmervertretern des betreffenden Unternehmens oder, falls es keine solchen Vertreter gibt, den Arbeitnehmern selbst innerhalb der in § 148 i. V. m. § 120 Abs. 1 KAGB oder in § 158 i. V. m. § 135 Abs. 1 KAGB genannten Sechs-Monats-Frist zur Verfügung stellt. Richtigerweise ist hier wiederum analog zur Rechtslage bei §§ 289 Abs. 4, 290 Abs. 3 KAGB eine Weiterleitungspflicht durch die Geschäftsführung der Zielgesellschaft anzunehmen.[1836]

dd) Wertungskontrolle

Im Regelfall ist es bei beiden Varianten der Handlungspflichten gewährleistet, dass sowohl Arbeitnehmervertreter/Arbeitnehmer des NBU als auch Anleger in den Besitz der zusätzlichen Informationen gelangen. Im Rahmen der Ausführungen zur ersten Variante wurde gesehen, dass die NBUs im Anwendungsbereich des Sonderbeteiligungsrechts stets den Jahresabschluss um einen Anhang erweitern und einen Lagebericht aufstellen. Mit Veröffentlichung des Jahresabschlusses und des Lageberichts sind die Arbeitnehmervertreter/Arbeitnehmer informiert. Daneben sind die Informationen den Anlegern gesondert zur Verfügung zu stellen. In der zweiten Variante erhalten die Anleger mit Veröffentlichung des Anhangs zum Jahresabschluss oder des Jahresberichts des AIF Kenntnis. Die Informationen sind darüber hinaus über die Zielgesellschaft auch den Arbeitnehmervertretern/Arbeitnehmern zuzuleiten. Die Geschäftsführung des NBU hat dem Folge zu leisten.

Handelt es sich bei den Zielgesellschaften hingegen um reine Personenhandelsgesellschaften im Größenbereich oberhalb der Schwellen zu KMUs, ist eine Information der besagten Personen nur in der zweiten Variante sichergestellt. In der ersten Variante besteht nach dem HGB keine Pflicht zur Erweiterung des Jahresabschlusses des NBU um einen Anhang oder zur Aufstellung eines Lageberichts. Diese Pflicht ist auch nicht durch eine Ausstrahlung des Regulierungsrechts auf die gesellschaftsrechtliche Pflichtenlage der Geschäftsführung der Zielgesellschaft begründbar. Eine Information der Arbeitnehmervertreter/Arbeitnehmer ist daher nicht gewährleistet. In Erwägungsgrund 53 AIFM-RL heißt es aber: „Ferner sollten die Jahresberichte des betreffenden AIF durch Informationen zum kontrollierten Unternehmen ergänzt werden, oder diese zusätzlichen Informationen sollten im Jahresbericht des kontrollierten Unternehmens enthalten sein. Diese Informationen sollten dann den Arbeitnehmervertretern bzw., wenn es keine gibt, den Arbeitnehmern selbst und den Anlegern des betreffenden AIF zugänglich gemacht werden". Ohne Rücksicht auf die rechtstechnische Umsetzung ist offenbar Ergebnisgleichheit gewünscht. Auch kommt es dem Unionsgesetzgeber nicht darauf an, dass die Arbeitnehmervertreter/Arbeitnehmer das jeweilige Informationsmedium erhalten, sondern vielmehr, dass sie in den Besitz der (isolierten) Informationen gelangen. In Ansehung dieser Zielrichtung kann nur folgendes Vorgehen zulässig sein: Ergibt eine

---

[1836] A. A. Aufforderung an Geschäftsführung genüge: *Bärenz/S. Käpplinger*, in: Dornseifer/Jesch/Klebeck/Tollmann, AIFM-RL, Art. 29 Rn. 19; *Behme*, in: Baur/Tappen, Investmentgesetze, § 291 KAGB Rn. 17; *Hoffert*, in: FrankKomm, KapAnlR Bd. 1, § 291 KAGB Rn. 13.

Kommunikation mit der Geschäftsführung der reinen Personenhandelsgesellschaft, dass der Jahresabschluss des NBU nicht um einen Anhang, in den *sämtliche* Informationen nach § 291 Abs. 2 KAGB eingepflegt werden,[1837] erweitert wird, muss die KVG dem NBU nahelegen, die Informationen jedenfalls entweder auf der Internetseite des NBU zu veröffentlichen oder separat an die Arbeitnehmervertreter/ Arbeitnehmer weiterzuleiten. Ersteres ist im Lichte des § 291 Abs. 1 Nr. 1 KAGB sinnvoll, weil die Internetpräsenz punktuell schließlich auch im Handelsrecht als sinnvolle Alternative zur fehlenden Offenlegungspflicht eines Lageberichts bemüht wird.[1838] Da es in beiden Konstellationen sachlich nur noch um die Zugänglichmachung der isolierten Informationen geht, ist eine entsprechende Organpflicht qua regulierungsrechtlicher Ausstrahlung anzunehmen.

ee) Geltung von § 291 KAGB im Konzern?

Undiskutiert ist bislang, ob und inwiefern die Geltung von § 291 KAGB in Konzernsituationen eingeschränkt ist. Bei Zetzsche – und diesem folgend v. Kann/ Redeker/Keiluweit – findet sich der nicht weiter ausgeführte Hinweis, Sinn von § 291 KAGB sei wohl, „dass entgegen § 264 III HGB Konzerngesellschaften eines AIFM einen Abschluss aufstellen und offenlegen müssen"[1839]. Es kann aber im Ergebnis nicht überzeugen, dass die KVG in diesen Konstellationen im Wege ihrer Handlungspflicht dennoch auf eine Aufnahme der zusätzlichen Informationen in den Jahresabschluss der jeweiligen NBU-Konzerngesellschaften hinwirken muss. Die Handlungspflicht in § 291 KAGB soll nur die Konstellationen absichern, in denen die zusätzlichen Informationen im Rahmen der Rechnungslegung gar nicht gegeben werden müssen. Allein deswegen laufen (wie bereits beschrieben) die Handlungspflichten in vielen Konstellationen leer, wenn eine Aufstellungs- und Veröffentlichungspflicht auf Ebene des NBU ohnedies besteht. Die Informationen nach § 291 Abs. 2 KAGB sind in Konzernstrukturen aber im Anhang zum Konzernabschluss nach § 314 Abs. 1 Nr. 25 HGB sowie im Konzernlagebericht nach § 315 Abs. 1 Satz 1, Satz 5 HGB zu machen. Hierin werden die Informationen über die jeweiligen Tochterunternehmen eingespeist,[1840] unabhängig davon, ob die Tochterunternehmen einen Abschluss aufstellen müssen[1841]. Europäisches Recht (§ 264 Abs. 3 HGB geht auf Art. 57 Bilanz-RL a. F. zurück) wird insoweit nur konsequent fortgedacht. Die Handlungspflicht in Bezug auf die Informationsweitergabe ist in der Folge so zu lesen, dass das Mutterunternehmen i. S. des HGB dazu aufgefordert werden müsste,

---

[1837] Es gilt das bereits Herausgearbeitete, dass § 291 Abs. 1 Nr. 1 KAGB keine Handlungspflichten in Bezug auf den Lagebericht statuiert, wenn dieser nicht zu erstellen ist.

[1838] So jedenfalls für die Erklärung mit den Festlegungen zur Frauenquote, s. § 289 f Abs. 4 Satz 2 HGB.

[1839] *Zetzsche*, NZG 2012, 1164, 1168. Vgl. auch *van Kann/Redeker/Keiluweit*, DStR 2013, 1483, 1488.

[1840] *Senger/Brune*, in: MünchKomm, BilR, § 315 HGB Rn. 5.

[1841] Für die Vollkonsolidierung *Senger*, in: MünchKomm, BilR, § 300 HGB Rn. 7 m. w. N.

das Informationsmedium über die jeweilige Geschäftsführung der Tochtergesellschaften den Arbeitnehmervertretern/Arbeitnehmern zur Verfügung zu stellen, bzw. im Fall, dass der AIFM selbst Konzernmutter im Konsolidierungskreis ist, selbst zur Verfügung stellt. Diese Pflicht ist aber aufgrund der Veröffentlichungspflicht nach § 325 Abs. 3 HGB ebenso inhaltsleer.

d) Rechtsfolgen bei Verstoß gegen die Transparenzpflichten

Bei Verstößen gegen die Mitteilungspflicht nach § 289 KAGB und die Offenlegungspflicht nach § 290 KAGB droht ein Bußgeld.[1842] In Ansehung von § 291 KAGB erfüllt jedoch nur der Verstoß gegen die Pflichtenvariante des § 291 Abs. 1 Nr. 2 KAGB (Jahresanhang bzw. Jahresbericht des AIF als Informationsmedium) den Tatbestand einer Ordnungswidrigkeit.[1843] Ein Rechtsverlust nach dem Vorbild der §§ 20 Abs. 7, 21 Abs. 4 AktG, 44 WpHG bei Verletzung der Mitteilungspflichten ist nicht vorgesehen. Art. 48 Abs. 1 Satz 2 AIFM-RL hält dazu anders als Art. 28 Abs. 1 Satz 1 Transparenz-RL a. F. bzw. Art. 28b Abs. 2 Satz 1 Transparenz-RL auch nicht an. Ein Rechtsverlust wäre, worauf Bärenz/Sebastian Käpplinger zurecht hinweisen, im Wege der Sektorregulierung aber auch nicht umsetzbar.[1844] Denn wenn der gesellschaftsrechtliche Effekt des Rechtsverlusts gewünscht ist, würde man bei NBUs mit Sitz in der EU/EWR stets in das Gesellschaftsrecht eines anderen Mitgliedstaats eingreifen.[1845] Im Fall der externen Verwaltung des AIF würde der Rechtsverlust zudem den AIF treffen, der jedoch nicht Regulierungsadressat ist.[1846] Insoweit wäre die Sanktion im Widerspruch zu Art. 48 Abs. 1 Satz 3 AIFM-RL unverhältnismäßig.[1847]

Schließlich ist zu überlegen, ob sich aus einem Verstoß gegen die Transparenzpflichten der §§ 289 ff. KAGB gegebenenfalls ein Schadensersatzanspruch aus § 823 Abs. 2 BGB zugunsten der Informationsadressaten ableiten lässt. Eine gedankliche Anleihe bei der zu den §§ 21 ff. WpHG a. F. (nun §§ 33 ff. WpHG) geführten Diskussion[1848] verbietet sich aufgrund investmentrechtlicher Eigenheiten,

---

[1842] § 340 Abs. 2 Nr. 76 f. KAGB. Auch wenn dort nicht alle Absätze der jeweiligen Paragraphen expressis verbis genannt werden, ist ein Verstoß gegen diese stets beachtlich. Das ergibt sich letztlich aus einer richtlinienkonformen Auslegung anhand des Art. 48 AIFM-RL. Vgl. für den nicht genannten § 290 Abs. 4 KAGB auch *Behme*, in: Baur/Tappen, Investmentgesetze, § 290 KAGB Rn. 50.

[1843] § 340 Abs. 2 Nr. 24 lit. c und d KAGB.

[1844] *Bärenz/S. Käpplinger*, in: Dornseifer/Jesch/Klebeck/Tollmann, AIFM-RL, Art. 27 Rn. 56; zust. *Behme*, in: Baur/Tappen, Investmentgesetze, § 289 KAGB Rn. 61.

[1845] Ebd.

[1846] Ebd.

[1847] Ebd.

[1848] Überblick bei *Schwark*, in: Schwark/Zimmer, KMRK, § 28 WpHG Rn. 20; *Zimmermann*, in: Fuchs, WpHG, Vor §§ 21–30 Rn. 20 ff., § 28 Rn. 54; *U. H. Schneider*, in: Assmann/Schneider, WpHG, § 28 Rn. 79 ff.

insbesondere sind die WpHG- und KAGB-Transparenzkonzepte zwei verschiedene. Eine Haftung aus § 823 Abs. 2 BGB wird bei einem Verstoß gegen die Mitteilungspflichten aus § 289 Abs. 1 KAGB gegenüber der BaFin abgelehnt, bei §§ 289 Abs. 2 bis 4, 290 KAGB hingegen für möglich gehalten, aber mangels Nachweises eines kausalen Schadens als nicht erfolgversprechend eingestuft.[1849] Die Schutzgesetzeigenschaft ist indes von vornherein zu negieren. Der Umstand, dass es sich bei den aus der AIFM-RL umgesetzten Transparenzvorschriften um regulierungsrechtliche Normen handelt, hindert die Annahme einer Schutzgesetzqualität zwar nicht.[1850] Auch ist nicht zu verhehlen, dass die ermittelbaren Anteilseigner und das NBU selbst als potenzielle Schutzadressaten explizit genannt werden, was im Rahmen der Schutzgesetzdiskussion ein gewichtiges Indiz bildet.[1851] Doch ist schon generell (und nicht erst auf Ebene der Kausalität) nicht einzusehen, dass und wie die Transparenzpflichten die Genannten vor Verletzungen oder Gefährdungen schützen sollen. Es wurde bereits verdeutlicht, dass der Schutzzweck dieser Regelungen unklar bleibt, insbesondere weil diese Pflichten erst post-akquisitorisch einsetzen und nicht in Verbindung mit einer konkreten Entscheidung der Genannten stehen, wie es etwa in öffentlichen Übernahmen der Fall ist. Auch sind letzte Zweifel an der Einordnung der Genannten als potenzielle Schutzadressaten nicht auszuräumen, da diese in einem Atemzug mit der BaFin erwähnt werden. Die Transparenzvorschriften sind damit nicht dem Schutz von Individualinteressen zu dienen bestimmt. Eine letzte Absicherung besteht jedenfalls über § 826 BGB.

3. Verbot des Asset Stripping nach § 292 KAGB

Neben reinen Transparenzvorschriften enthält das KAGB zudem ein regulierungsrechtliches Verbot gesellschaftsrechtlicher Maßnahmen: das Verbot des Asset Stripping in § 292 KAGB. Asset Stripping mag man mit der amtlichen Überschrift von § 292 KAGB als das „Zerschlagen" von Unternehmen übersetzen. Asset Stripping ist allerdings kein feststehender Terminus, der einer inhaltlichen Konturierung ohne Weiteres zugänglich ist. In der Literatur[1852] und in einem Begleitpapier

---

[1849] So *Behme*, in: Baur/Tappen, Investmentgesetze, § 289 KAGB Rn. 62, § 290 Rn. 51. Zu § 291 KAGB nimmt er nicht Stellung.

[1850] 6. Teil, B.I.2.f)bb).

[1851] So hat der BGH dem § 267 StGB (Urkundenfälschung) die Schutzgesetzeigenschaft u. a. deswegen abgesprochen, weil das Vermögen weder als Verletzungsobjekt noch als Objekt konkreter Gefährdung genannt werde, s. BGH, Urt. v. 3. 2. 1987 – VI ZR 32/86, BGHZ 100, 13, 15; *Wagner*, in: MünchKomm, BGB, § 823 Rn. 500.

[1852] Enges Verständnis bei *Jaskolski/Grüber*, CFL 2010, 188, 190; *Diem*, Akquisitionsfinanzierungen, § 3 Rn. 1; *Boxberger*, in: Dornseifer/Jesch/Klebeck/Tollmann, AIFM-RL, Art. 30 Rn. 5; *Söhner*, WM 2011, 2121, 2122 sowie *ders.*, WM 2014, 2110, 2111; *Jesch/Kohl*, in: FrankKomm, KapAnlR Bd. 1, § 292 KAGB Rn. 34; *Längsfeld*, NZG 2016, 1096, 1097 f.; nur wertend *Cahn*, in: Spindler/Stilz, AktG, § 71a Rn. 3: Ausplünderung.

zur AIFM-RL[1853] wird er vornehmlich mit der Veräußerung (nicht) betriebsnotwendigen Vermögens gleichgesetzt. Dass ein solch enges Verständnis für die Verbotsnorm nicht maßgebend sein kann, bestätigt schon der Umstand, dass sogar bloße (effektive) Kapitalherabsetzungen inkriminiert werden, die bei vorhandenem Kassenbestand bekanntlich auch dann einen Vermögensrückfluss gewährleisten können, wenn nicht zuvor zusätzliche Liquidität generiert wird. Die konkrete Reichweite des regulierungsrechtlichen Verbots des Asset Stripping wird man daher nur anhand einer Würdigung der innerrechtlichen Wertung und Systematik des Gesetzes erschließen können. Dabei ist zu überprüfen, ob und inwieweit der typischerweise mit dem Archetypus LBO in Verbindung gebrachte[1854] Pool an post-akquisitorischen Maßnahmen, die darauf gerichtet sind, die Vermögenswerte der Zielgesellschaft verfügbar zu machen oder über eben diese Vermögenswerte zu verfügen, neuen Restriktionen unterworfen wird.

Schon jetzt steht jedenfalls fest, dass auch wenn sich der Unionsgesetzgeber von dem ursprünglichen Begriffsvorschlag des „Ausschlachtens"[1855] von Unternehmen distanziert hat, er mit dem polemischen Sprachduktus dennoch die Assoziierung negativer Konnotationen mit dem Geschäftsmodell LBO legitimiert.[1856] Das widerspricht der seit der Heuschreckendebatte befürworteten sachlichen Auseinandersetzung mit der Praxis von Private Equity-Investoren.[1857] Die Verwendung des Begriffs „Asset Stripping" leistet damit der Sache nach einer Brandmarkung einer bestimmten Klasse an Investoren Vorschub. Beachtlich ist zudem, dass die Praktik des Asset Stripping als einer der tragenden Kritikpunkte an dem Geschäftsmodell LBO unmittelbar adressiert wird, wohingegen die Leverage-Beschränkung nach Maßgabe der §§ 263, 275 KAGB, die keine Begrenzung der auf Ebene der Objektgesellschaften aufgenommenen Akquisitionsfinanzierung bewirken kann, letztlich keine taugliche Reaktion auf den zweiten tragenden Vorwurf des maßlosen Fremdkapitaleinsatzes, dessen Schuldendienst letztlich von der Zielgesellschaft geschultert werden muss, darstellt.

Der Schutzzweck der Verbotsnorm wurde bereits erhellt:[1858] Im Mittelpunkt steht der Bestandsschutz der Zielgesellschaft, insbesondere die Verhinderung einer Existenzgefährdung durch frühzeitige Rückzahlung von Schulden aus dem Gesellschaftsvermögen; soweit sich das Verbot des Asset Stripping auch gegen das kurzfristige Gewinnstreben von Investoren wendet, ist es zugleich als (finanzmarktrechtlicher) Nischenbeitrag zur Market Governance zu begreifen. In jedem Fall

---

[1853] *European Commission* vom 30.4.2009, SEC(2009) 576, Commission staff working document, Impact Assessment {COM(2009) 207} {SEC(2009) 577}, Annex VI.6.

[1854] *Behme*, in: Baur/Tappen, Investmentgesetze, § 292 KAGB Rn. 8 anerkennt, dass bestimmte Corporate Raiding-Maßnahmen „charakteristisch für Private Equity-Transaktionen sein mögen".

[1855] *Europäisches Parlament*, Bericht vom 11.6.2010, A7-0171/2010, S. 49 Art. 27a.

[1856] So auch die branchenseitige Wahrnehmung, *EY*, Game-changing regulation?, S. 30.

[1857] 1. Teil, A.

[1858] 3. Teil, D.II.2.

bleibt zu klären, ob und inwieweit durch § 292 KAGB tatsächlich ein Asset Stripping verboten wird bzw. mit § 292 KAGB ein „weitgehender Eingriff in die unternehmerische Freiheit"[1859] verbunden ist. So wird branchenseitig ins Feld geführt, dass die Verbotsnorm unter dem Strich wohl keinen *wesentlichen* Einfluss auf das auf Langfristigkeit ausgerichtete Geschäftsmodell der Marktteilnehmer haben werde; vielmehr falle der mit den Anti-Asset-Stripping-Regeln einhergehende Reputationsverlust ins Gewicht.[1860]

a) Alternative Verbotsvorschläge im Zuge der Reformbestrebungen

Zum besseren Verständnis des Verbots des Asset Stripping in der jetzigen Fassung sind die alternativen Regelungsvorschläge im Rahmen der europäischen Reformbestrebungen als Vergleichsgrundlage heranzuziehen. Wesentlich ist hier zunächst das in der bereits erwähnten Rede von Rasmussen konturierte Verbot des Asset Stripping, das einen gegenständlichen Schutz im Zusammenhang mit der schnellen Rückführung der Finanzierungsverbindlichkeiten herbeiführen sollte.[1861] Zum einen erblickte Rasmussen die Notwendigkeit, dass das Management der Zielgesellschaft und des Akquisitionsvehikels vor Verkauf wesentlicher Vermögenswerte eine Stellungnahme über die Hintergründe des Verkaufs und eine Versicherung, dass der Verkauf im besten Interesse des Unternehmens liege, abgeben sollte.[1862] Zum anderen sollte(n) der Betriebsrat oder, falls es einen solchen nicht gebe, die Arbeitnehmer informiert und zur Beratung herangezogen werden, falls der Verkauf der Assets in Verbindung mit der Rückführung der Finanzierungsverbindlichkeiten stehe.[1863] Schließlich sollte die Private Equity-Gesellschaft im Fall der Insolvenz haftbar gemacht werden.[1864] Diese Vorschläge wurden letztlich ignoriert. Der Kommissionsvorschlag vom April 2009 sah kein Verbot des Asset Stripping vor. Dieses wurde erst auf Drängen des Europäischen Parlaments mit Bericht vom 11. Juni 2010 in einem neuen Art. 27a AIFM-RL-E aufgenommen,[1865] entfernte sich inhaltlich jedoch von der Vorstellung Rasmussens. Art. 27a AIFM-RL-E erschöpfte

---

[1859] *R. Koch*, in: Möllers/Kloyer, Das neue KAGB, Rn. 261, 290. Streng auch: *Tancredi*, Die Regulierung von Hedge-Fonds und Private Equity in Europa, S. 162: „[...] untergräbt jegliche Möglichkeit, [...] grundlegende Veränderungen in der Zielgesellschaft vorzunehmen [...]"; *Jesch*, in: FrankKomm, KapAnlR Bd. 1, § 287 KAGB Rn. 34: Diskussion um Grundrechtseingriff sei bedeutsam bzw. *Jesch/Kohl*, in: FrankKomm, KapAnlR Bd. 1, § 292 KAGB Rn. 26: „nicht unerheblicher Eingriff in die Eigentumsrechte des wesentlichen Gesellschafters".

[1860] *EY*, Game-changing regulation?, S. 30 f.; zurückhaltend auch *van Dam/Mullmaier*, in: Zetzsche, AIFMD, Chapt. 26 No. 3.6: „impact may be relatively limited".

[1861] *Rasmussen*, Commission conference on private equity, S. 6: „[...] and its survival requires a quick sale of assets" oder „And with financial-based asset stripping comes an increased risk of bankruptcy, as useful assets may have been disposed of".

[1862] Ebd., S. 9.

[1863] Ebd.

[1864] Ebd.

[1865] 3. Teil, D.II.1.

sich in einem generellen Verweis auf „die Bestimmungen zur Eigenkapitalausstattung gemäß der Zweiten Gesellschaftsrechtsrichtlinie".

Während damit für AGs nichts gewonnen gewesen wäre, hätte dieser Verweis die Anwendung des aus § 71a AktG bekannten Verbots der Financial Assistance nach Art. 23 der 2. GesR-RL a. F. (bzw. nun Art. 25 der 2. GesR-RL) im GmbH-Recht bewirkt. Das hätte im Ergebnis dem bisweilen auf nationaler Ebene gemachten Reformvorschlag, in Durchbrechung des Prinzips des § 30 GmbHG das Verbot der Financial Assistance aus § 71a AktG auf die GmbH zu übertragen,[1866] Rechenschaft getragen. Außerdem hätten sich Ausschüttungen an dem bereits für AGs maßgeblichen Kapitalerhaltungssystem des Art. 15 der 2. GesR-RL a. F. (nun Art. 17 der 2. GesR-RL) messen lassen müssen.[1867] Nichtsdestotrotz wäre damit nur ein Kapitalschutz, nicht jedoch ein gegenständlicher Schutz erreicht worden. Letzteres hätte ein Verbot des Asset Stripping (so auch die englische Sprachfassung des Art. 27a AIFM-RL-E) aber sprachlich nahegelegt. Jedenfalls sollte das Verbot des Asset Stripping ausweislich der englischen Fassung des Entwurfs explizit der Verhinderung einer mit dem Asset Stripping allein verfolgten Rückführung der Finanzierungsverbindlichkeiten dienen: „[…] could help prevent asset stripping as divestment just to pay down acquisition debt while at the same time allowing sufficient leeway for legitimate strategic restructurings"[1868].

Der letztlich aufgrund Branchenwiderstands[1869] gefundene und im Folgenden zu erläuternde Kompromiss enthält im Gegensatz zu der weiten Fassung des Art. 27a AIFM-RL-E zwei wesentliche Einschränkungen, aber eine Erweiterung. Die Einschränkungen bestehen in dem nun stipulierten zeitlichen Limit des Verbots des Asset Stripping sowie in dem Umstand, dass kein rechtsformübergreifendes Verbot der Financial Assistance zu berücksichtigen ist. Die Erweiterung kommt darin zum Ausdruck, dass nunmehr auch ein Hinwirken auf Kapitalherabsetzungen gewissermaßen verboten wird, wobei die konkreten Verbotswirkungen noch zu erforschen sind. In der Konsequenz kommt es auch hier nicht zu einem gegenständlichen Eigentumsschutz.

[1866] So *R. H. Schmidt/Spindler*, Finanzinvestoren, E. Rn. 6 ff.; skeptisch *Kaserer/Achleitner/von Einem/Schierek*, Private Equity in Deutschland, S. 257.

[1867] Ausweislich der Stellungnahme des Rechtsausschusses für den Ausschuss für Wirtschaft und Währung des Europäischen Parlaments (s. *Europäisches Parlament*, Bericht vom 11.6.2010, A7-0171/2010, S. 133) war es das erklärte Ziel, Art. 15 Abs. 1 der 2. GesR-RL a. F. als Mittel gegen Asset Stripping in Stellung zu bringen. Auch sollte für den Erwerb eigener Anteile die in Art. 15 Abs. 1 der 2. GesR-RL a. F. genannte Grenze gelten.

[1868] *European Parliament*, Report of 6/11/2010, A7-0171/2010, S. 122. Die deutsche Fassung ist das Zeugnis einer unzureichenden Übersetzung: „[…] könnten dazu beitragen, ein Ausschlachten durch Veräußerungen zu verhindern".

[1869] *Swoboda*, in: Weitnauer/Boxberger/Anders, KAGB, § 292 Rn. 5: EVCA (heute: Invest Europe).

b) Verbotsinhalt

Kommt es zur Kontrollerlangung am NBU, ist die KVG nach § 292 Abs. 1 KAGB innerhalb von 24 Monaten nach Erlangen der Kontrolle über das Unternehmen durch den AIF dazu verpflichtet,

1. Ausschüttungen, Kapitalherabsetzungen, die Rücknahme von Anteilen oder den Ankauf eigener Anteile durch das Unternehmen gem. § 292 Abs. 2 KAGB weder zu gestatten noch zu ermöglichen, zu unterstützen oder anzuordnen,

2. sofern sie befugt ist, in den Versammlungen der Leitungsgremien des Unternehmens im Namen des AIF abzustimmen, nicht für Ausschüttungen, Kapitalherabsetzungen, die Rücknahme von Anteilen oder den Ankauf eigener Anteile durch das Unternehmen gem. § 292 Abs. 2 KAGB zu stimmen, und

3. sich in jedem Fall bestmöglich zu bemühen, Ausschüttungen, Kapitalherabsetzungen, die Rücknahme von Anteilen oder den Ankauf eigener Anteile durch das Unternehmen gem. § 292 Abs. 2 KAGB zu verhindern.

§ 292 Abs. 2 KAGB wiederum dekretiert, dass sich die Pflichten nach § 292 Abs. 1 KAGB auf *Ausschüttungen an Anteilseigner* und den *Ankauf eigener Anteile* beziehen, die bestimmte und noch zu erläuternde Verbotsschwellen übertreten.

aa) Verbotene Maßnahmen

Als verbotene Maßnahmen werden Ausschüttungen (unter (1)) (deutsche Fassung der AIFM-RL: „Vertrieb"),[1870] Kapitalherabsetzungen (unter (2)) sowie der Ankauf eigener Anteile (unter (3)) und die Rücknahme von Anteilen (unter (4)) genannt. Diese sollen im Folgenden beleuchtet werden. Ob und inwiefern damit Einfluss auf Finanzierungsstrukturen ausgeübt wird, bleibt eine Frage des Einzelfalls.

(1) Ausschüttungen

Im Mittelpunkt der inkriminierten Maßnahmen stehen die Ausschüttungen. Deren Begriffsbedeutung ist in der Literatur stark umstritten. Mit den folgenden Ausführungen soll ein Überblick über den Streitstand gegeben und ein eigenes Konzept zum Ausschüttungsbegriff entwickelt werden (unter (a)). Im Anschluss ist zu hinterfragen, ob und inwieweit auch Dritte als Ausschüttungsadressaten in Betracht kommen (unter (b)). Von zentraler Bedeutung sind überdies die ausschüttungsspezifischen Verbotsschwellen des § 292 Abs. 2 Nr. 1 und 2 KAGB (unter (c)). Schließlich ist zu

---

[1870] Der Begriff „distribution" der englischen Fassung der AIFM-RL ist fälschlicherweise mit „Vertrieb" übersetzt worden. Der deutsche Gesetzgeber hat den sprachlichen Fehler jedenfalls im Rahmen von § 292 KAGB („Ausschüttungen") korrigiert; *Hesse/Lamsa*, CFL 2011, 39, 46 Fn. 36; *Zetzsche*, NZG 2012, 1164, 1168; *Behme*, in: Baur/Tappen, Investmentgesetze, § 292 KAGB Rn. 4; *Boxberger*, in: Dornseifer/Jesch/Klebeck/Tollmann, AIFM-RL, Art. 30 Rn. 22.

erforschen, welche typischen post-akquisitorischen LBO-Maßnahmen von der Verbotsnorm eingefangen werden (unter (d)).

(a) Eingeschränkt leistungsbezogener Ausschüttungsbegriff

Unter „Ausschüttungen" sind nach §§ 292 Abs. 2 Nr. 1 und 2, Abs. 3 Nr. 1 KAGB Ausschüttungen an Anteilseigner zu verstehen, wobei sich der Begriff „Ausschüttungen" *insbesondere* auf die Zahlung von Dividenden und Zinsen im Zusammenhang mit Anteilen bezieht.[1871] Im Hinblick auf den nicht abschließenden Charakter wurde zurecht ein „schwer verständlicher, weiter Ausschüttungsbegriff"[1872] identifiziert. Doch bei Lichte besehen mangelt es der Literatur vor allen Dingen an Systematik im Umgang mit dem Ausschüttungsbegriff. Das spiegelt sich im vielfältigen Meinungsspektrum wider. Bisweilen werden einzelne Kategorien, nämlich Zinsen auf Wandelschuldverschreibungen oder andere Formen hybriden Kapitals, als Ausschüttungen qualifiziert.[1873] Als weitere Kategorie wird ebenso damit kokettiert, Zinszahlungen auf Darlehen im Zusammenhang mit der Finanzierung des Anteilserwerbs, die der Zielgesellschaft nach der Kontrollübernahme „aufgebürdet"[1874] werden, vom Begriff der Ausschüttungen erfasst zu wissen, sodass eine die Verbotsschwelle überschreitende und damit kapitalverletzende Zinszahlung einen Verstoß gegen § 292 Abs. 1 Nr. 1 KAGB darstellen könnte.[1875] An anderer Stelle wird unter Rekurs auf den Wortlaut „Ausschüttung" vertreten, dass alle Zahlungen auf die Geschäftsanteile, nicht jedoch „any payment to shareholders"[1876], erfasst seien. Weiter geht es, wenn der Begriff der Ausschüttung als „(schädlicher) Transfer von Vermögenswerten"[1877] verstanden wird. Begründet wird dies indes nicht. Dem wird bisweilen auch mit der Einschränkung gefolgt, dass die Grenzen aus dem Wortsinn der Regelung zu berücksichtigen seien.[1878] Auch diese werden wiederum nicht weiter umrissen. Die weiteste Auslegung sieht die Wirksamkeit des Art. 30 AIFM-RL in Gefahr, wenn man den Regelungszweck durch „eine kapitalangreifende Darlehensentnahme oder -tilgung, die Spaltung mit anschließender Veräußerung eines Rechtsträgers, Verschmelzung auf einen verschuldeten Rechtsträger oder die Um-

---

[1871] *Tancredi*, Die Regulierung von Hedge-Fonds und Private Equity in Europa, S. 161: Art. 30 Abs. 2 AIFM-RL untersage dem Kapitalschutz zuwiderlaufende Ausschüttungen oder Verzinsungen von Anteilen. Indes sind Zinsen ein Regelfall von Ausschüttungen.

[1872] *Zetzsche*, NZG 2012, 1164, 1168.

[1873] Ebd.; *Behme*, in: Baur/Tappen, Investmentgesetze, § 292 KAGB Rn. 17; *Jesch/Kohl*, in: FrankKomm, KapAnlR Bd. 1, § 292 KAGB Rn. 54; *van Kann/Redeker/Keiluweit*, DStR 2013, 1483, 1487; *Schröder/Rahn*, GWR 2014, 49, 52; a. A. *Swoboda*, in: Weitnauer/Boxberger/Anders, KAGB, § 292 Rn. 19.

[1874] *Zetzsche*, NZG 2012, 1164, 1168.

[1875] Ebd.; *Behme*, in: Baur/Tappen, Investmentgesetze, § 292 KAGB Rn. 17.

[1876] *Swoboda*, in: Weitnauer/Boxberger/Anders, KAGB, § 292 Rn. 18.

[1877] *Boxberger*, in: Dornseifer/Jesch/Klebeck/Tollmann, AIFM-RL, Art. 30 Rn. 26.

[1878] *Behme*, in: Baur/Tappen, Investmentgesetze, § 292 KAGB Rn. 17.

wandlung in eine Personengesellschaft"[1879] unterlaufe. In der Folge wird Art. 30 AIFM-RL nur als pars pro toto eines Prinzips eines umfassenden Kapitalschutzes gedeutet.[1880]

Wie im Folgenden gezeigt wird, kommt es grundsätzlich bei jeder, nicht notwendigerweise bilanziellen Vermögensminderung mit Vermögensmehrung beim Anteilseigner zur Ausschüttung. Das ergibt sich qua autonomer Auslegung. Zunächst ist zu erkennen, dass für den Begriff der Ausschüttung im Bereich der alternativen Investments eine Anleihe bei Art. 15 Abs. 1 lit. d der 2. GesR-RL a.F. gesucht wird. Das erklärt sich aus der Gesetzgebungsgeschichte, da die erste Entwurfsfassung des Verbots des Asset Stripping sämtliche Regelungen der 2. GesR-RL a.F. für anwendbar erklärte.[1881] Die finalen, englischen Fassungen sowohl von Art. 15 Abs. 1 lit. d der 2. GesR-RL a.F. als auch von Art. 30 Abs. 3 lit. a AIFM-RL sind identisch: „the term 'distribution' [...] shall include, in particular, the payment of dividends and of interest relating to shares". In der deutschen Übersetzung kommt es hingegen zu einer Abweichung:

• Art. 15 Abs. 1 lit. d der 2. GesR-RL a.F.: „Der Begriff „Ausschüttung" [...] umfaßt insbesondere die Zahlung von Dividenden und von Zinsen für Aktien";

• Art. 30 Abs. 3 lit. a AIFM-RL: „der [...] verwendete Begriff „Ausschüttung" bezieht sich insbesondere auf die Zahlung von Dividenden und Zinsen im Zusammenhang mit Anteilen".

Ob diese Abweichung („für" vs. „im Zusammenhang mit") gewollt war, ist nicht erkennbar. Das Vertrauen in die Qualität der deutschen Übersetzung ist jedenfalls punktuell erschüttert. Die Schwierigkeiten im Umgang mit dem Terminus der Ausschüttung ergeben sich letztlich einzig daraus, dass im deutschen Gesellschaftsrecht nie die Notwendigkeit einer eingehenden inhaltlichen Auseinandersetzung mit diesem Begriff bestand. So heißt es in der Gesetzesbegründung zum UmsG für die 2. GesR-RL a.F., dass die Regelungen der Richtlinie nur in drei materiell bedeutsamen Punkten Änderungen des AktG bedingen würden[1882] – zu denen § 57 Abs. 1 AktG nicht zähle. Wenn die Regelungen der 2. GesR-RL a.F. insoweit bereits im AktG aufgingen, stand damit ohne Weiteres fest, dass Ausschüttungen i.S. der 2. GesR-RL a.F. zu einer Einlagenrückgewähr i.S. des § 57 Abs. 1 AktG bei AGs führen. Daneben war die europäische Begriffsdefinition lediglich Auslöser des Disputs, ob dem Ausschüttungsbegriff mit Blick auf die genannten Regelbeispiele eine Eingrenzung auf offene Ausschüttungen zu entnehmen ist.[1883] Das deutsche Gesellschaftsrecht kennt begrifflich nur die Ausschüttung im

---

[1879] *Zetzsche*, NZG 2012, 1164, 1169.

[1880] Ebd.

[1881] 6. Teil, B.III.3.a).

[1882] BegrRegE BT-Drs. 8/1678, S. 10.

[1883] *Lutter/Bayer/Schmidt*, Europäisches Unternehmens- und Kapitalmarktrecht, S. 504 auch m.w.N. zum Streitstand.

Kontext des Jahresüberschusses (also die Gewinnausschüttung[1884] und die Sachausschüttung[1885]), nicht jedoch einen eigenen Begriff „Ausschüttungen".

Dass das europäische Konzept der Ausschüttung nicht nur bei Gewinnausschüttungen tangiert sein kann, ergibt sich bereits aus dem Wortlaut der Regelung des Ausschüttungsbegriffs, nach dem Dividenden nur einen Teilaspekt der Ausschüttungen bilden. Die Nennung der (gewinnunabhängigen, in Deutschland gem. § 57 Abs. 2 AktG verbotenen) Zinsen bekräftigt zudem das Verständnis, dass Ausschüttungen auch außerhalb formaler Strukturen wie dem Gewinnverwendungsbeschluss nach §§ 174 AktG, 29 Abs. 2 GmbHG in den Anwendungsbereich fallen. Ohnehin sind nach dem „insbesondere" nur Regelbeispiele genannt, sodass der Ausschüttungsbegriff aufgrund seines offenen Wortlauts auch andere, nicht notwendigerweise vergleichbare Fallgestaltungen umfassen kann.[1886] Vom Satzbau her sind es die genannten Dividenden und Zinsen, die „im Zusammenhang mit Anteilen" ergehen, nicht jedoch die „Ausschüttungen" als Oberbegriff. Wäre es gewollt gewesen, Ausschüttungen als Zahlungen im Zusammenhang mit Anteilen einzuordnen, hätte man die Begriffsdefinition wie folgt formulieren müssen: „Der [...] Begriff „Ausschüttungen" bezieht sich auf Zahlungen im Zusammenhang mit Anteilen, insbesondere auf Zahlungen von Dividenden und Zinsen".[1887] Ausschüttungen müssen damit nicht stets im Zusammenhang mit Anteilen ergehen. Erfasst sind aber jedenfalls nur Ausschüttungen an (alle) Anteilseigner, wie § 292 Abs. 2 KAGB zeigt.

Davon unabhängig gilt: Würde man eine Vergleichbarkeit mit den genannten Regelbeispielen der Dividende (= gewinnabhängige (Sach-)Ausschüttung)[1888] und der Zinsen (= feste, wiederkehrende Ausschüttung) verlangen, obwohl diese Regelbeispiele schon miteinander nicht vergleichbar sind, müsste man im Fall der GmbH unterjährige Ausschüttungen aus aufgelösten Rücklagen vom Anwendungsbereich herausnehmen, da diese per se weder gewinnabhängig noch fest und wiederkehrend sind. Das kann in Ansehung des Schutzzwecks der Norm nicht gewollt sein,[1889] insbesondere widerspräche das der in der früheren Entwurfsfassung geäußerten Absicht, das Asset Stripping als Werkzeug für die Rückführung der

---

[1884] §§ 57 m Abs. 3, 58d GmbHG, 150 Abs. 4 Satz 2, 216 Abs. 3 Satz 1, 233 AktG.

[1885] § 58 Abs. 5 AktG.

[1886] Im Aktienrecht wird die Vergleichbarkeit aber durchaus vorausgesetzt. So wird im Kontext mitgliedschaftlich bedingter Schadensersatzansprüche (z.B. bei Übernahme von Aktien aus nichtigen Kapitalerhöhungen) der Aktionäre gegen die AG bisweilen betont, dass der Mittelabfluss infolge der Erfüllung einer Schadensersatzverbindlichkeit keine der Zahlung von Dividenden oder Zinsen vergleichbare „Ausschüttung" i.S. des Art. 15 der 2. GesR-RL a.F. sei, s. *Cahn/v. Spannenberg*, in: Spindler/Stilz, AktG, § 57 Rn. 49; *Langenbucher*, ZIP 2005, 239, 241 f.; losgelöst von der 2. GesR-RL a.F. *Henze*, AG 2004, 405, 410.

[1887] In Englisch: „the term ‚distribution' [...] shall include payments relating to shares, in particular, the payment of dividends and of interest".

[1888] Eine Dividende kann als Sachdividende gestaltet werden: § 174 Abs. 2 Nr. 2 AktG; *Swoboda*, in: Weitnauer/Boxberger/Anders, KAGB, § 292 Rn. 18.

[1889] Im Ergebnis ebenso *Swoboda*, in: Weitnauer/Boxberger/Anders, KAGB, § 292 Rn. 18.

Finanzierungsverbindlichkeiten einzuschränken. Nicht nur die Systematik des Ausschüttungsbegriffs, sondern auch der Schutzzweck der Norm verbieten daher die Notwendigkeit einer Vergleichbarkeit mit den genannten Regelbeispielen. Nichts anderes gilt vor dem Hintergrund etwaiger Umgehungsversuche. Andernfalls könnte man etwa verdeckte Gewinnausschüttungen[1890] außerhalb der formellen Verteilung des Bilanzgewinns z.B. im Rahmen von Austauschverträgen nicht unter den Anwendungsbereich subsumieren.[1891] Die Grundsätze zu Geschäften, die auf Arm's Length-Ebene, also zu marktüblichen Konditionen, geschlossen werden, gelten daher auch im Rahmen von § 292 KAGB.[1892] Schließlich verträgt sich mit dem hier aufgezeigten extensiven Verständnis des Ausschüttungsbegriffs auch keine Eingrenzung auf bilanzwirksame Vermögensverlagerungen; der Schutzzweck der Verbotsnorm und die Gefahr verdeckter Gewinnausschüttungen postulieren vielmehr den Einbezug etwa der Weggabe stiller Reserven. Eine andere Frage ist es, ob derartige Vermögenstransfers gegen die noch im Einzelnen zu erläuternden Verbotsschwellen des § 292 Abs. 2 Nr. 1 und 2 KAGB verstoßen.[1893]

Insgesamt wird mithin die wirtschaftliche Vermögensminderung losgelöst von der formellen Verteilung des Jahresüberschusses bzw. Bilanzgewinns in den Vordergrund gestellt. Hiermit ist der Grundstein für ein leistungsbezogenes Verständnis des Ausschüttungsbegriffs gelegt. Insoweit besteht eine Schnittmenge mit § 30 GmbHG, bei dem der Auszahlungsbegriff ebenso leistungsbezogen verstanden wird.[1894] Eine vollständige Gleichstellung mit § 30 GmbHG gebietet sich dennoch

---

[1890] Hier ist die verdeckte Gewinnausschüttung im gesellschaftsrechtlichen (i.e. ohne äquivalente Gegenleistung) und nicht im steuerrechtlichen Sinn gemeint, aufschlussreich BGH, Urt. v. 23.6.1997 – II ZR 220/95, BGHZ 136, 125 = DStR 1997, 1216 m. Anm. *Goette*.

[1891] Auch *Swoboda*, in: Weitnauer/Boxberger/Anders, KAGB, § 292 Rn. 20 will diese erfasst wissen; so schon *Lutter/Bayer/Schmidt*, Europäisches Unternehmens- und Kapitalmarktrecht, S. 504 für die 2. GesR-RL a.F.; unklar *Weitnauer*, in: Weitnauer, MBO, D Rn. 86: Nicht erfasst seien Vergütungen für Beratungsleistungen an Investoren. Bei Rn. 78 anerkennt er hingegen, dass diese in die Nähe einer verdeckten Gewinnausschüttung rücken könnten.

[1892] Bei einem internen AIFM als mittelbarer Anteilseigner ist jedoch zu bedenken, dass schon Art. 24 AIFM-VO Restriktionen bei Beratungsleistungen bereit hält und zur Unzulässigkeit von Monitoring oder Transaction Fees führt. Auch mittelbare Anteilseigner sind erfasste Ausschüttungsadressaten, vgl. 6. Teil, B.III.3.b)aa)(1)(b). Ein externer AIFM wäre kein Anteilseigner i.S. des § 292 Abs. 2 KAGB. Zu Art. 24 AIFM-VO: 6. Teil, B.II.3.a)bb)(3).

[1893] Überwiegend wird § 292 KAGB als bilanzieller Kapitalschutz missverstanden: *Zetzsche*, NZG 2012, 1164, 1168; *van Kann/Redeker/Keiluweit*, DStR 2013, 1483, 1487; *Boxberger*, in: Dornseifer/Jesch/Klebeck/Tollmann, AIFM-RL, Art. 30 Rn. 15; *Jesch/Kohl*, in: FrankKomm, KapAnlR Bd. 1, § 292 KAGB Rn. 10; *Schröder/Rahn*, GWR 2014, 49, 52; *Werner*, StBW 2013, 811, 815. Die Verbotsschwellen werden insoweit nicht angemessen gewürdigt.

[1894] Begriff bei *Ekkenga*, in: MünchKomm, GmbHG, § 30 Rn. 128. BGH, Urt. v. 1.12.1986 – II ZR 306/85, NJW 1987, 1194, 1195; OLG Dresden, Urt. v. 6.6.2002 – 7 U 2325/01, NZW 2003, 546, 548; *Habersack*, in: Ulmer/Habersack/Löbbe, GmbHG, § 30 Rn. 47; *Fastrich*, in: Baumbach/Hueck, GmbHG, § 30 Rn. 33, 62.

nicht.[1895] Denn wenn das Asset Stripping im Kontext der Rückführung der Finanzierungsverbindlichkeiten eingeschränkt werden soll, gibt es keinen Grund dafür, wie beim Auszahlungsbegriff des § 30 GmbHG jedwede Leistung,[1896] mithin auch Dienstleistungen oder Nutzungsüberlassungen,[1897] zu erfassen. Daher liegt § 292 KAGB nur ein *eingeschränkt leistungsbezogener Ausschüttungsbegriff* zugrunde. Wie bei § 30 Abs. 1 GmbHG[1898] ist jedoch grundsätzlich eine Vermögensmehrung beim Empfänger zu fordern, da eine Rückführung der Finanzierungsverbindlichkeiten ansonsten nicht ermöglicht wird. Weil es sich bei der Ausschüttung schlicht um eine Vermögensminderung mit Vermögensmehrung zugunsten der Anteilseigner handelt, lässt sich dem Begriff „Ausschüttung" auch keine „Wortsinn"[1899]-Grenze entnehmen. An anderer Stelle wird noch zu zeigen sein, dass die misslungene Regelungssystematik des Verbots des Asset Stripping zu der Annahme zwingt, dass Anteilsrücknahmen stets zu Ausschüttungen i. S. des KAGB führen.[1900] Ob dies von einer engen Wortlautgrenze gedeckt wäre, ist höchst zweifelhaft. Eine Vergleichbarkeit mit den gesetzlichen Regelbeispielen besteht jedenfalls nicht. Hier zeigt sich die Rechtsunsicherheit, die mit derart nicht justiziablen Ansätzen hervorgerufen wird.

(b) Dritte als Adressaten der Ausschüttungen

Der Satzteil „Ausschüttungen an Anteilseigner" in § 292 Abs. 2 Nr. 1 und 2 KAGB ist für AIFs stets in Verbindung mit § 288 KAGB zu lesen. Den Ausgangsfall bildet dort die Konstellation der „von dem betreffenden AIF direkt gehaltenen Stimmrechte", mithin die unmittelbare Beteiligung des AIF an der Zielgesellschaft. § 288 Abs. 2 Nr. 1 KAGB erfasst aber auch die mittelbare Kontrollerlangung durch den AIF, die den Anwendungsbereich des § 292 KAGB eröffnen kann. Vor diesem Hintergrund wird man den Begriff des Anteilseigners in Ansehung des AIF als

---

[1895] So aber *Zetzsche*, NZG 2012, 1164, 1169, der für die Anwendung des Art. 30 AIFM-RL die Auszahlung nach § 30 Satz Abs. 1 Satz 1 GmbHG als „Ausschüttung" nach Art. 30 AIFM-RL lesen möchte; *Thiermann*, NZG 2016, 335, 338 sympathisiert mit § 30 GmbHG hingegen nur in Ansehung der Bestellung von Upstream Security; Parallele zu § 30 GmbHG hingegen ablehnend *Swoboda*, in: Weitnauer/Boxberger/Anders, KAGB, § 292 Rn. 20.

[1896] BGH, Urt. v. 1. 12. 1986 – II ZR 306/85, NJW 1987, 1194, 1195.

[1897] OLG Hamburg, Urt. v. 31. 8. 2005 – 11 U 55/04, NZG 2005, 1008, 1009; *Heidinger*, in: Michalski/Heidinger/Leible/J. Schmidt, GmbHG, § 30 Rn. 59; *Ekkenga*, in: MünchKomm, GmbHG, § 30 Rn. 202. Eine andere Frage ist auch hier, ob diese außerbilanziellen Vermögenstransfers letztlich eine Haftung aus § 30 GmbHG begründen können.

[1898] So explizit BGH, Urt. v. 10. 5. 1993 – II ZR 74/92, BGHZ 122, 333, 338; in einem anderen Urteil hat der BGH klargestellt, dass die bloße Belastung des Gesellschaftsvermögens mit Ansprüchen Dritter ohne Vermögensmehrung beim Gesellschafter keine „Auszahlung" begründen könne, BGH, Urt. v. 31. 1. 2000 – II ZR 189/99, NZG 2000, 544 m. Anm. *Haas*; ebenso *Ekkenga*, in: MünchKomm, GmbHG, § 30 Rn. 194; a. A. *Heidinger*, in: Michalski/Heidinger/Leible/J. Schmidt, GmbHG, § 30 Rn. 60.

[1899] So aber *Weitnauer*, AG 2013, 672, 676 f.; *Schröder/Rahn*, GWR 2014, 49, 52; *Leyendecker/Rödding/Kalb*, in: Eilers/Koffka/Mackensen, Private Equity, VII. Rn. 43 und Fn. 121.

[1900] 6. Teil, B.III.3.b)aa)(4).

„unmittelbarer oder mittelbarer Anteilseigner" verstehen dürfen. Im nationalen Gesellschaftsrecht sind Detailfragen für die Haftung bei verbundenen Unternehmen, insbesondere im Verhältnis Enkel- und Muttergesellschaft, mit Blick auf die Kapitalerhaltungsvorschriften zwar umstritten.[1901] Das Regulierungsrecht ist hiervon indes losgelöst zu betrachten. Dessen Reichweite dreht sich nicht um Fragen der zivilrechtlichen Haftung der (mittelbaren) Gesellschafter. Der Schutzzweck der Verbotsnorm legitimiert vielmehr eine Erweiterung des Anteilseignerbegriffs um mittelbare Anteilseigner. Zudem ist die Zurechnung anders als im Gesellschaftsrecht ohne Weiteres justiziabel, da es allein auf die formale Kontrollerlangung nach § 288 KAGB (durch die Kette) ankommt.

Der 2. GesR-RL a. F. und der AIFM-RL ist nicht zu entnehmen, ob und inwiefern auch dritte Personen, die formalrechtlich nicht Aktionär/Anteilseigner sind, in den Anwendungsbereich der Kapitalerhaltungsregeln einbezogen sind. Ausgangspunkt für die Bereichsregulierung ist zunächst, dass nur die aus der formalen Inhaberschaft der Stimmrechte folgenden Kontrollmöglichkeiten der von KVGs verwalteten AIFs einer Regulierung zugeführt werden sollen. Die Verbotswirkungen adressieren daher nur Ausschüttungen an Anteilseigner *nach* Kontrollerlangung.[1902] Künftige Gesellschafter wie der AIF vor Closing der Akquisition sind daher i. S. des Regulierungsrechts stets Dritte. Das ist nur konsequent, weil § 292 KAGB an die Kontrollerlangung gem. § 288 KAGB anknüpft, diesem lediglich ein formaler Kontrollbegriff zugrundeliegt und tatsächliche Beherrschungsmöglichkeiten daher irrelevant sind. Nach Kontrollerlangung können aber auch wie im Rahmen von § 57 Abs. 1 AktG faktische Aktionäre, also solche, die die Aktionärsposition wirtschaftlich bekleiden, oder zukünftige Aktionäre, wenn zwischen der verbotswidrigen Leistung und dem Erwerb der Aktien ein enger sachlicher und zeitlicher Zusammenhang besteht und die Leistung mit Rücksicht auf die künftige Aktionärseigenschaft erfolgt, als taugliche Rückgewähradressaten zu qualifizieren sein.[1903] Es ist nicht einzusehen, wieso für den Anwendungsbereich von § 292 Abs. 3 Nr. 1 KAGB etwas anderes gelten sollte, zumal ein Unterlaufen der Regulierung zu verhindern ist. Auch Ausschüttungen an Inhaber hybrider Kapitalpositionen müssen sich hieran messen lassen. Sofern die Ausschüttung nicht societatis causa erfolgt, ist § 292 KAGB nicht relevant. Im Fall der atypischen stillen Beteiligung wird man eine

---

[1901] Ausführlich *Altmeppen*, in: Roth/Altmeppen, GmbHG, § 30 Rn. 54 ff.; *Ekkenga*, in: MünchKomm, GmbHG, § 30 Rn. 178 ff.; *Cahn/v. Spannenberg*, in: Spindler/Stilz, AktG, § 57 Rn. 59 ff.

[1902] *Swoboda*, in: Weitnauer/Boxberger/Anders, KAGB, § 292 Rn. 23: Eine bereits vor Kontrollerlangung beschlossene Maßnahme, die potenziell gegen § 292 KAGB verstoßen würde, sei irrelevant. Die Umsetzung des ohne Kontrollerlangung erlangten Rechtsanspruchs (z. B. Ausschüttung) müsse möglich bleiben.

[1903] Zum Aktienrecht etwa BGH, Urt. v. 13.11.2007 – XI ZR 294/07, NJW-RR 2008, 421, 422; Überblick bei *Bayer*, in: MünchKomm, AktG, § 57 Rn. 108 ff.

Ausschüttung societatis causa annehmen können.[1904] Zur Vermeidung einer Umgehung ist auch die Ausschüttung an einen Strohmann zu erfassen.[1905] Im Zeitpunkt der Ausschüttung ausgeschiedene Anteilseigner dürften wie im Gesellschaftsrecht[1906] erfasst sein, wenn sie im Zeitpunkt der Begründung der Leistungspflicht Anteilseigner waren.

Eine Ausschüttung an einen Anteilseigner liegt auch vor, wenn eine Verbindlichkeit desselben getilgt wird und der Anteilseigner so in den Genuss eines wirtschaftlichen Vorteils kommt. Dieses Ergebnis harmoniert mit der Rechtslage im Gesellschaftsrecht.[1907] Kapitalverletzende Zinszahlungen und Tilgungsleistungen auf Akquisitionsdarlehen des Anteilseigners durch die kontrollierte Zielgesellschaft verstoßen im Lichte dieser Auslegung gegen § 292 KAGB. § 292 KAGB gilt nicht, wenn die Zielgesellschaft auf eigene Verbindlichkeiten leistet.[1908] Es sind aber auch Konstellationen denkbar, in denen der Anteilseigner keinen wirtschaftlichen Vorteil erlangt, die Gesellschaft aber auf Veranlassung des Anteilseigners an einen Dritten zahlt. Die gesellschaftsrechtliche Literatur ordnet diese Veranlassung als eigenen Haftgrund ein, da bei einer veranlassten, gesellschaftsseitigen Zahlung an einen Dritten ohne Durchgang beim Gesellschafter eine Einstandspflicht aufgrund der Kapitalerhaltungsvorschriften unter dem Blickwinkel der Umgehung geboten sei.[1909] Das Umgehungsargument dürfte oberflächlich betrachtet auch für § 292 KAGB Geltung beanspruchen, da eine Sonderregulierung gewollt ist, die i. S. einer effektiven Aufsicht durchzusetzen ist. Auf der anderen Seite ist indes zu fragen, wo der Schutzzweck der Norm tangiert ist, wenn es im Nachgang zur Veranlassung von gegen die Verbotsschwellen verstoßenden Ausschüttungen an Dritte (zur freien Disposition) weder zu Rückflüssen an den Anteilseigner, noch an die Banken kommt. Nach Maßgabe dieses Normverständnisses könnte das, was regulierungsrechtlich erlaubt wäre, (allein) gesellschaftsrechtlich verboten sein. Zwar werden von § 292 KAGB auch generell Ausschüttungen „an Anteilseigner" inkriminiert, mithin auch

---

[1904] BGH, Urt. v. 7. 11. 1988 – II ZR 46/88, BGHZ 106, 7; aus jüngster Vergangenheit BGH, Urt. v. 24. 9. 2013 – II ZR 39/12, NJW-RR 2014, 147, 148; *Bayer*, in: MünchKomm, AktG, § 57 Rn. 116.

[1905] So BGH, Urt. v. 14. 12. 1959 – II ZR 187/57, BGHZ 31, 258 für § 30 GmbHG.

[1906] BGH, Urt. v. 24. 3. 1954 – II ZR 23/53, BGHZ 13, 49, 54; BGH, Urt. v. 13. 7. 1981 – II ZR 256/79, BGHZ 81, 252, 258.

[1907] Dort BGH, Urt. v. 29. 3. 1973 – II ZR 25/70, BGHZ 60, 324, 330 f.; LG Düsseldorf, AG 1979, 290, 291.

[1908] Nicht ganz eindeutig ist, ob *Zetzsche*, NZG 2012, 1164, 1168 dies anders sieht. Er spricht von nach der Kontrollerlangung „aufgebürdeten" Darlehen, auf die kapitalverletzende Zinszahlungen geleistet würden. Rekurrierte er dabei auf die zivilrechtliche Verlagerung durch einen Debt Push Down, überginge er den laut § 292 KAGB stets notwendigen Anteilseignerbezug der Ausschüttung.

[1909] So zurecht *Cahn*, Kapitalerhaltung im Konzern, S. 16 ff.; *Henze*, in: Großkomm, AktG, § 57 Rn. 88; *Hefermehl/Bungeroth*, in: Geßler/Hefermehl/Eckhardt/Kropff, AktG, § 57 Rn. 28; *Canaris*, in: FS Fischer, S. 31, 39; *Bayer*, in: MünchKomm, AktG, § 57 Rn. 122; *Schmolke*, Kapitalerhaltung in der GmbH nach dem MoMiG, § 30 GmbHG Rn. 113.

an Gesellschafter, die nicht im Lager des AIF stehen und daher wie Dritte nicht den Schutzzweckerwägungen ausgesetzt sind; doch rechtfertigt sich diese Regelungstechnik mit Blick darauf, dass Ausschüttungen unter Anteilseignern kapitalproportional und im Übrigen unter Einhaltung des Gleichbehandlungsgrundsatzes zu tätigen sind und sich der AIF daher ohnehin keine Sondervorteile einräumen kann. Im Ergebnis würde diese Rechtslage zu Lasten einer effektiven Regulierung gehen, wenn der Dritte tatsächlich Gefälligkeiten schuldet oder Verpflichtungen gegenüber dem AIF(M) nachkommt. Eine Korrektur ist daher geboten. Man könnte mit Vermutungsregeln arbeiten, die an nachgelagerte Aktivitäten anknüpfen; ein Verstoß gegen § 292 KAGB würde dann nach wie vor zum Zeitpunkt der Ausschüttung anzunehmen sein. Hier bestehen indes abermals Regulierungsdefizite, da nur die KVG Regulierungsadressatin ist. Im Ergebnis ist daher die Rechtslage im Gesellschafts- und Regulierungsrecht einheitlich zu beurteilen und von einer Verbotsrelevanz jeder vorbeschriebenen Veranlassung auszugehen.

(c) Verbotsschwellen

Ausschüttungen an Anteilseigner sind nicht strikt verboten, sondern nur in dem in § 292 Abs. 2 KAGB vorgezeichneten Rahmen.[1910] Vereinzelt ist die Kritik aufgekommen, dass das allgemeine, von KVGs zu beachtende Verbot von Ausschüttungen an Anteilseigner auch sinnvolle Kapitalmaßnahmen verhindern könnte.[1911] Indes scheint dieser Kritik in Ansehung der im Folgenden zu analysierenden Verbotsschwellen der Boden entzogen – zumal die Geschäftsführung des NBU nicht an § 292 KAGB gebunden ist[1912].

(aa) Erste Verbotsschwelle (Balance-Sheet-Test)

Die erste Verbotsschwelle des § 292 Abs. 2 Nr. 1 KAGB besagt, dass Ausschüttungen an Anteilseigner nicht vorgenommen werden dürfen, wenn das im Jahresabschluss des Unternehmens ausgewiesene Nettoaktivvermögen bei Abschluss des letzten Geschäftsjahres den Betrag des gezeichneten Kapitals zuzüglich der Rücklagen, deren Ausschüttung das Recht oder die Satzung nicht gestattet, unterschreitet oder infolge einer solchen Ausschüttung unterschreiten würde. Der Betrag des gezeichneten Kapitals ist um den Betrag des noch nicht eingeforderten Teils des gezeichneten Kapitals zu mindern, falls letzterer nicht auf der Aktivseite der Bilanz ausgewiesen ist. In der nationalen Norm wurde der Begriff des Nettoaktivvermögens, der auf Art. 15 Abs. 1 lit. a der 2. GesR-RL a. F. zurückgeht und auch in der AIFM-RL verwendet wird, übernommen. Keiner anderen Norm deutschen

---

[1910] Das scheint *Söhner*, WM 2014, 2111, 2115 sowie *ders.*, WM 2011, 2121, 2125 zu übersehen.

[1911] So *Boxberger*, in: Dornseifer/Jesch/Klebeck/Tollmann, AIFM-RL, Art. 30 Rn. 26; anscheinend auch *Swoboda*, in: Weitnauer/Boxberger/Anders, KAGB, § 292 Rn. 30.

[1912] *Zetzsche*, NZG 2012, 1164, 1168 f.

Rechts ist dieser Terminus geläufig.[1913] Bisweilen wird er definiert als „der Betrag, um den das bei Abschluss des Geschäftsjahres bilanziell festgestellte Vermögen den Betrag des Stammkapitals bzw. Grundkapitals zuzüglich der gesetzlichen und satzungsmäßigen/gesellschaftsvertraglichen Rücklagen übersteigt"[1914]. Das vorbeschriebene Gleichsetzen des Nettoaktivvermögens mit dem überschüssigen Reinvermögen kann jedoch nicht zutreffen. Denn begrifflich könnte das Nettoaktivvermögen nie die Verbotsschwelle unterschreiten, wovon der Gesetzgeber aber ausweislich von § 292 Abs. 2 Nr. 1 KAGB ausgeht. Treffender ist es, das Nettoaktivvermögen schlicht als Summe der Aktiva abzüglich der Kapitalziffer für Rückstellungen und Verbindlichkeiten, mithin als Eigenkapital (§ 266 Abs. 3 HGB), zu bezeichnen.[1915] Damit steht fest, dass § 292 Abs. 2 Nr. 1 KAGB nur einen Teil des Eigenkapitals schützt. Bei der AG ist die Ziffer für die nicht ausschüttungsfähigen gesetzlichen Rücklagen des § 150 AktG in die erste Verbotsschwelle einzubeziehen; jedoch ist der Mehrwert hiervon in Ansehung der umfassenden Vermögensbindung des § 57 AktG in Frage gestellt. In der GmbH sind keine gesetzlichen Rücklagen zu bilden. Eine Ausschüttung von Rücklagen wird nach §§ 58a Abs. 2, 58b Abs. 1 GmbHG nur im Kontext einer einfachen Kapitalherabsetzung obstruiert. Das Gesellschaftsrecht verbietet deren Ausschüttung aber erst, wenn die Rücklagen bereits aufgelöst wurden, mithin nicht mehr als Rücklagen im Jahresabschluss ausgewiesen werden können. In die erste Verbotsschwelle können diese Beträge damit keinen Eingang finden. Ein Novum für den GmbH-Bereich ist allerdings, dass anders als im GmbH-Recht sogar die satzungswidrige Auflösung von Rücklagen in den Schutzbereich des § 292 KAGB fällt. Ausschüttbar sind aber freie Kapitalrücklagen[1916] und andere Gewinnrücklagen[1917].

Dass sich die relevante Kapitalziffer aus dem letzten Jahresabschluss ergibt, stellt einen wesentlichen Unterschied zu § 30 Abs. 1 GmbHG dar, bei dem die Prüfung der Unterbilanzhaftung an die Vermögenslage zum Zeitpunkt der Auszahlung an-

---

[1913] *Behme*, in: Baur/Tappen, Investmentgesetze, § 292 KAGB Rn. 4. Die erste Verbotsschwelle war bislang auch beim Ankauf eigener Aktien nicht zu verletzen, s. § 71 Abs. 2 Satz 2 AktG und 6. Teil, B.III.3.b)aa)(3). Auch dort ist keine Rede von einem Nettoaktivvermögen.

[1914] *Behme*, in: Baur/Tappen, Investmentgesetze, § 292 KAGB Rn. 18, der aber bei Rn. 4 zugleich Kritik daran übt, dass der Begriff Nettoaktivvermögen nicht als Eigenkapital ins deutsche Recht übersetzt wurde. Der Sache nach gleich: *van Kann/Redeker/Keiluweit*, DStR 2013, 1483, 1487; *Jesch/Kohl*, in: FrankKomm, KapAnlR Bd. 1, § 292 KAGB Rn. 45.

[1915] Wie hier *Swoboda*, in: Weitnauer/Boxberger/Anders, KAGB, § 292 Rn. 16. Auch gesetzliche Rücklagen subtrahierend: *Boxberger*, in: Dornseifer/Jesch/Klebeck/Tollmann, AIFM-RL, Art. 30 Rn. 25; *Weitnauer*, AG 2013, 672, 676; *ders.*, in: Weitnauer, MBO, D Rn. 84; *Spindler/Tancredi*, WM 2011, 1441, 1445. Summe der Aktiva abzüglich Fremdkapital: *Thiermann*, NZG 2016, 335, 337.

[1916] *Swoboda*, in: Weitnauer/Boxberger/Anders, KAGB, § 292 Rn. 18. Die Kapitalrücklage gem. § 272 Abs. 2 Nr. 4 HGB wird nicht durch § 150 Abs. 3 und 4 AktG gebunden. Bei der GmbH bestehen Beschränkungen für die Entnahme von Beträgen aus der Kapitalrücklage nur in Ausnahmefällen (z. B. § 58b Abs. 2 und 3 GmbHG), *Weitnauer*, in: Weitnauer, MBO, D Rn. 79.

[1917] § 272 Abs. 3 HGB.

knüpft.[1918] Es ist im Einzelfall zu überlegen, ob eine Umstellung von Geschäftsjahren sinnvoll ist.[1919] Wieso ein Rumpfgeschäftsjahr bisweilen nicht als abgeschlossenes Geschäftsjahr qualifizieren soll,[1920] obwohl ein Geschäftsjahr wie § 240 Abs. 2 Satz 2 HGB zeigt (soweit anwendbar) weniger als zwölf Monate haben darf, erschließt sich nicht. Formell ist das vorherige Geschäftsjahr durch Umstellung abgeschlossen. Auch steht im Regulierungsrecht ohne Weiteres fest, dass Ausschüttungen bei einer dem letzten Jahresabschluss zu entnehmenden Unterdeckung oder Überschuldung unzulässig sind („unterschreitet"). Im (sich auf den Auszahlungszeitpunkt beziehenden) GmbH-Recht gab es hier lange Zeit Diskussionen, deren Auslöser in der zu gewärtigenden Ausfallhaftung der Mitgesellschafter lag.[1921] Das Verbot des Asset Stripping und das Auszahlungsverbot des § 30 GmbHG kreieren nunmehr in Ansehung von unterjährigen Ausschüttungen einen Schutzstandard per Synergie. Denn was zum Auszahlungszeitpunkt gesellschaftsrechtlich erlaubt ist, kann regulierungsrechtlich wegen der Maßgeblichkeit des letzten Jahresabschlusses verboten sein[1922] – und vice versa.

Vereinzelt wird angeführt, § 292 KAGB stelle insoweit eine Verschärfung dar, als dass das Ausschüttungsverbot auch bei Gewinnabführungsverträgen und trotz vollwertiger Rückgewähransprüche eingreife.[1923] Das ist nur teils richtig. Der 2. GesR-RL a. F. und somit auch der AIFM-RL ist das Vollwertigkeitskriterium fremd. Die §§ 57 Abs. 1 Satz 3 Alt. 2 AktG, 30 Abs. 1 Satz 2 Alt. 2 GmbHG gehen auf das MoMiG zurück, mit dem eine Rückkehr zu der vor der November-Rechtsprechung des BGH herrschenden bilanziellen Betrachtungsweise angestrebt wurde.[1924] Mangels entsprechender Regelung in § 292 KAGB liegt zwar der Schluss nahe, dass allein der Erhalt realer Substanz maßgeblich sein könnte. Doch lässt sich dies nicht in Ansehung des Schutzzwecks der Norm rechtfertigen.[1925] Denn bei Vollwertigkeit des Regressanspruchs wird die Leistungsfähigkeit der Zielgesellschaft nicht angetastet. Die vom Ausschüttungsbegriff auch erfasste Weggabe stiller Reserven – im Gesellschaftsrecht entgegen dem im Zusammenhang mit dem Vollwertigkeitskriterium stehenden Deckungsgebot des MoMiG[1926] – zum Buchwert

---

[1918] *Thiermann*, NZG 2016, 335, 337; krit. *Leyendecker/Rödding/Kalb*, in: Eilers/Koffka/ Mackensen, Private Equity, VII. Rn. 43; *Volhard/El-Qalqili*, CFL 2013, 202, 206. Zu § 30 GmbHG: statt aller *Ekkenga*, in: MünchKomm, GmbHG, § 30 Rn. 88.

[1919] *Swoboda*, in: Weitnauer/Boxberger/Anders, KAGB, § 292 Rn. 16.

[1920] So *Thiermann*, NZG 2016, 335, 339.

[1921] Überblick bei *Habersack*, in: Ulmer/Habersack/Löbbe, GmbHG, § 30 Rn. 43.

[1922] *Leyendecker/Rödding/Kalb*, in: Eilers/Koffka/Mackensen, Private Equity, VII. Rn. 43 mit dem Beispiel der zum Auszahlungszeitpunkt aufgrund unterjährigen Verlusts aufgezehrten freien Rücklagen.

[1923] *van Kann/Redeker/Keiluweit*, DStR 2013, 1483, 1487 f.

[1924] BegrRegE BT-Drs. 16/6140, S. 41.

[1925] Im Ergebnis ebenso *Zetzsche*, NZG 2012, 1164, 1169; *Behme*, in: Baur/Tappen, Investmentgesetze, § 292 KAGB Rn. 19; *Thiermann*, NZG 2016, 335, 339.

[1926] BegrRegE BT-Drs. 16/6140, S. 41.

kann per se keine bilanzielle Unterdeckung begründen. Im Gesellschaftsrecht[1927] wird die bilanzielle Betrachtung indes ausgeblendet, wenn bereits eine Unterdeckung besteht; so ist nicht nachvollziehbar, wieso der gesellschaftsseitige Verlust der Differenz zwischen Buch- und Marktwert legitim sein soll, wenn ebenjene Differenz bei Vereinnahmung die Unterdeckung aufheben kann. § 292 Abs. 2 Nr. 1 KAGB hingegen verbietet ohnehin generell Ausschüttungen bei einer im letzten Jahresabschluss ausgewiesenen Unterdeckung oder Überschuldung. Hier zeigt sich einmal mehr die Notwendigkeit des Rückgriffs auf die Instrumente des Fremdvergleichs und des Vollwertigkeitskriteriums, um sachgerechte Ergebnisse auch zugunsten des NBU zu erhalten.

Richtig ist hingegen, dass § 292 KAGB auch nach einer Vertragskonzernierung eingreift.[1928] Opponierende Vertreter stützen sich auf die Feststellung, dass das NBU bereits durch die Schutzmechanismen des Konzernrechts ausreichend geschützt sei.[1929] Dieser Einhalt muss zunächst relativiert werden: Ist die Zielgesellschaft ein Unternehmen aus einem anderen EU-Mitgliedstaat oder EWR-Vertragsstaat, kommen die §§ 291 ff. AktG nicht zur Anwendung, da keine AG oder KGaA beherrschtes Unternehmen wird. Doch auch bei inländischen Sachverhalten wird man mit diesem Einwand nicht durchdringen können. Das Konzernrecht und das KAGB sind zwei derart verschiedene Regelungsmaterien, dass ersteres nicht letzteres aushebeln kann. Dieser Unterschied beginnt schon strukturell, da sich das KAGB nur an die KVGs wendet, wohingegen das Konzernrecht bei dem herrschenden Unternehmen ansetzt. Je nach Vermittlung der Abhängigkeit und des Vorliegens von Leitungsmacht können diese Rechtsträger zwar übereinstimmen.[1930] Doch stellt § 292 KAGB als Umsetzung von Unionsrecht eine „politisch gewünschte Ungleichbehandlung"[1931] dar, die unabhängig von der bereits vorhandenen nationalen Gesetzgebung gelten soll. Insoweit kann es nicht überzeugen, den aufsichtsrechtlichen Sanktionsmechanismus beiseite schieben zu wollen.

Wollte man dies tun, müsste man diese Derogation von Unionsrecht in zwei anderen Konstellationen fortsetzen: Zum einen müssten auch die Asset Stripping-Verbote in anderen Jurisdiktionen in Bezug auf deutsche NBUs ausgesetzt sein. Indes liegt es freilich nicht i. S. des Unionsgesetzgebers, dass auf mitgliedstaatlicher Ebene das Regulierungsrecht eines anderen Mitgliedstaats ausgehebelt wird. Das würde dem Kern der Vereinheitlichung der Regulierung auf EU-Ebene widersprechen und den effet utile in Frage stellen. Das gilt erst recht vor dem Hintergrund, dass es kein

---

[1927] *Altmeppen*, in: Roth/Altmeppen, GmbHG, § 30 Rn. 74; *Ekkenga*, in: MünchKomm, GmbHG, § 30 Rn. 200; *Habersack*, in: Ulmer/Habersack/Löbbe, GmbHG, § 30 Rn. 48.

[1928] Ebenso *Swoboda*, in: Weitnauer/Boxberger/Anders, KAGB, § 292 Rn. 19.

[1929] *Behme*, in: Baur/Tappen, Investmentgesetze, § 292 KAGB Rn. 19; so wohl auch *Thiermann*, NZG 2016, 335, 339, nach dem sich eine teleologische Reduktion des § 292 KAGB ergeben „könnte".

[1930] 2. Teil, B.V.2.b).

[1931] So *Swoboda*, in: Weitnauer/Boxberger/Anders, KAGB, § 292 Rn. 2.

europäisches Konzernrecht gibt.[1932] Zum anderen müsste auch das in anderen Jurisdiktionen durch die dortigen Gesetze generierte Schutzniveau für NBUs den § 292 KAGB aushebeln können. Die Letztentscheidung darüber würde der zuständigen Aufsichtsbehörde, also der BaFin, zukommen. Wieso diese zu einer intensiven Prüfung des ausländischen Rechts angehalten werden sollte, ist nicht nachvollziehbar. Es bleibt beim Grundsatz der konzernweiten Geltung des Sonderbeteiligungsrechts.

Die Problematik wird jedenfalls erheblich entschärft, weil im Vertragskonzern nach § 301 Satz 1 AktG ohnehin zunächst nur der ohne die Gewinnabführung entstehende *Jahresüberschuss*[1933] an das herrschende Unternehmen abgeführt werden kann. Aus der ergänzenden Aufschlüsselung der Bilanzpositionen in der aktienrechtlichen Gliederung einer GuV nach § 158 AktG (Jahresüberschuss/Jahresfehlbetrag, Gewinn-/Verlustvortrag aus dem Vorjahr, Entnahmen aus der Kapitalrücklage, Entnahmen aus Gewinnrücklagen, etc.) lässt sich deduzieren, dass Entnahmen aus gesetzlichen Rücklagen und Kapitalrücklagen (also auch § 272 Abs. 2 Nr. 4 HGB) nicht dem Jahresüberschuss hinzugerechnet werden.[1934] Nicht abführbar sind zudem Gewinnvorträge, soweit sie vor Abschluss eines Gewinnabführungsvertrags entstanden sind; diese können nur im Rahmen der Ergebnisverwendung an alle Aktionäre ausgeschüttet werden.[1935] Im Übrigen ist gem. § 301 Satz 2 AktG allein die Entnahme und Gewinnabführung von solchen Beträgen zulässig, die während der Dauer des Vertrags in (ausschüttbare) *andere Gewinnrücklagen*[1936] eingestellt worden sind. Eine Gewinnabführung im Konzern berechtigt damit nicht zum Entzug von Gesellschaftsvermögen, das für die Rechengrößen des Grundkapitals und der nicht zur Ausschüttung vorgesehenen gesetzlichen/satzungsmäßigen Rücklagen gebunden ist. Wie die erste Verbotsschwelle im Vertragskonzern tangiert werden könnte, ist nicht nachzuvollziehen.[1937]

Im Lichte der für die erste Verbotsschwelle maßgeblichen bilanziellen Betrachtung und des auch bei § 292 KAGB geltenden Fremdvergleichsgrundsatzes ist die Rückführung von Gesellschafterdarlehen zu sehen. Hier ist zwischen Tilgungen und Zinszahlungen zu differenzieren. Tilgungen sind zwar von dem eingeschränkt

---

[1932] Ausführlich zur Entwicklung *Altmeppen*, in: MünchKomm, AktG, Einl. Drittes Buch, Rn. 33 ff.

[1933] Vermindert um einen Verlustvortrag aus dem Vorjahr, um den Betrag, der nach § 300 AktG in die gesetzlichen Rücklagen einzustellen ist, und den nach § 268 Abs. 8 HGB ausschüttungsgesperrten Betrag.

[1934] Ausführlich *Altmeppen*, in: MünchKomm, AktG, § 301 Rn. 21. Für Kapitalrücklage nach § 272 Abs. 2 Nr. 4 HGB: BFH, Urt. v. 8. 8. 2001 – I R 25/00, BFHE 196, 485, 489 ff.

[1935] BGH, Urt. v. 2. 6. 2003 – II ZR 85/02, BGHZ 155, 110, 115; *Altmeppen*, in: MünchKomm, AktG, § 301 Rn. 22.

[1936] Str. ist, ob auch Kapitalrücklagen gem. § 272 Abs. 2 Nr. 4 HGB abführbar sind; dagegen BFH, Urt. v. 8. 8. 2001 – I R 25/00, BFHE 196, 485, 490 f.; *Veil*, in: Spindler/Stilz, AktG, § 301 Rn. 17; dafür *J. Koch*, in: Hüffer/Koch, AktG, § 301 Rn. 8 m. w. N.

[1937] So zurecht *Zetzsche*, NZG 2012, 1164, 1169; *Schröder/Rahn*, GWR 2014, 49, 53.

leistungsbezogenen Ausschüttungsbegriff erfasst.[1938] Jedoch sind sie bilanziell ergebnisneutral, weil sich in der Höhe des Liquiditätsabflusses auch der entsprechende Passivposten verringert.[1939] Auch im Bereich der Unterdeckung kann damit kein Verbotsverstoß begründet werden. Im Gesellschaftsrecht gilt dieses Ergebnis erst seit dem MoMiG und auch nur deswegen, weil Gesellschafterdarlehen einem insolvenzrechtlichen Regime unterworfen wurden.[1940] § 292 KAGB als Umsetzung des autonom auszulegenden Art. 30 AIFM-RL ist aber ohnehin von Kategorien des nationalen Rechts zu abstrahieren. Das Regulierungsrecht verschreibt sich nicht dem Ziel, Gesellschafterdarlehen im Kontext der Insolvenz rechtlich zu würdigen. Wie im Gesellschaftsrecht sind Arms' Length-widrige Zinszahlungen wiederum am Verbotstatbestand zu messen.[1941]

(bb) Zweite Verbotsschwelle (Surplus-Test)

Nach § 292 Abs. 2 Nr. 2 KAGB bezieht sich die zweite Verbotsschwelle auf Ausschüttungen an Anteilseigner, *deren Betrag* den Betrag des Ergebnisses des letzten abgeschlossenen Geschäftsjahres, zuzüglich des Gewinnvortrags und der Entnahmen aus hierfür verfügbaren Rücklagen, jedoch vermindert um die Verluste aus früheren Geschäftsjahren sowie um die Beträge, die nach Gesetz oder Satzung in Rücklagen eingestellt worden sind, überschreiten würde. Diese Regelung erinnert an § 57 Abs. 3 AktG, der als Ausnahme von der strengen Vermögensbindung nur eine Verteilung des Bilanzgewinns[1942] erlaubt. Doch unterscheidet sich die zweite Verbotsschwelle von der Regelung des § 57 Abs. 3 AktG darin, dass allein eine *betragsmäßige* Verbotsschwelle aufgestellt wird.[1943] Das wird stets übersehen, wenn es heißt, dass das AG-System der „verschlossenen Taschen"[1944] übertragen würde, die Regelung des § 57 Abs. 3 AktG nun rechtsformübergreifend auch für die GmbH

[1938] Den Wortlaut gegen die Erfassung von Gesellschafterdarlehen anführend *Swoboda*, in: Weitnauer/Boxberger/Anders, KAGB, § 292 Rn. 18; *Leyendecker/Rödding/Kalb*, in: Eilers/Koffka/Mackensen, Private Equity, VII. Rn. 43.

[1939] *Ekkenga*, in: MünchKomm, GmbHG, § 30 Rn. 232, 257.

[1940] Ebd., Rn. 256a; *Bayer*, in: MünchKomm, AktG, § 57 Rn. 287 ff.

[1941] *Fleischer*, in: Henssler/Strohn, GesR, § 30 GmbHG Rn. 11; *Ekkenga*, in: Münch-Komm, GmbHG, § 30 Rn. 257.

[1942] Der Begriff des Bilanzgewinns berücksichtigt ebenfalls Gewinn- und Verlustvorträge, Entnahmen aus und Einstellungen in Rücklagen, s. § 158 Abs. 1 AktG und *Hennrichs/Pöschke*, in: MünchKomm, AktG, § 174 Rn. 5 ff.

[1943] Auch *Weitnauer*, AG 2013, 672, 677 erkennt, dass ein Vergleich der Ausschüttung mit dem *Betrag* des saldierten Vorjahresergebnisses vorzunehmen sei. Wieso laut Weitnauer eine betragsgemäße Grenze aber nur für die Dividende als Ausschüttung relevant sein soll, ist nicht nachvollziehbar. Die richtige Richtung deuten auch *Herring/Loff*, DB 2012, 2029, 2035 an, wenn sie danach fragen, ob die Ausschüttungen (mithin ohne Begrenzung auf Dividenden) vorhandene Gewinne übersteigen. Bei *Längsfeld*, NZG 2016, 1096, 1099 ist auch nur die Rede von dem angepassten *Betrag* des Ergebnisses.

[1944] *Zetzsche*, NZG 2012, 1164, 1168; zust. *Schröder/Rahn*, GWR 2014, 49, 52.

Anwendung finde[1945] oder „nur der Bilanzgewinn"[1946] ausgeschüttet werden dürfe. Es sei daran erinnert, dass die Regelung des § 57 Abs. 3 AktG nicht auf Art. 15 Abs. 1 lit. c der 2. GesR-RL a. F. (heute Art. 17 Abs. 3 der 2. GesR-RL) zurückgeht, sondern mit Artt. 216 („reinen Gewinn"), 217 („reiner Ueberschuß") ADHGB a. F. und darauf folgend §§ 52 Satz 1, 54 Abs. 1 (beide „Reingewinn") AktG 1937 a. F. nationalen Ursprungs ist.[1947] Dass der nationale Gesetzgeber im Zuge der Umsetzung der 2. GesR-RL a. F. keinen Umsetzungsbedarf gesehen hat, lässt sich wohl mit der Strenge des § 57 Abs. 3 AktG erklären. Dieser lässt nur eine formale Verteilung des Bilanzgewinns zu und ist damit restriktiver als Art. 15 Abs. 1 lit. c der 2. GesR-RL a. F. Durch die AIFM-RL, die an dieser Stelle identisch mit der 2. GesR-RL a. F. ist, und die insoweit 1:1 im KAGB umgesetzt wird, wird damit gerade nicht das AG-System deutsch-er Prägung rechtsformunabhängig transferiert. Das Regulierungsrecht lässt den KVGs im Ergebnis mehr Spielraum als § 57 Abs. 3 AktG dem Vorstand der Ziel-AG. Das hiesige Verständnis harmoniert überdies mit der bereits herausgearbeiteten Auslegung des Begriffs der Ausschüttungen; letztere können auch außerhalb der formalen Gewinnverteilung getätigt werden. Die Schärfe des § 57 Abs. 3 AktG lässt die Meriten des hier aufgezeigten Verständnisses von der zweiten Verbotsschwelle indes unerreicht.

Demgegenüber wird für den Bereich der GmbHs erstmalig eine weitere, jedoch nur von KVGs einzuhaltende Ausschüttungsgrenze implementiert, die neben das von den Geschäftsführern einzuhaltende Gesellschaftsrecht tritt. Insoweit profitieren auch die Zielgesellschaften und reflexartig deren Gläubiger von dem bewirkten Schutz, wenngleich die Vornahme der inkriminierten Maßnahmen bei Übertreten der zweiten Verbotsschwelle gesellschaftsrechtlich zulässig bleiben kann. Die betragsmäßige Verbotsschwelle gilt über den engen § 57 Abs. 3 AktG hinaus nicht nur für Dividenden, sondern auch für andere Leistungen aus dem Gesellschaftsvermögen,[1948] insbesondere für nicht bilanzwirksame Vermögenstransfers. Vermögenstransfers werden aber auch hier aus den identischen Erwägungen wie bei der ersten Verbotsschwelle dann nicht inkriminiert, wenn sie durch einen vollwertigen Gegenleistungs- oder Rückgewähranspruch gedeckt sind. Das kann von besonderer Relevanz bei dem Entzug stiller Reserven sein, weil dieser im Rahmen der ersten Verbotsschwelle erst dann verbotswidrig ist, wenn bei der Weggabe bereits der Bereich der Unterdeckung erreicht war. Mit der zweiten Verbotsschwelle richtet sich der Unionsgesetzgeber bei Lichte besehen vor allen Dingen gegen unterjährige Ausschüttungen, mit denen post-akquisitorische Auflösungen stiller Reserven,

---

[1945] *Behme*, in: Baur/Tappen, Investmentgesetze, § 292 KAGB Rn. 20; *van Kann/Redeker/ Keiluweit*, DStR 2013, 1483, 1487; in diese Richtung auch *Berger*, Regulierung der Management-Ebene bei Private Equity-Fonds, S. 207.

[1946] *Felsenstein/Müller*, KSzW 2016, 55, 60; *Jesch/Kohl*, in: FrankKomm, KapAnlR Bd. 1, § 292 KAGB Rn. 17: „bilanzielle Gewinn" bzw. Rn. 48.

[1947] *Bayer*, in: MünchKomm, AktG, § 57 Rn. 5.

[1948] A. A. *Weitnauer*, in: Weitnauer, MBO, D Rn. 87.

Veräußerungen von Aktiva sowie Entnahmen aus Kapital-/Gewinnrücklagen realisiert werden sollen.[1949]

(d) Anwendungsfälle im Leveraged Buy Out

Deutlich wird aus den maßgeblichen Verbotsschwellen, dass ein gegenständliches Zerschlagen des Unternehmens durch das Veräußern wesentlicher Assets gerade nicht obstruiert wird.[1950] Unberührt bleiben aber stets die gesetzlichen Gläubigerschutzinstrumente.[1951] Durch den offenen Ausschüttungsbegriff werden im Übrigen Fragen nach der Anwendung von § 292 KAGB auf LBO-typische Praktiken wie die Financial Assistance durch Gewähren von Upstream Darlehen oder der Bestellung von Upstream Sicherheiten aufgeworfen.[1952] Die folgenden Ausführungen zu diesen und weiteren Maßnahmen bilden den Schlusspunkt unter der Analyse der Verbotsreichweite in Bezug auf Ausschüttungen.

(aa) Vergabe von Upstream Darlehen

Darlehen an Anteilseigner fallen ohne Weiteres unter den Ausschüttungsbegriff und sind daher an der neuen Ausschüttungssperre zu messen, insbesondere an der neuen betragsmäßigen Verbotsschwelle des § 292 Abs. 2 Nr. 2 KAGB.[1953] Allerdings wird der rechtsformübergreifende und auf Kapitalgesellschaften beschränkte Schutz des Verbots des Asset Stripping im Kontext von Upstream Darlehen durch das auf AGs begrenzte, auch nach Anteilserwerb einsetzende[1954] und trotz der Spielräume aus Art. 23 Abs. 1 der Kapitaländerungsrichtlinie[1955] nicht gelockerte Verbot der Financial Assistance aus § 71a AktG überholt.[1956] Bei Upstream Darlehen an GmbH-Gesellschafter ist zu beachten, dass es für deren regulierungsrechtliche Zulässigkeit entscheidend auf die Vollwertigkeit des Rückgewähranspruchs der Zielgesellschaft ankommt. In diesem Kontext wiederholt sich die im Gesellschaftsrecht geführte Diskussion, welche Rolle dem Drittvergleich etwa im Hinblick auf eine marktüb-

---

[1949] Ebenso (wenn auch auf einem anderen Verständnis aufbauend) *Weitnauer*, in: Weitnauer, MBO, D Rn. 87.

[1950] *Behme*, in: Baur/Tappen, Investmentgesetze, § 292 KAGB Rn. 2; *van Kann/Redeker/ Keiluweit*, DStR 2013, 1483, 1487; *Weitnauer*, AG 2013, 672, 677; *Burgard/Heimann*, WM 2014, 821, 830; *Jesch/Kohl*, in: FrankKomm, KapAnlR Bd. 1, § 292 KAGB Rn. 63 f., 66; *Swoboda*, in: Weitnauer/Boxberger/Anders, KAGB, § 292 Rn. 1; a. A. *Koch*, WM 2014, 433, 437.

[1951] 2. Teil, B.V.2.b).

[1952] *Spindler/Tancredi*, WM 2011, 1441, 1445.

[1953] A. A. unter Rekurs auf das verfehlte Wortlautargument *Leyendecker/Rödding/Kalb*, in: Eilers/Koffka/Mackensen, Private Equity, VII. Rn. 43 Fn. 121.

[1954] 2. Teil, B.V.2.b).

[1955] Richtlinie 2006/68/EG des Europäischen Parlaments und des Rates vom 6. September 2006 zur Änderung der Richtlinie 77/91/EWG des Rates in Bezug auf die Gründung von Aktiengesellschaften und die Erhaltung und Änderung ihres Kapitals, ABl. Nr. L 264, S. 32.

[1956] *Spindler/Tancredi*, WM 2011, 1441, 1445.

liche Zinsverpflichtung[1957] des Akquisitionsvehikels oder Besicherung[1958] des Darlehens bei der Beurteilung der Vollwertigkeit des Rückgewähranspruchs zukommt. Nach der Regierungsbegründung des MoMiG sei die Vollwertigkeit bei einer mit geringen Mitteln ausgestatteten Erwerbsgesellschaft regelmäßig zu verneinen.[1959] Im Ergebnis ist dem zuzustimmen.[1960] Aus der Regierungsbegründung lässt sich schließen, dass sich die Vollwertigkeit nicht unter Hinweis auf die vorhandene Haftungsmasse des Akquisitionsvehikels in Gestalt der Beteiligung an der Portfoliogesellschaft begründen lässt.[1961] Ist im Übrigen im Zeitpunkt der Valutierung auf Basis vernünftiger kaufmännischer Beurteilung zu überprüfen, ob die Aktivierbarkeit des endfälligen Rückzahlungsanspruchs in Frage zu stellen ist,[1962] ist eine Prognose unumgänglich[1963]. Allerdings fehlt es nicht nur bereits im Zeitpunkt der Valutierung an der Bonität des Darlehensnehmers, sondern regelmäßig auch während der Haltedauer. Das Darlehen würde allein aus den Exiterlösen zurückgezahlt werden. Müsste das NBU eine Prognose in Bezug auf die eigene Bonität als Grundlage für Generierung von Exiterlösen abgeben, würde man freilich das Kapitalerhaltungsrecht aushebeln, weil es auf die Bonität des Gesellschafters nicht mehr ankäme.[1964] Unverständlich wäre, wieso derartige LBO-Konstellationen insoweit privilegiert sein sollten, während die Regierungsbegründung zum MoMiG gerade das Gegenteil nahelegt. Bei mangelnder Vollwertigkeit ist zu hinterfragen, ob das im letzten Jahresabschluss ausgewiesene Nettoaktivvermögen infolge der Ver-

---

[1957] BGH, Urt. v. 1.12.2008 – II ZR 102/07, BGHZ 179, 71 Rn. 17 – MPS: Eine nicht angemessene Verzinsung stelle einen vom Rückgewähranspruch gesondert zu betrachtenden Nachteil dar; zust. *Cahn/v. Spannenberg*, in: Spindler/Stilz, AktG, § 57 Rn. 140; *Fastrich*, in: Baumbach/Hueck, GmbHG, § 30 Rn. 56; *J. Koch*, in: Hüffer/Koch, AktG, § 57 Rn. 26; a.A. *Drygala*, in: KölnKomm, AktG, § 57 Rn. 73.

[1958] Für nicht generell erforderlich haltend: *Kiefner/Theusinger*, NZG 2008, 801, 806; *Laubert*, in: Hölters, AktG, § 57 Rn. 21; *Diem*, Akquisitionsfinanzierungen, § 43 Rn. 44; *Vetter*, in: Goette/Habersack, Das MoMiG in Wissenschaft und Praxis, S. 123; *Drygala*, in: KölnKomm, AktG, § 57 Rn. 69; *Bayer*, in: MünchKomm, AktG, § 57 Rn. 162; *Cahn/v. Spannenberg*, in: Spindler/Stilz, AktG, § 57 Rn. 143 ff. stellen auf Ratings ab; offen gelassen von BGH, Urt. v. 1.12.2008 – II ZR 102/07, BGHZ 179, 71 Rn. 11 – MPS. Zu bedenken ist, dass Erleichterungen für die Cash Pool-Finanzierung durch das MoMiG konterkariert werden könnten. Anders kann sich die Rechtslage beurteilen, wenn konkrete Ausfallrisiken bestehen; dann wäre aber ohnehin die Vollwertigkeit des Rückzahlungsanspruchs in Frage gestellt.

[1959] BegrRegE BT-Drs. 16/6140, S. 41, 52.

[1960] *Tilmann*, NZG 2008, 401, 405; *Fastrich*, in: Baumbach/Hueck, GmbHG, § 30 Rn. 62; *Meyer*, Die Besicherung der Akquisitionsfinanzierung beim Leveraged Buy-out einer GmbH, S. 154 f.; *R. H. Schmidt/Spindler*, Finanzinvestoren, D. Rn. 34; *Bayer*, in: MünchKomm, AktG, § 57 Rn. 159: Die Aussage in der Regierungsbegründung treffe „im Regelfall ins Schwarze"; a.A. *M. Käpplinger*, NZG 2010, 1411, 1412 f.; *Diem*, Akquisitionsfinanzierungen, § 43 Rn. 46; *Söhner*, WM 2014, 2110, 2118.

[1961] So aber *M. Käpplinger*, NZG 2010, 1411, 1412.

[1962] *Altmeppen*, in: Roth/Altmeppen, GmbHG, § 30 Rn. 112 m.w.N.

[1963] *Fastrich*, in: Baumbach/Hueck, GmbHG, § 30 Rn. 42.

[1964] A.A. offenbar *Heerma/Bergmann*, ZIP 2017, 1261, 1263.

gabe des Darlehens den Betrag des Stammkapitals unterschreiten würde[1965] und/oder ein Verstoß gegen die zweite Verbotsschwelle vorläge. Das KAGB führt somit zu empfindlichen, aber zeitlich limitierten Einschränkungen für KVGs, die Beteiligungen an GmbHs verwalten.

(bb) Bestellung von Upstream Security

Insbesondere das Bestellen von Upstream Security hat die Aufmerksamkeit der Literatur auf sich gezogen. Zum großen Teil liest man, dass sich eine Besicherung nicht mit dem Wortsinn der „Ausschüttung"[1966] oder des „Asset Stripping"[1967] in Einklang bringen lasse oder aufgrund der abschließenden Aufzählung der Tatbestandsalternativen nicht erfasst sei,[1968] insbesondere mit Blick darauf, dass sowohl der Unions- als auch der nationale Gesetzgeber mit Artt. 15 Abs. 4, 23 Abs. 5 AIFM-RL bzw. §§ 29 Abs. 4, 300 Abs. 2 Nr. 1 KAGB Vorschriften kennen würden, die „Sicherheiten oder sonstige Garantien" expressis verbis erwähnten[1969]. Bisweilen heißt es aber, der Vermögensschutz der Zielgesellschaft könne ein Einbeziehen der Sicherheitenbestellung dennoch gebieten.[1970] Vereinzelt wird die Sicherheitenbestellung sogar ohne Weiteres unter dem Gesichtspunkt der Kapitalverletzung diskutiert.[1971] Komme es jedoch zu keiner Bilanzwirksamkeit mangels Notwendigkeit zur Rückstellungsbildung nach § 249 Abs. 1 HGB, könne kein Verstoß gegen § 292 KAGB vorliegen.[1972] An anderer Stelle liest man, dass die Sicherheitenbestellung nicht zu einem Vermögenstransfer führe, sondern diesem nur vorgelagert und daher nicht von Art. 30 AIFM-RL erfasst sei.[1973]

Der Verweis auf den Wortsinn der Ausschüttung ist jedenfalls methodisch fragwürdig, wenn weder Grenzen desselben erläutert werden, noch eine Auslegung des Begriffs der Ausschüttung erfolgt. Zum Begriff des Asset Stripping gilt das eingangs Gesagte. Unter Rückgriff auf den eingeschränkt leistungsbezogenen Ausschüttungsbegriff könnte man Sicherheitenbestellungen ganz i. S. des von § 292 KAGB

[1965] Dies bezweifelnd *Spindler/Tancredi*, WM 2011, 1441, 1445.

[1966] *Weitnauer*, AG 2013, 672, 676 f.; *ders.*, in: Weitnauer, MBO, D Rn. 87, dort wenn auch ohne Rekurs auf den Wortsinn; *Schröder/Rahn*, GWR 2014, 49, 52; *Jesch/Kohl*, in: Frank-Komm, KapAnlR Bd. 1, § 292 KAGB Rn. 56; *Swoboda*, in: Weitnauer/Boxberger/Anders, KAGB, § 292 Rn. 17; *Behme*, in: Baur/Tappen, Investmentgesetze, § 292 KAGB Rn. 17; *Längsfeld*, NZG 2016, 1096, 1097.

[1967] *Längsfeld*, NZG 2016, 1096, 1097.

[1968] *Felsenstein/Müller*, KSzW 2016, 55, 60; mit dieser Begründung wohl auch *Hesse/Lamsa*, CFL 2011, 39, 46; *van Kann/Redeker/Keiluweit*, DStR 2013, 1483, 1487.

[1969] *Längsfeld*, NZG 2016, 1096, 1098 f.

[1970] *Weitnauer*, AG 2013, 672, 676 f.; *ders.*, in: Weitnauer, MBO, D Rn. 87; offen lassend *Spindler/Tancredi*, WM 2011, 1441, 1445.

[1971] So bei *Tancredi*, Die Regulierung von Hedge-Fonds und Private Equity in Europa, S. 162.

[1972] *Weitnauer*, AG 2013, 672, 676 f.; *ders.*, in: Weitnauer, MBO, D Rn. 87; *Thiermann*, NZG 2016, 335, 338; zurückhaltender *Schröder/Rahn*, GWR 2014, 49, 52.

[1973] *Boxberger*, in: Dornseifer/Jesch/Klebeck/Tollmann, AIFM-RL, Art. 30 Rn. 26.

verfolgten Vermögensschutzes einschließen. Doch ist zu hinterfragen, ob das mit dem Telos übereinstimmt.[1974] § 292 KAGB will die Rückführung von Finanzierungsverbindlichkeiten sowie das Gewinnstreben der Anteilseigner ab einer bestimmten Schwelle obstruieren. Die Sicherheiten werden aber nicht in Liquidität umgewandelt und für die vorstehenden Zwecke genutzt. Sie dienen zuvörderst der Ermöglichung der Akquisitionsfinanzierung durch Absicherung des Delkredererisikos. Da die Sicherheiten jedoch für den Verwertungsfall darauf gerichtet sind, die Finanzierungsverbindlichkeiten zurückzuführen, sind sie wertungsmäßig ebenso erfasst. Fällt die Sicherheitenbestellung aber ohnehin unter das aus autonomer Auslegung gewonnene weite Begriffsverständnis einer Ausschüttung, ist eine tatbestandsmäßige explizite Nennung entbehrlich.

Erforderlich ist stets, dass es tatsächlich zu einer relevanten Ausschüttung kommt. Die Vermögensmehrung beim Anteilseigner erfolgt bei wirtschaftlicher Betrachtung mittelbar durch Ermöglichung der Kreditvergabe.[1975] Im Hinblick auf den Vermögensabfluss ist die bereits zu § 30 GmbHG bekannte und im Folgenden zu rekapitulierende Problematik um den maßgeblichen Zeitpunkt der Auszahlung angesprochen. Diejenigen Vertreter, die für die Frage des Vorliegens einer Auszahlung auf den Zeitpunkt der Sicherheitenbestellung abstellen, führen hierfür entweder die Wertungsparallelität mit der Darlehensvergabe[1976] oder den Umstand, dass allein in diesem Zeitpunkt eine Veranlassung durch den Geschäftsführer vorliegt,[1977] ins Feld. Hiervon ausgehend erhebt sich im weiteren Verlauf die Frage, ob der mit dem MoMiG verfolgten Rückkehr zur bilanziellen Betrachtungsweise nur im Rahmen des Vollwertigkeitskriteriums oder aber auch im Hinblick auf den Auszahlungsbegriff Bedeutung zukommt. Diejenigen, die sich die Brille der bilanziellen Betrachtung aufsetzen, fragen, ob im Zeitpunkt der Sicherheitenbestellung mit einer Inanspruchnahme aus der Sicherheit zu rechnen ist, mithin eine Rückstellung als Passivposten nach § 249 Abs. 1 HGB gebildet werden muss.[1978] Sollte das – wie z. T. pauschal in LBO-Konstellationen mit Blick auf die Gesetzesmaterialien zum

---

[1974] Bereits *Spindler/Tancredi*, WM 2011, 1441, 1445 haben festgestellt, dass es noch ungeklärt sei, ob die Sicherheitenbestellung der Intention des Art. 30 AIFM-RL zuwiderlaufe.

[1975] Vgl. bereits 2. Teil, B.IV.1. Dieses Verständnis bei §§ 30 GmbHG, 57 AktG wird von *Felsenstein/Müller*, KSzW 2016, 55, 60 für § 292 KAGB nicht geteilt, wenn es heißt, durch die Besicherung der Fremdfinanzierung komme es zu keiner Auszahlung an den Gesellschafter.

[1976] *Drygala*, in: KölnKomm, AktG, § 57 Rn. 79; *Habersack*, in: Ulmer/Habersack/Löbbe, GmbHG, § 30 Rn. 96: sogar bereits bei Sicherheitszusage; *Diem*, Akquisitionsfinanzierungen, § 43 Rn. 34 f.; *Bayer*, in: MünchKomm, AktG, § 57 Rn. 185, 187; *Verse*, in: Scholz, GmbHG, § 30 Rn. 99, 103; Überblick bei *Fleischer*, in: K. Schmidt/Lutter, AktG, § 57 Rn. 59.

[1977] *Hommelhoff*, in: Lutter/Hommelhoff, GmbHG, § 30 Rn. 35: sogar bereits bei Sicherheitszusage.

[1978] So *Habersack*, in: Ulmer/Habersack/Löbbe, GmbHG, § 30 Rn. 97; *Verse*, in: Scholz, GmbHG, § 30 Rn. 97, 103; *Kiefner/Theusinger*, NZG 2008, 801, 805; *Drygala/Kremer*, ZIP 2007, 1289, 1295; *Bayer*, in: MünchKomm, AktG, § 57 Rn. 186; *Cahn/v. Spannenberg*, in: Spindler/Stilz, § 57 Rn. 39.

MoMiG[1979] – bejaht werden, müsste man einen vollwertigen Rückgewähranspruch aus §§ 257, 670 BGB[1980] aktivieren können, um eine Auszahlung abzulehnen. Kann man das wie in LBO-Konstellationen regelmäßig nicht, wäre zu überprüfen, ob die Sicherheitenbestellung zu einer Unterbilanz führte und wäre bejahendenfalls zu unterlassen. Müsste im Zeitpunkt der Bestellung keine Rückstellung gebildet werden, wäre die Sicherheitenbestellung nach §§ 251 Satz 1, 268 Abs. 7 HGB zunächst nur gesondert unter der Bilanz oder (bei Ergänzung des Jahresabschlusses um einen Anhang) im Anhang zu vermerken. Sollte zu einem späteren Zeitpunkt eine Inanspruchnahme drohen, müsste das zwar bilanziert werden, führte aber nicht zu einer Umqualifizierung der zulässigen in eine verbotene Auszahlung.[1981] Eine Limitation Language[1982] wäre dann aus Haftungsgesichtspunkten (§§ 43 Abs. 3, 31 Abs. 6, Abs. 1 GmbHG) entbehrlich.[1983] Die Vertreter einer wirtschaftlichen Betrachtungsweise hingegen prüfen ungeachtet der Wahrscheinlichkeit einer Inanspruchnahme der Sicherheit, ob bereits im Zeitpunkt der Sicherheitenbestellung eine Verwertung zu einer Verletzung des Kapitalerhaltungsrechts führen würde, es sei denn, es bestünde ein vollwertiger Rückgriffsanspruch;[1984] zum Teil wird dieser Weg jedoch nur bei dinglichen Sicherheiten beschritten[1985]. Auch hier wird betont, dass

---

[1979] *Söhner*, Gläubigerschutz und Anlegerschutz vor Private-Equity- und Hedgefonds, S. 91 ff.; *ders.*, ZIP 2011, 2085, 2088 f.; *Eger*, Leveraged Buyout einer Aktiengesellschaft, S. 52 ff.

[1980] *Sutter/Masseli*, WM 2010, 1064, 1065 Fn. 24, 1067.

[1981] So *Drygala/Kremer*, ZIP 2007, 1289, 1295; *Kiefner/Theusinger*, NZG 2008, 801, 805; *Diem*, Akquisitionsfinanzierungen, § 43 Rn. 32; *Habersack*, in: Ulmer/Habersack/Löbbe, GmbHG, § 30 Rn. 110.

[1982] 2. Teil, B.IV.1.

[1983] *Tilmann*, NZG 2008, 401, 403; *Verse*, in: Scholz, GmbHG, § 30 Rn. 103; a.A. *Kollmorgen/Santelmann/Weiß*, BB 2009, 1818, 1819 mit Blick auf einen Transfer der Geschäftsleiterpflichten gemäß dem MPS-Urteil auf den Bereich der Sicherheiten.

[1984] So *Fleischer*, in: K. Schmidt/Lutter, AktG, § 57 Rn. 61, 59; *Hommelhoff*, in: Lutter/Hommelhoff, GmbHG, § 30 Rn. 35: sogar bereits bei Sicherheitszusage; *Fastrich*, in: Baumbach/Hueck, GmbHG, § 30 Rn. 62; *Mülbert*, ZGR 1995, 578, 595; *Schmolke*, Kapitalerhaltung in der GmbH nach dem MoMiG, § 30 GmbHG Rn. 104 f.; *Spliedt*, ZIP 2009, 149, 152; *Wand/Tillmann/Heckenthaler*, AG 2009, 148, 152; *Freitag*, WM 2007, 1681, 1685; Prüfung eines Verstoßes gegen das Kapitalerhaltungsrecht ohne Berücksichtigung eines Ausgleichsanspruchs: *Weitnauer*, ZIP 2005, 790, 793; *Tcherveniachki*, Kapitalgesellschaften und Private Equity Fonds, S. 247 f.; unklar *Gehrlein*, Der Konzern 2007, 771, 785, der ebenso eine Werthaltigkeit der Regressforderung im Zeitpunkt der Bestellung fordert, zugleich aber bei Bestellung fragt, ob (bilanziell) mit einer Inanspruchnahme zu rechnen sei.

[1985] *R. H. Schmidt/Spindler*, Finanzinvestoren, D. Rn. 25; *Ekkenga*, in: MünchKomm, GmbHG, § 30 Rn. 140; *Altmeppen*, in: Roth/Altmeppen, GmbHG, § 30 Rn. 125, 145 mit strengen Anforderungen an die Beurteilung der Vollwertigkeit; vergleichbar zur alten Rechtslage: *Wessels*, ZIP 2004, 793, 797; *Schilmar*, DB 2004, 1411, 1415; *Meister*, WM 1980, 390, 392 ff.

eine spätere Verschlechterung der Vermögenslage des Gesellschafters keine Rückwirkung entfalten könne.[1986]

Denkbar ist indes auch, dass der maßgebliche Auszahlungszeitpunkt – nicht jedoch zwingend – nach der Sicherheitenbestellung liegt. Vertreter einer bilanziellen Betrachtungsweise stellen sich hierbei auf den Standpunkt, dass die Unterschiede zur Darlehensvergabe keine Fixierung auf den Zeitpunkt der Sicherheitenbestellung erlaubten und eine Auszahlung (erst) dann anzunehmen sei, wenn eine Rückstellungsbildung erforderlich würde, mithin eine Inanspruchnahme aus der Sicherheit drohte.[1987] Das wird bisweilen auch für § 292 KAGB so gesehen.[1988] Eine Limitation Language wäre dann wiederum notwendig. Bisweilen wird auch deklariert, einer bilanziellen Betrachtungsweise zu folgen, obwohl der relevante Auszahlungszeitpunkt (erst) in der Verwertung gesehen wird.[1989] Dies deutet indes jedenfalls bei schuldrechtlichen Sicherheiten mehr auf eine wirtschaftliche Betrachtung hin.

Der BGH verfolgt eine wirtschaftliche Betrachtung und differenziert zwischen der Bestellung schuldrechtlicher und dinglicher Sicherheiten. Bei der Bestellung von schuldrechtlichen Sicherheiten entstehe im Zeitpunkt der Eingehung der Verbindlichkeit regelmäßig nur eine Vermögensgefährdung, sodass auf den Zeitpunkt der *effektiven Auszahlung* abzustellen sei.[1990] Bei der Bestellung dinglicher Sicherheiten hingegen hat der BGH gefragt, ob bereits im Zeitpunkt der Sicherheitenbestellung eine Wertminderung des Vermögens eintritt, und die Beantwortung der Frage im Jahr 2007 noch offen gelassen.[1991] Denn im (späteren) Akt der Verwertung liege jedenfalls eine effektive Zahlung i.S. des § 30 GmbHG, „weil sie – auch bei bilanzieller Betrachtungsweise – spätestens zu diesem Zeitpunkt ergebnis- bzw. unterbilanzwirksam wird, sodass eine Verbindlichkeitsrückstellung zu bilden ist"[1992]. Im Zusammenhang mit einer Einlagenrückgewähr nach § 172 Abs. 4 HGB hat der BGH im Fall einer Grundschuldbestellung jedoch bereits zum Zeitpunkt der Bestellung eine Vermögensminderung bejaht, da die Gesellschaft in Höhe der Belastung die Fä-

---

[1986] *Fastrich*, in: Baumbach/Hueck, GmbHG, § 30 Rn. 63; *Schmolke*, Kapitalerhaltung in der GmbH nach dem MoMiG, § 30 GmbHG Rn. 105.

[1987] *Tilmann*, NZG 2008, 401, 404; *Eusani*, GmbHR 2009, 795, 799; *Dampf*, Der Konzern 2007, 157, 163 ff.; *Meyer*, Die Besicherung der Akquisitionsfinanzierung beim Leveraged Buyout einer GmbH, S. 154; *Winkler/Becker*, ZIP 2009, 2361, 2363 ff.

[1988] *Thiermann*, NZG 2016, 335, 338.

[1989] So *Tilmann*, NZG 2008, 401, 404; *Vetter*, in: Goette/Habersack, Das MoMiG in Wissenschaft und Praxis, S. 136 ff.

[1990] BGH, Urt. v. 14.11.1988 – II ZR 115/88, ZIP 1989, 93, 95; BGH, Urt. v. 18.6.2007 – II ZR 86/06, BGHZ 173, 1 Rn. 24. Irritierend ist es daher, wenn in der Telekom III-Entscheidung des BGH eine Einlagenrückgewähr mit der Begründung angenommen wird, dass eine Vermögensminderung vorliege, jedenfalls aber eine Vermögensgefährdung, s. BGH, Urt. v. 31.5.2011 – II ZR 141/09, BGHZ 190, 7, 20 f. Rn. 37 (dass diese Ausführungen zu § 311 AktG ergangen sind, ist irrelevant, da ein Verstoß gegen § 57 AktG ebenso eine Vermögensminderung voraussetzt).

[1991] BGH, Urt. v. 18.6.2007 – II ZR 86/06, BGHZ 173, 1 Rn. 25.

[1992] Ebd.

higkeit eingebüßt habe, ihre Gläubiger zu befriedigen.[1993] Diese Rechtsprechung hat der BGH nunmehr im Jahr 2017 aufgegriffen und in zwei Urteilen für die AG und die GmbH klargestellt, dass bereits die Bestellung dinglicher Sicherheiten als Auszahlung in Betracht komme.[1994]

Die Maßgeblichkeit dieser Rechtsprechung vermag aufgrund der durch das MoMiG bewirkten Rückkehr „zum bilanziellen Denken"[1995] unklar sein. § 292 KAGB hingegen folgt anderen Denkgesetzen.[1996] Wie bereits erläutert lassen sich auch nicht bilanzwirksame Vermögenstransfers unter den Ausschüttungsbegriff des § 292 KAGB subsumieren. Dementsprechend ist im Rahmen von § 292 KAGB stets zu hinterfragen, ob die in Rede stehende Bestellung der Sicherheit zu einem Vermögensabfluss führt. Insoweit ist nach dem bereits Herausgearbeiteten zwischen dinglichen und schuldrechtlichen Sicherheiten zu differenzieren. Mit dieser Differenzierung soll keineswegs nationale Rechtsprechung blindlings als Blaupause für die Auslegung einer europäischen Verbotsnorm fungieren; die vorstehende Unterscheidung soll vielmehr wirtschaftliche Sachverhalte im Lichte des Telos der Regelung würdigen. Bei dinglichen Sicherheiten ist aufgrund der mit der Bestellung einhergehenden Weggabe des Beleihungswerts bereits im Zeitpunkt der Bestellung zu prüfen, ob eine Verwertung der dinglichen Sicherheit zu einem Verstoß gegen die Verbotsschwellen führen könnte. Hier kann insbesondere die betragsmäßige zweite Verbotsschwelle zu merklichen Restriktionen führen. Ein Verstoß gegen die erste Verbotsschwelle scheint zunächst wegen der maßgeblichen bilanziellen Überprüfung einer Kapitalverletzung undenkbar, soweit der letzte Jahresabschluss des NBU nicht ohnehin eine Unterdeckung oder Überschuldung ausweist. Allerdings misst – wie oben gesehen – auch ein wesentlicher Kreis der Literatur im Gesellschaftsrecht und nun auch der BGH („rechnerische Unterdeckung – unabhängig davon, ob sie sich in einer Handelsbilanz abbilden würde"[1997]) eine außerbilanzielle Sicherheitenbestellung am Kapitalerhaltungsrecht. Für die Zwecke der Regulierung, d. h. zur Erzielung eines effektiven Bestandsschutzes der Zielgesellschaften, darf nichts anderes gelten. Fehlt es an einem vollwertigen Rückgriffsanspruch, ist im Hinblick auf die „unterstellte Verwertung"[1998] nach den Auswirkungen eines hypothetischen Aktivenwegfalls im letzten Jahresabschluss (ohne Aktivierung eines Rückgriffsanspruchs) auf das i. S. der ersten Verbotsschwelle gebundene Kapital zu fragen. Wird dieses nicht angetastet, weil z. B. entsprechende(r) Jahresüberschuss, Gewinnvortrag oder Gewinnrücklagen vorhanden sind, ist die Verbotsschwelle nicht berührt. Die unterschiedliche Behandlung der nicht bilanzwirksamen Vermögenstransfers der Bestellung dinglicher Sicherheiten und der Weggabe stiller Reserven bei bestehender

---

[1993] BGH, Urt. v. 20. 10. 1975 – II ZR 214/74, NJW 1976, 751, 752.

[1994] BGH, Urt. v. 10. 1. 2017 – II ZR 94/15, DStR 2017, 733, 734; BGH, Urt. v. 21. 3. 2017 – II ZR 93/16, DStR 2017, 1218, 1219.

[1995] BegrRegE BT-Drs. 16/6140, S. 41.

[1996] Das übersieht *Thiermann*, NZG 2016, 335, 338.

[1997] BGH, Urt. v. 21. 3. 2017 – II ZR 93/16, DStR 2017, 1218, 1220.

[1998] Ebd.

Deckung des gebundenen Kapitals rechtfertigt sich vor dem Hintergrund, dass die besicherten Gegenstände, anders als die stillen Reserven, aktiviert werden (können) und nur bei diesen eine rechnerische Unterdeckung durch Annahme einer fingierten Verwertung herbeigeführt werden kann. Ob ein Verzicht auf die Zahlung einer marktüblichen Avalprovision als Haftungsvergütung für die Annahme der Vollwertigkeit des Rückgriffsanspruchs abträglich ist, sollte jedenfalls einheitlich mit der Verzinsungsfrage bei der Darlehensgewährung entschieden werden.[1999] In LBO-Konstellationen mangelt es aber wie bereits erwähnt regelmäßig an der Vollwertigkeit. Ist die Sicherheitenbestellung indes regulierungsrechtlich legitim, führt eine spätere Verwertung nicht zu Rückwirkungen für die Frage der Vollwertigkeit und auch nicht zur Annahme einer erneuten Ausschüttung. Denn ein und derselbe Vorgang kann nicht zu zwei unterschiedlichen Zeitpunkten zu einer Ausschüttung führen. Ob der Rückgriffsanspruch im Zeitpunkt der Verwertung vollwertig ist, ist daher irrelevant. Eine Limitation Language muss insoweit nicht verwendet werden. Die Vereinbarung einer Limitation Language entzöge aber der Annahme, dass bereits die Bestellung der dinglichen Sicherheit zu einer Ausschüttung führt, die argumentative Grundlage, da die Befriedigungsmöglichkeit des Sicherungsnehmers eingeschränkt wäre und infolgedessen auch die Gesellschaft im Umfang der Sicherheiten nicht die Fähigkeit eingebüßt hätte, ihre Gläubiger zu befriedigen.[2000] Bei Verstoß gegen die Verbotsschwellen drohen aufsichtsrechtliche Konsequenzen für die KVG. Ob die Besicherung zugleich gesellschaftsrechtlich unzulässig ist, ist im Einzelfall zu prüfen und gegebenenfalls abzulehnen (z. B. weil keine Unterbilanz im Zeitpunkt der Auszahlung hervorgerufen wird).

Die Bestellung schuldrechtlicher Sicherheiten hingegen führt zunächst nur zu einer Vermögensgefährdung, die für die Annahme einer Ausschüttung gem. § 292 KAGB nicht ausreicht. Verbotsrelevanz besteht daher erst bei der Notwendigkeit zur Rückstellungsbildung; der zu diesem Zeitpunkt aktivierte Rückgriffsanspruch gegenüber dem Akquisitionsvehikel wäre regelmäßig nicht vollwertig. Nicht überzeugend wäre es, erst auf den Zeitpunkt der Verwertung abzustellen, wenn bereits zuvor eine Rückstellung gebildet werden müsste. Zwar läge dies nahe, weil bei der Bestellung dinglicher Sicherheiten ebenso kein bilanzielles Verständnis vom Ausschüttungsbegriff zugrundegelegt wird. Doch nur weil der Ausschüttungsbegriff auch bloß wirtschaftliche Vermögensverschiebungen erfasst, schließt er nicht zugleich einen Einbezug bilanzieller Vermögenstransfers aus. Das wäre in Ansehung der ersten Verbotsschwelle vielmehr widersinnig. Der eingeschränkt leistungsbezogene Ausschüttungsbegriff des § 292 KAGB ist damit im Lichte der Schutzrichtung der Norm zudem von einem funktionalen Verständnis gekennzeichnet.

[1999] Dazu 6. Teil, Fn. 1957; Zahlung einer Avalprovision nötig für Vollwertigkeit: *Ekkenga*, in: MünchKomm, GmbHG, § 30 Rn. 141; *Heidinger*, in: Michalski/Heidinger/Leible/J. Schmidt, GmbHG, § 30 Rn. 100; *Winkler/Becker*, ZIP 2009, 2361, 2367; a. A. *Altmeppen*, in: Roth/Altmeppen, GmbHG, § 30 Rn. 126; *Verse*, in: Scholz, GmbHG, § 30 Rn. 100; *Kiefner/Theusinger*, NZG 2008, 801, 806.

[2000] *Heerma/Bergmann*, ZIP 2017, 1261, 1263 f.

Auch im Gesellschaftsrecht soll bereits die Begründung einer Verbindlichkeit, mithin der Umstand der Bilanzierung einer passivischen Belastung, zur Auszahlung i. S. § 30 GmbHG führen können, ohne die letztliche Erfüllung abwarten zu müssen;[2001] die Bilanzierung von Rückstellungen erlaubt hier keinen Unterschied. Die praktische Relevanz von § 292 KAGB bei der Bestellung schuldrechtlicher Sicherheiten ist jedoch in Ansehung des späten Ausschüttungszeitpunkts in Frage gestellt. Die Finanzplanung wird pre-akquisitorisch mit den Banken abgestimmt; diese attestieren der Zielgesellschaft letztlich Kreditwürdigkeit. Eine Ausschüttung würde daher wenn überhaupt wohl erst zu einem Zeitpunkt nach Ablauf der 24-Monatsfrist anzunehmen sein. Wie noch an anderer Stelle erläutert wird,[2002] ist es für ein Eingreifen des Verbotstatbestands indes nicht ausreichend, dass die inkriminierten Maßnahmen in dem 24-Monatsrahmen zunächst nur angelegt werden und erst nach dieser Frist zur Ausschüttung führen. Je nach Solvenz der Zielgesellschaft kann es jedoch bereits in diesem Zeitfenster zu einer Ausschüttung kommen. In diesem Fall harren dieselben Fragen einer Antwort wie bei der Bestellung dinglicher Sicherheiten. Deutlich wird hieraus, dass die marktübliche Limitation Language von den Entwicklungen im Bereich der Regulierung überholt wurde. Während die Limitation Language im Gefüge des Gesellschaftsrechts der Haftungsvermeidung des Vorstands bzw. der Geschäftsführer nach §§ 93 Abs. 2, Abs. 3 Nr. 1 AktG, 43 Abs. 3 Satz 1, 31 Abs. 6 GmbHG dient, die im der Sicherheitenbestellung nachfolgenden Zeitpunkt der Auszahlung eben diese nicht mehr gegenüber Dritten verhindern können, ist nunmehr auch und allein im Interesse der KVG, i. e. zur Vermeidung aufsichtsrechtlicher Konsequenzen, auf eine Ergänzung nach Maßgabe der neuen Verbotsschwellen (zwingend nur) im Hinblick auf schuldrechtliche Sicherheiten hinzuwirken.[2003] Aufgrund des limitierten Geltungszeitraums des Verbots des Asset Stripping halten sich die Auswirkungen desselbigen aber in Grenzen.

[2001] KG Berlin, Urt. v. 7. 12. 2000 – 2 U 7788/99, NZG 2001, 989, 990; OLG Rostock, Urt. v. 3. 9. 1997 – 6 U 557/96, GmbHR 1998, 329, 330; *Hommelhoff*, in: Lutter/Hommelhoff, GmbHG, § 30 Rn. 8, 38; *Hommelhoff*, ZGR 2012, 535, 545; *Goette*, DStR 1997, 1495, 1498; so wohl auch BGH, Urt. v. 31. 1. 2000 – II ZR 189/99, NZG 2000, 544 m. Anm. *Haas.* (hier scheiterte die Anwendung von § 30 GmbHG allein daran, dass es zu keiner Vermögensmehrung beim Gesellschafter kam); a. A. *Ekkenga*, in: MünchKomm, GmbHG, § 30 Rn. 131 für die Begründung einer Verbindlichkeit gegenüber dem Gesellschafter. Die Annahme einer Vermögensminderung bereits mit Schuldübernahme verträgt sich im Lichte der Einheit der Rechtsordnung auch gut mit der Diskussion zum Vermögensbegriff im Strafrecht, wo bereits der Eingehungsbetrug als tatbestandserfüllend, mithin vermögensschädigend, angesehen wird: *Hefendehl*, in: MünchKomm, StGB, § 263 Rn. 538 ff.; *Perron*, in: Schönke/Schröder, StGB, § 263 Rn. 128 ff.

[2002] 6. Teil, B.III.3.b)cc).

[2003] Nicht differenzierend nach der Art der Sicherheiten: *Thiermann*, NZG 2016, 335, 338.

(cc) Merger-Modelle

Als nicht vom Wortlaut erfasst werden LBO-typische Downstream Merger-Modelle eingeordnet.[2004] Es wird aber vertreten, dass diese nach dem Sinn und Zweck der Norm einbezogen werden sollen.[2005] Das Paradoxon, den Wortlaut eines Begriffs, der nie ausgelegt wurde, als Grenze für die Anwendung einer Norm in Stellung zu bringen, zieht sich auch hier als roter Faden durch die Argumentation. Richtigerweise wiederholt sich aufgrund der Weite des Ausschüttungsbegriffs und der damit verbundenen inhaltlichen Parallele von § 292 KAGB zu den weiten Kapitalerhaltungstatbeständen die bereits aus dem Umwandlungsrecht zum Downstream Merger bekannte Problematik, ob ein kapitalverletzender Verschmelzungsverlust beim aufnehmenden Rechtsträger die Anwendung der §§ 57 AktG, 30 GmbHG auslöst. Das wird nach überwiegender Ansicht bejaht, da die Gesellschafter des Akquisitionsvehikels von den wirtschaftlich ihnen zuzuordnenden Verbindlichkeiten befreit würden und der strukturelle Nachrang reduziert würde.[2006] Auch wurde bereits im Kontext der Sicherheitenbestellung betont, dass schon die Belastung mit Verbindlichkeiten zur Annahme einer Vermögensminderung führen kann. Ein das Eigenkapital angreifender oder übersteigender Verschmelzungsverlust ist in LBO-Konstellationen mit Blick auf den durch den Ertragswert ermittelten Kaufpreis nebst korrespondierender Höhe der Finanzierungsverbindlichkeiten[2007] insbesondere für die zweite (nur betragsmäßig bestehende) Verbotsschwelle relevant, soweit nicht ein

---

[2004] *Weitnauer*, in: Weitnauer, MBO, D Rn. 93; *ders.*, AG 2013, 672, 677; *Thiermann*, NZG 2016, 335, 339; *Felsenstein/Müller*, KSzW 2016, 55, 60; bezogen auf den Merger allgemein: *Swoboda*, in: Weitnauer/Boxberger/Anders, KAGB, § 292 Rn. 19; *Schröder/Rahn*, GWR 2014, 49, 52; *Burgard/Heimann*, WM 2014, 821, 830; *Jesch/Kohl*, in: FrankKomm, KapAnlR Bd. 1, § 292 KAGB Rn. 58. Zum Merger s. 2. Teil, B.IV.2.b).

[2005] So *Boxberger*, in: Dornseifer/Jesch/Klebeck/Tollmann, AIFM-RL, Art. 30 Rn. 26; auch *Weitnauer*, in: Weitnauer, MBO, D Rn. 93 kokettiert zunächst hiermit, lehnt eine Anwendung aber im Ergebnis ab. Er begründet dies damit, dass die Grenze des Wortlautes erreicht sei, das Verschmelzungsrecht keine Kapitalerhaltung kenne und auch eine Gleichsetzung mit der in § 292 KAGB genannten Kapitalherabsetzung nicht geboten sei, weil letztere einen strengeren Gläubigerschutz (§§ 252 Abs. 2 AktG, 58 GmbHG) statuiere. Doch müssten die Merger-Modelle nicht gerade dann erfasst sein? *Schröder/Rahn*, GWR 2014, 49, 52 schließen sich *Weitnauer* an: Eine analoge Anwendung der Beschränkung von Kapitalherabsetzungen auf derartige Gestaltungen erscheine nicht möglich; *Zetzsche*, NZG 2012, 1164, 1169 versteht Art. 30 AIFM-RL nur als pars pro toto und will weitere Fallgestaltungen, auch die „Verschmelzung auf einen verschuldeten Rechtsträger", also den Upstream Merger, erfasst wissen.

[2006] *Mayer*, in: Widmann/Mayer, UmwR, Losebl. (Stand: 4/13), § 5 UmwG Rn. 40.1; im Ergebnis ebenso: *Priester*, in: Lutter, UmwG, § 24 Rn. 62; *Lanfermann*, in: Kallmeyer, UmwG, § 24 Rn. 40; *Moszka*, in: Semler/Stengel, UmwG, § 24 Rn. 48; *Hörtnagl*, in: Schmitt/Hörtnagl/Stratz, UmwG, § 24 Rn. 52; *Ekkenga*, in: MünchKomm, GmbHG, § 30 Rn. 193; *Beisel*, in: Beisel/Klumpp, Unternehmenskauf, § 6 Rn. 54; *Deubert/Hoffmann*, in: Winkeljohann/Förschle/Deubert, Sonderbilanzen, K Rn. 68; *Tasma*, Leveraged Buyout und Gläubigerschutz, S. 280; *K. Mertens*, AG 2005, 785, 786; *Klein/Stephanblome*, ZGR 2007, 351, 376 ff. m.w.N., 383; *Wessels/C. König*, M&A Review 2005, 312, 317; ausführlich *Zeyher*, Einlagenrückgewähr und finanzielle Unterstützung im Fall erwerbsfinanzierender Fusion, S. 124 ff.

[2007] Zu den üblichen Leverage Multiples vgl. bereits 2. Teil, B.I.

Verschmelzungsverlust etwa durch vorherige Hebung stiller Reserven oder Zuzahlung in das Vermögen des NBU vermieden oder minimiert werden kann. Ein Downstream Merger wäre insoweit zu unterlassen. Für die Kapitalerhaltungstatbestände wird dem aber auch mit fundierter Kritik begegnet. So wird das Vorliegen einer „Auszahlung" durch die Gesellschaft abgelehnt, weil die Gesellschafter des übertragenden Rechtsträgers die Anteile am übernehmenden Rechtsträger *kraft Gesetzes* (§ 20 Abs. 1 Nr. 3 UmwG) im Wege eines Direkterwerbs erhielten und es bei Lichte besehen nur zu einer Belastung der Zielgesellschaft mit einer Verbindlichkeit komme, nicht jedoch zu einer Vermögensmehrung bei den neueintretenden Gesellschaftern des Akquisitionsvehikels i. S. des § 20 Abs. 1 Nr. 3 UmwG, denen die Verbindlichkeiten auch nach der Verschmelzung weiterhin wirtschaftlich zuzuordnen seien.[2008] Dem ersten Gesichtspunkt könnte man allenfalls noch die gesetzliche Wertung aus § 24 UmwG entgegenhalten, dass es gleichwohl zu einem entgeltlichen Anschaffungsgeschäft[2009] kommt.[2010] Jedenfalls wird weiterhin darauf hingewiesen, dass es aufgrund der Schutzinstrumente des UmwG für Minderheitsgesellschafter und Gläubiger (etwa § 22 UmwG) keines weiteren kapitalgesellschaftsrechtlichen Schutzes bedürfe und es zu keiner Umgehung von Kapitalerhaltungsregelungen komme.[2011] Die Rechtslage sollte hier wie da gleich beurteilt werden.

Ein Upstream Merger hingegen kann unter dem KAGB nicht relevant sein.[2012] Die zum UmwG stiefmütterlich geführte Diskussion, inwiefern ein Verschmelzungsverlust beim aufnehmenden Rechtsträger dort zur Auszahlung oder Einlagenrückgewähr an die (neuen) Gesellschafter[2013] der Erwerbsgesellschaft führt,[2014] hilft hier

---

[2008] *Enneking/Heckschen*, DB 2006, 1099, 1100; *Bock*, GmbHR 2005, 1023, 1027 ff.; *Widmann*, in: Widmann/Mayer, UmwR, Losebl. (Stand: 1/97), § 24 UmwG Rn. 388 Fn. 4; *Diem*, Akquisitionsfinanzierungen, § 49 Rn. 34 f.; *Söhner*, Gläubigerschutz und Anlegerschutz vor Private-Equity- und Hedgefonds, S. 96; *Riegger*, ZGR 2008, 233, 247: keine Leistung; hierauf stützt sich auch *Thiermann*, NZG 2016, 335, 339 für § 292 KAGB. Dagegen wiederum *Ekkenga*, in: MünchKomm, GmbHG, § 30 Rn. 193.

[2009] *Hörtnagl*, in: Schmitt/Hörtnagl/Stratz, UmwG, § 24 Rn. 48.

[2010] Generell fällt es jedoch schwer, ein Leistungselement zu erblicken, weil der Verschmelzungsvertrag nur zwischen den beiden Rechtsträgern geschlossen wird (§ 4 Abs. 1 UmwG). Zudem kann dort nicht vereinbart werden, dass die Anteilseigner des übertragenden Rechtsträgers die Anteile erwerben, *Leonard/Simon*, in: Semler/Stengel, UmwG, § 20 Rn. 75.

[2011] *Becker*, DStR 1998, 1429, 1433 f.; *Schäffler*, BB Special 9/2006, 1, 7; *Eidenmüller*, ZHR 171 (2007), 644, 662, 665; *Meyer*, Die Besicherung der Akquisitionsfinanzierung beim Leveraged Buy-out einer GmbH, S. 244 f.; *Söhner*, Gläubigerschutz und Anlegerschutz vor Private-Equity- und Hedgefonds, S. 96 f.; *Vossius*, in: Widmann/Mayer, UmwR, Losebl. (Stand: 6/14), § 20 UmwG Rn. 223; hierauf stützt sich auch *Thiermann*, NZG 2016, 335, 339 für § 292 KAGB; für § 71a AktG auch *R. H. Schmidt/Spindler*, Finanzinvestoren, D. Rn. 42.

[2012] Ebenso *Thiermann*, NZG 2016, 335, 339; allgemein zum Merger: *Swoboda*, in: Weitnauer/Boxberger/Anders, KAGB, § 292 Rn. 19; *Schröder/Rahn*, GWR 2014, 49, 52; *Burgard/Heimann*, WM 2014, 821, 830; a. A. *Zetzsche*, NZG 2012, 1164, 1169.

[2013] Die Erwerbsgesellschaft selbst ist Gesellschafter des übertragenden Rechtsträgers. In Konstellationen außerhalb 100 prozentiger Tochtergesellschaften oder ohne umwandlungs-

nicht weiter, da mit § 292 KAGB die Anwendung einer Verbotsvorschrift auf Ebene des übertragenden Rechtsträgers in Rede steht. Daneben soll aber auch eine Verletzung des Kapitalerhaltungsrechts auf Ebene des übertragenden Rechtsträgers ausscheiden, weil es sich bei der Verschmelzung nicht um eine Vermögensleistung handele, § 62 Abs. 1 UmwG vielmehr von einer Zulässigkeit des Upstream Merger ausgehe und das Kapitalerhaltungsrecht aufgrund des Erlöschens des Rechtsträgers nicht zur Anwendung komme.[2015] Auch zu § 292 KAGB liest man wieder, dass sich der Upstream Merger nicht unter den Begriff der „Ausschüttung" subsumieren lasse und § 292 KAGB nicht anwendbar sei, da die Zielgesellschaft mit Wirksamkeit der Upstream Verschmelzung untergehe.[2016] Der Rekurs auf das Wortlautargument ist allerdings in Ansehung des weiten Ausschüttungsbegriffs nichtig. Insbesondere wird man das für die Annahme einer Ausschüttung erforderliche leistungsbezogene Element (auch im Hinblick auf eine Umgehung) trotz gesetzlichen Vermögensübergangs im Verschmelzungsvertrag nach § 4 UmwG sowie in der gesetzlichen Einordnung (§ 24 UmwG) der Vermögensverlagerung als Anschaffungsgeschäft erblicken können. Doch dem letzten Gesichtspunkt der obigen Argumentation ist beizupflichten: Da die Vermögensmehrung bei der Erwerbsgesellschaft erst angenommen werden kann, wenn die Verschmelzung wirksam, mithin eingetragen, ist,[2017] die Zielgesellschaft jedoch in demselben Zeitpunkt aufhört zu existieren,[2018] ist für § 292 KAGB kein Raum. Wollte man dem mit juristischen Sekunden begegnen, führte man die Rechtslage ad absurdum. Denn es bedürfte gleich drei juristischer Sekunden. In der ersten Sekunde müsste man einen Vermögensabfluss annehmen, in der zweiten eine Vermögensmehrung und erst in der dritten ein Erlöschen des

---

rechtlichen Squeeze Out können aber auch Minderheitsgesellschafter des übertragenden Rechtsträgers zu Gesellschaftern des aufnehmenden Rechtsträgers (der Erwerbsgesellschaft) werden. Dann müsste man zur Annahme einer Auszahlung nach § 30 GmbHG mit der bereits genannten wirtschaftlichen Zuordnung der Verbindlichkeiten argumentieren, von denen diese Gesellschafter befreit würden.

[2014] Dagegen *Diem*, Akquisitionsfinanzierungen, § 49 Rn. 15 f.; a. A. offenbar *Bock*, GmbHR 2005, 1023, 1029. Ein Teil der Literatur will den Upstream Merger i. S. eines effektiven Kapitalschutzes pauschal mit dem Downstream Merger gleichstellen. Hieraus dürfte zu schließen sein, dass nur ein Verschmelzungsverlust auf Ebene des aufnehmenden Rechtsträgers, mithin dessen Kapitalerhaltungsrecht, relevant sein kann: *R. H. Schmidt/Spindler*, Finanzinvestoren, D. Rn. 42; *Cahn*, in: Spindler/Stilz, AktG, § 71a Rn. 45; *Ekkenga*, in: MünchKomm, GmbHG, § 30 Rn. 193.

[2015] *Riegger*, ZGR 2008, 233, 247; *Holzner*, Private Equity, der Einsatz von Fremdkapital und Gläubigerschutz, S. 297 f.; *Söhner*, Gläubigerschutz und Anlegerschutz vor Private-Equity- und Hedgefonds, S. 96; *Tasma*, Leveraged Buyout und Gläubigerschutz, S. 281; *Eger*, Leveraged Buyout einer Aktiengesellschaft, S. 182; ausführlich *Zeyher*, Einlagenrückgewähr und finanzielle Unterstützung im Fall erwerbsfinanzierender Fusion, S. 258 ff.

[2016] *Thiermann*, NZG 2016, 335, 339.

[2017] § 20 Abs. 1 Nr. 1 UmwG.

[2018] § 20 Abs. 1 Nr. 2 UmwG.

Rechtsträgers. Davon unabhängig bleiben die „aufrückenden" Tochterunternehmen weiterhin Schutzobjekte im Rahmen des § 292 KAGB.[2019]

(dd) Anwachsung

Ein alternativer Weg zum Upstream Merger ist der Debt Push Down im Wege der Anwachsung. Die Anwachsung bewegt sich außerhalb des KAGB. Sie wird – gegebenenfalls nach Umwandlung der Zielgesellschaft in eine GmbH & Co. KG – nur in der Richtung genutzt, dass der Erwerbergesellschaft als einziger Kommanditistin der Zielgesellschaft das Vermögen der Zielgesellschaft anwächst.[2020] Das Verbot des Asset Stripping wird hiervon jedoch wie beim Upstream Merger nicht berührt. Nicht nur erlischt die Zielgesellschaft in dem Augenblick, in dem es zum Vermögensübergang kommt; zudem fehlt es bei der Anwachsung materiell-rechtlich an einer Ausschüttung, weil der Vermögensübergang auf die liquidationslose Beendigung der Zielgesellschaft unter Gesamtrechtsnachfolge bei Ausscheiden des Komplementärs zurückgeht und anders als beim Upstream Merger nichts für das leistungsbezogene Element der Ausschüttung in Stellung gebracht werden kann.

(ee) Vertragskonzernierungen

Der Abschluss von Gewinnabführungs- und/oder Beherrschungsverträgen wird von § 292 KAGB nicht verhindert.[2021] Gewinnabführungen sind Ausschüttungen und ohne Konzernprivileg stets an § 292 KAGB zu messen. Doch wie bereits gesehen werden die Verbotsschwellen des KAGB jedenfalls nach deutschem Konzernrecht wohl nicht tangiert. Auch sei daran erinnert, dass sich mit der Offenlegungspflicht über die Sicherungsmaßnahmen für Arm's Length-Vereinbarungen zwischen KVG/AIF und NBU nach § 290 Abs. 2 Nr. 2 KAGB keine Annahme eines Sonderkonzernrechts begründen lässt.[2022] Es darf daher auch weiterhin nach § 308 Abs. 1 Satz 2 AktG zu nachteiligen Geschäften angewiesen werden, soweit nichts Gegenteiliges vereinbart wird. Die Gewinnabführungsverträge selbst lassen sich ohnehin nicht als Vereinbarungen zwischen „Geschäftspartnern" i. S. des § 290 Abs. 2 Nr. 2 KAGB einordnen.[2023]

(ff) Schuldübernahme

Bilanziell sind bei einer Schuldübernahme durch die Zielgesellschaft die übernommenen Finanzierungsverbindlichkeiten aus dem Debt Push Down zum Nomi-

---

[2019] So wohl auch *Swoboda*, in: Weitnauer/Boxberger/Anders, KAGB, § 292 Rn. 19.

[2020] 2. Teil, B.IV.2.b).

[2021] *Weitnauer*, in: Weitnauer, MBO, D Rn. 103; *ders.*, AG 2013, 672, 677; *Schröder/Rahn*, GWR 2014, 49, 53.

[2022] 6. Teil, B.III.2.b)bb).

[2023] *Schröder/Rahn*, GWR 2014, 49, 53; *Jesch/Kohl*, in: FrankKomm, KapAnlR Bd. 1, § 290 KAGB Rn. 28.

nalwert zu passivieren.[2024] Zugleich hat die Zielgesellschaft einen aktivierbaren Aufwendungsersatzanspruch aus § 670 BGB, der regelmäßig gestundet würde. Ist dieser vollwertig, tritt lediglich eine Bilanzverlängerung ein.[2025] Ist das – wie in LBO-Konstellationen regelmäßig – nicht der Fall, ist eine Vermögensminderung in Folge der passivischen Belastung mit einer Verbindlichkeit anzunehmen.[2026] Spiegelbildlich ist die Frage nach der Vermögensmehrung beim Anteilseigner zu bewerten. Wirtschaftlich[2027] entspräche die befreiende Schuldübernahme dem Modell des Debt Push Down durch Vergabe eines fremdfinanzierten Upstream Darlehens, mit dem das Akquisitionsvehikel die Akquisitionsfinanzierung zurückzahlt:[2028] Die Finanzierungsverbindlichkeiten bestehen nur noch auf Ebene der Zielgesellschaft und eine eigene Forderung gegen das Akquisitionsvehikel, das gegenüber den Banken nicht mehr haftet, wird begründet. Die Schuldübernahme ist lediglich der abgekürzte Weg hiervon. Es ist damit zu überprüfen, ob ein vollwertiger Rückgriffsanspruch vorliegt, und, falls das abzulehnen ist, ist danach zu fragen, ob die bankseitigen Forderungen in einer Höhe bestehen, die die KAGB-Verbotsschwellen überschreitet.

(gg) Schuldbeitritt

Der Schuldbeitritt wird im Schrifttum vernachlässigt und ist, soweit ersichtlich, auch kein Diskussionsgegenstand im Kontext des gesellschaftsrechtlichen Gläubigerschutzes bei LBO-Transaktionen. Auf den ersten Blick liegt eine Parallele zur Bestellung einer schuldrechtlichen Sicherheit nahe, weil der Schuldbeitritt wirtschaftlich in die Nähe der Bürgschaft rücken kann.[2029] In LBO-Konstellationen scheidet diese Parallele aber aus. Denn im Innenverhältnis zwischen Akquisitionsvehikel und Zielgesellschaft wird – zum Zwecke der Ergebnisgleichheit mit der Konstellation der Schuldübernahme – regelmäßig eine Freistellung des Akquisitionsvehikels durch die Zielgesellschaft gewollt sein, falls ersteres in Anspruch genommen wird. Ist eine Freistellung vereinbart, handelt es sich schon gar nicht mehr um einen Schuldbeitritt zu Sicherungszwecken.[2030] Selbst bei einem nur sichernden

---

[2024] Zinszahlungen sind nicht als Verbindlichkeiten, sondern bei Zahlung als Aufwand in der GuV nach § 275 Abs. 2 Nr. 13 HGB zu passivieren.

[2025] *Diem*, Akquisitionsfinanzierungen, § 49 Rn. 58.

[2026] Im Ergebnis ebenso *Diem*, Akquisitionsfinanzierungen, § 49 Rn. 58 ff.; *Thomas/Meissner*, BB 2006, 801, 802; *Ekkenga*, in: MünchKomm, GmbHG, § 30 Rn. 132.

[2027] OLG Dresden, Urt. v. 6. 6. 2002 – 7 U 2325/01, NZW 2003, 546, 548: Bei § 30 GmbHG sei der „zur Beurteilung stehende Vorgang unter wirtschaftlichen Gesichtspunkten" zu würdigen.

[2028] *Diem*, Akquisitionsfinanzierungen, § 49 Rn. 58: Anwendung der Regeln über Darlehen bei Stundung des Aufwendungsersatzanspruchs; *Tcherveniachki*, Kapitalgesellschaften und Private Equity Fonds, S. 272.

[2029] *Hennrichs*, in: MünchKomm, BilR, § 251 HGB Rn. 30; *Schulze-Osterloh*, in: Baumbach/Hueck, GmbHG, 18. Aufl. 2006, § 42 Rn. 309; *Bastuck*, WM 2000, 1091, 1093.

[2030] *Hennrichs*, in: MünchKomm, BilR, § 251 HGB Rn. 30 f.; *Schulze-Osterloh*, in: Baumbach/Hueck, GmbHG, 18. Aufl. 2006, § 42 Rn. 309; zu pauschal *Bastuck*, WM 2000, 1091, 1093, der den Schuldbeitritt ohne Differenzierung als Sicherheit einordnet.

Schuldbeitritt genügt ein Vermerk desselben unter der Bilanz nur so lange, wie eine Inanspruchnahme nicht ernsthaft droht.[2031] Mangels Liquidität des Akquisitionsvehikels ist es jedoch gängige Praxis, dass der Schuldendienst durch die Zielgesellschaft geleistet wird. Im LBO muss die Zielgesellschaft den Freistellungsanspruch des Akquisitionsvehikels/die Verbindlichkeiten passivieren[2032] und kann dafür wie im Fall der Schuldübernahme einen Anspruch aus § 670 BGB aktivieren[2033]. Bei wirtschaftlicher Betrachtung ergibt sich kein Unterschied zur Schuldübernahme. Dort haftet das Akquisitionsvehikel zwar nicht mehr im Außenverhältnis. Doch im Rahmen des freistellenden Schuldbeitritts wird dasselbe Ergebnis angestrebt.

(2) Kapitalherabsetzungen

Mit § 292 KAGB werden neben Ausschüttungen auch Kapitalherabsetzungen inkriminiert. Die Konstruktion des Verbots des Asset Stripping in der AIFM-RL und auch im KAGB ist in Ansehung von Kapitalherabsetzungen allerdings unverständlich und misslungen. Die Literatur stürzt sich zur Beurteilung der Zulässigkeit von Kapitalherabsetzungen allein auf § 292 Abs. 3 Nr. 2 KAGB, der für Kapitalherabsetzungen Sonderregeln aufstellt. Danach erstrecken sich für die Zwecke des § 292 Abs. 2 KAGB die Bestimmungen für Kapitalherabsetzungen nicht auf Herabsetzungen des gezeichneten Kapitals, deren Zweck im Ausgleich von erlittenen Verlusten oder in der Aufnahme von Geldern in eine nicht ausschüttbare Rücklage besteht, unter der Voraussetzung, dass die Höhe einer solchen Rücklage nach dieser Maßnahme zehn Prozent des herabgesetzten gezeichneten Kapitals nicht überschreitet. In der Folge liest man, dass Kapitalherabsetzungen „verboten [seien], es sei denn, das Kapital wird zwecks Einstellung in die Kapitalrücklagen oder vereinfacht analog § 229 AktG für den bilanztechnischen Nachvollzug von Verlusten herabgesetzt"[2034]. Ebenso heißt es, dass Kapitalherabsetzungen künftig „nur zum Verlustausgleich und eingeschränkt zur Rücklagenbildung zulässig"[2035] oder „in den Grenzen des § 292 III Nr. 2 KAGB durchführbar"[2036] seien. Schließlich findet man die Aussage, es dürften keine Kapitalherabsetzungen mit dem Ziel der Ausschüttung von Geldern, aber zum Kapitalschnitt oder zur Einstellung in eine nicht ausschüttbare Rücklage erfolgen.[2037] Diese Ansichten treffen im Hinblick auf die Architektur des § 292 KAGB indes nicht zu.

[2031] *Hennrichs,* in: MünchKomm, BilR, § 251 HGB Rn. 30.

[2032] Ebd., § 246 HGB Rn. 101: Freistellungsanspruch.

[2033] An dieser Stelle wird von einem Auftragsverhältnis ausgegangen.

[2034] *Zetzsche,* NZG 2012, 1164, 1168. Unverständlicherweise noch strenger: *Farahbakhsh,* GWR 2016, 265, 268 (keine Kapitalherabsetzungen).

[2035] *Schröder/Rahn,* GWR 2014, 49, 52.

[2036] *Thiermann,* NZG 2016, 335, 337.

[2037] *van Kann/Redeker/Keiluweit,* DStR 2013, 1483, 1488; den ersten Satzteil übernehmend *Werner,* StBW 2013, 811, 815.

Hintergrund der hiesigen Kritik ist, dass die Regelungssystematik des § 292 KAGB (Art. 30 AIFM-RL ist insoweit unterschiedslos) ignoriert wird und offenbar auch die Auslegung der Kommission[2038] noch nicht erschlossen ist. In § 292 Abs. 1 Nr. 1 KAGB heißt es, dass die dort genannten Maßnahmen, mithin auch die Kapitalherabsetzungen, „gemäß Absatz 2" weder gestattet noch ermöglicht etc. werden dürfen. Dieser Verweis ist auch für Kapitalherabsetzungen relevant, obwohl in § 292 Abs. 2 Nr. 1 und 2 KAGB nur die bereits erläuterten Verbotsschwellen für *Ausschüttungen an Anteilseigner* enthalten sind und in § 292 Abs. 2 Nr. 3 KAGB eine weitere Anordnung für den *Ankauf eigener Anteile* getroffen wird. Das wird auch in der Kommentierung übersehen.[2039] Die oben erwähnte Auslegung durch die Kommission bestätigt diese Lesart aber explizit.[2040] Dass § 292 Abs. 2 KAGB für Kapitalherabsetzungen relevant ist, wird überdies durch § 292 Abs. 3 KAGB bekräftigt, wonach die Sonderregelung für Kapitalherabsetzungen „für die Zwecke des Absatzes 2 gilt". Kapitalherabsetzungen sind daher nicht vorbehaltlich von § 292 Abs. 3 Nr. 2 KAGB generell verboten. Sie werden nur insoweit inkriminiert, wie sie für eine die Verbotsschwellen verletzende Ausschüttung an die Anteilseigner genutzt werden sollen. Das ergibt anders als etwa bei § 30 GmbHG auch Sinn, da Referenzdokument bei der ersten Verbotsschwelle stets der letzte Jahresabschluss ist. Das nationale Gesellschaftsrecht sieht aber in den Fällen ordentlicher Kapitalherabsetzungen ohnehin eigene Sicherungsmechanismen zugunsten der Gläubiger vor.[2041]

In die vorstehenden Ausführungen lässt sich die Ausnahmeregelung des § 292 Abs. 3 Nr. 2 KAGB für Vorgänge der aus dem Gesellschaftsrecht bekannten sog. vereinfachten Kapitalherabsetzung nicht so recht einfügen. Die Sonderausnahme soll wie oben gezeigt („für die Zwecke von Absatz 2") für die Ausschüttungen an Anteilseigner relevant sein. Auch die Kommission bestätigt das.[2042] Wäre dem nicht so, hätte man schlicht auf die Sonderregelung verzichten können, da eine Kapitalherabsetzung mit nachfolgender Zahlung an gesellschaftsfremde Dritte gerade keinen Beschränkungen unterliegt und damit im Rahmen der durch das Gesellschaftsrecht vorgegebenen Bahnen stets zulässig ist. Eine nach Maßgabe der Verbotsschwellen kapitalverletzende Ausschüttung an die Anteilseigner soll also unschädlich sein, wenn sie auf eine in § 292 Abs. 3 Nr. 2 KAGB genannte Konstellation zurückgeht. Es ist aber unverständlich, wie eine Kapitalherabsetzung zum Zweck des Ausgleichs erlittener Verluste oder der Aufnahme von Geldern in eine nicht aus-

---

[2038] *European Commission*, Your Questions On Legislation, ID 1195.

[2039] So bei *Behme*, in: Baur/Tappen, Investmentgesetze, § 292 KAGB Rn. 3.

[2040] *European Commission*, Your Questions On Legislation, ID 1195: „The reference to distribution in paragraph 2 of article 30 should be understood as generic and covering all operations listed in paragraph 1". Zum Umgang mit dieser Aussage in Ansehung der Regelungssystematik des Verbots des Asset Stripping s. 6. Teil, B.III.3.b)aa)(4).

[2041] §§ 225 Abs. 2 AktG, 58 Abs. 1 GmbHG.

[2042] „As regards the capital reductions, Article 30(3)(b) should be read in combination with either Article 30(2) (a) or Article 30(2)(b) depending under which letter of paragraph (2) a specific capital reduction may be subsumed".

schüttbare Rücklage zugleich zu einer Kapitalherabsetzung mit Ausschüttung an die Anteilseigner führen kann. Man könnte an Konstellationen denken, in denen die Verluste aufgrund einer Forderung des Anteilseigners gegen das NBU entstanden sind, eine Ausschüttung i. S. einer Zahlung durch das NBU an den Anteilseigner aber kapitalverletzend wäre. Dann müsste man akzeptieren, dass anders als in § 230 AktG gerade kein Verbot zur Zahlung des herabgesetzten Betrages an die Aktionäre besteht.[2043] Doch zum einen dürfte es sich in diesen Konstellationen wegen eingehaltener Arm's Length wohl nicht um verbotsrelevante Ausschüttungen handeln, zum anderen erklärte das nicht, wie die Einstellung in eine nicht ausschüttbare Rücklage zu einer Ausschüttung führt. Das Verbot des Asset Stripping hinterlässt insoweit Fragen, die schlicht nicht beantwortet werden können.

(3) Ankauf eigener Anteile

Ankäufe eigener Anteile bringen Gefahren für die Gläubiger mit sich, weil das gezeichnete Kapital in Höhe des Nennwerts der gekauften Anteile nicht mehr belegt ist und sich Verluste der Gesellschaft erhöhen, da sie sich auch auf die eigenen, als Vermögenspositionen gehaltenen Anteile auswirken.[2044] Art. 19 der 2. GesR-RL a. F. überantwortete es daher den Mitgliedstaaten, den Erwerb eigener Anteile generell für unzulässig zu halten oder ihn aber unter bestimmten Voraussetzungen zu gestatten. Eine dieser Voraussetzungen war nach Art. 19 Abs. 1 lit. c der 2. GesR-RL a. F., dass der Erwerb nicht dazu führen darf, dass das Nettoaktivvermögen den in Art. 15 Abs. 1 lit. a der 2. GesR-RL a. F. genannten Betrag unterschreitet. Dieser Betrag ist wie bereits gesehen identisch mit dem der ersten Verbotsschwelle der AIFM-RL und des KAGB. Auf bestimmte, in Art. 20 Abs. 1 der 2. GesR-RL a.F genannte Konstellationen brauchten die Mitgliedstaaten den besagten Art. 19 der 2. GesR-RL a. F. mit seinen Voraussetzungen jedoch nicht anzuwenden. Art. 20 Abs. 1 der 2. GesR-RL a. F., der auch für § 292 KAGB von noch zu erläuternder Relevanz ist, lautet:

> 1) Die Mitgliedstaaten brauchen Artikel 19 nicht anzuwenden
>
> a) auf Aktien, die in Durchführung einer Entscheidung über eine Kapitalherabsetzung oder im Falle des Artikels 39 erworben werden;
>
> b) auf Aktien, die durch eine Vermögensübertragung im Wege der Gesamtrechtsnachfolge erworben werden;
>
> c) auf voll eingezahlte Aktien, die unentgeltlich oder die von Banken und anderen Finanzinstituten auf Grund einer Einkaufskommission erworben werden;
>
> d) auf Aktien, die auf Grund einer gesetzlichen Verpflichtung oder einer gerichtlichen Entscheidung zum Schutz der Minderheitsaktionäre, insbesondere im Falle der Verschmelzung, der Änderung des Gegenstands oder der Rechtsform der Gesellschaft, der

---

[2043] Dann wäre auch der Aussage von *Zetzsche*, NZG 2012, 1164, 1168, wonach eine Ausschüttungsschranke analog § 230 AktG in beiden Fällen des § 292 Abs. 3 Nr. 2 KAGB hinzuzudenken sei, nicht zu folgen.

[2044] *Kropff*, in: MünchKomm, BilR, § 272 HGB Rn. 49.

Verlegung des Sitzes der Gesellschaft ins Ausland oder der Einführung von Beschränkungen der Übertragbarkeit von Aktien erworben werden;

e) auf Aktien, die aus der Hand eines Aktionärs erworben werden, weil er seine Einlage nicht leistet;

f) auf Aktien, die erworben werden, um Minderheitsaktionäre verbundener Gesellschaften zu entschädigen;

g) auf voll eingezahlte Aktien, die bei einer gerichtlichen Versteigerung zum Zwecke der Erfüllung einer Forderung der Gesellschaft gegen den Eigentümer dieser Aktien erworben werden;

h) auf voll eingezahlte Aktien, die von einer Investmentgesellschaft mit festem Kapital im Sinne von Artikel 15 Absatz 4 Unterabsatz 2 ausgegeben worden sind und von dieser oder einer mit ihr verbundenen Gesellschaft auf Wunsch der Anleger erworben werden. Artikel 15 Absatz 4 Unterabsatz 3 Buchstabe a) ist anzuwenden. Dieser Erwerb darf nicht dazu führen, daß das Nettoaktivvermögen den Betrag des gezeichneten Kapitals zuzüglich der Rücklagen, deren Ausschüttung das Gesetz nicht gestattet, unterschreitet.

Der deutsche Gesetzgeber lässt den Erwerb eigener Aktien in verschiedenen Konstellationen nach § 71 AktG zu. Für die Erwerbstatbestände nach § 71 Abs. 1 Nr. 1 bis 3, 7 und 8 AktG wurde in § 71 Abs. 2 Satz 2 AktG auch die genannte Verbotsschwelle berücksichtigt;[2045] vermisst wird aber der Bezug zum Jahresabschluss des letzten Geschäftsjahres. So ist der Erwerb bei diesen Tatbeständen nur dann zulässig, wenn die Gesellschaft im Zeitpunkt des Erwerbs eine Rücklage in Höhe der Aufwendungen für den Erwerb bilden könnte, ohne das Grundkapital oder eine nach Gesetz oder Satzung zu bildende Rücklage zu mindern, die nicht zur Zahlung an die Aktionäre verwandt werden darf. Entscheidend ist nach deutschem Recht allein der Zeitpunkt des Erwerbs. § 71 Abs. 2 Satz 2 AktG kann daher in richtlinienkonformer Auslegung nur Mindestvoraussetzung sein. Die Tatbestände, bei denen die Verbotsschwelle nicht einzuhalten ist, fallen jedenfalls unter Art. 20 Abs. 1 der 2. GesR-RL a. F.[2046] Für die GmbH hatte die 2. GesR-RL a. F. hingegen keine Bedeutung. Vor diesem Hintergrund müssen nunmehr die Bestimmungen zum Ankauf eigener Anteile im KAGB gesehen werden. Nach § 292 Abs. 2 Nr. 3 KAGB beziehen sich die Pflichten gem. § 292 Abs. 1 KAGB auf

in dem Umfang, in dem der Ankauf eigener Anteile gestattet ist, Ankäufe durch das Unternehmen, einschließlich Anteilen, die bereits früher vom Unternehmen erworben und von ihm gehalten wurden, und Anteilen, die von einer Person erworben werden, die in ihrem eigenen Namen, aber im Auftrag des Unternehmens handelt, die zur Folge hätten, dass das Nettoaktivvermögen unter die in Nummer 1 genannte Schwelle gesenkt würde.[2047]

[2045] *Oechsler*, in: MünchKomm, AktG, § 71 Rn. 42.

[2046] Für § 71 Abs. 1 Nr. 3 AktG (Abfindung nach UmwG) ist die Verbotsschwelle auch einzuhalten; Art. 20 der 2. GesR-RL a. F. verlangte das jedoch nicht.

[2047] Diese Regelung scheinen *Söhner*, WM 2014, 2110, 2115 und *Farahbakhsh*, GWR 2016, 265, 268 zu übersehen, wenn sie den Erwerb eigener Anteile pauschal für unzulässig erklären.

Würde diese Rechtslage ohne Einschränkungen gelten, wäre aus Sicht der KVGs bei NBUs in der Rechtsform einer AG besondere Vorsicht geboten. Denn während die Verbotsschwelle des § 71 Abs. 2 Satz 2 AktG nur für die Erwerbsgeschäfte nach § 71 Abs. 1 Nr. 1 bis 3, 7 und 8 AktG zu berücksichtigen ist, hätte die KVG nunmehr im eigenen Interesse bei sämtlichen Erwerbsgeschäften von eigenen Anteilen auf ihre Einhaltung achten müssen. Im GmbH-Recht hingegen ist der Erwerb nach § 33 Abs. 2 Satz 1, Abs. 3 GmbHG ohnehin nur dann zulässig, wenn die GmbH im Zeitpunkt des Erwerbs eine Rücklage in Höhe der Aufwendungen für den Erwerb bilden könnte, ohne das Stammkapital oder eine nach dem Gesellschaftsvertrag zu bildende Rücklage zu mindern, die nicht zur Zahlung an die Gesellschafter verwandt werden darf. Der Unionsgesetzgeber wollte aber offensichtlich keine Friktionen mit seiner früheren Gesetzgebung hervorrufen und hat deswegen Art. 30 Abs. 3 lit. c AIFM-RL aufgenommen, der in § 292 Abs. 3 Nr. 3 KAGB umgesetzt wurde. Nach diesem gilt für die Zwecke des § 292 Abs. 2 Nr. 3 KAGB, dass sich die dortige Einschränkung (also die Einhaltung der Verbotsschwelle) nach dem bereits oben genannten Ausnahmentatbestand des Art. 20 Abs. 1 lit. b bis h der 2. GesR-RL a.F. richtet.[2048] Die Kommission wurde gefragt, ob Art. 30 Abs. 3 lit. c AIFM-RL so zu verstehen sei, dass *alle* genannten Bestimmungen des Art. 20 der 2. GesR-RL a.F. Anwendung fänden, also die Verbotsschwelle des § 292 Abs. 2 Nr. 3 KAGB bei jeder dieser Gestaltungen nicht zur Anwendung käme, oder ob die Vorschriften nur insoweit gelten würden, wie sie im Mitgliedstaat, in dem (i) die Zielgesellschaft ihren Sitz hat oder (ii) der AIFM seinen Sitz hat, umgesetzt wurden.[2049] Die Antwort der Kommission („The extent to which the acquisition of own shares is permitted is a matter for the company law of the Member State where that company is incorporated") hilft jedoch nicht weiter, da nur das Offensichtliche wiederholt wird. In den Anwendungsbereich des § 292 Abs. 2 Nr. 3 KAGB gelangt man schließlich erst, soweit die Mitgliedstaaten den Erwerb eigener Anteile gestattet haben.

Bei Lichte besehen führt aber bereits die gestellte Frage in die Irre. Wenn es für Art. 30 Abs. 3 lit. c AIFM-RL auf die Umsetzung der 2. GesR-RL a.F. in den Mitgliedstaaten ankäme, anerkennte man, dass die besagte Unionsregelung nur für die von der 2. GesR-RL a.F. adressierten Gesellschaften von Relevanz wäre. Auf Deutschland gemünzt würde § 292 Abs. 3 Nr. 3 KAGB nur für AGs von Bedeutung sein und die Verbotsschwelle des § 292 Abs. 2 Nr. 3 KAGB gälte daher nur bei diesen in bestimmten Konstellationen nicht, während sie bei GmbHs stets einzuhalten wäre. Das mag sich aus nationaler Perspektive im Ergebnis nicht auswirken. Denn selbst wenn die Ausnahmebestimmungen auch zugunsten der GmbH gälten, müsste die

---

[2048] Das wird bisweilen als sprachlich missglückt gegeißelt, weil in Art. 20 der 2. GesR-RL a.F. Ausnahmen kodifiziert sind, bei denen die in Art. 19 der 2. GesR-RL a.F. enthaltenen Voraussetzungen an den Erwerb eigener Anteile, also auch die Verbotsschwelle für das Nettoaktivvermögen, nicht eingehalten werden müssen, so *Behme*, in: Baur/Tappen, Investmentgesetze, § 292 KAGB Rn. 23.

[2049] *European Commission*, Your Questions On Legislation, ID 1195.

Geschäftsführung der GmbH davon unabhängig die nahezu[2050] gleichlaufende Verbotsschwelle des § 33 Abs. 2 Satz 1, Abs. 3 GmbHG berücksichtigen. Dennoch überzeugt dieser Ansatz konzeptionell nicht. Im Dunkeln bleibt, wieso die verschiedenen Gesellschaftsformen der Zielgesellschaften insoweit unterschiedlich behandelt werden sollen. Dem Sonderbeteiligungsrecht ist keine Eingrenzung auf AGs zu entnehmen, sodass die Ausnahmebestimmungen auch bei GmbHs gelten müssten. Schließlich soll das nationale Gesellschaftsrecht nur insoweit auf die Regulierung Einfluss nehmen, wie es mit der Gestattung des Erwerbs eigener Anteile den Grundstein für die Anwendung der einschlägigen Regelungen der Regulierung legt. Richtigerweise gelten die Ausnahmen in Art. 20 Abs. 1 lit. b bis h der 2. GesR-RL a. F. damit stets für Art. 30 Abs. 3 lit. c AIFM-RL, respektive § 292 Abs. 2 Nr. 3 KAGB, und damit unabhängig von einer Umsetzung in den Mitgliedstaaten.

Im Übrigen ist es nicht nachvollziehbar, wieso der Ankauf eigener Anteile nicht auch aufgrund der zweiten Verbotsschwelle in § 292 Abs. 2 Nr. 2 KAGB begrenzt wird. Die Maßnahme des Ankaufs eigener Anteile wurde in den Verbotskatalog aufgenommen, weil sie zu einer Zahlung an die Anteilseigner führt. Unter diesem Blickwinkel hat sie nur klarstellende Funktion. Auch im Gesellschaftsrecht interferiert der Ankauf eigener Anteile mit dem Kapitalerhaltungsrecht.[2051] Da § 292 Abs. 2 Nr. 2 KAGB nur eine betragsmäßige Grenze aufstellt und nicht formell auf die Gewinnverwendung nach Maßgabe der gesellschaftsrechtlichen Bestimmungen abstellt, kann die Grenze gleichermaßen herangezogen werden. De lege lata ist dies jedoch kein gangbarer Weg. Die Gesetzessystematik ist auch stets im Zusammenspiel mit den relevanten Bestimmungen für die Anteilsrücknahme zu sehen, worauf sogleich zurückgekommen wird. Im Ergebnis wird der Ankauf eigener Anteile mangels Geltung der zweiten Verbotsschwelle privilegiert. Die Erklärung hierfür mag darin liegen, dass der Erwerb eigener Anteile außerhalb der Ausnahmebestimmungen des Art. 20 der 2. GesR-RL a. F. jedenfalls noch nach Art. 19 Abs. 1 lit. b der 2. GesR-RL a.F nur dann zulässig war, wenn auf den Nennbetrag der gehaltenen Aktien nicht mehr als zehn Prozent des gezeichneten Kapitals entfielen.[2052] Innerhalb dieser prozentualen Grenze könnte die Verbotsschwelle zwar dennoch relevant sein. Doch der Unionsgesetzgeber hatte hier wohl im Blick, dass die Kontrolle regelmäßig an wirtschaftlich starken Unternehmen übernommen wird, bei denen der Jahresüberschuss größer ist.

[2050] Es fehlt der Bezug zum Jahresabschluss des letzten Geschäftsjahres.

[2051] Im Aktienrecht hat das in § 57 Abs. 1 Satz 2 AktG zu der Klarstellung geführt, dass die Zahlung des Erwerbspreises beim zulässigen Erwerb eigener Aktien keine Einlagenrückgewähr darstellt. Im GmbH-Recht gilt der Kapitalerhaltungsgrundsatz des § 30 GmbHG auch weiterhin neben § 33 GmbHG und stellt eine Grenze für den Erwerb eigener Anteile, vgl. *Löwisch*, in: MünchKomm, GmbHG, § 33 Rn. 3.

[2052] Nun nach inhaltlicher Modifizierung in Art. 21 Abs. 1 UAbs. 2 lit. a der 2. GesR-RL nicht mehr zwingend.

(4) Rücknahme von Anteilen

Vom Verbot des § 292 KAGB werden auch Rücknahmen von Anteilen erfasst.[2053] Deren Relevanz dürfte bei Zugrundelegung der gesetzlichen Ausgangslage äußerst limitiert sein. So sind reguläre Austrittsrechte bei deutschen Kapitalgesellschaften dem nationalen Gesellschaftsrecht unbekannt. Im GmbH-Recht ist allein die Existenz eines Austrittsrechts aus wichtigem Grund im Rahmen von § 30 GmbHG in Rechtsprechung und Schrifttum aufgrund von Zumutbarkeitserwägungen in Dauerschuldverhältnissen anerkannt.[2054] Möglich sind jedoch statutarische Vereinbarungen über ordentliche Austrittsrechte.[2055] Für die AG ist die Übertragbarkeit der im GmbH-Recht angestellten Überlegungen seit jeher heftig umstritten.[2056]

Spezielle Regelungen zur Rücknahme von Anteilen wie für den Ankauf eigener Anteile oder die Kapitalherabsetzungen wurden in der regulierungsrechtlichen Verbotsnorm nicht aufgenommen. Die Verbotsreichweite ist allein durch Auslegung zu ermitteln. Die Kommission wurde gefragt, ob aufgrund des generellen Verweises in Art. 30 Abs. 1 lit. a AIFM-RL (§ 292 Abs. 1 Nr. 1 KAGB) auf Art. 30 Abs. 2 AIFM-RL (§ 292 Abs. 2 KAGB) und der wirtschaftlichen Vergleichbarkeit der Rücknahme von Anteilen mit dem Ankauf eigener Anteile auch der für den Ankauf eigener Anteile geltende Art. 30 Abs. 2 lit. c AIFM-RL Anwendung finde, respektive der bereits erläuterte § 292 Abs. 2 Nr. 3 KAGB.[2057] Die Antwort der Kommission („The reference to distribution in paragraph 2 of article 30 should be understood as generic and covering all operations listed in paragraph 1") ist ungenau. Denn ein spezieller Verweis auf die Ausschüttungen („reference to distribution") in § 292 Abs. 2 KAGB ist gerade nicht vorgesehen. Überdies wiederholt sich das bereits im Zusammenhang mit den Kapitalherabsetzungen diskutierte Problem, dass § 292 Abs. 2 KAGB gar keine Bestimmungen für Kapitalherabsetzungen und Anteilsrücknahmen enthält. Wollte man hieraus nun ein generelles Verbot von Anteilsrücknahmen für den 24-Monatszeitraum ableiten,[2058] widerspräche das der Regelungssystematik, nach der § 292 Abs. 2 KAGB auch für Anteilsrücknahmen Bedeutung haben soll. An ebenjene Bedeutung kann man sich jedoch nur zaghaft herantasten. Da die erste Verbotsschwelle in § 292 Abs. 2 Nr. 1 KAGB der gemeinsame Nenner für die in § 292 Abs. 2 KAGB genannten Ausschüttungen und Anteilskäufe ist, liegt es nahe, dass diese in jedem Fall gelten soll. Die Verbots-

---

[2053] *Weitnauer*, AG 2013, 672, 676 deutet die Anteilsrücknahmen als Einziehungen.

[2054] So bereits BGH, Urt. v. 1.4.1953 – II ZR 235/52, BGHZ 9, 157, 162 f.; Überblick bei *Strohn*, in: MünchKomm, GmbHG, § 34 Rn. 101 ff.

[2055] BGH, Urt. v. 30.6.1969 – II ZR 71/68, NJW 1969, 2049; BGH, Urt. v. 26.10.1983 – II ZR 87/83, BGHZ 88, 320; BGH, Urt. v. 30.6.2003 – II ZR 326/01, NZG 2003, 871, 872.

[2056] Bestandsaufnahme bei *Klöhn*, Das System der aktien- und umwandlungsrechtlichen Abfindungsansprüche, § 4 A II; vgl. auch die parallele Diskussion für die geschlossenen Investmentgesellschaften im KAGB: *Zetzsche*, Prinzipien der kollektiven Vermögensanlage, § 34 A. IV.

[2057] *European Commission*, Your Questions On Legislation, ID 1195.

[2058] So ohne Begründung *Farahbakhsh*, GWR 2016, 265, 268.

schwelle könnte dabei entweder direkt oder aufgrund der wirtschaftlichen Vergleichbarkeit mit Anteilskäufen über den Verweis in § 292 Abs. 2 Nr. 3 KAGB Anwendung finden.

Bei der Festlegung auf einen dieser Wege äußert sich die rechtstechnische Misslungenheit des Verbots des Asset Stripping mehr denn je. Wollte man wie wohl die Kommission die direkte Anwendung der Grenzen für Ausschüttungen präferieren, obwohl aufgrund der wirtschaftlichen Vergleichbarkeit der Anteilsrücknahmen mit den Anteilskäufen der Rückgriff auf § 292 Abs. 2 Nr. 3 KAGB näher liegt, ließe sich das nur damit begründen, dass in § 292 Abs. 2 Nr. 3 KAGB eine Sonderregelung für Anteilskäufe zu erblicken sei, die für Anteilsrücknahmen nicht gelten könne. Diese Aussage verbietet sich aber, da man im gleichen Atemzug konstatieren müsste, dass § 292 Abs. 2 Nr. 1 und 2 KAGB ausschließlich Regelungen für Ausschüttungen darstellten. Ausschüttungen wiederum sind in der Systematik des § 292 KAGB von Kapitalherabsetzungen, Anteilsrücknahmen und Anteilskäufen zu unterscheiden, weshalb in letzter Konsequenz § 292 Abs. 2 KAGB für Kapitalherabsetzungen und Anteilsrücknahmen doch keine Relevanz besitzen könnte. Die korrekte Zuordnung der maßgeblichen Bestimmungen für Anteilsrücknahmen wird zur Quadratur des Kreises. Überzeugen kann daher allein Folgendes: Ausschüttungen, Anteilsrücknahmen und Anteilsankäufe werden inkriminiert, weil bei ihnen der Mittelzufluss an die Anteilseigner im Mittelpunkt steht. Abgesehen von dem unterschiedlichen Label führen sie stets zu Ausschüttungen. Insoweit gebietet sich im Grundsatz eine Gleichbehandlung der Tatbestandsalternativen. Von diesem Grundsatz machen §§ 292 Abs. 2 Nr. 3, Abs. 3 Nr. 3 KAGB eine Ausnahme für Anteilsankäufe. Das gilt jedoch nicht für Anteilsrücknahmen, die noch dem vorstehenden Grundsatz anheimfallen. Für Anteilsrücknahmen gelten daher die beiden Verbotsschwellen des § 292 Abs. 2 Nr. 1 und 2 KAGB für Ausschüttungen direkt. In der Systematik des KAGB führen Anteilsrücknahmen mithin zu Ausschüttungen an die Anteilseigner. Hierin ist ein weiteres Zeugnis für den weiten Ausschüttungsbegriff zu erblicken, bei dem es nicht auf einen nicht identifizierbaren Wortsinn, sondern allein auf den Vermögensabfluss mit korrespondierender Vermögensmehrung beim Anteilseigner ankommt. Im Umkehrschluss ist die separate Auflistung von Anteilsrücknahmen, für die keine Privilegierung wie bei Anteilskäufen besteht, lediglich deklaratorischer Natur. Kapitalherabsetzungen hingegen bedingen nicht ohne Weiteres Ausschüttungen an die Anteilseigner. Da sie jedoch über die Regelungssystematik in Bezug zu den Ausschüttungen an Anteilseigner gesetzt werden, ist dies nach Maßgabe der bereits angestellten Ausführungen zu Kapitalherabsetzungen zu berücksichtigen.

(5) Abschließender Charakter von § 292 KAGB?

§ 292 KAGB enthält keine Öffnungsklausel für Maßnahmen, die den in § 292 KAGB Genannten vergleichbar sind. Deswegen ist die Frage aufgekommen, ob auch die Einziehung nach § 34 GmbHG vom Verbotstatbestand erfasst ist. Das wird unter

Hinweis auf den abschließenden Charakter des § 292 KAGB bisweilen abgelehnt.[2059] Gleichsam als obiter dictum für den Fall, dass man aufgrund der Vergleichbarkeit mit dem Ankauf eigener Anteile zu einem gegenteiligen Ergebnis kommen sollte, wird darauf hingewiesen, dass zwingend zwischen der freiwilligen Einziehung und der Zwangseinziehung unterschieden sei.[2060] An anderer Stelle wird die Einziehung als „Rücknahme von Anteilen" gelesen und so dem Verbotstatbestand unterworfen.[2061]

Tatsächlich bietet der Wortlaut von § 292 KAGB keine Anhaltspunkte für die Annahme, § 292 KAGB als offenen Tatbestand zu verstehen.[2062] Aus rechtstaatlichen Gesichtspunkten muss im Voraus transparent sein, was erlaubt und was verboten ist, selbst wenn ein Verstoß gegen § 292 KAGB nicht zu einem Bußgeld oder einer Strafe führt[2063]. Denn werden vollendete Tatsachen geschaffen, die im Anschluss schon aus praktischen Gründen irreversibel sind, könnte etwaigen Anordnungen gegenüber der KVG auf Basis der Befugnis aus § 5 Abs. 6 Satz 1 KAGB, aus § 5 Abs. 6 Satz 2 KAGB (falls die Fondsdokumente § 292 KAGB in Bezug nehmen)[2064] oder im Wege der Missstandsaufsicht nach § 5 Abs. 6 Satz 8 KAGB nicht mehr entsprochen werden. Ein Verstoß gegen Anordnungen auf Basis von § 5 Abs. 6 Satz 2 und 8 KAGB wiederum kann den Ordnungswidrigkeitentatbestand des § 340 Abs. 2 Nr. 1 lit. a KAGB erfüllen.[2065] Geschäftsleiter könnten daher mit dem Vorwurf der Unzuverlässigkeit konfrontiert werden.[2066] Grundsätzlich droht in dieser Situation der Entzug der Erlaubnis oder die Abberufung der Geschäftsleiter.[2067] Für Einziehungen ist die Frage nach dem abschließenden Charakter von § 292 KAGB aber ein Scheinproblem. Einziehungen führen ohne Weiteres zu einer Ausschüttung i. S. des hier entwickelten Verständnisses von § 292 KAGB und sind damit vom Tatbestand erfasst. Auch im GmbH-Recht unterliegen sie ausweislich § 34 Abs. 3 GmbHG dem

---

[2059] So *Swoboda*, in: Weitnauer/Boxberger/Anders, KAGB, § 292 Rn. 22; ebenso abschließenden Charakter annehmend *Jesch/Kohl*, in: FrankKomm, KapAnlR Bd. 1, § 292 KAGB Rn. 37.

[2060] *Swoboda*, in: Weitnauer/Boxberger/Anders, KAGB, § 292 Rn. 22.

[2061] *Weitnauer*, AG 2013, 672, 676.

[2062] A. A. *Zetzsche*, NZG 2012, 1164, 1169: § 292 KAGB als pars pro toto.

[2063] Vgl. die §§ 339, 340 KAGB.

[2064] *Wülfert*, in: Baur/Tappen, Investmentgesetze, § 5 KAGB Rn. 16. Zu ungenau *Swoboda*, in: Weitnauer/Boxberger/Anders, KAGB, § 292 Rn. 33, der nur von „§ 5 Abs. 6" KAGB spricht.

[2065] Es ist davon auszugehen, dass der Verweis auf – den nicht existierenden – § 5 Abs. 6 Satz 14 KAGB in § 340 Abs. 2 Nr. 1 lit. a KAGB ein Versehen ist. § 340 Abs. 3 Nr. 1 KAGB a. F. vor dem OGAW V-UmsG sah noch den Verweis auf § 5 Abs. 6 Satz 8 KAGB vor.

[2066] *Viciano-Gofferje*, BB 2013, 2506, 2510 erwähnt die Unzuverlässigkeit bereits bei einem bloßen Verstoß gegen § 292 KAGB. Ein Kriterium für die mangelnde Zuverlässigkeit kann sein, dass aufsichtliche Maßnahmen der BaFin gegen ein Unternehmen, in dem der Geschäftsleiter tätig ist, gerichtet sind, vgl. *BaFin* vom 4. 1. 2016, Merkblatt zu den Geschäftsleitern gemäß KWG, ZAG und KAGB, zuletzt geändert am 31. 1. 2017, Abschn. III Nr. 1.

[2067] § 39 Abs. 3 Nr. 3 i. V. m. § 23 Nr. 3 KAGB sowie § 39 Abs. 3 Nr. 5 i. V. m. § 340 Abs. 2 Nr. 1 lit. a KAGB. Auf eine „Nachhaltigkeit" der Verstöße kommt es hier (anders als bei § 39 Abs. 3 Nr. 6 KAGB) tatbestandsmäßig nicht an.

Kapitalerhaltungsgrundsatz. Vor diesem Hintergrund wird man ebenso im GmbH-Recht zulässige[2068] Ausschließungen aus wichtigem Grund außerhalb von Einziehungen unter § 292 KAGB subsumieren können.

bb) Verhaltenspflichten

Die in § 292 Abs. 1 KAGB dekretierten Verhaltenspflichten richten sich allesamt an die KVG. Die KVG

1. darf die oben diskutierten Maßnahmen weder gestatten noch ermöglichen, unterstützen oder anordnen,

2. ist dazu verpflichtet, sofern sie befugt ist, in den Versammlungen der Leitungsgremien des Unternehmens im Namen des AIF abzustimmen, nicht für diese Maßnahmen stimmen und

3. muss sich in jedem Fall bestmöglich bemühen, die Maßnahmen zu verhindern.

Diese Pflichten reflektieren den allgemeinen Regulierungsansatz der AIFM-RL. Doch im Segment Private Equity ist zu berücksichtigen, dass die Beteiligungen letztlich von Akquisitionsvehikeln gehalten werden[2069] und im Sonderbeteiligungsrecht kein Look Through-Ansatz gilt[2070]. Wenn KVGs die relevanten Maßnahmen nicht unterstützen etc. dürfen, ist damit gemeint, dass sie auch ihren Einfluss über die Objektgesellschaften nicht entsprechend instrumentalisieren dürfen.[2071] Vor diesem Hintergrund hat auch die Verpflichtung aus § 292 Abs. 1 Nr. 2 KAGB für deutsche Zielgesellschaften keinen eigenständigen Anwendungsbereich mehr. Denn das Gesetz geht offenbar davon aus, dass die KVG selbst in den Leitungsgremien vertreten ist. Unter Leitungsgremien wird man all die Gremien verstehen dürfen, die über die inkriminierten Maßnahmen zu beschließen haben. Das können je nach Beschlussgegenstand regelmäßig Vorstand, Geschäftsführer, Aufsichtsrat, Beirat, Hauptversammlung oder Gesellschafterversammlung sein. Die Identifizierung hängt mithin vom jeweiligen Gesellschaftsstatut ab.[2072] In LBO-Konstellationen wird die KVG jedoch niemals selbst Gesellschafterin bei der Zielgesellschaft sein und damit in der Gesellschafter-/Hauptversammlung im Namen des AIF abstimmen können. Außerdem werden die Ämter in den Leitungsorganen deutscher Kapitalgesellschaften mit natürlichen Personen bekleidet.[2073] Die KVG kann in den Leitungsgremien daher nicht vertreten sein, sodass § 292 Abs. 1 Nr. 2 KAGB keine Bedeu-

---

[2068] Überblick bei *Strohn*, in: MünchKomm, GmbHG, § 34 Rn. 103.

[2069] *Weitnauer*, AG 2013, 672, 676; *Behme*, in: Baur/Tappen, Investmentgesetze, § 292 KAGB Rn. 25; *Felsenstein/Müller*, KSzW 2016, 55, 60.

[2070] 6. Teil, B.III.1.a)ee)(2)(a).

[2071] *Weitnauer*, AG 2013, 672, 676; *Koch*, WM 2014, 433, 437.

[2072] *Behme*, in: Baur/Tappen, Investmentgesetze, § 292 KAGB Rn. 24; *Jesch/Kohl*, in: FrankKomm, KapAnlR Bd. 1, § 292 KAGB Rn. 39.

[2073] §§ 76 Abs. 3, 100 Abs. 1 AktG, 6 Abs. 2, 52 GmbHG.

tung hat.[2074] § 292 Abs. 1 Nr. 2 KAGB geht vielmehr vollständig in § 292 Abs. 1 Nr. 1 KAGB auf. Auch für Konstellationen ohne deutsche Zielgesellschaften scheint § 292 Abs. 1 Nr. 2 KAGB in Ansehung des weiten § 292 Abs. 1 Nr. 1 KAGB überflüssig, unter den auch die Pflicht zur Unterlassung von „pro" Stimmen subsumiert werden kann.[2075] Nicht überzeugen kann es jedenfalls, § 292 Abs. 1 Nr. 2 KAGB als abschließende Regelung zum Stimmrechtsverhalten einzuordnen,[2076] da sich die KVG nach § 292 Abs. 1 Nr. 3 KAGB „in jedem Fall" bestmöglich bemühen muss, die Maßnahmen zu verhindern.[2077] Aus Letzterem ergibt sich auch, dass Gefahren aus dem Kontrollerwerb durch einen AIF pauschal unterstellt werden (z. B. wohl in Gestalt informellen Drucks) und daher ohne die Möglichkeit einer Widerlegung einer Regulierung zugeführt werden sollen. Im Hinblick auf die konzernweite Geltung der Verbotsnorm sind deshalb KAGB-widrige gruppeninterne Vermögensverschiebungen unabhängig von der Identität ihres Initiators zu verhindern, selbst wenn diese nicht direkt zu einer Ausschüttung an das AIF-Lager führen.[2078]

Bisweilen wird versucht, bei einer wie auch immer gearteten Kollision von Regulierungs- mit Gesellschaftsrecht die Verhaltenspflichten des § 292 KAGB in Bezug auf das Abstimmungsverhalten in dem NBU auf Basis einer „sachgerechten Auslegung"[2079] gegebenenfalls zurücktreten zu lassen. In Konstellationen, bei denen eine Maßnahme nach dem Maßstab des § 292 KAGB unzulässig, gesellschaftsrechtlich hingegen zulässig ist, kann das in Ansehung des Schutzzwecks von § 292 KAGB nicht gewollt sein. Das Gesellschaftsrecht fordert das Verhalten nicht ein, sodass die beiden Rechtskreise nicht kollidieren. Anders verhält es sich aber, wenn dem Gesellschafter aus der mitgliedschaftlichen Treubindung resultierende positive Stimmpflichten auferlegt werden.[2080] Es wurde bereits an anderer Stelle herausgearbeitet, dass das Regulierungsrecht dem Gesellschaftsrecht insoweit den Vorrang einräumt.[2081] Ob das angesichts der erläuterten Verbotsschwellen relevant werden kann, ist zu bezweifeln. Denn auch nach dem Maßstab der regulierungsrechtlichen Verbotsschwellen kapitalverletzende Maßnahmen werden im Gesellschaftsrecht wohl nicht von einer positiven Stimmpflicht gefordert. Speziell im Hinblick auf das

---

[2074] *Behme*, in: Baur/Tappen, Investmentgesetze, § 292 KAGB Rn. 25; *Koch*, WM 2014, 433, 437.

[2075] *Behme*, in: Baur/Tappen, Investmentgesetze, § 292 KAGB Rn. 26 sieht § 292 Abs. 1 Nr. 1 KAGB als Ergänzung zu § 292 Abs. 1 Nr. 2 KAGB.

[2076] So aber *Swoboda*, in: Weitnauer/Boxberger/Anders, KAGB, § 292 Rn. 14; wohl auch *Jesch/Kohl*, in: FrankKomm, KapAnlR Bd. 1, § 292 KAGB Rn. 38, 40: „sonstige Maßnahmen", während sie bei Rn. 41 („Veto") nur die Meinung von Weitnauer wiedergeben.

[2077] Wie hier *Weitnauer*, AG 2013, 672, 676.

[2078] Im Ergebnis ebenso *Swoboda*, in: Weitnauer/Boxberger/Anders, KAGB, § 292 Rn. 8 f. Wenn nur Initiativen der KVG erfasst wären, ließe sich die Existenz von § 292 Abs. 1 Nr. 3 KAGB nicht erklären.

[2079] *Swoboda*, in: Weitnauer/Boxberger/Anders, KAGB, § 292 Rn. 28.

[2080] Ebenso ebd., Rn. 29 f.

[2081] 6. Teil, B.II.4.b)cc)(3).

Abstimmungsverhalten in Aufsichtsorganen muss man überdies akzeptieren, dass diese Positionen höchstpersönlicher Natur (§ 111 Abs. 6 AktG) und deshalb frei von jeglichen Bindungen, auch durch das Regulierungsrecht, sind.[2082]

cc) Zeitlicher Rahmen

Da bei all diesen Verhaltenspflichten die Verbotsschwelle des § 292 Abs. 2 KAGB nur für einen limitierten Zeitraum von 24 Monaten nach Kontrollerlangung einzuhalten ist, wird die Effektivität des Verbots des Asset Stripping in Frage gestellt.[2083] Sollten Maßnahmen bereits vor Kontrollerlangung beschlossen werden, die nach Kontrollerlangung nur noch auszuführen sind, wird das Verbot des Asset Stripping nicht virulent. Denn der Anspruch ist zu einem Zeitpunkt entstanden, zu dem die formale Gefährdungslage, von der § 292 KAGB ausgeht, nicht bestand.[2084] Schmilzt die Kontrollbeteiligung nach Kontrollerlangung innerhalb der 24-Monatsfrist unter die Schwelle von 50 Prozent der Stimmrechte ab (z. B. durch einen Exit), würden die Verhaltenspflichten wortlautgetreu auch weiterhin gelten[2085] und den AIF(M) als Veräußerer zur Aufnahme von Freistellungen bei einem Bruch mit der Verbotsnorm durch den Erwerber im Kaufvertrag zwingen. Es ließe sich in diesem Sinne gut argumentieren, dass ein Absinken unter die Kontrollschwelle nach ursprünglicher Kontrollerlangung irrelevant sein könnte. Sinn und Zweck hingegen legen es nahe, § 292 KAGB mangels Gefährdungslage nicht mehr anzuwenden; die Verhaltenspflichten können bei Kontrollverlust ohnehin nicht mehr (effektiv) umgesetzt werden.[2086]

Sollte während der Kontrolle eine Maßnahme beschlossen oder gesetzt werden, die nach Verlust der Kontrollposition, aber innerhalb der 24-Monatsfrist ausgeführt wird, ändert das nichts an der Geltung des § 292 KAGB zum Zeitpunkt der Kontrolle.[2087] Wird die Maßnahme aus einer Kontrollposition innerhalb der 24-Monatsfrist angelegt, aber erst nach Ablauf dieser Frist ausgeführt, soll § 292 KAGB nach einer Literaturmeinung ebenso Anwendung finden.[2088] Der Wortlaut von § 292 KAGB mag hierfür in Stellung gebracht werden können, weil der 24-Monatszeitraum vor die Verhaltenspflichten gezogen wird. Im Mittelpunkt der gewünschten politischen Ungleichbehandlung der Finanzinvestoren steht indes allein der Kapitalschutz des NBU unmittelbar nach Kontrollerlangung für einen limitierten Zeit-

---

[2082] Ebenso *Weitnauer*, AG 2013, 672, 676; *Swoboda*, in: Weitnauer/Boxberger/Anders, KAGB, § 292 Rn. 13.

[2083] *Behme*, in: Baur/Tappen, Investmentgesetze, § 292 KAGB Rn. 9.

[2084] *Swoboda*, in: Weitnauer/Boxberger/Anders, KAGB, § 292 Rn. 23.

[2085] *Thiermann*, NZG 2016, 335, 336.

[2086] *Swoboda*, in: Weitnauer/Boxberger/Anders, KAGB, § 292 Rn. 25; *Thiermann*, NZG 2016, 335, 336.

[2087] *Swoboda*, in: Weitnauer/Boxberger/Anders, KAGB, § 292 Rn. 25.

[2088] Ebd., Rn. 26.

raum.[2089] So soll § 292 KAGB einer *frühzeitigen* existenzgefährdenden Rückführung der Finanzverbindlichkeiten sowie einem *kurzfristigen* Gewinnstreben der Investoren einen Riegel vorschieben. Aus der Warte des Kapitalschutzes, die nur bei wirtschaftlichen Vermögensverlagerungen und/oder bilanzieller Erfolgswirksamkeit berührt ist, ist nicht einzusehen, wieso eine kapitalverletzende Ausschüttung im dritten Jahr nach (fortwährender) Kontrollerlangung aus der Perspektive des Regulierungsrechts beschlossen und durchgeführt werden darf, ein Beschluss im zweiten Jahr mit Ausführung im dritten Jahr jedoch schädlich sein soll. Davon unabhängig ist die KVG nicht daran gehindert, mit den inkriminierten Maßnahmen insgesamt bis zum Ablauf der 24-Monatsfrist zu warten. Der zeitliche Anwendungsbereich des § 292 KAGB endet jedenfalls dann, wenn das NBU nicht mehr existiert, z. B. bei Wirksamwerden einer Verschmelzung.[2090]

c) Gestaltungsmaßnahmen zur Vermeidung der Wirkungen von § 292 KAGB

Reflektiert man sämtliche Überlegungen zu § 292 KAGB, lassen sich einzelne Gestaltungsmaßnahmen identifizieren, mit denen die Wirkungen der Verbotsnorm in zulässiger Weise ohne den Vorwurf einer Umgehung vermieden werden können. Da das Verbot des Asset Stripping nach hier vertretener Auffassung nur bei Kapitalgesellschaften zur Anwendung kommt, ist die nach § 190 UmwG erfolgende Umwandlung einer Kapitalgesellschaft in eine Personengesellschaft eine denkbare Gestaltung zur Vermeidung der Verbotsnorm.[2091] Auch der Upstream Merger und die Anwachsung bei liquidationsloser Beendigung der Zielgesellschaft unter Gesamtrechtsnachfolge sind mögliche Gestaltungsmaßnahmen, ohne dass diese selbst an der Verbotsnorm zu messen sind. Folgt man akribisch der Systematik des KAGB, muss man zu dem Ergebnis kommen, dass das Verbot des Asset Stripping in § 292 KAGB sogar durch Neugründungen ausgehebelt werden kann. Gründet die Zielgesellschaft als kontrolliertes Unternehmen i. S. des § 288 Abs. 2 Nr. 1 KAGB eine neue Kapitalgesellschaft, an der sie sodann 100 Prozent der Anteile hält, kann sie ihr ganzes[2092] Vermögen, mithin auch das operative Geschäft, nach § 123 Abs. 3 UmwG auf ihre Tochtergesellschaft ausgliedern. Das ist auch im Fall einer 100 prozentigen Tochtergesellschaft möglich, wobei – wenn auch die Sinnhaftigkeit in Frage zu stellen ist – eine Ausgliederung nur gegen Gewährung von (neuen) Anteilen erfolgen darf.[2093] Das neu gegründete und auf wirtschaftliche Tätigkeit gerichtete Unternehmen wird zunächst als KMU qualifizieren, weshalb der an die Kontrollerlangung anknüpfende Geltungsbereich gem. § 287 Abs. 2 Nr. 1 KAGB nicht eröffnet ist. Ein nachträgliches

---

[2089] Ebd., Rn. 27 konzediert letztlich auch, dass ein Verbot des Vollzugs der Maßnahme innerhalb der 24-Monatsfrist schlüssiger wäre.

[2090] *Thiermann*, NZG 2016, 335, 336 f.

[2091] Ebd., 339.

[2092] *Hörtnagl*, in: Schmitt/Hörtnagl/Stratz, UmwG, § 123 Rn. 22.

[2093] *Schwanna*, in: Semler/Stengel, UmwG, § 123 Rn. 24 f. m. w. N.

Hineinwachsen in den Regulierungsbereich bei Wirksamwerden der Ausgliederung durch Eintragung der Spaltung in das Register des Sitzes des übertragenden Rechtsträgers[2094] scheidet nach hier vertretener Ansicht allerdings aus, da es nicht zu einer erneuten Kontrollerlangung kommt. Die Systematik des Sonderbeteiligungsrechts konterkariert damit den mit § 292 KAGB verfolgten Schutzzweck. Eine unzulässige Umgehung wird man hierin nicht erblicken können. Dabei kommt es gar nicht darauf an, ob eine den anderen verbotenen Maßnahmen vergleichbare Maßnahme verwirklicht wird. Denn die Aufzählung der inkriminierten Maßnahmen in § 292 KAGB ist abschließend. § 292 KAGB richtet sich schlichtweg nicht gegen Umstrukturierungsmaßnahmen, die nicht auch zugleich am Ausschüttungsverbot zu messen sind.[2095] Eine Ausgliederung kann aber schon strukturell nicht zu einer Ausschüttung an einen Anteilseigner des übertragenden Rechtsträgers führen.

d) Sanktionen

Die Wirksamkeit des Verbotstatbestands steht und fällt daneben mit den dieses Verbot flankierenden Sanktionsinstrumenten. Es gelten zunächst die bereits im Zusammenhang mit der Frage nach dem abschließenden Charakter des § 292 KAGB angestellten Ausführungen zu den allgemeinen aufsichtsbehördlichen Reaktionsmöglichkeiten gegenüber der KVG. Ein Einschreiten gegen nicht beaufsichtigte Dritte (z. B. die Geschäftsführung des NBU oder die tatsächlichen Zahlungsempfänger) zur Rückabwicklung der Zahlungen könnte konzeptionell ausschließlich über die sog. Missstandsaufsicht aus § 5 Abs. 6 Satz 7 und 8 KAGB gelingen (z. B. zu dem – wohl von der rechtspolitischen Bedeutung von § 292 KAGB getragenen – Ziel der Verhinderung von Nachahmern).[2096] Dafür müsste man aber gewillt sein, in dem KAGB-widrigen „Zerschlagen" des NBU zugleich eine nicht ordnungsgemäße Verwaltung des Investmentvermögens i. S. des § 5 Abs. 6 Satz 7 KAGB zu erblicken. Näher liegt jedoch das Verständnis, dass mit diesem Tatbestandsmerkmal allein eine anlegerschützende Verwaltung abgesichert werden soll. Denn die ordnungsgemäße Verwaltung des Investmentvermögens wird im Tatbestand den „erheblichen Nachteile[n] für den Finanzmarkt" gegenübergestellt. Angesprochen sind also die tradierten Schutzgegenstände des Investmentrechts. Da sich § 292 KAGB gewissermaßen gegen die Investoreninteressen stellt, wäre der Anwendungsbereich der Missstandsaufsicht insoweit nicht eröffnet. Einfallstor könnte zwar der Schutz der Market Governance sein. Doch sind im Hinblick auf die Nischenrelevanz von LBO-Strategien keine erheblichen Nachteile zu gewärtigen. Ein spezieller Sanktions-

---

[2094] § 131 Abs. 1 UmwG.

[2095] *Swoboda*, in: Weitnauer/Boxberger/Anders, KAGB, § 292 Rn. 21 will sogar noch weitergehend alle Maßnahmen nach dem Umwandlungsgesetz wie Verschmelzungen nicht erfasst wissen. Downstream Merger könnten aber durchaus am Ausschüttungsverbot zu messen sein.

[2096] Zu der allgemeinen Missstandsaufsicht nach § 5 InvG a. F. bereits BegrRegE BT-Drs. 17/4510, S. 60 (dort ist indes nur die Rede von Missständen für den Finanzmarkt).

mechanismus bei Verstoß gegen § 292 KAGB ist hingegen nicht vorgesehen. Das verwundert umso mehr, rekapituliert man, dass das Verbot des Asset Stripping im Zuge der europäischen Reformbestrebungen in den Mittelpunkt gerückt ist.

Als regulierungsrechtliches Verbot kann es keine gesellschaftsrechtlichen Verbotsfolgen zeitigen, etwa eine Beschlussnichtigkeit nach § 241 Abs. 1 Nr. 3 AktG.[2097] Insbesondere ist zu berücksichtigen, dass sich § 292 KAGB an die KVG richtet, nicht hingegen an die Geschäftsführung des NBU.[2098] Dort, wo sich die Verbotsnormen beider Regelungsmaterien überschneiden, kann es deshalb zwar zu einem doppelten Sanktionsmechanismus kommen. Doch die Verbotsadressaten und Sanktionswege (z. B. Haftung der Geschäftsführung nach § 43 Abs. 3 GmbHG vs. aufsichtsbehördliches Einschreiten) unterscheiden sich weiterhin. Simultane Gesetzesverstöße in beiden Rechtskreisen sind allerdings mit Blick auf die unterschiedlichen Verbotskonzepte nicht zwingend. Das führt zu der Annahme, dass das, was aus dem Blickwinkel des nationalen Gesellschaftsrechts zulässig sein kann, im Regulierungsrecht durch eine KVG möglicherweise nicht erwirkt werden darf. Der aufsichtsrechtliche Sanktionsmechanismus tritt jedenfalls wie bereits erörtert beiseite, falls eine bestimmte Maßnahme gesellschaftsrechtlich geboten ist.

Im Übrigen ist die Verbotsnorm aufgrund der bereits an anderer Stelle herausgearbeiteten Schutzrichtung[2099] als Schutzgesetz i. S. des § 823 Abs. 2 BGB zugunsten der Gesellschaft einzuordnen;[2100] hierfür ist ausreichend, dass sie jedenfalls neben ihrer Funktion als Nischenregulierung zur Vermeidung systemischer Risiken auch[2101] dem Schutz der Gesellschaft zu dienen bestimmt ist. Der öffentlich-rechtliche Charakter des § 292 KAGB hindert eine Einordnung als Schutzgesetz jedenfalls nicht.[2102]

4. Resümee

Die unter III. angestellten Ausführungen zum Sonderbeteiligungsrecht lassen sich wie folgt resümieren:

[2097] Auch in der Literatur wird § 292 KAGB als „aufsichtsrechtliche" Verhaltensnorm eingestuft, *Teichmann/Brunner*, CFL 2011, 321, 327; *Zetzsche*, NZG 2012, 1164, 1168 f.; *Behme*, in: Baur/Tappen, Investmentgesetze, § 292 KAGB Rn. 2; a. A. wohl *van Kann/Redeker/Keiluweit*, DStR 2013, 1483, 1487.

[2098] *Zetzsche*, NZG 2012, 1164, 1169.

[2099] 3. Teil, D.II.

[2100] Ebenso *Behme*, in: Baur/Tappen, Investmentgesetze, § 292 KAGB Rn. 31; *Weitnauer*, in: Weitnauer, MBO, D Rn. 86; *ders.*, AG 2013, 672, 677; *Zetzsche*, NZG 2012, 1164, 1169; *Jesch/Kohl*, in: FrankKomm, KapAnlR Bd. 1, § 292 KAGB Rn. 67; zweifelnd *Thiermann*, NZG 2016, 335, 337 f.; a. A. *Swoboda*, in: Weitnauer/Boxberger/Anders, KAGB, § 292 Rn. 33.

[2101] Der Individualschutz muss nicht der ausschließliche Zweck sein, s. bereits statt aller BGH, Urt. v. 27.1.1954 – VI ZR 309/52, BGHZ 12, 146, 148.

[2102] 6. Teil, B.I.2.f)bb).

1. Das Sonderbeteiligungsrecht in den §§ 287 bis 292 KAGB ist überwiegend ein Sonderübernahmerecht bei einem Kontrollerwerb an NBUs oder Emittenten und Ausdruck einer „politisch gewünschten Ungleichbehandlung"[2103]. NBUs sind Unternehmen, die ihren satzungsmäßigen Sitz in der EU oder in einem Vertragsstaat des EWR-Abkommens haben und deren Anteile nicht zum Handel auf einem geregelten Markt zugelassen sind. Davon abgesehen ist die Eröffnung des Anwendungsbereichs der Sonderregulierung in vielen Punkten aber noch unklar oder strittig. Unklar ist der Umgang mit einem Delisting. Geboten ist eine differenzierte Betrachtung, je nachdem ob es nach dem Delisting zu einer Stimmrechtsveränderung kommt und ob vor Delisting bereits Kontrolle i. S. des WpÜG (*mindestens* 30 Prozent der Stimmrechte) oder des KAGB bei NBUs (*mehr* als 50 Prozent der Stimmrechte) bestand. Insbesondere sorgt die Konstellation für ein gesetzessystematisches Fragezeichen, bei der zunächst mehr als 50 Prozent der Stimmrechte am Emittenten erworben werden und es sodann zum Delisting kommt. Folgt man der Gesetzessystematik, kann das Sonderübernahmerecht nach Delisting keine Anwendung finden. Eine Regulierung ist aber gleichwohl gewollt. Zur Vermeidung dogmatischer Friktionen kann nur eine Fiktion dergestalt Abhilfe leisten, dass das NBU für die Zwecke der KAGB-Regulierung weiterhin als Emittent behandelt wird. Selbst diese Fiktion ist jedoch im Kontext der Beteiligungstransparenz bei der 75 Prozent-Stimmrechtsschwelle zu korrigieren, da andernfalls keine Mitteilung erfolgen müsste. Überaus lebhaft diskutiert wird hingegen, ob NBUs jeder Rechtsform von den §§ 287 ff. KAGB erfasst sind oder ob es sich um Kapitalgesellschaften handeln muss. Die besseren Argumente sprechen dafür, im Rahmen der Transparenzflichten der §§ 289 bis 291 KAGB jede Gesellschaftsform zu erfassen. Dass der deutsche Gesetzgeber vereinzelt von Vorständen in den NBUs spricht, ist auf eine fehlerhafte Übersetzung des englischen Begriffs *board of directors* zurückzuführen. Das Verbot des Asset Stripping nach § 292 KAGB kann allerdings nur bei Kapitalgesellschaften relevant sein. Nicht erforderlich ist jedenfalls, dass es sich bei den Zielgesellschaften um operativ tätige Unternehmen handelt.

Das Sonderbeteiligungsrecht adressiert die AIFMs, nicht jedoch Auslagerungsunternehmen. Ein Bruch mit § 36 KAGB ist indes legitim, weil keine andere Regulierung im Kontext der Auslagerung von Portfolioverwaltungsfunktionen den von der AIFM-RL verfolgten Schutz der NBUs kompensiert. Das im Mittelpunkt der §§ 287 ff. KAGB stehende Sonderübernahmerecht wird durch verschiedene Erwerbstatbestände ausgelöst, die an die Kontrollerlangung durch einzelne oder mehrere AIFs bzw. an die Zusammenarbeit mehrerer AIFMs auf der Grundlage einer Vereinbarung anknüpfen und richtlinienkonform so auszulegen sind, dass auch der nicht beabsichtigte Kontrollerwerb zum Eingreifen der Regulierung führt. Das Acting in Concert zwischen AIFs derselben KVG unterscheidet sich strukturell von seinem übernahmerechtlichen Pendant, da im KAGB allein eine Zurechnung der Kontrolle an die KVG erfolgt. Auch sind Absprachen mit anderen Teilnehmern des

---

[2103] *Swoboda*, in: Weitnauer/Boxberger/Anders, KAGB, § 292 Rn. 2.

Wirtschaftsgeschehens irrelevant. Zweifelsohne stellen die typischen Verträge der Zivilrechtsdogmatik „Vereinbarungen" i. S. des § 287 Abs. 1 BGB dar. Ein Richtlinienvergleich zeigt aber auch, dass entgegen der überwiegenden Ansicht im investmentrechtlichen Schrifttum sogar sog. Gentlemen's Agreements erfasst sind.

Nukleus des Sonderübernahmerechts ist die Kontrollerlangung, die auf Basis eines formalen Kontrollbegriffs zu bewerten ist. Anders als im WpÜG ist mit der Kontrollerlangung kein Pflichtangebot verbunden. Von zentraler Bedeutung für die Beurteilung der Kontrollerlangung ist die Zurechnung von Stimmrechten von Unternehmen, die vom AIF kontrolliert werden. Einen Anwendungsfall hiervon bilden Akquisitionsvehikel. Der Look Through-Ansatz gilt hier nicht; zudem ist das Sonderbeteiligungsrecht nicht in Bezug auf die Akquisitionsvehikel anwendbar. Auch der Fall der Co-Investments verschiedener AIF(M)s, die zwar nicht einzeln, aber zusammen Kontrolle am Akquisitionsvehikel erlangen und in der Folge aggregiert eine Kontrolle am NBU vermittelt bekommen, lässt sich im Wege einer extensiven Auslegung über diese Zurechnungsregel erreichen. Letztlich auf sie zurückzuführen ist auch die grundsätzlich konzernweite Geltung des Sonderbeteiligungsrechts.

Um die Bereichsausnahme für KMUs nicht auszuhöhlen, ist *vor* Anteilserwerb zu überprüfen, ob es sich um ein KMU handelt. Da im Sonderbeteiligungsrecht aber allein die Stimmrechtsveränderung im Mittelpunkt steht, kommt es bei KVGs nicht zu einem nachträglichen Aufschwingen in den Regulierungsbereich, wenn das KMU nach Kontrollerlangung aus der Bereichsausnahme herauswächst. Vice versa hingegen ist ein Schrumpfen in den Anwendungsbereich der Bereichsausnahme gem. § 287 Abs. 2 KAGB relevant. Einschränkungen beim Sonderübernahmerecht ergeben sich jedenfalls daraus, dass die §§ 287 bis 292 KAGB nur vorbehaltlich der Bedingungen und Beschränkungen der Arbeitnehmerunterrichtungsrichtlinie gelten.

2. Bei den Transparenzpflichten des Sonderbeteiligungsrechts bleibt in vielerlei Hinsicht im Dunkeln, zu welchem Zweck die Informationsadressaten die jeweiligen Informationen erhalten. Zwischen den Zeilen lässt sich deshalb herauslesen, dass die Transparenzpflichten wohl eher ein für das LBO-Segment empfundenes Regulierungsbedürfnis abdecken sollen, zumal sämtliche Informationspflichten erst postakquisitorisch einsetzen. Das wird insbesondere durch die Beteiligungstransparenz gem. § 289 Abs. 1 KAGB beim Erreichen der Schwellenwerte von 10, 20, 30, 50 und 75 Prozent der Stimmrechtsanteile am NBU veranschaulicht, die nur gegenüber der BaFin einzuhalten ist. Anders als im WpHG wird keine Pflicht zur Mitteilung gegenüber dem NBU statuiert. Dieses ist deshalb nicht zur Veröffentlichung angehalten; in der Folge kommt es zu keiner Informationsöffentlichkeit. Dem liegt die Wertung zugrunde, dass Anleger von NBUs keinen vergleichbaren Informationsdefiziten wie im Bereich der Emittenten unterliegen, ein schützenswerter Markt existiert nicht. Wozu die BaFin diese Informationen erhält, vor allen Dingen beim Erwerb an einem NBU mit Sitz außerhalb von Deutschland, aber in der EU bzw. dem EWR, bleibt unklar. Daneben müssen KVGs erweiterten Informationspflichten nach § 289 Abs. 2 und 3 KAGB gegenüber der BaFin, bestimmten ermittelbaren An-

teilseignern und dem NBU nachkommen. So sind Angaben über den Kontrollerwerb und Details zur Stimmrechtssituation zu machen; eine konzernweit gebotene Information über diese Angaben ist jedoch abzulehnen. Im Wege einer Handlungspflicht wird zudem angeordnet, die Informationen aus § 289 KAGB über die Geschäftsführung des NBU an die Arbeitnehmervertreter/Arbeitnehmer weiterzugeben. Eine Information letzterer ist eindeutig gewollt. Eine Ausstrahlung auf die gesellschaftsrechtlichen Organpflichten ist insofern anzunehmen.

Beim Kontrollerwerb sind zudem die Offenlegungspflichten des § 290 KAGB gegenüber den oben genannten Adressaten zu beachten. Unklar ist bei diesen der Umgang mit der Pflicht zur Offenlegung der Grundsätze zur Vermeidung und Steuerung von Interessenkonflikten und für die externe und interne Kommunikation in Bezug auf das NBU. Eine korrespondierende Aufstellungspflicht für diese Grundsätze fehlt im Gesetz. Würde man eine Aufstellung für verpflichtend halten, würde sogar ein Sonderkonzernrecht begründet, da Vereinbarungen zwischen der KVG oder dem AIF und dem NBU unter Einhaltung des Arms' Length-Prinzips geschlossen werden müssten und damit entgegen § 308 Abs. 1 Satz 2 AktG nicht nachteilig sein dürften. Im Ergebnis folgen aus der Gesetzessystematik des KAGB jedoch die besseren Argumente gegen eine Aufstellungspflicht. Schließlich ist auch die Information darüber, dass keine entsprechenden Grundsätze aufgestellt wurden, eine Information von Wert. Besondere Offenlegungspflichten gegenüber dem NBU und den ermittelbaren Anteilseignern, nicht jedoch gegenüber der BaFin, bestehen nach § 290 Abs. 4 KAGB. Offenlegungsgegenstand sind die Absichten des AIF hinsichtlich der zukünftigen Geschäftsentwicklung des NBU und die voraussichtlichen Auswirkungen auf die Beschäftigung. Bei der Auslegung der Offenlegungsgegenstände liegt eine Orientierung am Übernahmerecht nahe. Die Ausgangssituation ist aber eine andere, da die Angebotsunterlage gem. WpÜG ein konkretes Informationsbedürfnis stillt, während die post-akquisitorische Offenlegung nach § 290 Abs. 4 KAGB keine Grundlage für eine Entscheidung bildet. Der finanzmarktrechtliche Bezug fehlt vollends. Schließlich legt die KVG, die den kontrollerlangenden AIF verwaltet, der BaFin und den Anlegern des AIF nach § 290 Abs. 5 KAGB Angaben zur Finanzierung des Erwerbs vor; das übernahmerechtliche Pendant zieht seinen Adressatenkreis weiter. Diese auch als Instrument zur Bewältigung des Principal-Agent-Konflikts zwischen den Anlegern und der KVG fungierende Regelung ist im Lichte der Eingriffsbefugnisse der BaFin auszulegen. Gefordert sind Angaben über eine etwaige Ausfallhaftung des AIF sowie über den Umfang der Finanzierung. Angaben über die Konditionen der Finanzierung sind im Bereich der Spezial-AIFs nicht zwingend.

Den Schlusspunkt der Transparenzpflichten bilden die zusätzlichen Informationen aus § 291 Abs. 2 KAGB, die entweder bei der externen Rechnungslegung des NBU oder bei der des AIF berücksichtigt werden können. Der Umgang mit dem Pflichtengefüge aus § 291 KAGB in Bezug auf die externe Rechnungslegung des AIF bereitet keine Schwierigkeiten. Die Informationen können problemlos gegeben, veröffentlicht und an die Arbeitnehmer/Arbeitnehmervertreter des NBU über die insofern zur Weiterleitung verpflichtete Geschäftsführung weitergegeben werden. Im Regelfall ist auch das Pflichtengefüge im Hinblick auf die Rechnungslegung des NBU nicht kompliziert. So sind die zusätzlichen Informationen nach der neuen Bilanz-RL ohnehin in den Anhang zum Jahresabschluss sowie den Lagebericht aufzunehmen. Werden diese Informationsmedien veröffentlicht, muss sich die KVG nicht mehr um eine Weitergabe der Informationen an die Arbeitnehmer/Arbeitnehmervertreter bemühen. Den Anlegern sind die zusätzlichen Informationen allerdings noch offenzulegen. Unwägbarkeiten ergeben sich indes mit Blick auf reine Personenhandelsgesellschaften (§ 264a HGB) als NBUs, die bekanntlich weder Anhang noch Lagebericht aufstellen müssen. Die zusätzlichen Informationen sind im bloßen Jahresabschluss nicht aufnahmefähig. Die KVG muss daher auf eine Ergänzung des Jahresabschlusses des NBU um einen Anhang hinwirken, der die zusätzlichen Informationen enthält. Die Geschäftsführung des NBU muss dem nicht Folge leisten. Wird das Informationsmedium nicht aufgestellt, geht auch die Pflicht der KVG ins Leere, auf eine Weitergabe des Informationsmediums an die Arbeitnehmer/Arbeitnehmervertreter durch die Geschäftsführung des NBU hinzuwirken. Eine Information der Arbeitnehmervertreter/Arbeitnehmer wäre daher nicht gewährleistet. Das widerspräche indes der Intention des Richtliniengebers. Eine Wertungskontrolle gebietet daher, dass die KVG hilfsweise entweder auf eine Veröffentlichung der zusätzlichen Informationen auf der Homepage des NBU oder auf eine Weitergabe der isolierten Informationen ohne Rechnungslegungsmedium hinzuwirken hat. Konzeptionell fällt § 291 KAGB auch dem bereits herausgearbeiteten Grundsatz der konzernweiten Geltung des Sonderbeteiligungsrecht anheim. In Konzernstrukturen sind die zusätzlichen Informationen allerdings bereits im Konzernabschluss sowie im Konzernlagebericht anzuführen. Die Informationen über die Tochtergesellschaften sind dort einzuspeisen. Auch besteht eine Veröffentlichungspflicht. § 291 KAGB läuft daher insoweit leer.

Im Einzelnen kann der Verstoß gegen die unterschiedlichen Transparenzpflichten mit einem Bußgeld sanktioniert werden. Ein Rechtsverlust ist jedoch nicht zu befürchten. Dieser wäre außerdem mit einem Eingriff in das Gesellschaftsrecht anderer Jurisdiktionen verbunden und bei extern verwalteten AIFs unverhältnismäßig. Schadensersatzansprüche aus § 823 Abs. 2 BGB sind kategorisch ausgeschlossen, weil die Transparenznormen nicht den Schutz der Beteiligten gewährleisten sollen.

3. Im Mittelpunkt der dem Sonderübernahmerecht zuteil gewordenen Aufmerksamkeit steht das auf einen zweijährigen Zeitraum nach Kontrollerwerb limitierte Verbot des Asset Stripping aus § 292 KAGB. Den Kern des Verbotstatbestands bildet der offen gehaltene Ausschüttungsbegriff, der die Literatur vor anhaltende Auslegungsschwierigkeiten stellt. Mit der in dieser Arbeit aufgezeigten Auslegung wurde ein hier genannter *eingeschränkt leistungsbezogener Ausschüttungsbegriff* ermittelt, der mit Ausnahme von Dienstleistungen oder Nutzungsüberlassungen und entgegen der in der Literatur oft bemühten Wortlautgrenze jeden – nicht notwendigerweise bilanzwirksamen – Vermögenstransfer mit Vermögensmehrung beim Anteilseigner erfasst. Ausschüttungsempfänger i. S. des Verbotstatbestands sind die

Anteilseigner, zu denen auch der mittelbar beteiligte AIF sowie alle sonstigen, formalrechtlich nicht beteiligten, aber die Ausschüttung societatis causa erhaltenden Personen *nach* Kontrollerlangung zu rechnen sind. Freilich stellt auch eine Tilgung einer Verbindlichkeit eines solchen Anteilseigners eine Ausschüttung an einen Anteilseigner dar. Im Ergebnis gilt selbiges für die Konstellation der Veranlassung einer nicht mit einem wirtschaftlichen Vorteil für den Anteilseigner verbundenen Zahlung an einen Dritten.

Ausschüttungen werden aber nicht per se verboten, sondern nur dann, wenn sie bestimmte Verbotsschwellen überschreiten. Ausschüttungen dürfen nach der ersten Verbotsschwelle nicht vorgenommen werden, wenn das im Jahresabschluss des Unternehmens ausgewiesene Nettoaktivvermögen bei Abschluss des letzten Geschäftsjahres den Betrag des gezeichneten Kapitals zuzüglich der Rücklagen, deren Ausschüttung das Recht oder die Satzung nicht gestattet, unterschreitet oder infolge einer solchen Ausschüttung unterschreiten würde. Mit Nettoaktivvermögen ist das Eigenkapital gemeint. Der Mehrwert dieser Verbotsschwelle ist bei AGs mit Blick auf die dort herrschende umfassende Vermögensbindung in Frage gestellt. Demgegenüber wirkt die erste Verbotsschwelle mit dem Kapitalerhaltungsgebot des § 30 GmbHG synergetisch zusammen. So sind die jeweiligen Regelungsadressaten mit der KVG einerseits und der Geschäftsführung der GmbH andererseits zwei verschiedene. Außerdem ist das Referenzdokument für die erste Verbotsschwelle der letzte Jahresabschluss, wohingegen im GmbH-Recht die Vermögenslage im Zeitpunkt der Auszahlung relevant ist. Zudem wird nur in der Regulierung die satzungswidrige Auflösung von Rücklagen von der Verbotsnorm erreicht. Wie bei §§ 30 GmbHG, 57 AktG ist die erste Verbotsschwelle allerdings auch dann nicht berührt, wenn der Leistung ein vollwertiger Gegenleistungs- oder Rückgewähranspruch gegenübersteht. Ein Gleichlauf besteht überdies insoweit, als dass in beiden Rechtskreisen die Weggabe stiller Reserven im Zeitpunkt der Unterdeckung bei Verstoß gegen den Fremdvergleichsgrundsatz bzw. das Deckungsgebot rechtswidrig ist. Dennoch sind eingedenk der Relevanz des letzten Jahresabschlusses im Regulierungsrecht unterschiedliche Ergebnisse denkbar. Ein Konzernprivileg bei § 292 KAGB hingegen ist abzulehnen. Der Gewinnabführungsvertrag berechtigt aber ohnehin nicht zum Abzug von Kapital, das für gesetzliche/satzungsmäßige Rücklagen und Stamm-/Grundkapital gebunden ist. Die zweite Verbotsschwelle bezieht sich auf Ausschüttungen an Anteilseigner, deren Betrag den Betrag des Ergebnisses des letzten abgeschlossenen Geschäftsjahres, zuzüglich des Gewinnvortrags und der Entnahmen aus hierfür verfügbaren Rücklagen, jedoch vermindert um die Verluste aus früheren Geschäftsjahren sowie um die Beträge, die nach Gesetz oder Satzung in Rücklagen eingestellt worden sind, überschreiten würde. Aufgrund der Genese dieser Bestimmung aus der 2. GesR-RL a. F. wird im Schrifttum geschlossen, dass der für AGs geltende § 57 Abs. 3 AktG nun auch für KVGs, deren AIFs Kontrolle an GmbHs erlangen, fruchtbar gemacht werde. Dem wurde hier entgegengetreten. Die zweite Verbotsschwelle ist rein betragsmäßig zu verstehen. Auch außerbilanzielle Vermögenstransfers müssen sich deshalb an ihr messen lassen. Für das Segment der

GmbHs ist diese Verbotsschwelle jedenfalls neu. Gegen sie verstoßende Maßnahmen werden aber nur aufsichtsrechtlich inkriminiert. Der Geschäftsführer einer GmbH unterliegt keiner solchen Beschränkung.

Ohne Weiteres sind Upstream Darlehen als verbotsrelevante Ausschüttungen einzuordnen. Bei diesen kann es bei der Beurteilung der Kapitalverletzung entscheidend auf die Vollwertigkeit des Rückgewähranspruchs ankommen, die bei LBO-Zweckgesellschaften regelmäßig abzulehnen ist. Sehr strittig ist im Schrifttum, ob die Bestellung von Upstream Security eine Ausschüttung darstellen kann. Das ist zu bejahen. Die Bestellung dinglicher Sicherheiten führt bereits im Bestellungszeitpunkt zu einer Ausschüttung, jedoch nicht mehr im Nachgang hierzu. Eine Limitation Language ist insoweit nicht geboten. An der zweiten bloß betragsmäßigen Verbotsschwelle kann die Sicherheitenbestellung ohne Weiteres gemessen werden. Im Rahmen der ersten Verbotsschwelle ist nach den Auswirkungen eines hypothetischen Aktivenwegfalls durch fingierte Verwertung im letzten Jahresabschluss zu fragen. Die Verbotsrelevanz fehlt, wenn ein vollwertiger Rückgriffsanspruch gegeben ist. In LBO-Konstellationen führt § 292 KAGB insoweit zu Restriktionen. Bei der Bestellung schuldrechtlicher Sicherheiten kommt es nicht erst im Zeitpunkt der Verwertung zur Ausschüttung, sondern bereits bei der Notwendigkeit zur Rückstellungsbildung, sofern diese Zeitpunkte nicht ohnedies zusammenfallen. Eine modifizierte Limitation Language ist insoweit geboten. Allerdings wird § 292 KAGB nicht relevant, wenn es zur Ausschüttung erst nach Ablauf der 24-Monatsfrist kommt. Überaus strittig ist auch der Umgang mit einem Downstream Merger im Rahmen des Verbotstatbestands. Indes stellen sich aufgrund der inhaltlichen Weite des Ausschüttungsbegriffs die identischen Fragen wie im Gesellschaftsrecht. Bei Annahme einer Ausschüttung wäre der Downstream Merger in LBO-Konstellationen regelmäßig zu unterlassen, da der Verschmelzungsverlust in einer Höhe bestünde, die jedenfalls die zweite Verbotsschwelle überschreiten würde. Ein Upstream Merger wiederum ist nicht verbotsrelevant. § 292 KAGB wirkt nur auf Ebene der Zielgesellschaft. Ebenjene erlischt indes im Zeitpunkt, in dem die Verbotsrelevanz bestehen könnte. Im engen Kontext mit dem Upstream Merger steht auch die Anwachsung bei liquidationsloser Beendigung einer GmbH & Co. KG unter Gesamtrechtsnachfolge. Die Anwachsung ist aus demselben Grund wie beim Upstream Merger nicht verbotsrelevant; außerdem ist eine Anwachsung nicht mit dem leistungsbezogenen Verständnis des Ausschüttungsbegriffs in Einklang zu bringen. Vertragskonzernierungen werden durch § 292 KAGB nicht verhindert. Die Debt Push Down-Gestaltungen der Schuldübernahme und des freistellenden Schuldbeitritts sind gleich zu behandeln. Verbotsrelevant sind sie aufgrund ihrer wirtschaftlichen Parallele zur Vergabe eines fremdfinanzierten Upstream Darlehens, mit dem die Akquisitionsfinanzierung getilgt wird, dann, wenn der Rückgriffsanspruch des NBU gegen das Akquisitionsvehikel nicht vollwertig ist und die Verbotsschwellen tangiert werden.

In der Literatur herrscht Einigkeit darüber, dass die von § 292 KAGB inkriminierten Kapitalherabsetzungen generell verboten und nur im Rahmen der sog. vereinfachten Kapitalherabsetzung nach § 292 Abs. 3 Nr. 2 KAGB möglich seien. Das trifft jedoch nicht zu, da Kapitalherabsetzungen ausweislich der Regelungssystematik des KAGB nur insoweit verboten werden, wie sie zu kapitalverletzenden Ausschüttungen führen. Diese Auslegung ist auch von der Kommission bestätigt. Unverständlich ist jedoch, welche Rolle § 292 Abs. 3 Nr. 2 KAGB nach diesem Regelungskonzept spielen soll. Eine Aufnahme von Geldern in eine nicht ausschüttbare Rücklage etwa kann gerade nicht eine Ausschüttung an die Anteilseigner zur Folge haben. Daneben werden auch Anteilskäufe inkriminiert, sofern sie die erste Verbotsschwelle überschreiten. In den in Art. 20 Abs. 1 lit. b bis h der 2. GesR-RL a. F. genannten Konstellationen muss die Verbotsschwelle hingegen nicht eingehalten werden – das gilt auch bei GmbHs. Gesellschaftsrechtlich besteht ohnehin ein hiervon separater Schutz. Regelungstechnisch wenig überzeugend ist es hingegen, dass für Anteilskäufe die zweite Verbotsschwelle nicht maßgeblich sein soll. Auch die Rücknahme von Anteilen wird vom Verbotstatbestand erfasst. In Deutschland hat diese aber nur einen sehr eingeschränkten Anwendungsbereich. Nach dem Wortlaut von § 292 Abs. 1 Nr. 1 KAGB soll § 292 Abs. 2 KAGB auch für Anteilsrücknahmen von Bedeutung sein. Die Regelungssystematik des § 292 KAGB ist hier aber derart misslungen, dass eine eindeutige Zuordnung in die Kategorien des § 292 Abs. 2 KAGB, wie sie die Kommission vornimmt, einer Quadratur des Kreises gleicht. Im Ergebnis gelten aber auch hier die beiden Verbotsschwellen für Ausschüttungen. Damit wird abermals die Offenheit des Ausschüttungsbegriffs demonstriert. Die Auflistung der in § 292 KAGB inkriminierten Maßnahmen ist aber abschließend. Andernfalls drohte Geschäftsleitern ohne ihr Wissen und Möglichkeit zum Entgegensteuern ein aufsichtsrechtliches Einschreiten. Aufgrund der Weite des Ausschüttungsbegriffs wird die Enumeration in § 292 Abs. 1 KAGB indes enorm relativiert.

All die vorstehend diskutierten, inkriminierten Maßnahmen dürfen von der KVG weder gestattet noch ermöglicht, unterstützt oder angeordnet werden. Sie müssen sogar verhindert werden, ohne dass es offenbar auf die Identität ihres Initiators (z. B. bei gruppeninternen Vermögensverschiebungen) ankommt. Auch das Akquisitionsvehikel darf nicht entsprechend instrumentalisiert werden. Dazu zählt auch die Abstimmung in den relevanten Leitungsgremien. In jedem Fall muss sich die KVG bestmöglich bemühen, die Maßnahmen zu verhindern. In Kollisionsfällen ist jedoch der Vorrang mitgliedschaftlicher Treubindungen zu berücksichtigen. Das Verbot des Asset Stripping ist aber auf einen 24-Monatszeitraum limitiert und in ebenjenem Maße in seiner Wirksamkeit gehindert. Das Abschmelzen unter die formale Kontrollschwelle in diesem Zeitraum wirkt mangels einer weiterhin bestehenden Gefährdungslage verbotsbefreiend. Im Übrigen kann es mit Blick auf den nur für einen begrenzten Zeitraum intendierten Kapitalschutz und daher entgegen des Wortlauts der Verbotsnorm nicht überzeugen, falls im Verbotszeitraum beschlossene kapitalverletzende Maßnahmen, die erst nach Ablauf der 24-Monatsfrist zu einer Ausschüttung führen, der Verbotsnorm anheimfallen. Ohnehin bestehen daneben legitime Gestaltungsmaßnahmen, um die Wirkungen aus dem Verbot des Asset Stripping insgesamt zu vermeiden. Nach dem bereits Herausgearbeiteten zählen dazu die Umwandlung der Zielgesellschaft in eine Personengesellschaft, der Upstream Merger, die Anwachsung bei liquidationsloser Beendigung der Zielgesellschaft unter Gesamtrechtsnachfolge sowie die Möglichkeit zur Neugründung eines KMU mit nachfolgender Ausgliederung des Gesellschaftsvermögens auf dieses. Diese nur abgeschwächte Wirksamkeit des Verbots des Asset Stripping kommt letztlich auch im Fehlen eines eigenen Sanktionsmechanismus zum Ausdruck. Es bleibt „lediglich" die je nach Einzelfall einsetzende aufsichtsbehördliche Befugnis zum Entzug der Erlaubnis oder zur Abberufung der Geschäftsleiter. In diesem Rahmen ist es denkbar, dass es zu einer Zweispurigkeit gesellschaftsrechtlicher und aufsichtsrechtlicher Sanktionsmechanismen kommt – die jeweiligen Adressaten sind aber stets zwei Verschiedene. Im Übrigen ist dem § 292 KAGB eine Schutzgesetzqualität zugunsten der Zielgesellschaften zuzusprechen.

C. Reformbedarf erfüllt?

Die folgenden Ausführungen widmen sich abschließend einem wertungsneutralen Abgleich der neuen Regulierung mit dem auf nationaler Ebene geäußerten Reformbedarf. Da ein nationaler Alleingang zur Regulierung des LBO-Segments zuvor insgesamt abgelehnt wurde, dürfte das Tätigwerden des Unionsgesetzgebers insoweit dankend aufgenommen worden sein. Es wurde in dieser Arbeit aber an zahllosen Stellen, insbesondere anhand des Ausschüttungsbegriffs des § 292 KAGB, veranschaulicht, dass sich der konkrete Grad der Regulierung vereinzelt nur im Wege von mit Rechtsunsicherheit behafteten Auslegungen ermitteln lässt. Das kann die unionsrechtlich überwiegend gewollte Vollharmonisierung konterkarieren und zur Ansiedlung von AIFMs in Mitgliedstaaten führen, deren Aufsicht der durch die Auslegung ermöglichten regulatorischen Fragmentierung mit entsprechender Liberalität begegnet. Der Vorstoß auf Unionsebene zur allgemeinen und speziellen Regulierung des LBO-Segments ist jedenfalls umfassend, sodass der in den Jahren vor der AIFM-RL gestellten Forderung zur Beseitigung der regulatorischen Leere entsprochen wurde.

Eine von U. H. Schneider verlangte spezielle Missbrauchsaufsicht wurde nicht implementiert. Ohnehin ist fraglich, nach Maßgabe welcher justiziablen Kriterien sich eine solche Missbrauchsaufsicht hätte gestalten können. Die ins Feld geführte „Gesamtbewertung"[2104] kann dem in Ansehung des Einsatzes öffentlich-rechtlicher Sanktionsinstrumente nicht genügen. Wirksamere Mittel sind konkreten Verbotstatbeständen überantwortet. Alles Weitere stellt sich als freie wirtschaftliche Entfaltung dar. Dafür liegt der Angriff der Regulatoren auf das Asset Stripping auf einer Linie mit dem auch auf nationaler Ebene vernommenen Ruf nach befristeten Ausschüttungssperren und limitierten Aktienrückkäufen. Verstünde man das Verbot des

---

[2104] *U. H. Schneider*, NZG 2007, 888, 893.

Asset Stripping als Ausdruck der vorstehend erwähnten Missbrauchsaufsicht, ist deren Mehrwert aber in vielerlei Hinsicht in Frage gestellt. Tragend ist hier zum einen, dass wie bereits gesehen Gestaltungsmaßnahmen bestehen. Zum anderen ist der Verbotstatbestand zeitlich begrenzt und erfährt auch im Übrigen Einschränkungen bei der inhaltlichen Reichweite. Eine im Vorfeld zur AIFM-RL vorgeschlagene Möglichkeit zur Gewinnabschöpfung wurde trotz öffentlich-rechtlichen Charakters des Verbotstatbestands indes nicht aufgenommen. § 292 KAGB stellt keinen Ordnungswidrigkeitentatbestand dar. Diese Wirksamkeitsbegrenzungen lassen sich damit erklären, dass auch die Umsetzung eines auf Ungleichbehandlung gerichteten politischen Willens auf EU-Ebene mit den Grundrechten der Charta im Einklang stehen muss[2105] und bei einer Regulierung über Gebühr das Level Playing Field in grundrechtswidriger Weise gestört sein kann. Aus gutem Grund wurden Ausschüttungssperren als Metier des Gesellschaftsrechts eingeordnet. In dem zweijährigen Verbotszeitraum erfahren KVGs allerdings nunmehr empfindliche Einschränkungen in ihrem Wirkungskreis bei GmbHs als Zielgesellschaften. Das hängt auch damit zusammen, dass die Bestellung dinglicher Sicherheiten bereits im Zeitpunkt der Bestellung an der lediglich in betragsmäßiger Hinsicht bestehenden und im GmbH-Recht sonst fremden zweiten Verbotsschwelle zu messen ist.

Auch andere vereinzelt geäußerte Reformpunkte aus nationaler Perspektive blieben letztlich unangetastet. Die zum Teil gewünschten Verschuldungsgrenzen für eine Akquisitionsfinanzierung wurden mit der neuen Regulierung nicht eingeführt. Denn die Leverage-Beschränkungen finden für eine Fremdkapitalaufnahme auf Ebene des Akquisitionsvehikels keine Anwendung, soweit nicht eine Ausfallhaftung des AIF besteht. Alternative Regulierungsansätze, die bei den Finanzinstitutionen selbst anknüpfen, sind jedenfalls keine Regelungsmaterie der AIFM-RL, sondern seit jeher den Basel-Abkommen mit einhergehender Umsetzung in den CRDs (mittlerweile CRD IV) zugewiesen. In diese Kategorie fallen letztlich auch die EZB-Richtlinien aus dem Jahr 2017 für Leveraged Transactions. Nach dem neuen Regime (Art. 6 Abs. 3 Satz 2 AIFM-VO) kann auch weiterhin ohne regulatorische Einschränkungen auf die post-akquisitorisch gebildete Kapitalstruktur bei den Portfoliogesellschaften durch weitere Schuldenaufnahme eingewirkt werden, soweit keine Ausfallhaftung des AIF besteht. Darüber hinaus wurden jegliche Forderungen nach effektiver Beteiligungstransparenz nur halbherzig berücksichtigt. Zwar bestehen nunmehr erstmalig umfangreiche Transparenzvorgaben auch zugunsten der Arbeitnehmer, doch setzen diese erst mit dinglichem Erwerb der Anteile ein.

Nicht umgesetzt wurde außerdem die vor Inkrafttreten des KAGB bisweilen geforderte „wirksame" Form der Verlustbeteiligung der Fondsmanager zur Vermeidung eines „Gambling" mit der Zielgesellschaft. Die neue und erstmalige Vergütungsregulierung dient lediglich der Vermeidung von investmenttypischen Gefahren und daher dem Anlegerschutz. Sie sieht zwar durchaus eine besondere Ausgestaltung der erfolgsabhängigen Vergütung vor. Denn mindestens 50 Prozent

---

[2105] Art. 51 Abs. 1 der Charta der Grundrechte der EU.

der variablen Vergütung müssen aus Anteilen an dem AIF oder gleichwertigen Beteiligungen oder mit Anteilen verknüpften Instrumenten oder gleichwertigen unbaren Instrumenten bestehen. Doch selbst wenn man ignorierte, dass der LBO-typische Carried Interest aufgrund seiner Ausgestaltung ohnehin selbst als unbares Vergütungsinstrument qualifiziert und insoweit keine weiteren Vorgaben einzuhalten sind, kann die Vergütungsregulierung nur dazu führen, dass lediglich potenzielle Gewinne verlustig werden. Eine über die Minimalbeteiligung der Fondsmanager hinausgehende kapitalmäßige Partizipation ab initio ist damit gerade nicht vorgesehen. Sämtliches Handeln der Fondsmanager muss sich aber ohnehin im Rahmen der geltenden Gesetze bewegen. Vor diesem Hintergrund wäre eine kapitalmäßige Zwangspartizipation wohl unter dem Aspekt der Grundrechtsrelevanz (Vermögensschutz, Berufsfreiheit, Gleichbehandlung, negative Vertragsfreiheit) auch auf europäischer Ebene nicht zu bewerkstelligen.[2106]

[2106] A.A. wohl *Möllers/Hailer*, ZBB 2012, 178, 190 f., die gerade monieren, dass keine verpflichtende Eigenbeteiligung der Manager statuiert wurde.

7. Teil

Schlussbetrachtung

Der unionsrechtliche Regulierungstsunami im Nachgang zur Finanzkrise hat bei dem Segment der alternativen Investments keinen Halt gemacht. Die neue, im Wesentlichen auf Anleger- und Systemschutz gerichtete Regulierung erreicht dabei auch den Private Equity-Sektor, wenngleich für diese Erkenntnis einzelne Irritationen bei der Einordnung eines Private Equity-Fonds unter den Begriff des AIF beseitigt werden müssen. Vor diesem Hintergrund wird die mit dem Begriff Private Equity verbundene Assoziation mit dem Grauen Kapitalmarkt zur Reminiszenz. Die neuen regulatorischen Anforderungen sind dabei vielschichtig und komplex. Ihr Gehalt lässt sich zum Teil nur durch tiefschürfende Auslegungen ermitteln, womit regulatorischer Arbitrage der Weg geebnet wird. Insofern sind Disparitäten im regulatorischen Playing Field möglich. Diese dürften aber keineswegs im Geiste des Unionsgesetzgebers liegen, der mit der AIFM-RL grundsätzlich eine Vollharmonisierung anstrebt.

A. Strukturierung von Leveraged Buyout-Fonds

Verschiedene gesellschaftsrechtliche und steuerrechtliche Gesichtspunkte waren bislang der Grund dafür, um für die Strukturierung eines Fondsvehikels im Segment Private Equity auf die GmbH & Co. KG zurückzugreifen. Mit dem KAGB tritt nunmehr eine dritte, bei der Strukturierung von LBO-Fonds zu berücksichtigende Ebene hinzu, die zugleich das Tor zum Investmentsteuerrecht öffnet. Falls sich für eine Auflage in Deutschland entschieden wird, könnten LBO-Fonds mit Geltung des KAGB nur noch im registrierungspflichtigen Bereich als GmbH & Co. KG errichtet werden. Im erlaubnispflichtigen Bereich hingegen besteht für geschlossene Investmentvermögen wie LBO-Fonds ein strenger Rechtsformzwang. Die zur Verfügung stehenden Fondsvehikel sind aber aus investmentrechtlicher Perspektive konvergent. Entscheidend bleiben daher die vor dem KAGB maßgeblichen Beweggründe, die im Rahmen des KAGB und des InvStG (auch in der Gestalt der geplanten Investmentsteuerreform 2018) weiterhin umsetzbar sind. Bei Lichte besehen würde die gInvKG das Vehikel der Wahl. Insbesondere kann bei dieser eine gewerbliche Entprägung gelingen. Bei einem Spezial-AIF dürfte jedoch kein Treuhandkommanditist eingesetzt werden. Eine gespaltene Wahrnehmung der Geschäftsführungsbefugnisse (laufende Geschäftsführung einerseits und letztverantwortliche

Anlageentscheidungen andererseits) wie bei bisher gängigen Strukturen im Bereich Private Equity kann bei intern verwalteten gInvKGs unverändert umgesetzt werden. Etwas anderes gilt bei einer externen Verwaltung, die im erlaubnispflichtigen Bereich den Regelfall bilden wird. Die interne Organisation bleibt zwar von der schuldrechtlichen Bestellung einer externen KVG unberührt. Doch sind die Portfolioverwaltung und damit auch – jedenfalls verpflichtend wahrzunehmende – preakquisitorische Prozesse und Entscheidungen, die investitionstypisch mit der Anlage in Verbindung stehen und diese erst ermöglichen, allein der externen KVG überantwortet. In diesem Gefüge von originärer Zuständigkeit des Verwalters und Fremdverwaltung der Kollektivanlage bleibt die Einrichtung von Anlegergremien mit Zustimmungsvorbehalten dennoch möglich.

Bei der Strukturierung von LBO-Fonds wird man ein separates Carry-Vehikel einsetzen dürfen. Für dessen Zulässigkeit ist aber erheblicher Begründungsaufwand erforderlich. Dabei ist zwischen den verschiedenen Kategorien des registrierungs- und erlaubnispflichtigen Bereichs sowie der internen und externen Verwaltung zu differenzieren. Das gilt auch im Hinblick auf die Zusammensetzung der im Carry-Vehikel organisierten Carry-Holder, insbesondere bei Auslagerungssachverhalten. Mit der hier aufgezeigten Auslegung wird man zudem der strengen Verwaltungspraxis der BaFin zu Publikums-AIFs begegnen können, die den Einsatz eines Carry-Vehikels verbietet. Davon unabhängig geraten Carry-Vehikel auch unter anderen, in dieser Arbeit diskutierten Gesichtspunkten (AIF-Eigenschaft, Co-Investments und Qualifikation als semiprofessioneller Anleger) in den Mittelpunkt regulierungsrechtlicher Überlegungen bei der Strukturierung von LBO-Fonds und müssen je nach eigener Kapitalzusage und Gesellschafterkreis gegebenenfalls zweigeteilt werden, damit der Fonds nicht seine Qualifikation als Spezial-AIF verliert.

Da der über Carry-Vehikel gezahlte Carried Interest als maßgebliche erfolgsabhängige Vergütung nunmehr als gewinnabhängige Vergütung für die Verwaltung des AIF durch den AIFM geleistet wird, sind überdies Fragen in Bezug auf die bislang bestehende Möglichkeit einer vergünstigten Besteuerung durch Anwendung des Teileinkünfteverfahrens aufgeworfen. Insoweit steht die Eigenmotivation für die Fondsinitiatoren zur Strukturierung eines steuertransparenten Fondsvehikels in Rede. Die Steuervergünstigung im Rahmen intern verwalteter gInvKGs gelingt ohne Weiteres. Bei extern verwalteten gInvKGs hingegen muss man zur Annahme der aus Gründen der Gleichbehandlung gebotenen Steuervergünstigung im Rahmen der einschlägigen §§ 3 Nr. 40a, 18 Abs. 1 Nr. 4 EStG Abschied von dem Erfordernis einer gesellschaftsrechtlich veranlassten Zweckförderung nehmen. Die Notwendigkeit einer gesellschaftsrechtlichen Beteiligung ist gleichwohl aufrechtzuerhalten.

B. Regulierung des Leveraged Buyout-Sektors

Der bis zum Inkrafttreten des KAGB geltende Regulierungsrahmen war nicht dazu geeignet, LBO-Fonds einer Regulierung zu unterwerfen. Selbige Aussage lässt sich für die Verwalter von LBO-Fonds, sei es als Geschäftsführer des Fonds oder als schuldrechtlich Bestellte, treffen. Es kam nur zu einer Vertriebsregulierung, nicht hingegen auch zu einer Regulierung des Produkts. Eingedenk der nunmehr umfassenden Regulierung für die Verwalter der AIF ist dieses Kapitel des Grauen Kapitalmarkts beendet. Lediglich im Bereich der De-minimis-Regeln bestehen in geregelten Bahnen noch weitergehende Freiräume.

I. Grundlagenfragen

Bei der Anwendung und Tragweite des neuen Regulierungsrahmens stellen sich zunächst Fragen grundsätzlicher Natur, deren Beantwortung für das Verständnis der neuen Regulierung unerlässlich ist. Angesprochen ist damit insbesondere das vor allen Dingen bei Spezial-AIFs virulente Verhältnis der Regulierung zur Privatautonomie. Dabei wurde herausgearbeitet, dass und warum die Regulierung insgesamt zwingend ist, auch in der Konstellation, in der die Anlagebedingungen vollständig mit den Investoren ausgehandelt werden. Zudem ist der Umgang mit dem Proportionalitätsprinzip im LBO-Segment von wesentlicher Bedeutung. Dieses gewährt ein Ventil zur Handhabe der neuen Regulierung, ist im LBO-Segment aufgrund des komplexen Geschäftsmodells aber eher zu schließen. Auch die Frage nach der Wirkung der Nutzung von Objektgesellschaften (wie die HoldCo und die AcquiCo) auf die Regulierung war in den Blick zu nehmen. Diese Zwischengesellschaften sind keine AIFs. Davon abgesehen kann man festhalten, dass sich nur aus dem Kontext der konkreten Gesetzessystematik schließen lässt, ob für die Zwecke der Regulierung durch die Objektgesellschaften durchgeschaut wird (Look Through). Schließlich geht es um die zuvörderst für die Haftung der Fondsverwalter relevante Frage nach der Rechtsnatur der neuen Bestimmungen. Hier sind verschiedene Normkategorien voneinander abzuschichten. Solche unionsrechtlich veranlassten Normen im KAGB, die primär anlegerschützend und hinreichend konkret sind, weisen jedenfalls eine Doppelnatur auf.

II. Assetklassenübergreifende Regulierung

Der auch auf nationaler Ebene in der Literatur gewünschte Paradigmenwechsel vom unregulierten ins regulierte Geschäftsmodell geht mit gewaltigen organisatorischen Herausforderungen, insbesondere im Hinblick auf die vielfältigen Unabhängigkeitspostulate, einher, denen sich das LBO-Segment mit seinen typisch schlanken Managementstrukturen stellen muss. Daneben dringt die Regulierung bis in den Wirkungskreis der Fondsverwalter vor. Die damit verbundene Eingriffsintensität und der mögliche Änderungsbedarf bei bisherigen Praktiken variieren aber je nach regulierungsrechtlichem Ge- und Verbot.

So sind die Fondsverwalter auf der einen Seite bereits gut gerüstet für die Compliance mit den neuen Anforderungen in einzelnen Bereichen, wie etwa dem Risikomanagement in Bezug auf beteiligungsspezifische Risiken. Selbiges dürfte für das Handeln im besten Interesse der Anleger gelten, da grundsätzlich Interessenkonvergenz mithilfe von Carried Interest- und Co-Investment-Strukturen hergestellt wird. Der Anleger wird aber nicht zur „heiligen Kuh", sondern Anlegerschutz kann nur im Rahmen der dem KAGB immanenten Schranken und mitgliedschaftlichen Treubindungen gewährleistet werden. Überdies ist eine Modifizierung der Ausgestaltung der erfolgsabhängigen Vergütung des Carried Interest als Instrument des Risikomanagements und Interessengleichlaufs je nach Modell bei Spezial-AIFs nicht erforderlich. Die auf nationaler Ebene geäußerte Kritik an einer fehlenden kapitalmäßigen Zwangspartizipation wurde nicht erhört; dieser Vorschlag stößt aber ohnehin auf rechtliche Grenzen. Zudem existieren einzelne Ge- und Verbote wie etwa das Marktgerechtigkeitskriterium bei Geschäftsabschlüssen oder die Leverage-Beschränkung, deren Bedeutung sich im LBO-Segment in Grenzen hält. So lässt sich ersteres nicht auf individuelle Vertragskonditionen münzen und verbietet zudem regelmäßig keineswegs eine Akquisition über dem Verkehrswert. Die Leverage-Begrenzung ist de facto sogar bedeutungslos. Dieser Befund steht indes im Widerspruch zu dem im Zuge der Heuschreckendebatte auf nationaler und europäischer Ebene aufgekommenen Petitum nach einer Deckelung von Akquisitionsfinanzierungen. Ebenso wohl keine neuen Herausforderungen ergeben sich für das LBO-Segment durch die nunmehr expressis verbis als Pflicht verankerte Durchführung einer Due Diligence. Denn in der Regel war diese ohnehin aufgrund organschaftlicher Pflichten geschuldet. Lediglich der maßgebliche Sorgfaltsmaßstab hat sich zum Erfordernis „großer Sorgfalt" gewandelt.

Auf der anderen Seite zeichnet sich in vielerlei Hinsicht gar zentraler Anpassungsbedarf ab. Zu nennen sind hier vor allen Dingen die Kosten- und Gebührenstrukturen. Auch unter Rückgriff auf die Erkenntnisse aus der Rechtstatsachenforschung ergibt sich, dass die direkt mit den Portfoliogesellschaften vereinbarten sog. Monitoring Fees und Transaction Fees mangels qualitätssteigernder Wirkung unzulässig sind. Zudem ist die Bemessungsgrundlage für die dem AIF in Rechnung gestellte Management Fee anzupassen, mithin in Bezug zu dem Nettoinventarwert zuzüglich der an die Anleger geleisteten Auszahlungen zu setzen. In der Folge ergibt sich ein synergetischer Anlegerschutz aus den Vorgaben für die Kostenstrukturen im Zusammenspiel mit der Bewertungsregulierung. Die im Gesellschaftsrecht bekannte Aussage des „Systems kommunizierender Röhren" ist in Ansehung des Anlegerschutzes damit ohne Weiteres auf den Bereich der Managerregulierung transferierbar und gilt in dem vorgenannten Kontext mehr denn je. Die neuen Regeln für die Portfoliobewertung sind auch deswegen von besonderer Bedeutung, weil sie zu einem von dem HGB abweichenden Konzept des Erstansatzes und der Folgebewertung führen. Letztere ist maßgebend davon geprägt, dass der Verkehrswert jährlich neu zu ermitteln ist. Mit der hier aufgezeigten Änderung der Kostenstrukturen werden zudem einzelne strukturelle Interessenkonflikte separat adressiert. Das nunmehr allgemein vorzuhaltende Interessenkonfliktmanagement ist ohnehin sehr streng. Insbesondere muss die KVG Themenbereiche, deren Konfliktpotenzial nur im Rahmen von vertraglichen Vereinbarungen beigelegt werden kann, auch eigenständig adressieren. Neuerdings unterliegt auch die Vergabe von Gesellschafterdarlehen (insbesondere über Zwischengesellschaften) verschiedenen Restriktionen. Im Einzelfall ist deshalb nicht auszuschließen, dass z. B. bisherige Transaktionsgestaltungen im Hinblick auf die Gewährung von sog. Sweet Equity für Managementbeteiligungen affektiert werden.

III. Sonderbeteiligungsrecht

Ein Novum ist, dass im Segment LBO nun ein post-akquisitorisch einsetzendes Sonderbeteiligungsrecht einzuhalten ist, aus dem detaillierte Transparenz- und Offenlegungspflichten sowie das Verbot des Asset Stripping folgen. Dieses Sonderbeteiligungsrecht ist Ausdruck einer politisch gewollten Ungleichbehandlung von Finanzinvestoren gegenüber sonstigen Akteuren auf dem Markt für Akquisitionen von Unternehmensbeteiligungen und führt insoweit zu einer Störung des Level Playing Field. Die Konturierung der Reichweite des Sonderbeteiligungsrechts ist in vielen Punkten umstritten. Elementar ist hier zum einen die Überlegung, dass das Verbot des Asset Stripping nur in Konstellationen zur Anwendung gelangen kann, in denen die Zielunternehmen Kapitalgesellschaften sind. Zum anderen gerät z. B. im Rahmen des Delisting oder der Bereichsausnahme für KMUs die Frage in den Mittelpunkt, ob bei der Beurteilung der Anwendung des Sonderbeteiligungsrechts allein auf den Zeitpunkt der Stimmrechtsverschiebung abzustellen ist oder auch nachfolgende Veränderungen in den Blick zu nehmen sind. Nur Ersteres fügt sich in die Regelungssystematik des Sonderbeteiligungsrechts ein, das stets die Kontrollerlangung oder das Erreichen, Überschreiten oder Unterschreiten von Schwellen per se ins Zentrum regulatorischer Anknüpfungspunkte stellt. Schließlich wird die Reichweite der Sonderregulierung maßgeblich über die Zurechnungtatbestände determiniert. Mit diesen lässt sich nicht nur eine grundsätzlich konzernweite Geltung des Sonderbeteiligungsrecht begründen, sondern auch die Anwendung auf verschiedene Konstellationen von Co-Investments von AIFMs.

Bei den Transparenzanforderungen bleibt verschiedentlich unklar, zu welchem Zweck diese Regelungen ergangen sind; so etwa im Hinblick auf die Beteiligungstransparenz gegenüber der BaFin bei einem Anteilserwerb an nicht börsennotierten Unternehmen mit Sitz in einem anderen EU-/EWR-Mitgliedstaat. Diese Regelungen schüren vielmehr den Eindruck der bloßen Befriedigung eines auf europäischer Ebene wahrgenommenen Regulierungsbedürfnisses. Die aus ihnen folgenden Meriten sind hingegen durchaus anzuzweifeln, zumal sämtliche Pflichten erst mit Anteilserwerb ausgelöst werden. Außerdem wird der Rechtsanwender bei wesentlichen Fragestellungen im Stich gelassen. Exemplarisch sei hierfür auf die Irritationen verwiesen, die aufgrund des inkonsistenten Konzepts hervorgerufen werden, Informationen über bestimmte Maßnahmen zum Offenlegungsgegenstand zu erheben, obwohl diese Maßnahmen keineswegs von der KVG verpflichtend umzusetzen sind.

Den Gipfel dieser langen Serie an Unsicherheiten bei der Identifizierung des „wahren" Gehalts verschiedener Regulierungstatbestände des Sonderbeteiligungsrecht bildet das Verbot des Asset Stripping als auf europäischer Ebene „erkämpfte", aber letztlich doch in wesentlichen Punkten abgemilderte europäische Lösung des Spagats zwischen verantwortungsgemäßer Ausschüttung und Zerschlagung einzelner Zielunternehmen. Als Nukleus der herrschenden Ungewissheit ist schnell der offene Ausschüttungsbegriff ermittelt. Systemgerecht, vom Telos getragen und eine justiziable Handhabe erlaubend ist hier einzig die Auslegung des Ausschüttungsbegriffs als *eingeschränkt leistungsbezogener Ausschüttungsbegriff*. Derartige Ausschüttungen stehen im Mittelpunkt der Verbotsnorm und unterliegen zwei Verbotsschwellen. Die erste Verbotsschwelle ähnelt § 30 GmbHG. Strukturelle Unterschiede bei beiden Regelungstatbeständen führen indes zu der Annahme, dass sie synergetisch zum Kapitalschutz beitragen und nicht simultan erfüllt sein müssen. Im Aktienrecht gilt ohnehin eine strenge Vermögensbindung. Daneben dürfte die Antwort auf die Frage nach dem Inhalt und der Reichweite der zweiten, dem GmbH-Recht gänzlich unbekannten Verbotsschwelle tragend sein. In der Literatur wird zuvörderst in Stellung gebracht, dass KVG-seitig nunmehr der bereits aus § 57 Abs. 3 AktG bekannte Verbotsinhalt auch für GmbHs einzuhalten sei. Dem wurde in dieser Arbeit entgegengetreten, da die in Rede stehende Regelung im KAGB nur eine betragsmäßige Grenze aufstellt. Diese kann im LBO-Segment insbesondere bei der post-akquisitorischen Bestellung von dinglichen Upstream-Sicherheiten virulent werden. Das Regulierungsrecht schenkt damit keineswegs alten Wein aus neuen Schläuchen aus. Im Übrigen stellen sich Detailfragen im Hinblick auf den Umgang mit den anderen inkriminierten Maßnahmen der Kapitalherabsetzung, des Ankaufs eigener Anteile und der Rücknahme von Anteilen. Die Gesetzessystematik entpuppt sich hier durchaus als Hindernis bei der Ermittlung eines belastbaren Normgehalts. Die Wirksamkeit des Verbotstatbestands wird jedoch ohnehin aufgrund verschiedener Faktoren wie seiner Befristung auf 24 Monate, den unausgereiften Sanktionsmechanismus und die Möglichkeit von Gestaltungsmaßnahmen getrübt.

C. Leveraged Buyout als Schreckgespenst?

Die Umsetzung von LBO-Strategien wurde im Vorfeld der neuen Regulierung mit Skepsis beobachtet. Umso interessanter ist, ob und inwiefern diese Wertung nunmehr gespiegelt wird, der LBO mithin als Schreckgespenst im Gefüge der Regulierung anzusehen ist. Bei einer Bewertung aus der Perspektive des Anlegerschutzes, des

Systemschutzes, der Förderungswürdigkeit und der Portfoliounternehmen lassen sich gemischte Signale ermitteln. Aus dem Blickwinkel des Anlegerschutzes wird man die Produktregulierung des KAGB in Ansehung des Zugangs zu LBO-Fonds als liberal einstufen dürfen, sodass der LBO insoweit kein böser Geist sein kann. Die Problematik der Fristeninkongruenz wird im KAGB so gelöst, dass im erlaubnispflichtigen Bereich lediglich offenen Publikums-AIFs der Erwerb von nicht börsennotierten Unternehmensbeteiligungen verwehrt bleibt. Privatanleger können sich aber an geschlossenen Publikums-AIFs beteiligen, die direkt auf Kontrollerlangung abzielend in Private Equity investieren dürfen. Zwingend zu beachten ist indes der Grundsatz der Risikomischung, auch bei „qualifizierten" Privatanlegern i. S. des § 262 Abs. 2 Nr. 2 KAGB, was vorstehende Bewertungen relativiert. Im De-minimis-Bereich gilt die vorstehende Produktregulierung schon gar nicht. Anlegerschutz scheint also eine Frage von Schwellenwerten zu sein. Der Unionsgesetzgeber ist sogar noch liberaler. Die AIFM-RL kennt zunächst keine entsprechende Produktregulierung. Demgegenüber ist ein sich in den Anlagegrenzen der ELTIF-VO haltendes Private Equity-Investment über offene ELTIFs umsetzbar. Das ist umso bemerkenswerter, als dass ELTIFs ohnehin nur von zugelassenen AIFMs genutzt werden können. Aus der Perspektive des Systemschutzes deutet ebenso wenig auf die oben zur Diskussion gestellte Assoziation mit LBO-Strategien hin. So ist eine zentrale Angelegenheit des Systemschutzes die Leverage-Beschränkung. Diese ist indes ungeeignet, die LBO-typischen Akquisitionsfinanzierungen zu erreichen. Aus Sicht des Systemschutzes bleibt es somit allein bei dem allgemeinen Bedürfnis, das Segment Private Equity als Bestandteil des Bereichs der alternativen Investments einer Regulierung zu unterwerfen. Schließlich soll so (flächendeckenden) Forderungsausfällen vorgebeugt und ein allgemeiner Transparenzrahmen kreiert werden. Der Bezug zum Systemschutz geht somit nicht ganz verloren.

Ein anderes Judiz für das Verdikt des Schreckgespenstes könnten die allgemeinen Wertungen im Kontext der Bereitschaft einer regulierungsrechtlichen Förderung durch den Unionsgesetzgeber vermitteln. Förderprojekte sind bei Private Equity-Investments allein den EuVECAs, ELTIFs und EuSEFs vorbehalten. LBO-Strategien lassen sich jedoch nicht (bzw. bei ELTIFs nur sehr eingeschränkt im Rahmen der Anlagegrenzen) über diese Modelle umsetzen, sondern werden bisweilen sogar als Abgrenzungsgegenstand herangezogen. Bezeichnend ist die Erkenntnis, wonach die Durchführung von LBO-Strategien bei Sozialunternehmen durch EuSEFs zum Verlust der Förderung führen kann. Deutlicher kann die Wertung nicht ausfallen: Für die Zwecke der EuSEF-VO wird der LBO als sozialer Störfaktor wahrgenommen. Damit ist letztlich wieder der Bogen zur allgemeinen Kritik am LBO-Geschäftsmodell aus der Perspektive der Portfoliounternehmen (und deren Arbeitnehmer sowie Gläubiger) gespannt, die den Unionsgesetzgeber zur Kodifikation des die LBO-Verwalter an die Kandare nehmenden Sonderbeteiligungsrechts veranlasste. Der Übergang zum Systemschutz ist aber im Hinblick auf das Verbot des Asset Stripping fließend.

Für die These vom LBO als Schreckgespenst kann man zunächst festhalten, dass das, was dem Segment LBO aus Anleger- und Systemperspektive an Vertrauensvorschuss mit einer Hand gewährt wird, mit der anderen Hand im Kontext der Förderungswürdigkeit und des Wirkungskreises bei den Portfoliounternehmen wieder genommen wird. Dieser vom rechtspolitischen Willen begleitete Vertrauensverlust äußert sich abgesehen von der Störung des regulatorischen Level Playing Field auch semantisch. So dienen gesetzliche Formulierungen wie das „Zerschlagen von Unternehmen" (§ 292 KAGB) oder „Asset stripping" (Art. 30 AIFM-RL) einzig dem Zweck einer auch sprachlichen Brandmarkung des LBO-Segments und widersprechen der Entemotionalisierung der juristischen Debatten im Nachgang zum Heuschreckenvergleich. Gleichwohl lässt sich eine eindeutige Identifizierung des LBO als Schreckgespenst nach dem Gefüge der Regulierung auch im Hinblick auf noch verbleibende Freiräume zugunsten der Fondsverwalter beim Wirken in den Portfoliogesellschaften nicht bewerkstelligen. Vieles spricht aber für eine Schreckhaftigkeit des Unionsgesetzgebers bei der Erarbeitung der Regulierung für das LBO-Segment. Anders lässt sich die Vielzahl der in dieser Arbeit diskutierten (wesentlichen) Fragen nicht erklären.

D. Ausblick

Die Erschließung des Sonderbeteiligungsrechts bedingt den Rückgriff auf tiefschürfende Auslegungen und entpuppt sich dabei als Gretchenfrage für die Wirksamkeit der neuen Regulierungstatbestände. Mehr als anderswo besteht damit die Gefahr regulatorischer Arbitrage. Gleichwohl sucht man einheitliche europäische Auslegungsmaßstäbe oder entsprechende Initiativen vergeblich. Diese wären indes wünschenswert, zumal „supervisory convergence" einer der Programmpunkte der aktuell diskutierten Reform der europäischen Aufsichtsbehörden ist (vgl. Art. 81 der ESMA-VO (EU) Nr. 1095/2010). Auf der Agenda der Kommission steht dafür nach Art. 69 Abs. 1 AIFM-RL, dass bis zum 22. Juli 2017 eine Überprüfung der Anwendung und des Geltungsbereichs der AIFM-RL einzuleiten ist. Sollten richtlinieneigene Ziele nicht erreicht worden sein, muss die Kommission geeignete Änderungen vorschlagen. Das Segment Private Equity wurde vom Unionsgesetzgeber dabei offenkundig als potenzielles „Opfer" der neuen Regulierung identifiziert. So muss die Kommission im Rahmen ihrer Untersuchung ausweislich Art. 69 Abs. 1 Satz 5 lit. i AIFM-RL insbesondere einen Überblick über die Auswirkungen der AIFM-RL auf die Verwaltung und *Rentabilität* von Private Equity- und Wagniskapitalfonds geben. Zudem muss die Kommission die Auswirkungen der AIFM-RL auf den in den Artt. 26 bis 30 AIFM-RL vorgesehenen Schutz von nicht börsennotierten Unternehmen oder Emittenten sowie auf die *Gleichheit der Wettbewerbsbedingungen* (Level Playing Field) zwischen AIFs und anderen Anlegern nach Erlangung einer Mehrheitsbeteiligung oder eines beherrschenden Einflusses an einem solchen nicht börsennotierten Unternehmen oder Emittenten untersuchen. Die Entwicklung der Regulierung des LBO-Segments auf Basis dieser Untersuchung, die erste Erkenntnisse frühestens im Jahr 2018 zu Tage fördern wird, bleibt daher mit Spannung abzuwarten. Ein anderes Petitum auf europäischer Ebene bildet demgegenüber die wohl intendierte unionsrechtliche Architektur der Regulierung der Darlehensvergabe durch AIFs. Hier bleibt abzuwarten, ob und inwiefern die Ausreichung von Gesellschafterdarlehen durch AIFs tangiert wird und damit Änderungsbedarf auf nationaler Ebene zeitigt. Nach dem bisherigen Vorstoß in Gestalt der Opinion der ESMA aus April 2016 sprechen gute Gründe dafür, dass hier nicht mit Modifizierungen zu rechnen ist. Rekapituliert man die künftigen Initiativen, stellt der Bereich der alternativen Investments mit seiner noch recht jungen Regulierung damit keine Ausnahme von dem allgemeinen Erfahrungswert dar, dass die Rechtslage in Sektorregulierungen stets im Fluss und damit von perpetuierender Aktualität gekennzeichnet ist.

Literaturverzeichnis

Achleitner, Ann-Kristin: Folgewirkungen der AIFM-Richtlinie für Private-Equity-Gesellschaften und den Wirtschaftsstandort Europa, DB 2010 Beil., 83–84.

Ankenbrand, Hendrik: Nicolas Berggruen – Der schöne Blender, FAZ, Artikel vom 29. 12. 2013, abrufbar unter http://www.faz.net/aktuell/wirtschaft/nicolas-berggruen-der-schoene-blender-12729568.html (zuletzt abgerufen am 27. 8. 2017).

Assmann, Heinz-Dieter/*Schneider*, Uwe H. (Hrsg.): Wertpapierhandelsgesetz, Kommentar, 6. Auflage, Köln 2012 (zit.: *Bearbeiter*, in: Assmann/Schneider, WpHG).

Assmann, Heinz-Dieter/*Schütze*, Rolf A. (Hrsg.): Handbuch des Kapitalanlagerechts, 4. Auflage, München 2015 (zit.: *Bearbeiter*, in: Assmann/Schütze, Hdb. KapitalanlageR).

Ausschuss für Finanzstabilität: Erster Bericht an den Deutschen Bundestag zur Finanzstabilität in Deutschland, Juni 2014.

– Zweiter Bericht an den Deutschen Bundestag zur Finanzstabilität in Deutschland, Juni 2015.

– Dritter Bericht an den Deutschen Bundestag zur Finanzstabilität in Deutschland, Juni 2016.

– Vierter Bericht an den Deutschen Bundestag zur Finanzstabilität in Deutschland, Juni 2017.

Balzli, Beat/*Pauly*, Christoph/*Rosenbach*, Marcel/*Tuma*, Thomas: Der große Schlussverkauf, DER SPIEGEL, Heft 51/2006, 64–79.

Bamberger, Heinz Georg/*Roth*, Herbert (Hrsg.): Beck'scher Online-Kommentar BGB, 40. Edition, Stand: 1. 8. 2016, München 2016 (zit.: *Bearbeiter*, in: BeckOK, BGB).

Bärenz, Uwe/*Steinmüller*, Jens: Solvency II: Aufsichtsrechtliche Herausforderungen bei Beteiligungen an geschlossenen Fonds, RdF 2016, 92–100.

Bastuck, Burkhard: Kreditbesicherung im Konzern – Geklärte Fragen, offene Fragen und Vertragsgestaltung –, WM 2000, 1091–1099.

Bauer, Andreas F./*Gemmeke*, Thomas: Zur einkommensteuerlichen Behandlung von Venture Capital und Private Equity Fonds nach dem BMF-Schreiben vom 16. 12. 2003, DStR 2004, 579–585.

Baumbach, Adolf (Begr.)/*Hopt*, Klaus J.: Handelsgesetzbuch mit GmbH & Co., Handelsklauseln, Bank- und Börsenrecht, Transportrecht (ohne Seerecht), Kommentar, 37. Auflage, München 2016 (zit.: *Bearbeiter*, in: Baumbach/Hopt, HGB).

Baumbach, Adolf (Begr.)/*Hueck*, Alfred: GmbH-Gesetz, Gesetz betreffend die Gesellschaften mit beschränkter Haftung, 18. Auflage, München 2006 (zit.: *Bearbeiter*, in: Baumbach/Hueck, GmbHG, 18. Aufl. 2006).

– GmbHG, Gesetz betreffend die Gesellschaften mit beschränkter Haftung, 21. Auflage, München 2017 (zit.: *Bearbeiter*, in: Baumbach/Hueck, GmbHG).

Bäuml, Swen O.: Investmentvermögen im neuen Kapitalanlagegesetzbuch (Teil I), FR 2013, 640–647.

Baums, Theodor: Ersatz von Reflexschäden in der Kapitalgesellschaft – Besprechung der Entscheidung BGH WM 1987, 13 ff –, ZGR 1987, 554–562.

Baur, Jürgen: Investmentgesetze, Kommentar zum Gesetz über Kapitalanlagegesellschaften (KAGG) und zum Gesetz über den Vertrieb ausländischer Investmentanteile (Ausl-InvestmG), Berlin 1970 (zit.: *Baur*, Investmentgesetze).

Baur, Jürgen/*Tappen*, Falko (Hrsg.): Investmentgesetze, Großkommentar, Erster Band §§ 1– 272 KAGB, 3. Auflage, Berlin/München/Boston 2015 (zit.: *Bearbeiter*, in: Baur/Tappen, Investmentgesetze).

– Investmentgesetze, Großkommentar, Zweiter Band §§ 273–355 KAGB, InvStG, 3. Auflage, Berlin/München/Boston 2015 (zit.: *Bearbeiter*, in: Baur/Tappen, Investmentgesetze).

Bayer, Walter/*Vetter*, Jochen (Hrsg.): Lutter, Umwandlungsgesetz, Kommentar mit systematischer Darstellung des Umwandlungssteuerrechts und Kommentierung des SpruchG, Band I, §§ 1–122 l, 5. Auflage, Köln 2014 (zit.: *Bearbeiter*, in: Lutter, UmwG).

Becker, Ralph: Gesellschaftsrechtliche Probleme der Finanzierung von Leveraged-Buy-Outs, DStR 1998, 1429–1434.

Beckmann, Klaus/*Scholtz*, Rolf-Detlev/*Vollmer*, Lothar: Investment, Ergänzbares Handbuch für das gesamte Investmentwesen, Kommentar zu den Rechtsvorschriften, einschließlich der Steuerrechtlichen Regelungen, Erläuterungen und Materialien der Kapitalverwaltungsgesellschaften und der Unternehmensbeteiligungsgesellschaften, Berlin 2016 (zit.: *Bearbeiter*, in: Beckmann/Scholtz/Vollmer, Investment-Hdb., Losebl. (Stand)).

Bednarz, Sebastian: Die Regulierung von Hedge-Fonds, Eine rechtsvergleichende Untersuchung der Regulierungsdiskussion in Deutschland, den USA und Großbritannien, Hamburg 2009.

Behrens, Stefan: Besteuerung des Carried Interest nach dem Halbeinkünfteverfahren, Anmerkungen zum Gesetz zur Förderung von Wagniskapital, FR 2004, 1211–1219.

Beisel, Wilhelm/*Klumpp*, Hans-Hermann (Hrsg.): Der Unternehmenskauf, Gesamtdarstellung der zivil- und steuerrechtlichen Vorgänge einschließlich gesellschafts-, arbeits- und kartellrechtlicher Fragen bei der Übertragung eines Unternehmens, 7. Auflage, München 2016 (zit.: *Bearbeiter*, in: Beisel/Klumpp, Unternehmenskauf).

Benz, Sebastian/*Jetter*, Jann: Die Neuregelung zur Steuerpflicht von Streubesitzdividenden, DStR 2013, 489–496.

Berger, Hanno/*Steck*, Kai-Uwe/*Lübbehüsen*, Dieter (Hrsg.): Investmentgesetz, Investmentsteuergesetz, München 2010 (zit.: *Bearbeiter*, in: Berger/Steck/Lübbehüsen, InvG).

Berger, Toralf: Die gesetzliche Regulierung der Management-Ebene bei Private Equity-Fonds vor dem Hintergrund der volkswirtschaftlichen Bedeutung von Private Equity, Erfurt 2013.

Best, Michael/*Haberstock*, Otto: Transaktionsgestaltung – Gefahren für Fondsinvestoren, 2015 MUPETmagazin / M&A, 17–21.

Bielenberg, Oliver/*Schmuhl*, Wolf: Implikationen des KAGB auf die Rechnungslegung geschlossener Fonds, DB 2014, 1089–1091.

Bienz, Carsten/*Thorburn*, Karin S./*Walz*, Uwe: Coinvestment and risk taking in private equity funds, SAFE Working Paper No. 126, January 2016.

Birk, Dieter/*Desens*, Marc/*Tappe*, Henning: Steuerrecht, 19. Auflage, Heidelberg 2016.

Blome-Drees, Johannes/*Rang*, Reinger: Private Equity-Investitionen in deutsche Unternehmen und ihre Wirkungen auf die Mitarbeiter, Eine konzeptionelle und empirische Analyse, Hans-Böckler-Stiftung, 2006, abrufbar unter http://www.boeckler.de/pdf/mbf_finanzinvestoren_edscha.pdf (zuletzt abgerufen am 27. 8. 2017).

Bloß, Henning: Managementbeteiligungen bei Private-Equity Transaktionen – Zivil- und steuerrechtliche Aspekte –, GmbHR 2016, 104–113.

Bock, Volker: Institutioneller Gläubigerschutz nach § 30 Abs. 1 GmbHG beim Down-stream-merger nach einem Anteilskauf?, GmbHR 2005, 1023–1030.

Böhme, Andreas: Die Vertretung der extern verwalteten Investmentkommanditgesellschaft, BB 2014, 2380–2385.

Boos, Karl-Heinz/*Fischer*, Reinfrid/*Schulte-Mattler*, Hermann (Hrsg.): Kreditwesengesetz, Kommentar zu KWG und Ausführungsvorschriften, 4. Auflage, München 2012 (zit.: *Bearbeiter*, in: Boos/Fischer/Schulte-Mattler, KWG, 4. Aufl. 2011).

– KWG, CRR-VO, Kommentar zu Kreditwesengesetz, VO (EU) Nr. 575/2013 (CRR) und Ausführungsvorschriften, Band 1, 5. Auflage, München 2016 (zit.: *Bearbeiter*, in: Boos/Fischer/Schulte-Mattler, KWG, CRR-VO).

Bornkamm, Joachim/*Montag*, Frank/*Säcker*, Franz Jürgen (Hrsg.): Münchener Kommentar, Europäisches und Deutsches Wettbewerbsrecht, Kartellrecht, Missbrauchs- und Fusionskontrolle, Band 1, Europäisches Wettbewerbsrecht, 2. Auflage, München 2015 (zit.: *Bearbeiter*, in: MünchKomm, Kartellrecht).

Bosch, Ulrich: Expertenhaftung gegenüber Dritten – Überlegungen aus Sicht der Bankpraxis, ZHR 163 (1999), 274–285.

Böttger, Christian: Strukturen und Strategien von Finanzinvestoren, Hans Böckler Stiftung, Arbeitspapier Nr. 120, März 2006.

Boué, Andreas R./*Kehlbeck*, Heike/*Leonhartsberger-Heilig*, Werner (Hrsg.): Basiswissen Private Equity, Was Praktiker über externe Eigenkapitalfinanzierungen wissen müssen, Wien 2012 (zit.: *Boué/Kehlbeck/Leonhartsberger-Heilig*, Basiswissen Private Equity).

Boxberger, Lutz: Regulierung „light" unter dem KAGB-Regime, GWR 2013, 415–417.

– Vertretungsbefugnis einer externen Kapitalverwaltungsgesellschaft, GWR 2016, 1–5.

Boxberger, Lutz/*Klebeck*, Ulf: Anforderungen an die Vergütungssysteme von AIF-Kapitalverwaltungsgesellschaften, BKR 2013, 441–450.

Breithaupt, Joachim/*Ottersbach*, Jörg H. (Hrsg.): Kompendium Gesellschaftsrecht, Formwahl – Gestaltung – Muster für die Praxis, München 2010 (zit.: *Bearbeiter*, in: Breithaupt/Ottersbach, Kompendium GesR).

Brinkhaus, Josef/*Scherer*, Peter (Hrsg.): Gesetz über Kapitalanlagegesellschaften, Auslandinvestment-Gesetz, München 2003 (zit.: *Bearbeiter*, in: Brinkhaus/Scherer, KAGG).

Brockhaus, Henning/*Thiessen*, Alexander: Unverbriefte Darlehensforderungen – seit der KAGB-Änderung eine attraktive Anlageklasse?, RdF 2017, 31–37.

Broemel, Karl: § 8b Abs. 4 KStG und Participation Exemption Shopping – Anknüpfungspunkt der Steuergestaltung?, IStR 2015, 644–650.

Buck-Heeb, Petra: Aufklärung über Innenprovisionen, unvermeidbarer Verbotsirrtum und die Überlagerung durch Aufsichtsrecht – Zugleich Besprechung von BGH vom 3. 6. 2014 = WM 2014, 1382 –, WM 2014, 1601–1605.

– Kapitalmarktrecht, 8. Auflage, Heidelberg 2016.

Buge, Ronald/*Mardini*, Tarek: Private Equity Fondsinvestments von Family Offices – Aktuelles zu Recht und Steuern, JUVE Handbuch 2015/2016, 2015, 511–512.

Bühler, Timo: ELTIF – eine neue Säule der Finanzierung der Europäischen Realwirtschaft, RdF 2015, 196–202.

Burgard, Ulrich/*Heimann*, Carsten: Das neue Kapitalanlagegesetzbuch, WM 2014, 821–831.

Bußalb, Jean-Pierre: Die Kompetenzen der BaFin bei der Überwachung der Pflichten aus dem KAGB, in: Möllers, Thomas M. J./Kloyer, Andreas (Hrsg.), Das neue Kapitalanlagegesetzbuch, Tagungsband, Rn. 577–629, München 2013 (zit.: *Bußalb*, in: Möllers/Kloyer, Das neue KAGB, Rn. 577).

Bußalb, Jean-Pierre/*Unzicker*, Ferdinand: Auswirkungen der AIFM-Richtlinie auf geschlossene Fonds, BKR 2012, 309–319.

BVK: Stellungnahme zum Referentenentwurf des OGAW V-UmsG, abrufbar unter http://www. bvkap.de/sites/default/files/bvk_-_stellungnahme_ogaw_v_umsg.pdf (zuletzt abgerufen am 27. 8. 2017).

– Stellungnahme zum RegE des OGAW V-UmsG, abrufbar unter http://www.bvkap.de/sites/de fault/files/bvk-stellungnahme_ogaw-v-umsg_btd_18_6744.pdf (zuletzt abgerufen am 27. 8. 2017).

Cahn, Andreas: Kapitalerhaltung im Konzern, Köln, Berlin, Bonn, München 1998.

Campbell, Nicole/*Müchler*, Henny: Die Haftung der Verwaltungsgesellschaft einer fremdverwalteten Investmentaktiengesellschaft, IFL Working Paper Series No. 101, 4/2009.

Canaris, Claus-Wilhelm: Die Rückgewähr von Gesellschaftereinlagen durch Zuwendungen an Dritte, in: Lutter, Marcus/Stimpel, Walter/Wiedemann, Herbert, Festschrift für Robert Fischer, S. 31–64, Berlin, New York 1979.

– Die Reichweite der Expertenhaftung gegenüber Dritten, ZHR 163 (1999), 206–245.

Carlé, Thomas: „Carried Interest" als Einkünfte nach § 18 EStG, Steuerliche Behandlung der überproportionalen Gewinnbeteiligung bei Fonds-Initiatoren, ErbStB 2005, 246–248.

Casper, Matthias: Die Investmentkommanditgesellschaft: große Schwester der Publikums-KG oder Kuckuckskind?, ZHR 179 (2015), 44–82.

Clerc, Christophe: The AIFM's Duties upon the Acquisition of Non-listed Firms, in: Zetzsche, Dirk Andreas (Hrsg.), The Alternative Investment Fund Managers Directive, Chapter 23, Second Edition, Alphen aan den Rijn 2015 (zit.: *Clerc*, in: Zetzsche, AIFMD, Chapt. 23).

Committee on the Global Financial System: CGFS Papers, No. 30, Private equity and leveraged finance markets, July 2008.

Conradi, Johannes/*Jander-McAlister*, Heiko: REIT-AGs sind keine Investmentvermögen im Sinne des KAGB, WM 2014, 733–742.

Corelli, Julia D./*Le*, P. Thao: Private Equity Co-Investments, abrufbar unter http://www.pepper law.com/resource/8087/5H3 (zuletzt abgerufen am 27. 8. 2017).

Dam, Mark van/*Mullmaier*, Jérôme: Impact of AIFMD on the Private Equity Industry, in: Zetzsche, Dirk Andreas (Hrsg.), The Alternative Investment Fund Managers Directive, Chapter 26, Second Edition, Alphen aan den Rijn 2015 (zit.: *van Dam/Mullmaier*, in: Zetzsche, AIFMD, Chapt. 26).

Dampf, Peter: Die Gewährung von upstream-Sicherheiten im Konzern, Der Konzern 2007, 157–173.

Delevingne, Lawrence: A whistleblower wants to take away private equity's crack cocaine, CNBC, Artikel vom 5. 12. 2013, abrufbar unter http://www.cnbc.com/2013/12/05/private-equity-transaction-fees-are-like-crack-cocaine.html (zuletzt abgerufen am 27. 8. 2017).

Deloitte: Steuerliche Rahmenbedingungen für Private Equity in Deutschland – wettbewerbskonform?, 20. 02. 2009, abrufbar unter http://www.bvkap.de/sites/default/files/study/2009_gutachten_deloitte_pe_final-einstellung-internet.pdf (zuletzt abgerufen am 27. 8. 2017).

Demleitner, Andreas: Aufsichtsrechtliche Folgen eines verkannten AIF, BB 2014, 2058–2061.

Derleder, Peter/*Knops*, Kai-Oliver/*Bamberger*, Heinz Georg: Deutsches und europäisches Bank- und Kapitalmarktrecht, Band 2, 3. Auflage, Berlin, Heidelberg 2017 (zit.: *Bearbeiter*, in: Derleder/Knops/Bamberger, Dt. u. eu. Bank- u. KapR).

Deutscher Gewerkschaftsbund: Stellungnahme des Deutschen Gewerkschaftsbundes (DGB) zum Referentenentwurf „Gesetz zur Modernisierung der Rahmenbedingungen für Kapitalbeteiligungen (MoRaKG)", 19. 7. 2007, Wipo-Schnelldienst, Bereich Wirtschafts- und Steuerpolitik Nr. 9/2007.

Diem, Andreas: Akquisitionsfinanzierungen, Kredite für Unternehmenskäufe, München 2013.

Dietrich, David: Änderungen bei der wertpapierhandelsrechtlichen Beteiligungstransparenz im Zusammenhang mit Investmentvermögen, ZIP 2016, 1612–1619.

Dornseifer, Frank: Die Neugestaltung der Investmentaktiengesellschaft durch das Investmentänderungsgesetz, AG 2008, 53–67.

– Bedarf es einer Regulierung von Hedgefonds und Private-Equity? – Eine Replik auf die Maßnahmen der Bundesregierung, in: Leible/Lehmann (Hrsg.), Hedgefonds und Private Equity – Fluch oder Segen, S. 77–86, Jena 2009 (zit.: *Dornseifer*, in: Leible/Lehmann, Hedgefonds und Private Equity – Fluch oder Segen, S. 77).

Dornseifer, Frank/*Jesch*, Thomas A./*Klebeck*, Ulf/*Tollmann*, Claus: AIFM-Richtlinie, Richtlinie 2011/61/EU über die Verwalter alternativer Investmentfonds mit Bezügen zum KAGB-E, Kommentar, München 2013 (zit.: *Bearbeiter*, in: Dornseifer/Jesch/Klebeck/Tollmann, AIFM-RL).

Dreher, Meinrad: Das Finanzkommissionsgeschäft nach § 1 Abs. 1 Satz 2 Nr. 4 KWG, ZIP 2004, 2161–2169.

Dreibus, Alexandra: Vereinigtes Königreich von Großbritannien und Nordirland, in: Hadding, Walther/Schneider, Uwe H. (Hrsg.), Die Vertretung verselbständigter Rechtsträger in europäischen Ländern, Untersuchungen über das Spar-, Giro- und Kreditwesen: Abteilung B, Rechtswissenschaft: Schriften des Instituts für deutsches und internationales Recht des Spar-,

Giro- und Kreditwesens an der Johannes Gutenberg-Universität Mainz, Band 127, Berlin 2000.

Drygala, Tim/*Kremer*, Thomas: Alles neu macht der Mai – zur Neuregelung der Kapitalerhaltungsvorschriften im Regierungsentwurf zum MoMiG, ZIP 2007, 1289–1296.

Duve, Christian/*Keller*, Moritz: MiFID: Die neue Welt des Wertpapiergeschäfts, Lernen Sie Ihre Kunden kennen – Kundenklassifikation und -information, BB 2006, 2425–2431.

Ebenroth, Carsten Thomas (Begr.)/*Boujong*, Karlheinz (Begr.)/*Joost*, Detlev (Begr. u. Hrsg.)/ *Strohn*, Lutz (Hrsg.): Handelsgesetzbuch, Band 1, §§ 1–342e, 3. Auflage, München 2014 (zit.: *Bearbeiter*, in: Ebenroth/Boujong/Joost/Strohn, HGB).

– Handelsgesetzbuch, Band 2, §§ 343–475 h, Transportrecht, Bank- und Börsenrecht, 3. Auflage, München 2015 (zit.: *Bearbeiter*, in: Ebenroth/Boujong/Joost/Strohn, HGB).

Eckhold, Thomas: Privatrechtliche Konsequenzen unerlaubter Investmentgeschäfte, Zugleich ein Beitrag zur Dogmatik aufsichtsrechtlicher Erlaubnisvorbehalte und Eingriffsbefugnisse, ZBB 2016, 102–122.

Eger, Alexander: Leveraged Buyout einer Aktiengesellschaft, Die Auswirkungen des MoMiG auf das Gestaltungsmittel der Vertragskonzernierung, Münster 2014.

Eichhorn, Jochen: Die offene Investmentkommanditgesellschaft nach dem Kapitalanlagegesetzbuch – Teil I –, WM 2016, 110–116.

– Die offene Investmentkommanditgesellschaft nach dem Kapitalanlagegesetzbuch – Teil II –, WM 2016, 145–150.

Eidenmüller, Horst: Private Equity, Leverage und die Effizienz des Gläubigerschutzrechts, ZHR 171 (2007), 644–683.

– Regulierung von Finanzinvestoren, DStR 2007, 2116–2121.

Eilers, Stephan/*Koffka*, Nils Matthias/*Mackensen*, Marcus: Private Equity – Unternehmenskauf, Finanzierung, Restrukturierung, Exitstrategien, 2. Auflage, München 2012 (zit.: *Bearbeiter*, in: Eilers/Koffka/Mackensen, Private Equity).

Einem, Christoph von/*Schlote*, Andrea: Neue rechtliche Rahmenbedingungen für Private Debt Fonds, WM 2015, 1925–1929.

Einsele, Dorothee: Anlegerschutz durch Information und Beratung, Verhaltens- und Schadensersatzpflichten der Wertpapierdienstleistungsunternehmen nach Umsetzung der Finanzmarktrichtlinie (MiFID), JZ 2008, 477–490.

– Der Anlegerschutz bei der Investmentaktiengesellschaft, AG 2011, 141–154.

– Bank- und Kapitalmarktrecht, Nationale und Internationale Bankgeschäfte, 3. Auflage, Tübingen 2014.

Eitelwein, Oliver/*Bender*, Martina/*Gerstberger*, Oliver/*Messing*, Johannes/*Ritter*, Rubin: Private Equity Controlling – Beteiligungsmanagement und -controlling in Private Equity Gesellschaften, WHU Forschungspapier Nr. 116, Vallendar 2008 (zit.: *Eitelwein et al.*, Private Equity Controlling).

Elser, Thomas/*Dürrschmidt*, Daniel: Besteuerung des Carried Interest und verbindliche Auskunft bei Private Equity Fonds, FR 2010, 1075–1081.

Emde, Thomas/*Dornseifer*, Frank/*Dreibus*, Alexandra/*Hölscher*, Luise (Hrsg.): Investment-gesetz mit Bezügen zum Kapitalanlagegesetzbuch, Kommentar, München 2013 (zit.: *Bearbeiter*, in: Emde/Dornseifer/Dreibus/Hölscher, InvG).

Emmerich, Volker/*Habersack*, Mathias/*Schürnbrand*, Jan (Hrsg.): Aktien- und GmbH-Konzernrecht, Kommentar, 8. Auflage, München 2016 (zit.: *Bearbeiter*, in: Emmerich/Habersack, Konzernrecht).

Engert, Andreas: Die Regulierung der Vergütung von Fondsmanagern – zum Umgang mit Copy-paste-Gesetzgebung nach der Finanzkrise, ZBB 2014, 108–123.

– Sollten Fondsverwalter für fehlerhafte Anlageentscheidungen haften?, in: Casper, Matthias/ Klöhn, Lars/Roth, Wulf-Henning/Schmies, Christian (Hrsg.), Festschrift für Johannes Köndgen zum 70. Geburtstag, 2016, S. 167–182, Köln 2016 (zit.: *Engert*, in: FS Köndgen, S. 167).

Enneking, Felix/*Heckschen*, Heribert: Gesellschafterhaftung beim down-stream-merger, DB 2006, 1099–1101.

Ernst & Young: Game-changing regulation? The perceived impact of the AIFM Directive on private equity in Europe, March 2012, abrufbar unter http://www.ey.com/Publication/ vwLUAssets/The_perceived_impact_of_the_AIFM_Directive_on_private_equity_in_Euro pe/$FILE/AIFMD_European_inpact_survey.pdf (zuletzt abgerufen am 27.8.2017).

Ernstberger, Philip/*Herz*, Bernhard: Hedgefonds und Private Equity – Fluch oder Segen?, in: Leible, Stefan/Lehmann, Matthias (Hrsg.), Hedgefonds und Private Equity – Fluch oder Segen?, S. 33–46, Jena 2009 (zit.: *Ernstberger/Herz*, in: Hedgefonds und Private Equity – Fluch oder Segen?, S. 33).

Escher, Markus: Die Regulierung der geschlossenen Fonds im Kapitalanlagegesetzbuch, in: Habersack, Mathias/Mülbert, Peter O./Nobbe, Gerd/Wittig, Arne (Hrsg.), Bankenregulierung, Insolvenzrecht, Kapitalanlagegesetzbuch, Honorarberatung, Bankrechtstag 2013, S. 123–156, Berlin/Boston 2014 (zit.: *Escher*, in: Bankrechtstag 2013, S. 123).

Eßer, Martin: Kollektive Anlagemodelle als Finanzportfolioverwaltung, WM 2008, 671–678.

Europäische Zentralbank: Monatsbericht August 2007, Leveraged Buyouts und Finanzstabilität, S. 99–110.

European Central Bank: Large banks and private equity-sponsored leveraged buyouts in the EU, April 2007, abrufbar unter https://www.ecb.europa.eu/pub/pdf/other/largebanksandpriva teequity200704en.pdf (zuletzt abgerufen am 27.8.2017).

European Commission: Report of the Alternative Investment Expert Group, Developing European Private Equity, July 2006, abrufbar unter http://ec.europa.eu/internal_market/invest ment/docs/other_docs/reports/equity_en.pdf (zuletzt abgerufen am 27.8.2017).

European Private Equity & Venture Capital Association: Response to the Proposed Directive of the European Parliament and Council on Alternative Investment Fund Managers (AIFM), Brussels, 26 June 2009, abrufbar unter http://www.investeurope.eu/uploadedFiles/News1/ News_Items/2009-06-26-ResponsepaperAIFM.pdf (zuletzt abgerufen am 27.8.2017).

Eusani, Guido: Darlehensverzinsung und Kapitalerhaltung beim Cash Pooling nach dem MoMiG, GmbHR 2009, 795–800.

Ewald, Jens/*Jansen*, Thomas: Ausgewählte ertragsteuerrechtliche Aspekte bei Investment-Kommanditgesellschaften, DStR 2016, 1784–1790.

Faigle, Nicolaj Karl-Eduard: Die Besteuerung des Carried Interests von Private Equity Fonds – national und international –, Aachen 2012.

Falkenhausen, Joachim von: Die Post-M&A Due Diligence, NZG 2015, 1209–1212.

Farahbakhsh, Mehti: Private Equity-Fonds und Secondary-Transaktionen, GWR 2016, 265–268.

Feldhaus, Heiner-Georg/*Veith*, Amos (Hrsg.): Frankfurter Kommentar zu Private Equity, Darstellung der Grundlagen des Private Equity-Geschäfts und Kommentierung des UBGG und des WKBG, Frankfurt am Main 2010 (zit.: *Bearbeiter*, in: FrankKomm, Private Equity)

Felsenstein, Oliver/*Müller*, Laurent: Die Pflichten von Private Equity Fonds nach dem Kapitalanlagegesetzbuch bei Erwerb einer Mehrheitsbeteiligung an einem nicht börsennotierten Unternehmen, KSzW 2016, 55–61.

Figge, Christian A. M.: Essays on Secondary Buyouts, München 2012.

Financial Services Authority: Private equity: a discussion of risk and regulatory engagement, November 2006, abrufbar unter http://www.fsa.gov.uk/pubs/discussion/dp06_06.pdf (zuletzt abgerufen am 27.8.2017).

Fischer, Carsten/*Friedrich*, Till: Investmentaktiengesellschaft und Investmentkommanditgesellschaft unter dem Kapitalanlagegesetzbuch, ZBB 2013, 153–163.

Fischer, Nicolai: Gesellschafterdarlehen in Personen- und Kapitalgesellschaften als erlaubnispflichtige Bankgeschäfte?, WM 2014, 1709–1719.

Fischer, Peter: Fondsbesteuerung und Fremdverwaltung, FR 2016, 27–30.

Fleischer, Holger: Finanzielle Unterstützung des Aktienerwerbs und Leveraged Buyout, § 71a Abs. 1 AktG im Lichte italienischer Erfahrungen, AG 1996, 494–507.

– Prospektpflicht und Prospekthaftung für Vermögensanlagen des Grauen Kapitalmarkts nach dem Anlegerschutzverbesserungsgesetz, BKR 2004, 339–347.

Fleischer, Holger/*Goette*, Wulf (Hrsg.): Münchener Kommentar zum Gesetz betreffend die Gesellschaften mit beschränkter Haftung (GmbHG), Band 1, §§ 1–34, 2. Auflage, München 2015 (zit.: *Bearbeiter*, in: MünchKomm, GmbHG).

– Münchener Kommentar zum Gesetz betreffend die Gesellschaften mit beschränkter Haftung (GmbHG), Band 2, §§ 35–52, 2. Auflage, München 2016 (zit.: *Bearbeiter*, in: MünchKomm, GmbHG).

Fleischer, Holger/*Hüttemann*, Rainer (Hrsg.): Rechtshandbuch Unternehmensbewertung, Köln 2015 (zit.: *Bearbeiter*, in: Fleischer/Hüttemann, Rechtshdb. Unternehmensbewertung).

Fleischer, Holger/*Körber*, Torsten: Due diligence und Gewährleistung beim Unternehmenskauf, BB 2001, 841–848.

– Due Diligence im Gesellschafts- und Kapitalmarktrecht, in: Berens, Wolfgang/Brauner, Hans U./Strauch, Joachim/Knauer, Thorsten (Hrsg.), Due Diligence bei Unternehmensakquisitionen, S. 295–322, 7. Auflage, Stuttgart 2013 (zit.: *Fleischer/Körber*, in: Berens/Brauner/Strauch/Knauer, Due Diligence, S. 295).

Florstedt, Tim: Der Aufbau von Fremdkapitalpositionen mit dem Ziel einer schuldenbasierten Unternehmensübernahme, Eine kapitalmarktrechtliche Beurteilung des Distressed-Debt Takeover nach geltendem Recht und de lege ferenda, ZIP 2015, 2345–2354.

Fock, Till: Kollektive Vermögensverwaltung zwischen Investmentrecht und Kreditwesengesetz, ZBB 2004, 365–371.

– Das neue Recht der Investmentaktiengesellschaft, BB 2006, 2371–2375.

Fock, Till/*Hartig*, Helge: Ist die Investmentaktiengesellschaft überhaupt eine Aktiengesellschaft?, in: Wachter, Thomas (Hrsg.), Festschrift für Sebastian Spiegelberger zum 70. Geburtstag, Vertragsgestaltungen im Zivil- und Steuerrecht, S. 653–666, Bonn 2009 (zit.: *Fock/Hartig*, in: FS Spiegelberger, S. 653).

Franke, Udo: Bedarf es einer Regulierung von Hedgefonds und Private Equity? Förderung von Wagniskapitalbeteiligungen und Begrenzung der mit Finanzinvestitionen verbundenen Risiken, in: Leible, Stefan/Lehmann, Matthias (Hrsg.), Hedgefonds und Private Equity – Fluch oder Segen?, S. 47–76, Jena 2009 (zit.: *Franke*, in: Leible/Lehmann, Hedgefonds und Private Equity – Fluch oder Segen, S. 47).

Freitag, Robert: Finanzverfassung und Finanzierung von GmbH und AG nach dem Regierungsentwurf des MoMiG, WM 2007, 1681–1685.

– Die „Investmentkommanditgesellschaft" nach dem Regierungsentwurf für ein Kapitalanlagegesetzbuch, NZG 2013, 329–335.

Freitag, Robert/*Fürbaß*, Jan: Wann ist ein Fonds eine Investmentgesellschaft?, Zivilrechtliche Fragen des Betriebs des materiellen Fondsgeschäfts im unzulässigen Rechtskleid, ZGR 2016, 729–759.

Frick, Jürg: Umsetzung der AIFM-Drittstaatenregelung in der Schweiz, in: Gericke, Dieter (Hrsg.), Private Equity III, Struktur und Regulierung von Private Equity-Fonds und -Fondsmanagern im Lichte des revidierten KAG und der AIFM-RL, S. 77–132, Zürich, Basel, Genf 2013 (zit.: *Frick*, in: Gericke, Private Equity III, S. 77).

Friederichs, Karl/*Köhler*, Stefan: Gesetz zur Förderung von Wagniskapital beschlossen, DB 2004, 1638–1640.

Frotscher, Gerrit/*Geurts*, Matthias (Hrsg.): Kommentar zum Einkommensteuergesetz (EStG), Grundwerk mit Ergänzungslieferungen, Freiburg 2017 (zit.: *Bearbeiter*, in: Frotscher/Geurts, EStG, Losebl. (Stand)).

Fuchs, Andreas: Wertpapierhandelsgesetz (WpHG), Kommentar, 2. Auflage, München 2016 (zit.: *Bearbeiter*, in Fuchs, WpHG).

Geerling, Tobias/*Ismer*, Roland: Die Aufweichung der Abfärbewirkung und die Auswirkung auf die Besteuerung des Carried Interest, DStR 2005, 1596–1599.

Geerling, Tobias/*Kost*, Sebastian: Deutsche Investments in ausländische Private Equity Fonds bzw. inländische Parallelfonds und die Folgen für die Besteuerung des „Carried Interest", IStR 2005, 757–762.

Gehrlein, Markus: Der aktuelle Stand des neuen GmbH-Rechts, Der Konzern 2007, 771–796.

Gemmel, Heiko/*Schierle*, Anja: Ausländische Investmentanteile – Kleine Änderung des Investmentgesetzes mit großer Auswirkung auf das (Investment-)Steuerrecht?, BB 2008, 1144–1147.

Gericke, Dieter/*Isler*, Vanessa: Private Equity-Fonds und -Gesellschaften: Regulierte und unregulierte Rechtsformen, in: Gericke, Dieter (Hrsg.), Private Equity III, Struktur und Regulierung von Private Equity-Fonds und -Fondsmanagern im Lichte des revidierten KAG und der AIFM-RL, S. 7–54, Zürich, Basel, Genf 2013 (zit.: *Gericke/Isler*, in: Gericke, Private Equity III, S. 7).

Geßler, Ernst: Das Recht der Investmentgesellschaften und ihrer Zertifikatsinhaber, WM 1957 Sonderbeil. Nr. 4, 10–28.

Geßler, Ernst/*Hefermehl*, Wolfgang/*Eckhardt*, Ulrich/*Kropff*, Bruno (Hrsg.): Aktiengesetz, Band I, §§ 1–75, München 1984 (zit.: *Bearbeiter*, in: Geßler/Hefermehl/Eckhardt/Kropff, AktG).

Geurts, Matthias/*Faller*, Patrick: Reform oder Status Quo bei der Fondsbesteuerung?, DB 2012, 2898–2902.

Geurts, Matthias/*Schubert*, Leif: Folgen der Neudefinition geschlossener Fonds, WM 2014, 2154–2160.

– KAGB kompakt, Eine strukturelle Einführung in das neue Investmentrecht, Köln 2014 (zit.: *Geurts/Schubert*, KAGB kompakt).

Giesler, Stefan: Der Steuerberater als Verwahrstelle für AIF, DStR 2013, 1912–1916.

Goette, Wulf: Der Stand der höchstrichterlichen Rechtsprechung zur Kapitalerhaltung und zum Rückgewährverbot im GmbH-Recht, DStR 1997, 1495–1500.

Goette, Wulf/*Habersack*, Mathias (Hrsg.): Das MoMiG in Wissenschaft und Praxis, Köln 2009 (zit.: *Bearbeiter*, in: Goette/Habersack, Das MoMiG in Wissenschaft und Praxis).

– Münchener Kommentar zum Aktiengesetz, Band 6, §§ 329–410, WpÜG, Österreichisches Übernahmerecht, 3. Auflage, München 2011 (zit.: *Bearbeiter*, in: MünchKomm, AktG).

– Münchener Kommentar zum Aktiengesetz, Band 2, §§ 76–117, MitbestG, DrittelbG, 4. Auflage, München 2014 (zit.: *Bearbeiter*, in: MünchKomm, AktG).

– Münchener Kommentar zum Aktiengesetz, Band 5, §§ 278–328, SpruchG, ÖGesAusG, Österreichisches Konzernrecht, 4. Auflage, München 2015 (zit.: *Bearbeiter*, in: Münch-Komm, AktG).

– Münchener Kommentar zum Aktiengesetz, Band 1, §§ 1–75, 4. Auflage, München 2016 (zit.: *Bearbeiter*, in: MünchKomm, AktG).

Goetz, Axel: Fragwürdige Neuregelung des Börsenrückzugs, BB 2015, 2691–2694.

Görner, Andre/*Dreher*, Meinrad: Die Kapitalanlage in Finanzinstrumente durch Kommanditgesellschaften, ZIP 2005, 2139–2144.

Grabitz, Eberhard (Begr.)/*Hilf*, Meinhard/*Nettesheim*, Martin (Hrsg.): Das Recht der Europäischen Union, Band I, EUV/AEUV, München 2016 (zit.: *Bearbeiter*, in: Grabitz/Hilf/Nettesheim, EUV/AEUV, Losebl. (Stand)).

Graevenitz, Albrecht von: Mitteilungen, Leitlinien, Stellungnahmen – Soft Law der EU mit Lenkungswirkung, EuZW 2013, 169–173.

Grottel, Bernd/*Schmidt*, Stefan/*Schubert*, Wolfang J./*Winkeljohann*, Norbert (Hrsg.): Beck'scher Bilanz-Kommentar, Handels- und Steuerbilanz, §§ 238–339, 342–342e HGB, 10. Auflage, München 2016 (zit.: *Bearbeiter*, in: Beck Bil-Komm).

Grunewald, Barbara: Die Haftung des Experten für seine Expertise gegenüber Dritten, AcP 187 (1987), 285–308.

Gummert, Hans/*Weipert*, Lutz (Hrsg.): Münchener Handbuch des Gesellschaftsrechts, Band 2, Kommanditgesellschaft, GmbH & Co. KG, Publikums-KG, Stille Gesellschaft, 4. Auflage, München 2014 (zit.: *Bearbeiter*, in: MünchHdb. KG).

Gurlit, Elke: Handlungsformen der Finanzmarktaufsicht, ZHR 177 (2013), 862–902.

Haarmann, Wilhelm/*Schüppen*, Matthias (Hrsg.): Frankfurter Kommentar zum Wertpapiererwerbs- und Übernahmegesetz, Öffentliche Übernahmeangebote (WpÜG) und Ausschluss von Minderheitsaktionären (§§ 327a–f AktG), 3. Auflage, Frankfurt am Main 2008 (zit.: *Bearbeiter*, in: FrankKomm, WpÜG).

Habdank, Philipp: Die lange Leine der Banken, Die Covenant-lites kommen – oder doch nicht?, FINANCE, Artikel vom 2.1.2015, abrufbar unter http://www.finance-magazin.de/risiko-it/ri sikomanagement/die-covenant-lites-kommen-oder-doch-nicht-1330021/ (zuletzt abgerufen am 27.8.2017).

Habersack, Mathias: Die finanzielle Unterstützung des Aktienerwerbs – Überlegungen zu Zweck und Anwendungsbereich des § 71a Abs. 1 Satz 1 AktG, in: Crezelius, Georg/Hirte, Heribert/Vieweg, Klaus (Hrsg.), Festschrift für Volker Röhricht zum 65. Geburtstag, Gesellschaftsrecht – Rechnungslegung – Sportrecht, S. 155–179, Köln 2005 (zit.: *Habersack*, in: FS Röhricht, S. 155).

Haisch, Martin L.: Investmentsteuerreform – Wird jetzt alles gut?, RdF 2015, 294–302.

Haisch, Martin L./*Bühler*, Timo: Loan Origination Funds im Spannungsfeld von Aufsichts- und Steuerrecht, BB 2015, 1986–1992.

Haisch, Martin L./*Helios*, Marcus: Investmentsteuerrechtsreform aufgrund AIFMD und KAGB, BB 2013, 23–33.

– Investmentsteuerreform aufgrund KAGB und AIFM-StAnpG – Änderungen noch möglich, BB 2013, 1687–1700.

Hammen, Horst: Genussscheinfinanzierte Geschäfte mit Finanzinstrumenten und Finanzkommissionsgeschäft nach § 1 Abs. 1 KWG, WM 2005, 813–821.

Hammer, Benjamin/*Knauer*, Alexander/*Lahmann*, Alexander/*Pflücke*, Magnus/*Schwetzler*, Bernhard: Steuervorteile aus Fremdfinanzierung als „Treibstoff" für Private Equity-Renditen?, CF 2014, 416–421.

Handelsrechtsausschuss des Deutschen Anwaltvereins: Stellungnahme zum Regierungsentwurf vom 14.9.2006 eines Gesetzes zur Umsetzung der Richtlinie über Märkte für Finanzinstrumente und der Durchführungsrichtlinie der Kommission (Finanzmarkt-Richtlinie-Umsetzungsgesetz – FRUG), NZG 2006, 935–938.

Hanten, Mathias/*Tiling*, Annke von: Kreditfonds, WM 2015, 2122–2132.

Harnos, Rafael: Das vorsätzliche Organisationsverschulden bei der Anlageberatung, BKR 2012, 185–191.

– Die Reichweite und zivilrechtliche Bedeutung des § 31d WpHG – zugleich eine Besprechung des BGH-Urteils v. 17.9.2013 – XI ZR 332/12 –, BKR 2014, 1–9.

Hartrott, Sebastian/*Goller*, Sascha: Immobilienfonds nach dem Kapitalanlagegesetzbuch, BB 2013, 1603–1612.

Haselmann, Jan/*Albrecht*, Julian: Die angekündigte Ausweitung des § 8b Abs. 4 KStG auf Veräußerungsgewinne – verfassungswidrige Rückwirkung trotz „Schonfrist", DStR 2015, 2212–2218.

Häublein, Martin/*Hoffmann-Theinert*, Roland (Hrsg.): Beck'scher Online-Kommentar HGB, 17. Edition, Stand: 1.7.2017, München 2017 (zit.: *Bearbeiter*, in: BeckOK, HGB).

Hauschka, Christoph E.: Corporate Compliance – Unternehmensorganisatorische Ansätze zur Erfüllung der Pflichten von Vorständen und Geschäftsführern, AG 2004, 461–480.

– Zum Berufsbild des Compliance Officers, CCZ 2014, 165–170.

Heerma, Hendrik/*Bergmann*, Robert: Sicherheitenbestellung an Dritte für Verbindlichkeiten des Gesellschafters als verbotene Auszahlung i.S.d. § 30 Abs. 1 GmbHG, ZIP 2017, 1261–1264.

Hellner, Thorwald/*Steuer*, Stephan (Begr.)/*Höche*, Thorsten/*Piekenbrock*, Andreas/*Siegmann*, Matthias (Hrsg.): Bankrecht und Bankpraxis, Band 5, Investmentgeschäft, Emissionsgeschäft, Vermögensverwaltung/Testamentsvollstreckung, Verwahrgeschäft, Factoring/Leasing, Wettbewerbsrecht, Insolvenzverfahren, Geldwäsche, Köln 2017 (zit.: *Bearbeiter*, in: Hellner/Steuer, BuB, Losebl. (Stand)).

Hennrichs, Joachim/*Kleindiek*, Detlef/*Watrin*, Christoph (Hrsg.), Münchener Kommentar zum Bilanzrecht, Band 2, §§ 238–342e HGB, München 2013 (zit.: *Bearbeiter*, in: MünchKomm, BilR).

Henry, David/*Thornton*, Emily/*Kiley*, David: Buy It, Strip It, Then Flip It, Business Week, August 7, 2006, 28–31.

Henssler, Martin/*Strohn*, Lutz (Hrsg.): Gesellschaftsrecht, BGB, HGB, PartGG, GmbHG, AktG, GenG, UmwG, InsO, AnfG, IntGesR, 3. Auflage, München 2016 (zit.: *Bearbeiter*, in: Henssler/Strohn, GesR).

Henze, Hartwig: Reichweite und Grenzen des aktienrechtlichen Grundsatzes der Vermögensbindung – Ergänzung durch die Rechtsprechung zum Existenz vernichtenden Eingriff?, AG 2004, 405–415.

– Vermögensbindungsprinzip und Anlegerschutz, NZG 2005, 115–121.

Herring, Frank/*Krause*, Martin: Auswirkungen der AIFM-Richtlinie auf institutionelle Investoren, Absolutreport 2/2010, 54–63.

Herring, Frank/*Kunschke*, Dennis: Einsatz von Drittvertrieben durch Kapitalverwaltungsgesellschaften – ein Fall der Auslagerung nach § 36 KAGB?, WM 2016, 298–304.

Herring, Frank/*Loff*, Detmar: Die Verwaltung alternativer Investmentvermögen nach dem KAGB-E – Bestimmung der AIF-Kapitalverwaltungsgesellschaft, Master-AIF-KVG-Strukturen, Typenzwang und deren Auswirkungen auf die Verwaltung, DB 2012, 2029–2036.

Herrmann, Carl/*Heuer*, Gerhard/*Raupach*, Arndt: Hey, Johanna/Wendt, Michael/Prinz, Ulrich (Hrsg.), Einkommensteuer- und Körperschaftsteuergesetz, Kommentar, Band I, §§ 1–3c EStG, Köln 1950/2017 (zit.: *Bearbeiter*, in: Herrmann/Heuer/Raupach, EStG/KStG, Losebl. (Stand)).

– Einkommensteuer- und Körperschaftsteuergesetz, Kommentar, Band V, §§ 15–18 EStG, Köln 1950/2017 (zit.: *Bearbeiter*, in: Herrmann/Heuer/Raupach, EStG/KStG, Losebl. (Stand)).

Herzig, Norbert/*Gocksch*, Sebastian: Die steuerliche Behandlung von Übergewinnanteilen für Sponsoren inländischer Private Equity-Fonds, DB 2002, 600–607.

Hesse, Burc/*Lamsa*, Michael: Die Richtlinie über die Verwalter alternativer Investmentfonds (AIFM-Richtlinie) – Ein erster Überblick über die bevorstehende Regulierung insbesondere von Private Equity-Investoren in Deutschland –, CFL 2011, 39–47.

Heuermann, Bernd/*Brandis*, Peter (Hrsg.): Blümich, EStG, KStG, GewStG, Einkommensteuergesetz, Körperschaftsteuergesetz, Gewerbesteuergesetz, Kommentar, Band 1: §§ 1–8 EStG, München 2017 (zit.: *Bearbeiter*, in: Blümich, EStG, KStG, GewStG, Losebl. (Stand)).

– Blümich, EStG, KStG, GewStG, Einkommensteuergesetz, Körperschaftsteuergesetz, Gewerbesteuergesetz, Kommentar, Band 2: §§ 9–24c EStG, München 2017 (zit.: *Bearbeiter*, in: Blümich, EStG, KStG, GewStG, Losebl. (Stand)).

– Blümich, EStG, KStG, GewStG, Einkommensteuergesetz, Körperschaftsteuergesetz, Gewerbesteuergesetz, Kommentar, Band 5: Nebengesetze, AStG, EigZulG, FördG, InvStG, InvZulG, KapErhStG, SolZG, UmwStG, 5. VermBG, WoPG, München 2017 (zit.: *Bearbeiter*, in: Blümich, EStG, KStG, GewStG, Losebl. (Stand)).

Heun, Werner: Der Staat und die Finanzkrise, JZ 2010, 53–62.

Hielscher, Stephan: Steuerpflicht von Veräußerungsgewinnen aus Streubesitzanteilen geplant, BC 2015, 385.

Hirte, Heribert/*Bülow*, Christoph von (Hrsg.): Kölner Kommentar zum WpÜG mit AngebVO und §§ 327a–327f AktG, 2. Auflage, Köln 2010 (zit.: *Bearbeiter*, in: KölnKomm, WpÜG).

Hirte, Heribert/*Mülbert*, Peter O./*Roth*, Markus (Hrsg.): Großkommentar Aktiengesetz, Vierter Band, Teilband 1, §§ 76–91, 5. Auflage, Berlin, München, Boston 2015 (zit.: *Bearbeiter*, in: Großkomm, AktG).

– Großkommentar Aktiengesetz, Erster Band, §§ 1–22, 5. Auflage, Berlin/Boston 2017 (zit.: *Bearbeiter*, in: Großkomm, AktG).

Hitzer, Martin/*Hauser*, Patrick: ESMA – Ein Statusbericht, BKR 2015, 52–59.

Hoffmann-Becking, Michael (Hrsg.): Münchener Handbuch des Gesellschaftsrechts, Band 4, Aktiengesellschaft, 4. Auflage, München 2015 (zit.: *Bearbeiter*, in: MünchHdb. AG).

Hoffmeyer, Hannes: Gesetzesnamen als Etikettenschwindel?, Konsequenzen der ausgeweiteten spezialgesetzlichen Prospekthaftung für die Ansprüche von Anlegern, NZG 2016, 1133–1139.

Hofmann, Norbert: GPs und LPs ringen um Terms & Conditions, Harte Verhandlungen, VentureCapital Magazin 9/16, 14–19.

Hohaus, Benedikt/*Koch-Schulte*, Barbara: Manager in Private-Equity-Transaktionen, in: Birk, Dieter (Hrsg.), Transaktionen, Vermögen, Pro Bono – Festschrift zum zehnjährigen Bestehen von P+P Pöllath + Partners, S. 93–114, München 2008.

Hölters, Wolfgang (Hrsg.): Aktiengesetz, Kommentar, 2. Auflage, München 2014 (zit.: *Bearbeiter*, in: Hölters, AktG).

– Handbuch Unternehmenskauf, 8. Auflage, Köln 2015 (zit.: *Bearbeiter*, in: W. Hölters, Hdb. Unternehmenskauf).

Holzner, Florian: Private Equity, der Einsatz von Fremdkapital und Gläubigerschutz – Eine Untersuchung zur Notwendigkeit und zu den Möglichkeiten einer gesellschaftsrechtlichen Regulierung fremdfinanzierter Unternehmenstransaktionen (Leveraged Buy Out/Leveraged Recapitalization), Baden-Baden 2009 (zit.: *Holzner*, Private Equity, der Einsatz von Fremdkapital und Gläubigerschutz).

Hommelhoff, Peter: Förder- und Schutzrecht für den faktischen GmbH-Konzern, ZGR 2012, 535–565.

Hooghiemstra, Sebastiaan N.: Depositary Regulation, in: Zetzsche, Dirk Andreas (Hrsg.), The Alternative Investment Fund Managers Directive, Chapter 17, Second Edition, Alphen aan den Rijn 2015 (zit.: *Hooghiemstra*, in: Zetzsche, AIFMD, Chapt. 17).

Hopt, Klaus J.: Nichtvertragliche Haftung außerhalb von Schadens- und Bereicherungsausgleich – Zur Theorie und Dogmatik des Berufsrechts und der Berufshaftung –, AcP 183 (1983), 608–720.

– Grundsatz- und Praxisprobleme nach dem Wertpapierhandelsgesetz – insbesondere Insidergeschäfte und Ad-hoc-Publizität –, ZHR 159 (1995), 135–163.

Hübner, Jürgen: Immobilienanlagen unter dem KAGB – Alte Fragen – neue Fragen – neue Antworten –, WM 2014, 106–115.

Hüffer, Uwe: Der Aufsichtsrat in der Publikumsgesellschaft – Pflichten und Verantwortlichkeit der Aufsichtsratsmitglieder –, ZGR 1980, 320–358.

Hüffer, Uwe (Begr.)/*Koch*, Jens (Hrsg.): Aktiengesetz, 12. Auflage, München 2016 (zit.: *J. Koch*, in: Hüffer/Koch, AktG).

Husmann, Manfred: Die Richtlinien der Europäischen Union, NZS 2010, 655–662.

Immenga, Ulrich/*Mestmäcker*, Ernst-Joachim (Hrsg.): Wettbewerbsrecht, Band 2. GWB/ Teil 1, Kommentar zum Deutschen Kartellrecht, 5. Auflage, München 2014 (zit.: *Bearbeiter*, in: Immenga/Mestmäcker, GWB).

Insam, Alexander/*Heisterhagen*, Christoph/*Hinrichs*, Lars: Neue Vergütungsregelungen für Manager von Kapitalverwaltungsgesellschaften: Variable Vergütung (to be) reloaded, DStR 2014, 913–918.

International Organization of Securities Commissions: Principles for the Valuation of Hedge Fund Portfolios, Final Report, Technical Committee of the International Organization of Securities Commissions, November 2007 (zit.: *IOSCO*, Principles for the Valuation of Hedge Fund Portfolios), abrufbar unter http://www.iosco.org/library/pubdocs/pdf/IOSCOPD253.pdf (zuletzt abgerufen am 27.8.2017).

– Private Equity, Final Report, Technical Committee of the International Organization of Securities Commissions, May 2008 (zit.: *IOSCO*, Private Equity), abrufbar unter https:// www.iosco.org/library/pubdocs/pdf/IOSCOPD274.pdf (zuletzt abgerufen am 27.8.2017).

– Private Equity Conflicts of Interest, Final Report, Technical Committee of the International Organization of Securities Commissions, FR 11/10, November 2010 (zit.: *IOSCO*, Private Equity Conflicts of Interest, FR 11/10), abrufbar unter http://www.iosco.org/library/pubdocs/ pdf/IOSCOPD341.pdf (zuletzt abgerufen am 27.8.2017).

Jäger, Lars/*Maas*, Gero/*Renz*, Hartmut T.: Compliance bei geschlossenen Fonds – Ein Überblick, CCZ 2014, 63–74.

Janzen, Alex: AIF-Verwahrstellen nach dem Kapitalanlagegesetzbuch (KAGB), ZBB 2015, 230–241.

Jarass, Lorenz/*Obermair*, Gustav M.: Steuerliche Aspekte von Private-Equity- und Hedge-Fonds unter Berücksichtigung der Unternehmenssteuerreform 2008, Edition der Hans-Böckler-Stiftung 202, Düsseldorf 2007 (zit.: *Jarass/Obermair*, Steuerliche Aspekte von Private Equity- und Hedge-Fonds).

Jaskolski, Torsten/*Grüber*, Stephan: Regulierungsaspekte des Private Equity-Markts und der Richtlinienentwurf der Europäischen Union zur Regulierung alternativer Investmentfonds, CFL 2010, 188–196.

Jesch, Thomas A.: Private-Equity-Beteiligungen, Wirtschaftliche, rechtliche und steuerliche Rahmenbedingungen aus Investorensicht, Wiesbaden 2004.

– Private-Label-Fonds: Vertragliche Gestaltung und Haftungsfragen, RdF 2012, 14–16.

– Private-Equity-Fonds – Strukturierung und Vertrieb unter dem KAGB, RdF 2014, 180–188.

– Loan Origination Funds – struktureller Vergleich zur Verbriefung nach Änderung der BaFin-Verwaltungspraxis, RdF 2016, 32–37.

– Die Compliance-Funktion in der Kapitalverwaltungsgesellschaft – Teil 1, CB 2017, 165–169.

Jesch, Thomas A./*Aldinger*, Adrian: EU-Verordnungsvorschlag über Europäische Risikokapitalfonds (EuVECA) – Wer wagt, gewinnt?, RdF 2012, 217–224.

Jesch, Thomas A./*Alten*, Klaus: Erlaubnisantrag für Kapitalverwaltungsgesellschaften nach §§ 21 ff. KAGB – bisherige Erkenntnisse und offene Fragen, RdF 2013, 191–200.

Jesch, Thomas A./*Härtwig*, Stephan: Darlehensfonds – neue regulatorische Optionen und steuerliche Strukturierungsüberlegungen, DStR 2015, 2312–2318.

Jesch, Thomas A./*Koch*, Corinna: BB-Gesetzgebungs- und Rechtsprechungsreport zur Fondsregulierung 2015, BB 2016, 471–477.

Jesch, Thomas A./*Striegel*, Andreas/*Boxberger*, Lutz (Hrsg.): Rechtshandbuch Private Equity, München 2010 (zit.: *Bearbeiter*, in: Jesch/Striegel/Boxberger, Rechtshdb. Private Equity).

– Rechtshandbuch Private Equity, 2. Auflage, München 2018, im Erscheinen (zit. *Bearbeiter*, in: Jesch/Striegel/Boxberger, Rechtshdb. Private Equity, 2. Aufl. 2018).

Jetter, Jann/*Mager*, Martin: Der Referentenentwurf eines Gesetzes zur Reform der Investmentbesteuerung, SteuK 2016, 23–30.

Jeuk, Sebastian: Ausgewählte Auswirkungen der Einführung des Kapitalanlagegesetzbuchs (KAGB) auf Private Equity Fonds in Deutschland, Norderstedt 2014.

Joecks, Wolfgang/*Miebach*, Klaus (Hrsg.): Münchener Kommentar zum StGB, Band 5, §§ 263–358 StGB, 2. Auflage, München 2014 (zit.: *Bearbeiter*, in: MünchKomm, StGB).

Kallmeyer, Harald (Hrsg.): Umwandlungsgesetz, Kommentar, Verschmelzung, Spaltung und Formwechsel bei Handelsgesellschaften, 6. Auflage, Köln 2017 (zit.: *Bearbeiter*, in: Kallmeyer, UmwG).

Kamp, Lothar/*Krieger*, Alexandra: Die Aktivitäten von Finanzinvestoren in Deutschland, Hintergründe und Orientierungen, Arbeitspapier Nr. 103, Hans-Böckler-Stiftung, 2005.

Kann, Jürgen van/*Redeker*, Rouven/*Keiluweit*, Anjela: Überblick über das Kapitalanlagegesetzbuch, DStR 2013, 1483–1489.

Käpplinger, Markus: „Upstream"-Darlehen an Akquisitionsvehikel: Sind diese wirklich mit § 30 GmbHG unvereinbar?, NZG 2010, 1411–1413.

Kaserer, Christoph: Return Attribution in Mid-Market Buy-Out Transactions – New Evidence from Europe, Research report No. 2011-01, Research report series, Center for Entrepreneurial and Financial Studies, October 2011 (zit.: *Kaserer*, Return Attribution in Mid-Market Buy-Out Transactions).

Kaserer, Christoph/*Achleitner*, Ann-Kristin/*Einem*, Christoph von/*Schiereck*, Dirk: Private Equity in Deutschland – Rahmenbedingungen, ökonomische Bedeutung und Handlungsempfehlungen, Abdruck des Forschungsgutachtens fe 3/06 „Erwerb und Übernahme durch Finanzinvestoren (insbesondere Private-Equity-Gesellschaften)" für das Bundesministerium der Finanzen, Norderstedt 2007 (zit.: *Kaserer/Achleitner/von Einem/Schierek*, Private Equity in Deutschland).

Kempf, Arno: Rechnungslegung von Investmentvermögen, Ein Praxishandbuch, Frankfurt am Main 2010.

Kempf, Tillmann/*Hirtz*, Julius: Schwerpunkte des Referentenentwurfs eines Gesetzes zur Reform der Investmentbesteuerung, DStR 2016, 1–8.

Kerber, Markus C.: Die aktienrechtlichen Grenzen der finanziellen Unterstützung des Aktienerwerbs im Buy-out-Verfahren – Zur Reichweite und Abgrenzung von § 71a AktG und §§ 311 ff. AktG beim Unternehmenserwerb im Wege der Schuldübernahme und nachfolgender Verschmelzung –, DB 2004, 1027–1032.

– Unternehmenserwerb im Wege der Schuldübernahme und nachfolgender Verschmelzung, Ein aktienrechtlicher Nachtrag zur Reichweite von § 71a AktG, NZG 2006, 50–53.

Kiefner, Alexander/*Theusinger*, Ingo: Aufsteigende Darlehen und Sicherheitenbegebung im Aktienrecht nach dem MoMiG, NZG 2008, 801–806.

Kiethe, Kurt: Vorstandshaftung aufgrund fehlerhafter Due Diligence beim Unternehmenskauf, NZG 1999, 976–983.

Kind, Sebastian/*Haag*, Stephan Alexander: Der Begriff des Alternative Investment Fund nach der AIFM-Richtlinie – geschlossene Fonds und private Vermögensanlagegesellschaften im Anwendungsbereich?, DStR 2010, 1526–1530.

Kinzius, Kurt: Due Diligence aus Sicht von Finanzinvestoren, in: Berens, Wolfgang/Brauner, Hans U./Strauch, Joachim/Knauer, Thorsten (Hrsg.), Due Diligence bei Unternehmensakquisitionen, S. 863–880, 7. Auflage, Stuttgart 2013 (zit.: *Kinzius*, in: Berens/Brauner/Strauch/Knauer, Due Diligence, S. 863).

Kirchhof, Paul (Hrsg.): Einkommensteuergesetz, Kommentar, 16. Auflage, Köln 2017 (zit.: *Bearbeiter*, in: Kirchhof, EStG).

Kirchhof, Paul (Hrsg.)/*Söhn*, Hartmut (Begr.)/*Mellinghoff*, Rudolf (Hrsg.): Einkommensteuergesetz, Kommentar, Grundwerk mit Ergänzungslieferungen, Band 3, § 3, Heidelberg 2017 (zit.: *Bearbeiter*, in: Kirchhof/Söhn/Mellinghoff, EStG, Losebl. (Stand)).

- Einkommensteuergesetz, Kommentar, Grundwerk mit Ergänzungslieferungen, Band 13, § 18, 19, 19a, 20 (bis Teil K), Heidelberg 2017 (zit.: *Bearbeiter*, in: Kirchhof/Söhn/Mellinghoff, EStG, Losebl. (Stand)).

Kirchhof, Roland: Gestaltungsmöglichkeiten für ein erlaubnisfreies Pooling durch Angel Investoren, GWR 2016, 333–337.

Klass, Tobias: Der Buyout von Aktiengesellschaften, Eine juristisch-ökonomische Untersuchung zu § 71a Abs. 1 AktG und zur Gesetzesumgehung im Gesellschaftsrecht, Baden-Baden 2000.

Klebeck, Ulf: Neue Richtlinie für Verwalter von alternativen Investmentfonds?, DStR 2009, 2154–2160.

- Interplay between the AIFMD and the UCITSD, in: Zetzsche, Dirk Andreas (Hrsg.), The Alternative Investment Fund Managers Directive, Chapter 5, Second Edition, Alphen aan den Rijn 2015 (zit.: *Klebeck*, in: Zetzsche, AIFMD, Chapt. 5).

Klebeck, Ulf/*Boxberger*, Lutz: Management von Offshore-Fonds unter dem KAGB, GWR 2014, 75–78.

- OGAW-Vergütungsregulierung, GWR 2014, 253–256.

Klebeck, Ulf/*Jesch*, Thomas A.: Private Equity für institutionelle Investoren, CFL 2010, 372–378.

Klebeck, Ulf/*Kolbe*, Sebastian: Aufsichts- und Arbeitsrecht im KAGB, BB 2014, 707–714.

Klebeck, Ulf/*Zollinger*, Peter Felix: Compliance-Funktion nach der AIFM-Richtlinie, BB 2013, 459–464.

Klein, Martin/*Stephanblome*, Markus: Der Downstream Merger – aktuelle umwandlungs- und gesellschaftsrechtliche Fragestellungen, ZGR 2007, 351–400.

Klett, Jan-Michael: Die Trust-Struktur im Vertragsmodell des Investmentrechts, Berlin 2016.

Klöhn, Lars: Kapitalmarkt, Spekulation und Behavioral Finance, Eine interdisziplinäre und vergleichende Analyse zum Fluch und Segen der Spekulation und ihrer Regulierung durch Recht und Markt, Berlin 2006.

- Das System der aktien- und umwandlungsrechtlichen Abfindungsansprüche, Tübingen 2009.

Kloyer, Andreas: Der Anwendungsbereich des KAGB nach § 1 Abs. 1 des Gesetzes in der Beratungspraxis, in: Möllers, Thomas M. J./Kloyer, Andreas (Hrsg.), Das neue Kapitalanlagegesetzbuch, Tagungsband, Rn. 226–260, München 2013 (zit.: *Kloyer*, Anwendungsbereich des KAGB, in: Möllers/Kloyer, Das neue KAGB, Rn. 226).

- Strukturierung von geschlossenen Fonds in Deutschland vor dem Hintergrund der Regelungen des KAGB, in: Möllers, Thomas M. J./Kloyer, Andreas (Hrsg.), Das neue Kapitalanlagegesetzbuch, Tagungsband, Rn. 856–910, München 2013 (zit.: *Kloyer*, Strukturierung von geschlossenen Fonds, in: Möllers/Kloyer, Das neue KAGB, Rn. 856).

Kobabe, Rolf: Geschlossene Fonds in Deutschland nach den Regelungen des KAGB, in: Möllers, Thomas M. J./Kloyer, Andreas (Hrsg.), Das neue Kapitalanlagegesetzbuch, Tagungsband, Rn. 911–1059, München 2013 (zit.: *Kobabe*, in: Möllers/Kloyer, Das neue KAGB, Rn. 911).

– KAGB gibt Marktteilnehmern keinen verlässlichen Rechtsrahmen an die Hand, Börsen-Zeitung, Artikel vom 11. 11. 2014, abrufbar unter https://www.boersen-zeitung.de/index.php?li=1&artid=2014216802 (zuletzt abgerufen am 27. 8. 2017).

Kobbach, Jan/*Anders*, Dietmar: Umsetzung der AIFM-Richtlinie aus Sicht der Verwahrstellen, NZG 2012, 1170–1172.

Koch, Raphael: Die Neuordnung von Private Equity durch das KAGB, in: Möllers, Thomas M. J./Kloyer, Andreas (Hrsg.), Das neue Kapitalanlagegesetzbuch, Tagungsband, Rn. 261–311, München 2013 (zit.: *R. Koch*, in: Möllers/Kloyer, Das neue KAGB, Rn. 311).

– Das Kapitalanlagegesetzbuch: Neue Rahmenbedingungen für Private-Equity-Fonds – Transparenz, gesellschaftsrechtliche Maßnahmen und Finanzierung, WM 2014, 433–438.

Kolbe, Sebastian: Arbeitnehmer-Beteiligung nach der geplanten Richtlinie über die Verwalter alternativer Investmentfonds, DB 2009, 1874–1878.

– Mitbestimmung und Demokratieprinzip, Tübingen 2013.

Kölbl, Angela: Die Haftung wegen existenzvernichtenden Eingriffs: gesicherte Erkenntnisse und Entwicklungen seit Trihotel, BB 2009, 1194–1201.

Koller, Ingo/*Kindler*, Peter/*Roth*, Wulf-Henning/*Morck*, Winfried: Handelsgesetzbuch, Kommentar, 8. Auflage, München 2015 (zit.: *Bearbeiter*, in: Koller/Kindler/Roth/Morck, HGB).

Kollmorgen, Alexander/*Santelmann*, Matthias/*Weiß*, Olaf: Upstream-Besicherung und Limitation Language nach Inkrafttreten des MoMiG, BB 2009, 1818–1822.

Köndgen, Johannes/*Schmies*, Christian: Die Neuordnung des deutschen Investmentrechts, WM 2004 Sonderbeilage Nr. 1, 1–26.

Koppmann, Verena: Die gesetzliche Aufklärungspflicht des Verkäufers und ihre Erfüllung beim Unternehmenskauf – ein Praxisleitfaden, BB 2014, 1673–1680.

Körber, Torsten: Geschäftsleitung der Zielgesellschaft und due diligence bei Paketerwerb und Unternehmenskauf, NZG 2002, 263–272.

Kort, Michael: Die Regelung von Risikomanagement und Compliance im neuen KAGB, Vorbild für alle Kapitalgesellschaften?, AG 2013, 582–588.

Kort, Michael/*Lehmann*, Erik: Risikomanagement und Compliance im neuen KAGB – juristische und ökonomische Aspekte, in: Möllers, Thomas M. J./Kloyer, Andreas (Hrsg.), Das neue Kapitalanlagegesetzbuch, Tagungsband, Rn. 479–576, München 2013 (zit.: *Kort/Lehmann*, in: Möllers/Kloyer, Das neue KAGB, Rn. 479).

Kotten, Frank/*Heinemann*, Thies: Erweiterung der Steuerpflicht von Streubesitzbeteiligungen: Eine kritische Analyse aktueller Entwicklungen, DStR 2015, 1889–1896.

KPMG: Private Equity, Ein Leitfaden für Familienunternehmen und Mittelstand, 2012, abrufbar unter http://www.centumcapital.de/cms/wp-content/uploads/2016/06/Private_Equity_Leitfaden_KPMG.pdf (zuletzt abgerufen am 27. 8. 2017).

Kramer, Robert/*Recknagel*, Ralf: Die AIFM-Richtlinie – Neuer Rechtsrahmen für die Verwaltung alternativer Investmentfonds, DB 2011, 2077–2084.

Krause, Martin/*Klebeck*, Ulf: Family Office und AIFM-Richtlinie – Zugleich eine Suche nach dem Regelungsadressat der AIFM-Richtlinie, BB 2012, 2063–2068.

– Fonds(anteils)begriff nach der AIFM-Richtlinie und dem Entwurf des KAGB, RdF 2013, 4–12.

Krebs, Christian A./*Kemmerer*, Martin T.: Non-Reliance Letter – ein wirkungsvolles Gestaltungsinstrument?, NZG 2012, 847–852.

Krieger, Alexandra: Kann ein Unternehmen sich selbst kaufen? (IG-Metall-Gutachten), Magazin Mitbestimmung 2006, 62–65.

Krömker, Michael: Der Anspruch des Paketaktionärs auf Informationsoffenbarung zum Zwecke der Due Diligence, NZG 2003, 418–424.

Kropf, Christian: BGH-Rechtsprechung zur Aufklärungspflicht über Provisionen und Rückvergütungen im Rahmen von Anlageberatungen – Quo vadis?, RdF 2015, 107–114.

Kumpan, Christoph/*Hellgardt*, Alexander: Haftung der Wertpapierdienstleistungsunternehmen nach Umsetzung der EU-Richtlinie über Märkte für Finanzinstrumente (MiFID), DB 2006, 1714–1720.

Kümpel, Siegfried (Hrsg.): Bank- und Kapitalmarktrecht, 3. Auflage, Köln 2004 (zit.: *Kümpel*, Bank- u. KapMarktR, 3. Aufl. 2004).

Kümpel, Siegfried/*Wittig*, Arne (Hrsg.): Bank- und Kapitalmarktrecht, 4. Auflage, Köln 2011 (zit.: *Bearbeiter*, in: Kümpel/Wittig, Bank- u. KapMarktR).

Kuper, Magdalena: Die einschlägigen Rechtsquellen – die Level 2-Maßnahmen zur AIFM-Richtlinie, in: Möllers, Thomas M. J./Kloyer, Andreas (Hrsg.), Das neue Kapitalanlagegesetzbuch, Tagungsband, Rn. 103–128, München 2013 (zit.: *Kuper*, in: Möllers/Kloyer, Das neue KAGB, Rn. 103).

Kupke, Thomas/*Nestler*, Anke: Bewertung von Beteiligungen und sonstigen Unternehmensanteilen in der Handelsbilanz gemäß IDW RS HFA 10, BB 2003, 2671–2674.

Kußmaul, Heinz/*Pfirmann*, Armin/*Tcherveniachki*, Vassil: Leveraged Buyout am Beispiel der Friedrich Grohe AG – Eine betriebswirtschaftliche Analyse im Kontext der „Heuschrecken-Debatte" –, DB 2005, 2533–2540.

Langenbucher, Katja: Kapitalerhaltung und Kapitalmarkthaftung, ZIP 2005, 239–245.

Langenbucher, Katja/*Bliesener*, Dirk H./*Spindler*, Gerald: Bankrechts-Kommentar, 2. Auflage, München 2016 (zit.: *Bearbeiter*, in: Langenbucher/Bliesener/Spindler, BankR).

Längsfeld, Alexander M. H.: Zum Verbot des Asset Strippings (§ 292 KAGB), Richtlinienkonforme Auslegung und internationale Anwendbarkeit, NZG 2016, 1096–1101.

Larenz, Karl: Methodenlehre der Rechtswissenschaft, 6. Auflage, Berlin, Heidelberg, New York 1991.

Lechner, Florian: (Erneute) Reform der Investmentbesteuerung – ein Überblick, RdF 2016, 208–217.

Lechner, Florian/*Johann*, Ulrich: Gewerbliche Prägung und Infizierung der Personen-Investitionsgesellschaft, RdF 2015, 229–233.

Leez, Marcel: Die Besteuerung der Initiatoren inländischer Private Equity Fonds unter besonderer Berücksichtigung des Carried Interest und der vermögensverwaltenden Tätigkeit des Fonds, Aachen 2010.

Lehmann, Matthias: Finanzinstrumente, Vom Wertpapier- und Sachenrecht zum Recht der unkörperlichen Vermögensgegenstände, Tübingen 2009.

– Einführung, in: Leible, Stefan/Lehmann, Matthias (Hrsg.), Hedgefonds und Private Equity – Fluch oder Segen?, S. 17–31, Jena 2009 (zit.: *Lehmann*, in: Leible/Lehmann, Hedgefonds und Private Equity – Fluch oder Segen?, S. 17).

Lehne, Klaus-Heiner: Die AIFM-Richtlinie aus Sicht des europäischen Gesetzgebers, DB 2010 Beil., 81–82.

Leible, Stefan/*Lehmann*, Matthias: Das MoRaKG – ein zeitgemäßes Private-Equity-Gesetz für Deutschland?, NZG 2008, 729–734.

Liebrich, Kai/*Voß*, Thorsten: Project Bonds – eine Finanzierungsform für Sachwerte und die Rolle des KAGB, RdF 2013, 201–208.

Liebscher, Thomas: Die Zurechnungstatbestände des WpHG und WpÜG, ZIP 2002, 1005–1017.

Linker, Anja Celina/*Zinger*, Georg: Rechte und Pflichten der Organe einer Aktiengesellschaft bei der Weitergabe vertraulicher Unternehmensinformationen, NZG 2002, 497–502.

Littmann, Eberhard (Begr.)/*Bitz*, Horst/*Pust*, Hartmut (Hrsg.): Das Einkommensteuerrecht, Kommentar zum Einkommensteuerrecht, Band 1, §§ 1–§§ 4, 5 EStG, Stuttgart 2017 (*Bearbeiter*, in: Littmann/Bitz/Pust, Einkommensteuerrecht, Losebl. (Stand)).

– Das Einkommensteuerrecht, Kommentar zum Einkommensteuerrecht, Band 4, §§ 16–20 EStG, Stuttgart 2017 (*Bearbeiter*, in: Littmann/Bitz/Pust, Einkommensteuerrecht, Losebl. (Stand)).

Livonius, Hilger von/*Schatz*, Christian: Die AIFM-Richtlinie – Handlungsbedarf für Fondsmanager, Absolutreport 6/2010, 54–59.

Loff, Detmar/*Klebeck*, Ulf: Fundsraising nach der AIFM-Richtlinie und Umsetzung in Deutschland durch das KAGB, BKR 2012, 353–359.

Loritz, Karl-Georg/*Rickmers*, Benedikt: Unternehmensfinanzierung im Kapitalmarkt und Kapitalanlagegesetzbuch bei operativ tätigen Unternehmen, NZG 2014, 1241–1250.

Loritz, Karl-Georg/*Uffmann*, Katharina: Der Geltungsbereich des Kapitalanlagegesetzbuches (KAGB) und Investmentformen außerhalb desselben – Erste Überlegungen, auch zum Auslegungsschreiben der BaFin vom 13.6.2013 –, WM 2013, 2193–2203.

Lüdicke, Jochen/*Arndt*, Jan-Holger: Geschlossene Fonds, Rechtliche, steuerliche und wirtschaftliche Aspekte von Immobilien-, Schiffs-, Flugzeug-, Solarenergie- sowie Private-Equity-Fonds und anderen geschlossenen Fondsprodukten mit einem Exkurs Offene Fonds, 6. Auflage, München 2013 (zit.: *Bearbeiter*, in: Lüdicke/Arndt, Geschlossene Fonds).

Lüdicke, Jürgen/*Sistermann*, Christian: Unternehmenssteuerrecht, München 2008 (zit.: *Bearbeiter*, in: Lüdicke/Sistermann, Unternehmenssteuerrecht).

Lukas, Philipp: Zinsschranke und Leveraged Buy-Out, Eine Arbeit zur Anwendung der Zinsschranke auf Leveraged Buy-Out-Strukturen, Aachen 2012.

Lüßmann, Lars-Gerrit: Die Richtlinie über die Verwalter alternativer Investmentfonds (AIFM) und ihre Auswirkungen auf Hedge-Fonds, DB 2010 Beil., 87–88.

Lutter, Marcus: Die Business Judgment Rule und ihre praktische Anwendung, ZIP 2007, 841 – 848.

Lutter, Marcus/*Bayer*, Walter/*Schmidt*, Jessica (Hrsg.): Europäisches Unternehmens- und Kapitalmarktrecht, Grundlagen, Stand und Entwicklung nebst Texten und Materialien, 5. Auflage, Berlin/Boston 2012.

Lutter, Marcus/*Hommelhoff*, Peter (Hrsg.): GmbH-Gesetz, Kommentar, 19. Auflage, Köln 2016 (zit.: *Bearbeiter*, in: Lutter/Hommelhoff, GmbHG).

Lutter, Marcus/*Wahlers*, Henning W.: Der Buyout: Amerikanische Fälle und die Regeln des deutschen Rechts, AG 1989, 1 – 17.

Mardini, Tarek: 10 Jahre BMF-Schreiben zu Private Equity Fonds – seltene Kontinuität im Steuerrecht, Handelsblatt-Blog, Artikel vom 3. 1. 2014, abrufbar unter http://blog.handels blatt.com/steuerboard/2014/01/03/10-jahre-bmf-schreiben-zu-private-equity-fonds-seltene-kontinuitat-im-steuerrecht/ (zuletzt abgerufen am 27. 8. 2017).

– Gewerbliche Prägung und Entprägung von geschlossenen Fonds – sticht Aufsichtsrecht das Steuerrecht?, Handelsblatt-Blog, Artikel vom 15. 5. 2014, abrufbar unter http://blog.handels blatt.com/steuerboard/2014/05/15/gewerbliche-pragung-und-entpragung-von-geschlossenen-fonds-sticht-aufsichtsrecht-das-steuerrecht/ (zuletzt abgerufen am 27. 8. 2017).

Mardini, Tarek/*Veith*, Amos: Aktuelles zu Fund Terms, 2015 MUPETmagazin / Private Funds, 53 – 57.

Mayer-Uellner, Richard: From Public to Private: Öffentliche Übernahmen durch Private Equity-Investoren, AG 2013, 828 – 839.

McCreevy, Charlie: Opening Speech, EC Conference on Private Equity & Hedge Funds, Brussels, 26. February 2009, SPEECH/09/80 (zit.: *McCreevy*, Opening Speech), abrufbar unter http://europa.eu/rapid/press-release_SPEECH-09-80_en.pdf (zuletzt abgerufen am 27. 8. 2017).

Meier, Degenhard/*Hiddemann*, Tim/*Brettel*, Malte: Wertsteigerung bei Buyouts in der Post Investment-Phase – der Beitrag von Private Equity-Firmen zum operativen Erfolg ihrer Portfoliounternehmen im europäischen Vergleich, ZfB 76 (2006), Nr. 10, 1035 – 1066.

Meister, Burkhardt W.: Die Sicherheitsleistung der GmbH für Gesellschafterverbindlichkeiten, WM 1980, 390 – 401.

Merkelbach, Matthias: Die Haftung von Experten gegenüber Dritten für Fehler im Due Diligence Report, Reichweite, Grenzen und Ausschlussmöglichkeiten, Baden-Baden 2010.

Merkt, Hanno: Die monistische Unternehmensverfassung für die Europäische Aktiengesellschaft aus deutscher Sicht, Mit vergleichendem Blick auf die Schweiz, das Vereinigte Königreich und Frankreich, ZGR 2003, 650 – 678.

– Fallen REIT-Aktiengesellschaften unter das KAGB?, BB 2013, 1986 – 1996.

– Das Kapitalanlagerecht und die Finanzierung operativ tätiger Unternehmen, DB 2015, 2988 – 2998.

Mertens, Hans-Joachim: Die Geschäftsführerhaftung in der GmbH und das ITT-Urteil, in: Lutter, Marcus/Stimpel, Walter/Wiedemann, Herbert, Festschrift für Robert Fischer, S. 461 – 476, Berlin, New York 1979 (zit.: *Mertens*, in: FS Fischer, S. 461).

Mertens, Kai: Aktuelle Fragen zur Verschmelzung von Mutter- auf Tochtergesellschaften – down stream merger, AG 2005, 785 – 792.

Metrick, Andrew/*Yasuda*, Ayako: The Economics of Private Equity Funds, June 9, 2009, last revised on August 3, 2010, abrufbar unter http://papers.ssrn.com/sol3/papers.cfm?abstract_id=996334 (zuletzt abgerufen am 27.8.2017).

Metzner, Manuel/*Pfisterer*, Valentin M.: Auf dem Weg zu einem europäischen Regelwerk für darlehensvergebende Fonds?, RdF 2016, 188 – 193.

Meyer, Daniel: Die Besicherung der Akquisitionsfinanzierung beim Leveraged Buy-out einer GmbH – Haftungsrisiken und Gestaltungsmöglichkeiten nach MoMiG und Trihotel, Baden-Baden 2010, (zit.: *Meyer*, Die Besicherung der Akquisitionsfinanzierung beim Leveraged Buy-out einer GmbH).

Michalski, Lutz (Begr.)/*Heidinger*, Andreas/*Leible*, Stefan/*Schmidt*, Jessica (Hrsg.): Kommentar zum Gesetz betreffend die Gesellschaften mit beschränkter Haftung (GmbH-Gesetz), Band I, Systematische Darstellungen, §§ 1 – 34 GmbHG, 3. Auflage, München 2017 (zit.: *Bearbeiter*, in: Michalski/Heidinger/Leible/J. Schmidt, GmbHG).

– Kommentar zum Gesetz betreffend die Gesellschaften mit beschränkter Haftung (GmbH-Gesetz), Band II, §§ 35 – 85 GmbHG, EGGmbHG, 3. Auflage, München 2017 (zit.: *Bearbeiter*, in: Michalski/Heidinger/Leible/J. Schmidt, GmbHG).

Miederhoff, Markus: Rolle des Bewerters von Vermögenswerten nach KAGB für OGAW und AIF im Vergleich, RdF 2016, 22 – 31.

Möllers, Thomas M. J.: Das Haftungssystem des KAGB, in: Möllers, Thomas M. J./Kloyer, Andreas (Hrsg.), Das neue Kapitalanlagegesetzbuch, Tagungsband, Rn. 630 – 681, München 2013 (zit.: *Möllers*, in: Möllers/Kloyer, Das neue KAGB, Rn. 630).

Möllers, Thomas M. J./*Hailer*, Sabrina: Management- und Vertriebsvergütungen bei Alternativen Investmentfonds – Überlegungen zur Umsetzung der Vergütungsvorgaben der AIFM-RL in das deutsche Recht, ZBB 2012, 178 – 193.

Möllers, Thomas M. J./*Harrer*, Andreas/*Krüger*, Thomas C.: Die Regelung von Hedgefonds und Private Equity durch die neue AIFM-Richtlinie, WM 2011, 1537 – 1544.

Möllers, Thomas M. J./*Seidenschwann*, Sabine: Das neue Kapitalanlagegesetzbuch (KAGB) – Großer Wurf oder historische Schule des 19. Jahrhunderts?, in: Möllers, Thomas M. J./ Kloyer, Andreas (Hrsg.), Das neue Kapitalanlagegesetzbuch, Tagungsband, Rn. 1 – 36, München 2013 (zit.: *Möllers/Seidenschwann*, in: Möllers/Kloyer, Das neue KAGB, Rn. 1).

Möllers, Thomas M. J./*Weichert*, Tilman/*Wenninger*, Thomas: Schriftliche Stellungnahme, Zur öffentlichen Anhörung in Berlin am 7. März 2007 zum Gesetzesentwurf der Bundesregierung, BT-Drs. 16/4028, 16/4037, abrufbar unter http://www.jura.uni-augsburg.de/de/lehrende/professoren/moellers/pdf/FRUG_Stellungnahme_Moellers_Weichert_Wenninger_19_02_2007.pdf (zuletzt abgerufen am 27.8.2017).

Möllmann, Jean-Claude/*Möllmann*, Jean-Philip: Gestaltung der GmbH-Satzung bei Venture Capital-Finanzierung (Privat Equity), BWNotZ 2013, 74 – 87.

Moritz, Hans/*Grimm*, Paul: Licht im Dunkel des „Grauen Marktes"? – Aktuelle Bestrebungen zur Novellierung des Verkaufsprospektgesetzes, BB 2004, 1352 – 1357.

Moritz, Joachim: Reform des Investmentsteuergesetzes – Großer Wurf oder gesetzgeberische Fehlleistung?, BB 2015, Heft 35, Die Erste Seite.

Moritz, Joachim/*Klebeck*, Ulf/*Jesch*, Thomas A.: Frankfurter Kommentar zum Kapitalanlagerecht, Band 1, Kommentar zum Kapitalanlagegesetzbuch (KAGB), Teilband 1, Einleitung, §§ 1–191 KAGB, Frankfurt am Main 2016 (zit.: *Bearbeiter*, in: FrankKomm, KapAnlR Bd. 1).

– Frankfurter Kommentar zum Kapitalanlagerecht, Band 1, Kommentar zum Kapitalanlagegesetzbuch (KAGB), Teilband 2, §§ 192–358 KAGB, Länderberichte, Anhang, Frankfurt am Main 2016 (zit.: *Bearbeiter*, in: FrankKomm, KapAnlR Bd. 1).

Moroni, Tobias/*Wibbeke*, Ludger: OGAW V: Die Sprunglatte für OGAW V-Verwahrstellen liegt höher, RdF 2015, 187–195.

Mujan, Susanne: Neue Anforderungen an Boni in Fonds- und Portfolioverwaltungen – Institutsvergütungsverordnung 2.0? – zum Kapitalanlagegesetzbuch zwecks Umsetzung der AIFM-Richtlinie –, BB 2013, 1653–1659.

Mülbert, Peter O.: Sicherheiten einer Kapitalgesellschaft für Verbindlichkeiten ihres Gesellschafters, ZGR 1995, 578–612.

Nelle, Andreas/*Klebeck*, Ulf: Der „kleine" AIFM – Chancen und Risiken der neuen Regulierung für deutsche Fondsmanager, BB 2013, 2499–2506.

Nietsch, Michael/*Graef*, Andreas: Aufsicht über Hedgefonds nach dem AIFM-Richtlinienvorschlag, ZBB 2010, 12–20.

Niewerth, Johannes/*Rybarz*, Jonas C.: Änderung der Rahmenbedingungen für Immobilienfonds – das AIFM-Umsetzungsgesetz und seine Folgen, WM 2013, 1154–1167.

Nikolaus, Max/*d'Oleire*, Stefan: Aufklärung über „Kick-backs" in der Anlageberatung: Anmerkungen zum BGH-Urteil vom 19. 12. 2006 = WM 2007, 487, WM 2007, 2129–2135.

Nussbaum, Peter/*Leuchten*, Benjamin: KAGB hat Rechtsunsicherheiten bei M&A-Transaktionen geschaffen, Börsen-Zeitung, Artikel vom 1. 12. 2015, abrufbar unter https://www.boersen-zeitung.de/ajax/bzpro_artikel.php?objt_id=2015230805&anzeige=1&subm=sonderbeilagen&li=312&divname=contentarea_artikel (zuletzt abgerufen am 27. 8. 2017).

Oetker, Hartmut (Hrsg.): Kommentar zum Handelsgesetzbuch (HGB), 5. Auflage, München 2017 (zit.: *Bearbeiter*, in: Oetker, HGB).

Ohler, Christoph: Staatliche Aufsicht über Hedgefonds und Private Equity?, in: Leible, Stefan/Lehmann, Matthias (Hrsg.), Hedgefonds und Private Equity – Fluch oder Segen?, S. 139–159, Jena 2009 (zit.: *Ohler*, in: Leible/Lehmann, Hedgefonds und Private Equity – Fluch oder Segen?, S. 139).

Organisation for Economic Co-operation and Development: The implications of alternative investment vehicles for corporate governance: a synthesis of research about private equity firms and „activist hedge funds", July 2007, abrufbar unter http://www.oecd.org/corporate/ca/corporategovernanceprinciples/39007051.pdf (zuletzt abgerufen am 27. 8. 2017).

Otto, Hans-Jochen: „Eigenkapitalraub" und „nicht erwünschtes Verhalten": Private Equity zwischen betriebswirtschaftlicher Logik und der Idee vom Unternehmen an sich, AG 2013, 357–374.

o. V.: Locust, pocus, The Economist, Artikel vom 5. 5. 2005, abrufbar unter http://www.econo mist.com/node/3935994 (zuletzt abgerufen am 27. 8. 2017).

Paefgen, Walter G.: „Compliance" als gesellschaftsrechtliche Organpflicht?, WM 2016, 433 – 444.

Parmentier, Miriam: Die Revision der EU-Transparenzrichtlinie für börsennotierte Unternehmen, AG 2014, 15 – 25.

Partsch, Thibaut/*Mullmaier*, Jérôme: Delegation, in: Zetzsche, Dirk Andreas (Hrsg.), The Alternative Investment Fund Managers Directive, Chapter 11, Second Edition, Alphen aan den Rijn 2015 (zit.: *Partsch/Mullmaier*, in: Zetzsche, AIFMD, Chapt. 11).

Paschos, Nikolaos/*Fleischer*, Holger: Handbuch Übernahmerecht nach dem WpÜG, München 2017 (zit.: *Bearbeiter*, in: Paschos/Fleischer, Hdb. WpÜG).

Patz, Anika: Das Zusammenwirken zwischen Verwahrstelle, Bewerter, Abschlussprüfer und BaFin bei der Aufsicht über Investmentvermögen nach dem KAGB – Zuständigkeiten bei der Überprüfung der Einhaltung der Bewertungsmaßstäbe und -verfahren für Vermögensgegenstände von AIF und OGAW, BKR 2015, 193 – 205.

Patzner, Andreas/*Döser*, Achim/*Kempf*, Ludger J.: Investmentrecht, Kapitalanlagegesetzbuch, Investmentsteuergesetz, Handkommentar, 3. Auflage, Baden-Baden 2017 (zit.: *Bearbeiter*, in: Patzner/Döser/Kempf, Investmentrecht).

Paul, Wolfgang: Sanieren oder Ausscheiden (Teil 2) – Aufsichts- und kapitalanlagerechtliche Problemfelder, GWR 2015, 463 – 468.

– Die Berechnung des für Anlagen geschlossener AIF zur Verfügung stehenden Kapitals, GWR 2016, 224 – 227.

Peemöller, Volker H. (Hrsg.): Praxishandbuch der Unternehmensbewertung, 6. Auflage, Herne 2015 (zit.: *Bearbeiter*, in: Peemöller, Praxishdb. Unternehmensbewertung).

Pentz, Andreas: Acting in Concert – Ausgewählte Einzelprobleme zur Zurechnung und zu den Rechtsfolgen, ZIP 2003, 1478 – 1492.

Perridon, Louis/*Steiner*, Manfred/*Rathgeber*, Andreas: Finanzwirtschaft der Unternehmung, 17. Auflage, München 2016.

Phalippou, Ludovic/*Rauch*, Christian/*Umber*, Marc: Private Equity Portfolio Company Fees, Abstract, April 5, 2016, abrufbar unter http://papers.ssrn.com/sol3/papers.cfm?abstract_id=2 702938 (zuletzt abgerufen am 27. 8. 2017).

Picot, Gerhard: Due Diligence und privatrechtliches Haftungssystem, in: Berens, Wolfgang/ Brauner, Hans U./Strauch, Joachim/Knauer, Thorsten (Hrsg.), Due Diligence bei Unternehmensakquisitionen, S. 323 – 362, 7. Auflage, Stuttgart 2013 (zit.: *Picot*, in: Berens/ Brauner/Strauch/Knauer, Due Diligence, S. 323).

– Unternehmenskauf und Restrukturierung, 4. Auflage, München 2013.

PKF Fasselt Schlage: Das neue Kapitalanlagegesetzbuch, Herausforderungen und Chancen vor allem für geschlossen Fonds, Real Estate, PKF themen, 02.13, abrufbar unter http://www.pkf-fasselt.de/media/public/db/media/1/00/2013/09/607/pkf13-themen_realestate_02 - 2013_fs_ web.pdf (zuletzt abgerufen am 27. 8. 2017).

Pöllath, Reinhard/*Rodin*, Andreas/*Wewel*, Uwe: Private Equity and Venture Capital Fonds, München 2018, im Erscheinen (zit.: *Bearbeiter*, in: Pöllath/Rodin/Wewel, Private Equity and Venture Capital Fonds).

Postler, Steffen: Private Equity und das Kapitalanlagegesetzbuch – Anforderungen an die Bewertung von Portfoliounternehmen, Bremen 2015 (zit.: *Postler*, Private Equity und das KAGB – Portfoliobewertung).

Preqin: Preqin Special Report: Private Equity Co-Investment Outlook, November 2015, abrufbar unter https://www.preqin.com/docs/reports/Preqin-Special-Report-Private-Equity-Co-Investment-Outlook-November-2015.pdf (zuletzt abgerufen am 27. 8. 2017).

Preuße, Thomas/*Schmidt*, Maike: Anforderungen an Informationsblätter nach § 31 Abs. 3a WpHG, BKR 2011, 265–272.

Priester, Hans-Joachim: Eigene Anteile bei Personengesellschaften, ZIP 2014, 245–250.

Prinz, Ulrich/*Winkeljohann*, Norbert (Hrsg.): Beck'sches Handbuch der GmbH, Gesellschaftsrecht – Steuerrecht, 5. Auflage, München 2014 (zit.: *Bearbeiter*, in: Beck Hdb. GmbH).

Rasmussen, Poul Nyrup: Direct EU regulation for Private Equity and Hedge funds, The real economy comes first, Commission conference on private equity and hedge funds, 26 February 2009, abrufbar unter http://ec.europa.eu/internal_market/investment/docs/conference/rasmussen_en.pdf (zuletzt abgerufen am 27. 8. 2017) (zit.: *Rasmussen*, Commission conference on private equity).

Redeker, Rouven: Fortwirkung der Limitation Language im Insolvenzfall, CFL 2011, 298–303.

Rehm, Helmut/*Nagler*, Jürgen: Fallstricke bei der geplanten Reform der Investment-Besteuerung, BB 2015, 1248–1252.

– Der jüngste Diskussionsentwurf eines Investmentsteuerreformgesetzes im Fokus des Unionsrechts, BB 2015, 2006–2009.

Reiner, Fabienne Stephanie: Abgrenzung der Kompetenzen zwischen der geschäftsführenden Kommanditistin und der externen AIF-Kapitalverwaltungsgesellschaft bei geschlossenen Investmentfonds unter dem KAGB, GWR 2016, 136–140.

Renner, Moritz/*Schmidt*, Daniela: Kollektiver Gläubigerschutz bei Covenants, ZHR 180 (2016), 522–551.

Riegger, Bodo: Kapitalgesellschaftsrechtliche Grenzen der Finanzierung von Unternehmensübernahmen durch Finanzinvestoren, ZGR 2008, 233–249.

Riesenhuber, Karl: Europäische Methodenlehre, Handbuch für Ausbildung und Praxis, 3. Auflage, Berlin/München/Boston 2015 (zit.: *Bearbeiter*, in: Riesenhuber, Europäische Methodenlehre).

Risse, Markus: Der Konzernbegriff der Zinsschranke, Systematik, Reichweite und Würdigung, Baden-Baden 2016.

Ritzer, Claus/*Stangl*, Ingo: Geplänte Änderungen des § 8b Abs. 4 KStG, Materiellrechtliche Aspekte, DStR 2015, 2203–2212.

Rodin, Andreas: Private Equity – eine Anlageklasse in der Vermögensverwaltung, ein Segment des Kapitalmarkts, eine Anlageform für gemeinnützige Investoren, in: Birk, Dieter (Hrsg.), Transaktionen, Vermögen, Pro Bono – Festschrift zum zehnjährigen Bestehen von P+P Pöllath + Partners, S. 541–562, München 2008 (zit.: *Rodin*, in: FS P+P Pöllath + Partners, S. 541).

Rogall, Matthias/*Dreßler*, Daniel: Ausweitung der Veräußerungsgewinnbesteuerung durch Neuregelung des § 8b Abs. 4 KStG, BB 2015, 2009–2012.

Rohleder, Martin/*Wilkens*, Marco: Die wirtschaftliche Bedeutung von Investmentfonds für Anleger, in: Möllers, Thomas M. J./Kloyer, Andreas (Hrsg.), Das neue Kapitalanlagegesetzbuch, Tagungsband, Rn. 37–102, München 2013 (zit.: *Rohleder/Wilkens*, in: Möllers/Kloyer, Das neue KAGB, Rn. 37).

Rosa, Katja: Prospektpflichten und Prospekthaftung für geschlossene Fonds, eine Untersuchung im Lichte des neuen Verkaufsprospektgesetzes, Frankfurt am Main 2010.

Roth, Günter H./*Altmeppen*, Holger (Hrsg.): Gesetz betreffend die Gesellschaften mit beschränkter Haftung, Kommentar, 8. Auflage, München 2015 (zit.: *Bearbeiter*, in: Roth/Altmeppen, GmbHG).

Rüber, Bernd/*Reiff*, Gunter: Voraussetzungen einer gewerblichen Entprägung der extern verwalteten geschlossenen Investmentkommanditgesellschaft, BB 2014, 1634–1637.

Rudolph, Bernd: Funktionen und Regulierung der Finanzinvestoren, ZGR 2008, 161–184.

Ruwe, Wolfgang: Kein Minderheitenschutz im GmbH-Konzernrecht? Zugleich Anmerkung zum Urteil des OLG Saarbrücken vom 12.7.1979 – 8 U 14/78, AG 1980, 21–25.

Sachtleber, Ole W.: Zivilrechtliche Strukturen von open-end-Investmentfonds in Deutschland und England, Göttingen 2011.

Sachverständigenrat zur Begutachtung der gesamtwirtschaftlichen Entwicklung: Die Chance nutzen – Reformen mutig voranbringen, Jahresgutachten 2005/06, Berlin 2005.

Säcker, Franz Jürgen/*Rixecker*, Roland/*Oetker*, Hartmut (Hrsg.): Münchener Kommentar zum Bürgerlichen Gesetzbuch, Band 6, Schuldrecht – Besonderer Teil IV, §§ 705–853 BGB, Partnerschaftsgesellschaftsgesetz, Produkthaftungsgesetz, 7. Auflage, München 2017 (zit.: *Bearbeiter*, in: MünchKomm, BGB).

Säcker, Franz Jürgen/*Rixecker*, Roland/*Oetker*, Hartmut/*Limpberg*, Bettina (Hrsg.): Münchener Kommentar zum Bürgerlichen Gesetzbuch, Band 2, Schuldrecht, Allgemeiner Teil, §§ 241–432 BGB, 7. Auflage, München 2016 (zit.: *Bearbeiter*, in: MünchKomm, BGB).

Sahavi, Anahita: Kollektive Anlagemodelle und das Finanzkommissionsgeschäft im Sinne von § 1 Abs. 1 Satz 2 Nr. 4 KWG, ZIP 2005, 929–939.

Schäfer, Dorothea/*Fisher*, Alexander: Die Bedeutung von Buy-Outs/Ins für unternehmerische Effizienz, Effektivität und Corporate Governance, DIW Berlin: Politikberatung kompakt 38, Berlin 2008.

Schäfer, Holger: Die MaComp und das Erfordernis der Unabhängigkeit, Wirksamkeit und Dauerhaftigkeit von Compliance, BKR 2011, 45–47.

Schaffelhuber, Kai A.: Regulierung des „Schattenbankensystems", GWR 2011, 488–490.

Schäffler, Frank: Finanzierung von LBO-Transaktionen: Die Grenzen der Nutzung des Vermögens der Zielgesellschaft, BB Special 9/2006, 1 – 12.

Scheunemann, Marc P./*Socher*, Oliver: Zinsschranke beim Leveraged Buy-out, BB 2007, 1144 – 1151.

Schiessl, Maximilian: Leitungs- und Kontrollstrukturen im internationalen Wettbewerb – Dualistisches System und Mitbestimmung auf dem Prüfstand –, ZHR 167 (2003), 235 – 256.

Schilmar, Boris: Kapitalerhaltung versus Konzernfinanzierung? – Cash Pooling und Upstream-Besicherung im Lichte der neuesten BGH-Rechtsprechung, DB 2004, 1411 – 1416.

Schimansky, Herbert/*Bunte*, Hermann-Josef/*Lwowski*, Hans-Jürgen: Bankrechts-Handbuch, Band II, 5. Auflage, München 2017 (zit.: *Bearbeiter*, in: Schimansky/Bunte/Lwowski, Bankrechts-Hdb.).

Schmidt, Karsten (Hrsg.): Münchener Kommentar zum Handelsgesetzbuch, Band 3, Zweites Buch. Handelsgesellschaften und stille Gesellschaft, Zweiter Abschnitt. Kommanditgesellschaft, Dritter Abschnitt. Stille Gesellschaft, §§ 161 – 237, Konzernrecht der Personengesellschaft, 3. Auflage, München 2012 (zit.: *Bearbeiter*, in: MünchKomm, HGB).

– Münchener Kommentar zum Handelsgesetzbuch, Band 5, Viertes Buch. Handelsgeschäfte, Erster Abschnitt. Allgemeine Vorschriften, Zweiter Abschnitt. Handelskauf, Dritter Abschnitt. Kommissionsgeschäft, §§ 343 – 406, Wiener UN-Übereinkommen über Verträge über den internationalen Warenkauf – CISG, 3. Auflage, München 2013 (zit.: *Bearbeiter*, in: MünchKomm, HGB).

– Personengesellschaften: neu gedacht?, ZIP 2014, 493 – 499.

– Münchener Kommentar zum Handelsgesetzbuch, Band 2, Zweites Buch. Handelsgesellschaften und stille Gesellschaft, Erster Abschnitt. Offene Handelsgesellschaft, §§ 105 – 160 HGB, 4. Auflage, München 2016 (zit.: *Bearbeiter*, in: MünchKomm, HGB).

Schmidt, Karsten/*Ebke*, Werner F. (Hrsg.): Münchener Kommentar zum Handelsgesetzbuch, Band 4, Drittes Buch. Handelsbücher, §§ 238 – 342e HGB, 3. Auflage, München 2013 (zit.: *Bearbeiter*, in: MünchKomm, HGB).

Schmidt, Karsten/*Lutter*, Marcus (Hrsg.): Aktiengesetz, Kommentar, I. Band, §§ 1 – 149, 3. Auflage, Köln 2015 (zit.: *Bearbeiter*, in: K. Schmidt/Lutter, AktG).

Schmidt, Ludwig (Begr.)/*Weber-Grellet*, Heinrich (Hrsg.): Schmidt, Einkommensteuergesetz, 36. Auflage, München 2017 (zit.: *Bearbeiter*, in: Schmidt, EStG).

Schmidt, Reinhard H./*Spindler*, Gerald: Finanzinvestoren aus ökonomischer und juristischer Perspektive, Eine Betrachtung der Risiken, der Notwendigkeiten und der Möglichkeiten einer Regulierung von Private Equity und aktivistischen Hedgefonds aus ökonomischer und gesellschafts-, kapitalmarkt- und arbeitsrechtlicher Sicht, Baden-Baden 2008 (zit.: *R. H. Schmidt/Spindler*, Finanzinvestoren).

Schmitt, Joachim/*Hörtnagl*, Robert/*Stratz*, Rolf-Christian (Hrsg.): Umwandlungsgesetz, Umwandlungssteuergesetz, 7. Auflage, München 2016 (zit.: *Bearbeiter*, in: Schmitt/Hörtnagl/Stratz, UmwG).

Schmolke, Klaus Ulrich (Hrsg.): Kapitalerhaltung in der GmbH nach dem MoMiG, Kommentierung zu §§ 30, 31 GmbHG, München 2009.

Schnauder, Franz: Regimewechsel im Prospekthaftungsrecht bei geschlossenen Publikums-fonds, NJW 2013, 3207–3213.

Schneider, Hannes: Reichweite der Expertenhaftung gegenüber Dritten, Die Sicht des Ex-perten, ZHR 163 (1999), 246–273.

Schneider, Joachim: Der Anwendungsbereich des neuen KAGB, in: Möllers, Thomas M. J./Kloyer, Andreas (Hrsg.), Das neue Kapitalanlagegesetzbuch, Tagungsband, Rn. 179–225, München 2013 (zit.: *J. Schneider*, in: Möllers/Kloyer, Das neue KAGB, Rn. 179).

Schneider, Uwe H.: Missbräuchliches Verhalten durch Private Equity, NZG 2007, 888–893.

– Stellungnahme zum Gesetzentwurf der Bundesregierung „Entwurf eines Gesetzes zur Be-grenzung der mit Finanzinvestitionen verbundenen Risiken (Risikobegrenzungsgesetz)" – Drucksache 16/7438 – vom Januar 2008, abrufbar unter http://www.kapitalmarktrecht-im-in ternet.eu/file_download.php?l=de&sect=ov&mod=Kapitalmarktrecht&type=artikelgeset ze&c=50&q=Risikobegrenzungsgesetz&d=Stellungnahme-Prof__Dr__Schneider.pdf (zu-letzt abgerufen am 27.8.2017).

Schnittker, Helder/*Steinbiß*, Timo: Steuerliche Qualifikation des Carried Interest und deren Folgen für die grenzüberschreitende Besteuerung von Initiatoren von Private Equity Fonds, IStR 2015, 760–767.

Schöbener, Burkhard: Das Verhältnis des EU-Rechts zum nationalen Recht des Bundesrepublik Deutschland, JA 2011, 885–894.

Scholz, Christian/*Appelbaum*, Christian: Bedeutung der AIFM-Umsetzung für Family Offices und Reichweite des Holding-Privilegs, RdF 2013, 268–275.

Scholz, Frank (Begr.): Kommentar zum GmbH-Gesetz mit Anhang Konzernrecht, I. Band, §§ 1–34, Anh. § 13 Konzernrecht, Anh. § 34 Austritt und Ausschließung eines Gesell-schafters, 11. Auflage, Köln 2012 (zit.: *Bearbeiter*, in: Scholz, GmbHG).

Schönke, Adolf (Begr.)/*Schröder*, Horst: Strafgesetzbuch, Kommentar, 29. Auflage, München 2014 (zit.: *Bearbeiter*, in: Schönke/Schröder, StGB).

Schrell, Thomas K./*Kirchner*, Andreas: Fremdfinanzierte Unternehmenskäufe nach der KBV-Entscheidung des BGH: Sicherheitenpakete als existenzvernichtender Eingriff? BB 2003, 1451–1456.

Schröder, Oliver/*Rahn*, Alexander: Das KAGB und Private-Equity-Transaktionen – Pflichten für Manager von Private-Equity-Fonds und deren Verwahrstellen, GWR 2014, 49–54.

Schubert, Leif/*Schuhmann*, Alexander: Die Kategorie des semiprofessionellen Anlegers nach dem Kapitalanlagegesetzbuch, BKR 2015, 45–52.

Schuhmacher, Michael: Debt Push Down und § 418 BGB im Rahmen von Akquisitionsfi-nanzierungen, BKR 2013, 270–275.

Schultheiß, Tilman: Die Haftung von Verwahrstellen und externen Bewertern unter dem KAGB, WM 2015, 603–609.

Schulz, Wolfgang/*Kaserer*, Christoph/*Trappel*, Josef: Finanzinvestoren im Medienbereich, Gutachten im Auftrag der Direktorenkonferenz der Landesmedienanstalten (DLM), Berlin 2008.

Schulze, Reiner (Schriftleitung): Bürgerliches Gesetzbuch, Handkommentar, 9. Auflage, Baden-Baden 2017 (zit.: *Bearbeiter*, in: Schulze u. a., BGB).

Schüppen, Matthias/*Schaub*, Bernhard (Hrsg.): Münchener Anwalts Handbuch Aktienrecht, 2. Auflage, München 2010 (zit.: *Bearbeiter*, in: MAH Aktienrecht).

Schwark, Eberhard/*Zimmer*, Daniel (Hrsg.): Kapitalmarktrechts-Kommentar, Börsengesetz mit Börsenzulassungsverordnung, Wertpapierprospektgesetz, Verkaufsprospektgesetz mit Vermögensanlagen-Verkaufsprospektverordnung, Wertpapierhandelsgesetz, Wertpapiererwerbs- und Übernahmegesetz, 4. Auflage, München 2010 (zit.: *Bearbeiter*, in: Schwark/Zimmer, KMRK).

Seibt, Christoph H.: Gläubigerschutz bei Änderung der Kapitalstruktur durch Erhöhung des Fremdkapitalanteils (Leveraged Recapitalization/Leveraged Buy Out), ZHR 171 (2007), 282–314.

Seibt, Christoph H./*Jander-McAlister*, Heiko: Club Deals mit Family Offices nach der AIFM-Regulierung (Teil 1), DB 2013, 2374–2378.

– Club Deals mit Family Offices nach der AIFM-Regulierung (Teil 2), DB 2013, 2433–2438.

Seidenschwann, Sabine: Die Master-Kapitalverwaltungsgesellschaft, Eine rechtliche und wirtschaftliche Untersuchung zu den Grenzen der Auslagerung im Rahmen der AIFM-Regulierung, Baden-Baden 2016 (zit.: *Seidenschwann*, Die Master-Kapitalverwaltungsgesellschaft).

Semler, Johannes/*Stengel*, Arndt (Hrsg.): Umwandlungsgesetz, 4. Auflage, München 2017 (zit.: *Bearbeiter*, in: Semler/Stengel, UmwG).

Serrao, Marc Felix: Wir können euch kaufen, Süddeutsche Zeitung, Artikel vom 3.7.2015, abrufbar unter http://www.sueddeutsche.de/wirtschaft/private-equity-firmen-wir-koennen-euch-kaufen-1.2547691 (zuletzt abgerufen am 27.8.2017).

Servatius, Wolfgang: Verbesserter Anlegerschutz bei geschlossenen Fonds nach dem KAGB, ZfIR 2014, 134–142.

Sester, Peter: Fallen Anteile an Geschlossenen Fonds unter den Wertpapierbegriff der MiFID bzw. des FRUG?, ZBB 2008, 369–383.

Siering, Lea Maria/*Izzo-Wagner*, Anna Lucia: „Praktische Hürden" der EuVECA-Verordnung, BKR 2014, 242–244.

Snelson, Sherri L.: How the UK is implementing the AIFM Directive, in: Möllers, Thomas M. J./Kloyer, Andreas (Hrsg.), Das neue Kapitalanlagegesetzbuch, Tagungsband, Rn. 807–855, München 2013 (zit.: *Snelson*, in: Möllers/Kloyer, Das neue KAGB, Rn. 807).

Socher, Oliver/*Hanke*, Kerstin: Fachbegriffe aus M & A und Corporate Finance Akquisitionsfinanzierungen, NJW 2010, 2024–2025.

Socialist Group in the European Parliament (PES): Hedge Funds and Private Equity – a critical analysis, 2007, abrufbar unter http://www.socialistsanddemocrats.eu/sites/default/files/2239_EN_publication_hedge_funds_0.pdf (zuletzt abgerufen am 27.8.2017).

Söhner, Matthias: Beteiligungstransparenz, Hebelfinanzierung und asset stripping nach der AIFM-Richtlinie, WM 2011, 2121–2127.

– Leveraged-Buy-outs und Kapitalschutz, ZIP 2011, 2085–2091.

– Gläubigerschutz und Anlegerschutz vor Private-Equity- und Hedgefonds, Berlin 2012.

– Neuer Rechtsrahmen für Private Equity – AIFM-Umsetzungsgesetz, Aktienrechtsnovelle 2014 und weitere Vorschriften, WM 2014, 2110–2119.

Sonder, Nicolas: Rechtsschutz gegen Maßnahmen der neuen europäischen Finanzaufsichtsagenturen, BKR 2012, 8–12.

Spindler, Gerald: Compliance in der multinationalen Bankengruppe, WM 2008, 905–918.

– Die europäische Regulierung von „Alternativen Investments" – oder: gezähmte „Heuschrecken"?, DB 2010 Beil., 85–86.

– Prämien und Leistungen an Vorstandsmitglieder bei Unternehmenstransaktionen, in: Grundmann, Stefan/Haar, Brigitte/Merkt, Hanno/et al. (Hrsg.), Festschrift für Klaus J. Hopt zum 70. Geburtstag am 24. August 2010, S. 1407–1430, Berlin 2010 (zit.: *Spindler*, in: FS Hopt, S. 1407).

– Unternehmensorganisationspflichten, Zivilrechtliche und öffentlich-rechtliche Regelungskonzepte, 2. Auflage, Göttingen 2011 (zit.: *Spindler*, Unternehmensorganisationspflichten).

– Produkthaftung für Finanzmarktprodukte? – Parallelen und Unterschiede –, in: Casper, Matthias/Klöhn, Lars/Roth, Wulf-Henning/Schmies, Christian (Hrsg.), Festschrift für Johannes Köndgen zum 70. Geburtstag, 2016, S. 615–636, Köln 2016 (zit.: *Spindler*, in: FS Köndgen, S. 615).

Spindler, Gerald/*Bednarz*, Sebastian: Die Regulierung von Hedge-Fonds im Kapitalmarkt- und Gesellschaftsrecht, WM 2006, 553–560.

Spindler, Gerald/*Gerdemann*, Simon: Rechtstatsachenforschung, Grundlagen, Entwicklung und Potentiale, AG 2016, 698–703.

Spindler, Gerald/*Kasten*, Roman A.: Organisationsverpflichtungen nach der MiFID und ihre Umsetzung, AG 2006, 785–791.

– Der neue Rechtsrahmen für den Finanzdienstleistungssektor – die MiFID und ihre Umsetzung – Teil I -, WM 2006, 1749–1756.

– Änderungen des WpHG durch das Finanzmarktrichtlinie-Umsetzungsgesetz (FRUG), WM 2007, 1245–1249.

Spindler, Gerald/*Stilz*, Eberhard (Hrsg.): Kommentar zum Aktiengesetz, Band 1, §§ 1–149, 3. Auflage, München 2015 (zit.: *Bearbeiter*, in: Spindler/Stilz, AktG).

Spindler, Gerald/*Tancredi*, Sara: Die Richtlinie über Alternative Investmentfonds (AIFM-Richtlinie) – Teil I –, WM 2011, 1393–1405.

– Die Richtlinie über Alternative Investmentfonds (AIFM-Richtlinie) – Teil II –, WM 2011, 1441–1451.

Spliedt, Jürgen D.: MoMiG in der Insolvenz – ein Sanierungsversuch, ZIP 2009, 149–161.

Sprengnether, Mirko/*Wächter*, Hans Peter: Risikomanagement nach dem Kapitalanlagegesetzbuch (KAGB), WM 2014, 877–887.

Stadler, Rainer/*Jetter*, Jann: Der Diskussionsentwurf zum Investmentsteuerreformgesetz (InvStRefG), DStR 2015, 1833–1844.

Stadler, Rainer/*Mager*, Martin: Der Regierungsentwurf des Gesetzes zur Reform der Investmentbesteuerung, DStR 2016, 697–704.

Staub, Hermann (Begr.)/*Canaris*, Claus-Wilhelm/*Habersack*, Mathias/*Schäfer*, Carsten (Hrsg.): Handelsgesetzbuch, Großkommentar, Vierter Band, §§ 161–236, 5. Auflage, 2015 Berlin/Boston (zit.: *Bearbeiter*, in: Großkomm, HGB).

Staudinger, Julius von (Begr.): Kommentar zum Bürgerlichen Gesetzbuch mit Einführungsgesetz und Nebengesetzen, Buch 2, Recht der Schuldverhältnisse, §§ 705–740 (Gesellschaftsrecht), Berlin 2003 (zit.: *Habermeier*, in: Staudinger, BGB).

Steffek, Felix: Wrongful Trading – Grundlagen und Spruchpraxis, NZI 2010, 589–596.

Steinmeyer, Roland (Hrsg.): WpÜG, Wertpapiererwerbs- und Übernahmegesetz, Kommentar, 3. Auflage, Berlin 2013 (zit.: *Bearbeiter*, in: Steinmeyer, WpÜG).

Stelkens, Paul/*Bonk*, Heinz Joachim/*Sachs*, Michael (Hrsg.): Verwaltungsverfahrensgesetz, 8. Auflage, München 2014 (zit.: *Bearbeiter*, in: Stelkens/Bonk/Sachs, VwVfG).

Stiftung Warentest: Finanztest, Gebührentricks ärgern Anleger, Februar 2010, S. 33–36.

Stoffels, Markus: Grenzen der Informationsweitergabe durch den Vorstand einer Aktiengesellschaft im Rahmen einer „Due Diligence", ZHR 165 (2001), 362–382.

Süß, Stefan/*Mayer*, Stefan: Was bleibt vom Private-Equity-Erlass? Anmerkung zum Urteil des BFH v. 24. 8. 2011, I R 46/10, DStR 2011, 2276–2279.

Sutter, Oliver/*Masseli*, Markus: Keine Änderungen der Vertragspraxis bei aufsteigenden Sicherheiten in Folge des MoMiG, WM 2010, 1064–1070.

Tancredi, Sara: Die Regulierung von Hedge-Fonds und Private Equity in Europa und den USA, Eine rechtsvergleichende Untersuchung der AIFM-Richtlinie und des Dodd-Frank-Act unter ergänzender Einbeziehung des AIFM-Umsetzungsgesetzes und der EuVECA-VO, Frankfurt am Main 2016 (zit.: *Tancredi*, Die Regulierung von Hedge-Fonds und Private Equity in Europa).

Tasma, Martin: Leveraged Buyout und Gläubigerschutz, Tübingen 2012.

Tcherveniachki, Vassil: Kapitalgesellschaften und Private Equity Fonds, Unternehmenskauf durch Leveraged Buyout, Berlin 2007.

Teichmann, Christoph/*Brunner*, Sebastian: Private Equity-Fonds im Sog der AIFM-Richtlinie, CFL 2011, 321–327.

The High-Level Group on Financial Supervision in the EU (chaired by Jacques de Laro-sière): Report, Brussels, 25 February 2009, abrufbar unter http://ec.europa.eu/internal_market/fi nances/docs/de_larosiere_report_de.pdf (zuletzt abgerufen am 27. 8. 2017) (zit.: De Larosière-Bericht).

Theusinger, Ingo/*Kapteina*, Matthias: Upstream-Sicherheiten und Limitation Language, NZG 2011, 881–887.

Thiele, Alexander: Finanzaufsicht, Der Staat und die Finanzmärkte, Tübingen 2014 (zit.: *Thiele*, Finanzaufsicht).

Thiermann, Christoph: Beschränkungen von Leveraged Buy-Outs durch das Asset Stripping Verbot des § 292 KAGB?, NZG 2016, 335–340.

Thoma, Georg F./*Steck*, Kai-Uwe: Die Investmentaktiengesellschaft (closed-end fund) – Investmentalternative oder gesetzgeberischer Fehlschlag?, AG 2001, 330–337.

Thomas, Gerald/*Meissner*, Boris: Strukturüberlegungen zur Akquisitionsfinanzierung unter dem Regime des § 8a KStG, BB 2006, 801–804.

Tillmann, Tobias: Upstream-Sicherheiten der GmbH im Lichte der Kapitalerhaltung – Ausblick auf das MoMiG, NZG 2008, 401–405.

Timmerbeil, Sven/*Spachmüller*, Demid: Anforderungen an das Risikomanagement nach der AIFM-Richtlinie, DB 2012, 1425–1429.

Tipke, Klaus/*Lang*, Joachim (Begr.)/*Seer*, Roman/*Hey*, Johanna/*Montag*, Heinrich/*Englisch*, Joachim/*Hennrichs*, Joachim (Hrsg.): Steuerrecht, 22. Auflage, Köln 2015 (zit.: *Bearbeiter*, in: Tipke/Lang, Steuerrecht).

Tollmann, Claus: Der materielle Managerbegriff der AIFM-Richtlinie und des Kapitalanlagegesetzbuches: Konsequenzen für die Auslagerung und bestimmte Geschäftsmodelle, in: Möllers, Thomas M. J. /Kloyer, Andreas (Hrsg.), Das neue Kapitalanlagegesetzbuch, Tagungsband, Rn. 1060–1106, München 2013 (zit.: *Tollmann*, in: Möllers/Kloyer, Das neue KAGB, Rn. 1060).

Ulmer, Peter/*Habersack*, Mathias/*Löbbe*, Marc (Hrsg.): Gesetz betreffend die Gesellschaften mit beschräbkter Haftung (GmbHG), Großkommentar, Band II, §§ 29 bis 52, 2. Auflage, Tübingen 2014 (zit.: *Bearbeiter*, in: Ulmer/Habersack/Löbbe, GmbHG).

Ulrich, Niklas: Institutsvergütungsverordnung 2017 und gruppenangehörige Verwaltungsgesellschaften: Betragsmäßige Deckelung der variablen Vergütung durch die Hintertür?, ZBB 2017, 335–345.

Veil, Rüdiger: Anlageberatung im Zeitalter der MiFID – Inhalt und Konzeption der Pflichten und Grundlagen einer zivilrechtlichen Haftung –, WM 2007, 1821–1827.

– Wie viel „Enforcement" ist notwendig?, Zur Reform des Instrumentenmix bei der Sanktionierung kapitalmarktrechtlicher Mitteilungspflichten gemäß §§ 21 ff. WpHG, ZHR 175 (2011), 83–109.

Veith, Amos/*Schade*, Stephan: Besteuerung des Carried Interest in Deutschland, in: Birk, Dieter (Hrsg.), Transaktionen, Vermögen, Pro Bono – Festschrift zum zehnjährigen Bestehen von P+P Pöllath + Partners, S. 435–457, München 2008 (zit.: *Veith/Schade*, in: FS P+P Pöllath + Partners, S. 435).

Veith, Julian: Die Haftung des aus der geschlossenen Publikumskommanditgesellschaft ausgeschiedenen Treugebers für Gesellschaftsverbindlichkeiten, BKR 2015, 233–236.

Verfürth, Ludger C./*Grunenberg*, Carsten: Pflichtangaben für geschlossene Fonds nach der Vermögensanlagen-Verkaufsprospektverordnung, DB 2005, 1043–1047.

VGF: Stellungnahme zum DiskE des AIFM-UmsG, 17. 8. 2012, abrufbar unter http://www.sach werteverband.de/fileadmin/downloads/bsi_stellungnahmen/vgf_stn_2012/2012_08_17_ VGF-STN_Disk-E_AIFM-UmsG.pdf (zuletzt abgerufen am 27. 8. 2017).

– Stellungnahme zum RegE des AIFM-UmsG, 8. 3. 2013, abrufbar unter http://www.sachwerte verband.de/fileadmin/downloads/bsi_stellungnahmen/vgf_stn_2013/2013_03_08_VGF_ STN_AIFM-UmsG_FinA.pdf (zuletzt abgerufen am 27. 8. 2017).

Viciano-Gofferje, Martin: Neue Transparenzanforderungen für Private Equity Fonds nach dem Kapitalanlagegesetzbuch, BB 2013, 2506–2511.

Voge, Dirk: Schuldrechtlich ausgestaltete Anlagemodelle als Finanzkommissionsgeschäft im Sinne des § 1 Abs. 1 Satz 2 NR. 4 KWG – Zugleich Anmerkung zu den Urteilen des Hessischen VGH vom 13.12.2006, WM 2007, 1640–1648.

Voigt, Daniel: Die deutsche Umsetzung der AIFM-Richtlinie durch das KAGB, in: Möllers, Thomas M. J./Kloyer, Andreas (Hrsg.), Das neue Kapitalanlagegesetzbuch, Tagungsband, Rn. 129–178, München 2013 (zit.: *Voigt*, in: Möllers/Kloyer, Das neue KAGB, Rn. 129).

Volhard, Patricia/*El-Qalqili*, Joel: Private Equity und AIFM-Richtlinie, CFL 2013, 202–206.

– Die neuen Bewertungsvorschriften für AIF-Investmentvermögen – Unter besonderer Berücksichtigung ihrer Auswirkungen auf Private Equity Fonds –, DB 2013, 2103–2107.

Volhard, Patricia/*Jang*, Jin-Hyuk: Der Vertrieb alternativer Investmentfonds – Regelungsrahmen für den Vertrieb an professionelle und semi-professionelle Anleger in Deutschland nach dem RegE zur Umsetzung der AIFM-RL –, DB 2013, 273–278.

Volhard, Patricia/*Kruschke*, André: Zur geplanten Regulierung der Vergütungsstrukturen bei Private-Equity-Fonds durch die AIFM-RL, DB 2011, 2645–2649.

– Die Regulierung von Private Equity Fonds-Manager durch den Europäischen Gesetzgeber – Ausgewählte Aspekte der AIFM-Richtlinie und der VC-Verordnung im Überblick, EWS 2012, 21–25.

Volhard, Patricia/*Wilkens*, Sarah: Auswirkungen der Richtlinie über Märkte für Finanzinstrumente (MiFID) auf geschlossene Fonds in Deutschland, DB 2006, 2051–2055.

– Änderung des KWG: Anlageverwaltung, in: Grieser, Simon G./Heemann, Manfred (Hrsg.), Bankaufsichtsrecht, Entwicklungen und Perspektiven, Frankfurter Reihe zur Bankenaufsicht, Band 1, S. 705–726, Frankfurt am Main 2010 (zit.: *Volhard/Wilkens*, in: Grieser/Heemann, Bankaufsichtsrecht, S. 705).

Voß, Thorsten: Geschlossene Fonds unter dem Rechtsregime der Finanzmarkt-Richtlinie (MiFID)?, BKR 2007, 45–54.

Voth, Hans-Joachim: Transparenz und Fairness auf einem einheitlichen europäischen Kapitalmarkt, Edition der Hans-Böckler-Stiftung 203, Juli 2007.

Waclawik, Erich: Erlaubnispflicht privater Family Offices nach Umsetzung der MiFID?, ZIP 2007, 1341–1349.

Wagner, Klaus-R.: Geschlossene Fonds gemäß dem KAGB, ZfBR 2015, 113–118.

– Externe KVGs in geschlossenen Publikums-GmbH & Co. KGs: Wie verhält sich dies mit dem Gebot der Selbstorganschaft bzw. dem Verbot der Drittorganschaft?, BKR 2015, 410–412.

Walla, Fabian: Die Europäische Wertpapier- und Marktaufsichtsbehörde (ESMA) als Akteur bei der Regulierung der Kapitalmärkte Europas – Grundlagen, erste Erfahrungen und Ausblick, BKR 2012, 265–270.

Wallach, Edgar: Die Investmentaktiengesellschaft mit veränderlichem Kapital im Gewand des Investmentänderungsgesetzes 2007, Der Konzern 2007, 487–497.

– Alternative Investment Funds Managers Directive – ein neues Kapitel des europäischen Investmentrechts, RdF 2011, 80–89.

– Umsetzung der AIFM-Richtlinie in deutsches Recht – erste umfassende Regulierung des deutschen Investmentrechts, RdF 2013, 92–103.

– Die Regulierung offener Fonds im Kapitalanlagegesetzbuch, in: Habersack, Mathias/Mülbert, Peter O./Nobbe, Gerd/Wittig, Arne (Hrsg.), Bankenregulierung, Insolvenzrecht, Kapitalanlagegesetzbuch, Honorarberatung, Bankrechtstag 2013, S. 95–122, Berlin/Boston 2014 (zit.: *Wallach*, in: Bankrechtstag 2013, S. 95).

– Die Regulierung von Personengesellschaften im Kapitalanlagegesetzbuch, ZGR 2014, 289–328.

Wand, Peter/*Tillmann*, Tobias/*Heckenthaler*, Stephan: Aufsteigende Darlehen und Sicherheiten bei Aktiengesellschaften nach dem MoMiG und der MPS-Entscheidung des BGH, AG 2009, 148–161.

Watrin, Christoph/*Struffert*, Ralf: BB-Forum: Steuerbegünstigung für das Carried Interest, BB 2004, 1888–1889.

Weber, Jürgen/*Bender*, Martina/*Eitelwein*, Oliver/*Nevries*, Pascal (Hrsg.): Von Private-Equity-Controllern lernen, Wie Controller und Manager mit Finanzinvestoren erfolgreich zusammenarbeiten, Weinheim 2009 (zit.: *Weber/Eitelwein et al.*, Private-Equity-Controller).

Weiser, Benedikt: Zeiten des Umbruchs – das regulatorische Umfeld für geschlossene Fonds in Deutschland, in: Grieser, Simon G./Heemann, Manfred (Hrsg.), Bankaufsichtsrecht, Entwicklungen und Perspektiven, Frankfurter Reihe zur Bankenaufsicht, Band 1, S. 727–748, Frankfurt am Main 2010 (zit.: *Weiser*, in: Grieser/Heemann, Bankaufsichtsrecht, S. 727).

Weiser, Benedikt/*Hüwel*, Martin: Verwaltung alternativer Investmentfonds und Auslagerung nach dem KAGB-E, BB 2013, 1091–1097.

Weiser, Benedikt/*Jang*, Jin-Hyuk: Die nationale Umsetzung der AIFM-Richtlinie und ihre Auswirkungen auf die Fondsbranche in Deutschland, BB 2011, 1219–1226.

Weiß, Daniel: Der wertpapierhandelsrechtliche und übernahmerechtliche Zurechnungstatbestand des acting in concert, Frankfurt am Main 2007.

Weißflog, Knut: Steuerliche Analyse von Islamic Private Equity, Berücksichtigung gesellschaftsrechtlicher und finanzwirtschaftlicher Sachverhalte, Wiesbaden 2015.

Weitnauer, Wolfgang (Hrsg.): Die Akquisitionsfinanzierung auf dem Prüfstand der Kapitalerhaltungsregeln, ZIP 2005, 790–797.

– Die AIFM-Richtlinie und ihre Umsetzung, BKR 2011, 143–147.

– Das Übernahmesonderrecht des KAGB und seine Auswirkungen auf die Private-Equity-Branche, AG 2013, 672–678.

– Management Buy-Out, Handbuch für Recht und Praxis, 2. Auflage, München 2013 (zit.: *Bearbeiter*, in: Weitnauer, MBO).

– Pools und Investment-Clubs: Strukturen und Erlaubnispflichten nach KAGB und KWG, GWR 2014, 1–6.

– Die Verordnung über Europäische Risikokapitalfonds („EuVECA-VO"), GWR 2014, 139–144.

– Handbuch Venture Capital, – Von der Innovation zum Börsengang –, 5. Auflage, München 2016 (zit.: *Bearbeiter*, in: Weitnauer, Hdb. VC).

Weitnauer, Wolfgang/*Boxberger*, Lutz: KAGB: Wer ist nicht betroffen?, Ausnahmen vom neuen Kapitalanlagegesetzbuch, VentureCapital Magazin 4/2013, 20–21.

Weitnauer, Wolfgang/*Boxberger*, Lutz/*Anders*, Dietmar (Hrsg.): KAGB, Kommentar zum Kapitalanlagegesetzbuch und zur Verordnung über Europäische Risikokapitalfonds mit Bezügen zum AIFM-StAnpG, 2. Auflage, München 2017 (zit.: *Bearbeiter*, in: Weitnauer/Boxberger/Anders, KAGB).

Wellhöfer, Werner/*Peltzer*, Martin/*Müller*, Welf: Die Haftung von Vorstand Aufsichtsrat Wirtschaftsprüfer, mit GmbH-Geschäftsführer, München 2008 (zit.: *Wellhöfer/Peltzer/ Müller*, Haftung).

Werder, Andreas von/*Li*, Xianbei: Aktuelle Entwicklungen bei Managementbeteiligungsprogrammen im Rahmen von Leveraged Buy Outs, BB 2013, 1736–1746.

Werner, Rüdiger: Haftungsrisiken bei Unternehmensakquisitionen: die Pflicht des Vorstands zur Due Diligence, ZIP 2000, 989–996.

– Das neue Kapitalanlagegesetzbuch, StBW 2013, 811–816.

Wessels, Peter: Aufsteigende Finanzierungshilfen in GmbH und AG, ZIP 2004, 793–797.

Wessels, Peter/*König*, Claas-Dietrich: Bestellung aufsteigender Sicherheiten beim Leveraged Buy-out, M&A Review 2005, 312–317.

Westermann, Harry (Begr.)/*Westermann*, Harm Peter/*Wertenbruch*, Johannes (Hrsg.): Handbuch Personengesellschaften, Gesellschaftsrecht, Steuerrecht, Sozialversicherungsrecht, Verträge und Formulare, Band 2, Köln 2017 (zit.: *Bearbeiter*, in: Westermann/Wertenbruch, Hdb. Personengesellschaften, Losebl. (Stand)).

Wetzig, Marc Simon: Die Regulierung des Grauen Kapitalmarkts durch die Novellierung des Finanzanlagenvermittler- und Vermögensanlagenrechts sowie durch das Kapitalanlagegesetzbuch, Hamburg 2014 (zit.: *Wetzig*, Regulierung des Grauen Kapitalmarkts).

Widmann, Siegfried/*Mayer*, Dieter (Hrsg.): Umwandlungsrecht, Umwandlungsgesetz, Umwandlungssteuergesetz, Kommentar, Band 2, Einführung UmwG, §§ 1–50 UmwG, Bonn, Berlin 2017 (zit.: *Bearbeiter*, in: Widmann/Mayer, UmwR, Losebl. (Stand)).

Wiedemann, Herbert: Alte und neue Kommanditgesellschaften, NZG 2013, 1041–1046.

Wilhelmi, Rüdiger/*Bassler*, Moritz: AIFMD, Systemic Risk and the Financial Crisis, in: Zetzsche, Dirk Andreas (Hrsg.), The Alternative Investment Fund Managers Directive, Chapter 2, Second Edition, Alphen aan den Rijn 2015 (zit.: *Wilhelmi/Bassler*, in: Zetzsche, AIFMD, Chapt. 2).

Winkeljohann, Norbert/*Förschle*, Gerhart/*Deubert*, Michael (Hrsg.): Sonderbilanzen, Von der Gründungsbilanz bis zur Liquidationsbilanz, 5. Auflage, München 2016 (zit.: *Bearbeiter*, in: Winkeljohann/Förschle/Deubert, Sonderbilanzen).

Winkler, Christoph/*Becker*, Roman A.: Die Limitation Language bei Akquisitions- und Konzernfinanzierungen unter Berücksichtigung des MoMiG, ZIP 2009, 2361–2368.

Wöhe, Günter/*Bilstein*, Jürgen/*Ernst*, Dietmar/*Häcker*, Joachim (Hrsg.): Grundzüge der Unternehmensfinanzierung, 11. Auflage, München 2013.

Wolf, Manfred: Bankaufsichtsrechtliche Erlaubnis für geschlossene und offene Fonds?, DB 2005, 1723–1726.

Wollenhaupt, Markus/*Beck*, Rocco: Das neue Kapitalanlagegesetzbuch (KAGB), Überblick über die Neuregelung des deutschen Investmentrechts nach der Umsetzung der AIFM-RL, DB 2013, 1950–1959.

Würdinger, Hans: Der Begriff Unternehmen im Aktiengesetz, in: Ballerstedt, Kurt/Friesen-hahn, Ernst/v. Nell-Breuning, Oswald (Hrsg.), Recht und Rechtsleben in der sozialen De-mokratie, Festgabe für Otto Kunze zum 65. Geburtstag, S. 177–187, Berlin 1969.

Zander, Georg: Einführung von Kreditfonds durch das OGAW-V-Umsetzungsgesetz – Zu-gleich Überblick über die wesentlichen Neuregelungen –, DB 2016, 331–334.

Zentraler Immobilien Ausschuss: Stellungnahme zum DiskE des AIFM-UmsG, 17.8.2012, abrufbar unter http://www.zia-deutschland.de/fileadmin/Redaktion/Positionen/PDF/ZIA_Stel lungnahme_AIFM-UmsG_final.pdf (zuletzt abgerufen am 27.8.2017).

Zetzsche, Dirk Andreas: Die Europäische Regulierung von Hedgefonds und Private Equity – ein Zwischenstand, NZG 2009, 692–697.

– Anteils- und Kontrollerwerb an Zielgesellschaften durch Verwalter alternativer Invest-mentfonds, NZG 2012, 1164–1170.

– Investment Law as Financial Law: From Fund Governance over Market Governance to Stakeholder Governance?, in: Birkmose, Hanne S./Neville, Mette/Sørensen, Karsten Engsig (ed.), The European Financial Market in Transition, Chapter 16, Alphen aan den Rijn 2012 (zit. *Zetzsche*, in: The European Financial Market in Transition, Chapt. 16).

– Das Gesellschaftsrecht des Kapitalanlagegesetzbuchs, AG 2013, 613–630.

– Grundprinzipien des KAGB, in: Möllers, Thomas M. J./Kloyer, Andreas (Hrsg.), Das neue Kapitalanlagegesetzbuch, Tagungsband, Rn. 312–399, München 2013 (zit.: *Zetzsche*, in: Möllers/Kloyer, Das neue KAGB, Rn. 312).

– Fondsregulierung im Umbruch – ein rechtsvergleichender Rundblick zur Umsetzung der AIFM-Richtlinie, ZBB 2014, 22–39.

– Prinzipien der kollektiven Vermögensanlage, Tübingen 2015.

– Verordnung über europäische langfristige Investmentfonds (ELTIF-VO) – Langfristigkeit im Sinne der Kleinanleger?, ZBB 2015, 362–376.

– Introduction, in: Zetzsche, Dirk Andreas (Hrsg.), The Alternative Investment Fund Managers Directive, Chapter 1, Second Edition, Alphen aan den Rijn 2015 (zit.: *Zetzsche*, in: Zetzsche, AIFMD, Chapt. 1).

– Aktivlegitimation gemäß §§ 78, 89 KAGB im Investment-Drei- und Viereck, in: Casper, Matthias/Klöhn, Lars/Roth, Wulf-Henning/Schmies, Christian (Hrsg.), Festschrift für Jo-hannes Köndgen zum 70. Geburtstag, 2016, S. 677–700, Köln 2016 (zit.: *Zetzsche*, in: FS Köndgen, S. 677).

Zetzsche, Dirk Andreas/*Eckner*, David: Appointment, Authorization and Organization of the AIFM, in: Zetzsche, Dirk Andreas (Hrsg.), The Alternative Investment Fund Managers Directive, Chapter 9, Second Edition, Alphen aan den Rijn 2015 (zit.: *Zetzsche/Eckner*, in: Zetzsche, AIFMD, Chapt. 9).

– Risk Management, in: Zetzsche, Dirk Andreas (Hrsg.), The Alternative Investment Fund Managers Directive, Chapter 14, Second Edition, Alphen aan den Rijn 2015 (zit.: *Zetzsche/ Eckner*, in: Zetzsche, AIFMD, Chapt. 14).

Zetzsche, Dirk Andreas/*Marte*, Thomas: Kreditfonds zwischen Anleger- und Systemschutz, RdF 2015, 4–14.

– The AIFMD's Cross-Border Dimension, Third-Country Rules and the Equivalence Concept, in: Zetzsche, Dirk Andreas (Hrsg.), The Alternative Investment Fund Managers Directive, Chapter 16, Second Edition, Alphen aan den Rijn 2015 (zit.: *Zetzsche/Marte*, in: Zetzsche, AIFMD, Chapt. 16).

Zetzsche, Dirk Andreas/*Preiner*, Christina: Was ist ein AIF?, WM 2013, 2101–2110.

– Scope of the AIFMD, in: Zetzsche, Dirk Andreas (Hrsg.), The Alternative Investment Fund Managers Directive, Chapter 3, Second Edition, Alphen aan den Rijn 2015 (zit.: *Zetzsche/ Preiner*, in: Zetzsche, AIFMD, Chapt. 3).

– ELTIFR versus AIFMD, in: Zetzsche, Dirk Andreas (Hrsg.), The Alternative Investment Fund Managers Directive, Chapter 7, Second Edition, Alphen aan den Rijn 2015 (zit.: *Zetzsche/Preiner*, in: Zetzsche, AIFMD, Chapt. 7).

– CSR, Responsible Investments and the AIFMD, in: Zetzsche, Dirk Andreas (Hrsg.), The Alternative Investment Fund Managers Directive, Chapter 8, Second Edition, Alphen aan den Rijn 2015 (zit.: *Zetzsche/Preiner*, in: Zetzsche, AIFMD, Chapt. 8).

Zeyher, Stefan: Einlagenrückgewähr und finanzielle Unterstützung im Fall erwerbsfinanzierender Fusion, *Merger Buyout* einer Aktiengesellschaft, Baden-Baden 2011.

Zöllner, Wolfgang/*Noack*, Ulrich (Hrsg.): Kölner Kommentar zum Aktiengesetz, Band 2/1, §§ 76–94 AktG, 3. Auflage, Köln 2010 (zit.: *Mertens/Cahn*, in: KölnKomm, AktG).

– Kölner Kommentar zum Aktiengesetz, Band 1, §§ 1–75 AktG, 3. Auflage, Köln 2011 (zit.: *Bearbeiter*, in: KölnKomm, AktG).

– Kölner Kommentar zum Aktiengesetz, Band 2/2, §§ 95–117 AktG, 3. Auflage, Köln 2013 (zit.: *Mertens/Cahn*, in: KölnKomm, AktG).

Zwirner, Christian: Beteiligungsbewertung zum 31.12.2012 – Aktuelles zum Kapitalisierungszinssatz und Handlungsmöglichkeiten für den Bilanzierenden –, DB 2013, 825–829.

Zwirner, Christian/*Kähler*, Malte: (Unternehmens-)Bewertung beim Delisting: Auswirkungen der Neuregelung des § 39 BörsG auf KMU, BB 2016, 171–174.

Stichwortverzeichnis